현대생활과 법률상식

김원영

박영사

머리말

21세기 정보화 사회에서 공통점은 수많은 정보속에서 살아가고 있지만 오늘날 현대인은 복잡한 인간관계와 사회생활에서 법을 알고 지키는 것을 생활화하고 개인은 물론 사회전체에 있어서 매우 중요한 일이다. 우리들의 일상생활에서 법과제도는 꼭 필요한 존재이며, 법과 제도를 외면한 채 할 수 있는 일은 거의 없다고 해도 과언이 아닐 것이다.

이 책은 우리 사회에 존재하면서도 우리가 무관심하기 쉬운 것과 우리 사회를 눈에 보이지 않게 움직이고 원활하게 유지시켜 주고 우리 일상생활에서 꼭 알면 힘이 되는 법률상식을 총망라하여 필요한 것만을 발췌하고 사례 중심으로 그것을 이해하게 하는 데 목적을 두고 집필하였다.

또한 경찰공무원 경력 31년이라는 오랜 세월 동안 실무 경험을 바탕으로 대학 강의에서 학생들이 이론과 실제를 모두 경험할 수 있도록 세심한 배려를 하였다.

이 책의 구성은 첫째로 제1편은 법과 제도에 대해 기초적인 법의 개념과 목적, 법과 제도 이해, 법의 기능과 종류, 기관의 종류, 분쟁해결 방법, 그리고 현대생활과 권리규제제도와 구제방법, 법률구조 및 법률 정보 이용 등 이해를 도우려고 노력하였다.

둘째로, 제2편은 금전과 부동산 거래 시 금전거래에 관한 법률실무, 공증 및 공정증서, 계약을 맺으려고 할 때, 보증을 서게 되었을 때, 돈을 갚으려고 할 때, 대부업의 등록 및 금융이용자 보호에 관한 법률, 부동산 거래에 관한 법률실무 시 유의사항과 부동산등기제도, 주택임대차보호법 등을 소개하였다.

셋째로, 제3편에는 공직생활 31년 동안 경험한 사례 중심으로 꼭 알아야 하고, 알기 쉬운 민사 분쟁에 관한 법률실무, 내용증명서, 소액사건 심판제도, 가압류, 가처분, 민사소송, 형사사건에 관한 법률실무, 형사사건과 형사절차, 형사고소, 즉결심판, 구속영장실질심사, 구속적부심제도, 보석제도, 형사소송절차에서 수사는 어떻게 진행되며, 판결에 불만이 있을 때는 어떻게 대처하는지 그 요령과 형의 집행방법, 소년사건의 처리절차, 청탁금지법에 대해 소개하였다.

특히 이 책은 본인이 법학의 기초 교과목으로 강의하기 위해 준비한 강의안을 바탕으로 정리한 것이며, 법학의 입문서로서 법을 이해하는 데 필요한 기초 소양을 심어 줄 수 있도록 하였다. 그래서 독자들로 하여금 이러한 토대를 바탕으로 법학을 전공하지 않은 사람도 누구나 일상생활을 하는 데 꼭 필요한 법적지식을 습득하여 도움이 된다면 그 이상의 기쁨은 없을 것이다.

아무쪼록 어려운 출판 상황에서도 출판을 흔쾌히 허락하여 주신 안상준 대표님과 임원 여러분께 감사드리고, 더불어 편집과 교정을 신경을 써주신 편집부 분들께 감사를 표하며, 이 책을 통해 법 학문에 대한 열정을 가지고 탐구하려는 모든 독자에게 존경을 표하는 바이다.

2024. 7.

김원영

목차

현/대/생/활/과/법/률/상/식

제1편

법의 이해와 제도

제1장

법의 개념과 목적

1. 서설

법이란 무엇인가 하는 문제는 실로 법학에 있어서 가장 기본적인 문제의 하나로써 법학의 최초 과제이자 동시에 최후의 과제라고 할 수 있다.

이에 관하여는 종래에 많은 학자들에 의하여 여러 가지 개념정의가 시도되었으나, 아직도 확정된 정설은 없는 미완성의 과제이다.[1]

일반인들이라면 법이란 법전에 실려 있는 법규들이라고 단순하게 생각하는 경우가 많겠지만 실제로 법전에 쓰여져 있지 않은 법도 훌륭한 법임을 알아야 한다.

법은 보이지 않고 느끼지는 못하지만 우리주위에 항상 존재하는 공기, 전파와 같은 존재이다.

---

1) 법의 어원을 살펴보면 동양에서의 법은 法= 氵(물수)+廌(해태치)+去(갈거)=물과 해태가 간다는 뜻이다. 수(水): 수면과 같은 공평함을 상징, 치(廌): 정의 실현과 분쟁의 해결을 상징, 거(去): 악의 제거, 즉 응징적 강제성을 상징한다. 서양에서는 그리스에서 건축에 쓰던 온갖 자(尺)며 추돌을 가리키던 "카논"이라는 말이 키케로의 손으로 노르마, 레굴라는 라틴어 낱말로 옮겨져 법철학 용어가 되었고 무엇을 만들 때 잣대를 써서 척도와 기준으로 삼듯 행동의 기준이라는 말이며 이는 규범이라는 말로 이어지고 있다.

2. 법의 개념정의

희랍의 격언에 '사회 있는 곳에 법이 있다'는 말이 있듯이 법이 사회규범임을 말할 나위가 없다. 이 말은 공동생활의 조건으로서의 법이 없으면 사회가 존립할 수 없고 반대로 법도 사회를 떠나서는 법을 생각할 수 없다는 말이다.

여러 학자들의 법의 개념에 대한 정의는[2] 법이란 사회공동생활에 있어서 사람들이 행하는 행위의 준칙이며, 국가에 의하여 강제되는 사회규범이다. 법은 국가라고 하는 정치적 권력에 의하여 승인되고 강제되는 사회규범이다.

인간은 본질적으로 사회적 존재이고 사회 주어진 자연의 운명이다. 사회 그 자체가 인간생활이고 사회발전이 인간의 발전이다. 인간은 원래 권력을 애호하고 힘을 믿기 때문에 공동체, 즉 사회의 찬동을 얻은 일련의 엄격한 규율에 의해서 사회를 이끌어 나가며 모든 인간의 행위의 준칙 즉 사회규범을 필요로 하게 된다. 바로 이 규범이 법인 것이다.

이러한 법의 개념을 보면 공동적으로 포함되는 요소들로는 규범, 사회규범, 인간, 사회, 강제의 것들이 있다. 여기서 규범이라는 것은 가치와 밀접한 관계를 가지고 있고 가치라는 것은 인간적 욕구가 그 대상이 되는 물질적·정신적 객체에 투사됨으로써 나타나는 것을 말한다. 즉 욕구를 충족하려는 인간의 의식적인 활동의 상징이 가치가 투영되어 나타난 것이 규범이고 따라서 규범은 인간의 의사나 욕구에 의해서 수정되거나 파괴될 수 있는 존재이며, 역사적·사회적으로 제약을 받으며 발전되어 나오는 존재이다.

인간이라는 요소는 법의 인간에 의해서 만들어지고 인간을 통해서 다른 인간에게 적용하는 규범 중의 하나이므로 법의 개념을 구성하는 두 번째 인간이라는 요소이다.

여기서 말하는 인간의 모습은, 개개의 사회규범은 그 규범에서의 인간상은

---

2) 인간은 누구나 혼자 살 수 없는 존재이다. 이에 대하여 동양철학자 "순자"는 인간이 소보다 힘이 모자르고, 달리기를 하여도 말을 따라잡지 못하지만 소나 말이 인간에게 부림을 당하는 이유는 인간은 조직적 생활을 할 수 있는 능력이 있으나 소와 말은 그런 능력이 없기 때문이라고 한다. 독일 법학자 기이르케는 사람이 사람다운 것은 사람과 사람의 결합의 덕택이라고 하였고 이는 사람이 사람다운 것은 사회적 생활을 할 수 있기에 그러함을 의미하는 것이라고 하였으며, 이를 일컬어 그리스의 철학자 아리스토텔레스는 한마디로 인간은 사회적 존재라고 하였다.

성인군자를 이상적인 모습으로 제시하고 그에 따를 것을 요구하고 법이 추구하는 인간상은 희로애락을 공유하고, 상부상조하며 살아가는 우리주위의 평범한 인간을 의미한다.

사회라는 요소는 '사회 있는 곳에 법이 있다'라는 말처럼 사회를 그 존립의 기초로 하고 있다. 법은 인간의 사회생활에서 발생하는 이해관계의 충돌, 반사회적 행위에 대한 제재를 통하여 사회적 결합을 확보하고 강화하는 규범이기 때문이다.

강제라는 요소는 법의 실효성을 확보하는 수단이다. 법의 침해자에게 정신적·물리적 제재를 가함으로써 법의 준수를 확보하는 수단의 총칭이며 강제의 종류는 물리적 강제와 심리적 강제로 나눌 수 있는데 물리적 강제는 형법과 같은 신체나 재산에 대한 제재, 불법행위 채무불이행으로 인한 손해배상, 강제집행 등이 있고 심리적 강제는 법을 지키지 않는 경우 물리적 강제를 통한 제재를 받을 수 있다는 예고하는 것이라고 말할 수 있다.

제2절 법의 목적

법의 목적에 관한 문제는 맹목적으로 존재하는 것이 아니고 그것을 통하여 어떠한 가치를 실현코자 존재한다. 법의 존재 근거로서의 이념을 실현하고자 법의 존재하는 것이다. 법의 목적에 관하여는 여러 가지 견해가 있다.

예로부터 정의, 공공복리, 도덕옹호, 사랑과 행복 혹은 문화 창달 등이 법이 추구해야 할 이념으로 거론된 바 있으나 오늘날에는 라드브루흐의 견해에 따라 정의, 합목적성, 법적안정성, 법 목적의 상호 간의 관계가 법이념의 4요소로 널리 논의되고 있다.

1. 정의

정의는 평등을 의미한다고 보았다. 평등이란 균등한 조건을 가진 사람을 균등한 방법으로 다루는 것을 뜻한다. 다시 말하면 무엇이 정의인가의 문제는 법개념만큼이나 어려운 법철학의 과제이다. 정의개념을 처음 체계적으로 이론화한 사람은 아리스토텔레스이다. 그는 정의를 사람이 지켜야 할 최고의 덕으로서 이는 각 개인의 타인과의 관계에서 실현하여야 할 사회적 도덕으로 이해하였다.

정의에 대한 견해는 전통적으로 정의는 '인간의 인간에 대한 정당한 관계' 또는 '각자에게 그의 몫을 가지게 하는 것'이라고 정의하고 있었으나 법의 목적인 정의가 구체적으로 무엇이냐에 대한 학자들의 견해는 다양하다.

로마의 키케로는 "각자에게 자기 것을 귀속시키는 것이야말로 최고의 정의라고 하였고 올피아누스는 정직하게 생활하고 이웃을 해치지 않고 각자에게 그의 몫을 귀속시키는 것으로 정의하고, 플라톤은 정의를 인간의 이성에서 발견하려 하였다. 그는 이성에 의해 의지와 욕망을 통제하여 지혜·용기·절제의 3개의 기본적인 덕이 조화될 때 정의가 실현된다고 하고 이성을 가진 통치자는 지혜를, 의지를 가진 무인은 용기를, 욕망을 가진 생산자는 절도를 각각 발휘하는 철인정치하에서 이상국이 실현되며 정의도 실현된다고 하였다

2. 합목적성

합목적성이란 실정된 목적달성을 위한 수단이 나름 대로의 적합성을 지니고 있다는 사실을 일컫는다. 따라서 법질서가 어떠한 표준과 가치관에 의하여 구체적으로 제정·실시되는 기준이 되는 원리이며 가치관, 사회의 형태, 세계관에 따라 차이를 보인다. 정의와 합목적성은 법의 내용과 관련된 것으로 정의가 일반화 경향을 가지는 이념적인 것이라면 합목적성은 개별화하는 경향을 가지는 이념적인 것이라고 볼 수 있다.

3. 법적 안전성

법적안정성은 법의 형식에 중점을 두는 것으로 법질서의 정립이라고 하는 법 기능에 관련된 이념을 의미한다. 법적 안정성을 유지하기 위한 요건으로는 법의 내용이 명확해야 하고, 법을 쉽게 변성되어서는 안 되며, 특히 입법자의 자의에 의해 영향을 받아서는 안 되며, 법의 내용이 실현 가능해야 하고, 법은 국민의 법의식에 합치해야 한다.

4. 법 목적 상호 간의 관계

법의 목적인 정의, 합목적성, 법적 안전성은 상호 모순되는 면이 없지 않지만 법의 진실한 의미의 법이 될 수 있는 본질적인 요소를 이루는 것이다. 이와 같이 법의 목적을 이루는 구성요소 상호 간에 충돌이 있는 경우 어느 이념을 우선시킬 것인가는 시대와 국가에 따라 다르게 나타난다.[3]

제3절 법제도의 이해

1. 분쟁의 해결

법은 분쟁을 해결하는 것이며 분쟁은 당사자마다 나름대로 자료를 제시하면서 분쟁을 자신에게 유리한 방향으로 이끌어나가기 때문에 판단기준을 객관적이고 공정하게 처리되어야 한다. 도덕이나 관습, 종교 등을 생각할 수 있지만 확인하는 일은 그리 쉽지 않고, 설령 확인한다 하더라도 해결하기란 쉽지 않다. 도덕이나 관습, 종교는 그 내용이 명확하지 않고 상대적인 경우가 많아서 일방적으로 모든 경우에 일관되게 적용되기 힘들기 때문이며 객관적인 분쟁처

---

3) 경찰국가 시대는 국가의 목적과 안정을 위해 합목적성이 우위에 있고, 법실증주의 시대는 법적 안정성이 우위에 있고, 자연법 시대는 정의가 우위에 있다.

리 기준으로 이성에 따라 제정된 법이 필요한 것이다.

2. 질서의 유지

법은 사회의 평화와 질서를 유지하는 기능이다. 넓은 의미로는 법의 분쟁해결 기능과도 연관이 있으며 분쟁당사자들이 원만히 해결되지 않고서는 그 사회의 평화와 질서가 유지하기가 어렵기 때문이다. 법을 통해 질서 유지·양상을 보여주는 단적인 예로는 범죄로부터 시민의 생명과 재산을 보호해 주는 형법이 있다. 형법은 일차적으로 범죄행위로 인해 사회의 질서를 바로잡을 수 있고 차단할 수 있으며 형법뿐만 아니라 헌법은 헌정질서를 유지하는 등 법의 질서 유지 기능은 법의 기본적인 가능으로 파악될 수 있다.

3. 공익의 추구

법은 공익과 공공복리를 추구한다. 법제도를 마련하는 것 그 자체가 곧 공익을 달성하기 위한 적합한 수단이라는 생각을 담고 있다. 공동체 구성원의 합의에서 비롯된 법이 아닌 특정 개인이나 소수 집단의 판단에 입각하여 공동체 전반의 이익을 추구한다는 것은 쉽지 않은 일이다. 역사적으로도 관련자가 공적인 힘을 남용해서 권력자 자신의 개인적 이익만을 추구하거나 국민의 뜻과는 다른 국가 정책을 펴서 혼란을 불러일으킨 사례가 적지 않다 더 큰 문제는 그러한 사회적 손실에 대해 누구도 책임을 지지 않는다는 점이다. 법제도를 통해 공익을 추구하려는 발상은 이러한 문제점들을 극복하고자 했던 과거의 노력과 시행착오의 산물이라고 할 수 있다.

따라서 법이 공익에서 일탈하여 사적인 이익에 봉사하는 것은 일종의 법의 타락으로서 경계하여야 할 것이다.

제2장

법의 기능과 종류

법의 기능

법의 기능에는 여러 견해가 있으나, 모든 사회의 법질서는 각각 그 논리적 성격을 달리하는 세 가지의 행위규범, 강제규범, 조직규범으로 구성되어 있다. 첫째는, 일반적으로 당위를 내용으로 하는 행위규범이며, 둘째는, 국가권력에 의하여 강제되는 강제규범이고, 셋째는, 제도나 조직 자체에 관한 조직규범이 다.4)

1. 행위규범

행위규범은 사회구성원이나 그 법적 공동체가 구성원에 대하여 직접 어떤 행위의 모형을 제시하여 "하여야 할 것, 할 수 있는 것 또는 하여서는 안 될 것 등을 지시하는 것이고 이러한 규범 실천적 관점에서 인간의 행위에 대하여 어떠한 제약을 가하는 것이다. 행위규범은 종교적 규범, 도덕적 규범 그리고 기술적 규범 등으로 다양하다.

---

4) 예를 들어, 물건을 훔치지 마라는 것은 행위규범이고, 타인의 재물을 절취한 자는 6년 이하의 징역 또는 1천만 원 이하의 벌금에 처한다(형법 제329조)는 것은 재판규범이며, 절도범을 체포하여 형을 확정하고 집행하기 위해서는 법원조직법·정부조직법 등의 조직규범이 필요한 것이다.

2. 재판규범

재판규범은 법률생활관계에 있어서 이의나 위법행위가 있는 경우 그것을 재판하여 법률관계를 정비·확정하고 법질서를 회복하기 위한 기준이나 절차에 관하여 규정하는 것이다. 특히 위법행위에 대하여 가해자는 재판에 관하여 규정하는 것이 재판규범으로서의 성질을 두드러지게 가진다.

재판규범은 그 내용에 있어서 행위규범이나 조직규범과 밀접한 관계를 갖는 경우가 많다.

3. 조직규범

조직규범은 어떤 법질서를 공동으로 하는 전체적 사회단체 및 그 내부의 각종 단체의 구성, 기관조직·기관의 권한·책무의 기준을 정하는 것, 그리고 직접 일정한 행위를 지시하는 것이 아니라 행위의 기반인 일정한 제도의 구성에 관하여 규제하는 것을 말한다.

행위규범과 재판규범이 행해지기 위해서는 그 전체가 되는 법이 필요하므로, 여기서 법을 정립하고 이를 적용·집행할 수 있는 조직체가 필요하다. 예를 들면, 전파를 방해하는 행위를 법으로 금지하고 이의 위반에 대해서 처벌을 하려면 먼저 법을 정립할 수 있는 국회라는 조직체가 필요하고, 위반자에 대해서 법을 적용하는 법원이 조직되어 있어야 하며, 또 그 범죄인에 대하여 형을 집행하기 위해서는 정기관이라는 조직체가 필요하게 되는 것이다. 헌법, 국회법, 정부조직법, 국가공무원법, 법원조직법 등이 조직규범에 해당한다.

1. 입법 작용을 하는 법 기관

입법 작용이란, 국가의 통치권에 의해 국가와 국민, 그리고 국민 상호 간의 관계에 관한 법률을 제정하는 것이다. 헌법은 법을 제정하는 입법권이 국회에 있음을 밝히고 있고 국회입법권을 가지는 것은, 국민의 재산과 자유에 관한 기본적인 사항은 민주적 정당성이 있는 국민의 대표기관에서 정하는 것이 바람직하기 때문이다.

하지만 오늘날의 사회는 복잡하고 다양하게 변화하며 전문성을 요구하기 때문에 국회에서 제정하는 법률만으로는 이러한 사회적 요구를 충족하기 어렵다. 따라서, 국회의 입법권 외에 행정부 및 기타 헌법기관, 그리고 지방자치단체도 헌법과 법률이 인정하는 범위 내에서 법규를 정할 수 있다. 국회도 특정 소관 분야를 담당하는 다양한 위원회를 중심으로 활동하면서 전문성의 제고를 꾀하고 있다.[5]

2. 사법 작용을 하는 법 기관

사법 작용이란, 구체적인 분쟁해결절차에서 법관이 법적인 내용을 선언하는 것을 말한다. 쉽게 말해, 사법 작용은 재판을 의미하고, 재판을 담당하는 기관은 법원이다. 법원에서 재판을 할 때 관여하는 법률전문가로는 판사, 검사, 변호사 등이 있는데, 이들은 흔히 법조삼륜이라고 부른다.

판사는 재판의 모든 절차를 주재하며, 최종적으로 사건에 관한 법적 판단을 내리는 역할을 한다.

변호사는 소송 당사자의 의뢰를 받아 변론 등 소송 과정을 대신 진행한다. 검사는 범죄 혐의자를 수사한 뒤 그를 기소함으로써 형사재판 절차가 시작되

---

5) 입법부가 법으로써 법을 해석하는 방법이다. 민법 제98조는 "본법에서 물건이라 함은 유체물 및 전기 기타 관리할 수 있는 자연력을 말한다."라고 규정하고 있는데, 이 규정은 물건이라는 개념의 해석을 법조문으로써 하고 있는 입법해석의 한 모습이라고 할 수 있다.

도록 이끌고, 형사재판 중에는 스스로 원고가 되어 직접소송을 수행하며, 재판이 끝나면 판결을 집행한다. 검사는 국가가 재판의 당사자가 될 경우 에는 국가를 대표하여 소송을 수행하며, 기타 인권을 보호하고 공익을 대표하는 역할을 수행한다.

그 밖에 사법 작용과 관련하여 관심을 가져야 할 법 기관으로는 헌법재판소가 있다. 헌법재판소는 대법원을 정점으로 하는 법원 조직과는 별개로 존재하는 기관이지만, 실질적인 임무는 헌법에 관한 재판을 하는 것이다.

특히, 최근에 와서는 국민의 기본권을 보호하기 위한 여러 가지 의미 있는 결정을 내리면서 헌법재판소가 더욱 중요하게 떠오르고 있다.

3. 행정 작용을 하는 법 기관

행정 작용에 대해 정확한 정의를 내리기 위해서는 학술적인 접근이 필요하지만, 생활법률차원에서는 국가가 행하는 법률 작용 중에서 사법 작용과 입법 작용을 제외한 나머지 법률작용을 뜻하는 것으로 이해하면 충분하다.

실제로, 일반 시민들이 거의 매일 만나게 되는 사람인 경찰이나 1년에 단 몇 번씩이라도 꼭 들르게 되는 장소인 관공서 등을 떠올려 보면, 작용이 시민들의 일상에 얼마나 직접적으로 관여하고 있는지를 느낄 수 있다.

그래서 때때로 행정기관이 시민들의 자유와 권리를 침해하는 경우도 생길 수 있다. 이런 경우에 대해서 우리 법은 각종 보상 및 배상 제도를 포함하여 행정 심판, 행정소송, 헌법소원 등 침해에 대한 구제 절차를 잘 정비해 놓고 있다.[6]

---

6) 행정관청이 법을 집행하기 위하여 하는 해석방법이다. 행정해석은 상급관청의 하급관청에 대한 훈령, 지령, 회답 등의 형식으로 이루어지기도 한다. 하급관청은 행정법상 상급관청의 법해석에 구속되므로, 이에 반하여 법을 해석하거나 집행할 수 없다.

제3장
법의 기본원리

헌법적 관계의 기본원리

1. 기본원리

오늘날 공법과 사법 전반에 걸쳐 널리 통용되는 법의 일반 원칙으로 비례원칙을 들 수 있다. 비례원칙은 두 이해관계가 충돌할 경우에 어느 한쪽에 치우치지 않고 균형 있게 양자를 보장하기 위한 원칙으로, 특히 헌법재판소에서 국민의 기본권을 제한할 가능성이 있다는 이유로 법률의 위헌성을 판단할 때 중요한 기준으로 사용된다. 헌법재판소는 비례원칙의 내용을 다음과 같이 정하고 있다.

먼저, 국가가 정책 등의 달성을 위해 국민의 기본권을 법률로 제한할 경우에는 목적이 정당해야 하고, 그 방법이 적절해야 하며, 국민의 피해를 최소화하는 수단을 사용해야 한다. 또, 이러한 요건을 모두 지킨다고 하더라도, 국민의 권리 침해로 인한 마이너스 효과와 정책달성으로 인한 플러스 효과를 최종적으로 저울질해 보아 국민의 권리 침해의 비중이 더 크다면 비례원칙에 위배되는 것이다.

비례원칙에 위배되는 군복무 가산점 제도는 위헌이다.
제대군인지원에관한법률 제8조 제1항 등 위헌확인-

가산점제도의 주된 목적은 제대 군인이 군복무를 마친 후 빠른 기간 내에 일반 사회로 복귀할수 있도록 해 주는 데에 있다. 이는 입법 정책적으로 얼마든지 가능하고, 또 매우 필요하다고 할 수 있으므로 입법 목적은 정당하다. 그런데 제대 군인에 대하여 여러 가지 사회 정책적 지원을 강구할 필요성이 있다 할지라도, 그것이 공동체 내의 다른 집단에게 동등하게 보장되어야 할 균등한 기회 자체를 박탈하는 것이어서는 안 되는데, 가산점 제도는 공직 수행 능력과는 아무런 합리적 관련성을 인정할 수 없는 성별 등을 기준으로 여성과 장애인 등의 사회진출 기회를 박탈하는 것이므로, 정책수단으로서의 적합성과 합리성을 상실한 것이다. 또한 가산점 제도가 추구하는 공익은 입법 정책적 법익에 불과한 반면, 그로 인하여 침해되는 것은 헌법이 강력히 보호하고자 하는 고용상의 남녀 평등, 장애인에 대한 차별 금지라는 헌법 적가치이다. 그러므로 가산점 제도는 법익 균형성을 현저히 상실한 제도라는 결론에 이르게 된다.

제2절 민사 관계의 기본원리

1. 신의성실의 원칙

민법은, '권리의 행사와 의무의 이행은 신의에 따라 성실하게 할 것'을 규정하고 있다. 예를 들면, 채무자가 채권자를 골탕먹일 의도로 일부러 수십 개의 동전자루로 빚을 갚는 경우처럼 일반적인 상식이나 거래관념에 비추어 납득하기 어려운 행동은 허용할 수 없다는 것이다. 따라서, 신의성실의 원칙은 법을 공유하는 법 공동체 구성원들이 가져야 할 공동체 의식을 강조하는 원리라고

할 수 있다.

2. 권리남용 금지의 원칙

권리남용 금지의 원칙은 겉으로 보기에는 권리를 행사하는 것 같지만 실제로는 타인에게 고통을 주기 위한 행위를 막기 위한 원칙이다. 헌법에서도 권리의 행사는 공공복리에 어긋나지 않도록 해야 한다고 정하고 있다. 이 원칙을 지키지 않는 권리행사는 법이 보장하지 않으며, 경우에 따라서는 권리행사 자체를 불법행위로 보고 상대방에게 손해배상을 하도록 한다.

제3절 형사 관계의 기본원리

1. 죄형법정주의

죄형법정주의란, 아무리 사회적으로 비난받을 만한 행위라 할지라도 국회에서 제정한 법률이 그러한 행위를 범죄로 규정하고 있지 않으면 처벌할 수 없고, 범죄에 대해 법률이 규정한 형벌 이외에는 부과할 수 없다는 원칙으로, 법치국가 형법의 기본원리이다. 이에 따라 국가는 형벌권을 자의적으로 행사할 수 없고, 국민은 자유과 권리를 보호받을 수 있다.

죄형법정주의에 따르면, 법이 만들어진 이전의 사건을 법이 만들어진 뒤에 소급하여 처벌할 수 없다. 선고를 할 때에는 반드시 형의 기간을 정해 피고인에게 기약 없는 수감 조치를 내려서는 안 되며, 법률에 있는 명확한 내용으로 처벌하고, 비슷한 내용을 유추 해석해서는 안 된다. 다만, 이 원리는 국가에 대해 개인의 인권과 권익을 보장하기 위한 것이므로, 피고인에게 유리한 소급 적용이나 유추 해석은 허용될 수 있다.

2. 적법 절차 원칙

적법 절차 원칙이란, 법령의 내용은 물론 그 집행 절차도 정당하고 합리적이어야 한다는 원칙으로, 헌법에 명시되어 있다. 원래 이 원칙은 국가의 형벌권으로부터 국민의 신체의 자유를 보장하기 위한 목적에서 출발한 것이지만, 오늘날에는 공권력과 관련된 모든 행위에서 꼭 지켜져야 할 기본 원리로 인정되고 있다.

제4장

분쟁해결 방법

소송 방식

　소송은 재판절차를 모두 겪는 정식절차와 그렇지 않은 간이절차로 나뉜다. 간이절차는 간단하고 편의적인 판결절차로, 형사소송의 약식절차[7]와 즉심심판절차,[8] 민사소송의 소액사건 심판절차와 독촉 절차를 들 수 있다.

---

7) 약식절차는 경미한 사건의 경우에 피고인을 불러 심리하는 번거로운 절차를 생략하고, 검사가 제출한 서류만으로 판사가 벌금이나 과료 또는 몰수의 형을 내리는 절차이다. 약식절차에 따라 판사가 형을 선고하는 것을 약식 명령이라고 부르는데, 만약 피고인이 약식 명령에 이의가 있을 경우에는 정식 재판을 청구할 수 있다. 따라서, 약식 절차가 헌법상 보장된 신속, 공정한 공개 재판을 받을 권리를 침해한다고 볼 수는 없다.

8) 즉결심판 절차는 20만 원 이하의 벌금형, 30일 이내의 구류형 등이 예상되는 경미한 범죄에 대하여 정식재판절차를 거치지 않고 판사가 그 자리에서 바로 형을 선거하는 절차로, 즉결심판, 또는 줄여서 즉심이라고 한다. 즉결심판 절차는 약식 절차와 달리 꼭 검사가 청구하지 않아도 되고, 경찰서장의 청구에 의해 이루어질 수도 있다. 이 경우에도 피고인이 즉결 심판 결과에 이의가 있다면 정식재판을 청구할 수 있다.

〈즉결심판의 대상 사건〉

① 행정법규 위반사건(도로교통법상의 자동차 주·정차 금지위반, 향토예비군설치법상의 예비군훈련불참자 등)

② 형법위반 사건(폭행죄, 단순도박죄 등)

③ 경범죄처벌법 위반 사건(허위신고, 무임승차 등 54개 항목)

1. 정식 절차

민사소송의 정식 재판 절차를 살펴보면, 원고와 피고성명 및 소송의 목적 등이 밝혀진 소장이 법원에 제출됨으로써 재판이 제시되고, 공개법정에서 양측 당사자가 출석한 가운데 변론절차를 거쳐 법원이 판결을 내리면 재판은 마무리된다.

형사소송에서는 정식재판절차를 공판절차라고 부르는데, 이 경우에는 검사가 법원에 피고인 성명, 죄명, 범죄일시, 장소, 방법, 그에 적용할 법조항 등을 밝힌 공소장을 제출함으로써 재판이 시작된다.

이러한 정식절차는 재판의 기본이 되는 방식이다. 정식절차에서는 재판 당사자가 증거를 제시하고 자신의 의견을 주장할 수 있는 충분한 기회를 제공하기 때문에 진실을 찾고 진정한 권리자를 가리는 데 가장 좋은 형태이다.

그러나 복잡하고 빨리 변하는 현대사회에서 정식절차는 당사자에게 오히려 불편하고 손해가 될 수도 있다.

그래서 경미한 사건에서는 정식절차 대신 약식절차가 선호되는 경우가 많다.

2. 민사소송에서의 간이절차

보통 민사소송을 제기하려면 절차가 복잡하고, 비용이 많이 들며 시일도 오래 걸리기 때문에 변호사나 법무사의 도움이 없이는 일반 서민들이 손쉽게 이용하기 어려운 점이 있어 재판을 꺼리는 때가 많다. 하지만 청구금액이 2천만 원을 초과하지 않는 비교적 단순한 사건에 대하여는 보통의 재판절차보다 훨씬 간편하고 신속하게 재판받을 수 있도록 하는 소액심판제도가 마련되어 있다. 이러한 소액심판은 빌려준 돈이나 물건대금, 곗돈, 약속어음 등을 청구하는 데 이용하면 편리하다.

소송제기 방법은 법원의 종합 접수실이나 민사과에 가면 누구나 인쇄되어 있는 소장서식용지를 무료로 사용할 수 있도록 비치하고 있으므로, 본인이 직접소장에 해당 사항을 써 넣어 작성할 수도 있고, 법원의 접수담당직원에게 구두로 신청할 수도 있으며, 원고와 피고 양 당사자가 임의로 법원에 출석하여 진술하는 방법으로도 소송을 제기할 수 있다.

소송비용은 소송을 제기할 때 드는 비용은 소장에 접수할 수입인지 대금으로 청구금액의 1000분의 5에 해당하는 금액과 당사자 수에 따라 각각 5회분에 상당하는 송달료밖에 들지 않는다.

소송대리의 특칙은 법원에서 소장을 접수하면 즉시 변론기일을 지정(보통 30일 이내)하여 알려주는데, 재판은 1회에 끝나는 것을 원칙으로 하기 때문에 당사자는 모든 증거를 준비하여 최초의 변론기일에 모두 제출할 수 있도록 준비하여야 한다.

피고가 재판에 정당한 이유 없이 출석하지 않든가 답변서를 제출하지 않으면 그대로 원고승소의 판결로 지정하나, 원고가 두 번 출석하지 아니하고 그 후 1개월 내에 기일지정의 신청을 하지 아니하면 소송을 취하한 것으로 간주된다.

또한 재판의 집행은 판결이 선고되었는데도 피고가 돈을 변제하지 않을 때에는 집달관이나 집행법원 등의 집행기관에 의뢰하여 피고의 재산에 대하여 강제 집행하면 된다.[9]

3. 민사소송에서의 독촉 절차

민사 분쟁에서 채권자에게 금전, 유가증권 등을 지급하라는 청구에 대하여

---

[9] 〈사례〉 소송상 청구금액의 크지 않을 경우 법률상 간편한 처리절차?
A는 B가 급히 쓸데가 있다고 하므로 차용증을 쓰고 현금 100만 원을 빌려주었다. 그러나 약속한 반환기일이 왔는데도 B는 차일피일 미루고 있다. A는 빌려준 돈을 받기 위해 소를 제기하고 싶지만 변호사 비용 등이 꺼려져 쉽게 정식재판을 청구하기가 어렵다. A가 빌려준 돈을 반환받기 위한 간편한 법적절차는 없는가?
〈해설〉 A의 경우 그 청구금액이 비교적 소액이므로 소액심판절차를 이용할 수 있다. 청구금액이 2천만 원을 넘지 않는 단순 사건의 경우 보통의 재판절차보다 쉽고 간편하게 재판을 받을 수 있는 소액심판절차가 마련되어 있다 이 제도는 법원의 담당직원에게 구술로도 신청할 수 있을 뿐 아니라, 변호사가 아니더라도 본인과 일정한 관련이 있는 자가 소송대리를 할 수 있다. 따라서 A는 소액심판절차를 이용하여 변호사를 통하지 않더라도 쉽게 자신이 빌려준 돈을 받기 위한 재판을 청구할 수 있다.

변론 없이 곧바로 지급명령을 내리는 절차를 독촉절차라고 한다. 이는 당사를 법원에 소환하지 않고 절차를 진행하므로 매우 간편하고 비용도 저렴하다. 소를 제기하려고 하는 채권자는 전술한 통상의 소송절차를 이용할 것인지 아니면 독촉절차를 이용할 것인지를 자유롭게 선택할 수 있다. 다만 지급명령을 받은 채무자가 이의를 제기하면 통상의 소송절차로 전환된다.

한편 지급명령이 채무자가 기재주소에 실제 거주하지 않는 등의 이유로 송달되지 않으면 법원에서는 주소보정명령을 내리게 되는데 채권자가 부소보정을 하면 보정된 주소로 재송달하게 되고, 민사소송법 제466조 제1항에 의거 소제기 신청을 하면 통상적의 소송절차로 이행되어 처음부터 소를 제기한 경우와 같이 재판절차가 진행된다. 하지만 채권자가 보정절차를 이행하지 않게 되면 지급명령신청서가 각하되어 처음부터 절차를 다시 시작해야 한다는 점을 주의해야 한다.

4. 형사소송에서의 간이 절차

형사소송에서의 약식 절차는 정식절차인 공판절차와 달리 경미한 사건의 경우 법원이 피고인을 불러 심리하는 절차를 생략하고 검사가 제출한 서류만으로 판사가 벌금이나 과료 또는 몰수의 형을 내리는 절차를 약식절차라고 한다. 그리고 약식절차에서 판사가 형을 선고하는 것을 약식명령이라고 한다. 약식명령을 받은 사람은 그 내용에 이의 있는 경우 7일 이내에 정식재판을 청구하여 법정에서 이의내용을 주장하여 다툴 수 있다.

제2절   대안적 해결방식

1. 개요

일반적으로 소송은 비용이 많이 들어 최종 판결이 나기까지 긴 시간이 걸리기 때문에 소송당사자들로서는 한 건의 소송으로 인해 재산적로나 정신적으로 2차적인 많은 피해를 보게 된다.

이러한 문제점을 해소하고자 대안적 분쟁해결방식을 우리 법제도에서도 도입하고 있다.

2. 협상

협상이란, 분쟁이 발생했을 때 제3자의 개입 없이 당사자끼리 합의에 의해 해결하는 것을 말한다.

3. 알선

알선은 당사자끼리 합의에 의해 분쟁을 해결하는 점에서 협상과 같지만, 제3자가 당사자들이 합의할 수 있도록 자리를 마련해 주는 등의 방식으로 도와준다는 점이 다르다.

4. 중재

당사자들끼리 분쟁이 해결되지 않을 때 당사자들이 이해관계와 무관한 중립적인 제3자의 결정에 따르기로 당사자들이 합의하면 그 제3자가 합의안을 제시하여 분쟁을 해결하는 방식이다.

이러한 중재주체로는 사적인 주체도 있지만 특히 법원이 아닌 중재위원회 등 공공기관도 그 주체로서 중요한 역할을 하고 있다. 실제로도 국제상사거래 분쟁이나 노동법상 분쟁, 그리고 국제법상의 분쟁에 있어 중재에 의한 해결방식이 이용되고는 한다.

5. 조정

1990년부터 민사소송으로 가지전에 당사자의 선택 또는 법원의 결정으로 민사조정을 거칠 수 있도록 하고 있고 법원에 의해 설치된 조정위원회에서 당사자들 간에 원만한 합의에 의해 융통성 있는 결론을 내게 되어 당사자들이 모두 그 절충안에 승복을 하게 되면 판결과 같은 효력을 가지게 된다(재판상의 조정). 한편 가사소송에 있어서 일정한 경우에는 반드시 조정절차를 거쳐야 한다.

제3절 분쟁해결을 위한 마음가짐

1. 개요

법의 분쟁이 발생하면 당사자인 시민들은 경제적·시간적으로 크게 손해를 보게 됨은 물론이고, 해결 가정 속에서 상당한 심적 고통도 뒤따르게 된다. 그러므로 당사자들은 하루빨리 분쟁을 해결하고자 법률적 자문을 구하게 되고, 이때 양질의 법률 서비스를 제공받기 위해서는 별도의 비용을 추가적으로 지불할 수밖에 없는 것이 현실이다.

따라서, 일반 시민들은 갈등과 분쟁이 발생하지 않도록 사전에 충분히 예방하여야 하며, 분쟁이 발생했을 때에도 가능한 한 최선의 해결책을 제공받을수 있는 방법을 찾도록 노력하여야 한다. 그렇다면 분쟁의 예방과 해결을 위해 최선의 실천 원리에는 어떤 것들이 있는지 알아보도록 하자.

1) 분쟁을 미리 예방하자

먼저, 되도록 법률분쟁 자체가 발생하지 않도록 해야 한다. 법률생활에서 가장 중요한 미덕이 바로 분쟁을 미리 예방하는 삶의 지혜이다 .

예를 들어, 일상생활에서 거래를 할 때에도 말로만 구두 계약을 하기보다는 계약서를 서류로 작성하는 것이 분쟁을 효과적으로 예방하는 방법이다.

2) 제도와 절차를 활용하자

그럼에도 불구하고 분쟁이 발생했으면 법제도와 절차를 충분히 활용하는 적극적인 자세가 필요하다. 법률격언 중에 "권리 위에 잠자는 자는 구제해 줄 필요가 없다"라는 말이 있다. 이는 자신의 권리는 스스로 지켜야 한다는 의미를 담고 있는 말이다. 법률생활에 있어서 침묵은 금이 아니라 독이다.

3) 결과를 수용하자

법제도를 통해 제시된 해결책을 수용하는 자세가 필요하다. 법제도는 개인들의 이해관계가 충돌하는 분쟁을 최대한 공정하게 해결하기 위해 공동체가 합의한 질서이다. 따라서, 법의 자신의 편이 아니라고 해도 정당한 절차에 따라 이루어진 분쟁 해결의 결과라면 그 결과를 받아들일 줄 알아야 한다. 그러나 법이 언제나 완벽한 것은 아니라는 점 역시 잊어서는 안 된다. 우리는 법적 판단을 존중하여야 하지만, 다른 한편으로 법의 부족함을 보완하고 잘못된 법은 개선시켜 나가야 한다.

4) 공동체 구성원으로서 책임 의식을 가지자

우리는 주위에서 자신의 책임은 망각한 채 무조건 법대로 하자고 목소리를 높이는 사람이 종종 볼 수 있다. 그러나 우리 모두는 이 공동체의 구성원으로서 국가와 사회라는 테두리 안에서 보호받으며 생활하고 있다는 점을 먼저 생각해 볼 필요가 있다. 각자가 공동체 구성원으로의 책임과 의무를 다했는지 따져 본 다음에 비로소 자신의 권리를 주장하는 것이 민주 시민으로서 바람직한 태도일 것이다.

제5장

시민생활과 권리규제 제도

시민생활

1. 개요

사람은 서로를 해하지 않고 평화롭게 어울리면서 외적을 물리치고 공동체 부를 극대화하는 것을 최고의 이상으로 삼는다. 그러나 유감스럽게도 인간의 욕심은 무한하나 그것을 채워 줄 재화는 유한하여, 그 함수 관계는 우리들 일상생활 속에서 항상 갈등과 다툼을 예비하고 있다. 사회가 발전하는 과정에서 공동체의 평화유지를 위하여 필요한 갖가지 규범들이 하나하나 형성되어 왔다. 관습, 종교, 도덕 예와 같은 것이 대표적인 사회규범인데, 이들 사회규범만으로는 분쟁해결에 한계가 있게 되어 국가에 의한 강한 강제적 제재가 뒤따르는 법이 등장하였다. 이러한 법규범에도 여러 종류와 단계가 있어 매우 다양한 사회적 분쟁에 대비하고 있다. 사법적 해결, 공법적 해결과 함께, 특히 형벌과 같은 강력한 제재수단을 가진 형사법적 해결도 있다.

2. 구제수단을 개관하는 내용

분쟁이 발생하여 권리가 침해된 개인은 가해자인 다른 구성원이나 국가를 상대로 권리를 구제받을 수 있는 조치를 취해야 한다. 우리 법제가 보장하는 이러한 권리구제제도의 주요 내용을 다루기에 앞서 먼저 구제수단을 개관하는 것은 다음과 같은 시대적 배경이 있기 때문이다.

① 우리 사회에서도 점차 목적의 타당상 못지않게 수단과 절차의 정당성이 중요한 가치로서 강조되고 있다. 특히 법제도에 있어서도 개인이 어떠한 권리를 가지는가에 버금가게 그러한 권리를 어떻게 실현할 것인가가 더 중요한 과제로 등장하고 있는 것이다.

② 민주사회에서 표현의 자유를 비롯한 정치적 기본권이 신장될수록 개인이나 집단 간 갈등을 해결하는 최선의 방법은 절차적 정의의 실현이라는 점을 우리 사회구성원 모두가 인정하기 시작하는 점이다.

최근 대형 국책사업의 추진과정에서 드러난 것처럼 절차적 하자가 사업의 근간을 흔들고 엄청난 국가적 예산 손실을 야기하고 있는 사례를 자주 접하고 있다.

③ 1990년대부터 우리 법제에도 일반법인 행정절차법이 등장하면서 여러 법규에 시민의 권리보장을 위한 다양한 제도를 두고 있다. 각종 고지, 청문, 시민감사, 입법예고 등 제도를 비롯하여, 특히 수많은 비정부기구(NGO)의 국정참여를 비롯하여 다양한 시민의 의견수렴이나 이해관계자의 권리보호를 위한 제도를 강화하고 있는 것이다.

제2절 재판에 의한 구제제도

1. 민사사건

1) 소송주체 및 당사자

민사소송이란 개인 간에 생활 속에서 발생한 법적분쟁이나 이해관계의 충돌을 국가의 재판권에 의하여 해결 및 조정하기 위한 절차이다. 즉, 국가기관인 법원이 분쟁 당사 사이에 개입하여 분쟁을 조정·해결하기 위하여 사권의 존재를 확정하고 국가적 견지에서는 사법질서의 유지를 목적으로 하는 것이다.

민사소송을 먼저 제기한 사람을 원고라 하고, 소송을 당하는 상대방을 피고라 한다. 개인이나 법인은 물론 종중이나 동창회 같은 사실상의 단체도 민사소송에서 원고와 피고가 될 수 있다. 민사소송은 원칙적으로 피고의 주소지를 관할하는 법원에 소송을 제기하여야 하지만 원고의 편의 등을 위하여 예외가 인정되는 경우가 있다.

민사소송의 제1심은 지방법원이 되는데, 소송물 가액의 1억 원을 초과하는 사건은 판사 3인으로 구성되는 합의부에서 재판을 하며, 그 이하의 사건은 단독판사가 재판을 한다. 요즘은 시민법원도 계속 설치되고 있는데, 시군법원은 소액 사건 심판법의 적용을 민사사건, 화해독촉 및 조정에 관한 사건을 관할한다.

2) 소의 제기

민사소송은 소장을 작성하여 인지를 붙여서 관할법원에 제출함으로써 이루어진다. 소장에는 소정사항을 기재하고 그 작성자인 원고 또는 대리인이 기명날인한다. 소장에는 먼저 원고와 피고의 주소 성명(전화번호와 우편번호도 기재하는 것이 좋다)을 정확히 기재해야 한다. 피고가 있는 곳을 알 수 없을 때에는 소명자료를 첨부하여 공시송달을 신청할 수 있다.

또한 소장에는 청구취지와 청구원인을 간결하고 명확하게 기재하여야 한다. 피고가 여러 명인 경우에는 그 피고의 수만큼 소장의 부본(복사본)을 만들어 함께 제출하여야 한다.

재판장은 민사소송의 제기되면 소장 부본을 피고에게 보내 피고를 상대로 어떠한 소송에 제기되었는지를 미리 알려준다. 따라서 피고에게 소장 부본이 도달되지 않으면 소송이 진행되지 않는다.

3) 변론

변론이란 당사자 쌍방이 소송이 계속된 법원의 재판장에 나와 구술로 판결의 기초가 될 소송자료(사실과 증거)를 제출함으로써 심리에 협력하는 절차를 말한다. 보통 변론은 최초의 기일에 원고가 소장에 기하여 그 본안신청을 진술함으로써 개시된다.

주장과 답변 등은 원고와 피고가 변론기일에 출석하여 구두로 하는 것이 원칙이지만 미리 서면으로 작성하여 재판부에 제출할 수도 있는데 이를 준비서면 또는 답변서(피고가 제출하는 최초 준비서면)라고 한다.

재판실무에서는 변론과정에서의 주장이나 답변 등은 간단한 사항을 제외하고는 미리 서면으로 준비하여 제출하는 것이 재판의 원활한 진행을 위하여 도움이 된다.

4) 입증 방법

법규를 적용하기 위해서는 먼저 야기된 사실관계가 확정되어야 하는 것이다. 이 사실은 객관적인 증거로 입증되어야 한다. 주장이나 항변에 대하여 상대방이 부인하면 주장자 또는 항변자는 이것이 사실이라는 것을 반드시 입증하여야 한다.

입증할 책임이 누구에게 있느냐 하는 것은 중요하며 매우 어렵고 복잡한 문제이다. 일반적으로 법조문의 본문에 있는 적극적 요건에 대하여는 이를 주장하는 피고가 부담한다. 입증을 하는 방법에는 제한이 없으나, 계약서 등의 문서를 제출하여 입증하는 서증, 증인을 세워서 입증하는 증인 신문, 기타 검증 감정당사자 본인신문 등이 주로 많이 쓰인다.

의제자백은 원고나 피고 중 어느 한쪽이 소환을 받고도(고시송달제외) 불출석하면 출석한 쪽이 주장하는 사실을 자백한 것으로 간주하는 것을 말하며, 다만 불출석하더라도 준비서면이나 답변서를 제출한 경우에는 불출석으로 되지 않는다.

5) 소송절차의 종류

법원의 심리를 완료하면 변론을 종결하고 보통 2주 후에 판결을 선고하는 것이다. 즉 소송은 종국 판결의 확정에 의하여 종료된다.

판결이 확정된 후에는 그 판결이 소송상의 문제가 있더라도 당사자는 이에 저촉되는 주장을 할 수 없고 법원도 이에 반하는 판단할 수 없게 되는데 이를 기판력이리고 한다. 확성된 이해 판결에는 강제 집행할 수 있는 효력, 형성판결에는 기존의 법률관계를 변동시키는 효력이 있다. 그리고 원고가 판결확정 전에 소를 취하하면 소송은 종결되며, 그 외 청구의 포기, 인낙, 화재 등으로 소송이 종료되기도 한다. 원고와 피고 쌍방이 모두 2회에 걸쳐서 적법한 소환을 받고도 출석하지 않거나 변론을 진행하지도 않고, 그때로부터 1개월 내에 기일지정 신청도 하지 않으면 소가 취하된 것으로 간주하여 소송이 종료되었는데 이를 쌍불 취하라고 한다.

6) 판결 확정과 강제 집행

국가의 공권력의 발동이다. 소송의 당사자는 판결이 확정되면 소송기록이 있는 법원에서 판결확정증명을 받고, 판결해 집행문을 부여받아 이를 채무명의로 하여 상대방의 재산 등에 강제집행을 하여 소송의 목적을 달성하게 된다.

7) 민사소송이란?

"소송"이라 함은 법원이 사회에서 일어나는 이해의 충돌을 공정하게 처리하기 위하여 대립하는 이해관계인을 당사자로 관여시켜 심판하는 절차를 말한다.

3심제도

하나의 사건에 대하여 세 번까지 심판을 받을 수 있는 심급제도가 3심제도이다. 1심 판결에 불복하는 경우 다시 판결을 내려줄 것을 신청(항소)할 수 있으며, 2심 판결에 불복하는 경우 다시 판결을 신청(상고)할 수 있는 것을 말한다. 다만, 모든 사건을 3심으로 하여야 하는 것은 아니다.

3심제도

소송의 흐름

소송은 소의 제기에 의하여 개시된다. 소장을 법원에 제출하면, 피고에게 소장부본이 송달된다. 피고에게 소장이 송달된 경우에는, 답변서 제출기한이 만료된 직후 재판장이 사건기록을 검토하여 처리방향을 결정하게 되는데 그때까지 답변서가 제출되었는지 여부에 따라 절차진행은 전혀 다른 궤도를 따라가게 된다.

먼저, 기한 내에 답변서가 제출되지 않았거나 자백 취지의 답변서가 제출된 경우에는 일단 무변론판결 대상 사건으로 분류된다.

다음, 피고가 기한 내에 부인하는 취지의 답변서를 제출하여 원고청구를 다투는 경우에는, 재판장은 바로 기록을 검토하고 사건을 분류하여 심리방향을 결정한다.

원칙적으로 재판장은 가능한 최단기간 안의 날로 제1회 변론기일을 지정하여 양쪽 당사자가 법관을 조기에 대면할 수 있도록 한다. 제1회 변론기일은 쌍방 당사자 본인이 법관 면전에서 사건의 쟁점을 확인하고 상호 반박하는 기회를 가짐으로써 구술주의의 정신을 구현하는 절차이다. 이를 통하여 양쪽 당사자 본인의 주장과 호소를 할 만큼 하게 하고, 재판부도 공개된 법정에서의 구술심리 과정을 통하여 투명하게 심증을 형성함으로써, 재판에 대한 신뢰와 만족도를 높이는 방향으로 운영하고자 하는 것이다. 이처럼 제1회 변론기일을 통하여 양쪽 당사자가 서로 다투는 점이 무엇인지 미리 분명하게 밝혀지면, 그 이후의 증거신청과 조사는 그와 같이 확인된 쟁점에 한정하여 집중적으로 이루어질 수 있게 된다.

한편, 재판장은 사건분류의 단계 또는 제1회 변론기일 이후의 단계에서, 당해 사건을 준비절차에 회부할 수 있다. 이는 양쪽 당사자의 주장내용이나 증거관계가 매우 복잡하여, 별도의 준비절차를 통하여 주장과 증거를 정리하고 앞으로의 심리계획을 수립하는 것이 필요하다고 판단하는 경우에 이루어진다. 준비절차는 양쪽 당사자가 서로 준비서면을 주고받거나(서면에 의한 준비절차), 법원에서 만나 주장과 증거를 정리하는 방법(준비기일에 의한 준비절차)으로 진행된다.

앞서 본 변론기일 등의 절차가 진행되는 과정에서 쌍방 당사자는 준비서면에 의한 주장의 제출과 더불어 그 주장을 뒷받침하는 증거신청 및 증거의 현출을 모두 마쳐야 한다. 따라서 관련 서증은 원칙적으로 준비서면에 첨부하여 제출하여야 하고, 문서송부촉탁, 사실조회, 검증·감정신청과 그 촉탁은 물론 증인신청까지도 모두 이 단계에서 마치는 것을 원칙으로 한다.

증거조사기일에는 원칙적으로 사건에 관련된 쌍방의 증인 및 당사자신문 대상자 전원을 한꺼번에 집중적으로 신문하고, 신문을 마친 사건은 그로부터 단기간 내에 판결을 선고하는 구조로 운영한다.

그리고 당사자 쌍방이 다투는 사건에 대해서는 위와 같은 절차진행의 과정 중 어느 단계에서든 화해권고결정이나 조정제도를 활용하여 분쟁의 화해적 해결을 시도하는 것을 지향한다.

소장제출부터 판결

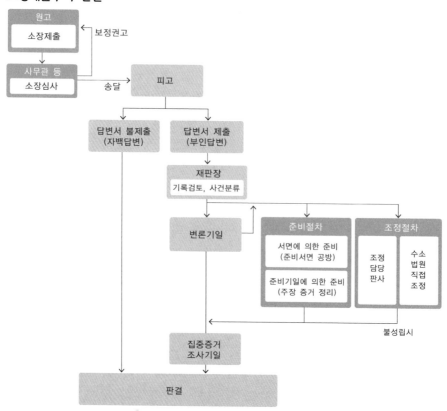

접 수 인

소　　　　장

사 건 번 호		
배당순위번호		
담　　당	제	단독

사 건 명

원　　고	(이름)	(주민등록번호　　　　－　　　　)
	(주소)	(연락처)
1. 피　고	(이름)	(주민등록번호　　　　－　　　　)
	(주소)	(연락처)
2. 피　고	(이름)	(주민등록번호　　　　－　　　　)
	(주소)	(연락처)

소송목적의 값		원	인지		원
	(인지첩부란)				

○○ 지방법원　귀중

◇유의사항◇

1. 연락처란에는 언제든지 연락 가능한 전화번호나 휴대전화번호, 그 밖에 팩스번호·이메일 주소 등이 있으면 함께 기재하여 주시기 바랍니다. 피고의 연락처는 확인이 가능한 경우에 기재하면 됩니다.

2. 첨부할 인지가 많은 경우에는 뒷면을 활용하시기 바랍니다.

제2호 양식

대여금 청구

청 구 취 지

1. 청구금액: (원　금) 금 _____원

   (가산금) 기 간 _____부터 소장부본 송달일까지

   비 율 연 _____%

   기 간 소장부본 송달 다음 날부터 갚는 날까지

   비 율 연 12%

2. 피고들 상호 간의 관계 : 연대(　)

1. 대여내역

   (1) 대여자 _____　　(2) 차용자 _____

   (3) 연대보증인 _____,　_____

   (4) 대 여 일 :_____, _____, _____

   (5) 금　　액 :_____원, _____원, _____원

   (6) 변 제 기 :_____, _____, _____

   (7) 약정이율 :_____, _____, _____,

2. 기타 보충할 내용

20　.　.　.

원고　　　　　　　　　　　(인)

제11호 양식

증거방법과 부속서류 기재

청 구 원 인

증 거 방 법

부 속 서 류

조 정 신 청 서

사 건 명

신청인   (이름)   (주민등록번호   –   )
              (주소)   (연락처)

피신청인   (이름)   (주민등록번호   –   )
              (주소)   (연락처)

소송목적의 값		원	인 지		원
※ 조정비용은 소장에 첨부하는 인지액의 1/5입니다.					
(인지첩부란)					
송달료 계산 방법 : 당사자 수(신청인＋피신청인)×5×3,060원(1회 송달료) ※1회 송달료는 추후 변동될 수 있습니다.					

휴대전화를 통한 정보수신 신청

위 사건에 관한 재판기일의 지정·변경·취소 및 문건접수 사실을 예납의무자가 납부한 송달료 잔액 범위 내에서 아래 휴대전화를 통하여 알려주실 것을 신청합니다.

◼ 휴대전화 번호 :

20   .   .   .

신청인   원고   (날인 또는 서명)

※ 문자메시지는 재판기일의 지정·변경·취소 및 문건접수 사실이 법원재판사무시스템에 입력되는 당일 이용 신청한 휴대전화로 발송됩니다.

※ 문자메시지 서비스 이용금액은 메시지 1건당 17원씩 납부된 송달료에서 지급됩니다(송달료가 부족하면 문자메시지가 발송되지 않습니다).

※ 추후 서비스 대상 정보, 이용금액 등이 변동될 수 있습니다.

○○ 지방법원 귀중

◇유의사항◇

1. 연락처란에는 언제든지 연락 가능한 전화번호나 휴대전화번호, 그 밖에 팩스번호·이메일 주소 등이 있으면 함께 기재하여 주시기 바랍니다. 피신청인의 연락처는 확인이 가능한 경우에 기재하면 됩니다.

2. 첨부할 인지가 많은 경우에는 뒷면을 활용하시기 바랍니다.

신 청 취 지

1.

2.
라는 조정을 구합니다.

신 청 원 인

1.

2.

3.

입 증 방 법

1.
2.
3.
4.

첨 부 서 류

1. 위 입증방법   각 1통
1. 신청서부본   1통
1. 송달료납부서   1통

　　　　　　　　　　200 　.　　　.　　　.

　　위 신청인   (서명 또는 날인)

부동산가압류신청서

<table>
<tr><td colspan="3" align="right">수입인지
10,000원</td></tr>
</table>

채 권 자   (이름)   (주민등록번호   -   )

               (주소)

채 무 자   (이름)   (주민등록번호   -   )

               (주소)

신 청 취 지

채무자 소유의 별지 목록 기재 부동산을 가압류한다는 결정을 구함

청구채권(피보전권리)의 내용

청구금액 금   원

신 청 이 유

소 명 방 법

1. 부동산등기부등본   통

2.

                   20   .   .   .

          채권자   (날인 또는 서명)

             (연락처 :   )

지방법원 귀중

◇ 유 의 사 항 ◇

1. 청구채권(피보전권리)의 내용란에는 채권의 발생일자와 발생원인 등을 기재합니다. (예시) 2003. 1. 1.자 대여금

2. 신청인은 연락처란에 언제든지 연락 가능한 전화번호나 휴대전화번호(팩스번호, 이메일 주소 등도 포함)를 기재하기 바랍니다.

3. 이 신청서를 접수할 때에는 당사자 1인당 3회분의 송달료를 송달료수납은행에 예납하여야 합니다

〈예시〉

가압류할 부동산

1. 서울 종로구 청운동 100

   대 200㎡

2. 위 지상

   시멘트블럭조 기와지붕 단층 주택

   50㎡ 끝.

2. 형사사건

1) 형사소송의 기본 구조

사회생활 관계에서 발생하는 갈등이나 사고로 인한 분쟁은 통상적으로 민사적 방법으로 해결하는 것이 바람직스럽지만, 살인이나 강도와 같이 중대한 개인이나 국가의 법익을 해치는 행위는 이를 국가가 범죄로 규정하고 재판을 통하여 그 제재로서 형벌이나 보안처분을 부과함으로써 사회의 질서를 회복할 수 있도록 하고 있다.

즉 형법은 무엇이 범죄이고 그 법률 효과로서 어떤 형벌이나 보안처분을 과할 것인가를 규정하는 법체계를 의미한다. 이러한 형법을 실제 사건사건에 구체적으로 적용하는 절차를 형사소송이라고 하며, 이를 규정한 기본적인 법으로 형사소송법이 있다.

형사사건이란 실질적 의미의 형법(범죄에 대하여 형벌이나 보안처분을 과하는 법규범 전부를 가리킨다)의 적용을 받게 되는 사건을 말하며, 형사소송 절차는 통상적으로 수사기관이 신고 등에 의하여 인지한 사건을 수사하여, 검사가 사건이 중대한 경우에 공소를 제기하고, 공소제기된 사건에 대하여 재판을 통하여 형이 확정되면 이를 집행하는 과정을 거치게 된다.

2) 수사

형사사건을 조사하는 모든 절차를 수사라고 한다. 즉 범죄의 혐의를 명백히 하기 위하여 범인을 발견·확보하고, 범죄의 증거를 수집·보전하는 수사기관의 활동을 수사라고 하는데, 수사기관에는 검사와 사법경찰관리가 있다. 모든 수사의 최종 책임자는 검사이며, 사법경찰관리는 검사의 지휘를 받아 수사를 하게 되는데, 사법경찰관리에는 일반형사사건을 취급하는 일반사법경찰관리와 철도공안, 산림, 소방, 해사 등 특별한 사항만 수사할 수 있는 특별사법 경찰관리가 있다.

수사기관이 수사를 개시하는 원인(수사단서)으로는 피해자 등으로부터 범죄의 신고(고소 고발, 자수 등)를 받거나, 풍문이나 신문방송의 기사를 보고 시작하거나, 우연히 범죄사실을 알게 되어 수사를 시작하는 등과 같이 일정한 제한이 없고, 수사기관의 주관적인 혐의 인정에 따라 수사가 개시된다.

입건이란 수사기관이 수사를 개시하여 형사사건으로 되는 것을 말한다. 이와는 달리 범인이 아닌가 하는 상당한 의심은 가지만 아직은 법인이라는 뚜렷한 혐의가 발견되지 않은 사람을 요의자라고 하며, 이와 같이 아직 범죄의 혐의가 뚜렷하지 않아 정식으로 입건하기에는 부족하지만 내부적으로 조사를 하는 것을 내사라고 한다.

사례 1 | 고소, 고발은 어떻게 하여야 하는가?

A는 회사 동료들과 술자리 중 옆 테이블의 B와 시비가 붙어 B에게 폭행을 당했다. 그런데 가해자인 B가 전혀 반성의 기미가 보이지 않아 처벌을 받게 하고자 한 다 고소를 하여야 하는가, 고발을 하여야 하는가, 또한 그 방법을 무엇인가?

[해설] 고소는 범죄의 피해 당사자 또는 피해자와 일정한 관계에 있는 자가 수사기관에 신고하여 범인을 처벌해 달라고 하는 것이고, 고발은 당사자 이외의 자가, 고소권자와 법인 이외의 제3자가 수사기관에 대하여 범인을 처벌해 달라는 의사표시를 말한다. 사례에서 A는 직접 피해당사자이므로 고소를 하여야 할 것이다. 고소는 서면 또는 구술로 검사 또는 사법경찰관에게 할 수 있으나 실제적으로는 서면으로 하는 것이 관례이므로 고소장을 작성한 후 수사기관인 검찰청이나 경찰에 접수하여야 한다.

---

2) 체포와 구속

입건된 피의자가 죄를 범하였다고 의심할 만한 상당한 이유가 있고, 피의자가 작성한 이유가 없이 수사기관의 출석요구에 응하지 않거나, 응하지 않을 우려가 있는 때에는 피의자를 체포할 수가 있다. 피의자를 체포하려면 원칙적으로 판사가 발부한 체포영장이 있어야 하는데 청구하여 판사가 체포영장을 발부한다.

수사기관은 범죄가 무겁고 긴급한 사정이 있어 체포영장을 발부받을 여유가 없을 때에는 그 사유를 알리고 영장 없이 피의자를 체포할 수 있는데 이를 긴급체포라 하며, 이 경우에는 즉시 검사의 승인을 얻어야 한다. 범죄를 실행 중에 있거나 실행 직후인 자를 현행범인이라고 하며, 현행범인은 누구든지 체포영장 없이 체포할 수 있으나, 수사기관이 아닌 사람이 현행범인을 체포한 때에는 즉시 범인을 수사기관에 넘겨야 한다.

수사기관이 수사를 한 결과 범죄가 무겁고 죄질이 나쁘며 사는 곳이 일정하지 않거나 도망 또는 증거를 인멸할 우려가 있는 경우에는 수사기관은 피의자를 구속할 수 있다.

체포한 피의자를 구속하려면 체포한 때부터 48시간 이내에 판사에게 구속영장을 신청하여야 하며, 그 기간 내에 구속영장을 석방하여야 한다. 이 경우 체포된 피의자는 구속영장이 발부되기 전에 구속 전 피의자 신문을 신청하여 판사 앞에서 변명의 기회를 가질 수가 있는데, 이 제도를 구속 전 피의자 심문 제도라 한다.

또한 피의자는 수사기관에 체포되거나 구속되었다고 하더라도 구속 적부심사 제도에 따라 다시 법원으로부터 체포 또는 구속의 적부 여부를 심사받을 수가 있다.

검사에 의하여 구속 기소된 피고인은 재판을 담당한 법원에 보증금을 납부할 것을 조건으로 석방하여 줄 것을 청구할 수가 있는데 이를 보석이라고 한다.

3) 송치와 기소

사법경찰관은 형사사건을 수사한 경우 모든 수사기록과 증거물, 그리고 피의자를 구속한 경우에는 피의자를 검찰청으로 보내야 하는데, 이를 송치한다라고 한다. 형사사건은 사건의 크고 작음에 관계없이 검사만이 수사를 종결할 수 있기 때문이다.

검사는 자기 책임하에 형사사건을 기소하든지 불기소 처분을 하여 종국 결정을 한다. 검사는 사법경찰관으로부터 송치받은 사건이나 직접 수사한 사건에 대하여 피의자가 재판을 받아야 한다고 판단되는 경우에는 사건을 법원에 회부하게 되는데, 이를 공소제기(기소)라고 한다. 검사에 의하여 기소된 사람을 피고인이라고 한다.

검사가 형사사건을 수사한 결과 재판에 회부하지 않는 것이 상당하다고 판단되면 기소를 하지 않고 사건을 종결하는데 이를 불기소 처분이라고 하며, 불기소 처분으로 중요한 것은 기소유예(죄는 인정하지만 피의자의 연령이나 성품과 행동, 환경, 피해자에 대한 관계, 범행의 동기나 수단, 범행 후의 정황 등을 고려하여 전과자를 만들지 않고 용서해 주어 다시 한번 성실하게 살아갈 수 있도록 기소를 하지 않는 것)와 무혐의처분(수사결과 범죄를 인정할 만한 증거가 없는 경우에 피의자가 무고함을 검사가 최종적으로 판단하는 것)이 있다.

검사가 피의자에 대하여 징역형이나 기소와 동시에 법원에 대하여 벌금형에 처해 달라는 약식 명령을 청구할 수 있는데, 이를 약식기소라고 하며, 이미 구속된 사람에 대하여 약식 기소를 하는 경우에는 석방하여야 한다. 약식기소가 있는 경우 판사는 정식재판에 회부할 수도 있고, 정식공판 절차를 거치지 않고 수사기록만으로 재판을 하여 양식명령을 할 수 있다. 판사의 약식명령에 불복하는 피고인이나 검사는 7일 이내에 정식 재판을 청구할 수 있다.

5) 재판

검사가 기소한 사건에 대하여 법원은 공판을 열어 재판을 하게 되는데, 심리 결과 피고인의 죄가 인정되면 판사는 유죄의 판결을 하며, 유죄로 인정할 만한 증거가 없으면 무죄를 선고한다.

유죄의 판결은 정상에 따라 실형을 선고할 수도 있고, 집행유예(예를 들어, 징역형을 선고하면서 일정한 유예기간 동안 그 형의 집행을 미루어 두고 그 기간 동안 재범을 하지 않고 성실하게 살면 그 기간 만료 시에 형의 선고를 실효시켜 아예 집행을 하지 않는 것)를 붙일 수도 있으며, 특히 정상이 참작되는 때에는 선고유예(형의 선고 자체를 미루어 두었다가 일정 기간 무사히 지나면 면소된 것으로 간주하는 것)를 할 수도 있다.

6) 형의 집행

법원의 판결에 따라 형이 선고되면 검사가 그 형을 집행한다. 징역형이나 금고형은 교도소에 수감하여 집행하고, 벌금형은 판결이 확정된 날부터 30일 이내에 검찰청에 납부하여야 한다. 벌금을 납부하지 않으면 1일 이상 3년 이내에 범위 안에서 벌금액을 환산하여 노역장에 유치한다.

행정사건 즉, 행정기관의 공권력 작용으로 인하여 권리 또는 이익을 침해당한 자가 자신의 권익을 구제받기 위한 제도로는 크게 두 가지가 있다. 하나는 당해 공권력 작용 그 자체를 다투어 그 공권력 작용의 효력을 소멸시킴으로써 자신의 권익침해 상황으로부터 벗어나는 제도이고, 다른 하나는 행정기관의 공권력 작용으로 인하여 권익을 침해당한 자기 그 손해 또는 소실에 갈음하여 금전적인 배상 또는 보상을 받아 자신의 권리 이익을 보전하는 제도이다. 전자를 행정상 쟁송제도라 하며, 후자를 행정상 손해전보제도라고 한다.

행정상 쟁송제도에는 당해 쟁송을 행정기관이 관장하는 행정심판과 사법부가 관장하는 행정소송이 있으며, 행정상 손해전보제도에는 공무원의 위법한 직무행위나 또는 공공영조물의 설치·관리상의 하자로 인한 손해에 대하여 금전적 배상을 하는 행정상 손해배상제도와 적법한 공권력 행사에 의해 특정한 국민의 재산권에 특별한 희생이 발생한 경우에 그 손해를 보상하여 주는 행정상손실보상제도가 있다.

사례 2 | 구속된 자가 석방되기 위한 방법?

A(여)의 남자친구인 B(남)은 교통사고로 인해 담당경찰관에게 긴급 체포되었다. A여는 B남의구속만을 면하였으면 한다. 어떠한 방법이 있겠는가?

[해설] 검사 또는 사법경찰관이 피의자인 B를 긴급체포했을 경우, 체포된 피의자를 계속 구속하려면 검사는 B를 체포한 때로부터 48시간 내에 판사에게 구속영장을 청구하여야 하며 이 기간 내에 구속영장을 청구하지 않거나 구속영장을 발부받지 못한 때에는 즉시 피의자를 석방해야 한다. 또한 이때 피의자 B는 판사로부터 영장의 실질심사를 청구할 수 있는데, 영장의 실질심사 결과 영장이 기각되면 석방될 수 있다. B가 구속 이후에 피해자와 합의를 하는 등 사정의 변경이 있는 경우 법원에 구속적부심사청구를 하여야 석방결정을 받을 수도 있다.

7) 형사소송절차 흐름도

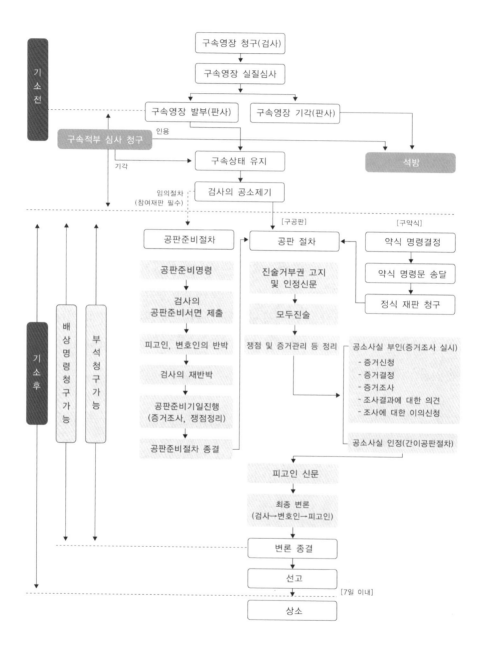

형사소송절차는 검사의 공소제기를 기준으로 기소전 단계와 기소후 단계로 나뉩니다. 기소전 단계란 검사의 구속영장 청구부터 공소제기까지의 단계로서

검사의 구속영장 청구, 청구된 구속영장에 대한 실질심사, 체포 또는 구속의 적법 여부에 대한 체포·구속적부심사청구가 있습니다. 검사의 구속영장 청구 및 구속영장 실질심사에서 구속영장이 발부되거나 구속적부심사청구가 기각되면 피의자의 구속 상태는 유지되지만 구속영장이 발부되지 않거나 구속영장 실질심사에서 구속영장의 기각 및 구속적부심사청구가 인용되면 피의자는 석방됩니다.

기소후 단계는 검사의 청구에 따라 구공판과 구약식으로 나뉘어지고, 임의 절차로서 공판준비절차(참여재판 필수)가 마련되어 있으며 이상의 절차를 마친 후 변론종결과 판결 선고까지를 포함하고 있습니다. 또한 변론종결시까지 배상명령청구와 보석청구가 각 가능합니다.

검사가 약식명령을 청구하면 판사는 약식명령을 발령하거나 통상의 공판절차에 회부하여 재판할 수도 있습니다. 약식명령에 불복이 있는 사람은 약식명령의 고지를 받은 날로부터 7일 이내에 약식명령을 한 법원에 서면으로 정식재판청구를 할 수 있으며 이 경우 통상의 공판절차에 의하여 다시 심판하게 됩니다. 공판준비절차는 공판준비명령, 검사의 공판준비서면 제출, 피고인, 변호인의 반박, 검사의 재반박, 공판준비기일진행(증거조사, 쟁점정리), 공판준비절차 종결의 단계를 거치며 공판준비절차가 종결되면 공판절차가 개시되게 됩니다.

공판절차는 재판장의 진술거부권 고지 및 인정신문, 모두진술, 쟁점 및 증거관계 등 정리, 피고인이 공소사실을 부인할 경우에는 증거조사 실시, 공소사실을 인정할 경우에는 간이공판절차회부, 피고인신문, 최종변론(검사, 변호인, 피고인), 변론종결, 선고의 단계를 거치게 됩니다. 기소전과 기소후의 절차를 마치고 선고된 판결에 대하여 불복이 있는 사람은 판결의 선고일부터 7일(판결 선고일은 기산하지 아니한다) 이내에 상소를 제기할 수 있습니다. 위 형사소송절차흐름도 내의 단계별 절차에 대한 구체적인 설명은 형사소송절차 안내를 참고하시기 바랍니다.

3. 행정 사건

1) 행정쟁송제도

이는 행정기관의 공권력 작용 그 자체를 다투어 그 공권력작용의 효력을 소멸시킴으로써 자신의 권익침해 상황으로부터 벗어나는 제도를 말한다.

행정쟁송의 대상은 현행행정심판법과 행정소송법은 행정쟁송의 대상을 각자 '차분' 등의 '등'은 행정심판의 재결을 의미한다고 보고 있다. 따라서 행정심판법상 행정쟁송의 대상인 '처분'과 행정소송법상 '처분'의 개념은 같은 것이다. 다만, 실질적으로 어떠한 처분이 행정쟁송의 대상이 되는가에 관하여는 행정심판이 위법, 부당한 처분을 그 대상으로 하고 있어 양자의 차이가 있다.

이는 법원은 행정처분에 대하여 합법성의 심사만 할 수 있을 뿐 합목적성의 심사는 할 수 없는 반면, 행정기관은 행정처분에 대하여 합법성의 심사뿐 아니라 합목적성에 관한 심사도 할 수 있기 때문이다.

행정소송의 당사자는 행정쟁송에서 쟁송을 제기하는 자를 행정심판에서는 '청구인'이라 하고 행정소송에서는 '원고'라고 한다. 따라서 행정심판이나 행정소송을 제기할 수 있는 자는 '청구인적격' 또는 '원고적격'이 인정되어야 하는 바, 이에 관하여 가장 대표적인 취소심판과 취소소송에서의 규정을 살펴보면, 행정심판법은 청구인 적격에 관하여 "취소심판청구는 처분의 취소 또는 변경을 구할 법률상 이익이 있는 자가 제기할 수 있다"고 규정하고 있으며, 행정소송법은 원고 적격에 관하여 "취소소송은 처분 등의 취소를 구할 법률상 이익이 있는 자가 쟁송을 제기할 수 있다"고 규정하고 있다.

따라서 양자 모두 '법률상 이익'의 개념이 같은 것인가 다른 것인가에 관하여는 견해의 대립이 있다.

행정쟁송청구는 행정심판의 원칙적으로 처분이 있음을 안 날로부터 90일 이내에 제기하여야 하며, 처분이 있는 날로부터 180일이 경과하면 제기하지 못한다. 행정소송은 처분 등이 있음을 안 날로부터 90일 이내에 제기하여야 하며, 처분이 있은 날로부터 1년이 경과하면 제기하지 못한다. 이들은 어느 하나의 기간이라도 경과하면 행정심판 또는 행정소송을 제기하지 못한다.

2) 행정상 손해전보제도[10)

① 행정상 손해배상제도

행정상 손해배상제도에 관한 일반법으로서 국가배상법이 있는 바, 동법 제2조는 '국가나 지방자치단체는 공무원이 직무를 집행하면서 고의 또는 과실로 법령을 위반하여 타인에게 손해를 입히거나 "자동차손해배상 보장법"에 따라 "손해배상의 책임이 있을 때에는 이 법에 따라 그 손해를 배상하여야 한다"고 하여 공무원의 직무상 불법행위에 의한 국가와 지방자치단체의 배상책임에 관하여 규정하고 있으며, 제5조는 "도로·하천, 그 밖의 공공의 영조물의 설치나 관리에 하자가 있기 때문에 타인에게 손해를 발생하게 하였을 때에는 국가나 지방자치단체는 그 손해를 배상하여야 한다"고 규정하여 공공 영조물의 설치·관리상의 하자로 인한 피해에 대한 국가와 지방자치단체의 배상책임을 규정하고 있다.

따라서 시민은 공무원의 직무상 불법행위로 인하여 피해를 입었거나, 공공영조물의 설치·관리상의 하자로 인하여 피해를 입은 경우에는 민법이 아니라 국가배상법에 따라 국가 또는 지방자치단체에 대하여 그 배상을 청구할 수 있다.

② 행정상 손실보상제도

우리 헌법 제23조 제3항은 공공필요에 의한 재산권의 수용·사용 또는 제한 및 그에 대한 보상은 법률로써 하되, 정당한 보상을 지급하여야 한다고 규정하고 있다. 이러한 헌법의 태도는 공공의 필요가 있음을 예정하면서, 다만 그 경우 반드시 법률의 근거가 있어야 하며, 법률로서 보상을 하여야 함을 규정하고 있는 것이다. 따라서 국가 등 행정주체는 공익사업을 위한 토지 등의 취득 및

---

10) 헌법 제23조 제3항 "공공필요에 의한 재산권의 수용·사용 또는 제한 및 그에 대한 보상은 법률로써 하되, 정당한 보상을 지급하여야 한다"고 규정하고 있다. 이러한 헌법의 태도는 공공의 필요가 있는 경우 국가 등 행정주체는 개인의 재산권을 일방적으로 침해할 수 있음을 예정하면서, 다만 그 경우 반드시 법률의 근거가 있어야 하며, 법률로써 부상을 하여야 함을 규정하고 있는 것이다. 따라서 국가 등 행정주체는 "공익사업을위한토지등취득및보상에관한법률"과 같은 개별법에 따라 개인의 토지수용권 등 재산권을 강제적으로 취득할 수 있고, 이때 상대방인 시민에게는 손실보상청구권이 생긴다.

보상에 관한 법률과 같은 각 개별법에 따라 개인의 토지수용권 등 재산권을 강제적으로 취득할 수 있고, 이때 상대방인 시민에게는 손실보상청구권이 생긴다.

3) 행정소송이란 무엇인가

행정소송은 공법상의 법률관계에 관한 분쟁에 대하여 하는 재판절차, 즉 행정청의 위법한 처분 그 밖의 공권력의 행사, 불행사의 등으로 인한 국민의 권리 또는 이익의 침해를 구제하고 공법상의 권리관계 또는 법적용에 관한 분쟁을 해결하는 재판절차로서 국가 형벌권의 발동에 관한 소송인 형사소송이나 사법상의 법률관계에 관한 다툼을 심판하는 민사소송과 구별되고 재판기관인 법원에 의한 재판이라는 점에서 행정기관이 하는 행정심판과 구별된다.

행정법원의 설치근거 사법권은 법관으로 구성된 법원에 속하고, 대법원은 명령·규칙 또는 처분이 헌법이나 법률에 위반되는 여부가 재판의 전제가 되는 경우에는 이를 최종적으로 심사할 권한을 가짐(헌법 제107조 제2항)에 따라서 행정소송도 민사·형사소송과 함께 대법원을 최고법원으로 하는 일반법원의 권한에 속함을 명시하고 있다. 다만, 행정사건의 특수성을 고려하여 재판의 전심절차로서 행정심판을 할 수 있다고 규정하고 있다(헌법 제107조 제3항).

공법상의 법적 분쟁 중에서 당사자 사이의 권리의무에 관한 다툼으로서 법령의 적용에 의하여 해결할 수 있는 분쟁(법률상 쟁송)이어야 한다. 단지 법률의 적용에 관한 다툼이 있다는 것만으로는 제기할 수 없고 이해 대립하는 당사자 사이에서 구체적이고도 현실적인 권리의무에 관련된 것일 것이어야 한다(구체적 사건성). 개인의 구체적인 권리의무나 법률상 이익에 직접 관계되지 않는 일반적 추상적인 법적 상태에 대한 분쟁은 행정소송 대상이 아니다. 또한 법령의 적용에 해결할 수 있는 것만이 사법심사의 대상(법적 해결가능성)이다.

부작위청구소송이란 행정청이 특정 행정행위나 그 밖의 행정 작용을 하지 않을 것을 법원에 요구하는 행정소송을 말한다.

대법원은 행정청이 일정한 적극적인 처분을 하지 못하도록 그 금지를 구하는 예방소송인 이른바 금지소송이나 부작위의무확인소송, 작위의무확인소송은 부적법하다고 판시하였다(대법원 1989. 1. 24. 선고 88누3314 판결). 3권분립의 원칙상 행정청의 행위에 대해 민사상 가처분도 할 수 없다.

4) 행정소송의 종류

주관적 소송 중 항고소송으로는 취소소송, 무효확인소송, 부작위위법확인소송이 있으며, 당사자소송으로는 형식적 당사자소송(개별 법에서 특별한 규정이 있는 경우에만 허용하는 소송), 실질적 당사자소송(대립하는 대등 당사자 간의 공법상의 권리 또는 법률관계 그 자체를 소송물로 하는 소송)이 있다. 객관적 소송 중 민중소송으로는 국민투표무효소송, 선거무효소송, 당선무효소송이 있으며, 기관소송으로는 지방의회나 교육위원회의 의결무효소송, 주무부장관이나 상급지방자치단체장의 감독처분에 대한 이의소송 등이 있다.

① 항고소송

항고소송은 행정청이 우월한 의사의 주체로서 행한 행정 작용에 대한 불복의 소송을 총칭하는 것으로 행정청의 위법한 처분 등이나 부작위로 인하여 권리·이익을 침해받은 자가 그 위법을 다투기 위하여 제기하는 소송으로 취소소송, 무효등확인소송, 부작위위법확인소송 등이 있다(행정소송법 제3조 제1호).

② 취소소송

항고소송 중 가장 대표적인 소송으로서, 행정청의 위법한 처분 등을 취소 또는 변경하는 소송(행정소송법 제4조 제1호)으로 취소소송의 대상이 되기 위해서는 처분성이 있을 것을 요한다.

③ 처분

행정청의 공법상의 행위로서 특정 사항에 대하여 국민의 구체적 권리 의무에 직접적인 변동을 초래하는 행위를 말한다.

④ 부작위위법확인소송

행정청의 부작위가 위법하다는 것을 확인하는 소송을 말한다(행정소송법 제4

조 제3호). 행정청이 당사자의 신청에 대하여 상당한 기간 내에 신청을 인용하는 적극적 처분 또는 각하거나 기각하는 등 소극적 처분을 하여야 할 법률상의 의무가 있음에도 불구하고 이를 하지 아니하는 경우, 부작위가 위법하다는 것을 확인함으로써 행정청의 응답을 신속하게 하여 부작위 또는 무응답이라는 소극적 위법상태를 제거함을 목적으로 하는 소송이다. 즉, 행정청이 아무런 응답(인용하든 거부하든)을 하지 않는 것이 위법하다는 확인을 구하는 것이지, 원고의 신청을 인용하지 않는 것이 위법하다는 확인을 구하는 소송이 아니다.

⑤ 당사자소송

행정청의 처분 등을 원인으로 하는 법률관계에 관한 소송 그 밖의 공법상의 법률관계에 관한 소송으로서 그 법률관계의 한쪽 당사자를 피고로 하는 소송을 말한다(행정소송법 제3조 제2호). 따라서 반드시 처분을 전제로 하거나 처분을 다툴 필요 없이 행정청의 처분 등으로 인하여 생긴 개인의 권리나 의무를 다투는 소송임. 즉, 당사자로서 자기가 갖고 있는 권리나 상대방이 부담하는 의무에 대하여 바로 다투는 것이라고 생각하면 이해하기 쉽다.

예를 들어, 공무원이 비위사실로 면직처분을 당한 경우, 면직이 무효라고 주장하면서 국가를 상대로 여전히 공무원으로서 권리·의무를 지니고 있다는 공무원의 지위확인을 구하는 소송이 이에 해당한다.

⑥ 취소소송과 무효확인소송 간의 관계

서로 별개의 독립된 소송이므로 행정청의 처분 등에 불복하는 자는 제소요건이 충족된다면 바라는 목적을 가장 효과적으로 달성할 수 있는 유형의 항고소송을 선택할 수 있다. 통상은 취소소송을 주위적 청구로, 무효확인소송을 예비적 청구로 병합 제기할 것이나, 소송요건의 구비 여부 등이 문제될 때에는 무효확인소송을 주위적 청구로, 취소소송을 예비적 청구로 구할 수 있다.

⑦ 무효확인소송과 당사자소송 간의 관계

처분이 무효인 경우는 이른바 공정력이 없어 누구나 어떠한 방법으로나 그 효력을 부인할 수 있는 것이므로 항고소송으로서 무효확인소송과 당사자소송도 가능하다. 예를 들어, 공무원 파면 처분이 무효인 경우 항고소송으로서 파면처분무효확인의 소뿐만 아니라 무효임을 전제로 한 공무원지위확인소송도 가능하며, 과세처분무효확인의 소(항고소송)와 조세채무부존재확인의 소(당사자소송)도 가능하다.

⑧ 행정소송과 민사소송과의 관계

행정소송은 그 대상이 국가나 공공단체가 당사자의 일방 또는 쌍방인 법률관계이고, 민사소송은 사법상의 법률관계를 그 대상으로 한다는 점에서 구분된다(공법과 사법의 구별). 예를 들어, 사립학교 교직원의 징계처분에 대하여는 사립학교 법인을 상대로 민사소송을 제기하여야 하고, 국·공립학교 교직원은 행정소송으로 제기해야 한다.

그러나 국가 또는 공공단체가 순수한 사경제적 지위에서 행한 법률관계는 사법상의 법률관계에 속하므로 민사소송에 해당한다.

⑨ 행정소송의 특징

행정소송도 행정소송법에 특별한 규정이 없는 한 민사소송법을 준용(행정소송법 제8조 제2항)하나 취소소송에 관하여는 민사소송과는 다른 특칙, 즉 재판관할, 원고적격, 피고적격, 피고의 경정, 행정심판전치주의, 제소기간, 직권증거조사, 사정판결, 집행정지 등에 관한 특칙을 두고 있다. 따라서 민사소송에서 준용되는 당사자처분권주의, 부제소특약, 자백의 구속력, 화해, 인낙, 청구의 포기등은 인정되지 않으며, 직권소송참가, 사정판결등을 할 수 있다.

⑩ 사정판결을 하는 경우

원고의 청구가 이유 있다고 인정하는 경우에도 처분 등을 취소하는 것이 현저히 공공복리에 적합하지 아니하다고 인정하는 때에는 법원은 원고의 청구를 기각할 수 있다(행정소송법 제28조).

그렇다면 행정소송에서도 『소취하』를 할 수 있는가? 행정소송도 민사소송과 마찬가지로 소 또는 상소의 취하로 소송을 종료시킬 수 있으며, 당사자의 불출석으로 인한 소 취하 간주에 관한 민사소송법 제268조(양쪽 당사자가 출석하지 아니한 경우)가 적용되며, 판결 전에 소를 취하하였더라도 제소기간의 장애가 없다면 다시 소를 제기할 수 있다.

⑪ 행정심판과 행정소송의 차이점

행정심판은 처분 등을 행한 행정청에 대하여 이의를 제기하여 처분청의 상급기관으로 하여금 다시 한번 심리하도록 하여 법원의 간섭 없이 행정청 스스로 행정의 능률성과 동일성을 확보하기 위하여 마련된 행정청에 마련된 제도이다. 이에 반하여 행정소송은 행정청의 위법한 처분 그 밖의 공권력의 행사, 불행사의 등으로 인한 국민의 권리 또는 이익의 침해를 구제하고 공법상의 권리관계 또는 법적용에 관한 분쟁해결을 도모하는 법원의 재판절차이다.

⑫ 행정심판전치주의

법에 의하여 행정심판이 인정되고 있는 경우에는 행정소송을 제기하기 전에 행정심판을 먼저 거치게 하는 제도이다. 따라서 위법한 처분으로 인하여 권리 이익을 침해받은 자는 상급 행정기관 등에 행정심판을 청구할 수 있는바 소제기 전에 반드시 행정심판을 거치도록 하는 경우를 필요적 전치주의라고 하며 이에 해당하는지는 개별법에서 규정하고 있다.

⑬ 행정심판전치주의를 요하는 소송 중 적용되는 소송유형

취소소송은 처분 등을 대상으로 한다. 다만, 재결취소소송의 경우에는 재결 자체에 고유한 위법이 있음을 이유로 하는 경우에 한한다.

부작위위법확인소송은 부작위의 위법을 확인함으로써 행정청의 응답을 신속하게 하여 부작위 내지 무응답이라고 하는 소극적인 위법 상태를 제거하는 것을 목적으로 하는 것이고, 나아가 당해 판결의 구속력에 의하여 행정청에게 하고 다시 당해 처분 등에 대하여 불복이 있을 때에는 처분 등을 다투게 함으로써 최종적으로는 국민의 권리 이익을 보호하려는 제도이다.

※ 그러나 무효확인소송은 행정심판을 거칠 필요가 없음.

행정소송은 반드시 행정심판을 먼저 거쳐야 하는지

구 행정소송법(1998. 3. 1. 시행 전 법률)에서는 행정소송을 제기하려면 반드시 먼저 행정심판을 거치도록 하는 필요적 전치주의를 택하여 행정심판을 거치지 않으면 행정소송을 제기할 수 없도록 하였으나, 행정심판전치주의의 장점을 살리지 못한 채 국민에게 불필요한 절차를 요구함으로써 권리구제의 신속성을 저해하는 장애요인으로 작용하고 있다는 판단에 따라 개정 행정소송법 제18조 제1항에서 '취소소송은 법령의 규정에 의하여 당해 처분에 대한 행정심판을 제기할 수 있는 경우에도 이를 거치지 아니하고 제기할 수 있다'라고 하여 임의적 전치주의를 채택하고 있다(그러나 개별법에 전치를 반드시 거치도록 하는 경우는 예외).

필요적 전치주의를 규정한 경우는 별도 항목으로 기술하겠다.

행정심판 청구기간(일반)은 처분이 있음을 안 날로부터 90일 이내에 제기하여야 하며, 처분이 있은 날로부터 180일을 경과하면 제기하지 못한다. 다만 정당한 사유가 있는 경우에는 그러하지 아니한다(행정심판법 제27조 제1항, 제3항). 행정소송에 앞서 행정심판청구의 실익은 임의적 행정심판전치주의하에서는 행정심판을 거칠 것인지 여부는 원고의 선택에 맡겨져 있으나 행정심판을 먼저 제기하면 다음과 같은 장점이 있다. 첫째, 행정심판에서는 행정소송과는 달리 심판의 범위가 확대된다. 즉 행정처분이 위법한 경우뿐만 아니라 부당한 경우도 인용재결을 할 수 있다. 둘째, 심판청구인의 출석 없이 비교적 단기에 저렴한 비용으로 권리구제를 받을 수 있다. 셋째, 설사 행정심판에서 권리구제를 받지 못하였다 하더라도 이후 행정소송절차에서 행정심판기록 제출명령제도에 의하여 간편하게 소송자료를 얻을 수 있다(행정소송법 제25조).

⑭ 필요적 전치사건에서 행정심판을 제기함이 없이 바로 행정소송을 세기할 수 있는 경우

동종사건에 대하여 이미 행정심판의 기각재결이 있은 때에 행정소송을 제기할 수 있다. 서로 내용상 관련되는 처분 또는 같은 목적을 위하여 단계적으로 진행되는 처분 중 어느 하나가 이미 행정심판의 재결을 거친 때, 선행처분과 후행처분이 서로 내용상 관련된 경우, 후행처분이 선행처분의 필연적 결과로서 이루어진 경우 등 무용의 절차 반복을 피하고자 하는 데 그 취지가 있다. 원칙적으로 피고가 동일해야 한다.

소송계속 중이거나 또는 변론종결 후에 행정청이 당해 항고소송의 대상인 처분을 변경하여 그 변경된 처분에 대한 항고소송을 제기하는 때에도 가능하다(행정소송법 제22조 제3항, 행정소송법 제18조 제3항 제3호).

처분청이 행정심판을 거칠 필요가 없다고 잘못 알릴 때(고지의무: 행정절차법 제26조) 행정심판서 접수담당공무원이나 심판업무담당공무원 등이 행정심판을 거칠 필요가 없다고 잘못 알려 준 경우에도 가능하다.

반드시 행정심판을 먼저 거쳐야 하는 소송 (필요적 전치주의 적용 대상 처분)

• 공무원에 대한 징계 기타 불이익처분
• 국세기본법과 관세법상의 처분
  ※ 지방세는 제외됨.
• 노동위원회의 결정: 부당해고, 부당노동행위 등
• 도로교통법에 의한 처분: 운전면허 취소·정지 등

* 필요적 전치를 요하는 처분 중 처분의 취소소송과 부작위위법확인소송의 제기시에는 반드시 행정심판을 거쳐야 하나, 무효확인소송의 제기에는 행정심판을 거칠 필요가 없음.

행정사건의 관할

종래 2심제로 되어 있던 것을 1998. 3. 1.부터 시행된 개정 행정소송법과 법원조직법에서는 행정사건도 3심제로(행정법원 – 고등법원 – 대법원) 하면서 일반법원인 하나인 『서울행정법원』을 설치하여 행정사건의 1심 사건을 맡도록 하였다.

다만 행정법원이 설치되지 아니한 지역에 있어서는 행정법원이 설치될 때까지 『지방법원의 본원』이 행정법원의 권한에 속하는 사건을 관할토록 하였다. 따라서 지방법원 지원에서는 행정사건 관할권이 없다(법원조직법 제40조의4, 법원조직법개정법률 부칙 제2조. 단, 춘천지방법원 강릉지원은 예외임)

행정사건은 행정법원의 전속관할

행정소송법에는 행정사건이 행정법원의 전속관할에 속함을 밝히는 규정이 없어 논란의 여지가 있으나, 성질상 행정사건은 행정법원의 전속관할에 속하고 행정법원에 속하지 아니하는 사건을 지방법원이나 가정법원이 행함은 전속관할 위반이 되고 절대적 상고이유가 된다.

다만, 행정법원이 설치되지 않는 지역에서는 지방법원에서 처리하여야 하므로 관할위반의 문제는 생기지 않음. 그러나 "취소소송에서는 사실심의 변론종결시까지 관련 청구소송을 병합하거나 피고 외의 자를 상대로 한 관련청구소송을 취소소송이 계속된 법원에 병합하여 제기할 수 있다"고 규정하여 행정사건과 병합하여 관련 민사사건을 처리할 수 있다(행정소송법 제10조 제2항).

⑮ 행정소송의 관할(토지관할)

제1심의 관할 법원은 피고의 소재지를 관할하는 행정법원이다. 다만 피고가

중앙행정기관 또는 그 장인 경우에는 서울행정법원이 관할한다(행정소송법 제9조 제1항).

토지의 수용, 기타 부동산 또는 특정의 장소에 관계되는 처분 등에 대한 취소소송은 그 부동산 또는 장소의 소재지를 관할하는 행정법원에도 이를 제기할 수 있다(같은 법 제9조 제2항).

서울행정법원은 서울시 서초구 양재동에 위치한 법원으로 행정법원 가운데 유일하게 설치되어 있다. 서울특별시를 관할 구역으로 한다.

⑯ 행정소송에서도 소송대리가 가능한지

행정사건은 원칙적으로 판사 3인으로 구성된 합의부에서 재판하여야 하는 합의사건이다(법원조직법 제7조 제3항).

행정소송은 합의사건이므로 당사자 본인이 직접 소송을 행하거나 변호사 또는 지배인 등 법률상 인정된 대리인에 의하여서만 소송이 가능하다.

다만 재정단독사건(합의부가 단독판사가 재판할 것으로 결정한 사건)에 대하여는 법원의 허가를 얻어 소송대리가 가능하다.

서울행정법원의 재정단독사건(단독판사가 재판): 자동차운전면허관련 사건, 조세사건 중 양도소득세사건, 산업재해등으로 인한 공무상요양불승인, 추가상병불승인(피고는 근로복지공단, 공무원연금관리공단인 경우만 해당) 사건이 있다. 단, 유족보상청구소송은 합의사건이다.

심급관할

- 서울고등법원 전속관할
  - ▶ 독점규제및공정거래에관한법률 제55조
  - ▶ 약관의규제에관한법률 제30조의2
  - ▶ 하도급거래공정화에관한법률 제27조

- 서울고등법원 관할
  ▶ 보안관찰법 제23조

- 대법원 재판관할
  ▶ 대통령·국회의원·도지사등의 선거무효 또는 당선무효소송
  ▶ 국민투표무효소송(국민투표법 제92조)
  ▶ 지방의회나 교육위원회의 의결무효소송(지방자치법 제107조, 제172조, 지방교육자치에관한법률 제28조)
  ▶ 지방자치단체장·교육감의 주무부장관이나 상급지방자치단체장의 감독처분에 대한 이의소송(지방자치법 제69조, 제170조, 지방교육자치에관한법률 제3조)

※ 관련법률의 변경에 따라 그때그때 달라질 수 있다.

⑰ 행정소송 사건의 이송

소장을 법원을 잘못 지정하여 접수한 경우, 소송 계속중 관할이 없다고 인정된 경우(민사소송법 제34조) 또는 손해나 지연을 피하기 위하여 필요한 경우(민사소송법 제35조)에는 해당 법원에 이송할 수 있다. 직권(위 전단 부분), 당사자의 신청(위 후단)에 의한다. 민사소송법은 지방법원 간에(행정법원 ↔ 지방법원·가정법원)만 허용되나 행정사건은 행정법원 ↔ 고등법원·대법원 간에도 허용(행정소송법 제7조)된다.

행정소송은 종류 및 피고를 달리하는 소송들에 대하여도 관련 청구인 이상 병합을 인정하여 취소·무효를 구하는 항고소송에 당해 처분 등에 관련된 손해배상, 부당이득금반환, 원상회복 등 민사소송이나 당사자소송을 병합 가능(행정소송법 제10조 제1항, 제38조, 제44조 제2항)하다.

잘못 지정한 피고의 경정

당사자 표기 정정 신청은 소제기 당시에 확정된 당사자의 표시에 의문이 있거나 정확히 표시되지 않은 경우에 그 표시를 정확히 정정하는 것을 말한다. 서울특별시장을 서울특별시, 강남구청장을 강남구로 한 경우 민사소송에서는 피고가 본안에 대하여 변론을 한 후에는 그의 동의가 있어야만 가능하나 행정소송에서는 위와 같은 제한은 없으며, 제소기간은 처음에 제기한 때에 제소한 것으로 본다. 원고의 신청에 의하며 구두로도 가능하며, 항소심에서도 가능하나 상고심에서는 불가능, 취소소송은 물론 항고소송이나 당사자소송에도 준용한다.

소송참가란 타인 간에 계속 중인 소송에 제3자가 그 소송절차에 참가하는 것으로 제3자는 소송의 결과에 따라 권리 또는 이익의 침해를 받아야 하며 본인, 당사자의 신청이나 직권에 의하여 소송에 참가(행정소송법 제16조 제1항)하는 것이다. 원·피고 어느 쪽으로도 참가 가능하며, 실무상으로는 부당해고구제재심판정취소의 소에 있어서 피고를 위한 보조참가형태가 많이 이용되고 있다.

행정소송의 제기기간

- 행정심판청구를 거친 경우
- 재결서 정본을 송달받은 날로부터 90일 이내
- 재결이 있은 날로부터 1년 이내
- 행정심판청구를 거칠 필요가 없는 경우
- 행정처분 등이 있음을 안 날로부터 90일 이내
- 처분 등이 있음을 안 날이란 통지나 공고 기타의 방법에 의하여 당해 처분의 존재를 현실적으로 알게 된 날

- 정당한 사유 없이 수령 거절한 경우에도 적법송달로 간주
- 행정처분이 있은 날로부터 1년 이내
  ▸ 유효한 행정처분이 전제되어야 하며 외부적으로 성립되어야 함.

항고소송의 대상

- 행정처분은 행정청의 행위이어야 함. 시장, 군수, 구청장이 대상이며, 국가나 지방자치단체는 대상 안 됨.
- 행정처분은 공권력적 행위이어야 함. 공법상계약이나 사법행위는 제외.
- 행정처분은 구체적 사실에 대한 법집행 행위이어야 한다.
- 국민의 권리·의무에 직접 영향이 있는 법적 행위이어야 한다. 단순한 행정청 내부의 중간처분, 의견, 질의답변 또는 내부적 사무처리 절차, 알선, 권유, 행정지도 등 비권력적 사실행위 등은 항고대상 아님.
- 행정처분으로서 외형을 갖춘 것이어야 함.
- 불복절차나 불복할 것을 예정하고 있지 않아야 함. 과태료처분, 통고처분 등은 비송사건절차법 또는 즉결심판법으로 판단을 받아야 하며, 검사의 처분, 검사의 기소유예 및 불기소 처분, 공탁공무원처분과 등기관의 처분에 대하여도 관련 법에 의하여 불복하여야 하며 행정소송 대상이 아님.
- 행정관청의 『거부처분』이 행정소송(항고소송)이 되는지
  ▸ 행정청이 국민으로부터 공권력의 행사를 신청받고도 그에 응하지 아니하고 각하하거나 기각하는 경우
  ▸ 적극적으로 거부의사를 나타냈다는 점에서 부작위와 구별
  ▸ 거부처분의 처분성을 부정하여 항고소송이 아니라고 본 사례: 금융감독원장의 금융기관에 대한 감독권행사요구 거부, 건축물관리대장 등재사항에 대한 정정신청 거부, 청원이나 진정에 대한 거부회신, 토지대장상 지목변경신청 거부, 지적도 복구신청 또는 등재사항 변경신청 거부 등

집행정지란 행정 작용에 대하여는 행정목적의 원활한 수행 등을 위하여 민사상의 의사표시와는 다른 '공정력'(행정처분의 유효성을 추정하는 힘)과 자력집행력을 인정하고 있다.

우리 행정소송법은 행정처분이 위법한 것임을 전제로 취소소송이 제기되었다 하더라도 권한 있는 기관에 의하여 취소되지 않는 한 집행이 정지되지 않는다(행정소송법 제23조 제1항)는 집행부정지원칙을 취하고 있다.

그러나 집행부정지의 원칙을 획일적으로 적용하게 되면 원고가 후일 승소하는 경우에도 이미 집행이 종료되어 회복할 수 없는 손해를 입게 되는 부당한 결과를 초래할 수 있으므로 이를 예방하기 위한 것이다(행정소송법 제23조 제2항 – 제6항).

취소소송과 무효등확인소송이 제기된 경우에 집행정지가 가능(행정소송법 제23조 제2항, 제38조 제1항)하나, 거부처분에 대하여는 실익이 없다.

⑱ 집행정지 신청 요건
• 신청서에 인지 2,000원 첨부, 송달료는 20,800원(당사자 1인당 2회분) 납부와 상대방 수에 해당하는 부본 첨부
• 대상인 처분 등의 존재
• 처분 전이나 처분의 소멸 후에는 그 대상이 없으므로 허용되지 않음
• 본안 소송이 적법하게 존재할 것
• 본안의 소제기 후 또는 동시에 신청하여야 함
• 본안소송의 승소 개연성이 있어야 함
• 회복하기 어려운 손해 발생의 우려
• 개인적 손해로 사회통념상 그 원상회복이나 금전배상이 불가능한 경우
• 긴급한 필요성
• 공공복리에 중대한 영향을 미칠 우려가 없을 것

- 집행정지의 심리방식
- 집행정지의 관할법원은 본안사건이 계속 중인 법원
- 항소심과 상고심에서도 신청 가능
- 집행정지신청이 있으면 구두변론을 할 것인지 서면심리로 할 것인지를 법원의 재량에 의하여 결정
- 실무상은 심문에 의하여 결정하는 경우가 대부분
- 신청자는 법원으로 하여금 주장사실이 일응 확실하리라는 추정을 할 수 있도록 소명해야 집행정지 또는 기각결정에 대하여 1주일 이내에 즉시항고 가능
- 인지첩부 4,000원, 송달료 31,200원 납부

소의 취하

- 원고가 소의 전부 또는 일부를 철회하는 법원에 대한 소송행위
- 소취하로 소송계속은 소급적으로 소멸되어 종료
- 상대방이 본안에 대하여 준비서면 제출, 준비절차에서 진술, 변론을 한 경우에는 상대방의 동의를 얻어야 취하의 효력이 있음.
- 참가인도 취하가 가능하나 참가인과 피참가인 모두의 의사가 합치되어야 함
- 제출자의 신분확인이 필요함
- 제출자가 본인일 경우 신분증 소지 필요
- 대리인을 시켜 제출할 경우 본인의 인감이 날인된 취하서와 인감증명서 첨부
- 소취하 후에도 제소기간에 지장이 없다면 다시 소제기 가능

행정소송 판결의 효력

- 판결이 확정되면 더 이상 재판을 통하여 그 당부를 다툴 수 없게 되고(형식적 확정력), 법원도 더 이상 그 내용을 변경하거나 그와 다른 판결을 할 수가 없을 뿐만 아니라 당사자 또한 확정된 권리관계에 관하여 다른 내용의 권리를 주장할 수 없게 된다(실질적 확정력, 기판력).
- 취소소송에서 인용판결이 확정되면 관계행정청은 동일한 사실관계 아래서 동일한 당사자에게 동일한 내용의 처분을 반복하여서는 안 된다(반복금지효).
- 거부처분을 행한 행정청은 판결의 취지에 따라 원래의 신청에 대한 처분을 하도록 재처분의무를 규정(행정소송법 제30조 제2항, 제38조 제2항)한다.
- 처분 등을 취소하는 확정판결은 그 사건에 관하여 당사자인 행정청과 그 밖의 관계행정청을 기속한다.

판결내용에 위반한 행정청의 처분(기속력 위반의 효과)

- 기속력은 법원이 판단한 동일한 이유에 기하여 동일한 내용의 처분을 하는 것을 금하고, 별도의 이유에 기하여 동일한 내용의 처분은 가능하다. 예를 들어, 공무원의 징계처분취소판결이 있은 뒤에 그 징계처분 사유 설명서의 기재사유 이외의 사유를 들어 다시 징계처분을 할 수 있다.
- 사실관계에 변동이 있을 때에는 판결의 기속력이 인정되지 않는다.
- 따라서 기속력에 위반하여 한 행정행위는 위법한 것으로서 무효사유에 해당한다(대법원 1990. 12. 11. 선고 90누3560 판결).

행정소송의 불복절차(항소, 상고)

- 제1심 행정법원의 종국판결에 대하여 항소할 수 있다.
- 항소심 법원은 고등법원(재정단독결정에 의하여 단독판사가 심판한 사건의 항소심도 같음)이다.
- 항소의 제기기간, 방식, 절차 등에 관하여는 민사소송과 같다(행정소송법 제8조).
- 항소심인 고등법원의 판결에 대하여 불복(상고)하면 대법원에서 심판한다.
- 상고제기 방식은 항소와 같다.
- 상소(항소, 상고)를 제기한 사람은 종국판결이 있기 전까지는 언제든지 상대방의 동의 없이 항소취하 가능하다.

처분행정청이 법원의 판결에 따른 의무이행을 하지 않은 경우(간접강제)

- 거부처분 취소, 무효임을 확인하는 판결, 부작위가 위법하다는 판결이 확정되었음에도 행정청이 이에 상응한 처분 등을 하지 아니한 경우에 해당한다.
- 제1심 수소법원은 당사자의 신청에 의하여 결정으로 상당한 기간을 정하고 그 기간 내에 이행하지 아니하는 때에는 그 지연기간에 따라 일정한 배상을 명하거나 손해배상을 명한다.
- 신청서에 인지첩부 1,000원, 송달료 31,200원(3회분), 부본 1통 필요하다.
- 간접강제결정은 심문없이 할 수 있으나, 처분의무행정청을 심문하여야 한다.
- 배상금 등의 지급방법, 액수는 법원이 제반사정을 참작하여 자유재량으로 결정한다.
- 처분의무행정청이 위 배상금 등을 지급하지 않을 시는 강제집행 가능하다.

소제기 – 행정소송을 제기하려면 다음 사항을 먼저 챙겨야

- 행정소송 중에서 어떤 종류의 소송을 할 것인가
- 필요한 전심절차를 거쳐야 하는 사건은 아닌가
- 누구를 상대로 할 것인가
- 언제까지 어느 법원에 행정소송을 제기할 것인가
- 소장은 작성 및 방식은 민사소송과 같은 방식으로
- 당사자 표시(원고: 주민등록번호, 주소, 전화번호, fax, 피고: 주소)
- 청구취지(원고의 주장이 인용될 경우의 판결주문에 해당)
- 청구원인(피고의 처분 등이 위법한 점에 대하여 사실상 법률상 주장)
- 위 주장사실을 입증할 수 있는 증거자료
- 상대방 수에 상응하는 부본과 인지 및 송달료
- 피고는 누구를 지정해야 하는지
- 처분행정청이 피고로 되는 경우: 서울특별시장, 법무부장관
  - ▶ 보통지방행정기관이 피고로 되는 경우: 서울특별시 서초구청장, 충주시장, 강원도 고성군수, 영암군 미암면장
  - ▶ 특별지방행정기관이 피고로 되는 경우: 예산세무서장, 동해경찰서장, 서울북부보훈지청장, 용인교육청 교육장
  - ▶ 공·사법인이 피고로 되는 경우: 대한주택공사 사장 ○○○
  - ▶ 합의제 기관이 피고로 되는 경우: 중앙노동위원회위원장, 중앙토지수용위원회
  - ▶ 의회가 피고로 되는 경우: 대전광역시 대덕구의회 의장 ○○○

4. 헌법 재판

헌법은 국가의 기본적이고 으뜸가는 법으로서 모든 하위법령, 즉 법률 명령 규칙 등의 내용은 헌법에 위반되어서는 아니 되며 대통령, 입법부, 행정부,사

법부 등 모든 국가기관은 모든 통치권의 행사에서 헌법을 준수하여야 한다. 그런데 구체적인 문제에서는 어떻게 하는 것이 헌법에 부합하는 것인지에 관하여 국가기관 사이, 또는 국가기관과 국민사이에서 의견의 차이와 분쟁이 발생할 수 있다.

이러한 다툼을 해결하여 국가 공권력 작용이 헌법을 준수하게 하고 구민의 기본권을 보호하게 하는 재판이 바로 헌법재판인 것이다. 현행법상 시민생활과 관련된 헌법재판제도는 위헌법률심판제도와 헌법소원심판제도이다.

1) 위헌법률심판제도

위헌법률심판제도는 국회가 만든 법률이 헌법에 위반되는지 여부를 심사하고 헌법에 위반된다고 판단되는 경우에 그 법률의 효력을 잃게 하거나 적용하지 못하게 하는 것이다.

우리나라의 위헌법률심판절차는 법률이 공포된 후에, 그 법률이 법원의 구체적인 사건에 적용하여 재판을 하면서 그 법률이 위헌인지 여부가 문제될 경우에 이루어진다.

즉 개인은 위헌인 법률에 근거한 구체적 분쟁이 있을 경우, 그러한 분쟁을 법원에서 다투어야 하고, 이때 법원에 당해 법률의 위헌성 여부가 분쟁해결을 위한 재판의 전제가 됨을 주장하여 법원에 위헌법률심판제청신청을 하면, 법원은 이를 심사하여 헌법재판소에 당해 법률에 대한 위헌법률심판을 제청하거나 당해 신청을 기각할 수 있다.

법원이 위헌법률심판제청을 하는 경우 헌법재판소는 당해 법률에 대한 위헌성 여부를 심사하게 되고, 재판관인 6인 이상의 찬성으로 위헌결정을 하게 되면 당해 법률의 효력을 소멸된다.

2) 헌법소원 심판제도

헌법소원 제도는 국가권력이 국민의 기본권을 침해하는 경우에 기본권을 침해받은 국민이 헌법재판소에 자신의 기본권을 침해하는 국가 공권력 작용이 헌법에 위반되는지를 가려내 그 효력을 없애 줄 것을 요청하는 제도이다.

모든 국민은 자신의 권리가 침해되었을 경우 우선 일반 소송절차를 통하여 그 권리를 구제받게 되나, 이러한 방법에 의하여 충분한 구제가 되지 못하거나 이러한 구제방법이 아예 없는 경우에 그 침해받은 권리가 헌법이 보장하는 기본권인 경우에 헌법재판소에 그 기본권을 침해하는 행위를 취소하거나 위헌임을 확인하여 주도록 위헌소원심판을 청구할 수 있다.

제3절 생활 관련 문제와 구제방법

1. 금전거래에 관한 법률

1) 계약서 쓰기

법치국가는 시민으로서 특히 자본주의 체제 안에서 살아가는 고통의 시민들은 일상생활에 속에서 수많은 계약들을 체결하면서 살아간다. 하지만 우리들은 의외로 계약을 체결하고 유지할 때이를 제대로 하지 못하는 경우가 많다. 그중에서도 계약서를 잘 쓰는 것이 법치국가의 시민으로서 반드시 알아야 할 기본적인 거래라고 할 수 있는 금전거래뿐만 아니라 민사거래 전반에 걸쳐 매우 중요한 문제라 할 수 있다(형사 및 가사사건에서 고소 취하장, 각서 등을 작성할 때도 정확한 서면의 작성이 필요하다).

계약서를 반드시 써야 하는 이유는 계약서가 있어야만 당해 계약이 있었다는 점이 객관적으로 증명되기 때문이다. 재판에서도 원고는 계약의 존재를 주장하면서 분명히 돈을 빌려주었다고 하나 상대방인 피고는 돈을 빌린 적이 없다고 항변하고는 한다. 이 경우 계약서가 없다면(또는 계약서는 존재하지만 원고가 주장하는 액수, 변제기, 위약별 등에 관한 문구가 기재되어 있지 않다면) 결국 원고는 소송에서 승소할 수 없을 것이다.

따라서 계약서를 작성하고 공증까지 받아 두면 계약의 증거력은 더욱 확실해지기 때문에 계약서의 중요성은 아무리 강조해도 지나치지 않다.

2) 보증 시 주의사항

요즘은 예전과는 달리 인정에 호소하여 보증을 서 달라는 부탁을 하거나 그러한 부탁을 들어주는 경우가 줄었지만 보증으로 인한 피해는 쉽게 줄어들고 있지 않다. 그만큼 보증을 잘못 섰다가 신용불량자가 되는 등 보증으로 인해 입는 피해는 개인뿐만 아니라 가정도 파괴시킬 수 있기 때문에 보증을 서는 일에는 그만큼의 주의가 반드시 필요하다.

현실에서는 주채무자에 의하여 기만당하거나 채무자의 자력, 담보 등에 관하여 착오가 있더라도 이를 보증계약의 내용으로 하지 않는 한 보증계약을 취소할 수 없다는 점이다. 그러므로 다툼을 피하기 위해서라도 보증관계에 관한 사항을 서면으로 명확히 할 필요가 있다.

보증이 필요한 주채무자로서는 보증보험제도를 활용하는 것도 좋은 방법이 될 수 있다. 보증보험제도란 보증보험제도를 활용하는 것도 좋은 방법이 될 수 있다. 보증보험제도란 보증보험회사와 이용자가 보증보험 계약을 체결하고 그 보험증권으로 보증을 대신할 수 있는 제도이다. 보증보험은 가압류, 가처분 등의 보증공탁서 공탁금을 보증 보험증권으로 대체함으로써 비교적 많은 금액을 현금으로 납입해야 하는 불편을 덜어주고, 각종 할부구매, 신원보증 및 형사사건의 보석 보증금 납부에도 쓰이는 등 그 활용도가 높다.

3) 대부업체 이용 시 주의사항

최근 국내 및 외국계 업체들에 의한 대부업이 활황을 맞고 있다. 그만큼 돈을 빌리는 것에 대한 수요는 많은데 제도권 금융기관에서 돈을 빌리는 것이 쉽지 않기 때문이다. 그래서 제도권 금융기관을 이용하는 것이 여의치 않은 시민들의 경우 어쩔 수 없이 대부업체를 이용하게 되는데 대부업체에서 돈을 빌리는 경우에는 그만큼 각별한 주의가 필요하다.

입법적으로는 대부업의 등록 및 금융이용자 보호에 관한 법률(이하 대부업법이라고 한다)을 제정하여 사채를 쓰더라도 연 49% 이상의 고금리를 물지 않도록 사채이자의 상한선을 제한하고 있다(2007. 10. 4. 개정). 따라서 그 이상을 요구하여 이자를 받는 사채업자가 있으면 관할 당국에 신고하면 되고 대부업자는 형사처벌을 받게 된다. 이자상한선을 넘는 금전대체계약은 상한선을 초과하는 부분은 무효가 된다.

한편 채권추심과정에서의 폭행·협박이 사회적으로도 큰 문제가 되고 있는데 종전에는 사채업자가 가족이나 친인척 등 채무와 직접 관련이 없는 제3자에게 협박 전화를 하더라도 법적으로 대응할 수 없었지만 대부업법의 시행으로 제3자에게 채무사실을 알리거나 신체에 위협을 주는 행위도 모두 처벌의 대상이 되었다. 그러므로 채무자로서는 자신 또는 제3자가 협박을 받았다는 전화녹취 등의 객관적 증거를 확보하는 것이 중요하다.

대부업체를 선택할 때에는 그 업체가 관할 시·도 에 대부업 등록을 하였는지 반드시 확인하고, 확인이 안 되는 경우에는 절대 이용하지 말아야 한다. 특히 생활정지나 일간지 등에 상호 및 대부업 등록 번호 없이(등록된 대부업체의 명의를 도용하거나 허위의 등록번호를 게재하는 경우도 있으니 주의가 필요하다) 전화번호만 기재하고 전화했을 때 사무실 위치를 밝히지 않는 경우에는 무등록 업체로 의심해 보아야 한다.

대부업체와 계약을 체결하더라도 대부업자가 대부계약서 교부를 거부하는 경우에는 절대로 계약을 체결해서는 안 된다.

2. 부동산에 관한 법률

1) 부동산 거래 시 주의사항

부동산은 대개 가액이 많이 나가기 때문에 거래에 있어 반드시 법률지식이 필요하다. 부동산을 거래할 때에는 시 등기부 등본을 직접 떼어 보아서 매도인과 등기부상 소유자가 일치하는지, 당해 부동산에 근저당이나 압류, 가압류, 가처분이 되어 있는지를 꼼꼼히 살펴보아야 한다. 아울러 건축물관리대장(건물위 경우), 토지대장(토지의 경우) 및 토지이용 계획 확인원을 발급받아서 그 부동산의 용도를 확인해 보는 것도 필요하다.

한편 건물의 경우 등기가 되지 않은 경우가 이 경우에는 건물도 등기하여 법적 분쟁을 미연에 예방하고 미등기 건물을 등기하지 않는다 하더라도 계약 내용에 반드시 건물도 어떠한 조건에 매수한다는 내용을 정확히 기재하여야 한다.

2) 계약서를 써야 하는 이유

계약서를 꼭 써야 하는 이유 중의 하나는 계약서가 없으면 계약이 있었다는 사실이 인정되지 않는 계약이 있기 때문이다. 또 계약의 내용이 중요하고 복잡할 경우에 계약 내용을 정확하게 기록한 계약서가 없다면 시간이 지난 후에 정확한 계약 내용이 생각나지 않아 계약 당사자들끼리 분쟁이 생길 수도 있다. 따라서, 이런 경우를 대비하여 계약서를 미리 작성해 놓으면 장차 분쟁이 생길 수 있는 여지가 사라지게 된다. 특히, 계약서를 작성한 공증을 받아 두면 계약서의 증거력은 더욱 확실해진다.

3) 계약 전 유의사항

① 반드시 현장을 확인하라

부동산을 사고자 하는 자는 먼저 해당 지번을 확인하고, 임야대장, 토지대장, 등기부등본, 건축물관리대장, 도시계획확인원, 용도지역확인원 등을 떼보고 현장을 반드시 확인하여야 한다.

실제 면적과 위의 공부서류상 면적이 다를 때도 있으며, 80도 급경사 지역도 지적도에는 평면으로 나타나기 때문에 직접 가서 서류와 차이가 없는지 조사·확인하여야 한다.

만일 건물 등 부동산 자체에 물리적 결함이 있다면 상당한 수리비용이 소요되고 그것이 부동산 전체의 기능에 영향을 준다면 법적인 분쟁을 겪어야 하기 때문이다.

② 거래 상대방을 확인하라

부동산 매매의 경우 많은 경우에 있어서 여러 이유로 실제 소유자가 아닌 부인, 아들, 회사 직원, 재산 관리자 등과 계약의 교섭이나 상담을 하는 경우가 많다. 하지만 이는 후일 분쟁의 소지가 있게 된다. 즉 이러한 계약은 무효가 될 수 있다. 부부간이나 부모자식 간에도 원칙적으로 대리권은 없다. 그렇기 때문에 현재 거래의 교섭을 하고 있는 자가 당해 부동산의 실제소유자인지 등기명의 등을 확인해 보아야 한다.

③ 권리관계 법적규제에 문제는 없는지 공적장부 등을 확인하라

당해 부동산에 관한 임야대장, 토지대장, 등기부등본, 건축물관리대장, 도시계획확인원, 용도지역 확인원 등을 열람해 보고, 권리관계를 확인해 보아야 한다. 확인하지 않아서 발생한 손해에 대해서는 당연히 알 수 있었고 알아야 할 것이기에 확인해 보지 않은 자에게 과실 책임이 인정되기 때문이다.

그리고 건축과 관련하여 도시계획 여부, 개발제한구역 여부 등도 반드시 확인하여야 한다. 예를 들어, 등기부등본상에 하자가 전혀 없는 부동산을 매입한 경우도 구청에서 도시계획을 세우면서 도로예정지로 편입시켜 수용대상 토지로 책정해 놓았을 경우 후일 헐값의 보상만 받게 된다.

또한 등기부 등본에 근저당이 설정되었으면 채권액 등을 해당 금융관에 문의한다. 이 같은 재산상 제한은 잔금처리 전에 반드시 해결한다는 단서를 계약서에 써야 한다. 저당권이 설정됐거나 가등기가 가압류가 있으면 계약 전에 해결하거나 계약을 재검토해야 한다.

④ 언제나 100% 본인의 책임하에 계약해라

중개업자에 의하여 계약을 체결하는 경우나 생활지를 통한 직거래인 경우 본인이 직접 모든 것을 확인하고 알아보는 것이 좋다. 중개업자들은 중개수수료 취득을 위해 매도인 측의 말만 믿고 전달하는 경우도 있고, 다소 과장하여 전달하는 경우도 있기 때문이다.

중개업자나 상대방이 보여주는 등기부등본만을 믿어서는 안 된다. 복사·위조 등의 우려가 있기 때문에 본인이 직접 등기부를 열람하여 확인하거나 이를 열람해 보아야 한다. 상대방이 보여주는 등기권리증도 자세히 살펴보고 원본인가를 확인하여야 한다.

⑤ 위험성이 있는 부동산은 거래에 신중하라

단시일에 권리자가 여러 명씩 바뀌는 등 권리변동관계가 빈번하고 복잡한 것은 일단 의심을 하고 사지 말아야 한다. 문제가 발생할 경우 전혀 알리지 못하는 원래의 권리자로부터 소송을 당하게 되어 결국 권리분쟁에 휩싸이게 되기 때문이다. 여러 가지 담보물권이나 특히 예고등기, 가등기, 가압류, 가처분이 되어 있는 것은 사지 않는 것이 현명하며 매수 직전에 비로소 보존등기가 되거나 기타 상속등기나 회복등기가 된 것은 일단 의심을 해야 하며 특히 소송으로 확정판결을 받은 물건을 매수할 때에는 패소 판결을 받은 자를 찾아가 사실 여부를 확인해야 하고 주변 시세에 비해서 현저히 싸거나, 가격폭등을 이유로 권유하는 것도 신중히 검토해야 한다.

4) 계약을 체결할 때 주의할 점

① "사전 조사를 철저히 해야 한다."

체약 체결 전 단계에서는 계약의 대상 또는 내용에 대한 충분한 사전 조사가 필요하다. 예를 들어 근로 계약을 할 때에는 급료, 근무시간, 퇴직금 등을 미리 알아보는 것이 좋고, 은행에 예금할 때에는 이자가 얼마인지, 자유롭게 찾아 쓸 수 있는지 등을 알아보는 것이 좋다.

② "전문가 등의 자문을 받는 것이 좋다."

큰 회사와 계약을 할 때에는 그쪽에서 제시하는 이미 인쇄된 계약서(이를 보통거래 약관이라고 한다)를 가지고 거래하는 경우가 많다. 그러나 계약서의 내용이 어렵고 복잡하여 의심스러울 때에는 전문가에게 상담하는 것이 바람직하고, 상대방에게 설명을 요구할 권리가 있으므로 상대방으로부터 충분히 설명을 들어야 한다.

③ "정당한 상대방인지 확인해야 한다."

계약을 체결할 때에는 먼저 상대방이 정말 계약당사자인지 확인하고(주민등록증, 신분증으로 확인) 대리인인 경우에는 그에게 대리권이 정말 있는지 계약당사자에게 알아보아야 한다. 그리고 계약의 상대방이 미성년자가 아닌지, 거래를 할 수 없는 사람은 아닌지도 살펴야 한다.

④ "계약서에 들어가야 하는 내용"

일반적으로 계약서에는 계약의 당사자, 예를 들어 매매 계약의 경우 매도인과 매수인을 표시하고, 계약의 내용으로 목적물, 일정한 금액의 지급을 내용으로 하는 계약이라면 그 금액의 지급방법과 시기 등을 기재하여야 한다. 당사자 사이에 특별히 약속한 사항이나 조건이 있다면 구두로만 하지 말고 그러한 특별한 약속 내용도 계약서에 반드시 기재하여야 후일 분쟁을 방지할 수 있다.

마지막으로 계약을 체결한 장소와 시기 및 당사자의 서명 날인을 정확히 표시하는 것이 좋다.

5) 차용증 쓰기

차용증이란 차용 증서의 줄임말로, 돈이나 물건을 빌려 쓴다는 증거로 작성하는 문서이다.

일반적으로 차용증은 채무자가 작성해서 채권자에게 주는 것으로, 차용증의 기본적인 기재 사항은 채무자가 채권자에게서 빌리는 금액총액(대여금액), 대여금액에 대한 이자의 비율(이자)이다. 그 외에 만기일에 어디서 변제할 것인가(변제 장소), 언제 변제할 것인가(변제기), 만기일에 변제하지 않을 경우 위약금을 얼마로 할 것인가(위약금), 예정기일에 이자 지급을 하지 않을 때의 불이익, 즉 원금의 지급에 관한 기한의 이익을 상실했을 때의 보상에 대한 내용 등의 특약조항 등도 명확히 기재한다면 분쟁을 예방하는 데에 도움이 된다.

또, 돈을 빌려주는 사람과 돈을 빌리는 사람이 누구인지를 밝히기 위해 성명, 주소(주민등록증확인)를 적고 서명이나 날인을 해야 한다. 날인의 경우 인감증명을 같이 붙여 놓으면 편리하다. 법인의 경우 법원등기부등본을 첨부하고, 거기에 기재된 법인명과 주소를 쓰고 대표자와 계약서를 작성하면 된다.

차용증이 있으면 채무자가 돈을 갚지 않는 경우에 채무자를 상대로 민사소송제기, 지급명령[11]을 신청하거나, 파산 절차에 참가하는 등 여러 가지 청구를 할 수 있다. 또, 법원의 결정으로 채무자가 재산을 팔지 못하도록 하는 가압류[12]신청의 소명자료로 사용할 수 있어 빌려준 돈을 받아 내는 데 유리한 입장에 설 수 있다.

그 뿐 아니라 차용증은 돈을 빌렸다는 내용을 채권자와 채무자가 확인한 문서이므로, 만약 재판을 하더라도 유력한 증거가 될 수 있다.

온라인 입금으로 차용증 없이 돈을 빌려주었을 경우

현금카드를 사용해서 송금했을 경우는 거래 내역서로써 증명할 수 있다. 현금을 무통장 송금했을 경우에도 그 사실에 대해 은행에서 확인할 수 있다. 언제, 어디서, 어떻게 보냈는지 정확하게 증명할 수만 있으면 된다.
채무자의 통장으로 자동 이체한 증거가 있는 경우 채무자에게 언제 얼마를 빌려주었으며 언제까지 변제하라는 내용증명서를 발부하고, 본인의 은행거래 내역서와 내용증명서를 첨부하여 채무자를 상대로 대여금 청구 소송을 제기하면 된다.

6) 차용증 분실했을 경우

돈을 빌려주는 경우에는 차용증 같은 서류가 꼭 있어야만 하는 것은 아니다. 그러나 차용증이 없다면 돈을 빌려주었다는 서류상의 증거가 없으므로 대신 증인을 확보할 필요가 있다. 돈을 빌려준 사실을 아는 증인이 있다면 분쟁이 생긴 경우 민사소송에서 이길 가능성이 높다.

차용증이 아니라고 일단 돈을 빌려주었다는 증거(증인이나 이자를 받은 내역 등)만 확보할 수 있다면 재판에 상당히 유리하다. 그리고 고의적으로 돈을 빌려 가서 갚지 않는다면 사기죄로 형사 고발도 가능하다.

---

11) 지급명령이란 금전이나 유가증권을 지급해 달라는 청구에 관하여 채권자의 신청으로 개시되고, 채무자를 심문하지 않고 채무자에게 그 지급을 명하는 재판(민사소송법 제462조, 제474조)을 말한다.
12) 가압류란 금전채권의 집행을 보전하기 위해 집행의 대상이 되는 재산에 대한 처분권을 빼앗는 제도이다.

금전 차용계약서

제1조(당사자) 채권자 ○○○(이하 갑이라고 함) 2010년 7월 19일 금 500,000원을 채무자 ○○○(이하 을이라고 함)에게 대여하고 을은 이를 차용한다.

제2조(변제기) 차용금의 변제기한은 1010. 12월 31일로 한다

제3조(이자 및 자연손해금) ① 이자는 연 5%로 한다.

② 원금의 변제를 지체했을 때에는 을은 연 ○○%의 비율에 의한 자연손해금을 가산해서 지불해야 한다. 비율에 의한 자연손해금을 가산해서 지불해야 한다.

제4조(변제방법) 채무의 변제는 갑의 주소 또는 갑이 지정하는 지정장소에 지참 또는 송금해서 지불한다.

제5조(기한이익의 상실) 을이 다음 각 호에 해당하는 경우에 있어서는 갑으로부터 기한의 이익을 상실하고 채무 전부를 즉시 변제하여야 한다.

 1. 본건 이자의 지불을 ○개월분 이상 지체했을 때
 2. 다음 채무 때문에 강제집행 집행보전처분을 받거나, 파산 또는 경매의 신청이 있었을 때
 3. 을이 주소를 변경하고 그 사실을 갑에게 고지하지 않았을 때

갑과 을은 상기 계약을 증명하기 위하여 본 계약서 2통을 작성하고 각자 서명 날인한 후 1통씩 보관한다.

2024. 2. 17.

채권자　주소:
　　　　성명:　　　　주민번호:　　　　　　　전화번호:
채무자　주소:
　　　　성명:　　　　주민번호:　　　　　　　전화번호:

7) 영수증 쓰기

돈을 빌리는 사람이 채권자에게 써 주는 것이 차용증서라면 돈을 갚는 사람이 채권자에게 돈 갚은 내역을 써 달라고 요구할 수 있는 것이 영수증이다. 영수증은 돈을 갚았다는 증거가 되는 것이므로 될 수 있는 한 목적물(무엇을 받았는지)의 표시, 영수문언(물건 또는 돈을 받았다고 기재하는 문장), 영수인의 서명, 상대방의 표시, 일자의 기재 등을 명확히 하는 것이 좋다.[13)]

물품을 구입하고 대금을 지급한 영수증을 받은 경우라 하더라도 그 영수증을 일정한 기간 보관하여야 이중 지급을 방지할 수 있다. 최근 홈쇼핑 업체에서 물품을 구입한 소비자들에게 2~3년이 지난 뒤 물품값을 다시 청구하는 사례가 발생하고 있다. 이러한 경우 소비자들이 물품 대금을 지급한 영수증을 보관하지 않아 대금 지급 사실을 입증하지 못하면 이중으로 대금을 지급하게 될 수 있으므로 유의할 필요가 있다.

영수증

TO　　○○○

　　　　　　　　　　　　　　　　　　　　일금　　　　　　원정

내역

상기금액 정히 영수하였습니다.

---

13) 영수증을 받을 권리가 있다. 민법상 채무자(돈 빌린 사람)는 채권자(돈 빌려준 사람)에게 영수증을 달라고 청구할 권리가 있다. 민법 제474조 영수증은 채권자가 작성, 교부하는 것이므로 그 비용은 채권자가 부담해야 한다.

3. 개인회생 · 파산에 관한 법률

개인회생절차란 채무를 모두 변제할 수 없지만 현재 일정한 수입이 있는 경우, 파산절차란 현재 일정한 수입이 없는 경우에 채무의 내용을 재조정하는 절차를 말한다. 대법원 홈페이지(www.scourt.go.kr) 상단의 소송절차 → 개인파산/회생을 클릭하면 개인회생과 파산에 관한 자세한 내용을 검색할 수 있다.

개인회생절차는 총 채무액이 담보 없는 채무인 경우에는 5억 원, 담보 있는 채무인 경우에는 10억 원 이하의 채무로서 장래 계속적으로 또는 반복하여 수입을 얻을 가능성이 있는 경우에 신청할 수 있다. 개인회생절차에 들어가게 되면 압류나 가압류가 중지, 금지되고 인가된 변제계획에 따라 착실하게 변제해 나가면 나머지 채무는 면제받게 된다.

개인파산절차는 파산자의 경제적 갱생을 도모하는 제도로 법원의 파산선고와 면책결정으로 진행된다. 개인이 사업실패, 보증 등으로 자신의 힘으로 채무를 변제할 수 없는 경우에 법원에 파산신청을 하여 채무를 면제받을 수 있는 제도이다. 이 제도는 신용불량자가 아니더라도 신청할 수 있고, 자신의 주소지를 관할하는 지방법원 본원에 신청하면 된다. 단 서울은 서울지방법원이 관할법원이다.

4. 교통사고에 관한 법률

1) 교통사고를 낸 사람이 주의할 사항

교통사고 야기 시 가해 차량의 운전자가 승무원은 자기에게 과실이 있든 없든 즉시 차를 정지하고 사상자를 구호하는 데 필요한 조치를 취하여야 한다.

이 구호의무를 이행하지 아니하면 수사결과 교통사고 자체에 책임이 없다고 판단되더라도 처벌을 받게 된다. 뿐만 아니라 교통사고현장에서 도주하면 일단 도주차량(뺑소니)의 혐의가 인정되면 일반 교통사고와 달리 징역 1년 이상 사형까지 엄하고 무거운 처벌을 받게 된다.

2) 교통사고처리 특례법의 내용

첫째, 교통사고로 인한 죄 중 업무상 과실치상죄 또는 중과실치상죄와 도로교통법 제108조의 죄를 범한 운전자에 대하여는 피해자의 명시한 의사에 반하여 공소를 제기할 수 없다.

둘째, 종합보험이나 공제조합에 가입하면 위의 죄를 범한 당해 차의 운전자에 대하여 공소를 제기할 수 없다

셋째, 다음과 같은 경우들은 교통사고처리 특례법에 의하여도 형사 처벌을 면할 수 없다. 예를 들어, 피해자가 사망한 경우, 구호조치를 하지 않고 도주한 경우(뺑소니), 신호기, 경찰공무원 등의 신호, 안전표지의 지시에 위반한 경우, 중앙선을 침범하거나 고속도로, 자동차 전용 도로에서 횡단·유턴·후진한 경우, 제한시속을 20km 이상 초과한 경우, 앞지르기의 방법 또는 금지에 위반하거나 끼어들기 금지에 위반한 경우, 건널목 통과 방법을 위반한 경우, 횡단보도에서 보행자 보호의무를 위반한 경우, 운전면허나 건설기계 조종사면허 없이 운전한 경우, 술에 취하였거나 과로, 약물복용 등으로 정상적인 운전을 하지 못할 염려가 있는 상태에서 운전한 경우, 인도로 돌진하여 보행자를 다치게 한 경우, 문을 연 채로 출발하여 승객을 다치게 한 경우가 있다.

3) 기타 교통사고와 관련된 문제

① "차량관리 소홀의 책임"

차량의 소유자가 자동차 열쇠를 허술하게 보관하여 다른 사람이 무단 운전하다가 사고를 일으키게 되면 차주는 이에 대한 민사상의 손해배상책임을 지게 된다.

② "차주의 손해배상 책임"

교통사고를 낸 경우 운전자가 형사처벌을 받았다고 하더라도 차주는 당연히 운전자가 타인에게 입힌 손해를 배상할 책임이 있다. 차주나 운전자의 과실이 없고, 운전자 외의 제3자에게 고의나 과실이 있으며, 자동차의 결함이 없다는 것을 증명하면 차주는 책임을 지지 않으나 이와 같은 내용을 증명하기는 매우 어렵다.

③ "자동차 명의를 이전하기 전의 사고에 대한 책임"

자동차를 매도하였으나 자동차 등록원부의 등록명의를 이전하지 아니한 동안 교통사고가 난 경우에는, 자동차의 운영을 실제로 누가 지배하고 있는지 그리고 누가 운행의 이익을 보고 있는지에 따라 책임소재가 결정된다.

즉, 매도인이 계약금만 받고 중도금과 잔금을 받기 전에 자동차를 넘겨받은 매수인이 사고를 낸 경우에는 매도인도 배상책임을 지게 되나, 매도인이 잔금을 받고 명의이전서류를 모두 건네주었는데도 매수인 이전등기를 하지 않은 채 자동차를 운행하다가 사고를 낸 경우에는 매도인은 책임이 없다.

④ "육교 밑 등에서 일어난 사고"

육교 밑이나 고속도로 또는 자동차전용도로를 무단횡단하다가 일어난 사고는 원칙적으로 피해자의 과실이 인정된다.

⑤ "위자료"

위자료란 피해자 등이 교통사고로 인하여 입은 정신적 손해에 대해 배상액을 말한다. 이는 주관적 사정, 피해자나 가해자의 재산 정도, 사회적 지위에 따라 다르게 되므로 양당자 간에 결정할 수 없을 때에는 최종적으로 법원에서 결정할 수밖에 없다. 피해자가 사망한 때에는 피해자의 상속인에게 위자료청구권도 상속되며, 피해자의 사망으로 인하여 정신적 고통을 받은 형제자매 등 특별한 관계가 있는 자에게는 위자료 청구권이 있다.

⑥ "과실상계"

사고의 발생에 있어서나 또는 피해의 정도에 있어서, 피해자나 피해자의 감독 의무자, 등에게 과실이 있는 경우에는 피해자 과실 비율만큼 배상액을 감하여 주게 된다. 피해자에게도 과실이 있다는 것은 가해자 측에서 증명하여야 하나, 피해자 과실의 비율은 결국 법원에서 정하게 된다.[14]

5. 자동차, 교통사고 손해배상, 교통형벌(사례 중심)

1) 자동차 매수인의 행방불명

사례 3 | 자동차 매수인 행방불명?

청주에 사는 고 씨는 작년 9월에 타고 다니던 자동차를 어떤 사람에게 팔았습니다. 자동차 매매계약서를 작성하면서 매수인의 주민등록증을 확인하려고 하니까 그 매수인이 웃으면서 나를 못믿느냐고 하여 확인을 못하였다 합니다. 자동차 대금을 받고 자동차 이전등록에 필요한 서류를 준비해서 연락하였더니 그 매수인이 받아 가지고 갔습니다. 그런데 보름이 지나도 이전등기를 하지 않아 독촉을 하였더니 알았다고만 하더니, 그 후로 계속 핑계를 대면서 이전등기를 하지 않는 것이었습니다. 그동안 자동차세금, 책임보험 미가입 과태료, 그리고 기타 과속, 주차위반 등 각종 과태료가 고 씨에게 날아 왔습니다.

그러나 올 1월 이후에는 그 매수인이 전혀 연락이 되지 않았고 확인을 해 본 매매계약서상의 매수인 이름, 주민등록번호, 주소가 모두 가짜라는 것을 알았습니다. 그래서 고소장을 내려고 해도 매수인의 신상정보가 없어서 안 되며, 자동차 등록사업소에서도 신상정보가 없어서 어떻게 할 수

---

14) 〈사례〉 친구에게 대가 없이 빌려준 차가 사고를 낸 경우에 손해배상 책임은?
A와 B는 같은 대학교에 다니는 친구 사이이다. A는 B가 자신의 차를 타고 학교에 잠시 다녀오겠다고 하여서 아무런 대가 없이 자신의 차를 빌려주었다. 그러나 B는 학교로 향하던 중 사람을 치는 인사사고를 내었다. 이 경우 B뿐 아니라 차주인 A에게도 손해배상의 책임이 있는가?
〈해설〉 자동차손해배상법 제3조에 따르면 차량보유자는 운행지배와 운행이익의 귀속이 인정될 경우 손해배상의 책임을 면할 수 없다. 사례에서 A가 B에게 자동차를 빌려주었다고 그 대여가 일시적인 것이며 언제든지 반환을 요구할 수 있는 관계라면 A는 자동차에 대한 지배권을 갖고 있다고 할 수 있으므로 B의 손해배상책임을 A에게도 부담해야 한다.

없다는 답변만을 받았다고 합니다. 고 씨는 자신이 어떻게 해야 좋은지 어떤 관청에서도 속 시원하게 답변을 해 주지 않고 이 기관 저 관청 미루기만 하여 불만이 많이 쌓여 있다고 합니다. 도대체 해결방법이 무엇이 있나요?

[해설] 우선 고 씨가 매수인의 인적사항을 정확하게 확인하지 않은 잘못에 이 모든 일이 원인이 있다는 것은 잘 아실 겁니다.

인적사항만 정확하게 파악되었다면, 자동차 이전등록을 하지 않는 매수인에 대하여 자동차 이전등록 절차를 이행하라는 소송을 제기할 수 있고, 판결을 받아서 이전등록을 할 수 있습니다. 이름과 주민등록번호만 알더라도 주소를 파악하여 소송을 제기하거나 주소불명일 경우에는 공시송달에 의한 재판절차를 진행할 수 있는 것입니다.

어쨌든 고 씨의 경우 지금 상태에서 관련 관청의 처리 태도를 비난할 입장은 아닌 것으로 봅니다. 인적사항을 전혀 모르는 미지의 인물을 상대로 고소를 하거나 이전등록을 하라는 것이니까 경찰관이나 공무원의 입장도 난감할 것입니다.

그러나 범죄의 수사를 바라는 고소는 범인의 인적사항을 전혀 모르는 상태에서도 가능한 것이므로 일단 고소장에 피고소인을 성명불명으로 하여 고소장을 제출하고, 고 씨의 자동차가 범죄의 도구로 이용되고 있으므로 이에 대한 소재 확인을 요청하여 자동차의 행방을 파악하는 것이 중요하다고 봅니다. 이렇게 하여 자동차의 행방이나 소재를 파악한 후 후속 절차를 밟는 것이 좋겠습니다.

2) 뒷차의 추돌 때문에 앞차를 들이받은 경우

사례 4 | 뒷차의 추돌 때문에 앞차를 들이받은 경우?

경북 상주에 사는 홍 씨는 편도 1차선의 국도를 따라 약 60킬로미터의 속도로 운행하던 중에 앞에 경운기가 서행하는 것을 보고 추월할 수가 없어서 깜빡이를 켜고 경운기 뒤 약 5미터 후방에서 서행을 하면서 추월할 기회를 보고 있었습니다. 그런데 한참 뒤에서 홍 씨의 차를 따라오던 화물차는 깜빡이를 켜고 서행하는 것을 뒤늦게 발견하고 급제동하였으나 미치지 못하여 홍 씨의 차를 들이받는 바람에 홍 씨의 차가 앞으로 밀려 앞 경운기를 들이받게 되었습니다. 그런데 화물차는 홍 씨가 앞 경운기와의 안전거리를 확보하지 않았기 때문에 경운기를 들이받은 책임의 일부가 홍 씨에게 있다고 하면서 경운기에 대한 손해를 홍 씨에게 부담하라고 하고 있습니다. 이럴 경우 홍 씨가 그 책임을 부담해야 하나요?

[해설] 도로교통법은 모든 차는 같은 방향으로 가고 있는 앞차의 뒤를 따르는 때에는 앞차가 갑자기 정지하게 되는 경우에 그 앞차와의 충돌을 피할 만한 필요한 거리를 확보하여야 한다고 규정하고 있습니다. 여기서 갑자기 정지하게 되는 경우란 앞차가 제동장치의 제동력에 의하여 정지한 경우뿐만 아니라 제동장치 이외의 작용에 의하여 갑자기 정지한 경우도 포함한다고 봅니다. 그런데 추돌이 후행 차량을 뒤따르던 다른 차량의 추돌 등 외부의 물리력으로 인한 것인 때에는 후행차량 운전자가 안전거리를 확보하지 않아서 발생한 사고, 즉 후행차량의 과실로 보지 않습니다. 다만 그와 같은 물리력이 발생에 있어 후행차량의 운전자의 과실이 있거나 그와 같은 물리력의 발생에 없었더라도 추돌사고가 발생하였을 것이라는 등의 특단의 사정이 있는 경우에는 예외입니다.

홍 씨의 경우 깜빡이를 켜고 약 5미터 후방에서 서행하고 있었는데 화물차가 뒤를 발견하지 못하고 홍 씨의 차량을 추돌하여 그 충격으로 앞으로 밀리면서 앞서 가던 경운기를 들이받은 것이므로, 모든 책임은 화물차에게 있다고 할 것입니다. 따라서 홍 씨에게는 아무런 책임이 없다고 할 것이어서 경운기의 손해에 대하여 화물차가 모두 배상하여야 할 것입니다.

3) 부모님의 차 무면허운전사고 시 부모의 책임

사례 5 | 부모님의 차 무면허사고 시 부모의 책임?

서울에 사는 김 씨는 아들 최 군이 운전면허가 없으면서 화장대에 있는 자동차 열쇠를 몰래 가지고 나가 운전하다가 다른 차를 들이받아서 그 차에 타고 있는 사람들이 많이 다치는 사고를 냈습니다. 다행히 피해자들이 상해보험에 가입하였기 때문에 피해자의 A보험회사가 3억 9천여만 원의 보험금을 지급하였고 김 씨의 B보험회사에 구상금청구를 하였습니다. B보험회사는 무면허운전 면책약관을 들어서 지급을 거부하였지만, 자동차 열쇠를 몰래 가지고 나간 것에 대하여는 무면허운전 면책약관이 적용될 수 없다고 하여 A보험사에 대하여 보험금을 전부 지급하였습니다. 그리고 B보험사는 사고를 낸 최 군과 보호감독자인 아버지를 상대로 지급한 보상금액을 물어내는 소송을 제기하였습니다.

[해설] 상법은 손해가 제3자의 행위로 인하여 생긴 경우에 보험금액을 지급한 보험회사는 그 지급한 금액의 한도 내에서 그 제3자에 대한 보험계약자 또는 피보험자의 권리를 취득한다고 규정하고 있습니다.

이것을 제3자에 대한 보험자대위라고 하는데요. 쉽게 말해 보험금을 물어 준 보험회사가 사고에 대하여 책임이 있는 사람에 대하여 피해자에 대신하여 보상을 요구할 수 있다는 것입니다.

여기서 자동차보험의 피보험자의 가족이 제3자가 될 수 있느냐는 것이 문제가 됩니다. 즉 최 군이 어머니인 김 씨의 보험계약에서 제3자가 될 수 있느냐는 것이지요. 판례에 의하면, 피보험자의 동거친족에 대해 피보험자가 배상청구권을 취득한 경우 통상 피보험자는 그 청구권을 포기하거나 용서의 의사로 권리를 행사하지 않은 상태로 방치할 것으로 예상되기 때문에, 이 경우 피보험자에 의해 행사되지 않는 권리를 보험자가 대위 취득해 행사하는 것을 허용한다면, 사실상 피보험자는 보험금을 지급받지 못한 것과 동일한 결과가 초래돼 보험제도의 효용을 현저히 해치게 된다고 봅니다. 그래서 무면허 운전면책약관 부 보험계약에서 운전자가 동거가족인 경우 상법 소정의 제3자의 범위에 포함되지 않는다고 하고 있습니다. 즉 제3자를 그러한 범위까지 확대하게 되면 보험계약의 의미가 없어지기 때문이라는 것입니다.

따라서 김 군의 어머니인 김 씨의 보험계약에서 제3자로 볼 수 없기 때문에, 최 군이나 최 군의 아버지는 B보험회사에 대하여 배상책임이 없다고 할 것입니다.

4) 과태료 재판

사례 6 | 과태료 재판?

수원에 사는 김 씨는 작년 11월 말경 다리 수술을 받기 위해 수원에서 고속도로를 이용하여 서울로 가다가 차가 너무 많이 막히자 수술시간을 맞추기 위하여 하는 수 없이 갓길을 이용했습니다. 그런데 이른바 카파라치라는 사람들에 의해 갓길을 이용하는 사진이 찍혀지게 되었고 6만 원의 과태료 납부고지서를 받았습니다. 그러나 그동안 바빠서 이것을 잠깐 잊어버리고 있었는데 작년 12월 31일자로 다시 9만 원의 과태료 납부고지서를 받았다고 합니다. 얼핏 다른사람에게 듣기에는 병원진단서와 진술서, 과태료납부고지서 3가지를 첨부해서 이의신청을 하면 과태료를 내지 않아도 된다고 하는데, 맞는 것인지 물어보셨습니다. 그리고 이런 예외적인 경우는 과태료를 내지 않는 것이 상식에 맞는 것이 아니냐고 하셨습니다.

[해설] 우선 도로교통법에서 갓길통행금지에 대하여 자동차는 고속도로에서 앞지르기를 하거나 도로상황 그 밖의 사정으로 부득이 한 경우를 제외하고는 차로에 따라 통행하여야 하며 갓길로 통행하여서는 안 된다고 규정하고 있습니다. 이러한 갓길 통행금지를 위반했는데 운전자를 확인할 수 없는 경우에는 20만 원 이하의 과태료에 처하게 됩니다. 여기서 김 씨는 다리의 수술시간을 맞추기 위해서 하는 수 없이 갓길로 운행하였는데 이것은 그 밖의 사정으로 부득이한 경우에 해당된다고 볼 수 있습니다.

한편 발부 고지서에 대하여 의견을 진술할 수 있는 기회가 부여되는데, 김 씨는 이 기회를 살리지 못한 것 같습니다. 그러나 과태료가 최종 부과 고지된다고 하여도 다시 이 과태료에 대하여 이의신청을 할 수 있습니다. 과태료에 대하여 이의신청을 하면, 과태료에 대한 재판을 하게 되는데 이것은 비송사건절차법에 의하여 처리하게 됩니다. 이의사유를 보고 법원에서 특별한 점이 발견되지 않으면 당사자의 진술을 듣지 않고 바로 다시 과태료의 결정을 할 수 있습니다. 물론 이 때에 판사가 이의사유를 보고 바로 과태료의 감액결정을 할 수 있습니다. 만일 당사자의 진술을 듣게 되면, 법원은 검사의 의견도 듣게 되며, 이유를 붙인 결정으로 재판을 끝내게 됩니다.

김 씨의 경우 새로 부과된 과태료 납부고지서에 이의기간을 잘 살펴보시고 아직도 이의기간이 남아 있다면, 과태료 이의신청을 제출하시고 적절한 소명자료를 첨부하여 과태료 감액 혹은 과태료 면제의 결정을 받을 수 있을 것입니다.

제6장

법률구조 및 법률정보이용

제1절 **법률구조상담기관**

1. 대한법률구조공단

대한법률구조공단은 1987년 법률구조법에 의해 설립된 비영리공익법인으로 전 국민을 대상으로 민사, 가사, 형사, 행정사건 등 법률문제 전반에 대해 무료로 법률상담을 하고 있다.

그러나 소송의 경우에는 대상자격을 갖춘 경우에만 구조를 받을 수 있고, 소송비용도 의뢰자로부터 상환받는 것을 원칙으로 하고 있다. 서울에 본부를 두고, 전국의 법원과 검찰청에 대응하여 13개 지부와 41개 출장소를 운영하고 있다. 특히 서울지부에서는 일요일 및 야간에도 상담을 하고 있으며, 본부 및 지부등에서는 출장상담, 아동법률상담소 실시하고 있다

공단에서 상담결과에 따라서 필요할 경우 민사·가사 사건에 대해서는 당사자 간의 화해·조정을 도모하고 변호사 또는 공익법무관에 의한 소송대리 서비스를 제공하며, 형사사건에 대해서는 변호사 또는 공익 법무관이 변호를 하는 등 본격적인 법률구조를 하게 된다.

1) 민사 · 가사사건

① 대상사건

국가를 상대로 하는 사건을 제외한 모든 민사·가사사건을 담당한다. 대상사건에는 제한이 없고 임금, 임대차보증금반환, 대여금, 손해배상, 어음, 수표금, 부동산 관련, 소비자파산, 개인채무회생사건 등 모든 사건을 포함한다. 다만 국가를 당사자로 하는 소송에 관한 법률에 의한 국가 소송사건은 제외한다.

② 대상자

대상자로는 월 평균 수입 200만 원 이하의 국민, 농·어민, 6급 또는 6급 이하의 공무원, 위관급 장교 이하의 군인, 국가 보훈 대상자, 물품의 사용 및 용역의 이용으로 인한 피해자를 입은 소비자, 국민기초생활보장법에 의한 수급자, 장애인 복지법 제2조에 의한 장애인, 헌법재판소가 소속 변호사 또는 공익법무관을 국선 대리인으로 선정한 사건의 청구인, 법원으로부터 소송 구조 결정을 받은 사건의 피구조자(다만, 인지대 등 소송비용에 관한 소송 구조 결정만을 받은 피구조자는 제외), 영세담배소매인(월 평균 담배판매금액 200만 원 이하인 담배소매인), 가정폭력·성폭력으로 인한 피해를 입은 여성(단 구내거주 외국인 여성 포함), 국내 거주 북한 이탈 주민, 기타 생활이 어렵고 법을 몰라 스스로 법적 수단을 강구하지 못하는 국민, 월평균 수입 200만 원 이하의 국내 거주외국인, 임금 및 퇴직금 체불로 인한 피해 근로자(국내거주 외국인 포함) 등이다.

③ 처리절차

법률구조 신청서, 주민등록등본, 법률구조 대상자임을 입증할 자료, 관련 사실을 입증할 자료를 해당 지역공단 사무실에 제출한다.

공단에서 의뢰자가 신청한 사건이 법률구조 대상이 아니라고 결정하더라도 의뢰자는 공단의 중앙법률구조심사위원회에 이의 신청을 할 수 있다.

④ 소송비용

소송을 하지 않고 화해로 끝난 사건은 무료이며 소송에 들어간 사건은 소송 비용을 의뢰자로부터 상환받는 것이 원칙이다.

2) 행정소송 및 헌법소원사건

① 대상사건

모든 행정소송사건, 헌법소원사건 단 행정심판사건은 국무총리 행정심판위원회 및 각 시·도 행정심판위원회 사건이다.

② 대상자

민사·가사 사건과 동일하다.

③ 처리절차 및 소송비용

민사·가사 사건과 동일하다.

3) 형사 사건

공단에서는 1996. 6. 1.부터 민사·가사사건뿐만 아니라 형사사건에 대해서도 법률구조를 하고 있다. 대상사건은 구속사건, 공판절차에 회부된 사건, 소년부에 송치된 사건, 재심사건에 대하여 공단 소속 변호사 또는 공익법무관이 변호를 해 주고 있다.

① 대상사건

구속사건, 공판절차에 회부된 사건, 소년부에 송치된 사건, 재심사건이다.

② 대상자

월 평균 수입이 200만 원 이하의 국민, 농·어민, 6급 또는 6급 상당 이하의 공무원, 국가보훈대상자, 국민기초생활 보장법에 의한 수급자, 장애인 복지법 제2조에 의한 장애인, 영세담배소매인(월 평균 담배판매금액이 200만 원 이하인

담배 소매인), 가정폭력·성폭력·성매매와 관련된 형사사건의 구속의 자 또는 피고인인 여성(단 국내 거주 외국인 여성 포함), 법원이 소속 변호사 또는 공익법무관을 국선변호인으로 선정한 사건의 피의자 또는 피고인, 기타 생활이 어렵고 법을 몰라 스스로 법적 수단을 강구하지 못하는 국민, 월 평균 수입 200만 원 이하의 국내 거주 외국인이 해당한다.

③ 처리절차

민사·가사 사건과 동일하다.

④ 소송비용

형사사건과 관련된 일체의 비용은 공단에서 부담한다. 단, 보석 보증금 또는 보석 보증 보험 증권 수수료는 의뢰자가 부담한다. 특히, 법률구조 대상자 중 아래의 무료법률 구조사업에서 정한 사람은 무료로 법률구조를 받을 수 있다.

3) 행정 소송 및 헌법소원 사건

공단에서는 국무총리 행정심판위원회 및 각 시도 행정심판위원회 사건과 모든 행정 소송 사건과 헌법 소원사건 단 행정심판 사건에 대해서도 법률구조를 실시하고 있다. 대상자는 민사·가사 사건과 동일하고 사건처리절차와 소송비용은 법률구조를 받고자 하는 분은 공단 소정양식의 법률구조 신청서와 함께 본인의 주민등록등본과 법률구조 대상자임을 소명할 자료, 그리고 주장 사실을 입증할 자료를 해당 지역의 공단 사무실에 제출하면 되고 사건 처리절차 및 비용은 민사사건과 동일하다.

4) 무료법률구조사업

경제적인 이유 등으로 법에 소외되어 있는 국민의 권리를 보호하는 법률구조제도는 현대사회에서는 국가가 베푸는 자선이 아니라 국민의 관리이자 국가의 의무이고 더 나아가 의료서비스와 같은 사회복지권의 하나로서 자리잡아 가고 있다. 그러나 저렴한 비용으로 이용할 수 있는 법률구조 서비스마저도 경제적인 어려움 등으로 이용할 수 없는 경제적인 약자가 많으므로 이들을 위한 보완책이 필요하였다. 이들에 대하여 무료로 변호사에 의한 소송대리를 하기 위하여 공단에서는 농협, 수협, KT&G(구 한국담배인삼공사), 여성부와 각각 협약을 맺고 동 협약에 따라 이들 기관이 공단에 출연한 적립금을 제원으로 하여 각각 농업인, 어업인, 축산인, 도시영세민, 담배소매인, 가정폭력·성폭력·성매매로 인한 피해를 입은 여성 등에게 무료로 법률구조 서비스를 해 주고 있다. 오늘날 법률구조는 법률가의 자선이 아니라 가난한 자 또는 사회적 약자에 대하여 최소한의 삶의 수준을 보장하는 사회보장제도의 일환이며, 공정한 사법에의 접근을 위하여 법률구조의 확대·강화는 필수적인 것이다. 앞서 본바와 같이 예산상, 조직상 등 제약이 있어 완전한 법률구조활동을 못하고 있으나 앞으로도 경제성장 및 국민소득수준 향상에 맞추어 법률구조영역과 구조대상자·무료법률구조 대상자 범위를 계속 확대하여 나가야 할 것이며, 그 밖에 법률구조 업무를 담당하고 있는 기존의 민간단체 등과 긴밀한 협조체제를 구축하여 법의 사각지대에 놓여 있는 힘없는 사람을 구조하는 데 만전을 가해야 할 것이다.

2. 한국가정법률 상담소

한국법률상담소 홈페이지(www.lawhome.or.kr)는 1956년에 세워진 우리나라 최초의 법률구조기관으로서, 민간단체로서는 처음으로 법률구조 법인으로 등록한 이후 법률상담을 비롯한 모든 법률구조사업을 무료로 운영하고 있다.

현재 국내 32개소, 미국 6개소의 상담소를 통하여 가사상담 및 소송구조업무를 수행하고 있으며 소송구조의 경우 자체 내의 법률구조 심의위원회에서 심의·결정하여 소송수행이 가능하다고 판단되는 사건에 대하여서는 100인의 변호사단에 의하여 소송구조를 받을 수 있는 시스템이 마련되어 있으므로 이를 활용하는 것도 좋은 방법이 될 수 있을 것이다.

기타 가사사건뿐만 아니라 일반 민사·형사 등 법률관계 전반에 관한 상담업무도 실시하고 있다.

3. 법률정보의 이용방법

법령에 관한 생활정보를 얻고자 한다면 우선 공공기관의 웹사이트인 법제처 (www.moleg.go.kr), 국회(serch.assemblily.go.kr/law), 대법원(www.scourt.go.kr) 으로 들어가 필요한 법령정보를 찾을 수 있다.

법제처 홈페이지에서는 최근에 개정된 법령들만을 따로 보거나, 폐지되거나 개정 이전 법령의 내용을 확인하고자 할 때 유용하며, 대법원홈페이지는 법령 에는 해당되지 않지만 법률실무를 담고 있는 예규(행정예규, 등기예규, 가족관계 등록예규)와 선례에 관한 내용을 확인하고자 할 때 유용하다. 그리고 국회 홈페 이지에서는 최근 가결된 법률안에 관한 정보, 법령이 정해진 경위, 취지를 담 은 심사보고서 등에 관한 정보를 얻을 수 있다는 특징이 있고 이는 매우 유용 한 정보가 되기도 한다.

한편 인터넷 포털 사이트에서도 법률 관련 정보를 제공하고 있으므로 이를 참조하는 것도 유용하다.

제2절 **인터넷 법률 정보**

1. 법령

법령에 관한 포괄적인 정보를 제공하는 주요 공공기관으로는 법제처, 대법 원, 국회 등을 들 수 있다. 이 밖에 법령 정보를 제공하는 사기업 웹사이트 중 대표적인 곳으로 네트로(www.netlaw.co.kr), 로앤비(www.lawnb.com)를 들 수 있고, 최근에 인터넷 포털 사이트들도 법령정보를 제공하고 있다. 대표적인 것으로 네이버법률세무(lawyer.naver.com)와 다음법률(law.daum.net)을 들 수 있다.

1) 법제처

법제처 홈페이지 중앙에 있는 종합변경정보 서비스를 이용하면, 두 가지 방식으로, 법령 명칭, 주제어, 법령 공포일자 또는 공포번호 중 한 가지를 입력하여 해당 법령을 찾아내는 방식이다. 둘째는 분류검색 방식으로, 법제처에서 마련한 법령분류기준을 따라가면서 원하는 법령 정보를 찾아 가는 방식이다. 여기에서는 이미 폐지된 법령이나 개정된 법령의 개정 전 내용에 대한 정보도 얻을 수 있고, 최근에 개정된 법령들만을 따로 볼 수도 있다. 이는 시민들이 법이 바뀐 줄 모르고 행동함으로써 겪게 되는 불편을 예방하기 위한 서비스이다.

2) 대법원

대법원의 종합 법률 정보 서비스에서 법령을 클릭하면 법령과 관련된 정보를 찾을 수 있다. 대법원의 법령정보 서비스는 법령의 공포일, 시행일, 명칭, 주제어 중 한 가지를 입력하여 해당 법령을 찾아내는 방식으로 운영된다. 대법원이 제공하고 있는 정보 중에는 비록 법령에는 해당하지 않지만 법률실무가 구체적으로 어떻게 처리되고 있는지를 보여주는 예규(행정예규, 등기예규, 호적예규, 재판예규 등)와 선례 등에 관한 정보가 포함되어 있다는 점이 특이하다.

3) 국회

국회법률 정보 시스템은 입법 통합 지식 관리시스템의 일부로서, 검색어 입력방식과 사전식 분류 검색 방식의 두 가지를 지원한다. 국회는 대한민국의 입법 기관인 만큼 최근에 국회에서 가결된 법률안에 관한 정보, 현행 법률이 있기까지 국회에서 논의된 여러 법률 및 이에 대한 심사보고서 등도 제공하고 있다.

2. 판례정보

판례정보란, 대개는 대법원의 판례와 헌법재판소의 판례를 의미하나, 경우에 따라 하급 심판결재나 행정심판 재결례 등을 포함시킬 수 있다. 앞에서 법령정보 제공처로 언급한 사기업 웹사이트 네트로와 로앤비, 포털사이트, 네이버 법률세무와 다음법률에서도 판례정보를 얻을 수 있다.

1) 대법원

대법원 종합법률 정보서비스에서는 대법원, 헌법재판소, 하급심의 판례에 대한 정보를 제공한다. 특히, 대법원 판례에 대해서는 전문을 제공하고 있다.

검색방식은 선고일자, 주제어 참조 조문, 사건번호, 사건명 중 하나를 입력하는 방식을 취하고 있다. 또 최신판례에 대한 속보와 언론에 보도된 판례에 대한 정보를 별도로 제공하고 있다.

2) 헌법재판소

헌법재판소 홈페이지 상단에 있는 헌법재판 정보를 클릭하면 헌법재판소의 판례 정보를 이용할 수 있다. 이용자가 선택하기에 따라서 결정요지만을 구할 수도 있고 전문을 구할 수도 있다. 검색방식은 대법원의 종합법률 정보서비스와 같다.

3) 법제처

앞에서 본 법제처의 종합법령 정보서비스에서도 대법원 판례, 헌법재판소 판례, 하급심 판례는 물론, 법제처가 운영을 맡고 있는 국무총리 행정심판위원회에서 심리, 의결한 행정심판청구 사건의 재결례에 관한 정보를 제공하고 있다. 대법원 판례, 행정심판 재결례에 대해서는 전문을 제공하며, 나머지에 대해서는 판결 요지만 제공한다. 검색방식은 대법원의 종합법률 정보서비스와 같다.

현/대/생/활/과/법/률/상/식

제2편

금전거래와 부동산실무

제1장
금전거래에 관한 법률실무

금전소비대차 계약 시 유의사항

1. 금전거래 시 일반적 유의사항

금전소비대차 계약은 채권자인 대주가 일정액의 금전을 채무자인 차주에게 이전하여 일정 기간 동안 차주에게 금전을 이용하게 하고 반환시기가 도래하였을 때에 대주에게 반환할 것을 약정함으로써 성립하는 채권계약이다. 채무 이행의 시기, 장소, 방법 등은 당사자가 자유로이 결정할 수 있다. 이자를 지급하기로 하는 금전 소비대차계약을 체결하는 때에는 이자에 관한 특약의 합의가 있어야 하고 이율에 관하여 약정한 바가 없으면 그 이율은 법정이율에 의한다.

1) 거래는 명확히 한다

금전거래는 흔히 가깝게 지내는 가족이나 친구들 사이에서 발생한다. 그만큼 신의를 기초로 하여 발생하기 때문에 계약의 체결에 있어 형식적인 면을 소홀히 하거나 생략하는 경우가 많다. 그러나 금전거래는 불화의 근원이라는 말이 있듯이 가까운 사이일수록 금전거래를 하지 않는 것이 바람직하나, 부득이 금전거래를 할 경우에는 거래관계를 명확히 하여야만 장래의 분쟁을 예방할 수 있다.

그러기 위해서는 상세한 문서를 작성하여 교환하여 거래관계를 명확히 하는 것이 가장 좋은 방법이다. 즉 계약 시에는 계약서를, 금전을 주고받을 때에는 영수증을 반드시 작성하고 즉석에서 확인하는 관행을 정착하여야 한다.

2) 거래 상대방을 확인한다

우리 사회에서는 흔히 한 다리 건너 모르는 사람과 금전거래가 이루어질 때가 많다. 이 경우 상대방은 내가 알고 지내는 사람이 아니라 실제 돈을 필요로 하는 사람이다. 따라서 이 상대방이 직업, 주소, 성명 등을 주민등록증 등에 의하여 확인하고 변제능력이나 신용도 확인하여야 한다.

미성년자에게 돈을 빌려줄 때는 친권자(부모)의 동의가 있어야 하고 동의가 없으면 미성년자의 보호자가 계약을 취소할 수 있으므로 손해를 보지 않으려면 친권자와 직접거래를 하여야 한다.

법인, 즉 회사 등과 거래할 경우에는 상대방이 그 회사를 대표하는 정당한 권한이 있는지를 확인하여야 하며, 회사의 임직원과 개인적으로 금전거래 하는 형식의 계약서를 만들면 향후 회사가 책임을 지지 않게 되어 손해를 보는 경우가 생길 수 있다.

2. 금전을 빌려줄 때 유의사항

금전을 빌려줄 때는 상대방의 재력과 신용을 확인하는 것이 특히 중요하다. 상대방의 신용과 재력이 의심스러울 때에는 금전의 회수확보를 위한 담보를 설정하여야 한다. 담보에는 인적담보[1]와 물적 담보[2]가 있다.

가정주부에게 금전을 빌려줄 때에는 그 금전이 자녀들의 학비나 식비 등 일상가사비용으로 사용된다면 그 남편에게도 변제책임이 있으나, 일상가사와 관계없이 주부가계를 한다든지 사치나 유흥비로 쓴다든지 하는 경우에는 남편이

---

1) 인적담보란 제3자로 하여금 보증이나 연대보증을 서도록 하는 것인데 제3자의 재력 등도 확인하여야 한다.
2) 물적담보란 부동산에 저당권이나 가등기담보권을 설정받는 방법, 소유권이전등기를 받는 방법 등이 있고 동산이나 유가증권을 담보로 받아 두는 경우가 있다.

별도로 보증을 서지 않는 한 단지 그러한 사실을 알고 있었다는 것만으로는 남편에게 변제책임이 없다.

도박이나 강도와 같은 범죄에 제공될 자금인 줄 알면서 금전을 빌려준 경우는 상대방이 갚지 않으면 법률상 청구할 수가 없다.

채무자가 사망한 경우 채무도 상속되므로 채권자는 그 상속인에게 변제를 청구할 수 있다. 상속인이 채무를 변제를 하지 않고 악의적인 도주 및 재산도피 등으로 금전의 회수가 어려워진다고 하여도 합법적 수단을 포기하고 속칭 해결사를 동원한다든지 하는 폭력수단으로 돈을 받아내려고 시도하는 것은 그 자체가 더 큰 범죄가 될 수 있다.

3. 금전을 빌릴 때 유의사항

일반적으로 금전을 빌리는 사람은 다급하기 때문에 이자나 담보관계 등에 있어서 채권자의 요구에 따라 가혹한 조건을 강요당하는 경우가 많으므로 계약서의 내용을 상세히 파악하여야 한다.

원금이나 이자를 갚으려면 반드시 영수증을 받아야 하고, 원리금을 완전히 변제한 경우에는 미리 교부해 주었던 차용증서나 어음, 수표 등을 회수하지 않으면 나쁜 채권자에게 이중으로 변제하여야 할 위험성이 있다.

악덕 사채업자 중에는 비싼 담보물을 헐값에 취득할 목적으로 변제기일에 일부러 만나주지 않거나 변제기일을 연기해 주겠다고 속여 안심시킨 후 변제기일을 넘겨 담보물을 처분하는 경우가 있으므로 이럴 때에는 지체 없이 공탁절차를 밟아야 한다.

이자는 약정이 없는 한 이를 지급할 필요가 없으나 변제기가 경과된 경우에는 연 5%의 민법상 이자(지연이자)를 지급하여야 한다.

제2절 공증 및 공정증서

1. 공증[3]

공증은 일상생활에서 발생하는 거래에 관하여 증거를 보전하고 권리자의 권리 실행을 용이하게 하기 위하여 특정한 사실이나 법률관계의 존부를 증명하여 주는 제도로서, 이를 이용하면 생활 주변에서 생기는 여러 가지 거래나 분쟁을 예방하거나 분쟁발생 시 유력한 증거로 활용할 수 있고, 나아가 재판 절차를 거치지 않고 간편하게 관리를 실행할 수도 있다.

공증은 공증인가를 받은 합동법률사무소와 법무법인, 또는 임명된 공증인[4]의 사무실에서 할 수 있고, 위와 같은 곳이 전혀 없는 지역에서는 검찰청에서 공증할 수 있다.

2. 공정증서

공무원이 그 권한 내에서 적법하게 작성한 일체의 증서를 의미하나, 일반적우로 공증인 기타 공증업무를 행하는 자가 공증인 법 기타 법령의 정하는 바에 따라 법률행위 기타 사건에 관한 사실에 대하여 작성한 증서를 말한다. 계약 시 계약서의 내용을 공정증서로 작성하는 경우가 그 예이다.[5]

---

3) 공증할 때에는 공증을 하러 가는 사람의 주민등록증이나 운전면허증 등 신원을 확인할 수 있는 관공서 발행 신분증명서와 도장을 지참해야 한다. 대리인에 의해 공증을 하는 경우는 대리인의 도장 이외에 본인의 인감증명서(발행일로부터 6개월 이내의 것)와 위임장 1통을 지참해야 한다. 유언공증의 경우에는 2명의 증인이 필요하므로 유언할 사람과 증인이 같이 공증사무소에 가야 한다. 공증을 해 주지 않으려고 할 경우에는 채무자가 공증사무실에 동행을 하지 않으려고 할 경우, 차용증 2장(채무자의 인감도장날인), 채무자의 위임장 1장(채무자의 인감도장날인)을 지참하여 채권자가 공증 사무실에 가서 공증을 받으면 된다.

4) 공증인이란 당사자 기타 관계인의 촉탁에 의하여 법률행위, 기타 사건에 관한 사실에 대하여 공정증서를 작성하고 또한 사서증서에 인증을 하는 권한을 가지는 실질적 의미에 있어서의 공무원 및 공증인 사무소를 말한다. 이 중 공증사무소란 공증인법에 의해 법무부장관이 임명한 공증인의 사무소, 법무법인사무소, 합동법률사무소 중 공증인가를 받은 사무소를 말한다.

5) 공정증서의 효력 공정증서는 공증인에 의하여 작성되는 문서로 개인이 작성한 문서와는 다른 강력한 법적인 효과가 있고 공정증서는 공증인이 당사자의 진의를 확인하여 작성되기 때문에 사후에

공정증서 집행력은 금전소비대차인 경우 채무자가 약속된 날짜에 채무를 면제하지 않으면 통상 채권자는 법원에 계약서 등을 증거로 제출하여 채무의 지급을 명하는 판결을 얻어야 한다. 이때 상대방이 이의를 제기하여 상소하면 확정판결을 받을 때까지 강제 집행을 할 수 없다. 그러나 금전소비대차계약을 공정증서로 작성하게 되면 채무자의 이행불이행 시 채권자는 공증인에게 집행문을 부여받고 이를 근거로 강제집행의 절차를 취할 수 있다. 즉, 공정증서는 확정판결과 같은 효과를 가지며, 이를 공정증서의 최대·최강의 효력이라고 한다.

3. 공정증서의 작성 절차

1) 거래의 합의 또는 의사표시의 존재

공정증서를 작성하려면 우선 계약의 경우와 같이 당사자에 체결할 거래에 대한 약속이나 유언의 경우와 같이 유언자 단독의 의사표시가 존재하여야 한다.

2) 제출서류

본인의 경우에는 공증을 촉탁하는 자가 본인인 경우에는 본인의 신분증과 인장이 필요하다. 신분증은 주민등록증이나 운전면허증과 같이 사진을 확인할 수 있으며 관공서가 발행한 신분증을 말한다.

대리인 경우 공증을 대리인이 하는 경우에는 다음과 같은 서류의 제출이 필요하다.

① 위임장(공증을 대리인에게 위임한다는 내용)

위임장의 작성 시 주의사항은 위임할 사항을 구체적으로 작성하여야 한다. 단순히 갑·을 간의 금전소비대차에 대하여 종정증서를 작성하는 건과 같이 포괄적이어서는 충분하지 않으며 위임하는 내용을 자세하고 구체적으로 언급하

이를 착오·사기 또는 강박에 의하여 작성되었다고 이행울 거부하기 어렵게 된다.

여야 한다. 이는 위임장의 남용으로부터 위임자를 보호하기 위함이다.

② 본인의 인감도장, 인감증명서

인감증명서는 발행일로부터 6개월 이내의 것이어야 한다.

③ 대리인의 신분증·인장

지배인 등기가 되어 있는 지배인이 위임할 경우는 인감증명서 대신 지배인 등기부등·초본으로 가능하다. 외국인 기타 인감증명서가 발급되지 않는 사람이 위임할 때는 공증받은 위임장을 제출해야 한다.

④ 회사의 경우

회사가 공증을 부탁하는 경우에는 대표자의 신분증, 인장, 회사의 법인 등기부등본 또는 대표이사의 인감증명서가 있어야 한다.

3) 공정증서의 보관

공정증서 원본은 공증인사무소에서 영구히 보존되며 공정증서 정본은 당사자는 정본을 각 1통씩 받게 된다.

제3절 **계약을 맺으려고 할 때**

1. 계약서 쓰기

1) 계약서를 왜 써야 하는 것일까

계약서를 꼭 써야 하는 이유 중의 하나는, 계약서가 없으면 계약이 있었다는 사실이 인정되지 않는 계약이 있기 때문이다. 또 계약의 내용이 중요하고 복잡할 경우에 계약내용을 정확하게 기록한 계약서가 없다면 시간이 지난 후에 정확한 계약내용이 생각나지 않아 계약당사자들끼리 분쟁이 생길 수도 있다. 따라서, 이런 경우를 대비하여 계약서를 미리 작성해 놓으면 장차 분쟁이 생길 수 있는 여지가 사라지게 된다. 특히 계약서를 작성한 후 공증을 받아두면 계약서의 증거력은 더욱 확실해진다.

2) 계약을 체결할 때 주의사항

① 사전조사를 철저히 하자

계약체결 전 단계에서는 계약의 대상 또는 내용에 대한 충분한 사전조사가 필요하다. 예를 들어 근로계약을 할 때에는 급료, 근무시간, 퇴직금 등을 미리 알아보는 것이 좋고, 은행에 예금할 때에는 이자가 얼마인지, 자유롭게 찾아 쓸 수 있는지 등을 알아보는 것이 좋다.

② 전문가 등의 자문을 받자

큰 회사와 계약을 할 때에는 그쪽에서 제시하는 이미 인쇄된 계약서(이를 보통거래약관이라고 한다)를 가지고 거래하는 경우가 많다. 그러나 그 계약서의 내용이 어렵고 복잡하여 의심스러울 때에는 전문가에게 상담하는 것이 바람직하고, 상대방에게 설명을 요구할 권리가 있으므로 상대방으로부터 충분히 설명을 들어야 한다.

③ 정당한 상대방인지 확인하자

계약을 체결할 때에는 먼저 상대방이 정말 계약당사자인지 확인하고(주민등록증, 신분증으로 확인), 대리인인 경우에는 그에게 대리권이 정말있는지 계약당사자에게 알아보아야 한다. 그리고 계약의 상대방이 미성년자가 아닌지, 거래를 할 수 없는 사람은 아닌지도 살펴야 한다.

④ 계약내용이 사회질서에 반하지 않아야 한다

마약을 거래하거나 가정에 첩을 들이는 계약, 토지거래허가지역인데도 거래허가를 받지 않고 하는 매매계약 등은 법의 보호를 받을 수 없다. 이 경우, 상대방이 의무를 이행하지 않아 손해가 발생했더라도 법의 보호를 받을수 없으므로 이러한 계약은 체결하지 말아야 한다.

2) 계약서에 들어가야 하는 내용

일반적으로 계약서에는 계약의 당사자, 예를 들어 매매계약의 경우 매도인과 매수인을 표시하고, 계약의 내용으로 목적물, 일정한 금액의 지급을 내용으로 하는 계약이라면 그 금액의 지급방법과 시기 등을 기재하여야 한다. 당사자 사이에 특별히 약속한 사항이나 조건이 있다면 구두로만 하지 말고 그러한 특별한 약속내용도 계약서에 반드시 기재하여야 후일 분쟁을 방지할 수 있다. 마지막으로 계약을 체결할 장소와 시기 및 당사자의 서명날인을 정확히 표시하는 것이 좋다.

2. 차용증 쓰기

차용증이란 차용증서의 줄임말로, 돈이나 물건을 빌려 쓴다는 증거로 작성하는 문서이다.

일반적으로 차용증은 ① 채무자가 작성해서 채권자에게 주는 것으로, 차용증의 기본적인 기재사항은 채무자가 채권자에게서 빌리는 금액 총액(대여금액) ② 대여금액에 대한 이자의 비율(이자)이다. 그 외에 ③ 만기일에 어디서 변제할 것인가(변제 장소), ④ 언제 변제할 것인가(변제기), ⑤ 만기일에 변제하지 않을 경우 위약금을 얼마나 할 것인가(위약금), ⑥ 예정기일에 이자 지급을 하지 않을 때의 불이익, 즉 원금의 지급에 관한 기일의 이익을 상실했을 때의 보상에 대한 내용 등의 특약조항 등도 명확히 기재한다면 분쟁을 예방하는 데에 도움이 된다.

또, 돈을 빌려주는 사람과 돈을 빌리는 사람이 누구인지를 밝히기 위해 성명, 주소(주민등록증 확인)를 적고 성명이나 날인을 해야 한다. 날인의 경우 인감증명을 같이 붙여 놓으면 편리하다. 법인의 경우 법인등기부 등본을 첨부하고, 거기에 기재된 법인명과 주소를 쓰고 대표자와 계약서를 작성하면 된다.

3. 유의할 점

① 법인(주식회사등)의 경우 후에 법인이 소멸되는 경우가 있으니, 대표자 개인의 연대보증 등을 받아 두는 것이 확실하다.

② 개인의 채무자가 될 경우에도, 후에 돈 갚을 능력이 없을 경우를 대비하여 보증인을 세우거나, 어떤 목적물(부동산 등)에 대해 우선변제를 받을 수 있는 저당권을 설정하면 안전하게 된다.

③ 차용증서의 경우, 상대방이 돈을 갚지 않으면 재판을 하여 지급명령 내지는 판결문을 받아야 강제집행을 할 수 있다. 그런데 공증인 자격이 있는 변호사 앞에서 차용증서를 작성하고 변호사가 이를 확인해주는 공정증서작성이라는 공증방식을 이용하면, 따로 재판을 하지 않아도 강제 집행을 할 수 있는 편리함이 있다.

④ 전세보증금을 담보로 하는 경우에는 반드시 전세보증금 반환 채권의 양도계약을 체결하고 집주인을 만나 승낙을 얻거나 채무자로 하여금 집주인에게 내용증명 우편으로 통지를 하도록 조치하여야만 효력이 생기고, 단지 채무자의 전세계약서를 받아 놓는 것만으로는 아무런 효력이 없음을 유의하여야 한다.

⑤ 가정주부에게 돈을 빌려줄 때는 그 돈이 자녀들의 학비나 식비 등 일상 가사비용으로 사용된다면 그 남편에게도 변제 책임이 있으나, 일상 가사와 관계없이 주부가 계를 한다든지 사치나 유흥비로 쓴다든지 하는 경우는 남편이 별도로 보증을 서지 않는 한, 단지 그러한 사실을 알고 있다는 것만으로는 남편에게 변제 책임이 없음을 유의하여야 한다.

금전차용계약서

제1조(당사자) 채권자 ○○○(이하 "갑"이라함) 는 2○○○년 ○월을 채무자 ○○○(이하"을"이라고함) 에게 대여하고 을은 이를 차용한다.

제2조(변제기) 차용금의 변제기한은 2○○○년 ○월 ○일로 한다 .

제3조(이자 및 지연손해금) ① 이자는 연 ○%의 비율로 한다.

② 월리금의 변제를 지체했을 때에는 을은 연 ○○%의 비율에 의한 자연손해금을 가산해서 지불해야 한다.

제4조(변제방법) 채무의 변제는 갑의 주소 또는 갑이 지정하는 지정장소에 지참 또는 송금해서 지불해야 한다.

제5조(기한이익의 상실) 을이 다음 각호의 1에 해당하는 경우에 있어서는 갑으로부터 기한의 이익을 상실하고 채무 전부를 즉시 변제하여야 한다.

1. 본건 이자의 지불을 ○개월분 이상 지체했을 때

2. 다른 채무 때문에 강제집행, 집행보전처분을 받거나, 파산 또는 경매의 신청이 있었을 때

3. 을이 주소를 변경하고, 그 사실을 갑에게 고지하지 않았을 때

갑과을은 상기계약을 증명하기 위하여 본 계약서 2통을 작성하고, 각자 서명날인후 1통씩 보관한다.

2024년 2월 17일

채권자 주소:
　　　　성명:　　　주민등록번호 :　　　 －　　　　전화번호:
채무자 주소:
　　　　성명:　　　주민등록번호 :　　　 －　　　　전화번호:

1) 어떻게 활용할 수 있을까

차용증이 있으면 채무자가 돈을 갚지 않는 경우에 채무자를 상대로 민사소송 제기, 지급명령을 신청하거나, 파산절차에 참가하는 등 여러 가지 청구를 할 수 있다. 또, 법원의 결정으로 채무자가 재산을 팔지 못하도록 하는 가압류 신청의 소명 자료로 사용할 수 있어 빌려준 돈을 받아내는 데 유리한 입장에 설 수 있다.[6][7]

돈을 빌리는 사람이 채권자에게 써 주는 것이 차용증이라면, 돈을 갚는 사람이 채권자에게 돈을 갚은 내역을 써 달라고 요구할 수 있는 것이 영수증이다.

2) 영수증에 들어가는 내용

영수증은 돈을 갚았다는 증거가 되는 것이므로 될 수 있는 한 목적물(무엇을 받았는지)의 표시, 영수문언(물건 또는 돈을 받았다고 기재하는 문장), 영수인의 서명, 상대방의 표시, 일자의 기재 등을 명확히 하는 것이 좋다.

3) 영수증을 받을 권리

민법상 채무자(돈을 빌린 사람)는 채권자(빌려준 사람)에게 영수증을 달라고 청구할 권리가 있다(민법 제474조). 영수증은 채권자가 작성, 교부하는 것이므로 그 비용은 채권자가 부담해야 한다.

---

6) 온라인 입금으로 차용증 없이 돈을 빌려주었을 경우
① 현금카드를 사용해서 송금했을 경우: 거래내역서로 증명할 수 있다. 현금을 무통장 송금했을 경우에도 그 사실에 대해 은행에서 확인할 수 있다. 언제, 어디서, 어떻게 보냈는지 정확하게 증명할 수만 있으면 된다.
② 채무자의 통장으로 자동이체한 증거가 있는 경우: 채무자에게 언제 얼마를 빌려주었으며 언제까지 변제하라는 내용증명서를 발부하고, 본인의 은행거래 내역서와 내용증명서를 첨부하여 채무자를 상대로 대여금 청구소송을 제기하면 된다.

7) 차용증을 분실했을 경우
돈을 빌려주는 경우에는 차용증 같은 서류가 꼭 있어야만 하는 것은 아니다. 그러나 차용증이 없다면 돈을 빌려주었다는 서류상의 증거가 없으므로 대신 증인을 확보할 필요가 있다. 돈을 빌려준 사실을 아는 증인이 있다면 분쟁이 생긴 경우 민사소송에서 이길 가능성이 높다. 차용증이 아니라고 일단 돈을 빌려주었다는 증거(증인이나 이자를 받은 내역 등)만 확보할 수 있다면 재판에 상당히 유리하다. 그리고 고의적으로 돈을 빌려 가서 갚지 않는다면 사기죄로 형사 고소도 가능하다.

4) 이중지급위험방지

물품을 구입하고 대금을 지급한 영수증을 받은 경우라 하더라도 그 영수증을 일정한 기간 보관하여야 이중 지급을 방지할 수 있다. 최근 일부 홈쇼핑 업체에서 물품을 구입한 소비자들에게 2~3년이 지난 뒤 물품값을 다시 청구하는 사례가 발생하고 있다. 이러한 경우 소비자들이 물품대금을 지급한 영수증을 보관하지 않아 대금지급 사실을 입증하지 못하면 이중으로 대금을 지급하게 될 수 있으므로 유의할 필요가 있다.

5) 현금영수증 제도

영수증은 거래관계에서 발생한 대금지급 사실을 명확히 하는 것 외에도 국가의 재정을 튼튼하게 한다. 정부는 발급된 영수증을 통해 시장에서의 거래를 투명하게 확인할 수 있고, 이를 바탕으로 물건값에 포함된 부가 가치세를 징수할 수 있는 세원을 용이하게 파악할 수 있다.

그래서 정부는 정부의 재정에 도움이 되고 소비자에게는 연말에 세금공제 혜택을 주기 위해 2005년 1월 1일에 현금영수증 제도를 도입하게 되었다. 현금영수증 제도란, 현금영수증 가맹점에서 5,000원 이상의 물건을 구입할 때 구입자의 주민등록번호나 신용카드 또는 휴대전화번호를 제시하면 현금영수증을 발급하여 연말에 소득공제나 세액 공제의 혜택을 주는 제도이다. 이러한 영수증은 가족 전체의 것을 모두 합산하므로 미성년자도 받을 수 있다.

제4절 보증을 서게 되었을 때

1. 보증

금전소비 대차 등에서 채무자가 계약을 지키지 않고 채무의 내용을 이행하지 않을 경우를 대비하여 채권자가 채권의 확보 방안으로 채무자 이외의 제3

자의 재산으로 채권을 인적으로 담보하는 제도이다.

이 경우 채무자 이외의 제3자를 '보증인'이라 하고, 보증인이 부담하는 채무를 '보증채무'라고 하며, 보증채무를 발생하게 하는 계약을 '보증계약'이라고 한다. 보증은 보증인의 일반 재산으로 채권을 담보하나 다른 채권자에 우선할 수 있는 우선 변제권이 없는 점에서 채권자가 다른 채권자에 우선하여 부동산이나 동산. 주식 등의 특정 재산으로부터 우선변제를 받을 수 있는 저당권, 질권 등 물적 담보 제도와 구별된다.

2. 보증은 언제, 어떻게 성립하나

1) 보증계약의 당사자

보증은 주채무자로부터 보증인이 되어 달라는 부탁을 받고 보증인이 되는 경우와 부탁 없이 자청하여 보증인이 되는 경우가 있으나, 어느 경우나 보증인과 채권자가 보증계약의 당사자이고 주채무자는 보증계약과 직접관계가 없다.

그러나 현실적으로는 주채무자가 보증인의 사전 허락을 받아 대리인으로서 채권자와 보증계약을 체결하는 경우가 많다.

보증인이 채권자와 보증계약을 함에 있어서 주채무자에 의하여 기만당하거나 채무자의 자력, 담보 등에 관하여 착오가 있더라도 이를 보증계약의 내용으로 하지 않는 한 보증계약을 취소할 수 없다. 보증계약은 특별한 방식을 요구하지 않으므로 보증에 관한 당사자(보증인과 채권자)의 합의만 있으면 성립하나, 다툼을 피하기 위해서는 서면으로 명확히 할 필요가 있다.

2) 보증인의 자격

보증인 계약도 의사능력 및 행위능력이 필요하다. 한편 법률상 또는 계약상 보증인을 세워야 할 의무가 있는 경우에는 그 보증인은 행위능력과 변제능력이 있어야 하고, 보증인이 변제자력이 없게 된 경우에는 채권자는 자신이 특정인을 보증인으로 지명한 때 이외에는 그 요건을 갖춘 자로 보증인의 변경을 요구할 수 있다.

3) 보증채무와 주채무의 관계

보증채무는 주채무의 존재를 필요로 하므로 주채무가 불성립하거나 소멸하였을 때에는 무효이며, 주채무가 취소된 때에는 보증계약도 소급하여 무효가 되고, 주채무가 조건부로 효력이 생길 때에는 보증채무도 조건부로 효력이 생긴다.

장래의 채무를 위한 보증이나 장래 증감하는 채무를 결산기에 일정한 한도액까지 보증하는 근보증, 또는 계속적 보증도 가능하다.

특약이 없는 한 보증채무는 주채무의 이자, 위약금, 손해배상, 기타 주채무에 종속한 채무를 포함하나, 보증계약 성립 후에 주채무자와 채무자가 계약으로 주채무자의 내용을 확장하는 경우와 같이 동일성이 없는 경우에는 보증채무가 확정되지 않는다.

3. 보증의 내용

1) 일반보증

보증의 내용은 보증계약에 의하여 정하여진다. 보증채무의 범위는 주채무의 범위보다 넓어서는 안 되며, 만약 넓을 때에는 주채무의 한도로 감축된다. 그러나 보증채무가 주채무보다 적은 것은 무방하다.

2) 근 보증 또는 계속적 보증

보증계약서

채권자 ○○○을 '갑'으로 하고 보증인 ○○○을 '을'로 하여, 양 당사자 간에 보증채무에 관하여 다음의 계약을 체결한다.

제1조(계약의 목적) 보증인 '을'은 2000년 ○월 ○일 채권자 갑과 채무자 ○○○(주소: 서울시 송파구 마천동 ○번지) 간의 ○○계약서에 기재된 채무에 대해서 채무자가 이행을 하지 않을 때는 그 이행을 할 책임을 진다.

제2조(검색의 항변권의 포기) 보증인은 검색의 이익을 포기한다.

 * 연대보증의 경우 최고 검색의 항변권이 인정되지 않으므로 위 조항을 기재. 다만, 연대보증이 아닌 경우에는 위 조항을 기재하지 않을 수도 있음.

제3조(채무의 변제의무) 보증인은 채권자로부터 채무자가 그 채무를 이행하지 않은 취지를 통보 받은 후 ○일간 내에 제1조의 보증채무를 이행하지 않을 때는 채권자에 대하여 위약금 000원을 지급한다.

이 계약을 증명하기 위해 이 증서 2통을 작성하여 각자 서명·날인하고 각 1통씩 보관한다.

2024년 2월 17일

채권자 주소:
      성명: 주민등록번호 :   －   전화번호:

보증인 주소:
      성명: 주민등록번호 :   －   전화번호:

　

계속적 보증계약에 기간의 약정이 없는 때에는 보증인은 보증계약 체결 후 상당한 기간이 경과되면 보증계약을 해지할 수 있으며, 계속적 보증은 원칙적으로 상속되지 아니한다. 또, 보증계약 체결 당시 예상할 수 없었던 특별한 사정, 즉 채무자의 자산 상태가 급격히 악화된 경우에는 상당한 기간이 경과되지 않더라도 보증계약을 해지할 수 있다.

4. 보증의 효력

1) 보증 채무 청구

채권자는 주채무자가 채무의 이행을 하지 않는 때에는 보증인에게 보증 채무의 이행을 청구할 수 있다.

보증인은 채권자가 주채무자에게 청구를 하여 보지도 않고 보증인에게 청구하여 온 때에는 주채무자가 에게 변제자력이 있다는 사실 및 그 집행이 용이하다는 것을 증명하여 먼저 주채무자에게 청구할 것과 그 재산에 대하여 집행할 것을 요구할 수 있는데, 이를 최고 검색의 항변권이라고 한다. 그러나 연대보증인에게는 최고·검색의 항변권이 인정되지 않는다.

최고·검색의 항변권을 행사하였음에도 불구하고 채권자가 주채무자에게 청구하는 것을 태만히 하여, 그 후 주채무자로부터 주채무자의 전부나 일부를 변제받지 못하게 된 때에는 곧 청구하였으면 변제받을 수 있었을 한도에서 보증인은 그 채무를 면하게 된다.

보증인은 주채무자가 채권자에 대하여 가지는 항변 사유로 채권자에게 대항할 수 있다.

2) 주채무자와 보증인에게 발생한 사유의 효력

주채무자에 관하여 생긴 사유는 원칙적으로 모든 보증인에게 효력이 생긴다. 따라서, 주채무가 소멸하는 때에는 보증채무도 소멸한다. 그러나 주채무자가 파산 법상 판산 선고나 개인채무자회생법상 면책 결정을 받거나, 주채무자에 대하여 회사정리법상 정리절차가 게시된다고 하더라도 보증인의 채무에는 아무런 영향이 없다.

한편, 보증인에게 생긴 사유는 주채무자를 소멸시키는 행위(변제, 대물변제·공탁·상계 등) 이외에는 주채무자에게 영향을 끼치지 않는다.

5. 보증인의 구상권

보증인은 채권자에 대한 관계에서는 자기의 채무를 변제하는 것이지만, 주채무자에 대한 관계에서는 타인의 채무를 변제하는 것이 된다. 따라서, 보증인의 변제 등으로 주채무자가 채무를 면하게 된 경우에는 보증인은 주채무자에 대하여 구상할 수 있는 권리를 가진다.

주채무자의 부탁으로 보증인이 된 자가 과실 없이 변제, 기타의 출재로 주채무의 전부 또는 일부를 소멸하게 한 때에는 출재한 금액의 한도 내에서 주채무자에게 구성할 수 있는 권리를 가진다.

주채무자의 부탁 없이 보증인이 된 자가 변제, 기타 자기의 출재로 주채무의 전부 또는 일부를 소멸하게 한 때에는 채무를 면하게 한 행위 당시, 또는 구상권을 행사할 당시에 주채무자가 이익을 받고 있는 한도 내에서 구상할 수 있는 권리를 가진다. 보증인이 통지 의무를 게을리하면 구상할 수 있는 권리가 제한된다.

보증인이 주채무자에게 미리 통지하지 않고 변제, 기타 출재로 주채무자를 소멸하게 한 경우에 주채무자가 채권자에게 대항할 수 있는 사유가 있었을 때에는 그 사유로 보증인에게 대항할 수 있어 그 범위에서 보증인의 구상권이 제한된다.

부탁받은 보증인이 선의로 이중 변제한 경우에는 보증인은 주채무자에게 구상할 수 있다.

한편, 주채무자가 통지를 게을리하여 부탁받은 보증인이 선의로 이중 변제한 경우에는 보증인은 주채무자에게 구상할 수 있다.

6. 연대 보증

연대 보증이란 보증인이 주채무자와 연대하여 채무를 부담함으로써 주채무자의 이행을 담보하는 보증 채무를 말한다.

연대 보증은 채권의 담보를 목적으로 하는 점에서 보통의 보증과 같으나, 보증인에게 최고·검색의 항변권이 없으므로 채권자의 권리담보가 보다 확실하다. 채권자는 연대 보증인이 여러 명인 경우 어느 연대 보증인에 대해서도 주채무자가 채권자에 대하여 가지는 항변권과 구상권 등은 가지고 있다.

7. 신원보증

1) 신원보증에는 어떠한 것이 있나

신원보증은 고용 계약에 부수하여 체결되는 보증계약이다.

신원보증에는 노무자가 장래 고용 계약상의 채무 불이행으로 인하여 사용자에 대하여 손해배상 채무를 부담하는 경우에 그 이행을 담보하는 일종의 장래 채무의 보증 또는 근보증 이보다 넓게 노무자가 사용자에 대하여 채무를 부담하는지 부담하지 않는지를 묻지 않고 노무자 고용에 의하여 발생한 모든 손해를 담보하는 일종의 손해담보계약, 기타 모든 재산상의 손해뿐만 아니라 노무자의 신상에 관하여 노무자 본인이 고용상의 의무를 위반하지 않을 것과 질병, 기타에 의하여 노무에 종사할 수 없는 경우에 사용자에게 일체의 폐를 끼치지 않을 것을 담보하는 신원인수가 있다.

통상의 경우 신원보증은 손해담보 계약으로 볼 수 있으나, 구체적으로는 당사자의 의사에 따라 결정된다.

2) 신원보증의 내용과 효력

신원보증도 보증인과 사용자와의 신원보증계약에 의하여 성립하는데, 신원보증의 계약내용이 광범위하고 장기간에 걸쳐 있는 것이 일반적이므로 신원보증 시 노무자의 성실성, 노무의 내용, 보증기간 등에 유의하여 신원보증 계약을 체결하여야 한다.

신원보증과 관련하여 신원보증법이 있는데 이에 위반하여 신원보증인에게 불리한 계약을 체결하는 것은 무효이다.

동법에 의하면 기간을 정하지 않은 신원보증 계약의 보증기간은 그 보증계약일로부터 2년간으로 되어 있다. 신원보증 계약기간은 2년을 초과하지 못하고 이를 초과한 기간은 2년으로 단축된다. 또, 기간 갱신을 할 수 있으나 2년을 초과할 수 없도록 하고 있다.

피고용자를 고용한 사용자는 다음의 경우에 신원보증인에게 지체 없이 통지하여 계약해지의 기회를 주어야 한다.

- 피용자가 업무상 부적격자이거나 불성실한 행적이 있어 이로 말미암아 신원보증인의 책임을 야기할 염려가 있음을 안 때, 피용자의 업무 또는 업무 수행의 장소를 변경함으로써 신원보증인의 책임을 가중하거나 그 감독이 곤란하게 될 때

사용자가 고의 또는 중과실로 통지 의무를 게을리하여 신원보증인이 계약해지권을 행사하지 못한 경우, 신원보증인은 그로 인하여 발생한 손해의 한도에서 의무를 면한다.

신원보증인의 책임이 발생한 경우, 법원은 신원보증인의 손해배상책임과 그 금액을 정함에 있어 피용자의 감독에 관한 사용자의 과실 유무, 신원보증인이 신원보증을 하게 된 사유 및 그에 대한 주의 정도, 피용자의 업무·신원의 변화, 기타 일체의 사정을 참작하도록 하고 있다.

신원보증 계약은 신원보증인의 사망으로 그 효력을 상실하고 상속되지 않는다. 단, 이미 발생한 채무는 상속된다.[8]

---

8) 보증보험 제도는 보증보험회사와 이용자가 보증보험 계약을 체결하고 그 보험 증권으로 보증을 대신할 수 있는 제도이다. 인적담보제도는 보증인의 자력에 의존하는 것이므로 그 자력이 부족하면 채권을 담보할 수 없이 보증인의 자력확보가 문제였으나 이를 보완할 수 있는 제도가 보증보험 제도이다. 보증보험은 가압류, 가처분 등의 보증 공탁 시 공탁금을 보증보험 증권으로 대체함으로써 비교적 많은 금액을 현금으로 납입해야 하는 불편을 덜어주며, 각종 할부 구매, 신원보증의 경우는 물론 형사사건의 보석 보증금 납부 필요 시에도 이용된다.
보증보험 계약체결 시 보증보험 회사에 납부하여야 할 보험료는 보험상품에 따라 차등이 있으나, 공탁보증 보험의 경우 보험가입금액의 0.75%, 보석 보증보험의 경우 보험 가입금액의 0.8%의 저렴한 보험료로 각종 보증을 대신할 수 있는 편리한 제도이다. 보증보험 청약서와 약정서 등을 작성할 때에는 그 내용을 정확히 숙지하여야 뜻하지 않은 불이익을 피할 수 있다.

1. 채무를 이행하는 방법

채무를 이행하는 것을 변제라고 한다. 즉, 매매계약에 따라 약정일시에 대금을 지급하거나 물건을 인도하는 것 등을 말한다. 변제를 해야 할 사람은 빚을 진 사람, 즉 채무자이지만, 누가 갚아도 상관없는 빚일 경우에는 제3자도 변제를 할 수 있다.

변제를 하는 방법에는 대물변제, 상계, 공탁이 있다. 대물변제란, 예를 들어 돈 1000만 원을 갚는 대신 골동품이나 고서화 또는 부동산 등으로 갚는 경우를 말한다. 대물변제를 하는 경우에 반드시 그 물건이 채권의 액수와 동일한 가치를 가질 필요는 없으며, 상대방과 합의만 있으면 더 작은 가치의 물건으로도 변제를 할 수 있다.

상계란, 채무자가 채권자에 대해 빚이 있는데 마침 채권자도 채무자에 대해 빚이 있는 경우 이를 서로 상쇄시켜 없애는 것이다. 상계를 하려면 각자의 빚이 모두 갚을 시기가 되어야 하고, 상계를 하면 각자의 빚의 액수만큼 채무가 없어진다. 예를 들어, 갑은 을에게 500만 원의 빚이 있고, 을은 갑에게 200만 원의 빚이 있는 경우, 이 빚을 상계하기로 갑과 을이 합의하면 을에게 300만 원만 갚으면 된다.

그리고 돈을 받을 사람이 명확하지 않거나 어디 있는지 모를 경우, 돈을 갚지 않으려고 하는 경우에는 공탁을 하게 된다. 공탁에 대해서는 아래에서 자세히 살펴보자.

2. 공탁

공탁이란 돈이나 금전적 가치가 있는 증서 및 기타의 물건을 법원의 공탁소에 맡기는 것을 말한다. 공탁에는 변제를 위한 변제공탁, 채권이나 손해배상청구권의 담보를 위한 보증공탁, 강제집행을 위한 집행공탁 등이 있는데, 공탁제도는 다음과 같은 역할을 한다.

1) 채권자와 분쟁을 방지하기 위한 공탁

공탁은 수령 기피행위, 예를 들면 사채업자가 일부러 빌려준 돈을 받지 않으려고 하는 행위 등에 대응하는 방법으로 사용한다. 또, 변제자의 과실 없이 계약상 권리자를 알 수 없는 경우에도 돈을 갚는 방법으로 공탁을 이용하게 된다.

2) 손해를 담보하기 위한 공탁

채권자 강제집행, 즉 가압류·가처분 등의 명령을 신청하면, 법원은 상대방, 즉 채무자가 예상치 못한 손해를 볼 경우에 대비하여 신청인에게 일정액을 공탁하게 한다. 보통은 청구액의 3분의 1에서 10분의 1까지 공탁한다.

재판상 보증공탁의 공탁원인 사실은 보통 가압류보증, 가처분보증, 가압류취소보증, 가처분취소보증, 강제집행정지의 보증, 강제집행취소의 보증, 강제집행속행의 보증, 소송비용담보, 가집행담보, 가집행을 면하기 위한 담보 등이 있다.

재판상 보증 공탁을 하여야 할 경우 중 가압류보증, 가처분보증, 소송비용담보 등의 경우는 법원의 허가를 얻어 금융기관 또는 보험회사와 지급보증계약을 체결한 문서(보증서)를 공탁서에 갈음하여 법원에 제출할 수 있다.

재판상 보증 공탁의 경우에는 손해담보를 위하여 공탁한 것이므로 공탁자가 회수하고자 할 경우에는 착오공탁이 발생하였음을 증명하는 서면을 제출하여 출급할 수 있다.

3) 공탁은 어떻게 할까

① 강제집행을 위한, 즉 가압류, 가처분의 경우는 그 해당 법원의 공탁과에 신청을 하고, 차임(월세 등) 등의 공탁은 채무 이행지 관할공탁소에 하면 된다.

② 법원공탁소에 비치된 공탁서 2통을 작성하여 제출하며, 이때 채권자에게

보낼 공탁통지서를 첨부한다.

③ 공탁공무원은 공탁신청을 수리한 후 공탁금 납부서(또는 공탁유가증권기탁서)와 공탁서의 정본을 공탁자에게 교부한다. 공탁자는 공탁물을 납입일까지 지정된 공탁물 보관자(은행 또는 창고업자)에게 납입하게 한다.

④ 신청자가 기일 내에 납입을 마치면 공탁이 이루어진다. 공탁물 보관자는 공탁공무원에게 통지하고 공탁공무원은 공탁통지서를 발송하게 한다.

⑤ 공탁에 의해 채무는 없어지고 채권자는 공탁물을 인도해 갈 청구권(공탁물출급 청구권)을 가지게 된다. 공탁물을 수령할 자로 기재된 채권자(피공탁자)는 공탁물을 찾아갈 수 있다.

⑥ 공탁물 회수는 착오로 공탁을 하거나, 공탁의 원인이 소멸한 때에 청구할 수 있다(공탁물 회수청구권).

⑦ 공탁물이 금전을 경우에 피공탁자 또는 공탁자가 공탁물의 출급청구 또는 회수청구를 할 수 있을 때로부터 10년간 이를 행사하지 아니하면 공탁금출납청구권 또는 회수청구권이 시효로 소멸되므로 국고에 귀속된다.

4) 공탁한 돈이나 물건을 찾아가면

채권자가 공탁한 돈이나 물건을 찾아가면 그것으로 모든 채무는 변제된 것이 된다. 그런데 채권자의 입장에서는 맡겨진 돈이나 물건이 흡족하지 않은 경우가 있는데, 이런 경우 채무자는 공탁공무원이나 채무자에게 빚을 모두 갚은 것이 아니고 '일부만 받아가는 것이다'라는 적극적인 이의유보의사표시를 하면 나중에 불충분하다고 생각했던 금액에 대하여 다툴 수 있다.

대부업의 등록 및 금융이용자보호에 관한 법률

1. 대부업법이란

대부업의 등록 및 금융이용자 보호에 관한 법률을 줄여서 대부업법이라 한다. 대부업법에서는 다급해서 사채를 쓰더라도 연 66% 이상의 고금리를 물지 않도록 사채이자의 상한선을 제한하고 있다. 만약 그 이상을 요구하는 사채업자가 있으면 관할 당국에 신고하면 된다.

2. 대부업법상의 이자율

종전에는 대부업자가 개인 또는 중소기업법상 소기업인 경우 1회 대부원 금액을 기준으로 3,000만 원까지에 대한 이자율은 연 66%(월 5.5%)를 넘을 수 없었다. 그러나 대부업법 및 동법 시행령의 개정(2005. 9. 1.부터 시행)으로 1회 대부 금액의 제한이 없어져 모든 대부 원금에 대한 이자율이 연 66%를 초과할 수 없게 되었다. 따라서, 1회 대부 원금액에 대한 이자율이 연 66%를 초과하는 부분은 무효이고, 이를 위반하여 이자를 받은 대부업자는 형사처벌을 받게 된다.

3. 폭행·협박을 일삼는 사채업자는 처벌할 수 있다

종전에는 사채업자가 가족이나 친인척 등 채무와 직접 관련이 없는 제3자에게 협박 전화를 하거나 채무 상환을 채근해도 법적으로 대응할 수 없었다. 그러나 대부업법 시행으로 법적 처벌이 가능해졌다 제3자에게 채무사실을 알리거나 신체에 위협을 주는 행위도 모두 처벌 대상이다. 이때, 증인이나 전화 녹취 등 증거자료를 확보해 두어야 한다.

대부업법의 개정으로 모든 대부업자는 등록을 하도록 되었으므로 대부를 이용할 경우, 반드시 등록 여부를 확인하는 것이 좋다. 등록 사채업자라 허더라도 실제 대출 이자와 장부상의 이자를 다르게 요구하는 등 불법행위가 발생할 수 있다. 따라서, 이용자들은 그러한 불법 사채업자들을 당국에 신고하는 적극적인 신고 정신을 가져야 한다. 불법 사채업자들은 3~5년 이하의 징역 또는 3,000만 원~5,000만 원 이하의 벌금형을 받는다.[9]

---

9) 불법 대부업 관련 피해 유형별 대응사례

〈사례 1〉 연 66%를 초과하는 대부 계약을 체결한 경우

홍길동은 2004년 3월 200만 원을 대출하며 선이자 20만 원을 공제한 180만 원을 수령하였으며 월 60만 원(10일에 20만 원)의 이자를 지급하기로 하는 대부계약을 체결하였다(연 400%). 홍길동은 계약한 이자를 갚아야 할까?

대부업에서는 연 566% 이자율(단리로 환산하여 월 5.5% 일 0.18%를 초과하는 이자를 무효로 규정하고 있다. 연 66% 이자율을 산정함에 있어 선이자, 수수료, 사례금, 연체이자 등 명칭에 관계없이 대부와 관련하여 대부업자가 받은 것은 이자로 간주하여 최초의 공제금액을 원금에서 차감한다. 따라서, 계약 체결 후 이자율위반 사실을 알게 되거나 위반사실을 알고도 불가피하게 계약을 체결한 경우에는, 이자율위반이 불법행위이며 무효(66%)를 초과하는 이자 부분만 무효가 되며 대부계약 자체는 유효임을 적극 주장하며 제한 금리 이내에서 합리적인 수준의 재계약을 유도하는 것이 좋다. 대부업자가 불법임을 알고도 계약조건을 조정하지 않은 경우 수사기관에 상대방을 고소, 고발하면 된다.

다만, 대부업법 시행(2002. 10. 27.) 이전에 체결된 계약은 동법의 적용을 받지 않으므로 개별적인 계약관계에 따라 체무이행 여부가 결정되어야 한다.

제2장

부동산거래에 관한 법률실무

부동산 매매 계약 시 유의사항

1. 계약 전 유의사항

1) 반드시 현장을 확인하라

부동산을 사고자 하는 자는 먼저 해당 번지를 확인하고, 임야대장, 토지대장, 등기부등본, 건축물관리대장, 도시계획확인원, 용도지역확인원 등을 떼어 보고 현장을 반드시 확인하여야 한다.

실제 면적과 위의 공부서류상 면적이 다를 때도 있으며 80도 급경사 지역도 지적도에는 평면으로 나타나기 때문에 직접 가서 서류와 차이가 없는지 확인하여야 한다.

만일 건물 등 부동산 자체에 물리적 결함이 있다면 상당한 수리비용이 소요되고 그것이 부동산 전체의 기능에 영향을 준다면 법적인 분쟁을 겪어야 하기 때문이다.

2) 거래상대방을 확인하라

부동산 매매의 경우 많은 경우에 있어서 여러 이유로 실제 소유자가 아닌 부인, 아들, 회사 직원, 재산관리자 등과 계약의 교섭이나 상담을 하는 경우가 많다. 하지만 이는 후일분쟁의 소지가 있게 된다. 즉 이러한 계약은 무효가 될 수 있다. 부부간이나 부모자식 간에도 원칙적으로 대리권은 없다.

그러기 때문에 현재 거래의 교섭을 하고 있는 자가 당해 부동산의 실제 소유자인지 등기명의 등을 확인해 보아야 한다.

3) 권리관계법적 규제에 문제는 없는지 공적장부 등을 확인하라

① 당해 부동산에 관한 임야대장, 토지대장, 등기부등본, 건축물관리대장, 도시계획확인원, 용도지역확인원 등을 열람해 보고, 권리관계를 확인해 보아야 한다. 확인하지 않아서 발생한 손해에 대해서는 당연히 알 수 있었고 알아야 할 것이기에 확인해 보지 않은 자에게 과실 책임이 인정되기 때문이다.

② 건축과 관련하여 도시계획 여부, 개발제한구역 여부 등도 반드시 확인하여야 한다. 예를 들어, 등기부등본상에 하자가 전혀 없는 부동산을 매입한 경우도 구청에서 도시계획을 세우면서 도로예정지로 편입시켜 수용대상 토지로 책정해 놓았을 경우 후일 헐값의 보상만을 받게 된다.

③ 등기부 등본에 근저당이 설정됐으면 채권액 등을 해당 금융기관에 문의한다. 이 같은 재산상 제한은 잔금처리 전에 반드시 해결한다는 단서를 계약서에 써야 한다. 저당권이 설정됐거나 가등기나 가압류가 있으면 계약 전에 해결하거나 계약을 재검토해야 한다.

4) 언제나 100% 본인의 책임하에 계약해라

중개업자에 의하여 계약을 체결하는 경우나 생활지를 통한 직거래인 경우 본인이 직접 모든 것을 확인하고 알아보는 것이 좋다. 중개업자들은 중개수수료 취득을 위해 매도인 측의 말만 믿고 전달하는 경우도 있고, 다소 과장하여 전달하는 경우도 있기 때문이다.

중개업자나 상대방이 보여주는 등기부등본만을 믿어서는 안 된다. 복사, 위조 등의 우려가 있기 때문에 본인이 직접 등기부를 열람하여 확인하거나 이를 열람해 보아야 한다. 상대방이 보여주는 등기권리증도 자세히 살펴보고 원본인지를 확인하여야 한다.

5) 위험성이 있는 부동산은 거래에 신중해라

① 단기일에 권리자가 여러 명씩 바뀌는 등 권리변동관계가 빈번하고 복잡한 것은 일단 의심을 하고 사지 말아야 한다. 문제가 발생할 경우 전혀 알지도 못하는 원래의 권리자로부터 소송을 당하게 되어 결국 권리분쟁에 휩싸이게 되기 때문이다. 여러 가지 담보물권이나 특히 예고등기, 가등기, 가압류, 가처분이 되어 있는 것은 사지 않는 것이 현명하다.

② 매수 직전에 비로소 보존등기가 되거나 기타 상속등기나 회복등기가 된 것은 일단 의심을 해야 한다.

③ 소송으로 확정판결을 받은 물건을 매수할 때에는 패소판결을 받은자를 찾아가 사실 여부를 확인하는 것이 좋다.

④ 주변 시세에 비해서 현저히 싸거나, 가격폭등을 이유로 권유하는 것도 신중히 검토해야 한다.

2. 계약할 때 유의사항

1) 계약서 작성 시

① 계약자의 원칙상 부동산거래계약이라는 법률로 정한 양식이라는 것이 존재하지 않는다. 그러나 부동산을 취득하거나 양도하여 등기하거나 세금을 신고할 때는 반드시 검인계약서는 양도자 및 양수자, 거래금액이 표시된 부동산 등기법상의 기준양식에 부동산 소재지를 관할하는 시장·구청장·군수 등의 검인이 찍힌 문서로 1988년 10월부터 시행되었다. 종전에는 부동산 거래 당사자가 매매관계를 맺을 때는 부동산중개업소 등에서 임의로 만든 계약서를 사용하였고 또 등기소에 계약서를 제출할 의무가 없었기 때문에 세무당국으로서는 당사자 간에 은밀히 이루어지는 실제 거래금액을 확인할 방법이 없었다. 그러나 이 제도가 실시됨에 따라 부동산 취득자는 등기소에 등기신청을 할 때 이 계약서 부본을 반드시 제출하여야 한다.

② 계약서는 구체적으로 명백히 작성하고 다의적 해석가능성이 있는 문자의

사용을 회피하여야 한다. 특히 요즘은 미터법을 사용하므로 "평"의 단위와 혼동이 생길 수 있으므로 본인이 미터로 환산하여 비교하여야 한다.

또한 특약이 있으면 그 특약도 명백히 기재하여야 한다. 인쇄한 용지라 해서 당사자가 수정할 수 없는 것이 아니라 자유로이 내용을 수정, 삭제, 첨부할 수 있는 것이다.

2) 명의자와 직접계약

① 계약 시에는 매도인 측 대리인과 계약하지 말고 가급적이면 거래당사자 간에 직접 계약하는 것이 좋다. 부동산중개업소의 소개로 계약하는 경우에도 매도인과 직접 계약하는 것이 좋으며 가급적 입회인을 두는 것이 좋다(후일 분쟁이 발생할 경우 유력한 증인이 될 수 있다).

② 등기명의인과 계약상대방의 일치 여부를 반드시 확인하여 불일치할 경우에는 위임장, 주민등록증의 요구. 확인, 계약서에 위임인을 명시하고, 인감증명 등을 요구, 확인해 보아야 한다. 소유자가 직접 계약을 할 수 없으면 위임장에 인감증명을 첨부하여야 계약이 유효하다.

③ 위임장임감과 소유자의 임감증명서를 대조해 보고 인감증명서의 유효기간(6개월)도 확인하여야 한다. 뿐만 아니라 계약명의인에게 연락하여 그 의사를 확인해 보아야 한다.

④ 단독주택의 소유자가 여러 명이면 각각의 지분에 대해 매각을 일임하는 위임장을 확인하여야 한다.

3) 전문가의 상의

계약체결 전에 의문이 있다면 변호사나 법무사, 기타 법률 상담실을 찾아가 상의해 본 후 계약하는 것이 좋다. 사후적인 해결보다는 사전예방이 손실을 줄이는 최선의 방법이다.

3. 대금지급 및 등기 시 유의사항

1) 계약체결 후에 중도금·잔금을 지급할 때는 반드시 영수증을 주고받고 대금지급의 내용을 명확하여야 한다. 등기부는 중도금지급, 잔금지급 시마다 그 직전에 확인하여야 한다.

2) 잔금을 치를 때 다시 등기부등본을 발급받아 계약 이후에 새로 저당권 등이 설정됐는지를 확인하여야 한다. 이는 중도금을 받고도 이중으로 매도하는 경우가 있기 때문이다.

3) 중도금을 지급하기 전이라면 계약금을 지급한 사람은 그것을 포기하고, 계약금을 받은 사람은 그 계약을 배상할 경우 계약을 해제할 수 있으며 이때 계약금은 곧 해약금이 된다. 실제 거래에서 약정금, 보증금, 계약금 등 다른 이름으로 지급되었더라도 해약 시 이 금액은 원칙적으로 해약금이 된다.

4) 중도금이 지급되면 일방의 해약이 불가능하다. 중도금은 계약금과 잔금지급 사이에 매도인(임대인)에게 지급하는 금액으로서 당사자가 계약이행에 착수했음을 확인하는 금액이다. 중도금이 지급되기 전까지만 이 계약을 위와 같은 방법으로 해제할 수 있다.

5) 등기서류와 잔금 지급은 등기소 등에서 등기서류의 확인과 동시에 지급함이 안전하다. 잔금을 지급할 때 매도인으로부터 받아야 할 서류는 인감증명서(부동산매도용) 1통, 권기권리증, 주민등록등본, 검인용 매매계약서 1통이다.

6) 또는 잔금을 지급할 때 재산세와 종합토지세를 집주인과 정산해야 한다. 재산세와 종합토지세는 과세기준일이 각각 5월 1일과 6월 1일로서 원칙적으로 그 시점의 소유자가 납부하는 것이나, 과세액에 입주부터 차기과세기준일까지의 개월 수를 곱한 뒤 12로 나눠 납부액을 계산하여 정산하는 것이 부동산 관례이다. 따라서 이에 대해서 합리적으로 합의하여 특약으로 계약서에 기재하는 것이 바람직하다.

중도금을 지급할 때는 지방세가 체납됐는지 확인해 보아야 한다. 집주인이 지방세를 미납했을 때는 계약서를 관할 시군구지적과에서 검인받을 수 없다.

7) 잔금을 지급함과 동시에 매도인으로부터 관리이전서류를 받아 60일 이내

에 관할 등기소에 이전등기 절차를 마쳐야 한다. 만약 이 기간 내에 등기신청을 하지 않았을 경우에 최고등록세액의 5배까지 등기신청 해태에 따른 과태료가 부과된다. 이전등기 수속을 마친 후 등기등본을 열람하여 이전등기가 된 것을 확인해야 한다.

부동산 양도신고제

1. 부동산양도신고제란

1997년 1월 1일부터 거주자가 부동산을 매매하는 경우 등기하기 전에 거래내용을 양도자 주소지 관할세무서장에게 신고하고 세무서장이 발급하는 부동산양도신고확인서를 첨부하여야 등기소에 제출해야 소유권이전이 가능하다.

2. 부동산 양도신고 시 혜택은 부동산양도신고를 하고 그에 따른 세액을 양도일이 속하는 달의 다음날 말일부터 2개월 내에 납부하시면 종전의 예정신고납부세액 공제 10%보다 5% 더 많은 14%를 공제하고 양도소득세예정신고한 것으로 간주한다.

3. 누가, 어떤 경우에 신고하여야 하나

부동산을 매매하는 자가 신고하여야 하나 다음의 경우에는 신고를 하지 않아도 된다.
  - 등기부상 3년 이상 보유한 지적공부상의 농지를 양도하는 경우
  - 등기부등본상 8년 이상 보유한 지적공부상의 농지를 양도하는 경우

4. 부동산 양도신고는 어떻게 하는가
  1) 세무서에 직접신고 하거나, 우체국에 비치된 부동산양도신고용 왕복민원우편을 이용하면 세무서에 가지 않고서도 신고할 수 있다.
  2) 부동산양도신고를 하면 즉시 신고확인서를 발급하며 과세대상이면 납부할 세액까지 계산해 준다.

5. 부동산 양도신고 시 제출할 서류
  1) 부동산양도신고서
  2) 매매하는 부동산의 등기부등본
  3) 토지대장등본(취득일 현재의 등급을 알 수 있는 것)

4) 건축물 관리대장등본

5) 양도일, 즉 대금을 청산한 날을 알 수 있는 서류

4. 계약서 작성방법

1) 계약서의 내용 중 일부 문구를 정정하는 경우에는 적색으로 두 줄을 그어 말소하고 난 후에 정정의 기재를 하고 정정날인(쌍방)을 하여야 한다.

2) 계약서의 장수가 2매 이상인 경우 각 장의 접속 부분에 당사자 쌍방 간인을 찍는다.

3) 부동산의 표시 란에는 상세히 기재하여야 한다. 너무 간략하게 표시하는 경우 등기신청이 불가능하며 법무사가 다시 등기용 매매계약서를 이중으로 작성하게 된다. 따라서 등기권리증에 표시된 내용을 그대로 다 적어두도록 한다. 부동산의 표시란이 협소하여 다 적을 수 없는 경우에는(뒷면 별지 참조) 등으로 기재한 후 뒷면이나 별지 목록에 기재한다.

4) 금액을 아라비아 숫자로 적지 말고 한문(壹, 貳, 參) 등으로 기재하되 여백을 두지 말고 "金 字" 옆에 붙여서 적는다.

5) 일시불로 하거나 중도금이 없는 경우는 해당 없다는 표시를 하여야 한다.

6) 잔금수령과 소유권이전등기신청서 교부 및 부동산의 명도는 당사자의 특약이 없는 한 동시이행의 관계가 성립된다.

7) 당사자의 쌍방이 계약을 불이행하는 경우를 대비하여 손해배상액을 미리 특약사항으로 기재하게 되면 간단하게 손해배상을 결정할 수 있는 이점이 있다.

8) 계약서는 계약자유의 원칙에 따라 작성하는 개인 간의 사문서이므로 필요에 따라 공증을 해 놓으면 후일 확실한 증거력을 가지게 되어 분실의 위험이 없고, 채무불이행 시 재판을 통해 강제집행을 할 수 있다.

9) 맨 끝의 계약조항으로 서로가 성의를 다하여 처음부터 끝까지 약속을 지킬 것을 서약한다는 내용의 신의칙 조항을 기재한다.

10) 계약조항이 다 기재되면 마무리로서 본 계약에 대하여 계약당사자가 이

의 없음을 확인하여 서명·날인하고 본 계약서를 매수인·중개업자가 각각 1통
씩 보관한다.

11) 당사자의 표시는 주민등록증에 표시된 정확한 내용을 기재한다. 성명 란
은 본인이 직접 쓰도록 하고 도장은 인감도장을 찍게 하여야 한다.

제2절 부동산 등기제도

1. 부동산 등기제도란

책이나 가방과 같은 동산은 이를 가지고 있는 사람이 그 소유자이기 때문에
쉽게 소유자를 알 수 있다. 그러나 건물이나 토지와 같은 부동산을 겉으로 보
기에는 누가 소유자인지를 쉽게 파악할 수 없다. 따라서 국가는 등기부라는 공
적 장부를 만들어 놓고 법원 등기관으로 하여금 여기에 부동산의 표시와 그
부동산에 관한 권리관계를 기재토록 하여 일반인에게 널리 공시하고 있는데,
이를 부동산 등기제도라고 한다.

누구나 등기부를 열람하거나 등본을 발급받아 보면, 그 부동산의 지번, 지
목, 구조 면적 등의 부동산표시사항과 소유권, 지상권, 저당권, 전세권, 가압류
등의 권리관계를 자세히 알 수 있다. 부동산에 관한 소유권 등의 권리관계가
발생하거나 그 권리가 이전 또는 변경되기 위하여는 등기가 되어야만 그 효력
이 생긴다.

2. 등기부 읽는 법

1) 등기부 및 등기용지의 의의

부동산 1개에 등기용지 1개가 존재한다(1부동산 1등기용지). 그러나 실제로
부동산이 한 개인가를 구별하는 것은 쉽지 않다.

토지의 경우 원래 연속되는 것을 인위적으로 선을 그어서 나누고 지번을 매긴

다. 원칙적으로 토지 1필지가 1개의 부동산이 된다. 1개의 토지가 분필되면 여러 개의 부동산이 되고, 반대로 여러 개의 토지가 합필되면 1개의 부동산이다.

건물은 토지에 붙어 있지만 별개의 부동산으로 취급되어 따로 등기부가 있다. 건물이 한 개인가는 일반관념에 따라 결정된다. 즉 1동의 주된 건물에 부속건물이 여러 개 있더라도 그것은 1개의 등기용지를 사용하게 되며 그 부속건물을 분할하여 독립된 건물로 하거나 다른 여러 건물을 합변하면 1개의 등기용지를 둘 수 있다. 또 1동의 건물이 수개의 구분된 독립 건물로 인정될 수 있는 아파트 건물 등은 1동의 건물을 표시하고 각 구분된 독립건물의 등기용지를 두게 된다.

2개 이상의 부동산을 1개의 등기용지에 등기할 수 없으며, 또 1개 부동산 일부만을 등기할 수도 없다.

미전환된 등기부(바인더로 편철되어 있음) 이외에는 전산화되어 전자등기부로 되어 있다. 1996년도의 부동산등기법 개정으로 대법원장이 지정하는 등기소에서는 등기사무의 전부 또는 일부를 전산정보처리조직에 의하여 처리할 수 있게 되어, 1998. 10. 7. 전국의 7개 시범등기소에서 전산화된 등기부에 의하여 대민 서비스를 최초로 실시하였다. 다만, 전환 보류된 일부등기를 제외하고는 전국 등기소의 모든 등기가 전산화되어 등기를 컴퓨터에 의해 처리되게 되었으므로, 등기부는 종전의 종이 형태라는 관념에서 등기사항이 기록된 보조기억장치로 바뀌었고 등기용지는 등기기록으로 바뀌었다. 그러나 1부동산 1등기용주의의 개념은 변하지 않았다.

구등기부는 한자를 사용하고 세로쓰기를 하여 읽기가 불편했으나 세로이 편성된 등기부는 한글과 가로쓰기를 사용하므로 읽기가 매우 쉬워졌다. 선등기부에는 작성 시 효력이 없는 과거의 관리관계는 기재하지 아니하고 있으므로 오래된 권리관계까지 알아보려면 폐쇄된 등기부를 열람 또는 폐쇄등기부 등본을 교부받아야 한다. 또한 토지등기부와 건물등기부는 따로 있으므로 집을 사려면 양쪽을 다 보아야 한다.

2) 등기부의 구성

등기용지는 표제부와 甲구 및 乙구 등으로 구성되어 있다. 그러나, 乙구에 기재된 사항이 전혀 없거나 기재된 사항이 말소되어 현재 효력이 있는 부분이 전혀 없을 때에는 등본 발급에 있어서는 乙구를 제외한 표제부 및 甲구만으로 구성되어 발급되고 있다.

① 표제부

표제부에는 부동산의 표시에 관한 사항을 기재하는 곳으로 소재와 지번(건물의 소유지), 종류, 구조, 건평 등을 알 수 있고 아파트 등과 같이 대지권이 있는 경우에는 그 대지권의 표시에 관한 사항이 기재되어 있다.

② 갑구

소유권에 관한 사항을 기재하는 곳으로 소유자성명, 주소, 주민등록번호와 등기원인 및 그 연월일을 알 수 있고 압류·가처분·기등기 사항을 알 수 있다.

경매신청

경매신청등기는 그 부동산에 대하여 경매절차가 진행되고 있음을 의미한다. 강제경매는 확정판결 등 채무명의에 의한 경매이고, 임의경매는 저당권, 전세권 등 담보물권에 의한 경매나 기타 법률규정에 의한 경매로 구분된다. 해당 부동산이 경매로 낙찰되고 그 대금이 완납되면 (끈) 저당권, 가등기담보권, 압류효력 발생 후의 지상권, 전세권, 임차권 제3자명의의 소유권이전등기, 가처분, 가압류, 국세체납에 의한 등기 등 경락인이 인수하지 아니한 부동산 위의 부담의 기입 등기는 말소된다.

예고등기

기존등기의 원인무효 또는 취소를 주장하며 그 등기의 말소를 구하는 소송이 제기되었을 경우에 법원이 촉탁에 의하여 이루어지는데, 소를 제기한 자가 승소 판결을 얻게 되면 그 판결에 저촉되는 다른 등기는 모두 말소될 수 있다.

가등기

가등기 권리자가 후일 본등기를 하기 위해 순위를 확보해 둔 등기로, 그 밑의 공란은 본등기를 기입하기 위해 남겨둔 것으로 만일 본등기가 되면 그에 저촉이 가는 가등기 이후의 모든 등기는 직권이 말소된다.

③ 乙구

소유권 이외의 권리사항을 기재하는 곳으로 근저당 전세권 등의 설정내용과 그 연월일 채권·채무자 등의 사항을 알 수 있으며 소유권 이외의 권리사항이 없을 경우에는 乙구는 없다.

중요한 것은 등기부등본의 발급연월일과 해당 관청직인 및 인지대납세필인이 제일 끝장에 찍히게 되는데 이것이 찍혀 있지 않은 경우 乙구를 떼어낸 것으로 보면 된다.

근저당권

당해 부동산이 근저당권자의 채권에 담보로 제공되어 있는 것이며, 채권최고액으로 기재된 금액은 담보로서 장래부담 할 최고의 금액을 정한 것의 경우 일반적으로 채권액의 120~140%(보통 130%) 금액으로 설정을 하게 된다. 이는 연체이자 등을 감안하여 금융기관에서 앞으로 추가될 금액까지 합산하여 보장받기 위한 것이다.

전세권 지상권 지역권

그 부동산을 배타적으로 이용할 수 있는 권리로서 같은 부동산에 중복되어 성립할 수 없다. 그러나 권리는 부동산의 일부에 대하여도 성립할 수 있으므로 중복되지 않게 부분을 특정하여 동일 부동산에 2개 이상의 권리를 설정할 수 있다(특히 전세권).

임차권 등기를 마친 임차인의 경우 임의경매를 신청할 수 없으나(임차보증금반환 청구소송의 확정판결을 받으면 강제경매를 신청할 수 있음) 대항력과 우선변제권이 있다.

3) 등기부를 볼 때 유의할 사항

① 먼저 표제부에 표시된 주소지와 물건이 실제 주소지와 물건이 맞는지 확인한다.

② 甲구에 나온 소유자가 실제 소유자가 맞는지 확인한다. 소유자가 아니면 타인소유 부동산이므로 그 재산권 행사를 할 권리가 타인에게 있는바 전세계약 등에 유의하여야 한다.

③ 甲구에 가처분이나 가압류 등 권리침해사실이 없는지 확인한다. 이런 내용이 있는 경우 해당 부동산 물건이 타인에 의해 그 재산권 행사를 침해당한 경우로써 향후 법적 문제를 발생시킬 소지가 있으므로, 이를 해소한 후 또는 해소가 가능한 확실한 경우가 아니라면 전세계약 및 매매계약 등을 해서는 안 된다.

④ 乙구에 전세권이 있다면 현재 살고 있는 전세입자가 설정한 것인지 그리고 전세권 설정이 해제 가능한 것인지 알아보고 또한 을구에 은행이나 기타 금융기관에서 근저당권을 설정한 내용이 없는지 확인한다.

기타 근저당권 설정이 되어 있는 경우 근저당권 설정금액이 해당 부동산 물건의 시세의 80% 이상을 초과하는 것인지를 먼저 부동산사무소 등을 통하여 확인하고 80% 이상을 초과하는 경우에는 향후 경매 등 법적절차 진행 시 배당 우선순위에서 배당금을 받지 못하는 경우가 생길 수 있으므로 상당한 주의를 기울이거나 또는 가급적 전세계약 등을 하지 않는 것이 좋다.

3. 인터넷 등기소의 이용

1) 부동산등기부 전산화가 완료된 등기소에서는 등기부 등초본의 발급절차의 간소화로 신속한 발급이 이루어지고 있다. 즉 부동산등기 전산시스템을 이용하여 등기부 등·초본을 발급받을 수 있고, 전산등기부를 열람할 수 있다. 전산화된 등기소에서는 등·초본을 발급창구에서 발급받을 수도 있으며, 또한 등기소나 등기소 이외의 장소에 설치된 무인 등본 자동발급기를 이용할 수 있다. 2003년 3월 20일부터는 인터넷등기소(www.iros.go.kr)를 정식으로 운영되기 시작하여 가정에서도 인터넷을 통하여 등기부열람과 발급이 가능하게 되었다.

또한 2009년부터는 인터넷등기소 이용자들이 부동산의 정확한 지번을 모르더라도 지역 명칭만 알면 지도정보검색을 통해 부동산 등기부등본을 발급받을 수 있게 되었다. 더 나아가 인터넷 회원인 경우에는 국토해양부 등에 대한 정보 및 아파트 시세 정보까지도 제공받게 된다.

2) 인터넷열람 · 발급시스템 소개

① 사용시간

07:00~23:00(월요일 – 금요일), 09:00~21:00(토요일, 일요일 및 법정공휴일)이다.

② 결제 및 결제취소 가능시간

07:00~22:45(월요일 – 금요일), 09:00~20:45(토요일, 일요일 및 법정공휴일)이며, 금융기관 계좌이체는 금융기관의 서비스 시간을 기준으로 결제가 가능하다. 다만 서비스 종료(평일 23시, 토·일요일(공휴일 포함) 21시) 직전에 수수료를 결제한 경우, 시간상 제약으로 결재취소가 불가능할 수 있다.

③ 수수료

등기부발급(제출용) 1통당 800원, 등기부열람(열람용) 1통당 500원, 법인등기부등·초본 다량 발급은 1통당 1,200원(다만 예약한 등기부등·초본이 20페이지를 넘을 경우 1페이지당 50원 추가)이다.

3) 열람 및 발급용 등기부의 차이

① 등본발급 서비스를 통하여 발급한 등본은 법적효력이 있으나, 열람 서비스 출력품은 기본적으로 법적인 효력이 없다.

② 발급용 등기부등·초본 등기부 제목란에 "제출용"의 문구와 2D바코드, 복사 방지 마크가 출력된 등기부로서 법적인 효력이 있으므로 공문서로 제출이 가능하다.

③ 등기부 열람 출력물은 법적인 효력이 없으므로 기본적으로 제출이 불가능하다. 단 법무사 등이 확인한 열람 출력물은 제출이 가능하다.

제3절 주택임대차보호제도

1. 주택임대차보호법의 제정

무주택자가 집주인으로부터 집을 세 얻어 사는 경우 그에 대한 법률관계는 당사자(세든 사람과 세준 사람) 사이의 자유의사에 의한 계약을 중시하여 형식적으로 평등하게 규율하고 있다. 그러나 현실은 경제적 강자인 집주인의 횡포와 자의에 의하여 경제적 약자인 임차인이 부당한 요구를 강제당하고 피해를 입는 경우가 빈번하게 발생하여 심각한 사회적 문제를 야기하게 되었다.

이에 따라 주택의 이용관계를 규율하는 민사법규를 계약자유의 원칙이 적용되는 시민법의 차원에서 임차인의 주거생활과 경제적 지위를 보장하여야 한다는 사회법적 차원으로 전환할 필요성이 절실하게 되었고 결국 주거용 건물의 임대차에 관하여 민법에 대한 특례를 규정함으로써 무주택임차인의 권리와 지위를 보호하여 국민 주거생활의 인정을 보장함을 목적으로 주택임대차보호법이 1981년 3월 5일 제정되었다.

2. 주택임대차보호법의 적용범위

1) 주거용 건물 즉 주택의 임대차에 한하여 적용된다. 주거용 건물, 즉 주택은 그것이 사회통념상 건물로 인정하기에 충분한 요건을 구비하고 주거용으로 사용되고 있는 것이면 시청이나 구청 등에 구비되어 있는 가옥대장이나 건물대장의 용도 란에 "주거용"으로 기재되어 있지 않더라도 본법의 적용을 받게 된다.

따라서 공부상 공장용 건물 창고용 건물이라도 건물의 내부구조를 주거용으로 사실상 변경한 경우에는 주택이라고 보아야 할 것이다. 또한 관할관청으로부터 허가를 받지 아니하고 건축한 무허가 건물이나 건축허가를 받았으나 준공검사를 필하지 못하여 임대차계약을 체결하여도 이 법의 보호를 받게 된다.

2) 임차주택의 일부가 주거외의 목적으로 사용되는 경우에도 적용된다. 임차목적물이 주거용 건물과 함께 사용되는 것이 임차주택의 일부가 비주거용인 경우까지 이 법의 보호대상이 되는바, 주택에 딸린 가게에서 소규모영업 및 공장을 하는 자도 이 법의 보호대상이 된다.

3) 미등기전세에도 적용된다. 미등기전세는 우리나라에서 상당히 오래전부터 부동산임대차, 특히 건물임대차의 한 형태로 관습상 발전하여 온 제도로서, 예컨대 건물의 소유자인 갑이 그 건물을 세 얻어 살고자 하는 乙로부터 전세금을 받고 일정한 기간 그 건물을 乙로 하여금 사용·수익하게 한 후 그 기간이 만료된 때에 그 건물을 인도받음과 동시에 전세금을 반환하는 것을 내용으로 하는 甲, 乙 간의 계약이라고 할 수 있다.

3. 주택임대차보호법의 주요내용

1) 주택임차권의 대항력

주택임대차는 그 등기가 없는 경우에도 주택의 인도(입주)와 주민등록(전입신고)을 마친 때에는 그 다음날부터 제3자에 대하여 효력이 생긴다.

제3자에 대하여 효력이 생긴다 함은 임대인 이외의 자에 대하여도 세든 사람은 그 주택의 임대차 관계를 주장할 수 있다는 의미이며 이것은 결국 임대차 기간 중 임대주택의 소유자가 변경되는 경우에도 임대인의 지위가 신소유자에게 포괄적으로 승계됨으로써 임차인은 계약기간 동안(보증금을 준 경우는 그 보증금을 반환받을 때까지) 그 집에서 쫓겨나지 않고 생활할 수 있다는 것이다.

그러나 주의할 일은 임차인이 입주와 전입신고를 하기 전에 그 집에 이미 저당권등기나 가압류, 압류등기·가등기 등이 행하여졌고 그 결과로 경매나 가등기에 의한 본등기에 의하여 소유권자가 변경된 경우에는 임차권은 소멸되어 임차인은 신소유권자에 대하여 대항할 수 없다.

따라서 타인의 주택을 임대차하고자 할 때에는 최소한 등기부를 열람하여 저당권설정이나 가등기 여부 등을 확인할 필요가 있다.

2) 임차인의 순위에 의한 우선변제권

임차인의 입주 시 보다 후에 설정된 담보물권 등이 임차인보다 우선변제를 받는 일로부터 임차인을 보호하기 위하여 주택임대차보호법에서는 임차인에게 대항력을 인정하는 데 그치지 않고 일정한 요건을 갖춘 임차인에게 순위에 의한 우선변제권을 인정하고 있다.

즉, 주택의 임차인은 주택의 인도(입주)와 주민등록(전입신고)을 마치고 임대차계약증서상의 확정일자를 갖추었을 때, 경매 또는 공매 시 임차주택의 환가대금으로 후순위권리자 기타 채권자보다 우선하여 보증금을 변제받을 권리가 있을 뿐이므로 임차인이 인도, 주민등록 및 계약서상의 확정일자를 갖추기 전에 설정된 담보물권보다는 우선하지 못한다.

참고

확정일자인을 받아 두지 않으면 우선변제권이 인정되지 않으므로 법률의 무지로 인하여 불이익을 받지 않기 위하여 임대차계약서에 확정일자인을 받아 두어야 한다.

확정일자는 공증기관, 법원, 등기소, 읍·면, 동사무소에서 받을 수 있다. 현재 일반 국민들이 주로 이용하는 방법은 인근 읍·면, 사무소에 주민등록 전입신고를 하면서 동시에 계약서에 확정일자를 부여받는 방법이다. 그리고 확정일자는 임대인의 동의 없이 임차인 또는 계약서 소지인이 언제든지 계약서 원본을 제시하고 구두로 청구하면 받을 수 있고, 수수료는 1건당 600원(공증기관은 1,000원)이다.

확정일자인은 원칙적으로 임대차 계약서에 받아야 할 것이지만, 임대차계약서가 일정한 양식이 있는 것은 아니므로, 영수증 서식이라도 임대차 계약의 내용, 즉 임대인·임차인의 성명, 건물주소, 임찹증금액, 영수일자 등의 기재가 포함되어 있다면 거기에 확정 일자인을 받아도 무방하다.

임대차계약서의 확정일자는, 법원 또는 공증인에게 일정액의 수수료를 납부하면 법원 서기, 공증인으로부터 즉시 받을 수 있으며, 이때 다른 권리자와의 우선순위를 받는 날이므로 임차인은 임대차 계약체결 후 가능한 빠른 시일 내에 확정일자를 받는 것이 자신의 권리보호를 위해 필요하다. 순위에 의한 우선변제권이 인정되는 보증금은 그 금액의 범위에 제한한 이 없으므로 다액의 보증금의 경우에도 그 적용이 있다.

다만, 임차인이 당해 주택의 양수인에게 대항할 수 있는 경우에는 임대차가 종료된 후가 아니면 보증금의 우선변제를 청구하지 못하며 우선변제가 인정되더라도 임차인은 임차주택을 양수인에게 인도하지 아니하면 보증금을 수령할 수 없다.

3) 주택임대차계약기간의 2년 보장

주택임대차의 기간은 당사자 간에 자유로이 정할 수 있으나 기간의 정함이 없거나 기간을 2년 미만으로 정한 임대차는 그 기간을 2년으로 본다. 임대인이 임대차기간만료 전 6월부터 1월까지에 임차인에 대하여 갱신거절의 통지 또는 조건을 변경하지 아니하면 갱신하지 아니한다는 뜻의 통치를 하지 아니한 경우에는 그 기간이 만료된 때에 전 임대차와 동일한 조건으로 다시 임대차한 것으로 본다.

다만, 임대차 기간을 2년으로 정하여 임차인을 보호하려는 것은 임차인 자신의 의무를 다하지 않았을 때에도 무조건 보호해 준다는 취지는 아니므로 임차인이 2의 차임을 연체하거나 기타 의무를 현저히 위반한 때에는 보호받지 못한다.

4) 소액보증금의 우선변세권 인정

주택임대차보증금이 수도권(서울특별시, 인천광역시, 경기도 일원)은 6,000만 원, 인천을 제외한 광역시는 5,000만 원 그리고 기타지역은 4,000만 원 이하이고, 임차주택이 경매되는 경우 경매가액에서 수도권은 2,000만 원, 인천을 제외한 광역시는 1,700만 원 그리고 기타지역은 1,400만 원까지 선순위 담보권자에도 우선하여 변제받을 수 있는 권리를 인정하고 있다.

5) 임대차등기명령제도의 도입

임대차 기간이 종료했음에도 불구하고 보증금을 반환받지 못한 임차인이 다른 곳으로 이사를 가거나 주민등록을 전출하면 종전의 대항력과 우선변제권을 상실하게 되어 임차주택이 경매에 들어갈 경우 보증금을 반환받는 것이 어려웠다. 이러한 문제를 해소하고자 임차권 등기 명령 제도를 도입하였다.

임차권등기명령절차는 임대차 종료 후 보증금을 반환받지 못한 임차인에게 단독으로 임차권등기를 경료할 수 있도록 함으로써 자유롭게 주거를 이전할 수 있는 기회를 보장하기 위한 절차를 말한다.

임차권등기명령이 신청되면 법원은 먼저 서면심리방식에 의하여 임차권등기명령의 발령 여부를 심리하여 그 신청이 이유 있다고 인정되면 임대인에게 고지한 후 임차권등기명령을 발령한다.

이후 법원은 임차주택의 소재지를 관할하는 등기소에 재판서 등본을 첨부하여 임차권등기를 촉탁하고 등기소에서는 건물등기부에 임차권등기를 기입하게 되는데, 임차권 등기명령을 신청한 임차인은 반드시 등기소에서 임차권등기가 되었는지 직접 확인 한 후 이사를 하여야 대항력을 보장받을수 있다. 신청 후 임차권 등기가 종료되기까지는 약 2주일 정도 소요된다.

표 1 ▌ 임차권 등기명령 신청절차 및 구비서류

신청절차	신고처	구비서류
1. 등록세납부고지서발급신청	임차주택 소재지 구청 세무과	임대차 계약증서 사본, 주민등록증
2. 건물등기부등본, 주민등록등본	소재지관할등기소 발급 및 동사무소	임차권 등기명령 신청서 건물등기부등본, 주민등록등본 각 1통
3. 임차권 등기명령 신청서 제출	소재지 관할법원	임대차계약서사본, 임차부본이 건물의 일부 시 임차 공간도면 첨부

현/대/생/활/과/법/률/상/식

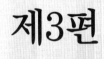

제3편

법률실무

제1장

민사 분쟁에 관한 법률실무

최고서 · 통지서

1. 최고서 · 통지서란

채무자(돈을 빌려 간 사람)가 대여금의 반환을 차일피일 미루거나 지급할 생각이 없다고 판단되면 일단 소송을 진행하기 전에 지급을 독촉(최고)하는 절차를 취할 필요가 있으며, 집주인이 전세금을 대폭 인상하여 세입자를 구하지 못하고, 계약기간이 만료되고 전세계약을 갱신하지 않기로 하였음에도 불구하고 차일피일 전세금 지급을 할 생각을 하지 않은 경우에는 일단 전세금을 지급하라는 독촉과 법적조치의 의지를 표명하는 내용의 통지서를 주인 앞으로 보내는 것이 필요하다. 이렇게 채권자는 임차인이 채무자 또는 임대인에게 법적 조치의 의지를 표명함으로써 소송으로 가지 않고 당사자 간에 해결할 수도 있다. 또한 소멸시효 기간이 임박한 경우에는 우선 독촉을 해 두어야 시간을 벌 수가 있다.

최고작성 시 제목은 내용증명서를 보내는 목적이 나타나도록 임의로 정한다. 통지서, 최고서 또는 반환청구서 독촉장 등 적당한 제목을 표시한다.

2. 최고서·통지서의 작성방법

최고서·통지서는 특별한 형식이 정해져 있는 것은 아니며 그 작성목적에 따라서 다양하고 법률효과도 차이가 있다. 중요한 것은 작성목적에 따라 중요한 기재사항 등근거법규에 따라서 충분하고 정확하게 개재하여야 한다. 또한 최고서가 상대방에게 전달되었는지를 확인하기 위해서는 내용증명을 통해서 발송하는 것이 바람직하며 이때 내용증명의 형식으로 발송되기 위해서는 제목, 수신자의 주소와 성명, 발신자의 주소와 성명 등을 반드시 기재하여야 한다.

1) 최고서의 작성방법

최고서(채무금 반환청구서)

통지인: 박 ○○
수　신: 이 ○○

1. 귀하의 사업이 날로 번창하시길 기원합니다. 드릴 말씀은 다름이 아니라 본인이 구하에게 지난 2022년 10월 1일자 빌려드린 채무금 1천만 원의 변제기일이 2023년 9월 30일임에도 불구하고, 변제기일로부터 2개월 이상 지난 지금까지 지급되지 않고 있습니다.
2. 본인은 귀하가 약속하신 변제기일 이후 수차례 걸쳐 채무금의 지급을 촉구하였으나, 2023년 11월 25일 현재까지 채무금과 이자의 지급은 물론, 답변조차 없는 관계로 부득이 채무금의 반환청구를 보는 바입니다.
따라서 본 청구서 도달 후 14일 이내에 채무금 원금과 원 3푼의 이자를 즉시 변제하여 줄 것이며, 만약 위기한 내에 채무이행조치가 이루어지지 않을 경우 즉시 법적 조치를 취할 것임을 통보하오니 불필요한 시간과 비용의 낭비를 초래하지 않도록 하여 주시기 바랍니다.

```
                   2023년 11월 25일
          통지인 (채권자)  박○○   (인)
          서울시 송파구 마천동    번지


          수신인 (채무자)  이○○   (인)
          서울시 송파구 석촌동    번지
```

① 제목

제목은 내용증명을 보내는 목적이 나타나도록 임의로 정한다. 통고서, 최고서, 또는 반환청구서 독촉장 등 정당한 제목을 표시한다.

② 채권의 표시

육하원칙(누가, 언제, 어디서, 무엇을, 어떻게, 왜)에 따라 채권이 발생하게 된 사실과 수령인이 채무자라는 사실을 특정하여 구체적으로 기재한다. 채권의 발생 원인이 계약이라면 모든 내용을 항을 바꾸어 표시하는 것이 일목요연하게 알 수 있어 좋다.

동일한 채무자에게 여러 가지의 채권이 있는 경우에는 각 채권이 특정될 수 있도록 기재한다. 변제기가 있는 경우에는 변제기를, 변제기가 없는 경우에는 통지를 받은 날로부터 일정 기간 안에 변제하지 않으면 채무불이행이 된다는 내용을 기재한다.

③ 독촉하는 원인의 기재

변제기가 지난 사실을 주지시키고, 채무자의 임의적인 변제를 구하기 위해서 서면을 발송한다는 취지를 기재한다.

④ 사후 법적조치의 예고

채무자가 이행하지 않는 경우에는 부득이하게 법적조치를 취하지 않을 수 없다는 점을 기재한다.

⑤ 작성일과 발송일 서명날인

작성일은 중요하지 않으므로 기재하지 않아도 된다. 내용증명우편에 접수일로 기재되는 날짜가 바로 확정일이기 때문이다. 기재하는 경우 월만 기재해도 된다. 서명은 하지 않고 날인만 하여도 된다. 발송인으로 표시된 자와 독촉을 하는 채권자가 동일하다면 그 기명만으로 충분하기 때문이다.

⑥ 수신인의 표시

내용증명우편은 서면상에 기재된 수신인명과 주소가 우편봉투에 기재된 수령인명, 주소와 일치하여야 증명의 효력이 있다. 수신인명은 한글로 기재하며 주소를 기재할 때는 번지 및 호수는 숫자만으로 기재한다.

2) 통지서의 작성방법

통 지 서
(전세계약해지 통보 및 전세금반환의 건)   ①

수신(임대인)   최 ○ ○ ○
발신(임차인)   김 ○ ○ ○

1. 서울시 송파구 마천동 ○ ○ ○ － ○ ○   ②

③

2. 상기주택에 대해서 김○○(임차인)과 최○○(임대인)은 전세금 60,000,000원으로 2011년 3월 2일부터 2013년 3월 1일까지 2년간 전세계약을 체결하였다. 그러나 2023년 3월 1일부로 계약이 종료되어 그동안 수차례에 걸쳐

전세계약 해지 및 보증금반환을 촉구하였으나 이를 이행치 않으므로 다음
과 같이 통지하는 바입니다.　　　④

다음

임대인께서는 2002년 4월 14일까지 전세보증금 전액을 반환해 주기를 바
랍니다. 만일 이 기간 내에 특단의 조치 없이 전세금을 반환하지 않을 시
에는 부득이 법적조치할 것이니 이를 이행하여 상호 불미스러운 일이 없
기를 바랍니다.　　⑤

2024 .　4.　3.

발신(임차인)　김○○ (인)
　　　　　　서울시 송파구 마천동 ○○○－○○　　⑥
수신(임대인)　최○○ (인)
　　　　　　서울시 광진구 자양동 ○○○－○○　　⑦

① 제목

제목은 내용증명을 보내는 목적이 나타나도록 임의로 정한다.

② 부동산의 표시

반드시 기재하여야 하는 것은 아니지만 임대목적물을 명확히 하기 위해 기
재하는 것이 좋다. 현재 임대(전세)하고 있는 부동산의 주소와 건물을 표시하
되 등기부등본의 표제부를 보고 기재하시면 정확히 쓸 수 있다.

③ 임대(전세)보증금반환채권의 표시

육하원칙(누가, 언제, 어디서, 어떻게, 무엇을, 왜)에 따라 채권이 발생하게 된
사실과 수령인이 채무자라는 사실을 특정하여 구체적으로 기재한다. 채권의
발생 원인이 계약이라면 모든 내용을 항을 바꾸어 표시하는 것이 일목요연하

게 알 수 있어 좋다. 동일한 채무자에게 여러 가지의 채권이 있는 경우에는 각 채권이 특정될 수 있도록 기재한다. 변제기가 있는 경우에는 변제기를, 변제기가 없는 경우는 통지를 받은 날로부터 일정 기간 안에 변제하지 않으면 채무불이행이 된다는 내용을 기재한다.

④ 독촉하는 원인의 기재

변제기가 지난 사실을 주지시키고, 채무자의 이의적인 변제를 구하기 위해서 서면을 발송한다는 취지를 기재한다.

⑤ 사후 법적조치의 예고

채무자가 이행하지 않는 경우에는 부득이하게 법적조치를 취하지 않을 수 없다는 점을 기재한다.

⑥ 작성일과 발송일 서명날인 등

작성일은 중요하지 않으므로 기재하지 않아도 된다. 내용증명우편에 접수일로 기재되는 날짜가 바로 확정일이기 때문이다. 기재하는 경우 월만 기재하여도 된다. 서명은 하지 않고 날인만 하여도 된다. 발송인으로 표시된 자와 독촉을 하는 채권자가 동일하다면 그 기명만으로도 충분하기 때문이다.

⑦ 수신인의 표시

내용증명우편은 서면상에 기재된 수신인명과 주소가 우편봉투에 기재된 수령인명, 주소와 일치하여야 증명의 효력이 있다. 수신인명은 한글로 기재하며 주소를 기재할 때는 번지 및 호수는 숫자만으로 기재한다.

3. 기타 주의사항

서면이 여러 장인 경우에는 반드시 간인을 한다. 간인이란 서류와 서류 사이에 날인하여 서류가 이어져 있음을 표시하는 수단이다.

최고서·통지서는 그 내용과 발송을 증명하고 향후 소송에서 증거로 사용하기 위해서는 내용증명으로 발송하는 것이 좋다.

1. 내용증명이란 무엇인가

내용증명이란 특수취급우편의 일종이다. 즉, 법률상 분쟁이 발생하여 각종의 최고·통고 등 나중에 소송 또는 재판에서 증거로 사용되는 문서를 통상 우편으로 발송하면 나중에 이를 증명할 수가 없기 때문에, 누가 누구에게 언제 어떠한 내용을 발송하였는가의 사실을 우체국장이 공적인 입장에서 증명해 주는 증명취급제도의 하나이다.

2. 내용증명의 기능

보통 내용증명을 받게 되면 마치 법원이나 관공서에서 온 출석통지문을 받은 것처럼 당황하게 된다. 그러나 내용증명 자체에는 이러한 직접적인 법적효과는 없다. 내용증명은 다음과 같은 기능을 한다.

먼저 채권채무관계에서 채무자에게 일정한 내용의 통지를 하는 경우에 통지로서의 역할을 하고 법적으로도 그 효력이 발생된다.

둘째로 내용증명은 문서를 보냈다는 증거가 되며, 이는 자신의 권익보호를 위해 노력을 하고 있다는 점을 상대방에게 알려주어 상대방에 대한 심리적 압박이라는 기능을 하기도 한다.

셋째로, 확정일자를 부여하는 기능을 한다. 즉 몇 년월일에 발송되었다는 것을 증명하게 된다.

마지막으로, 내용증명은 소송에 있어서 중요한 증거서류가 된다.

결국 내용증명은 가정 또는 기업에서 발생하는 법률적 분쟁에 있어서 직접적인 법적조치는 아니나 법적 조치로 나아가기 전에 유용하게 사용될 수 있는 제도라는 점에서 그 필요성이 있다.

참고

- 통상우편물

  멀리 떨어져 있는 사람들 간의 의사전달을 위해 문자로 표시된 신서를 말하였으나 사회의 변화와 발달로 그 개념이 확대되어 신서와 통화, 엽서, 서적, 농산물 종자 등 주로 소형우편물을 말한다. 송달기준에 따라 빠른통상우편물과 보통통상우편물로 구분되며, 신서와 통화는 반드시 통상우편물로 취급하여야 한다.

- 등기취급제도

  우편물의 취급과정을 기록에 의하여 명확히 하는 우편물의 부가취급 제도이다. 이에는 특별등기취급제도와 일반등기취급제도가 있다.

종류	의의	대상
특별등기 취급제도	접수에서부터 받을 사람에게 배달되기까지의 전 취급 과정에 우편물접수번호를 기록하는 제도	통화등기, 물품등기, 유가증권등기, 현금추심취급우편물, 내용증명, 특사배달, 국내특급, 특별송달, 민원우편, 우편자루배달, 전자우편물, 모사모송우편물
일반등기 취급제도	특별등기취급절차를 간소화한 것으로써 발송 시 특수우편물 수령증을 교부하고 배달 시에 수취인의 확인을 받는 점은 특별등기취급과 같지만 우편관서 상호 간의 송달과정은 개별 우편물에 대한 확인기록이 아닌 총통수만 기록 수수하는 취급제도	접수시각증명, 배달증명, 이용자의선택에 의해 일반우편물에 등기취급을 부가하는경우

- 증명취급제도
  - ▸ 의의

    우편물을 이용자의 우편물내용 또는 송달관계 우편물의 접수사실 등을 명백히 하기 위하여 우편관서가 증명하여 주는 제도로 등기취급을 전제로 함.

▶ 내용증명

발송인이 수취인에게 어떤 내용의 문서를 언제 발송하였다는 사실을 우편관서가 공식으로 증명하여 주는 제도

▶ 배달증명

수취인에게 우편물을 배달 또는 교부한 경우 그 사실을 배달우체국에서 증명하여 발송인에게 통지하여 주는 제도로서 우편물을 발송한 후 1년 이내까지 청구가 가능

▶ 접수시각

증명우편물의 접수시각을 우편물에 표시하여 증명하여 주는 제도로서 특허 또는 공업권 취득을 위한 출원, 상표의 등록출원 등과 같이 제출하는 서류 등의 발송시각이 권리의 취득에 중대한 영향을 미칠 때 이용하는 제도

3. 내용증명의 작성절차

1) 형식

내용증명은 특별한 형식을 필요로 하지는 않는다. 통상 A4 또는 편지지에 작성할 수 있다.

2) 절차

우체국에 원본과 등본 2통을 제출하고 내용증명으로 발송해 주도록 요청한다. 주의할 것은 한 통에 날인하여 이를 복사하면 안 된다. 날인이 복사되면 효력이 없기 때문이다.

우체국에서 원본과 등본 2통의 동일 여부를 확인한 후 3통 상호 간에 통신일부인으로 계인한다.

원본은 우체국 직원이 보는 앞에서 봉투에 넣고 봉함하여 제출하면 원본은 수신인에게 발송하고 등본 1통은 발신인에게, 나머지 1통은 우체국에서 보관한다.

3) 열람 및 재청구

우체국에서 3년간 내용증명 우편을 보관하게 되어 있으므로 만약 내용증명

우편을 분실한 경우에 발송인은 제출한 지 3년 내에 우체국에 가서 등본의 열람을 청구하거나 그 등본의 재교부를 청구할 수 있다. 단 이 등본의 교부는 본인만이 신청할 수 있다.

4) 발송

내용증명을 발송할 시에는 반드시 등기우편으로 발송하여야 한다. 그렇지 아니할 경우에는 상대방에게 통지가 도착했음을 입증할 수 없기 때문이다.

5) 영수증

영수증 발급을 요구하면 직원은 접수대장을 기재, 확인하고 주요 내용을 기재한 영수증을 발급한다. 동 영수증은 차후 증명서를 요구할 때 필요하므로 보관하여야 한다.

4. 내용증명의 용도

1) 시효중단의 경우

채무의 이행을 최고 하였을 때, 그 내용증명을 발송하였다고 하여 바로 시효가 중단되는 것은 아니다. 시효의 중단은 내용증명을 보내고 6개월 이내에 재판상의 절차를 진행시켜야만 시효중단의 효력이 발생한다. 이러한 의미에서 내용증명을 제출할 경우에는 시효기간이 만료 무렵에 제출하는 것이 효과적이다.

2) 계약 해지의 경우

보통의 계약에 있어서 상대방이 이행을 하지 아니할 경우에는 계약을 해제할 수 있는 것이고 이러한 계약 해제의 경우 증거를 확실히 남긴다는 의미에서 내용증명으로 하는 것이 현명한 방법이다.

3) 무능력 · 사기 · 강박 · 무권대리인에 의한 계약을 취소하는 경우

이와 같은 경우에도 그 취소의 의사표시를 내용증명으로 하는 것이 좋다.

4) 채권 양도의 통지

채권양도의 통지라는 것은 甲이 乙에 대하여 외상대금채권을 가지고 있고 甲이 乙에 대하여 외상채무를 가지고 있을 경우에 甲은 丙에게 현금으로 채무를 변제하는 데 대신 乙에 대한 외상채권을 丙에게 양도하여 결재하는 경우가 있는데 그가 같은 경우 "귀하에 대한 외상대금 채권은 병에게 지급하여 달라"는 내용의 채권양도 통지를 내용증명 우편으로 하는 것이다. 채권양도가 제3자에 대하여 효력이 있으려면 확정일자 있는 문서에 의하여 통지하여야 하기 때문이다.

5. 내용증명의 작성 사례

내용증명서란 발송인이 작성한 등본의 내용을 증명한다. 내용증명은 간략하게 요점 중심으로 기기재하지만, 소송에 있어서 결정적인 증거가 되기 때문에 그 문안에 신중히 생각하여 기재하여야 한다. 그리고 너무 자극적인 내용이나 권리남용의 문구를 작성하는 것은 피하여야 한다.[10]

---

10) 〈사례〉 甲은 인터넷 검색 도중 CD 인터넷 사이버 쇼핑몰에서 CD 플레이어를 충동구입하였다. CD 플레이어는 주문한 지 4일 후에 도착하였는데 광고에서 본 것과 다르게 조잡하게 생겼으며 기능도 생각만큼 작동하지 않았다. 甲은 이를 반환하고 싶어 친구에게 물어보니 청약 청회서를 우편으로 보내야 한다고 하였다. 甲은 청약철회서가 제대로 도착할지 그리고 쇼핑몰 쪽에서 받지 못했다고 하면 어떡하나 고민되었다. 이때 친구가 내용증명으로 보내면 된다고 하였다.
〈해설〉 위 사례에서 전자상거래 등에 관한 소비자 보호법에 의하면, 사이버 쇼핑몰에서 물건을 구입한 소비자는 소비자의 귀책사유가 없다면 7일 이내에는 단순히 마음이 바뀌어도 청약을 철회할 수 있다. 아무리 소비자가 물건구매 의사를 밝히고 사업자가 물건을 배송하였다 하더라도 7일 동안 계약의 성립시기를 늦춰 놓고 있는 것이다. 따라서 甲은 7일 이내에 청약 철회서를 발송하면 된다. 그러나 통상 우편으로는 도중에 유실되거나 사업자가 받은 사실을 부인할 수 있다. 등기우편 · 배달증명은 안전한 도달은 보장하지만 무엇을 보냈는지는 증명하지 못하기 때문에 내용증명 우편제도를 배달증명과 함께 이용할 필요가 있다.

1. 소액사건 심판제도의 의의

민사상의 생활관계에서 분쟁의 대상이 되는 권리 또는 법률관계의 존립, 이행 여부에 대하여 다툼이 자주 등장하는데 민사소송제도는 이와 같은 경우에 대비하여 마지막 구제수단으로 존재한다. 이중 소비자와 가장 밀접한 제도는 소액사건 심판제도이다.

소액사건 심판제도는 소액사건 심판법에 규정되어 있다. 소액사건 심판법이란 지방법원이나 지방법원지원에서 소액의 민사사건을 간이한 절차에 따라 신속하게 처리하기 위하여 민사소송법에 대한 특례를 규정함을 목적으로 하여 제정된 법률을 말한다.

청약 철회 통지서

통지인 ○ ○ ○

수신인 주식회사 다사라 쇼핑

대표이사 ○ ○ ○ 귀하

- 내용-

1. 주문일 : 20201. 7. 19.

2. 상품명 : CD 플레이어

3. 상품인도일 : 2010. 7. 23.

4. 본인은 상기일시에 귀사 다사라 쇼핑 홈페이지에서 인터넷으로 상기재품을 주문한바 있으나 상기 상품인도일에 받은 제품이 제대로 작동하지 않으며, 제품도 홈페이지에 게시된 것과 품질이나 모양이 다르므로 청약을 철회하고자 합니다.

발송인 : 주소 서울시 송파구 마천동   번지 전화번호 010 - ○○○ - ○○

　　　　성명   홍 길 동 (인)

수신인 : 주소 서울 강남구 삼성동 ○○○

　　　　주식호사 다사라 쇼핑

　　　　대표이사 ○○○ 귀하

발신일 : 2010년 7월 26일

2. 적용대상

이 법률이 적용대상은 소송물의 가액이 2,000만 원을 초과하지 아니하는 금전 기타대체물이나 유가증권의 일정 수량의 지급을 목적으로 하는 민사사건이다. 민사소송법에서는 소를 제기할 때 서면으로 하도록 되어 있지만 소액사건심판법에는 구술에 의한 소의 제기를 인정함으로써 소송절차를 간이, 신속하게 처리하도록 되어 있다.

3. 절차 및 처리

1) 법원 종합 접수실 또는 민사과에 가면 인쇄된 소장 서식용지를 무료로 얻어 해당 사항을 기입하면 소장이 되도록 마련되어 있기 때문에 군이 별도의 소장을 작성할 필요가 없다.

또한 임의출석에 의한 소의 제기도 인정하고 있는데 즉 당사자가 쌍방은 임의로 법원에 출석하여 소송에 관하여 변론을 할 수 있고, 이 경우에 소의 제기도 구술에 의한 진술만으로서 할 수 있도록 하고 있다.

2) 소가 제기되면 즉시 변론기일이 지정되며, 이때 변론기일은 보통 30일 이내로 지정된다. 1회의 변론기일에 심문을 종결하게 되므로 모든 증거를 최초의

변론기일에 제출할 수 있도록 준비하여야 한다. 원고가 소송을 제기해 놓고도 변론기일에 두 번 불출석할 경우 소송은 취하된 것으로 간주될 수 있다.

3) 재판장은 당사자 간에 조정을 붙이거나 결장으로 재판을 끝내며 당사자가 결정을 고지받은 날로부터 1주일 이내에 이의신청을 내지 않으면 위 결정은 확정되어 강제집행할 수 있게 된다. 특히 법원은 소장, 준비서면 기타 소송기록에 의하여 청구가 이유 없음이 명백한 때에는 변론 없이 청구를 각하할 수 있다. 준비서면이란 당사자가 미리 변론에서 진술하려고 하는 사항을 기재한 서면을 말하는데 당사자는 변론기일 전에 변론에서 진술하려고 하는 것을 준비서면에 기재하여 법원에 제출하고 법원은 1통을 보관하고 1통을 상대방에 송달한다.

4) 특히 이 제도는 당사자의 편의를 도모해 주기 위해 당사자의 배우자, 부모, 조부모, 아들, 딸 등 직계혈족, 형제자매는 법원의 허가 없이 소송대리인이 될 수 있다. 단, 이때의 소송대리인은 위임장과 호적등본 또는 주민등록등본을 제출해야 한다.

4. 이행권고결정제도

1) 이행권고결정이라 함은 소액사건의 소가 제기된 때에 법원이 결정으로 소장 부본이나 제소조서등본을 첨부하여 피고에게 청구취지대로 이행할 것을 권고하는 결정을 말한다. 즉 간이한 소액사건에 대하여 직권으로 이행권고결정을 한 후 이에 대하여 피고가 이의하지 않으면 곧바로 변론 없이 원고에게 집행근원을 부여하는 것이다.

2) 또한 이행권고 결정이 확정된 때에는 원칙적으로 별도의 집행문 부여 없이 이행권고결정정본으로 강제 집행할 수 있도록 강제 집행상의 특례를 규정하고 있다.

3) 그런 다음 경우에는 이행권고결정을 할 수 없다.

• 지급명령이의 또는 조정 이의사건, 청구 취지나 청구원인이 불명한 때, 기타 이해권고를 하기에 적절하지 않은 경우

4) 한편 이행권고결정에는 소장 부본을 첨부하여야 하므로, 원고는 소액사건의 소장을 제출할 때 원고와 피고의 수에 1을 더한 숫자만큼 소장 부본을 제출하여야 한다. 이는 이행권고결정이의 원본용, 피고에게 송달하는 등본용, 확정 후 원고에게 송달하는 정본용으로 사용할 소장부본이 필요하기 때문이다.

5) 참여사무관 등은 이행권고결정이 피고에게 송달되어 확정되면 그 정본을 원고에게 송달하게 되고, 피고는 이행권고결정등본을 송달받은 날부터 2주일 안에 서면으로 이의신청을 할 수 있다. 한편, 이행권고결정이 확정된 때에는 확정판결과 같은 효력을 부여받게 된다.

6) 이행권고결정에 기한 강제집행은 원칙적으로 집행문을 부여받을 필요 없이 이행권고결정서 정본에 의하여 하도록 되어 있다. 다만, 조건 있는 채권인 경우와 승계집행문이 필요한 경우에는 재판장의 명을 받아 집행문을 부여받아야 한다.

소액사건 심판 청구서

청구취지

1. 청구금액 (원금)　　금　　　　　원

　　　　(가산금)　기간　　　　　　부터 소장부본 송달일까지

　　　　　　　　　비율 연　　　푼

　　　　　　　　　기간 소장부본 송달 다음날부터 완제일까지

　　　　　　　　　비율　연 2할 5푼

2, 파고들 상호 산의 관계: 연대 (　　)

청구원인

1. 대여내역

(1) 대여자　　　　　　　(2) 차용자

(3) 연대보증인

(4) 대여일

(5) 금액　　　　　원　　　　원　　　　원

(6) 변제기

(7) 약정이율

2. 기타보충할 내용

2024. 2. 17.

원고　　　　　　　(인)

---

1. 지급명령제도의 의의

지급명령은 금전 등의 일정 금액(또는 수량)의 지급청구에 관하여 채권자의 신청에 의하여 간편하고, 신속하게 확정하고, 채무자에게 지급을 명하기 위한 특별소송절차인 독촉절차이다. 다만, 지급명령제도는 대한민국에서 공시송달에 의하지 아니하고 송달을 할 수 있는 경우에만 허용된다.

지급명령은 채권자의 청구에 의하여 금전, 물품(대체물), 유가증권의 청구인가 아닌가, 관할법원에 신청했는가 안 했는가 등을 채권자가 제출한 신청서에 의하여 서면으로 심사를 하고, 요건이 구비되었다고 인정하면 관할법원은 지급명령을 발한다.

소송을 하지 않았는데 법원에서 채권자에게 돈을 지급하라는 우편물이 송달되었다면 상대방인 채권자가 법원에 지급명령을 신청한 것이다.

지급명령은 일반 민사소송의 판결절차와 같이 변론이나 증거조사 등의 번거로운 절차를 하지 아니하고, 누구나 이용하기 쉬운 소송절차이다.

2. 지급명령의 신청절차

1) 지급명령절차에서는 신청인을 채권자, 그 상대방을 채무자라고 한다. 지급명령은 소가에 관계없이 채무자의 주소지, 근무지 또는 사무소. 영업소 소재지 법원의 단독판사관할이다.

2) 지급명령신청서에는 소장에 첨부할 인지(소가의 1,000분의 5)의 반액을 붙이고 당사자에 대한 1회분 송달료를 납부하여야 한다.

3) 법원은 지급명령신청에 대하여는 채무자를 신문하지 않고, 각하사유가 없는 한 청구의 당부를 심리하지 않고 지급명령을 발하고 당사자 쌍방에 송달한다. 지급명령에는 당사자, 법정대리인, 청구의 취지와 원인을 기재하고, 채무자가 지급명령이 송달된 날로부터 2주일 이내에 이의신청할 수 있음을 부기하여야 한다.

4) 지급명령신청에 관할위반이 있거나 신청요건의 흠결이 있는 경우 또는 신청의 취지에 의하여 청구가 이유 없음이 명백한 때에는 그 신청을 각하한다. 신청각하의 결정에 대하여는 불복을 신청하지 못한다. 이 결정은 기판력이 없으므로 채권자는 새로 소를 제기하거나 다시 지급명령을 신청할 수 있다.

5) 법원은 채권자로부터 지급명령신청에 따라서 지급명령을 발하고 그 명령 정본을 채무자에게 송달한다.

3. 지급명령에 대항 불복 및 이의신청

1) 채무자는 지급명령의 내용에 동의할 수 없다면 즉시 이의신청을 하여야만 한다.

상대방이 요구하는 금액 중 일부가 부당한 경우에도 그 일부에 대해 이의신청을 해야 한다.

2) 이의신청은 지급명령정본을 송달받고 2주일 내에 해야 하고, 법원에 이의신청서를 접수하면 된다. 위 기간 내에 이의를 하지 않고 가만히 있으면 그 내용대로 확정된다.

3) 이의신청이 있으면 통상의 소송절차로 이행되며 지급명령을 신청한 때 소의 제기가 있는 것으로 보게 된다.

4) 지급명령은 내용증명과는 달리 법원에서 온 문서이므로 소홀히하고 있다가는 억울하게 강제집행을 당하게 되는 경우가 생긴다. 간혹 채무자가 채권자에게 돈을 다 돌려주었다고 해서 지급명령을 내버려두어 지급명령이 확정되면 아주 골치 아픈 과정을 거쳐야 한다.

5) 민사소송법의 개정에 의하여 확정된 지급명령은 기판력은 없고 집행력만 인정된다. 확정된 지급명령 집행문은 지급명령을 발한 지방법원의 법원사무관이 부여하고, 지급명령이 확정되어 집행력 있는 채무명의로 효력이 생기더라도 채무자는 채무의 원시적 부존재를 주장하여 청구이의의 소를 제기할 수 있다.

4. 비용

지급명령신청 시에 법원에 납부하여야 하는 수수료 액수는 아래 표에서 보는 바와 같이 청구금액에 비례하여 증액되고 이 점은 소송절차와 동일하지만, 기본적으로 소제기 시 첨부할 가장적은 소액사건(당사자 1인당 10분회)보다 적다.

청구금액	독촉수수료액
1,000만원 미만	청구금액×10,000분의 5
1,000만원 이상~1억원 미만	청구금액×10,000분의 4.5+500원
1억원 이상~10억원 미만	청구금액×10,000분의 4+5,500원
10억원 이상	청구금액×10,000분의 3.5+55,500원

지급명령신청

채권자   홍길동

　　　서울시 송파구 마천동

　　　전화번호

채무자   김길동

　　　서울시 광진구 자양동

청구취지

○○○는 채권자에게 금 50,000,000원 및 이애 대하여 이 사건 지급명령정본이 송달된 다음날부터다 갚을 때까지 영 ○○%의 비율에 의한 지연손해금과 다음 독촉절차비용을 지급하라는 명령을 구함.

다음

독촉절차비용 금 ○○○○원

(내역: 송달료 ○○○원, 인지대 ○○○원)

청구원인

채무자는 채권자에게 200 . . . 주택임대차계약이 종료됨으로써 보증금
금 50,000,000원을 반환하기로 하였으나, 변제기일이 지난 현재까지 지급
하여 주지 않으므로 본 신청에 이르게 되었습니다.

첨부서류 1. 주택임대차계약서사본 1통
2. 송달료납부서   1통

2024. 2. 17.

위 채권자 홍길동   (인)

서울중앙지방법원 귀중

지급명령에 대한 이의신청서

사건   ○○○호 임대보증금

채권자   홍길동

서울시 송파구 마천동

채무자 김길동

서울시 광진구 화양동 1번지

위 독촉사건에 관하여 채무자는 2000.   . . 지급명령정본을 송달받

앗으나 이에 불복하여 이의신청을 합니다.

2024. 2. 17.

위 채무자 김길동 (인)

(전화번호 :   )

서울중앙지방법원 귀중

제5절 민사조정절차

1. 민사조정절차의 의의

　민사조정절차는 조정담당판사 또는 법원에 설치된 조정위원회가 분쟁당사자로서부터 주장을 듣고 여러 사정을 참작하여 조정안을 제시하고 서로 양보와 타협을 통하여 합의에 이르게 함으로써 분쟁을 평화적이고, 간이·신속하게 해결하는 제도이다.

2. 소송절차와 조정절차

　민사분쟁을 해결하는 절차에는 크게 소송절차와 조정절차가 있다. 소송절차는 분쟁당사자 쌍방이 권리를 주장하고 다툼 있는 사실관계에 대한 증거를 제출하면 법원이 어느 당사자의 주장이 옳은지를 판단하여 판결로서 분쟁을 강제적으로 해결하는 제도이다. 이에 반하여 민사조정절차는 분쟁당사자로부터 주장을 듣고 여러 사정을 참작하여 상호 타협과 양보에 의하여 평화적으로 해결되는 차이가 있다.

3. 민사조정절차의 장점

1) 소송과 같은 엄격한 절차를 거치지 아니하고 자유로운 분위기에서 자신의 의견을 충분히 말할 수 있다.

2) 소송에 비하여 신속한 해결이 가능하다. 민사조정을 신청하면 빠른 시일 내에 조정기일이 정해지고, 대부분 한 번의 기일(출석)으로 종료된다.

3) 비용이 저렴하다. 소송에 비하여 인지대가 1/5로 저렴하다.

4) 당사자 사이의 상호 타협과 양보에 의하여 분쟁을 해결하므로 감정대립이 남지 않는다.

5) 일반적으로 민사조정절차는 조정담당판사 또는 조정위원회가 딱딱한 법정이 아닌 자유로운 분위기의 조정실에서 당사자의 말을 충분히 듣고 실정에 맞게 분쟁을 해결하고 비공개로 진행되기 때문에 비밀이 철저히 보장된다.

4. 민사조정신청서의 작성 및 제출

민사조정신청을 하기 위해서는 먼저 민사조정신청서를 작성하여야 한다. 조정신청서는 변호사나 법무사에게 의뢰하여 작성할 수 있고, 또 본인이 스스로 작성할 수 있다. 법원에서는 본인의 조정신청서 작성을 돕기 위하여 법원에 민사조정신청서 양식을 비치하고 있다. 그리고 손을 다치는 등으로 스스로 조정신청서를 작성할 수 없을 때에는 법원 직원에게 구술로 신청할 수도 있다. 신청서 양식은 각급 법원에 비치된 양식을 이용할 수 있으며, 꼭 비치된 양식을 사용하지 않아도 된다. 법원의 용지 규격이 A4 규격이므로 A4 용지에 작성하여 제출하여도 무방하다.

5. 비용

1) 조정수수료

민사조정신청을 법원에 제출하기 위하여 조정수수료를 첨부하여야 합니다.

조정신청금액	조정수수료금액
1,000만원 미만	청구금액×0.1%
1,000만원 이상~1억원 미만	청구금액×0.9% ＋1,000원
1억원 이상~10억원 미만	청구금액×0.08% ＋11,000원

2) 송달료

민사조정 신청서를 제출할 때에는 또한 송달료도 납부해야 한다. 민사조정 신청서를 제출할 때에는 지방법원 및 지원 시·군법원에 당사자 1인당 5회분 (15,100원)의 송달료를 현금으로 납부하여야 한다. 단 전산화 미이행 시, 군법원(양구군, 양양군, 청양군, 영천군, 상주군, 고령군, 봉화군, 청송군, 군위군, 울진군, 영양군, 곡성군, 무주군, 임실군, 장수군, 순창군 법원)의 경우에는 당사당 1인당 2회분(6,040원)의 송달료를 우표로 납부하여야 한다.

6. 제출방법

민사조정신청은 피신청인의 주소지, 근무지, 사무소, 또는 영업소의 소재지, 분쟁목적물의 소재지, 손해발생지를 관할하는 법원에 제출하면 된다. 민사조정 사건은 소가가금 2,000만원을 초과하는 경우에도 시·군법원에서 관할한다.

7. 조정기일과 출석

조정신청서를 제출하면 얼마 후에 법원으로부터 신청인과 피신청인(상대방)에게 조정기일이 통지된다. 본인이 출석하는 것이 원칙이며, 조정담당판사의 허가가 있으면 친족이나 피용인 등을 보조인이나 대리인으로 출석하게 할 수 있다.

조정기일에 신청인이 두 번 출석하지 않으면 조정신청은 취하된 것으로 되며, 상대방(피신청인)이 출석하지 아니하면 조정담당판사가 직권으로 조정에 갈음하는 결정을 하게 된다.

8. 조정의 성립

조정이 성립되면 그 합의내용을 조서에 기재하게 된다(조정조서, 조정 조서). 의 내용은 재판상 화해와 동일한 효력이 있다. 재판상 화해와 동일한 효력이 있다는 의미는 동일한 내용의 판결이 있는 경우와 같은 법적 효력이 부여되는 것으로 만일 상대방이 조정조항에서 정한 의무를 성실하게 이행하지 않는 경우에는 조정조서에 기하여 강제집행을 할 수 있다.

조정기일에 출석하여 서로 의견을 나누었음에도 불구하고 합의가 성립되지 아니하는 경우, 법원은 상당한 이유가 없는 한 직권으로 조정에 갈음하는 결정을 하게 된다.

9. 이의신청

이 조정에 갈음하는 결정에 대하여 당사자들이 그 결정문을 받아보고 2주일 이내에 이의신청을 하지 않으면 그 결정에 동의하는 것으로 보게 되어 그 결정 내용대로 조정이 성립된 것과 같은 효력이 생기게 된다. 당사자가 조정에 갈음하는 결정을 송달받고 2주일 이내에 이의신청을 하면 소송절차로 이행된다. 조정신청 시에 소송이 제기된 것으로 처리되고, 처음부터 소송을 제기하였다면 소장에 첨부하여야 할 인지액에서 조정신청 할 때 납부한 수수료를 공제한 차액만을 추가로 인지 및 심급에 따른 송달료를 첨부하면 됩니다.

10. 조정신청서 작성

① 당사자표시

신청인과 피신청인의 성명(가능하면 한글 외에 한자로도 표시)과 주소를 기재한다. 주소의 기재에 있어서는 조정절차의 진행을 위하여 당사자(신청인, 피신청인)에게 기일소환장을 송달하거나 연락을 할 때 반드시 필요하므로 정확한 주소(우편번호)와 연락 가능한 전화(이동전화, 팩스)번호를 확인한 다음 빠짐없이 기재하여야 한다.

② 신청취지

현재 신청인과 피신청인 사이에 분쟁 중인 법률관계에 대하여 신청인이 어떠한 해결을 구하는지를 결론만 간단하게 기재한다. 신청인 측이 너무 자신에게 유리한 내용만을 강조하여 기재하는 것은 바람직하지 않다. 왜냐하면 상대방이 내용을 보고 감정이 상하여 이후 조정절차의 진행에 악영향을 줄 우려가 있기 때문이다.

③ 분쟁의 내용

현재 피신청인과 사이에 다툼이 있는 사실관계를 간략하고 요령 있게 정리하여 기재한다. 왜냐하면 자세한 사정은 조정기일에 구두로 설명할 수 있기 때문이다. 여기서도 위 신청취지 기재 시와 마찬가지로 피신청인 측을 자극하여 조정성립에 악영향을 줄 수 있는 기재는 삼가는 것이 바람직하다.

④ 증거서류

조정신청을 이유 있게 하는 증거서류를 첨부한다.

조정신청서

신청인   홍길동
　　　　서울시 송파구 마천동 ○○○ － ○○　　　　①
피신청인 김길동
　　　　서울시 광진구 화양동1번지

사건명: 임대보증금 반환

신청취지

피신청인은 신청인에게 금 50,000,000원을 지급한다.　　　　②
라는 조정을 구합니다.

분쟁내용　　②

1. 신청인은 200 . . . 피신청인으로부터 그의 소유인 서울시 송파구 마천동 소재 주택을 임대보증금 50,000,000원, 임대기간 200 . . .부터 2년으로 하여 임차하고, 임대보증금 전액을 지급하였습니다
2. 그 후 200 . . . 임대기간이 만료되었으나 피신청인은 자금사정이 어렵다는 이유로 임대보증금을 반환하지 아니하므로 그 지급을 받기 위하여 조정을 신청합니다.

증거서류　　④

1. 임대차계약서 1통
2. 주민등록등본 1통
3. 영수증1통

2024. 2. 17.

신청인　　　　(인)

법원 귀중

제6절 가압류

1. 가압류란

가압류는 금전채권이나 금전으로 환산할 수 있는 채권에 관하여 장래 그 집행을 보전하려는 목적으로 미리 채무자의 재산을 압류하여 채무자가 처분하지 못하도록 하는 제도이다.

2. 가압류 신청의 관할 법원

민사소송법상 가압류 사건은 가압류할 물건의 소재지 지방법원이나 본안소송이 계속 중이거나 앞으로 본안이 제소되었을 때 이를 관할할 수 있는 법원 중 한곳에 제출하여야 한다.

강제집행에 관하여는 당사자의 합의에 의한 합의관할은 인정되지 않는다.

3. 신청서의 기재사항 및 수수료

1) 기재사항

가압류신청서에는 당사자 및 법정대리인의 표시, 소송대리인의 표시, 신청의 취지, 신청의 이유, 법원의표시, 소명방법의 표시, 연·월·일의 표시, 당사자 또는 대리인의 기명날인을 하여야 한다.

2) 수수료

신청서에는 2,000원(지급보증 위탁문서의 제출을 동시에 신청하는 경우에는 2,500원)의 수입인지 및 송달료(당사자수×3회분)를 납부하여야 한다.

3) 기타

법원에서 가압류 신청을 인용하는 재판은 담보를 조건으로 하는 경우와 담보 없이 하는 경우가 있는 바, 담보제공을 조건으로 하는 경우에는 그 조건에 따라 현금 공탁 후 공탁서 사본을 제출하거나 공탁보증보험증권을 제출하여야 한다.

부동산에 대한 가압류결정의 경우 신청인은 재산소재지를 관할하는 시·구·군청에서 가압류를 할 금액의 2/1000에 해당하는 등록세와 등록세액의 20/100에 해당하는 교육세를 납부한 후 영수필증을 제출하여야 한다.

등록세액의 3,000원 미만인 경우에는 1건당 6,000원이며 교육세액은 등록세액의 20/100이다.

4. 가압류의 집행기관

유체동산의 가압류는 집행관이 이를 집행한다. 채권자는 가압류 결정정본을 가지고 가압류할 유체동산의 소재장소를 관할하는 지방법원 관할 집행관에게 집행위임을 하고 수수료를 납부하면 집행관은 14일 이내에 집행에 착수함과 동시에 재판 시 정본을 채무자에게 송달한다.

가압류 신청서

채권자   (전화번호   )
주소:

채무자   (전화번호   )
주소:

청구채권의 표시

신청의 취지

신청의 이유

첨부서류

2024. 2. 17.
위 채권자   (인)

지방법원 귀중

---

1. 가처분의 의의

채권자가 금전채권이 아닌 특정계쟁물에 관하여 청구권을 가지고 있을 때 판결이 확정되어 그 강제 집행 시까지 방치하면 그 계쟁물이 처분되거나 멸실되는 등 법률적 사실적 변경이 생기는 것을 방지하고자 판결을 받기 전에 그 계쟁물의 현상변경을 금지시키는 집행보전 제도이다.

2. 가처분 신청방법

가처분 신청의 관할법원은 현재 본안소송(통상의 소송절차, 제소전화해결차, 조정절차, 중재판정절차 등)이 계속 중이라면 그 법원이 관할법원이 되고, 현재본안이 계속 중에 있지 않으면 앞으로 본안이 제소되었을 때 이를 관할할 수 있는 법원에 제출하면 된다.

신청서에는 2,000원(지급보증위탁문서의 제출을 동시에 신청하는 경우에는 2,500원)의 인지와 송달료를 납부하여야 한다. 송달료는 당사자수×3회분을 납부하여야 한다.

3. 기타

법원에서 가처분 신청을 인용하는 재판은 담보를 조건으로 하는 경우와 담보 없이 하는 경우가 있는 바, 담보제공을 조건으로 하는 경우에는 그 조건에 따라 현금 공탁 후 공탁서 사본을 제출하거나 공탁보증보험증권을 제출하여야 한다.

부동산에 대한 가처분 촉탁서에는 등록세를 납부한 후 영수필증을 첨부하여야 한다.

피보전 권리의 가액(소유권이전등기청구권인 때에는 부동산 가액)의 2/1000에 해당하는 등록세와 등록세액의 20/100에 해당하는 교육세이다. 납부 장소는 부동산 소재지 시·구·군청이다.

가처분 신청서

채권자   (전화번호   )
주소:

채무자   (전화번호   )
주소:

목적물가액

신청의 취지

신청이유

첨부서류

2024. 2. 17.

위 채권자   (인)

법원 귀중

제8 절 민사소송

1. 민사소송이란

국민의 사적인 생활에서 발생하는 분쟁을 해결하기 위한 재판 절차를 말한다.

2. 소장 작성 및 접수

1) 개요

먼저 소장을 관할 법원에 제출해야 한다. 통상은 피고의 주소를 관할하는 법원이 소를 제기해야 할 법원이 된다.

소장을 제출하기 위해서는 소를 제기하는 내용과 기술한 소장과 이에 따라 소장표지를 작성하고, 작성된 소장을 가지고 소장 복사본 1부와 증빙서류를 갖추고 인지대와 송달료를 납부하여야 한다.

소장이 접수되면 피고에게 소장 부본을 송달하여 원고의 청구에 대해서 어떻게 생각하는지를 답변서를 통해 밝히라고 통지한다. 또한 피고에게 언제 어디로 출석하라는 내용의 변론기일 소환장이 송달된다.

2) 관할법원의 확인

민사소송의 모든 재판은 원칙적으로 피고의 주소지를 관할하고 있는 법원에서 재판을 받게 되어 있다. 그러나 소송 수행상의 편의를 감안하여 여러 가지 특별한 관할을 인정하고 있다.

가장 중요한 것은 재산권에 관한 소송은 의무 이행지를 관할하는 법원에 제기할 수 있다는 규정이다. 즉, 채무자가 채권자의 주소지에 가서 이행할 것을 요구하고 있다. 따라서 원고는 의무이행지인 자신의 주소지 관할법원에 소송을 제기할 수 있다.

3) 소장 작성

소송을 제기하려면 우선 소장을 작성하여 법원에 제출해야 한다. 소장의 작성에 대해서는 아래 양식과 같다.

소 장

원고   김 ○○
　　　서울시 송파구 마천동　 번지
　　　송달장소 : 서울시 송파 방이동　 ○○ 번지

우편번호 : ○○○－○○○

전화번호 :

피고　김 ○○

　　　서울시 송파구 마천동 ○○번지

　　　우편번호 : ○○○－○○○

손해배상청구의 소

청구취지

1. 피고는 원고에게 금 10,000,000원 및 이에 대한 2008. 3. 1.부터 다 갚을 때까지 연 2할 5푼의 비율에 의한 돈을 지급하라.
2. 소송비용은 피고의 부담으로 한다.
3. 위 제1항은 가집행할 수 있다.
라는 판결을 구함.

청구원인

1. 피고는 2008. 3. 1. 오전 11시경 그가 보유하는 자가용차(차령번호 서울2보 1234)를 운전하던 중, 강남구 역삼동 강남역 지점에서 횡단보도를 건너던 원고 충돌하여 오른쪽 하퇴부에 골절 타박상을 가하여 6주간 치료를 요하는 부상을 입혔습니다.
2. 위 부상으로 원고는 합계 1,000만 원의 아래와 같은 손해를 입혔습니다.
 (1) 치료비 400만 원
 (2) 치료기간 중 영업을 못하여 수입이 감소된 손해 금 300만 원
 (3) 위자료 300만 원

원고의 외부적인 상처는 치료되었으나 입원기간 중에 입은 정신적인 고통과 앞으로 부상 부위의 후유증이 상당기간 계속될 수 있다는 담당의사의 의견에 따른 불안감 등을 참작하여 위 300만 원의 위자료를 청구합니다.

입금방법

1. 진단서(갑제1호증)   통
1. 소장부본   통
1. 납부서   통

2024. 2. 17.

위 원고   (인)

서울중앙지방법원 귀중

4) 소장 접수

소장이 완성되면, 소장에 첨부해야 하는 서류들을 준비해야 한다.

우선 피고에게 송달될 수 있도록 피고의 숫자만큼 소장을 더 만든 소장 부본을 작성한다. 여기서 송달이란 당사자가 기타 소송관계인에게 소송상의 서류의 내용을 알 수 있는 기회를 주기 위해 법률상 정해진 방식에 의하여 서류를 전달하는 것을 말한다.

법원에 증거로 제출하는 문서인증서까지 준비되면 서류들을 순서대로 편철하여 소장과 소장 부본에 도장을 찍고, 중간에 빠진 장이 없다는 것을 확인하기 위해 간인을 한다. 이렇게 날인과 간인까지 마쳤으면, 이제 법원에 가서 송달료를 납부하고 인지를 붙인 후에 접수한다.

3. 피고의 대응

1) 상대방의 주장이 맞은 경우

소장을 수령한 경우 상대방의 주장이 맞다면, 재판기일 전 또는 재판기일에 상대방과 화해하든지 또는 법원에 조정을 해 달라는 취지의 답변서를 제출하거나, 아예 재판 날짜에 나가지 않고 패소 판결문을 받으면 된다.

2) 상대방의 주장이 부당한 경우

원고의 소장 부본에 대응하여 자신의 주장을 정리해서 최초로 법원에 제출하는 서면을 답변서라고 하는데, 원고의 청구를 인정하지 않으면 되도록 빨리 답변서를 제출해야 한다. 이때에는 원고 숫자만큼의 사본을 만들어서 답변 뒤에 첨부하여 제출해야 한다.

4. 소장 접수 후 절차

소장이 접수되면 소장 부본과 변론기일 소환장이 피고에게 송달된다. 그런데 사정에 따라 송달이 안 될 경우에는 주소 보정 명령에 따라 소장에 대한 보정 작업을 하면 된다. 보정 작업은 피고의 정확한 주소를 확인하여 보정서를 제출하면 된다.

5. 1심 변론절차

1) 변론의 진행

① 개요

변론이란 소송의 제기된 법원의 공개법정에서 당사자 쌍방이 말로써 판결을 하는 데 있어서 기초가 될 사실과 증거들을 제출하는 것이다. 이러한 변론기일은 판사가 심리를 종결할 때까지 계속된다.

② 제1차 변론의 진행

제1차 변론의 진행은 원고가 소장을 진술했을 때, 피고가 원고의 청구를 인정하면 판사가 변론을 그것으로 종결하고 즉시 판결 선고를 하거나 선고기일을 지정하여 선고를 하게 된다. 하지만 피고가 출석했고 원고의 청구를 부인하는 경우에는 원고가 소장을 진술한 것처럼 피고가 미리 제출해 둔 답변서를 진술하면 된다.

피고가 불출석하면서 아무런 서류도 제출하지 않았을 경우에는 피고가 원고의 주장 사실에 대해서 다투지 않는 것으로 인정되어 변론을 종결하고 선고를 한다.

③ 제2차 변론기일의 준비

1차 변론으로 끝나지 않은 경우 제2차 변론에서 진술하고자 하는 사항을 기재하여 미리 법원에 제출하는 준비서면을 작성한다. 준비서면은 재판장이 미리 읽어 보고소송을 지휘할 수 있도록 가능하면 빨리 제출하는 것이 좋다.

④ 변론의 종결

원고와 피고가 주장·입증을 다 했다고 재판장이 판단하면 재판장은 변론을 종결하는데 이를 결심이라고 한다. 즉 심리를 끝냈다는 말이다. 변론을 종결할 경우에도 당사자는 변론을 재개할 것을 신청할 수 있는데, 이를 받아들일지 여부는 법원의 재량에 속한다.

2) 증거 제출

① 개요

민사재판에서 승소하기 위해서는 자신에게 유리한 증거와 증인을 찾아서 스스로 신청해야 한다. 이를 위해서 증빙서류 제출, 증인신청과 증인신문, 검증/감정의 신청과 문서와 관련된 증거신청을 할 수 있다.

② 증인신청과 증인신문

증인이란 소송에 있어서 자기가 직접보고 듣고 경험한 과거의 사실이나 상태에 대하여 진술하는 사람이다. 증인신문을 신청할 때에는 증인의 성명을 말하고 증인으로 신청하겠다고 말하면 된다.

③ 검증/감정의 신청

검증이란 법원이 직접 당해 사건에 관하여 보거나 듣고 느낀 것을 증거로 하는 증거조사 방법이다. 그리고 감정이란 특별한 지식이나 경험을 가진 제3자로부터 그 지식을 구체적 사실에 적용한 판단을 얻는 것을 목적으로 하는 증거조사 방법이다.

④ 문서와 관련된 증거신청

서증으로 제출하고 싶은 서류를 상대방이나 제3자가 가지고 있는 경우가 있다. 이 경우는 문서송부촉탁, 문서제출명령, 서증조사를 이용하면 된다.

3) 판사의 선고 및 송달

① 판결의 선고

보통변론이 종결된 날로부터 2−3주 후에 판결을 선고한다. 보통법정에서는 판결을 선고할 때, 원고 또는 피고가 전부승소하는 경우에는 판사가 원고승소 또는 피고 승소라는 간단하게 선고하는 경우가 많지만 원고가 일부만 승소한 경우에는 원고의 청구 중에서 인정되는 부분을 구체적으로 밝히는 것이 보통이다.

② 판결문 송달

판결문은 판결이 선고된 날로부터 10일 정도 지난 후에 도착하는 것이 보통이다. 판결문을 송달받으면 승소한 원고는 통상 붙여지는 가집행 선고에 근거하여 가집행을 할 수 있다.

6. 판결 선고 후 절차

1) 항소 및 상고절차와 판결확정

항소 및 상고절차 1심에서 패소한 원고와 피고는 항소나 상고를 할 수 있다. 항소는 판결문을 송달받는 날로부터 2주 이내에 상고장을 항소심 법원에 제출하여 대법원에 상고할 수 있다.

그러나 상고이유는 항소이유와는 달리 제한이 있는데, 판결에 영향을 미친 헌법, 법률, 명령 또는 규칙의 위반이 있음을 이유로 해서만 상고할 수 있다.

2) 판결확정

1심 판결이 내려졌는데, 패소한 당사자가 항소를 하지 않으면 판결은 확정된다. 패소한 당사자가 항소를 하고 또 상고까지 한 경우에는 대법원에서 판결을 선고할 때 확정된다. 그리고 항소나 상고를 하였다가 취하하거나, 항소권이나 상고권을 포기할 때에도 판결을 확정한다.

7. 소송비용 확정절차

법원을 판결을 선고할 때 소송비용을 누구의 부담으로 할 것인지를 판결문의 주문에 포함시키고 있다.

원고가 전부 승소한 경우에는 소송비용을 부담할 사람과 부담비율만 정해 줄 뿐 구체적인 금액은 정해 주지 않는다. 따라서 강제집행을 할 때 소송비용까지 포함시키려면, 별도로 소송비용 확정결정 신청을 해서 결정문을 받아야 한다.

신청 시 원고는 소송비용 확정결정 신청서, 소송비용계산서, 소송비용의 증빙서류(영수증 등)를 제출하여야 한다.

8. 소장의 작성방법

1) 표제어

소장 작성은 먼저 표제어로 소장이라고 표시한다.

2) 원고와 피고

소송을 제기하는 사람과 그 상대방을 "당사자"라고 하는데, 소송을 제기하는 사람을 '원고', 소송을 당한 상대방을 '피고'라고 한다.

① 성명

성명은 가족관계 등록부 또는 주민등록상의 이름을 명확히 기재하여야 한다. 성명기재가 잘못된 경우에는 당사자가 달라지게 되므로 자격이 없는 사람이 원고나 피고가 된 경우에는 법원은 소를 각하한다. 따라서 당사자가 누구인지 명확히 알 수 있도록 성명, 주소뿐만 아니라 필요한 경우 상호, 별명, 연령, 직업 등을 기재하여야 할 경우도 있다. 정확한 성명을 기재하기 위하여 가족관계 등록부상의 이름과는 달리 통용되는 별명이 있는 경우에는 별명과 함께 기재해도 좋다. 그리고 소를 제기할 당시에는 이름을 확실히 몰라 소장에 별명을 기재하였으나 소송 진행 중에 본명을 알게 된 경우에는 소장정정 신청을 하여 본명을 첨거하여 기재하여도 무방하다.

또 제소 당시에 상대방의 이름이 너무 많아 종잡을 수 없는 경우에는 그중에서 가장 널리 통용되는 이름을 기재하고 일명 ○○○라고 명기하여도 된다.

법인인 경우에는 법인의 명칭이나 상호를 표시하여야 하고 대표자 또는 관리인을 기재하여야 한다.

예) 원고 주식회사 ○○○
　　　　주소 서울 송파구 마천동 ○○번지
　　　　대표이사 최○○
　　　　서울시 송파구 석촌동 ○○번지

② 주소

주소란에 기재하는 주소는 소장에 첨부하는 주민등록상의 주소와 일치해야 한다. 증서상의 주소와 현주소가 다른 경우에는 전주소와 현주소를 같이 표시한다.

소송의 당사자가 법인인 경우에는 본점 사무소 소재지를 표시하여야 한다. 또한 법인의 경우 공무상 주소와 현주소가 다른 경우에는 공무상 주소를 먼저 기재하고 현주소를 같이 기재한다.

③ 우편번호

우편번호를 기재하는 것은 법원의 업무과중으로 조금이라도 완화하기 위하여 법원에서 협조를 구하는 사항이다. 사건마다 일일이 법원에서 우편번호를 찾아서 소환장을 작성하여야 하는 수고를 조금이라도 덜어주려면 미리 소장에 우편번호를 기재해 제출하는 것이 좋다.

④ 전화번호 등

전화번호는 혹시 주소나 송달장소만으로 송달이 되지 않거나 재판진행 중 재판부에서 급히 연락할 일이 있을 경우에 연락이 가능할 수 있는 집이나 회사 전화번호나 핸드폰, 팩스번호를 기재한다. 필수 기재사항은 아니다.

⑤ 송달장소

송달장소는 주민등록상의 주소지와 현재 살고 있는 곳의 주소지가 다르거나, 꼭 그렇지 않더라도 낮에는 회사에서 출근하거나 집을 비워서 우편물을 받을 수 없는 것이 확실하다면(법원의 우편물은 낮 시간에 본인에게 직접 전해 주도록 되어 있다) 주민등록상의 주소 외에 낮 시간에 직접 우편물을 받을 수 있는 주소(직장주소)를 기재한다.

송달장소란 그야말로 법원의 우편물을 보낼(송달할) 주소를 말하며, 원고건 피고건 법원의 우편물을 받을 수 있는 장소를 반드시 기재해야 한다. 이때 주민등록상의 주소지와 실제 우편물을 받을 장소가 다른 경우에, 그 주소를 송달장소라고 한다.

3) 사건명(소송의 이름)

소송을 통하여 청구하는 것이 어떤 사건인지를 표시하는 것으로 사건명은 정확하고 간결하게 표시한다. 예를 들면 '손해배상청구의 소' 또는 '대여금청구의 소'등과 같이 붙인다. 이러한 명칭은 법에 의하여 정하여진 것은 아니고 편의상 붙이는 것으로 한 번 붙이면 사건명은 소의 변경이 있더라도 바꾸지 않는 것이 관례이다.

4) 청구 취지

청구취지란 어떠한 분쟁에 관하여 어떠한 분쟁해결방식을 원하는가에 대하여 간단히 표현하는 소송의 결론부분이라고 할 수 있다.

즉, 원고가 소송을 통해 어떤 재판을 요구하는가 하는 것을 표시하는 부분이다. 청구취지는 처음 소장 단계에서부터 분명하게 기재하는 것이 원칙이기는 하지만 소송을 진행하는 과정에서 판결을 선고하기 전까지는 언제든지 빼거나 변경할 수 있다.

이러한 청구 취지는 일정해야 하고 무조건이어야 한다. 이는 심판의 대상이나 범위가 불확정하다든지 조건이 되어 버리면 소송 상태의 확실성이나 안전성을 유지할 수 없기 때문이다.

소장 기재 청구 취지의 맨 마지막은 소송비용에 대한 청구와 가집행선고의 신청을 기재한 경우가 많다.

5) 청구원인

소송을 하게 된 이유를 말하는 것으로 청구원인을 어느 정도의 분량으로 쓸 것인가에 대하여 정해진 기준은 없다.

6) 입증방법

소장에 기재한 청구원인 사실을 입증할 수 있는 증거들을 말한다. 증거의 기재는 소장의 필수적 기재사항은 아니고 임의적 기재사항이다. 모든 증거방법을 소장에 모두 기재하는 어려우므로 통상 '구술 변론 시 수시 제출하였음'이라고 기재해 놓고 증거서류는 나중에 법원에 나갔을 때 필요에 따라 제출하는 경우가 많으나 명백한 증거방법이 있으므로 소장에 기재한 후 소장 뒤에 증거서류를 첨부하면 된다.

7) 첨부 서류

소장에 첨부하는 서류가 있을 때에는 그 내역을 일일이 열거해야 한다. 이는 서류의 분산을 발견하기 쉽게 하고, 제출누락이 없는지 확인하기 쉽도록 한다. 소장에 항상 붙여서 제출하는 서류로는 인지대와 송달료 납부서와 소장 부본이다.

8) 소장 부본

소장을 작성하면, 법원제출용 1부, 상대방에게 줄 것 1부(상대방이 2명이면 2부), 본인이 보관할 것 1부 등 최소한 3부를 만들어 가지고 있어야 한다. 이 중 법원용과 상대방용은 소장 접수 시에 법원에서 접수하여야 한다.

9) 납부서

소장을 제출할 때 민사소송 등 인지법에 의하여 인지를 첨부하여야 하며 송달료 처리의 특례에 관한 규칙의 시행에 따른 송달료를 납부하여야 한다.

인지대

1심	1,000만원 미만	소가×0.005
	1,000만원~1억원 미만	소가×0.0045+5,000
	1억원~10억원 미만	소가×0.004+55,000
	10억원 이상	소가×0.0035+555,000

송달료 1회분 = 3,020원

민사제1심소액사건	당사자 수×송달료 10회분
민사제1심단독사건	당사자 수×송달료 15회분
민사제1심합의사건	당사자 수×송달료 15회분
민사항소사건	당사자 수×송달료 12회분
민사상고사건(다)	당사자 수×송달료 8회분
민사조정사건(머)	당사자 수×송달료 5회분
부동산등 경매사건(타경)	(신청서상의 이해관계인 수＋30×송달료 10회분

10) 작성 년월일

소송행위를 한 사람이 언제 무엇을 하였는지를 그 소송서류에 둘 필요가 있다. 이는 여러 가지 서류를 제출한 경우 그 서류를 특정하는 데에는 그 일자가 중요한 구실을 하게 된다. 예를 들면 4월 6일자 준비서면, 7월 8일자 증거신청서 등으로 인용한다.

11) 원고의 성명기재와 날인

소장 말미에는 원고의 이름을 쓰고 그 옆에 도장을 찍어야 한다. 인감도장이 아니어도 상관없다. 소송서류가 여러 장인 경우에는 간인도 하여야 한다. 여기서 날인은 서류의 작성자가 하는 것이며 그 서류에 대하여 책임을 진다는 의미도 있다.

12) 제출법원

소장에 표시하는 법원은 소송을 제기하는 법원 즉 소장을 제출하는 법원을 적고 그 옆에 귀중이라고 기재한다.

1. 강제집행이란

빌려준 돈이나 상품대금 등 채권이 있으나 채무자가 임의로 변제를 아니 한다고 하여 채권자가 함부로 채권자의 재산 또는 금품을 빼앗은 등의 강제행위는 할 수 없다.

이러한 경우 채권자의 신청에 의하여 국가가 정해진 법 절차에 따라 채권자를 대신하여 강제로 돈을 받아 주는 것이 강제집행 절차이다.

2. 강제집행정지란

1) 판결문을 송달받은 후 2주일 내에 상소(항고, 상고)를 제기하면 판결은 확정되지 않는다. 또한, 판결의 내용이 소유권이전등기절차를 이행하려고 하는 등의 가집행선고가 없는 판결은 판결이 확정되기 전에는 강제집행을 할 수 없다.

그러나 판결에 가집행선고가 있는 경우에는 상소가 제기되어 판결이 확정되지 않았더라도 채권자는 강제집행정지신청을 하여 판결확정 시까지 강제집행을 일시정지시킬 수 있다.

2) 강제집행정지신청을 하려면, 항소장을 원심법원에 접수하고, 접수증명서를 교부받아 강제집행정지신청서에 첨부하고, 신청서에 1,000원의 인지를 첨부하여 항소장 제출법원에 제출하면, 법원은 상당한 이유가 있는 경우 강제집행의 일시정지를 명하는 결정을 하게 된다.

3. 집행문 부여

1) 집행권원

강제집행을 하려면 우선 집행력을 갖춘 집행권원이 있어야 하는데 민사소송법에 규정된 집행권원 중 중요한 것 몇 가지를 보면 판결, 화해조서, 인낙조서, 조정조서, 확정된지급명령, 공정증서 등이 이에 해당한다.

2) 집행문 부여

다음은 위 집행권원에 집행문을 부여받고 송달증명, 확정증명 등을 부여받아야 한다. 집행문이란 그 채무명의에 가하여 강제집행을 할 수 있다는 증명서인 셈이다.

집행문을 부여받으려면, 판결은 소송기록이 있는 법원(항소심에 계류 중이면 항소심 법원)에, 화해·조정·인낙조서는 해당 법원, 공정증서는 공정증서를 작성한 공증인사무소에 집행권한을 첨부하여 집행문 부여신청을 해야 한다.

법원에 제출할 집행문 부여신청서 및 송달증명원, 확정증명원에는 각 500원의 인지를 첨부하여야 하며, 공증인에 대하여 신청하는 때에는 2,000원의 수수료를 납부하여야 한다. 집행문부여신청, 송달증명, 확정증명원의 신청서는 각 법원 민원실에 비치되어 있다. 또한 이 증명은 우편으로도 신청할 수 있다.

3) 강제집행신청

위와 같은 서류 등이 구비되면 강제집행의 대상을 선택하여 강제 집행신청을 해야 하는데, 그 대상이 부동산이나 채권, 기타 재산권인 때에는 법원에, 유체동산인 경우에는 집행관에게 신청하여야 한다.

강제집행정지결정 신청서

신청인:
주 소:
전화번호:

피신청인:
주 소:
전화번호:

신청취지

신청이유

소명방법

2024. 2. 17.

위 신청인   (인)

지방법원 귀중

신청서	(해당사항을 기재하고 해당 번호란에 ○표)

사건번호: 가 (차) (단독 . . . 선고 기타)

원고   (채권자)

피고   (채무자)

1. 집행문 부여신청
위 당사자간 사건의(판결, 결정, 명령, 화해조서, 낙인조서, 조정조서) 정본에 집행문을 부여하여 주시기 바랍니다

2. 송달 증명원
위 사건이(판결, 결정, 명령, 화해조서, 인낙조서, 조정조서) 정본이 . . . 자로 상대방에 송달되었음을 증명하여 주시기 바랍니다

3. 확정증명원
위 사건의(판결, 결정, 명령, ○○이 . . . 자로 확정되었음을 증명하여 주시기 바랍니다.

2024.   .   .

위(1항, 2항, 3항) 신청인   원고 (채권자)   (인)

법원 귀중

위 (송달, 확정)사실을 증명합니다.

2024.   .   .

법원사무관 (주사)   (인)

4. 부동산에 대한 강제집행

부동산에 대한 강제집행에는 강제경매신청과 임의경매신청을 하는 방법이 있다.

강제경매의 대상이 되는 부동산에는 토지와 건물, 공장재단, 광업재단, 어업권, 소유권보존등기된 입목, 지상권, 자동차, 건설기계 및 항공기가 있다.

강제경매는 채무자가 집행권원에 따른 급부 의무를 임의로 이행하지 않는 경우에 집행문이 부여된 집행권원, 송달증명원, 확정증명원, 부동산등기부등본 등을 구비하여 부동산 소재지 지방법원에 경매신청을 하는 것이다.

임의경매는 저당권, 집권, 전세권 등 담보물건을 설정한 후 이행기에 채무자가 이행을 하지 않을 경우 담보권 실행을 위하여 부동산 소재지 지방법원에 담보권을 증명하는 등기부 등본 및 설정계약서 등을 첨부하여 경매신청을 하는 것을 말한다.

임의경매는 집행권원이 필요하지 않으며 나머지 경매절차는 강제 경매와 같다.

5. 금전채권에 대한 강제집행

1) 금전채권이란

채무자가 제3채무자에 대하여 가지는 금전의 지급을 목적으로 하는 채권을 말한다.

통상 압류의 대상이 되는 채권의 종류에는 매매대금, 대여금, 급료, 임대차보증금, 도급대금, 공탁금출급청구권, 전화설비비, 예금채권 등이다.

2) 신청의 방식 및 요건

압류명령을 신청하기 위하여는 집행문이 부여된 집행권원, 집행권원의 송달증명, 집행문 및 증명서 등본의 송달, 이행일시의 도래, 담보제공증명서의 제출 및 그 등본의 송달, 반대급부제공 등의 요건을 갖추어야 한다.

신청서에는 집행력 있는 정본, 송달증명원, 집행 당사자 및 제3채무자가 법인인 때에는 법인등기부등본, 대리인에 의한 신청일 때에는 위임장, 등의 서면을 첨부하여야 한다.

압류명령신청서에는 2,000원의 인지를 첨부하고, 송달료(3회분×3,020(우편료))를 납부하여 채무자 주소지 관할 지방법원에 제출하여야 한다.

압류명령과 추심명령, 전부명령을 동시에 신청하는 경우에는 4,000원의 인지를 첨부하여야 한다.

3) 압류의 효과

압류명령이 제3채무자에게 송달이 되면 채무자에게는 송달이 되지 않았다. 하더라도 효력이 발생하며, 압류명령을 받은 제3채무자는 채무자에 대한 지급이 금지된다.

압류신청과 동시 또는 압류가 된 후에 채권자는 추심명령을 신청하여 그 명령서를 가지고 채무자 대신 압류된 채권을 제3채무자로부터 받아 갈 수 있고, 전부 명령을 신청하여 제3채무자에 대한 채권을 직접 압류채권자에게 이전하는 방법을 취할 수도 있다.

6. 동산에 대한 강제집행

1) 의의

동산 집행에 있어서는 집행관이 집행기관이 된다. 따라서 채권자는 압류할 대상을 정한 다음 집행문이 부여된 집행권원과 송달증명서를 구비하여 집행목적물이 소재하는 지방법원 소속 집행관에게 서면으로 집행신청을 하여야 한다.

신청서에는 채권자, 채무자 및 대리인의 표시, 집행권원의표시, 강제집행의 목적물인 유체동산 소재장소 등을 기재하여야 한다. 신청서는 집행관 사무실에 비치하고 있다.

2) 집행절차

채권자는 집행관에 대하여 집행위임을 하면 채권자소유의 유체동산 중 압류가 금지되는 물건(민사집행법 제195조에서 규정하고 있음)을 제외하고 압류를 실시한 후 압류물을 경매방법으로 또는 적의 매각의 방법으로 환가하여 영수한 매득금을 채권자에게 인도하는 방법으로 진행한다.

부동산강제경매신청서

수입인지
5,000원

채권자　성명:
　　　　주소

채무자　성명:
　　　　주소

청구금액: 원금　　　원 및 이에 대한 2ㅇㅇㅇ년 월 일부터 다 갚을 때까지 연 ㅇ% 비율에 의한 금원

경매할 부동산표시: 별지 목록 기재와 같음

항소 사건경매의 원인된 채권과 집행할 수 있는 채무명의
채무자는 채권자에게 200 년 월 일 선고한 판결(또는 공증인 작성　호 공정증서)의 집행력 있는 정본에 기하여 위 청구금액을 변제하여야 할 것이

나 이를 이행하지 아니하므로 위 부동산에 대한 강제경매절차를 개시하여 주시기 바랍니다.

첨부서류

집행력 있는 정본   1통

송달증명서   1통

부동산 등기부 등본 1통

2024. 2. 17.

위 채권자   (인)

(전화번호:)

지방법원 귀중

부동산임의경매신청서

수인인지

5.000원

채권자   성명:

　　　 주소:

채무자   성명:

　　　 주소:

청구금액: 원금   원 및 이에 대한 2〇〇〇년 월 일부터 다 갚을 때까지 연 〇% 비율에 의한 금원

경매할 부동산표시: 별시 목록 기재와 같음

채권자는 채무자에게 2○○○년 월 일 금   원을, 이자는 연 ○%, 변제기일 2○○○년 월 일   지방법원 등기접수 제   호로서 저당권설정등기를 마쳤는데, 채무자는 변제기가 경과하여도 아직까지 변제하지 아니하므로 위 청구금액의 변제에 충당하기 위하여 부동산에 대하여 담보권 실행을 위한 경매절차를 개시하여 주시기 바랍니다.

첨부서류
1. 부동산 등기부 등본   1통
2 채권증서   1통

2024. 2. 17.

위 채권자   (인)

(전화번호:)

지방법원 귀중

채권압류 및 추심명령신청

채권자:
주 소:

채무자:
주 소:

제3채무자:

주 소:

청구채권의 표시

1. 금   원
2. 압류할 채권의 종류 및 수액

신청취지

채무자가 제3채무자에 대하여 가지고 있는 위 채권을 압류한다. 제3채무자에 대하여 위 압류된 채권의 지급을 하여선 아니 된다. 라는 재판을 구합니다.

신청원인

첨부서류

2024. 2. 17.

위 채권자   (인)

지방법원 귀중

압류할 채권의 표시례

1. 대여금

금   원

채무자가 제3채무자에 대하여 ○○○○년 ○월 ○일 대여한 금 ○원의 대여금 반환청구채권

2. 매매대금 채권

금   원

채무자가 제3채무자에 대하여 ○○○○년 ○월 ○일 매도한 물건에 대한 금 ○원의 매매대금채권

3. 급료

금 ○원 채무자가 제3채무자로부터 매월 지급받는 급료(본봉 및 제수당) 및 기말수당(상여금) 중 제세공과금을 공제한 잔액의 1/2씩 위 청구금액에 이를 때까지 금액 및 위 청구금액이 달하지 아니한 사이에 퇴직한 때에는 퇴직금 중 제세공과금을 공제한 잔액의 1/2씩 위 청구금액에 이를 때까지의 금액

4. 임대차 보증금

금   원

채무자가 제3자채무자로부터 ○○○○년 ○월 ○일 ○○○를 임차함에 있어 제3채무자에게 지급한 임대차 보증금   금 ○원의 반환채권

5. 공탁금출금청구권

금   원

채무자가 제3채무자에 대하여 가지는 ○○○○년 ○월 ○일 공탁자 ○○
○가 ○○물건의 매매대금으로서   로 공탁한 금 ○원의 출급청구권

채권압류 및 추심명령신청

채권자:

주 소:

채무자:

주 소:

제3채무자:

주 소:

청구채권의 표시

1. 금   원

지방법원   (. . . 선고)의 이행판결에 의한 원금 채권의 일부

2. 압류할 채권의 종류 및 수액

신청취지

1. 채무자가 제3채무자에 대하여 가지고 있는 위 채권을 압류한다.

2. 제3채무자에 대하여 위 압류된 채권의 지급을 하여서는 아니된다.

3. 위 압류된 채권은 지급에 갈음하여 채권자에게 전부한다.

라는 재판을 구합니다.

신청원인

첨부서류

2024. 2. 17.

위 채권자   (인)

지방법원귀중

제1절   임금체불 시 대처방법

1. 임금체불이란

임금체불로 볼 수 있는 경우는 회사가 일방적으로 입금을 삭감한 경우나 상여금을 근로자의 동의 없이 삭감하는 경우, 권리가 발생한 각종 법정수당(연·월차, 생리, 산전, 후휴가수당, 연장, 야간, 휴일근로수당)을 미지급한 경우, 퇴직금을 당사자 동의 없이 퇴직한 때로부터 14일 이내에 지급하지 않은 경우 등이다.

2. 사용자가 재산이 있는 경우

1) 노동부를 통한 고소, 고발

임금, 퇴직금 등을 사업주가 지급할 의무가 있음에도 불구하고 이를 지급하지 않는 경우가 있다. 이러한 때에 상대적으로 지위가 약한 근로자들은 어떻게 대응해야 하는지 막막하게 된다.

우선 가장 많이 사용되는 방법이 지방노동사무소에 임금체불을 이유로 하여 진정 또는 고소, 고발하는 것이다. 근로기준법에는 근로자가 퇴직한 날로부터

14일 이내에 임금을 지급하지 아니하면 3년 이하의 징역이나 2,000만 원 이하의 벌금에 처하도록 하고 있기 때문에 노동문제에 있어 경찰관이라고 할 수 있는 노동부의 근로감독관에게 이를 진정 또는 고소, 고발하는 것이다.

근로감독관에게 이를 진정하게 되면 근로감독관은 그러한 사실이 있는지에 대해서 사실조사를 한다. 당사자를 불러서 그러한 사실이 있는지에 대해서 사실조사를 한다. 당사자를 불러서 그러한 사실이 있는지를 확인하고, 필요한 경우에는 증인을 출석하도록 하기도 하며, 관련된 증빙자료를 수집하기도 하여 법률적으로 임금 지급 의무가 있는 자에 대해서도 검토하게 된다. 그리고 이를 검찰에 송치한다.

노동부의 진정의 장점은 해당 사건이 민사소송으로 진행된다고 하여도 근로감독관의 의견은 매우 결정적으로 작용한다. 법원에서는 근로감독관의 판단에 따른 금품체불확인원을 결정적인 입증자료로 삼고 있기 때문에 근로감독관의 의견이 법원에서 받아들여지지 않을 가능성은 크지 않다. 따라서 노동부 진정부터 법률적으로 임금을 지급할 의무가 있음을 확실하게 주장하고 납득시키는 것이 필요하다.

근로감독관이 임금지급을 사업주에게 명할 수 있는데, 사업주가 이에 따르지 않을 경우에는 형사처벌을 받을 가능성이 높다. 따라서 이러한 절차에서 사업주가 임금을 지급하는 경우가 대부분이다. 그럼에도 사업주가 임금을 지급하지 않는다면 사업주는 형사처벌을 받는 것과 동시에 근로자는 민사소송을 제기하여 임금을 받을 수 있다.

사업주가 형사처벌을 받았다고 하여 임금지급 의무가 사라지는 것은 아니어서 민사소송을 제기하여 승소할 경우 임금을 지급하여야 한다.

2) 민사소송

노동부에 진정하였음에도 불구하고 사업주가 임금을 지급하지 않는다면 사업주는 형사처벌을 받을 가능성은 높으나 노동부의 판단을 근거로 회사재산을 압류하여 임금을 받아낼 수는 없다. 이를 위해서는 민사소송을 제기하여야 한다.

금품체불확인원과 무공탁 가압류협조요청공문은 민사소송을 제기하려면 노동부에서 떼어 주는 금품체불확인원을 증거서류로 제출하는 것이 매우 유리하다. 금품체불확인원은 근로자가 노동부에 진정하여 근로감독관이 임금지급 의무가 있다고 판단되면 노동부에서 임금체불의사실이 있다는 것을 확인하여 주는 서류이다. 공적인 기관에서 사실조사를 하여 임금체불의 사실이 있다고 확인하여 주었으므로 이는 재판에서 결정적인 증거가 된다.

민사소송을 제기할 때에는 소를 제기하기 전이나 소진행 중에 사업주의 재산을 가압류하여야 한다. 사업주가 패소할 때를 대비하여 자기의 재산을 빼돌리기도 한다면 재판에서는 이기더라도 밀린 임금을 지급받지 못할 수 있기 때문이다. 이러한 가압류를 하기 위해서는 일정액의 공탁금을 내야 하는데, 공탁금 없이 가압류를 할 수 있도록 하는 것이 무공탁 가압류 협조공문이다. 법원에서 가압류 신청할 때에 공문서를 같이 제출하면 많은 경우에서 공탁금 제출 없이 가압류 판정이 이루어진다.

소액재판은 임금체불액이 2,000만 원 이하인 경우에는 정식의 민사소송 절차 없이 간편한 절차인 소액재판을 이용할 수 있다. 소액재판에서는 일정한 양식에 따라 소장을 작성하도록 하고 있어 법률적 지식에 무지하더라도 쉽게 소장을 작성·제출할 수 있다. 또한 대부분의 경우 재판은 1회에 끝나서 신속하게 권리를 구제받을 수 있다.

민사소송은 노동부에서 체불임금확인서를 받은 이후 법원에 지급명령신청이나 민사조정신청 또는 임금청구소송을 선택하여 제기한다. 이러한 민사소송 절차와 동시에 필요한 경우에는 가압류 신청을 할 수 있다.

3. 사용자가 재산이 없는 경우

사업주가 변제능력이 없어서 임금과 퇴직금을 지불할 수 없는 경우가 있을 수 있는데 이때에는 국가가 운영하는 임금체불 보장제도를 이용할 수 있다.

임금채권보장제도라 함은 임금 및 퇴직금을 지급받지 못한 상태로 퇴직한 근로자에게 국가가 사용자를 대신하여 이를 지급하는 제도로서 국가가 지급하는 금전을 채당금이라고 한다.

이렇게 경기의 변동 및 산업구조의 변화 등으로 사업의 계속이 불가능하거나 기업의 경영이 불안정하여 임금 등을 지급받지 못한 상태로 퇴직한 근로자에게 그 지급을 보장하는 조치를 강구함으로써 근로자의 생활안정에 이바지함을 목적으로 제정된 법이 임금채권보장법이다.

1) 지급사유

임금채권은 사업주가 (1) 채무자 희생자 및 파산에 관한 법률에 의한 파산의 선고, (2) 채무자 회생 및 파산에 관한 법률에 의한 회생절차개시의 결정, 3) 노동부장관이 도산 등 사실인정을 하는 경우에 퇴직한 근로자에게 지급한다 1), 2)의 경우는 법정도산이기 때문에 법정도산 사실만 인정되면 임금을 지급받을 수 있다. 그러나 소규모의 회사가 부도가 나게 되면 사업주가 잠적하는 경우가 일반적인데, 이러한 경우에는 법정도산은 노동부에 도산 등 사실인정을 요청하여야 한다.

2) 도산 등 사실인정

① 인정주체

도산 등 사실인정의 신청은 당해 사업에서 퇴직한 날로부터 6월 이내에 하여야 한다.

도산 등 사실인정 신청을 하게 되면 지방노동사무소에서 이를 조사하여 도산을 인정할 것인지를 결정하여야 한다. 노동부의 공무원이 이를 담당하는 것이 가장 바람직하나, 실제에서는 행정력이 미치지 못하여 그것에 대하여 조사하지 못하고 이를 근로자로나 근로자를 대신하여 노무사가 실제적으로 도산한 것과 다름없다는 것을 증명하는 서류들을 제출하여야 한다는 것이 일반적이다.

② 요건
- 사업장의 근로자수가 300인 이하이어야 한다.
- 사업 활동이 정지 중에 있어야 한다.

- 사업자가 소재불명이거나, 사업장 또는 사업소가 폐쇄되었거나 생산시설이 철거되었거나, 당해 사업의 생산·영업활동이 중단된 상황에서 주된 업무시설이 압류·가압류되거나 채무변제를 위하여 양도된 경우(경매가 진행 중인 경우를 포함한다) 그리고 당해 사업에 대한 인·허가, 면허 등이 취소·반납된 경우 등 사업재개의 기능성이 없어야 한다.
- 임금 등을 지급할 능력이 없거나, 도산 등 사실인정일 현재 사업주가 1월 이상 소재불명인 경우, 사업주에게 자산이 있으나 그 환가 및 횟수에 도산 등 사실인정의 신청일로부터 3월 이상의 소요될 것으로 예상되는 경우 등으로 인하여 지급이 현저히 곤란하여야 한다.

3) 지급요건

① 사업주요건
- 기업이 도산(재판상 도산 또는 사실상 도산인정)되었을 것
- 산업재해보상보험법상의 적용대상 사업주일 것
- 사업주가 6개월 이상 당해 사업을 행하였을 것

② 근로자요건
- 도산인정일(또는 재판상 도산일) 후 2년 이내에 체당금 지급을 신청하였을 것
- 도산인정(재판상 도산) 신청일의 1년 전부터 3년 이내에 퇴직하였을 것

4) 체당금지급범위

체당금은 근로자의 퇴직 전 최종 3월분 임금(또는 휴업수당), 3년분 퇴직금 중 미지급액에 대하여 지급된다. 다만 연령별로 그 상한액을 두고 있는데, 상한액은 임금 및 물가상승률, 기금의 재정상황 등을 감안하여 노동부 장관이 근로자의 퇴직 당시 연령에 따라 정하되, 그 내용을 관보 및 서울특별시에서 발행되는 일간신문에 고시된다.

소 장

원고: 홍 길 동
　　　서울시 송파구 마천동 ○○○ - ○○
피고: 김 길 동
　　　서울시 광진구 화양동 1번지

금료등 청구의 소

청구취지

1. 피고는 원고에 대하여 15,000,000원 및 이에 대하여 2016년 1월 1일부터 이 사건 소장부본 송달일까지는 연 5푼, 그 다음날부터 완제일까지느, 연 2할 5푼의 각 비율에 대한 금액을 지급하라
2. 소송비용은 피고의 부담으로 한다.
3. 제1항은 가집행할 수 있다. 라는 판결을 구합니다.

청구원인
1.
2.

입증방법

갑 제1호증 금품체불확인원 1부

2024. 2. 17.

제2절 직장 내 성희롱의 대처방법

1. 직장 내 성희롱이란

직장 내 성희롱이란 직장 내의 지위를 이용하거나 업무와 관련해서 성적인 말이나 행동을 함으로써 상대방에게 굴욕감을 불러일으키거나 이를 조건으로 고용상의 불이익을 주는 등 고용환경을 악화시키는 것을 말한다(남녀고용평등법 제2조 제2항).

1) 직장 내 성희롱의 성립 요건

성희롱 행위자는 사업주, 상급자, 동료, 하급자이며, 거래처 관계자나 고객등 제3자는 제외한다. 성희롱 피해자는 사업주 이외의 모든 근로자로, 여성 이외의 남성도 피해자가 될 수 있다. 또, 모집·채용 과정의 구직자도 피해자가 될 수 있다.

직장 내 지위를 이용하거나, 이를 조건으로 해야 한다. 상대방이 원하지 않는 성적 언동이 반복되거나, 단 한 번이라 해도 그 정도가 심하면 성립한다.

채용탈락, 감봉, 승진탈락, 전직, 해고 등과 같은 고용상의 불이익을 주거나 성적 불욕감을 유발하여 고용 환경을 악화시키는 것이어야 한다.

성희롱 여부의 판단은 피해자의 주관적 사정을 고려하되, 사회통념상 합리적인 사람이 피해자라면 어떻게 판단했을지를 고려해서 결정한다.

2) 직장 내 성희롱의 유형

육체적·언어적·시각적 행위를 포함하는 것으로서, 음란한 사진·낙서·출판물 등을 게시하거나 만지는 행위, 성과 관련된 특정한 신체부위를 고의적으로 노출시키거나 만지는 행위, 기타 사회통념상 성적 굴욕감을 유발하는 것으로 인정되는 말이나 행동 등을 포함한다.

3) 노동법상 성희롱과 형법상 성범죄의 차이

노동법상 성희롱의 유형은 언어적, 육체적, 시각적으로 나눌 수 있으며 형벌보다는 근로관계에서의 불이익을 통해 규제할 수 있고 입증책임은 사업주이며 강제력이 없어도 성립한다.

형법상 성범죄의 유형은 강간, 강제추행, 음행매개, 음화등제조·판매, 공연음란, 추행 등이며 입증책임은 검사가 한다. 형벌 유무는 국가형벌권의 발동에 의해 형벌을 부과하며, 강간, 강제추행과 같은 성폭력의 경우 폭행, 협박 등의 강제력이 동원되어야 성립된다.

2. 성희롱의 유형

1) 육체적 성희롱

직접적인 신체접촉으로 성적 굴욕감 또는 혐오감, 수치심을 유발하게 하는 행위 입맞춤이나 포옹, 뒤에서 껴안기 등의 신체적 접촉, 가슴, 엉덩이 등 특정 신체부위를 만지는 행위, 안마나 애무를 강요하는 행위 등을 포함한다.

2) 언어적 성희롱

성적 언어로 성적 굴욕감 또는 혐오감, 수치심을 유발하게 하는 행위를 포함한다. 음란한 농담을 하거나 음탕하고 상스러운 이야기를 하는 행위(전화통화를 포함) 외모에 대한 성적인 비유나 평가를 한 행위, 성적인 사실관계를 묻거나 성적인 내용의 정보를 의도적으로 유포하는 행위, 성적인 관계를 강요하거나 회유하는 행위, 음란한 내용의 전화통화, 회식자리 등에서 무리하게 옆에 앉혀 술을 따르도록 강요하는 행위도 이에 해당한다.

3) 시각적 성희롱

음란한 사진·그림 등을 게재하여 근로자가 성적 굴욕감, 혐오감, 수치심을 유발하게 하는 행위, 음란한 사진·그림·낙서·출판물 등을 게재하거나 보여주는 행위(컴퓨터 통신이나 팩시밀리 등을 이용한 경우도 포함)를 말한다. 성과 관련된 자신의 특정 신체부위를 고의적으로 노출하거나 만지는 행위 기타 사회통념상 굴욕감 또는 혐오감을 유발하는 것으로 인정되는 언어나 행동도 이에 해당한다.

3. 직장 내 성희롱에 대한 대처하는 방법

1) 거부의사 표시와 요청

피해자는 성희롱 행위에 대한 거부 의사를 분명히 밝히고, 적극적인 태도로 행위 중지를 요구해야 한다.

2) 회사 내 고충 처리 기관에 신고

개인적인 대응으로 해결되지 않는 경우 회사 내 고충처리 기관에 신고한다. 신고는 전화 무인 응답기, 신고전용전화, 사내 통신망 등을 이용할 수 있다. 사업주는 성희롱 사실이 확인되면 성희롱 행위자에 대하여 경고, 견책, 전직, 대기발령, 정직, 해고 등의 적절한 조치를 취하여야 한다.

3) 고용평등위원회에 조정 신청

문제를 사내에서 해결하지 못할 경우에는 성희롱 행위가 있는 날로부터 3개월 이내에 지방노동행정기관의 고용평등위원회에 조정을 신청한다.

4) 국가인권위원회 진정

직장 내 성희롱에 대하여 국가인권위원회에 진정할 수 있다. 국가인권위원회에 진정하려면, 우선 인권위원회 홈페이지에서 진정 서류를 다운받아 직접 또는 인터넷으로 신청하면 된다. 신청이 접수되면 상담조사관이 조사를 하고, 조사결과 성희롱으로 결정되면 시정권고를 한다. 그러나 시정권고는 강제력이 없기 때문에 가해자에 대해 형사처벌을 원할 경우 고소 등의 형사법적 조치를 취해야 한다.

5) 민사소송 제기

사업주와 성희롱 행위자를 상대로 정신적·물리적 고통을 입은 데 대한 손해배상을 구하는 민사소송을 법원에 제기할 수 있다.

6) 인사조치 및 징계

조정이 성립되지 않거나 성희롱 사안이 중한 경우, 기관장은 행위자의 전보, 직위해제, 징계(견책, 감봉, 정직, 해임, 파면) 등의 적절한 조치를 취한다. 또, 피해자가 원할 경우에는 부서를 이동시켜 주어야 한다.

4. 사업주의 의무

1) 직장 내 성희롱 예방교육

사업주는 연 1회 이상 직장 내 성희롱 예방을 위한 교육을 실시해야 한다.

2) 직장 내 성희롱 예방장치마련

사업주는 성희롱과 관련한 고충처리기관이나 절차를 마련해야 한다. 이때 별도의 기구나 절차를 대신하여 기존의 고충처리기관, 노사협의회, 고충처리위원 제도 등을 활용할 수 있다.

3) 성희롱 행위자에 대한 징계조치

사업주는 직장 내 성희롱 행위자에 대해 성희롱의 정도, 지속적 등을 감안하여 경고, 견책, 정직·유직, 전직, 대기발령, 해고 등의 적절한 징계조치를 내려야 한다. 또, 징계조치 및 절차에 대해 사전에 취업 규칙이나 사내규칙, 단체협약 등에서 규정하는 것이 바람직하다.

4) 성희롱 피해자에 대한 불이익 조치 금지

사업주는 피해자가 상담, 고충을 제기하거나 관계기관에 진정, 고소 등을 했다는 이유로 고용상의 불이익 조치를 해서는 안 된다.

5. 성희롱의 형사처벌 문제

1) 육체적 성희롱의 경우

육체적 행위에 의한 성희롱은 현행법상 업무상 위력 등에 의한 간음(형법 제303조), 업무상 위력 등에 의한 추행(성폭력특별법 제11조), 강제추행죄(형법 제298조) 등의 문제될 수 있다.

추행이란 '객관적으로 일반인에게 성적 수치심이나 혐오감을 일으키게 하고 선량한 성적 도덕관념에 반하는 행위로서 피해자의 성적 자유를 침해하는 것'이라고 정의되어 있어서 '성적 언동에 의해 성적 굴욕감이나 혐오감을 일으키게 하는 것'이라는 성희롱의 정의와 유사하다. 따라서 추행은 성적자유를 침해하는 중대한 육체적 접촉이며 성희롱은 추행보다 불법성이 낮은 정도의 예를 들어 가벼운 입맞춤이나 포옹 등만을 의미한다고 해석하는 것은 잘못이라 하겠다.

결국 양자의 구별은 행위의 모습에 의한 차이, 즉 업무상 위력, 위계, 폭행, 협박 등의 강제적인 행위 태양이기 때문에 육체적 행위에 의한 성희롱의 상당 부분은 형사적 처벌이 가능하다고 본다.

2) 언어적 성희롱

언어적 행위에 의한 성희롱은 명예훼손죄(형법 제307조), 모욕죄(형법 제311조), 정보통신망이용 촉진 및 정보보호 등에 관한 법률의 명예훼손죄(동법 제61조) 등이 문제될 수 있다.

명예훼손죄와 모욕죄는 각각 사회적 평가와 명예 감정을 침해하는 언행을 규율대상으로 하고, 이 중 공연성이 있는 언행만을 처벌의 대상으로 하고 있다. 따라서 언어적 성희롱 중 명예훼손죄와 모욕죄에 의해 처벌할 수 있는 경우도 있다. 다만 공연성이 없거나 사회적 평가 또는 명예감정과 무관한 경우는 처벌에서 제외된다고 본다.

3) 시간적 성희롱

시간적 행위에 의한 성희롱은 통신매체이용 음란죄(성폭력특별법 제14조), 정보통신이용촉진및정보보호등에관한법률의 음란물 유포등죄(동법 제65조 제2호, 제3호) 과다노출죄(경범죄처벌법 제1조 제41호), 공연음란죄(형법 제245조), 음화반포죄(형법 제243조) 등으로 문제될 수 있다. 따라서 시각적 성희롱의 경우에도 공연성이 있거나 컴퓨터 등을 이용한 경우는 상당 부분 현행 법규정으로 처벌이 가능하다 하겠다.

제3장
형사사건에 관한 법률실무

제1절 형사사건과 형사절차

1. 형사사건이란

1) 형사사건의 의의

살인, 강도, 뇌물수수처럼 중대하고, 사회 전체에 미치는 영향이 큰 문제를 국가의 힘(공권력)으로 강제로 해결해야 하는 사건을 말한다. 이러한 형사사건은 개인의 자유와 신체에 미치는 영향이 크기 때문에 엄격히 법률로서 그 처벌 대상을 정해 놓는데, 이를 "죄형법정주의"라 한다.

2) 형사사건의 형태

개인에 관한 범죄(개안 간의 법익침해)는 인격적 법익침해는 살인, 폭행, 상해, 강간, 주거침입, 명예훼손 등이며, 재산적 침해법익은 절도, 강도, 사기, 공갈, 횡령, 배임, 장물 등이고, 사회법익에 관한 범죄(사회질서침해)는 방화, 문서위조, 화폐위조, 도박 등이며, 국가법익에 관한 죄는 내란, 외환, 직권남용, 공무집행방해죄·위증, 무고죄이다.

특수한 형태의 형사사건은 폭력행위 등 처벌에 관한 법률행위는 야간에 흉기를 가지고 2명 이상이 폭력을 행사한 경우이며, 특정범죄 가중처벌은 뺑소니, 고액뇌물, 불법체포, 유괴, 상습절도, 보복 등이다.

2. 형법의 기능

1) 규제적 기능

형법이 일정한 범죄에 대하여 일정한 형벌을 과할 것을 예고함으로써 범죄에 대한 국가의 규범적 평가를 밝히는 작용을 말한다.

2) 보호적 기능

형벌이 범죄에 의하여 침해될 사회질서의 기본가치를 보호하는 작용을 말한다. 여기서 사회질서의 기본가치란 법익뿐만 아니라 사회윤리적 행위가치도 포함되는 것으로 보고 있다.

3) 보장적 기능

형법이 국가형벌권의 한계를 명백히 하여 자의적 형벌로부터 국민의 자유와 권리를 보장하는 작용을 말한다.

4) 사회 방위적 기능

형법이 범죄로부터 사회를 방위, 보존하고 사회의 안녕질서를 유지하기 위한 작용을 말한다(형법의 본질적 기능).

3. 형벌의 종류

1) 사형

사형은 수형자의 생명을 박탈하는 것을 내용으로 하는 생명형이며, 가장 중한 형벌이다. 집행방법은 교수형이 원칙이나 군인인 경우 총살형을 처할 수도 있다. 현행 형법상 사형을 과할 수 있는 범죄는 내란죄, 외환죄, 간첩죄, 폭발물사용죄, 방화치사죄, 살인죄, 강도살인 및 해상강도살인, 치사, 강간죄이다.

2) 징역

수형자를 형무소 내에 구치하여 징역(강제노동)에 복무하게 하는 형벌로서, 수형자의 신체적 자유를 박탈하는 것을 내용으로 한다는 의미에서 금고 및 구류와 같이 자유형이라고 한다.

징역에는 무기와 유기의 2종이 있고, 무기는 종신형을 말하며, 유기는 1월 이상 15년 이하이고, 유기징역에 형을 가중하는 때에는 최고 25년까지로 될 수 있다.

3) 금고

수형자를 형무소에 구치하고 자유를 박탈하는 점에서 징역과 같으나, 징역에 복무하지 않는 점에서 징역과 다르다. 그러나 금고 수형자에게도 신청에 의하여 작업을 과할 수 있다. 금고에 있어서도 무기와 유기가 있으며, 그 기간은 징역형과 같다. 금고는 주로 과실범 및 정치상의 확신범과 같은 비파렴치성 범죄자에게 과하고 있다.

4) 구류

금고와 같으나 그 기간이 1일 이상 30일 미만이라는 점이 다르다.

구류는 아주 예외적인 경우에만 적용되며(동법 제266조 과실상해죄), 주로 경범죄에 과하고 있다(경범죄처벌법상의 경범죄 등). 형무소에 구치하는 것이 원칙이나 실제로는 경찰서 유치장에 구금하는 경우가 많다.

5) 자격 상실

수형자에게 일정한 형의 선고가 있으면 그 형의 효력으로서 당연히 일정한 자격이 상실되는 형벌 범죄인의 일정한 자격을 박탈하는 의미에서 자격정지형과 더불어 명예형 또는 자격형이라고 한다.

형법상 자격이 상실되는 경우로써 사형, 무기 징역 또는 무기금고의 판결을 받은 경우이며, 상실되는 자격은 공무원이 되는 자격, 공법상의 선거권과 피선거권, 법률로 요건을 정한 공법상의 업무에 관한 자격, 법인의 이사, 감사 또는 지배인 기타 법인의 업무에 관한 검사역이나 재산관리인이 되는 자격이다.

6) 자격정지

수형자의 일정한 자격을 일정한 기간 정지시키는 경우로 현행 형법상 범죄의 성질에 따라 선택형 또는 병과형으로 하고 있다.

유기징역 또는 유기 금고의 판결을 받은 자는 그 형의 집행이 종료하거나 면제될 때까지 자격상실의 내용 중 공무원이 되는 자격, 공법상의 선거권과 피선거권, 법률로 요건을 정한 공법상의 업무에 관한 자격이 당연 정지된다. 편결 선고에 기하여 다른 형과 선택형으로 되어 있을 때 단독으로 과할 수 있고, 다른 형에 병과할 수 있는 경우 병과형으로 과할 수 있다. 자격정지 기간은 1년 이상 15년 이하로 하고 그 기산점으로 유기징역 또는 유기금고에 자격정지를 병과하였을 경우 징역 또는 금고의 집행을 종료하거나 면제된 날로부터 정지 기간을 기산하고, 자격정지가 선택형인 경우(단독으로 과할 경우) 판결이 확정된 날로부터 기산한다.

7) 벌금

범죄인에 대하여 일정액의 금전을 박탈하는 형벌로 과료 및 몰수와 더불어 재산형이라 한다. 벌금은 50,000원 이상으로 한다. 다만 감경하는 경우에는 50,000원 미만으로 할 수 있다. 벌금은 판결확정일로부터 30일 이내에 납부하지 아니 한 자는 1일 이상 3년 이하 노역장에 유치하여 작업에 복무하게 하는데 이를 환형 유치라고 한다.

8) 과료

벌금과 같으나 그 액의 1천 원 이상 5만 원 미만으로, 판결확정일로부터 30일 이내에 납입하여야 하며, 납입하지 아니한 자는 1일 이상 30일 미만의 기간 노역장 유치하여 작업에 복무하게 한다.

9) 몰수

몰수는 원칙적으로 타형에 부가하여 과하는 형벌로서, 범죄행위와 관계있는 일정한 물건을 박탈하여 국고에 귀속시키는 처분이다. 몰수에는 필요적 몰수와 임의적 몰수가 있는데, 임의적 몰수가 원칙이다. 몰수할 수 있는 물건으로는 범죄행위에 제공하였거나 제공하려고 한 물건, 범죄행위로 인하여 생하였거나 이로 인하여 취득한 물건, 범죄행위에 제공하였거나 제공하려고 한 물건, 범죄행위로 인하여 생하였거나 이로 인하여 취득한 물건의 대가로 취득한 물건으로서 법인 이외의 전부 또는 일부이다. 몰수하기 불가능한 경우 그 가액을 추정한다(동법 제48조 제1항, 제2항).

4. 형사사건의 절차

1) 수사

수사란 이러한 형사사건을 조사하는 절차를 말하는 것이다. 무엇이든 수사의 최종책임자는 검사이다. 범죄가 성립되는지, 어떤 처분을 해야 하는지를 결정하는 것은 매우 어렵고 중요하므로 판사와 동등한 자격 및 능력을 갖춘 검사를 책임자로 한 것이다.

사법경찰관리는 검사의 지휘를 받아 수사를 한다. 사법경찰관리에는 일반 형사사건을 취급하는 일반 사법경찰관리와 철도공안, 산림, 해사 등 특별한 사항만 수사할 수 있는 특별 사법경찰관리가 있다.

수사기관이 수사를 개시하는 단서에는 제한이 없고 고소, 고발처럼 범죄신고를 받거나 풍문이나 신문기사를 보고 시작하거나 우연히 목격하고 인지를 할 수도 있다. 수사기관은 범죄의 혐의가 있다고 사료되는 때는 범인, 범죄사실과 증거를 수사하여야 한다. 그러나 범죄의 혐의가 없거나 범죄가 되더라도 처벌할 수 없음이 명백할 때에는 수사를 할 수 없다.

2) 입건

수사기관이 수사를 개시하여 형사사건으로 되는 것을 입건한다고 하며 이와 같이 입건이 되어 수사대상이 되면 형사소송법상 '피의자'가 되는 것이다. 그런 데 우리는 가끔 용의자라는 말과 내사라는 말을 듣게 된다.

아직 범죄의 혐의는 뚜렷하지 않아 정식으로 입건하기에는 부족하지만 진정 이나 투서가 있다든가 또는 진정 등이 없더라도 조사를 해 볼 필요가 있는 경 우에는 정식입건을 하지 않고 내부적으로 조사를 할 때가 있다. 이를 흔히 내 사라고 하는데 내사를 할 때에는 내사사건부에 기재함은 물론이다.

그리고 예컨대, 살인사건이 났다고 할 때 범인이 아닌가 하는 상당한 의심이 가는 자가 있으나 범인이라는 뚜렷한 혐의가 아직 발견되지 않은 경우 흔히 그 자를 용의자라고 부른다. 이에 대하여 조사가 진행되는 혐의가 인정됨으로 써 정식으로 입건되면 그때부터 위에서 말한 대로 그자는 피의자의 신분이 되 는 것이다.

3) 체포

입건된 피의자가 죄를 범하였다고 의심할 만한 상당한 이유가 있고 정당한 이유 없이 출석요구에 응하지 아니하거나 응하지 아니할 우려가 있는 때에는 피의자를 체포할 수 있다. 체포를 하기 위하여는 원칙적으로 판사가 발부한 체 포영장이 있어야 하며 사법경찰관이 피의자를 체포하기 위하여는 먼저 검사에 게 체포영장을 신청하면 검사는 판사에게 청구하여 체포영장을 발부받게 되는 데, 명백히 체포영장의 필요가 인정되지 아니하는 경우에는 검사나 판사는 체 포영장을 기각할 수 있다.

다만 수사기관은 범죄가 무겁고 긴급한 사정이 있어 판사의 체포영장을 발 급받을 여유가 없을 때에는 그 사유를 알리고 영장 없이 피의자를 체포할 수 있는데 이를 긴급체포라 한다. 사법경찰관이 피의자를 긴급한 경우에는 즉시 검사의 승인을 얻어야 한다.

범죄의 실행 중이거나 실행의 직후인 자를 현행범인이라 하는데, 현행범인은 누구든지 영장 없이 체포할 수 있다. 수사기관이 아닌 자가 현행범인을 체포한 때에는 즉시 수사기관에 인도하여야 한다. 체포 또는 긴급체포한 피의자를 구속하고자 할 때에는 체포한 때부터 48시간 이내에 판사에게 구속영장을 청구하여야 하며, 그 기간 이내에 구속영장을 청구하지 아니하거나(영장에 의한 체포 또는 현행범인 체포의 경우) 구속영장을 발부받지 못 한때(긴급체포의 경우)에는 피의자를 즉시 석방하여야 한다.

4) 구속과 불구속

수사기관은 수사를 한 결과 범죄가 무겁고 죄질이 나쁘며 일정한 주거가 없거나 도망 또는 증거인멸의 염려가 있는 경우에는 피의자를 구속할 수 있다.

구속을 하기 위해서는 증거가 있어야 함은 물론 반드시 판사가 발부한 구속영장이 있어야 한다. 구속영장의 청구 절차 및 방법은 체포영장의 경우 와 같으며 상당한 이유가 있는 경우에는 검사나 판사는 영장을 기각할 수 있다.

구속영장을 청구받은 판사는 구속의 사유를 판단하기 위하여 필요할 때 에는 피의자를 출석시켜 신문할 수 있다. 그러나 구속은 어디까지나 예외적인 경우이고 수사는 불구속 상태에서 하는 것이 원칙이라고 할 것이다.

5) 송치와 불송치

① 송치

송치(보낼 송, 이를 치)는 피의자와 서류를 수사기관(경찰 등)에서 검찰청 또는 한 검찰에서 다른 검찰청으로 피의자와 서류를 넘겨 보내는 일을 뜻한다. 주로 형사소송 시 경찰에서 검찰로 사건을 넘어가는 것을 의미하며. 여기서 피의자란 죄가 있다고 여겨지는 수사가 필요한 사람을 뜻하고 검찰청은 범죄를 수사하여 증거를 모으는 기관이다.

즉 경찰이 수사한 사건에 대해 범죄혐의가 있다고 판단한 때 검사가 기소할 수 있도록 경찰에 사건을 넘기는 일을 말하는데, 옛날에는 경찰이 검사의 지휘 아래 수사를 한 뒤 기소 의견, 불기소 의견을 달아 반드시 검찰에 사건을 송치하여야 했으나 수사권 조정으로 경찰관은 중요범죄를 제외하고는 검사의 지휘

없이 직접 수사를 하여 송치 여부를 결정할 수 있게 되었다.

② 불송치

아니 불의 불송치는 말 그대로 송치하지 않는다는 뜻이다. 즉 경찰이 수사 후 무혐의라고 판단될 때 검찰에 송치하지 않고 불송치 처리로 사건이 종료되고, 이러한 경우 경찰은 고소인 혹은 피해자에게 불송치 결정서를 통지하게 되고 불송치 결정에 이의가 생길 경우 경찰서에 이의신청을 하여야 한다.

6) 기소

검사는 사법경찰관으로부터 송치받은 사건이나 직접 인지 등으로 수사한 사건에 대하여 피의자가 재판을 받음이 마땅하다고 판단되는 경우에는 이를 법원에 회부하게 되는데 이를 공소제기, 즉 기소한다고 하며, 검사에 의하여 기소된 사람은 피고인이라 한다.

그런데 검사가 피의자에 대하여 징역형이나 금고형에 처하는 것보다 벌금형에 처함이 상당하다고 생각되는 경우에는 기소와 동시에 법원에 대하여 벌금형에 처해 달라는 뜻의 약식명령을 청구할 수 있는데 검사가 약식 기소를 하는 경우에는 석방을 하여야 한다.

7) 불기소

검사가 사건을 수사한 결과 재판에 회부하지 않는 것이 상당하다고 판단되는 경우에는 기소를 하지 않고 사건을 종결하는데 이를 불기소 처분이라고 한다. 불기소 처분으로 중요한 것은 기소유예와 무혐의 처분이 있다.

① 기소유예는 죄는 인정되지만 피의자의 연령이나 성행, 환경, 피해자에 대한 관계, 범행의 동기나 수단, 범행 후의 정황 등을 참작하여 기소를 하여 전과자를 만드는 것보다는 다시 한번 성실한 삶의 기회를 주기 위하여 검사가 기소를 하지 않고 용서해 주는 것을 말한다. 그리고 검찰 실무에서는 '선도조건부기소유예제도'를 많이 활용하고 있다. 이는 선도위원이 피의자를 선도하여 앞으로 재범하지 않는다는 조건으로 검사가 기소를 유예하는 것인데 이 제도

의 실시 결과 재범율이 무척 낮아져 좋은 성과를 얻고 있다.

② 무혐의 처분은 법률전문가인 검사가 수사한 결과 범죄를 인정할 만한 증거가 없는 경우에 피의자의 무고함을 최종적으로 판단하는 처분이다. 또 민사상의 채무불이행에 해당되어 무혐의 처분을 한 경우에는 형사상 범죄가 성립되지 않는 것을 의미할 뿐이지 민사상의 채무까지 면해 주는 것이 아님을 주의할 필요가 있다. 그런데 기소유예에 대하여 한 가지 알아둘 것은 한 번 기소유예를 하면 특별한 사정이 없으면 다시 같은 죄로 기소를 하지 않지만 만약 기소유예 후에 또 죄를 저질렀다고 하는 경우 등의 사정이 있으면 검사는 기소유예 처분한 범죄에 대하여 새로 기소를 할 수 있다는 점이다. 그리고 이는 무혐의에 대하여도 마찬가지로 만약 새로운 증거가 발견된다면 검사는 기소를 할 수 있다.

③ 각하처분은 고소·고발의 각하처분은 무익한 고소·고발의남용, 남발에 의한 피고소·피고발인의 인권침해를 방치하고 고소·고발인의 권익을 합리적으로 보호조정하기 위한 제도로, 고소인 또는 고발인의 진술이나 고소장 또는 고발장에 의하여도 처벌할 수 없음이 명백한 고소·고발사건의 경우에는 검사는 피고소·피고발인을 소환 조사하지도 아니하고 각하 결정할 수 있다.

5. 형사재판

1) 형사재판의 의의 및 절차

형사재판이란 기소된 피고인에 대해 법원에서 공판을 열어 심리를 진행하는 것이며 검사가 기소한 사건에 대하여 법원은 공판을 열어 재판을 하게 된다. 그러나 검사가 약식 기소한 사건에 대하여는 공판을 열지 않고 기록만으로 재판을 하지만 진술한 바와 같이 판사가 정식재판을 할 필요가 있다고 생각하면 사건을 정식재판에 회부 할 수도 있다. 공판은 보통법원에 마련된 공판정에서 공개리에 진행된다. 이 재판에서 피고인은 자기의 억울함이나 정당함을 주장할 수 있고 또 변호인의 도움을 받을 수 있다.

2) 판결

유죄의 판결은 심리결과 피고인의 죄가 인정되면 판사는 유죄의 판결을 하는데 정상에 따라 실형을 선고하는 수도 있고 집행유예를 붙여주는 경우도 있으며 정상이 특히 참작될 때는 선고유예를 하는 수도 있다.

집행유예는 형(예컨대 징역 1년)을 선고하면서 일정 기간 그 형의 집행을 마루어 두었다가 그 기간 동안 재범을 하지 않고 착실히 살면 형의 선고를 실효시켜 아예 집행을 하지 않는 것이며, 선고유예는 형의 선고 자체를 미루어 두었다가 일정 기간 무사히 경과하면 면소된 것으로 간주하는 것이다.

무죄판결은 물론 기소한 사건에 대하여 유죄로 인정할 증거가 없으면 판사는 무죄를 선고한다.

3) 재판의 관할

재판은 사건에 따라 판사 한 사람이 하기도 하고 판사 3인으로 구성된 합의부에서 하기도 하는데 원칙적으로는 1년 이상의 징역에 해당하는 사건은 합의부의 관할이다.

단독판사가 한 재판에 대하여는 고등법원에 각 항소를 할 수 있고 이에 대하여는 다시 대법원에 각 상고할 수 있다.

4) 형의 집행

법원의 판결에 의하여 선고된 형은 검사의 지휘에 의하여 집행하는데 징역이나 금고형은 교도소에서 집행한다. 그리고 벌금은 판결 확정일로부터 30일 이내에 납부하여야 하며 벌금을 납부하지 않는 경우에는 1일 이상 3년 이내의 범위에서 노역장에 유치하게 되므로 스스로 납부하여 불이익을 면해야 할 것이다.

5) 가석방과 형집행정지

징역 또는 금고의 형의 집행 중에 있는 자 가운데 복역 성적이 양호하고 뉘우침이 있는 때에는 무기에 있어서는 10년, 유기에 있어서는 형기의 3분의 1을 경과한 후에 법무부 장관이 가석방을 할 수 있다.

가석방의 기간은 무기형에 있어서 10년으로 하고, 유기형에 있어서는 남은 형기로 하되, 그 기간은 10년을 초과할 수 없다. 가석방된 자는 가석방 기간 중 보호관찰을 받는다. 그러나 가석방 중에 행실이 나쁘거나 다시 죄를 저지르면 가석방이 취소 또는 실효되어 남은 형기를 마저 복역하여야 한다. 그리고 예컨대 형의 집행으로 생명을 보전할 수가 없거나 잉태 후 6개월 이상인 때 또는 연령이 70세 이상인 때 기타 중대한 사유가 있으면 검사는 형 집행을 정지시키고 석방할 수 있다.

가석방의 기간은 무기형에 있어서 10년으로 하고, 유기형에 있어서는 남은 형기로 하되, 그 기간은 10년을 초과할 수 없다. 가석방된 자는 가석방 기간 중 보호관찰을 받는다. 그러나 가석방 중에 행실이 나쁘거나 다시 죄를 저지르면 가석방이 취소 또는 실효되어 남은 형기를 마저 복역하여야 한다. 그리고 예컨대 형의 집행으로 생명을 보전할 수가 없거나 잉태 후 6개월 이상인 때 또는 연령이 70세 이상인 때 기타 중대한 사유가 있으면 검사는 형 집행을 정지시키고 석방할 수도 있다.

6) 형의 실효(전과말소)

한 번의 잘못으로 형을 받았다고 하더라도 일정한 기간 죄를 저지르지 않으면 전과를 말소하여 정상적인 사회복귀를 보장할 필요가 있다. 징역 또는 금고의 집행을 종료하거나 집행이 면제된 자가 피해자의 손해를 보상하고 자격정지 이상의 형을 받음이 없이 7년을 경과한 때에는 본인이 신청을 하면 재판의 실효를 선고받을 수 있다. 그러나 일반인들은 이 신청절차 등을 모르고 있기 때문에 정부는 '형실효등에관한법률'을 제정하여 형의 집행을 종료 또는 면제받은 후 일정 기간 동안 자격정지 이상의 죄를 저지르지 않은 경우에는 자동적으로 형을 실효시키도록 하였다.

문민정부의 출범과 동시에 동법률을 개정하여 형의 시효 기간을 단축함으로써 수형인의 인권을 보장하고 조속한 사회복귀를 도모하도록 하였다. 그 기간은 3년을 초과하는 징역 또는 금고 10년, 3년 이상의 징역 또는 금고는 5년, 벌금은 2년이고 다만 구류나 과료는 형의 집행을 종료하거나 그 집행이 면제된 때에 그 즉시 실효된다.

5. 형사사건의 합의

범죄를 저질러 남에게 피해를 입히면 적절히 피해를 보장해 주고 합의를 하는 것이 사람의 도리이다. 따라서 형사사건 처리과정에서 검사나 판사는 피의자나 피고인에게 합의를 권유하고 또 합의를 하면 이를 참작하여 가벼운 처분이나 판결을 하는 것이 관례이다.

그러나 피해보상은 근본적으로 민사문제이므로 형사사건에서 참고가 될 뿐이고 수사기관이나 법원에서 강요할 수 없는 것이므로 가해자가 검사나 판사의 권유에 따라 적절한 피해보상을 하지 아니하는 경우에는 민사재판을 통하여 해결할 수밖에 없다.

어떤 피해자들은 수사기관이나 법원에서 피해보상도 받아주지 않고 형사사건을 처리한다는 이유로 각종 민원을 제기하는 사례가 있는데 법제도의 취지를 잘 이해하여야 할 것이다. 다만 일정한 형사사건의 경우에는 배상명령을 신청하여 민사문제까지 처리되는 수도 있다.

형사사건의 피해자는 재판부에 대하여 법원을 엄벌해 달라거나 선처해 달라는 등의 의견을 진술하고 싶을 때가 많다. 형사소송법에서는 피해자의 신청이 있으면 법원에서는 특별한 경우 외에는 피해자를 증인으로 채택하여 의견을 진술할 기회를 주도록 하고 있다.

1. 즉결심판이란

경미한 범죄 사건에 대하여는 정시수사와 재판을 거치지 아니하고 신속한 절차로 처벌을 마침으로써 법원과 검찰의 부담을 줄이고 당사자에게 편의를 주려는 제도이다.

2. 즉결심판의 대상

2만 원 이하의 벌금, 구류, 과료에 처할 경미한 범죄로서 중요한 것을 예로 들면 다음과 같다.

1) 행정법규 위반사건

도로교통법상의 자동차주정차금지위반, 향토예비군 설치법상의 예비군 훈련 불참자 등이 있다.

2) 형법 위반사건

폭행죄, 단순도박죄 등 허위신고, 무임승차 등 50개 항목의 경범죄처벌위반 사범 등이 있다.

3. 처리 절차

즉결심판은 관할 경찰서장 또는 관할 해양경찰서장이 관할법원에 이를 청구한다. 즉결심판을 청구함에는 즉결심판청구서를 제출하여야 하며, 즉결심판청구서에는 피고인의 성명 기타 피고인을 특정할 수 있는 사항, 죄명, 범죄사실과 적용법조를 기재하여야 한다.

4. 즉결심판절차

즉결심판은 판사의 주재하에 경찰서가 아닌 공개 장소에서 열린다. 피고인의 출석하는 것이 원칙이지만 벌금·과료를 선고하는 경우나 피고인이 불출석심판을 청구하여 법원이 이를 허가한 경우에는 불출석 재판도 한다.

판사는 피고인에게 사건내용을 알려주고 변명의 기회도 주며, 피고인은 변호사를 선임할 수도 있지만, 신속·간편한 심리를 위하여 경찰의 조서만을 증거로 삼아 유죄를 선고할 수 있다.

판사는 보통 구류,과료 또는 벌금형을 선고하지만 즉결심판을 할 수 없거나 즉결심판절차에 의하여 심판함이 적당하지 아니하다고 인정할 때에는 즉결심판의 청구를 기각하도록 하고 있다. 청구 기각된 사건은 경찰서장이 지체 없이 검찰에 송치하여 일반의 형사절차에 따라 처리된다.

5. 정식재판의 청구

즉결심판에 불복이 있는 피고인은 선고일로부터 7일 이내에 정식 재판청구서를 경찰서장에게 제출하면 정식재판을 받을 수 있게 된다.

6. 형의 집행

즉결심판이 확정되면 확정판결과 같은 효력이 있게 되며 형의 집행은 보통 경찰서장이 하고 검사에게 보고한다.

벌금은 20만 원 이하이고 과료는 2,000원 이상 30,000원 미만이며 경찰서장에게 납입한다. 구류는 1일 이상 30일 미만으로서 보통 경찰서 유치장에서 집행하나 검사의 지휘하에 교도소에서 집행하는 경우도 있다.

1. 의의

구속영장실질심사는 구속영장이 청구된 피의자에 대하여 수사기록에만 의지하지 아니하고 구속 여부를 판단하기 위하여 필요한 사항에 대하여 직접 피의자를 심문하고, 필요할 때에는 심문장소에 출석한 피해자, 고소인 등 제3자를 심문하거나 그 의견을 듣고 이를 종합하여 구속 여부를 결정하는 제도이다. 피의자의 방어권 및 법관대면권을 최대한 보장하기 위해 법관이 영장에 관한 실질심사를 하도록 한 것이다.

2. 피의자 신문

1) 체포된 피의자의 경우

이미 체포영장에 의하여 체포되거나, 현행범으로 체포되거나 긴급체포 된 피의자에 대하여 구속영장을 청구받은 판사는 지체 없이 심문을 하여야 한다. 이 경우 특별한 사정이 없는 한 구속영장이 청구된 날의 다음날까지 심문하여야 한다.

2) 미체포된 피의자의 경우

미체포된 피의자에 대하여 구속영장을 청구 받은 판사는 피의자가 죄를 범하였다고 의심할 만한 이유가 있는 경우에 구인을 위한 구속영장을 발부하여 납부하여 피의자를 구인한 후 심문하여야 한다. 다만, 피의자가 도망하는 등의 사유로 심문할 수 없는 경우에는 심문 없이 영장 발부 여부를 결정할 수 있다.

3) 심문 장소 및 기일통지

체포된 피의자에 대하여는 구속영장의 청구를 받은 즉시, 그 외의 피의자에 대하여는 피의자를 인치한 후 즉시 심문기일과 장소를 검사, 피의자 및 변호인에게 각각 통지한다.

4) 심문절차

"진술거부권고지" 피의자에게 일체의 진술을 하지 아니하거나 개개의 질문에 대하여 진술을 거부할 수 있으며, 이익되는 사실을 진술할 수 있음을 고지한다.

"인정심문" 피의자의 성명, 주민등록번호(외국인등록번호등), 주거, 직업을 확인하여 피의자의 동일성을 확인한다.

"범죄사실 및 구속사유의 고지" 구속영장 청구서에 기재된 범죄사실 및 구속사유를 고지한다.

"피의자 심문" 판사는 구속 여부를 판단하기 위하여 필요한 사항에 관하여 피의자를 심문하고, 이 경우 피의자는 판사의 심문 도중에도 변호인의 조력을 구할 수 있다. 판사는 필요한 경우에 법원에 출석한 피해자 또는 제3자에 대하여 심문할 수 있다.

"관계인의 의견진술" 검사와 변호인은 판사의 심문이 끝난 후 의견을 진술할 수 있으며, 필요한 경우에는 판사의 심문 도중에도 판사의 허가를 얻어 의견을 진술할 수 있다. 피의자의 법정대리인·배우자·직계친족·형제자매나가족·동거인 또는 고용주, 판사가 방청을 허가한 피해자나 고소인도 판사의 허가를 얻어 사건에 관한 이견을 진술할 수 있다.

"구속여부결정" 판사는 심문이 끝나면 구속 여부를 결정한다. 이 경우 판사가 구속사유가 없다고 판단하여 구속영장청구를 기각하면 체포된 피의자는 구금상태에서 벗어나게 되고, 구속영장이 발부되면 미체포 피의자도 그 때부터 구금된다.

"재구속의 제한 등" 검사 또는 사법경찰관에 의하여 구속되었다가 석방된 사람에 대하여는 다른 중요한 증거를 발견한 경우를 제외하고는 동일한 범죄사실에 대하여 재차 구속하지 못한다.

구속여부의 재판은 유·무죄에 대한 재판이 아니다. 즉, 영장이 기각된 경우에도 검사에 의하여 기소가 되면 재판을 거쳐 유·무죄 또는 실형 여부를 결정하므로, 석방결정은 사건의 종국적인 결정과는 무관하다.

제4절 체포·구속의 적부심사제도

1. 의의

체포·구속적부심제도란 수사기관에 의하여 체포 또는 구속된 피의자에 대하여 법원이 체포 또는 구속의 적법 여부와 그 필요성을 심사하여 체포 또는 구속의 구속이 부적법·부당한 경우에 피의자를 석방시키는 제도를 말한다. 체포·구속적부심사제도는 그영장을 발부한 법원에 대해 다시 적법 여부의 심사를 요구하는 것이므로 재심절차 내지 항고적 성격을 갖는다. 다시 정리하면 피의자가 구속된 경우, 그 구속이 부당하다고 생각되면 법원에 그 구속이 적합한지 아니면 부당한지의 판단을 청구할 수 있는데, 이를 구속적부심사라 한다.

2. 연혁

1) 영미법상의 인신보호연장제도에서 유래한다. 인신보호영장제도는 구속자에 대해 피구속자의 신체를 법원·법관이 명하는 일시·장소에 출석시키고 구금의 이유를 제시하도록 명하는 영장제도이다.

2) 1948년 미군정법령 제176호에 의하여 우리나라에 처음으로 도입되었다.

3) 제헌헌법은 구속적부심사제도를 헌법에서 기본권으로 보장하였다.

4) 유신헌법(1972년)에 의해 삭제되었다.

5) 제5공화국 헌법(1980년)에 의해 부활되었다.

6) 제6공화국헌법(1987년)에서는 누구든지 체포·구속을 당한 때에는 적부의 심사를 법원에 청구할 권리를 가진다고 규정하여 일체의 제한을 삭제하였다. 따라서 종전에는 검사인지사건, 국가보안법위반사건 또는 외환죄사건, 사형·

무기 또는 단기 5년 이상 징역이나 금고에 해당하는 사건은 적부심사에서 제외되었으나 현재는 이러한 사건에 대해서도 적부심사를 청구할 수 있다.

7) 1995년 개정 형사소송법은 체포의 경우에도 체포적부심사를 청구할 수 있게 하였고, 구속적부심사를 청구한 경우에 법원은 보증금의 납입을 조건으로 피의자의 석방을 명할 수 있게 하여 피의자에 대한 보석을 인정하였다.

2. 청구권자

1) 체포구속적부심사의 청구권자는 체포된피의자, 구속영장에 의해 구속된 피의자, 그 피의자의 변호인 · 법정대리인 · 배우자 · 직계친족 · 형제자매 · 가족이나 동거인 또는 고용주이다. 따라서 피의자의 국한되므로 공소제기 후의 피고인은 구속적부심사청구권이 없다.

2) 전격기소된 피고인의 경우 체포 · 구속적부심사제도는 체포 · 구속된 피의자의 권리이지 구속된 피고인은 청구권자가 아니다. 따라서 종전에는 체포 · 구속된 피의자가 법원에 적부심을 청구하여 심사하는 도중에 검사가 공소를 제기해 버리면 피의자는 이제 피고인이 되므로 적부심을 계속 진행할 수 있는지 문제가 되었다. 이에 대해 2004년도에 헌법재판소의 형사소송법 제214조의2에 대한 위헌법률 심판에서 헌법불합치결정이 남으로 인해 적부심사청구 후에 피의자에 대하여 공소제기가 있는 경우에도 체포 · 구속적부심사의 효력이 유지될 수 있도록 형사소송법이 개정되었다. 즉 피의자는 체포 구속적부심사의 절차개시요건은 아니다. 피의자라는 구속적부심사의 청구인 적격은 절차개시요건이다. 구속된 피의자 본인은 물론 피의자의 변호인, 법정대리인, 배우자, 직계친족, 형제자매나 동거인 또는 고용주도 청구할 수 있으며, 다만, 피의자가 아닌 사람이 청구하는 경우에는 피의자와의 관계를 소명하는 자료(예: 가족관계부, 주민등록등본 등)를 신청서에 첨부하여야 한다.

3) 개정 전 형사소송법은 체포 · 구속영장이 발부되지 않고 불법체포 또는 구속 상태에 있는 피의자나 긴급체포, 현행범 체포로 체포되어 구속영장이 청구되지 아니한 피의자도 체포 또는 구속적부심사청구권을 갖는지에 대해 견해가

대립하고 있었다. 다수설과 판례는 직계친족, 형제자매나 가족, 동거인 또는 고용주는 관할 법원에 체포 또는 구속의 적부심사를 청구할 수 있다고 규정하여 적부심사청구대상에서 영장요건을 삭제하여 영장에 의한 체포 이외에 긴급체포·현행범인체포에 대해서도 적부심사를 허용하였다.

3. 청구의 방식

청구서 양식에 다음과 같은 사항을 기재하여 청구하면 된다.
1) 구속된 피의자의 성명, 주민등록번호(주민등록번호가 없거나 이를 알 수 없는 경우는 생년월일, 성별), 주거
2) 구속영장의 발부일자
3) 청구의 취지 및 이유
4) 청구인의 성명 및 구속된 피의자와의 관계

청구서 작성에 필요한 사항을 확인하기 위하여 청구권자는 구속영장 등을 보관하고 있는 검사, 사법경찰관 또는 법원사무관 등에게 그 등본의 교부를 창구할 수 있다.

4. 절차 및 효력

피의자 떠는 기타 청구권자로부터 구속적부심사청구를 받은 법원은 지체 없이 피의자를 심문하고 증거를 조사하여 구속 여부를 결정하여야 한다. 구속적부심사결과법원의 석방 명령이 있으면 피의자는 즉시 석방되는데, 이에 대하여 검사는 이의를 제기(항고)하지 못한다. 또한 동일한 사건에 대하여 구속적부심사를 다시 청구할 수 없다. 단 영장에 의하여 수사기관에 체포 또는 구속의 부당하다고 하여 법원의 석방을 명하면 피의자는 즉시 석방되며, 이에 대하여 검사는 항고를 하지 못한다.

구속적부심사청구서

피의자

생년월일 :

주　소 :

위 피의자에 대한 ○○○사건에 관하여 귀원에서 ○월 ○일자로 발부한 구속영장에 의하여 구치소(유치장)에 수감 중인바, 구속적부심사 청구하오니 청구취지와 같이 결정하여 주시기 바랍니다.

청구취지

피의자　　　의 석방을 명한다.
라는 결정을 구합니다.

청구이유

1. 피의사실 인정 여부: 인정 (　　), 불인정 (　　　)
2. 이 건 구속이 잘못되었다고 생각하는 이유
3. 구속 후의 사정변경의, 건강악화, 가족의 생계곤란 등)
4. 기타

청구인　　　　　　　　(인)

피의자와의 관계

주소

전화번호

서울중앙지방법원 귀중

제5절 보석제도

1. 보석제도의 의의

보석이란 법원이 적당한 조건을 붙여 구속의 집행을 해제하는 재판 및 그 집행을 말한다. 피고인이 도망하거나 지정된 조건에 위반한 경우에 과태료 또는 감치에 처하거나 보석을 취소하고 보증금을 몰취하는 등의 심리적 강제를 가하여, 공판절차에의 출석 및 나중에 형벌의 집행단계에서의 신체확보를 기하고자 하는 제도이다. 신체를 구속하지 않으면서도 구속과 동일한 효과를 얻을 수 있게 함으로써 불필요한 구속을 억제하고 이로 인한 폐해를 방지하려는데 그 존재 의의가 있다.

2. 보석 청구권자

보석을 청구할 수 있는 사람은 피고인, 피고인의 변호인, 법정대리인, 배우자, 직계친족, 형제자매, 가족, 동거인, 고용주이다. 다만, 청구가 없을지라도 법원은 상당한 이유가 있는 경우에는 직권으로 보석을 허가할 수 있다.

3. 보석허가사유

법원은 보석청구가 있으면
1) 피고인의 사형, 무기 또는 장기 10년이 넘는 징역이나 금고에 해당하는 죄를 범한 때
2) 피고인이 누범에 해당하거나 상습범인 죄를 범한 때
3) 피고인이 죄증을 인멸하거나 인멸할 염려가 있다고 믿을 만한 충분한 이유가 있을 때
4) 피고인이 도망하거나 도망할 염려가 있다고 믿을 만한 충분한 이유가 있을 때

5) 피고인의 주거가 분명하지 않을 때

6) 피고인의 피해자, 당해 사건의 재판에 필요한 사실을 알고 있다고 인정되는 자 또는 그 친족의 생명, 신체나 재산에 해를 가하거나 가할 염려가 있다고 믿을 만한 충분한 이유가 있을 때를 제외하고는 보석을 허가하여야 한다.

또한, 법원은 위에서 열거한 예외사유에 해당하는 경우에는 상당한 이유가 있으면 직권 또는 청구에 의하여 보석을 허가할 수 있다.

5. 보석의 조건 및 취소

법원은 보석을 허가하는 경우에는 필요하고 상당한 범위 안에서 지정일시, 장소에 출석하고 증거를 인멸하지 않겠다는 서약서 제출, 보증금 납입약정서 제출, 주거제한 등 도주방지 조치수인, 피해자 등 위해 및 접근금지, 제3자 출석 보증서 제출, 법원 허가 없는 외국출국금지, 금원공탁 또는 담보제공, 보증금 납입 또는 담보제공, 출석보증조건이행의 조건 중 하나 이상의 조건을 정한다. 보석허가 결정에서 명한 조건이 이행되지 않은 경우 석방이 되지 않거나 보석이 취소될 수 있다.

법원이 보석보증금 납부를 조건으로 보석을 허가함에 있어 보석보증보험증권을 첨부한 보증서(보험보증서)로써 보증금에 갈음할 수 있음을 허가할 때에는 보석보증금을 현금으로 납부하지 않고 보험보증서의 제출만으로도 피고인이 석방될 수 있다.

보석청구인이나 피고인의 법정대리인, 배우자, 직계친족, 형제자매, 가족, 동거인 또는 고용주는 법원에 보험보증서의 제출허가를 구할 수 있다.

법원은 피고인이 법원의 소환을 받고도 정당한 이유 없이 출석하지 아니하거나 주거의 제한 기타 법원이 정한 조건을 위반한 때 등의 경우에는 검사의 청구 또는 직권으로 보석을 취소할 수 있고, 보석이 취소되면 피고인은 다시 구금된다. 법원은 피고인이 정당한 사유 없이 보석조건을 위반한 경우에는 결정으로 1천만 원 이하의 과태료를 부과하거나 20일 이내의 감치에 처할 수 있다. 출석보증서를 제출하고 석방된 피고인이 정당한 사유 없이 기일에 불출석하는 경우에도 그 출석 보증인에게 500만 원 이하의 과태료를 부과할 수 있다.

6. 보석보증금의 몰수 및 환부

1) 보증금의 몰수

보석이 취소되는 경우에는 법원은 결정으로 보증금의 전부 또는 일부를 몰수할 수 있다(임의적 몰수). 그리고 보석으로 석방된 사람이 형의 선고를 받고 판결이 확정된 후에 집행하기 위한 검사의 소환을 받고도 이유 없이 이에 불응하거나 도망한 때에도 법원은 직권 또는 검사의 청구에 의하여 결정으로 보증금의 전부 또는 일부를 몰수한다(필요적 몰수).

2) 보증금의 환부

피고인이 공판절차를 통해 집행유예나 벌금 등의 판결을 받고 석방되는 등 구속영장의 효력이 소멸한 때, 또는 구속 또는 보석이 취소되었으나 법원이 보증금을 몰수하지 않을 때에는 보증금을 환부받을 수 있다. 다만, 보증금의 환부에 관한 업무는 법원의 사무가 아니라 검찰청의 사무이므로 검사의 지휘에 의하여 환부를 받게 된다.

보석허가청구서

사건:
피고인

○ 피고인   에 대한 보석을 허가한다.
○ 보석보증금은 보석보증보험증권으로 갈음한다.
라는 결정을 구합니다.

```
┌─────────────────────────────────────────────────────────┐
│                                                           │
│                        청구원인                            │
│                                                           │
│   첨부서류: 1. 주민등록등본(호적등본)                        │
│           2. 재산관계진술서                                 │
│           3.                                              │
│                                                           │
│                        청구인              (인)           │
│                        피의자와의 관계                      │
│                        주소                               │
│                        전화번호                            │
│                                                           │
│           서울중앙지방법원 형사 제 (단독, 부 ) 귀중          │
│                                                           │
└─────────────────────────────────────────────────────────┘
```

제6절   국선변호인제도

1. 국선변호인제도의 의의

국선변호인이란 법원에 의하여 선종된 변호인을 말한다. 변호인의 도움이 공정한 재판과 피고인의 보호를 위하여 불가결한 것이라고 하더라도 현실적으로 변호인을 선임하고 어려운 경제적 약자 등에게 있어서는 이 제도가 아무런 의미가 없게 되고, 국가가 그러한 상태를 방치하면 실질적 평등에도 반하는 결과를 가져오게 된다. 여기서 헌법은 형사피고인이 스스로 변호인을 구할 수 없을 때에는 국가가 변호인을 붙인다고 규정하여 국선변호인의 조력을 받을 권리를 기본권으로 보장하고 있다. 국선변호사 제도는 사선변호인 제도를 보충하여 피고인·피의자의 변호권을 강화하기 위한 제도라고 할 수 있다. 헌법 제

12조 제4항 형사피고인이 스스로 변호인을 구할 수 없을 때에는 법률이 정하는 바에 의하여 국가가 변호인을 붙인다라고 하여 국선변호인 제도를 규정하고 있습니다. 형사피고인(체포·구속적부심사청구의 경우에는 피의자) 대하여 국선변호인이 선임되는 경우는 크게 2가지이다. 국선변호인은 재판부별로 전속되어 있고, 그 전속변호인이나 그 외 변호인들 중에서 원하는 변호인이 있으면 국선변호인선정 청구서에 기재할 수 있다. 다만, 변호인의 사정 등에 원하는 변호인이 선정되지 않을 수 있다.

국선변호인은 피고인들 사이에 서로 이해관계가 대립하지 않을 때에는, 그 공동 피고인들이 있는 경우 공동피고인들 사이에 서로 이해관계가 대립하지 않을 때에는 그 공동피고인들에 대하여 동일한 변호인을 선정할 수 있다. 국선변호인은 변호사나 사법연수생 중에서 선임하고, 그 보수는 법원에서 지급한다.

2. 법원의 직권에 의하여 선임되는 경우

1) 구속영장이 청구되고 영장실질심문절차에 회부된 피의자에게 변호인이 없는 때

2) 피고인이 구속된 때, 미성년자인 때, 70세 이상인 때, 농아자인 때, 심신장애의 의심이 있는 자인 때. 사형, 무기 또는 단기 3년 이상의 징역이나 금고에 해당하는 사건으로 기소된 때

3) 피고인의 연령, 지능, 교육 정도 등을 참작하여 권리보호를 위하여 필요하다고 인정되고, 피고인이 국선변호인의 선정을 희망하지 아니한다는 명시적 의사를 표하지 않을 때

4) 치료감호법상 치료감호청구사건의 경우

5) 군사법원법이 적용되는 사건의 경우

6) 또한 국선변호인은 원래 피고인에게만 인정되고 피의자에게는 인정되지 않으나 다만 체포·구속적부심사를 청구한 피의자가 위 국선변호인 선임사유에 해당하고 변호인이 없는 때에는 국선변호인을 선정하여야 한다. 나아가 재

심개시절정이 확정된 사건에 있어서도 일정한 경우에는 국선변호인을 선임하여야 하는 경우가 있다.

3. 피고인 또는 피의자의 청구에 의하여 선임되는 경우

피고인이 빈곤 기타의 사유로 변호인을 선임할 수 없는 때에는 피고인의 청구에 의하여 국선변호인을 선임하는 경우가 있다.

위와 같은 피고인 또는 피의자의 청구에 의하여 국선변호인이 선임되는 경우에는 그 사유에 대한 소명자료(영세민 증명 등)를 법원에 제출하여야 하나 사건기록에 의하여 그 사유가 명백히 소명되었다고 인정될 때에는 제출하지 않아도 된다.

4. 국선변호인 선정 청구

1) 피고인

법원은 공소가 제기된 피고인에게 공소장부본의 송달과 함께 국선변호인 선정에 관한 고지도 함께하고 있는데, 특히 피고인이 빈곤 기타의 사유로 인하여 개인적으로 변호인을 선임할 수 없을 때에는 그 고지서 뒷면에 국선변호인선정 청구서가 인쇄되어 있으므로 그 빈칸을 기재하고 날인한 다음 신속하게(늦어도 고지서를 받은 때부터 48시간 안에) 법원에 제출한다.

2) 피고인 이외의 청구권자

피고인의 법정대리인, 배우자, 직계친족, 형제자매와 호주 역시 독립하여 국선변호인의 선정을 청구할 수 있다.

5. 변호인 제도

변호인이란 피의자 또는 피고인의 방어능력을 보충하는 임무를 가진 보조자를 말한다. 변호인은 소송의 주체가 아니라 피의자 또는 피고인의 보조자이다. 형사소송법의 역사를 변호권 확대의 역사라고 한다. 우리 헌법도 구속된 피의자 또는 피고인의 변호인의 도움을 받을 권리를 국민의 기본적 인권의 하나로 보정하고 있으며 이에 따라 형사소송법은 피의자·피고인의 변호인 선임권과 신체를 구속당한 피의자 또는 피고인의 변호인 선임의뢰권 및 접견교통권을 보장하고 있으며, 피고인에게는 광범위한 국선변호인 선임청구권을 인정하고 있다.

변호인은 보조인과 구별된다. 보조인이란 피의자 또는 피고인과 일정한 신분관계에 있는 자로서 피의자 또는 피고인의 이익을 보호하는 자를 말한다. 피의자 또는 피고인의 법정대리인·배우자·직계친족과 형제자매는 보조인이 될 수 있다. 보조인이 될 수 있는 자가 없거나 장애인 등의 사유로 보조인으로서 역할을 할 수 없는 경우에는 고소인 또는 피의자와 신뢰관계에 있는 자가 보조인이 될 수 있다. 보조인은 변호인과 같이 선임되는 것이 아니라 보조인이 되고자 하는 자가 심급별로 그 취지를 신고하면 된다. 보조인은 독립하여 피의자 또는 피고인의 명시한 의사에 반하지 아니하는 소송 행위를 할 수 있다. 다만 법률에 따른 규정이 있는 때에는 예외로 한다. 보조인 제도는 변호인 제도를 보충하려는 데 그 취지가 있으나, 변호인 제도의 강화 특히 국선변호인 제도의 확대에 따라 그 실효성이 감소되고 있다.

제7절 형사보상청구제도

1. 의의

형사재판절차에서 무죄판결을 받은 자는 재판확정 전까지의 구금에 대한 보상을 청구할 수 있고. 피의자로서 구금된 후 불기소된 자는 그 구금에 대한 보상을 청구할 수 있는 제도이다(단, 구금된 이후에 불기소할 사유가 있는 경우, 기소중지 등 종국처분이 아닌 경우 및 기소유예, 공소보류 등의 경우에는 제외).

2. 보상금 청구 절차

형사재판절차에서 무죄재판을 받는 자는 재판이 확정된 날로부터 1년 이내에 무죄 재판을 한 법원에 보상을 청구하여야 하고, 법원은 보상청구가 이유 있을 때 보상결정을 하게 되며, 청구인은 보상결정이 송달된 후 1년 이내에 보상결정 법원에 대응한 검찰청에 보상금 지급을 청구하여야 한다.

단, 형사미성년자, 심신장애자 등의 사유로 무죄재판을 받은 경우, 본인이 허위자백을 하거나 또는 다른 유죄의 증거를 만듦으로써 기소, 미결구금 또는 유죄판결을 받게 된 것으로 인정된 경우, 1개의 재판에서 일부에 대하여 무죄재판을 받고 다른 부분에 대하여 유죄재판을 받았을 경우는 법원의 재량에 의하여 보상청구의 전부 또는 일부가 기각될 수 있다.

피의자로서 구금된 후 기소되지 아니한 자는 검사로부터 불기소 처분의 통지를 받은 날로부터 1년 이내에 불기소 처분을 한 검사가 소속하는 지방검찰청(지방검찰청지청의 검사가 그러한 처분을 한 경우에는 그 지청이 속하는 지방검찰청)의 피의자보상심의회에 보상을 청구할 수 있다.

단, 본인이 허위의 자백을 하거나 다른 유죄의 증거를 만듦으로써 구금된 것으로 인정되는 경우, 구금기간 중 다른 사실에 대하여 수사가 행하여지고 그 사실에 관하여 범죄가 성립한 경우, 보상을 하는 것이 선량한 풍속 기타 사회질서에 반한다고 인정할 특별한 사정이 있는 경우는 피의자 보상의 전부 또는 일부를 지급하지 아니할 수 있다.

3. 보상금액

1일 보상금 상한가는 보상청구의 원인이 발생한 연도의 일급최저임금액의 5배 이내에서 결정되고 전체보상금은 1일 보상금에 구금일수를 곱한 금액이 된다.

기소유예, 선고유예, 집행유예는 모두 무엇인가를 유예한다는 점에서 공통점이 있으나 그 효과와 요건에 차이가 있으므로 그 개념을 정확하게 이해할 필요성이 있다.

1. 기소유예

기소유예는 범죄 혐의 자체는 인정되나 검사가 범인의 연령, 성행, 지능과 환경, 피해자에 대한 관계, 범행의 동기 및 수단과 결과, 범행 후의 정황 등을 종합적으로 참작하여 공소를 제기하지 않는 것을 말하며(형사소송법 제247조, 형법 제51조), 이러한 기소의 유예를 인정하는 입법주의를 기소편의주의라고 한다.

불기소 처분의 일종인 기소유예는 검사에 의해 내려지는 처분으로 수사를 종결시키는 효력이 있어 전과기록 역시 남지 않기 때문에 혐의를 부인하기 어려운 피의자의 입장에서는 최선의 결과라고 할 수 있지만, 혐의가 중대한 경우나 피해자가 강력히 처벌을 희망하고 있어 원만한 합의가 어려운 상황에서는 기소유예의 가능성은 지극히 낮다고 볼 수 있습니다.

2. 선고유예

선고유예는 비교적 범죄의 정도가 경미한 범인에 대하여 일정한 기간 형의 선고를 유예하고 그 유예기간이 특정한 사고 없이 경과되면 형의 선고를 면하도록 하는 제도를 말한다(형법 제59조, 제61조).

다만 형의 선고유예를 받은 자가 유예기간 중 자격정지 이상의 형에 처한 판결이 확정되거나, 자격정지 이상의 형에 처한 전과가 발견된 때에는 유예한 형을 선고한다(형법 제61조). 선고가 유예되는 경우 형의 선고되지 않은 것이므로 수형인명부나 수형인명표에 기재되지는 않으나 형의 선고유예사실이 범죄경력자료에 기재된다(형의 실효 등에 관한 법률 제2조 제5호 가목).

3. 집행유예

집행유예는 3년 이하의 징역이나 금고 또는 500만 원 이하의 벌금형을 선고할 때에 여러 가지 사정을 참작하여 1년 이상 5년 이하의 기간 동안 형의 집행을 미루는 것을 말하며(형법 제62조, 제51조), 정해진 기간이 경과하면 선고의 효력을 상실하게 하여 형의 집행을 하지 않는 제도입니다(형법 제65조).

집행유예는 말 그대로 선고된 형의 집행을 미루는 것에 불과하기 때문에 수형인명부, 수형인명표, 범죄경력자료에 모두 기재되고(형의 실효 등에 관한 법률 제2조), 일정한 사유가 있는 경우 집행유예가 실효되거나 취소될 수 있다(형법 제63조, 제64조).

제9절 형의 시효와 공소시효

1. 공소시효

공소시효란 범죄사건이 일정기간의 경과로 형벌권이 소멸하는 제도를 말한다. 쉽게 말하면 범죄에 대하여 일정 기간이 지나면 처벌할 수 없게 되는 것을 말한다. 1954년 형사소송법이 제정된 이후 모든 범죄에는 공소시효가 있다. 공소는 형사사건에 대해 검사가 법원에 재판을 청구하는 것을 말합니다. 시효는 일정한 사실 상태가 오래 계속된 경우에 그 상태가 진실 여부를 묻지 않고 그 사실상태를 그대로 존중하여 이것을 권리관계로 인정하는 제도를 말한다.

1) 시효의 기산점

시효는 범죄행위가 종료된 때부터 진행이 된다. 공범에는 최종행위의 종료한 때로부터 전공범에 대한 시효기간을 가산한다(형사소송법 제252조 제2항 시효의 가산점).

2) 시효의 정지와 효력

시효는 공소의 제기로 진행이 정지되고 공소기각 또는 관할위반의 재판이 확정된 때로부터 진행을 한다. 또한, 공범의 1인에 대한 시효정지는 다른 공범자에게 대하여 효력이 미치고 당해 사건의 재판이 확정된 때로부터 진행한다. 범인이 형사처분을 면할 목적으로 국외에 있는 경우 그 기간 동안 공소시효는 정지가 된다.

2. 공소시효 기간

공소시효기간은 형사소송법 제249조에 있다. 공소시효는 범죄 종류에 따라 차이가 있다.

1) 공소시효 기간

① 사형에 해당하는 범죄는 25년, ② 무기징역 또는 무기금고에 해당하는 범죄는 15년, ③ 장기 10년 이상의 징역 또는 금고에 해당하는 범죄는 10년, ④ 장기 10년 미만의 징역 또는 금고에 해당하는 범죄는 7년, ⑤ 장기 5년 미만의 징역 또는 금고, 장기 10년 이상의 자격정지 또는 벌금에 해당하는 범죄는 5년, ⑥ 장기 5년 이상의 자격정지에 해당하는 범죄는 3년, ⑦ 장기 5년 미만의 자격정지, 구류, 과료 또는 몰수에 해당하는 범죄는 1년이다.

2) 살인죄 공소시효 폐지

공소가 제기된 범죄는 판결의 확정이 없이 공소를 제기한 때로부터 25년을 경과하면 공소시효가 완성된 것으로 간주하여 처벌할 수 없다.

3. 살해 범죄에 대한 공소시효

사람을 살해한 범죄에는 공소시효가 폐지되었다. 2000년 8월 1일 밤 이후부터 살인죄는 공소시효가 폐지되었기 때문에 기간이 지나더라도 끝까지 처벌할 수 있다. 다만, 그전 사건에 대해서는 공소시효가 적용된다.

안타깝게도, 1991년 대구 개구리 소년 사건, 화성 연쇄살인 사건 등은 공소시효 만료로 처벌할 수 없다.

제4장

형사소송절차

제1절 수사는 어떻게 진행될까

1. 수사의 시작

수사기관이 수사를 시작할 때 필요한 단서에는 제한이 없다. 고소·고발 등을 통해 범죄 신고를 받거나, 풍문이나 신문기사를 보고, 또는 우연히 사건을 목격하는 경우와 같이 범죄발생 사실을 알게 되는 것이 단서가 된다. 범죄가 발생하면 수사기관은 범인을 찾고 증거를 수집하기 위한 수사 활동을 시작한다.

제2절 고소·고발의 개념

1. 고소·고발의 의의

고소란 범죄의 피해자 또는 그 피해자와 일정한 관계가 있는 고소권자가 수사기관에 대하여 범죄사실을 신고하여 범인의 처벌을 구하는 의사표시를 말한다. 이에 대하여 고발은 고소권자나 범인 이외의 사람이 수사기관에 대하여 범죄사실을 신고하여 그 소추를 구하는 의사표시를 말하는 것으로서 신고의 주체가 다르다는 점에서 고소와 차이가 있다.

친고죄에 있어서는 고소는 소송조건으로서 고소 없이는 공소를 제기할 수도 없으며 공소를 제기하더라도 법원은 공소기각의 판결을 하여야 한다. 또한 고소는 수사기관에 범죄사실을 신고하는 것으로 수사기관이 아닌 국가기관에 제출하는 탄원서나 진정서 등은 고소라고 볼 수 없는 경우가 많다. 고소는 범죄사실을 신고하는 것이므로 고소사실은 범죄사실을 지정하여 범인의 처벌을 구할 수 있을 정도로 특정되어야 한다. 또한 고소는 범인의 처벌을 구하는 의사표시이므로 처벌을 구하지 않는 경우는 고소로 볼 수 없을 것이다. 고소는 법률행위적 소송행위로 고소능력이 있어야 한다. 고소능력은 피해를 입은 사실을 알고 고소의 효력을 어느 정도 이해하는 정도의 판단능력을 가져야 하며, 고소능력이 없는 고소인의 고소는 당연무효이다.

고소는 일반적인 범죄사건의 고소가 주가 될 것이다. 여러 가지 다루고자 하는 고소제도와 관련한 문제점은 소송조건으로 기능하는 친고죄와 관련되어 발생하기보다는 수사기관에 대한 고소권자의 수사단서 제공에 의한 무분별한 수사촉구에서 비롯되는 것들이기 때문이다.

2. 고소·고발의 법적 성격

고소의 법적 성격에 관하여는 견해가 갈린다. 고소는 국가와 범죄의 피해자 및 그와 특절한 관계에 있는 자의 사이에 존재하는 공법성의 관계로서 고소권자의 권리라기보다는 오히려 범죄지위 내지 권능이라고 보는 견해가 있는 반면에, 고소는 일반적으로 범죄의 피해자 및 그와 특정한 관계에 있는 사람이 가지는 법률상의 권리라고 보는 견해가 있다. 우리나라 대법원은 피해자의 고소권은 형사소송법상 부여된 권리로서 친고죄에 있어서 고소의 존재는 공소의 제기를 유효하게 하는 것이며 공법상의 권리라고 할 것이므로 그 권리의 성질상 법이 명문으로 인정하는 경우를 제외하고 자유처분을 할 수 없다고 함이 상당하다고 판시하여 고소의 권리성을 인정하고 있다.

3. 고소란 무엇인가

고소는 범죄의 피해자 등 고소권을 가진 사람이 수사기관에 대하여 범죄사실을 신고하여 범인을 처벌해 달라고 요구하는 것이다.

어떠한 범죄로 인해 피해를 입은 사람이나 그와 일정한 관계를 가지고 있는 사람이 범죄에 관한 내용을 수사기관에 신고하여 범인의 처벌을 요구하는 것을 고소라고 하고, 고소장을 작성하여 검찰청 또는 경찰서에 제출하는 것이다. 일단 고소가 시작되면 수사기관은 고소된 사건에 대하여 죄의 유무를 막론하고 수사에 착수하게 된다.

고소는 일정한 고소권을 가진 사람만이 할 수 있으며, 고소권자 이외의 제3자가 범죄사실을 알게 되어 수사기관에 신고하여 처벌을 요구하는 것을 고발이라고 한다.

4. 고소장의 작성방법, 제출기관

고소란 범죄의 피해자 등 고소권을 가진 사람이 수사기관에 대하여 범죄사실을 신고하여 범인을 처벌해 달라고 요구하는 행위이다. 고소권자는 범죄의 피해자이며, 피해자가 무능력자 이거나 사망한 경우에는 피해자와 일정한 신분적 관계에 있는 사람이 고소권자가 된다.

고소는 관할 수사기관에 하는 것이 가장 빠르며, 청와대나 법무부 장관, 기타 다른 국가기관에 고소하여도 해당 수사기관(경찰서)으로 전달되며 관할 수사기관이 아닌 다른 수사기관에 고소하는 경우에는 시간이 걸리므로 해당 수사기관(피고소인 등이 조사받기 쉬운 장소 등, 관할 경찰관서)에 고소하는 것이 바람직하다.

고소장에는 일정한 양식이 있는 것은 아니고 고소인과 피고소인의 인적사항, 피해를 입은 내용, 처벌을 바란다는 명시적 의사표시 등만 들어 있으면 되고, 그 사실이 어떠한 죄에 해당되는지 명시할 필요가 있는 것도 아니다.

고소가 있으면 해당 수사기관에서 수사를 개시하고 고소인은 수사기관에 출석하여 고소사실을 진술할 권리(피해자 진술서)가 있으며 검사가 고소사건에 대하여 불기소 처분을 하면 그 처분 통지를 받을 권리가 있다. 또한 불기소 처분의 사유를 알고 싶으면 이를 통지하여 달라고 요구할 권리도 있다. 그리고 불기소 처분에 불만이 있으면 상급 고등검찰이나 대검찰청에 항고 및 재항고를 할 수 있다.

5. 고소 · 고발의 접수절차

고소 또는 고발은 서면 또는 구술로써 검사 또는 사법경찰관리에게 하여야 하며, 구술에 의한 경우에는 조서를 작성하여야 한다.

고소는 대리에 의해서도 할 수 있으며 대리에는 고소권자의 수권이 필요하다. 수권을 받은 대리인이 고소취소를 하고자 하는 경우에는 고소취소에 관하여 새로운 수권이 필요하다.

고소의 조건을 붙일 수 있는가에 관하여 조건부 고소는 형사절차의 확실성을 해하고 국가형벌권의 행사를 지나치게 피해자의 의사에 좌우하게 하므로 허용하여서는 안 된다는 견해도 있으나, 친고죄의 경우를 제외하고는 고소는 수사의 단서에 불과하므로 수사와 형사소송 진행에 영향을 주게 된다면 조건 없는 고소로 취급하든지 고소사건 아닌 일반 형사사건으로 진행하면 별문제가 없을 것으로 본다.

6. 고소 · 고발의 처리절차

사법경찰관이 고소 또는 고발을 받은 때에는 신속히 조사하여야 한다.

사법경찰관이 고소에 의한 범죄를 수사할 때에는 고소를 수리한 날로부터 2월 이내에 수사를 완료하여야 한다. 고소사건의 처리기간을 법률로 규정한 것은 고소사건에 대한 신뢰를 높이고자 함이다. 그러나 사건처리규정에 관한 규정은 훈시규정이라 볼 수 있다. 고소인의 허위의 고소를 한 때에는 무고죄의 처벌을 받도록 규정되어 있는바, 수사기관은 고소가 무고에 해당하는지 여부를 철저히 조사한다.

피고소인이 무죄 또는 면소판결을 받을 것을 알면서 또는 중대한 부주의에 대해 이를 알지 못하여 고소한 결과 공소가 제지된 사간에 대해서는 그 비용을 모두 국가가 부담하는 것은 아주 불합리하므로 고소권의 남용으로 억제하기 위하여 고소사건이 무죄 또는 면소판결을 받고 고소인에게 고의 또는 중대한 과실이 있는 경우에 고소인에게 소송비용을 부담시킬 수 있다.

7. 불복절차

검사는 고소 있는 사건에 관하여 공소를 제기하거나 제기하지 아니하는 처분, 고소의 취소 또는 타관송치를 한 때에는 그 처분한 날로부터 7일 이내에 서면으로 고소인에게 그 취지를 통지하여야 한다. 검사는 고소 있는 사건에 관하여 공소를 제기하지 아니하는 처분을 한 경우에 고소인의 청구가 있는 때에는 7일 이내에 고소인에게 그 이유를 서면으로 설명하여야 한다. 검사의 불기소 처분에 대하여 불복이 있는 고소인은 처분검사 소속의 지방검찰청 또는 지청을 거쳐 서면으로 관할 고등검찰청 검사장에게 항고할 수 있고 그 항고를 기각하는 처분에 대하여 불복이 있는 항고인은 서면으로 검찰총장에게 재항고할 수 있다. 재항고가 기각되는 경우에는 헌법소원을 청구할 수 있다.

8. 고소자의 의무 및 권리

적법한 고소가 있으면 고소인은 수사기관에 출석하여 고소사실을 진술할 권리가 있고 수사에 협조할 의무도 있다.

또 검사가 고소사건을 불기소 처분하게 되면 그 처분 통지를 받을 권리가 있고 불기소 처분의 사유를 알고 싶으면 알려 달라고 요구할 수 있으며, 상급 고등검찰청과 대검찰청에 항고 및 재항고할 수 있다. 그 외 특별한 범죄에 대하여는 재정신청도 할 수 있다.

9. 관할 문제

1) 친고죄·반의사 불벌죄

범죄 중에는 피해자의 명예나 입장을 고려하여 고소가 없으면 처벌할 수 없는 죄가 있는데 그것을 친고죄라 한다. 강간죄, 간통죄, 모욕죄, 혼인빙자 간음죄 등이 그것이다.

친고죄는 범인을 알게 된 날로부터 6개월이 지나면 고소를 할 수 없다. 또 한 번 고소를 취소하면 다시 고소할 수 없고 1심의 판결이 선고된 후에는 고소를 취소하더라도 소용이 없다.

그리고 공범이 있는 경우에는 고소인 마음대로 일부만 고소하거나 취소할 수 없고 공범 전부에게 고소와 취소를 하여야 한다. 특히 간통죄의 경우에는 배우자에게 이혼소송을 제기하거나 혼인이 해소된 후에만 고소를 할 수 있고, 이혼하기로 일단 협의한 후에 간통한 것은 고소할 수 없다.

친고죄와 달리 고소가 없어도 처벌할 수 있으나 피해자가 처벌을 원하지 않는다는 의사를 표시하면 처벌할 수 없는 죄가 있는데 명예훼손죄, 폭행죄 등이 그것이다. 처벌을 원하지 않는 의사표시는 친고죄의 고소취소와 같은 효력이 있다.

1) 고소·고발

고소와 고발 모두 수사기관에 범죄사실을 신고하여 범인에 대한 처벌을 요구하는 절차이지만, 고소는 범죄피해자 등 고소권을 가진 사람만 할 수 있는데 비해 고발은 고소권자가 아닌 제3자가 할 수 있다.

고소권자가 고소하지 않으면 처벌할 수 없는 죄를 친고죄라 하는데, 대표적으로 강간죄, 강제추행죄, 모욕죄 등이 있다. 일반적인 고소의 시기에는 제한이 없지만, 친고죄는 범인을 안 날로부터 6개월 이내에 고소해야 한다. 다만, 성폭력범죄처벌및피해자보호등에관한법률의 친고죄(업무상 위력 등에 의한 추행, 공중밀집장소에서의 추행, 통신매체이용음란행위)와 이 법률에서 성폭력범죄로 규정한 강간, 강제추행 등은 범인을 안 날로부터 1년 이내에 고소할 수 있다.

고소를 취소하려면 제1심 판결이 선고되기 전에 해야 하고, 일단 고소를 취소하면 다시 고소할 수 없다.

2) 고발

범죄의 피해자가 고소권자가 아닌 제3자가 수사기관에 대하여 범죄사실을 신고하여 범인을 처벌해 달라는 의사표시를 고발이라고 하는데 형사소송절차에서는 대체로 고소와 그 취급을 같이한다.

3) 무고죄

고소인이 있는 사실 그대로 신고하여야 한다. 허위사실을 신고하는 것은 국가기관을 속여 죄 없는 사람을 억울하게 처벌받게 하는 것이므로 피해자에게 큰 고통을 줄 뿐만 아니라 억울하게 벌을 받은 사람이 국민을 원망하게 되어 결국 국가의 기강마저 흔들리게 되므로 무고죄는 엄벌로 다스리고 있다. 흔히 소장에 상대방을 나쁜 사람으로 표현하기 위하여 자신의 피해사실과 관계가 없는 사실을 근거 없이 과장되게 표현하는 고소인들이 있는데 이는 옳지 않을 일일 뿐 아니라 잘못하면 그 때문에 무고죄에 해당될 수가 있다.

예컨대 소문난 사기꾼이라든지, 노름꾼으로 사회의 지탄을 받는다든지 하는 등의 표현이다. 또 수사기관에서 불기소 처분이 내려졌다거나 국가기관에서 법률상 들어 줄 수 없다고 판정이 된 문제에 관하여, 고소인 자신이 그와 다른 견해를 가지고 있다 하여 자기의 뜻을 관철하고자 같은 내용의 고소진정을 수 없이 제기하는 것도 무고죄에 해당될 가능성이 많은 것이다.

10. 고소 시 유의 사항

일시적 기분에 좌우되어 경솔하게 고소를 하여 후회를 하는 자가 많다. 우리는 고소가 사건해결의 첩경이라고 생각하기 전에 당사자끼리 상호 원만히 해결하는 자세가 필요하다.

피해를 핑계 삼아 과중한 돈을 요구하다가 화해가 결렬되자 홧김에 고소를 제출하는 자가 있으나 모두 바람직한 일은 아니다. 또한 가해자 측에서도 자신의 잘못을 피해자에게 정중히 사과하고 상호 원만히 합의를 하도록 노력하여야 한다.

더 나아가 고소를 제기하는 경우에도 신중을 기할 필요가 있다. 고소를 함에 있어서 허위의 사실을 포함시킨다면 경우에 따라서 오히려 고소인이 무고죄로 처벌받게 될 수 있다. 고소를 하기 이전에 한 번 더 상대방과 접촉하여 상호 합의하에 원만히 문제를 해결해 보는 것이 좋다.

제3절 입건의 개념과 그 유래

1. 입건의 개념

이검음 범죄사건부에의 등재 또는 사법기관에서 사건을 접수하는 것을 말한다고 한다. 실질적인 의미로는 수사기관이 범죄의 혐의가 있다고 사료·인식한 시점을 의미한다고 볼 수 있다. 인지와 밀접한 관련이 있는 개념이며, 입건을 통하여 정식 수사 단계로 넘어가게 된다. 입건의 시점은 다양하게 볼 수 있으며, 구체적으로는 ① 범죄사건부에의 등재한 때, ② '형사사법절차 전자화 촉진법'에 따른 형사사법정보시스템에 해당 사건을 등재한 때, ③ 범죄인지보고서를 작성한 때, ④ 피의자로 출석을 요구한 때, ⑤ 피의자신문조서를 작성하기 시작한 때, ⑥ 긴급체포한 때, ⑦ 현행범 체포를 한 때, ⑧ 사법경찰관이 검사에게 체포·구속영장을 신청한 때, ⑨ 사람의 신체, 주거, 관리하는 건조물, 자동차, 선박, 항공기 또는 점유하는 방실에 대하여 압수·수색·검증영장을 신청한 때 등으로 볼 수 있다.

이러한 '입건'이 현행 실정법상으로 규정된 예는 다수 있다. '경범죄처벌법' 제3조 제34호, '군사법원법' 제228조 제2항 '국제자유도시 조성을 위한 특별법' 제481조 제2항, '통신비밀보호법' 제9조의2 제1항·제2항, 제9조의3 제1항, 제13조의3 등을 그 예로 들 수 있다. 경찰에 관련한 규정에서의 입건이라는 용어는 경찰청 훈령인 범죄수사규칙 제152조, 제214조, 제268조, 제270조에서 현재 사용되고 있다. 이러한 관련 규정에 표현되어 있는 내용으로 볼 때 입건이라는 용어는 사법경찰관이 범죄혐의를 인지하여 범죄인지서를 작성하는 것이 타당하다. 한편 검찰단계에서는 검찰사건사무규칙에서 내사사건의 처리유형으로 입건을 규정하고 있는 것으로 본다면 입건이 내사사건부의 비고란에 형제번호를 기재하는 것 또는 형사사건으로 접수되어 사건번호가 부여되는 것이라는 설명이 더욱 설득력을 갖는다.

대법원도 공소외인 인화질 물질인 락카 신나를 보관하다가 적발되었는데 동공소외인이 페인트상회를 개업한 지 7일 정도밖에 안 되어, 이것이 위험물로 신고해야 된다는 것을 몰랐다고 변소하여 이 변소를 받아들여 경미사범이거나 소방법 위반의 구성요건에 해당하지 않는다고 판단하여 훈계방면하여 '입건'조치하지 아니한 것을 직무유기죄에 해당하지 않는다는 판결하여, 입건의 개념을 인정하고 있다고 보인다.

2. 입건개념의 유래

입건이라는 용어가 범죄수사에 있어서 공식적으로 처음 사용된 것은 1960년 시행된 사법경찰관리집무규정으로 보이며, 이것이 1975년에 시행된 사법경찰관리 집무규칙 제64조에 그대로 계수된 듯하다.

그 이전에는 입건이라는 용어가 법률규정이나 규칙에 등장하지 않지만 일제강점기부터 관행적으로 계속 사용되어 왔었다고 추정된다. 즉 입건이라는 용어는 형사소송법 등 법률에 그 근거를 찾을 수 없으나, 실무에서 관행적으로 사용되었고 그 결과 1960년 시행된 사법경찰관리집무규정을 시작으로 법무부령에서부터 그 연원을 가진다고 보는 것이다. 비록 일제강점기 때 조선형사령이나 1924년부터 1944년까지 조선총독부령에 의해 시행된 '사법경찰관리의직무를행할자및그직무의범위'에 관한 법령에서는 비록 입건이라는 용어가 공식적으로 사용된 적은 없으나 일제강점기를 지나 해방 이후에도 지속적으로 사용되어 오다가 1960년 시행된 "사법경찰관리집무규정"에 처음으로 공식용어로 등장하게 되었다. 이와 동일한 1981년에 제정된 법무부령인 검찰사건사무규칙에서는 내사사건에 처음의 유형으로 '입건'과 '불입건'이라는 용어를 명시적으로 사용하게 되었다고 보는 것이 타당하다.

3. 입건과 고소·고발

입건은 사건이 수사기관에 형사사건으로 접수되어 사건번호가 부여되는 것을 말한다. 수사기관에서 사건을 인지한 경우와 수사기관이 고소, 고발 또는 자수를 받는 경우에는 사건을 수리하게 된다. 즉 실무상으로는 수사기관이 고소나 고발을 받게 되면 형사사건으로 접수하여 사건번호를 부여하게 되고 이를 입건이라고 하는 것이다. 이러한 입건절차는 실제 혐의가 인정되기 때문에 입건을 하는 것은 아니므로 입건과 혐의인정은 사실상 무관하다고 볼 수 있다는 견해가 있다. 이는 수사의 개시시점을 범죄혐의의 유무 판단에 반드시 구속되지 않는다고 보는 견해로서 고소·고발사건에서 수사기관이 범죄혐의를 확인하는 과정을 거치지 않고 입건하는 사안이 현실적으로 있음을 인정하고 있으며, 고소·고발접수에 따른 수사결과 혐의 여부가 판명되면 그에 따라 검사에게 사건을 송치하는 등 사간을 처리하게 된다고 한다.

하지만 이는 상당히 위험한 이론이라고 보인다. 왜냐하면 수사개시권이라는 것은 기본적으로 국민의 인권을 침해하는 인권침해적 작용이며 따라서 수사의 개시에는 신중을 기하여야 하기 때문이다. 수사권의 발동은 현행 형사소송법에 의해 이루어져야 하며, 예외적으로 헌법 제108조에 근거를 두고 있는 형사소송규칙 이외에는 그와 같은 헌법적 근거가 없는 대통령령이나 법무부령 등의 행정입법은 수사기관의 자체내의 업무처리 지침을 규정한 것에 불과한 것으로 보아야 한다. 즉 헌법적 근거가 없는 대통령령이나 법무부령으로는 국민의 인권을 침해할 수 있는 수사개시권이 발동된다고 볼 수 없기 때문이다.

고소장

고소인   홍길동 (600000 – 1000000)

　　　전화번호: ○○○○ – ○○○○, 010 – ○○○ – ○○○○

　　　주소: 서울시 송파구 마천동 ○○○○ – ○○

피고소인 김길동 (5000000 – 1909090)

　　　전화번호: ○○○○ – ○○○○, 010 – ○○○ – ○○○○

　　　주소: 서울시 광진구 화영리 1번지

고소의 취지

피고소인을 ○○(죄명)의 혐의로 고소합니다.

고소사실

고소인은 현재 직업이 무엇이고, 피고소인은 현재 직업이 무엇이며, 서로 어떻게 알게 된 사이이며, 어떤 관계인데, 피고소인은 언제(예: 2013. 11. 2. 20:30경) 어디(예: 서울시 송파구 오금동 ○○번지 윤진빌딩 사무실)에서 어떤 방법(고소인에게 무어라고 속여)으로 무엇(금 2,000만 원)을 어떻게(교부받아 편취) 한 것으로 생각하여 고소장을 제출하니 철저히 수사하여 엄벌에 처해 주시기 바랍니다.

입증자료: 1. 차용증 사본 1부

　　　　　2. 공정증서 사본 5매

2024. 2. 17.

위 고소인 홍 길 동 (인)

광진경찰서장 귀하

* 우편 또는 직접제출로 가능하며 사건과 관련된 서류(차용증, 현금보관증, 각서,
  기타 서류) 고소장 제출 또는 진술서 첨부하시고 고소(위임인) 여부를 확인하
  기 위하여 신분증을 지참하시면 됩니다.
* 고소, 고발, 진정, 탄원서는 고소장 형식과 동일합니다.

3) 무고죄

고소인은 있는 사실을 그대로 신고하여야 한다. 허위사실을 신고하여 죄 없
는 사람을 억울하게 처벌받게 하면 피해자에게 큰 고통을 줄 뿐만 아니라 국
가형벌권의 적정한 행사를 저해하게 되므로, 이를 무고죄라고 하여 엄하게 처
벌한다.

예를 들면 다음과 같다.

① A가 도박 현장에서 B에게 도박자금으로 돈을 빌려주었는데 B가 이를 갚
지 않자, 이러한 사실을 감추고 단순히 대여금인 것처럼 하여 B가 돈을 빌려
간 후 변제하지 않고 있으니 처벌하여 달라는 취지로 고소한 경우

② B가 대출받는데 A가 보증을 서 주었음에도 B가 대출금을 갚지 않아 금
융기관으로부터 대출금에 대한 보증 책임 이행을 요구받게 되자, B가 A 몰래
서류를 위조하여 대출받은 것이라는 취지로 고소한 경우에 각각 무고죄가 성
립한다.

실제로 금전적 피해를 입고도 상대방이 미운 나머지 허위사실을 고소하여
오히려 형사처벌까지 받은 사례가 많으므로 사실 그대로 고소하는 것이 좋다.

4) 고소·고발 관련 민원의 실질적 해소방안

① 검찰청에 직접 고소·고발을 제기하는 경우

- 민원인이 고소, 고발장을 검찰에 제출하면 민원 전담 감사 또는 공익법무관과 상담하게 된다.
- 민원인은 자신의 자유 의사에 따라 고소. 고발의 유지 또는 취소 및 민사적 피해 변제 신청의사를 표시한다.
- 공익 법무관의 안내에 따라 관할 대한법률구조공단을 통해 피해 변제를 받을 수 있다.

② 경찰에 고소·고발한 후 검찰에서 수사 중인 경우

수사 주임 검사와 사의하여 민사적 피해 변제를 받을 수 있는 방법을 모색해 본 뒤, 공익법무관과 상담을 거쳐 대한법률구조공단을 통해 피해 변제를 받을 수 있다.

2. 수사의 진행

수사기관은 입건된 피의자나 참고인에게 출석하여 진술할 것을 요구할 수 있다. 피의자가 정당한 이유 없이 이를 거부할 때에는 체포를 할 수 있고, 경우에 따라서는 구속을 할 수 있다.

1) 피의자 신문과 참고인조사

수사기관은 피의자를 출석하도록 하여 진술을 듣는 피의자 신문을 할 수 있다. 피의자는 출석이나 진술을 거부할 수 있지만, 정당한 이유 없이 응하지 않거나 그럴 우려가 있는 경우라면 수사기관은 연장을 발부받아 피의자를 체포할 수 있다.

피의자의 진술은 피의자 신문조서에 기재해야 하는데, 참고인으로 하여금 진술서를 작성하게 할 수 있다.

2) 체포할 수 있는 경우

죄를 저질렀다고 의심할 만한 충분한 이유가 있는 피의자가 정당한 이유 없이 출석 요구에 응하지 않거나 응하지 않을 우려가 있을 때에는 피의자를 체포할 수 있다. 체포를 하려면 원칙적으로 체포영장이 필요한데, 사법 경찰관이 검사에게 체포영장을 신청하면 검사가 판사에게 청구하여 체포영장을 발부받게 된다.

한편, 범죄가 무겁고 긴급한 사정이 있어 체포영장을 받을 이유가 없는 경우, 수사기관은 그 사유를 알리고 영장 없이 피의자를 체포할 수 있는데, 이를 긴급체포라고 한다. 사법경찰관이 피의자를 긴급 체포한 경우에는 즉시 검사의 승인을 얻어야 한다.

범죄를 실행 중이거나 막 실행을 끝낸 현행범 또는 범죄행위가 종료되었지만 시간적으로 그와 밀접한 관계가 있어 범인이라고 확정할 수 있는 사유가 있는 준현행범에 대해서는 누구든지 영장 없이 체포할 수 있다. 수사기관이 아닌 사람이 현행범이나 준현행범을 체포한 경우에는 즉시 수사기관에 인도해야 한다.

2) 구속할 수 있는 경우

수사기관은 수사를 한 결과 범죄가 무겁고 일정한 주거가 없는 경우, 증거를 없앨 염려가 있는 경우, 도망하거나 도망할 염려가 있는 경우에 피의자를 구속할 수 있다. 피의자를 구속하려면 증거가 있어야 함은 물론, 반드시 판사가 발부한 구속 영장이 있어야 한다.

피의자는 구속 여부가 결정되기 전에 판사 앞에서 변명의 기회를 가질 수 있는데, 이를 구속 전 피의자 심문 제도(영장실질심사제도)라고 한다. 판사는 구속할 만한 사유가 없는 경우에는 영장을 기각할 수 있다.

수사기관이 피의자를 구속할 수 있는 시간은 수사 단계와 공소 제기 후로 나누어 정해진다. 수사 단계에서 사법경찰관과 검사는 각각 피의자를 10일씩 구속할 수 있으며, 검사는 판사의 허가를 받아 10일 내에서 1회 연장할 수 있다

(최장 30일 구속 가능), 공소제기 후에는 피고인(피의자 신분에서 피고인 신분으로 전환됨)을 2개월 동안 구속할 수 있는데, 구속 상태를 지속할 필요가 있는 때에는 심급마다 2개월의 한도 내에서 2회씩 연장할 수 있다(최장 14개월 구속 가능).

구속 전 피의자 심문제도의 내용

(1) 신청할 수 있는 대상
① 현행범이나 체포 영장 제시 후 체포, 긴급체포의 방식으로 수사기관에 체포된 피의자
② 피의자의 변호인, 법정대리인, 배우자, 직계존속, 형제자매, 호주, 가족이나 동거인 또는 고용인

(2) 구속 전 피의자의 심문제도의 예외
① 판사가 피의자 심문 없이도 구속 여부를 결정할 수 있다고 판단하는 경우
② 체포되지 않은 피의자 대해 구속 영장이 청구된 경우에 판사가 피의자에게 심문 청구 청구권을 부여하지 않고 판사의 직권으로 피의자에 대해 심문이 필요하다고 판단하는 사안에 한해 피의자를 심문하는 경우(구인영장을 발부하여 피의자를 법원에 출석하게 한 뒤 심문을 실시한다)

---

3) 피의자가 체포·구속이 적합하지 않다고 생각할 때

피의자는 일단 영장에 의하여 수사기관에 체포 또는 구속되었다고 하더라도, 적부심사 절차에 따라 법원으로부터 체포 또는 구속의 적합성 여부에 대해 심사받을 수 있다.

체포 또는 구속 적부심은 피의자 본인이나 변호인은 물론, 배우자, 직계친족, 형제자매, 호주, 가족 및 동거인이나 고용주도 청구할 수 있다. 이때, 구속 적부심을 청구한 피의자에 대해서는 출석을 보증할 만한 보증금을 낼 것을 조건으로 석방을 명하는 피의자 보석제도가 인정된다.

체포 또는 구속적부심은 사건이 경찰에 있는가, 검찰에 있는가를 가리지 아니하고 검사가 법원에 기소를 하기 전이면 청구할 수 있다는 점에서 기소된

피고인에 대하여 인정되는 보석제도와 다르다.

체포 또는 구속 적부심을 청구받은 법원은 지체 없이 구속된 피의자를 심문하고 증거를 조사하여 결정을 하여야 하는데, 수사 방해의 목적이 분명한 때 등에는 기각할 수 있고, 청구의 정당한 이유가 있으면 석방을 명한다.

4) 압수 · 수색 · 검증 및 감정이 필요한 경우

수사기관은 증거물이나 몰수물의 수집과 보전을 목적으로 압수 · 수색 · 검증을 할 수 있다. 수사기관이 압수 · 수색 · 검증을 하는 경우에는 미리 판사로부터 영장을 발부받아야 하지만, 긴급한 경우 등 사유가 있을 때는 영장 없이도 할 수 있다.

구속적부심사청구

피의자 홍 길 동 60. 00. 00생
 서울시 송파구 마천동 ○○○ - ○○

위 피의자는 폭력사건으로 2016. 1. 1. 귀원에서 발부한 구속영장에 의하여 현재 서울구치소에 수감 중인바, 동 피의자에 한 구속적부심사를 청구하오니 청구취지와 같은 결정을 바랍니다.

청구취지

피의자 홍길동의 석방을 명한다
라는 결정을 구합니다.

청구이유

1. 피의자는 이 사건 피해자와 상거래관계로 다투다가 우발적으로 피해자를 때려 6주간의 치료를 요하는 상해를 입힌 사실은 있으나 그 후 그 상처는 완치되고 치료비도 모두 피의자가 부담하였습니다.

2. 또한 피의자와 피해자는 원만한 합의를 하여 피해자도 관대한 처벌을 바란다는 서면까지 작성해 준 사실이 있습니다.

3. 피의자는 주의의 상인들 간에도 성실하고 법 없이도 살 수 있는 사람이라는 평판이 자자하여 피의자를 알고 있는 많은 사람들이 관대한 처벌을 바라는 탄원을 하고 있습니다.

4. 피의자에 대한 혐의사실은 조사 완료되어 증거인멸의 우려가 없고 피의자는 5인 가족의 가장으로서 도망할 염려는 전혀 없습니다.

그러므로 이와 같은 사실을 참작하여 피의자를 석방하여 주시기 바랍니다.

첨부서류

1. 구속영장사본
1. 합의서(또는 고소취하장)
1. 진술서
1. 탄원서
1. 치료비영수증
1. 주민등록등본

2024년 2월 17일

위 청구인 피의자의 처

김말순 (인)

○ ○ ○ 지방법원 귀중

수사기관이 영장 없이 압수·수색·검증할 수 있는 경우

① 체포·구속 목적의 피의자 수색
② 피의자 체포·구속 현장에서의 압수·수색·검증
③ 피고인 구속 현장에서의 압수·수색·검증
④ 범죄 현장에서의 긴급 압수·수색·검증
⑤ 긴급체포 후 48시간 압수·수색·검증
⑥ 임의 제출물에 대한 압수

5) 송치

모든 형사사건은 검사만이 수사를 종결할 수 있다. 수사가 종결되면 사법경찰관은 수사한 모든 사건에 대한 기록과 증거물 등을 검사에게 보내고, 피의자를 구속한 경우에는 수사 기록과 증거물을 검찰청으로 보내야 하는데, 이를 송치라고 한다. 사법 경찰관은 송치를 할 때 그동안의 수사 결과를 종합한 뒤 자신의 의견을 붙이고, 검사는 사건에 대한 수사 종국 결정을 내린다.

3. 수사의 종료

1) 공소의 제기

검사는 사법경찰관으로부터 송치받은 사건이나 직접 수사한 사건의 피의자가 재판을 받는 것이 마땅하다고 판단하는 경우 법원에 회부하게 되는데, 이를 공소제기 또는 기소라고 한다. 한편, 검사가 피의자를 벌금형에 처하는 것이 적당하다고 판단하는 경우에는 법원에 대해 벌금형을 내려 달라는 약식명령청구를 할 수 있는데, 이를 약식 기소라고 한다. 피의자가 구속된 상태에서 약식기소를 할 경우에는 피의자를 석방해야 한다.

2) 불기소 처분을 하는 경우

검사가 사건을 수사한 결과 피의자가 재판을 받을 필요가 없다고 판단한 경우에는 기소하지 않고 사건을 종결한다. 이것이 불기소 처분이다. 불기소 처분 중에서 가장 중요한 것은 기소유예와 무혐의 처분이다.

① 기소유예

기소유예란 범죄혐의가 인정되고 소송조건도 갖추어 졌으나 피의자의 연령, 성행, 지능과 환경, 범행의 동기, 수단과 결과, 범행 후의 정황 등을 고려하여 기서하지 않는 것을 말한다. 기소유예된 피의자는 같은 죄로 다시 기소되지 않는다. 그러나 기소유예 다시 죄를 저지른 경우 등의 사정이 있으면 검사는 기소유예 처분한 범죄에 대해서는 기소할 수 있다.

② 무혐의 처분

무혐의 처분이란 검사가 수사를 한 결과 범죄를 인정할 만한 증거가 없거나, 기소하여 유죄 판결을 받기에 증거가 부족한 경우에 내리는 결정을 말한다. 비록 무혐의 처분이 한 번 내려진 경우라 하더라도 피의자를 기소하여 유죄를 받아 낼 만한 증거가 새로이 발견된 경우에는 피의자를 기소할 수 있다.

무혐의 처분과 관련하여 특히 문제되는 것은 사기, 횡령, 배임 등 재산범죄 고소사건에 대한 불기소 처분이 높다는 점이다.

2016년 전체 형사사건 기소율은 52.2%인 데 반하여 고소사건 기소율은 17.3%에 불가하여 고소를 한 당사자들이 불기소 처분, 특히 무혐의 처분에 대하여 다음에서 보는 바와 같이 이의를 제기하거나 진정, 민원 등 분쟁이 이어지고 있어 막대한 수사력의 낭비를 초래하고 있고, 고스란히 국민들의 부담으로 귀착되고 있다.

이러한 원인으로는 민사절차와 형사절차에 대한 이해 부족, 금전 차용 등 주변에서 일상적으로 일어나는 거래에서 계약서를 작성하지 않아 증거가 없는 경우 등을 들 수 있다. 따라서 사소한 거래라 하더라도 반드시 증거를 남기는 것이 좋으며, 자신의 권리를 보호하기 위해 적절한 절차를 선택하고, 각 절차에서 요구되는 증거를 확보할 수 있도록 전문가의 조언을 받는 것이 좋다.

③ 기소중지, 참고인중지

피의자의 소재불명 등의 이유로 수사를 종결할 수 없을 경우에 검사는 피의자에 대한 기소를 중지하고, 피의자가 범행을 부인하며 주요 증인 등이 소재불명이어서 수사를 종결할 수 없을 경우에 참고인 중지 처분을 한다. 이러한 경우에는 지명수배, 지명통보 및 출국금지 조치가 취해질 수 있다.

3) 불기소 처분에 이의를 제기하는 방법

① 항고 · 재항고

고소인 또는 고발인은 불기소 처분 통지를 받은 날로부터 30일 이내 불기소 처분을 내린 검사가 소속된 지방검찰청 또는 지청을 거쳐 서면으로 관할 고등검찰청의 장에게 항고할 수 있다. 고등검찰청 검사장이 항고를 기각하는 경우에는 항고 기각 결정 통지를 받은 날로부터 30일 이내에 검찰총장에 재항고할 수 있다.

② 재정신청

형법상 직권남용죄, 불법체포감금죄, 폭행 가혹 행위죄, 공직선거 및 선거부정방지법 위반죄, 헌정질서 파괴 범죄에 대해서는 불기소 처분의 통지를 받은 날로부터 10일 이내에 고등법원에 재정신청을 할 수 있다. 재정신청서는 불기소 처분을 한 검사가 소속된 지방검찰청의 검사장 또는 지청장에게 제출한다.

③ 헌법소원

검찰 항고 또는 재정신청에 대한 최종결정을 받은 고소인은 30일 이내에 헌법재판소에 검사의 불기소 처분에 대한 헌법소원을 청구할 수 있다.

4) 보석제도

구소기소된 피고인은 법원에 보증금을 납부할 것을 조건으로 석방해 달라고 청구할 수 있는데, 이를 보석이라고 한다. 보석 보증금은 현금 대신 보석보증보험 증권을 첨부한 보증서로 대신할 수 있다.

보석은 피고인 본인은 물론, 변호인과 피고인의 법정대리인, 배우자, 직계친족, 형제자매와 호주도 청구할 수 있다. 법원은 특별한 사유가 없다고 인정되면 피고인의 재산 정도와 범죄의 성질, 증거 등을 고려하여 적당한 보증금을 납부할 것과 주거를 제한하는 등의 조건을 붙여 보석을 허가할 수 있다. 또, 피고인 등의 청구가 없더라도 법원의 직권으로 보석을 허가하는 경우도 있다.

그러나 피고인이 사형, 무기, 또는 장기 10년 이상의 징역이나 금고에 해당하는 죄를 저질렀거나, 피해자나 사건의 재판에 필요한 사실을 알고 있다고 인정되는 자 또는 그 친족의 생명·신체나 재산에 해를 가하거나 가할 염려가 있다고 믿을 만한 충분한 이유가 있는 때 등의 경우에는 법원이 반드시 보석을 허가하지 않아도 된다.

제4절 판결에 불만이 있을 때

1. 재판은 어떻게 진행될까

1) 공판준비 절차

검사가 기소한 사건에 대하여 법원은 공판을 열어 재판을 하게 된다. 공판은 보통 법원에 마련된 공판정에서 공개리에 진행되는데. 피고인은 자신의 억울함이나 정당함을 주장할 수 있고 변호인의 도움도 받을 수도 있다.

변호인 출석은 공판의 요건이 아니지만 필요적 변호 사건에서는 변호인 없이 재판을 진행할 수 없다. 이러한 사건에서 변호인이 없는 경우, 법원은 국선변호인을 선임해 주게 된다. 그 밖에도 법원은 피고인이 빈곤하여 변호인을 선임 할 수 없는 경우에 피고인이 청구하면 국선 변호인을 선임해 주기도 한다. 검사와 피고인은 공판이 열릴 때 꼭 출석해야 하지만, 예외적으로 검사나 피고인 없이 재판이 진행되는 경우도 있다.

① 검사의 출석을 요하지 않는 경우

검사가 재판일의 통지를 2회 이상 받고도 출석하지 않거나 판결만을 선고하는 때에는 출석을 요하지 않는다.

② 피고인의 출석을 요하지 않는 경우

- 100만 원 이하인 벌금 또는 과료에 해당하는 사건일 때
- 공소 기각 또는 면소 재판을 할 것이 분명한 사건일 때
- 약식 명령에 대해 정식 재판을 청구한 피고인이 공판 기일에 2회 이상 출석하지 않을 때
- 피고인이 항소심 공판 기일에 정당한 이유없이 2회 이상 출석하지 않은때
- 제1심재판에서 피고인에 대한 송달 불능 보고서가 접수된 때로부터 6개월을 경과하도록 피고인의 소재를 확인할 수 없는 때(사형, 무기 또는 장기 10년 이상의 징역이나 금고에 해당하는 사건 제외)
- 구속된 피고인이 정당한 이유 없이 출석을 거부하고 교도 관리에 의한 인치가 불가능하거나 현저히 곤란하다고 인정되는 때
- 공판 기일에 피고인이 재판장의 허가 없이 퇴정하거나 퇴정 명령을 받고 퇴정한 때

2) 공판 기일 절차

공판기일의 절차는 다음과 같다.

① 모두절차

모두 절차는 형사 재판 초기 단계에서 기소된 범죄사실의 내용과 이에 대한 검사와 피고인의 의견을 밝히는 절차이다. 인정 신문, 검사의 모두 진술, 진술

거부권 고지, 피고인의 모두 진술의 순서로 진행한다.

② 사실 심리 절차

피고인 신문, 증거조사, 검사의 의견, 진술, 변호인 최후 변론, 피고인 최후 진술의 순서로 진행한다.

증거조사 절차에서는 증인신문이 행해지는데, 법원으로부터 소환받은 증인은 출석의무, 선서의무 및 증언 의무를 진다. 증인이 정당한 이유 없이 이러한 의무를 이행하지 않는 경우에는 50만 원 이하의 과태료에 처할 수 있고, 특히 출석하지 않은 증인은 구인장을 발부하여 구인할 수 있다. 증인은 자신의 증언이 기재된 증인 신문조서의 열람. 등사를 청구할 수 있고, 소정의 여비, 일당, 숙박료도 청구할 수 있다.

정당한 이유가 있는 경우 증인은 증언 거부권을 행사할 수 있고, 특정 강력 범죄 사건의 증인은 검사에게 신변 안전을 위한 조치를 취해 줄 것을 청구할 수 있다.

③ 판결 선고 절차

사건에 대한 심리가 끝나면 재판장은 재판정에서 재판서에 의해 판결을 선고한다. 선고의 형식은 주문을 읽어주고 판결 이유의 요지를 설명하는 것이다. 형을 선고할 때 재판장은 피고인이 재판 결과를 받아들이지 않고 이의를 제기할 경우에 다시 재판할 수 있는 법원과 재판이 가능한 기간을 알려준다.

2. 재판의 종료

심리결과 피고인의 죄가 인정되면 판사는 유죄 판결을 내리는데, 판사의 재판 과정에 대한 판단에 따라 실형을 선고할 수도 있고 집행유예나 선고유예를 할 수도 있다. 집행유예는 형을 선고하면서 일정 기간 그 형의 집행을 미루어 두었다가 그 기간에 재범을 하지 않으면 형을 집행하지 않기로 하는 것이고, 선고 유예는 형의 선고 자체를 미루어 두었다가 일정 기간이 무사히 경과하면 해당 사건에 대한 법원의 소송 절차가 종결되어 소송이 소멸된 것으로 간주하는 것이다. 피고인을 유죄로 이정할 만한 증거가 없는 경우에는 판사가 무죄 판결을 선고한다.

3. 재판 결과에 수긍할 수 없을 때

1) 상소 제도

피고인이 재판에 불복할 경우에는 상소 제도를 통하여 상급 법원에 다시 재판할 것을 청구할 수 있는데, 상소는 제1심 판결에 불복인 항소와 제2심 판결에 대한 불복인 상고사 있다. 상소를 제기할 수 있는 사람은 검사와 피고인이고, 아울러 피고인의 법정대리인이나 변호인, 직계친족, 형제자매도 피고인을 대신해서 상소할 수 있다.

원칙적으로 상소심에서는 원심 판결보다 무거운 형을 선고하지 못한다. 이는 피고인이 중한 형으로 변경될 위험 때문에 상소 제기를 단념하지 않도록 하여 피고인의 권리를 보장하려는 것이다. 그러나 검사가 피고인에게 부과된 형이 부당하다는 이유로 항소를 한 경우에는 항소심에서 원심보다 무거운 형이 선고될 수 있다.

상소는 판결을 받은 후 7일 이내에 해야 하지만, 상소권자 또는 그 대리인이 스스로에게 책임이 없는 이유로 인해 기간 내에 제기하지 못한 때에는 상소권 회복을 청구할 수 있다.

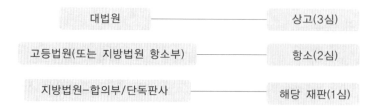

주의해야 할 점은, 지방법원 단독 판사가 1심 재판부일 때에는 항소심 재판(제2심 재판)은 지방법원 항소부(합의부)에서 이루어진다는 점이다. 그리고 상소

심 재판이 어디에서 이루어지든지 간에 상고심 재판(제3심 재판)은 대법원에서 이루어진다.

항소권의 항소 제기 절차

항소권자
해당 법원에 항소장 제출
(제1심판결 선고 후 7일 이내)

원심법원
항소기각결정
또는 항소법원으로 송부
(항소장을 받은 날로부터14일 이내)

항소법원
소송 기록 접수 통지 및 국선 변호인 선임

항소인 또는 변호인
항소 이유서를 항소 법원에 제출
(소송기록 접수 통지를 받은 날로부터
20일 이내)

항소법원
항소 이유서의 부본 또는 등본을
상대방에게 송달

항소인의 상대방 답변서 제출
(항소 이유서를 송달 받은 날로부터
10일 이내)

항 소 장

피고인 홍 길 동
 서울시 송파구 마천동 ○○○ - ○○

위 고소인에 관한 ○○지방법원 ○○○고단○○○호 사건에 대하여 2017. . . 등원에서 징역 1년에 처한다는 판결을 선고받은 바 있으나, 피고인은 이 판결에 모두 불복이므로 항소를 제기합니다.

2024년 2월 17일
위 피고인 홍길동 (인)

○○지방법원 항소부 귀중

2) 재심제도

재심이란, 재판을 통해 이미 유죄가 확정되었으나 새로운 증거나 증인으로 인해 재심 결과가 바뀔 가능성이 있는 경우 다시 재판을 하는 것을 말한다. 재심 시기에는 제한이 없으므로 형의 집행을 면제받거나 형 집행이 종료된 경우는 물론 유죄 판결을 받은 사람이 사망한 후에도 할 수 있다.

재심 청구를 받은 청구가 이유 있다고 인정되는 경우에 재심 개시 결정을 하고 심급에 다시 심판을 해야 하며, 재심에서 형을 선고하는 경우에는 원래의 판결보다 중한 형을 선고할 수 없다.

3) 재심을 청구할 수 있는 경우

① 원판결의 증거가 위조·변조·허위임이 판명된 때

② 유죄 판결을 받은 사람에게 유리하게 적용할 것이 분명한 새로운 증거가 발견되었을 때

③ 저작권·특허권·실용신안권·의장권·상표권을 침해한 죄에 있어 그 권리가 무효로 된 때

④ 해당 사건에 관하여 법관과 수사기관이 직무에 관한 죄를 범했음이 증명된 때

제5절 형은 어떻게 집행되나

1. 형의 집행 방법

형벌의 종류에는 사형, 징역, 금고, 구류, 벌금, 과료, 몰수 등이 있다. 법원의 판결로 선고된 형은 검사의 지휘에 따라 집행되는데, 징역이나 금고는 교도소에서 집행하게 된다. 벌금형을 받았으나 납부하지 않은 경우에는 1일 이상 3년 이내의 범위에서 노역장에 유치된다. 이 경우 통상 1일 50,000원으로 환산하여 벌금을 제하며, 벌금액이 고액일 때는 1일 환산 금액을 조정한다.

2. 가석방과 집행정지

징역 또는 금고형의 집행 중에 있는 사람이 잘못을 뉘우치고 있으며 복역 성적이 양호할 때에는 무기형은 10년, 유기형은 형기의 3분의 1이 경과한 후에 가석방을 받을 수 있다. 가석방 기간은 무기형은 10년, 유기형은 남은 형기로 하되 10년을 넘을 수 없다. 가석방되면 가석방 기간은 무기형 10년, 유기형은 남은 형기로 하되 10년을 넘을 수 없다. 가석방되면 가석방 기간 동안 보호

관찰을 받게 되는데, 행실이 나쁘거나 죄를 저지르면 가석방 취소 또는 효력 상실로 인해 남은 형기를 마저 복역하게 된다.

또, 복역 중인 사람이 형의 집행으로 인해 검사는 형 집행 정지 및 석방을 할 수 있다.

3. 형의 효력이 없어지는 경우(전과 기록 말소)

징역 또는 금고의 형을 마쳤거나 집행이 면제된 사람이 피해자의 손해를 보상했고, 자격정지 이상의 형을 받는 일 없이 7년이 경과한 때에는 본인의 신청에 의해 재판의 실효 처분을 받을 수 있다. 형의실효등에관한법률에 따라 해당 조건을 만족하는 경우에 자동적으로 형이 실효되도록 하고 있다. 이 법에 따른 실효기간은, 3년을 초과하는 징역 또는 금고는 10년, 3년 이하의 징역, 금고는 5년, 벌금은 2년이다.

4. 형의 집행을 받지 않으면

형의 선고를 받은 사람이 집행을 받지 않은 채 일정한 기간이 지나면 형의 집행이 면제되는데, 이를 형의 시효라고 한다. 형벌이 확정되었으나 형벌을 집행할 수 없기 때문에 형벌의 집행권이 없어지는 제도라는 점에서 형벌 자체가 확정되지 않은 상태에서 소의 소멸시효가 성립하여 공소권이 없어지는 공소시효와 구별된다.

제6절 소년사건의 처리절차

1. 청소년 범죄와 비행

가치관의 급격한 변화, 가정과 학교 기능의 저하, 매스컴의 발달 등으로 인하여 20세 미만의 청소년에 의한 범죄나 비행이 현대 사회의 큰 문제로 대두되고 있다.

청소년은 성인과 달리 아직 신체적·정신적으로 미성숙한 단계에 있으므로, 청소년 범죄의 처벌에는 교육적 목적이 강조되고 있다. 그에 따라, 범죄나 비행을 저지른 청소년에 대하여 소년법에서는 어떻게 규정하고 있는지 알아보자.

1) 범죄소년

형법을 위반하는 범죄행위를 한 14세 이상 20세 미만 소년이 해당한다.

2) 촉법소년

형법에 저촉되는 촉법행위(형법에 저촉되는 행위를 하였으나 형사 책임 연령에 달하지 않았기 때문에 형벌을 부과하지 않는 행위)를 한 12세 이상 14세 미만의 소년이 해당한다.

3) 우범소년

보호자의 정당한 감독에 복종하지 않는 성향을 지녔거나, 정당한 이유 없이 가정을 이탈하여 범죄성을 지닌 사람이나 부도덕한 사람과 교제하였거나, 자기 또는 다른 사람의 덕성을 해롭게 하는 성향 때문에 앞으로 범죄행위를 할 가능성이 높은 12세 이상 20세 미만 소년이 해당한다.

2. 비행소년의 처리

소년법은 다음과 같은 비행소년에 대한 특별한 절차를 규정하고 있다.

1) 촉법소년, 우범소년

범죄소년, 촉법소년 또는 우범소년을 발견한 보호자 또는 학교와 사회복지 시설의 장은 관할 소년부에 통고할 수 있다. 경찰서장이 촉법소년과 우범소년을 발견한 때에는 검사를 거치지 않고 직접 소년법원에 송치하여야 한다. 소년

법원이 조사 또는 심리한 결과 금고 이상의 형에 해당하는 범죄 사실이 발견되거나 그 동기와 죄질이 형사 처분의 필요가 있다고 인정한 때에는 검사에게 송치하여 행사 절차에 따라 처리하고, 그렇지 않은 경우에는 소년보호사건으로 처리한다.

2) 범죄소년

경찰이 범죄소년을 검거한 때에는 검사에게 송치한다. 검사는 범죄소년을 수사한 결과 벌금 이하의 형에 해당하는 범죄이거나 보호처분에 해당하는 범죄이거나 보호처분에 해당하는 사유가 있다고 인정한 때에는 소년법원에 송치한다. 그렇지 않은 경우에는 선도를 조건으로 기소유예를 하거나(선도조건부 기소유예), 형사법원에 기소하여 일반 성인 범죄와 마찬가지로 형사사건으로 처리한다.

형사법원은 검사가 형사 사건으로 기소한 사건을 심리한 결과, 벌금 이하의 형에 해당하거나 보호처분에 해당하는 사유가 있다고 인정한 때에는 소년 법원에 송치하여 소년보호 사건으로 처리한다.

3. 소년보호 사건의 처리

1) 보호 처분의 종류

소년 법원은 사건을 조사, 심리하여 소년에게 다음과 같은 보호처분을 부과할 수 있다.

① 보호자 또는 보호자를 대신하여 소년을 보호할 수 있는 자에게 감호를 위탁하는 것(기간은 6월의 범위 내에서 1차 영장 가능)

② 보호관찰관의 단기보호 관찰을 받게 하는 것(기간은 6월, 50시간 이내의 사회봉사명령 또는 수강 명령을 동시에 부과할 수 있음)

③ 보호관찰관의 관찰을 받게 하는 것(기간은 2년이고, 1년의 범위 내에서 1차 연장 가능, 200시간 이내의 사회봉사명령 또는 수강 명령을 동시에 부과할 수 있음)

④ 아동복지법상의 아동복지시설, 기타 소년보호 시설에 감호를 위탁하는

것(기간은 6월이나 6월의 범위 내에서 1차 연장 가능)

⑤ 병원, 요양소에 위탁하는 것(기간은 6월이나 6월 범위 내에서 1차 연장 가능)

⑥ 단기로 소년원에 송치하는 것(6월 이내)

⑦ 소년원에 송치하는 것

종류	내용	기간(연장)	처분연령	비고
1호	보호자 또는 대리인에게 감호 위탁	6월(+6월)	10세 이상	보호 관찰 처분
2호	수강명령	100시간 이내	12세 이상	
3호	사회봉사명령	200시간 이내	14세 이상	
4호	단기 보호관찰	1년	10세 이상	
5호	장기 보호관찰	2년(+1년)	10세 이상	
6호	아동복지법상의 아동복지시설, 기타 소년보호시설에 감호 위탁	6월(+6월)	10세 이상	
7호	병원, 요양소 또는 보호소년 등의 처우에 관한 법률상의 소년 의료보호시설에 위탁	6월(+6월)	10세 이상	
8호	1개월 이내 소년원 송치	1월 이내	10세 이상	소년원 송치 처분
9호	단기 소년원 송치	6월 이내	10세 이상	
10호	장기 소년원 송치	2년 이내	12세 이상	

2) 소년원

소년원은 법원 소년부로부터 소년원 송치 처분을 받은 청소년을 수용하여 교육하는 법무부 산하 국가기관이다. 최근의 소년원은 정규 학교 체제를 갖추고 있을 뿐만 아니라 컴퓨터 실습, 어학교육, 직업훈련 등 다양한 특성화 교육을 실시하고 있다. 또, 청소년이 소년원에서 교육을 받았다고 하더라도, 교도소나 구치소에 수용되는 성인 수형자와는 달리 전과 기록이 남지 않게 된다.

소년사건 처리 절차

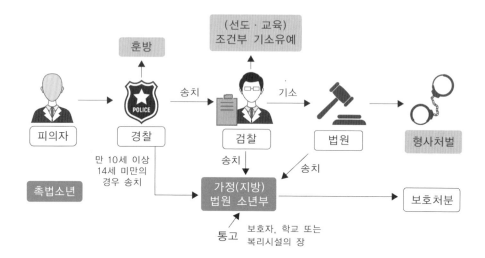

제5장

청탁금지법

입법 취지

1. 형법상의 뇌물죄의 취지와 크게 다르지 않음

이 법은 공직자에 대한 부정청탁 및 공지자 등의 금품 등의 수수를 금지함으로써 공직자 등의 공정한 직무수행을 보장하고 공공기관에 대한 국민의 신뢰를 확보하는 것을 목적으로 하기 위해 만들어진 법률이며 형법상의 뇌물죄의 취지와 크게 다르지 않다.

2. 대법원의 입장

1) "직무집행의 공정과 이에 대한 사회의 신뢰를 기하여 직무행위의 불가매수성을 그 직접적 보호법익"[11]으로 한다.

---

11) 대법원 1984. 8. 14. 선고 84도1139 판결; 대법원 2003. 6. 13. 선고 2003도1060 판결.

3. 형법과 청탁금지법의 차이

형법	청탁금지법
직무관련성, 대가성 입증 곤란 시 뇌물죄로 처벌 불가능	직무관련성, 대가성이 없어도 형벌, 과태료 등으로 제재
공직유관단체 임직원은 개별 법률에서 공무원으로 의제 시에만 처벌	공직유관단체나 공공기관의 임직원, 사립학교 교직원, 언론사 임직원까지 적용
수뢰죄 등 금품 등 관련 범죄만 규제	금품 등과 결부되지 않은 부정청탁행위 그 자체도 규제

4. 시행일

이 법은 2016. 9. 28.부터 시행되었으며 크게 금품수수금지, 부정청탁금지, 외부강의 수수료 제한 등 크게 세 가지 축으로 구성되어 있다. 단, 동법안 제5조(부정청탁의 금지)는 2016. 11. 30. 시행되었다.

제2절   주요 내용

1. 적용대상

1) 공직자등(제2조 제2호)

① 공무원과 법률에 따라 그 자격·임용·교육훈련·복무·보수·신분보장 등에 있어서 공무원으로 인정된 사람

② 「공직자윤리법」 제3조의2에 따른 공직유관단체[12] 및 「공공기관의 운영

---

[12] 제3조의2(공직유관단체) ① 제9조제2항제8호에 따른 정부 공직자윤리위원회는 정부 또는 지방자치단체의 재정지원 규모, 임원선임 방법 등을 고려하여 다음 각 호에 해당하는 기관·단체를 공직유관단체로 지정할 수 있다.
1. 한국은행
2. 공기업

에 관한 법률」 제4조에 따른 공공기관13)의 장과 임직원

③「언론중재 및 피해구제 등에 관한 법률」 제2조 제12호에 따른 언론사14)의 대표자와 임직원

④ 각급 학교의 장과 교직원 및 학교법인의 임직원, 공직자 등의 배우자,15) 공무수행사인16) 공공기관의 의사결정 등에 참여하는 민간인(4개 유형)

⑤ 공직자 등에게 부정청탁을 하거나 수수 금지 금품 등을 제공한 자

---

3. 정부의 출자 · 출연 · 보조를 받는 기관 · 단체(재출자 · 재출연을 포함한다), 그 밖에 정부 업무를 위탁받아 수행하거나 대행하는 기관 · 단체

4. 「지방공기업법」에 따른 지방공사 · 지방공단 및 지방자치단체의 출자 · 출연 · 보조를 받는 기관 · 단체(재출자 · 재출연을 포함한다), 그 밖에 지방자치단체의 업무를 위탁받아 수행하거나 대행하는 기관 · 단체

5. 임원 선임 시 중앙행정기관의 장 또는 지방자치단체의 장의 승인 · 동의 · 추천 · 제청 등이 필요한 기관 · 단체나 중앙행정기관의 장 또는 지방자치단체의 장이 임원을 선임 · 임명 · 위촉하는 기관 · 단체

13) 제4조(공공기관) ① 기획재정부장관은 국가 · 지방자치단체가 아닌 법인 · 단체 또는 기관(이하 "기관"이라 한다)으로서 다음 각 호의 어느 하나에 해당하는 기관을 공공기관으로 지정할 수 있다.

1. 다른 법률에 따라 직접 설립되고 정부가 출연한 기관

2. 정부지원액(법령에 따라 직접 정부의 업무를 위탁받거나 독점적 사업권을 부여받은 기관의 경우에는 그 위탁업무나 독점적 사업으로 인한 수입액을 포함한다. 이하 같다)이 총수입액의 2분의 1을 초과하는 기관

3. 정부가 100분의 50 이상의 지분을 가지고 있거나 100분의 30 이상의 지분을 가지고 임원 임명권한 행사 등을 통하여 당해 기관의 정책 결정에 사실상 지배력을 확보하고 있는 기관 (이하 생략)

14) 12. "언론사"란 방송사업자, 신문사업자, 잡지 등 정기간행물사업자, 뉴스통신사업자 및 인터넷신문사업자를 말한다.

15) 제8조 제4항: 공직자등의 배우자는 공직자등의 직무와 관련하여 제1항 또는 제2항에 따라 공직자등이 받는 것이 금지되는 금품등(이하 "수수 금지 금품등"이라 한다)을 받거나 요구하거나 제공받기로 약속해서는 아니 된다.

16) 제11조(공무수행사인의 공무 수행과 관련된 행위제한 등) ① 다음 각 호의 어느 하나에 해당하는 자(이하 "공무수행사인"이라 한다)의 공무 수행에 관하여는 제5조부터 제9조까지를 준용한다.

1. 「행정기관 소속 위원회의 설치 · 운영에 관한 법률」 또는 다른 법령에 따라 설치된 각종 위원회의 위원 중 공직자가 아닌 위원

2. 법령에 따라 공공기관의 권한을 위임 · 위탁받은 법인 · 단체 또는 그 기관이나 개인

3. 공무를 수행하기 위하여 민간부문에서 공공기관에 파견 나온 사람

4. 법령에 따라 공무상 심의 · 평가 등을 하는 개인 또는 법인 · 단체

국회의원도 이 법의 적용대상인가?

- 국회의원도 「국가공무원법」상 공무원으로서 청탁금지법의 적용대상이므로, 부정청탁을 하거나 금품등을 수수하면 처벌된다.
- 다만, 국회의원, 지방의회 의원, 지방자치단체장 및 교육감 등 선출직 공직자, 정당, 시민단체 등이 공익적인 목적으로 제3자(예: 지역구)의 고충민원을 전달하거나 법령, 정책 등의 개선에 관하여 제안·건의하는 경우는 예외에 해당한다.
- 따라서 국회의원 등 선출직 공직자가 공익적 목적이 아니라 특정인에게 특혜를 주기 위한 목적으로 부정청탁을 하는 행위는 제재 대상이 된다.

2. 부정청탁 금지

1) 누구든지 직접 또는 제3자를 통하여 직무를 수행하는 공직자 등에게 부정청탁을 해서는 아니 된다(제5조 제1항).

2) 이 법은 부패 빈발 분야의 직무를 선별하여 부정청탁의 유형을 14가지로 규정하고 있음.

3) 14가지 유형에는 공무원의 직무가 거의 다 포함되며, 그 공통점은 직무가 "법령을 위반하여" 수행된다는 점이다.

4) 14가지 대상 직무 이외의 직무와 관련하여 청탁하는 행위는 이 법의 적용대상이 아니지만, 공무원이 부정청탁을 받고 직무를 수행한 경우에는 「공무원 행동강령」 위반이다.[17]

5) 법령·기준상 절차·방법에 따라 요구하는 행위, 공개적으로 요구하는 행위, 사회상규에 위배되지 않는 행위 등 7가지 행위는 청탁금지법 적용 제외 사유로 규정한다. 이는 국민의 정당한 권리주장의 위축을 방지하기 위한 목적이다.

---

17) 공무원 행동강령은 대통령령이므로 벌칙조항을 둘 수는 없으나, 징계의 근거가 된다.

7가지 부정청탁 예외사유(제5조 제2항)

제5조(부정청탁의 금지) ② 제1항에도 불구하고 다음 각 호의 어느 하나에 해당하는 경우에는 이 법을 적용하지 아니한다.

1. 「청원법」, 「민원사무 처리에 관한 법률」, 「행정절차법」, 「국회법」 및 그 밖의 다른 법령·기준(제2조제1호나목부터 마목까지의 공공기관의 규정·사규·기준을 포함한다. 이하 같다)에서 정하는 절차·방법에 따라 권리침해의 구제·해결을 요구하거나 그와 관련된 법령·기준의 제정·개정·폐지를 제안·건의하는 등 특정한 행위를 요구하는 행위

2. 공개적으로 공직자등에게 특정한 행위를 요구하는 행위

3. 선출직 공직자, 정당, 시민단체 등이 공익적인 목적으로 제3자의 고충민원을 전달하거나 법령·기준의 제정·개정·폐지 또는 정책·사업·제도 및 그 운영 등의 개선에 관하여 제안·건의하는 행위

4. 공공기관에 직무를 법정기한 안에 처리하여 줄 것을 신청·요구하거나 그 진행상황·조치결과등에 대하여 확인·문의 등을 하는 행위

5. 직무 또는 법률관계에 관한 확인·증명 등을 신청·요구하는 행위

6. 질의 또는 상담형식을 통하여 직무에 관한 법령·제도·절차 등에 대하여 설명이나 해석을 요구하는 행위

7. 그 밖에 사회상규에 위배되지 아니하는 것으로 인정되는 행위

6) 부정청탁에 대한 제재

주체		행위	제재
이해당사자		직접 부정청탁	제재 없음
		제3자를 통한 부정청탁	1천만원 이하의 과태료
제3자	사인	타인을 위한 부정청탁	2천만원 이하의 과태료
	공직자 등	타인을 위한 부정청탁	3천만원 이하의 과태료

공직자 등	부정청탁에 따라 직무 수행	2년 이하의 징역 또는 2천만원 이하의 벌금

① 이해당사자가 자신의 일에 대하여 직접 공직자등에게 부정청탁하는 행위는 처벌 대상에서 제외한다.

② 이와 관련하여 유의할 점은 이해당사자가 직접 부정청탁하는 행위가 처벌대상이 아니라고 하여 이 행위가 적법하다는 의미는 아니다.

③ 국민의 자유로운 민원이 위축될 우려가 있기 때문에 입법정책상 처벌대상에서 제외한 것이다.

④ 이해당사자가 직접 자신을 위하여 하는 부정청탁을 받은 공직자 등이 그에 따라 직무를 수행하는 경우 형사처벌된다.

⑤ 만일 공무원이 이해당사자로서 직접 부정청탁을 하였다면 청탁금지법 위반은 아니지만, 「공무원 행동강령」에 위반될 수 있다.[18]

⑥ 제3자(사인, 공직자 포함)를 통해 공직자 등이 수행하는 직무에 대하여 부정청탁하는 경우(예컨대 대학 병원 접수 순서 부정청탁) 과태료를 부과한다.

⑦ 제3자(사인, 공직자 포함)가 타인을 위하여 부정청탁하는 경우 과태료를 부과한다.

⑧ 공직자 등이 부정청탁을 받고 그에 따라 직무를 수행하는 경우 형사처벌한다(2년 이하 징역 또는 2천만 원 이하 벌금).

3. 금품 등의 수수 금지

1) 공직자 등의 금품 등의 수수 금지

① 공직자 등이 동일인으로부터 직무 관련 여부에 관계없이 1회 100만 원 또는 매 회계연도 300만 원을 초과하는 금품 등을 수수한 경우 형사처벌 100만원을 부과한다.

---

18) 공무원 행동강령 제11조(알선·청탁 등의 금지) ① 공무원은 자기 또는 타인의 부당한 이익을 위하여 다른 공무원의 공정한 직무수행을 해치는 알선·청탁 등을 해서는 아니 된다.

② 이하 금품 등을 수수한 경우 직무와 관련한 금품 등을 수수한 경우 과태료 부과, 즉 직무관련성이 없으면 규제 대상이 아니다.

③ '1회 100만원'에서 '1회'는 자연적 의미가 아니라 사회적 의미의 행위를 기준으로 판단한다.

④ (예 1) 건축업자 A가 학교동창인 공무원 B, C와 직무관련성 없이 저녁식사를 하고 식비 30만 원을 지불하고, 이어서 술집에서 술값 등으로 300만 원을 지불하였다면 자연적 의미에서 보면 행위는 2개이지만, 사회적 의미에서 보면 '시간적·장소적 근접성'이 있는 1개의 접대행위로 볼 수 있으므로 1회의 금품등 수수로서 1인당(300＋30)÷3인＝110만 원이므로 청탁금지법 위반이다.

⑤ (예 2) 공무원 A는 동창 B로부터 직무연관성이 없이 2016년 10월에 70만 원의 상당의 식사 등 접대를 받았고, 같은 해 12월에 50만 원 상당의 골프채를 선물받았다면 식사 접대와 선물 수수는 시간적 접착성이 없으므로 1개의 행위라고 볼 수 없다. 2회의 금품등 수수는 100만 원 이하로서 직무연관성이 없으므로 청탁금지법 위반이 아니다.

⑥ 100만 이하의 금품을 수수하였더라도 직무관련성과 대가성이 있으면 형법상 수뢰죄를 적용한다.

⑦ 매 회계연도 300만 원을 초과하는 금품 등의 수수도 금지되는데, 여기서 '회계연도'는 금품 등을 수수한 공직자 등이 소속한 공공기관의 회계연도를 말한다.

⑧ 회계연도는 '매년 1월 1일~12월 31일'이 일반적이다. 다만 학교의 회계연도는 '매년 3월 1일~다음 해 2월 말'이다.

⑨ 1회 100만 원 또는 매 회계연도 300만 원을 초과하는 금품 등을 '동일인'으로부터 받아야 청탁금지법 위반이다.

⑩ 여기서 '동일인'은 금품 등을 직접 제공한 사람을 기준으로 판단할 것이 아니라 '실제 제공자'가 누구인지, 즉 '금품 등의 출처'를 기준으로 판단한다.

⑪ 예컨대 공무원 A가 B업체의 직원 C, D로부터 2017 회계연도에 명절 때마다 수회에 걸쳐 상품권을 직무와 관련 없이 총 300만 원을 초과하여 받았다면, '동일인'으로부터 받았다고 볼 여지가 있다.

주체	행위	제재
공직자 등	• 직무 관련 여부 및 명목에 관계없이 동일인으로부터 1회 100만원 또는 매 회계연도 300만원 초과 금품등을 수수 • 배우자의 금품등 수수 사실을 알고도 신고하지 않음	3년 이하의 징역 또는 3천만원 이하의 벌금(몰수·추징 대상)
일반범	• 금품등을 공직자등이나 그 배우자에게 제공	
공직자 등	• 직무와 관련하여 1회 100만원 이하의 금품등을 수수 • 배우자의 금품등 수수 사실을 알고도 신고하지 않음	수수금액의 2배 이상 5배 이하의 과태료
일반범	• 금품등을 공직자등이나 그 배우자에게 제공한 자	
공직자 등	• 외부강의등 초과 사례금을 수수한 후 신고 및 반환을 하지 않음	500만원 이하의 과태료

2) 금품 등을 수수한 공직자 등이 지체 없이 소속기관장에게 신고하거나 그 금품 등을 반환한 경우 제재 대상에서 제외한다.

3) 공직자 등이 자신의 배우자가 금품 등을 수수한 사실을 안 경우, 공직자 등 또는 배우자가 금품 등을 반환하면 제재 대상에서 제외한다.

4) 금품 등을 수수한 배우자는 처벌 대상에서 제외

그러나 공무원과 그 배우자가 사전에 금품 등 수수에 관하여 의사연락이 있었다면 그 배우자도 공동정범으로 처벌이 가능하다.

5) 8가지 예외사유

① 공직자 등의 일상적인 사회생활이 과도한 제한을 받을 소지를 최소화하기 위해 8가지 예외사유가 규정되어 있다.

② 원활한 직무수행 또는 사교·의례 또는 부조의 목적으로 제공되는 음식물·경조사비·선물 등으로서 대통령령으로 정하는 가액 범위 안(미만)의 금품 등은 ─ 직무관련성이 있어도 ─ 허용된다.

③ 대통령령으로 정하는 가액은 음식물 3만 원, 선물 5만 원, 경조사비 10만 원, 음식물과 선물을 함께 수수한 경우 합산한 가액 5만 원 미만, 즉 음식물 3

만 원은 규제 대상이다.

8가지 예외사유(제8조 제3항)

1. 공공기관이 소속 공직자등이나 파견 공직자등에게 지급하거나 상급 공직자 등이 위로·격려·포상 등의 목적으로 하급 공직자등에게 제공하는 금품 등
2. 원활한 직무수행 또는 사교·의례 또는 부조의 목적으로 제공되는 음식 물·경조사비·선물 등으로서 대통령령으로 정하는 가액 범위 안의 금품 등
3. 사적 거래(증여는 제외한다)로 인한 채무의 이행 등 정당한 권원(權原)에 의하여 제공되는 금품 등
4. 공직자 등의 친족이 제공하는 금품 등
5. 공직자 등과 관련된 직원상조회·동호인회·동창회·향우회·친목회·종교 단체·사회단체 등이 정하는 기준에 따라 구성원에게 제공하는 금품 등 및 그 소속 구성원 등 공직자 등과 특별히 장기적·지속적인 친분관계를 맺고 있는 자가 질병·재난 등으로 어려운 처지에 있는 공직자 등에게 제공하는 금품 등
6. 공직자 등의 직무와 관련된 공식적인 행사에서 주최자가 참석자에게 통상 적인 범위에서 일률적으로 제공하는 교통, 숙박, 음식물 등의 금품 등
7. 불특정 다수인에게 배포하기 위한 기념품 또는 홍보용품 등이나 경연·추 첨을 통하여 받는 보상 또는 상품 등
8. 그 밖에 다른 법령·기준 또는 사회상규에 따라 허용되는 금품 등

6) 공직자 등의 배우자의 금품 등의 수수 금지

① 공직자 등의 배우자는 공직자 등의 직무와 관련한 금품 등 수수를 금지 한다.[19]

② 배우자가 수수가 금지된 금품 등을 받은 사실을 공직자 등이 알았음에도 신고하지 않은 경우에는 공직자 등이 금품 등을 수수한 것과 동일하게 제재한다.

7) 직무 관련 외부강의 등의 사례금 수수 제한(제10조)우회적인 금품 등

① 수수로 악용될 소지가 있는 직무 관련 외부강의 등의 사례금 수수를 제한한다.

② 공직자 등에게 직무와 관련하여 요청받은 외부강의 등의 사전 신고의무를 부여한다.

③ 외부강의 등을 요청한 자가 국가나 지방자치단체인 경우는 제외한다. 대통령령으로 정하는 금액을 초과한 사례금 수수 시 신고 및 반환 의무를 부과한다.

④ 공직자 등의 경우 제한 금액은 다음과 같다.

구분	장관	차관	4급 이상	5급 이하
상한액	50만원	40만원	30만원	20만원

⑤ 신고 및 반환을 하지 않은 경우 500만 원 이하의 과태료를 부과한다.

제3절 청탁금지법 결론

1. 법의 보완과 개정이 필요

김영란법 시행 후 더치페이 문화가 확산되는 등 우리 사회 투명성이 증대되는 효과를 내고 있지만, 내수위축 등 문제점이 부각되면서 법의 보완과 개정이 필요하다는 주장이 계속되고 있으며, 국민권익위원회에 대한 지적사항은 다음

---

19) 청탁금지법 제8조(금품등의 수수 금지) ④ 공직자등의 배우자는 공직자등의 직무와 관련하여 제1항 또는 제2항에 따라 공직자등이 받는 것이 금지되는 금품등을 받거나 요구하거나 제공받기로 약속해서는 아니 된다.

과 같다.

1) 부패문제는 단순한 제도 도입만으로 해결되는 것이 아니다. 2004년 성매매특별법이 생긴 이후로 성매매가 근절되긴 커녕 변형된 형태로 더욱 은밀하게 기승을 부리는 것을 보면 알 수 있다

2) 김영란법 적용대상은 400만 명으로 너무 많고 넓다. 교수의 외부강연을 사립대 시간당 100만 원, 국공립대 30만 원, 서울대와 kaist 20만 원으로 정해 '지식정찰제'가 되었다는 지적도 있다.

3) 지키기 힘든 규제와 법은 오히려 새로운 편법과 부패를 야기한다. 골프장 건설에 900개 도장이 필요하다는 사실은 우리나라가 규제 천국이라는 것을 여실히 보여준다.

김영란법의 실효성이 높으려면 정부, 공기업, 정치권에는 엄격한 기준을 적용하되 자율성이 중요한 일반 기업과 대학에는 내부 윤리규정을 통해 인식 개선을 유도해야 한다. 즉 부정부패 척결 대상을 좁혀 확실하게 겨냥해야 한다는 것이다

2. 의견

1) 현재 김영란법의 적용범위가 지나치게 넓은 것은 사실이다. 국민들의 입장에서 본인이 접대하려는 사람이나 지인이 김영란법 적용대상인지 판단하기가 쉽지 않기 때문에 필요 이상으로 선물과 접대를 꺼리고 있기 때문이다

2) 이것은 부패척결이 가장 시급한 정부와 정치권을 넘어 사립학교와 공무사인 등으로 법적용 대상이 확대되기 때문이다.

따라서 법 시행 초기에는 정부와 정치권, 언론인 등으로 적용대상을 축소하고 향후 사회가 법에 적응했을 때 필요하다면 적용대상을 축소하고 향후 사회가 법에 적응했을 때 필요하다면 적용대상을 추가해 나가는 점진적인 접근이 필요하다.

3) 이러한 접근은 법 해석에 대한 국민들의 혼란도 해소하고 공직자들에게

감시를 집중할 수 있어 법의 실효성 또한 높일 것으로 기대된다.

4) 또한 선물을 꺼려야 할 대상이 확실해져 내수침체 문제 또한 어느 정도 해소할 수 있을 것이다. 합리적인 법 개정을 통해 이 법이 교각살우를 저지른다는 오명을 쓰지 않도록 해야 한다.

3. 청탁금지법 결론

1) 김영란법의 초안(부정청탁금지 및 공직자의 이해충돌방지법)은 '부정청탁 금지'와 '이해충돌방지'를 주된 내용으로 포함하고 있었는데, 국회 심의 과정에서 이해충돌방지는 "지나치게 포괄적"이라는 이유로 삭제되었다.

2) 이해충돌방지는 예컨대 외교부 장관이 자녀의 외교부 특별채용을 한 경우와 같이 공직자가 지위를 남용해 사익을 추구하는 것을 막는 것이다.

3) 미국에서는 1962년 케네디 행정부 시절에 '이해충돌방지법'을 제정, 시행하고 있다.

4) 청탁금지법이 시행되는 2016년 9월 이후 이해충돌방지법도 공론화될 가능성이 있다.

현/대/생/활/과/법/률/상/식

부록

대한민국헌법

[시행 1988. 2. 25.] [헌법 제10호, 1987. 10. 29., 전부개정]

전문

유구한 역사와 전통에 빛나는 우리 대한국민은 3·1운동으로 건립된 대한민국임시정부의 법통과 불의에 항거한 4·19민주이념을 계승하고, 조국의 민주개혁과 평화적 통일의 사명에 입각하여 정의·인도와 동포애로써 민족의 단결을 공고히 하고, 모든 사회적 폐습과 불의를 타파하며, 자율과 조화를 바탕으로 자유민주적 기본질서를 더욱 확고히 하여 정치·경제·사회·문화의 모든 영역에 있어서 각인의 기회를 균등히 하고, 능력을 최고도로 발휘하게 하며, 자유와 권리에 따르는 책임과 의무를 완수하게 하여, 안으로는 국민생활의 균등한 향상을 기하고 밖으로는 항구적인 세계평화와 인류공영에 이바지함으로써 우리들과 우리들의 자손의 안전과 자유와 행복을 영원히 확보할 것을 다짐하면서 1948년 7월 12일에 제정되고 8차에 걸쳐 개정된 헌법을 이제 국회의 의결을 거쳐 국민투표에 의하여 개정한다.

1987년 10월 29일

제1장 총강

제1조 ① 대한민국은 민주공화국이다.
② 대한민국의 주권은 국민에게 있고, 모든 권력은 국민으로부터 나온다.
제2조 ① 대한민국의 국민이 되는 요건은 법률로 정한다.
② 국가는 법률이 정하는 바에 의하여 재외국민을 보호할 의무를 진다.
제3조 대한민국의 영토는 한반도와 그 부속도서로 한다.
제4조 대한민국은 통일을 지향하며, 자유민주적 기본질서에 입각한 평화적 통일정책을 수립하고 이를 추진한다.
제5조 ① 대한민국은 국제평화의 유지에 노력하고 침략적 전쟁을 부인한다.

② 국군은 국가의 안전보장과 국토방위의 신성한 의무를 수행함을 사명으로 하며, 그 정치적 중립성은 준수된다.

제6조 ① 헌법에 의하여 체결·공포된 조약과 일반적으로 승인된 국제법규는 국내법과 같은 효력을 가진다.

② 외국인은 국제법과 조약이 정하는 바에 의하여 그 지위가 보장된다.

제7조 ① 공무원은 국민전체에 대한 봉사자이며, 국민에 대하여 책임을 진다.

② 공무원의 신분과 정치적 중립성은 법률이 정하는 바에 의하여 보장된다.

제8조 ① 정당의 설립은 자유이며, 복수정당제는 보장된다.

② 정당은 그 목적·조직과 활동이 민주적이어야 하며, 국민의 정치적 의사형성에 참여하는데 필요한 조직을 가져야 한다.

③ 정당은 법률이 정하는 바에 의하여 국가의 보호를 받으며, 국가는 법률이 정하는 바에 의하여 정당운영에 필요한 자금을 보조할 수 있다.

④ 정당의 목적이나 활동이 민주적 기본질서에 위배될 때에는 정부는 헌법재판소에 그 해산을 제소할 수 있고, 정당은 헌법재판소의 심판에 의하여 해산된다.

제9조 국가는 전통문화의 계승·발전과 민족문화의 창달에 노력하여야 한다.

제2장 국민의 권리와 의무

제10조 모든 국민은 인간으로서의 존엄과 가치를 가지며, 행복을 추구할 권리를 가진다. 국가는 개인이 가지는 불가침의 기본적 인권을 확인하고 이를 보장할 의무를 진다.

제11조 ① 모든 국민은 법 앞에 평등하다. 누구든지 성별·종교 또는 사회적 신분에 의하여 정치적·경제적·사회적·문화적 생활의 모든 영역에 있어서 차별을 받지 아니한다.

② 사회적 특수계급의 제도는 인정되지 아니하며, 어떠한 형태로도 이를 창설할 수 없다.

③ 훈장등의 영전은 이를 받은 자에게만 효력이 있고, 어떠한 특권도 이에 따르지 아니한다.

제12조 ① 모든 국민은 신체의 자유를 가진다. 누구든지 법률에 의하지 아니하고는 체포·구속·압수·수색 또는 심문을 받지 아니하며, 법률과 적법한 절차에 의하지 아니하고는 처벌·보안처분 또는 강제노역을 받지 아니한다.

② 모든 국민은 고문을 받지 아니하며, 형사상 자기에게 불리한 진술을 강요당하지 아니한다.

③ 체포·구속·압수 또는 수색을 할 때에는 적법한 절차에 따라 검사의 신청에 의하여 법관이 발부한 영장을 제

시하여야 한다. 다만, 현행범인인 경우와 장기 3년 이상의 형에 해당하는 죄를 범하고 도피 또는 증거인멸의 염려가 있을 때에는 사후에 영장을 청구할 수 있다.

④ 누구든지 체포 또는 구속을 당한 때에는 즉시 변호인의 조력을 받을 권리를 가진다. 다만, 형사피고인이 스스로 변호인을 구할 수 없을 때에는 법률이 정하는 바에 의하여 국가가 변호인을 붙인다.

⑤ 누구든지 체포 또는 구속의 이유와 변호인의 조력을 받을 권리가 있음을 고지받지 아니하고는 체포 또는 구속을 당하지 아니한다. 체포 또는 구속을 당한 자의 가족등 법률이 정하는 자에게는 그 이유와 일시·장소가 지체없이 통지되어야 한다.

⑥ 누구든지 체포 또는 구속을 당한 때에는 적부의 심사를 법원에 청구할 권리를 가진다.

⑦ 피고인의 자백이 고문·폭행·협박·구속의 부당한 장기화 또는 기망 기타의 방법에 의하여 자의로 진술된 것이 아니라고 인정될 때 또는 정식재판에 있어서 피고인의 자백이 그에게 불리한 유일한 증거일 때에는 이를 유죄의 증거로 삼거나 이를 이유로 처벌할 수 없다.

제13조 ① 모든 국민은 행위시의 법률에 의하여 범죄를 구성하지 아니하는 행위로 소추되지 아니하며, 동일한 범죄에 대하여 거듭 처벌받지 아니한다.

② 모든 국민은 소급입법에 의하여 참정권의 제한을 받거나 재산권을 박탈당하지 아니한다.

③ 모든 국민은 자기의 행위가 아닌 친족의 행위로 인하여 불이익한 처우를 받지 아니한다.

제14조 모든 국민은 거주·이전의 자유를 가진다.

제15조 모든 국민은 직업선택의 자유를 가진다.

제16조 모든 국민은 주거의 자유를 침해받지 아니한다. 주거에 대한 압수나 수색을 할 때에는 검사의 신청에 의하여 법관이 발부한 영장을 제시하여야 한다.

제17조 모든 국민은 사생활의 비밀과 자유를 침해받지 아니한다.

제18조 모든 국민은 통신의 비밀을 침해받지 아니한다.

제19조 모든 국민은 양심의 자유를 가진다.

제20조 ① 모든 국민은 종교의 자유를 가진다.

② 국교는 인정되지 아니하며, 종교와 정치는 분리된다.

제21조 ① 모든 국민은 언론·출판의 자유와 집회·결사의 자유를 가진다.
② 언론·출판에 대한 허가나 검열과 집회·결사에 대한 허가는 인정되지 아니한다.
③ 통신·방송의 시설기준과 신문의 기능을 보장하기 위하여 필요한 사항은 법률로 정한다.
④ 언론·출판은 타인의 명예나 권리 또는 공중도덕이나 사회윤리를 침해하여서는 아니된다. 언론·출판이 타인의 명예나 권리를 침해한 때에는 피해자는 이에 대한 피해의 배상을 청구할 수 있다.
제22조 ① 모든 국민은 학문과 예술의 자유를 가진다.
② 저작자·발명가·과학기술자와 예술가의 권리는 법률로써 보호한다.
제23조 ① 모든 국민의 재산권은 보장된다. 그 내용과 한계는 법률로 정한다.
② 재산권의 행사는 공공복리에 적합하도록 하여야 한다.
③ 공공필요에 의한 재산권의 수용·사용 또는 제한 및 그에 대한 보상은 법률로써 하되, 정당한 보상을 지급하여야 한다.
제24조 모든 국민은 법률이 정하는 바에 의하여 선거권을 가진다.
제25조 모든 국민은 법률이 정하는 바에 의하여 공무담임권을 가진다.
제26조 ① 모든 국민은 법률이 정하는 바에 의하여 국가기관에 문서로 청원할 권리를 가진다.
② 국가는 청원에 대하여 심사할 의무를 진다.
제27조 ① 모든 국민은 헌법과 법률이 정한 법관에 의하여 법률에 의한 재판을 받을 권리를 가진다.
② 군인 또는 군무원이 아닌 국민은 대한민국의 영역 안에서는 중대한 군사상 기밀·초병·초소·유독음식물공급·포로·군용물에 관한 죄중 법률이 정한 경우와 비상계엄이 선포된 경우를 제외하고는 군사법원의 재판을 받지 아니한다.
③ 모든 국민은 신속한 재판을 받을 권리를 가진다. 형사피고인은 상당한 이유가 없는 한 지체없이 공개재판을 받을 권리를 가진다.
④ 형사피고인은 유죄의 판결이 확정될 때까지는 무죄로 추정된다.
⑤ 형사피해자는 법률이 정하는 바에 의하여 당해 사건의 재판절차에서 진술할 수 있다.
제28조 형사피의자 또는 형사피고인으로서 구금되었던 자가 법률이 정하는 불기소처분을 받거나 무죄판결을 받은 때에는 법률이 정하는 바에 의하여 국가에 정당한 보상을 청구할 수 있다.

제29조 ① 공무원의 직무상 불법행위로 손해를 받은 국민은 법률이 정하는 바에 의하여 국가 또는 공공단체에 정당한 배상을 청구할 수 있다. 이 경우 공무원 자신의 책임은 면제되지 아니한다.

② 군인·군무원·경찰공무원 기타 법률이 정하는 자가 전투·훈련등 직무집행과 관련하여 받은 손해에 대하여는 법률이 정하는 보상 외에 국가 또는 공공단체에 공무원의 직무상 불법행위로 인한 배상은 청구할 수 없다.

제30조 타인의 범죄행위로 인하여 생명·신체에 대한 피해를 받은 국민은 법률이 정하는 바에 의하여 국가로부터 구조를 받을 수 있다.

제31조 ① 모든 국민은 능력에 따라 균등하게 교육을 받을 권리를 가진다.

② 모든 국민은 그 보호하는 자녀에게 적어도 초등교육과 법률이 정하는 교육을 받게 할 의무를 진다.

③ 의무교육은 무상으로 한다.

④ 교육의 자주성·전문성·정치적 중립성 및 대학의 자율성은 법률이 정하는 바에 의하여 보장된다.

⑤ 국가는 평생교육을 진흥하여야 한다.

⑥ 학교교육 및 평생교육을 포함한 교육제도와 그 운영, 교육재정 및 교원의 지위에 관한 기본적인 사항은 법률로 정한다.

제32조 ①모든 국민은 근로의 권리를 가진다. 국가는 사회적·경제적 방법으로 근로자의 고용의 증진과 적정임금의 보장에 노력하여야 하며, 법률이 정하는 바에 의하여 최저임금제를 시행하여야 한다.

② 모든 국민은 근로의 의무를 진다. 국가는 근로의 의무의 내용과 조건을 민주주의원칙에 따라 법률로 정한다.

③ 근로조건의 기준은 인간의 존엄성을 보장하도록 법률로 정한다.

④ 여자의 근로는 특별한 보호를 받으며, 고용·임금 및 근로조건에 있어서 부당한 차별을 받지 아니한다.

⑤ 연소자의 근로는 특별한 보호를 받는다.

⑥ 국가유공자·상이군경 및 전몰군경의 유가족은 법률이 정하는 바에 의하여 우선적으로 근로의 기회를 부여받는다.

제33조 ① 근로자는 근로조건의 향상을 위하여 자주적인 단결권·단체교섭권 및 단체행동권을 가진다.

② 공무원인 근로자는 법률이 정하는 자에 한하여 단결권·단체교섭권 및 단체행동권을 가진다.

③ 법률이 정하는 주요방위산업체에 종사하는 근로자의 단체행동권은 법률

이 정하는 바에 의하여 이를 제한하거나 인정하지 아니할 수 있다.

제34조 ① 모든 국민은 인간다운 생활을 할 권리를 가진다.

② 국가는 사회보장·사회복지의 증진에 노력할 의무를 진다.

③ 국가는 여자의 복지와 권익의 향상을 위하여 노력하여야 한다.

④ 국가는 노인과 청소년의 복지향상을 위한 정책을 실시할 의무를 진다.

⑤ 신체장애자 및 질병·노령 기타의 사유로 생활능력이 없는 국민은 법률이 정하는 바에 의하여 국가의 보호를 받는다.

⑥ 국가는 재해를 예방하고 그 위험으로부터 국민을 보호하기 위하여 노력하여야 한다.

제35조 ①모든 국민은 건강하고 쾌적한 환경에서 생활할 권리를 가지며, 국가와 국민은 환경보전을 위하여 노력하여야 한다.

② 환경권의 내용과 행사에 관하여는 법률로 정한다.

③ 국가는 주택개발정책등을 통하여 모든 국민이 쾌적한 주거생활을 할 수 있도록 노력하여야 한다.

제36조 ①혼인과 가족생활은 개인의 존엄과 양성의 평등을 기초로 성립되고 유지되어야 하며, 국가는 이를 보장한다.

② 국가는 모성의 보호를 위하여 노력하여야 한다.

③ 모든 국민은 보건에 관하여 국가의 보호를 받는다.

제37조 ① 국민의 자유와 권리는 헌법에 열거되지 아니한 이유로 경시되지 아니한다.

② 국민의 모든 자유와 권리는 국가안전보장·질서유지 또는 공공복리를 위하여 필요한 경우에 한하여 법률로써 제한할 수 있으며, 제한하는 경우에도 자유와 권리의 본질적인 내용을 침해할 수 없다.

제38조 모든 국민은 법률이 정하는 바에 의하여 납세의 의무를 진다.

제39조 ① 모든 국민은 법률이 정하는 바에 의하여 국방의 의무를 진다.

② 누구든지 병역의무의 이행으로 인하여 불이익한 처우를 받지 아니한다.

제3장 국회

제40조 입법권은 국회에 속한다.

제41조 ① 국회는 국민의 보통·평등·직접·비밀선거에 의하여 선출된 국회의원으로 구성한다.

② 국회의원의 수는 법률로 정하되, 200인 이상으로 한다.

③ 국회의원의 선거구와 비례대표제 기

타 선거에 관한 사항은 법률로 정한다.

제42조 국회의원의 임기는 4년으로 한다.

제43조 국회의원은 법률이 정하는 직을 겸할 수 없다.

제44조 ① 국회의원은 현행범인인 경우를 제외하고는 회기 중 국회의 동의 없이 체포 또는 구금되지 아니한다.

② 국회의원이 회기 전에 체포 또는 구금된 때에는 현행범인이 아닌 한 국회의 요구가 있으면 회기 중 석방된다.

제45조 국회의원은 국회에서 직무상 행한 발언과 표결에 관하여 국회 외에서 책임을 지지 아니한다.

제46조 ① 국회의원은 청렴의 의무가 있다.

② 국회의원은 국가이익을 우선하여 양심에 따라 직무를 행한다.

③ 국회의원은 그 지위를 남용하여 국가·공공단체 또는 기업체와의 계약이나 그 처분에 의하여 재산상의 권리·이익 또는 직위를 취득하거나 타인을 위하여 그 취득을 알선할 수 없다.

제47조 ① 국회의 정기회는 법률이 정하는 바에 의하여 매년 1회 집회되며, 국회의 임시회는 대통령 또는 국회재적의원 4분의 1 이상의 요구에 의하여 집회된다.

② 정기회의 회기는 100일을, 임시회의 회기는 30일을 초과할 수 없다.

③ 대통령이 임시회의 집회를 요구할 때에는 기간과 집회요구의 이유를 명시하여야 한다.

제48조 국회는 의장 1인과 부의장 2인을 선출한다.

제49조 국회는 헌법 또는 법률에 특별한 규정이 없는 한 재적의원 과반수의 출석과 출석의원 과반수의 찬성으로 의결한다. 가부동수인 때에는 부결된 것으로 본다.

제50조 ① 국회의 회의는 공개한다. 다만, 출석의원 과반수의 찬성이 있거나 의장이 국가의 안전보장을 위하여 필요하다고 인정할 때에는 공개하지 아니할 수 있다.

② 공개하지 아니한 회의내용의 공표에 관하여는 법률이 정하는 바에 의한다.

제51조 국회에 제출된 법률안 기타의 의안은 회기 중에 의결되지 못한 이유로 폐기되지 아니한다. 다만, 국회의원의 임기가 만료된 때에는 그러하지 아니하다.

제52조 국회의원과 정부는 법률안을 제출할 수 있다.

제53조 ① 국회에서 의결된 법률안은 정부에 이송되어 15일 이내에 대통령이 공포한다.

② 법률안에 이의가 있을 때에는 대통

령은 제1항의 기간내에 이의서를 붙여 국회로 환부하고, 그 재의를 요구할 수 있다. 국회의 폐회 중에도 또한 같다.

③ 대통령은 법률안의 일부에 대하여 또는 법률안을 수정하여 재의를 요구할 수 없다.

④ 재의의 요구가 있을 때에는 국회는 재의에 붙이고, 재적의원 과반수의 출석과 출석의원 3분의 2 이상의 찬성으로 전과 같은 의결을 하면 그 법률안은 법률로서 확정된다.

⑤ 대통령이 제1항의 기간 내에 공포나 재의의 요구를 하지 아니한 때에도 그 법률안은 법률로서 확정된다.

⑥ 대통령은 제4항과 제5항의 규정에 의하여 확정된 법률을 지체없이 공포하여야 한다. 제5항에 의하여 법률이 확정된 후 또는 제4항에 의한 확정법률이 정부에 이송된 후 5일 이내에 대통령이 공포하지 아니할 때에는 국회의장이 이를 공포한다.

⑦ 법률은 특별한 규정이 없는 한 공포한 날로부터 20일을 경과함으로써 효력을 발생한다.

제54조 ① 국회는 국가의 예산안을 심의·확정한다.

② 정부는 회계연도마다 예산안을 편성하여 회계연도 개시 90일 전까지 국회에 제출하고, 국회는 회계연도 개시

30일 전까지 이를 의결하여야 한다.

③ 새로운 회계연도가 개시될 때까지 예산안이 의결되지 못한 때에는 정부는 국회에서 예산안이 의결될 때까지 다음의 목적을 위한 경비는 전년도 예산에 준하여 집행할 수 있다.

1. 헌법이나 법률에 의하여 설치된 기관 또는 시설의 유지·운영
2. 법률상 지출의무의 이행
3. 이미 예산으로 승인된 사업의 계속

제55조 ① 한 회계연도를 넘어 계속하여 지출할 필요가 있을 때에는 정부는 연한을 정하여 계속비로서 국회의 의결을 얻어야 한다.

② 예비비는 총액으로 국회의 의결을 얻어야 한다. 예비비의 지출은 차기국회의 승인을 얻어야 한다.

제56조 정부는 예산에 변경을 가할 필요가 있을 때에는 추가경정예산안을 편성하여 국회에 제출할 수 있다.

제57조 국회는 정부의 동의 없이 정부가 제출한 지출예산 각항의 금액을 증가하거나 새 비목을 설치할 수 없다.

제58조 국채를 모집하거나 예산 외에 국가의 부담이 될 계약을 체결하려 할 때에는 정부는 미리 국회의 의결을 얻어야 한다.

제59조 조세의 종목과 세율은 법률로 정한다.

제60조 ① 국회는 상호원조 또는 안전보장에 관한 조약, 중요한 국제조직에 관한 조약, 우호통상항해조약, 주권의 제약에 관한 조약, 강화조약, 국가나 국민에게 중대한 재정적 부담을 지우는 조약 또는 입법사항에 관한 조약의 체결·비준에 대한 동의권을 가진다.

② 국회는 선전포고, 국군의 외국에의 파견 또는 외국군대의 대한민국 영역 안에서의 주류에 대한 동의권을 가진다.

제61조 ① 국회는 국정을 감사하거나 특정한 국정사안에 대하여 조사할 수 있으며, 이에 필요한 서류의 제출 또는 증인의 출석과 증언이나 의견의 진술을 요구할 수 있다.

② 국정감사 및 조사에 관한 절차 기타 필요한 사항은 법률로 정한다.

제62조 ① 국무총리·국무위원 또는 정부위원은 국회나 그 위원회에 출석하여 국정처리상황을 보고하거나 의견을 진술하고 질문에 응답할 수 있다.

② 국회나 그 위원회의 요구가 있을 때에는 국무총리·국무위원 또는 정부위원은 출석·답변하여야 하며, 국무총리 또는 국무위원이 출석요구를 받은 때에는 국무위원 또는 정부위원으로 하여금 출석·답변하게 할 수 있다.

제63조 ① 국회는 국무총리 또는 국무위원의 해임을 대통령에게 건의할 수 있다.

② 제1항의 해임건의는 국회재적의원 3분의 1 이상의 발의에 의하여 국회재적의원 과반수의 찬성이 있어야 한다.

제64조 ① 국회는 법률에 저촉되지 아니하는 범위 안에서 의사와 내부규율에 관한 규칙을 제정할 수 있다.

② 국회는 의원의 자격을 심사하며, 의원을 징계할 수 있다.

③ 의원을 제명하려면 국회재적의원 3분의 2 이상의 찬성이 있어야 한다.

④ 제2항과 제3항의 처분에 대하여는 법원에 제소할 수 없다.

제65조 ① 대통령·국무총리·국무위원·행정각부의 장·헌법재판소 재판관·법관·중앙선거관리위원회 위원·감사원장·감사위원 기타 법률이 정한 공무원이 그 직무집행에 있어서 헌법이나 법률을 위배한 때에는 국회는 탄핵의 소추를 의결할 수 있다.

② 제1항의 탄핵소추는 국회재적의원 3분의 1 이상의 발의가 있어야 하며, 그 의결은 국회재적의원 과반수의 찬성이 있어야 한다. 다만, 대통령에 대한 탄핵소추는 국회재적의원 과반수의 발의와 국회재적의원 3분의 2 이상의 찬성이 있어야 한다.

③ 탄핵소추의 의결을 받은 자는 탄핵심판이 있을 때까지 그 권한행사가 정

지된다.

④ 탄핵결정은 공직으로부터 파면함에 그친다. 그러나, 이에 의하여 민사상이나 형사상의 책임이 면제되지는 아니한다.

제4장 정부

제1절 대통령

제66조 ① 대통령은 국가의 원수이며, 외국에 대하여 국가를 대표한다.

② 대통령은 국가의 독립·영토의 보전·국가의 계속성과 헌법을 수호할 책무를 진다.

③ 대통령은 조국의 평화적 통일을 위한 성실한 의무를 진다.

④ 행정권은 대통령을 수반으로 하는 정부에 속한다.

제67조 ① 대통령은 국민의 보통·평등·직접·비밀선거에 의하여 선출한다.

② 제1항의 선거에 있어서 최고득표자가 2인 이상인 때에는 국회의 재적의원 과반수가 출석한 공개회의에서 다수표를 얻은 자를 당선자로 한다.

③ 대통령후보자가 1인일 때에는 그 득표수가 선거권자 총수의 3분의 1 이상이 아니면 대통령으로 당선될 수 없다.

④ 대통령으로 선거될 수 있는 자는 국회의원의 피선거권이 있고 선거일

현재 40세에 달하여야 한다.

⑤ 대통령의 선거에 관한 사항은 법률로 정한다.

제68조 ① 대통령의 임기가 만료되는 때에는 임기만료 70일 내지 40일 전에 후임자를 선거한다.

② 대통령이 궐위된 때 또는 대통령 당선자가 사망하거나 판결 기타의 사유로 그 자격을 상실한 때에는 60일 이내에 후임자를 선거한다.

제69조 대통령은 취임에 즈음하여 다음의 선서를 한다.

"나는 헌법을 준수하고 국가를 보위하며 조국의 평화적 통일과 국민의 자유와 복리의 증진 및 민족문화의 창달에 노력하여 대통령으로서의 직책을 성실히 수행할 것을 국민 앞에 엄숙히 선서합니다."

제70조 대통령의 임기는 5년으로 하며, 중임할 수 없다.

제71조 대통령이 궐위되거나 사고로 인하여 직무를 수행할 수 없을 때에는 국무총리, 법률이 정한 국무위원의 순서로 그 권한을 대행한다.

제72조 대통령은 필요하다고 인정할 때에는 외교·국방·통일 기타 국가안위에 관한 중요정책을 국민투표에 붙일 수 있다.

제73조 대통령은 조약을 체결·비준하

고, 외교사절을 신임·접수 또는 파견하며, 선전포고와 강화를 한다.

제74조 ① 대통령은 헌법과 법률이 정하는 바에 의하여 국군을 통수한다.

② 국군의 조직과 편성은 법률로 정한다.

제75조 대통령은 법률에서 구체적으로 범위를 정하여 위임받은 사항과 법률을 집행하기 위하여 필요한 사항에 관하여 대통령령을 발할 수 있다.

제76조 ① 대통령은 내우·외환·천재·지변 또는 중대한 재정·경제상의 위기에 있어서 국가의 안전보장 또는 공공의 안녕질서를 유지하기 위하여 긴급한 조치가 필요하고 국회의 집회를 기다릴 여유가 없을 때에 한하여 최소한으로 필요한 재정·경제상의 처분을 하거나 이에 관하여 법률의 효력을 가지는 명령을 발할 수 있다.

② 대통령은 국가의 안위에 관계되는 중대한 교전상태에 있어서 국가를 보위하기 위하여 긴급한 조치가 필요하고 국회의 집회가 불가능한 때에 한하여 법률의 효력을 가지는 명령을 발할 수 있다.

③ 대통령은 제1항과 제2항의 처분 또는 명령을 한 때에는 지체없이 국회에 보고하여 그 승인을 얻어야 한다.

④ 제3항의 승인을 얻지 못한 때에는 그 처분 또는 명령은 그때부터 효력을 상실한다. 이 경우 그 명령에 의하여 개정 또는 폐지되었던 법률은 그 명령이 승인을 얻지 못한 때부터 당연히 효력을 회복한다.

⑤ 대통령은 제3항과 제4항의 사유를 지체없이 공포하여야 한다.

제77조 ① 대통령은 전시·사변 또는 이에 준하는 국가비상사태에 있어서 병력으로써 군사상의 필요에 응하거나 공공의 안녕질서를 유지할 필요가 있을 때에는 법률이 정하는 바에 의하여 계엄을 선포할 수 있다.

② 계엄은 비상계엄과 경비계엄으로 한다.

③ 비상계엄이 선포된 때에는 법률이 정하는 바에 의하여 영장제도, 언론·출판·집회·결사의 자유, 정부나 법원의 권한에 관하여 특별한 조치를 할 수 있다.

④ 계엄을 선포한 때에는 대통령은 지체없이 국회에 통고하여야 한다.

⑤ 국회가 재적의원 과반수의 찬성으로 계엄의 해제를 요구한 때에는 대통령은 이를 해제하여야 한다.

제78조 대통령은 헌법과 법률이 정하는 바에 의하여 공무원을 임면한다.

제79조 ① 대통령은 법률이 정하는 바에 의하여 사면·감형 또는 복권을 명

할 수 있다.

② 일반사면을 명하려면 국회의 동의를 얻어야 한다.

③ 사면·감형 및 복권에 관한 사항은 법률로 정한다.

제80조 대통령은 법률이 정하는 바에 의하여 훈장 기타의 영전을 수여한다.

제81조 대통령은 국회에 출석하여 발언하거나 서한으로 의견을 표시할 수 있다.

제82조 대통령의 국법상 행위는 문서로써 하며, 이 문서에는 국무총리와 관계 국무위원이 부서한다. 군사에 관한 것도 또한 같다.

제83조 대통령은 국무총리·국무위원· 행정각부의 장 기타 법률이 정하는 공사의 직을 겸할 수 없다.

제84조 대통령은 내란 또는 외환의 죄를 범한 경우를 제외하고는 재직 중 형사상의 소추를 받지 아니한다.

제85조 전직대통령의 신분과 예우에 관하여는 법률로 정한다.

제2절 행정부

제1관 국무총리와 국무위원

제86조 ① 국무총리는 국회의 동의를 얻어 대통령이 임명한다.

② 국무총리는 대통령을 보좌하며, 행정에 관하여 대통령의 명을 받아 행정각부를 통할한다.

③ 군인은 현역을 면한 후가 아니면 국무총리로 임명될 수 없다.

제87조 ① 국무위원은 국무총리의 제청으로 대통령이 임명한다.

② 국무위원은 국정에 관하여 대통령을 보좌하며, 국무회의의 구성원으로서 국정을 심의한다.

③ 국무총리는 국무위원의 해임을 대통령에게 건의할 수 있다.

④ 군인은 현역을 면한 후가 아니면 국무위원으로 임명될 수 없다.

제2관 국무회의

제88조 ① 국무회의는 정부의 권한에 속하는 중요한 정책을 심의한다.

② 국무회의는 대통령·국무총리와 15인 이상 30인 이하의 국무위원으로 구성한다.

③ 대통령은 국무회의의 의장이 되고, 국무총리는 부의장이 된다.

제89조 다음 사항은 국무회의의 심의를 거쳐야 한다.

1. 국정의 기본계획과 정부의 일반정책
2. 선전·강화 기타 중요한 대외정책
3. 헌법개정안·국민투표안·조약안·법률안 및 대통령령안
4. 예산안·결산·국유재산처분의 기본

계획·국가의 부담이 될 계약 기타 재정에 관한 중요사항

5. 대통령의 긴급명령·긴급재정경제처분 및 명령 또는 계엄과 그 해제

6. 군사에 관한 중요사항

7. 국회의 임시회 집회의 요구

8. 영전수여

9. 사면·감형과 복권

10. 행정각부간의 권한의 획정

11. 정부 안의 권한의 위임 또는 배정에 관한 기본계획

12. 국정처리상황의 평가·분석

13. 행정각부의 중요한 정책의 수립과 조정

14. 정당해산의 제소

15. 정부에 제출 또는 회부된 정부의 정책에 관계되는 청원의 심사

16. 검찰총장·합동참모의장·각군참모총장·국립대학교총장·대사 기타 법률이 정한 공무원과 국영기업체 관리자의 임명

17. 기타 대통령·국무총리 또는 국무위원이 제출한 사항

제90조 ① 국정의 중요한 사항에 관한 대통령의 자문에 응하기 위하여 국가원로로 구성되는 국가원로자문회의를 둘 수 있다.

② 국가원로자문회의의 의장은 직전대통령이 된다. 다만, 직전대통령이 없을 때에는 대통령이 지명한다.

③ 국가원로자문회의의 조직·직무범위 기타 필요한 사항은 법률로 정한다.

제91조 ① 국가안전보장에 관련되는 대외정책·군사정책과 국내정책의 수립에 관하여 국무회의의 심의에 앞서 대통령의 자문에 응하기 위하여 국가안전보장회의를 둔다.

② 국가안전보장회의는 대통령이 주재한다.

③ 국가안전보장회의의 조직·직무범위 기타 필요한 사항은 법률로 정한다.

제92조 ① 평화통일정책의 수립에 관한 대통령의 자문에 응하기 위하여 민주평화통일자문회의를 둘 수 있다.

② 민주평화통일자문회의의 조직·직무범위 기타 필요한 사항은 법률로 정한다.

제93조 ① 국민경제의 발전을 위한 중요정책의 수립에 관하여 대통령의 자문에 응하기 위하여 국민경제자문회의를 둘 수 있다.

② 국민경제자문회의의 조직·직무범위 기타 필요한 사항은 법률로 정한다.

제3관 행정각부

제94조 행정각부의 장은 국무위원 중에서 국무총리의 제청으로 대통령이 임명한다.

제95조 국무총리 또는 행정각부의 장은 소관사무에 관하여 법률이나 대통령령의 위임 또는 직권으로 총리령 또는 부령을 발할 수 있다.

제96조 행정각부의 설치·조직과 직무범위는 법률로 정한다.

제4관 감사원

제97조 국가의 세입·세출의 결산, 국가 및 법률이 정한 단체의 회계검사와 행정기관 및 공무원의 직무에 관한 감찰을 하기 위하여 대통령 소속하에 감사원을 둔다.

제98조 ① 감사원은 원장을 포함한 5인 이상 11인 이하의 감사위원으로 구성한다.

② 원장은 국회의 동의를 얻어 대통령이 임명하고, 그 임기는 4년으로 하며, 1차에 한하여 중임할 수 있다.

③ 감사위원은 원장의 제청으로 대통령이 임명하고, 그 임기는 4년으로 하며, 1차에 한하여 중임할 수 있다.

제99조 감사원은 세입·세출의 결산을 매년 검사하여 대통령과 차년도국회에 그 결과를 보고하여야 한다.

제100조 감사원의 조직·직무범위·감사위원의 자격·감사대상공무원의 범위 기타 필요한 사항은 법률로 정한다.

제5장 법원

제101조 ① 사법권은 법관으로 구성된 법원에 속한다.

② 법원은 최고법원인 대법원과 각급법원으로 조직된다.

③ 법관의 자격은 법률로 정한다.

제102조 ① 대법원에 부를 둘 수 있다.

② 대법원에 대법관을 둔다. 다만, 법률이 정하는 바에 의하여 대법관이 아닌 법관을 둘 수 있다.

③ 대법원과 각급법원의 조직은 법률로 정한다.

제103조 법관은 헌법과 법률에 의하여 그 양심에 따라 독립하여 심판한다.

제104조 ① 대법원장은 국회의 동의를 얻어 대통령이 임명한다.

② 대법관은 대법원장의 제청으로 국회의 동의를 얻어 대통령이 임명한다.

③ 대법원장과 대법관이 아닌 법관은 대법관회의의 동의를 얻어 대법원장이 임명한다.

제105조 ① 대법원장의 임기는 6년으로 하며, 중임할 수 없다.

② 대법관의 임기는 6년으로 하며, 법률이 정하는 바에 의하여 연임할 수 있다.

③ 대법원장과 대법관이 아닌 법관의 임기는 10년으로 하며, 법률이 정하는 바에 의하여 연임할 수 있다.

④ 법관의 정년은 법률로 정한다.

제106조 ① 법관은 탄핵 또는 금고 이상의 형의 선고에 의하지 아니하고는 파면되지 아니하며, 징계처분에 의하지 아니하고는 정직·감봉 기타 불리한 처분을 받지 아니한다.

② 법관이 중대한 심신상의 장해로 직무를 수행할 수 없을 때에는 법률이 정하는 바에 의하여 퇴직하게 할 수 있다.

제107조 ① 법률이 헌법에 위반되는 여부가 재판의 전제가 된 경우에는 법원은 헌법재판소에 제청하여 그 심판에 의하여 재판한다.

② 명령·규칙 또는 처분이 헌법이나 법률에 위반되는 여부가 재판의 전제가 된 경우에는 대법원은 이를 최종적으로 심사할 권한을 가진다.

③ 재판의 전심절차로서 행정심판을 할 수 있다. 행정심판의 절차는 법률로 정하되, 사법절차가 준용되어야 한다.

제108조 대법원은 법률에 저촉되지 아니하는 범위 안에서 소송에 관한 절차, 법원의 내부규율과 사무처리에 관한 규칙을 제정할 수 있다.

제109조 재판의 심리와 판결은 공개한다. 다만, 심리는 국가의 안전보장 또는 안녕질서를 방해하거나 선량한 풍속을 해할 염려가 있을 때에는 법원의 결정으로 공개하지 아니할 수 있다.

제110조 ① 군사재판을 관할하기 위하여 특별법원으로서 군사법원을 둘 수 있다.

② 군사법원의 상고심은 대법원에서 관할한다.

③ 군사법원의 조직·권한 및 재판관의 자격은 법률로 정한다.

④ 비상계엄하의 군사재판은 군인·군무원의 범죄나 군사에 관한 간첩죄의 경우와 초병·초소·유독음식물공급·포로에 관한 죄 중 법률이 정한 경우에 한하여 단심으로 할 수 있다. 다만, 사형을 선고한 경우에는 그러하지 아니하다.

제6장 헌법재판소

제111조 ① 헌법재판소는 다음 사항을 관장한다.

1. 법원의 제청에 의한 법률의 위헌여부 심판
2. 탄핵의 심판
3. 정당의 해산 심판
4. 국가기관 상호간, 국가기관과 지방자치단체간 및 지방자치단체 상호간의 권한쟁의에 관한 심판
5. 법률이 정하는 헌법소원에 관한 심판

② 헌법재판소는 법관의 자격을 가진 9인의 재판관으로 구성하며, 재판관은 대통령이 임명한다.

③ 제2항의 재판관중 3인은 국회에서

선출하는 자를, 3인은 대법원장이 지명하는 자를 임명한다.

④ 헌법재판소의 장은 국회의 동의를 얻어 재판관 중에서 대통령이 임명한다.

제112조 ① 헌법재판소 재판관의 임기는 6년으로 하며, 법률이 정하는 바에 의하여 연임할 수 있다.

② 헌법재판소 재판관은 정당에 가입하거나 정치에 관여할 수 없다.

③ 헌법재판소 재판관은 탄핵 또는 금고 이상의 형의 선고에 의하지 아니하고는 파면되지 아니한다.

제113조 ① 헌법재판소에서 법률의 위헌결정, 탄핵의 결정, 정당해산의 결정 또는 헌법소원에 관한 인용결정을 할 때에는 재판관 6인 이상의 찬성이 있어야 한다.

② 헌법재판소는 법률에 저촉되지 아니하는 범위 안에서 심판에 관한 절차, 내부규율과 사무처리에 관한 규칙을 제정할 수 있다.

③ 헌법재판소의 조직과 운영 기타 필요한 사항은 법률로 정한다.

제7장 선거관리

제114조 ① 선거와 국민투표의 공정한 관리 및 정당에 관한 사무를 처리하기 위하여 선거관리위원회를 둔다.

② 중앙선거관리위원회는 대통령이 임명하는 3인, 국회에서 선출하는 3인과 대법원장이 지명하는 3인의 위원으로 구성한다. 위원장은 위원 중에서 호선한다.

③ 위원의 임기는 6년으로 한다.

④ 위원은 정당에 가입하거나 정치에 관여할 수 없다.

⑤ 위원은 탄핵 또는 금고 이상의 형의 선고에 의하지 아니하고는 파면되지 아니한다.

⑥ 중앙선거관리위원회는 법령의 범위 안에서 선거관리·국민투표관리 또는 정당사무에 관한 규칙을 제정할 수 있으며, 법률에 저촉되지 아니하는 범위 안에서 내부규율에 관한 규칙을 제정할 수 있다.

⑦ 각급 선거관리위원회의 조직·직무범위 기타 필요한 사항은 법률로 정한다.

제115조 ① 각급 선거관리위원회는 선거인명부의 작성 등 선거사무와 국민투표사무에 관하여 관계 행정기관에 필요한 지시를 할 수 있다.

② 제1항의 지시를 받은 당해 행정기관은 이에 응하여야 한다.

제116조 ① 선거운동은 각급 선거관리위원회의 관리하에 법률이 정하는 범위 안에서 하되, 균등한 기회가 보장되어야 한다.

② 선거에 관한 경비는 법률이 정하는

경우를 제외하고는 정당 또는 후보자에게 부담시킬 수 없다.

제8장 지방자치

제117조 ① 지방자치단체는 주민의 복리에 관한 사무를 처리하고 재산을 관리하며, 법령의 범위 안에서 자치에 관한 규정을 제정할 수 있다.

② 지방자치단체의 종류는 법률로 정한다.

제118조 ① 지방자치단체에 의회를 둔다.

② 지방의회의 조직·권한·의원선거와 지방자치단체의 장의 선임방법 기타 지방자치단체의 조직과 운영에 관한 사항은 법률로 정한다.

제9장 경제

제119조 ① 대한민국의 경제질서는 개인과 기업의 경제상의 자유와 창의를 존중함을 기본으로 한다.

② 국가는 균형있는 국민경제의 성장 및 안정과 적정한 소득의 분배를 유지하고, 시장의 지배와 경제력의 남용을 방지하며, 경제주체간의 조화를 통한 경제의 민주화를 위하여 경제에 관한 규제와 조정을 할 수 있다.

제120조 ① 광물 기타 중요한 지하자원·수산자원·수력과 경제상 이용할 수 있는 자연력은 법률이 정하는 바에 의하여 일정한 기간 그 채취·개발 또는 이용을 특허할 수 있다.

② 국토와 자원은 국가의 보호를 받으며, 국가는 그 균형있는 개발과 이용을 위하여 필요한 계획을 수립한다.

제121조 ① 국가는 농지에 관하여 경자유전의 원칙이 달성될 수 있도록 노력하여야 하며, 농지의 소작제도는 금지된다.

② 농업생산성의 제고와 농지의 합리적인 이용을 위하거나 불가피한 사정으로 발생하는 농지의 임대차와 위탁경영은 법률이 정하는 바에 의하여 인정된다.

제122조 국가는 국민 모두의 생산 및 생활의 기반이 되는 국토의 효율적이고 균형있는 이용·개발과 보전을 위하여 법률이 정하는 바에 의하여 그에 관한 필요한 제한과 의무를 과할 수 있다.

제123조 ① 국가는 농업 및 어업을 보호·육성하기 위하여 농·어촌종합개발과 그 지원등 필요한 계획을 수립·시행하여야 한다.

② 국가는 지역간의 균형있는 발전을 위하여 지역경제를 육성할 의무를 진다.

③ 국가는 중소기업을 보호·육성하여야 한다.

④ 국가는 농수산물의 수급균형과 유통구조의 개선에 노력하여 가격안정을 도모함으로써 농·어민의 이익을 보호한다.

⑤ 국가는 농·어민과 중소기업의 자조조직을 육성하여야 하며, 그 자율적 활동과 발전을 보장한다.

제124조 국가는 건전한 소비행위를 계도하고 생산품의 품질향상을 촉구하기 위한 소비자보호운동을 법률이 정하는 바에 의하여 보장한다.

제125조 국가는 대외무역을 육성하며, 이를 규제·조정할 수 있다.

제126조 국방상 또는 국민경제상 긴절한 필요로 인하여 법률이 정하는 경우를 제외하고는, 사영기업을 국유 또는 공유로 이전하거나 그 경영을 통제 또는 관리할 수 없다.

제127조 ① 국가는 과학기술의 혁신과 정보 및 인력의 개발을 통하여 국민경제의 발전에 노력하여야 한다.

② 국가는 국가표준제도를 확립한다.

③ 대통령은 제1항의 목적을 달성하기 위하여 필요한 자문기구를 둘 수 있다.

제10장 헌법개정

제128조 ① 헌법개정은 국회재적의원 과반수 또는 대통령의 발의로 제안된다.

② 대통령의 임기연장 또는 중임변경을 위한 헌법개정은 그 헌법개정 제안 당시의 대통령에 대하여는 효력이 없다.

제129조 제안된 헌법개정안은 대통령이 20일 이상의 기간 이를 공고하여야 한다.

제130조 ① 국회는 헌법개정안이 공고된 날로부터 60일 이내에 의결하여야 하며, 국회의 의결은 재적의원 3분의 2 이상의 찬성을 얻어야 한다.

② 헌법개정안은 국회가 의결한 후 30일 이내에 국민투표에 붙여 국회의원선거권자 과반수의 투표와 투표자 과반수의 찬성을 얻어야 한다.

③ 헌법개정안이 제2항의 찬성을 얻은 때에는 헌법개정은 확정되며, 대통령은 즉시 이를 공포하여야 한다.

부칙 〈제10호, 1987. 10. 29.〉

제1조 이 헌법은 1988년 2월 25일부터 시행한다. 다만, 이 헌법을 시행하기 위하여 필요한 법률의 제정·개정과 이 헌법에 의한 대통령 및 국회의원의 선거 기타 이 헌법시행에 관한 준비는 이 헌법시행 전에 할 수 있다.

제2조 ① 이 헌법에 의한 최초의 대통령선거는 이 헌법시행일 40일 전까지 실시한다.

② 이 헌법에 의한 최초의 대통령의 임기는 이 헌법시행일로부터 개시한다.

제3조 ① 이 헌법에 의한 최초의 국회의원선거는 이 헌법공포일로부터 6월 이내에 실시하며, 이 헌법에 의하여 선출된 최초의 국회의원의 임기는 국회의원선거후 이 헌법에 의한 국회의 최초의 집회일로부터 개시한다.

② 이 헌법공포 당시의 국회의원의 임기는 제1항에 의한 국회의 최초의 집회일 전일까지로 한다.

제4조 ① 이 헌법시행 당시의 공무원과 정부가 임명한 기업체의 임원은 이 헌법에 의하여 임명된 것으로 본다. 다만, 이 헌법에 의하여 선임방법이나 임명권자가 변경된 공무원과 대법원장 및 감사원장은 이 헌법에 의하여 후임자가 선임될 때까지 그 직무를 행하며, 이 경우 전임자인 공무원의 임기는 후임자가 선임되는 전일까지로 한다.

② 이 헌법시행 당시의 대법원장과 대법원판사가 아닌 법관은 제1항 단서의 규정에 불구하고 이 헌법에 의하여 임명된 것으로 본다.

③ 이 헌법 중 공무원의 임기 또는 중임제한에 관한 규정은 이 헌법에 의하여 그 공무원이 최초로 선출 또는 임명된 때로부터 적용한다.

제5조 이 헌법시행 당시의 법령과 조약은 이 헌법에 위배되지 아니하는 한 그 효력을 지속한다.

제6조 이 헌법시행 당시에 이 헌법에 의하여 새로 설치될 기관의 권한에 속하는 직무를 행하고 있는 기관은 이 헌법에 의하여 새로운 기관이 설치될 때까지 존속하며 그 직무를 행한다.

형법

[시행 2024. 2. 9.] [법률 제19582호, 2023. 8. 8., 일부개정]

제1편 총칙

제1장 형법의 적용범위

제1조(범죄의 성립과 처벌) ① 범죄의 성립과 처벌은 행위 시의 법률에 따른다. ② 범죄 후 법률이 변경되어 그 행위가 범죄를 구성하지 아니하게 되거나 형이 구법(舊法)보다 가벼워진 경우에는 신법(新法)에 따른다. ③ 재판이 확정된 후 법률이 변경되어 그 행위가 범죄를 구성하지 아니하게 된 경우에는 형의 집행을 면제한다.

제2조(국내범) 본법은 대한민국영역내에서 죄를 범한 내국인과 외국인에게 적용한다.

제3조(내국인의 국외범) 본법은 대한민국영역외에서 죄를 범한 내국인에게 적용한다.

제4조(국외에 있는 내국선박 등에서 외국인이 범한 죄) 본법은 대한민국영역외에 있는 대한민국의 선박 또는 항공기내에서 죄를 범한 외국인에게 적용한다.

제5조(외국인의 국외범) 본법은 대한민국영역외에서 다음에 기재한 죄를 범한 외국인에게 적용한다.

1. 내란의 죄

2. 외환의 죄

3. 국기에 관한 죄

4. 통화에 관한 죄

5. 유가증권, 우표와 인지에 관한 죄

6. 문서에 관한 죄중 제225조 내지 제230조

7. 인장에 관한 죄중 제238조

제6조(대한민국과 대한민국국민에 대한 국외범) 본법은 대한민국영역외에서 대한민국 또는 대한민국국민에 대하여 전조에 기재한 이외의 죄를 범한 외국인에게 적용한다. 단 행위지의 법률에 의하여 범죄를 구성하지 아니하거나 소추 또는 형의 집행을 면제할 경우에는 예외로 한다.

제7조(외국에서 집행된 형의 산입) 죄를 지어 외국에서 형의 전부 또는 일부가 집행된 사람에 대해서는 그 집행된 형의 전부 또는 일부를 선고하는 형에 산입한다.

제8조(총칙의 적용) 본법 총칙은 타법령에 정한 죄에 적용한다. 단, 그 법령에 특별한 규정이 있는 때에는 예외로 한다.

제2장 죄

제1절 죄의 성립과 형의 감면

제9조(형사미성년자) 14세되지 아니한 자의 행위는 벌하지 아니한다.

제10조(심신장애인) ① 심신장애로 인하여 사물을 변별할 능력이 없거나 의사를 결정할 능력이 없는 자의 행위는 벌하지 아니한다.

② 심신장애로 인하여 전항의 능력이 미약한 자의 행위는 형을 감경할 수 있다.

③ 위험의 발생을 예견하고 자의로 심신장애를 야기한 자의 행위에는 전2항의 규정을 적용하지 아니한다.

제11조(청각 및 언어 장애인) 듣거나 말하는 데 모두 장애가 있는 사람의 행위에 대해서는 형을 감경한다.

제12조(강요된 행위) 저항할 수 없는 폭력이나 자기 또는 친족의 생명, 신체에 대한 위해를 방어할 방법이 없는 협박에 의하여 강요된 행위는 벌하지 아니한다.

제13조(고의) 죄의 성립요소인 사실을 인식하지 못한 행위는 벌하지 아니한다. 다만, 법률에 특별한 규정이 있는 경우에는 예외로 한다.

제14조(과실) 정상적으로 기울여야 할 주의(注意)를 게을리하여 죄의 성립요소인 사실을 인식하지 못한 행위는 법률에 특별한 규정이 있는 경우에만 처벌한다.

제15조(사실의 착오) ① 특별히 무거운 죄가 되는 사실을 인식하지 못한 행위는 무거운 죄로 벌하지 아니한다.

② 결과 때문에 형이 무거워지는 죄의 경우에 그 결과의 발생을 예견할 수 없었을 때에는 무거운 죄로 벌하지 아니한다.

제16조(법률의 착오) 자기의 행위가 법령에 의하여 죄가 되지 아니하는 것으로 오인한 행위는 그 오인에 정당한 이유가 있는 때에 한하여 벌하지 아니한다.

제17조(인과관계) 어떤 행위라도 죄의 요소되는 위험발생에 연결되지 아니한 때에는 그 결과로 인하여 벌하지 아니한다.

제18조(부작위범) 위험의 발생을 방지할 의무가 있거나 자기의 행위로 인하

여 위험발생의 원인을 야기한 자가 그 위험발생을 방지하지 아니한 때에는 그 발생된 결과에 의하여 처벌한다.

제19조(독립행위의 경합) 동시 또는 이시의 독립행위가 경합한 경우에 그 결과발생의 원인된 행위가 판명되지 아니한 때에는 각 행위를 미수범으로 처벌한다.

제20조(정당행위) 법령에 의한 행위 또는 업무로 인한 행위 기타 사회상규에 위배되지 아니하는 행위는 벌하지 아니한다.

제21조(정당방위) ① 현재의 부당한 침해로부터 자기 또는 타인의 법익(法益)을 방위하기 위하여 한 행위는 상당한 이유가 있는 경우에는 벌하지 아니한다.
② 방위행위가 그 정도를 초과한 경우에는 정황(情況)에 따라 그 형을 감경하거나 면제할 수 있다.
③ 제2항의 경우에 야간이나 그 밖의 불안한 상태에서 공포를 느끼거나 경악(驚愕)하거나 흥분하거나 당황하였기 때문에 그 행위를 하였을 때에는 벌하지 아니한다.

제22조(긴급피난) ① 자기 또는 타인의 법익에 대한 현재의 위난을 피하기 위한 행위는 상당한 이유가 있는 때에는 벌하지 아니한다.
② 위난을 피하지 못할 책임이 있는

자에 대하여는 전항의 규정을 적용하지 아니한다.
③ 전조 제2항과 제3항의 규정은 본조에 준용한다.

제23조(자구행위) ① 법률에서 정한 절차에 따라서는 청구권을 보전(保全)할 수 없는 경우에 그 청구권의 실행이 불가능해지거나 현저히 곤란해지는 상황을 피하기 위하여 한 행위는 상당한 이유가 있는 때에는 벌하지 아니한다.
② 제1항의 행위가 그 정도를 초과한 경우에는 정황에 따라 그 형을 감경하거나 면제할 수 있다.

제24조(피해자의 승낙) 처분할 수 있는 자의 승낙에 의하여 그 법익을 훼손한 행위는 법률에 특별한 규정이 없는 한 벌하지 아니한다.

제2절 미수범

제25조(미수범) ① 죄의 실행에 착수하여 행위를 종료하지 못하였거나 결과가 발생하지 아니한 때에는 미수범으로 처벌한다.
② 미수범의 형은 기수범보다 감경할 수 있다.

제26조(중지범) 범인이 실행에 착수한 행위를 자의(自意)로 중지하거나 그 행위로 인한 결과의 발생을 자의로 방지한 경우에는 형을 감경하거나 면제한다.

제27조(불능범) 실행의 수단 또는 대상의 착오로 인하여 결과의 발생이 불가능하더라도 위험성이 있는 때에는 처벌한다. 단, 형을 감경 또는 면제할 수 있다.

제28조(음모, 예비) 범죄의 음모 또는 예비행위가 실행의 착수에 이르지 아니한 때에는 법률에 특별한 규정이 없는 한 벌하지 아니한다.

제29조(미수범의 처벌) 미수범을 처벌할 죄는 각칙의 해당 죄에서 정한다.

제3절 공범

제30조(공동정범) 2인 이상이 공동하여 죄를 범한 때에는 각자를 그 죄의 정범으로 처벌한다.

제31조(교사범) ① 타인을 교사하여 죄를 범하게 한 자는 죄를 실행한 자와 동일한 형으로 처벌한다.

② 교사를 받은 자가 범죄의 실행을 승낙하고 실행의 착수에 이르지 아니한 때에는 교사자와 피교사자를 음모 또는 예비에 준하여 처벌한다.

③ 교사를 받은 자가 범죄의 실행을 승낙하지 아니한 때에도 교사자에 대하여는 전항과 같다.

제32조(종범) ① 타인의 범죄를 방조한 자는 종범으로 처벌한다.

② 종범의 형은 정범의 형보다 감경

한다.

제33조(공범과 신분) 신분이 있어야 성립되는 범죄에 신분 없는 사람이 가담한 경우에는 그 신분 없는 사람에게도 제30조부터 제32조까지의 규정을 적용한다. 다만, 신분 때문에 형의 경중이 달라지는 경우에 신분이 없는 사람은 무거운 형으로 벌하지 아니한다.

제34조(간접정범, 특수한 교사, 방조에 대한 형의 가중) ① 어느 행위로 인하여 처벌되지 아니하는 자 또는 과실범으로 처벌되는 자를 교사 또는 방조하여 범죄행위의 결과를 발생하게 한 자는 교사 또는 방조의 예에 의하여 처벌한다.

② 자기의 지휘, 감독을 받는 자를 교사 또는 방조하여 전항의 결과를 발생하게 한 자는 교사인 때에는 정범에 정한 형의 장기 또는 다액에 그 2분의 1까지 가중하고 방조인 때에는 정범의 형으로 처벌한다.

제4절 누범

제35조(누범) ① 금고(禁錮) 이상의 형을 선고받아 그 집행이 종료되거나 면제된 후 3년 내에 금고 이상에 해당하는 죄를 지은 사람은 누범(累犯)으로 처벌한다.

② 누범의 형은 그 죄에 대하여 정한

형의 장기(長期)의 2배까지 가중한다.

제36조(판결선고후의 누범발각) 판결선고후 누범인 것이 발각된 때에는 그 선고한 형을 통산하여 다시 형을 정할 수 있다. 단, 선고한 형의 집행을 종료하거나 그 집행이 면제된 후에는 예외로 한다.

제5절 경합범

제37조(경합범) 판결이 확정되지 아니한 수개의 죄 또는 금고 이상의 형에 처한 판결이 확정된 죄와 그 판결확정 전에 범한 죄를 경합범으로 한다.

제38조(경합범과 처벌례) ① 경합범을 동시에 판결할 때에는 다음 각 호의 구분에 따라 처벌한다.

1. 가장 무거운 죄에 대하여 정한 형이 사형, 무기징역, 무기금고인 경우에는 가장 무거운 죄에 대하여 정한 형으로 처벌한다.

2. 각 죄에 대하여 정한 형이 사형, 무기징역, 무기금고 외의 같은 종류의 형인 경우에는 가장 무거운 죄에 대하여 정한 형의 장기 또는 다액(多額)에 그 2분의 1까지 가중하되 각 죄에 대하여 정한 형의 장기 또는 다액을 합산한 형기 또는 액수를 초과할 수 없다. 다만, 과료와 과료, 몰수와 몰수는 병과(倂科)할 수 있다.

3. 각 죄에 대하여 정한 형이 무기징역, 무기금고 외의 다른 종류의 형인 경우에는 병과한다.

② 제1항 각 호의 경우에 징역과 금고는 같은 종류의 형으로 보아 징역형으로 처벌한다.

제39조(판결을 받지 아니한 경합범, 수개의 판결과 경합범, 형의 집행과 경합범) ① 경합범중 판결을 받지 아니한 죄가 있는 때에는 그 죄와 판결이 확정된 죄를 동시에 판결할 경우와 형평을 고려하여 그 죄에 대하여 형을 선고한다. 이 경우 그 형을 감경 또는 면제할 수 있다.

② 삭제 <2005. 7. 29.>

③ 경합범에 의한 판결의 선고를 받은 자가 경합범 중의 어떤 죄에 대하여 사면 또는 형의 집행이 면제된 때에는 다른 죄에 대하여 다시 형을 정한다.

④ 전 3항의 형의 집행에 있어서는 이미 집행한 형기를 통산한다.

제40조(상상적 경합) 한 개의 행위가 여러 개의 죄에 해당하는 경우에는 가장 무거운 죄에 대하여 정한 형으로 처벌한다.

제3장 형

제1절 형의 종류와 경중

제41조(형의 종류) 형의 종류는 다음과

같다.

1. 사형

2. 징역

3. 금고

4. 자격상실

5. 자격정지

6. 벌금

7. 구류

8. 과료

9. 몰수

제42조(징역 또는 금고의 기간) 징역 또는 금고는 무기 또는 유기로 하고 유기는 1개월 이상 30년 이하로 한다. 단, 유기징역 또는 유기금고에 대하여 형을 가중하는 때에는 50년까지로 한다.

제43조(형의 선고와 자격상실, 자격정지) ① 사형, 무기징역 또는 무기금고의 판결을 받은 자는 다음에 기재한 자격을 상실한다.

1. 공무원이 되는 자격

2. 공법상의 선거권과 피선거권

3. 법률로 요건을 정한 공법상의 업무에 관한 자격

4. 법인의 이사, 감사 또는 지배인 기타 법인의 업무에 관한 검사역이나 재산관리인이 되는 자격

② 유기징역 또는 유기금고의 판결을 받은 자는 그 형의 집행이 종료하거나 면제될 때까지 전항 제1호 내지 제3호에 기재된 자격이 정지된다. 다만, 다른 법률에 특별한 규정이 있는 경우에는 그 법률에 따른다.

제44조(자격정지) ① 전조에 기재한 자격의 전부 또는 일부에 대한 정지는 1년 이상 15년 이하로 한다.

② 유기징역 또는 유기금고에 자격정지를 병과한 때에는 징역 또는 금고의 집행을 종료하거나 면제된 날로부터 정지기간을 기산한다.

제45조(벌금) 벌금은 5만원 이상으로 한다. 다만, 감경하는 경우에는 5만원 미만으로 할 수 있다.

제46조(구류) 구류는 1일 이상 30일 미만으로 한다.

제47조(과료) 과료는 2천원 이상 5만원 미만으로 한다.

제48조(몰수의 대상과 추징) ① 범인 외의 자의 소유에 속하지 아니하거나 범죄 후 범인 외의 자가 사정을 알면서 취득한 다음 각 호의 물건은 전부 또는 일부를 몰수할 수 있다.

1. 범죄행위에 제공하였거나 제공하려고 한 물건

2. 범죄행위로 인하여 생겼거나 취득한 물건

3. 제1호 또는 제2호의 대가로 취득한 물건

② 제1항 각 호의 물건을 몰수할 수

없을 때에는 그 가액(價額)을 추징한다.

③ 문서, 도화(圖畵), 전자기록(電磁記錄) 등 특수매체기록 또는 유가증권의 일부가 몰수의 대상이 된 경우에는 그 부분을 폐기한다.

제49조(몰수의 부가성) 몰수는 타형에 부가하여 과한다. 단, 행위자에게 유죄의 재판을 아니할 때에도 몰수의 요건이 있는 때에는 몰수만을 선고할 수 있다.

제50조(형의 경중) ① 형의 경중은 제41조 각 호의 순서에 따른다. 다만, 무기금고와 유기징역은 무기금고를 무거운 것으로 하고 유기금고의 장기가 유기징역의 장기를 초과하는 때에는 유기금고를 무거운 것으로 한다.

② 같은 종류의 형은 장기가 긴 것과 다액이 많은 것을 무거운 것으로 하고 장기 또는 다액이 같은 경우에는 단기가 긴 것과 소액이 많은 것을 무거운 것으로 한다.

③ 제1항 및 제2항을 제외하고는 죄질과 범정(犯情)을 고려하여 경중을 정한다.

제2절 형의 양정

제51조(양형의 조건) 형을 정함에 있어서는 다음 사항을 참작하여야 한다.

1. 범인의 연령, 성행, 지능과 환경

2. 피해자에 대한 관계

3. 범행의 동기, 수단과 결과

4. 범행 후의 정황

제52조(자수, 자복) ① 죄를 지은 후 수사기관에 자수한 경우에는 형을 감경하거나 면제할 수 있다.

② 피해자의 의사에 반하여 처벌할 수 없는 범죄의 경우에는 피해자에게 죄를 자복(自服)하였을 때에도 형을 감경하거나 면제할 수 있다.

제53조(정상참작감경) 범죄의 정상(情狀)에 참작할 만한 사유가 있는 경우에는 그 형을 감경할 수 있다.

제54조(선택형과 정상참작감경) 한 개의 죄에 정한 형이 여러 종류인 때에는 먼저 적용할 형을 정하고 그 형을 감경한다.

제55조(법률상의 감경) ①법률상의 감경은 다음과 같다.

1. 사형을 감경할 때에는 무기 또는 20년 이상 50년 이하의 징역 또는 금고로 한다.

2. 무기징역 또는 무기금고를 감경할 때에는 10년 이상 50년 이하의 징역 또는 금고로 한다.

3. 유기징역 또는 유기금고를 감경할 때에는 그 형기의 2분의 1로 한다.

4. 자격상실을 감경할 때에는 7년 이상의 자격정지로 한다.

5. 자격정지를 감경할 때에는 그 형기의 2분의 1로 한다.

6. 벌금을 감경할 때에는 그 다액의 2분의 1로 한다.

7. 구류를 감경할 때에는 그 장기의 2분의 1로 한다.

8. 과료를 감경할 때에는 그 다액의 2분의 1로 한다.

② 법률상 감경할 사유가 수개있는 때에는 거듭 감경할 수 있다.

제56조(가중·감경의 순서) 형을 가중·감경할 사유가 경합하는 경우에는 다음 각 호의 순서에 따른다.

1. 각칙 조문에 따른 가중

2. 제34조제2항에 따른 가중

3. 누범 가중

4. 법률상 감경

5. 경합범 가중

6. 정상참작감경

제57조(판결선고전 구금일수의 통산) ① 판결선고전의 구금일수는 그 전부를 유기징역, 유기금고, 벌금이나 과료에 관한 유치 또는 구류에 산입한다.

② 전항의 경우에는 구금일수의 1일은 징역, 금고, 벌금이나 과료에 관한 유치 또는 구류의 기간의 1일로 계산한다.

제58조(판결의 공시) ①피해자의 이익을 위하여 필요하다고 인정할 때에는 피해자의 청구가 있는 경우에 한하여 피고인의 부담으로 판결공시의 취지를 선고할 수 있다.

② 피고사건에 대하여 무죄의 판결을 선고하는 경우에는 무죄판결공시의 취지를 선고하여야 한다. 다만, 무죄판결을 받은 피고인이 무죄판결공시 취지의 선고에 동의하지 아니하거나 피고인의 동의를 받을 수 없는 경우에는 그러하지 아니하다.

③ 피고사건에 대하여 면소의 판결을 선고하는 경우에는 면소판결공시의 취지를 선고할 수 있다.

제3절 형의 선고유예

제59조(선고유예의 요건) ① 1년 이하의 징역이나 금고, 자격정지 또는 벌금의 형을 선고할 경우에 제51조의 사항을 고려하여 뉘우치는 정상이 뚜렷할 때에는 그 형의 선고를 유예할 수 있다. 다만, 자격정지 이상의 형을 받은 전과가 있는 사람에 대해서는 예외로 한다.

② 형을 병과할 경우에도 형의 전부 또는 일부에 대하여 선고를 유예할 수 있다.

제59조의2(보호관찰) ①형의 선고를 유예하는 경우에 재범방지를 위하여 지도 및 원호가 필요한 때에는 보호관찰을 받을 것을 명할 수 있다.

② 제1항의 규정에 의한 보호관찰의 기간은 1년으로 한다.

제60조(선고유예의 효과) 형의 선고유예를 받은 날로부터 2년을 경과한 때에는 면소된 것으로 간주한다.

제61조(선고유예의 실효) ① 형의 선고유예를 받은 자가 유예기간 중 자격정지 이상의 형에 처한 판결이 확정되거나 자격정지 이상의 형에 처한 전과가 발견된 때에는 유예한 형을 선고한다.
② 제59조의2의 규정에 의하여 보호관찰을 명한 선고유예를 받은 자가 보호관찰기간중에 준수사항을 위반하고 그 정도가 무거운 때에는 유예한 형을 선고할 수 있다.

제4절 형의 집행유예

제62조(집행유예의 요건) ①3년 이하의 징역이나 금고 또는 500만원 이하의 벌금의 형을 선고할 경우에 제51조의 사항을 참작하여 그 정상에 참작할 만한 사유가 있는 때에는 1년 이상 5년 이하의 기간 형의 집행을 유예할 수 있다. 다만, 금고 이상의 형을 선고한 판결이 확정된 때부터 그 집행을 종료하거나 면제된 후 3년까지의 기간에 범한 죄에 대하여 형을 선고하는 경우에는 그러하지 아니하다.
② 형을 병과할 경우에는 그 형의 일부에 대하여 집행을 유예할 수 있다.

제62조의2(보호관찰, 사회봉사 · 수강명령) ①형의 집행을 유예하는 경우에는 보호관찰을 받을 것을 명하거나 사회봉사 또는 수강을 명할 수 있다.
② 제1항의 규정에 의한 보호관찰의 기간은 집행을 유예한 기간으로 한다. 다만, 법원은 유예기간의 범위내에서 보호관찰기간을 정할 수 있다.
③ 사회봉사명령 또는 수강명령은 집행유예기간내에 이를 집행한다.

제63조(집행유예의 실효) 집행유예의 선고를 받은 자가 유예기간 중 고의로 범한 죄로 금고 이상의 실형을 선고받아 그 판결이 확정된 때에는 집행유예의 선고는 효력을 잃는다.

제64조(집행유예의 취소) ①집행유예의 선고를 받은 후 제62조 단행의 사유가 발각된 때에는 집행유예의 선고를 취소한다.
② 제62조의2의 규정에 의하여 보호관찰이나 사회봉사 또는 수강을 명한 집행유예를 받은 자가 준수사항이나 명령을 위반하고 그 정도가 무거운 때에는 집행유예의 선고를 취소할 수 있다.

제65조(집행유예의 효과) 집행유예의 선고를 받은 후 그 선고의 실효 또는 취소됨이 없이 유예기간을 경과한 때에는 형의 선고는 효력을 잃는다.

제5절 형의 집행

제66조(사형) 사형은 교정시설 안에서 교수(絞首)하여 집행한다.

제67조(징역) 징역은 교정시설에 수용하여 집행하며, 정해진 노역(勞役)에 복무하게 한다.

제68조(금고와 구류) 금고와 구류는 교정시설에 수용하여 집행한다.

제69조(벌금과 과료) ①벌금과 과료는 판결확정일로부터 30일내에 납입하여야 한다. 단, 벌금을 선고할 때에는 동시에 그 금액을 완납할 때까지 노역장에 유치할 것을 명할 수 있다.

② 벌금을 납입하지 아니한 자는 1일 이상 3년 이하, 과료를 납입하지 아니한 자는 1일 이상 30일 미만의 기간 노역장에 유치하여 작업에 복무하게 한다.

제70조(노역장 유치) ① 벌금이나 과료를 선고할 때에는 이를 납입하지 아니하는 경우의 노역장 유치기간을 정하여 동시에 선고하여야 한다.

② 선고하는 벌금이 1억원 이상 5억원 미만인 경우에는 300일 이상, 5억원 이상 50억원 미만인 경우에는 500일 이상, 50억원 이상인 경우에는 1천일 이상의 노역장 유치기간을 정하여야 한다.

제71조(유치일수의 공제) 벌금이나 과료의 선고를 받은 사람이 그 금액의 일부를 납입한 경우에는 벌금 또는 과료액과 노역장 유치기간의 일수(日數)에 비례하여 납입금액에 해당하는 일수를 뺀다.

제6절 가석방

제72조(가석방의 요건) ① 징역이나 금고의 집행 중에 있는 사람이 행상(行狀)이 양호하여 뉘우침이 뚜렷한 때에는 무기형은 20년, 유기형은 형기의 3분의 1이 지난 후 행정처분으로 가석방을 할 수 있다.

② 제1항의 경우에 벌금이나 과료가 병과되어 있는 때에는 그 금액을 완납하여야 한다.

제73조(판결선고 전 구금과 가석방) ① 형기에 산입된 판결선고 전 구금일수는 가석방을 하는 경우 집행한 기간에 산입한다.

② 제72조제2항의 경우에 벌금이나 과료에 관한 노역장 유치기간에 산입된 판결선고 전 구금일수는 그에 해당하는 금액이 납입된 것으로 본다.

제73조의2(가석방의 기간 및 보호관찰) ① 가석방의 기간은 무기형에 있어서는 10년으로 하고, 유기형에 있어서는 남은 형기로 하되, 그 기간은 10년을 초과할 수 없다.

② 가석방된 자는 가석방기간중 보호관찰을 받는다. 다만, 가석방을 허가한 행정관청이 필요가 없다고 인정한 때에는 그러하지 아니하다.

제74조(가석방의 실효) 가석방 기간 중 고의로 지은 죄로 금고 이상의 형을 선고받아 그 판결이 확정된 경우에 가석방 처분은 효력을 잃는다.

제75조(가석방의 취소) 가석방의 처분을 받은 자가 감시에 관한 규칙을 위배하거나, 보호관찰의 준수사항을 위반하고 그 정도가 무거운 때에는 가석방처분을 취소할 수 있다.

제76조(가석방의 효과) ① 가석방의 처분을 받은 후 그 처분이 실효 또는 취소되지 아니하고 가석방기간을 경과한 때에는 형의 집행을 종료한 것으로 본다.

② 전2조의 경우에는 가석방중의 일수는 형기에 산입하지 아니한다.

제7절 형의 시효

제77조(형의 시효의 효과) 형(사형은 제외한다)을 선고받은 자에 대해서는 시효가 완성되면 그 집행이 면제된다.

제78조(형의 시효의 기간) 시효는 형을 선고하는 재판이 확정된 후 그 집행을 받지 아니하고 다음 각 호의 구분에 따른 기간이 지나면 완성된다.

1. 삭제 <2023. 8. 8.>

2. 무기의 징역 또는 금고: 20년

3. 10년 이상의 징역 또는 금고: 15년

4. 3년 이상의 징역이나 금고 또는 10년 이상의 자격정지: 10년

5. 3년 미만의 징역이나 금고 또는 5년 이상의 자격정지: 7년

6. 5년 미만의 자격정지, 벌금, 몰수 또는 추징: 5년

7. 구류 또는 과료: 1년

제79조(형의 시효의 정지) ① 시효는 형의 집행의 유예나 정지 또는 가석방 기타 집행할 수 없는 기간은 진행되지 아니한다.

② 시효는 형이 확정된 후 그 형의 집행을 받지 아니한 사람이 형의 집행을 면할 목적으로 국외에 있는 기간 동안은 진행되지 아니한다.

제80조(형의 시효의 중단) 시효는 징역, 금고 및 구류의 경우에는 수형자를 체포한 때, 벌금, 과료, 몰수 및 추징의 경우에는 강제처분을 개시한 때에 중단된다.

제8절 형의 소멸

제81조(형의 실효) 징역 또는 금고의 집행을 종료하거나 집행이 면제된 자가 피해자의 손해를 보상하고 자격정지 이상의 형을 받음이 없이 7년을 경과한 때에는 본인 또는 검사의 신청에 의하

여 그 재판의 실효를 선고할 수 있다.

제82조(복권) 자격정지의 선고를 받은 자가 피해자의 손해를 보상하고 자격정지 이상의 형을 받음이 없이 정지기간의 2분의 1을 경과한 때에는 본인 또는 검사의 신청에 의하여 자격의 회복을 선고할 수 있다.

제4장 기간

제83조(기간의 계산) 연(年) 또는 월(月)로 정한 기간은 연 또는 월 단위로 계산한다.

제84조(형기의 기산) ① 형기는 판결이 확정된 날로부터 기산한다.

② 징역, 금고, 구류와 유치에 있어서는 구속되지 아니한 일수는 형기에 산입하지 아니한다.

제85조(형의 집행과 시효기간의 초일) 형의 집행과 시효기간의 초일은 시간을 계산함이 없이 1일로 산정한다.

제86조(석방일) 석방은 형기종료일에 하여야 한다.

제2편 각칙

제1장 내란의 죄

제87조(내란) 대한민국 영토의 전부 또는 일부에서 국가권력을 배제하거나 국헌을 문란하게 할 목적으로 폭동을 일으킨 자는 다음 각 호의 구분에 따라 처벌한다.

1. 우두머리는 사형, 무기징역 또는 무기금고에 처한다.

2. 모의에 참여하거나 지휘하거나 그 밖의 중요한 임무에 종사한 자는 사형, 무기 또는 5년 이상의 징역이나 금고에 처한다. 살상, 파괴 또는 약탈 행위를 실행한 자도 같다.

3. 부화수행(附和隨行)하거나 단순히 폭동에만 관여한 자는 5년 이하의 징역이나 금고에 처한다.

제88조(내란목적의 살인) 대한민국 영토의 전부 또는 일부에서 국가권력을 배제하거나 국헌을 문란하게 할 목적으로 사람을 살해한 자는 사형, 무기징역 또는 무기금고에 처한다.

제89조(미수범) 전2조의 미수범은 처벌한다.

제90조(예비, 음모, 선동, 선전) ① 제87조 또는 제88조의 죄를 범할 목적으로 예비 또는 음모한 자는 3년 이상의 유기징역이나 유기금고에 처한다. 단, 그 목적한 죄의 실행에 이르기 전에 자수한 때에는 그 형을 감경 또는 면제한다.

② 제87조 또는 제88조의 죄를 범할 것을 선동 또는 선전한 자도 전항의 형과 같다.

제91조(국헌문란의 정의) 본장에서 국

헌을 문란할 목적이라 함은 다음 각호의 1에 해당함을 말한다.

1. 헌법 또는 법률에 정한 절차에 의하지 아니하고 헌법 또는 법률의 기능을 소멸시키는 것
2. 헌법에 의하여 설치된 국가기관을 강압에 의하여 전복 또는 그 권능행사를 불가능하게 하는 것

제2장 외환의 죄

제92조(외환유치) 외국과 통모하여 대한민국에 대하여 전단을 열게 하거나 외국인과 통모하여 대한민국에 항적한 자는 사형 또는 무기징역에 처한다.

제93조(여적) 적국과 합세하여 대한민국에 항적한 자는 사형에 처한다.

제94조(모병이적) ① 적국을 위하여 모병한 자는 사형 또는 무기징역에 처한다.

② 전항의 모병에 응한 자는 무기 또는 5년 이상의 징역에 처한다.

제95조(시설제공이적) ①군대, 요새, 진영 또는 군용에 공하는 선박이나 항공기 기타 장소, 설비 또는 건조물을 적국에 제공한 자는 사형 또는 무기징역에 처한다.

② 병기 또는 탄약 기타 군용에 공하는 물건을 적국에 제공한 자도 전항의 형과 같다.

제96조(시설파괴이적) 적국을 위하여 전조에 기재한 군용시설 기타 물건을 파괴하거나 사용할 수 없게 한 자는 사형 또는 무기징역에 처한다.

제97조(물건제공이적) 군용에 공하지 아니하는 병기, 탄약 또는 전투용에 공할 수 있는 물건을 적국에 제공한 자는 무기 또는 5년 이상의 징역에 처한다.

제98조(간첩) ① 적국을 위하여 간첩하거나 적국의 간첩을 방조한 자는 사형, 무기 또는 7년 이상의 징역에 처한다.

② 군사상의 기밀을 적국에 누설한 자도 전항의 형과 같다.

제99조(일반이적) 전7조에 기재한 이외에 대한민국의 군사상 이익을 해하거나 적국에 군사상 이익을 공여한 자는 무기 또는 3년 이상의 징역에 처한다.

제100조(미수범) 전8조의 미수범은 처벌한다.

제101조(예비, 음모, 선동, 선전) ①제92조 내지 제99조의 죄를 범할 목적으로 예비 또는 음모한 자는 2년 이상의 유기징역에 처한다. 단 그 목적한 죄의 실행에 이르기 전에 자수한 때에는 그 형을 감경 또는 면제한다.

② 제92조 내지 제99조의 죄를 선동 또는 선전한 자도 전항의 형과 같다.

제102조(준적국) 제93조 내지 전조의 죄에 있어서는 대한민국에 적대하는

외국 또는 외국인의 단체는 적국으로 간주한다.

제103조(전시군수계약불이행) ①전쟁 또는 사변에 있어서 정당한 이유없이 정부에 대한 군수품 또는 군용공작물에 관한 계약을 이행하지 아니한 자는 10년 이하의 징역에 처한다.

② 전항의 계약이행을 방해한 자도 전항의 형과 같다.

제104조(동맹국) 본장의 규정은 동맹국에 대한 행위에 적용한다.

제104조의2 삭제 <1988. 12. 31.>

제3장 국기에 관한 죄

제105조(국기, 국장의 모독) 대한민국을 모욕할 목적으로 국기 또는 국장을 손상, 제거 또는 오욕한 자는 5년 이하의 징역이나 금고, 10년 이하의 자격정지 또는 700만원 이하의 벌금에 처한다.

제106조(국기, 국장의 비방) 전조의 목적으로 국기 또는 국장을 비방한 자는 1년 이하의 징역이나 금고, 5년 이하의 자격정지 또는 200만원 이하의 벌금에 처한다.

제4장 국교에 관한 죄

제107조(외국원수에 대한 폭행 등) ① 대한민국에 체재하는 외국의 원수에 대하여 폭행 또는 협박을 가한 자는 7년 이하의 징역이나 금고에 처한다.

② 전항의 외국원수에 대하여 모욕을 가하거나 명예를 훼손한 자는 5년 이하의 징역이나 금고에 처한다.

제108조(외국사절에 대한 폭행 등) ① 대한민국에 파견된 외국사절에 대하여 폭행 또는 협박을 가한 자는 5년 이하의 징역이나 금고에 처한다.

② 전항의 외국사절에 대하여 모욕을 가하거나 명예를 훼손한 자는 3년 이하의 징역이나 금고에 처한다

제109조(외국의 국기, 국장의 모독) 외국을 모욕할 목적으로 그 나라의 공용에 공하는 국기 또는 국장을 손상, 제거 또는 오욕한 자는 2년 이하의 징역이나 금고 또는 300만원 이하의 벌금에 처한다.

제110조(피해자의 의사) 제107조 내지 제109조의 죄는 그 외국정부의 명시한 의사에 반하여 공소를 제기할 수 없다.

제111조(외국에 대한 사전) ①외국에 대하여 사전한 자는 1년 이상의 유기금고에 처한다.

② 전항의 미수범은 처벌한다.

③ 제1항의 죄를 범할 목적으로 예비 또는 음모한 자는 3년 이하의 금고 또는 500만원 이하의 벌금에 처한다. 단 그 목적한 죄의 실행에 이르기 전에 자수한 때에는 감경 또는 면제한다.

제112조(중립명령위반) 외국간의 교전에 있어서 중립에 관한 명령에 위반한 자는 3년 이하의 금고 또는 500만원 이하의 벌금에 처한다.

제113조(외교상기밀의 누설) ①외교상의 기밀을 누설한 자는 5년 이하의 징역 또는 1천만원 이하의 벌금에 처한다. ② 누설할 목적으로 외교상의 기밀을 탐지 또는 수집한 자도 전항의 형과 같다.

제5장 공안(公安)을 해하는 죄

제114조(범죄단체 등의 조직) 사형, 무기 또는 장기 4년 이상의 징역에 해당하는 범죄를 목적으로 하는 단체 또는 집단을 조직하거나 이에 가입 또는 그 구성원으로 활동한 사람은 그 목적한 죄에 정한 형으로 처벌한다. 다만, 형을 감경할 수 있다.

제115조(소요) 다중이 집합하여 폭행, 협박 또는 손괴의 행위를 한 자는 1년 이상 10년 이하의 징역이나 금고 또는 1천500만원 이하의 벌금에 처한다.

제116조(다중불해산) 폭행, 협박 또는 손괴의 행위를 할 목적으로 다중이 집합하여 그를 단속할 권한이 있는 공무원으로부터 3회 이상의 해산명령을 받고 해산하지 아니한 자는 2년 이하의 징역이나 금고 또는 300만원 이하의 벌금에 처한다.

제117조(전시공수계약불이행) ①전쟁, 천재 기타 사변에 있어서 국가 또는 공공단체와 체결한 식량 기타 생활필수품의 공급계약을 정당한 이유없이 이행하지 아니한 자는 3년 이하의 징역 또는 500만원 이하의 벌금에 처한다. ② 전항의 계약이행을 방해한 자도 전항의 형과 같다. ③ 전 2항의 경우에는 그 소정의 벌금을 병과할 수 있다.

제118조(공무원자격의 사칭) 공무원의 자격을 사칭하여 그 직권을 행사한 자는 3년 이하의 징역 또는 700만원 이하의 벌금에 처한다.

제6장 폭발물에 관한 죄

제119조(폭발물 사용) ① 폭발물을 사용하여 사람의 생명, 신체 또는 재산을 해하거나 그 밖에 공공의 안전을 문란하게 한 자는 사형, 무기 또는 7년 이상의 징역에 처한다. ② 전쟁, 천재지변 그 밖의 사변에 있어서 제1항의 죄를 지은 자는 사형이나 무기징역에 처한다. ③ 제1항과 제2항의 미수범은 처벌한다.

제120조(예비, 음모, 선동) ① 전조제1항, 제2항의 죄를 범할 목적으로 예비 또는 음모한 자는 2년 이상의 유기징

역에 처한다. 단, 그 목적한 죄의 실행에 이르기 전에 자수한 때에는 그 형을 감경 또는 면제한다.

② 전조제1항, 제2항의 죄를 범할 것을 선동한 자도 전항의 형과 같다.

제121조(전시폭발물제조 등) 전쟁 또는 사변에 있어서 정당한 이유없이 폭발물을 제조, 수입, 수출, 수수 또는 소지한 자는 10년 이하의 징역에 처한다.

제7장 공무원의 직무에 관한 죄

제122조(직무유기) 공무원이 정당한 이유없이 그 직무수행을 거부하거나 그 직무를 유기한 때에는 1년 이하의 징역이나 금고 또는 3년 이하의 자격정지에 처한다.

제123조(직권남용) 공무원이 직권을 남용하여 사람으로 하여금 의무없는 일을 하게 하거나 사람의 권리행사를 방해한 때에는 5년 이하의 징역, 10년 이하의 자격정지 또는 1천만원 이하의 벌금에 처한다.

제124조(불법체포, 불법감금) ① 재판, 검찰, 경찰 기타 인신구속에 관한 직무를 행하는 자 또는 이를 보조하는 자가 그 직권을 남용하여 사람을 체포 또는 감금한 때에는 7년 이하의 징역과 10년 이하의 자격정지에 처한다.

② 전항의 미수범은 처벌한다.

제125조(폭행, 가혹행위) 재판, 검찰, 경찰 그 밖에 인신구속에 관한 직무를 수행하는 자 또는 이를 보조하는 자가 그 직무를 수행하면서 형사피의자나 그 밖의 사람에 대하여 폭행 또는 가혹행위를 한 경우에는 5년 이하의 징역과 10년 이하의 자격정지에 처한다.

제126조(피의사실공표) 검찰, 경찰 그 밖에 범죄수사에 관한 직무를 수행하는 자 또는 이를 감독하거나 보조하는 자가 그 직무를 수행하면서 알게 된 피의사실을 공소제기 전에 공표(公表)한 경우에는 3년 이하의 징역 또는 5년 이하의 자격정지에 처한다.

제127조(공무상 비밀의 누설) 공무원 또는 공무원이었던 자가 법령에 의한 직무상 비밀을 누설한 때에는 2년 이하의 징역이나 금고 또는 5년 이하의 자격정지에 처한다.

제128조(선거방해) 검찰, 경찰 또는 군의 직에 있는 공무원이 법령에 의한 선거에 관하여 선거인, 입후보자 또는 입후보자되려는 자에게 협박을 가하거나 기타 방법으로 선거의 자유를 방해한 때에는 10년 이하의 징역과 5년 이상의 자격정지에 처한다.

제129조(수뢰, 사전수뢰) ①공무원 또는 중재인이 그 직무에 관하여 뇌물을 수수, 요구 또는 약속한 때에는 5년 이

하의 징역 또는 10년 이하의 자격정지에 처한다.

② 공무원 또는 중재인이 될 자가 그 담당할 직무에 관하여 청탁을 받고 뇌물을 수수, 요구 또는 약속한 후 공무원 또는 중재인이 된 때에는 3년 이하의 징역 또는 7년 이하의 자격정지에 처한다.

제130조(제삼자뇌물제공) 공무원 또는 중재인이 그 직무에 관하여 부정한 청탁을 받고 제3자에게 뇌물을 공여하게 하거나 공여를 요구 또는 약속한 때에는 5년 이하의 징역 또는 10년 이하의 자격정지에 처한다.

제131조(수뢰후부정처사, 사후수뢰) ① 공무원 또는 중재인이 전2조의 죄를 범하여 부정한 행위를 한 때에는 1년 이상의 유기징역에 처한다.

② 공무원 또는 중재인이 그 직무상 부정한 행위를 한 후 뇌물을 수수, 요구 또는 약속하거나 제삼자에게 이를 공여하게 하거나 공여를 요구 또는 약속한 때에도 전항의 형과 같다.

③ 공무원 또는 중재인이었던 자가 그 재직 중에 청탁을 받고 직무상 부정한 행위를 한 후 뇌물을 수수, 요구 또는 약속한 때에는 5년 이하의 징역 또는 10년 이하의 자격정지에 처한다.

④ 전3항의 경우에는 10년 이하의 자격정지를 병과할 수 있다.

제132조(알선수뢰) 공무원이 그 지위를 이용하여 다른 공무원의 직무에 속한 사항의 알선에 관하여 뇌물을 수수, 요구 또는 약속한 때에는 3년 이하의 징역 또는 7년 이하의 자격정지에 처한다.

제133조(뇌물공여 등) ① 제129조부터 제132조까지에 기재한 뇌물을 약속, 공여 또는 공여의 의사를 표시한 자는 5년 이하의 징역 또는 2천만원 이하의 벌금에 처한다.

② 제1항의 행위에 제공할 목적으로 제3자에게 금품을 교부한 자 또는 그 사정을 알면서 금품을 교부받은 제3자도 제1항의 형에 처한다.

제134조(몰수, 추징) 범인 또는 사정을 아는 제3자가 받은 뇌물 또는 뇌물로 제공하려고 한 금품은 몰수한다. 이를 몰수할 수 없을 경우에는 그 가액을 추징한다.

제135조(공무원의 직무상 범죄에 대한 형의 가중) 공무원이 직권을 이용하여 본장 이외의 죄를 범한 때에는 그 죄에 정한 형의 2분의 1까지 가중한다. 단 공무원의 신분에 의하여 특별히 형이 규정된 때에는 예외로 한다.

제8장 공무방해에 관한 죄

제136조(공무집행방해) ① 직무를 집행하는 공무원에 대하여 폭행 또는 협박한 자는 5년 이하의 징역 또는 1천만원 이하의 벌금에 처한다.
② 공무원에 대하여 그 직무상의 행위를 강요 또는 조지하거나 그 직을 사퇴하게 할 목적으로 폭행 또는 협박한 자도 전항의 형과 같다.

제137조(위계에 의한 공무집행방해) 위계로써 공무원의 직무집행을 방해한 자는 5년 이하의 징역 또는 1천만원 이하의 벌금에 처한다.

제138조(법정 또는 국회회의장모욕) 법원의 재판 또는 국회의 심의를 방해 또는 위협할 목적으로 법정이나 국회회의장 또는 그 부근에서 모욕 또는 소동한 자는 3년 이하의 징역 또는 700만원 이하의 벌금에 처한다.

제139조(인권옹호직무방해) 경찰의 직무를 행하는 자 또는 이를 보조하는 자가 인권옹호에 관한 검사의 직무집행을 방해하거나 그 명령을 준수하지 아니한 때에는 5년 이하의 징역 또는 10년 이하의 자격정지에 처한다.

제140조(공무상비밀표시무효) ① 공무원이 그 직무에 관하여 실시한 봉인 또는 압류 기타 강제처분의 표시를 손상 또는 은닉하거나 기타 방법으로 그 효용을 해한 자는 5년 이하의 징역 또는 700만원 이하의 벌금에 처한다.
② 공무원이 그 직무에 관하여 봉함 기타 비밀장치한 문서 또는 도화를 개봉한 자도 제1항의 형과 같다.
③ 공무원이 그 직무에 관하여 봉함 기타 비밀장치한 문서, 도화 또는 전자기록등 특수매체기록을 기술적 수단을 이용하여 그 내용을 알아낸 자도 제1항의 형과 같다.

제140조의2(부동산강제집행효용침해) 강제집행으로 명도 또는 인도된 부동산에 침입하거나 기타 방법으로 강제집행의 효용을 해한 자는 5년 이하의 징역 또는 700만원 이하의 벌금에 처한다.

제141조(공용서류 등의 무효, 공용물의 파괴) ① 공무소에서 사용하는 서류 기타 물건 또는 전자기록등 특수매체기록을 손상 또는 은닉하거나 기타 방법으로 그 효용을 해한 자는 7년 이하의 징역 또는 1천만원 이하의 벌금에 처한다.
② 공무소에서 사용하는 건조물, 선박, 기차 또는 항공기를 파괴한 자는 1년 이상 10년 이하의 징역에 처한다.

제142조(공무상 보관물의 무효) 공무소로부터 보관명령을 받거나 공무소의 명령으로 타인이 관리하는 자기의 물

건을 손상 또는 은닉하거나 기타 방법으로 그 효용을 해한 자는 5년 이하의 징역 또는 700만원 이하의 벌금에 처한다.

제143조(미수범) 제140조 내지 전조의 미수범은 처벌한다.

제144조(특수공무방해) ① 단체 또는 다중의 위력을 보이거나 위험한 물건을 휴대하여 제136조, 제138조와 제140조 내지 전조의 죄를 범한 때에는 각조에 정한 형의 2분의 1까지 가중한다.

② 제1항의 죄를 범하여 공무원을 상해에 이르게 한 때에는 3년 이상의 유기징역에 처한다. 사망에 이르게 한 때에는 무기 또는 5년 이상의 징역에 처한다.

제9장 도주와 범인은닉의 죄

제145조(도주, 집합명령위반) ① 법률에 따라 체포되거나 구금된 자가 도주한 경우에는 1년 이하의 징역에 처한다.

② 제1항의 구금된 자가 천재지변이나 사변 그 밖에 법령에 따라 잠시 석방된 상황에서 정당한 이유없이 집합명령에 위반한 경우에도 제1항의 형에 처한다.

제146조(특수도주) 수용설비 또는 기구를 손괴하거나 사람에게 폭행 또는 협박을 가하거나 2인 이상이 합동하여 전조제1항의 죄를 범한 자는 7년 이하의 징역에 처한다.

제147조(도주원조) 법률에 의하여 구금된 자를 탈취하거나 도주하게 한 자는 10년 이하의 징역에 처한다.

제148조(간수자의 도주원조) 법률에 의하여 구금된 자를 간수 또는 호송하는 자가 이를 도주하게 한 때에는 1년 이상 10년 이하의 징역에 처한다.

제149조(미수범) 전4조의 미수범은 처벌한다.

제150조(예비, 음모) 제147조와 제148조의 죄를 범할 목적으로 예비 또는 음모한 자는 3년 이하의 징역에 처한다.

제151조(범인은닉과 친족간의 특례) ① 벌금 이상의 형에 해당하는 죄를 범한 자를 은닉 또는 도피하게 한 자는 3년 이하의 징역 또는 500만원 이하의 벌금에 처한다.

② 친족 또는 동거의 가족이 본인을 위하여 전항의 죄를 범한 때에는 처벌하지 아니한다.

제10장 위증과 증거인멸의 죄

제152조(위증, 모해위증) ① 법률에 의하여 선서한 증인이 허위의 진술을 한 때에는 5년 이하의 징역 또는 1천만원 이하의 벌금에 처한다.

② 형사사건 또는 징계사건에 관하여 피고인, 피의자 또는 징계혐의자를 모

해할 목적으로 전항의 죄를 범한 때에는 10년 이하의 징역에 처한다.

제153조(자백, 자수) 전조의 죄를 범한 자가 그 공술한 사건의 재판 또는 징계처분이 확정되기 전에 자백 또는 자수한 때에는 그 형을 감경 또는 면제한다.

제154조(허위의 감정, 통역, 번역) 법률에 의하여 선서한 감정인, 통역인 또는 번역인이 허위의 감정, 통역 또는 번역을 한 때에는 전2조의 예에 의한다.

제155조(증거인멸 등과 친족간의 특례) ① 타인의 형사사건 또는 징계사건에 관한 증거를 인멸, 은닉, 위조 또는 변조하거나 위조 또는 변조한 증거를 사용한 자는 5년 이하의 징역 또는 700만원 이하의 벌금에 처한다.

② 타인의 형사사건 또는 징계사건에 관한 증인을 은닉 또는 도피하게 한 자도 제1항의 형과 같다.

③ 피고인, 피의자 또는 징계혐의자를 모해할 목적으로 전2항의 죄를 범한 자는 10년 이하의 징역에 처한다.

④ 친족 또는 동거의 가족이 본인을 위하여 본조의 죄를 범한 때에는 처벌하지 아니한다.

제11장 무고의 죄

제156조(무고) 타인으로 하여금 형사처분 또는 징계처분을 받게 할 목적으로 공무소 또는 공무원에 대하여 허위의 사실을 신고한 자는 10년 이하의 징역 또는 1천500만원 이하의 벌금에 처한다.

제157조(자백 · 자수) 제153조는 전조에 준용한다.

제12장 신앙에 관한 죄

제158조(장례식등의 방해) 장례식, 제사, 예배 또는 설교를 방해한 자는 3년 이하의 징역 또는 500만원 이하의 벌금에 처한다.

제159조(시체 등의 오욕) 시체, 유골 또는 유발(遺髮)을 오욕한 자는 2년 이하의 징역 또는 500만원 이하의 벌금에 처한다.

제160조(분묘의 발굴) 분묘를 발굴한 자는 5년 이하의 징역에 처한다.

제161조(시체 등의 유기 등) ① 시체, 유골, 유발 또는 관 속에 넣어 둔 물건을 손괴(損壞), 유기, 은닉 또는 영득(領得)한 자는 7년 이하의 징역에 처한다.

② 분묘를 발굴하여 제1항의 죄를 지은 자는 10년 이하의 징역에 처한다.

제162조(미수범) 전2조의 미수범은 처벌한다.

제163조(변사체 검시 방해) 변사자의 시체 또는 변사(變死)로 의심되는 시체

를 은닉하거나 변경하거나 그 밖의 방법으로 검시(檢視)를 방해한 자는 700만원 이하의 벌금에 처한다.

제13장 방화와 실화의 죄

제164조(현주건조물 등 방화) ① 불을 놓아 사람이 주거로 사용하거나 사람이 현존하는 건조물, 기차, 전차, 자동차, 선박, 항공기 또는 지하채굴시설을 불태운 자는 무기 또는 3년 이상의 징역에 처한다.

② 제1항의 죄를 지어 사람을 상해에 이르게 한 경우에는 무기 또는 5년 이상의 징역에 처한다. 사망에 이르게 한 경우에는 사형, 무기 또는 7년 이상의 징역에 처한다.

제165조(공용건조물 등 방화) 불을 놓아 공용(公用)으로 사용하거나 공익을 위해 사용하는 건조물, 기차, 전차, 자동차, 선박, 항공기 또는 지하채굴시설을 불태운 자는 무기 또는 3년 이상의 징역에 처한다.

제166조(일반건조물 등 방화) ① 불을 놓아 제164조와 제165조에 기재한 외의 건조물, 기차, 전차, 자동차, 선박, 항공기 또는 지하채굴시설을 불태운 자는 2년 이상의 유기징역에 처한다.

② 자기 소유인 제1항의 물건을 불태워 공공의 위험을 발생하게 한 자는 7년 이하의 징역 또는 1천만원 이하의 벌금에 처한다.

제167조(일반물건 방화) ① 불을 놓아 제164조부터 제166조까지에 기재한 외의 물건을 불태워 공공의 위험을 발생하게 한 자는 1년 이상 10년 이하의 징역에 처한다.

② 제1항의 물건이 자기 소유인 경우에는 3년 이하의 징역 또는 700만원 이하의 벌금에 처한다.

제168조(연소) ①제166조제2항 또는 전조제2항의 죄를 범하여 제164조, 제165조 또는 제166조제1항에 기재한 물건에 연소한 때에는 1년 이상 10년 이하의 징역에 처한다.

② 전조제2항의 죄를 범하여 전조제1항에 기재한 물건에 연소한 때에는 5년 이하의 징역에 처한다.

제169조(진화방해) 화재에 있어서 진화용의 시설 또는 물건을 은닉 또는 손괴하거나 기타 방법으로 진화를 방해한 자는 10년 이하의 징역에 처한다.

제170조(실화) ① 과실로 제164조 또는 제165조에 기재한 물건 또는 타인 소유인 제166조에 기재한 물건을 불태운 자는 1천500만원 이하의 벌금에 처한다.

② 과실로 자기 소유인 제166조의 물건 또는 제167조에 기재한 물건을 불

태워 공공의 위험을 발생하게 한 자도 제1항의 형에 처한다.

제171조(업무상실화, 중실화) 업무상과실 또는 중대한 과실로 인하여 제170조의 죄를 범한 자는 3년 이하의 금고 또는 2천만원 이하의 벌금에 처한다.

제172조(폭발성물건파열) ① 보일러, 고압가스 기타 폭발성있는 물건을 파열시켜 사람의 생명, 신체 또는 재산에 대하여 위험을 발생시킨 자는 1년 이상의 유기징역에 처한다.

② 제1항의 죄를 범하여 사람을 상해에 이르게 한 때에는 무기 또는 3년 이상의 징역에 처한다. 사망에 이르게 한 때에는 무기 또는 5년 이상의 징역에 처한다.

제172조의2(가스·전기등 방류) ① 가스, 전기, 증기 또는 방사선이나 방사성 물질을 방출, 유출 또는 살포시켜 사람의 생명, 신체 또는 재산에 대하여 위험을 발생시킨 자는 1년 이상 10년 이하의 징역에 처한다.

② 제1항의 죄를 범하여 사람을 상해에 이르게 한 때에는 무기 또는 3년 이상의 징역에 처한다. 사망에 이르게 한 때에는 무기 또는 5년 이상의 징역에 처한다.

제173조(가스·전기등 공급방해) ① 가스, 전기 또는 증기의 공작물을 손괴 또는 제거하거나 기타 방법으로 가스, 전기 또는 증기의 공급이나 사용을 방해하여 공공의 위험을 발생하게 한 자는 1년 이상 10년 이하의 징역에 처한다.

② 공공용의 가스, 전기 또는 증기의 공작물을 손괴 또는 제거하거나 기타 방법으로 가스, 전기 또는 증기의 공급이나 사용을 방해한 자도 전항의 형과 같다.

③ 제1항 또는 제2항의 죄를 범하여 사람을 상해에 이르게 한 때에는 2년 이상의 유기징역에 처한다. 사망에 이르게 한 때에는 무기 또는 3년이상의 징역에 처한다.

제173조의2(과실폭발성물건파열등) ① 과실로 제172조제1항, 제172조의2제1항, 제173조제1항과 제2항의 죄를 범한 자는 5년 이하의 금고 또는 1천500만원 이하의 벌금에 처한다.

② 업무상과실 또는 중대한 과실로 제1항의 죄를 범한 자는 7년 이하의 금고 또는 2천만원 이하의 벌금에 처한다.

제174조(미수범) 제164조제1항, 제165조, 제166조제1항, 제172조제1항, 제172조의2제1항, 제173조제1항과 제2항의 미수범은 처벌한다.

제175조(예비, 음모) 제164조제1항, 제165조, 제166조제1항, 제172조제1항, 제172조의2제1항, 제173조제1항과 제

2항의 죄를 범할 목적으로 예비 또는 음모한 자는 5년 이하의 징역에 처한다. 단 그 목적한 죄의 실행에 이르기 전에 자수한 때에는 형을 감경 또는 면제한다.

제176조(타인의 권리대상이 된 자기의 물건) 자기의 소유에 속하는 물건이라도 압류 기타 강제처분을 받거나 타인의 권리 또는 보험의 목적물이 된 때에는 본장의 규정의 적용에 있어서 타인의 물건으로 간주한다.

제14장 일수와 수리에 관한 죄

제177조(현주건조물등에의 일수) ① 물을 넘겨 사람이 주거에 사용하거나 사람이 현존하는 건조물, 기차, 전차, 자동차, 선박, 항공기 또는 광갱을 침해한 자는 무기 또는 3년 이상의 징역에 처한다.
② 제1항의 죄를 범하여 사람을 상해에 이르게 한 때에는 무기 또는 5년 이상의 징역에 처한다. 사망에 이르게 한 때에는 무기 또는 7년 이상의 징역에 처한다.

제178조(공용건조물 등에의 일수) 물을 넘겨 공용 또는 공익에 공하는 건조물, 기차, 전차, 자동차, 선박, 항공기 또는 광갱을 침해한 자는 무기 또는 2년 이상의 징역에 처한다.

제179조(일반건조물 등에의 일수) ① 물을 넘겨 전2조에 기재한 이외의 건조물, 기차, 전차, 자동차, 선박, 항공기 또는 광갱 기타 타인의 재산을 침해한 자는 1년 이상 10년 이하의 징역에 처한다.
② 자기의 소유에 속하는 전항의 물건을 침해하여 공공의 위험을 발생하게 한 때에는 3년 이하의 징역 또는 700만원 이하의 벌금에 처한다.
③ 제176조의 규정은 본조의 경우에 준용한다.

제180조(방수방해) 수재에 있어서 방수용의 시설 또는 물건을 손괴 또는 은닉하거나 기타 방법으로 방수를 방해한 자는 10년 이하의 징역에 처한다.

제181조(과실일수) 과실로 인하여 제177조 또는 제178조에 기재한 물건을 침해한 자 또는 제179조에 기재한 물건을 침해하여 공공의 위험을 발생하게 한 자는 1천만원 이하의 벌금에 처한다.

제182조(미수범) 제177조 내지 제179조제1항의 미수범은 처벌한다.

제183조(예비, 음모) 제177조 내지 제179조제1항의 죄를 범할 목적으로 예비 또는 음모한 자는 3년 이하의 징역에 처한다.

제184조(수리방해) 둑을 무너뜨리거나

수문을 파괴하거나 그 밖의 방법으로 수리(水利)를 방해한 자는 5년 이하의 징역 또는 700만원 이하의 벌금에 처한다.

제15장 교통방해의 죄

제185조(일반교통방해) 육로, 수로 또는 교량을 손괴 또는 불통하게 하거나 기타 방법으로 교통을 방해한 자는 10년 이하의 징역 또는 1천500만원 이하의 벌금에 처한다.

제186조(기차, 선박 등의 교통방해) 궤도, 등대 또는 표지를 손괴하거나 기타 방법으로 기차, 전차, 자동차, 선박 또는 항공기의 교통을 방해한 자는 1년 이상의 유기징역에 처한다.

제187조(기차 등의 전복 등) 사람의 현존하는 기차, 전차, 자동차, 선박 또는 항공기를 전복, 매몰, 추락 또는 파괴한 자는 무기 또는 3년 이상의 징역에 처한다.

제188조(교통방해치사상) 제185조 내지 제187조의 죄를 범하여 사람을 상해에 이르게 한 때에는 무기 또는 3년 이상의 징역에 처한다. 사망에 이르게 한 때에는 무기 또는 5년 이상의 징역에 처한다.

제189조(과실, 업무상과실, 중과실) ① 과실로 인하여 제185조 내지 제187조의 죄를 범한 자는 1천만원 이하의 벌금에 처한다.

② 업무상과실 또는 중대한 과실로 인하여 제185조 내지 제187조의 죄를 범한 자는 3년 이하의 금고 또는 2천만원 이하의 벌금에 처한다.

제190조(미수범) 제185조 내지 제187조의 미수범은 처벌한다.

제191조(예비, 음모) 제186조 또는 제187조의 죄를 범할 목적으로 예비 또는 음모한 자는 3년 이하의 징역에 처한다.

제16장 먹는 물에 관한 죄

제192조(먹는 물의 사용방해) ① 일상생활에서 먹는 물로 사용되는 물에 오물을 넣어 먹는 물로 쓰지 못하게 한 자는 1년 이하의 징역 또는 500만원 이하의 벌금에 처한다.

② 제1항의 먹는 물에 독물(毒物)이나 그 밖에 건강을 해하는 물질을 넣은 사람은 10년 이하의 징역에 처한다.

제193조(수돗물의 사용방해) ① 수도(水道)를 통해 공중이 먹는 물로 사용하는 물 또는 그 수원(水原)에 오물을 넣어 먹는 물로 쓰지 못하게 한 자는 1년 이상 10년 이하의 징역에 처한다.

② 제1항의 먹는 물 또는 수원에 독물 그 밖에 건강을 해하는 물질을 넣은 자

는 2년 이상의 유기징역에 처한다.

제194조(먹는 물 혼독치사상) 제192조 제2항 또는 제193조제2항의 죄를 지어 사람을 상해에 이르게 한 경우에는 무기 또는 3년 이상의 징역에 처한다. 사망에 이르게 한 경우에는 무기 또는 5년 이상의 징역에 처한다.

제195조(수도불통) 공중이 먹는 물을 공급하는 수도 그 밖의 시설을 손괴하거나 그 밖의 방법으로 불통(不通)하게 한 자는 1년 이상 10년 이하의 징역에 처한다.

제196조(미수범) 제192조제2항, 제193조제2항과 전조의 미수범은 처벌한다.

제197조(예비, 음모) 제192조제2항, 제193조제2항 또는 제195조의 죄를 범할 목적으로 예비 또는 음모한 자는 2년 이하의 징역에 처한다.

제17장 아편에 관한 죄

제198조(아편 등의 제조 등) 아편, 몰핀 또는 그 화합물을 제조, 수입 또는 판매하거나 판매할 목적으로 소지한 자는 10년 이하의 징역에 처한다.

제199조(아편흡식기의 제조 등) 아편을 흡식하는 기구를 제조, 수입 또는 판매하거나 판매할 목적으로 소지한 자는 5년 이하의 징역에 처한다.

제200조(세관 공무원의 아편 등의 수입) 세관의 공무원이 아편, 몰핀이나 그 화합물 또는 아편흡식기구를 수입하거나 그 수입을 허용한 때에는 1년 이상의 유기징역에 처한다.

제201조(아편흡식 등, 동장소제공) ① 아편을 흡식하거나 몰핀을 주사한 자는 5년 이하의 징역에 처한다.

② 아편흡식 또는 몰핀 주사의 장소를 제공하여 이익을 취한 자도 전항의 형과 같다.

제202조(미수범) 전4조의 미수범은 처벌한다.

제203조(상습범) 상습으로 전5조의 죄를 범한 때에는 각조에 정한 형의 2분의 1까지 가중한다.

제204조(자격정지 또는 벌금의 병과) 제198조 내지 제203조의 경우에는 10년 이하의 자격정지 또는 2천만원 이하의 벌금을 병과할 수 있다.

제205조(아편 등의 소지) 아편, 몰핀이나 그 화합물 또는 아편흡식기구를 소지한 자는 1년 이하의 징역 또는 500만원 이하의 벌금에 처한다.

제206조(몰수, 추징) 본장의 죄에 제공한 아편, 몰핀이나 그 화합물 또는 아편흡식기구는 몰수한다. 그를 몰수하기 불능한 때에는 그 가액을 추징한다.

제18장 통화에 관한 죄

제207조(통화의 위조 등) ① 행사할 목적으로 통용하는 대한민국의 화폐, 지폐 또는 은행권을 위조 또는 변조한 자는 무기 또는 2년 이상의 징역에 처한다.

② 행사할 목적으로 내국에서 유통하는 외국의 화폐, 지폐 또는 은행권을 위조 또는 변조한 자는 1년 이상의 유기징역에 처한다.

③ 행사할 목적으로 외국에서 통용하는 외국의 화폐, 지폐 또는 은행권을 위조 또는 변조한 자는 10년 이하의 징역에 처한다.

④ 위조 또는 변조한 전3항 기재의 통화를 행사하거나 행사할 목적으로 수입 또는 수출한 자는 그 위조 또는 변조의 각 죄에 정한 형에 처한다.

제208조(위조통화의 취득) 행사할 목적으로 위조 또는 변조한 제207조 기재의 통화를 취득한 자는 5년 이하의 징역 또는 1천500만원 이하의 벌금에 처한다.

제209조(자격정지 또는 벌금의 병과) 제207조 또는 제208조의 죄를 범하여 유기징역에 처할 경우에는 10년 이하의 자격정지 또는 2천만원 이하의 벌금을 병과할 수 있다.

제210조(위조통화 취득 후의 지정행사) 제207조에 기재한 통화를 취득한 후 그 사정을 알고 행사한 자는 2년 이하의 징역 또는 500만원 이하의 벌금에 처한다.

제211조(통화유사물의 제조 등) ① 판매할 목적으로 내국 또는 외국에서 통용하거나 유통하는 화폐, 지폐 또는 은행권에 유사한 물건을 제조, 수입 또는 수출한 자는 3년 이하의 징역 또는 700만원 이하의 벌금에 처한다.

② 전항의 물건을 판매한 자도 전항의 형과 같다.

제212조(미수범) 제207조, 제208조와 전조의 미수범은 처벌한다.

제213조(예비, 음모) 제207조제1항 내지 제3항의 죄를 범할 목적으로 예비 또는 음모한 자는 5년 이하의 징역에 처한다. 단, 그 목적한 죄의 실행에 이르기 전에 자수한 때에는 그 형을 감경 또는 면제한다.

제19장 유가증권, 우표와 인지에 관한 죄

제214조(유가증권의 위조 등) ①행사할 목적으로 대한민국 또는 외국의 공채증서 기타 유가증권을 위조 또는 변조한 자는 10년 이하의 징역에 처한다.

② 행사할 목적으로 유가증권의 권리의무에 관한 기재를 위조 또는 변조한

자도 전항의 형과 같다.

제215조(자격모용에 의한 유가증권의 작성) 행사할 목적으로 타인의 자격을 모용하여 유가증권을 작성하거나 유가증권의 권리 또는 의무에 관한 사항을 기재한 자는 10년 이하의 징역에 처한다.

제216조(허위유가증권의 작성 등) 행사할 목적으로 허위의 유가증권을 작성하거나 유가증권에 허위사항을 기재한 자는 7년 이하의 징역 또는 3천만원 이하의 벌금에 처한다.

제217조(위조유가증권 등의 행사 등) 위조, 변조, 작성 또는 허위기재한 전3조 기재의 유가증권을 행사하거나 행사할 목적으로 수입 또는 수출한 자는 10년 이하의 징역에 처한다.

제218조(인지ㆍ우표의 위조등) ①행사할 목적으로 대한민국 또는 외국의 인지, 우표 기타 우편요금을 표시하는 증표를 위조 또는 변조한 자는 10년 이하의 징역에 처한다.
② 위조 또는 변조된 대한민국 또는 외국의 인지, 우표 기타 우편요금을 표시하는 증표를 행사하거나 행사할 목적으로 수입 또는 수출한 자도 제1항의 형과 같다.

제219조(위조인지ㆍ우표등의 취득) 행사할 목적으로 위조 또는 변조한 대한민국 또는 외국의 인지, 우표 기타 우편요금을 표시하는 증표를 취득한 자는 3년 이하의 징역 또는 1천만원 이하의 벌금에 처한다.

제220조(자격정지 또는 벌금의 병과) 제214조 내지 제219조의 죄를 범하여 징역에 처하는 경우에는 10년 이하의 자격정지 또는 2천만원 이하의 벌금을 병과할 수 있다.

제221조(소인말소) 행사할 목적으로 대한민국 또는 외국의 인지, 우표 기타 우편요금을 표시하는 증표의 소인 기타 사용의 표지를 말소한 자는 1년 이하의 징역 또는 300만원 이하의 벌금에 처한다.

제222조(인지ㆍ우표유사물의 제조 등) ① 판매할 목적으로 대한민국 또는 외국의 공채증서, 인지, 우표 기타 우편요금을 표시하는 증표와 유사한 물건을 제조, 수입 또는 수출한 자는 2년 이하의 징역 또는 500만원 이하의 벌금에 처한다.
② 전항의 물건을 판매한 자도 전항의 형과 같다.

제223조(미수범) 제214조 내지 제219조와 전조의 미수범은 처벌한다.

제224조(예비, 음모) 제214조, 제215조와 제218조제1항의 죄를 범할 목적으로 예비 또는 음모한 자는 2년 이하의 징역에 처한다.

제20장 문서에 관한 죄

제225조(공문서등의 위조·변조) 행사할 목적으로 공무원 또는 공무소의 문서 또는 도화를 위조 또는 변조한 자는 10년 이하의 징역에 처한다.

제226조(자격모용에 의한 공문서 등의 작성) 행사할 목적으로 공무원 또는 공무소의 자격을 모용하여 문서 또는 도화를 작성한 자는 10년 이하의 징역에 처한다.

제227조(허위공문서작성등) 공무원이 행사할 목적으로 그 직무에 관하여 문서 또는 도화를 허위로 작성하거나 변개한 때에는 7년 이하의 징역 또는 2천만원 이하의 벌금에 처한다.

제227조의2(공전자기록위작·변작) 사무처리를 그르치게 할 목적으로 공무원 또는 공무소의 전자기록등 특수매체기록을 위작 또는 변작한 자는 10년 이하의 징역에 처한다.

제228조(공정증서원본 등의 부실기재) ①공무원에 대하여 허위신고를 하여 공정증서원본 또는 이와 동일한 전자기록등 특수매체기록에 부실의 사실을 기재 또는 기록하게 한 자는 5년 이하의 징역 또는 1천만원 이하의 벌금에 처한다.

② 공무원에 대하여 허위신고를 하여 면허증, 허가증, 등록증 또는 여권에 부실의 사실을 기재하게 한 자는 3년 이하의 징역 또는 700만원 이하의 벌금에 처한다.

제229조(위조등 공문서의 행사) 제225조 내지 제228조의 죄에 의하여 만들어진 문서, 도화, 전자기록등 특수매체기록, 공정증서원본, 면허증, 허가증, 등록증 또는 여권을 행사한 자는 그 각 죄에 정한 형에 처한다.

제230조(공문서 등의 부정행사) 공무원 또는 공무소의 문서 또는 도화를 부정행사한 자는 2년 이하의 징역이나 금고 또는 500만원 이하의 벌금에 처한다.

제231조(사문서등의 위조·변조) 행사할 목적으로 권리·의무 또는 사실증명에 관한 타인의 문서 또는 도화를 위조 또는 변조한 자는 5년 이하의 징역 또는 1천만원 이하의 벌금에 처한다.

제232조(자격모용에 의한 사문서의 작성) 행사할 목적으로 타인의 자격을 모용하여 권리·의무 또는 사실증명에 관한 문서 또는 도화를 작성한 자는 5년 이하의 징역 또는 1천만원 이하의 벌금에 처한다.

제232조의2(사전자기록위작·변작) 사무처리를 그르치게 할 목적으로 권리·의무 또는 사실증명에 관한 타인의 전자기록등 특수매체기록을 위작 또는

변작한 자는 5년 이하의 징역 또는 1천만원 이하의 벌금에 처한다.

제233조(허위진단서등의 작성) 의사, 한의사, 치과의사 또는 조산사가 진단서, 검안서 또는 생사에 관한 증명서를 허위로 작성한 때에는 3년 이하의 징역이나 금고, 7년 이하의 자격정지 또는 3천만원 이하의 벌금에 처한다.

제234조(위조사문서등의 행사) 제231조 내지 제233조의 죄에 의하여 만들어진 문서, 도화 또는 전자기록등 특수매체기록을 행사한 자는 그 각 죄에 정한 형에 처한다.

제235조(미수범) 제225조 내지 제234조의 미수범은 처벌한다.

제236조(사문서의 부정행사) 권리·의무 또는 사실증명에 관한 타인의 문서 또는 도화를 부정행사한 자는 1년 이하의 징역이나 금고 또는 300만원 이하의 벌금에 처한다.

제237조(자격정지의 병과) 제225조 내지 제227조의2 및 그 행사죄를 범하여 징역에 처할 경우에는 10년 이하의 자격정지를 병과할 수 있다.

제237조의2(복사문서등) 이 장의 죄에 있어서 전자복사기, 모사전송기 기타 이와 유사한 기기를 사용하여 복사한 문서 또는 도화의 사본도 문서 또는 도화로 본다.

제21장 인장에 관한 죄

제238조(공인 등의 위조, 부정사용) ① 행사할 목적으로 공무원 또는 공무소의 인장, 서명, 기명 또는 기호를 위조 또는 부정사용한 자는 5년 이하의 징역에 처한다.
② 위조 또는 부정사용한 공무원 또는 공무소의 인장, 서명, 기명 또는 기호를 행사한 자도 전항의 형과 같다.
③ 전 2항의 경우에는 7년 이하의 자격정지를 병과할 수 있다.

제239조(사인등의 위조, 부정사용) ① 행사할 목적으로 타인의 인장, 서명, 기명 또는 기호를 위조 또는 부정사용한 자는 3년 이하의 징역에 처한다.
② 위조 또는 부정사용한 타인의 인장, 서명, 기명 또는 기호를 행사한 때에도 전항의 형과 같다.

제240조(미수범) 본장의 미수범은 처벌한다.

제22장 성풍속에 관한 죄

제241조 삭제 <2016. 1. 6.>
제242조(음행매개) 영리의 목적으로 사람을 매개하여 간음하게 한 자는 3

년 이하의 징역 또는 1천500만원 이하의 벌금에 처한다.

제243조(음화반포등) 음란한 문서, 도화, 필름 기타 물건을 반포, 판매 또는 임대하거나 공연히 전시 또는 상영한 자는 1년 이하의 징역 또는 500만원 이하의 벌금에 처한다.

제244조(음화제조 등) 제243조의 행위에 공할 목적으로 음란한 물건을 제조, 소지, 수입 또는 수출한 자는 1년 이하의 징역 또는 500만원 이하의 벌금에 처한다.

제245조(공연음란) 공연히 음란한 행위를 한 자는 1년 이하의 징역, 500만원 이하의 벌금, 구류 또는 과료에 처한다.

제23장 도박과 복표에 관한 죄

제246조(도박, 상습도박) ① 도박을 한 사람은 1천만원 이하의 벌금에 처한다. 다만, 일시오락 정도에 불과한 경우에는 예외로 한다.

② 상습으로 제1항의 죄를 범한 사람은 3년 이하의 징역 또는 2천만원 이하의 벌금에 처한다.

제247조(도박장소 등 개설) 영리의 목적으로 도박을 하는 장소나 공간을 개설한 사람은 5년 이하의 징역 또는 3천만원 이하의 벌금에 처한다.

제248조(복표의 발매 등) ① 법령에 의하지 아니한 복표를 발매한 사람은 5년 이하의 징역 또는 3천만원 이하의 벌금에 처한다.

② 제1항의 복표발매를 중개한 사람은 3년 이하의 징역 또는 2천만원 이하의 벌금에 처한다.

③ 제1항의 복표를 취득한 사람은 1천만원 이하의 벌금에 처한다.

제249조(벌금의 병과) 제246조제2항, 제247조와 제248조제1항의 죄에 대하여는 1천만원 이하의 벌금을 병과할 수 있다.

제24장 살인의 죄

제250조(살인, 존속살해) ①사람을 살해한 자는 사형, 무기 또는 5년 이상의 징역에 처한다.

② 자기 또는 배우자의 직계존속을 살해한 자는 사형, 무기 또는 7년 이상의 징역에 처한다.

제251조 삭제 <2023. 8. 8.>

제252조(촉탁, 승낙에 의한 살인 등) ① 사람의 촉탁이나 승낙을 받아 그를 살해한 자는 1년 이상 10년 이하의 징역에 처한다.

② 사람을 교사하거나 방조하여 자살하게 한 자도 제1항의 형에 처한다.

제253조(위계 등에 의한 촉탁살인 등) 전조의 경우에 위계 또는 위력으로써 촉탁 또는 승낙하게 하거나 자살을 결의하게 한 때에는 제250조의 예에 의한다.

제254조(미수범) 제250조, 제252조 및 제253조의 미수범은 처벌한다.

제255조(예비, 음모) 제250조와 제253조의 죄를 범할 목적으로 예비 또는 음모한 자는 10년 이하의 징역에 처한다.

제256조(자격정지의 병과) 제250조, 제252조 또는 제253조의 경우에 유기징역에 처할 때에는 10년 이하의 자격정지를 병과할 수 있다.

제25장 상해와 폭행의 죄

제257조(상해, 존속상해) ① 사람의 신체를 상해한 자는 7년 이하의 징역, 10년 이하의 자격정지 또는 1천만원 이하의 벌금에 처한다.

② 자기 또는 배우자의 직계존속에 대하여 제1항의 죄를 범한 때에는 10년 이하의 징역 또는 1천500만원 이하의 벌금에 처한다.

③ 전 2항의 미수범은 처벌한다.

제258조(중상해, 존속중상해) ①사람의 신체를 상해하여 생명에 대한 위험을 발생하게 한 자는 1년 이상 10년 이하의 징역에 처한다.

② 신체의 상해로 인하여 불구 또는 불치나 난치의 질병에 이르게 한 자도 전항의 형과 같다.

③ 자기 또는 배우자의 직계존속에 대하여 전2항의 죄를 범한 때에는 2년 이상 15년 이하의 징역에 처한다.

제258조의2(특수상해) ① 단체 또는 다중의 위력을 보이거나 위험한 물건을 휴대하여 제257조제1항 또는 제2항의 죄를 범한 때에는 1년 이상 10년 이하의 징역에 처한다.

② 단체 또는 다중의 위력을 보이거나 위험한 물건을 휴대하여 제258조의 죄를 범한 때에는 2년 이상 20년 이하의 징역에 처한다.

③ 제1항의 미수범은 처벌한다.

제259조(상해치사) ① 사람의 신체를 상해하여 사망에 이르게 한 자는 3년 이상의 유기징역에 처한다.

② 자기 또는 배우자의 직계존속에 대하여 전항의 죄를 범한 때에는 무기 또는 5년 이상의 징역에 처한다.

제260조(폭행, 존속폭행) ①사람의 신체에 대하여 폭행을 가한 자는 2년 이하의 징역, 500만원 이하의 벌금, 구류 또는 과료에 처한다.

② 자기 또는 배우자의 직계존속에 대하여 제1항의 죄를 범한 때에는 5년 이하의 징역 또는 700만원 이하의 벌

금에 처한다.

③ 제1항 및 제2항의 죄는 피해자의 명시한 의사에 반하여 공소를 제기할 수 없다.

제261조(특수폭행) 단체 또는 다중의 위력을 보이거나 위험한 물건을 휴대하여 제260조제1항 또는 제2항의 죄를 범한 때에는 5년 이하의 징역 또는 1천만원 이하의 벌금에 처한다.

제262조(폭행치사상) 제260조와 제261조의 죄를 지어 사람을 사망이나 상해에 이르게 한 경우에는 제257조부터 제259조까지의 예에 따른다.

제263조(동시범) 독립행위가 경합하여 상해의 결과를 발생하게 한 경우에 있어서 원인된 행위가 판명되지 아니한 때에는 공동정범의 예에 의한다.

제264조(상습범) 상습으로 제257조, 제258조, 제258조의2, 제260조 또는 제261조의 죄를 범한 때에는 그 죄에 정한 형의 2분의 1까지 가중한다.

제265조(자격정지의 병과) 제257조제2항, 제258조, 제258조의2, 제260조제2항, 제261조 또는 전조의 경우에는 10년 이하의 자격정지를 병과할 수 있다.

제26장 과실치사상의 죄

제266조(과실치상) ① 과실로 인하여 사람의 신체를 상해에 이르게 한 자는 500만원 이하의 벌금, 구류 또는 과료에 처한다.

② 제1항의 죄는 피해자의 명시한 의사에 반하여 공소를 제기할 수 없다.

제267조(과실치사) 과실로 인하여 사람을 사망에 이르게 한 자는 2년 이하의 금고 또는 700만원 이하의 벌금에 처한다.

제268조(업무상과실·중과실　치사상) 업무상과실 또는 중대한 과실로 사람을 사망이나 상해에 이르게 한 자는 5년 이하의 금고 또는 2천만원 이하의 벌금에 처한다.

제27장 낙태의 죄

제269조(낙태) ① 부녀가 약물 기타 방법으로 낙태한 때에는 1년 이하의 징역 또는 200만원 이하의 벌금에 처한다.

② 부녀의 촉탁 또는 승낙을 받아 낙태하게 한 자도 제1항의 형과 같다.

③ 제2항의 죄를 범하여 부녀를 상해에 이르게 한때에는 3년 이하의 징역에 처한다. 사망에 이르게 한때에는 7년 이하의 징역에 처한다.

제270조(의사 등의 낙태, 부동의낙태) ① 의사, 한의사, 조산사, 약제사 또는 약종상이 부녀의 촉탁 또는 승낙을 받어 낙태하게 한 때에는 2년 이하의 징

역에 처한다.

② 부녀의 촉탁 또는 승낙없이 낙태하게 한 자는 3년 이하의 징역에 처한다

③ 제1항 또는 제2항의 죄를 범하여 부녀를 상해에 이르게 한때에는 5년 이하의 징역에 처한다. 사망에 이르게 한때에는 10년 이하의 징역에 처한다.

④ 전 3항의 경우에는 7년 이하의 자격정지를 병과한다.

제28장 유기와 학대의 죄

제271조(유기, 존속유기) ① 나이가 많거나 어림, 질병 그 밖의 사정으로 도움이 필요한 사람을 법률상 또는 계약상 보호할 의무가 있는 자가 유기한 경우에는 3년 이하의 징역 또는 500만원 이하의 벌금에 처한다.

② 자기 또는 배우자의 직계존속에 대하여 제1항의 죄를 지은 경우에는 10년 이하의 징역 또는 1천500만원 이하의 벌금에 처한다.

③ 제1항의 죄를 지어 사람의 생명에 위험을 발생하게 한 경우에는 7년 이하의 징역에 처한다.

④ 제2항의 죄를 지어 사람의 생명에 위험을 발생하게 한 경우에는 2년 이상의 유기징역에 처한다.

제272조 삭제 <2023. 8. 8.>

제273조(학대, 존속학대) ①자기의 보호 또는 감독을 받는 사람을 학대한 자는 2년 이하의 징역 또는 500만원 이하의 벌금에 처한다.

② 자기 또는 배우자의 직계존속에 대하여 전항의 죄를 범한 때에는 5년 이하의 징역 또는 700만원 이하의 벌금에 처한다.

제274조(아동혹사) 자기의 보호 또는 감독을 받는 16세 미만의 자를 그 생명 또는 신체에 위험한 업무에 사용할 영업자 또는 그 종업자에게 인도한 자는 5년 이하의 징역에 처한다. 그 인도를 받은 자도 같다.

제275조(유기등 치사상) ① 제271조 또는 제273조의 죄를 범하여 사람을 상해에 이르게 한 때에는 7년 이하의 징역에 처한다. 사망에 이르게 한 때에는 3년 이상의 유기징역에 처한다.

② 자기 또는 배우자의 직계존속에 대하여 제271조 또는 제273조의 죄를 범하여 상해에 이르게 한 때에는 3년 이상의 유기징역에 처한다. 사망에 이르게 한 때에는 무기 또는 5년이상의 징역에 처한다.

제29장 체포와 감금의 죄

제276조(체포, 감금, 존속체포, 존속감금) ①사람을 체포 또는 감금한 자는 5년 이하의 징역 또는 700만원 이하의

벌금에 처한다.

② 자기 또는 배우자의 직계존속에 대하여 제1항의 죄를 범한 때에는 10년 이하의 징역 또는 1천500만원 이하의 벌금에 처한다.

제277조(중체포, 중감금, 존속중체포, 존속중감금) ①사람을 체포 또는 감금하여 가혹한 행위를 가한 자는 7년 이하의 징역에 처한다.

② 자기 또는 배우자의 직계존속에 대하여 전항의 죄를 범한 때에는 2년 이상의 유기징역에 처한다.

제278조(특수체포, 특수감금) 단체 또는 다중의 위력을 보이거나 위험한 물건을 휴대하여 전 2조의 죄를 범한 때에는 그 죄에 정한 형의 2분의 1까지 가중한다.

제279조(상습범) 상습으로 제276조 또는 제277조의 죄를 범한 때에는 전조의 예에 의한다.

제280조(미수범) 전4조의 미수범은 처벌한다.

제281조(체포·감금등의 치사상) ①제276조 내지 제280조의 죄를 범하여 사람을 상해에 이르게 한 때에는 1년 이상의 유기징역에 처한다. 사망에 이르게 한 때에는 3년 이상의 유기징역에 처한다.

② 자기 또는 배우자의 직계존속에 대하여 제276조 내지 제280조의 죄를 범하여 상해에 이르게 한 때에는 2년 이상의 유기징역에 처한다. 사망에 이르게 한 때에는 무기 또는 5년이상의 징역에 처한다.

제282조(자격정지의 병과) 본장의 죄에는 10년 이하의 자격정지를 병과할 수 있다.

제30장 협박의 죄

제283조(협박, 존속협박) ① 사람을 협박한 자는 3년 이하의 징역, 500만원 이하의 벌금, 구류 또는 과료에 처한다.

② 자기 또는 배우자의 직계존속에 대하여 제1항의 죄를 범한 때에는 5년 이하의 징역 또는 700만원 이하의 벌금에 처한다.

③ 제1항 및 제2항의 죄는 피해자의 명시한 의사에 반하여 공소를 제기할 수 없다.

제284조(특수협박) 단체 또는 다중의 위력을 보이거나 위험한 물건을 휴대하여 전조제1항, 제2항의 죄를 범한 때에는 7년 이하의 징역 또는 1천만원 이하의 벌금에 처한다.

제285조(상습범) 상습으로 제283조제1항, 제2항 또는 전조의 죄를 범한 때에는 그 죄에 정한 형의 2분의 1까지 가중한다.

제286조(미수범) 전3조의 미수범은 처벌한다.

제31장 약취(略取), 유인(誘引) 및 인신매매의 죄

제287조(미성년자의 약취, 유인) 미성년자를 약취 또는 유인한 사람은 10년 이하의 징역에 처한다.

제288조(추행 등 목적 약취, 유인 등) ① 추행, 간음, 결혼 또는 영리의 목적으로 사람을 약취 또는 유인한 사람은 1년 이상 10년 이하의 징역에 처한다.
② 노동력 착취, 성매매와 성적 착취, 장기적출을 목적으로 사람을 약취 또는 유인한 사람은 2년 이상 15년 이하의 징역에 처한다.
③ 국외에 이송할 목적으로 사람을 약취 또는 유인하거나 약취 또는 유인된 사람을 국외에 이송한 사람도 제2항과 동일한 형으로 처벌한다.

제289조(인신매매) ① 사람을 매매한 사람은 7년 이하의 징역에 처한다.
② 추행, 간음, 결혼 또는 영리의 목적으로 사람을 매매한 사람은 1년 이상 10년 이하의 징역에 처한다.
③ 노동력 착취, 성매매와 성적 착취, 장기적출을 목적으로 사람을 매매한 사람은 2년 이상 15년 이하의 징역에 처한다.

④ 국외에 이송할 목적으로 사람을 매매하거나 매매된 사람을 국외로 이송한 사람도 제3항과 동일한 형으로 처벌한다.

제290조(약취, 유인, 매매, 이송 등 상해·치상) ① 제287조부터 제289조까지의 죄를 범하여 약취, 유인, 매매 또는 이송된 사람을 상해한 때에는 3년 이상 25년 이하의 징역에 처한다.
② 제287조부터 제289조까지의 죄를 범하여 약취, 유인, 매매 또는 이송된 사람을 상해에 이르게 한 때에는 2년 이상 20년 이하의 징역에 처한다.

제291조(약취, 유인, 매매, 이송 등 살인·치사) ① 제287조부터 제289조까지의 죄를 범하여 약취, 유인, 매매 또는 이송된 사람을 살해한 때에는 사형, 무기 또는 7년 이상의 징역에 처한다.
② 제287조부터 제289조까지의 죄를 범하여 약취, 유인, 매매 또는 이송된 사람을 사망에 이르게 한 때에는 무기 또는 5년 이상의 징역에 처한다.

제292조(약취, 유인, 매매, 이송된 사람의 수수·은닉 등) ① 제287조부터 제289조까지의 죄로 약취, 유인, 매매 또는 이송된 사람을 수수(授受) 또는 은닉한 사람은 7년 이하의 징역에 처한다.
② 제287조부터 제289조까지의 죄를

범할 목적으로 사람을 모집, 운송, 전달한 사람도 제1항과 동일한 형으로 처벌한다.

제293조 삭제 < 2013. 4. 5. >

제294조(미수범) 제287조부터 제289조까지, 제290조제1항, 제291조제1항과 제292조제1항의 미수범은 처벌한다.

제295조(벌금의 병과) 제288조부터 제291조까지, 제292조제1항의 죄와 그 미수범에 대하여는 5천만원 이하의 벌금을 병과할 수 있다.

제295조의2(형의 감경) 제287조부터 제290조까지, 제292조와 제294조의 죄를 범한 사람이 약취, 유인, 매매 또는 이송된 사람을 안전한 장소로 풀어준 때에는 그 형을 감경할 수 있다.

제296조(예비, 음모) 제287조부터 제289조까지, 제290조제1항, 제291조제1항과 제292조제1항의 죄를 범할 목적으로 예비 또는 음모한 사람은 3년 이하의 징역에 처한다.

제296조의2(세계주의) 제287조부터 제292조까지 및 제294조는 대한민국 영역 밖에서 죄를 범한 외국인에게도 적용한다.

제32장 강간과 추행의 죄

제297조(강간) 폭행 또는 협박으로 사람을 강간한 자는 3년 이상의 유기징역에 처한다.

제297조의2(유사강간) 폭행 또는 협박으로 사람에 대하여 구강, 항문 등 신체(성기는 제외한다)의 내부에 성기를 넣거나 성기, 항문에 손가락 등 신체(성기는 제외한다)의 일부 또는 도구를 넣는 행위를 한 사람은 2년 이상의 유기징역에 처한다.

제298조(강제추행) 폭행 또는 협박으로 사람에 대하여 추행을 한 자는 10년 이하의 징역 또는 1천500만원 이하의 벌금에 처한다.

제299조(준강간, 준강제추행) 사람의 심신상실 또는 항거불능의 상태를 이용하여 간음 또는 추행을 한 자는 제297조, 제297조의2 및 제298조의 예에 의한다.

제300조(미수범) 제297조, 제297조의2, 제298조 및 제299조의 미수범은 처벌한다.

제301조(강간 등 상해·치상) 제297조, 제297조의2 및 제298조부터 제300조까지의 죄를 범한 자가 사람을 상해하거나 상해에 이르게 한 때에는 무기 또는 5년 이상의 징역에 처한다.

제301조의2(강간등 살인·치사) 제297조, 제297조의2 및 제298조부터 제300조까지의 죄를 범한 자가 사람을 살해한 때에는 사형 또는 무기징역에 처한

다. 사망에 이르게 한 때에는 무기 또는 10년 이상의 징역에 처한다.

제302조(미성년자 등에 대한 간음) 미성년자 또는 심신미약자에 대하여 위계 또는 위력으로써 간음 또는 추행을 한 자는 5년 이하의 징역에 처한다.

제303조(업무상위력 등에 의한 간음) ①업무, 고용 기타 관계로 인하여 자기의 보호 또는 감독을 받는 사람에 대하여 위계 또는 위력으로써 간음한 자는 7년 이하의 징역 또는 3천만원 이하의 벌금에 처한다.

② 법률에 의하여 구금된 사람을 감호하는 자가 그 사람을 간음한 때에는 10년 이하의 징역에 처한다.

제304조 삭제 <2012. 12. 18.>

제305조(미성년자에 대한 간음, 추행) ① 13세 미만의 사람에 대하여 간음 또는 추행을 한 자는 제297조, 제297조의2, 제298조, 제301조 또는 제301조의2의 예에 의한다.

② 13세 이상 16세 미만의 사람에 대하여 간음 또는 추행을 한 19세 이상의 자는 제297조, 제297조의2, 제298조, 제301조 또는 제301조의2의 예에 의한다.

제305조의2(상습범) 상습으로 제297조, 제297조의2, 제298조부터 제300조까지, 제302조, 제303조 또는 제305조의 죄를 범한 자는 그 죄에 정한 형의 2분의 1까지 가중한다.

제305조의3(예비, 음모) 제297조, 제297조의2, 제299조(준강간죄에 한정한다), 제301조(강간 등 상해죄에 한정한다) 및 제305조의 죄를 범할 목적으로 예비 또는 음모한 사람은 3년 이하의 징역에 처한다.

제306조 삭제 <2012. 12. 18.>

제33장 명예에 관한 죄

제307조(명예훼손) ① 공연히 사실을 적시하여 사람의 명예를 훼손한 자는 2년 이하의 징역이나 금고 또는 500만원 이하의 벌금에 처한다.

② 공연히 허위의 사실을 적시하여 사람의 명예를 훼손한 자는 5년 이하의 징역, 10년 이하의 자격정지 또는 1천만원 이하의 벌금에 처한다.

제308조(사자의 명예훼손) 공연히 허위의 사실을 적시하여 사자의 명예를 훼손한 자는 2년 이하의 징역이나 금고 또는 500만원 이하의 벌금에 처한다.

제309조(출판물 등에 의한 명예훼손) ① 사람을 비방할 목적으로 신문, 잡지 또는 라디오 기타 출판물에 의하여 제307조제1항의 죄를 범한 자는 3년 이하의 징역이나 금고 또는 700만원 이하의 벌금에 처한다.

② 제1항의 방법으로 제307조제2항의 죄를 범한 자는 7년 이하의 징역, 10년 이하의 자격정지 또는 1천500만원 이하의 벌금에 처한다.

제310조(위법성의 조각) 제307조제1항의 행위가 진실한 사실로서 오로지 공공의 이익에 관한 때에는 처벌하지 아니한다.

제311조(모욕) 공연히 사람을 모욕한 자는 1년 이하의 징역이나 금고 또는 200만원 이하의 벌금에 처한다.

제312조(고소와 피해자의 의사) ①제308조와 제311조의 죄는 고소가 있어야 공소를 제기할 수 있다.

② 제307조와 제309조의 죄는 피해자의 명시한 의사에 반하여 공소를 제기할 수 없다.

제34장 신용, 업무와 경매에 관한 죄

제313조(신용훼손) 허위의 사실을 유포하거나 기타 위계로써 사람의 신용을 훼손한 자는 5년 이하의 징역 또는 1천500만원 이하의 벌금에 처한다.

제314조(업무방해) ①제313조의 방법 또는 위력으로써 사람의 업무를 방해한 자는 5년 이하의 징역 또는 1천500만원 이하의 벌금에 처한다.

② 컴퓨터등 정보처리장치 또는 전자기록등 특수매체기록을 손괴하거나 정보처리장치에 허위의 정보 또는 부정한 명령을 입력하거나 기타 방법으로 정보처리에 장애를 발생하게 하여 사람의 업무를 방해한 자도 제1항의 형과 같다.

제315조(경매, 입찰의 방해) 위계 또는 위력 기타 방법으로 경매 또는 입찰의 공정을 해한 자는 2년 이하의 징역 또는 700만원 이하의 벌금에 처한다.

제35장 비밀침해의 죄

제316조(비밀침해) ① 봉함 기타 비밀장치한 사람의 편지, 문서 또는 도화를 개봉한 자는 3년 이하의 징역이나 금고 또는 500만원 이하의 벌금에 처한다.

② 봉함 기타 비밀장치한 사람의 편지, 문서, 도화 또는 전자기록등 특수매체기록을 기술적 수단을 이용하여 그 내용을 알아낸 자도 제1항의 형과 같다.

제317조(업무상비밀누설) ① 의사, 한의사, 치과의사, 약제사, 약종상, 조산사, 변호사, 변리사, 공인회계사, 공증인, 대서업자나 그 직무상 보조자 또는 차등의 직에 있던 자가 그 직무처리중 지득한 타인의 비밀을 누설한 때에는 3년 이하의 징역이나 금고, 10년 이하의 자격정지 또는 700만원 이하의 벌금에 처한다.

② 종교의 직에 있는 자 또는 있던 자

가 그 직무상 지득한 사람의 비밀을 누설한 때에도 전항의 형과 같다.

제318조(고소) 본장의 죄는 고소가 있어야 공소를 제기할 수 있다.

제36장 주거침입의 죄

제319조(주거침입, 퇴거불응) ① 사람의 주거, 관리하는 건조물, 선박이나 항공기 또는 점유하는 방실에 침입한 자는 3년 이하의 징역 또는 500만원 이하의 벌금에 처한다.

② 전항의 장소에서 퇴거요구를 받고 응하지 아니한 자도 전항의 형과 같다.

제320조(특수주거침입) 단체 또는 다중의 위력을 보이거나 위험한 물건을 휴대하여 전조의 죄를 범한 때에는 5년 이하의 징역에 처한다.

제321조(주거·신체 수색) 사람의 신체, 주거, 관리하는 건조물, 자동차, 선박이나 항공기 또는 점유하는 방실을 수색한 자는 3년 이하의 징역에 처한다.

제322조(미수범) 본장의 미수범은 처벌한다.

제37장 권리행사를 방해하는 죄

제323조(권리행사방해) 타인의 점유 또는 권리의 목적이 된 자기의 물건 또는 전자기록등 특수매체기록을 취거, 은닉

또는 손괴하여 타인의 권리행사를 방해한 자는 5년 이하의 징역 또는 700만원 이하의 벌금에 처한다.

제324조(강요) ① 폭행 또는 협박으로 사람의 권리행사를 방해하거나 의무없는 일을 하게 한 자는 5년 이하의 징역 또는 3천만원 이하의 벌금에 처한다.

② 단체 또는 다중의 위력을 보이거나 위험한 물건을 휴대하여 제1항의 죄를 범한 자는 10년 이하의 징역 또는 5천만원 이하의 벌금에 처한다.

제324조의2(인질강요) 사람을 체포·감금·약취 또는 유인하여 이를 인질로 삼아 제3자에 대하여 권리행사를 방해하거나 의무없는 일을 하게 한 자는 3년 이상의 유기징역에 처한다.

제324조의3(인질상해·치상) 제324조의2의 죄를 범한 자가 인질을 상해하거나 상해에 이르게 한 때에는 무기 또는 5년 이상의 징역에 처한다.

제324조의4(인질살해·치사) 제324조의2의 죄를 범한 자가 인질을 살해한 때에는 사형 또는 무기징역에 처한다. 사망에 이르게 한 때에는 무기 또는 10년 이상의 징역에 처한다.

제324조의5(미수범) 제324조 내지 제324조의4의 미수범은 처벌한다.

제324조의6(형의 감경) 제324조의2 또는 제324조의3의 죄를 범한 자 및 그

죄의 미수범이 인질을 안전한 장소로 풀어준 때에는 그 형을 감경할 수 있다.

제325조(점유강취, 준점유강취) ① 폭행 또는 협박으로 타인의 점유에 속하는 자기의 물건을 강취(强取)한 자는 7년 이하의 징역 또는 10년 이하의 자격정지에 처한다.

② 타인의 점유에 속하는 자기의 물건을 취거(取去)하는 과정에서 그 물건의 탈환에 항거하거나 체포를 면탈하거나 범죄의 흔적을 인멸할 목적으로 폭행 또는 협박한 때에도 제1항의 형에 처한다.

③ 제1항과 제2항의 미수범은 처벌한다.

제326조(중권리행사방해) 제324조 또는 제325조의 죄를 범하여 사람의 생명에 대한 위험을 발생하게 한 자는 10년 이하의 징역에 처한다.

제327조(강제집행면탈) 강제집행을 면할 목적으로 재산을 은닉, 손괴, 허위양도 또는 허위의 채무를 부담하여 채권자를 해한 자는 3년 이하의 징역 또는 1천만원 이하의 벌금에 처한다.

제328조(친족간의 범행과 고소) ① 직계혈족, 배우자, 동거친족, 동거가족 또는 그 배우자간의 제323조의 죄는 그 형을 면제한다.

② 제1항이외의 친족간에 제323조의 죄를 범한 때에는 고소가 있어야 공소를 제기할 수 있다.

③ 전 2항의 신분관계가 없는 공범에 대하여는 전 이항을 적용하지 아니한다.

제38장 절도와 강도의 죄

제329조(절도) 타인의 재물을 절취한 자는 6년 이하의 징역 또는 1천만원 이하의 벌금에 처한다.

제330조(야간주거침입절도) 야간에 사람의 주거, 관리하는 건조물, 선박, 항공기 또는 점유하는 방실(房室)에 침입하여 타인의 재물을 절취(竊取)한 자는 10년 이하의 징역에 처한다.

제331조(특수절도) ① 야간에 문이나 담 그 밖의 건조물의 일부를 손괴하고 제330조의 장소에 침입하여 타인의 재물을 절취한 자는 1년 이상 10년 이하의 징역에 처한다.

② 흉기를 휴대하거나 2명 이상이 합동하여 타인의 재물을 절취한 자도 제1항의 형에 처한다.

제331조의2(자동차등 불법사용) 권리자의 동의없이 타인의 자동차, 선박, 항공기 또는 원동기장치자전거를 일시 사용한 자는 3년 이하의 징역, 500만원 이하의 벌금, 구류 또는 과료에 처한다.

제332조(상습범) 상습으로 제329조 내지 제331조의2의 죄를 범한 자는 그

죄에 정한 형의 2분의 1까지 가중한다.

제333조(강도) 폭행 또는 협박으로 타인의 재물을 강취하거나 기타 재산상의 이익을 취득하거나 제삼자로 하여금 이를 취득하게 한 자는 3년 이상의 유기징역에 처한다.

제334조(특수강도) ① 야간에 사람의 주거, 관리하는 건조물, 선박이나 항공기 또는 점유하는 방실에 침입하여 제333조의 죄를 범한 자는 무기 또는 5년 이상의 징역에 처한다.

② 흉기를 휴대하거나 2인 이상이 합동하여 전조의 죄를 범한 자도 전항의 형과 같다.

제335조(준강도) 절도가 재물의 탈환에 항거하거나 체포를 면탈하거나 범죄의 흔적을 인멸할 목적으로 폭행 또는 협박한 때에는 제333조 및 제334조의 예에 따른다.

제336조(인질강도) 사람을 체포·감금·약취 또는 유인하여 이를 인질로 삼아 재물 또는 재산상의 이익을 취득하거나 제3자로 하여금 이를 취득하게 한 자는 3년 이상의 유기징역에 처한다.

제337조(강도상해, 치상) 강도가 사람을 상해하거나 상해에 이르게 한때에는 무기 또는 7년 이상의 징역에 처한다.

제338조(강도살인·치사) 강도가 사람을 살해한 때에는 사형 또는 무기징역에 처한다. 사망에 이르게 한 때에는 무기 또는 10년 이상의 징역에 처한다.

제339조(강도강간) 강도가 사람을 강간한 때에는 무기 또는 10년 이상의 징역에 처한다.

제340조(해상강도) ① 다중의 위력으로 해상에서 선박을 강취하거나 선박 내에 침입하여 타인의 재물을 강취한 자는 무기 또는 7년 이상의 징역에 처한다.

② 제1항의 죄를 범한 자가 사람을 상해하거나 상해에 이르게 한때에는 무기 또는 10년 이상의 징역에 처한다.

③ 제1항의 죄를 범한 자가 사람을 살해 또는 사망에 이르게 하거나 강간한 때에는 사형 또는 무기징역에 처한다.

제341조(상습범) 상습으로 제333조, 제334조, 제336조 또는 전조제1항의 죄를 범한 자는 무기 또는 10년 이상의 징역에 처한다.

제342조(미수범) 제329조 내지 제341조의 미수범은 처벌한다.

제343조(예비, 음모) 강도할 목적으로 예비 또는 음모한 자는 7년 이하의 징역에 처한다.

제344조(친족간의 범행) 제328조의 규정은 제329조 내지 제332조의 죄 또는 미수범에 준용한다.

제345조(자격정지의 병과) 본장의 죄를

범하여 유기징역에 처할 경우에는 10년 이하의 자격정지를 병과할 수 있다.

제346조(동력) 본장의 죄에 있어서 관리할 수 있는 동력은 재물로 간주한다.

제39장 사기와 공갈의 죄

제347조(사기) ① 사람을 기망하여 재물의 교부를 받거나 재산상의 이익을 취득한 자는 10년 이하의 징역 또는 2천만원 이하의 벌금에 처한다.

② 전항의 방법으로 제삼자로 하여금 재물의 교부를 받게 하거나 재산상의 이익을 취득하게 한 때에도 전항의 형과 같다.

제347조의2(컴퓨터등 사용사기) 컴퓨터등 정보처리장치에 허위의 정보 또는 부정한 명령을 입력하거나 권한 없이 정보를 입력·변경하여 정보처리를 하게 함으로써 재산상의 이익을 취득하거나 제3자로 하여금 취득하게 한 자는 10년 이하의 징역 또는 2천만원 이하의 벌금에 처한다.

제348조(준사기) ① 미성년자의 사리분별력 부족 또는 사람의 심신장애를 이용하여 재물을 교부받거나 재산상 이익을 취득한 자는 10년 이하의 징역 또는 2천만원 이하의 벌금에 처한다.

② 제1항의 방법으로 제3자로 하여금 재물을 교부받게 하거나 재산상 이익을 취득하게 한 경우에도 제1항의 형에 처한다.

제348조의2(편의시설부정이용) 부정한 방법으로 대가를 지급하지 아니하고 자동판매기, 공중전화 기타 유료자동설비를 이용하여 재물 또는 재산상의 이익을 취득한 자는 3년 이하의 징역, 500만원 이하의 벌금, 구류 또는 과료에 처한다.

제349조(부당이득) ① 사람의 곤궁하고 절박한 상태를 이용하여 현저하게 부당한 이익을 취득한 자는 3년 이하의 징역 또는 1천만원 이하의 벌금에 처한다.

② 제1항의 방법으로 제3자로 하여금 부당한 이익을 취득하게 한 경우에도 제1항의 형에 처한다.

제350조(공갈) ① 사람을 공갈하여 재물의 교부를 받거나 재산상의 이익을 취득한 자는 10년 이하의 징역 또는 2천만원 이하의 벌금에 처한다.

② 전항의 방법으로 제삼자로 하여금 재물의 교부를 받게 하거나 재산상의 이익을 취득하게 한 때에도 전항의 형과 같다.

제350조의2(특수공갈) 단체 또는 다중의 위력을 보이거나 위험한 물건을 휴대하여 제350조의 죄를 범한 자는 1년 이상 15년 이하의 징역에 처한다.

제351조(상습범) 상습으로 제347조 내지 전조의 죄를 범한 자는 그 죄에 정한 형의 2분의 1까지 가중한다.

제352조(미수범) 제347조 내지 제348조의2, 제350조, 제350조의2와 제351조의 미수범은 처벌한다.

제353조(자격정지의 병과) 본장의 죄에는 10년 이하의 자격정지를 병과할 수 있다.

제354조(친족간의 범행, 동력) 제328조와 제346조의 규정은 본장의 죄에 준용한다.

제40장 횡령과 배임의 죄

제355조(횡령, 배임) ① 타인의 재물을 보관하는 자가 그 재물을 횡령하거나 그 반환을 거부한 때에는 5년 이하의 징역 또는 1천500만원 이하의 벌금에 처한다.

② 타인의 사무를 처리하는 자가 그 임무에 위배하는 행위로써 재산상의 이익을 취득하거나 제삼자로 하여금 이를 취득하게 하여 본인에게 손해를 가한 때에도 전항의 형과 같다.

제356조(업무상의 횡령과 배임) 업무상의 임무에 위배하여 제355조의 죄를 범한 자는 10년 이하의 징역 또는 3천만원 이하의 벌금에 처한다.

제357조(배임수증재) ① 타인의 사무를 처리하는 자가 그 임무에 관하여 부정한 청탁을 받고 재물 또는 재산상의 이익을 취득하거나 제3자로 하여금 이를 취득하게 한 때에는 5년 이하의 징역 또는 1천만원 이하의 벌금에 처한다.

② 제1항의 재물 또는 재산상 이익을 공여한 자는 2년 이하의 징역 또는 500만원 이하의 벌금에 처한다.

③ 범인 또는 그 사정을 아는 제3자가 취득한 제1항의 재물은 몰수한다. 그 재물을 몰수하기 불가능하거나 재산상의 이익을 취득한 때에는 그 가액을 추징한다.

제358조(자격정지의 병과) 전3조의 죄에는 10년 이하의 자격정지를 병과할 수 있다.

제359조(미수범) 제355조 내지 제357조의 미수범은 처벌한다.

제360조(점유이탈물횡령) ① 유실물, 표류물 또는 타인의 점유를 이탈한 재물을 횡령한 자는 1년 이하의 징역이나 300만원 이하의 벌금 또는 과료에 처한다.

② 매장물을 횡령한 자도 전항의 형과 같다.

제361조(친족간의 범행, 동력) 제328조와 제346조의 규정은 본장의 죄에 준용한다.

제41장 장물에 관한 죄

제362조(장물의 취득, 알선 등) ① 장물을 취득, 양도, 운반 또는 보관한 자는 7년 이하의 징역 또는 1천500만원 이하의 벌금에 처한다.

② 전항의 행위를 알선한 자도 전항의 형과 같다.

제363조(상습범) ① 상습으로 전조의 죄를 범한 자는 1년 이상 10년 이하의 징역에 처한다.

② 제1항의 경우에는 10년 이하의 자격정지 또는 1천500만원 이하의 벌금을 병과할 수 있다.

제364조(업무상과실, 중과실) 업무상과실 또는 중대한 과실로 인하여 제362조의 죄를 범한 자는 1년 이하의 금고 또는 500만원 이하의 벌금에 처한다.

제365조(친족간의 범행) ① 전3조의 죄를 범한 자와 피해자간에 제328조제1항, 제2항의 신분관계가 있는 때에는 동조의 규정을 준용한다.

② 전3조의 죄를 범한 자와 본범간에 제328조제1항의 신분관계가 있는 때에는 그 형을 감경 또는 면제한다. 단, 신분관계가 없는 공범에 대하여는 예외로 한다.

제42장 손괴의 죄

제366조(재물손괴등) 타인의 재물, 문서 또는 전자기록등 특수매체기록을 손괴 또는 은닉 기타 방법으로 기 효용을 해한 자는 3년이하의 징역 또는 700만원 이하의 벌금에 처한다.

제367조(공익건조물파괴) 공익에 공하는 건조물을 파괴한 자는 10년 이하의 징역 또는 2천만원 이하의 벌금에 처한다.

제368조(중손괴) ① 전2조의 죄를 범하여 사람의 생명 또는 신체에 대하여 위험을 발생하게 한 때에는 1년 이상 10년 이하의 징역에 처한다.

② 제366조 또는 제367조의 죄를 범하여 사람을 상해에 이르게 한 때에는 1년 이상의 유기징역에 처한다. 사망에 이르게 한 때에는 3년 이상의 유기징역에 처한다.

제369조(특수손괴) ① 단체 또는 다중의 위력을 보이거나 위험한 물건을 휴대하여 제366조의 죄를 범한 때에는 5년 이하의 징역 또는 1천만원 이하의 벌금에 처한다.

② 제1항의 방법으로 제367조의 죄를 범한 때에는 1년 이상의 유기징역 또는 2천만원 이하의 벌금에 처한다.

제370조(경계침범) 경계표를 손괴, 이동 또는 제거하거나 기타 방법으로 토지의 경계를 인식 불능하게 한 자는 3년 이하의 징역 또는 500만원 이하의

벌금에 처한다.

제371조(미수범) 제366조, 제367조와 제369조의 미수범은 처벌한다.

제372조(동력) 본장의 죄에는 제346조를 준용한다.

부칙 〈제293호, 1953. 9. 18.〉

제1조(구형법 기타 법령과 형의 경중) 본법 또는 본법 시행후에 시행된 다른 법률이나 명령(以下 다른 新法令이라고 稱한다)과 본법 시행직전의 형법(以下 舊刑法이라고 稱한다), 다른 법률, 명령, 포고나 법령(以下 다른 舊法令이라고 稱한다)또는 본법 시행전후에 걸쳐서 시행중인 다른 법률, 명령, 포고나 법령(以下 다른 存續法令이라고 稱한다)에 정한 형의 경중은 제50조에 의한다.

제2조(형의 종류의 적용례) ① 본법 시행전에 범한 죄에 대한 형의 경중의 비교는 가장 중한 형의 장기 또는 다액에 의한다.

② 가장 중한 형의 장기 또는 다액에 경중이 없는 때에는 그 단기 또는 소액에 의한다.

③ 전2항에 의하여 형의 경중을 정할 수 없는 때에는 병과할 다른 형이 있는 것을 중한 것으로 하고 선택할 다른 형이 있는 것을 경한 것으로 한다.

④ 전3항의 경우에 형을 가중감경할 때에는 구형법 또는 본법에 의하여 형의 가중 또는 감경한 뒤에 형의 비교를 한다.

제3조(범인에게 유리한 법의 적용) 본법 시행전에 범한 죄에 대하여는 형의 경중에 관한 것이 아니더라도 범인에게 유리한 법을 적용한다.

제4조(1개의 죄에 대한 신구법의 적용례) ① 1개의 죄가 본법 시행전후에 걸쳐서 행하여진 때에는 본법 시행전에 범한 것으로 간주한다.

② 연속범 또는 견련범이 본법 시행전후에 걸쳤을 때에는 본법 시행전에 범한 것만을 1죄로 한다.

제5조(자격에 관한 형의 적용제한) 본법 시행전에 범한 죄에 대하여는 본법 또는 다른 신법령을 적용할 때에도 본법 제43조는 적용하지 아니한다.

제6조(경합범에 대한 신법의 적용례) 본법 시행전에 범한 수죄 또는 그와 본법 시행후에 범한 죄가 경합범인 때에는 본법의 경합범의 규정에 의한다.

제7조(형의 효력) 구형법, 다른 구법령 또는 존속법령에 규정된 형은 본법에 의하여 규정된 것과 동일한 효력을 가진다.

제8조(총칙의 적용례) ① 본법 시행전에 범한 죄에 대한 형의 양정, 집행,

선고유예, 집행유예, 면제, 시효 또는 소멸에 관하여는 본법을 적용한다. 누범 또는 가석방에 관하여도 같다.

② 본법 시행전에 선고된 형이나 그 집행유예 또는 처분된 가출옥의 효력은 이미 소멸되지 아니하는 한 본법의 해당규정에 의한다.

③ 전2항의 경우에는 본법 제49조단행, 제58조제1항, 제63조, 제69조제1항단행, 제74조와 몰수나 추징의 시효에 관한 규정을 적용하지 아니한다.

제9조(구형법의 인용조문) 다른 존속법령에 인용된 구형법조문은 본법중 그에 상당한 조문으로 변경된 것으로 한다.

제10조(폐지되는 법률등) 본법 시행직전까지 시행되던 다음의 법률, 포고 또는 법령은 폐지한다.

1. 구형법
2. 구형법시행법
3. 폭발물취체벌칙
4. 외국에서유통하는화폐, 은행권의위조, 변조와모조에관한법률
5. 우편법 제48조, 제55조제1항중 제48조의 미수범, 동조제2항, 제55조의 2와3
6. 인지범죄처벌법
7. 통화와증권모조취체법
8. 결투죄에관한건
9. 폭력행위등처벌에관한법률
10. 도범등의방지와처벌에관한법률
11. 미군정법령 제70호(婦女子의賣買또는그賣買契約의禁止)
12. 미군정법령 제120호(罰金의增額과特別審判員의管轄權等)
13. 미군정법령 제172호(優良한受刑者釋放令)
14. 미군정법령 제208호(抗命罪와海賊罪其他犯罪)

제11조(시행일) 본법은 단기 4286년 10월 3일부터 시행한다.

부칙 〈제2745호, 1975. 3. 25.〉

이 법은 공포한 날로부터 시행한다.

부칙 〈제4040호, 1988. 12. 31.〉

이 법은 공포한 날로부터 시행한다.

부칙 〈제5057호, 1995. 12. 29.〉

제1조(시행일) 이 법은 1996년 7월 1일부터 시행한다. 다만, 제59조의2, 제61조제2항, 제62조의2, 제64조제2항, 제73조의2제2항의 개정규정과 제75조의 개정규정중 보호관찰에 관한 사항은 1997년 1월 1일부터 시행한다.

제2조(일반적 적용례) 이 법은 이 법 시행전에 행하여진 종전의 형법규정위반의 죄에 대하여도 적용한다. 다만,

종전의 규정이 행위자에게 유리한 경우에는 그러하지 아니하다.

제3조(1개의 행위에 대한 경과조치) 1개의 행위가 이 법 시행전후에 걸쳐 이루어진 경우에는 이 법 시행이후에 행한 것으로 본다.

제4조(형에 관한 경과조치) 이 법 시행 전에 종전의 형법규정에 의하여 형의 선고를 받은 자는 이 법에 의하여 형의 선고를 받은 것으로 본다. 집행유예 또는 선고유예를 받은 경우에도 이와 같다.

제5조(다른 법령과의 관계) 이 법 시행 당시 다른 법령에서 종전의 형법 규정(章의 題目을 포함한다)을 인용하고 있는 경우에 이 법중 그에 해당하는 규정이 있는 때에는 종전의 규정에 갈음하여 이 법의 해당 조항을 인용한 것으로 본다.

부칙 〈제5454호, 1997. 12. 13.〉(정부부처명칭등의변경에따른건축법등의정비에관한법률)

이 법은 1998년 1월 1일부터 시행한다. <단서 생략>

부칙 〈제6543호, 2001. 12. 29.〉

이 법은 공포후 6월이 경과한 날부터 시행한다.

부칙 〈제7077호, 2004. 1. 20.〉

이 법은 공포한 날부터 시행한다.

부칙 〈제7427호, 2005. 3. 31.〉(민법)

제1조(시행일) 이 법은 공포한 날부터 시행한다. 다만, …생략… 부칙 제7조(제2항 및 제29항을 제외한다)의 규정은 2008년 1월 1일부터 시행한다.

제2조 내지 제6조 생략

제7조(다른 법률의 개정) ① 내지 ㉖ 생략

㉗형법 일부를 다음과 같이 개정한다.
제151조제2항 및 제155조제4항중 "친족, 호주 또는 동거의 가족"을 각각 "친족 또는 동거의 가족"으로 한다.
제328조제1항중 "동거친족, 호주, 가족"을 "동거친족, 동거가족"으로 한다.
㉘및 ㉙생략

부칙 〈제7623호, 2005. 7. 29.〉

① (시행일) 이 법은 공포한 날부터 시행한다.
② (적용례) 이 법은 이 법 시행 전에 행하여진 죄에 대하여도 적용한다. 다만, 종전의 규정을 적용하는 것이 행위자에게 유리한 경우에는 그러하지 아니하다.

부칙 〈제10259호, 2010. 4. 15.〉

① (시행일) 이 법은 공포 후 6개월이 경과한 날부터 시행한다. 다만, 제305조의2의 개정규정은 공포한 날부터 시행한다.

② (가석방의 요건에 관한 적용례) 제72조제1항의 개정규정은 이 법 시행 당시 수용 중인 사람에 대하여도 적용한다.

부칙 〈제11574호, 2012. 12. 18.〉

제1조(시행일) 이 법은 공포 후 6개월이 경과한 날부터 시행한다.

제2조(친고죄 폐지에 관한 적용례) 제296조 및 제306조의 개정규정은 이 법 시행 후 최초로 저지른 범죄부터 적용한다.

제3조(다른 법률의 개정) ① 아동·청소년의 성보호에 관한 법률 일부를 다음과 같이 개정한다.

제2조제2호다목 중 "제297조부터 제301조까지"를 "제297조, 제297조의2 및 제298조부터 제301조까지"로 한다.

② 특정강력범죄의 처벌에 관한 특례법 일부를 다음과 같이 개정한다.

제2조제1항제3호 중 "제297조(강간), 제298조(강제추행)"를 "제297조(강간), 제297조의2(유사강간), 제298조(강제추행)"로 한다.

제2조제1항제4호 중 "제297조, 제298조, 제299조, 제300조"를 "제297조, 제297조의2, 제298조부터 제300조까지"로 한다.

부칙 〈제11731호, 2013. 4. 5.〉

제1조(시행일) 이 법은 공포한 날부터 시행한다. 다만, 법률 제11574호 형법 일부개정법률 제296조의 개정규정 및 부칙 제2조제10항은 2013년 6월 19일부터 시행한다.

제2조(다른 법률의 개정) ① 5·18민주유공자예우에 관한 법률 일부를 다음과 같이 개정한다.

제67조제1항제3호가목 중 "제287조부터 제289조까지·제292조(제287조부터 제289조까지의 규정에 해당하는 경우로 한정한다)·제293조의 죄 또는 그 미수죄"를 "제287조, 제288조(결혼을 목적으로 제288조제1항의 죄를 범한 경우는 제외한다), 제289조(결혼을 목적으로 제289조제2항의 죄를 범한 경우는 제외한다), 제290조, 제291조, 제292조(결혼을 목적으로 한 제288조제1항 또는 결혼을 목적으로 한 제289조제2항의 죄로 약취, 유인 또는 매매된 사람을 수수 또는 은닉한 경우 및 결혼을 목적으로 한 제288조제1항 또는 결혼을 목적으로 한 제289조제2항

의 죄를 범할 목적으로 사람을 모집, 운송 또는 전달한 경우는 제외한다) 및 제294조(결혼을 목적으로 제288조제1항 또는 결혼을 목적으로 제289조제2항의 죄를 범한 경우의 미수범, 결혼을 목적으로 한 제288조제1항 또는 결혼을 목적으로 한 제289조제2항의 죄로 약취, 유인 또는 매매된 사람을 수수 또는 은닉한 죄의 미수범은 제외한다)의 죄"로 한다.

② 고엽제후유의증 등 환자지원 및 단체설립에 관한 법률 일부를 다음과 같이 개정한다.

제28조제1항제3호가목 중 "제287조부터 제289조까지·제292조(제287조부터 제289조까지의 규정에 해당하는 경우로 한정한다)·제293조의 죄 또는 그 미수죄"를 "제287조, 제288조(결혼을 목적으로 제288조제1항의 죄를 범한 경우는 제외한다), 제289조(결혼을 목적으로 제289조제2항의 죄를 범한 경우는 제외한다), 제290조, 제291조, 제292조(결혼을 목적으로 한 제288조제1항 또는 결혼을 목적으로 한 제289조제2항의 죄로 약취, 유인 또는 매매된 사람을 수수 또는 은닉한 경우 및 결혼을 목적으로 한 제288조제1항 또는 결혼을 목적으로 한 제289조제2항의 죄를 범할 목적으로 사람을 모집, 운송 또는 전달한 경우는 제외한다) 및 제294조(결혼을 목적으로 제288조제1항 또는 결혼을 목적으로 제289조제2항의 죄를 범한 경우의 미수범, 결혼을 목적으로 한 제288조제1항 또는 결혼을 목적으로 한 제289조제2항의 죄로 약취, 유인 또는 매매된 사람을 수수 또는 은닉한 죄의 미수범은 제외한다)의 죄"로 한다.

③ 국가유공자 등 예우 및 지원에 관한 법률 일부를 다음과 같이 개정한다.

제79조제1항제3호가목 중 "제287조부터 제289조까지·제292조(제287조부터 제289조까지의 규정에 해당하는 경우로 한정한다)·제293조의 죄 또는 그 미수죄"를 "제287조, 제288조(결혼을 목적으로 제288조제1항의 죄를 범한 경우는 제외한다), 제289조(결혼을 목적으로 제289조제2항의 죄를 범한 경우는 제외한다), 제290조, 제291조, 제292조(결혼을 목적으로 한 제288조제1항 또는 결혼을 목적으로 한 제289조제2항의 죄로 약취, 유인 또는 매매된 사람을 수수 또는 은닉한 경우 및 결혼을 목적으로 한 제288조제1항 또는 결혼을 목적으로 한 제289조제2항의 죄를 범할 목적으로 사람을 모집, 운송 또는 전달한 경우는 제외한다) 및 제294조(결혼을 목적으로 제288조제1

항 또는 결혼을 목적으로 제289조제2
항의 죄를 범한 경우의 미수범, 결혼을
목적으로 한 제288조제1항 또는 결혼
을 목적으로 한 제289조제2항의 죄로
약취, 유인 또는 매매된 사람을 수수
또는 은닉한 죄의 미수범은 제외한다)
의 죄"로 한다.

④ 군사법원법 일부를 다음과 같이 개
정한다.

제272조제2항을 삭제한다.

⑤ 독립유공자예우에 관한 법률 일부
를 다음과 같이 개정한다.

제39조제1항제4호가목 중 "제287조부
터 제289조까지·제292조(제287조부
터 제289조까지의 규정에 해당하는 경
우로 한정한다)·제293조의 죄 또는
그 미수죄"를 "제287조, 제288조(결혼
을 목적으로 제288조제1항의 죄를 범
한 경우는 제외한다), 제289조(결혼을
목적으로 제289조제2항의 죄를 범한
경우는 제외한다), 제290조, 제291조,
제292조(결혼을 목적으로 한 제288조
제1항 또는 결혼을 목적으로 한 제289
조제2항의 죄로 약취, 유인 또는 매매
된 사람을 수수 또는 은닉한 경우 및
결혼을 목적으로 한 제288조제1항 또
는 결혼을 목적으로 한 제289조제2항
의 죄를 범할 목적으로 사람을 모집,
운송 또는 전달한 경우는 제외한다) 및

제294조(결혼을 목적으로 제288조제1
항 또는 결혼을 목적으로 제289조제2
항의 죄를 범한 경우의 미수범, 결혼을
목적으로 한 제288조제1항 또는 결혼
을 목적으로 한 제289조제2항의 죄로
약취, 유인 또는 매매된 사람을 수수
또는 은닉한 죄의 미수범은 제외한다)
의 죄"로 한다.

⑥ 디엔에이신원확인정보의 이용 및
보호에 관한 법률 일부를 다음과 같이
개정한다.

제5조제1항제3호를 다음과 같이 한다.

3. 「형법」 제2편제31장 약취(略取), 유
인(誘引) 및 인신매매의 죄 중 제
287조, 제288조(결혼을 목적으로
제288조제1항의 죄를 범한 경우는
제외한다), 제289조(결혼을 목적으
로 제289조제2항의 죄를 범한 경우
는 제외한다), 제290조, 제291조,
제292조(결혼을 목적으로 한 제288
조제1항 또는 결혼을 목적으로 한
제289조제2항의 죄로 약취, 유인 또
는 매매된 사람을 수수 또는 은닉한
경우 및 결혼을 목적으로 한 제288
조제1항 또는 결혼을 목적으로 한
제289조제2항의 죄를 범할 목적으
로 사람을 모집, 운송 또는 전달한
경우는 제외한다) 및 제294조(결혼
을 목적으로 제288조제1항 또는 결

혼을 목적으로 제289조제2항의 죄를 범한 경우의 미수범, 결혼을 목적으로 한 제288조제1항 또는 결혼을 목적으로 한 제289조제2항의 죄로 약취, 유인 또는 매매된 사람을 수수 또는 은닉한 죄의 미수범은 제외한다)의 죄

⑦ 보훈보상대상자 지원에 관한 법률 일부를 다음과 같이 개정한다.

제72조제1항제3호가목 중 "제287조부터 제289조까지·제292조(제287조부터 제289조까지에 해당하는 경우로 한정한다)·제293조의 죄 또는 그 미수죄"를 "제287조, 제288조(결혼을 목적으로 제288조제1항의 죄를 범한 경우는 제외한다), 제289조(결혼을 목적으로 제289조제2항의 죄를 범한 경우는 제외한다), 제290조, 제291조, 제292조(결혼을 목적으로 한 제288조제1항 또는 결혼을 목적으로 한 제289조제2항의 죄로 약취, 유인 또는 매매된 사람을 수수 또는 은닉한 경우 및 결혼을 목적으로 한 제288조제1항 또는 결혼을 목적으로 한 제289조제2항의 죄를 범할 목적으로 사람을 모집, 운송 또는 전달한 경우는 제외한다) 및 제294조(결혼을 목적으로 제288조제1항 또는 결혼을 목적으로 제289조제2항의 죄를 범한 경우의 미수범, 결혼을 목적으로

한 제288조제1항 또는 결혼을 목적으로 한 제289조제2항의 죄로 약취, 유인 또는 매매된 사람을 수수 또는 은닉한 죄의 미수범은 제외한다)의 죄"로 한다.

⑧ 성매매알선 등 행위의 처벌에 관한 법률 일부를 다음과 같이 개정한다.

제18조제3항제3호를 삭제한다.

제28조제1항 중 "같은 조 제3항제3호·제4호, 같은 조 제4항 및 제22조의 범죄"를 "같은 조 제3항제4호, 같은 조 제4항, 제22조의 범죄 및 성매매 목적의 인신매매의 범죄"로 한다.

⑨ 성폭력범죄의 처벌 등에 관한 특례법 일부를 다음과 같이 개정한다.

제2조제1항제2호를 다음과 같이 한다.

2.「형법」제2편제31장 약취(略取), 유인(誘引) 및 인신매매의 죄 중 추행, 간음 또는 성매매와 성적 착취를 목적으로 범한 제288조 또는 추행, 간음 또는 성매매와 성적 착취를 목적으로 범한 제289조, 제290조(추행, 간음 또는 성매매와 성적 착취를 목적으로 제288조 또는 추행, 간음 또는 성매매와 성적 착취를 목적으로 제289조의 죄를 범하여 약취, 유인, 매매된 사람을 상해하거나 상해에 이르게 한 경우에 한정한다), 제291조(추행, 간음 또는

성매매와 성적 착취를 목적으로 제288조 또는 추행, 간음 또는 성매매와 성적 착취를 목적으로 제289조의 죄를 범하여 약취, 유인, 매매된 사람을 살해하거나 사망에 이르게 한 경우에 한정한다), 제292조[추행, 간음 또는 성매매와 성적 착취를 목적으로 한 제288조 또는 추행, 간음 또는 성매매와 성적 착취를 목적으로 한 제289조의 죄로 약취, 유인, 매매된 사람을 수수(授受) 또는 은닉한 죄, 추행, 간음 또는 성매매와 성적 착취를 목적으로 한 제288조 또는 추행, 간음 또는 성매매와 성적 착취를 목적으로 한 제289조의 죄를 범할 목적으로 사람을 모집, 운송, 전달한 경우에 한정한다] 및 제294조(추행, 간음 또는 성매매와 성적 착취를 목적으로 범한 제288조의 미수범 또는 추행, 간음 또는 성매매와 성적 착취를 목적으로 범한 제289조의 미수범, 추행, 간음 또는 성매매와 성적 착취를 목적으로 제288조 또는 추행, 간음 또는 성매매와 성적 착취를 목적으로 제289조의 죄를 범하여 발생한 제290조제1항의 미수범 또는 추행, 간음 또는 성매매와 성적 착취를 목적으로 제288조 또는 추행, 간음 또는

성매매와 성적 착취를 목적으로 제289조의 죄를 범하여 발생한 제291조제1항의 미수범 및 제292조제1항의 미수범 중 추행, 간음 또는 성매매와 성적 착취를 목적으로 약취, 유인, 매매된 사람을 수수, 은닉한 죄의 미수범으로 한정한다)의 죄

⑩ 법률 제11556호 성폭력범죄의 처벌 등에 관한 특례법 전부개정법률 일부를 다음과 같이 개정한다.

제2조제1항제2호를 다음과 같이 한다.

2. 「형법」 제2편제31장 약취(略取), 유인(誘引) 및 인신매매의 죄 중 추행, 간음 또는 성매매와 성적 착취를 목적으로 범한 제288조 또는 추행, 간음 또는 성매매와 성적 착취를 목적으로 범한 제289조, 제290조(추행, 간음 또는 성매매와 성적 착취를 목적으로 제288조 또는 추행, 간음 또는 성매매와 성적 착취를 목적으로 제289조의 죄를 범하여 약취, 유인, 매매된 사람을 상해하거나 상해에 이르게 한 경우에 한정한다), 제291조(추행, 간음 또는 성매매와 성적 착취를 목적으로 제288조 또는 추행, 간음 또는 성매매와 성적 착취를 목적으로 제289조의 죄를 범하여 약취, 유인, 매매된 사람을 살해하거나 사망에 이르게

한 경우에 한정한다), 제292조[추행, 간음 또는 성매매와 성적 착취를 목적으로 한 제288조 또는 추행, 간음 또는 성매매와 성적 착취를 목적으로 한 제289조의 죄로 약취, 유인, 매매된 사람을 수수(授受) 또는 은닉한 죄, 추행, 간음 또는 성매매와 성적 착취를 목적으로 한 제288조 또는 추행, 간음 또는 성매매와 성적 착취를 목적으로 한 제289조의 죄를 범할 목적으로 사람을 모집, 운송, 전달한 경우에 한정한다] 및 제294조(추행, 간음 또는 성매매와 성적 착취를 목적으로 범한 제288조의 미수범 또는 추행, 간음 또는 성매매와 성적 착취를 목적으로 범한 제289조의 미수범, 추행, 간음 또는 성매매와 성적 착취를 목적으로 제288조 또는 추행, 간음 또는 성매매와 성적 착취를 목적으로 제289조의 죄를 범하여 발생한 제290조제1항의 미수범 또는 추행, 간음 또는 성매매와 성적 착취를 목적으로 제288조 또는 추행, 간음 또는 성매매와 성적 착취를 목적으로 제289조의 죄를 범하여 발생한 제291조제1항의 미수범 및 제292조제1항의 미수범 중 추행, 간음 또는 성매매와 성적 착취를 목적으로 약취, 유인, 매매된 사람을 수수, 은닉한 죄의 미수범으로 한정한다)의 죄

⑪ 제대군인지원에 관한 법률 일부를 다음과 같이 개정한다.

제25조제1항제3호가목 중 "제287조부터 제289조까지·제292조(제287조부터 제289조까지의 규정에 해당하는 경우만을 말한다)·제293조의 죄 또는 그 미수죄"를 "제287조, 제288조(결혼을 목적으로 제288조제1항의 죄를 범한 경우는 제외한다), 제289조(결혼을 목적으로 제289조제2항의 죄를 범한 경우는 제외한다), 제290조, 제291조, 제292조(결혼을 목적으로 한 제288조제1항 또는 결혼을 목적으로 한 제289조제2항의 죄로 약취, 유인 또는 매매된 사람을 수수 또는 은닉한 경우 및 결혼을 목적으로 한 제288조제1항 또는 결혼을 목적으로 한 제289조제2항의 죄를 범할 목적으로 사람을 모집, 운송 또는 전달한 경우는 제외한다) 및 제294조(결혼을 목적으로 제288조제1항 또는 결혼을 목적으로 제289조제2항의 죄를 범한 경우의 미수범, 결혼을 목적으로 한 제288조제1항 또는 결혼을 목적으로 한 제289조제2항의 죄로 약취, 유인 또는 매매된 사람을 수수 또는 은닉한 죄의 미수범은 제외한다)의 죄"로 한다.

⑫ 통신비밀보호법 일부를 다음과 같이 개정한다.

제5조제1항제1호 중 "제31장 약취와 유인의 죄"를 "제31장 약취(略取), 유인(誘引) 및 인신매매의 죄"로 한다.

⑬ 특수임무유공자 예우 및 단체설립에 관한 법률 일부를 다음과 같이 개정한다.

제80조제1항제3호가목 중 "제287조부터 제289조까지·제292조(제287조부터 제289조까지의 규정에 해당하는 경우로 한정한다)·제293조의 죄 또는 그 미수죄"를 "제287조, 제288조(결혼을 목적으로 제288조제1항의 죄를 범한 경우는 제외한다), 제289조(결혼을 목적으로 제289조제2항의 죄를 범한 경우는 제외한다), 제290조, 제291조, 제292조(결혼을 목적으로 한 제288조제1항 또는 결혼을 목적으로 한 제289조제2항의 죄로 약취, 유인 또는 매매된 사람을 수수 또는 은닉한 경우 및 결혼을 목적으로 한 제288조제1항 또는 결혼을 목적으로 한 제289조제2항의 죄를 범할 목적으로 사람을 모집, 운송 또는 전달한 경우는 제외한다) 및 제294조(결혼을 목적으로 제288조제1항 또는 결혼을 목적으로 제289조제2항의 죄를 범한 경우의 미수범, 결혼을 목적으로 한 제288조제1항 또는 결혼을 목적으로 한 제289조제2항의 죄로 약취, 유인 또는 매매된 사람을 수수 또는 은닉한 죄의 미수범은 제외한다)의 죄"로 한다.

⑭ 특정강력범죄의 처벌에 관한 특례법 일부를 다음과 같이 개정한다.

제2조제1항제2호를 다음과 같이 한다.

2. 「형법」제2편제31장 약취(略取), 유인(誘引) 및 인신매매의 죄 중 제287조부터 제291조까지 및 제294조(제292조제1항의 미수범은 제외한다)의 죄

⑮ 특정범죄 가중처벌 등에 관한 법률 일부를 다음과 같이 개정한다.

제5조의2제4항 및 제5항을 각각 삭제한다.

제5조의2제6항 중 "제1항·제2항(제2항제4호는 제외한다) 및 제4항"을 "제1항 및 제2항(제2항제4호는 제외한다)"으로 한다.

제5조의2제7항 중 "제1항부터 제6항까지의"를 "제1항부터 제3항까지 및 제6항의"로 한다.

제5조의2제8항 중 "제1항, 제2항제1호·제2호 또는 제4항의"를 "제1항 또는 제2항제1호·제2호의"로 한다.

제5조의8을 삭제한다.

⑯ 특정 범죄자에 대한 보호관찰 및 전자장치 부착 등에 관한 법률 일부를

다음과 같이 개정한다.

제2조제3호가목을 다음과 한다.

　가. 미성년자에 대한 「형법」 제287조부터 제292조까지, 제294조, 제296조, 제324조의2 및 제336조의 죄

⑰ 형사소송법 일부를 다음과 같이 개정한다.

제230조제2항을 삭제한다.

제3조(다른 법령과의 관계) 이 법 시행 당시 다른 법령에서 종전의 「형법」의 규정을 인용한 경우에 이 법 가운데 그에 해당하는 규정이 있는 때에는 종전의 규정을 갈음하여 이 법의 해당 규정을 인용한 것으로 본다.

부칙 〈제12575호, 2014. 5. 14.〉

제1조(시행일) 이 법은 공포한 날부터 시행한다.

제2조(적용례 및 경과조치) ① 제70조제2항의 개정규정은 이 법 시행 후 최초로 저지른 범죄부터 적용한다. <개정 2020. 10. 20.>

② 제79조제2항의 개정규정은 이 법 시행 당시 형의 시효가 완성되지 아니한 자에 대해서도 적용한다.

[2020. 10. 20. 법률 제17511호에 의하여 2017. 10. 26. 헌법재판소에서 위헌 결정된 이 조 제1항을 개정함.]

부칙 〈제12898호, 2014. 12. 30.〉

이 법은 공포한 날부터 시행한다.

부칙 〈제13719호, 2016. 1. 6.〉

제1조(시행일) 이 법은 공포한 날부터 시행한다. 다만, 제62조의 개정규정은 공포 후 2년이 경과한 날부터 시행한다.

제2조(다른 법률의 개정) ① 가정폭력범죄의 처벌 등에 관한 특례법 일부를 다음과 같이 개정한다.

제2조제3호가목 중 "제258조(중상해, 존속중상해)"를 "제258조(중상해, 존속중상해), 제258조의2(특수상해)"로 하고, 같은 호 자목 중 "제350조(공갈)"를 "제350조(공갈), 제350조의2(특수공갈)"로, "제352조(미수범)(제350조의 죄에만 해당한다)"를 "제352조(미수범)(제350조, 제350조의2의 죄에만 해당한다)"로 한다.

② 경비업법 일부를 다음과 같이 개정한다.

제29조제1항 중 "형법 제257조제1항, 제258조제1항·제2항"을 "「형법」 제258조의2제1항(제257조제1항의 죄로 한정한다)·제2항(제258조제1항·제2항의 죄로 한정한다)"으로, "제324조"를 "제324조제2항"으로, "제350조"를 "제350조의2"로 하고, 같은 조 제2항

중 "제257조제1항, 제258조제1항·제2항"을 "제258조의2제1항(제257조제1항의 죄로 한정한다)·제2항(제258조제1항·제2항의 죄로 한정한다)"으로, "제324조"를 "제324조제2항"으로, "제350조"를 "제350조의2"로 한다.

③ 군용물 등 범죄에 관한 특별조치법 일부를 다음과 같이 개정한다.

제3조제1항제2호 중 "제347조, 제350조"를 각각 "제347조, 제350조, 제350조의2"로, "제347조 및 제350조"를 "제347조, 제350조 및 제350조의2"로 한다.

④ 소송촉진 등에 관한 특례법 일부를 다음과 같이 개정한다.

제25조제1항제1호 중 "제258조제1항 및 제2항"을 "제258조제1항 및 제2항, 제258조의2제1항(제257조제1항의 죄로 한정한다)·제2항(제258조제1항·제2항의 죄로 한정한다)"으로 한다.

⑤ 아동학대범죄의 처벌 등에 관한 특례법 일부를 다음과 같이 개정한다.

제2조제4호가목 중 "제257조(상해)제1항·제3항"을 "제257조(상해)제1항·제3항, 제258조의2(특수상해)제1항(제257조제1항의 죄에만 해당한다)·제3항(제1항 중 제257조제1항의 죄에만 해당한다)"으로 하고, 같은 호 차목 중 "제350조(공갈) 및 제352조(미수범) (제350조의 죄에만 해당한다)"를 "제350조(공갈), 제350조의2(특수공갈) 및 제352조(미수범)(제350조, 제350조의2의 죄에만 해당한다)"로 한다.

⑥ 법원조직법 일부를 다음과 같이 개정한다.

제32조제1항제3호가목 중 "제331조, 제332조(제331조의 상습범으로 한정한다)와 그 각 미수죄"를 "제258조의2, 제331조, 제332조(제331조의 상습범으로 한정한다)와 그 각 미수죄, 제350조의2와 그 미수죄"로 한다.

⑦ 통신비밀보호법 일부를 다음과 같이 개정한다.

제5조제1항제1호 중 "제350조"를 "제350조, 제350조의2, 제351조(제350조, 제350조의2의 상습범에 한정한다), 제352조(제350조, 제350조의2의 미수범에 한정한다)"로 한다.

⑧ 특정경제범죄 가중처벌 등에 관한 법률 일부를 다음과 같이 개정한다.

제3조제1항 각 호 외의 부분 중 "제350조(공갈)"를 "제350조(공갈), 제350조의2(특수공갈)"로, "제347조 및 제350조"를 "제347조, 제350조 및 제350조의2"로 한다.

제3조(다른 법령과의 관계) 이 법 시행 당시 다른 법령에서 종전의 「형법」의 규정을 인용한 경우에 이 법 가운데 그

에 해당하는 규정이 있는 때에는 종전의 규정을 갈음하여 이 법의 해당 규정을 인용한 것으로 본다.

부칙 〈제14178호, 2016. 5. 29.〉

이 법은 공포한 날부터 시행한다.

부칙 〈제14415호, 2016. 12. 20.〉

이 법은 공포한 날부터 시행한다.

부칙 〈제15163호, 2017. 12. 12.〉

제1조(시행일) 이 법은 공포한 날부터 시행한다.
제2조(시효의 기간에 관한 적용례) 제78조제5호 및 제6호의 개정규정은 이 법 시행 후 최초로 재판이 확정되는 경우부터 적용한다.

부칙 〈제15793호, 2018. 10. 16.〉

이 법은 공포한 날부터 시행한다.

부칙 〈제15982호, 2018. 12. 18.〉

이 법은 공포한 날부터 시행한다.

부칙 〈제17265호, 2020. 5. 19.〉

이 법은 공포한 날부터 시행한다.

부칙 〈제17511호, 2020. 10. 20.〉

이 법은 공포한 날부터 시행한다.

부칙 〈제17571호, 2020. 12. 8.〉

이 법은 공포 후 1년이 경과한 날부터 시행한다.

부칙 〈제19582호, 2023. 8. 8.〉

제1조(시행일) 이 법은 공포한 날부터 시행한다. 다만, 제251조, 제254조, 제272조 및 제275조의 개정규정은 공포 후 6개월이 경과한 날부터 시행한다.
제2조(사형의 시효 폐지에 관한 적용례) 제77조, 제78조제1호 및 제80조의 개정규정은 이 법 시행 전에 사형을 선고받은 경우에도 적용한다.

형사소송법

[시행 2024. 2. 13.] [법률 제20265호, 2024. 2. 13., 일부개정]

제1편 총칙

제1장 법원의 관할

제1조(관할의 직권조사) 법원은 직권으로 관할을 조사하여야 한다.

제2조(관할위반과 소송행위의 효력) 소송행위는 관할위반인 경우에도 그 효력에 영향이 없다.

제3조(관할구역 외에서의 집무) ① 법원은 사실발견을 위하여 필요하거나 긴급을 요하는 때에는 관할구역 외에서 직무를 행하거나 사실조사에 필요한 처분을 할 수 있다.

② 전항의 규정은 수명법관에게 준용한다.

제4조(토지관할) ① 토지관할은 범죄지, 피고인의 주소, 거소 또는 현재지로 한다.

② 국외에 있는 대한민국 선박 내에서 범한 죄에 관하여는 전항에 규정한 곳 외에 선적지 또는 범죄 후의 선착지로 한다.

③ 전항의 규정은 국외에 있는 대한민국 항공기 내에서 범한 죄에 관하여 준용한다.

제5조(토지관할의 병합) 토지관할을 달리하는 수개의 사건이 관련된 때에는 1개의 사건에 관하여 관할권 있는 법원은 다른 사건까지 관할할 수 있다.

제6조(토지관할의 병합심리) 토지관할이 다른 여러 개의 관련사건이 각각 다른 법원에 계속된 때에는 공통되는 바로 위의 상급법원은 검사나 피고인의 신청에 의하여 결정(決定)으로 한 개 법원으로 하여금 병합심리하게 할 수 있다.

제7조(토지관할의 심리분리) 토지관할을 달리하는 수개의 관련사건이 동일법원에 계속된 경우에 병합심리의 필요가 없는 때에는 법원은 결정으로 이를 분리하여 관할권 있는 다른 법원에 이송할 수 있다.

제8조(사건의 직권이송) ① 법원은 피고인이 그 관할구역 내에 현재하지 아니하는 경우에 특별한 사정이 있으면 결정으로 사건을 피고인의 현재지를 관할하는 동급 법원에 이송할 수 있다. ② 단독판사의 관할사건이 공소장변경에 의하여 합의부 관할사건으로 변경된 경우에 법원은 결정으로 관할권이 있는 법원에 이송한다.

제9조(사물관할의 병합) 사물관할을 달리하는 수개의 사건이 관련된 때에는 법원합의부는 병합관할한다. 단, 결정으로 관할권 있는 법원단독판사에게 이송할 수 있다.

제10조(사물관할의 병합심리) 사물관할을 달리하는 수개의 관련사건이 각각 법원합의부와 단독판사에 계속된 때에는 합의부는 결정으로 단독판사에 속한 사건을 병합하여 심리할 수 있다.

제11조(관련사건의 정의) 관련사건은 다음과 같다.

1. 1인이 범한 수죄
2. 수인이 공동으로 범한 죄
3. 수인이 동시에 동일장소에서 범한 죄
4. 범인은닉죄, 증거인멸죄, 위증죄, 허위감정통역죄 또는 장물에 관한 죄와 그 본범의 죄

제12조(동일사건과 수개의 소송계속) 동일사건이 사물관할을 달리하는 수개의 법원에 계속된 때에는 법원합의부가 심판한다.

제13조(관할의 경합) 같은 사건이 사물관할이 같은 여러 개의 법원에 계속된 때에는 먼저 공소를 받은 법원이 심판한다. 다만, 각 법원에 공통되는 바로 위의 상급법원은 검사나 피고인의 신청에 의하여 결정으로 뒤에 공소를 받은 법원으로 하여금 심판하게 할 수 있다.

제14조(관할지정의 청구) 검사는 다음 각 호의 경우 관계있는 제1심법원에 공통되는 바로 위의 상급법원에 관할지정을 신청하여야 한다.

1. 법원의 관할이 명확하지 아니한 때
2. 관할위반을 선고한 재판이 확정된 사건에 관하여 다른 관할법원이 없는 때

제15조(관할이전의 신청) 검사는 다음 경우에는 직근 상급법원에 관할이전을 신청하여야 한다. 피고인도 이 신청을 할 수 있다.

1. 관할법원이 법률상의 이유 또는 특별한 사정으로 재판권을 행할 수 없는 때
2. 범죄의 성질, 지방의 민심, 소송의 상황 기타 사정으로 재판의 공평을 유지하기 어려운 염려가 있는 때

제16조(관할의 지정 또는 이전 신청의 방식) ① 관할의 지정 또는 이전을 신청하려면 그 사유를 기재한 신청서를 바

로 위의 상급법원에 제출하여야 한다.
② 공소를 제기한 후 관할의 지정 또는 이전을 신청할 때에는 즉시 공소를 접수한 법원에 통지하여야 한다.

제16조의2(사건의 군사법원 이송) 법원은 공소가 제기된 사건에 대하여 군사법원이 재판권을 가지게 되었거나 재판권을 가졌음이 판명된 때에는 결정으로 사건을 재판권이 있는 같은 심급의 군사법원으로 이송한다. 이 경우에 이송전에 행한 소송행위는 이송후에도 그 효력에 영향이 없다.

제2장 법원직원의 제척, 기피, 회피

제17조(제척의 원인) 법관은 다음 경우에는 직무집행에서 제척된다.

1. 법관이 피해자인 때
2. 법관이 피고인 또는 피해자의 친족 또는 친족관계가 있었던 자인 때
3. 법관이 피고인 또는 피해자의 법정대리인, 후견감독인인 때
4. 법관이 사건에 관하여 증인, 감정인, 피해자의 대리인으로 된 때
5. 법관이 사건에 관하여 피고인의 대리인, 변호인, 보조인으로 된 때
6. 법관이 사건에 관하여 검사 또는 사법경찰관의 직무를 행한 때
7. 법관이 사건에 관하여 전심재판 또는 그 기초되는 조사, 심리에 관여한 때
8. 법관이 사건에 관하여 피고인의 변호인이거나 피고인·피해자의 대리인인 법무법인, 법무법인(유한), 법무조합, 법률사무소, 「외국법자문사법」 제2조제9호에 따른 합작법무법인에서 퇴직한 날부터 2년이 지나지 아니한 때
9. 법관이 피고인인 법인·기관·단체에서 임원 또는 직원으로 퇴직한 날부터 2년이 지나지 아니한 때

제18조(기피의 원인과 신청권자) ① 검사 또는 피고인은 다음 경우에 법관의 기피를 신청할 수 있다.

1. 법관이 전조 각 호의 사유에 해당되는 때
2. 법관이 불공평한 재판을 할 염려가 있는 때
② 변호인은 피고인의 명시한 의사에 반하지 아니하는 때에 한하여 법관에 대한 기피를 신청할 수 있다.

제19조(기피신청의 관할) ① 합의법원의 법관에 대한 기피는 그 법관의 소속법원에 신청하고 수명법관, 수탁판사 또는 단독판사에 대한 기피는 당해 법관에게 신청하여야 한다.
② 기피사유는 신청한 날로부터 3일 이내에 서면으로 소명하여야 한다.

제20조(기피신청기각과 처리) ① 기피신청이 소송의 지연을 목적으로 함이 명백하거나 제19조의 규정에 위배된 때에는 신청을 받은 법원 또는 법관은 결정으로 이를 기각한다.

② 기피당한 법관은 전항의 경우를 제한 외에는 지체없이 기피신청에 대한 의견서를 제출하여야 한다.

③ 전항의 경우에 기피당한 법관이 기피의 신청을 이유있다고 인정하는 때에는 그 결정이 있는 것으로 간주한다.

제21조(기피신청에 대한 재판) ① 기피신청에 대한 재판은 기피당한 법관의 소속법원합의부에서 결정으로 하여야 한다.

② 기피당한 법관은 전항의 결정에 관여하지 못한다.

③ 기피당한 판사의 소속법원이 합의부를 구성하지 못하는 때에는 직근 상급법원이 결정하여야 한다.

제22조(기피신청과 소송의 정지) 기피신청이 있는 때에는 제20조제1항의 경우를 제한 외에는 소송진행을 정지하여야 한다. 단, 급속을 요하는 경우에는 예외로 한다.

제23조(기피신청기각과 즉시항고) ① 기피신청을 기각한 결정에 대하여는 즉시항고를 할 수 있다.

② 제20조제1항의 기각결정에 대한 즉시항고는 재판의 집행을 정지하는 효력이 없다.

제24조(회피의 원인 등) ① 법관이 제18조의 규정에 해당하는 사유가 있다고 사료한 때에는 회피하여야 한다.

② 회피는 소속법원에 서면으로 신청하여야 한다.

③ 제21조의 규정은 회피에 준용한다.

제25조(법원사무관등에 대한 제척·기피·회피) ① 본장의 규정은 제17조제7호의 규정을 제한 외에는 법원서기관·법원사무관·법원주사 또는 법원주사보(이하 "법원사무관등"이라 한다)와 통역인에 준용한다.

② 전항의 법원사무관등과 통역인에 대한 기피재판은 그 소속법원이 결정으로 하여야 한다. 단, 제20조제1항의 결정은 기피당한 자의 소속법관이 한다.

제3장 소송행위의 대리와 보조

제26조(의사무능력자와 소송행위의 대리) 「형법」 제9조 내지 제11조의 규정의 적용을 받지 아니하는 범죄사건에 관하여 피고인 또는 피의자가 의사능력이 없는 때에는 그 법정대리인이 소송행위를 대리한다.

제27조(법인과 소송행위의 대표) ① 피고인 또는 피의자가 법인인 때에는 그 대표자가 소송행위를 대표한다.

② 수인이 공동하여 법인을 대표하는 경우에도 소송행위에 관하여는 각자가 대표한다.

제28조(소송행위의 특별대리인) ① 전2조의 규정에 의하여 피고인을 대리 또는 대표할 자가 없는 때에는 법원은 직권 또는 검사의 청구에 의하여 특별대리인을 선임하여야 하며 피의자를 대리 또는 대표할 자가 없는 때에는 법원은 검사 또는 이해관계인의 청구에 의하여 특별대리인을 선임하여야 한다.
② 특별대리인은 피고인 또는 피의자를 대리 또는 대표하여 소송행위를 할 자가 있을 때까지 그 임무를 행한다.

제29조(보조인) ① 피고인 또는 피의자의 법정대리인, 배우자, 직계친족과 형제자매는 보조인이 될 수 있다.
② 보조인이 될 수 있는 자가 없거나 장애 등의 사유로 보조인으로서 역할을 할 수 없는 경우에는 피고인 또는 피의자와 신뢰관계 있는 자가 보조인이 될 수 있다.
③ 보조인이 되고자 하는 자는 심급별로 그 취지를 신고하여야 한다.
④ 보조인은 독립하여 피고인 또는 피의자의 명시한 의사에 반하지 아니하는 소송행위를 할 수 있다. 단, 법률에 다른 규정이 있는 때에는 예외로 한다.

제4장 변호

제30조(변호인선임권자) ① 피고인 또는 피의자는 변호인을 선임할 수 있다.
② 피고인 또는 피의자의 법정대리인, 배우자, 직계친족과 형제자매는 독립하여 변호인을 선임할 수 있다.

제31조(변호인의 자격과 특별변호인) 변호인은 변호사 중에서 선임하여야 한다. 단, 대법원 이외의 법원은 특별한 사정이 있으면 변호사 아닌 자를 변호인으로 선임함을 허가할 수 있다.

제32조(변호인선임의 효력) ① 변호인의 선임은 심급마다 변호인과 연명날인한 서면으로 제출하여야 한다.
② 공소제기 전의 변호인 선임은 제1심에도 그 효력이 있다.

제32조의2(대표변호인) ① 수인의 변호인이 있는 때에는 재판장은 피고인·피의자 또는 변호인의 신청에 의하여 대표변호인을 지정할 수 있고 그 지정을 철회 또는 변경할 수 있다.
② 제1항의 신청이 없는 때에는 재판장은 직권으로 대표변호인을 지정할 수 있고 그 지정을 철회 또는 변경할 수 있다.
③ 대표변호인은 3인을 초과할 수 없다.
④ 대표변호인에 대한 통지 또는 서류의 송달은 변호인 전원에 대하여 효력이 있다.

⑤ 제1항 내지 제4항의 규정은 피의자에게 수인의 변호인이 있는 때에 검사가 대표변호인을 지정하는 경우에 이를 준용한다.

제33조(국선변호인) ① 다음 각 호의 어느 하나에 해당하는 경우에 변호인이 없는 때에는 법원은 직권으로 변호인을 선정하여야 한다.

1. 피고인이 구속된 때
2. 피고인이 미성년자인 때
3. 피고인이 70세 이상인 때
4. 피고인이 듣거나 말하는 데 모두 장애가 있는 사람인 때
5. 피고인이 심신장애가 있는 것으로 의심되는 때
6. 피고인이 사형, 무기 또는 단기 3년 이상의 징역이나 금고에 해당하는 사건으로 기소된 때

② 법원은 피고인이 빈곤이나 그 밖의 사유로 변호인을 선임할 수 없는 경우에 피고인이 청구하면 변호인을 선정하여야 한다.

③ 법원은 피고인의 나이·지능 및 교육 정도 등을 참작하여 권리보호를 위하여 필요하다고 인정하면 피고인의 명시적 의사에 반하지 아니하는 범위에서 변호인을 선정하여야 한다.

제34조(피고인·피의자와의 접견, 교통, 진료) 변호인이나 변호인이 되려는 자는 신체가 구속된 피고인 또는 피의자와 접견하고 서류나 물건을 수수(授受)할 수 있으며 의사로 하여금 피고인이나 피의자를 진료하게 할 수 있다.

제35조(서류·증거물의 열람·복사) ① 피고인과 변호인은 소송계속 중의 관계 서류 또는 증거물을 열람하거나 복사할 수 있다.

② 피고인의 법정대리인, 제28조에 따른 특별대리인, 제29조에 따른 보조인 또는 피고인의 배우자·직계친족·형제자매로서 피고인의 위임장 및 신분관계를 증명하는 문서를 제출한 자도 제1항과 같다.

③ 재판장은 피해자, 증인 등 사건관계인의 생명 또는 신체의 안전을 현저히 해칠 우려가 있는 경우에는 제1항 및 제2항에 따른 열람·복사에 앞서 사건관계인의 성명 등 개인정보가 공개되지 아니하도록 보호조치를 할 수 있다.

④ 제3항에 따른 개인정보 보호조치의 방법과 절차, 그 밖에 필요한 사항은 대법원규칙으로 정한다.

제36조(변호인의 독립소송행위권) 변호인은 독립하여 소송행위를 할 수 있다. 단, 법률에 다른 규정이 있는 때에는 예외로 한다.

제5장 재판

제37조(판결, 결정, 명령) ① 판결은 법률에 다른 규정이 없으면 구두변론(口頭辯論)을 거쳐서 하여야 한다.

② 결정이나 명령은 구두변론을 거치지 아니할 수 있다.

③ 결정이나 명령을 할 때 필요하면 사실을 조사할 수 있다.

④ 제3항의 조사는 부원(部員)에게 명할 수 있고 다른 지방법원의 판사에게 촉탁할 수 있다.

제38조(재판서의 방식) 재판은 법관이 작성한 재판서에 의하여야 한다. 단, 결정 또는 명령을 고지하는 경우에는 재판서를 작성하지 아니하고 조서에만 기재하여 할 수 있다.

제39조(재판의 이유) 재판에는 이유를 명시하여야 한다. 단, 상소를 불허하는 결정 또는 명령은 예외로 한다.

제40조(재판서의 기재요건) ① 재판서에는 법률에 다른 규정이 없으면 재판을 받는 자의 성명, 연령, 직업과 주거를 기재하여야 한다.

② 재판을 받는 자가 법인인 때에는 그 명칭과 사무소를 기재하여야 한다.

③ 판결서에는 기소한 검사와 공판에 관여한 검사의 관직, 성명과 변호인의 성명을 기재하여야 한다.

제41조(재판서의 서명 등) ① 재판서에는 재판한 법관이 서명날인하여야 한다.

② 재판장이 서명날인할 수 없는 때에는 다른 법관이 그 사유를 부기하고 서명날인하여야 하며 다른 법관이 서명날인할 수 없는 때에는 재판장이 그 사유를 부기하고 서명날인하여야 한다.

③ 판결서 기타 대법원규칙이 정하는 재판서를 제외한 재판서에 대하여는 제1항 및 제2항의 서명날인에 갈음하여 기명날인할 수 있다.

제42조(재판의 선고, 고지의 방식) 재판의 선고 또는 고지는 공판정에서는 재판서에 의하여야 하고 기타의 경우에는 재판서등본의 송달 또는 다른 적당한 방법으로 하여야 한다. 단, 법률에 다른 규정이 있는 때에는 예외로 한다.

제43조(동전) 재판의 선고 또는 고지는 재판장이 한다. 판결을 선고함에는 주문을 낭독하고 이유의 요지를 설명하여야 한다.

제44조(검사의 집행지휘를 요하는 사건) 검사의 집행지휘를 요하는 재판은 재판서 또는 재판을 기재한 조서의 등본 또는 초본을 재판의 선고 또는 고지한 때로부터 10일 이내에 검사에게 송부하여야 한다. 단, 법률에 다른 규정이 있는 때에는 예외로 한다.

제45조(재판서의 등본, 초본의 청구) 피고인 기타의 소송관계인은 비용을

납입하고 재판서 또는 재판을 기재한 조서의 등본 또는 초본의 교부를 청구할 수 있다.

제46조(재판서의 등, 초본의 작성) 재판서 또는 재판을 기재한 조서의 등본 또는 초본은 원본에 의하여 작성하여야 한다. 단, 부득이한 경우에는 등본에 의하여 작성할 수 있다.

제6장 서류

제47조(소송서류의 비공개) 소송에 관한 서류는 공판의 개정 전에는 공익상 필요 기타 상당한 이유가 없으면 공개하지 못한다.

제48조(조서의 작성 방법) ① 피고인, 피의자, 증인, 감정인, 통역인 또는 번역인을 신문(訊問)하는 때에는 신문에 참여한 법원사무관등이 조서를 작성하여야 한다.

② 조서에는 다음 각 호의 사항을 기재하여야 한다.

1. 피고인, 피의자, 증인, 감정인, 통역인 또는 번역인의 진술

2. 증인, 감정인, 통역인 또는 번역인이 선서를 하지 아니한 때에는 그 사유

③ 조서는 진술자에게 읽어 주거나 열람하게 하여 기재 내용이 정확한지를 물어야 한다.

④ 진술자가 조서에 대하여 추가, 삭제 또는 변경의 청구를 한 때에는 그 진술 내용을 조서에 기재하여야 한다.

⑤ 신문에 참여한 검사, 피고인, 피의자 또는 변호인이 조서 기재 내용의 정확성에 대하여 이의(異議)를 진술한 때에는 그 진술의 요지를 조서에 기재하여야 한다.

⑥ 제5항의 경우 재판장이나 신문한 법관은 그 진술에 대한 의견을 기재하게 할 수 있다.

⑦ 조서에는 진술자로 하여금 간인(間印)한 후 서명날인하게 하여야 한다. 다만, 진술자가 서명날인을 거부한 때에는 그 사유를 기재하여야 한다.

제49조(검증 등의 조서) ① 검증, 압수 또는 수색에 관하여는 조서를 작성하여야 한다.

② 검증조서에는 검증목적물의 현상을 명확하게 하기 위하여 도화나 사진을 첨부할 수 있다.

③ 압수조서에는 품종, 외형상의 특징과 수량을 기재하여야 한다.

제50조(각종 조서의 기재요건) 전2조의 조서에는 조사 또는 처분의 연월일시와 장소를 기재하고 그 조사 또는 처분을 행한 자와 참여한 법원사무관등이 기명날인 또는 서명하여야 한다. 단, 공판기일 외에 법원이 조사 또는 처분

을 행한 때에는 재판장 또는 법관과 참여한 법원사무관등이 기명날인 또는 서명하여야 한다.

제51조(공판조서의 기재요건) ① 공판기일의 소송절차에 관하여는 참여한 법원사무관등이 공판조서를 작성하여야 한다.

② 공판조서에는 다음 사항 기타 모든 소송절차를 기재하여야 한다.

1. 공판을 행한 일시와 법원

2. 법관, 검사, 법원사무관등의 관직, 성명

3. 피고인, 대리인, 대표자, 변호인, 보조인과 통역인의 성명

4. 피고인의 출석여부

5. 공개의 여부와 공개를 금한 때에는 그 이유

6. 공소사실의 진술 또는 그를 변경하는 서면의 낭독

7. 피고인에게 그 권리를 보호함에 필요한 진술의 기회를 준 사실과 그 진술한 사실

8. 제48조제2항에 기재한 사항

9. 증거조사를 한 때에는 증거될 서류, 증거물과 증거조사의 방법

10. 공판정에서 행한 검증 또는 압수

11. 변론의 요지

12. 재판장이 기재를 명한 사항 또는 소송관계인의 청구에 의하여 기재를 허가한 사항

13. 피고인 또는 변호인에게 최종 진술할 기회를 준 사실과 그 진술한 사실

14. 판결 기타의 재판을 선고 또는 고지한 사실

제52조(공판조서작성상의 특례) 공판조서 및 공판기일외의 증인신문조서에는 제48조제3항 내지 제7항의 규정에 의하지 아니한다. 단, 진술자의 청구가 있는 때에는 그 진술에 관한 부분을 읽어주고 증감변경의 청구가 있는 때에는 그 진술을 기재하여야 한다.

제53조(공판조서의 서명 등) ① 공판조서에는 재판장과 참여한 법원사무관등이 기명날인 또는 서명하여야 한다.

② 재판장이 기명날인 또는 서명할 수 없는 때에는 다른 법관이 그 사유를 부기하고 기명날인 또는 서명하여야 하며 법관전원이 기명날인 또는 서명할 수 없는 때에는 참여한 법원사무관등이 그 사유를 부기하고 기명날인 또는 서명하여야 한다.

③ 법원사무관등이 기명날인 또는 서명할 수 없는 때에는 재판장 또는 다른 법관이 그 사유를 부기하고 기명날인 또는 서명하여야 한다.

제54조(공판조서의 정리 등) ① 공판조서는 각 공판기일 후 신속히 정리하여

야 한다.

② 다음 회의 공판기일에 있어서는 전회의 공판심리에 관한 주요사항의 요지를 조서에 의하여 고지하여야 한다. 다만, 다음 회의 공판기일까지 전회의 공판조서가 정리되지 아니한 때에는 조서에 의하지 아니하고 고지할 수 있다.

③ 검사, 피고인 또는 변호인은 공판조서의 기재에 대하여 변경을 청구하거나 이의를 제기할 수 있다.

④ 제3항에 따른 청구나 이의가 있는 때에는 그 취지와 이에 대한 재판장의 의견을 기재한 조서를 당해 공판조서에 첨부하여야 한다.

제55조(피고인의 공판조서열람권등) ① 피고인은 공판조서의 열람 또는 등사를 청구할 수 있다.

② 피고인이 공판조서를 읽지 못하는 때에는 공판조서의 낭독을 청구할 수 있다.

③ 전2항의 청구에 응하지 아니한 때에는 그 공판조서를 유죄의 증거로 할 수 없다.

제56조(공판조서의 증명력) 공판기일의 소송절차로서 공판조서에 기재된 것은 그 조서만으로써 증명한다.

제56조의2(공판정에서의 속기·녹음 및 영상녹화) ① 법원은 검사, 피고인 또는 변호인의 신청이 있는 때에는 특별한 사정이 없는 한 공판정에서의 심리의 전부 또는 일부를 속기사로 하여금 속기하게 하거나 녹음장치 또는 영상녹화장치를 사용하여 녹음 또는 영상녹화(녹음이 포함된 것을 말한다. 이하 같다)하여야 하며, 필요하다고 인정하는 때에는 직권으로 이를 명할 수 있다.

② 법원은 속기록·녹음물 또는 영상녹화물을 공판조서와 별도로 보관하여야 한다.

③ 검사, 피고인 또는 변호인은 비용을 부담하고 제2항에 따른 속기록·녹음물 또는 영상녹화물의 사본을 청구할 수 있다.

제57조(공무원의 서류) ① 공무원이 작성하는 서류에는 법률에 다른 규정이 없는 때에는 작성 연월일과 소속공무소를 기재하고 기명날인 또는 서명하여야 한다.

② 서류에는 간인하거나 이에 준하는 조치를 하여야 한다.

③ 삭제 < 2007. 6. 1.>

제58조(공무원의 서류) ① 공무원이 서류를 작성함에는 문자를 변개하지 못한다.

② 삽입, 삭제 또는 난외기재를 할 때에는 이 기재한 곳에 날인하고 그 자수를 기재하여야 한다. 단, 삭제한 부분은 해득할 수 있도록 자체를 존치하여

야 한다.

제59조(비공무원의 서류) 공무원 아닌 자가 작성하는 서류에는 연월일을 기재하고 기명날인 또는 서명하여야 한다. 인장이 없으면 지장으로 한다.

제59조의2(재판확정기록의 열람·등사) ① 누구든지 권리구제·학술연구 또는 공익적 목적으로 재판이 확정된 사건의 소송기록을 보관하고 있는 검찰청에 그 소송기록의 열람 또는 등사를 신청할 수 있다.

② 검사는 다음 각 호의 어느 하나에 해당하는 경우에는 소송기록의 전부 또는 일부의 열람 또는 등사를 제한할 수 있다. 다만, 소송관계인이나 이해관계 있는 제3자가 열람 또는 등사에 관하여 정당한 사유가 있다고 인정되는 경우에는 그러하지 아니하다.

1. 심리가 비공개로 진행된 경우

2. 소송기록의 공개로 인하여 국가의 안전보장, 선량한 풍속, 공공의 질서유지 또는 공공복리를 현저히 해할 우려가 있는 경우

3. 소송기록의 공개로 인하여 사건관계인의 명예나 사생활의 비밀 또는 생명·신체의 안전이나 생활의 평온을 현저히 해할 우려가 있는 경우

4. 소송기록의 공개로 인하여 공범관계에 있는 자 등의 증거인멸 또는 도

주를 용이하게 하거나 관련 사건의 재판에 중대한 영향을 초래할 우려가 있는 경우

5. 소송기록의 공개로 인하여 피고인의 개선이나 갱생에 현저한 지장을 초래할 우려가 있는 경우

6. 소송기록의 공개로 인하여 사건관계인의 영업비밀(「부정경쟁방지 및 영업비밀보호에 관한 법률」 제2조제2호의 영업비밀을 말한다)이 현저하게 침해될 우려가 있는 경우

7. 소송기록의 공개에 대하여 당해 소송관계인이 동의하지 아니하는 경우

③ 검사는 제2항에 따라 소송기록의 열람 또는 등사를 제한하는 경우에는 신청인에게 그 사유를 명시하여 통지하여야 한다.

④ 검사는 소송기록의 보존을 위하여 필요하다고 인정하는 경우에는 그 소송기록의 등본을 열람 또는 등사하게 할 수 있다. 다만, 원본의 열람 또는 등사가 필요한 경우에는 그러하지 아니하다.

⑤ 소송기록을 열람 또는 등사한 자는 열람 또는 등사에 의하여 알게 된 사항을 이용하여 공공의 질서 또는 선량한 풍속을 해하거나 피고인의 개선 및 갱생을 방해하거나 사건관계인의 명예 또는 생활의 평온을 해하는 행위를 하

여서는 아니 된다.

⑥ 제1항에 따라 소송기록의 열람 또는 등사를 신청한 자는 열람 또는 등사에 관한 검사의 처분에 불복하는 경우에는 당해 기록을 보관하고 있는 검찰청에 대응한 법원에 그 처분의 취소 또는 변경을 신청할 수 있다.

⑦ 제418조 및 제419조는 제6항의 불복신청에 관하여 준용한다.

제59조의3(확정 판결서등의 열람·복사) ① 누구든지 판결이 확정된 사건의 판결서 또는 그 등본, 증거목록 또는 그 등본, 그 밖에 검사나 피고인 또는 변호인이 법원에 제출한 서류·물건의 명칭·목록 또는 이에 해당하는 정보(이하 "판결서등"이라 한다)를 보관하는 법원에서 해당 판결서등을 열람 및 복사(인터넷, 그 밖의 전산정보처리시스템을 통한 전자적 방법을 포함한다. 이하 이 조에서 같다)할 수 있다. 다만, 다음 각 호의 어느 하나에 해당하는 경우에는 판결서등의 열람 및 복사를 제한할 수 있다.

1. 심리가 비공개로 진행된 경우
2. 「소년법」 제2조에 따른 소년에 관한 사건인 경우
3. 공범관계에 있는 자 등의 증거인멸 또는 도주를 용이하게 하거나 관련 사건의 재판에 중대한 영향을 초래

할 우려가 있는 경우
4. 국가의 안전보장을 현저히 해할 우려가 명백하게 있는 경우
5. 제59조의2제2항제3호 또는 제6호의 사유가 있는 경우. 다만, 소송관계인의 신청이 있는 경우에 한정한다.

② 법원사무관등이나 그 밖의 법원공무원은 제1항에 따른 열람 및 복사에 앞서 판결서등에 기재된 성명 등 개인정보가 공개되지 아니하도록 대법원규칙으로 정하는 보호조치를 하여야 한다.

③ 제2항에 따른 개인정보 보호조치를 한 법원사무관등이나 그 밖의 법원공무원은 고의 또는 중대한 과실로 인한 것이 아니면 제1항에 따른 열람 및 복사와 관련하여 민사상·형사상 책임을 지지 아니한다.

④ 열람 및 복사에 관하여 정당한 사유가 있는 소송관계인이나 이해관계 있는 제3자는 제1항 단서에도 불구하고 제1항 본문에 따른 법원의 법원사무관등이나 그 밖의 법원공무원에게 판결서등의 열람 및 복사를 신청할 수 있다. 이 경우 법원사무관등이나 그 밖의 법원공무원의 열람 및 복사에 관한 처분에 불복하는 경우에는 제1항 본문에 따른 법원에 처분의 취소 또는 변경을 신청할 수 있다.

⑤ 제4항의 불복신청에 대하여는 제

417조 및 제418조를 준용한다.

⑥ 판결서등의 열람 및 복사의 방법과 절차, 개인정보 보호조치의 방법과 절차, 그 밖에 필요한 사항은 대법원규칙으로 정한다.

제7장 송달

제60조(송달받기 위한 신고) ① 피고인, 대리인, 대표자, 변호인 또는 보조인이 법원 소재지에 서류의 송달을 받을 수 있는 주거 또는 사무소를 두지아니한 때에는 법원 소재지에 주거 또는 사무소 있는 자를 송달영수인으로 선임하여 연명한 서면으로 신고하여야한다.

② 송달영수인은 송달에 관하여 본인으로 간주하고 그 주거 또는 사무소는 본인의 주거 또는 사무소로 간주한다.

③ 송달영수인의 선임은 같은 지역에 있는 각 심급법원에 대하여 효력이 있다.

④ 전3항의 규정은 신체구속을 당한자에게 적용하지 아니한다.

제61조(우체에 부치는 송달) ① 주거, 사무소 또는 송달영수인의 선임을 신고하여야 할 자가 그 신고를 하지 아니하는 때에는 법원사무관등은 서류를 우체에 부치거나 기타 적당한 방법에 의하여 송달할 수 있다.

② 서류를 우체에 부친 경우에는 도달된 때에 송달된 것으로 간주한다.

제62조(검사에 대한 송달) 검사에 대한 송달은 서류를 소속검찰청에 송부하여야 한다.

제63조(공시송달의 원인) ① 피고인의 주거, 사무소와 현재지를 알 수 없는 때에는 공시송달을 할 수 있다.

② 피고인이 재판권이 미치지 아니하는 장소에 있는 경우에 다른 방법으로 송달할 수 없는 때에도 전항과 같다.

제64조(공시송달의 방식) ① 공시송달은 대법원규칙의 정하는 바에 의하여 법원이 명한 때에 한하여 할 수 있다.

② 공시송달은 법원사무관등이 송달할 서류를 보관하고 그 사유를 법원게시장에 공시하여야 한다.

③ 법원은 전항의 사유를 관보나 신문지상에 공고할 것을 명할 수 있다.

④ 최초의 공시송달은 제2항의 공시를 한 날로부터 2주일을 경과하면 그 효력이 생긴다. 단, 제2회이후의 공시송달은 5일을 경과하면 그 효력이 생긴다.

제65조(「민사소송법」의 준용) 서류의 송달에 관하여 법률에 다른 규정이 없는 때에는 「민사소송법」을 준용한다.

제8장 기간

제66조(기간의 계산) ① 기간의 계산에 관하여는 시(時)로 계산하는 것은 즉시

(卽時)부터 기산하고 일(日), 월(月) 또는 연(年)으로 계산하는 것은 초일을 산입하지 아니한다. 다만, 시효(時效)와 구속기간의 초일은 시간을 계산하지 아니하고 1일로 산정한다.

② 연 또는 월로 정한 기간은 연 또는 월 단위로 계산한다.

③ 기간의 말일이 공휴일이거나 토요일이면 그날은 기간에 산입하지 아니한다. 다만, 시효와 구속기간에 관하여는 예외로 한다.

제67조(법정기간의 연장) 법정기간은 소송행위를 할 자의 주거 또는 사무소의 소재지와 법원 또는 검찰청 소재지와의 거리 및 교통통신의 불편정도에 따라 대법원규칙으로 이를 연장할 수 있다.

제9장 피고인의 소환, 구속

제68조(소환) 법원은 피고인을 소환할 수 있다.

제69조(구속의 정의) 본법에서 구속이라 함은 구인과 구금을 포함한다.

제70조(구속의 사유) ① 법원은 피고인이 죄를 범하였다고 의심할 만한 상당한 이유가 있고 다음 각 호의 1에 해당하는 사유가 있는 경우에는 피고인을 구속할 수 있다.

1. 피고인이 일정한 주거가 없는 때
2. 피고인이 증거를 인멸할 염려가 있는 때
3. 피고인이 도망하거나 도망할 염려가 있는 때

② 법원은 제1항의 구속사유를 심사함에 있어서 범죄의 중대성, 재범의 위험성, 피해자 및 중요 참고인 등에 대한 위해우려 등을 고려하여야 한다.

③ 다액 50만원이하의 벌금, 구류 또는 과료에 해당하는 사건에 관하여는 제1항제1호의 경우를 제한 외에는 구속할 수 없다.

제71조(구인의 효력) 구인한 피고인을 법원에 인치한 경우에 구금할 필요가 없다고 인정한 때에는 그 인치한 때로부터 24시간 내에 석방하여야 한다.

제71조의2(구인 후의 유치) 법원은 인치받은 피고인을 유치할 필요가 있는 때에는 교도소·구치소 또는 경찰서 유치장에 유치할 수 있다. 이 경우 유치기간은 인치한 때부터 24시간을 초과할 수 없다.

제72조(구속과 이유의 고지) 피고인에 대하여 범죄사실의 요지, 구속의 이유와 변호인을 선임할 수 있음을 말하고 변명할 기회를 준 후가 아니면 구속할 수 없다. 다만, 피고인이 도망한 경우에는 그러하지 아니하다.

제72조의2(고지의 방법) ① 법원은 합의부원으로 하여금 제72조의 절차를 이행하게 할 수 있다.

② 법원은 피고인이 출석하기 어려운 특별한 사정이 있고 상당하다고 인정하는 때에는 검사와 변호인의 의견을 들어 비디오 등 중계장치에 의한 중계시설을 통하여 제72조의 절차를 진행할 수 있다.

제73조(영장의 발부) 피고인을 소환함에는 소환장을, 구인 또는 구금함에는 구속영장을 발부하여야 한다.

제74조(소환장의 방식) 소환장에는 피고인의 성명, 주거, 죄명, 출석일시, 장소와 정당한 이유없이 출석하지 아니하는 때에는 도망할 염려가 있다고 인정하여 구속영장을 발부할 수 있음을 기재하고 재판장 또는 수명법관이 기명날인 또는 서명하여야 한다.

제75조(구속영장의 방식) ① 구속영장에는 피고인의 성명, 주거, 죄명, 공소사실의 요지, 인치 구금할 장소, 발부년월일, 그 유효기간과 그 기간을 경과하면 집행에 착수하지 못하며 영장을 반환하여야 할 취지를 기재하고 재판장 또는 수명법관이 서명날인하여야 한다.

② 피고인의 성명이 분명하지 아니한 때에는 인상, 체격, 기타 피고인을 특정할 수 있는 사항으로 피고인을 표시할 수 있다.

③ 피고인의 주거가 분명하지 아니한 때에는 그 주거의 기재를 생략할 수 있다.

제76조(소환장의 송달) ① 소환장은 송달하여야 한다.

② 피고인이 기일에 출석한다는 서면을 제출하거나 출석한 피고인에 대하여 차회기일을 정하여 출석을 명한 때에는 소환장의 송달과 동일한 효력이 있다.

③ 전항의 출석을 명한 때에는 그 요지를 조서에 기재하여야 한다.

④ 구금된 피고인에 대하여는 교도관에게 통지하여 소환한다.

⑤ 피고인이 교도관으로부터 소환통지를 받은 때에는 소환장의 송달과 동일한 효력이 있다.

제77조(구속의 촉탁) ① 법원은 피고인의 현재지의 지방법원판사에게 피고인의 구속을 촉탁할 수 있다.

② 수탁판사는 피고인이 관할구역 내에 현재하지 아니한 때에는 그 현재지의 지방법원판사에게 전촉할 수 있다.

③ 수탁판사는 구속영장을 발부하여야 한다.

④ 제75조의 규정은 전항의 구속영장에 준용한다.

제78조(촉탁에 의한 구속의 절차) ①

전조의 경우에 촉탁에 의하여 구속영장을 발부한 판사는 피고인을 인치한 때로부터 24시간 이내에 그 피고인임에 틀림없는가를 조사하여야 한다.

② 피고인임에 틀림없는 때에는 신속히 지정된 장소에 송치하여야 한다.

제79조(출석, 동행명령) 법원은 필요한 때에는 지정한 장소에 피고인의 출석 또는 동행을 명할 수 있다.

제80조(요급처분) 재판장은 급속을 요하는 경우에는 제68조부터 제71조까지, 제71조의2, 제73조, 제76조, 제77조와 전조에 규정한 처분을 할 수 있고 또는 합의부원으로 하여금 처분을 하게 할 수 있다.

제81조(구속영장의 집행) ① 구속영장은 검사의 지휘에 의하여 사법경찰관리가 집행한다. 단, 급속을 요하는 경우에는 재판장, 수명법관 또는 수탁판사가 그 집행을 지휘할 수 있다.

② 제1항 단서의 경우에는 법원사무관등에게 그 집행을 명할 수 있다. 이 경우에 법원사무관등은 그 집행에 관하여 필요한 때에는 사법경찰관리·교도관 또는 법원경위에게 보조를 요구할 수 있으며 관할구역 외에서도 집행할 수 있다.

③ 교도소 또는 구치소에 있는 피고인에 대하여 발부된 구속영장은 검사의 지휘에 의하여 교도관이 집행한다.

제82조(수통의 구속영장의 작성) ① 구속영장은 수통을 작성하여 사법경찰관리 수인에게 교부할 수 있다.

② 전항의 경우에는 그 사유를 구속영장에 기재하여야 한다.

제83조(관할구역 외에서의 구속영장의 집행과 그 촉탁) ① 검사는 필요에 의하여 관할구역 외에서 구속영장의 집행을 지휘할 수 있고 또는 당해 관할구역의 검사에게 집행지휘를 촉탁할 수 있다.

② 사법경찰관리는 필요에 의하여 관할구역 외에서 구속영장을 집행할 수 있고 또는 당해 관할구역의 사법경찰관리에게 집행을 촉탁할 수 있다.

제84조(고등검찰청검사장 또는 지방검찰청검사장에 대한 수사촉탁) 피고인의 현재지가 분명하지 아니한 때에는 재판장은 고등검찰청검사장 또는 지방검찰청검사장에게 그 수사와 구속영장의 집행을 촉탁할 수 있다.

제85조(구속영장집행의 절차) ① 구속영장을 집행함에는 피고인에게 반드시 이를 제시하고 그 사본을 교부하여야 하며 신속히 지정된 법원 기타 장소에 인치하여야 한다.

② 제77조제3항의 구속영장에 관하여는 이를 발부한 판사에게 인치하여야

한다.

③ 구속영장을 소지하지 아니한 경우에 급속을 요하는 때에는 피고인에 대하여 공소사실의 요지와 영장이 발부되었음을 고하고 집행할 수 있다.

④ 전항의 집행을 완료한 후에는 신속히 구속영장을 제시하고 그 사본을 교부하여야 한다.

제86조(호송 중의 가유치) 구속영장의 집행을 받은 피고인을 호송할 경우에 필요하면 가장 가까운 교도소 또는 구치소에 임시로 유치할 수 있다.

제87조(구속의 통지) ① 피고인을 구속한 때에는 변호인이 있는 경우에는 변호인에게, 변호인이 없는 경우에는 제30조제2항에 규정한 자 중 피고인이 지정한 자에게 피고사건명, 구속일시·장소, 범죄사실의 요지, 구속의 이유와 변호인을 선임할 수 있는 취지를 알려야 한다.

② 제1항의 통지는 지체없이 서면으로 하여야 한다.

제88조(구속과 공소사실 등의 고지) 피고인을 구속한 때에는 즉시 공소사실의 요지와 변호인을 선임할 수 있음을 알려야 한다.

제89조(구속된 피고인의 접견·진료) 구속된 피고인은 관련 법률이 정한 범위에서 타인과 접견하고 서류나 물건을 수수하며 의사의 진료를 받을 수 있다.

제90조(변호인의 의뢰) ① 구속된 피고인은 법원, 교도소장 또는 구치소장 또는 그 대리자에게 변호사를 지정하여 변호인의 선임을 의뢰할 수 있다.

② 전항의 의뢰를 받은 법원, 교도소장 또는 구치소장 또는 그 대리자는 급속히 피고인이 지명한 변호사에게 그 취지를 통지하여야 한다.

제91조(변호인 아닌 자와의 접견·교통) 법원은 도망하거나 범죄의 증거를 인멸할 염려가 있다고 인정할 만한 상당한 이유가 있는 때에는 직권 또는 검사의 청구에 의하여 결정으로 구속된 피고인과 제34조에 규정한 외의 타인과의 접견을 금지할 수 있고, 서류나 그 밖의 물건을 수수하지 못하게 하거나 검열 또는 압수할 수 있다. 다만, 의류·양식·의료품은 수수를 금지하거나 압수할 수 없다.

제92조(구속기간과 갱신) ① 구속기간은 2개월로 한다.

② 제1항에도 불구하고 특히 구속을 계속할 필요가 있는 경우에는 심급마다 2개월 단위로 2차에 한하여 결정으로 갱신할 수 있다. 다만, 상소심은 피고인 또는 변호인이 신청한 증거의 조사, 상소이유를 보충하는 서면의 제출 등으로 추가 심리가 필요한 부득이한 경우

에는 3차에 한하여 갱신할 수 있다.

③ 제22조, 제298조제4항, 제306조제1항 및 제2항의 규정에 의하여 공판절차가 정지된 기간 및 공소제기전의 체포·구인·구금 기간은 제1항 및 제2항의 기간에 산입하지 아니한다.

제93조(구속의 취소) 구속의 사유가 없거나 소멸된 때에는 법원은 직권 또는 검사, 피고인, 변호인과 제30조제2항에 규정한 자의 청구에 의하여 결정으로 구속을 취소하여야 한다.

제94조(보석의 청구) 피고인, 피고인의 변호인·법정대리인·배우자·직계친족·형제자매·가족·동거인 또는 고용주는 법원에 구속된 피고인의 보석을 청구할 수 있다.

제95조(필요적 보석) 보석의 청구가 있는 때에는 다음 이외의 경우에는 보석을 허가하여야 한다.

1. 피고인이 사형, 무기 또는 장기 10년이 넘는 징역이나 금고에 해당하는 죄를 범한 때
2. 피고인이 누범에 해당하거나 상습범인 죄를 범한 때
3. 피고인이 죄증을 인멸하거나 인멸할 염려가 있다고 믿을 만한 충분한 이유가 있는 때
4. 피고인이 도망하거나 도망할 염려가 있다고 믿을 만한 충분한 이유가 있

는 때
5. 피고인의 주거가 분명하지 아니한 때
6. 피고인이 피해자, 당해 사건의 재판에 필요한 사실을 알고 있다고 인정되는 자 또는 그 친족의 생명·신체나 재산에 해를 가하거나 가할 염려가 있다고 믿을만한 충분한 이유가 있는 때

제96조(임의적 보석) 법원은 제95조의 규정에 불구하고 상당한 이유가 있는 때에는 직권 또는 제94조에 규정한 자의 청구에 의하여 결정으로 보석을 허가할 수 있다.

제97조(보석, 구속의 취소와 검사의 의견) ① 재판장은 보석에 관한 결정을 하기 전에 검사의 의견을 물어야 한다. ② 구속의 취소에 관한 결정을 함에 있어서도 검사의 청구에 의하거나 급속을 요하는 경우외에는 제1항과 같다. ③ 검사는 제1항 및 제2항에 따른 의견요청에 대하여 지체 없이 의견을 표명하여야 한다. ④ 구속을 취소하는 결정에 대하여는 검사는 즉시항고를 할 수 있다.

제98조(보석의 조건) 법원은 보석을 허가하는 경우에는 필요하고 상당한 범위 안에서 다음 각 호의 조건 중 하나 이상의 조건을 정하여야 한다.

1. 법원이 지정하는 일시·장소에 출석

하고 증거를 인멸하지 아니하겠다
는 서약서를 제출할 것
2. 법원이 정하는 보증금에 해당하는
   금액을 납입할 것을 약속하는 약정
   서를 제출할 것
3. 법원이 지정하는 장소로 주거를 제
   한하고 주거를 변경할 필요가 있는
   경우에는 법원의 허가를 받는 등 도
   주를 방지하기 위하여 행하는 조치
   를 받아들일 것
4. 피해자, 당해 사건의 재판에 필요한
   사실을 알고 있다고 인정되는 사람
   또는 그 친족의 생명·신체·재산에
   해를 가하는 행위를 하지 아니하고
   주거·직장 등 그 주변에 접근하지
   아니할 것
5. 피고인 아닌 자가 작성한 출석보증
   서를 제출할 것
6. 법원의 허가 없이 외국으로 출국하
   지 아니할 것을 서약할 것
7. 법원이 지정하는 방법으로 피해자의
   권리 회복에 필요한 금전을 공탁하거
   나 그에 상당하는 담보를 제공할 것
8. 피고인이나 법원이 지정하는 자가
   보증금을 납입하거나 담보를 제공
   할 것
9. 그 밖에 피고인의 출석을 보증하기
   위하여 법원이 정하는 적당한 조건
   을 이행할 것

제99조(보석조건의 결정 시 고려사항)
① 법원은 제98조의 조건을 정할 때
다음 각 호의 사항을 고려하여야 한다.
1. 범죄의 성질 및 죄상(罪狀)
2. 증거의 증명력
3. 피고인의 전과(前科)·성격·환경
   및 자산
4. 피해자에 대한 배상 등 범행 후의
   정황에 관련된 사항
② 법원은 피고인의 자금능력 또는 자
산 정도로는 이행할 수 없는 조건을 정
할 수 없다.

제100조(보석집행의 절차) ① 제98조
제1호·제2호·제5호·제7호 및 제8호
의 조건은 이를 이행한 후가 아니면 보
석허가결정을 집행하지 못하며, 법원은
필요하다고 인정하는 때에는 다른 조
건에 관하여도 그 이행 이후 보석허가
결정을 집행하도록 정할 수 있다.
② 법원은 보석청구자 이외의 자에게
보증금의 납입을 허가할 수 있다.
③ 법원은 유가증권 또는 피고인 외의
자가 제출한 보증서로써 보증금에 갈
음함을 허가할 수 있다.
④ 전항의 보증서에는 보증금액을 언
제든지 납입할 것을 기재하여야 한다.
⑤ 법원은 보석허가결정에 따라 석방
된 피고인이 보석조건을 준수하는데
필요한 범위 안에서 관공서나 그 밖의

공사단체에 대하여 적절한 조치를 취할 것을 요구할 수 있다.

제100조의2(출석보증인에 대한 과태료) ① 법원은 제98조제5호의 조건을 정한 보석허가결정에 따라 석방된 피고인이 정당한 사유 없이 기일에 불출석하는 경우에는 결정으로 그 출석보증인에 대하여 500만원 이하의 과태료를 부과할 수 있다.

② 제1항의 결정에 대하여는 즉시항고를 할 수 있다.

제101조(구속의 집행정지) ① 법원은 상당한 이유가 있는 때에는 결정으로 구속된 피고인을 친족·보호단체 기타 적당한 자에게 부탁하거나 피고인의 주거를 제한하여 구속의 집행을 정지할 수 있다.

② 전항의 결정을 함에는 검사의 의견을 물어야 한다. 단, 급속을 요하는 경우에는 그러하지 아니하다.

③ 삭제 <2015. 7. 31.>

④ 헌법 제44조에 의하여 구속된 국회의원에 대한 석방요구가 있으면 당연히 구속영장의 집행이 정지된다.

⑤ 전항의 석방요구의 통고를 받은 검찰총장은 즉시 석방을 지휘하고 그 사유를 수소법원에 통지하여야 한다.

제102조(보석조건의 변경과 취소 등) ① 법원은 직권 또는 제94조에 규정된 자의 신청에 따라 결정으로 피고인의 보석조건을 변경하거나 일정기간 동안 당해 조건의 이행을 유예할 수 있다.

② 법원은 피고인이 다음 각 호의 어느 하나에 해당하는 경우에는 직권 또는 검사의 청구에 따라 결정으로 보석 또는 구속의 집행정지를 취소할 수 있다. 다만, 제101조제4항에 따른 구속영장의 집행정지는 그 회기 중 취소하지 못한다.

1. 도망한 때

2. 도망하거나 죄증을 인멸할 염려가 있다고 믿을 만한 충분한 이유가 있는 때

3. 소환을 받고 정당한 사유 없이 출석하지 아니한 때

4. 피해자, 당해 사건의 재판에 필요한 사실을 알고 있다고 인정되는 자 또는 그 친족의 생명·신체·재산에 해를 가하거나 가할 염려가 있다고 믿을 만한 충분한 이유가 있는 때

5. 법원이 정한 조건을 위반한 때

③ 법원은 피고인이 정당한 사유 없이 보석조건을 위반한 경우에는 결정으로 피고인에 대하여 1천만원 이하의 과태료를 부과하거나 20일 이내의 감치에 처할 수 있다.

④ 제3항의 결정에 대하여는 즉시항고를 할 수 있다.

제103조(보증금 등의 몰취) ① 법원은 보석을 취소하는 때에는 직권 또는 검사의 청구에 따라 결정으로 보증금 또는 담보의 전부 또는 일부를 몰취할 수 있다.

② 법원은 보증금의 납입 또는 담보제공을 조건으로 석방된 피고인이 동일한 범죄사실에 관하여 형의 선고를 받고 그 판결이 확정된 후 집행하기 위한 소환을 받고 정당한 사유 없이 출석하지 아니하거나 도망한 때에는 직권 또는 검사의 청구에 따라 결정으로 보증금 또는 담보의 전부 또는 일부를 몰취하여야 한다.

제104조(보증금 등의 환부) 구속 또는 보석을 취소하거나 구속영장의 효력이 소멸된 때에는 몰취하지 아니한 보증금 또는 담보를 청구한 날로부터 7일 이내에 환부하여야 한다.

제104조의2(보석조건의 효력상실 등) ① 구속영장의 효력이 소멸한 때에는 보석조건은 즉시 그 효력을 상실한다.
② 보석이 취소된 경우에도 제1항과 같다. 다만, 제98조제8호의 조건은 예외로 한다.

제105조(상소와 구속에 관한 결정) 상소기간 중 또는 상소 중의 사건에 관하여 구속기간의 갱신, 구속의 취소, 보석, 구속의 집행정지와 그 정지의 취소에 대한 결정은 소송기록이 원심법원에 있는 때에는 원심법원이 하여야 한다.

제10장 압수와 수색

제106조(압수) ① 법원은 필요한 때에는 피고사건과 관계가 있다고 인정할 수 있는 것에 한정하여 증거물 또는 몰수할 것으로 사료하는 물건을 압수할 수 있다. 단, 법률에 다른 규정이 있는 때에는 예외로 한다.

② 법원은 압수할 물건을 지정하여 소유자, 소지자 또는 보관자에게 제출을 명할 수 있다.

③ 법원은 압수의 목적물이 컴퓨터용 디스크, 그 밖에 이와 비슷한 정보저장매체(이하 이 항에서 "정보저장매체등"이라 한다)인 경우에는 기억된 정보의 범위를 정하여 출력하거나 복제하여 제출받아야 한다. 다만, 범위를 정하여 출력 또는 복제하는 방법이 불가능하거나 압수의 목적을 달성하기에 현저히 곤란하다고 인정되는 때에는 정보저장매체등을 압수할 수 있다.

④ 법원은 제3항에 따라 정보를 제공받은 경우 「개인정보 보호법」 제2조제3호에 따른 정보주체에게 해당 사실을 지체 없이 알려야 한다.

제107조(우체물의 압수) ① 법원은 필요한 때에는 피고사건과 관계가 있다

고 인정할 수 있는 것에 한정하여 우체물 또는 「통신비밀보호법」 제2조제3호에 따른 전기통신(이하 "전기통신"이라 한다)에 관한 것으로서 체신관서, 그 밖의 관련 기관 등이 소지 또는 보관하는 물건의 제출을 명하거나 압수를 할 수 있다.

② 삭제 <2011. 7. 18.>

③ 제1항에 따른 처분을 할 때에는 발신인이나 수신인에게 그 취지를 통지하여야 한다. 단, 심리에 방해될 염려가 있는 경우에는 예외로 한다.

제108조(임의 제출물 등의 압수) 소유자, 소지자 또는 보관자가 임의로 제출한 물건 또는 유류한 물건은 영장없이 압수할 수 있다.

제109조(수색) ① 법원은 필요한 때에는 피고사건과 관계가 있다고 인정할 수 있는 것에 한정하여 피고인의 신체, 물건 또는 주거, 그 밖의 장소를 수색할 수 있다.

② 피고인 아닌 자의 신체, 물건, 주거기타 장소에 관하여는 압수할 물건이 있음을 인정할 수 있는 경우에 한하여 수색할 수 있다.

제110조(군사상 비밀과 압수) ① 군사상 비밀을 요하는 장소는 그 책임자의 승낙 없이는 압수 또는 수색할 수 없다.

② 전항의 책임자는 국가의 중대한 이익을 해하는 경우를 제외하고는 승낙을 거부하지 못한다.

제111조(공무상 비밀과 압수) ① 공무원 또는 공무원이었던 자가 소지 또는 보관하는 물건에 관하여는 본인 또는 그 당해 공무소가 직무상의 비밀에 관한 것임을 신고한 때에는 그 소속공무소 또는 당해 감독관공서의 승낙 없이는 압수하지 못한다.

② 소속공무소 또는 당해 감독관공서는 국가의 중대한 이익을 해하는 경우를 제외하고는 승낙을 거부하지 못한다.

제112조(업무상비밀과 압수) 변호사, 변리사, 공증인, 공인회계사, 세무사, 대서업자, 의사, 한의사, 치과의사, 약사, 약종상, 조산사, 간호사, 종교의 직에 있는 자 또는 이러한 직에 있던 자가 그 업무상 위탁을 받아 소지 또는 보관하는 물건으로 타인의 비밀에 관한 것은 압수를 거부할 수 있다. 단, 그 타인의 승낙이 있거나 중대한 공익상 필요가 있는 때에는 예외로 한다.

제113조(압수ㆍ수색영장) 공판정 외에서 압수 또는 수색을 함에는 영장을 발부하여 시행하여야 한다.

제114조(영장의 방식) ① 압수ㆍ수색영장에는 다음 각 호의 사항을 기재하고 재판장이나 수명법관이 서명날인하여야 한다. 다만, 압수ㆍ수색할 물건이 전

기통신에 관한 것인 경우에는 작성기간을 기재하여야 한다.

1. 피고인의 성명
2. 죄명
3. 압수할 물건
4. 수색할 장소·신체·물건
5. 영장 발부 연월일
6. 영장의 유효기간과 그 기간이 지나면 집행에 착수할 수 없으며 영장을 반환하여야 한다는 취지
7. 그 밖에 대법원규칙으로 정하는 사항

② 제1항의 영장에 관하여는 제75조제2항을 준용한다.

제115조(영장의 집행) ① 압수·수색영장은 검사의 지휘에 의하여 사법경찰관리가 집행한다. 단, 필요한 경우에는 재판장은 법원사무관등에게 그 집행을 명할 수 있다.

② 제83조의 규정은 압수·수색영장의 집행에 준용한다.

제116조(주의사항) 압수·수색영장을 집행할 때에는 타인의 비밀을 보호하여야 하며 처분받은 자의 명예를 해하지 아니하도록 주의하여야 한다.

제117조(집행의 보조) 법원사무관등은 압수·수색영장의 집행에 관하여 필요한 때에는 사법경찰관리에게 보조를 구할 수 있다.

제118조(영장의 제시와 사본교부) 압수·수색영장은 처분을 받는 자에게 반드시 제시하여야 하고, 처분을 받는 자가 피고인인 경우에는 그 사본을 교부하여야 한다. 다만, 처분을 받는 자가 현장에 없는 등 영장의 제시나 그 사본의 교부가 현실적으로 불가능한 경우 또는 처분을 받는 자가 영장의 제시나 사본의 교부를 거부한 때에는 예외로 한다.

제119조(집행 중의 출입금지) ① 압수·수색영장의 집행 중에는 타인의 출입을 금지할 수 있다.

② 전항의 규정에 위배한 자에게는 퇴거하게 하거나 집행종료시까지 간수자를 붙일 수 있다.

제120조(집행과 필요한 처분) ① 압수·수색영장의 집행에 있어서는 건정을 열거나 개봉 기타 필요한 처분을 할 수 있다.

② 전항의 처분은 압수물에 대하여도 할 수 있다.

제121조(영장집행과 당사자의 참여) 검사, 피고인 또는 변호인은 압수·수색영장의 집행에 참여할 수 있다.

제122조(영장집행과 참여권자에의 통지) 압수·수색영장을 집행함에는 미리 집행의 일시와 장소를 전조에 규정한 자에게 통지하여야 한다. 단, 전조에 규정한 자가 참여하지 아니한다는 의사를 명시한 때 또는 급속을 요하는 때

에는 예외로 한다.

제123조(영장의 집행과 책임자의 참여) ① 공무소, 군사용 항공기 또는 선박·차량 안에서 압수·수색영장을 집행하려면 그 책임자에게 참여할 것을 통지하여야 한다.

② 제1항에 규정한 장소 외에 타인의 주거, 간수자 있는 가옥, 건조물(建造物), 항공기 또는 선박·차량 안에서 압수·수색영장을 집행할 때에는 주거주(住居主), 간수자 또는 이에 준하는 사람을 참여하게 하여야 한다.

③ 제2항의 사람을 참여하게 하지 못할 때에는 이웃 사람 또는 지방공공단체의 직원을 참여하게 하여야 한다.

제124조(여자의 수색과 참여) 여자의 신체에 대하여 수색할 때에는 성년의 여자를 참여하게 하여야 한다.

제125조(야간집행의 제한) 일출 전, 일몰 후에는 압수·수색영장에 야간집행을 할 수 있는 기재가 없으면 그 영장을 집행하기 위하여 타인의 주거, 간수자 있는 가옥, 건조물, 항공기 또는 선차 내에 들어가지 못한다.

제126조(야간집행제한의 예외) 다음 장소에서 압수·수색영장을 집행함에는 전조의 제한을 받지 아니한다.

1. 도박 기타 풍속을 해하는 행위에 상용된다고 인정하는 장소

2. 여관, 음식점 기타 야간에 공중이 출입할 수 있는 장소. 단, 공개한 시간 내에 한한다.

제127조(집행중지와 필요한 처분) 압수·수색영장의 집행을 중지한 경우에 필요한 때에는 집행이 종료될 때까지 그 장소를 폐쇄하거나 간수자를 둘 수 있다.

제128조(증명서의 교부) 수색한 경우에 증거물 또는 몰취할 물건이 없는 때에는 그 취지의 증명서를 교부하여야 한다.

제129조(압수목록의 교부) 압수한 경우에는 목록을 작성하여 소유자, 소지자, 보관자 기타 이에 준할 자에게 교부하여야 한다.

제130조(압수물의 보관과 폐기) ① 운반 또는 보관에 불편한 압수물에 관하여는 간수자를 두거나 소유자 또는 적당한 자의 승낙을 얻어 보관하게 할 수 있다.

② 위험발생의 염려가 있는 압수물은 폐기할 수 있다.

③ 법령상 생산·제조·소지·소유 또는 유통이 금지된 압수물로서 부패의 염려가 있거나 보관하기 어려운 압수물은 소유자 등 권한 있는 자의 동의를 받아 폐기할 수 있다.

제131조(주의사항) 압수물에 대하여는

그 상실 또는 파손등의 방지를 위하여 상당한 조치를 하여야 한다.

제132조(압수물의 대가보관) ① 몰수하여야 할 압수물로서 멸실·파손·부패 또는 현저한 가치 감소의 염려가 있거나 보관하기 어려운 압수물은 매각하여 대가를 보관할 수 있다.

② 환부하여야 할 압수물 중 환부를 받을 자가 누구인지 알 수 없거나 그 소재가 불명한 경우로서 그 압수물의 멸실·파손·부패 또는 현저한 가치 감소의 염려가 있거나 보관하기 어려운 압수물은 매각하여 대가를 보관할 수 있다.

제133조(압수물의 환부, 가환부) ① 압수를 계속할 필요가 없다고 인정되는 압수물은 피고사건 종결 전이라도 결정으로 환부하여야 하고 증거에 공할 압수물은 소유자, 소지자, 보관자 또는 제출인의 청구에 의하여 가환부할 수 있다.

② 증거에만 공할 목적으로 압수한 물건으로서 그 소유자 또는 소지자가 계속 사용하여야 할 물건은 사진촬영 기타 원형보존의 조치를 취하고 신속히 가환부하여야 한다.

제134조(압수장물의 피해자환부) 압수한 장물은 피해자에게 환부할 이유가 명백한 때에는 피고사건의 종결 전이라도 결정으로 피해자에게 환부할 수 있다.

제135조(압수물처분과 당사자에의 통지) 전3조의 결정을 함에는 검사, 피해자, 피고인 또는 변호인에게 미리 통지하여야 한다.

제136조(수명법관, 수탁판사) ① 법원은 압수 또는 수색을 합의부원에게 명할 수 있고 그 목적물의 소재지를 관할하는 지방법원 판사에게 촉탁할 수 있다.

② 수탁판사는 압수 또는 수색의 목적물이 그 관할구역 내에 없는 때에는 그 목적물 소재지지방법원 판사에게 전촉할 수 있다.

③ 수명법관, 수탁판사가 행하는 압수 또는 수색에 관하여는 법원이 행하는 압수 또는 수색에 관한 규정을 준용한다.

제137조(구속영장집행과 수색) 검사, 사법경찰관리 또는 제81조제2항의 규정에 의한 법원사무관등이 구속영장을 집행할 경우에 필요한 때에는 미리 수색영장을 발부받기 어려운 긴급한 사정이 있는 경우에 한정하여 타인의 주거, 간수자있는 가옥, 건조물, 항공기, 선차 내에 들어가 피고인을 수색할 수 있다.

제138조(준용규정) 제119조, 제120조, 제123조와 제127조의 규정은 전조의 규정에 의한 검사, 사법경찰관리, 법원

사무관등의 수색에 준용한다.

제11장 검증

제139조(검증) 법원은 사실을 발견함에 필요한 때에는 검증을 할 수 있다.

제140조(검증과 필요한 처분) 검증을 함에는 신체의 검사, 사체의 해부, 분묘의 발굴, 물건의 파괴 기타 필요한 처분을 할 수 있다.

제141조(신체검사에 관한 주의) ① 신체의 검사에 관하여는 검사를 받는 사람의 성별, 나이, 건강상태, 그 밖의 사정을 고려하여 그 사람의 건강과 명예를 해하지 아니하도록 주의하여야 한다. ② 피고인 아닌 사람의 신체검사는 증거가 될 만한 흔적을 확인할 수 있는 현저한 사유가 있는 경우에만 할 수 있다. ③ 여자의 신체를 검사하는 경우에는 의사나 성년 여자를 참여하게 하여야 한다. ④ 시체의 해부 또는 분묘의 발굴을 하는 때에는 예(禮)에 어긋나지 아니하도록 주의하고 미리 유족에게 통지하여야 한다.

제142조(신체검사와 소환) 법원은 신체를 검사하기 위하여 피고인 아닌 자를 법원 기타 지정한 장소에 소환할 수 있다.

제143조(시각의 제한) ① 일출 전, 일몰 후에는 가주, 간수자 또는 이에 준하는 자의 승낙이 없으면 검증을 하기 위하여 타인의 주거, 간수자 있는 가옥, 건조물, 항공기, 선차 내에 들어가지 못한다. 단, 일출 후에는 검증의 목적을 달성할 수 없을 염려가 있는 경우에는 예외로 한다. ② 일몰 전에 검증에 착수한 때에는 일몰 후라도 검증을 계속할 수 있다. ③ 제126조에 규정한 장소에는 제1항의 제한을 받지 아니한다.

제144조(검증의 보조) 검증을 함에 필요한 때에는 사법경찰관리에게 보조를 명할 수 있다.

제145조(준용규정) 제110조, 제119조 내지 제123조, 제127조와 제136조의 규정은 검증에 관하여 준용한다.

제12장 증인신문

제146조(증인의자격) 법원은 법률에 다른 규정이 없으면 누구든지 증인으로 신문할 수 있다.

제147조(공무상 비밀과 증인자격) ① 공무원 또는 공무원이었던 자가 그 직무에 관하여 알게 된 사실에 관하여 본인 또는 당해 공무소가 직무상 비밀에 속한 사항임을 신고한 때에는 그 소속 공무소 또는 감독관공서의 승낙 없이는 증인으로 신문하지 못한다.

② 그 소속공무소 또는 당해 감독관공서는 국가에 중대한 이익을 해하는 경우를 제외하고는 승낙을 거부하지 못한다.

제148조(근친자의 형사책임과 증언 거부) 누구든지 자기나 다음 각 호의 어느 하나에 해당하는 자가 형사소추(刑事訴追) 또는 공소제기를 당하거나 유죄판결을 받을 사실이 드러날 염려가 있는 증언을 거부할 수 있다.

1. 친족이거나 친족이었던 사람
2. 법정대리인, 후견감독인

제149조(업무상비밀과 증언거부) 변호사, 변리사, 공증인, 공인회계사, 세무사, 대서업자, 의사, 한의사, 치과의사, 약사, 약종상, 조산사, 간호사, 종교의 직에 있는 자 또는 이러한 직에 있던 자가 그 업무상 위탁을 받은 관계로 알게 된 사실로서 타인의 비밀에 관한 것은 증언을 거부할 수 있다. 단, 본인의 승낙이 있거나 중대한 공익상 필요있는 때에는 예외로 한다.

제150조(증언거부사유의 소명) 증언을 거부하는 자는 거부사유를 소명하여야 한다.

제150조의2(증인의 소환) ① 법원은 소환장의 송달, 전화, 전자우편, 그 밖의 상당한 방법으로 증인을 소환한다.
② 증인을 신청한 자는 증인이 출석하도록 합리적인 노력을 할 의무가 있다.

제151조(증인이 출석하지 아니한 경우의 과태료 등) ① 법원은 소환장을 송달받은 증인이 정당한 사유 없이 출석하지 아니한 때에는 결정으로 당해 불출석으로 인한 소송비용을 증인이 부담하도록 명하고, 500만원 이하의 과태료를 부과할 수 있다. 제153조에 따라 준용되는 제76조제2항·제5항에 따라 소환장의 송달과 동일한 효력이 있는 경우에도 또한 같다.
② 법원은 증인이 제1항에 따른 과태료 재판을 받고도 정당한 사유 없이 다시 출석하지 아니한 때에는 결정으로 증인을 7일 이내의 감치에 처한다.
③ 법원은 감치재판기일에 증인을 소환하여 제2항에 따른 정당한 사유가 있는지의 여부를 심리하여야 한다.
④ 감치는 그 재판을 한 법원의 재판장의 명령에 따라 사법경찰관리·교도관·법원경위 또는 법원사무관등이 교도소·구치소 또는 경찰서유치장에 유치하여 집행한다.
⑤ 감치에 처하는 재판을 받은 증인이 제4항에 규정된 감치시설에 유치된 경우 당해 감치시설의 장은 즉시 그 사실을 법원에 통보하여야 한다.
⑥ 법원은 제5항의 통보를 받은 때에는 지체 없이 증인신문기일을 열어야

한다.

⑦ 법원은 감치의 재판을 받은 증인이 감치의 집행 중에 증언을 한 때에는 즉시 감치결정을 취소하고 그 증인을 석방하도록 명하여야 한다.

⑧ 제1항과 제2항의 결정에 대하여는 즉시항고를 할 수 있다. 이 경우 제410조는 적용하지 아니한다.

제152조(소환불응과 구인) 정당한 사유 없이 소환에 응하지 아니하는 증인은 구인할 수 있다.

제153조(준용규정) 제73조, 제74조, 제76조의 규정은 증인의 소환에 준용한다.

제154조(구내증인의 소환) 증인이 법원의 구내에 있는 때에는 소환함이 없이 신문할 수 있다.

제155조(준용규정) 제73조, 제75조, 제77조, 제81조 내지 제83조, 제85조제1항, 제2항의 규정은 증인의 구인에 준용한다.

제156조(증인의 선서) 증인에게는 신문 전에 선서하게 하여야 한다. 단, 법률에 다른 규정이 있는 경우에는 예외로 한다.

제157조(선서의 방식) ① 선서는 선서서(宣誓書)에 따라 하여야 한다.

② 선서서에는 "양심에 따라 숨김과 보탬이 없이 사실 그대로 말하고 만일 거짓말이 있으면 위증의 벌을 받기로 맹세합니다."라고 기재하여야 한다.

③ 재판장은 증인에게 선서서를 낭독하고 기명날인하거나 서명하게 하여야 한다. 다만, 증인이 선서서를 낭독하지 못하거나 서명을 하지 못하는 경우에는 참여한 법원사무관등이 대행한다.

④ 선서는 일어서서 엄숙하게 하여야 한다.

제158조(선서한 증인에 대한 경고) 재판장은 선서할 증인에 대하여 선서 전에 위증의 벌을 경고하여야 한다.

제159조(선서 무능력) 증인이 다음 각 호의 1에 해당한 때에는 선서하게 하지 아니하고 신문하여야 한다.

1. 16세미만의 자

2. 선서의 취지를 이해하지 못하는 자

제160조(증언거부권의 고지) 증인이 제148조, 제149조에 해당하는 경우에는 재판장은 신문 전에 증언을 거부할 수 있음을 설명하여야 한다.

제161조(선서, 증언의 거부와 과태료) ① 증인이 정당한 이유없이 선서나 증언을 거부한 때에는 결정으로 50만원 이하의 과태료에 처할 수 있다.

② 제1항의 결정에 대하여는 즉시항고를 할 수 있다.

제161조의2(증인신문의 방식) ① 증인은 신청한 검사, 변호인 또는 피고인이

먼저 이를 신문하고 다음에 다른 검사, 변호인 또는 피고인이 신문한다.

② 재판장은 전항의 신문이 끝난 뒤에 신문할 수 있다.

③ 재판장은 필요하다고 인정하면 전2항의 규정에 불구하고 어느 때나 신문할 수 있으며 제1항의 신문순서를 변경할 수 있다.

④ 법원이 직권으로 신문할 증인이나 범죄로 인한 피해자의 신청에 의하여 신문할 증인의 신문방식은 재판장이 정하는 바에 의한다.

⑤ 합의부원은 재판장에게 고하고 신문할 수 있다.

제162조(개별신문과 대질) ① 증인신문은 각 증인에 대하여 신문하여야 한다.

② 신문하지 아니한 증인이 재정한 때에는 퇴정을 명하여야 한다.

③ 필요한 때에는 증인과 다른 증인 또는 피고인과 대질하게 할 수 있다.

④ 삭제 <1961. 9. 1.>

제163조(당사자의 참여권, 신문권) ① 검사, 피고인 또는 변호인은 증인신문에 참여할 수 있다.

② 증인신문의 시일과 장소는 전항의 규정에 의하여 참여할 수 있는 자에게 미리 통지하여야 한다. 단, 참여하지 아니한다는 의사를 명시한 때에는 예외로 한다.

③ 삭제 <1961. 9. 1.>

제163조의2(신뢰관계에 있는 자의 동석) ① 법원은 범죄로 인한 피해자를 증인으로 신문하는 경우 증인의 연령, 심신의 상태, 그 밖의 사정을 고려하여 증인이 현저하게 불안 또는 긴장을 느낄 우려가 있다고 인정하는 때에는 직권 또는 피해자·법정대리인·검사의 신청에 따라 피해자와 신뢰관계에 있는 자를 동석하게 할 수 있다.

② 법원은 범죄로 인한 피해자가 13세 미만이거나 신체적 또는 정신적 장애로 사물을 변별하거나 의사를 결정할 능력이 미약한 경우에 재판에 지장을 초래할 우려가 있는 등 부득이한 경우가 아닌 한 피해자와 신뢰관계에 있는 자를 동석하게 하여야 한다.

③ 제1항 또는 제2항에 따라 동석한 자는 법원·소송관계인의 신문 또는 증인의 진술을 방해하거나 그 진술의 내용에 부당한 영향을 미칠 수 있는 행위를 하여서는 아니 된다.

④ 제1항 또는 제2항에 따라 동석할 수 있는 신뢰관계에 있는 자의 범위, 동석의 절차 및 방법 등에 관하여 필요한 사항은 대법원규칙으로 정한다.

제164조(신문의 청구) ① 검사, 피고인 또는 변호인이 증인신문에 참여하지 아니할 경우에는 법원에 대하여 필요

한 사항의 신문을 청구할 수 있다.

② 피고인 또는 변호인의 참여없이 증인을 신문한 경우에 피고인에게 예기하지 아니한 불이익의 증언이 진술된 때에는 반드시 그 진술내용을 피고인 또는 변호인에게 알려주어야 한다.

③ 삭제 <1961. 9. 1.>

제165조(증인의 법정 외 신문) 법원은 증인의 연령, 직업, 건강상태 기타의 사정을 고려하여 검사, 피고인 또는 변호인의 의견을 묻고 법정 외에 소환하거나 현재지에서 신문할 수 있다.

제165조의2(비디오 등 중계장치 등에 의한 증인신문) ① 법원은 다음 각 호의 어느 하나에 해당하는 사람을 증인으로 신문하는 경우 상당하다고 인정할 때에는 검사와 피고인 또는 변호인의 의견을 들어 비디오 등 중계장치에 의한 중계시설을 통하여 신문하거나 가림시설 등을 설치하고 신문할 수 있다.

1. 「아동복지법」 제71조제1항제1호·제1호의2·제2호·제3호에 해당하는 죄의 피해자

2. 「아동·청소년의 성보호에 관한 법률」 제7조, 제8조, 제11조부터 제15조까지 및 제17조제1항의 규정에 해당하는 죄의 대상이 되는 아동·청소년 또는 피해자

3. 범죄의 성질, 증인의 나이, 심신의 상태, 피고인과의 관계, 그 밖의 사정으로 인하여 피고인 등과 대면하여 진술할 경우 심리적인 부담으로 정신의 평온을 현저하게 잃을 우려가 있다고 인정되는 사람

② 법원은 증인이 멀리 떨어진 곳 또는 교통이 불편한 곳에 살고 있거나 건강상태 등 그 밖의 사정으로 말미암아 법정에 직접 출석하기 어렵다고 인정하는 때에는 검사와 피고인 또는 변호인의 의견을 들어 비디오 등 중계장치에 의한 중계시설을 통하여 신문할 수 있다.

③ 제1항과 제2항에 따른 증인신문은 증인이 법정에 출석하여 이루어진 증인신문으로 본다.

④ 제1항과 제2항에 따른 증인신문의 실시에 필요한 사항은 대법원규칙으로 정한다.

제166조(동행명령과 구인) ① 법원은 필요한 때에는 결정으로 지정한 장소에 증인의 동행을 명할 수 있다.

② 증인이 정당한 사유없이 동행을 거부하는 때에는 구인할 수 있다.

제167조(수명법관, 수탁판사) ① 법원은 합의부원에게 법정 외의 증인신문을 명할 수 있고 또는 증인 현재지의 지방법원판사에게 그 신문을 촉탁할 수 있다.

② 수탁판사는 증인이 관할구역 내에 현재하지 아니한 때에는 그 현재지의 지방법원판사에게 전촉할 수 있다.

③ 수명법관 또는 수탁판사는 증인의 신문에 관하여 법원 또는 재판장에 속한 처분을 할 수 있다.

제168조(증인의 여비, 일당, 숙박료) 소환받은 증인은 법률의 규정한 바에 의하여 여비, 일당과 숙박료를 청구할 수 있다. 단, 정당한 사유없이 선서 또는 증언을 거부한 자는 예외로 한다.

제13장 감정

제169조(감정) 법원은 학식 경험있는 자에게 감정을 명할 수 있다.

제170조(선서) ① 감정인에게는 감정 전에 선서하게 하여야 한다.

② 선서는 선서서에 의하여야 한다.

③ 선서서에는 「양심에 따라 성실히 감정하고 만일 거짓이 있으면 허위감정의 벌을 받기로 맹서합니다」라고 기재하여야 한다.

④ 제157조제3항, 제4항과 제158조의 규정은 감정인의 선서에 준용한다.

제171조(감정보고) ① 감정의 경과와 결과는 감정인으로 하여금 서면으로 제출하게 하여야 한다.

② 감정인이 수인인 때에는 각각 또는 공동으로 제출하게 할 수 있다.

③ 감정의 결과에는 그 판단의 이유를 명시하여야 한다.

④ 필요한 때에는 감정인에게 설명하게 할 수 있다.

제172조(법원 외의 감정) ① 법원은 필요한 때에는 감정인으로 하여금 법원 외에서 감정하게 할 수 있다.

② 전항의 경우에는 감정을 요하는 물건을 감정인에게 교부할 수 있다.

③ 피고인의 정신 또는 신체에 관한 감정에 필요한 때에는 법원은 기간을 정하여 병원 기타 적당한 장소에 피고인을 유치하게 할 수 있고 감정이 완료되면 즉시 유치를 해제하여야 한다.

④ 전항의 유치를 함에는 감정유치장을 발부하여야 한다.

⑤ 제3항의 유치를 함에 있어서 필요한 때에는 법원은 직권 또는 피고인을 수용할 병원 기타 장소의 관리자의 신청에 의하여 사법경찰관리에게 피고인의 간수를 명할 수 있다.

⑥ 법원은 필요한 때에는 유치기간을 연장하거나 단축할 수 있다.

⑦ 구속에 관한 규정은 이 법률에 특별한 규정이 없는 경우에는 제3항의 유치에 관하여 이를 준용한다. 단, 보석에 관한 규정은 그러하지 아니하다.

⑧ 제3항의 유치는 미결구금일수의 산입에 있어서는 이를 구속으로 간주한다.

제172조의2(감정유치와 구속) ① 구속 중인 피고인에 대하여 감정유치장이 집행되었을 때에는 피고인이 유치되어 있는 기간 구속은 그 집행이 정지된 것으로 간주한다.

② 전항의 경우에 전조 제3항의 유치처분이 취소되거나 유치기간이 만료된 때에는 구속의 집행정지가 취소된 것으로 간주한다.

제173조(감정에 필요한 처분) ① 감정인은 감정에 관하여 필요한 때에는 법원의 허가를 얻어 타인의 주거, 간수자 있는 가옥, 건조물, 항공기, 선차 내에 들어 갈 수 있고 신체의 검사, 사체의 해부, 분묘발굴, 물건의 파괴를 할 수 있다.

② 전항의 허가에는 피고인의 성명, 죄명, 들어갈 장소, 검사할 신체, 해부할 사체, 발굴할 분묘, 파괴할 물건, 감정인의 성명과 유효기간을 기재한 허가장을 발부하여야 한다.

③ 감정인은 제1항의 처분을 받는 자에게 허가장을 제시하여야 한다.

④ 전2항의 규정은 감정인이 공판정에서 행하는 제1항의 처분에는 적용하지 아니한다.

⑤ 제141조, 제143조의 규정은 제1항의 경우에 준용한다.

제174조(감정인의 참여권, 신문권) ① 감정인은 감정에 관하여 필요한 경우에는 재판장의 허가를 얻어 서류와 증거물을 열람 또는 등사하고 피고인 또는 증인의 신문에 참여할 수 있다.

② 감정인은 피고인 또는 증인의 신문을 구하거나 재판장의 허가를 얻어 직접 발문할 수 있다.

제175조(수명법관) 법원은 합의부원으로 하여금 감정에 관하여 필요한 처분을 하게 할 수 있다.

제176조(당사자의 참여) ① 검사, 피고인 또는 변호인은 감정에 참여할 수 있다.

② 제122조의 규정은 전항의 경우에 준용한다.

제177조(준용규정) 감정에 관하여는 제12장(구인에 관한 규정은 제외한다)을 준용한다.

제178조(여비, 감정료 등) 감정인은 법률의 정하는 바에 의하여 여비, 일당, 숙박료 외에 감정료와 체당금의 변상을 청구할 수 있다.

제179조(감정증인) 특별한 지식에 의하여 알게 된 과거의 사실을 신문하는 경우에는 본장의 규정에 의하지 아니하고 전장의 규정에 의한다.

제179조의2(감정의 촉탁) ① 법원은 필요하다고 인정하는 때에는 공무소·학교·병원 기타 상당한 설비가 있는

단체 또는 기관에 대하여 감정을 촉탁할 수 있다. 이 경우 선서에 관한 규정은 이를 적용하지 아니한다.

② 제1항의 경우 법원은 당해 공무소·학교·병원·단체 또는 기관이 지정한 자로 하여금 감정서의 설명을 하게 할 수 있다.

제14장 통역과 번역

제180조(통역) 국어에 통하지 아니하는 자의 진술에는 통역인으로 하여금 통역하게 하여야 한다.

제181조(청각 또는 언어장애인의 통역) 듣거나 말하는 데 장애가 있는 사람의 진술에 대해서는 통역인으로 하여금 통역하게 할 수 있다.

제182조(번역) 국어 아닌 문자 또는 부호는 번역하게 하여야 한다.

제183조(준용규정) 전장의 규정은 통역과 번역에 준용한다.

제15장 증거보전

제184조(증거보전의 청구와 그 절차) ① 검사, 피고인, 피의자 또는 변호인은 미리 증거를 보전하지 아니하면 그 증거를 사용하기 곤란한 사정이 있는 때에는 제1회 공판기일 전이라도 판사에게 압수, 수색, 검증, 증인신문 또는 감정을 청구할 수 있다.

② 전항의 청구를 받은 판사는 그 처분에 관하여 법원 또는 재판장과 동일한 권한이 있다.

③ 제1항의 청구를 함에는 서면으로 그 사유를 소명하여야 한다.

④ 제1항의 청구를 기각하는 결정에 대하여는 3일 이내에 항고할 수 있다.

제185조(서류의 열람등) 검사, 피고인, 피의자 또는 변호인은 판사의 허가를 얻어 전조의 처분에 관한 서류와 증거물을 열람 또는 등사할 수 있다.

제16장 소송비용

제186조(피고인의 소송비용부담) ① 형의 선고를 하는 때에는 피고인에게 소송비용의 전부 또는 일부를 부담하게 하여야 한다. 다만, 피고인의 경제적 사정으로 소송비용을 납부할 수 없는 때에는 그러하지 아니하다.

② 피고인에게 책임지울 사유로 발생된 비용은 형의 선고를 하지 아니하는 경우에도 피고인에게 부담하게 할 수 있다.

제187조(공범의 소송비용) 공범의 소송비용은 공범인에게 연대부담하게 할 수 있다.

제188조(고소인등의 소송비용부담) 고소 또는 고발에 의하여 공소를 제기한 사건에 관하여 피고인이 무죄 또는 면

소의 판결을 받은 경우에 고소인 또는 고발인에게 고의 또는 중대한 과실이 있는 때에는 그 자에게 소송비용의 전부 또는 일부를 부담하게 할 수 있다.

제189조(검사의 상소취하와 소송비용부담) 검사만이 상소 또는 재심청구를 한 경우에 상소 또는 재심의 청구가 기각되거나 취하된 때에는 그 소송비용을 피고인에게 부담하게 하지 못한다.

제190조(제삼자의 소송비용부담) ① 검사 아닌 자가 상소 또는 재심청구를 한 경우에 상소 또는 재심의 청구가 기각되거나 취하된 때에는 그 자에게 그 소송비용을 부담하게 할 수 있다.

② 피고인 아닌 자가 피고인이 제기한 상소 또는 재심의 청구를 취하한 경우에도 전항과 같다.

제191조(소송비용부담의 재판) ① 재판으로 소송절차가 종료되는 경우에 피고인에게 소송비용을 부담하게 하는 때에는 직권으로 재판하여야 한다.

② 전항의 재판에 대하여는 본안의 재판에 관하여 상소하는 경우에 한하여 불복할 수 있다.

제192조(제삼자부담의 재판) ① 재판으로 소송절차가 종료되는 경우에 피고인 아닌 자에게 소송비용을 부담하게 하는 때에는 직권으로 결정을 하여야 한다.

② 전항의 결정에 대하여는 즉시항고를 할 수 있다.

제193조(재판에 의하지 아니한 절차종료) ① 재판에 의하지 아니하고 소송절차가 종료되는 경우에 소송비용을 부담하게 하는 때에는 사건의 최종계속법원이 직권으로 결정을 하여야 한다.

② 전항의 결정에 대하여는 즉시항고를 할 수 있다.

제194조(부담액의 산정) 소송비용의 부담을 명하는 재판에 그 금액을 표시하지 아니한 때에는 집행을 지휘하는 검사가 산정한다.

제194조의2(무죄판결과 비용보상) ① 국가는 무죄판결이 확정된 경우에는 당해 사건의 피고인이었던 자에 대하여 그 재판에 소요된 비용을 보상하여야 한다.

② 다음 각 호의 어느 하나에 해당하는 경우에는 제1항에 따른 비용의 전부 또는 일부를 보상하지 아니할 수 있다.

1. 피고인이었던 자가 수사 또는 재판을 그르칠 목적으로 거짓 자백을 하거나 다른 유죄의 증거를 만들어 기소된 것으로 인정된 경우

2. 1개의 재판으로써 경합범의 일부에 대하여 무죄판결이 확정되고 다른 부분에 대하여 유죄판결이 확정된 경우

3. 「형법」제9조 및 제10조제1항의 사유에 따른 무죄판결이 확정된 경우
4. 그 비용이 피고인이었던 자에게 책임지울 사유로 발생한 경우

제194조의3(비용보상의 절차 등) ① 제194조의2제1항에 따른 비용의 보상은 피고인이었던 자의 청구에 따라 무죄판결을 선고한 법원의 합의부에서 결정으로 한다.

② 제1항에 따른 청구는 무죄판결이 확정된 사실을 안 날부터 3년, 무죄판결이 확정된 때부터 5년 이내에 하여야 한다.

③ 제1항의 결정에 대하여는 즉시항고를 할 수 있다.

제194조의4(비용보상의 범위) ① 제194조의2에 따른 비용보상의 범위는 피고인이었던 자 또는 그 변호인이었던 자가 공판준비 및 공판기일에 출석하는데 소요된 여비·일당·숙박료와 변호인이었던 자에 대한 보수에 한한다. 이 경우 보상금액에 관하여는「형사소송비용 등에 관한 법률」을 준용하되, 피고인이었던 자에 대하여는 증인에 관한 규정을, 변호인이었던 자에 대하여는 국선변호인에 관한 규정을 준용한다.

② 법원은 공판준비 또는 공판기일에 출석한 변호인이 2인 이상이었던 경우에는 사건의 성질, 심리 상황, 그 밖의 사정을 고려하여 변호인이었던 자의 여비·일당 및 숙박료를 대표변호인이나 그 밖의 일부 변호인의 비용만으로 한정할 수 있다.

제194조의5(준용규정) 비용보상청구, 비용보상절차, 비용보상과 다른 법률에 따른 손해배상과의 관계, 보상을 받을 권리의 양도·압류 또는 피고인이었던 자의 상속인에 대한 비용보상에 관하여 이 법에 규정한 것을 제외하고는「형사보상법」에 따른 보상의 예에 따른다.

제2편 제1심

제1장 수사

제195조(검사와 사법경찰관의 관계 등) ① 검사와 사법경찰관은 수사, 공소제기 및 공소유지에 관하여 서로 협력하여야 한다.

② 제1항에 따른 수사를 위하여 준수하여야 하는 일반적 수사준칙에 관한 사항은 대통령령으로 정한다.

제196조(검사의 수사) ① 검사는 범죄의 혐의가 있다고 사료하는 때에는 범인, 범죄사실과 증거를 수사한다.

② 검사는 제197조의3제6항, 제198조의2제2항 및 제245조의7제2항에 따라 사법경찰관으로부터 송치받은 사건에

관하여는 해당 사건과 동일성을 해치지 아니하는 범위 내에서 수사할 수 있다.

제197조(사법경찰관리) ① 경무관, 총경, 경정, 경감, 경위는 사법경찰관으로서 범죄의 혐의가 있다고 사료하는 때에는 범인, 범죄사실과 증거를 수사한다.

② 경사, 경장, 순경은 사법경찰리로서 수사의 보조를 하여야 한다.

③ 삭제 <2020. 2. 4.>

④ 삭제 <2020. 2. 4.>

⑤ 삭제 <2020. 2. 4.>

⑥ 삭제 <2020. 2. 4.>

제197조의2(보완수사요구) ① 검사는 다음 각 호의 어느 하나에 해당하는 경우에 사법경찰관에게 보완수사를 요구할 수 있다.

1. 송치사건의 공소제기 여부 결정 또는 공소의 유지에 관하여 필요한 경우

2. 사법경찰관이 신청한 영장의 청구 여부 결정에 관하여 필요한 경우

② 사법경찰관은 제1항의 요구가 있는 때에는 정당한 이유가 없는 한 지체 없이 이를 이행하고, 그 결과를 검사에게 통보하여야 한다.

③ 검찰총장 또는 각급 검찰청 검사장은 사법경찰관이 정당한 이유 없이 제1항의 요구에 따르지 아니하는 때에는 권한 있는 사람에게 해당 사법경찰관의 직무배제 또는 징계를 요구할 수 있고, 그 징계 절차는 「공무원 징계령」 또는 「경찰공무원 징계령」에 따른다.

제197조의3(시정조치요구 등) ① 검사는 사법경찰관리의 수사과정에서 법령위반, 인권침해 또는 현저한 수사권 남용이 의심되는 사실의 신고가 있거나 그러한 사실을 인식하게 된 경우에는 사법경찰관에게 사건기록 등본의 송부를 요구할 수 있다.

② 제1항의 송부 요구를 받은 사법경찰관은 지체 없이 검사에게 사건기록 등본을 송부하여야 한다.

③ 제2항의 송부를 받은 검사는 필요하다고 인정되는 경우에는 사법경찰관에게 시정조치를 요구할 수 있다.

④ 사법경찰관은 제3항의 시정조치 요구가 있는 때에는 정당한 이유가 없으면 지체 없이 이를 이행하고, 그 결과를 검사에게 통보하여야 한다.

⑤ 제4항의 통보를 받은 검사는 제3항에 따른 시정조치 요구가 정당한 이유 없이 이행되지 않았다고 인정되는 경우에는 사법경찰관에게 사건을 송치할 것을 요구할 수 있다.

⑥ 제5항의 송치 요구를 받은 사법경찰관은 검사에게 사건을 송치하여야 한다.

⑦ 검찰총장 또는 각급 검찰청 검사장

은 사법경찰관리의 수사과정에서 법령위반, 인권침해 또는 현저한 수사권 남용이 있었던 때에는 권한 있는 사람에게 해당 사법경찰관리의 징계를 요구할 수 있고, 그 징계 절차는 「공무원 징계령」 또는 「경찰공무원 징계령」에 따른다.

⑧ 사법경찰관은 피의자를 신문하기 전에 수사과정에서 법령위반, 인권침해 또는 현저한 수사권 남용이 있는 경우 검사에게 구제를 신청할 수 있음을 피의자에게 알려주어야 한다.

제197조의4(수사의 경합) ① 검사는 사법경찰관과 동일한 범죄사실을 수사하게 된 때에는 사법경찰관에게 사건을 송치할 것을 요구할 수 있다.

② 제1항의 요구를 받은 사법경찰관은 지체 없이 검사에게 사건을 송치하여야 한다. 다만, 검사가 영장을 청구하기 전에 동일한 범죄사실에 관하여 사법경찰관이 영장을 신청한 경우에는 해당 영장에 기재된 범죄사실을 계속 수사할 수 있다.

제198조(준수사항) ① 피의자에 대한 수사는 불구속 상태에서 함을 원칙으로 한다.

② 검사·사법경찰관리와 그 밖에 직무상 수사에 관계있는 자는 피의자 또는 다른 사람의 인권을 존중하고 수사과정에서 취득한 비밀을 엄수하며 수사에 방해되는 일이 없도록 하여야 한다.

③ 검사·사법경찰관리와 그 밖에 직무상 수사에 관계있는 자는 수사과정에서 수사와 관련하여 작성하거나 취득한 서류 또는 물건에 대한 목록을 빠짐 없이 작성하여야 한다.

④ 수사기관은 수사 중인 사건의 범죄혐의를 밝히기 위한 목적으로 합리적인 근거 없이 별개의 사건을 부당하게 수사하여서는 아니 되고, 다른 사건의 수사를 통하여 확보된 증거 또는 자료를 내세워 관련 없는 사건에 대한 자백이나 진술을 강요하여서도 아니 된다.

제198조의2(검사의 체포·구속장소감찰) ① 지방검찰청 검사장 또는 지청장은 불법체포·구속의 유무를 조사하기 위하여 검사로 하여금 매월 1회 이상 관하수사관서의 피의자의 체포·구속장소를 감찰하게 하여야 한다. 감찰하는 검사는 체포 또는 구속된 자를 심문하고 관련서류를 조사하여야 한다.

② 검사는 적법한 절차에 의하지 아니하고 체포 또는 구속된 것이라고 의심할 만한 상당한 이유가 있는 경우에는 즉시 체포 또는 구속된 자를 석방하거나 사건을 검찰에 송치할 것을 명하여야 한다.

제199조(수사와 필요한 조사) ① 수사

에 관하여는 그 목적을 달성하기 위하여 필요한 조사를 할 수 있다. 다만, 강제처분은 이 법률에 특별한 규정이 있는 경우에 한하며, 필요한 최소한도의 범위 안에서만 하여야 한다.

② 수사에 관하여는 공무소 기타 공사단체에 조회하여 필요한 사항의 보고를 요구할 수 있다.

제200조(피의자의 출석요구) 검사 또는 사법경찰관은 수사에 필요한 때에는 피의자의 출석을 요구하여 진술을 들을 수 있다.

제200조의2(영장에 의한 체포) ① 피의자가 죄를 범하였다고 의심할 만한 상당한 이유가 있고, 정당한 이유없이 제200조의 규정에 의한 출석요구에 응하지 아니하거나 응하지 아니할 우려가 있는 때에는 검사는 관할 지방법원판사에게 청구하여 체포영장을 발부받아 피의자를 체포할 수 있고, 사법경찰관은 검사에게 신청하여 검사의 청구로 관할지방법원판사의 체포영장을 발부받아 피의자를 체포할 수 있다. 다만, 다액 50만원이하의 벌금, 구류 또는 과료에 해당하는 사건에 관하여는 피의자가 일정한 주거가 없는 경우 또는 정당한 이유없이 제200조의 규정에 의한 출석요구에 응하지 아니한 경우에 한한다.

② 제1항의 청구를 받은 지방법원판사는 상당하다고 인정할 때에는 체포영장을 발부한다. 다만, 명백히 체포의 필요가 인정되지 아니하는 경우에는 그러하지 아니하다.

③ 제1항의 청구를 받은 지방법원판사가 체포영장을 발부하지 아니할 때에는 청구서에 그 취지 및 이유를 기재하고 서명날인하여 청구한 검사에게 교부한다.

④ 검사가 제1항의 청구를 함에 있어서 동일한 범죄사실에 관하여 그 피의자에 대하여 전에 체포영장을 청구하였거나 발부받은 사실이 있는 때에는 다시 체포영장을 청구하는 취지 및 이유를 기재하여야 한다.

⑤ 체포한 피의자를 구속하고자 할 때에는 체포한 때부터 48시간이내에 제201조의 규정에 의하여 구속영장을 청구하여야 하고, 그 기간내에 구속영장을 청구하지 아니하는 때에는 피의자를 즉시 석방하여야 한다.

제200조의3(긴급체포) ① 검사 또는 사법경찰관은 피의자가 사형·무기 또는 장기 3년이상의 징역이나 금고에 해당하는 죄를 범하였다고 의심할 만한 상당한 이유가 있고, 다음 각 호의 어느 하나에 해당하는 사유가 있는 경우에 긴급을 요하여 지방법원판사의

체포영장을 받을 수 없는 때에는 그 사유를 알리고 영장없이 피의자를 체포할 수 있다. 이 경우 긴급을 요한다 함은 피의자를 우연히 발견한 경우등과 같이 체포영장을 받을 시간적 여유가 없는 때를 말한다.

1. 피의자가 증거를 인멸할 염려가 있는 때
2. 피의자가 도망하거나 도망할 우려가 있는 때

② 사법경찰관이 제1항의 규정에 의하여 피의자를 체포한 경우에는 즉시 검사의 승인을 얻어야 한다.

③ 검사 또는 사법경찰관은 제1항의 규정에 의하여 피의자를 체포한 경우에는 즉시 긴급체포서를 작성하여야 한다.

④ 제3항의 규정에 의한 긴급체포서에는 범죄사실의 요지, 긴급체포의 사유 등을 기재하여야 한다.

제200조의4(긴급체포와 영장청구기간)
① 검사 또는 사법경찰관이 제200조의3의 규정에 의하여 피의자를 체포한 경우 피의자를 구속하고자 할 때에는 지체 없이 검사는 관할지방법원판사에게 구속영장을 청구하여야 하고, 사법경찰관은 검사에게 신청하여 검사의 청구로 관할지방법원판사에게 구속영장을 청구하여야 한다. 이 경우 구속영장은 피의자를 체포한 때부터 48시간 이내에 청구하여야 하며, 제200조의3 제3항에 따른 긴급체포서를 첨부하여야 한다.

② 제1항의 규정에 의하여 구속영장을 청구하지 아니하거나 발부받지 못한 때에는 피의자를 즉시 석방하여야 한다.

③ 제2항의 규정에 의하여 석방된 자는 영장없이는 동일한 범죄사실에 관하여 체포하지 못한다.

④ 검사는 제1항에 따른 구속영장을 청구하지 아니하고 피의자를 석방한 경우에는 석방한 날부터 30일 이내에 서면으로 다음 각 호의 사항을 법원에 통지하여야 한다. 이 경우 긴급체포서의 사본을 첨부하여야 한다.

1. 긴급체포 후 석방된 자의 인적사항
2. 긴급체포의 일시·장소와 긴급체포하게 된 구체적 이유
3. 석방의 일시·장소 및 사유
4. 긴급체포 및 석방한 검사 또는 사법경찰관의 성명

⑤ 긴급체포 후 석방된 자 또는 그 변호인·법정대리인·배우자·직계친족·형제자매는 통지서 및 관련 서류를 열람하거나 등사할 수 있다.

⑥ 사법경찰관은 긴급체포한 피의자에 대하여 구속영장을 신청하지 아니하고 석방한 경우에는 즉시 검사에게 보고

하여야 한다.

제200조의5(체포와 피의사실 등의 고지) 검사 또는 사법경찰관은 피의자를 체포하는 경우에는 피의사실의 요지, 체포의 이유와 변호인을 선임할 수 있음을 말하고 변명할 기회를 주어야 한다.

제200조의6(준용규정) 제75조, 제81조 제1항 본문 및 제3항, 제82조, 제83조, 제85조제1항·제3항 및 제4항, 제86조, 제87조, 제89조부터 제91조까지, 제93조, 제101조제4항 및 제102조제2항 단서의 규정은 검사 또는 사법경찰관이 피의자를 체포하는 경우에 이를 준용한다. 이 경우 "구속"은 이를 "체포"로, "구속영장"은 이를 "체포영장"으로 본다.

제201조(구속) ① 피의자가 죄를 범하였다고 의심할 만한 상당한 이유가 있고 제70조제1항 각 호의 1에 해당하는 사유가 있을 때에는 검사는 관할지방법원판사에게 청구하여 구속영장을 받아 피의자를 구속할 수 있고 사법경찰관은 검사에게 신청하여 검사의 청구로 관할지방법원판사의 구속영장을 받아 피의자를 구속할 수 있다. 다만, 다액 50만원이하의 벌금, 구류 또는 과료에 해당하는 범죄에 관하여는 피의자가 일정한 주거가 없는 경우에 한한다.
② 구속영장의 청구에는 구속의 필요를 인정할 수 있는 자료를 제출하여야

한다.
③ 제1항의 청구를 받은 지방법원판사는 신속히 구속영장의 발부여부를 결정하여야 한다.
④ 제1항의 청구를 받은 지방법원판사는 상당하다고 인정할 때에는 구속영장을 발부한다. 이를 발부하지 아니할 때에는 청구서에 그 취지 및 이유를 기재하고 서명날인하여 청구한 검사에게 교부한다.
⑤ 검사가 제1항의 청구를 함에 있어서 동일한 범죄사실에 관하여 그 피의자에 대하여 전에 구속영장을 청구하거나 발부받은 사실이 있을 때에는 다시 구속영장을 청구하는 취지 및 이유를 기재하여야 한다.

제201조의2(구속영장 청구와 피의자 심문) ① 제200조의2·제200조의3 또는 제212조에 따라 체포된 피의자에 대하여 구속영장을 청구받은 판사는 지체 없이 피의자를 심문하여야 한다. 이 경우 특별한 사정이 없는 한 구속영장이 청구된 날의 다음날까지 심문하여야 한다.
② 제1항 외의 피의자에 대하여 구속영장을 청구받은 판사는 피의자가 죄를 범하였다고 의심할 만한 이유가 있는 경우에 구인을 위한 구속영장을 발부하여 피의자를 구인한 후 심문하여야 한다. 다만, 피의자가 도망하는 등

의 사유로 심문할 수 없는 경우에는 그러하지 아니하다.

③ 판사는 제1항의 경우에는 즉시, 제2항의 경우에는 피의자를 인치한 후 즉시 검사, 피의자 및 변호인에게 심문기일과 장소를 통지하여야 한다. 이 경우 검사는 피의자가 체포되어 있는 때에는 심문기일에 피의자를 출석시켜야 한다.

④ 검사와 변호인은 제3항에 따른 심문기일에 출석하여 의견을 진술할 수 있다.

⑤ 판사는 제1항 또는 제2항에 따라 심문하는 때에는 공범의 분리심문이나 그 밖에 수사상의 비밀보호를 위하여 필요한 조치를 하여야 한다.

⑥ 제1항 또는 제2항에 따라 피의자를 심문하는 경우 법원사무관등은 심문의 요지 등을 조서로 작성하여야 한다.

⑦ 피의자심문을 하는 경우 법원이 구속영장청구서·수사 관계 서류 및 증거물을 접수한 날부터 구속영장을 발부하여 검찰청에 반환한 날까지의 기간은 제202조 및 제203조의 적용에 있어서 그 구속기간에 산입하지 아니한다.

⑧ 심문할 피의자에게 변호인이 없는 때에는 지방법원판사는 직권으로 변호인을 선정하여야 한다. 이 경우 변호인의 선정은 피의자에 대한 구속영장 청구가 기각되어 효력이 소멸한 경우를 제외하고는 제1심까지 효력이 있다.

⑨ 법원은 변호인의 사정이나 그 밖의 사유로 변호인 선정결정이 취소되어 변호인이 없게 된 때에는 직권으로 변호인을 다시 선정할 수 있다.

⑩ 제71조, 제71조의2, 제75조, 제81조부터 제83조까지, 제85조제1항·제3항·제4항, 제86조, 제87조제1항, 제89조부터 제91조까지 및 제200조의5는 제2항에 따라 구인을 하는 경우에 준용하고, 제48조, 제51조, 제53조, 제56조의2 및 제276조의2는 피의자에 대한 심문의 경우에 준용한다.

제202조(사법경찰관의 구속기간) 사법경찰관이 피의자를 구속한 때에는 10일 이내에 피의자를 검사에게 인치하지 아니하면 석방하여야 한다.

제203조(검사의 구속기간) 검사가 피의자를 구속한 때 또는 사법경찰관으로부터 피의자의 인치를 받은 때에는 10일 이내에 공소를 제기하지 아니하면 석방하여야 한다.

제203조의2(구속기간에의 산입) 피의자가 제200조의2·제200조의3·제201조의2제2항 또는 제212조의 규정에 의하여 체포 또는 구인된 경우에는 제202조 또는 제203조의 구속기간은 피의자를 체포 또는 구인한 날부터 기산

한다.

제204조(영장발부와 법원에 대한 통지) 체포영장 또는 구속영장의 발부를 받은 후 피의자를 체포 또는 구속하지 아니하거나 체포 또는 구속한 피의자를 석방한 때에는 지체없이 검사는 영장을 발부한 법원에 그 사유를 서면으로 통지하여야 한다.

제205조(구속기간의 연장) ① 지방법원판사는 검사의 신청에 의하여 수사를 계속함에 상당한 이유가 있다고 인정한 때에는 10일을 초과하지 아니하는 한도에서 제203조의 구속기간의 연장을 1차에 한하여 허가할 수 있다.
② 전항의 신청에는 구속기간의 연장의 필요를 인정할 수 있는 자료를 제출하여야 한다.

제206조 삭제 <1995. 12. 29.>

제207조 삭제 <1995. 12. 29.>

제208조(재구속의 제한) ① 검사 또는 사법경찰관에 의하여 구속되었다가 석방된 자는 다른 중요한 증거를 발견한 경우를 제외하고는 동일한 범죄사실에 관하여 재차 구속하지 못한다.
② 전항의 경우에는 1개의 목적을 위하여 동시 또는 수단결과의 관계에서 행하여진 행위는 동일한 범죄사실로 간주한다.

제209조(준용규정) 제70조제2항, 제71조, 제75조, 제81조제1항 본문·제3항, 제82조, 제83조, 제85조부터 제87조까지, 제89조부터 제91조까지, 제93조, 제101조제1항, 제102조제2항 본문(보석의 취소에 관한 부분은 제외한다) 및 제200조의5는 검사 또는 사법경찰관의 피의자 구속에 관하여 준용한다.

제210조(사법경찰관리의 관할구역 외의 수사) 사법경찰관리가 관할구역 외에서 수사하거나 관할구역 외의 사법경찰관리의 촉탁을 받아 수사할 때에는 관할지방검찰청 검사장 또는 지청장에게 보고하여야 한다. 다만, 제200조의3, 제212조, 제214조, 제216조와 제217조의 규정에 의한 수사를 하는 경우에 긴급을 요할 때에는 사후에 보고할 수 있다.

제211조(현행범인과 준현행범인) ① 범죄를 실행하고 있거나 실행하고 난 직후의 사람을 현행범인이라 한다.
② 다음 각 호의 어느 하나에 해당하는 사람은 현행범인으로 본다.
1. 범인으로 불리며 추적되고 있을 때
2. 장물이나 범죄에 사용되었다고 인정하기에 충분한 흉기나 그 밖의 물건을 소지하고 있을 때
3. 신체나 의복류에 증거가 될 만한 뚜렷한 흔적이 있을 때
4. 누구냐고 묻자 도망하려고 할 때

제212조(현행범인의 체포) 현행범인은 누구든지 영장없이 체포할 수 있다.

제212조의2 삭제 <1987. 11. 28.>

제213조(체포된 현행범인의 인도) ① 검사 또는 사법경찰관리 아닌 자가 현행범인을 체포한 때에는 즉시 검사 또는 사법경찰관리에게 인도하여야 한다.

② 사법경찰관리가 현행범인의 인도를 받은 때에는 체포자의 성명, 주거, 체포의 사유를 물어야 하고 필요한 때에는 체포자에 대하여 경찰관서에 동행함을 요구할 수 있다.

③ 삭제 <1987. 11. 28.>

제213조의2(준용규정) 제87조, 제89조, 제90조, 제200조의2제5항 및 제200조의5의 규정은 검사 또는 사법경찰관리가 현행범인을 체포하거나 현행범인을 인도받은 경우에 이를 준용한다.

제214조(경미사건과 현행범인의 체포) 다액 50만원이하의 벌금, 구류 또는 과료에 해당하는 죄의 현행범인에 대하여는 범인의 주거가 분명하지 아니한 때에 한하여 제212조 내지 제213조의 규정을 적용한다.

제214조의2(체포와 구속의 적부심사) ① 체포되거나 구속된 피의자 또는 그 변호인, 법정대리인, 배우자, 직계친족, 형제자매나 가족, 동거인 또는 고용주는 관할법원에 체포 또는 구속의 적부심사(適否審査)를 청구할 수 있다.

② 피의자를 체포하거나 구속한 검사 또는 사법경찰관은 체포되거나 구속된 피의자와 제1항에 규정된 사람 중에서 피의자가 지정하는 사람에게 제1항에 따른 적부심사를 청구할 수 있음을 알려야 한다.

③ 법원은 제1항에 따른 청구가 다음 각 호의 어느 하나에 해당하는 때에는 제4항에 따른 심문 없이 결정으로 청구를 기각할 수 있다.

1. 청구권자 아닌 사람이 청구하거나 동일한 체포영장 또는 구속영장의 발부에 대하여 재청구한 때

2. 공범이나 공동피의자의 순차청구(順次請求)가 수사 방해를 목적으로 하고 있음이 명백한 때

④ 제1항의 청구를 받은 법원은 청구서가 접수된 때부터 48시간 이내에 체포되거나 구속된 피의자를 심문하고 수사 관계 서류와 증거물을 조사하여 그 청구가 이유 없다고 인정한 경우에는 결정으로 기각하고, 이유 있다고 인정한 경우에는 결정으로 체포되거나 구속된 피의자의 석방을 명하여야 한다. 심사 청구 후 피의자에 대하여 공소제기가 있는 경우에도 또한 같다.

⑤ 법원은 구속된 피의자(심사청구 후 공소제기된 사람을 포함한다)에 대하

여 피의자의 출석을 보증할 만한 보증금의 납입을 조건으로 하여 결정으로 제4항의 석방을 명할 수 있다. 다만, 다음 각 호에 해당하는 경우에는 그러하지 아니하다.

1. 범죄의 증거를 인멸할 염려가 있다고 믿을 만한 충분한 이유가 있는 때
2. 피해자, 당해 사건의 재판에 필요한 사실을 알고 있다고 인정되는 사람 또는 그 친족의 생명·신체나 재산에 해를 가하거나 가할 염려가 있다고 믿을 만한 충분한 이유가 있는 때

⑥ 제5항의 석방 결정을 하는 경우에는 주거의 제한, 법원 또는 검사가 지정하는 일시·장소에 출석할 의무, 그 밖의 적당한 조건을 부가할 수 있다.

⑦ 제5항에 따라 보증금 납입을 조건으로 석방을 하는 경우에는 제99조와 제100조를 준용한다.

⑧ 제3항과 제4항의 결정에 대해서는 항고할 수 없다.

⑨ 검사·변호인·청구인은 제4항의 심문기일에 출석하여 의견을 진술할 수 있다.

⑩ 체포되거나 구속된 피의자에게 변호인이 없는 때에는 제33조를 준용한다.

⑪ 법원은 제4항의 심문을 하는 경우 공범의 분리심문이나 그 밖에 수사상

의 비밀보호를 위한 적절한 조치를 하여야 한다.

⑫ 체포영장이나 구속영장을 발부한 법관은 제4항부터 제6항까지의 심문·조사·결정에 관여할 수 없다. 다만, 체포영장이나 구속영장을 발부한 법관 외에는 심문·조사·결정을 할 판사가 없는 경우에는 그러하지 아니하다.

⑬ 법원이 수사 관계 서류와 증거물을 접수한 때부터 결정 후 검찰청에 반환된 때까지의 기간은 제200조의2제5항(제213조의2에 따라 준용되는 경우를 포함한다) 및 제200조의4제1항을 적용할 때에는 그 제한기간에 산입하지 아니하고, 제202조·제203조 및 제205조를 적용할 때에는 그 구속기간에 산입하지 아니한다.

⑭ 제4항에 따라 피의자를 심문하는 경우에는 제201조의2제6항을 준용한다.

제214조의3(재체포 및 재구속의 제한)
① 제214조의2제4항에 따른 체포 또는 구속 적부심사결정에 의하여 석방된 피의자가 도망하거나 범죄의 증거를 인멸하는 경우를 제외하고는 동일한 범죄사실로 재차 체포하거나 구속할 수 없다.

② 제214조의2제5항에 따라 석방된 피의자에게 다음 각 호의 어느 하나에 해당하는 사유가 있는 경우를 제외하고

는 동일한 범죄사실로 재차 체포하거나 구속할 수 없다.

1. 도망한 때
2. 도망하거나 범죄의 증거를 인멸할 염려가 있다고 믿을 만한 충분한 이유가 있는 때
3. 출석요구를 받고 정당한 이유없이 출석하지 아니한 때
4. 주거의 제한이나 그 밖에 법원이 정한 조건을 위반한 때

제214조의4(보증금의 몰수) ① 법원은 다음 각 호의 1의 경우에 직권 또는 검사의 청구에 의하여 결정으로 제214조의2제5항에 따라 납입된 보증금의 전부 또는 일부를 몰수할 수 있다.

1. 제214조의2제5항에 따라 석방된 자를 제214조의3제2항에 열거된 사유로 재차 구속할 때
2. 공소가 제기된 후 법원이 제214조의2제5항에 따라 석방된 자를 동일한 범죄사실에 관하여 재차 구속할 때
② 법원은 제214조의2제5항에 따라 석방된 자가 동일한 범죄사실에 관하여 형의 선고를 받고 그 판결이 확정된 후, 집행하기 위한 소환을 받고 정당한 이유없이 출석하지 아니하거나 도망한 때에는 직권 또는 검사의 청구에 의하여 결정으로 보증금의 전부 또는 일부를 몰수하여야 한다.

제215조(압수, 수색, 검증) ① 검사는 범죄수사에 필요한 때에는 피의자가 죄를 범하였다고 의심할 만한 정황이 있고 해당 사건과 관계가 있다고 인정할 수 있는 것에 한정하여 지방법원판사에게 청구하여 발부받은 영장에 의하여 압수, 수색 또는 검증을 할 수 있다.
② 사법경찰관이 범죄수사에 필요한 때에는 피의자가 죄를 범하였다고 의심할 만한 정황이 있고 해당 사건과 관계가 있다고 인정할 수 있는 것에 한정하여 검사에게 신청하여 검사의 청구로 지방법원판사가 발부한 영장에 의하여 압수, 수색 또는 검증을 할 수 있다.

제216조(영장에 의하지 아니한 강제처분) ① 검사 또는 사법경찰관은 제200조의2·제200조의3·제201조 또는 제212조의 규정에 의하여 피의자를 체포 또는 구속하는 경우에 필요한 때에는 영장없이 다음 처분을 할 수 있다.

1. 타인의 주거나 타인이 간수하는 가옥, 건조물, 항공기, 선차 내에서의 피의자 수색. 다만, 제200조의2 또는 제201조에 따라 피의자를 체포 또는 구속하는 경우의 피의자 수색은 미리 수색영장을 발부받기 어려운 긴급한 사정이 있는 때에 한정한다.
2. 체포현장에서의 압수, 수색, 검증
② 전항 제2호의 규정은 검사 또는 사

법경찰관이 피고인에 대한 구속영장의 집행의 경우에 준용한다.

③ 범행 중 또는 범행직후의 범죄 장소에서 긴급을 요하여 법원판사의 영장을 받을 수 없는 때에는 영장없이 압수, 수색 또는 검증을 할 수 있다. 이 경우에는 사후에 지체없이 영장을 받아야 한다.

제217조(영장에 의하지 아니하는 강제처분) ① 검사 또는 사법경찰관은 제200조의3에 따라 체포된 자가 소유·소지 또는 보관하는 물건에 대하여 긴급히 압수할 필요가 있는 경우에는 체포한 때부터 24시간 이내에 한하여 영장 없이 압수·수색 또는 검증을 할 수 있다.

② 검사 또는 사법경찰관은 제1항 또는 제216조제1항제2호에 따라 압수한 물건을 계속 압수할 필요가 있는 경우에는 지체 없이 압수수색영장을 청구하여야 한다. 이 경우 압수수색영장의 청구는 체포한 때부터 48시간 이내에 하여야 한다.

③ 검사 또는 사법경찰관은 제2항에 따라 청구한 압수수색영장을 발부받지 못한 때에는 압수한 물건을 즉시 반환하여야 한다.

제218조(영장에 의하지 아니한 압수) 검사, 사법경찰관은 피의자 기타인의 유류한 물건이나 소유자, 소지자 또는 보관자가 임의로 제출한 물건을 영장 없이 압수할 수 있다.

제218조의2(압수물의 환부, 가환부) ① 검사는 사본을 확보한 경우 등 압수를 계속할 필요가 없다고 인정되는 압수물 및 증거에 사용할 압수물에 대하여 공소제기 전이라도 소유자, 소지자, 보관자 또는 제출인의 청구가 있는 때에는 환부 또는 가환부하여야 한다.

② 제1항의 청구에 대하여 검사가 이를 거부하는 경우에는 신청인은 해당 검사의 소속 검찰청에 대응한 법원에 압수물의 환부 또는 가환부 결정을 청구할 수 있다.

③ 제2항의 청구에 대하여 법원이 환부 또는 가환부를 결정하면 검사는 신청인에게 압수물을 환부 또는 가환부하여야 한다.

④ 사법경찰관의 환부 또는 가환부 처분에 관하여는 제1항부터 제3항까지의 규정을 준용한다. 이 경우 사법경찰관은 검사의 지휘를 받아야 한다.

제219조(준용규정) 제106조, 제107조, 제109조 내지 제112조, 제114조, 제115조제1항 본문, 제2항, 제118조부터 제132조까지, 제134조, 제135조, 제140조, 제141조, 제333조제2항, 제486조의 규정은 검사 또는 사법경찰관의 본장의

규정에 의한 압수, 수색 또는 검증에 준용한다. 단, 사법경찰관이 제130조, 제132조 및 제134조에 따른 처분을 함에는 검사의 지휘를 받아야 한다.

제220조(요급처분) 제216조의 규정에 의한 처분을 하는 경우에 급속을 요하는 때에는 제123조제2항, 제125조의 규정에 의함을 요하지 아니한다.

제221조(제3자의 출석요구 등) ① 검사 또는 사법경찰관은 수사에 필요한 때에는 피의자가 아닌 자의 출석을 요구하여 진술을 들을 수 있다. 이 경우 그의 동의를 받아 영상녹화할 수 있다.
② 검사 또는 사법경찰관은 수사에 필요한 때에는 감정·통역 또는 번역을 위촉할 수 있다.
③ 제163조의2제1항부터 제3항까지는 검사 또는 사법경찰관이 범죄로 인한 피해자를 조사하는 경우에 준용한다.

제221조의2(증인신문의 청구) ① 범죄의 수사에 없어서는 아니될 사실을 안다고 명백히 인정되는 자가 전조의 규정에 의한 출석 또는 진술을 거부한 경우에는 검사는 제1회 공판기일 전에 한하여 판사에게 그에 대한 증인신문을 청구할 수 있다.
② 삭제 <2007. 6. 1.>
③ 제1항의 청구를 함에는 서면으로 그 사유를 소명하여야 한다.

④ 제1항의 청구를 받은 판사는 증인신문에 관하여 법원 또는 재판장과 동일한 권한이 있다.
⑤ 판사는 제1항의 청구에 따라 증인신문기일을 정한 때에는 피고인·피의자 또는 변호인에게 이를 통지하여 증인신문에 참여할 수 있도록 하여야 한다.
⑥ 판사는 제1항의 청구에 의한 증인신문을 한 때에는 지체없이 이에 관한 서류를 검사에게 송부하여야 한다.

제221조의3(감정의 위촉과 감정유치의 청구) ① 검사는 제221조의 규정에 의하여 감정을 위촉하는 경우에 제172조제3항의 유치처분이 필요할 때에는 판사에게 이를 청구하여야 한다.
② 판사는 제1항의 청구가 상당하다고 인정할 때에는 유치처분을 하여야 한다. 제172조 및 제172조의2의 규정은 이 경우에 준용한다.

제221조의4(감정에 필요한 처분, 허가장) ① 제221조의 규정에 의하여 감정의 위촉을 받은 자는 판사의 허가를 얻어 제173조제1항에 규정된 처분을 할 수 있다.
② 제1항의 허가의 청구는 검사가 하여야 한다.
③ 판사는 제2항의 청구가 상당하다고 인정할 때에는 허가장을 발부하여야 한다.

④ 제173조제2항, 제3항 및 제5항의 규정은 제3항의 허가장에 준용한다.

제221조의5(사법경찰관이 신청한 영장의 청구 여부에 대한 심의) ① 검사가 사법경찰관이 신청한 영장을 정당한 이유 없이 판사에게 청구하지 아니한 경우 사법경찰관은 그 검사 소속의 지방검찰청 소재지를 관할하는 고등검찰청에 영장 청구 여부에 대한 심의를 신청할 수 있다.

② 제1항에 관한 사항을 심의하기 위하여 각 고등검찰청에 영장심의위원회(이하 이 조에서 "심의위원회"라 한다)를 둔다.

③ 심의위원회는 위원장 1명을 포함한 10명 이내의 외부 위원으로 구성하고, 위원은 각 고등검찰청 검사장이 위촉한다.

④ 사법경찰관은 심의위원회에 출석하여 의견을 개진할 수 있다.

⑤ 심의위원회의 구성 및 운영 등 그 밖에 필요한 사항은 법무부령으로 정한다.

제222조(변사자의 검시) ① 변사자 또는 변사의 의심있는 사체가 있는 때에는 그 소재지를 관할하는 지방검찰청 검사가 검시하여야 한다.

② 전항의 검시로 범죄의 혐의를 인정하고 긴급을 요할 때에는 영장없이 검증할 수 있다.

③ 검사는 사법경찰관에게 전2항의 처분을 명할 수 있다.

제223조(고소권자) 범죄로 인한 피해자는 고소할 수 있다.

제224조(고소의 제한) 자기 또는 배우자의 직계존속을 고소하지 못한다.

제225조(비피해인 고소권자) ① 피해자의 법정대리인은 독립하여 고소할 수 있다.

② 피해자가 사망한 때에는 그 배우자, 직계친족 또는 형제자매는 고소할 수 있다. 단, 피해자의 명시한 의사에 반하지 못한다.

제226조(동전) 피해자의 법정대리인이 피의자이거나 법정대리인의 친족이 피의자인 때에는 피해자의 친족은 독립하여 고소할 수 있다.

제227조(동전) 사자의 명예를 훼손한 범죄에 대하여는 그 친족 또는 자손은 고소할 수 있다.

제228조(고소권자의 지정) 친고죄에 대하여 고소할 자가 없는 경우에 이해관계인의 신청이 있으면 검사는 10일 이내에 고소할 수 있는 자를 지정하여야 한다.

제229조(배우자의 고소) ①「형법」제241조의 경우에는 혼인이 해소되거나 이혼소송을 제기한 후가 아니면 고소

할 수 없다.

② 전항의 경우에 다시 혼인을 하거나 이혼소송을 취하한 때에는 고소는 취소된 것으로간주한다.

제230조(고소기간) ① 친고죄에 대하여는 범인을 알게 된 날로부터 6월을 경과하면 고소하지 못한다. 단, 고소할 수 없는 불가항력의 사유가 있는 때에는 그 사유가 없어진 날로부터 기산한다.

② 삭제 <2013. 4. 5.>

제231조(수인의 고소권자) 고소할 수 있는 자가 수인인 경우에는 1인의 기간의 해태는 타인의 고소에 영향이 없다.

제232조(고소의 취소) ① 고소는 제1심 판결선고 전까지 취소할 수 있다.

② 고소를 취소한 자는 다시 고소할 수 없다.

③ 피해자의 명시한 의사에 반하여 공소를 제기할 수 없는 사건에서 처벌을 원하는 의사표시를 철회한 경우에도 제1항과 제2항을 준용한다.

제233조(고소의 불가분) 친고죄의 공범 중 그 1인 또는 수인에 대한 고소 또는 그 취소는 다른 공범자에 대하여도 효력이 있다.

제234조(고발) ① 누구든지 범죄가 있다고 사료하는 때에는 고발할 수 있다.

② 공무원은 그 직무를 행함에 있어 범죄가 있다고 사료하는 때에는 고발하여야 한다.

제235조(고발의 제한) 제224조의 규정은 고발에 준용한다.

제236조(대리고소) 고소 또는 그 취소는 대리인으로 하여금하게 할 수 있다.

제237조(고소, 고발의 방식) ① 고소 또는 고발은 서면 또는 구술로써 검사 또는 사법경찰관에게 하여야 한다.

② 검사 또는 사법경찰관이 구술에 의한 고소 또는 고발을 받은 때에는 조서를 작성하여야 한다.

제238조(고소, 고발과 사법경찰관의 조치) 사법경찰관이 고소 또는 고발을 받은 때에는 신속히 조사하여 관계서류와 증거물을 검사에게 송부하여야 한다.

제239조(준용규정) 전2조의 규정은 고소 또는 고발의 취소에 관하여 준용한다.

제240조(자수와 준용규정) 제237조와 제238조의 규정은 자수에 대하여 준용한다.

제241조(피의자신문) 검사 또는 사법경찰관이 피의자를 신문함에는 먼저 그 성명, 연령, 등록기준지, 주거와 직업을 물어 피의자임에 틀림없음을 확인하여야 한다.

제242조(피의자신문사항) 검사 또는 사법경찰관은 피의자에 대하여 범죄사실과 정상에 관한 필요사항을 신문하여야 하며 그 이익되는 사실을 진술할 기

회를 주어야 한다.

제243조(피의자신문과 참여자) 검사가 피의자를 신문함에는 검찰청수사관 또는 서기관이나 서기를 참여하게 하여야 하고 사법경찰관이 피의자를 신문함에는 사법경찰관리를 참여하게 하여야 한다.

제243조의2(변호인의 참여 등) ① 검사 또는 사법경찰관은 피의자 또는 그 변호인·법정대리인·배우자·직계친족·형제자매의 신청에 따라 변호인을 피의자와 접견하게 하거나 정당한 사유가 없는 한 피의자에 대한 신문에 참여하게 하여야 한다.

② 신문에 참여하고자 하는 변호인이 2인 이상인 때에는 피의자가 신문에 참여할 변호인 1인을 지정한다. 지정이 없는 경우에는 검사 또는 사법경찰관이 이를 지정할 수 있다.

③ 신문에 참여한 변호인은 신문 후 의견을 진술할 수 있다. 다만, 신문 중이라도 부당한 신문방법에 대하여 이의를 제기할 수 있고, 검사 또는 사법경찰관의 승인을 받아 의견을 진술할 수 있다.

④ 제3항에 따른 변호인의 의견이 기재된 피의자신문조서는 변호인에게 열람하게 한 후 변호인으로 하여금 그 조서에 기명날인 또는 서명하게 하여야 한다.

⑤ 검사 또는 사법경찰관은 변호인의 신문참여 및 그 제한에 관한 사항을 피의자신문조서에 기재하여야 한다.

제244조(피의자신문조서의 작성) ① 피의자의 진술은 조서에 기재하여야 한다.

② 제1항의 조서는 피의자에게 열람하게 하거나 읽어 들려주어야 하며, 진술한 대로 기재되지 아니하였거나 사실과 다른 부분의 유무를 물어 피의자가 증감 또는 변경의 청구 등 이의를 제기하거나 의견을 진술한 때에는 이를 조서에 추가로 기재하여야 한다. 이 경우 피의자가 이의를 제기하였던 부분은 읽을 수 있도록 남겨두어야 한다.

③ 피의자가 조서에 대하여 이의나 의견이 없음을 진술한 때에는 피의자로 하여금 그 취지를 자필로 기재하게 하고 조서에 간인한 후 기명날인 또는 서명하게 한다.

제244조의2(피의자진술의 영상녹화) ① 피의자의 진술은 영상녹화할 수 있다. 이 경우 미리 영상녹화사실을 알려주어야 하며, 조사의 개시부터 종료까지의 전 과정 및 객관적 정황을 영상녹화하여야 한다.

② 제1항에 따른 영상녹화가 완료된 때에는 피의자 또는 변호인 앞에서 지체 없이 그 원본을 봉인하고 피의자로

하여금 기명날인 또는 서명하게 하여야 한다.

③ 제2항의 경우에 피의자 또는 변호인의 요구가 있는 때에는 영상녹화물을 재생하여 시청하게 하여야 한다. 이 경우 그 내용에 대하여 이의를 진술하는 때에는 그 취지를 기재한 서면을 첨부하여야 한다.

제244조의3(진술거부권 등의 고지) ① 검사 또는 사법경찰관은 피의자를 신문하기 전에 다음 각 호의 사항을 알려 주어야 한다.

1. 일체의 진술을 하지 아니하거나 개개의 질문에 대하여 진술을 하지 아니할 수 있다는 것

2. 진술을 하지 아니하더라도 불이익을 받지 아니한다는 것

3. 진술을 거부할 권리를 포기하고 행한 진술은 법정에서 유죄의 증거로 사용될 수 있다는 것

4. 신문을 받을 때에는 변호인을 참여하게 하는 등 변호인의 조력을 받을 수 있다는 것

② 검사 또는 사법경찰관은 제1항에 따라 알려 준 때에는 피의자가 진술을 거부할 권리와 변호인의 조력을 받을 권리를 행사할 것인지의 여부를 질문하고, 이에 대한 피의자의 답변을 조서에 기재하여야 한다. 이 경우 피의자의 답변은 피의자로 하여금 자필로 기재하게 하거나 검사 또는 사법경찰관이 피의자의 답변을 기재한 부분에 기명날인 또는 서명하게 하여야 한다.

제244조의4(수사과정의 기록) ① 검사 또는 사법경찰관은 피의자가 조사장소에 도착한 시각, 조사를 시작하고 마친 시각, 그 밖에 조사과정의 진행경과를 확인하기 위하여 필요한 사항을 피의자신문조서에 기록하거나 별도의 서면에 기록한 후 수사기록에 편철하여야 한다.

② 제244조제2항 및 제3항은 제1항의 조서 또는 서면에 관하여 준용한다.

③ 제1항 및 제2항은 피의자가 아닌 자를 조사하는 경우에 준용한다.

제244조의5(장애인 등 특별히 보호를 요하는 자에 대한 특칙) 검사 또는 사법경찰관은 피의자를 신문하는 경우 다음 각 호의 어느 하나에 해당하는 때에는 직권 또는 피의자·법정대리인의 신청에 따라 피의자와 신뢰관계에 있는 자를 동석하게 할 수 있다.

1. 피의자가 신체적 또는 정신적 장애로 사물을 변별하거나 의사를 결정·전달할 능력이 미약한 때

2. 피의자의 연령·성별·국적 등의 사정을 고려하여 그 심리적 안정의 도모와 원활한 의사소통을 위하여 필

요한 경우

제245조(참고인과의 대질) 검사 또는 사법경찰관이 사실을 발견함에 필요한 때에는 피의자와 다른 피의자 또는 피의자 아닌 자와 대질하게 할 수 있다.

제245조의2(전문수사자문위원의 참여) ① 검사는 공소제기 여부와 관련된 사실관계를 분명하게 하기 위하여 필요한 경우에는 직권이나 피의자 또는 변호인의 신청에 의하여 전문수사자문위원을 지정하여 수사절차에 참여하게 하고 자문을 들을 수 있다.

② 전문수사자문위원은 전문적인 지식에 의한 설명 또는 의견을 기재한 서면을 제출하거나 전문적인 지식에 의하여 설명이나 의견을 진술할 수 있다.

③ 검사는 제2항에 따라 전문수사자문위원이 제출한 서면이나 전문수사자문위원의 설명 또는 의견의 진술에 관하여 피의자 또는 변호인에게 구술 또는 서면에 의한 의견진술의 기회를 주어야 한다.

제245조의3(전문수사자문위원 지정 등) ① 제245조의2제1항에 따라 전문수사자문위원을 수사절차에 참여시키는 경우 검사는 각 사건마다 1인 이상의 전문수사자문위원을 지정한다.

② 검사는 상당하다고 인정하는 때에는 전문수사자문위원의 지정을 취소할 수 있다.

③ 피의자 또는 변호인은 검사의 전문수사자문위원 지정에 대하여 관할 고등검찰청검사장에게 이의를 제기할 수 있다.

④ 전문수사자문위원에게는 수당을 지급하고, 필요한 경우에는 그 밖의 여비, 일당 및 숙박료를 지급할 수 있다.

⑤ 전문수사자문위원의 지정 및 지정 취소, 이의제기 절차 및 방법, 수당지급, 그 밖에 필요한 사항은 법무부령으로 정한다.

제245조의4(준용규정) 제279조의7 및 제279조의8은 검사의 전문수사자문위원에게 준용한다.

제245조의5(사법경찰관의 사건송치 등) 사법경찰관은 고소·고발 사건을 포함하여 범죄를 수사한 때에는 다음 각 호의 구분에 따른다.

1. 범죄의 혐의가 있다고 인정되는 경우에는 지체 없이 검사에게 사건을 송치하고, 관계 서류와 증거물을 검사에게 송부하여야 한다.

2. 그 밖의 경우에는 그 이유를 명시한 서면과 함께 관계 서류와 증거물을 지체 없이 검사에게 송부하여야 한다. 이 경우 검사는 송부받은 날부터 90일 이내에 사법경찰관에게 반환하여야 한다.

제245조의6(고소인 등에 대한 송부통지) 사법경찰관은 제245조의5제2호의 경우에는 그 송부한 날부터 7일 이내에 서면으로 고소인·고발인·피해자 또는 그 법정대리인(피해자가 사망한 경우에는 그 배우자·직계친족·형제자매를 포함한다)에게 사건을 검사에게 송치하지 아니하는 취지와 그 이유를 통지하여야 한다.

제245조의7(고소인 등의 이의신청) ① 제245조의6의 통지를 받은 사람(고발인을 제외한다)은 해당 사법경찰관의 소속 관서의 장에게 이의를 신청할 수 있다.

② 사법경찰관은 제1항의 신청이 있는 때에는 지체 없이 검사에게 사건을 송치하고 관계 서류와 증거물을 송부하여야 하며, 처리결과와 그 이유를 제1항의 신청인에게 통지하여야 한다.

제245조의8(재수사요청 등) ① 검사는 제245조의5제2호의 경우에 사법경찰관이 사건을 송치하지 아니한 것이 위법 또는 부당한 때에는 그 이유를 문서로 명시하여 사법경찰관에게 재수사를 요청할 수 있다.

② 사법경찰관은 제1항의 요청이 있는 때에는 사건을 재수사하여야 한다.

제245조의9(검찰청 직원) ① 검찰청 직원으로서 사법경찰관리의 직무를 행하는 자와 그 직무의 범위는 법률로 정한다.

② 사법경찰관의 직무를 행하는 검찰청 직원은 검사의 지휘를 받아 수사하여야 한다.

③ 사법경찰리의 직무를 행하는 검찰청 직원은 검사 또는 사법경찰관의 직무를 행하는 검찰청 직원의 수사를 보조하여야 한다.

④ 사법경찰관리의 직무를 행하는 검찰청 직원에 대하여는 제197조의2부터 제197조의4까지, 제221조의5, 제245조의5부터 제245조의8까지의 규정을 적용하지 아니한다.

제245조의10(특별사법경찰관리) ① 삼림, 해사, 전매, 세무, 군수사기관, 그 밖에 특별한 사항에 관하여 사법경찰관리의 직무를 행할 특별사법경찰관리와 그 직무의 범위는 법률로 정한다.

② 특별사법경찰관은 모든 수사에 관하여 검사의 지휘를 받는다.

③ 특별사법경찰관은 범죄의 혐의가 있다고 인식하는 때에는 범인, 범죄사실과 증거에 관하여 수사를 개시·진행하여야 한다.

④ 특별사법경찰관리는 검사의 지휘가 있는 때에는 이에 따라야 한다. 검사의 지휘에 관한 구체적 사항은 법무부령으로 정한다.

⑤ 특별사법경찰관은 범죄를 수사한 때에는 지체 없이 검사에게 사건을 송치하고, 관계 서류와 증거물을 송부하여야 한다.

⑥ 특별사법경찰관리에 대하여는 제197조의2부터 제197조의4까지, 제221조의5, 제245조의5부터 제245조의8까지의 규정을 적용하지 아니한다.

제2장 공소

제246조(국가소추주의) 공소는 검사가 제기하여 수행한다.

제247조(기소편의주의) 검사는「형법」제51조의 사항을 참작하여 공소를 제기하지 아니할 수 있다.

제248조(공소의 효력 범위) ① 공소의 효력은 검사가 피고인으로 지정한 자에게만 미친다.

② 범죄사실의 일부에 대한 공소의 효력은 범죄사실 전부에 미친다.

제249조(공소시효의 기간) ① 공소시효는 다음 기간의 경과로 완성한다.

1. 사형에 해당하는 범죄에는 25년

2. 무기징역 또는 무기금고에 해당하는 범죄에는 15년

3. 장기 10년 이상의 징역 또는 금고에 해당하는 범죄에는 10년

4. 장기 10년 미만의 징역 또는 금고에 해당하는 범죄에는 7년

5. 장기 5년 미만의 징역 또는 금고, 장기10년 이상의 자격정지 또는 벌금에 해당하는 범죄에는 5년

6. 장기 5년 이상의 자격정지에 해당하는 범죄에는 3년

7. 장기 5년 미만의 자격정지, 구류, 과료 또는 몰수에 해당하는 범죄에는 1년

② 공소가 제기된 범죄는 판결의 확정이 없이 공소를 제기한 때로부터 25년을 경과하면 공소시효가 완성한 것으로 간주한다.

제250조(두 개 이상의 형과 시효기간) 두 개 이상의 형을 병과(倂科)하거나 두 개 이상의 형에서 한 개를 과(科)할 범죄에 대해서는 무거운 형에 의하여 제249조를 적용한다.

제251조(형의 가중, 감경과 시효기간) 「형법」에 의하여 형을 가중 또는 감경한 경우에는 가중 또는 감경하지 아니한 형에 의하여 제249조의 규정을 적용한다.

제252조(시효의 기산점) ① 시효는 범죄행위의 종료한 때로부터 진행한다.

② 공범에는 최종행위의 종료한 때로부터 전공범에 대한 시효기간을 기산한다.

제253조(시효의 정지와 효력) ① 시효는 공소의 제기로 진행이 정지되고 공

소기각 또는 관할위반의 재판이 확정된 때로부터 진행한다.

② 공범의 1인에 대한 전항의 시효정지는 다른 공범자에게 대하여 효력이 미치고 당해 사건의 재판이 확정된 때로부터 진행한다.

③ 범인이 형사처분을 면할 목적으로 국외에 있는 경우 그 기간 동안 공소시효는 정지된다.

④ 피고인이 형사처분을 면할 목적으로 국외에 있는 경우 그 기간 동안 제249조제2항에 따른 기간의 진행은 정지된다.

제253조의2(공소시효의 적용 배제) 사람을 살해한 범죄(종범은 제외한다)로 사형에 해당하는 범죄에 대하여는 제249조부터 제253조까지에 규정된 공소시효를 적용하지 아니한다.

제254조(공소제기의 방식과 공소장) ① 공소를 제기함에는 공소장을 관할법원에 제출하여야 한다.

② 공소장에는 피고인수에 상응한 부본을 첨부하여야 한다.

③ 공소장에는 다음 사항을 기재하여야 한다.

1. 피고인의 성명 기타 피고인을 특정할 수 있는 사항
2. 죄명
3. 공소사실
4. 적용법조

④ 공소사실의 기재는 범죄의 시일, 장소와 방법을 명시하여 사실을 특정할 수 있도록 하여야 한다.

⑤ 수개의 범죄사실과 적용법조를 예비적 또는 택일적으로 기재할 수 있다.

제255조(공소의 취소) ① 공소는 제1심판결의 선고 전까지 취소할 수 있다.

② 공소취소는 이유를 기재한 서면으로 하여야 한다. 단, 공판정에서는 구술로써 할 수 있다.

제256조(타관송치) 검사는 사건이 그 소속검찰청에 대응한 법원의 관할에 속하지 아니한 때에는 사건을 서류와 증거물과 함께 관할법원에 대응한 검찰청검사에게 송치하여야 한다.

제256조의2(군검사에의 사건송치) 검사는 사건이 군사법원의 재판권에 속하는 때에는 사건을 서류와 증거물과 함께 재판권을 가진 관할 군검찰부 군검사에게 송치하여야 한다. 이 경우에 송치전에 행한 소송행위는 송치후에도 그 효력에 영향이 없다.

제257조(고소등에 의한 사건의 처리) 검사가 고소 또는 고발에 의하여 범죄를 수사할 때에는 고소 또는 고발을 수리한 날로부터 3월 이내에 수사를 완료하여 공소제기여부를 결정하여야 한다.

제258조(고소인등에의 처분고지) ① 검

사는 고소 또는 고발있는 사건에 관하여 공소를 제기하거나 제기하지 아니하는 처분, 공소의 취소 또는 제256조의 송치를 한 때에는 그 처분한 날로부터 7일 이내에 서면으로 고소인 또는 고발인에게 그 취지를 통지하여야 한다.

② 검사는 불기소 또는 제256조의 처분을 한 때에는 피의자에게 즉시 그 취지를 통지하여야 한다.

제259조(고소인등에의 공소불제기이유고지) 검사는 고소 또는 고발있는 사건에 관하여 공소를 제기하지 아니하는 처분을 한 경우에 고소인 또는 고발인의 청구가 있는 때에는 7일 이내에 고소인 또는 고발인에게 그 이유를 서면으로 설명하여야 한다.

제259조의2(피해자 등에 대한 통지) 검사는 범죄로 인한 피해자 또는 그 법정대리인(피해자가 사망한 경우에는 그 배우자·직계친족·형제자매를 포함한다)의 신청이 있는 때에는 당해 사건의 공소제기여부, 공판의 일시·장소, 재판결과, 피의자·피고인의 구속·석방 등 구금에 관한 사실 등을 신속하게 통지하여야 한다.

제260조(재정신청) ① 고소권자로서 고소를 한 자(「형법」 제123조부터 제126조까지의 죄에 대하여는 고발을 한 자를 포함한다. 이하 이 조에서 같다)는 검사로부터 공소를 제기하지 아니한다는 통지를 받은 때에는 그 검사 소속의 지방검찰청 소재지를 관할하는 고등법원(이하 "관할 고등법원"이라 한다)에 그 당부에 관한 재정을 신청할 수 있다. 다만, 「형법」 제126조의 죄에 대하여는 피공표자의 명시한 의사에 반하여 재정을 신청할 수 없다.

② 제1항에 따른 재정신청을 하려면 「검찰청법」 제10조에 따른 항고를 거쳐야 한다. 다만, 다음 각 호의 어느 하나에 해당하는 경우에는 그러하지 아니하다.

1. 항고 이후 재기수사가 이루어진 다음에 다시 공소를 제기하지 아니한다는 통지를 받은 경우
2. 항고 신청 후 항고에 대한 처분이 행하여지지 아니하고 3개월이 경과한 경우
3. 검사가 공소시효 만료일 30일 전까지 공소를 제기하지 아니하는 경우

③ 제1항에 따른 재정신청을 하려는 자는 항고기각 결정을 통지받은 날 또는 제2항 각 호의 사유가 발생한 날부터 10일 이내에 지방검찰청검사장 또는 지청장에게 재정신청서를 제출하여야 한다. 다만, 제2항제3호의 경우에는 공소시효 만료일 전날까지 재정신청서를 제출할 수 있다.

④ 재정신청서에는 재정신청의 대상이 되는 사건의 범죄사실 및 증거 등 재정신청을 이유있게 하는 사유를 기재하여야 한다.

제261조(지방검찰청검사장 등의 처리) 제260조제3항에 따라 재정신청서를 제출받은 지방검찰청검사장 또는 지청장은 재정신청서를 제출받은 날부터 7일 이내에 재정신청서·의견서·수사 관계 서류 및 증거물을 관할 고등검찰청을 경유하여 관할 고등법원에 송부하여야 한다. 다만, 제260조제2항 각 호의 어느 하나에 해당하는 경우에는 지방검찰청검사장 또는 지청장은 다음의 구분에 따른다.

1. 신청이 이유 있는 것으로 인정하는 때에는 즉시 공소를 제기하고 그 취지를 관할 고등법원과 재정신청인에게 통지한다.
2. 신청이 이유 없는 것으로 인정하는 때에는 30일 이내에 관할 고등법원에 송부한다.

제262조(심리와 결정) ① 법원은 재정신청서를 송부받은 때에는 송부받은 날부터 10일 이내에 피의자에게 그 사실을 통지하여야 한다.

② 법원은 재정신청서를 송부받은 날부터 3개월 이내에 항고의 절차에 준하여 다음 각 호의 구분에 따라 결정한다. 이 경우 필요한 때에는 증거를 조사할 수 있다.

1. 신청이 법률상의 방식에 위배되거나 이유 없는 때에는 신청을 기각한다.
2. 신청이 이유 있는 때에는 사건에 대한 공소제기를 결정한다.

③ 재정신청사건의 심리는 특별한 사정이 없는 한 공개하지 아니한다.

④ 제2항제1호의 결정에 대하여는 제415조에 따른 즉시항고를 할 수 있고, 제2항제2호의 결정에 대하여는 불복할 수 없다. 제2항제1호의 결정이 확정된 사건에 대하여는 다른 중요한 증거를 발견한 경우를 제외하고는 소추할 수 없다.

⑤ 법원은 제2항의 결정을 한 때에는 즉시 그 정본을 재정신청인·피의자와 관할 지방검찰청검사장 또는 지청장에게 송부하여야 한다. 이 경우 제2항제2호의 결정을 한 때에는 관할 지방검찰청검사장 또는 지청장에게 사건기록을 함께 송부하여야 한다.

⑥ 제2항제2호의 결정에 따른 재정결정서를 송부받은 관할 지방검찰청 검사장 또는 지청장은 지체 없이 담당 검사를 지정하고 지정받은 검사는 공소를 제기하여야 한다.

제262조의2(재정신청사건 기록의 열람·등사 제한) 재정신청사건의 심리 중

에는 관련 서류 및 증거물을 열람 또는 등사할 수 없다. 다만, 법원은 제262조제2항 후단의 증거조사과정에서 작성된 서류의 전부 또는 일부의 열람 또는 등사를 허가할 수 있다.

제262조의3(비용부담 등) ① 법원은 제262조제2항제1호의 결정 또는 제264조제2항의 취소가 있는 경우에는 결정으로 재정신청인에게 신청절차에 의하여 생긴 비용의 전부 또는 일부를 부담하게 할 수 있다.

② 법원은 직권 또는 피의자의 신청에 따라 재정신청인에게 피의자가 재정신청절차에서 부담하였거나 부담할 변호인선임료 등 비용의 전부 또는 일부의 지급을 명할 수 있다.

③ 제1항 및 제2항의 결정에 대하여는 즉시항고를 할 수 있다.

④ 제1항 및 제2항에 따른 비용의 지급범위와 절차 등에 대하여는 대법원규칙으로 정한다.

제262조의4(공소시효의 정지 등) ① 제260조에 따른 재정신청이 있으면 제262조에 따른 재정결정이 확정될 때까지 공소시효의 진행이 정지된다.

② 제262조제2항제2호의 결정이 있는 때에는 공소시효에 관하여 그 결정이 있는 날에 공소가 제기된 것으로 본다.

제263조 삭제 <2007. 6. 1.>

제264조(대리인에 의한 신청과 1인의 신청의 효력, 취소) ① 재정신청은 대리인에 의하여 할 수 있으며 공동신청권자 중 1인의 신청은 그 전원을 위하여 효력을 발생한다.

② 재정신청은 제262조제2항의 결정이 있을 때까지 취소할 수 있다. 취소한 자는 다시 재정신청을 할 수 없다.

③ 전항의 취소는 다른 공동신청권자에게 효력을 미치지 아니한다.

제264조의2(공소취소의 제한) 검사는 제262조제2항제2호의 결정에 따라 공소를 제기한 때에는 이를 취소할 수 없다.

제265조 삭제 <2007. 6. 1.>

제3장 공판

제1절 공판준비와 공판절차

제266조(공소장부본의 송달) 법원은 공소의 제기가 있는 때에는 지체없이 공소장의 부본을 피고인 또는 변호인에게 송달하여야 한다. 단, 제1회 공판기일 전 5일까지 송달하여야 한다.

제266조의2(의견서의 제출) ① 피고인 또는 변호인은 공소장 부본을 송달받은 날부터 7일 이내에 공소사실에 대한 인정 여부, 공판준비절차에 관한 의견 등을 기재한 의견서를 법원에 제출하여야 한다. 다만, 피고인이 진술을 거부하는 경우에는 그 취지를 기재한

의견서를 제출할 수 있다.

② 법원은 제1항의 의견서가 제출된 때에는 이를 검사에게 송부하여야 한다.

제266조의3(공소제기 후 검사가 보관하고 있는 서류 등의 열람·등사) ① 피고인 또는 변호인은 검사에게 공소제기된 사건에 관한 서류 또는 물건(이하 "서류등"이라 한다)의 목록과 공소사실의 인정 또는 양형에 영향을 미칠 수 있는 다음 서류등의 열람·등사 또는 서면의 교부를 신청할 수 있다. 다만, 피고인에게 변호인이 있는 경우에는 피고인은 열람만을 신청할 수 있다.

1. 검사가 증거로 신청할 서류등

2. 검사가 증인으로 신청할 사람의 성명·사건과의 관계 등을 기재한 서면 또는 그 사람이 공판기일 전에 행한 진술을 기재한 서류등

3. 제1호 또는 제2호의 서면 또는 서류등의 증명력과 관련된 서류등

4. 피고인 또는 변호인이 행한 법률상·사실상 주장과 관련된 서류등(관련 형사재판확정기록, 불기소처분기록 등을 포함한다)

② 검사는 국가안보, 증인보호의 필요성, 증거인멸의 염려, 관련 사건의 수사에 장애를 가져올 것으로 예상되는 구체적인 사유 등 열람·등사 또는 서면의 교부를 허용하지 아니할 상당한 이유가 있다고 인정하는 때에는 열람·등사 또는 서면의 교부를 거부하거나 그 범위를 제한할 수 있다.

③ 검사는 열람·등사 또는 서면의 교부를 거부하거나 그 범위를 제한하는 때에는 지체 없이 그 이유를 서면으로 통지하여야 한다.

④ 피고인 또는 변호인은 검사가 제1항의 신청을 받은 때부터 48시간 이내에 제3항의 통지를 하지 아니하는 때에는 제266조의4제1항의 신청을 할 수 있다.

⑤ 검사는 제2항에도 불구하고 서류등의 목록에 대하여는 열람 또는 등사를 거부할 수 없다.

⑥ 제1항의 서류등은 도면·사진·녹음테이프·비디오테이프·컴퓨터용 디스크, 그 밖에 정보를 담기 위하여 만들어진 물건으로서 문서가 아닌 특수매체를 포함한다. 이 경우 특수매체에 대한 등사는 필요 최소한의 범위에 한한다.

제266조의4(법원의 열람·등사에 관한 결정) ① 피고인 또는 변호인은 검사가 서류등의 열람·등사 또는 서면의 교부를 거부하거나 그 범위를 제한한 때에는 법원에 그 서류등의 열람·등사 또는 서면의 교부를 허용하도록 할 것을 신청할 수 있다.

② 법원은 제1항의 신청이 있는 때에

는 열람·등사 또는 서면의 교부를 허용하는 경우에 생길 폐해의 유형·정도, 피고인의 방어 또는 재판의 신속한 진행을 위한 필요성 및 해당 서류등의 중요성 등을 고려하여 검사에게 열람·등사 또는 서면의 교부를 허용할 것을 명할 수 있다. 이 경우 열람 또는 등사의 시기·방법을 지정하거나 조건·의무를 부과할 수 있다.

③ 법원은 제2항의 결정을 하는 때에는 검사에게 의견을 제시할 수 있는 기회를 부여하여야 한다.

④ 법원은 필요하다고 인정하는 때에는 검사에게 해당 서류등의 제시를 요구할 수 있고, 피고인이나 그 밖의 이해관계인을 심문할 수 있다.

⑤ 검사는 제2항의 열람·등사 또는 서면의 교부에 관한 법원의 결정을 지체 없이 이행하지 아니하는 때에는 해당 증인 및 서류등에 대한 증거신청을 할 수 없다.

제266조의5(공판준비절차) ① 재판장은 효율적이고 집중적인 심리를 위하여 사건을 공판준비절차에 부칠 수 있다.

② 공판준비절차는 주장 및 입증계획 등을 서면으로 준비하게 하거나 공판준비기일을 열어 진행한다.

③ 검사, 피고인 또는 변호인은 증거를 미리 수집·정리하는 등 공판준비절차

가 원활하게 진행될 수 있도록 협력하여야 한다.

제266조의6(공판준비를 위한 서면의 제출) ① 검사, 피고인 또는 변호인은 법률상·사실상 주장의 요지 및 입증취지 등이 기재된 서면을 법원에 제출할 수 있다.

② 재판장은 검사, 피고인 또는 변호인에 대하여 제1항에 따른 서면의 제출을 명할 수 있다.

③ 법원은 제1항 또는 제2항에 따라 서면이 제출된 때에는 그 부본을 상대방에게 송달하여야 한다.

④ 재판장은 검사, 피고인 또는 변호인에게 공소장 등 법원에 제출된 서면에 대한 설명을 요구하거나 그 밖에 공판준비에 필요한 명령을 할 수 있다.

제266조의7(공판준비기일) ① 법원은 검사, 피고인 또는 변호인의 의견을 들어 공판준비기일을 지정할 수 있다.

② 검사, 피고인 또는 변호인은 법원에 대하여 공판준비기일의 지정을 신청할 수 있다. 이 경우 당해 신청에 관한 법원의 결정에 대하여는 불복할 수 없다.

③ 법원은 합의부원으로 하여금 공판준비기일을 진행하게 할 수 있다. 이 경우 수명법관은 공판준비기일에 관하여 법원 또는 재판장과 동일한 권한이 있다.

④ 공판준비기일은 공개한다. 다만, 공개하면 절차의 진행이 방해될 우려가 있는 때에는 공개하지 아니할 수 있다.

제266조의8(검사 및 변호인 등의 출석) ① 공판준비기일에는 검사 및 변호인이 출석하여야 한다.

② 공판준비기일에는 법원사무관등이 참여한다.

③ 법원은 검사, 피고인 및 변호인에게 공판준비기일을 통지하여야 한다.

④ 법원은 공판준비기일이 지정된 사건에 관하여 변호인이 없는 때에는 직권으로 변호인을 선정하여야 한다.

⑤ 법원은 필요하다고 인정하는 때에는 피고인을 소환할 수 있으며, 피고인은 법원의 소환이 없는 때에도 공판준비기일에 출석할 수 있다.

⑥ 재판장은 출석한 피고인에게 진술을 거부할 수 있음을 알려주어야 한다.

제266조의9(공판준비에 관한 사항) ① 법원은 공판준비절차에서 다음 행위를 할 수 있다.

1. 공소사실 또는 적용법조를 명확하게 하는 행위
2. 공소사실 또는 적용법조의 추가·철회 또는 변경을 허가하는 행위
3. 공소사실과 관련하여 주장할 내용을 명확히 하여 사건의 쟁점을 정리하는 행위

4. 계산이 어렵거나 그 밖에 복잡한 내용에 관하여 설명하도록 하는 행위
5. 증거신청을 하도록 하는 행위
6. 신청된 증거와 관련하여 입증 취지 및 내용 등을 명확하게 하는 행위
7. 증거신청에 관한 의견을 확인하는 행위
8. 증거 채부(採否)의 결정을 하는 행위
9. 증거조사의 순서 및 방법을 정하는 행위
10. 서류등의 열람 또는 등사와 관련된 신청의 당부를 결정하는 행위
11. 공판기일을 지정 또는 변경하는 행위
12. 그 밖에 공판절차의 진행에 필요한 사항을 정하는 행위

② 제296조 및 제304조는 공판준비절차에 관하여 준용한다.

제266조의10(공판준비기일 결과의 확인) ① 법원은 공판준비기일을 종료하는 때에는 검사, 피고인 또는 변호인에게 쟁점 및 증거에 관한 정리결과를 고지하고, 이에 대한 이의의 유무를 확인하여야 한다.

② 법원은 쟁점 및 증거에 관한 정리결과를 공판준비기일조서에 기재하여야 한다.

제266조의11(피고인 또는 변호인이 보관하고 있는 서류등의 열람·등사) ①

검사는 피고인 또는 변호인이 공판기일 또는 공판준비절차에서 현장부재·심신상실 또는 심신미약 등 법률상·사실상의 주장을 한 때에는 피고인 또는 변호인에게 다음 서류등의 열람·등사 또는 서면의 교부를 요구할 수 있다.

1. 피고인 또는 변호인이 증거로 신청할 서류등
2. 피고인 또는 변호인이 증인으로 신청할 사람의 성명, 사건과의 관계 등을 기재한 서면
3. 제1호의 서류등 또는 제2호의 서면의 증명력과 관련된 서류등
4. 피고인 또는 변호인이 행한 법률상·사실상의 주장과 관련된 서류등

② 피고인 또는 변호인은 검사가 제266조의3제1항에 따른 서류등의 열람·등사 또는 서면의 교부를 거부한 때에는 제1항에 따른 서류등의 열람·등사 또는 서면의 교부를 거부할 수 있다. 다만, 법원이 제266조의4제1항에 따른 신청을 기각하는 결정을 한 때에는 그러하지 아니하다.

③ 검사는 피고인 또는 변호인이 제1항에 따른 요구를 거부한 때에는 법원에 그 서류등의 열람·등사 또는 서면의 교부를 허용하도록 할 것을 신청할 수 있다.

④ 제266조의4제2항부터 제5항까지의 규정은 제3항의 신청이 있는 경우에 준용한다.

⑤ 제1항에 따른 서류등에 관하여는 제266조의3제6항을 준용한다.

제266조의12(공판준비절차의 종결사유) 법원은 다음 각 호의 어느 하나에 해당하는 사유가 있는 때에는 공판준비절차를 종결하여야 한다. 다만, 제2호 또는 제3호에 해당하는 경우로서 공판의 준비를 계속하여야 할 상당한 이유가 있는 때에는 그러하지 아니하다.

1. 쟁점 및 증거의 정리가 완료된 때
2. 사건을 공판준비절차에 부친 뒤 3개월이 지난 때
3. 검사·변호인 또는 소환받은 피고인이 출석하지 아니한 때

제266조의13(공판준비기일 종결의 효과) ① 공판준비기일에서 신청하지 못한 증거는 다음 각 호의 어느 하나에 해당하는 경우에 한하여 공판기일에 신청할 수 있다.

1. 그 신청으로 인하여 소송을 현저히 지연시키지 아니하는 때
2. 중대한 과실 없이 공판준비기일에 제출하지 못하는 등 부득이한 사유를 소명한 때

② 제1항에도 불구하고 법원은 직권으로 증거를 조사할 수 있다.

제266조의14(준용규정) 제305조는 공

판준비기일의 재개에 관하여 준용한다.

제266조의15(기일간 공판준비절차) 법원은 쟁점 및 증거의 정리를 위하여 필요한 경우에는 제1회 공판기일 후에도 사건을 공판준비절차에 부칠 수 있다. 이 경우 기일전 공판준비절차에 관한 규정을 준용한다.

제266조의16(열람·등사된 서류등의 남용금지) ① 피고인 또는 변호인(피고인 또는 변호인이었던 자를 포함한다. 이하 이 조에서 같다)은 검사가 열람 또는 등사하도록 한 제266조의3제1항에 따른 서면 및 서류등의 사본을 당해 사건 또는 관련 소송의 준비에 사용할 목적이 아닌 다른 목적으로 다른 사람에게 교부 또는 제시(전기통신설비를 이용하여 제공하는 것을 포함한다)하여서는 아니 된다.

② 피고인 또는 변호인이 제1항을 위반하는 때에는 1년 이하의 징역 또는 500만원 이하의 벌금에 처한다.

제266조의17(비디오 등 중계장치 등에 의한 공판준비기일) ① 법원은 피고인이 출석하지 아니하는 경우 상당하다고 인정하는 때에는 검사와 변호인의 의견을 들어 비디오 등 중계장치에 의한 중계시설을 통하거나 인터넷 화상장치를 이용하여 공판준비기일을 열 수 있다.

② 제1항에 따른 기일은 검사와 변호인이 법정에 출석하여 이루어진 공판준비기일로 본다.

③ 제1항에 따른 기일의 절차와 방법, 그 밖에 필요한 사항은 대법원규칙으로 정한다.

제267조(공판기일의 지정) ① 재판장은 공판기일을 정하여야 한다.

② 공판기일에는 피고인, 대표자 또는 대리인을 소환하여야 한다.

③ 공판기일은 검사, 변호인과 보조인에게 통지하여야 한다.

제267조의2(집중심리) ① 공판기일의 심리는 집중되어야 한다.

② 심리에 2일 이상이 필요한 경우에는 부득이한 사정이 없는 한 매일 계속 개정하여야 한다.

③ 재판장은 여러 공판기일을 일괄하여 지정할 수 있다.

④ 재판장은 부득이한 사정으로 매일 계속 개정하지 못하는 경우에도 특별한 사정이 없는 한 전회의 공판기일부터 14일 이내로 다음 공판기일을 지정하여야 한다.

⑤ 소송관계인은 기일을 준수하고 심리에 지장을 초래하지 아니하도록 하여야 하며, 재판장은 이에 필요한 조치를 할 수 있다.

제268조(소환장송달의 의제) 법원의 구

내에 있는 피고인에 대하여 공판기일을 통지한 때에는 소환장송달의 효력이 있다.

제269조(제1회 공판기일의 유예기간)
① 제1회 공판기일은 소환장의 송달 후 5일 이상의 유예기간을 두어야 한다.
② 피고인이 이의없는 때에는 전항의 유예기간을 두지 아니할 수 있다.

제270조(공판기일의 변경) ① 재판장은 직권 또는 검사, 피고인이나 변호인의 신청에 의하여 공판기일을 변경할 수 있다.
② 공판기일 변경신청을 기각한 명령은 송달하지 아니한다.

제271조(불출석사유, 자료의 제출) 공판기일에 소환 또는 통지서를 받은 자가 질병 기타의 사유로 출석하지 못할 때에는 의사의 진단서 기타의 자료를 제출하여야 한다.

제272조(공무소등에 대한 조회) ① 법원은 직권 또는 검사, 피고인이나 변호인의 신청에 의하여 공무소 또는 공사단체에 조회하여 필요한 사항의 보고 또는 그 보관서류의 송부를 요구할 수 있다.
② 전항의 신청을 기각함에는 결정으로 하여야 한다.

제273조(공판기일 전의 증거조사) ① 법원은 검사, 피고인 또는 변호인의 신청에 의하여 공판준비에 필요하다고 인정한 때에는 공판기일 전에 피고인 또는 증인을 신문할 수 있고 검증, 감정 또는 번역을 명할 수 있다.
② 재판장은 부원으로 하여금 전항의 행위를 하게 할 수 있다.
③ 제1항의 신청을 기각함에는 결정으로 하여야 한다.

제274조(당사자의 공판기일 전의 증거제출) 검사, 피고인 또는 변호인은 공판기일 전에 서류나 물건을 증거로 법원에 제출할 수 있다.

제275조(공판정의 심리) ① 공판기일에는 공판정에서 심리한다.
② 공판정은 판사와 검사, 법원사무관 등이 출석하여 개정한다.
③ 검사의 좌석과 피고인 및 변호인의 좌석은 대등하며, 법대의 좌우측에 마주 보고 위치하고, 증인의 좌석은 법대의 정면에 위치한다. 다만, 피고인신문을 하는 때에는 피고인은 증인석에 좌석한다.

제275조의2(피고인의 무죄추정) 피고인은 유죄의 판결이 확정될 때까지는 무죄로 추정된다.

제275조의3(구두변론주의) 공판정에서의 변론은 구두로 하여야 한다.

제276조(피고인의 출석권) 피고인이 공판기일에 출석하지 아니한 때에는 특

별한 규정이 없으면 개정하지 못한다. 단, 피고인이 법인인 경우에는 대리인을 출석하게 할 수 있다.

제276조의2(장애인 등 특별히 보호를 요하는 자에 대한 특칙) ① 재판장 또는 법관은 피고인을 신문하는 경우 다음 각 호의 어느 하나에 해당하는 때에는 직권 또는 피고인·법정대리인·검사의 신청에 따라 피고인과 신뢰관계에 있는 자를 동석하게 할 수 있다.

1. 피고인이 신체적 또는 정신적 장애로 사물을 변별하거나 의사를 결정·전달할 능력이 미약한 경우
2. 피고인의 연령·성별·국적 등의 사정을 고려하여 그 심리적 안정의 도모와 원활한 의사소통을 위하여 필요한 경우

② 제1항에 따라 동석할 수 있는 신뢰관계에 있는 자의 범위, 동석의 절차 및 방법 등에 관하여 필요한 사항은 대법원규칙으로 정한다.

제277조(경미사건 등과 피고인의 불출석) 다음 각 호의 어느 하나에 해당하는 사건에 관하여는 피고인의 출석을 요하지 아니한다. 이 경우 피고인은 대리인을 출석하게 할 수 있다.

1. 다액 500만원 이하의 벌금 또는 과료에 해당하는 사건
2. 공소기각 또는 면소의 재판을 할 것이 명백한 사건
3. 장기 3년 이하의 징역 또는 금고, 다액 500만원을 초과하는 벌금 또는 구류에 해당하는 사건에서 피고인의 불출석허가신청이 있고 법원이 피고인의 불출석이 그의 권리를 보호함에 지장이 없다고 인정하여 이를 허가한 사건. 다만, 제284조에 따른 절차를 진행하거나 판결을 선고하는 공판기일에는 출석하여야 한다.
4. 제453조제1항에 따라 피고인만이 정식재판의 청구를 하여 판결을 선고하는 사건

제277조의2(피고인의 출석거부와 공판절차) ① 피고인이 출석하지 아니하면 개정하지 못하는 경우에 구속된 피고인이 정당한 사유없이 출석을 거부하고, 교도관에 의한 인치가 불가능하거나 현저히 곤란하다고 인정되는 때에는 피고인의 출석 없이 공판절차를 진행할 수 있다.

② 제1항의 규정에 의하여 공판절차를 진행할 경우에는 출석한 검사 및 변호인의 의견을 들어야 한다.

제278조(검사의 불출석) 검사가 공판기일의 통지를 2회 이상받고 출석하지 아니하거나 판결만을 선고하는 때에는 검사의 출석 없이 개정할 수 있다.

제279조(재판장의 소송지휘권) 공판기일의 소송지휘는 재판장이 한다.

제279조의2(전문심리위원의 참여) ① 법원은 소송관계를 분명하게 하거나 소송절차를 원활하게 진행하기 위하여 필요한 경우에는 직권으로 또는 검사, 피고인 또는 변호인의 신청에 의하여 결정으로 전문심리위원을 지정하여 공판준비 및 공판기일 등 소송절차에 참여하게 할 수 있다.

② 전문심리위원은 전문적인 지식에 의한 설명 또는 의견을 기재한 서면을 제출하거나 기일에 전문적인 지식에 의하여 설명이나 의견을 진술할 수 있다. 다만, 재판의 합의에는 참여할 수 없다.

③ 전문심리위원은 기일에 재판장의 허가를 받아 피고인 또는 변호인, 증인 또는 감정인 등 소송관계인에게 소송관계를 분명하게 하기 위하여 필요한 사항에 관하여 직접 질문할 수 있다.

④ 법원은 제2항에 따라 전문심리위원이 제출한 서면이나 전문심리위원의 설명 또는 의견의 진술에 관하여 검사, 피고인 또는 변호인에게 구술 또는 서면에 의한 의견진술의 기회를 주어야 한다.

제279조의3(전문심리위원 참여결정의 취소) ① 법원은 상당하다고 인정하는 때에는 검사, 피고인 또는 변호인의 신청이나 직권으로 제279조의2제1항에 따른 결정을 취소할 수 있다.

② 법원은 검사와 피고인 또는 변호인이 합의하여 제279조의2제1항의 결정을 취소할 것을 신청한 때에는 그 결정을 취소하여야 한다.

제279조의4(전문심리위원의 지정 등) ① 제279조의2제1항에 따라 전문심리위원을 소송절차에 참여시키는 경우 법원은 검사, 피고인 또는 변호인의 의견을 들어 각 사건마다 1인 이상의 전문심리위원을 지정한다.

② 전문심리위원에게는 대법원규칙으로 정하는 바에 따라 수당을 지급하고, 필요한 경우에는 그 밖의 여비, 일당 및 숙박료를 지급할 수 있다.

③ 그 밖에 전문심리위원의 지정에 관하여 필요한 사항은 대법원규칙으로 정한다.

제279조의5(전문심리위원의 제척 및 기피) ① 제17조부터 제20조까지 및 제23조는 전문심리위원에게 준용한다.

② 제척 또는 기피 신청이 있는 전문심리위원은 그 신청에 관한 결정이 확정될 때까지 그 신청이 있는 사건의 소송절차에 참여할 수 없다. 이 경우 전문심리위원은 해당 제척 또는 기피 신청에 대하여 의견을 진술할 수 있다.

제279조의6(수명법관 등의 권한) 수명법관 또는 수탁판사가 소송절차를 진행하는 경우에는 제279조의2제2항부터 제4항까지의 규정에 따른 법원 및 재판장의 직무는 그 수명법관이나 수탁판사가 행한다.

제279조의7(비밀누설죄) 전문심리위원 또는 전문심리위원이었던 자가 그 직무수행 중에 알게 된 다른 사람의 비밀을 누설한 때에는 2년 이하의 징역이나 금고 또는 1천만원 이하의 벌금에 처한다.

제279조의8(벌칙 적용에서의 공무원 의제) 전문심리위원은 「형법」 제129조부터 제132조까지의 규정에 따른 벌칙의 적용에서는 공무원으로 본다.

제280조(공판정에서의 신체구속의 금지) 공판정에서는 피고인의 신체를 구속하지 못한다. 다만, 재판장은 피고인이 폭력을 행사하거나 도망할 염려가 있다고 인정하는 때에는 피고인의 신체의 구속을 명하거나 기타 필요한 조치를 할 수 있다.

제281조(피고인의 재정의무, 법정경찰권) ① 피고인은 재판장의 허가없이 퇴정하지 못한다.
② 재판장은 피고인의 퇴정을 제지하거나 법정의 질서를 유지하기 위하여 필요한 처분을 할 수 있다.

제282조(필요적 변호) 제33조제1항 각 호의 어느 하나에 해당하는 사건 및 같은 조 제2항·제3항의 규정에 따라 변호인이 선정된 사건에 관하여는 변호인 없이 개정하지 못한다. 단, 판결만을 선고할 경우에는 예외로 한다.

제283조(국선변호인) 제282조 본문의 경우 변호인이 출석하지 아니한 때에는 법원은 직권으로 변호인을 선정하여야 한다.

제283조의2(피고인의 진술거부권) ① 피고인은 진술하지 아니하거나 개개의 질문에 대하여 진술을 거부할 수 있다.
② 재판장은 피고인에게 제1항과 같이 진술을 거부할 수 있음을 고지하여야 한다.

제284조(인정신문) 재판장은 피고인의 성명, 연령, 등록기준지, 주거와 직업을 물어서 피고인임에 틀림없음을 확인하여야 한다.

제285조(검사의 모두진술) 검사는 공소장에 의하여 공소사실·죄명 및 적용법조를 낭독하여야 한다. 다만, 재판장은 필요하다고 인정하는 때에는 검사에게 공소의 요지를 진술하게 할 수 있다.

제286조(피고인의 모두진술) ① 피고인은 검사의 모두진술이 끝난 뒤에 공소사실의 인정 여부를 진술하여야 한다. 다만, 피고인이 진술거부권을 행사

하는 경우에는 그러하지 아니하다.

② 피고인 및 변호인은 이익이 되는 사실 등을 진술할 수 있다.

제286조의2(간이공판절차의 결정) 피고인이 공판정에서 공소사실에 대하여 자백한 때에는 법원은 그 공소사실에 한하여 간이공판절차에 의하여 심판할 것을 결정할 수 있다.

제286조의3(결정의 취소) 법원은 전조의 결정을 한 사건에 대하여 피고인의 자백이 신빙할 수 없다고 인정되거나 간이공판절차로 심판하는 것이 현저히 부당하다고 인정할 때에는 검사의 의견을 들어 그 결정을 취소하여야 한다.

제287조(재판장의 쟁점정리 및 검사·변호인의 증거관계 등에 대한 진술) ① 재판장은 피고인의 모두진술이 끝난 다음에 피고인 또는 변호인에게 쟁점의 정리를 위하여 필요한 질문을 할 수 있다.

② 재판장은 증거조사를 하기에 앞서 검사 및 변호인으로 하여금 공소사실 등의 증명과 관련된 주장 및 입증계획 등을 진술하게 할 수 있다. 다만, 증거로 할 수 없거나 증거로 신청할 의사가 없는 자료에 기초하여 법원에 사건에 대한 예단 또는 편견을 발생하게 할 염려가 있는 사항은 진술할 수 없다.

제288조 삭제 <1961. 9. 1.>

제289조 삭제 <2007. 6. 1.>

제290조(증거조사) 증거조사는 제287조에 따른 절차가 끝난 후에 실시한다.

제291조(동전) ① 소송관계인이 증거로 제출한 서류나 물건 또는 제272조, 제273조의 규정에 의하여 작성 또는 송부된 서류는 검사, 변호인 또는 피고인이 공판정에서 개별적으로 지시설명하여 조사하여야 한다.

② 재판장은 직권으로 전항의 서류나 물건을 공판정에서 조사할 수 있다.

제291조의2(증거조사의 순서) ① 법원은 검사가 신청한 증거를 조사한 후 피고인 또는 변호인이 신청한 증거를 조사한다.

② 법원은 제1항에 따른 조사가 끝난 후 직권으로 결정한 증거를 조사한다.

③ 법원은 직권 또는 검사, 피고인·변호인의 신청에 따라 제1항 및 제2항의 순서를 변경할 수 있다.

제292조(증거서류에 대한 조사방식) ① 검사, 피고인 또는 변호인의 신청에 따라 증거서류를 조사하는 때에는 신청인이 이를 낭독하여야 한다.

② 법원이 직권으로 증거서류를 조사하는 때에는 소지인 또는 재판장이 이를 낭독하여야 한다.

③ 재판장은 필요하다고 인정하는 때에는 제1항 및 제2항에도 불구하고 내용

을 고지하는 방법으로 조사할 수 있다.

④ 재판장은 법원사무관등으로 하여금 제1항부터 제3항까지의 규정에 따른 낭독이나 고지를 하게 할 수 있다.

⑤ 재판장은 열람이 다른 방법보다 적절하다고 인정하는 때에는 증거서류를 제시하여 열람하게 하는 방법으로 조사할 수 있다.

제292조의2(증거물에 대한 조사방식) ① 검사, 피고인 또는 변호인의 신청에 따라 증거물을 조사하는 때에는 신청인이 이를 제시하여야 한다.

② 법원이 직권으로 증거물을 조사하는 때에는 소지인 또는 재판장이 이를 제시하여야 한다.

③ 재판장은 법원사무관등으로 하여금 제1항 및 제2항에 따른 제시를 하게 할 수 있다.

제292조의3(그 밖의 증거에 대한 조사방식) 도면·사진·녹음테이프·비디오테이프·컴퓨터용디스크, 그 밖에 정보를 담기 위하여 만들어진 물건으로서 문서가 아닌 증거의 조사에 관하여 필요한 사항은 대법원규칙으로 정한다.

제293조(증거조사 결과와 피고인의 의견) 재판장은 피고인에게 각 증거조사의결과에 대한 의견을 묻고 권리를 보호함에 필요한 증거조사를 신청할 수 있음을 고지하여야 한다.

제294조(당사자의 증거신청) ① 검사, 피고인 또는 변호인은 서류나 물건을 증거로 제출할 수 있고, 증인·감정인·통역인 또는 번역인의 신문을 신청할 수 있다.

② 법원은 검사, 피고인 또는 변호인이 고의로 증거를 뒤늦게 신청함으로써 공판의 완결을 지연하는 것으로 인정할 때에는 직권 또는 상대방의 신청에 따라 결정으로 이를 각하할 수 있다.

제294조의2(피해자등의 진술권) ① 법원은 범죄로 인한 피해자 또는 그 법정대리인(피해자가 사망한 경우에는 배우자·직계친족·형제자매를 포함한다. 이하 이 조에서 "피해자등"이라 한다)의 신청이 있는 때에는 그 피해자등을 증인으로 신문하여야 한다. 다만, 다음 각 호의 어느 하나에 해당하는 경우에는 그러하지 아니하다.

1. 삭제 <2007. 6. 1.>

2. 피해자등 이미 당해 사건에 관하여 공판절차에서 충분히 진술하여 다시 진술할 필요가 없다고 인정되는 경우

3. 피해자등의 진술로 인하여 공판절차가 현저하게 지연될 우려가 있는 경우

② 법원은 제1항에 따라 피해자등을 신문하는 경우 피해의 정도 및 결과,

피고인의 처벌에 관한 의견, 그 밖에 당해 사건에 관한 의견을 진술할 기회를 주어야 한다.

③ 법원은 동일한 범죄사실에서 제1항의 규정에 의한 신청인이 여러 명인 경우에는 진술할 자의 수를 제한할 수 있다.

④ 제1항의 규정에 의한 신청인이 출석통지를 받고도 정당한 이유없이 출석하지 아니한 때에는 그 신청을 철회한 것으로 본다.

제294조의3(피해자 진술의 비공개) ① 법원은 범죄로 인한 피해자를 증인으로 신문하는 경우 당해 피해자·법정대리인 또는 검사의 신청에 따라 피해자의 사생활의 비밀이나 신변보호를 위하여 필요하다고 인정하는 때에는 결정으로 심리를 공개하지 아니할 수 있다.

② 제1항의 결정은 이유를 붙여 고지한다.

③ 법원은 제1항의 결정을 한 경우에도 적당하다고 인정되는 자의 재정(在廷)을 허가할 수 있다.

제294조의4(피해자 등의 공판기록 열람·등사) ① 소송계속 중인 사건의 피해자(피해자가 사망하거나 그 심신에 중대한 장애가 있는 경우에는 그 배우자·직계친족 및 형제자매를 포함한다), 피해자 본인의 법정대리인 또는 이들로부터 위임을 받은 피해자 본인의 배우자·직계친족·형제자매·변호사는 소송기록의 열람 또는 등사를 재판장에게 신청할 수 있다.

② 재판장은 제1항의 신청이 있는 때에는 지체 없이 검사, 피고인 또는 변호인에게 그 취지를 통지하여야 한다.

③ 재판장은 피해자 등의 권리구제를 위하여 필요하다고 인정하거나 그 밖의 정당한 사유가 있는 경우 범죄의 성질, 심리의 상황, 그 밖의 사정을 고려하여 상당하다고 인정하는 때에는 열람 또는 등사를 허가할 수 있다.

④ 재판장이 제3항에 따라 등사를 허가하는 경우에는 등사한 소송기록의 사용목적을 제한하거나 적당하다고 인정하는 조건을 붙일 수 있다.

⑤ 제1항에 따라 소송기록을 열람 또는 등사한 자는 열람 또는 등사에 의하여 알게 된 사항을 사용함에 있어서 부당히 관계인의 명예나 생활의 평온을 해하거나 수사와 재판에 지장을 주지 아니하도록 하여야 한다.

⑥ 제3항 및 제4항에 관한 재판에 대하여는 불복할 수 없다.

제295조(증거신청에 대한 결정) 법원은 제294조 및 제294조의2의 증거신청에 대하여 결정을 하여야 하며 직권으로 증거조사를 할 수 있다.

제296조(증거조사에 대한 이의신청) ①

검사, 피고인 또는 변호인은 증거조사에 관하여 이의신청을 할 수 있다.

② 법원은 전항의 신청에 대하여 결정을 하여야 한다.

제296조의2(피고인신문) ① 검사 또는 변호인은 증거조사 종료 후에 순차로 피고인에게 공소사실 및 정상에 관하여 필요한 사항을 신문할 수 있다. 다만, 재판장은 필요하다고 인정하는 때에는 증거조사가 완료되기 전이라도 이를 허가할 수 있다.

② 재판장은 필요하다고 인정하는 때에는 피고인을 신문할 수 있다.

③ 제161조의2제1항부터 제3항까지 및 제5항은 제1항의 신문에 관하여 준용한다.

제297조(피고인등의 퇴정) ① 재판장은 증인 또는 감정인이 피고인 또는 어떤 재정인의 면전에서 충분한 진술을 할 수 없다고 인정한 때에는 그를 퇴정하게 하고 진술하게 할 수 있다. 피고인이 다른 피고인의 면전에서 충분한 진술을 할 수 없다고 인정한 때에도 같다.

② 전항의 규정에 의하여 피고인을 퇴정하게 한 경우에 증인, 감정인 또는 공동피고인의 진술이 종료한 때에는 퇴정한 피고인을 입정하게 한 후 법원사무관등으로 하여금 진술의 요지를 고지하게 하여야 한다.

제297조의2(간이공판절차에서의 증거조사) 제286조의2의 결정이 있는 사건에 대하여는 제161조의2, 제290조 내지 제293조, 제297조의 규정을 적용하지 아니하며 법원이 상당하다고 인정하는 방법으로 증거조사를 할 수 있다.

제298조(공소장의 변경) ① 검사는 법원의 허가를 얻어 공소장에 기재한 공소사실 또는 적용법조의 추가, 철회 또는 변경을 할 수 있다. 이 경우에 법원은 공소사실의 동일성을 해하지 아니하는 한도에서 허가하여야 한다.

② 법원은 심리의 경과에 비추어 상당하다고 인정할 때에는 공소사실 또는 적용법조의 추가 또는 변경을 요구하여야 한다.

③ 법원은 공소사실 또는 적용법조의 추가, 철회 또는 변경이 있을 때에는 그 사유를 신속히 피고인 또는 변호인에게 고지하여야 한다.

④ 법원은 전3항의 규정에 의한 공소사실 또는 적용법조의 추가, 철회 또는 변경이 피고인의 불이익을 증가할 염려가 있다고 인정한 때에는 직권 또는 피고인이나 변호인의 청구에 의하여 피고인으로 하여금 필요한 방어의 준비를 하게 하기 위하여 결정으로 필요한 기간 공판절차를 정지할 수 있다.

제299조(불필요한 변론등의 제한) 재판

장은 소송관계인의 진술 또는 신문이 중복된 사항이거나 그 소송에 관계없는 사항인 때에는 소송관계인의 본질적 권리를 해하지 아니하는 한도에서 이를 제한할 수 있다.

제300조(변론의 분리와 병합) 법원은 필요하다고 인정한 때에는 직권 또는 검사, 피고인이나 변호인의 신청에 의하여 결정으로 변론을 분리하거나 병합할 수 있다.

제301조(공판절차의 갱신) 공판개정 후 판사의 경질이 있는 때에는 공판절차를 갱신하여야 한다. 단, 판결의 선고만을 하는 경우에는 예외로 한다.

제301조의2(간이공판절차결정의 취소와 공판절차의 갱신) 제286조의2의 결정이 취소된 때에는 공판절차를 갱신하여야 한다. 단, 검사, 피고인 또는 변호인이 이의가 없는 때에는 그러하지 아니하다.

제302조(증거조사 후의 검사의 의견진술) 피고인 신문과 증거조사가 종료한 때에는 검사는 사실과 법률적용에 관하여 의견을 진술하여야 한다. 단, 제278조의 경우에는 공소장의 기재사항에 의하여 검사의 의견진술이 있는 것으로 간주한다.

제303조(피고인의 최후진술) 재판장은 검사의 의견을 들은 후 피고인과 변호인에게 최종의 의견을 진술할 기회를 주어야 한다.

제304조(재판장의 처분에 대한 이의) ① 검사, 피고인 또는 변호인은 재판장의 처분에 대하여 이의신청을 할 수 있다. ② 전항의 이의신청이 있는 때에는 법원은 결정을 하여야 한다.

제305조(변론의 재개) 법원은 필요하다고 인정한 때에는 직권 또는 검사, 피고인이나 변호인의 신청에 의하여 결정으로 종결한 변론을 재개할 수 있다.

제306조(공판절차의 정지) ① 피고인이 사물의 변별 또는 의사의 결정을 할 능력이 없는 상태에 있는 때에는 법원은 검사와 변호인의 의견을 들어서 결정으로 그 상태가 계속하는 기간 공판절차를 정지하여야 한다.

② 피고인이 질병으로 인하여 출정할 수 없는 때에는 법원은 검사와 변호인의 의견을 들어서 결정으로 출정할 수 있을 때까지 공판절차를 정지하여야 한다.

③ 전2항의 규정에 의하여 공판절차를 정지함에는 의사의 의견을 들어야 한다.

④ 피고사건에 대하여 무죄, 면소, 형의 면제 또는 공소기각의 재판을 할 것으로 명백한 때에는 제1항, 제2항의 사유있는 경우에도 피고인의 출정없이 재판할 수 있다.

⑤ 제277조의 규정에 의하여 대리인이

출정할 수 있는 경우에는 제1항 또는 제2항의 규정을 적용하지 아니한다.

제2절 증거

제307조(증거재판주의) ① 사실의 인정은 증거에 의하여야 한다.

② 범죄사실의 인정은 합리적인 의심이 없는 정도의 증명에 이르러야 한다.

제308조(자유심증주의) 증거의 증명력은 법관의 자유판단에 의한다.

제308조의2(위법수집증거의 배제) 적법한 절차에 따르지 아니하고 수집한 증거는 증거로 할 수 없다.

제309조(강제등 자백의 증거능력) 피고인의 자백이 고문, 폭행, 협박, 신체구속의 부당한장기화 또는 기망 기타의 방법으로 임의로 진술한 것이 아니라고 의심할 만한 이유가 있는 때에는 이를 유죄의 증거로 하지 못한다.

제310조(불이익한 자백의 증거능력) 피고인의 자백이 그 피고인에게 불이익한 유일의 증거인 때에는 이를 유죄의 증거로 하지 못한다.

제310조의2(전문증거와 증거능력의 제한) 제311조 내지 제316조에 규정한 것 이외에는 공판준비 또는 공판기일에서의 진술에 대신하여 진술을 기재한 서류나 공판준비 또는 공판기일 외에서의 타인의 진술을 내용으로 하는 진술은 이를 증거로 할 수 없다.

제311조(법원 또는 법관의 조서) 공판준비 또는 공판기일에 피고인이나 피고인 아닌 자의 진술을 기재한 조서와 법원 또는 법관의 검증의 결과를 기재한 조서는 증거로 할 수 있다. 제184조 및 제221조의2의 규정에 의하여 작성한 조서도 또한 같다.

제312조(검사 또는 사법경찰관의 조서 등) ① 검사가 작성한 피의자신문조서는 적법한 절차와 방식에 따라 작성된 것으로서 공판준비, 공판기일에 그 피의자였던 피고인 또는 변호인이 그 내용을 인정할 때에 한정하여 증거로 할 수 있다.

② 삭제 <2020. 2. 4.>

③ 검사 이외의 수사기관이 작성한 피의자신문조서는 적법한 절차와 방식에 따라 작성된 것으로서 공판준비 또는 공판기일에 그 피의자였던 피고인 또는 변호인이 그 내용을 인정할 때에 한하여 증거로 할 수 있다.

④ 검사 또는 사법경찰관이 피고인이 아닌 자의 진술을 기재한 조서는 적법한 절차와 방식에 따라 작성된 것으로서 그 조서가 검사 또는 사법경찰관 앞에서 진술한 내용과 동일하게 기재되어 있음이 원진술자의 공판준비 또는 공판기일에서의 진술이나 영상녹화물

또는 그 밖의 객관적인 방법에 의하여 증명되고, 피고인 또는 변호인이 공판준비 또는 공판기일에 그 기재 내용에 관하여 원진술자를 신문할 수 있었던 때에는 증거로 할 수 있다. 다만, 그 조서에 기재된 진술이 특히 신빙할 수 있는 상태하에서 행하여졌음이 증명된 때에 한한다.

⑤ 제1항부터 제4항까지의 규정은 피고인 또는 피고인이 아닌 자가 수사과정에서 작성한 진술서에 관하여 준용한다.

⑥ 검사 또는 사법경찰관이 검증의 결과를 기재한 조서는 적법한 절차와 방식에 따라 작성된 것으로서 공판준비 또는 공판기일에서의 작성자의 진술에 따라 그 성립의 진정함이 증명된 때에는 증거로 할 수 있다.

제313조(진술서등) ① 전2조의 규정 이외에 피고인 또는 피고인이 아닌 자가 작성한 진술서나 그 진술을 기재한 서류로서 그 작성자 또는 진술자의 자필이거나 그 서명 또는 날인이 있는 것(피고인 또는 피고인 아닌 자가 작성하였거나 진술한 내용이 포함된 문자·사진·영상 등의 정보로서 컴퓨터용디스크, 그 밖에 이와 비슷한 정보저장매체에 저장된 것을 포함한다. 이하 이 조에서 같다)은 공판준비나 공판기일에

서의 그 작성자 또는 진술자의 진술에 의하여 그 성립의 진정함이 증명된 때에는 증거로 할 수 있다. 단, 피고인의 진술을 기재한 서류는 공판준비 또는 공판기일에서의 그 작성자의 진술에 의하여 그 성립의 진정함이 증명되고 그 진술이 특히 신빙할 수 있는 상태하에서 행하여 진 때에 한하여 피고인의 공판준비 또는 공판기일에서의 진술에 불구하고 증거로 할 수 있다.

② 제1항 본문에도 불구하고 진술서의 작성자가 공판준비나 공판기일에서 그 성립의 진정을 부인하는 경우에는 과학적 분석결과에 기초한 디지털포렌식 자료, 감정 등 객관적 방법으로 성립의 진정함이 증명되는 때에는 증거로 할 수 있다. 다만, 피고인 아닌 자가 작성한 진술서는 피고인 또는 변호인이 공판준비 또는 공판기일에 그 기재 내용에 관하여 작성자를 신문할 수 있었을 것을 요한다.

③ 감정의 경과와 결과를 기재한 서류도 제1항 및 제2항과 같다.

제314조(증거능력에 대한 예외) 제312조 또는 제313조의 경우에 공판준비 또는 공판기일에 진술을 요하는 자가 사망·질병·외국거주·소재불명 그 밖에 이에 준하는 사유로 인하여 진술할 수 없는 때에는 그 조서 및 그 밖의 서

류(피고인 또는 피고인 아닌 자가 작성하였거나 진술한 내용이 포함된 문자·사진·영상 등의 정보로서 컴퓨터용디스크, 그 밖에 이와 비슷한 정보저장매체에 저장된 것을 포함한다)를 증거로 할 수 있다. 다만, 그 진술 또는 작성이 특히 신빙할 수 있는 상태하에서 행하여졌음이 증명된 때에 한한다.

제315조(당연히 증거능력이 있는 서류) 다음에 게기한 서류는 증거로 할 수 있다.

1. 가족관계기록사항에 관한 증명서, 공정증서등본 기타 공무원 또는 외국공무원의 직무상 증명할 수 있는 사항에 관하여 작성한 문서

2. 상업장부, 항해일지 기타 업무상 필요로 작성한 통상문서

3. 기타 특히 신용할 만한 정황에 의하여 작성된 문서

제316조(전문의 진술) ① 피고인이 아닌 자(공소제기 전에 피고인을 피의자로 조사하였거나 그 조사에 참여하였던 자를 포함한다. 이하 이 조에서 같다)의 공판준비 또는 공판기일에서의 진술이 피고인의 진술을 그 내용으로 하는 것인 때에는 그 진술이 특히 신빙할 수 있는 상태하에서 행하여졌음이 증명된 때에 한하여 이를 증거로 할 수 있다.

② 피고인 아닌 자의 공판준비 또는 공판기일에서의 진술이 피고인 아닌 타인의 진술을 그 내용으로 하는 것인 때에는 원진술자가 사망, 질병, 외국거주, 소재불명 그 밖에 이에 준하는 사유로 인하여 진술할 수 없고, 그 진술이 특히 신빙할 수 있는 상태하에서 행하여졌음이 증명된 때에 한하여 이를 증거로 할 수 있다.

제317조(진술의 임의성) ① 피고인 또는 피고인 아닌 자의 진술이 임의로 된 것이 아닌 것은 증거로 할 수 없다.

② 전항의 서류는 그 작성 또는 내용인 진술이 임의로 되었다는 것이 증명된 것이 아니면 증거로 할 수 없다.

③ 검증조서의 일부가 피고인 또는 피고인 아닌 자의 진술을 기재한 것인 때에는 그 부분에 한하여 전2항의 예에 의한다.

제318조(당사자의 동의와 증거능력) ① 검사와 피고인이 증거로 할 수 있음을 동의한 서류 또는 물건은 진정한 것으로 인정한 때에는 증거로 할 수 있다.

② 피고인의 출정없이 증거조사를 할 수 있는 경우에 피고인이 출정하지 아니한 때에는 전항의 동의가 있는 것으로 간주한다. 단, 대리인 또는 변호인이 출정한 때에는 예외로 한다.

제318조의2(증명력을 다투기 위한 증거) ① 제312조부터 제316조까지의 규

정에 따라 증거로 할 수 없는 서류나 진술이라도 공판준비 또는 공판기일에서의 피고인 또는 피고인이 아닌 자(공소제기 전에 피고인을 피의자로 조사하였거나 그 조사에 참여하였던 자를 포함한다. 이하 이 조에서 같다)의 진술의 증명력을 다투기 위하여 증거로 할 수 있다.

② 제1항에도 불구하고 피고인 또는 피고인이 아닌 자의 진술을 내용으로 하는 영상녹화물은 공판준비 또는 공판기일에 피고인 또는 피고인이 아닌 자가 진술함에 있어서 기억이 명백하지 아니한 사항에 관하여 기억을 환기시켜야 할 필요가 있다고 인정되는 때에 한하여 피고인 또는 피고인이 아닌 자에게 재생하여 시청하게 할 수 있다.

제318조의3(간이공판절차에서의 증거능력에 관한 특례) 제286조의2의 결정이 있는 사건의 증거에 관하여는 제310조의2, 제312조 내지 제314조 및 제316조의 규정에 의한 증거에 대하여 제318조제1항의 동의가 있는 것으로 간주한다. 단, 검사, 피고인 또는 변호인이 증거로 함에 이의가 있는 때에는 그러하지 아니하다.

제3절 공판의 재판

제318조의4(판결선고기일) ① 판결의 선고는 변론을 종결한 기일에 하여야 한다. 다만, 특별한 사정이 있는 때에는 따로 선고기일을 지정할 수 있다.

② 변론을 종결한 기일에 판결을 선고하는 경우에는 판결의 선고 후에 판결서를 작성할 수 있다.

③ 제1항 단서의 선고기일은 변론종결 후 14일 이내로 지정되어야 한다.

제319조(관할위반의 판결) 피고사건이 법원의 관할에 속하지 아니한 때에는 판결로써 관할위반의 선고를 하여야 한다.

제320조(토지관할 위반) ① 법원은 피고인의 신청이 없으면 토지관할에 관하여 관할 위반의 선고를 하지 못한다.

② 관할 위반의 신청은 피고사건에 대한 진술 전에 하여야 한다.

제321조(형선고와 동시에 선고될 사항) ① 피고사건에 대하여 범죄의 증명이 있는 때에는 형의 면제 또는 선고유예의 경우 외에는 판결로써 형을 선고하여야 한다.

② 형의 집행유예, 판결 전 구금의 산입일수, 노역장의 유치기간은 형의 선고와 동시에 판결로써 선고하여야 한다.

제322조(형면제 또는 형의 선고유예의 판결) 피고사건에 대하여 형의 면제 또는 선고유예를 하는 때에는 판결로써 선고하여야 한다.

제323조(유죄판결에 명시될 이유) ①
형의 선고를 하는 때에는 판결이유에
범죄될 사실, 증거의 요지와 법령의 적
용을 명시하여야 한다.

② 법률상 범죄의 성립을 조각하는 이
유 또는 형의 가중, 감면의 이유되는
사실의 진술이 있은 때에는 이에 대한
판단을 명시하여야 한다.

제324조(상소에 대한 고지) 형을 선고
하는 경우에는 재판장은 피고인에게
상소할 기간과 상소할 법원을 고지하
여야 한다.

제325조(무죄의 판결) 피고사건이 범
죄로 되지 아니하거나 범죄사실의 증
명이 없는 때에는 판결로써 무죄를 선
고하여야 한다.

제326조(면소의 판결) 다음 경우에는
판결로써 면소의 선고를 하여야 한다.

1. 확정판결이 있은 때

2. 사면이 있은 때

3. 공소의 시효가 완성되었을 때

4. 범죄 후의 법령개폐로 형이 폐지되
   었을 때

제327조(공소기각의 판결) 다음 각 호
의 경우에는 판결로써 공소기각의 선
고를 하여야 한다.

1. 피고인에 대하여 재판권이 없을 때

2. 공소제기의 절차가 법률의 규정을
   위반하여 무효일 때

3. 공소가 제기된 사건에 대하여 다시
   공소가 제기되었을 때

4. 제329조를 위반하여 공소가 제기되
   었을 때

5. 고소가 있어야 공소를 제기할 수 있
   는 사건에서 고소가 취소되었을 때

6. 피해자의 명시한 의사에 반하여 공
   소를 제기할 수 없는 사건에서 처벌
   을 원하지 아니하는 의사표시를 하
   거나 처벌을 원하는 의사표시를 철
   회하였을 때

제328조(공소기각의 결정) ① 다음 경
우에는 결정으로 공소를 기각하여야
한다.

1. 공소가 취소 되었을 때

2. 피고인이 사망하거나 피고인인 법인
   이 존속하지 아니하게 되었을 때

3. 제12조 또는 제13조의 규정에 의하
   여 재판할 수 없는 때

4. 공소장에 기재된 사실이 진실하다
   하더라도 범죄가 될 만한 사실이 포
   함되지 아니하는 때

② 전항의 결정에 대하여는 즉시항고
를 할 수 있다.

제329조(공소취소와 재기소) 공소취소
에 의한 공소기각의 결정이 확정된 때
에는 공소취소 후 그 범죄사실에 대한
다른 중요한 증거를 발견한 경우에 한
하여 다시 공소를 제기할 수 있다.

제330조(피고인의 진술없이 하는 판결) 피고인이 진술하지 아니하거나 재판장의 허가없이 퇴정하거나 재판장의 질서유지를 위한 퇴정명령을 받은 때에는 피고인의 진술없이 판결할 수 있다.

제331조(무죄등 선고와 구속영장의 효력) 무죄, 면소, 형의 면제, 형의 선고유예, 형의 집행유예, 공소기각 또는 벌금이나 과료를 과하는 판결이 선고된 때에는 구속영장은 효력을 잃는다.

제332조(몰수의 선고와 압수물) 압수한 서류 또는 물품에 대하여 몰수의 선고가 없는 때에는 압수를 해제한 것으로 간주한다.

제333조(압수장물의 환부) ① 압수한 장물로서 피해자에게 환부할 이유가 명백한 것은 판결로써 피해자에게 환부하는 선고를 하여야 한다.

② 전항의 경우에 장물을 처분하였을 때에는 판결로써 그 대가로 취득한 것을 피해자에게 교부하는 선고를 하여야 한다.

③ 가환부한 장물에 대하여 별단의 선고가 없는 때에는 환부의 선고가 있는 것으로 간주한다.

④ 전3항의 규정은 이해관계인이 민사소송절차에 의하여 그 권리를 주장함에 영향을 미치지 아니한다.

제334조(재산형의 가납판결) ① 법원은 벌금, 과료 또는 추징의 선고를 하는 경우에 판결의 확정 후에는 집행할 수 없거나 집행하기 곤란할 염려가 있다고 인정한 때에는 직권 또는 검사의 청구에 의하여 피고인에게 벌금, 과료 또는 추징에 상당한 금액의 가납을 명할 수 있다.

② 전항의 재판은 형의 선고와 동시에 판결로써 선고하여야 한다.

③ 전항의 판결은 즉시로 집행할 수 있다.

제335조(형의 집행유예 취소의 절차) ① 형의 집행유예를 취소할 경우에는 검사는 피고인의 현재지 또는 최후의 거주지를 관할하는 법원에 청구하여야 한다.

② 전항의 청구를 받은 법원은 피고인 또는 그 대리인의 의견을 물은 후에 결정을 하여야 한다.

③ 전항의 결정에 대하여는 즉시항고를 할 수 있다.

④ 전2항의 규정은 유예한 형을 선고할 경우에 준용한다.

제336조(경합범 중 다시 형을 정하는 절차) ①「형법」제36조, 동 제39조제4항 또는 동 제61조의규정에 의하여 형을 정할 경우에는 검사는 그 범죄사실에 대한 최종판결을 한 법원에 청구하여야 한다. 단,「형법」제61조의 규정

에 의하여 유예한 형을 선고할 때에는 제323조에 의하여야 하고 선고유예를 해제하는 이유를 명시하여야 한다.

② 전조 제2항의 규정은 전항의 경우에 준용한다.

제337조(형의 소멸의 재판) ① 「형법」제81조 또는 동 제82조의 규정에 의한 선고는 그 사건에 관한 기록이 보관되어 있는 검찰청에 대응하는 법원에 대하여 신청하여야 한다.

② 전항의 신청에 의한 선고는 결정으로 한다.

③ 제1항의 신청을 각하하는 결정에 대하여는 즉시항고를 할 수 있다.

제3편 상소

제1장 통칙

제338조(상소권자) ① 검사 또는 피고인은 상소를 할 수 있다.

② 삭제 <2007. 12. 21.>

제339조(항고권자) 검사 또는 피고인 아닌 자가 결정을 받은 때에는 항고할 수 있다.

제340조(당사자 이외의 상소권자) 피고인의 법정대리인은 피고인을 위하여 상소할 수 있다.

제341조(동전) ① 피고인의 배우자, 직계친족, 형제자매 또는 원심의 대리인이나 변호인은 피고인을 위하여 상소할 수 있다.

② 전항의 상소는 피고인의 명시한 의사에 반하여 하지 못한다.

제342조(일부상소) ① 상소는 재판의 일부에 대하여 할 수 있다.

② 일부에 대한 상소는 그 일부와 불가분의 관계에 있는 부분에 대하여도 효력이 미친다.

제343조(상소 제기기간) ① 상소의 제기는 그 기간 내에 서면으로 한다.

② 상소의 제기기간은 재판을 선고 또는 고지한 날로부터 진행된다.

제344조(재소자에 대한 특칙) ① 교도소 또는 구치소에 있는 피고인이 상소의 제기기간 내에 상소장을 교도소장 또는 구치소장 또는 그 직무를 대리하는 자에게 제출한 때에는 상소의 제기기간 내에 상소한 것으로 간주한다.

② 전항의 경우에 피고인이 상소장을 작성할 수 없는 때에는 교도소장 또는 구치소장은 소속공무원으로 하여금 대서하게 하여야 한다.

제345조(상소권회복 청구권자) 제338조부터 제341조까지의 규정에 따라 상소할 수 있는 자는 자기 또는 대리인이 책임질 수 없는 사유로 상소 제기기간 내에 상소를 하지 못한 경우에는 상소권회복의 청구를 할 수 있다.

제346조(상소권회복 청구의 방식) ①

상소권회복을 청구할 때에는 제345조의 사유가 해소된 날부터 상소 제기기간에 해당하는 기간 내에 서면으로 원심법원에 제출하여야 한다.

② 상소권회복을 청구할 때에는 제345조의 책임질 수 없는 사유를 소명하여야 한다.

③ 상소권회복을 청구한 자는 그 청구와 동시에 상소를 제기하여야 한다.

제347조(상소권회복에 대한 결정과 즉시항고) ① 상소권회복의 청구를 받은 법원은 청구의 허부에 관한 결정을 하여야 한다.

② 전항의 결정에 대하여는 즉시항고를 할 수 있다.

제348조(상소권회복청구와 집행정지) ① 상소권회복의 청구가 있는 때에는 법원은 전조의 결정을 할 때까지 재판의 집행을 정지하는 결정을 할 수 있다.

② 전항의 집행정지의 결정을 한 경우에 피고인의 구금을 요하는 때에는 구속영장을 발부하여야 한다. 단, 제70조의 요건이 구비된 때에 한한다.

제349조(상소의 포기, 취하) 검사나 피고인 또는 제339조에 규정한 자는 상소의 포기 또는 취하를 할 수 있다. 단, 피고인 또는 제341조에 규정한 자는 사형 또는 무기징역이나 무기금고가 선고된 판결에 대하여는 상소의 포기를 할 수 없다.

제350조(상소의 포기등과 법정대리인의 동의) 법정대리인이 있는 피고인이 상소의 포기 또는 취하를 함에는 법정대리인의 동의를 얻어야 한다. 단, 법정대리인의 사망 기타 사유로 인하여 그 동의를 얻을 수 없는 때에는 예외로 한다.

제351조(상소의 취하와 피고인의 동의) 피고인의 법정대리인 또는 제341조에 규정한 자는 피고인의 동의를 얻어 상소를 취하할 수 있다.

제352조(상소포기 등의 방식) ① 상소의 포기 또는 취하는 서면으로 하여야 한다. 단, 공판정에서는 구술로써 할 수 있다.

② 구술로써 상소의 포기 또는 취하를 한 경우에는 그 사유를 조서에 기재하여야 한다.

제353조(상소포기 등의 관할) 상소의 포기는 원심법원에, 상소의 취하는 상소법원에 하여야 한다. 단, 소송기록이 상소법원에 송부되지 아니한 때에는 상소의 취하를 원심법원에 제출할 수 있다.

제354조(상소포기 후의 재상소의 금지) 상소를 취하한 자 또는 상소의 포기나 취하에 동의한 자는 그 사건에 대하여 다시 상소를 하지 못한다.

제355조(재소자에 대한 특칙) 제344조의 규정은 교도소 또는 구치소에 있는 피고인이 상소권회복의 청구 또는 상소의 포기나 취하를 하는 경우에 준용한다.

제356조(상소포기등과 상대방의 통지) 상소, 상소의 포기나 취하 또는 상소권회복의 청구가 있는 때에는 법원은 지체없이 상대방에게 그 사유를 통지하여야 한다.

제2장 항소

제357조(항소할 수 있는 판결) 제1심법원의 판결에 대하여 불복이 있으면 지방법원 단독판사가 선고한 것은 지방법원 본원합의부에 항소할 수 있으며 지방법원 합의부가 선고한 것은 고등법원에 항소할 수 있다.

제358조(항소제기기간) 항소의 제기기간은 7일로 한다.

제359조(항소제기의 방식) 항소를 함에는 항소장을 원심법원에 제출하여야 한다.

제360조(원심법원의 항소기각 결정) ① 항소의 제기가 법률상의 방식에 위반하거나 항소권소멸 후인 것이 명백한 때에는 원심법원은 결정으로 항소를 기각하여야 한다.

② 전항의 결정에 대하여는 즉시항고를 할 수 있다.

제361조(소송기록과 증거물의 송부) 제360조의 경우를 제외하고는 원심법원은 항소장을 받은 날부터 14일이내에 소송기록과 증거물을 항소법원에 송부하여야 한다.

제361조의2(소송기록접수와 통지) ① 항소법원이 기록의 송부를 받은 때에는 즉시 항소인과 상대방에게 그 사유를 통지하여야 한다.

② 전항의 통지 전에 변호인의 선임이 있는 때에는 변호인에게도 전항의 통지를 하여야 한다.

③ 피고인이 교도소 또는 구치소에 있는 경우에는 원심법원에 대응한 검찰청검사는 제1항의 통지를 받은 날부터 14일이내에 피고인을 항소법원소재지의 교도소 또는 구치소에 이송하여야 한다.

제361조의3(항소이유서와 답변서) ① 항소인 또는 변호인은 전조의 통지를 받은 날로부터 20일 이내에 항소이유서를 항소법원에 제출하여야 한다. 이 경우 제344조를 준용한다.

② 항소이유서의 제출을 받은 항소법원은 지체없이 그 부본 또는 등본을 상대방에게 송달하여야 한다.

③ 상대방은 전항의 송달을 받은 날로부터 10일 이내에 답변서를 항소법원

에 제출하여야 한다.

④ 답변서의 제출을 받은 항소법원은 지체없이 그 부본 또는 등본을 항소인 또는 변호인에게 송달하여야 한다.

제361조의4(항소기각의 결정) ① 항소인이나 변호인이 전조제1항의 기간 내에 항소이유서를 제출하지 아니한 때에는 결정으로 항소를 기각하여야 한다. 단, 직권조사사유가 있거나 항소장에 항소이유의 기재가 있는 때에는 예외로 한다.

② 전항의 결정에 대하여는 즉시항고를 할 수 있다.

제361조의5(항소이유) 다음 사유가 있을 경우에는 원심판결에 대한 항소이유로 할 수 있다.

1. 판결에 영향을 미친 헌법·법률·명령 또는 규칙의 위반이 있는 때
2. 판결 후 형의 폐지나 변경 또는 사면이 있는 때
3. 관할 또는 관할위반의 인정이 법률에 위반한 때
4. 판결법원의 구성이 법률에 위반한 때
5. 삭제 <1963. 12. 13.>
6. 삭제 <1963. 12. 13.>
7. 법률상 그 재판에 관여하지 못할 판사가 그 사건의 심판에 관여한 때
8. 사건의 심리에 관여하지 아니한 판사가 그 사건의 판결에 관여한 때
9. 공판의 공개에 관한 규정에 위반한 때
10. 삭제 <1963. 12. 13.>
11. 판결에 이유를 붙이지 아니하거나 이유에 모순이 있는 때
12. 삭제 <1963. 12. 13.>
13. 재심청구의 사유가 있는 때
14. 사실의 오인이 있어 판결에 영향을 미칠 때
15. 형의 양정이 부당하다고 인정할 사유가 있는 때

제362조(항소기각의 결정) ① 제360조의 규정에 해당한 경우에 원심법원이 항소기각의 결정을 하지 아니한 때에는 항소법원은 결정으로 항소를 기각하여야 한다.

② 전항의 결정에 대하여는 즉시 항고를 할 수 있다.

제363조(공소기각의 결정) ① 제328조제1항 각 호의 규정에 해당한 사유가 있는 때에는 항소법원은 결정으로 공소를 기각하여야 한다.

② 전항의 결정에 대하여는 즉시 항고를 할 수 있다.

제364조(항소법원의 심판) ① 항소법원은 항소이유에 포함된 사유에 관하여 심판하여야 한다.

② 항소법원은 판결에 영향을 미친 사유에 관하여는 항소이유서에 포함되지 아니한 경우에도 직권으로 심판할 수

있다.

③ 제1심법원에서 증거로 할 수 있었던 증거는 항소법원에서도 증거로 할 수 있다.

④ 항소이유 없다고 인정한 때에는 판결로써 항소를 기각하여야 한다.

⑤ 항소이유 없음이 명백한 때에는 항소장, 항소이유서 기타의 소송기록에 의하여 변론없이 판결로써 항소를 기각할 수 있다.

⑥ 항소이유가 있다고 인정한 때에는 원심판결을 파기하고 다시 판결을 하여야 한다.

제364조의2(공동피고인을 위한 파기) 피고인을 위하여 원심판결을 파기하는 경우에 파기의 이유가 항소한 공동피고인에게 공통되는 때에는 그 공동피고인에게 대하여도 원심판결을 파기하여야 한다.

제365조(피고인의 출정) ① 피고인이 공판기일에 출정하지 아니한 때에는 다시 기일을 정하여야 한다.

② 피고인이 정당한 사유없이 다시 정한 기일에 출정하지 아니한 때에는 피고인의 진술없이 판결을 할 수 있다.

제366조(원심법원에의 환송) 공소기각 또는 관할위반의 재판이 법률에 위반됨을 이유로 원심판결을 파기하는 때에는 판결로써 사건을 원심법원에 환송하여야 한다.

제367조(관할법원에의 이송) 관할인정이 법률에 위반됨을 이유로 원심판결을 파기하는 때에는 판결로써 사건을 관할법원에 이송하여야 한다. 단, 항소법원이 그 사건의 제1심관할권이 있는 때에는 제1심으로 심판하여야 한다.

제368조(불이익변경의 금지) 피고인이 항소한 사건과 피고인을 위하여 항소한 사건에 대해서는 원심판결의 형보다 무거운 형을 선고할 수 없다.

제369조(재판서의 기재방식) 항소법원의 재판서에는 항소이유에 대한 판단을 기재하여야 하며 원심판결에 기재한 사실과 증거를 인용할 수 있다.

제370조(준용규정) 제2편 중 공판에 관한 규정은 본장에 특별한 규정이 없으면 항소의 심판에 준용한다.

제3장 상고

제371조(상고할 수 있는 판결) 제2심판결에 대하여 불복이 있으면 대법원에 상고할 수 있다.

제372조(비약적 상고) 다음 경우에는 제1심판결에 대하여 항소를 제기하지 아니하고 상고를 할 수 있다.

1. 원심판결이 인정한 사실에 대하여 법령을 적용하지 아니하였거나 법령의 적용에 착오가 있는 때

2. 원심판결이 있은 후 형의 폐지나 변경 또는 사면이 있는 때

제373조(항소와 비약적 상고) 제1심판결에 대한 상고는 그 사건에 대한 항소가 제기된 때에는 그 효력을 잃는다. 단, 항소의 취하 또는 항소기각의 결정이 있는 때에는 예외로 한다.

제374조(상고기간) 상고의 제기기간은 7일로 한다.

제375조(상고제기의 방식) 상고를 함에는 상고장을 원심법원에 제출하여야 한다.

제376조(원심법원에서의 상고기각 결정) ① 상고의 제기가 법률상의 방식에 위반하거나 상고권소멸 후인 것이 명백한 때에는 원심법원은 결정으로 상고를 기각하여야 한다.

② 전항의 결정에 대하여는 즉시항고를 할 수 있다.

제377조(소송기록과 증거물의 송부) 제376조의 경우를 제외하고는 원심법원은 상고장을 받은 날부터 14일이내에 소송기록과 증거물을 상고법원에 송부하여야 한다.

제378조(소송기록접수와 통지) ① 상고법원이 소송기록의 송부를 받은 때에는 즉시 상고인과 상대방에 대하여 그 사유를 통지하여야 한다.

② 전항의 통지 전에 변호인의 선임이 있는 때에는 변호인에 대하여도 전항의 통지를 하여야 한다.

제379조(상고이유서와 답변서) ① 상고인 또는 변호인이 전조의 통지를 받은 날로부터 20일 이내에 상고이유서를 상고법원에 제출하여야 한다. 이 경우 제344조를 준용한다.

② 상고이유서에는 소송기록과 원심법원의 증거조사에 표현된 사실을 인용하여 그 이유를 명시하여야 한다.

③ 상고이유서의 제출을 받은 상고법원은 지체없이 그 부본 또는 등본을 상대방에 송달하여야 한다.

④ 상대방은 전항의 송달을 받은 날로부터 10일 이내에 답변서를 상고법원에 제출할 수 있다.

⑤ 답변서의 제출을 받은 상고법원은 지체없이 그 부본 또는 등본을 상고인 또는 변호인에게 송달하여야 한다.

제380조(상고기각 결정) ① 상고인이나 변호인이 전조제1항의 기간 내에 상고이유서를 제출하지 아니한 때에는 결정으로 상고를 기각하여야 한다. 단, 상고장에 이유의 기재가 있는 때에는 예외로 한다.

② 상고장 및 상고이유서에 기재된 상고이유의 주장이 제383조 각 호의 어느 하나의 사유에 해당하지 아니함이 명백한 때에는 결정으로 상고를 기각

하여야 한다.

제381조(동전) 제376조의 규정에 해당한 경우에 원심법원이 상고기각의 결정을 하지 아니한 때에는 상고법원은 결정으로 상고를 기각하여야 한다.

제382조(공소기각의 결정) 제328조제1항 각 호의 규정에 해당하는 사유가 있는 때에는 상고법원은 결정으로 공소를 기각하여야 한다.

제383조(상고이유) 다음 사유가 있을 경우에는 원심판결에 대한 상고이유로 할 수 있다.

1. 판결에 영향을 미친 헌법·법률·명령 또는 규칙의 위반이 있는 때
2. 판결후 형의 폐지나 변경 또는 사면이 있는 때
3. 재심청구의 사유가 있는 때
4. 사형, 무기 또는 10년 이상의 징역이나 금고가 선고된 사건에 있어서 중대한 사실의 오인이 있어 판결에 영향을 미친 때 또는 형의 양정이 심히 부당하다고 인정할 현저한 사유가 있는 때

제384조(심판범위) 상고법원은 상고이유서에 포함된 사유에 관하여 심판하여야 한다. 그러나, 전조 제1호 내지 제3호의 경우에는 상고이유서에 포함되지 아니한 때에도 직권으로 심판할 수 있다.

제385조 삭제 <1961. 9. 1.>

제386조(변호인의 자격) 상고심에는 변호사 아닌 자를 변호인으로 선임하지 못한다.

제387조(변론능력) 상고심에는 변호인 아니면 피고인을 위하여 변론하지 못한다.

제388조(변론방식) 검사와 변호인은 상고이유서에 의하여 변론하여야 한다.

제389조(변호인의 불출석등) ① 변호인의 선임이 없거나 변호인이 공판기일에 출정하지 아니한 때에는 검사의 진술을 듣고 판결을 할 수 있다. 단, 제283조의 규정에 해당한 경우에는 예외로 한다.

② 전항의 경우에 적법한 이유서의 제출이 있는 때에는 그 진술이 있는 것으로 간주한다.

제389조의2(피고인의 소환 여부) 상고심의 공판기일에는 피고인의 소환을 요하지 아니한다.

제390조(서면심리에 의한 판결) ① 상고법원은 상고장, 상고이유서 기타의 소송기록에 의하여 변론 없이 판결할 수 있다.

② 상고법원은 필요한 경우에는 특정한 사항에 관하여 변론을 열어 참고인의 진술을 들을 수 있다.

제391조(원심판결의 파기) 상고이유가

있는 때에는 판결로써 원심판결을 파기하여야 한다.

제392조(공동피고인을 위한 파기) 피고인의 이익을 위하여 원심판결을 파기하는 경우에 파기의 이유가 상고한 공동피고인에 공통되는 때에는 그 공동피고인에 대하여도 원심판결을 파기하여야 한다.

제393조(공소기각과 환송의 판결) 적법한 공소를 기각하였다는 이유로 원심판결 또는 제1심판결을 파기하는 경우에는 판결로써 사건을 원심법원 또는 제1심법원에 환송하여야 한다.

제394조(관할인정과 이송의 판결) 관할의 인정이 법률에 위반됨을 이유로 원심판결 또는 제1심판결을 파기하는 경우에는 판결로써 사건을 관할있는 법원에 이송하여야 한다.

제395조(관할위반과 환송의 판결) 관할위반의 인정이 법률에 위반됨을 이유로 원심판결 또는 제1심판결을 파기하는 경우에는 판결로써 사건을 원심법원 또는 제1심법원에 환송하여야 한다.

제396조(파기자판) ① 상고법원은 원심판결을 파기한 경우에 그 소송기록과 원심법원과 제1심법원이 조사한 증거에 의하여 판결하기 충분하다고 인정한 때에는 피고사건에 대하여 직접 판결을 할 수 있다.

② 제368조의 규정은 전항의 판결에 준용한다.

제397조(환송 또는 이송) 전4조의 경우 외에 원심판결을 파기한 때에는 판결로써 사건을 원심법원에 환송하거나 그와 동등한 다른 법원에 이송하여야 한다.

제398조(재판서의 기재방식) 재판서에는 상고의 이유에 관한 판단을 기재하여야 한다.

제399조(준용규정) 전장의 규정은 본장에 특별한 규정이 없으면 상고의 심판에 준용한다.

제400조(판결정정의 신청) ① 상고법원은 그 판결의 내용에 오류가 있음을 발견한 때에는 직권 또는 검사, 상고인이나 변호인의 신청에 의하여 판결로써 정정할 수 있다.

② 전항의 신청은 판결의 선고가 있은 날로부터 10일 이내에 하여야 한다.

③ 제1항의 신청은 신청의 이유를 기재한 서면으로 하여야 한다.

제401조(정정의 판결) ① 정정의 판결은 변론없이 할 수 있다

② 정정할 필요가 없다고 인정한 때에는 지체없이 결정으로 신청을 기각하여야 한다.

제4장 항 고

제402조(항고할 수 있는 재판) 법원의 결정에 대하여 불복이 있으면 항고를 할 수 있다. 단, 이 법률에 특별한 규정이 있는 경우에는 예외로 한다.

제403조(판결 전의 결정에 대한 항고) ① 법원의 관할 또는 판결 전의 소송절차에 관한 결정에 대하여는 특히 즉시항고를 할 수 있는 경우 외에는 항고를 하지 못한다.

② 전항의 규정은 구금, 보석, 압수나 압수물의 환부에 관한 결정 또는 감정하기 위한 피고인의 유치에 관한 결정에 적용하지 아니한다.

제404조(보통항고의 시기) 항고는 즉시항고 외에는 언제든지 할 수 있다. 단, 원심결정을 취소하여도 실익이 없게 된 때에는 예외로 한다.

제405조(즉시항고의 제기기간) 즉시항고의 제기기간은 7일로 한다.

제406조(항고의 절차) 항고를 함에는 항고장을 원심법원에 제출하여야 한다.

제407조(원심법원의 항고기각 결정) ① 항고의 제기가 법률상의 방식에 위반하거나 항고권소멸 후인 것이 명백한 때에는 원심법원은 결정으로 항고를 기각하여야 한다.

② 전항의 결정에 대하여는 즉시항고를 할 수 있다.

제408조(원심법원의 갱신결정) ① 원심법원은 항고가 이유있다고 인정한 때에는 결정을 경정하여야 한다.

② 항고의 전부 또는 일부가 이유없다고 인정한 때에는 항고장을 받은 날로부터 3일 이내에 의견서를 첨부하여 항고법원에 송부하여야 한다.

제409조(보통항고와 집행정지) 항고는 즉시항고 외에는 재판의 집행을 정지하는 효력이 없다. 단, 원심법원 또는 항고법원은 결정으로 항고에 대한 결정이 있을 때까지 집행을 정지할 수 있다.

제410조(즉시항고와 집행정지의 효력) 즉시항고의 제기기간 내와 그 제기가 있는 때에는 재판의 집행은 정지된다.

제411조(소송기록등의 송부) ① 원심법원이 필요하다고 인정한 때에는 소송기록과 증거물을 항고법원에 송부하여야 한다.

② 항고법원은 소송기록과 증거물의 송부를 요구할 수 있다.

③ 전2항의 경우에 항고법원이 소송기록과 증거물의 송부를 받은 날로부터 5일 이내에 당사자에게 그 사유를 통지하여야 한다.

제412조(검사의 의견진술) 검사는 항고사건에 대하여 의견을 진술할 수 있다.

제413조(항고기각의 결정) 제407조의 규정에 해당한 경우에 원심법원이 항

고기각의 결정을 하지 아니한 때에는 항고법원은 결정으로 항고를 기각하여야 한다.

제414조(항고기각과 항고이유 인정) ① 항고를 이유없다고 인정한 때에는 결정으로 항고를 기각하여야 한다.

② 항고를 이유있다고 인정한 때에는 결정으로 원심결정을 취소하고 필요한 경우에는 항고사건에 대하여 직접 재판을 하여야 한다.

제415조(재항고) 항고법원 또는 고등법원의 결정에 대하여는 재판에 영향을 미친 헌법·법률·명령 또는 규칙의 위반이 있음을 이유로 하는 때에 한하여 대법원에 즉시항고를 할 수 있다.

제416조(준항고) ① 재판장 또는 수명법관이 다음 각 호의 1에 해당한 재판을 고지한 경우에 불복이 있으면 그 법관소속의 법원에 재판의 취소 또는 변경을 청구할 수 있다.

1. 기피신청을 기각한 재판

2. 구금, 보석, 압수 또는 압수물환부에 관한 재판

3. 감정하기 위하여 피고인의 유치를 명한 재판

4. 증인, 감정인, 통역인 또는 번역인에 대하여 과태료 또는 비용의 배상을 명한 재판

② 지방법원이 전항의 청구를 받은 때에는 합의부에서 결정을 하여야 한다.

③ 제1항의 청구는 재판의 고지있는 날로부터 7일 이내에 하여야 한다.

④ 제1항제4호의 재판은 전항의 청구기간 내와 청구가 있는 때에는 그 재판의 집행은 정지된다.

제417조(동전) 검사 또는 사법경찰관의 구금, 압수 또는 압수물의 환부에 관한 처분과 제243조의2에 따른 변호인의 참여 등에 관한 처분에 대하여 불복이 있으면 그 직무집행지의 관할법원 또는 검사의 소속검찰청에 대응한 법원에 그 처분의 취소 또는 변경을 청구할 수 있다.

제418조(준항고의 방식) 전2조의청구는 서면으로 관할법원에 제출하여야 한다.

제419조(준용규정) 제409조, 제413조, 제414조, 제415조의 규정은 제416조, 제417조의 청구있는 경우에 준용한다.

제4편 특별소송절차

제1장 재심

제420조(재심이유) 재심은 다음 각 호의 어느 하나에 해당하는 이유가 있는 경우에 유죄의 확정판결에 대하여 그 선고를 받은 자의 이익을 위하여 청구할 수 있다.

1. 원판결의 증거가 된 서류 또는 증거물이 확정판결에 의하여 위조되거

나 변조된 것임이 증명된 때

2. 원판결의 증거가 된 증언, 감정, 통역 또는 번역이 확정판결에 의하여 허위임이 증명된 때

3. 무고(誣告)로 인하여 유죄를 선고받은 경우에 그 무고의 죄가 확정판결에 의하여 증명된 때

4. 원판결의 증거가 된 재판이 확정재판에 의하여 변경된 때

5. 유죄를 선고받은 자에 대하여 무죄 또는 면소를, 형의 선고를 받은 자에 대하여 형의 면제 또는 원판결이 인정한 죄보다 가벼운 죄를 인정할 명백한 증거가 새로 발견된 때

6. 저작권, 특허권, 실용신안권, 디자인권 또는 상표권을 침해한 죄로 유죄의 선고를 받은 사건에 관하여 그 권리에 대한 무효의 심결 또는 무효의 판결이 확정된 때

7. 원판결, 전심판결 또는 그 판결의 기초가 된 조사에 관여한 법관, 공소의 제기 또는 그 공소의 기초가 된 수사에 관여한 검사나 사법경찰관이 그 직무에 관한 죄를 지은 것이 확정판결에 의하여 증명된 때. 다만, 원판결의 선고 전에 법관, 검사 또는 사법경찰관에 대하여 공소가 제기되었을 경우에는 원판결의 법원이 그 사유를 알지 못한 때로

한정한다.

제421조(동전) ① 항소 또는 상고의 기각판결에 대하여는 전조제1호, 제2호, 제7호의 사유있는 경우에 한하여 그 선고를 받은 자의 이익을 위하여 재심을 청구할 수 있다.

② 제1심확정판결에 대한 재심청구사건의 판결이 있은 후에는 항소기각 판결에 대하여 다시 재심을 청구하지 못한다.

③ 제1심 또는 제2심의 확정판결에 대한 재심청구사건의 판결이 있은 후에는 상고기각판결에 대하여 다시 재심을 청구하지 못한다.

제422조(확정판결에 대신하는 증명) 전2조의 규정에 의하여 확정판결로써 범죄가 증명됨을 재심청구의 이유로 할 경우에 그 확정판결을 얻을 수 없는 때에는 그 사실을 증명하여 재심의 청구를 할 수 있다. 단, 증거가 없다는 이유로 확정판결을 얻을 수 없는 때에는 예외로 한다.

제423조(재심의 관할) 재심의 청구는 원판결의 법원이 관할한다.

제424조(재심청구권자) 다음 각 호의 1에 해당하는 자는 재심의 청구를 할 수 있다.

1. 검사

2. 유죄의 선고를 받은 자

3. 유죄의 선고를 받은 자의 법정대리인

4. 유죄의 선고를 받은 자가 사망하거나 심신장애가 있는 경우에는 그 배우자, 직계친족 또는 형제자매

제425조(검사만이 청구할 수 있는 재심) 제420조제7호의 사유에 의한 재심의 청구는 유죄의 선고를 받은 자가 그 죄를 범하게 한 경우에는 검사가 아니면 하지 못한다.

제426조(변호인의 선임) ① 검사 이외의 자가 재심의 청구를 하는 경우에는 변호인을 선임할 수 있다.

② 전항의 규정에 의한 변호인의 선임은 재심의 판결이 있을 때까지 그 효력이 있다.

제427조(재심청구의 시기) 재심의 청구는 형의 집행을 종료하거나 형의 집행을 받지 아니하게 된 때에도 할 수 있다.

제428조(재심과 집행정지의 효력) 재심의 청구는 형의 집행을 정지하는 효력이 없다. 단 관할법원에 대응한 검찰청 검사는 재심청구에 대한 재판이 있을 때까지 형의 집행을 정지할 수 있다.

제429조(재심청구의 취하) ① 재심의 청구는 취하할 수 있다.

② 재심의 청구를 취하한 자는 동일한 이유로써 다시 재심을 청구하지 못한다.

제430조(재소자에 대한 특칙) 제344조의 규정은 재심의 청구와 그 취하에 준용한다.

제431조(사실조사) ① 재심의 청구를 받은 법원은 필요하다고 인정한 때에는 합의부원에게 재심청구의 이유에 대한 사실조사를 명하거나 다른 법원 판사에게 이를 촉탁할 수 있다.

② 전항의 경우에는 수명법관 또는 수탁판사는 법원 또는 재판장과 동일한 권한이 있다.

제432조(재심에 대한 결정과 당사자의 의견) 재심의 청구에 대하여 결정을 함에는 청구한 자와 상대방의 의견을 들어야 한다. 단, 유죄의 선고를 받은 자의 법정대리인이 청구한 경우에는 유죄의 선고를 받은 자의 의견을 들어야 한다.

제433조(청구기각 결정) 재심의 청구가 법률상의 방식에 위반하거나 청구권의 소멸 후인 것이 명백한 때에는 결정으로 기각하여야 한다.

제434조(동전) ① 재심의 청구가 이유없다고 인정한 때에는 결정으로 기각하여야 한다.

② 전항의 결정이 있는 때에는 누구든지 동일한 이유로써 다시 재심을 청구하지 못한다.

제435조(재심개시의 결정) ① 재심의 청구가 이유있다고 인정한 때에는 재심개시의 결정을 하여야 한다.

② 재심개시의 결정을 할 때에는 결정으로 형의 집행을 정지할 수 있다.

제436조(청구의 경합과 청구기각의 결정) ① 항소기각의 확정판결과 그 판결에 의하여 확정된 제1심판결에 대하여 재심의 청구가 있는 경우에 제1심법원이 재심의 판결을 한 때에는 항소법원은 결정으로 재심의 청구를 기각하여야 한다.

② 제1심 또는 제2심판결에 대한 상고기각의 판결과 그 판결에 의하여 확정된 제1심 또는 제2심의 판결에 대하여 재심의 청구가 있는 경우에 제1심법원 또는 항소법원이 재심의 판결을 한 때에는 상고법원은 결정으로 재심의 청구를 기각하여야 한다.

제437조(즉시항고) 제433조, 제434조제1항, 제435조제1항과 전조제1항의 결정에 대하여는 즉시항고를 할 수 있다.

제438조(재심의 심판) ① 재심개시의 결정이 확정한 사건에 대하여는 제436조의 경우 외에는 법원은 그 심급에 따라 다시 심판을 하여야 한다.

② 다음 경우에는 제306조제1항, 제328조제1항제2호의 규정은 전항의 심판에 적용하지 아니한다.

1. 사망자 또는 회복할 수 없는 심신장애인을 위하여 재심의 청구가 있는 때

2. 유죄의 선고를 받은 자가 재심의 판결 전에 사망하거나 회복할 수 없는 심신장애인으로 된 때

③ 전항의 경우에는 피고인이 출정하지 아니하여도 심판을 할 수 있다. 단, 변호인이 출정하지 아니하면 개정하지 못한다.

④ 전2항의 경우에 재심을 청구한 자가 변호인을 선임하지 아니한 때에는 재판장은 직권으로 변호인을 선임하여야 한다.

제439조(불이익변경의 금지) 재심에는 원판결의 형보다 무거운 형을 선고할 수 없다.

제440조(무죄판결의 공시) 재심에서 무죄의 선고를 한 때에는 그 판결을 관보와 그 법원소재지의 신문지에 기재하여 공고하여야 한다. 다만, 다음 각 호의 어느 하나에 해당하는 사람이 이를 원하지 아니하는 의사를 표시한 경우에는 그러하지 아니다.

1. 제424조제1호부터 제3호까지의 어느 하나에 해당하는 사람이 재심을 청구한 때에는 재심에서 무죄의 선고를 받은 사람

2. 제424조제4호에 해당하는 사람이 재심을 청구한 때에는 재심을 청구한 그 사람

제2장 비상상고

제441조(비상상고이유) 검찰총장은 판결이 확정한 후 그 사건의 심판이 법령에 위반한 것을 발견한 때에는 대법원에 비상상고를 할 수 있다.

제442조(비상상고의 방식) 비상상고를 함에는 그 이유를 기재한 신청서를 대법원에 제출하여야 한다.

제443조(공판기일) 공판기일에는 검사는 신청서에 의하여 진술하여야 한다.

제444조(조사의 범위, 사실의 조사) ① 대법원은 신청서에 포함된 이유에 한하여 조사하여야 한다.
② 법원의 관할, 공소의 수리와 소송절차에 관하여는 사실조사를 할 수 있다.
③ 전항의 경우에는 제431조의 규정을 준용한다.

제445조(기각의 판결) 비상상고가 이유 없다고 인정한 때에는 판결로써 이를 기각하여야 한다.

제446조(파기의 판결) 비상상고가 이유 있다고 인정한 때에는 다음의 구별에 따라 판결을 하여야 한다.
1. 원판결이 법령에 위반한 때에는 그 위반된 부분을 파기하여야 한다. 단, 원판결이 피고인에게 불이익한 때에는 원판결을 파기하고 피고사건에 대하여 다시 판결을 한다.
2. 원심소송절차가 법령에 위반한 때에는 그 위반된 절차를 파기한다.

제447조(판결의 효력) 비상상고의 판결은 전조제1호 단행의 규정에 의한 판결 외에는 그 효력이 피고인에게 미치지 아니한다.

제3장 약식절차

제448조(약식명령을 할 수 있는 사건) ① 지방법원은 그 관할에 속한 사건에 대하여 검사의 청구가 있는 때에는 공판절차없이 약식명령으로 피고인을 벌금, 과료 또는 몰수에 처할 수 있다.
② 전항의 경우에는 추징 기타 부수의 처분을 할 수 있다.

제449조(약식명령의 청구) 약식명령의 청구는 공소의 제기와 동시에 서면으로 하여야 한다.

제450조(보통의 심판) 약식명령의 청구가 있는 경우에 그 사건이 약식명령으로 할 수 없거나 약식명령으로 하는 것이 적당하지 아니하다고 인정한 때에는 공판절차에 의하여 심판하여야 한다.

제451조(약식명령의 방식) 약식명령에는 범죄사실, 적용법령, 주형, 부수처분과 약식명령의 고지를 받은 날로부터 7일 이내에 정식재판의 청구를 할 수 있음을 명시하여야 한다.

제452조(약식명령의 고지) 약식명령의

고지는 검사와 피고인에 대한 재판서의 송달에 의하여 한다.

제453조(정식재판의 청구) ① 검사 또는 피고인은 약식명령의 고지를 받은 날로부터 7일 이내에 정식재판의 청구를 할 수 있다. 단, 피고인은 정식재판의 청구를 포기할 수 없다.

② 정식재판의 청구는 약식명령을 한 법원에 서면으로 제출하여야 한다.

③ 정식재판의 청구가 있는 때에는 법원은 지체없이 검사 또는 피고인에게 그 사유를 통지하여야 한다.

제454조(정식재판청구의 취하) 정식재판의 청구는 제1심판결선고 전까지 취하할 수 있다.

제455조(기각의 결정) ① 정식재판의 청구가 법령상의 방식에 위반하거나 청구권의 소멸 후인 것이 명백한 때에는 결정으로 기각하여야 한다.

② 전항의 결정에 대하여는 즉시항고를 할 수 있다.

③ 정식재판의 청구가 적법한 때에는 공판절차에 의하여 심판하여야 한다.

제456조(약식명령의 실효) 약식명령은 정식재판의 청구에 의한 판결이 있는 때에는 그 효력을 잃는다.

제457조(약식명령의 효력) 약식명령은 정식재판의 청구기간이 경과하거나 그 청구의 취하 또는 청구기각의 결정이 확정한 때에는 확정판결과 동일한 효력이 있다.

제457조의2(형종 상향의 금지 등) ① 피고인이 정식재판을 청구한 사건에 대하여는 약식명령의 형보다 중한 종류의 형을 선고하지 못한다.

② 피고인이 정식재판을 청구한 사건에 대하여 약식명령의 형보다 중한 형을 선고하는 경우에는 판결서에 양형의 이유를 적어야 한다.

제458조(준용규정) ① 제340조 내지 제342조, 제345조 내지 제352조, 제354조의 규정은 정식재판의 청구 또는 그 취하에 준용한다.

② 제365조의 규정은 정식재판절차의 공판기일에 정식재판을 청구한 피고인이 출석하지 아니한 경우에 이를 준용한다.

제5편 재판의 집행

제459조(재판의 확정과 집행) 재판은 이 법률에 특별한 규정이 없으면 확정한 후에 집행한다.

제460조(집행지휘) ① 재판의 집행은 그 재판을 한 법원에 대응한 검찰청검사가 지휘한다. 단, 재판의 성질상 법원 또는 법관이 지휘할 경우에는 예외로 한다.

② 상소의 재판 또는 상소의 취하로

인하여 하급법원의 재판을 집행할 경우에는 상소법원에 대응한 검찰청검사가 지휘한다. 단, 소송기록이 하급법원 또는 그 법원에 대응한 검찰청에 있는 때에는 그 검찰청검사가 지휘한다.

제461조(집행지휘의 방식) 재판의 집행지휘는 재판서 또는 재판을 기재한 조서의 등본 또는 초본을 첨부한 서면으로 하여야 한다. 단, 형의 집행을 지휘하는 경우 외에는 재판서의 원본, 등본이나 초본 또는 조서의 등본이나 초본에 인정하는 날인으로 할 수 있다.

제462조(형 집행의 순서) 2이상의 형을 집행하는 경우에 자격상실, 자격정지, 벌금, 과료와 몰수 외에는 무거운 형을 먼저 집행한다. 다만, 검사는 소속 장관의 허가를 얻어 무거운 형의 집행을 정지하고 다른 형의 집행을 할 수 있다.

제463조(사형의 집행) 사형은 법무부장관의 명령에 의하여 집행한다.

제464조(사형판결확정과 소송기록의 제출) 사형을 선고한 판결이 확정한 때에는 검사는 지체없이 소송기록을 법무부장관에게 제출하여야 한다.

제465조(사형집행명령의 시기) ① 사형집행의 명령은 판결이 확정된 날로부터 6월 이내에 하여야 한다.

② 상소권회복의 청구, 재심의 청구 또는 비상상고의 신청이 있는 때에는 그 절차가 종료할 때까지의 기간은 전항의 기간에 산입하지 아니한다.

제466조(사형집행의 기간) 법무부장관이 사형의 집행을 명한 때에는 5일 이내에 집행하여야 한다.

제467조(사형집행의 참여) ① 사형의 집행에는 검사와 검찰청서기관과 교도소장 또는 구치소장이나 그 대리자가 참여하여야 한다.

② 검사 또는 교도소장 또는 구치소장의 허가가 없으면 누구든지 형의 집행 장소에 들어가지 못한다.

제468조(사형집행조서) 사형의 집행에 참여한 검찰청서기관은 집행조서를 작성하고 검사와 교도소장 또는 구치소장이나 그 대리자와 함께 기명날인 또는 서명하여야 한다.

제469조(사형 집행의 정지) ① 사형선고를 받은 사람이 심신의 장애로 의사능력이 없는 상태이거나 임신 중인 여자인 때에는 법무부장관의 명령으로 집행을 정지한다.

② 제1항에 따라 형의 집행을 정지한 경우에는 심신장애의 회복 또는 출산 후에 법무부장관의 명령에 의하여 형을 집행한다.

제470조(자유형집행의 정지) ① 징역, 금고 또는 구류의 선고를 받은 자가 심

신의 장애로 의사능력이 없는 상태에 있는 때에는 형을 선고한 법원에 대응한 검찰청검사 또는 형의 선고를 받은 자의 현재지를 관할하는 검찰청검사의 지휘에 의하여 심신장애가 회복될 때까지 형의 집행을 정지한다.

② 전항의 규정에 의하여 형의 집행을 정지한 경우에는 검사는 형의 선고를 받은 자를 감호의무자 또는 지방공공단체에 인도하여 병원 기타 적당한 장소에 수용하게 할 수 있다.

③ 형의 집행이 정지된 자는 전항의 처분이 있을 때까지 교도소 또는 구치소에 구치하고 그 기간을 형기에 산입한다.

제471조(동전) ① 징역, 금고 또는 구류의 선고를 받은 자에 대하여 다음 각호의 1에 해당한 사유가 있는 때에는 형을 선고한 법원에 대응한 검찰청검사 또는 형의 선고를 받은 자의 현재지를 관할하는 검찰청검사의 지휘에 의하여 형의 집행을 정지할 수 있다.

1. 형의 집행으로 인하여 현저히 건강을 해하거나 생명을 보전할 수 없을 염려가 있는 때

2. 연령 70세 이상인 때

3. 잉태 후 6월 이상인 때

4. 출산 후 60일을 경과하지 아니한 때

5. 직계존속이 연령 70세 이상 또는 중병이나 장애인으로 보호할 다른 친족이 없는 때

6. 직계비속이 유년으로 보호할 다른 친족이 없는 때

7. 기타 중대한 사유가 있는 때

② 검사가 전항의 지휘를 함에는 소속 고등검찰청검사장 또는 지방검찰청검사장의 허가를 얻어야 한다.

제471조의2(형집행정지 심의위원회) ① 제471조제1항제1호의 형집행정지 및 그 연장에 관한 사항을 심의하기 위하여 각 지방검찰청에 형집행정지 심의위원회(이하 이 조에서 "심의위원회"라 한다)를 둔다.

② 심의위원회는 위원장 1명을 포함한 10명 이내의 위원으로 구성하고, 위원은 학계, 법조계, 의료계, 시민단체 인사 등 학식과 경험이 있는 사람 중에서 각 지방검찰청 검사장이 임명 또는 위촉한다.

③ 심의위원회의 구성 및 운영 등 그 밖에 필요한 사항은 법무부령으로 정한다.

제472조(소송비용의 집행정지) 제487조에 규정된 신청기간 내와 그 신청이 있는 때에는 소송비용부담의 재판의 집행은 그 신청에 대한 재판이 확정될 때까지 정지된다.

제473조(집행하기 위한 소환) ① 사형,

징역, 금고 또는 구류의 선고를 받은 자가 구금되지 아니한 때에는 검사는 형을 집행하기 위하여 이를 소환하여야 한다.

② 소환에 응하지 아니한 때에는 검사는 형집행장을 발부하여 구인하여야 한다.

③ 제1항의 경우에 형의 선고를 받은 자가 도망하거나 도망할 염려가 있는 때 또는 현재지를 알 수 없는 때에는 소환함이 없이 형집행장을 발부하여 구인할 수 있다.

제474조(형집행장의 방식과 효력) ① 전조의 형집행장에는 형의 선고를 받은 자의 성명, 주거, 연령, 형명, 형기 기타 필요한 사항을 기재하여야 한다.

② 형집행장은 구속영장과 동일한 효력이 있다.

제475조(형집행장의 집행) 전2조의 규정에 의한 형집행장의 집행에는 제1편 제9장 피고인의 구속에 관한 규정을 준용한다.

제476조(자격형의 집행) 자격상실 또는 자격정지의 선고를 받은 자에 대하여는 이를 수형자원부에 기재하고 지체없이 그 등본을 형의 선고를 받은 자의 등록기준지와 주거지의 시(區가 設置되지 아니한 市를 말한다. 이하 같다)·구·읍·면장(都農複合形態의 市에 있어서는 洞地域인 경우에는 市·區의 長, 邑·面地域인 경우에는 邑·面의 長으로 한다)에게 송부하여야 한다.

제477조(재산형 등의 집행) ① 벌금, 과료, 몰수, 추징, 과태료, 소송비용, 비용배상 또는 가납의 재판은 검사의 명령에 의하여 집행한다.

② 전항의 명령은 집행력 있는 채무명의와 동일한 효력이 있다.

③ 제1항의 재판의 집행에는 「민사집행법」의 집행에 관한 규정을 준용한다. 단, 집행 전에 재판의 송달을 요하지 아니한다.

④ 제3항에도 불구하고 제1항의 재판은 「국세징수법」에 따른 국세체납처분의 예에 따라 집행할 수 있다.

⑤ 검사는 제1항의 재판을 집행하기 위하여 필요한 조사를 할 수 있다. 이 경우 제199조제2항을 준용한다.

⑥ 벌금, 과료, 추징, 과태료, 소송비용 또는 비용배상의 분할납부, 납부연기 및 납부대행기관을 통한 납부 등 납부방법에 필요한 사항은 법무부령으로 정한다.

제478조(상속재산에 대한 집행) 몰수 또는 조세, 전매 기타 공과에 관한 법령에 의하여 재판한 벌금 또는 추징은 그 재판을 받은 자가 재판확정 후 사망한 경우에는 그 상속재산에 대하여 집

행할 수 있다.

제479조(합병 후 법인에 대한 집행) 법인에 대하여 벌금 ,과료, 몰수, 추징, 소송비용 또는 비용배상을 명한 경우에 법인이 그 재판확정 후 합병에 의하여 소멸한 때에는 합병 후 존속한 법인 또는 합병에 의하여 설립된 법인에 대하여 집행할 수 있다.

제480조(가납집행의 조정) 제1심가납의 재판을 집행한 후에 제2심가납의 재판이 있는 때에는 제1심재판의 집행은 제2심가납금액의 한도에서 제2심재판의 집행으로 간주한다.

제481조(가납집행과 본형의 집행) 가납의 재판을 집행한 후 벌금, 과료 또는 추징의 재판이 확정한 때에는 그 금액의 한도에서 형의 집행이 된 것으로 간주한다.

제482조(판결확정 전 구금일수 등의 산입) ① 판결선고 후 판결확정 전 구금일수(판결선고 당일의 구금일수를 포함한다)는 전부를 본형에 산입한다.

② 상소기각 결정 시에 송달기간이나 즉시항고기간 중의 미결구금일수는 전부를 본형에 산입한다.

③ 제1항 및 제2항의 경우에는 구금일수의 1일을 형기의 1일 또는 벌금이나 과료에 관한 유치기간의 1일로 계산한다.

제483조(몰수물의 처분) 몰수물은 검사가 처분하여야 한다.

제484조(몰수물의 교부) ① 몰수를 집행한 후 3월 이내에 그 몰수물에 대하여 정당한 권리있는 자가 몰수물의 교부를 청구한 때에는 검사는 파괴 또는 폐기할 것이 아니면 이를 교부하여야 한다.

② 몰수물을 처분한 후 전항의 청구가 있는 경우에는 검사는 공매에 의하여 취득한 대가를 교부하여야 한다.

제485조(위조등의 표시) ① 위조 또는 변조한 물건을 환부하는 경우에는 그 물건의 전부 또는 일부에 위조나 변조인 것을 표시하여야 한다.

② 위조 또는 변조한 물건이 압수되지 아니한 경우에는 그 물건을 제출하게 하여 전항의 처분을 하여야 한다. 단, 그 물건이 공무소에 속한 것인 때에는 위조나 변조의 사유를 공무소에 통지하여 적당한 처분을 하게 하여야 한다.

제486조(환부불능과 공고) ① 압수물의 환부를 받을 자의 소재가 불명하거나 기타 사유로 인하여 환부를 할 수 없는 경우에는 검사는 그 사유를 관보에 공고하여야 한다.

② 공고한 후 3월 이내에 환부의 청구가 없는 때에는 그 물건은 국고에 귀속한다.

③ 전항의 기간 내에도 가치없는 물건은

폐기할 수 있고 보관하기 어려운 물건은 공매하여 그 대가를 보관할 수 있다.

제487조(소송비용의 집행면제의 신청) 소송비용부담의 재판을 받은 자가 빈곤하여 이를 완납할 수 없는 때에는 그 재판의 확정 후 10일 이내에 재판을 선고한 법원에 소송비용의 전부 또는 일부에 대한 재판의 집행면제를 신청할 수 있다.

제488조(의의신청) 형의 선고를 받은 자는 집행에 관하여 재판의 해석에 대한 의의가 있는 때에는 재판을 선고한 법원에 의의신청을 할 수 있다.

제489조(이의신청) 재판의 집행을 받은 자 또는 그 법정대리인이나 배우자는 집행에 관한 검사의 처분이 부당함을 이유로 재판을 선고한 법원에 이의신청을 할 수 있다.

제490조(신청의 취하) ① 전3조의 신청은 법원의 결정이 있을 때까지 취하할 수 있다.

② 제344조의 규정은 전3조의 신청과 그 취하에 준용한다.

제491조(즉시항고) ① 제487조 내지 제489조의 신청이 있는 때에는 법원은 결정을 하여야 한다.

② 전항의 결정에 대하여는 즉시항고를 할 수 있다.

제492조(노역장유치의 집행) 벌금 또는 과료를 완납하지 못한 자에 대한 노역장유치의 집행에는 형의 집행에 관한 규정을 준용한다.

제493조(집행비용의 부담) 제477조제1항의 재판집행비용은 집행을 받은 자의 부담으로 하고 「민사집행법」의 규정에 준하여 집행과 동시에 징수하여야 한다.

부칙〈제341호, 1954. 9. 23.〉

제1조 본법 시행전에 공소를 제기한 사건에는 구법을 적용한다.

제2조 본법 시행후에 공소를 제기한 사건에는 본법을 적용한다. 단, 본법시행전에 구법에 의하여 행한 소송행위의 효력에는 영향을 미치지 아니한다.

제3조 본법 시행전에 구법에 의하여 행한 소송절차로 본법의 규정에 상당한 것은 본법에 의하여 행한 것으로 간주한다.

제4조 본법 시행전 진행된 법정기간과 소송행위를 할 자의 주거나 사무소의 소재지와 법원 소재지의 거리에 의한 부가기간은 구법의 규정에 의한다.

제5조 본법 제45조의 규정에 의하여 소송관계인이 재판서나 재판을 기재한 조서의 등본 또는 초본의 교부를 청구할 경우에는 용지1매 50환으로 계산한 수입인지를 첨부하여야 한다.

제6조 본법 시행당시 법원에 계속된 사건의 처리에 관한 필요사항은 본법에 특별한 규정이 없으면 대법원규칙의 정한 바에 의한다.

제7조 당분간 본법에 규정한 과태료와 부칙 제5조의 용지요금액은 경제사정의 변동에 따라 대법원규칙으로 증감할 수 있다.

제8조 본법 시행직전까지 시행된 다음 법령은 폐지한다.

1. 조선형사령중 본법에 저촉되는 법조
2. 미군정법령중 본법에 저촉되는 법조

제9조 (시행일) 이 법률은 단기 4287년 5월 30일부터 시행한다.

부칙〈제705호, 1961. 9. 1.〉

(경과규정) ① 본법은 본법 시행당시 법원에 계속된 사건에 적용한다. 단, 본법 시행전의 소송행위의 효력에 영향을 미치지 아니한다.

② 본법 시행전에 상소한 사건은 종전의 예에 의하여 처리한다.

(시행일) 본법은 공포한 날로부터 시행한다.

부칙〈제1500호, 1963. 12. 13.〉

① 이 법은 1963년 12월 17일부터 시행한다.

② 이 법은 이 법 시행당시 법원에 계속된 사건에 적용한다. 그러나, 이 법 시행전에 구법에 의하여 행한 소송행위의 효력에 영향을 미치지 아니한다.

③ 이 법 시행당시 계속중인 상소사건으로서 제출기간이 경과하였거나 기록접수 통지를 받은 사건의 상소이유서는 이 법 시행일로부터 20일까지 다시 제출할 수 있다.

부칙〈제2450호, 1973. 1. 25.〉

① (시행일) 이 법은 1973년 2월 1일부터 시행한다.

② (경과조치) 이 법은 이 법 시행당시 법원에 계속된 사건에 적용한다. 그러나 이 법 시행전에 구법에 의하여 행한 소송행위의 효력에 영향을 미치지 아니한다.

③ (동전) 이 법 시행전에 구법에 의하여 과태료에 처할 행위를 한 자의 처벌에 대하여는 이 법 시행후에도 구법을 적용한다.

④ (동전) 이 법 시행전에 진행이 개시된 법정기간에 관하여는 이 법 시행후에도 구법을 적용한다.

⑤ (동전) 제286조의2의 규정은 이 법 시행전에 공소가 제기된 사건에 대하여는 적용하지 아니한다.

부칙〈제2653호, 1973. 12. 20.〉

이 법은 공포한 날로부터 시행한다.

부칙〈제3282호, 1980. 12. 18.〉

이 법은 공포한 날로부터 시행한다.

부칙〈제3955호, 1987. 11. 28.〉

① (시행일) 이 법은 1988년 2월 25일부터 시행한다.

② (경과조치) 이 법은 이 법 시행당시 법원에 계속된 사건에 대하여 적용한다. 다만, 이 법 시행전에 종전의 규정에 의하여 행한 소송행위의 효력에는 영향을 미치지 아니한다.

부칙〈제4796호, 1994. 12. 22.〉(도농복합형태의시설치에따른행정특례등에관한법률)

제1조 (시행일) 이 법은 1995년 1월 1일부터 시행한다.

제2조 생략

제3조 (다른 법률의 개정) ① 내지 ⑨ 생략

⑩ 형사소송법중 다음과 같이 개정한다. 제476조중 "시·읍·면장"을 "시(구가 설치되지 아니한 시를 말한다 이하 같다)·구·읍·면장(도농복합형태의 시에 있어서는 동지역인 경우에는 시·구 의 장·읍.면의 장으로 한다)"으로 한다.

⑪내지 ㉕ 생략

제4조 생략

부칙〈제5054호, 1995. 12. 29.〉

① (시행일) 이 법은 1997년 1월 1일부터 시행한다. 다만, 제56조의2, 제361조, 제361조의2, 제377조의 개정규정은 공포한 날부터 시행한다.

② (경과조치) 이 법은 이 법 시행당시 법원 또는 검찰에 계속된 사건에 대하여 적용한다. 다만, 이 법 시행전 종전의 규정에 의하여 행한 소송행위의 효력에는 영향을 미치지 아니한다.

부칙〈제5435호, 1997. 12. 13.〉

① (시행일) 이 법은 공포한 날부터 시행한다.

② (경과조치) 이 법은 이 법 시행당시 체포 또는 구인된 자부터 적용한다.

부칙〈제5454호, 1997. 12. 13.〉(정부부처명칭등의변경에따른건축법등의정비에관한법률)

이 법은 1998년 1월 1일부터 시행한다. <단서 생략>

부칙〈제6627호, 2002. 1. 26.〉(민사집행법)

제1조 (시행일) 이 법은 2002년 7월 1

일부터 시행한다.

제2조 내지 제5조 생략

제6조 (다른 법률의 개정) ① 내지 <52> 생략

<53> 형사소송법중 다음과 같이 개정한다.

제477조제3항 단서 및 제493조중 "민사소송법"을 각각 "민사집행법"으로 한다.

<54> 및 <55> 생략

제7조 생략

부칙〈제7078호, 2004. 1. 20.〉(검찰청법)

제1조 (시행일) 이 법은 공포한 날부터 시행한다.

제2조 생략

제2조 (다른 법률의 개정) ① 내지 ⑤ 생략

⑥ 형사소송법중 다음과 같이 개정한다.
제84조의 제목중 "검사장"을 "고등검찰청검사장 또는 지방검찰청검사장"으로 하고, 동조중 "고등검찰청 또는 지방검찰청검사장"을 "고등검찰청검사장 또는 지방검찰청검사장"으로 하며, 제261조의 제목중 "검사장"을 "지방검찰청검사장 또는 지청장 및 고등검찰청검사장"으로 하고, 제471조제2항중 "소속검찰청검사장"을 "소속 고등검찰청검사장 및

지방검찰청검사장"으로 한다.

부칙〈제7225호, 2004. 10. 16.〉

이 법은 공포한 날부터 시행한다.

부칙〈제7427호, 2005. 3. 31.〉(민법)

제1조 (시행일) 이 법은 공포한 날부터 시행한다. 다만, ···<생략>··· 부칙 제7조(제2항 및 제29항을 제외한다)의 규정은 2008년 1월 1일부터 시행한다.

제2조 내지 제6조 생략

제7조 (다른 법률의 개정) ① 내지 ㉗ 생략

㉘ 형사소송법 일부를 다음과 같이 개정한다.
제17조제2호중 "친족, 호주, 가족 또는 이러한 관계"를 "친족 또는 친족관계"로 한다.
제29조제1항 및 제30조제2항중 "직계친족, 형제자매와호주"를 각각 "직계친족과 형제자매"로 한다.
제148조제1호를 다음과 같이 한다.

1. 친족 또는 친족관계가 있었던 자
제201조의2제1항 전단 및 제214조의2제1항중 "형제자매, 호주, 가족이나"를 각각 "형제자매나"로 한다.
제341조제1항중 "형제자매, 호주"를 "형제자매"로 한다.

㉙ 생략

부칙〈제7965호, 2006. 7. 19.〉

① (시행일) 이 법은 공포 후 1개월이 경과한 날부터 시행한다.

② (일반적 경과조치) 이 법은 이 법 시행당시 수사 중이거나 법원에 계속 중인 사건에도 적용한다. 다만, 이 법 시행 전에 종전의 규정에 따라 행한 행위의 효력에는 영향을 미치지 아니한다.

부칙〈제8435호, 2007. 5. 17.〉(가족관계의 등록 등에 관한 법률)

제1조 (시행일) 이 법은 2008년 1월 1일부터 시행한다. <단서 생략>

제2조 부터 제7조까지 생략

제8조 (다른 법률의 개정) ① 부터 ㉗까지 생략

㉘ 형사소송법 일부를 다음과 같이 개정한다.

제241조 및 제284조 중 "본적"을 각각 "등록기준지"로 한다.

제315조제1호 중 "호적의 등본 또는 초본"을 "가족관계기록사항에 관한 증명서"로 하고, 제476조 중 "본적지"를 "등록기준지"로 한다.

㉙부터 ㉟까지 생략

제9조 생략

부칙〈제8496호, 2007. 6. 1.〉

제1조 (시행일) 이 법은 2008년 1월 1일부터 시행한다.

제2조 (일반적 경과조치) 이 법은 이 법 시행 당시 수사 중이거나 법원에 계속 중인 사건에도 적용한다. 다만, 이 법 시행 전에 종전의 규정에 따라 행한 행위의 효력에는 영향을 미치지 아니한다.

제3조 (구속기간에 관한 경과조치) ① 제92조제2항의 개정규정은 이 법 시행 후 최초로 제기된 상소사건부터 적용한다.

② 제92조제3항의 개정규정은 이 법 시행 후 최초로 공소제기 전의 체포·구인·구금이 이루어지는 사건부터 적용한다.

제4조 (과태료 등에 관한 경과조치) 제151조의 개정규정은 이 법 시행 후 소환장을 송달받은 증인이 최초로 출석하지 아니하는 분부터 적용한다.

제5조 (재정신청사건에 관한 경과조치) ① 이 법의 재정신청에 관한 개정규정은 이 법 시행 후 최초로 불기소처분된 사건, 이 법 시행 전에 「검찰청법」에 따라 항고 또는 재항고를 제기할 수 있는 사건, 이 법 시행 당시 고등검찰청 또는 대검찰청에 항고 또는 재항고가 계속 중인 사건에 대하여 적용한다. 다

만, 이 법 시행 전에 동일한 범죄사실에 관하여 이미 불기소처분을 받은 경우에는 그러하지 아니하다.

② 이 법 시행 전에 지방검찰청검사장 또는 지청장에게 재정신청서를 제출한 사건은 종전의 규정에 따른다.

③ 제260조제3항의 개정규정에도 불구하고 이 법 시행 전에 대검찰청에 재항고할 수 있는 사건의 재정신청기간은 이 법 시행일부터 10일 이내, 대검찰청에 재항고가 계속 중인 사건의 경우에는 재항고기각결정을 통지받은 날부터 10일 이내로 한다.

제6조 (상고 등에 관한 경과조치) 이 법 시행 전에 상고되거나 재항고된 사건은 종전의 규정에 따른다.

제7조 (다른 법률의 개정) ① 부패방지법 일부를 다음과 같이 개정한다.

제31조제1항 중 "위원회는 그 통보를 받은 날부터 10일 이내에 그 검사"를 "위원회는 그 검사"로 하고, 같은 조 제2항 중 "형사소송법 제260조제2항·제261조·제262조 및 제263조 내지 제265조의 규정"을 "「형사소송법」제260조제2항부터 제4항까지, 제261조, 제262조, 제262조의4, 제264조 및 제264조의2"로 하며, 같은 조 제3항을 삭제한다.

② 공직선거법 일부를 다음과 같이 개

정한다.

제273조제1항 중 "선거관리위원회는 검사로부터 공소를 제기하지 아니한다는 통지를 받은 날부터 10일 이내에 그 검사소속의"를 "선거관리위원회는 그 검사소속의"로 하고, 같은 조 제2항 중 "제260조(재정신청)제2항·제261조(지방검찰청검사장 또는 지청장 및 고등검찰청검사장 또는 지청장의 처리)·제262조(고등법원의 재정결정)·제263조(공소제기의 의제)·제264조(대리인에 의한 신청과 1인의 신청의 효력, 취소) 및 제265조(공소의 유지와 지정변호사)"를 "제260조제2항부터 제4항까지, 제261조, 제262조, 제262조의4제2항, 제264조 및 제264조의2"로 한다.

③ 의문사진상규명에관한특별법 일부를 다음과 같이 개정한다.

제32조제3항 단서 중 "형사소송법 제262조제3항"을 "「형사소송법」 제262조제5항"으로 한다.

④ 군의문사 진상규명 등에 관한 특별법 일부를 다음과 같이 개정한다.

제32조제3항 단서 중 "제262조제3항"을 "제262조제5항"으로 한다.

부칙〈제8730호, 2007. 12. 21.〉

제1조 (시행일) 이 법은 공포한 날부터 시행한다. 다만, 제245조의2부터 제

245조의4까지 및 제279조의2부터 제279조의8까지의 개정규정은 공포 후 1개월이 경과한 날부터 시행하고, 제209조, 제243조, 제262조의4제1항, 제319조 단서, 제338조제2항 및 제417조의 개정규정과 부칙 제4조는 2008년 1월 1일부터 시행한다.

제2조 (전문수사자문위원 및 전문심리위원에 대한 적용례) 제245조의2부터 제245조의4까지 및 제279조의2부터 제279조의8까지의 개정규정은 이 법 시행 당시 수사 중이거나 법원에 계속 중인 사건에도 적용한다.

제3조 (공소시효에 관한 경과조치) 이 법 시행 전에 범한 죄에 대하여는 종전의 규정을 적용한다.

제4조 (다른 법률의 개정) ① 공직선거법 일부를 다음과 같이 개정한다.
제273조제3항 중 "제260조제2항에 규정한 그 검사소속의 지방검찰청 또는 지청에"를 "제260조제3항에 따른 지방검찰청검사장 또는 지청장에게"로, "제262조제1항"을 "제262조제2항"으로 한다.
② 범죄인인도법 일부를 다음과 같이 개정한다.
제22조제2항 중 "제214조의2제2항 내지 제12항"을 "제214조의2 제2항부터 제14항까지"로 한다.
③ 즉결심판에관한절차법 일부를 다음

과 같이 개정한다.
제9조제1항 중 "형사소송법 제289조"를 "「형사소송법」 제283조의2"로 하고, 제10조 중 "제312조제2항"을 "제312조제3항"으로 한다.

부칙〈제9765호, 2009. 6. 9.〉(아동 · 청소년의 성보호에 관한 법률)

제1조(시행일) 이 법은 2010년 1월 1일부터 시행한다. <단서 생략>
제2조 부터 제5조까지 생략
제6조(다른 법률의 개정) ①부터 ④ 까지 생략
⑤ 형사소송법 일부를 다음과 같이 개정한다.
제165조의2제2호 중 "「청소년의 성보호에 관한 법률」 제5조부터 제10조까지"를 "「아동 · 청소년의 성보호에 관한 법률」 제7조부터 제12조까지"로, "청소년 또는"을 "아동 · 청소년 또는"으로 한다.
제7조 생략

부칙〈제10864호, 2011. 7. 18.〉

제1조(시행일) ① 이 법은 2012년 1월 1일부터 시행한다.
② 제1항에도 불구하고 제59조의3의 개정규정은 2013년 1월 1일부터 시행한다. 다만, 다음 각 호의 사항은 2014

년 1월 1일부터 시행한다.

1. 증거목록이나 그 등본, 그 밖에 검사나 피고인 또는 변호인이 법원에 제출한 서류·물건의 명칭·목록 또는 이에 해당하는 정보의 전자적 방법에 따른 열람 및 복사에 관한 사항

2. 단독판사가 심판하는 사건 및 그에 대한 상소심 사건에서 증거목록이나 그 등본, 그 밖에 검사나 피고인 또는 변호인이 법원에 제출한 서류·물건의 명칭·목록 또는 이에 해당하는 정보의 열람 및 복사에 관한 사항(전자적 방법에 따른 열람 및 복사를 포함한다)

제2조(확정 판결서등의 열람·복사에 관한 적용례) 제59조의3의 개정규정은 같은 개정규정 시행 후 최초로 판결이 확정되는 사건의 판결서등부터 적용한다.

제3조(재정신청사건에 관한 적용례 및 경과조치) ① 제260조의 개정규정은 이 법 시행 후 최초로 불기소처분된 사건, 이 법 시행 전에 「검찰청법」에 따라 항고 또는 재항고를 제기할 수 있는 사건, 이 법 시행 당시 고등검찰청 또는 대검찰청에 항고 또는 재항고가 계속 중인 사건에 대하여 적용한다. 다만, 이 법 시행 전에 동일한 범죄사실에 관하여 이미 불기소처분을 받은 경우에는 그러하지 아니하다.

② 이 법 시행 전에 지방검찰청검사장 또는 지청장에게 재정신청서를 제출한 사건은 종전의 규정에 따른다.

제4조(일반적 경과조치) 이 법은 이 법 시행 당시 수사 중이거나 법원에 계속 중인 사건에도 적용한다. 다만, 이 법 시행 전에 종전의 규정에 따라 행한 행위의 효력에는 영향을 미치지 아니한다.

부칙〈제11002호, 2011. 8. 4.〉(아동복지법)

제1조(시행일) 이 법은 공포 후 1년이 경과한 날부터 시행한다.

제2조 부터 제5조까지 생략

제6조(다른 법률의 개정) ①부터 ⑪까지 생략

⑫ 형사소송법 일부를 다음과 같이 개정한다.

제165조의2제1호를 다음과 같이 한다.

1. 「아동복지법」 제71조제1항제1호부터 제3호까지에 해당하는 죄의 피해자

⑬ 생략

제7조 생략

부칙〈제11572호, 2012. 12. 18.〉(아동·청소년의 성보호에 관한 법률)

제1조(시행일) 이 법은 공포 후 6개월이 경과한 날부터 시행한다.

제2조 부터 제9조까지 생략

제10조(다른 법률의 개정) ①부터 ⑧

까지 생략

⑨ 형사소송법 일부를 다음과 같이 개정한다.

제165조의2제2호 중 "「아동·청소년의 성보호에 관한 법률」 제7조부터 제12조까지"를 "「아동·청소년의 성보호에 관한 법률」 제7조, 제8조, 제11조부터 제15조까지 및 제17조제1항"으로 한다.

부칙〈제11731호, 2013. 4. 5.〉(형법)

제1조(시행일) 이 법은 공포한 날부터 시행한다. <단서 생략>

제2조(다른 법률의 개정) ①부터 ⑯까지 생략

⑰ 형사소송법 일부를 다음과 같이 개정한다.

제230조제2항을 삭제한다.

제3조 생략

부칙〈제12576호, 2014. 5. 14.〉

이 법은 공포한 날부터 시행한다.

부칙〈제12784호, 2014. 10. 15.〉

이 법은 공포한 날부터 시행한다.

부칙〈제12899호, 2014. 12. 30.〉

제1조(시행일) 이 법은 공포한 날부터 시행한다.

제2조(보상청구의 기간에 관한 적용례) 제194조의3제2항의 개정규정은 이 법 시행 후 최초로 확정된 무죄판결부터 적용한다.

부칙〈제13454호, 2015. 7. 31.〉

제1조(시행일) 이 법은 공포한 날부터 시행한다. 다만, 제471조의2의 개정규정은 공포 후 6개월이 경과한 날부터 시행한다.

제2조(공소시효의 적용 배제에 관한 경과조치) 제253조의2의 개정규정은 이 법 시행 전에 범한 범죄로 아직 공소시효가 완성되지 아니한 범죄에 대하여도 적용한다.

부칙〈제13720호, 2016. 1. 6.〉

제1조(시행일) 이 법은 공포한 날부터 시행한다. 다만, 제477조제6항의 개정규정은 공포 후 2년이 경과한 날부터 시행한다.

제2조(재정신청사건에 관한 적용례) 제262조제4항 전단 및 제262조의4제1항의 개정규정은 이 법 시행 후 최초로 제260조제3항에 따라 지방검찰청검사장 또는 지청장에게 재정신청서를 제출한 사건부터 적용한다.

부칙〈제13722호, 2016. 1. 6.〉(군사법원법)

제1조(시행일) 이 법은 공포 후 1년 6개월이 경과한 날부터 시행한다. ＜단서 생략＞

제2조부터 제8조까지 생략

제9조(다른 법률의 개정) ①부터 ⑮까지 생략

⑯ 형사소송법 일부를 다음과 같이 개정한다.

제256조의2의 제목 중 "군검찰관"을 "군검사"로 하고, 같은 조 전단 중 "관할군사법원검찰부검찰관"을 "관할 군검찰부 군검사"로 한다.

제10조 생략

부칙〈제14179호, 2016. 5. 29.〉

제1조(시행일) 이 법은 공포한 날부터 시행한다. 다만, 제35조제3항 및 제4항의 개정규정은 2016년 10월 1일부터 시행한다.

제2조(진술서 등의 증거능력에 관한 적용례) 제313조 및 제314조 본문의 개정규정은 이 법 시행 후 최초로 공소제기되는 사건부터 적용한다.

부칙〈제15164호, 2017. 12. 12.〉

제1조(시행일) 이 법은 공포한 날부터 시행한다.

제2조(적용례) 제59조 및 제74조의 개정규정은 이 법 시행 후 최초로 공무원 아닌 사람이 이 법에 따라 서류를 작성하거나 법원이 피고인에게 소환장을 발부하는 경우부터 적용한다.

부칙〈제15257호, 2017. 12. 19.〉

제1조(시행일) 이 법은 공포한 날부터 시행한다.

제2조(정식재판 청구 사건의 불이익변경의 금지에 관한 경과조치) 이 법 시행 전에 제453조에 따라 정식재판을 청구한 사건에 대해서는 제457조의2의 개정규정에도 불구하고 종전의 규정에 따른다.

부칙〈제16850호, 2019. 12. 31.〉

제1조(시행일) 이 법은 공포한 날부터 시행한다.

제2조(즉시항고 및 준항고 제기기간에 관한 적용례) 제405조 및 제416조제3항의 개정규정은 이 법 시행 당시 종전의 규정에 따른 즉시항고 및 준항고의 제기기간이 지나지 않은 경우에도 적용한다.

부칙〈제16924호, 2020. 2. 4.〉

제1조(시행일) 이 법은 공포 후 6개월이 경과한 날부터 1년 내에 시행하되, 그 기간 내에 대통령령으로 정하는 시점부터 시행한다. 다만, 제312조제1항의 개정규정은 공포 후 4년 내에 시행하되, 그 기간 내에 대통령령으로 정하는 시점부터 시행한다.

제1조의2(검사가 작성한 피의자신문조서의 증거능력에 관한 적용례 및 경과조치) ① 제312조제1항의 개정규정은 같은 개정규정 시행 후 공소제기된 사건부터 적용한다.

② 제312조제1항의 개정규정 시행 전에 공소제기된 사건에 관하여는 종전의 규정에 따른다.

제2조(다른 법률의 개정) 법률 제16863호 고위공직자범죄수사처 설치 및 운영에 관한 법률 일부를 다음과 같이 개정한다.

제21조제2항 중 "「형사소송법」 제196조제1항"을 "「형사소송법」 제197조제1항"으로 한다.

부칙〈제17572호, 2020. 12. 8.〉

제1조(시행일) 이 법은 공포 후 1년이 경과한 날부터 시행한다. 다만, 제17조제8호 및 제9호의 개정규정은 공포 후 6개월이 경과한 날부터 시행한다.

제2조(법관의 제척에 관한 적용례) 제17조제8호 및 제9호의 개정규정은 이 법 시행 후 최초로 공소장이 제출된 사건부터 적용한다.

부칙〈제18398호, 2021. 8. 17.〉

제1조(시행일) 이 법은 공포 후 3개월이 경과한 날부터 시행한다. 다만, 법률 제17572호 형사소송법 일부개정법률 제165조의2의 개정규정은 2021년 12월 9일부터 시행한다.

제2조(계속사건에 대한 경과조치) 이 법은 이 법 시행 당시 법원에 계속 중인 사건에 대하여도 적용한다.

부칙〈제18598호, 2021. 12. 21.〉

이 법은 공포한 날부터 시행한다.

부칙〈제18799호, 2022. 2. 3.〉

이 법은 공포한 날부터 시행한다.

부칙〈제18862호, 2022. 5. 9.〉

제1조(시행일) 이 법은 공포 후 4개월이 경과한 날부터 시행한다.

제2조(이의신청에 관한 적용례) 제245조의7의 개정규정은 이 법 시행 후 해당 개정규정에 따른 이의신청을 하는 경우부터 적용한다.

부칙〈제20265호, 2024. 2. 13.〉

제1조(시행일) 이 법은 공포한 날부터 시행한다.

제2조(공소시효가 완성한 것으로 간주하기 위한 기간의 정지에 관한 적용례) 제253조제4항의 개정규정은 이 법 시행 전에 공소가 제기된 범죄로서 이 법 시행 당시 공소시효가 완성한 것으로 간주되지 아니한 경우에도 적용한다. 이 경우 같은 개정규정에 따라 정지되는 기간에는 이 법 시행 전에 피고인이 형사처분을 면할 목적으로 국외에 있던 기간을 포함한다.

민법

[시행 2024. 5. 17.] [법률 제19409호, 2023. 5. 16., 타법개정]

제1편 총칙

제1장 통칙

제1조(법원) 민사에 관하여 법률에 규정이 없으면 관습법에 의하고 관습법이 없으면 조리에 의한다.

제2조(신의성실) ① 권리의 행사와 의무의 이행은 신의에 좇아 성실히 하여야 한다.

② 권리는 남용하지 못한다.

제2장 인

제1절 능력

제3조(권리능력의 존속기간) 사람은 생존한 동안 권리와 의무의 주체가 된다.

제4조(성년) 사람은 19세로 성년에 이르게 된다.

제5조(미성년자의 능력) ① 미성년자가 법률행위를 함에는 법정대리인의 동의를 얻어야 한다. 그러나 권리만을 얻거나 의무만을 면하는 행위는 그러하지 아니하다.

② 전항의 규정에 위반한 행위는 취소할 수 있다.

제6조(처분을 허락한 재산) 법정대리인이 범위를 정하여 처분을 허락한 재산은 미성년자가 임의로 처분할 수 있다.

제7조(동의와 허락의 취소) 법정대리인은 미성년자가 아직 법률행위를 하기 전에는 전2조의 동의와 허락을 취소할 수 있다.

제8조(영업의 허락) ① 미성년자가 법정대리인으로부터 허락을 얻은 특정한 영업에 관하여는 성년자와 동일한 행위능력이 있다.

② 법정대리인은 전항의 허락을 취소 또는 제한할 수 있다. 그러나 선의의 제삼자에게 대항하지 못한다.

제9조(성년후견개시의 심판) ① 가정법원은 질병, 장애, 노령, 그 밖의 사유로 인한 정신적 제약으로 사무를 처리할

능력이 지속적으로 결여된 사람에 대하여 본인, 배우자, 4촌 이내의 친족, 미성년후견인, 미성년후견감독인, 한정후견인, 한정후견감독인, 특정후견인, 특정후견감독인, 검사 또는 지방자치단체의 장의 청구에 의하여 성년후견개시의 심판을 한다.

② 가정법원은 성년후견개시의 심판을 할 때 본인의 의사를 고려하여야 한다.

제10조(피성년후견인의 행위와 취소) ① 피성년후견인의 법률행위는 취소할 수 있다.

② 제1항에도 불구하고 가정법원은 취소할 수 없는 피성년후견인의 법률행위의 범위를 정할 수 있다.

③ 가정법원은 본인, 배우자, 4촌 이내의 친족, 성년후견인, 성년후견감독인, 검사 또는 지방자치단체의 장의 청구에 의하여 제2항의 범위를 변경할 수 있다.

④ 제1항에도 불구하고 일용품의 구입 등 일상생활에 필요하고 그 대가가 과도하지 아니한 법률행위는 성년후견인이 취소할 수 없다.

제11조(성년후견종료의 심판) 성년후견개시의 원인이 소멸된 경우에는 가정법원은 본인, 배우자, 4촌 이내의 친족, 성년후견인, 성년후견감독인, 검사 또는 지방자치단체의 장의 청구에 의하여 성년후견종료의 심판을 한다.

제12조(한정후견개시의 심판) ① 가정법원은 질병, 장애, 노령, 그 밖의 사유로 인한 정신적 제약으로 사무를 처리할 능력이 부족한 사람에 대하여 본인, 배우자, 4촌 이내의 친족, 미성년후견인, 미성년후견감독인, 성년후견인, 성년후견감독인, 특정후견인, 특정후견감독인, 검사 또는 지방자치단체의 장의 청구에 의하여 한정후견개시의 심판을 한다.

② 한정후견개시의 경우에 제9조제2항을 준용한다.

제13조(피한정후견인의 행위와 동의) ① 가정법원은 피한정후견인이 한정후견인의 동의를 받아야 하는 행위의 범위를 정할 수 있다.

② 가정법원은 본인, 배우자, 4촌 이내의 친족, 한정후견인, 한정후견감독인, 검사 또는 지방자치단체의 장의 청구에 의하여 제1항에 따른 한정후견인의 동의를 받아야만 할 수 있는 행위의 범위를 변경할 수 있다.

③ 한정후견인의 동의를 필요로 하는 행위에 대하여 한정후견인이 피한정후견인의 이익이 침해될 염려가 있음에도 그 동의를 하지 아니하는 때에는 가정법원은 피한정후견인의 청구에 의하여 한정후견인의 동의를 갈음하는 허

가를 할 수 있다.

④ 한정후견인의 동의가 필요한 법률행위를 피한정후견인이 한정후견인의 동의 없이 하였을 때에는 그 법률행위를 취소할 수 있다. 다만, 일용품의 구입 등 일상생활에 필요하고 그 대가가 과도하지 아니한 법률행위에 대하여는 그러하지 아니하다.

제14조(한정후견종료의 심판) 한정후견개시의 원인이 소멸된 경우에는 가정법원은 본인, 배우자, 4촌 이내의 친족, 한정후견인, 한정후견감독인, 검사 또는 지방자치단체의 장의 청구에 의하여 한정후견종료의 심판을 한다.

제14조의2(특정후견의 심판) ① 가정법원은 질병, 장애, 노령, 그 밖의 사유로 인한 정신적 제약으로 일시적 후원 또는 특정한 사무에 관한 후원이 필요한 사람에 대하여 본인, 배우자, 4촌 이내의 친족, 미성년후견인, 미성년후견감독인, 검사 또는 지방자치단체의 장의 청구에 의하여 특정후견의 심판을 한다.

② 특정후견은 본인의 의사에 반하여 할 수 없다.

③ 특정후견의 심판을 하는 경우에는 특정후견의 기간 또는 사무의 범위를 정하여야 한다.

제14조의3(심판 사이의 관계) ① 가정법원이 피한정후견인 또는 피특정후견인에 대하여 성년후견개시의 심판을 할 때에는 종전의 한정후견 또는 특정후견의 종료 심판을 한다.

② 가정법원이 피성년후견인 또는 피특정후견인에 대하여 한정후견개시의 심판을 할 때에는 종전의 성년후견 또는 특정후견의 종료 심판을 한다.

제15조(제한능력자의 상대방의 확답을 촉구할 권리) ① 제한능력자의 상대방은 제한능력자가 능력자가 된 후에 그에게 1개월 이상의 기간을 정하여 그 취소할 수 있는 행위를 추인할 것인지 여부의 확답을 촉구할 수 있다. 능력자로 된 사람이 그 기간 내에 확답을 발송하지 아니하면 그 행위를 추인한 것으로 본다.

② 제한능력자가 아직 능력자가 되지 못한 경우에는 그의 법정대리인에게 제1항의 촉구를 할 수 있고, 법정대리인이 그 정하여진 기간 내에 확답을 발송하지 아니한 경우에는 그 행위를 추인한 것으로 본다.

③ 특별한 절차가 필요한 행위는 그 정하여진 기간 내에 그 절차를 밟은 확답을 발송하지 아니하면 취소한 것으로 본다.

제16조(제한능력자의 상대방의 철회권과 거절권) ① 제한능력자가 맺은 계약

은 추인이 있을 때까지 상대방이 그 의사표시를 철회할 수 있다. 다만, 상대방이 계약 당시에 제한능력자임을 알았을 경우에는 그러하지 아니하다.

② 제한능력자의 단독행위는 추인이 있을 때까지 상대방이 거절할 수 있다.

③ 제1항의 철회나 제2항의 거절의 의사표시는 제한능력자에게도 할 수 있다.

제17조(제한능력자의 속임수) ① 제한능력자가 속임수로써 자기를 능력자로 믿게 한 경우에는 그 행위를 취소할 수 없다.

② 미성년자나 피한정후견인이 속임수로써 법정대리인의 동의가 있는 것으로 믿게 한 경우에도 제1항과 같다.

제2절 주소

제18조(주소) ① 생활의 근거되는 곳을 주소로 한다.

② 주소는 동시에 두 곳 이상 있을 수 있다.

제19조(거소) 주소를 알 수 없으면 거소를 주소로 본다.

제20조(거소) 국내에 주소없는 자에 대하여는 국내에 있는 거소를 주소로 본다.

제21조(가주소) 어느 행위에 있어서 가주소를 정한 때에는 그 행위에 관하여는 이를 주소로 본다.

제3절 부재와 실종

제22조(부재자의 재산의 관리) ① 종래의 주소나 거소를 떠난 자가 재산관리인을 정하지 아니한 때에는 법원은 이해관계인이나 검사의 청구에 의하여 재산관리에 관하여 필요한 처분을 명하여야 한다. 본인의 부재 중 재산관리인의 권한이 소멸한 때에도 같다.

② 본인이 그 후에 재산관리인을 정한 때에는 법원은 본인, 재산관리인, 이해관계인 또는 검사의 청구에 의하여 전항의 명령을 취소하여야 한다.

제23조(관리인의 개임) 부재자가 재산관리인을 정한 경우에 부재자의 생사가 분명하지 아니한 때에는 법원은 재산관리인, 이해관계인 또는 검사의 청구에 의하여 재산관리인을 개임할 수 있다.

제24조(관리인의 직무) ① 법원이 선임한 재산관리인은 관리할 재산목록을 작성하여야 한다.

② 법원은 그 선임한 재산관리인에 대하여 부재자의 재산을 보존하기 위하여 필요한 처분을 명할 수 있다.

③ 부재자의 생사가 분명하지 아니한 경우에 이해관계인이나 검사의 청구가 있는 때에는 법원은 부재자가 정한 재산관리인에게 전2항의 처분을 명할 수 있다.

④ 전3항의 경우에 그 비용은 부재자의 재산으로써 지급한다.

제25조(관리인의 권한) 법원이 선임한 재산관리인이 제118조에 규정한 권한을 넘는 행위를 함에는 법원의 허가를 얻어야 한다. 부재자의 생사가 분명하지 아니한 경우에 부재자가 정한 재산관리인이 권한을 넘는 행위를 할 때에도 같다.

제26조(관리인의 담보제공, 보수) ① 법원은 그 선임한 재산관리인으로 하여금 재산의 관리 및 반환에 관하여 상당한 담보를 제공하게 할 수 있다.

② 법원은 그 선임한 재산관리인에 대하여 부재자의 재산으로 상당한 보수를 지급할 수 있다.

③ 전2항의 규정은 부재자의 생사가 분명하지 아니한 경우에 부재자가 정한 재산관리인에 준용한다.

제27조(실종의 선고) ① 부재자의 생사가 5년간 분명하지 아니한 때에는 법원은 이해관계인이나 검사의 청구에 의하여 실종선고를 하여야 한다.

② 전지에 임한 자, 침몰한 선박 중에 있던 자, 추락한 항공기 중에 있던 자 기타 사망의 원인이 될 위난을 당한 자의 생사가 전쟁종지후 또는 선박의 침몰, 항공기의 추락 기타 위난이 종료한 후 1년간 분명하지 아니한 때에도 제1항과 같다.

제28조(실종선고의 효과) 실종선고를 받은 자는 전조의 기간이 만료한 때에 사망한 것으로 본다.

제29조(실종선고의 취소) ① 실종자의 생존한 사실 또는 전조의 규정과 상이한 때에 사망한 사실의 증명이 있으면 법원은 본인, 이해관계인 또는 검사의 청구에 의하여 실종선고를 취소하여야 한다. 그러나 실종선고후 그 취소전에 선의로 한 행위의 효력에 영향을 미치지 아니한다.

② 실종선고의 취소가 있을 때에 실종의 선고를 직접원인으로 하여 재산을 취득한 자가 선의인 경우에는 그 받은 이익이 현존하는 한도에서 반환할 의무가 있고 악의인 경우에는 그 받은 이익에 이자를 붙여서 반환하고 손해가 있으면 이를 배상하여야 한다.

제30조(동시사망) 2인 이상이 동일한 위난으로 사망한 경우에는 동시에 사망한 것으로 추정한다.

제3장 법인

제1절 총칙

제31조(법인성립의 준칙) 법인은 법률의 규정에 의함이 아니면 성립하지 못한다.

제32조(비영리법인의 설립과 허가) 학술, 종교, 자선, 기예, 사교 기타 영리 아닌 사업을 목적으로 하는 사단 또는 재단은 주무관청의 허가를 얻어 이를 법인으로 할 수 있다.

제33조(법인설립의 등기) 법인은 그 주된 사무소의 소재지에서 설립등기를 함으로써 성립한다.

제34조(법인의 권리능력) 법인은 법률의 규정에 좇아 정관으로 정한 목적의 범위내에서 권리와 의무의 주체가 된다.

제35조(법인의 불법행위능력) ① 법인은 이사 기타 대표자가 그 직무에 관하여 타인에게 가한 손해를 배상할 책임이 있다. 이사 기타 대표자는 이로 인하여 자기의 손해배상책임을 면하지 못한다.

② 법인의 목적범위외의 행위로 인하여 타인에게 손해를 가한 때에는 그 사항의 의결에 찬성하거나 그 의결을 집행한 사원, 이사 및 기타 대표자가 연대하여 배상하여야 한다.

제36조(법인의 주소) 법인의 주소는 그 주된 사무소의 소재지에 있는 것으로 한다.

제37조(법인의 사무의 검사, 감독) 법인의 사무는 주무관청이 검사, 감독한다.

제38조(법인의 설립허가의 취소) 법인이 목적 이외의 사업을 하거나 설립허가의 조건에 위반하거나 기타 공익을 해하는 행위를 한 때에는 주무관청은 그 허가를 취소할 수 있다.

제39조(영리법인) ① 영리를 목적으로 하는 사단은 상사회사설립의 조건에 좇아 이를 법인으로 할 수 있다.

② 전항의 사단법인에는 모두 상사회사에 관한 규정을 준용한다.

제2절 설립

제40조(사단법인의 정관) 사단법인의 설립자는 다음 각호의 사항을 기재한 정관을 작성하여 기명날인하여야 한다.

1. 목적
2. 명칭
3. 사무소의 소재지
4. 자산에 관한 규정
5. 이사의 임면에 관한 규정
6. 사원자격의 득실에 관한 규정
7. 존립시기나 해산사유를 정하는 때에는 그 시기 또는 사유

제41조(이사의 대표권에 대한 제한) 이사의 대표권에 대한 제한은 이를 정관에 기재하지 아니하면 그 효력이 없다.

제42조(사단법인의 정관의 변경) ① 사단법인의 정관은 총사원 3분의 2 이상의 동의가 있는 때에 한하여 이를 변경할 수 있다. 그러나 정수에 관하여 정관에 다른 규정이 있는 때에는 그 규정

에 의한다.

② 정관의 변경은 주무관청의 허가를 얻지 아니하면 그 효력이 없다.

제43조(재단법인의 정관) 재단법인의 설립자는 일정한 재산을 출연하고 제40조제1호 내지 제5호의 사항을 기재한 정관을 작성하여 기명날인하여야 한다.

제44조(재단법인의 정관의 보충) 재단법인의 설립자가 그 명칭, 사무소소재지 또는 이사임면의 방법을 정하지 아니하고 사망한 때에는 이해관계인 또는 검사의 청구에 의하여 법원이 이를 정한다.

제45조(재단법인의 정관변경) ① 재단법인의 정관은 그 변경방법을 정관에 정한 때에 한하여 변경할 수 있다.

② 재단법인의 목적달성 또는 그 재산의 보전을 위하여 적당한 때에는 전항의 규정에 불구하고 명칭 또는 사무소의 소재지를 변경할 수 있다.

③ 제42조제2항의 규정은 전2항의 경우에 준용한다.

제46조(재단법인의 목적 기타의 변경) 재단법인의 목적을 달성할 수 없는 때에는 설립자나 이사는 주무관청의 허가를 얻어 설립의 취지를 참작하여 그 목적 기타 정관의 규정을 변경할 수 있다.

제47조(증여, 유증에 관한 규정의 준용) ① 생전처분으로 재단법인을 설립하는 때에는 증여에 관한 규정을 준용한다.

② 유언으로 재단법인을 설립하는 때에는 유증에 관한 규정을 준용한다.

제48조(출연재산의 귀속시기) ① 생전처분으로 재단법인을 설립하는 때에는 출연재산은 법인이 성립된 때로부터 법인의 재산이 된다.

② 유언으로 재단법인을 설립하는 때에는 출연재산은 유언의 효력이 발생한 때로부터 법인에 귀속한 것으로 본다.

제49조(법인의 등기사항) ① 법인설립의 허가가 있는 때에는 3주간내에 주된 사무소소재지에서 설립등기를 하여야 한다.

② 전항의 등기사항은 다음과 같다.

1. 목적
2. 명칭
3. 사무소
4. 설립허가의 연월일
5. 존립시기나 해산이유를 정한 때에는 그 시기 또는 사유
6. 자산의 총액
7. 출자의 방법을 정한 때에는 그 방법
8. 이사의 성명, 주소
9. 이사의 대표권을 제한한 때에는 그 제한

제50조(분사무소설치의 등기) ① 법인

이 분사무소를 설치한 때에는 주사무소소재지에서는 3주간내에 분사무소를 설치한 것을 등기하고 그 분사무소소재지에서는 동기간내에 전조제2항의 사항을 등기하고 다른 분사무소소재지에서는 동기간내에 그 분사무소를 설치한 것을 등기하여야 한다.

② 주사무소 또는 분사무소의 소재지를 관할하는 등기소의 관할구역내에 분사무소를 설치한 때에는 전항의 기간내에 그 사무소를 설치한 것을 등기하면 된다.

제51조(사무소이전의 등기) ① 법인이 그 사무소를 이전하는 때에는 구소재지에서는 3주간내에 이전등기를 하고 신소재지에서는 동기간내에 제49조제2항에 게기한 사항을 등기하여야 한다.

② 동일한 등기소의 관할구역내에서 사무소를 이전한 때에는 그 이전한 것을 등기하면 된다.

제52조(변경등기) 제49조제2항의 사항 중에 변경이 있는 때에는 3주간내에 변경등기를 하여야 한다.

제52조의2(직무집행정지 등 가처분의 등기) 이사의 직무집행을 정지하거나 직무대행자를 선임하는 가처분을 하거나 그 가처분을 변경·취소하는 경우에는 주사무소와 분사무소가 있는 곳의 등기소에서 이를 등기하여야 한다.

제53조(등기기간의 기산) 전3조의 규정에 의하여 등기할 사항으로 관청의 허가를 요하는 것은 그 허가서가 도착한 날로부터 등기의 기간을 기산한다.

제54조(설립등기 이외의 등기의 효력과 등기사항의 공고) ① 설립등기 이외의 본절의 등기사항은 그 등기후가 아니면 제삼자에게 대항하지 못한다.

② 등기한 사항은 법원이 지체없이 공고하여야 한다.

제55조(재산목록과 사원명부) ① 법인은 성립한 때 및 매년 3월내에 재산목록을 작성하여 사무소에 비치하여야 한다. 사업연도를 정한 법인은 성립한 때 및 그 연도말에 이를 작성하여야 한다.

② 사단법인은 사원명부를 비치하고 사원의 변경이 있는 때에는 이를 기재하여야 한다.

제56조(사원권의 양도, 상속금지) 사단법인의 사원의 지위는 양도 또는 상속할 수 없다.

제3절 기관

제57조(이사) 법인은 이사를 두어야 한다.

제58조(이사의 사무집행) ① 이사는 법인의 사무를 집행한다.

② 이사가 수인인 경우에는 정관에 다른 규정이 없으면 법인의 사무집행은

이사의 과반수로써 결정한다.

제59조(이사의 대표권) ① 이사는 법인의 사무에 관하여 각자 법인을 대표한다. 그러나 정관에 규정한 취지에 위반할 수 없고 특히 사단법인은 총회의 의결에 의하여야 한다.

② 법인의 대표에 관하여는 대리에 관한 규정을 준용한다.

제60조(이사의 대표권에 대한 제한의 대항요건) 이사의 대표권에 대한 제한은 등기하지 아니하면 제삼자에게 대항하지 못한다.

제60조의2(직무대행자의 권한) ① 제52조의2의 직무대행자는 가처분명령에 다른 정함이 있는 경우 외에는 법인의 통상사무에 속하지 아니한 행위를 하지 못한다. 다만, 법원의 허가를 얻은 경우에는 그러하지 아니하다.

② 직무대행자가 제1항의 규정에 위반한 행위를 한 경우에도 법인은 선의의 제3자에 대하여 책임을 진다.

제61조(이사의 주의의무) 이사는 선량한 관리자의 주의로 그 직무를 행하여야 한다.

제62조(이사의 대리인 선임) 이사는 정관 또는 총회의 결의로 금지하지 아니한 사항에 한하여 타인으로 하여금 특정한 행위를 대리하게 할 수 있다.

제63조(임시이사의 선임) 이사가 없거나 결원이 있는 경우에 이로 인하여 손해가 생길 염려 있는 때에는 법원은 이해관계인이나 검사의 청구에 의하여 임시이사를 선임하여야 한다.

제64조(특별대리인의 선임) 법인과 이사의 이익이 상반하는 사항에 관하여는 이사는 대표권이 없다. 이 경우에는 전조의 규정에 의하여 특별대리인을 선임하여야 한다.

제65조(이사의 임무해태) 이사가 그 임무를 해태한 때에는 그 이사는 법인에 대하여 연대하여 손해배상의 책임이 있다.

제66조(감사) 법인은 정관 또는 총회의 결의로 감사를 둘 수 있다.

제67조(감사의 직무) 감사의 직무는 다음과 같다.

1. 법인의 재산상황을 감사하는 일
2. 이사의 업무집행의 상황을 감사하는 일
3. 재산상황 또는 업무집행에 관하여 부정, 불비한 것이 있음을 발견한 때에는 이를 총회 또는 주무관청에 보고하는 일
4. 전호의 보고를 하기 위하여 필요있는 때에는 총회를 소집하는 일

제68조(총회의 권한) 사단법인의 사무는 정관으로 이사 또는 기타 임원에게 위임한 사항외에는 총회의 결의에 의

하여야 한다.

제69조(통상총회) 사단법인의 이사는 매년 1회 이상 통상총회를 소집하여야 한다.

제70조(임시총회) ① 사단법인의 이사는 필요하다고 인정한 때에는 임시총회를 소집할 수 있다.

② 총사원의 5분의 1 이상으로부터 회의의 목적사항을 제시하여 청구한 때에는 이사는 임시총회를 소집하여야 한다. 이 정수는 정관으로 증감할 수 있다.

③ 전항의 청구있는 후 2주간내에 이사가 총회소집의 절차를 밟지 아니한 때에는 청구한 사원은 법원의 허가를 얻어 이를 소집할 수 있다.

제71조(총회의 소집) 총회의 소집은 1주간전에 그 회의의 목적사항을 기재한 통지를 발하고 기타 정관에 정한 방법에 의하여야 한다.

제72조(총회의 결의사항) 총회는 전조의 규정에 의하여 통지한 사항에 관하여서만 결의할 수 있다. 그러나 정관에 다른 규정이 있는 때에는 그 규정에 의한다.

제73조(사원의 결의권) ① 각 사원의 결의권은 평등으로 한다.

② 사원은 서면이나 대리인으로 결의권을 행사할 수 있다.

③ 전2항의 규정은 정관에 다른 규정이 있는 때에는 적용하지 아니한다.

제74조(사원이 결의권없는 경우) 사단법인과 어느 사원과의 관계사항을 의결하는 경우에는 그 사원은 결의권이 없다.

제75조(총회의 결의방법) ① 총회의 결의는 본법 또는 정관에 다른 규정이 없으면 사원 과반수의 출석과 출석사원의 결의권의 과반수로써 한다.

② 제73조제2항의 경우에는 당해사원은 출석한 것으로 한다.

제76조(총회의 의사록) ① 총회의 의사에 관하여는 의사록을 작성하여야 한다.

② 의사록에는 의사의 경과, 요령 및 결과를 기재하고 의장 및 출석한 이사가 기명날인하여야 한다.

③ 이사는 의사록을 주된 사무소에 비치하여야 한다.

제4절 해산

제77조(해산사유) ① 법인은 존립기간의 만료, 법인의 목적의 달성 또는 달성의 불능 기타 정관에 정한 해산사유의 발생, 파산 또는 설립허가의 취소로 해산한다.

② 사단법인은 사원이 없게 되거나 총회의 결의로도 해산한다.

제78조(사단법인의 해산결의) 사단법인

은 총사원 4분의 3 이상의 동의가 없으면 해산을 결의하지 못한다. 그러나 정관에 다른 규정이 있는 때에는 그 규정에 의한다.

제79조(파산신청) 법인이 채무를 완제하지 못하게 된 때에는 이사는 지체없이 파산신청을 하여야 한다.

제80조(잔여재산의 귀속) ① 해산한 법인의 재산은 정관으로 지정한 자에게 귀속한다.

② 정관으로 귀속권리자를 지정하지 아니하거나 이를 지정하는 방법을 정하지 아니한 때에는 이사 또는 청산인은 주무관청의 허가를 얻어 그 법인의 목적에 유사한 목적을 위하여 그 재산을 처분할 수 있다. 그러나 사단법인에 있어서는 총회의 결의가 있어야 한다.

③ 전2항의 규정에 의하여 처분되지 아니한 재산은 국고에 귀속한다.

제81조(청산법인) 해산한 법인은 청산의 목적범위내에서만 권리가 있고 의무를 부담한다.

제82조(청산인) 법인이 해산한 때에는 파산의 경우를 제하고는 이사가 청산인이 된다. 그러나 정관 또는 총회의 결의로 달리 정한 바가 있으면 그에 의한다.

제83조(법원에 의한 청산인의 선임) 전조의 규정에 의하여 청산인이 될 자가 없거나 청산인의 결원으로 인하여 손해가 생길 염려가 있는 때에는 법원은 직권 또는 이해관계인이나 검사의 청구에 의하여 청산인을 선임할 수 있다.

제84조(법원에 의한 청산인의 해임) 중요한 사유가 있는 때에는 법원은 직권 또는 이해관계인이나 검사의 청구에 의하여 청산인을 해임할 수 있다.

제85조(해산등기) ① 청산인은 파산의 경우를 제하고는 그 취임후 3주간내에 해산의 사유 및 연월일, 청산인의 성명 및 주소와 청산인의 대표권을 제한한 때에는 그 제한을 주된 사무소 및 분사무소소재지에서 등기하여야 한다.

② 제52조의 규정은 전항의 등기에 준용한다.

제86조(해산신고) ① 청산인은 파산의 경우를 제하고는 그 취임후 3주간내에 전조제1항의 사항을 주무관청에 신고하여야 한다.

② 청산중에 취임한 청산인은 그 성명 및 주소를 신고하면 된다.

제87조(청산인의 직무) ① 청산인의 직무는 다음과 같다.

1. 현존사무의 종결
2. 채권의 추심 및 채무의 변제
3. 잔여재산의 인도

② 청산인은 전항의 직무를 행하기 위하여 필요한 모든 행위를 할 수 있다.

제88조(채권신고의 공고) ① 청산인은 취임한 날로부터 2월내에 3회 이상의 공고로 채권자에 대하여 일정한 기간내에 그 채권을 신고할 것을 최고하여야 한다. 그 기간은 2월 이상이어야 한다.

② 전항의 공고에는 채권자가 기간내에 신고하지 아니하면 청산으로부터 제외될 것을 표시하여야 한다.

③ 제1항의 공고는 법원의 등기사항의 공고와 동일한 방법으로 하여야 한다.

제89조(채권신고의 최고) 청산인은 알고 있는 채권자에게 대하여는 각각 그 채권신고를 최고하여야 한다. 알고 있는 채권자는 청산으로부터 제외하지 못한다.

제90조(채권신고기간내의 변제금지) 청산인은 제88조제1항의 채권신고기간내에는 채권자에 대하여 변제하지 못한다. 그러나 법인은 채권자에 대한 지연손해배상의 의무를 면하지 못한다.

제91조(채권변제의 특례) ① 청산 중의 법인은 변제기에 이르지 아니한 채권에 대하여도 변제할 수 있다.

② 전항의 경우에는 조건있는 채권, 존속기간의 불확정한 채권 기타 가액의 불확정한 채권에 관하여는 법원이 선임한 감정인의 평가에 의하여 변제하여야 한다.

제92조(청산으로부터 제외된 채권) 청산으로부터 제외된 채권자는 법인의 채무를 완제한 후 귀속권리자에게 인도하지 아니한 재산에 대하여서만 변제를 청구할 수 있다.

제93조(청산중의 파산) ① 청산중 법인의 재산이 그 채무를 완제하기에 부족한 것이 분명하게 된 때에는 청산인은 지체없이 파산선고를 신청하고 이를 공고하여야 한다.

② 청산인은 파산관재인에게 그 사무를 인계함으로써 그 임무가 종료한다.

③ 제88조제3항의 규정은 제1항의 공고에 준용한다.

제94조(청산종결의 등기와 신고) 청산이 종결한 때에는 청산인은 3주간내에 이를 등기하고 주무관청에 신고하여야 한다.

제95조(해산, 청산의 검사, 감독) 법인의 해산 및 청산은 법원이 검사, 감독한다.

제96조(준용규정) 제58조제2항, 제59조 내지 제62조, 제64조, 제65조 및 제70조의 규정은 청산인에 이를 준용한다.

제5절 벌칙

제97조(벌칙) 법인의 이사, 감사 또는 청산인은 다음 각호의 경우에는 500만원 이하의 과태료에 처한다.

1. 본장에 규정한 등기를 해태한 때

2. 제55조의 규정에 위반하거나 재산
   목록 또는 사원명부에 부정기재를
   한 때
3. 제37조, 제95조에 규정한 검사, 감
   독을 방해한 때
4. 주무관청 또는 총회에 대하여 사실아
   닌 신고를 하거나 사실을 은폐한 때
5. 제76조와 제90조의 규정에 위반한 때
6. 제79조, 제93조의 규정에 위반하여
   파산선고의 신청을 해태한 때
7. 제88조, 제93조에 정한 공고를 해태
   하거나 부정한 공고를 한 때

제4장 물건

제98조(물건의 정의) 본법에서 물건이
라 함은 유체물 및 전기 기타 관리할
수 있는 자연력을 말한다.

제99조(부동산, 동산) ① 토지 및 그
정착물은 부동산이다.

② 부동산 이외의 물건은 동산이다.

제100조(주물, 종물) ① 물건의 소유자
가 그 물건의 상용에 공하기 위하여 자
기소유인 다른 물건을 이에 부속하게
한 때에는 그 부속물은 종물이다.

② 종물은 주물의 처분에 따른다.

제101조(천연과실, 법정과실) ① 물건
의 용법에 의하여 수취하는 산출물은
천연과실이다.

② 물건의 사용대가로 받는 금전 기타

의 물건은 법정과실로 한다.

제102조(과실의 취득) ① 천연과실은
그 원물로부터 분리하는 때에 이를 수
취할 권리자에게 속한다.

② 법정과실은 수취할 권리의 존속기
간일수의 비율로 취득한다.

제5장 법률행위

제1절 총칙

제103조(반사회질서의 법률행위) 선량
한 풍속 기타 사회질서에 위반한 사항
을 내용으로 하는 법률행위는 무효로
한다.

제104조(불공정한 법률행위) 당사자의
궁박, 경솔 또는 무경험으로 인하여 현
저하게 공정을 잃은 법률행위는 무효
로 한다.

제105조(임의규정) 법률행위의 당사자
가 법령 중의 선량한 풍속 기타 사회질
서에 관계없는 규정과 다른 의사를 표
시한 때에는 그 의사에 의한다.

제106조(사실인 관습) 법령 중의 선량
한 풍속 기타 사회질서에 관계없는 규
정과 다른 관습이 있는 경우에 당사자
의 의사가 명확하지 아니한 때에는 그
관습에 의한다.

제2절 의사표시

제107조(진의 아닌 의사표시) ① 의사표시는 표의자가 진의아님을 알고 한 것이라도 그 효력이 있다. 그러나 상대방이 표의자의 진의아님을 알았거나 이를 알 수 있었을 경우에는 무효로 한다.
② 전항의 의사표시의 무효는 선의의 제삼자에게 대항하지 못한다.

제108조(통정한 허위의 의사표시) ① 상대방과 통정한 허위의 의사표시는 무효로 한다.
② 전항의 의사표시의 무효는 선의의 제삼자에게 대항하지 못한다.

제109조(착오로 인한 의사표시) ① 의사표시는 법률행위의 내용의 중요부분에 착오가 있는 때에는 취소할 수 있다. 그러나 그 착오가 표의자의 중대한 과실로 인한 때에는 취소하지 못한다.
② 전항의 의사표시의 취소는 선의의 제삼자에게 대항하지 못한다.

제110조(사기, 강박에 의한 의사표시) ① 사기나 강박에 의한 의사표시는 취소할 수 있다.
② 상대방있는 의사표시에 관하여 제삼자가 사기나 강박을 행한 경우에는 상대방이 그 사실을 알았거나 알 수 있었을 경우에 한하여 그 의사표시를 취소할 수 있다.
③ 전2항의 의사표시의 취소는 선의의 제삼자에게 대항하지 못한다.

제111조(의사표시의 효력발생시기) ① 상대방이 있는 의사표시는 상대방에게 도달한 때에 그 효력이 생긴다.
② 의사표시자가 그 통지를 발송한 후 사망하거나 제한능력자가 되어도 의사표시의 효력에 영향을 미치지 아니한다.

제112조(제한능력자에 대한 의사표시의 효력) 의사표시의 상대방이 의사표시를 받은 때에 제한능력자인 경우에는 의사표시자는 그 의사표시로써 대항할 수 없다. 다만, 그 상대방의 법정대리인이 의사표시가 도달한 사실을 안 후에는 그러하지 아니하다.

제113조(의사표시의 공시송달) 표의자가 과실없이 상대방을 알지 못하거나 상대방의 소재를 알지 못하는 경우에는 의사표시는 민사소송법 공시송달의 규정에 의하여 송달할 수 있다.

제3절 대리

제114조(대리행위의 효력) ① 대리인이 그 권한내에서 본인을 위한 것임을 표시한 의사표시는 직접 본인에게 대하여 효력이 생긴다.
② 전항의 규정은 대리인에게 대한 제삼자의 의사표시에 준용한다.

제115조(본인을 위한 것임을 표시하지 아니한 행위) 대리인이 본인을 위한 것

임을 표시하지 아니한 때에는 그 의사표시는 자기를 위한 것으로 본다. 그러나 상대방이 대리인으로서 한 것임을 알았거나 알 수 있었을 때에는 전조제1항의 규정을 준용한다.

제116조(대리행위의 하자) ① 의사표시의 효력이 의사의 흠결, 사기, 강박 또는 어느 사정을 알았거나 과실로 알지 못한 것으로 인하여 영향을 받을 경우에 그 사실의 유무는 대리인을 표준하여 결정한다.

② 특정한 법률행위를 위임한 경우에 대리인이 본인의 지시에 좇아 그 행위를 한 때에는 본인은 자기가 안 사정 또는 과실로 인하여 알지 못한 사정에 관하여 대리인의 부지를 주장하지 못한다.

제117조(대리인의 행위능력) 대리인은 행위능력자임을 요하지 아니한다.

제118조(대리권의 범위) 권한을 정하지 아니한 대리인은 다음 각호의 행위만을 할 수 있다.

1. 보존행위

2. 대리의 목적인 물건이나 권리의 성질을 변하지 아니하는 범위에서 그 이용 또는 개량하는 행위

제119조(각자대리) 대리인이 수인인 때에는 각자가 본인을 대리한다. 그러나 법률 또는 수권행위에 다른 정한 바

가 있는 때에는 그러하지 아니하다.

제120조(임의대리인의 복임권) 대리권이 법률행위에 의하여 부여된 경우에는 대리인은 본인의 승낙이 있거나 부득이한 사유있는 때가 아니면 복대리인을 선임하지 못한다.

제121조(임의대리인의 복대리인선임의 책임) ① 전조의 규정에 의하여 대리인이 복대리인을 선임한 때에는 본인에게 대하여 그 선임감독에 관한 책임이 있다.

② 대리인이 본인의 지명에 의하여 복대리인을 선임한 경우에는 그 부적임 또는 불성실함을 알고 본인에게 대한 통지나 그 해임을 태만한 때가 아니면 책임이 없다.

제122조(법정대리인의 복임권과 그 책임) 법정대리인은 그 책임으로 복대리인을 선임할 수 있다. 그러나 부득이한 사유로 인한 때에는 전조제1항에 정한 책임만이 있다.

제123조(복대리인의 권한) ① 복대리인은 그 권한내에서 본인을 대리한다.

② 복대리인은 본인이나 제삼자에 대하여 대리인과 동일한 권리의무가 있다.

제124조(자기계약, 쌍방대리) 대리인은 본인의 허락이 없으면 본인을 위하여 자기와 법률행위를 하거나 동일한 법률행위에 관하여 당사자쌍방을 대리하

지 못한다. 그러나 채무의 이행은 할 수 있다.

제125조(대리권수여의 표시에 의한 표현대리) 제삼자에 대하여 타인에게 대리권을 수여함을 표시한 자는 그 대리권의 범위내에서 행한 그 타인과 그 제삼자간의 법률행위에 대하여 책임이 있다. 그러나 제삼자가 대리권없음을 알았거나 알 수 있었을 때에는 그러하지 아니하다.

제126조(권한을 넘은 표현대리) 대리인이 그 권한외의 법률행위를 한 경우에 제삼자가 그 권한이 있다고 믿을 만한 정당한 이유가 있는 때에는 본인은 그 행위에 대하여 책임이 있다.

제127조(대리권의 소멸사유) 대리권은 다음 각 호의 어느 하나에 해당하는 사유가 있으면 소멸된다.

1. 본인의 사망
2. 대리인의 사망, 성년후견의 개시 또는 파산

제128조(임의대리의 종료) 법률행위에 의하여 수여된 대리권은 전조의 경우 외에 그 원인된 법률관계의 종료에 의하여 소멸한다. 법률관계의 종료전에 본인이 수권행위를 철회한 경우에도 같다.

제129조(대리권소멸후의 표현대리) 대리권의 소멸은 선의의 제삼자에게 대항하지 못한다. 그러나 제삼자가 과실로 인하여 그 사실을 알지 못한 때에는 그러하지 아니하다.

제130조(무권대리) 대리권없는 자가 타인의 대리인으로 한 계약은 본인이 이를 추인하지 아니하면 본인에 대하여 효력이 없다.

제131조(상대방의 최고권) 대리권없는 자가 타인의 대리인으로 계약을 한 경우에 상대방은 상당한 기간을 정하여 본인에게 그 추인여부의 확답을 최고할 수 있다. 본인이 그 기간내에 확답을 발하지 아니한 때에는 추인을 거절한 것으로 본다.

제132조(추인, 거절의 상대방) 추인 또는 거절의 의사표시는 상대방에 대하여 하지 아니하면 그 상대방에 대항하지 못한다. 그러나 상대방이 그 사실을 안 때에는 그러하지 아니하다.

제133조(추인의 효력) 추인은 다른 의사표시가 없는 때에는 계약시에 소급하여 그 효력이 생긴다. 그러나 제삼자의 권리를 해하지 못한다.

제134조(상대방의 철회권) 대리권없는 자가 한 계약은 본인의 추인이 있을 때까지 상대방은 본인이나 그 대리인에 대하여 이를 철회할 수 있다. 그러나 계약당시에 상대방이 대리권 없음을 안 때에는 그러하지 아니하다.

제135조(상대방에 대한 무권대리인의 책임) ① 다른 자의 대리인으로서 계약을 맺은 자가 그 대리권을 증명하지 못하고 또 본인의 추인을 받지 못한 경우에는 그는 상대방의 선택에 따라 계약을 이행할 책임 또는 손해를 배상할 책임이 있다.

② 대리인으로서 계약을 맺은 자에게 대리권이 없다는 사실을 상대방이 알았거나 알 수 있었을 때 또는 대리인으로서 계약을 맺은 사람이 제한능력자일 때에는 제1항을 적용하지 아니한다.

제136조(단독행위와 무권대리) 단독행위에는 그 행위당시에 상대방이 대리인이라 칭하는 자의 대리권없는 행위에 동의하거나 그 대리권을 다투지 아니한 때에 한하여 전6조의 규정을 준용한다. 대리권없는 자에 대하여 그 동의를 얻어 단독행위를 한 때에도 같다.

제4절 무효와 취소

제137조(법률행위의 일부무효) 법률행위의 일부분이 무효인 때에는 그 전부를 무효로 한다. 그러나 그 무효부분이 없더라도 법률행위를 하였을 것이라고 인정될 때에는 나머지 부분은 무효가 되지 아니한다.

제138조(무효행위의 전환) 무효인 법률행위가 다른 법률행위의 요건을 구비하고 당사자가 그 무효를 알았더라면 다른 법률행위를 하는 것을 의욕하였으리라고 인정될 때에는 다른 법률행위로서 효력을 가진다.

제139조(무효행위의 추인) 무효인 법률행위는 추인하여도 그 효력이 생기지 아니한다. 그러나 당사자가 그 무효임을 알고 추인한 때에는 새로운 법률행위로 본다.

제140조(법률행위의 취소권자) 취소할 수 있는 법률행위는 제한능력자, 착오로 인하거나 사기·강박에 의하여 의사표시를 한 자, 그의 대리인 또는 승계인만이 취소할 수 있다.

제141조(취소의 효과) 취소된 법률행위는 처음부터 무효인 것으로 본다. 다만, 제한능력자는 그 행위로 인하여 받은 이익이 현존하는 한도에서 상환(償還)할 책임이 있다.

제142조(취소의 상대방) 취소할 수 있는 법률행위의 상대방이 확정한 경우에는 그 취소는 그 상대방에 대한 의사표시로 하여야 한다.

제143조(추인의 방법, 효과) ① 취소할 수 있는 법률행위는 제140조에 규정한 자가 추인할 수 있고 추인후에는 취소하지 못한다.

② 전조의 규정은 전항의 경우에 준용한다.

제144조(추인의 요건) ① 추인은 취소의 원인이 소멸된 후에 하여야만 효력이 있다.

② 제1항은 법정대리인 또는 후견인이 추인하는 경우에는 적용하지 아니한다.

제145조(법정추인) 취소할 수 있는 법률행위에 관하여 전조의 규정에 의하여 추인할 수 있는 후에 다음 각호의 사유가 있으면 추인한 것으로 본다. 그러나 이의를 보류한 때에는 그러하지 아니하다.

1. 전부나 일부의 이행
2. 이행의 청구
3. 경개
4. 담보의 제공
5. 취소할 수 있는 행위로 취득한 권리의 전부나 일부의 양도
6. 강제집행

제146조(취소권의 소멸) 취소권은 추인할 수 있는 날로부터 3년내에 법률행위를 한 날로부터 10년내에 행사하여야 한다.

제5절 조건과 기한

제147조(조건성취의 효과) ① 정지조건있는 법률행위는 조건이 성취한 때로부터 그 효력이 생긴다.

② 해제조건있는 법률행위는 조건이 성취한 때로부터 그 효력을 잃는다.

③ 당사자가 조건성취의 효력을 그 성취전에 소급하게 할 의사를 표시한 때에는 그 의사에 의한다.

제148조(조건부권리의 침해금지) 조건있는 법률행위의 당사자는 조건의 성부가 미정한 동안에 조건의 성취로 인하여 생길 상대방의 이익을 해하지 못한다.

제149조(조건부권리의 처분 등) 조건의 성취가 미정한 권리의무는 일반규정에 의하여 처분, 상속, 보존 또는 담보로 할 수 있다.

제150조(조건성취, 불성취에 대한 반신의행위) ① 조건의 성취로 인하여 불이익을 받을 당사자가 신의성실에 반하여 조건의 성취를 방해한 때에는 상대방은 그 조건이 성취한 것으로 주장할 수 있다.

② 조건의 성취로 인하여 이익을 받을 당사자가 신의성실에 반하여 조건을 성취시킨 때에는 상대방은 그 조건이 성취하지 아니한 것으로 주장할 수 있다.

제151조(불법조건, 기성조건) ① 조건이 선량한 풍속 기타 사회질서에 위반한 것인 때에는 그 법률행위는 무효로 한다.

② 조건이 법률행위의 당시 이미 성취한 것인 경우에는 그 조건이 정지조건이면 조건없는 법률행위로 하고 해제

조건이면 그 법률행위는 무효로 한다.
③ 조건이 법률행위의 당시에 이미 성취할 수 없는 것인 경우에는 그 조건이 해제조건이면 조건없는 법률행위로 하고 정지조건이면 그 법률행위는 무효로 한다.

제152조(기한도래의 효과) ① 시기있는 법률행위는 기한이 도래한 때로부터 그 효력이 생긴다.

② 종기있는 법률행위는 기한이 도래한 때로부터 그 효력을 잃는다.

제153조(기한의 이익과 그 포기) ① 기한은 채무자의 이익을 위한 것으로 추정한다.

② 기한의 이익은 이를 포기할 수 있다. 그러나 상대방의 이익을 해하지 못한다.

제154조(기한부권리와 준용규정) 제148조와 제149조의 규정은 기한있는 법률행위에 준용한다.

제6장 기간

제155조(본장의 적용범위) 기간의 계산은 법령, 재판상의 처분 또는 법률행위에 다른 정한 바가 없으면 본장의 규정에 의한다.

제156조(기간의 기산점) 기간을 시, 분, 초로 정한 때에는 즉시로부터 기산한다.

제157조(기간의 기산점) 기간을 일, 주, 월 또는 연으로 정한 때에는 기간의 초일은 산입하지 아니한다. 그러나 그 기간이 오전 영시로부터 시작하는 때에는 그러하지 아니하다.

제158조(나이의 계산과 표시) 나이는 출생일을 산입하여 만(滿) 나이로 계산하고, 연수(年數)로 표시한다. 다만, 1세에 이르지 아니한 경우에는 월수(月數)로 표시할 수 있다.

제159조(기간의 만료점) 기간을 일, 주, 월 또는 연으로 정한 때에는 기간 말일의 종료로 기간이 만료한다.

제160조(역에 의한 계산) ① 기간을 주, 월 또는 연으로 정한 때에는 역에 의하여 계산한다.

② 주, 월 또는 연의 처음으로부터 기간을 기산하지 아니하는 때에는 최후의 주, 월 또는 연에서 그 기산일에 해당한 날의 전일로 기간이 만료한다.

③ 월 또는 연으로 정한 경우에 최종의 월에 해당일이 없는 때에는 그 월의 말일로 기간이 만료한다.

제161조(공휴일 등과 기간의 만료점) 기간의 말일이 토요일 또는 공휴일에 해당한 때에는 기간은 그 익일로 만료한다.

제7장 소멸시효

제162조(채권, 재산권의 소멸시효) ① 채권은 10년간 행사하지 아니하면 소멸시효가 완성한다.

② 채권 및 소유권 이외의 재산권은 20년간 행사하지 아니하면 소멸시효가 완성한다.

제163조(3년의 단기소멸시효) 다음 각 호의 채권은 3년간 행사하지 아니하면 소멸시효가 완성한다.

1. 이자, 부양료, 급료, 사용료 기타 1년 이내의 기간으로 정한 금전 또는 물건의 지급을 목적으로 한 채권
2. 의사, 조산사, 간호사 및 약사의 치료, 근로 및 조제에 관한 채권
3. 도급받은 자, 기사 기타 공사의 설계 또는 감독에 종사하는 자의 공사에 관한 채권
4. 변호사, 변리사, 공증인, 공인회계사 및 법무사에 대한 직무상 보관한 서류의 반환을 청구하는 채권
5. 변호사, 변리사, 공증인, 공인회계사 및 법무사의 직무에 관한 채권
6. 생산자 및 상인이 판매한 생산물 및 상품의 대가
7. 수공업자 및 제조자의 업무에 관한 채권

제164조(1년의 단기소멸시효) 다음 각 호의 채권은 1년간 행사하지 아니하면 소멸시효가 완성한다.

1. 여관, 음식점, 대석, 오락장의 숙박료, 음식료, 대석료, 입장료, 소비물의 대가 및 체당금의 채권
2. 의복, 침구, 장구 기타 동산의 사용료의 채권
3. 노역인, 연예인의 임금 및 그에 공급한 물건의 대금채권
4. 학생 및 수업자의 교육, 의식 및 유숙에 관한 교주, 숙주, 교사의 채권

제165조(판결 등에 의하여 확정된 채권의 소멸시효) ① 판결에 의하여 확정된 채권은 단기의 소멸시효에 해당한 것이라도 그 소멸시효는 10년으로 한다.

② 파산절차에 의하여 확정된 채권 및 재판상의 화해, 조정 기타 판결과 동일한 효력이 있는 것에 의하여 확정된 채권도 전항과 같다.

③ 전2항의 규정은 판결확정당시에 변제기가 도래하지 아니한 채권에 적용하지 아니한다.

제166조(소멸시효의 기산점) ① 소멸시효는 권리를 행사할 수 있는 때로부터 진행한다.

② 부작위를 목적으로 하는 채권의 소멸시효는 위반행위를 한 때로부터 진행한다.

제167조(소멸시효의 소급효) 소멸시효는 그 기산일에 소급하여 효력이 생긴다.

제168조(소멸시효의 중단사유) 소멸시효는 다음 각호의 사유로 인하여 중단된다.

1. 청구
2. 압류 또는 가압류, 가처분
3. 승인

제169조(시효중단의 효력) 시효의 중단은 당사자 및 그 승계인간에만 효력이 있다.

제170조(재판상의 청구와 시효중단) ① 재판상의 청구는 소송의 각하, 기각 또는 취하의 경우에는 시효중단의 효력이 없다.

② 전항의 경우에 6월내에 재판상의 청구, 파산절차참가, 압류 또는 가압류, 가처분을 한 때에는 시효는 최초의 재판상 청구로 인하여 중단된 것으로 본다.

제171조(파산절차참가와 시효중단) 파산절차참가는 채권자가 이를 취소하거나 그 청구가 각하된 때에는 시효중단의 효력이 없다.

제172조(지급명령과 시효중단) 지급명령은 채권자가 법정기간내에 가집행신청을 하지 아니함으로 인하여 그 효력을 잃은 때에는 시효중단의 효력이 없다.

제173조(화해를 위한 소환, 임의출석과 시효중단) 화해를 위한 소환은 상대방이 출석하지 아니 하거나 화해가 성립되지 아니한 때에는 1월내에 소를 제기하지 아니하면 시효중단의 효력이 없다. 임의출석의 경우에 화해가 성립되지 아니한 때에도 그러하다.

제174조(최고와 시효중단) 최고는 6월내에 재판상의 청구, 파산절차참가, 화해를 위한 소환, 임의출석, 압류 또는 가압류, 가처분을 하지 아니하면 시효중단의 효력이 없다.

제175조(압류, 가압류, 가처분과 시효중단) 압류, 가압류 및 가처분은 권리자의 청구에 의하여 또는 법률의 규정에 따르지 아니함으로 인하여 취소된 때에는 시효중단의 효력이 없다.

제176조(압류, 가압류, 가처분과 시효중단) 압류, 가압류 및 가처분은 시효의 이익을 받은 자에 대하여 하지 아니한 때에는 이를 그에게 통지한 후가 아니면 시효중단의 효력이 없다.

제177조(승인과 시효중단) 시효중단의 효력있는 승인에는 상대방의 권리에 관한 처분의 능력이나 권한있음을 요하지 아니한다.

제178조(중단후에 시효진행) ① 시효가 중단된 때에는 중단까지에 경과한 시효기간은 이를 산입하지 아니하고 중단사유가 종료한 때로부터 새로이 진행한다.

② 재판상의 청구로 인하여 중단한 시효는 전항의 규정에 의하여 재판이 확

정된 때로부터 새로이 진행한다.

제179조(제한능력자의 시효정지) 소멸시효의 기간만료 전 6개월 내에 제한능력자에게 법정대리인이 없는 경우에는 그가 능력자가 되거나 법정대리인이 취임한 때부터 6개월 내에는 시효가 완성되지 아니한다.

제180조(재산관리자에 대한 제한능력자의 권리, 부부 사이의 권리와 시효정지) ① 재산을 관리하는 아버지, 어머니 또는 후견인에 대한 제한능력자의 권리는 그가 능력자가 되거나 후임 법정대리인이 취임한 때부터 6개월 내에는 소멸시효가 완성되지 아니한다.

② 부부 중 한쪽이 다른 쪽에 대하여 가지는 권리는 혼인관계가 종료된 때부터 6개월 내에는 소멸시효가 완성되지 아니한다.

제181조(상속재산에 관한 권리와 시효정지) 상속재산에 속한 권리나 상속재산에 대한 권리는 상속인의 확정, 관리인의 선임 또는 파산선고가 있는 때로부터 6월내에는 소멸시효가 완성하지 아니한다.

제182조(천재 기타 사변과 시효정지) 천재 기타 사변으로 인하여 소멸시효를 중단할 수 없을 때에는 그 사유가 종료한 때로부터 1월내에는 시효가 완성하지 아니한다.

제183조(종속된 권리에 대한 소멸시효의 효력) 주된 권리의 소멸시효가 완성한 때에는 종속된 권리에 그 효력이 미친다.

제184조(시효의 이익의 포기 기타) ① 소멸시효의 이익은 미리 포기하지 못한다.

② 소멸시효는 법률행위에 의하여 이를 배제, 연장 또는 가중할 수 없으나 이를 단축 또는 경감할 수 있다.

제2편 물권

제1장 총칙

제185조(물권의 종류) 물권은 법률 또는 관습법에 의하는 외에는 임의로 창설하지 못한다.

제186조(부동산물권변동의 효력) 부동산에 관한 법률행위로 인한 물권의 득실변경은 등기하여야 그 효력이 생긴다.

제187조(등기를 요하지 아니하는 부동산물권취득) 상속, 공용징수, 판결, 경매 기타 법률의 규정에 의한 부동산에 관한 물권의 취득은 등기를 요하지 아니한다. 그러나 등기를 하지 아니하면 이를 처분하지 못한다.

제188조(동산물권양도의 효력, 간이인도) ① 동산에 관한 물권의 양도는 그 동산을 인도하여야 효력이 생긴다.

② 양수인이 이미 그 동산을 점유한

때에는 당사자의 의사표시만으로 그 효력이 생긴다.

제189조(점유개정) 동산에 관한 물권을 양도하는 경우에 당사자의 계약으로 양도인이 그 동산의 점유를 계속하는 때에는 양수인이 인도받은 것으로 본다.

제190조(목적물반환청구권의 양도) 제삼자가 점유하고 있는 동산에 관한 물권을 양도하는 경우에는 양도인이 그 제삼자에 대한 반환청구권을 양수인에게 양도함으로써 동산을 인도한 것으로 본다.

제191조(혼동으로 인한 물권의 소멸) ① 동일한 물건에 대한 소유권과 다른 물권이 동일한 사람에게 귀속한 때에는 다른 물권은 소멸한다. 그러나 그 물권이 제삼자의 권리의 목적이 된 때에는 소멸하지 아니한다.
② 전항의 규정은 소유권이외의 물권과 그를 목적으로 하는 다른 권리가 동일한 사람에게 귀속한 경우에 준용한다.
③ 점유권에 관하여는 전2항의 규정을 적용하지 아니한다.

제2장 점유권

제192조(점유권의 취득과 소멸) ① 물건을 사실상 지배하는 자는 점유권이 있다.

② 점유자가 물건에 대한 사실상의 지배를 상실한 때에는 점유권이 소멸한다. 그러나 제204조의 규정에 의하여 점유를 회수한 때에는 그러하지 아니하다.

제193조(상속으로 인한 점유권의 이전) 점유권은 상속인에 이전한다.

제194조(간접점유) 지상권, 전세권, 질권, 사용대차, 임대차, 임치 기타의 관계로 타인으로 하여금 물건을 점유하게 한 자는 간접으로 점유권이 있다.

제195조(점유보조자) 가사상, 영업상 기타 유사한 관계에 의하여 타인의 지시를 받아 물건에 대한 사실상의 지배를 하는 때에는 그 타인만을 점유자로 한다.

제196조(점유권의 양도) ① 점유권의 양도는 점유물의 인도로 그 효력이 생긴다.
② 전항의 점유권의 양도에는 제188조제2항, 제189조, 제190조의 규정을 준용한다.

제197조(점유의 태양) ① 점유자는 소유의 의사로 선의, 평온 및 공연하게 점유한 것으로 추정한다.
② 선의의 점유자라도 본권에 관한 소에 패소한 때에는 그 소가 제기된 때로부터 악의의 점유자로 본다.

제198조(점유계속의 추정) 전후양시에

점유한 사실이 있는 때에는 그 점유는 계속한 것으로 추정한다.

제199조(점유의 승계의 주장과 그 효과) ① 점유자의 승계인은 자기의 점유만을 주장하거나 자기의 점유와 전점유자의 점유를 아울러 주장할 수 있다.
② 전점유자의 점유를 아울러 주장하는 경우에는 그 하자도 계승한다.

제200조(권리의 적법의 추정) 점유자가 점유물에 대하여 행사하는 권리는 적법하게 보유한 것으로 추정한다.

제201조(점유자와 과실) ① 선의의 점유자는 점유물의 과실을 취득한다.
② 악의의 점유자는 수취한 과실을 반환하여야 하며 소비하였거나 과실로 인하여 훼손 또는 수취하지 못한 경우에는 그 과실의 대가를 보상하여야 한다.
③ 전항의 규정은 폭력 또는 은비에 의한 점유자에 준용한다.

제202조(점유자의 회복자에 대한 책임) 점유물이 점유자의 책임있는 사유로 인하여 멸실 또는 훼손한 때에는 악의의 점유자는 그 손해의 전부를 배상하여야 하며 선의의 점유자는 이익이 현존하는 한도에서 배상하여야 한다. 소유의 의사가 없는 점유자는 선의인 경우에도 손해의 전부를 배상하여야 한다.

제203조(점유자의 상환청구권) ① 점유자가 점유물을 반환할 때에는 회복자에 대하여 점유물을 보존하기 위하여 지출한 금액 기타 필요비의 상환을 청구할 수 있다. 그러나 점유자가 과실을 취득한 경우에는 통상의 필요비는 청구하지 못한다.
② 점유자가 점유물을 개량하기 위하여 지출한 금액 기타 유익비에 관하여는 그 가액의 증가가 현존한 경우에 한하여 회복자의 선택에 좇아 그 지출금액이나 증가액의 상환을 청구할 수 있다.
③ 전항의 경우에 법원은 회복자의 청구에 의하여 상당한 상환기간을 허여할 수 있다.

제204조(점유의 회수) ① 점유자가 점유의 침탈을 당한 때에는 그 물건의 반환 및 손해의 배상을 청구할 수 있다.
② 전항의 청구권은 침탈자의 특별승계인에 대하여는 행사하지 못한다. 그러나 승계인이 악의인 때에는 그러하지 아니하다.
③ 제1항의 청구권은 침탈을 당한 날로부터 1년내에 행사하여야 한다.

제205조(점유의 보유) ① 점유자가 점유의 방해를 받은 때에는 그 방해의 제거 및 손해의 배상을 청구할 수 있다.
② 전항의 청구권은 방해가 종료한 날로부터 1년내에 행사하여야 한다.
③ 공사로 인하여 점유의 방해를 받은 경우에는 공사착수후 1년을 경과하거

나 그 공사가 완성한 때에는 방해의 제거를 청구하지 못한다.

제206조(점유의 보전) ① 점유자가 점유의 방해를 받을 염려가 있는 때에는 그 방해의 예방 또는 손해배상의 담보를 청구할 수 있다.

② 공사로 인하여 점유의 방해를 받을 염려가 있는 경우에는 전조제3항의 규정을 준용한다.

제207조(간접점유의 보호) ① 전3조의 청구권은 제194조의 규정에 의한 간접점유자도 이를 행사할 수 있다.

② 점유자가 점유의 침탈을 당한 경우에 간접점유자는 그 물건을 점유자에게 반환할 것을 청구할 수 있고 점유자가 그 물건의 반환을 받을 수 없거나 이를 원하지 아니하는 때에는 자기에게 반환할 것을 청구할 수 있다.

제208조(점유의 소와 본권의 소와의 관계) ① 점유권에 기인한 소와 본권에 기인한 소는 서로 영향을 미치지 아니한다.

② 점유권에 기인한 소는 본권에 관한 이유로 재판하지 못한다.

제209조(자력구제) ① 점유자는 그 점유를 부정히 침탈 또는 방해하는 행위에 대하여 자력으로써 이를 방위할 수 있다.

② 점유물이 침탈되었을 경우에 부동산일 때에는 점유자는 침탈후 직시 가해자를 배제하여 이를 탈환할 수 있고 동산일 때에는 점유자는 현장에서 또는 추적하여 가해자로부터 이를 탈환할 수 있다.

제210조(준점유) 본장의 규정은 재산권을 사실상 행사하는 경우에 준용한다.

제3장 소유권

제1절 소유권의 한계

제211조(소유권의 내용) 소유자는 법률의 범위내에서 그 소유물을 사용, 수익, 처분할 권리가 있다.

제212조(토지소유권의 범위) 토지의 소유권은 정당한 이익있는 범위내에서 토지의 상하에 미친다.

제213조(소유물반환청구권) 소유자는 그 소유에 속한 물건을 점유한 자에 대하여 반환을 청구할 수 있다. 그러나 점유자가 그 물건을 점유할 권리가 있는 때에는 반환을 거부할 수 있다.

제214조(소유물방해제거, 방해예방청구권) 소유자는 소유권을 방해하는 자에 대하여 방해의 제거를 청구할 수 있고 소유권을 방해할 염려있는 행위를 하는 자에 대하여 그 예방이나 손해배상의 담보를 청구할 수 있다.

제215조(건물의 구분소유) ① 수인이 한 채의 건물을 구분하여 각각 그 일부

분을 소유한 때에는 건물과 그 부속물 중 공용하는 부분은 그의 공유로 추정한다.

② 공용부분의 보존에 관한 비용 기타의 부담은 각자의 소유부분의 가액에 비례하여 분담한다.

제216조(인지사용청구권) ① 토지소유자는 경계나 그 근방에서 담 또는 건물을 축조하거나 수선하기 위하여 필요한 범위내에서 이웃 토지의 사용을 청구할 수 있다. 그러나 이웃 사람의 승낙이 없으면 그 주거에 들어가지 못한다.

② 전항의 경우에 이웃 사람이 손해를 받은 때에는 보상을 청구할 수 있다.

제217조(매연 등에 의한 인지에 대한 방해금지) ① 토지소유자는 매연, 열기체, 액체, 음향, 진동 기타 이에 유사한 것으로 이웃 토지의 사용을 방해하거나 이웃 거주자의 생활에 고통을 주지 아니하도록 적당한 조처를 할 의무가 있다.

② 이웃 거주자는 전항의 사태가 이웃 토지의 통상의 용도에 적당한 것인 때에는 이를 인용할 의무가 있다.

제218조(수도 등 시설권) ① 토지소유자는 타인의 토지를 통과하지 아니하면 필요한 수도, 소수관, 까스관, 전선 등을 시설할 수 없거나 과다한 비용을 요하는 경우에는 타인의 토지를 통과하여 이를 시설할 수 있다. 그러나 이로 인한 손해가 가장 적은 장소와 방법을 선택하여 이를 시설할 것이며 타토지의 소유자의 요청에 의하여 손해를 보상하여야 한다.

② 전항에 의한 시설을 한 후 사정의 변경이 있는 때에는 타토지의 소유자는 그 시설의 변경을 청구할 수 있다. 시설변경의 비용은 토지소유자가 부담한다.

제219조(주위토지통행권) ① 어느 토지와 공로사이에 그 토지의 용도에 필요한 통로가 없는 경우에 그 토지소유자는 주위의 토지를 통행 또는 통로로 하지 아니하면 공로에 출입할 수 없거나 과다한 비용을 요하는 때에는 그 주위의 토지를 통행할 수 있고 필요한 경우에는 통로를 개설할 수 있다. 그러나 이로 인한 손해가 가장 적은 장소와 방법을 선택하여야 한다.

② 전항의 통행권자는 통행지소유자의 손해를 보상하여야 한다.

제220조(분할, 일부양도와 주위통행권) ① 분할로 인하여 공로에 통하지 못하는 토지가 있는 때에는 그 토지소유자는 공로에 출입하기 위하여 다른 분할자의 토지를 통행할 수 있다. 이 경우에는 보상의 의무가 없다.

② 전항의 규정은 토지소유자가 그 토

지의 일부를 양도한 경우에 준용한다.

제221조(자연유수의 승수의무와 권리) ① 토지소유자는 이웃 토지로부터 자연히 흘러오는 물을 막지 못한다.

② 고지소유자는 이웃 저지에 자연히 흘러 내리는 이웃 저지에서 필요한 물을 자기의 정당한 사용범위를 넘어서 이를 막지 못한다.

제222조(소통공사권) 흐르는 물이 저지에서 폐색된 때에는 고지소유자는 자비로 소통에 필요한 공사를 할 수 있다.

제223조(저수, 배수, 인수를 위한 공작물에 대한 공사청구권) 토지소유자가 저수, 배수 또는 인수하기 위하여 공작물을 설치한 경우에 공작물의 파손 또는 폐색으로 타인의 토지에 손해를 가하거나 가할 염려가 있는 때에는 타인은 그 공작물의 보수, 폐색의 소통 또는 예방에 필요한 청구를 할 수 있다.

제224조(관습에 의한 비용부담) 전2조의 경우에 비용부담에 관한 관습이 있으면 그 관습에 의한다.

제225조(처마물에 대한 시설의무) 토지소유자는 처마물이 이웃에 직접 낙하하지 아니하도록 적당한 시설을 하여야 한다.

제226조(여수소통권) ① 고지소유자는 침수지를 건조하기 위하여 또는 가용이나 농, 공업용의 여수를 소통하기 위하여 공로, 공류 또는 하수도에 달하기까지 저지에 물을 통과하게 할 수 있다.

② 전항의 경우에는 저지의 손해가 가장 적은 장소와 방법을 선택하여야 하며 손해를 보상하여야 한다.

제227조(유수용공작물의 사용권) ① 토지소유자는 그 소유지의 물을 소통하기 위하여 이웃 토지소유자의 시설한 공작물을 사용할 수 있다.

② 전항의 공작물을 사용하는 자는 그 이익을 받는 비율로 공작물의 설치와 보존의 비용을 분담하여야 한다.

제228조(여수급여청구권) 토지소유자는 과다한 비용이나 노력을 요하지 아니하고는 가용이나 토지이용에 필요한 물을 얻기 곤란한 때에는 이웃 토지소유자에게 보상하고 여수의 급여를 청구할 수 있다.

제229조(수류의 변경) ① 구거 기타 수류지의 소유자는 대안의 토지가 타인의 소유인 때에는 그 수로나 수류의 폭을 변경하지 못한다.

② 양안의 토지가 수류지소유자의 소유인 때에는 소유자는 수로와 수류의 폭을 변경할 수 있다. 그러나 하류는 자연의 수로와 일치하도록 하여야 한다.

③ 전2항의 규정은 다른 관습이 있으면 그 관습에 의한다.

제230조(언의 설치, 이용권) ① 수류지

의 소유자가 언을 설치할 필요가 있는 때에는 그 언을 대안에 접촉하게 할 수 있다. 그러나 이로 인한 손해를 보상하여야 한다.

② 대안의 소유자는 수류지의 일부가 자기소유인 때에는 그 언을 사용할 수 있다. 그러나 그 이익을 받는 비율로 언의 설치, 보존의 비용을 분담하여야 한다.

제231조(공유하천용수권) ① 공유하천의 연안에서 농, 공업을 경영하는 자는 이에 이용하기 위하여 타인의 용수를 방해하지 아니하는 범위내에서 필요한 인수를 할 수 있다.

② 전항의 인수를 하기 위하여 필요한 공작물을 설치할 수 있다.

제232조(하류 연안의 용수권보호) 전조의 인수나 공작물로 인하여 하류연안의 용수권을 방해하는 때에는 그 용수권자는 방해의 제거 및 손해의 배상을 청구할 수 있다.

제233조(용수권의 승계) 농, 공업의 경영에 이용하는 수로 기타 공작물의 소유자나 몽리자의 특별승계인은 그 용수에 관한 전소유자나 몽리자의 권리의무를 승계한다.

제234조(용수권에 관한 다른 관습) 전3조의 규정은 다른 관습이 있으면 그 관습에 의한다.

제235조(공용수의 용수권) 상린자는 그 공용에 속하는 원천이나 수도를 각 수요의 정도에 응하여 타인의 용수를 방해하지 아니하는 범위내에서 각각 용수할 권리가 있다.

제236조(용수장해의 공사와 손해배상, 원상회복) ① 필요한 용도나 수익이 있는 원천이나 수도가 타인의 건축 기타 공사로 인하여 단수, 감수 기타 용도에 장해가 생긴 때에는 용수권자는 손해배상을 청구할 수 있다.

② 전항의 공사로 인하여 음료수 기타 생활상 필요한 용수에 장해가 있을 때에는 원상회복을 청구할 수 있다.

제237조(경계표, 담의 설치권) ① 인접하여 토지를 소유한 자는 공동비용으로 통상의 경계표나 담을 설치할 수 있다.

② 전항의 비용은 쌍방이 절반하여 부담한다. 그러나 측량비용은 토지의 면적에 비례하여 부담한다.

③ 전2항의 규정은 다른 관습이 있으면 그 관습에 의한다.

제238조(담의 특수시설권) 인지소유자는 자기의 비용으로 담의 재료를 통상보다 양호한 것으로 할 수 있으며 그 높이를 통상보다 높게 할 수 있고 또는 방화벽 기타 특수시설을 할 수 있다.

제239조(경계표 등의 공유추정) 경계에 설치된 경계표, 담, 구거 등은 상린자

의 공유로 추정한다. 그러나 경계표, 담, 구거 등이 상린자일방의 단독비용으로 설치되었거나 담이 건물의 일부인 경우에는 그러하지 아니하다.

제240조(수지, 목근의 제거권) ① 인접지의 수목가지가 경계를 넘은 때에는 그 소유자에 대하여 가지의 제거를 청구할 수 있다.

② 전항의 청구에 응하지 아니한 때에는 청구자가 그 가지를 제거할 수 있다.

③ 인접지의 수목뿌리가 경계를 넘은 때에는 임의로 제거할 수 있다.

제241조(토지의 심굴금지) 토지소유자는 인접지의 지반이 붕괴할 정도로 자기의 토지를 심굴하지 못한다. 그러나 충분한 방어공사를 한 때에는 그러하지 아니하다.

제242조(경계선부근의 건축) ① 건물을 축조함에는 특별한 관습이 없으면 경계로부터 반미터 이상의 거리를 두어야 한다.

② 인접지소유자는 전항의 규정에 위반한 자에 대하여 건물의 변경이나 철거를 청구할 수 있다. 그러나 건축에 착수한 후 1년을 경과하거나 건물이 완성된 후에는 손해배상만을 청구할 수 있다.

제243조(차면시설의무) 경계로부터 2미터 이내의 거리에서 이웃 주택의 내부를 관망할 수 있는 창이나 마루를 설치하는 경우에는 적당한 차면시설을 하여야 한다.

제244조(지하시설 등에 대한 제한) ① 우물을 파거나 용수, 하수 또는 오물 등을 저치할 지하시설을 하는 때에는 경계로부터 2미터 이상의 거리를 두어야 하며 저수지, 구거 또는 지하실공사에는 경계로부터 그 깊이의 반 이상의 거리를 두어야 한다.

② 전항의 공사를 함에는 토사가 붕괴하거나 하수 또는 오액이 이웃에 흐르지 아니하도록 적당한 조처를 하여야 한다.

제2절 소유권의 취득

제245조(점유로 인한 부동산소유권의 취득기간) ① 20년간 소유의 의사로 평온, 공연하게 부동산을 점유하는 자는 등기함으로써 그 소유권을 취득한다.

② 부동산의 소유자로 등기한 자가 10년간 소유의 의사로 평온, 공연하게 선의이며 과실없이 그 부동산을 점유한 때에는 소유권을 취득한다.

제246조(점유로 인한 동산소유권의 취득기간) ① 10년간 소유의 의사로 평온, 공연하게 동산을 점유한 자는 그 소유권을 취득한다.

② 전항의 점유가 선의이며 과실없이

개시된 경우에는 5년을 경과함으로써 그 소유권을 취득한다.

제247조(소유권취득의 소급효, 중단사유) ① 전2조의 규정에 의한 소유권취득의 효력은 점유를 개시한 때에 소급한다.

② 소멸시효의 중단에 관한 규정은 전2조의 소유권취득기간에 준용한다.

제248조(소유권 이외의 재산권의 취득시효) 전3조의 규정은 소유권 이외의 재산권의 취득에 준용한다.

제249조(선의취득) 평온, 공연하게 동산을 양수한 자가 선의이며 과실없이 그 동산을 점유한 경우에는 양도인이 정당한 소유자가 아닌 때에도 즉시 그 동산의 소유권을 취득한다.

제250조(도품, 유실물에 대한 특례) 전조의 경우에 그 동산이 도품이나 유실물인 때에는 피해자 또는 유실자는 도난 또는 유실한 날로부터 2년내에 그 물건의 반환을 청구할 수 있다. 그러나 도품이나 유실물이 금전인 때에는 그러하지 아니하다.

제251조(도품, 유실물에 대한 특례) 양수인이 도품 또는 유실물을 경매나 공개시장에서 또는 동종류의 물건을 판매하는 상인에게서 선의로 매수한 때에는 피해자 또는 유실자는 양수인이 지급한 대가를 변상하고 그 물건의 반환을 청구할 수 있다.

제252조(무주물의 귀속) ① 무주의 동산을 소유의 의사로 점유한 자는 그 소유권을 취득한다.

② 무주의 부동산은 국유로 한다.

③ 야생하는 동물은 무주물로 하고 사양하는 야생동물도 다시 야생상태로 돌아가면 무주물로 한다.

제253조(유실물의 소유권취득) 유실물은 법률에 정한 바에 의하여 공고한 후 6개월 내에 그 소유자가 권리를 주장하지 아니하면 습득자가 그 소유권을 취득한다.

제254조(매장물의 소유권취득) 매장물은 법률에 정한 바에 의하여 공고한 후 1년내에 그 소유자가 권리를 주장하지 아니하면 발견자가 그 소유권을 취득한다. 그러나 타인의 토지 기타 물건으로부터 발견한 매장물은 그 토지 기타 물건의 소유자와 발견자가 절반하여 취득한다.

제255조(「국가유산기본법」 제3조에 따른 국가유산의 국유) ① 학술, 기예 또는 고고의 중요한 재료가 되는 물건에 대하여는 제252조제1항 및 전2조의 규정에 의하지 아니하고 국유로 한다.

② 전항의 경우에 습득자, 발견자 및 매장물이 발견된 토지 기타 물건의 소유자는 국가에 대하여 적당한 보상을

청구할 수 있다.

제256조(부동산에의 부합) 부동산의 소유자는 그 부동산에 부합한 물건의 소유권을 취득한다. 그러나 타인의 권원에 의하여 부속된 것은 그러하지 아니하다.

제257조(동산간의 부합) 동산과 동산이 부합하여 훼손하지 아니하면 분리할 수 없거나 그 분리에 과다한 비용을 요할 경우에는 그 합성물의 소유권은 주된 동산의 소유자에게 속한다. 부합한 동산의 주종을 구별할 수 없는 때에는 동산의 소유자는 부합당시의 가액의 비율로 합성물을 공유한다.

제258조(혼화) 전조의 규정은 동산과 동산이 혼화하여 식별할 수 없는 경우에 준용한다.

제259조(가공) ① 타인의 동산에 가공한 때에는 그 물건의 소유권은 원재료의 소유자에게 속한다. 그러나 가공으로 인한 가액의 증가가 원재료의 가액보다 현저히 다액인 때에는 가공자의 소유로 한다.
② 가공자가 재료의 일부를 제공하였을 때에는 그 가액은 전항의 증가액에 가산한다.

제260조(첨부의 효과) ① 전4조의 규정에 의하여 동산의 소유권이 소멸한 때에는 그 동산을 목적으로 한 다른 권리도 소멸한다.
② 동산의 소유자가 합성물, 혼화물 또는 가공물의 단독소유자가 된 때에는 전항의 권리는 합성물, 혼화물 또는 가공물에 존속하고 그 공유자가 된 때에는 그 지분에 존속한다.

제261조(첨부로 인한 구상권) 전5조의 경우에 손해를 받은 자는 부당이득에 관한 규정에 의하여 보상을 청구할 수 있다.

제3절 공동소유

제262조(물건의 공유) ① 물건이 지분에 의하여 수인의 소유로 된 때에는 공유로 한다.
② 공유자의 지분은 균등한 것으로 추정한다.

제263조(공유지분의 처분과 공유물의 사용, 수익) 공유자는 그 지분을 처분할 수 있고 공유물 전부를 지분의 비율로 사용, 수익할 수 있다.

제264조(공유물의 처분, 변경) 공유자는 다른 공유자의 동의없이 공유물을 처분하거나 변경하지 못한다.

제265조(공유물의 관리, 보존) 공유물의 관리에 관한 사항은 공유자의 지분의 과반수로써 결정한다. 그러나 보존행위는 각자가 할 수 있다.

제266조(공유물의 부담) ① 공유자는

그 지분의 비율로 공유물의 관리비용 기타 의무를 부담한다.

② 공유자가 1년 이상 전항의 의무이행을 지체한 때에는 다른 공유자는 상당한 가액으로 지분을 매수할 수 있다.

제267조(지분포기 등의 경우의 귀속) 공유자가 그 지분을 포기하거나 상속인 없이 사망한 때에는 그 지분은 다른 공유자에게 각 지분의 비율로 귀속한다.

제268조(공유물의 분할청구) ① 공유자는 공유물의 분할을 청구할 수 있다. 그러나 5년내의 기간으로 분할하지 아니할 것을 약정할 수 있다.

② 전항의 계약을 갱신한 때에는 그 기간은 갱신한 날로부터 5년을 넘지 못한다.

③ 전2항의 규정은 제215조, 제239조의 공유물에는 적용하지 아니한다.

제269조(분할의 방법) ① 분할의 방법에 관하여 협의가 성립되지 아니한 때에는 공유자는 법원에 그 분할을 청구할 수 있다.

② 현물로 분할할 수 없거나 분할로 인하여 현저히 그 가액이 감손될 염려가 있는 때에는 법원은 물건의 경매를 명할 수 있다.

제270조(분할로 인한 담보책임) 공유자는 다른 공유자가 분할로 인하여 취득한 물건에 대하여 그 지분의 비율로 매도인과 동일한 담보책임이 있다.

제271조(물건의 합유) ① 법률의 규정 또는 계약에 의하여 수인이 조합체로서 물건을 소유하는 때에는 합유로 한다. 합유자의 권리는 합유물 전부에 미친다.

② 합유에 관하여는 전항의 규정 또는 계약에 의하는 외에 다음 3조의 규정에 의한다.

제272조(합유물의 처분, 변경과 보존) 합유물을 처분 또는 변경함에는 합유자 전원의 동의가 있어야 한다. 그러나 보존행위는 각자가 할 수 있다.

제273조(합유지분의 처분과 합유물의 분할금지) ① 합유자는 전원의 동의없이 합유물에 대한 지분을 처분하지 못한다.

② 합유자는 합유물의 분할을 청구하지 못한다.

제274조(합유의 종료) ① 합유는 조합체의 해산 또는 합유물의 양도로 인하여 종료한다.

② 전항의 경우에 합유물의 분할에 관하여는 공유물의 분할에 관한 규정을 준용한다.

제275조(물건의 총유) ① 법인이 아닌 사단의 사원이 집합체로서 물건을 소유할 때에는 총유로 한다.

② 총유에 관하여는 사단의 정관 기타

계약에 의하는 외에 다음 2조의 규정에 의한다.

제276조(총유물의 관리, 처분과 사용, 수익) ① 총유물의 관리 및 처분은 사원총회의 결의에 의한다.

② 각 사원은 정관 기타의 규약에 좇아 총유물을 사용, 수익할 수 있다.

제277조(총유물에 관한 권리의무의 득상) 총유물에 관한 사원의 권리의무는 사원의 지위를 취득상실함으로써 취득상실된다.

제278조(준공동소유) 본절의 규정은 소유권 이외의 재산권에 준용한다. 그러나 다른 법률에 특별한 규정이 있으면 그에 의한다.

제4장 지상권

제279조(지상권의 내용) 지상권자는 타인의 토지에 건물 기타 공작물이나 수목을 소유하기 위하여 그 토지를 사용하는 권리가 있다.

제280조(존속기간을 약정한 지상권) ① 계약으로 지상권의 존속기간을 정하는 경우에는 그 기간은 다음 연한보다 단축하지 못한다.

1. 석조, 석회조, 연와조 또는 이와 유사한 견고한 건물이나 수목의 소유를 목적으로 하는 때에는 30년

2. 전호이외의 건물의 소유를 목적으로

하는 때에는 15년

3. 건물이외의 공작물의 소유를 목적으로 하는 때에는 5년

② 전항의 기간보다 단축한 기간을 정한 때에는 전항의 기간까지 연장한다.

제281조(존속기간을 약정하지 아니한 지상권) ① 계약으로 지상권의 존속기간을 정하지 아니한 때에는 그 기간은 전조의 최단존속기간으로 한다.

② 지상권설정당시에 공작물의 종류와 구조를 정하지 아니한 때에는 지상권은 전조제2호의 건물의 소유를 목적으로 한 것으로 본다.

제282조(지상권의 양도, 임대) 지상권자는 타인에게 그 권리를 양도하거나 그 권리의 존속기간 내에서 그 토지를 임대할 수 있다.

제283조(지상권자의 갱신청구권, 매수청구권) ① 지상권이 소멸한 경우에 건물 기타 공작물이나 수목이 현존한 때에는 지상권자는 계약의 갱신을 청구할 수 있다.

② 지상권설정자가 계약의 갱신을 원하지 아니하는 때에는 지상권자는 상당한 가액으로 전항의 공작물이나 수목의 매수를 청구할 수 있다.

제284조(갱신과 존속기간) 당사자가 계약을 갱신하는 경우에는 지상권의 존속기간은 갱신한 날로부터 제280조의

최단존속기간보다 단축하지 못한다. 그러나 당사자는 이보다 장기의 기간을 정할 수 있다.

제285조(수거의무, 매수청구권) ① 지상권이 소멸한 때에는 지상권자는 건물 기타 공작물이나 수목을 수거하여 토지를 원상에 회복하여야 한다.

② 전항의 경우에 지상권설정자가 상당한 가액을 제공하여 그 공작물이나 수목의 매수를 청구한 때에는 지상권자는 정당한 이유없이 이를 거절하지 못한다.

제286조(지료증감청구권) 지료가 토지에 관한 조세 기타 부담의 증감이나 지가의 변동으로 인하여 상당하지 아니하게 된 때에는 당사자는 그 증감을 청구할 수 있다.

제287조(지상권소멸청구권) 지상권자가 2년 이상의 지료를 지급하지 아니한 때에는 지상권설정자는 지상권의 소멸을 청구할 수 있다.

제288조(지상권소멸청구와 저당권자에 대한 통지) 지상권이 저당권의 목적인 때 또는 그 토지에 있는 건물, 수목이 저당권의 목적이 된 때에는 전조의 청구는 저당권자에게 통지한 후 상당한 기간이 경과함으로써 그 효력이 생긴다.

제289조(강행규정) 제280조 내지 제287조의 규정에 위반되는 계약으로 지상권자에게 불리한 것은 그 효력이 없다.

제289조의2(구분지상권) ① 지하 또는 지상의 공간은 상하의 범위를 정하여 건물 기타 공작물을 소유하기 위한 지상권의 목적으로 할 수 있다. 이 경우 설정행위로써 지상권의 행사를 위하여 토지의 사용을 제한할 수 있다.

② 제1항의 규정에 의한 구분지상권은 제3자가 토지를 사용·수익할 권리를 가진 때에도 그 권리자 및 그 권리를 목적으로 하는 권리를 가진 자 전원의 승낙이 있으면 이를 설정할 수 있다. 이 경우 토지를 사용·수익할 권리를 가진 제3자는 그 지상권의 행사를 방해하여서는 아니된다.

제290조(준용규정) ① 제213조, 제214조, 제216조 내지 제244조의 규정은 지상권자간 또는 지상권자와 인지소유자간에 이를 준용한다.

② 제280조 내지 제289조 및 제1항의 규정은 제289조의2의 규정에 의한 구분지상권에 관하여 이를 준용한다.

제5장 지역권

제291조(지역권의 내용) 지역권자는 일정한 목적을 위하여 타인의 토지를 자기토지의 편익에 이용하는 권리가 있다.

제292조(부종성) ① 지역권은 요역지

소유권에 부종하여 이전하며 또는 요역지에 대한 소유권이외의 권리의 목적이 된다. 그러나 다른 약정이 있는 때에는 그 약정에 의한다.

② 지역권은 요역지와 분리하여 양도하거나 다른 권리의 목적으로 하지 못한다.

제293조(공유관계, 일부양도와 불가분성) ① 토지공유자의 1인은 지분에 관하여 그 토지를 위한 지역권 또는 그 토지가 부담한 지역권을 소멸하게 하지 못한다.

② 토지의 분할이나 토지의 일부양도의 경우에는 지역권은 요역지의 각 부분을 위하여 또는 그 승역지의 각부분에 존속한다. 그러나 지역권이 토지의 일부분에만 관한 것인 때에는 다른 부분에 대하여는 그러하지 아니하다.

제294조(지역권취득기간) 지역권은 계속되고 표현된 것에 한하여 제245조의 규정을 준용한다.

제295조(취득과 불가분성) ① 공유자의 1인이 지역권을 취득한 때에는 다른 공유자도 이를 취득한다.

② 점유로 인한 지역권취득기간의 중단은 지역권을 행사하는 모든 공유자에 대한 사유가 아니면 그 효력이 없다.

제296조(소멸시효의 중단, 정지와 불가분성) 요역지가 수인의 공유인 경우에 그 1인에 의한 지역권소멸시효의 중단 또는 정지는 다른 공유자를 위하여 효력이 있다.

제297조(용수지역권) ① 용수승역지의 수량이 요역지 및 승역지의 수요에 부족한 때에는 그 수요정도에 의하여 먼저 가용에 공급하고 다른 용도에 공급하여야 한다. 그러나 설정행위에 다른 약정이 있는 때에는 그 약정에 의한다.

② 승역지에 수개의 용수지역권이 설정된 때에는 후순위의 지역권자는 선순위의 지역권자의 용수를 방해하지 못한다.

제298조(승역지소유자의 의무와 승계) 계약에 의하여 승역지소유자가 자기의 비용으로 지역권의 행사를 위하여 공작물의 설치 또는 수선의 의무를 부담한 때에는 승역지소유자의 특별승계인도 그 의무를 부담한다.

제299조(위기에 의한 부담면제) 승역지의 소유자는 지역권에 필요한 부분의 토지소유권을 지역권자에게 위기하여 전조의 부담을 면할 수 있다.

제300조(공작물의 공동사용) ① 승역지의 소유자는 지역권의 행사를 방해하지 아니하는 범위내에서 지역권자가 지역권의 행사를 위하여 승역지에 설치한 공작물을 사용할 수 있다.

② 전항의 경우에 승역지의 소유자는

수익정도의 비율로 공작물의 설치, 보존의 비용을 분담하여야 한다.

제301조(준용규정) 제214조의 규정은 지역권에 준용한다.

제302조(특수지역권) 어느 지역의 주민이 집합체의 관계로 각자가 타인의 토지에서 초목, 야생물 및 토사의 채취, 방목 기타의 수익을 하는 권리가 있는 경우에는 관습에 의하는 외에 본장의 규정을 준용한다.

제6장 전세권

제303조(전세권의 내용) ① 전세권자는 전세금을 지급하고 타인의 부동산을 점유하여 그 부동산의 용도에 좇아 사용·수익하며, 그 부동산 전부에 대하여 후순위권리자 기타 채권자보다 전세금의 우선변제를 받을 권리가 있다.
② 농경지는 전세권의 목적으로 하지 못한다.

제304조(건물의 전세권, 지상권, 임차권에 대한 효력) ① 타인의 토지에 있는 건물에 전세권을 설정한 때에는 전세권의 효력은 그 건물의 소유를 목적으로 한 지상권 또는 임차권에 미친다.
② 전항의 경우에 전세권설정자는 전세권자의 동의없이 지상권 또는 임차권을 소멸하게 하는 행위를 하지 못한다.

제305조(건물의 전세권과 법정지상권) ① 대지와 건물이 동일한 소유자에 속한 경우에 건물에 전세권을 설정한 때에는 그 대지소유권의 특별승계인은 전세권설정자에 대하여 지상권을 설정한 것으로 본다. 그러나 지료는 당사자의 청구에 의하여 법원이 이를 정한다.
② 전항의 경우에 대지소유자는 타인에게 그 대지를 임대하거나 이를 목적으로 한 지상권 또는 전세권을 설정하지 못한다.

제306조(전세권의 양도, 임대 등) 전세권자는 전세권을 타인에게 양도 또는 담보로 제공할 수 있고 그 존속기간내에서 그 목적물을 타인에게 전전세 또는 임대할 수 있다. 그러나 설정행위로 이를 금지한 때에는 그러하지 아니하다.

제307조(전세권양도의 효력) 전세권양수인은 전세권설정자에 대하여 전세권양도인과 동일한 권리의무가 있다.

제308조(전전세 등의 경우의 책임) 전세권의 목적물을 전전세 또는 임대한 경우에는 전세권자는 전전세 또는 임대하지 아니하였으면 면할 수 있는 불가항력으로 인한 손해에 대하여 그 책임을 부담한다.

제309조(전세권자의 유지, 수선의무) 전세권자는 목적물의 현상을 유지하고 그 통상의 관리에 속한 수선을 하여야

한다.

제310조(전세권자의 상환청구권) ① 전세권자가 목적물을 개량하기 위하여 지출한 금액 기타 유익비에 관하여는 그 가액의 증가가 현존한 경우에 한하여 소유자의 선택에 좇아 그 지출액이나 증가액의 상환을 청구할 수 있다.

② 전항의 경우에 법원은 소유자의 청구에 의하여 상당한 상환기간을 허여할 수 있다.

제311조(전세권의 소멸청구) ① 전세권자가 전세권설정계약 또는 그 목적물의 성질에 의하여 정하여진 용법으로 이를 사용, 수익하지 아니한 경우에는 전세권설정자는 전세권의 소멸을 청구할 수 있다.

② 전항의 경우에는 전세권설정자는 전세권자에 대하여 원상회복 또는 손해배상을 청구할 수 있다.

제312조(전세권의 존속기간) ① 전세권의 존속기간은 10년을 넘지 못한다. 당사자의 약정기간이 10년을 넘는 때에는 이를 10년으로 단축한다.

② 건물에 대한 전세권의 존속기간을 1년 미만으로 정한 때에는 이를 1년으로 한다.

③ 전세권의 설정은 이를 갱신할 수 있다. 그 기간은 갱신한 날로부터 10년을 넘지 못한다.

④ 건물의 전세권설정자가 전세권의 존속기간 만료전 6월부터 1월까지 사이에 전세권자에 대하여 갱신거절의 통지 또는 조건을 변경하지 아니하면 갱신하지 아니한다는 뜻의 통지를 하지 아니한 경우에는 그 기간이 만료된 때에 전전세권과 동일한 조건으로 다시 전세권을 설정한 것으로 본다. 이 경우 전세권의 존속기간은 그 정함이 없는 것으로 본다.

제312조의2(전세금 증감청구권) 전세금이 목적 부동산에 관한 조세·공과금 기타 부담의 증감이나 경제사정의 변동으로 인하여 상당하지 아니하게 된 때에는 당사자는 장래에 대하여 그 증감을 청구할 수 있다. 그러나 증액의 경우에는 대통령령이 정하는 기준에 따른 비율을 초과하지 못한다.

제313조(전세권의 소멸통고) 전세권의 존속기간을 약정하지 아니한 때에는 각 당사자는 언제든지 상대방에 대하여 전세권의 소멸을 통고할 수 있고 상대방이 이 통고를 받은 날로부터 6월이 경과하면 전세권은 소멸한다.

제314조(불가항력으로 인한 멸실) ① 전세권의 목적물의 전부 또는 일부가 불가항력으로 인하여 멸실된 때에는 그 멸실된 부분의 전세권은 소멸한다.

② 전항의 일부멸실의 경우에 전세권

자가 그 잔존부분으로 전세권의 목적을 달성할 수 없는 때에는 전세권설정자에 대하여 전세권전부의 소멸을 통고하고 전세금의 반환을 청구할 수 있다.

제315조(전세권자의 손해배상책임) ① 전세권의 목적물의 전부 또는 일부가 전세권자에 책임있는 사유로 인하여 멸실된 때에는 전세권자는 손해를 배상할 책임이 있다.

② 전항의 경우에 전세권설정자는 전세권이 소멸된 후 전세금으로써 손해의 배상에 충당하고 잉여가 있으면 반환하여야 하며 부족이 있으면 다시 청구할 수 있다.

제316조(원상회복의무, 매수청구권) ① 전세권이 그 존속기간의 만료로 인하여 소멸한 때에는 전세권자는 그 목적물을 원상에 회복하여야 하며 그 목적물에 부속시킨 물건은 수거할 수 있다. 그러나 전세권설정자가 그 부속물건의 매수를 청구한 때에는 전세권자는 정당한 이유없이 거절하지 못한다.

② 전항의 경우에 그 부속물건이 전세권설정자의 동의를 얻어 부속시킨 것인 때에는 전세권자는 전세권설정자에 대하여 그 부속물건의 매수를 청구할 수 있다. 그 부속물건이 전세권설정자로부터 매수한 것인 때에도 같다.

제317조(전세권의 소멸과 동시이행) 전세권이 소멸한 때에는 전세권설정자는 전세권자로부터 그 목적물의 인도 및 전세권설정등기의 말소등기에 필요한 서류의 교부를 받는 동시에 전세금을 반환하여야 한다.

제318조(전세권자의 경매청구권) 전세권설정자가 전세금의 반환을 지체한 때에는 전세권자는 민사집행법의 정한 바에 의하여 전세권의 목적물의 경매를 청구할 수 있다.

제319조(준용규정) 제213조, 제214조, 제216조 내지 제244조의 규정은 전세권자간 또는 전세권자와 인지소유자 및 지상권자간에 이를 준용한다.

제7장 유치권

제320조(유치권의 내용) ① 타인의 물건 또는 유가증권을 점유한 자는 그 물건이나 유가증권에 관하여 생긴 채권이 변제기에 있는 경우에는 변제를 받을 때까지 그 물건 또는 유가증권을 유치할 권리가 있다.

② 전항의 규정은 그 점유가 불법행위로 인한 경우에 적용하지 아니한다.

제321조(유치권의 불가분성) 유치권자는 채권전부의 변제를 받을 때까지 유치물전부에 대하여 그 권리를 행사할 수 있다.

제322조(경매, 간이변제충당) ① 유치

권자는 채권의 변제를 받기 위하여 유치물을 경매할 수 있다.

② 정당한 이유있는 때에는 유치권자는 감정인의 평가에 의하여 유치물로 직접 변제에 충당할 것을 법원에 청구할 수 있다. 이 경우에는 유치권자는 미리 채무자에게 통지하여야 한다.

제323조(과실수취권) ① 유치권자는 유치물의 과실을 수취하여 다른 채권보다 먼저 그 채권의 변제에 충당할 수 있다. 그러나 과실이 금전이 아닌 때에는 경매하여야 한다.

② 과실은 먼저 채권의 이자에 충당하고 그 잉여가 있으면 원본에 충당한다.

제324조(유치권자의 선관의무) ① 유치권자는 선량한 관리자의 주의로 유치물을 점유하여야 한다.

② 유치권자는 채무자의 승낙없이 유치물의 사용, 대여 또는 담보제공을 하지 못한다. 그러나 유치물의 보존에 필요한 사용은 그러하지 아니하다.

③ 유치권자가 전2항의 규정에 위반한 때에는 채무자는 유치권의 소멸을 청구할 수 있다.

제325조(유치권자의 상환청구권) ① 유치권자가 유치물에 관하여 필요비를 지출한 때에는 소유자에게 그 상환을 청구할 수 있다.

② 유치권자가 유치물에 관하여 유익비를 지출한 때에는 그 가액의 증가가 현존한 경우에 한하여 소유자의 선택에 좇아 그 지출한 금액이나 증가액의 상환을 청구할 수 있다. 그러나 법원은 소유자의 청구에 의하여 상당한 상환기간을 허여할 수 있다.

제326조(피담보채권의 소멸시효) 유치권의 행사는 채권의 소멸시효의 진행에 영향을 미치지 아니한다.

제327조(타담보제공과 유치권소멸) 채무자는 상당한 담보를 제공하고 유치권의 소멸을 청구할 수 있다.

제328조(점유상실과 유치권소멸) 유치권은 점유의 상실로 인하여 소멸한다.

제8장 질권

제1절 동산질권

제329조(동산질권의 내용) 동산질권자는 채권의 담보로 채무자 또는 제삼자가 제공한 동산을 점유하고 그 동산에 대하여 다른 채권자보다 자기채권의 우선변제를 받을 권리가 있다.

제330조(설정계약의 요물성) 질권의 설정은 질권자에게 목적물을 인도함으로써 그 효력이 생긴다.

제331조(질권의 목적물) 질권은 양도할 수 없는 물건을 목적으로 하지 못한다.

제332조(설정자에 의한 대리점유의 금

지) 질권자는 설정자로 하여금 질물의 점유를 하게 하지 못한다.

제333조(동산질권의 순위) 수개의 채권을 담보하기 위하여 동일한 동산에 수개의 질권을 설정한 때에는 그 순위는 설정의 선후에 의한다.

제334조(피담보채권의 범위) 질권은 원본, 이자, 위약금, 질권실행의 비용, 질물보존의 비용 및 채무불이행 또는 질물의 하자로 인한 손해배상의 채권을 담보한다. 그러나 다른 약정이 있는 때에는 그 약정에 의한다.

제335조(유치적효력) 질권자는 전조의 채권의 변제를 받을 때까지 질물을 유치할 수 있다. 그러나 자기보다 우선권이 있는 채권자에게 대항하지 못한다.

제336조(전질권) 질권자는 그 권리의 범위내에서 자기의 책임으로 질물을 전질할 수 있다. 이 경우에는 전질을 하지 아니하였으면 면할 수 있는 불가항력으로 인한 손해에 대하여도 책임을 부담한다.

제337조(전질의 대항요건) ① 전조의 경우에 질권자가 채무자에게 전질의 사실을 통지하거나 채무자가 이를 승낙함이 아니면 전질로써 채무자, 보증인, 질권설정자 및 그 승계인에게 대항하지 못한다.

② 채무자가 전항의 통지를 받거나 승낙을 한 때에는 전질권자의 동의없이 질권자에게 채무를 변제하여도 이로써 전질권자에게 대항하지 못한다.

제338조(경매, 간이변제충당) ① 질권자는 채권의 변제를 받기 위하여 질물을 경매할 수 있다.

② 정당한 이유있는 때에는 질권자는 감정자의 평가에 의하여 질물로 직접 변제에 충당할 것을 법원에 청구할 수 있다. 이 경우에는 질권자는 미리 채무자 및 질권설정자에게 통지하여야 한다.

제339조(유질계약의 금지) 질권설정자는 채무변제기전의 계약으로 질권자에게 변제에 갈음하여 질물의 소유권을 취득하게 하거나 법률에 정한 방법에 의하지 아니하고 질물을 처분할 것을 약정하지 못한다.

제340조(질물 이외의 재산으로부터의 변제) ① 질권자는 질물에 의하여 변제를 받지 못한 부분의 채권에 한하여 채무자의 다른 재산으로부터 변제를 받을 수 있다.

② 전항의 규정은 질물보다 먼저 다른 재산에 관한 배당을 실시하는 경우에는 적용하지 아니한다. 그러나 다른 채권자는 질권자에게 그 배당금액의 공탁을 청구할 수 있다.

제341조(물상보증인의 구상권) 타인의 채무를 담보하기 위한 질권설정자가

그 채무를 변제하거나 질권의 실행으로 인하여 질물의 소유권을 잃은 때에는 보증채무에 관한 규정에 의하여 채무자에 대한 구상권이 있다.

제342조(물상대위) 질권은 질물의 멸실, 훼손 또는 공용징수로 인하여 질권설정자가 받을 금전 기타 물건에 대하여도 이를 행사할 수 있다. 이 경우에는 그 지급 또는 인도전에 압류하여야 한다.

제343조(준용규정) 제249조 내지 제251조, 제321조 내지 제325조의 규정은 동산질권에 준용한다.

제344조(타법률에 의한 질권) 본절의 규정은 다른 법률의 규정에 의하여 설정된 질권에 준용한다.

제2절 권리질권

제345조(권리질권의 목적) 질권은 재산권을 그 목적으로 할 수 있다. 그러나 부동산의 사용, 수익을 목적으로 하는 권리는 그러하지 아니하다.

제346조(권리질권의 설정방법) 권리질권의 설정은 법률에 다른 규정이 없으면 그 권리의 양도에 관한 방법에 의하여야 한다.

제347조(설정계약의 요물성) 채권을 질권의 목적으로 하는 경우에 채권증서가 있는 때에는 질권의 설정은 그 증서

를 질권자에게 교부함으로써 그 효력이 생긴다.

제348조(저당채권에 대한 질권과 부기등기) 저당권으로 담보한 채권을 질권의 목적으로 한 때에는 그 저당권등기에 질권의 부기등기를 하여야 그 효력이 저당권에 미친다.

제349조(지명채권에 대한 질권의 대항요건) ① 지명채권을 목적으로 한 질권의 설정은 설정자가 제450조의 규정에 의하여 제삼채무자에게 질권설정의 사실을 통지하거나 제삼채무자가 이를 승낙함이 아니면 이로써 제삼채무자 기타 제삼자에게 대항하지 못한다.

② 제451조의 규정은 전항의 경우에 준용한다.

제350조(지시채권에 대한 질권의 설정방법) 지시채권을 질권의 목적으로 한 질권의 설정은 증서에 배서하여 질권자에게 교부함으로써 그 효력이 생긴다.

제351조(무기명채권에 대한 질권의 설정방법) 무기명채권을 목적으로 한 질권의 설정은 증서를 질권자에게 교부함으로써 그 효력이 생긴다.

제352조(질권설정자의 권리처분제한) 질권설정자는 질권자의 동의없이 질권의 목적된 권리를 소멸하게 하거나 질권자의 이익을 해하는 변경을 할 수 없다.

제353조(질권의 목적이 된 채권의 실

행방법) ① 질권자는 질권의 목적이 된 채권을 직접 청구할 수 있다.

② 채권의 목적물이 금전인 때에는 질권자는 자기채권의 한도에서 직접 청구할 수 있다.

③ 전항의 채권의 변제기가 질권자의 채권의 변제기보다 먼저 도래한 때에는 질권자는 제삼채무자에 대하여 그 변제금액의 공탁을 청구할 수 있다. 이 경우에 질권은 그 공탁금에 존재한다.

④ 채권의 목적물이 금전 이외의 물건인 때에는 질권자는 그 변제를 받은 물건에 대하여 질권을 행사할 수 있다.

제354조(동전) 질권자는 전조의 규정에 의하는 외에 민사집행법에 정한 집행방법에 의하여 질권을 실행할 수 있다.

제355조(준용규정) 권리질권에는 본절의 규정외에 동산질권에 관한 규정을 준용한다.

제9장 저당권

제356조(저당권의 내용) 저당권자는 채무자 또는 제삼자가 점유를 이전하지 아니하고 채무의 담보로 제공한 부동산에 대하여 다른 채권자보다 자기채권의 우선변제를 받을 권리가 있다.

제357조(근저당) ① 저당권은 그 담보할 채무의 최고액만을 정하고 채무의 확정을 장래에 보류하여 이를 설정할 수 있다. 이 경우에는 그 확정될 때까지의 채무의 소멸 또는 이전은 저당권에 영향을 미치지 아니한다.

② 전항의 경우에는 채무의 이자는 최고액 중에 산입한 것으로 본다.

제358조(저당권의 효력의 범위) 저당권의 효력은 저당부동산에 부합된 물건과 종물에 미친다. 그러나 법률에 특별한 규정 또는 설정행위에 다른 약정이 있으면 그러하지 아니하다.

제359조(과실에 대한 효력) 저당권의 효력은 저당부동산에 대한 압류가 있은 후에 저당권설정자가 그 부동산으로부터 수취한 과실 또는 수취할 수 있는 과실에 미친다. 그러나 저당권자가 그 부동산에 대한 소유권, 지상권 또는 전세권을 취득한 제삼자에 대하여는 압류한 사실을 통지한 후가 아니면 이로써 대항하지 못한다.

제360조(피담보채권의 범위) 저당권은 원본, 이자, 위약금, 채무불이행으로 인한 손해배상 및 저당권의 실행비용을 담보한다. 그러나 지연배상에 대하여는 원본의 이행기일을 경과한 후의 1년분에 한하여 저당권을 행사할 수 있다.

제361조(저당권의 처분제한) 저당권은 그 담보한 채권과 분리하여 타인에게 양도하거나 다른 채권의 담보로 하지

못한다.

제362조(저당물의 보충) 저당권설정자의 책임있는 사유로 인하여 저당물의 가액이 현저히 감소된 때에는 저당권자는 저당권설정자에 대하여 그 원상회복 또는 상당한 담보제공을 청구할 수 있다.

제363조(저당권자의 경매청구권, 경매인) ① 저당권자는 그 채권의 변제를 받기 위하여 저당물의 경매를 청구할 수 있다.

② 저당물의 소유권을 취득한 제삼자도 경매인이 될 수 있다.

제364조(제삼취득자의 변제) 저당부동산에 대하여 소유권, 지상권 또는 전세권을 취득한 제삼자는 저당권자에게 그 부동산으로 담보된 채권을 변제하고 저당권의 소멸을 청구할 수 있다.

제365조(저당지상의 건물에 대한 경매청구권) 토지를 목적으로 저당권을 설정한 후 그 설정자가 그 토지에 건물을 축조한 때에는 저당권자는 토지와 함께 그 건물에 대하여도 경매를 청구할 수 있다. 그러나 그 건물의 경매대가에 대하여는 우선변제를 받을 권리가 없다.

제366조(법정지상권) 저당물의 경매로 인하여 토지와 그 지상건물이 다른 소유자에 속한 경우에는 토지소유자는 건물소유자에 대하여 지상권을 설정한 것으로 본다. 그러나 지료는 당사자의 청구에 의하여 법원이 이를 정한다.

제367조(제삼취득자의 비용상환청구권) 저당물의 제삼취득자가 그 부동산의 보존, 개량을 위하여 필요비 또는 유익비를 지출한 때에는 제203조제1항, 제2항의 규정에 의하여 저당물의 경매대가에서 우선상환을 받을 수 있다.

제368조(공동저당과 대가의 배당, 차순위자의 대위) ① 동일한 채권의 담보로 수개의 부동산에 저당권을 설정한 경우에 그 부동산의 경매대가를 동시에 배당하는 때에는 각부동산의 경매대가에 비례하여 그 채권의 분담을 정한다.

② 전항의 저당부동산중 일부의 경매대가를 먼저 배당하는 경우에는 그 대가에서 그 채권전부의 변제를 받을 수 있다. 이 경우에 그 경매한 부동산의 차순위저당권자는 선순위저당권자가 전항의 규정에 의하여 다른 부동산의 경매대가에서 변제를 받을 수 있는 금액의 한도에서 선순위자를 대위하여 저당권을 행사할 수 있다.

제369조(부종성) 저당권으로 담보한 채권이 시효의 완성 기타 사유로 인하여 소멸한 때에는 저당권도 소멸한다.

제370조(준용규정) 제214조, 제321조, 제333조, 제340조, 제341조 및 제342조의 규정은 저당권에 준용한다.

제371조(지상권, 전세권을 목적으로 하는 저당권) ① 본장의 규정은 지상권 또는 전세권을 저당권의 목적으로 한 경우에 준용한다.

② 지상권 또는 전세권을 목적으로 저당권을 설정한 자는 저당권자의 동의 없이 지상권 또는 전세권을 소멸하게 하는 행위를 하지 못한다.

제372조(타법률에 의한 저당권) 본장의 규정은 다른 법률에 의하여 설정된 저당권에 준용한다.

제3편 채권

제1장 총칙

제1절 채권의 목적

제373조(채권의 목적) 금전으로 가액을 산정할 수 없는 것이라도 채권의 목적으로 할 수 있다.

제374조(특정물인도채무자의 선관의무) 특정물의 인도가 채권의 목적인 때에는 채무자는 그 물건을 인도하기까지 선량한 관리자의 주의로 보존하여야 한다.

제375조(종류채권) ① 채권의 목적을 종류로만 지정한 경우에 법률행위의 성질이나 당사자의 의사에 의하여 품질을 정할 수 없는 때에는 채무자는 중등품질의 물건으로 이행하여야 한다.

② 전항의 경우에 채무자가 이행에 필요한 행위를 완료하거나 채권자의 동의를 얻어 이행할 물건을 지정한 때에는 그때로부터 그 물건을 채권의 목적물로 한다.

제376조(금전채권) 채권의 목적이 어느 종류의 통화로 지급할 것인 경우에 그 통화가 변제기에 강제통용력을 잃은 때에는 채무자는 다른 통화로 변제하여야 한다.

제377조(외화채권) ① 채권의 목적이 다른 나라 통화로 지급할 것인 경우에는 채무자는 자기가 선택한 그 나라의 각 종류의 통화로 변제할 수 있다.

② 채권의 목적이 어느 종류의 다른 나라 통화로 지급할 것인 경우에 그 통화가 변제기에 강제통용력을 잃은 때에는 그 나라의 다른 통화로 변제하여야 한다.

제378조(동전) 채권액이 다른 나라 통화로 지정된 때에는 채무자는 지급할 때에 있어서의 이행지의 환금시가에 의하여 우리나라 통화로 변제할 수 있다.

제379조(법정이율) 이자있는 채권의 이율은 다른 법률의 규정이나 당사자의 약정이 없으면 연 5푼으로 한다.

제380조(선택채권) 채권의 목적이 수개의 행위 중에서 선택에 좇아 확정될 경우에 다른 법률의 규정이나 당사자

의 약정이 없으면 선택권은 채무자에게 있다.

제381조(선택권의 이전) ① 선택권행사의 기간이 있는 경우에 선택권자가 그 기간내에 선택권을 행사하지 아니하는 때에는 상대방은 상당한 기간을 정하여 그 선택을 최고할 수 있고 선택권자가 그 기간내에 선택하지 아니하면 선택권은 상대방에게 있다.
② 선택권행사의 기간이 없는 경우에 채권의 기한이 도래한 후 상대방이 상당한 기간을 정하여 그 선택을 최고하여도 선택권자가 그 기간내에 선택하지 아니할 때에도 전항과 같다.

제382조(당사자의 선택권의 행사) ① 채권자나 채무자가 선택하는 경우에는 그 선택은 상대방에 대한 의사표시로 한다.
② 전항의 의사표시는 상대방의 동의가 없으면 철회하지 못한다.

제383조(제삼자의 선택권의 행사) ① 제삼자가 선택하는 경우에는 그 선택은 채무자 및 채권자에 대한 의사표시로 한다.
② 전항의 의사표시는 채권자 및 채무자의 동의가 없으면 철회하지 못한다.

제384조(제삼자의 선택권의 이전) ① 선택할 제삼자가 선택할 수 없는 경우에는 선택권은 채무자에게 있다.
② 제삼자가 선택하지 아니하는 경우에는 채권자나 채무자는 상당한 기간을 정하여 그 선택을 최고할 수 있고 제삼자가 그 기간내에 선택하지 아니하면 선택권은 채무자에게 있다.

제385조(불능으로 인한 선택채권의 특정) ① 채권의 목적으로 선택할 수개의 행위 중에 처음부터 불능한 것이나 또는 후에 이행불능하게 된 것이 있으면 채권의 목적은 잔존한 것에 존재한다.
② 선택권없는 당사자의 과실로 인하여 이행불능이 된 때에는 전항의 규정을 적용하지 아니한다.

제386조(선택의 소급효) 선택의 효력은 그 채권이 발생한 때에 소급한다. 그러나 제삼자의 권리를 해하지 못한다.

제2절 채권의 효력

제387조(이행기와 이행지체) ① 채무이행의 확정한 기한이 있는 경우에는 채무자는 기한이 도래한 때로부터 지체책임이 있다. 채무이행의 불확정한 기한이 있는 경우에는 채무자는 기한이 도래함을 안 때로부터 지체책임이 있다.
② 채무이행의 기한이 없는 경우에는 채무자는 이행청구를 받은 때로부터 지체책임이 있다.

제388조(기한의 이익의 상실) 채무자는 다음 각호의 경우에는 기한의 이익을

주장하지 못한다.

1. 채무자가 담보를 손상, 감소 또는 멸실하게 한 때
2. 채무자가 담보제공의 의무를 이행하지 아니한 때

제389조(강제이행) ① 채무자가 임의로 채무를 이행하지 아니한 때에는 채권자는 그 강제이행을 법원에 청구할 수 있다. 그러나 채무의 성질이 강제이행을 하지 못할 것인 때에는 그러하지 아니하다.

② 전항의 채무가 법률행위를 목적으로 한 때에는 채무자의 의사표시에 갈음할 재판을 청구할 수 있고 채무자의 일신에 전속하지 아니한 작위를 목적으로 한 때에는 채무자의 비용으로 제삼자에게 이를 하게 할 것을 법원에 청구할 수 있다.

③ 그 채무가 부작위를 목적으로 한 경우에 채무자가 이에 위반한 때에는 채무자의 비용으로써 그 위반한 것을 제각하고 장래에 대한 적당한 처분을 법원에 청구할 수 있다.

④ 전3항의 규정은 손해배상의 청구에 영향을 미치지 아니한다.

제390조(채무불이행과 손해배상) 채무자가 채무의 내용에 좇은 이행을 하지 아니한 때에는 채권자는 손해배상을 청구할 수 있다. 그러나 채무자의 고의나 과실없이 이행할 수 없게 된 때에는 그러하지 아니하다.

제391조(이행보조자의 고의, 과실) 채무자의 법정대리인이 채무자를 위하여 이행하거나 채무자가 타인을 사용하여 이행하는 경우에는 법정대리인 또는 피용자의 고의나 과실은 채무자의 고의나 과실로 본다.

제392조(이행지체 중의 손해배상) 채무자는 자기에게 과실이 없는 경우에도 그 이행지체 중에 생긴 손해를 배상하여야 한다. 그러나 채무자가 이행기에 이행하여도 손해를 면할 수 없는 경우에는 그러하지 아니하다.

제393조(손해배상의 범위) ① 채무불이행으로 인한 손해배상은 통상의 손해를 그 한도로 한다.

② 특별한 사정으로 인한 손해는 채무자가 그 사정을 알았거나 알 수 있었을 때에 한하여 배상의 책임이 있다.

제394조(손해배상의 방법) 다른 의사표시가 없으면 손해는 금전으로 배상한다.

제395조(이행지체와 전보배상) 채무자가 채무의 이행을 지체한 경우에 채권자가 상당한 기간을 정하여 이행을 최고하여도 그 기간내에 이행하지 아니하거나 지체후의 이행이 채권자에게 이익이 없는 때에는 채권자는 수령을

거절하고 이행에 갈음한 손해배상을 청구할 수 있다.

제396조(과실상계) 채무불이행에 관하여 채권자에게 과실이 있는 때에는 법원은 손해배상의 책임 및 그 금액을 정함에 이를 참작하여야 한다.

제397조(금전채무불이행에 대한 특칙) ① 금전채무불이행의 손해배상액은 법정이율에 의한다. 그러나 법령의 제한에 위반하지 아니한 약정이율이 있으면 그 이율에 의한다.

② 전항의 손해배상에 관하여는 채권자는 손해의 증명을 요하지 아니하고 채무자는 과실없음을 항변하지 못한다.

제398조(배상액의 예정) ① 당사자는 채무불이행에 관한 손해배상액을 예정할 수 있다.

② 손해배상의 예정액이 부당히 과다한 경우에는 법원은 적당히 감액할 수 있다.

③ 손해배상액의 예정은 이행의 청구나 계약의 해제에 영향을 미치지 아니한다.

④ 위약금의 약정은 손해배상액의 예정으로 추정한다.

⑤ 당사자가 금전이 아닌 것으로써 손해의 배상에 충당할 것을 예정한 경우에도 전4항의 규정을 준용한다.

제399조(손해배상자의 대위) 채권자가 그 채권의 목적인 물건 또는 권리의 가액전부를 손해배상으로 받은 때에는 채무자는 그 물건 또는 권리에 관하여 당연히 채권자를 대위한다.

제400조(채권자지체) 채권자가 이행을 받을 수 없거나 받지 아니한 때에는 이행의 제공있는 때로부터 지체책임이 있다.

제401조(채권자지체와 채무자의 책임) 채권자지체 중에는 채무자는 고의 또는 중대한 과실이 없으면 불이행으로 인한 모든 책임이 없다.

제402조(동전) 채권자지체 중에는 이자있는 채권이라도 채무자는 이자를 지급할 의무가 없다.

제403조(채권자지체와 채권자의 책임) 채권자지체로 인하여 그 목적물의 보관 또는 변제의 비용이 증가된 때에는 그 증가액은 채권자의 부담으로 한다.

제404조(채권자대위권) ① 채권자는 자기의 채권을 보전하기 위하여 채무자의 권리를 행사할 수 있다. 그러나 일신에 전속한 권리는 그러하지 아니하다.

② 채권자는 그 채권의 기한이 도래하기 전에는 법원의 허가없이 전항의 권리를 행사하지 못한다. 그러나 보전행위는 그러하지 아니하다.

제405조(채권자대위권행사의 통지) ① 채권자가 전조제1항의 규정에 의하여

보전행위 이외의 권리를 행사한 때에는 채무자에게 통지하여야 한다.

② 채무자가 전항의 통지를 받은 후에는 그 권리를 처분하여도 이로써 채권자에게 대항하지 못한다.

제406조(채권자취소권) ① 채무자가 채권자를 해함을 알고 재산권을 목적으로 한 법률행위를 한 때에는 채권자는 그 취소 및 원상회복을 법원에 청구할 수 있다. 그러나 그 행위로 인하여 이익을 받은 자나 전득한 자가 그 행위 또는 전득당시에 채권자를 해함을 알지 못한 경우에는 그러하지 아니하다.

② 전항의 소는 채권자가 취소원인을 안 날로부터 1년, 법률행위있은 날로부터 5년내에 제기하여야 한다.

제407조(채권자취소의 효력) 전조의 규정에 의한 취소와 원상회복은 모든 채권자의 이익을 위하여 그 효력이 있다.

제3절 수인의 채권자 및 채무자

제1관 총칙

제408조(분할채권관계) 채권자나 채무자가 수인인 경우에 특별한 의사표시가 없으면 각 채권자 또는 각 채무자는 균등한 비율로 권리가 있고 의무를 부담한다.

제2관 불가분채권과 불가분채무

제409조(불가분채권) 채권의 목적이 그 성질 또는 당사자의 의사표시에 의하여 불가분인 경우에 채권자가 수인인 때에는 각 채권자는 모든 채권자를 위하여 이행을 청구할 수 있고 채무자는 모든 채권자를 위하여 각 채권자에게 이행할 수 있다.

제410조(1인의 채권자에 생긴 사항의 효력) ① 전조의 규정에 의하여 모든 채권자에게 효력이 있는 사항을 제외하고는 불가분채권자중 1인의 행위나 1인에 관한 사항은 다른 채권자에게 효력이 없다.

② 불가분채권자 중의 1인과 채무자간에 경개나 면제있는 경우에 채무전부의 이행을 받은 다른 채권자는 그 1인이 권리를 잃지 아니하였으면 그에게 분급할 이익을 채무자에게 상환하여야 한다.

제411조(불가분채무와 준용규정) 수인이 불가분채무를 부담한 경우에는 제413조 내지 제415조, 제422조, 제424조 내지 제427조 및 전조의 규정을 준용한다.

제412조(가분채권, 가분채무에의 변경) 불가분채권이나 불가분채무가 가분채권 또는 가분채무로 변경된 때에는 각 채권자는 자기부분만의 이행을 청구할

권리가 있고 각 채무자는 자기부담부분만을 이행할 의무가 있다.

제3관 연대채무

제413조(연대채무의 내용) 수인의 채무자가 채무전부를 각자 이행할 의무가 있고 채무자 1인의 이행으로 다른 채무자도 그 의무를 면하게 되는 때에는 그 채무는 연대채무로 한다.

제414조(각 연대채무자에 대한 이행청구) 채권자는 어느 연대채무자에 대하여 또는 동시나 순차로 모든 연대채무자에 대하여 채무의 전부나 일부의 이행을 청구할 수 있다.

제415조(채무자에 생긴 무효, 취소) 어느 연대채무자에 대한 법률행위의 무효나 취소의 원인은 다른 연대채무자의 채무에 영향을 미치지 아니한다.

제416조(이행청구의 절대적 효력) 어느 연대채무자에 대한 이행청구는 다른 연대채무자에게도 효력이 있다.

제417조(경개의 절대적 효력) 어느 연대채무자와 채권자간에 채무의 경개가 있는 때에는 채권은 모든 연대채무자의 이익을 위하여 소멸한다.

제418조(상계의 절대적 효력) ① 어느 연대채무자가 채권자에 대하여 채권이 있는 경우에 그 채무자가 상계한 때에는 채권은 모든 연대채무자의 이익을

위하여 소멸한다.

② 상계할 채권이 있는 연대채무자가 상계하지 아니한 때에는 그 채무자의 부담부분에 한하여 다른 연대채무자가 상계할 수 있다.

제419조(면제의 절대적 효력) 어느 연대채무자에 대한 채무면제는 그 채무자의 부담부분에 한하여 다른 연대채무자의 이익을 위하여 효력이 있다.

제420조(혼동의 절대적 효력) 어느 연대채무자와 채권자간에 혼동이 있는 때에는 그 채무자의 부담부분에 한하여 다른 연대채무자도 의무를 면한다.

제421조(소멸시효의 절대적 효력) 어느 연대채무자에 대하여 소멸시효가 완성한 때에는 그 부담부분에 한하여 다른 연대채무자도 의무를 면한다.

제422조(채권자지체의 절대적 효력) 어느 연대채무자에 대한 채권자의 지체는 다른 연대채무자에게도 효력이 있다.

제423조(효력의 상대성의 원칙) 전7조의 사항외에는 어느 연대채무자에 관한 사항은 다른 연대채무자에게 효력이 없다.

제424조(부담부분의 균등) 연대채무자의 부담부분은 균등한 것으로 추정한다.

제425조(출재채무자의 구상권) ① 어느 연대채무자가 변제 기타 자기의 출재로 공동면책이 된 때에는 다른 연대

채무자의 부담부분에 대하여 구상권을 행사할 수 있다.

② 전항의 구상권은 면책된 날 이후의 법정이자 및 피할 수 없는 비용 기타 손해배상을 포함한다.

제426조(구상요건으로서의 통지) ① 어느 연대채무자가 다른 연대채무자에게 통지하지 아니하고 변제 기타 자기의 출재로 공동면책이 된 경우에 다른 연대채무자가 채권자에게 대항할 수 있는 사유가 있었을 때에는 그 부담부분에 한하여 이 사유로 면책행위를 한 연대채무자에게 대항할 수 있고 그 대항사유가 상계인 때에는 상계로 소멸할 채권은 그 연대채무자에게 이전된다.

② 어느 연대채무자가 변제 기타 자기의 출재로 공동면책되었음을 다른 연대채무자에게 통지하지 아니한 경우에 다른 연대채무자가 선의로 채권자에게 변제 기타 유상의 면책행위를 한 때에는 그 연대채무자는 자기의 면책행위의 유효를 주장할 수 있다.

제427조(상환무자력자의 부담부분) ① 연대채무자 중에 상환할 자력이 없는 자가 있는 때에는 그 채무자의 부담부분은 구상권자 및 다른 자력이 있는 채무자가 그 부담부분에 비례하여 분담한다. 그러나 구상권자에게 과실이 있는 때에는 다른 연대채무자에 대하여 분담을 청구하지 못한다.

② 전항의 경우에 상환할 자력이 없는 채무자의 부담부분을 분담할 다른 채무자가 채권자로부터 연대의 면제를 받은 때에는 그 채무자의 분담할 부분은 채권자의 부담으로 한다.

제4관 보증채무

제428조(보증채무의 내용) ① 보증인은 주채무자가 이행하지 아니하는 채무를 이행할 의무가 있다.

② 보증은 장래의 채무에 대하여도 할 수 있다.

제428조의2(보증의 방식) ① 보증은 그 의사가 보증인의 기명날인 또는 서명이 있는 서면으로 표시되어야 효력이 발생한다. 다만, 보증의 의사가 전자적 형태로 표시된 경우에는 효력이 없다.

② 보증채무를 보증인에게 불리하게 변경하는 경우에도 제1항과 같다.

③ 보증인이 보증채무를 이행한 경우에는 그 한도에서 제1항과 제2항에 따른 방식의 하자를 이유로 보증의 무효를 주장할 수 없다.

제428조의3(근보증) ① 보증은 불확정한 다수의 채무에 대해서도 할 수 있다. 이 경우 보증하는 채무의 최고액을 서면으로 특정하여야 한다.

② 제1항의 경우 채무의 최고액을 제428조의2제1항에 따른 서면으로 특정하지 아니한 보증계약은 효력이 없다.

제429조(보증채무의 범위) ① 보증채무는 주채무의 이자, 위약금, 손해배상 기타 주채무에 종속한 채무를 포함한다.

② 보증인은 그 보증채무에 관한 위약금 기타 손해배상액을 예정할 수 있다.

제430조(목적, 형태상의 부종성) 보증인의 부담이 주채무의 목적이나 형태보다 중한 때에는 주채무의 한도로 감축한다.

제431조(보증인의 조건) ① 채무자가 보증인을 세울 의무가 있는 경우에는 그 보증인은 행위능력 및 변제자력이 있는 자로 하여야 한다.

② 보증인이 변제자력이 없게 된 때에는 채권자는 보증인의 변경을 청구할 수 있다.

③ 채권자가 보증인을 지명한 경우에는 전2항의 규정을 적용하지 아니한다.

제432조(타담보의 제공) 채무자는 다른 상당한 담보를 제공함으로써 보증인을 세울 의무를 면할 수 있다.

제433조(보증인과 주채무자항변권) ① 보증인은 주채무자의 항변으로 채권자에게 대항할 수 있다.

② 주채무자의 항변포기는 보증인에게 효력이 없다.

제434조(보증인과 주채무자상계권) 보증인은 주채무자의 채권에 의한 상계로 채권자에게 대항할 수 있다.

제435조(보증인과 주채무자의 취소권 등) 주채무자가 채권자에 대하여 취소권 또는 해제권이나 해지권이 있는 동안은 보증인은 채권자에 대하여 채무의 이행을 거절할 수 있다.

제436조 삭제 <2015. 2. 3.>

제436조의2(채권자의 정보제공의무와 통지의무 등) ① 채권자는 보증계약을 체결할 때 보증계약의 체결 여부 또는 그 내용에 영향을 미칠 수 있는 주채무자의 채무 관련 신용정보를 보유하고 있거나 알고 있는 경우에는 보증인에게 그 정보를 알려야 한다. 보증계약을 갱신할 때에도 또한 같다.

② 채권자는 보증계약을 체결한 후에 다음 각 호의 어느 하나에 해당하는 사유가 있는 경우에는 지체 없이 보증인에게 그 사실을 알려야 한다.

1. 주채무자가 원본, 이자, 위약금, 손해배상 또는 그 밖에 주채무에 종속한 채무를 3개월 이상 이행하지 아니하는 경우

2. 주채무자가 이행기에 이행할 수 없음을 미리 안 경우

3. 주채무자의 채무 관련 신용정보에 중대한 변화가 생겼음을 알게 된 경우

③ 채권자는 보증인의 청구가 있으면 주채무의 내용 및 그 이행 여부를 알려야 한다.

④ 채권자가 제1항부터 제3항까지의 규정에 따른 의무를 위반하여 보증인에게 손해를 입힌 경우에는 법원은 그 내용과 정도 등을 고려하여 보증채무를 감경하거나 면제할 수 있다.

제437조(보증인의 최고, 검색의 항변) 채권자가 보증인에게 채무의 이행을 청구한 때에는 보증인은 주채무자의 변제자력이 있는 사실 및 그 집행이 용이할 것을 증명하여 먼저 주채무자에게 청구할 것과 그 재산에 대하여 집행할 것을 항변할 수 있다. 그러나 보증인이 주채무자와 연대하여 채무를 부담한 때에는 그러하지 아니하다.

제438조(최고, 검색의 해태의 효과) 전조의 규정에 의한 보증인의 항변에 불구하고 채권자의 해태로 인하여 채무자로부터 전부나 일부의 변제를 받지 못한 경우에는 채권자가 해태하지 아니하였으면 변제받았을 한도에서 보증인은 그 의무를 면한다.

제439조(공동보증의 분별의 이익) 수인의 보증인이 각자의 행위로 보증채무를 부담한 경우에도 제408조의 규정을 적용한다.

제440조(시효중단의 보증인에 대한 효력) 주채무자에 대한 시효의 중단은 보증인에 대하여 그 효력이 있다.

제441조(수탁보증인의 구상권) ① 주채무자의 부탁으로 보증인이 된 자가 과실없이 변제 기타의 출재로 주채무를 소멸하게 한 때에는 주채무자에 대하여 구상권이 있다.

② 제425조제2항의 규정은 전항의 경우에 준용한다.

제442조(수탁보증인의 사전구상권) ① 주채무자의 부탁으로 보증인이 된 자는 다음 각호의 경우에 주채무자에 대하여 미리 구상권을 행사할 수 있다.

1. 보증인이 과실없이 채권자에게 변제할 재판을 받은 때

2. 주채무자가 파산선고를 받은 경우에 채권자가 파산재단에 가입하지 아니한 때

3. 채무의 이행기가 확정되지 아니하고 그 최장기도 확정할 수 없는 경우에 보증계약후 5년을 경과한 때

4. 채무의 이행기가 도래한 때

② 전항제4호의 경우에는 보증계약후에 채권자가 주채무자에게 허여한 기한으로 보증인에게 대항하지 못한다.

제443조(주채무자의 면책청구) 전조의 규정에 의하여 주채무자가 보증인에게 배상하는 경우에 주채무자는 자기를 면책하게 하거나 자기에게 담보를 제

공할 것을 보증인에게 청구할 수 있고 또는 배상할 금액을 공탁하거나 담보를 제공하거나 보증인을 면책하게 함으로써 그 배상의무를 면할 수 있다.

제444조(부탁없는 보증인의 구상권) ① 주채무자의 부탁없이 보증인이 된 자가 변제 기타 자기의 출재로 주채무를 소멸하게 한 때에는 주채무자는 그 당시에 이익을 받은 한도에서 배상하여야 한다.

② 주채무자의 의사에 반하여 보증인이 된 자가 변제 기타 자기의 출재로 주채무를 소멸하게 한 때에는 주채무자는 현존이익의 한도에서 배상하여야 한다.

③ 전항의 경우에 주채무자가 구상한 날 이전에 상계원인이 있음을 주장한 때에는 그 상계로 소멸할 채권은 보증인에게 이전된다.

제445조(구상요건으로서의 통지) ① 보증인이 주채무자에게 통지하지 아니하고 변제 기타 자기의 출재로 주채무를 소멸하게 한 경우에 주채무자가 채권자에게 대항할 수 있는 사유가 있었을 때에는 이 사유로 보증인에게 대항할 수 있고 그 대항사유가 상계인 때에는 상계로 소멸할 채권은 보증인에게 이전된다.

② 보증인이 변제 기타 자기의 출재로 면책되었음을 주채무자에게 통지하지 아니한 경우에 주채무자가 선의로 채권자에게 변제 기타 유상의 면책행위를 한 때에는 주채무자는 자기의 면책행위의 유효를 주장할 수 있다.

제446조(주채무자의 보증인에 대한 면책통지의무) 주채무자가 자기의 행위로 면책하였음을 그 부탁으로 보증인이 된 자에게 통지하지 아니한 경우에 보증인이 선의로 채권자에게 변제 기타 유상의 면책행위를 한 때에는 보증인은 자기의 면책행위의 유효를 주장할 수 있다.

제447조(연대, 불가분채무의 보증인의 구상권) 어느 연대채무자나 어느 불가분채무자를 위하여 보증인이 된 자는 다른 연대채무자나 다른 불가분채무자에 대하여 그 부담부분에 한하여 구상권이 있다.

제448조(공동보증인간의 구상권) ① 수인의 보증인이 있는 경우에 어느 보증인이 자기의 부담부분을 넘은 변제를 한 때에는 제444조의 규정을 준용한다.

② 주채무가 불가분이거나 각 보증인이 상호연대로 또는 주채무자와 연대로 채무를 부담한 경우에 어느 보증인이 자기의 부담부분을 넘은 변제를 한 때에는 제425조 내지 제427조의 규정을 준용한다.

제4절 채권의 양도

제449조(채권의 양도성) ① 채권은 양도할 수 있다. 그러나 채권의 성질이 양도를 허용하지 아니하는 때에는 그러하지 아니하다.

② 채권은 당사자가 반대의 의사를 표시한 경우에는 양도하지 못한다. 그러나 그 의사표시로써 선의의 제삼자에게 대항하지 못한다.

제450조(지명채권양도의 대항요건) ① 지명채권의 양도는 양도인이 채무자에게 통지하거나 채무자가 승낙하지 아니하면 채무자 기타 제삼자에게 대항하지 못한다.

② 전항의 통지나 승낙은 확정일자있는 증서에 의하지 아니하면 채무자 이외의 제삼자에게 대항하지 못한다.

제451조(승낙, 통지의 효과) ① 채무자가 이의를 보류하지 아니하고 전조의 승낙을 한 때에는 양도인에게 대항할 수 있는 사유로써 양수인에게 대항하지 못한다. 그러나 채무자가 채무를 소멸하게 하기 위하여 양도인에게 급여한 것이 있으면 이를 회수할 수 있고 양도인에 대하여 부담한 채무가 있으면 그 성립되지 아니함을 주장할 수 있다.

② 양도인이 양도통지만을 한 때에는 채무자는 그 통지를 받은 때까지 양도인에 대하여 생긴 사유로써 양수인에게 대항할 수 있다.

제452조(양도통지와 금반언) ① 양도인이 채무자에게 채권양도를 통지한 때에는 아직 양도하지 아니하였거나 그 양도가 무효인 경우에도 선의인 채무자는 양수인에게 대항할 수 있는 사유로 양도인에게 대항할 수 있다.

② 전항의 통지는 양수인의 동의가 없으면 철회하지 못한다.

제5절 채무의 인수

제453조(채권자와의 계약에 의한 채무인수) ① 제삼자는 채권자와의 계약으로 채무를 인수하여 채무자의 채무를 면하게 할 수 있다. 그러나 채무의 성질이 인수를 허용하지 아니하는 때에는 그러하지 아니하다.

② 이해관계없는 제삼자는 채무자의 의사에 반하여 채무를 인수하지 못한다.

제454조(채무자와의 계약에 의한 채무인수) ① 제삼자가 채무자와의 계약으로 채무를 인수한 경우에는 채권자의 승낙에 의하여 그 효력이 생긴다.

② 채권자의 승낙 또는 거절의 상대방은 채무자나 제삼자이다.

제455조(승낙여부의 최고) ① 전조의 경우에 제삼자나 채무자는 상당한 기간을 정하여 승낙여부의 확답을 채권자에게 최고할 수 있다.

② 채권자가 그 기간내에 확답을 발송하지 아니한 때에는 거절한 것으로 본다.

제456조(채무인수의 철회, 변경) 제삼자와 채무자간의 계약에 의한 채무인수는 채권자의 승낙이 있을 때까지 당사자는 이를 철회하거나 변경할 수 있다.

제457조(채무인수의 소급효) 채권자의 채무인수에 대한 승낙은 다른 의사표시가 없으면 채무를 인수한 때에 소급하여 그 효력이 생긴다. 그러나 제삼자의 권리를 침해하지 못한다.

제458조(전채무자의 항변사유) 인수인은 전채무자의 항변할 수 있는 사유로 채권자에게 대항할 수 있다.

제459조(채무인수와 보증, 담보의 소멸) 전채무자의 채무에 대한 보증이나 제삼자가 제공한 담보는 채무인수로 인하여 소멸한다. 그러나 보증인이나 제삼자가 채무인수에 동의한 경우에는 그러하지 아니하다.

제6절 채권의 소멸

제1관 변제

제460조(변제제공의 방법) 변제는 채무내용에 좇은 현실제공으로 이를 하여야 한다. 그러나 채권자가 미리 변제받기를 거절하거나 채무의 이행에 채권자의 행위를 요하는 경우에는 변제준비의 완료를 통지하고 그 수령을 최고하면 된다.

제461조(변제제공의 효과) 변제의 제공은 그때로부터 채무불이행의 책임을 면하게 한다.

제462조(특정물의 현상인도) 특정물의 인도가 채권의 목적인 때에는 채무자는 이행기의 현상대로 그 물건을 인도하여야 한다.

제463조(변제로서의 타인의 물건의 인도) 채무의 변제로 타인의 물건을 인도한 채무자는 다시 유효한 변제를 하지 아니하면 그 물건의 반환을 청구하지 못한다.

제464조(양도능력없는 소유자의 물건인도) 양도할 능력없는 소유자가 채무의 변제로 물건을 인도한 경우에는 그 변제가 취소된 때에도 다시 유효한 변제를 하지 아니하면 그 물건의 반환을 청구하지 못한다.

제465조(채권자의 선의소비, 양도와 구상권) ① 전2조의 경우에 채권자가 변제로 받은 물건을 선의로 소비하거나 타인에게 양도한 때에는 그 변제는 효력이 있다.

② 전항의 경우에 채권자가 제삼자로부터 배상의 청구를 받은 때에는 채무자에 대하여 구상권을 행사할 수 있다.

제466조(대물변제) 채무자가 채권자의 승낙을 얻어 본래의 채무이행에 갈음

하여 다른 급여를 한 때에는 변제와 같은 효력이 있다.

제467조(변제의 장소) ① 채무의 성질 또는 당사자의 의사표시로 변제장소를 정하지 아니한 때에는 특정물의 인도는 채권성립당시에 그 물건이 있던 장소에서 하여야 한다.

② 전항의 경우에 특정물인도 이외의 채무변제는 채권자의 현주소에서 하여야 한다. 그러나 영업에 관한 채무의 변제는 채권자의 현영업소에서 하여야 한다.

제468조(변제기전의 변제) 당사자의 특별한 의사표시가 없으면 변제기전이라도 채무자는 변제할 수 있다. 그러나 상대방의 손해는 배상하여야 한다.

제469조(제삼자의 변제) ① 채무의 변제는 제삼자도 할 수 있다. 그러나 채무의 성질 또는 당사자의 의사표시로 제삼자의 변제를 허용하지 아니하는 때에는 그러하지 아니하다.

② 이해관계없는 제삼자는 채무자의 의사에 반하여 변제하지 못한다.

제470조(채권의 준점유자에 대한 변제) 채권의 준점유자에 대한 변제는 변제자가 선의이며 과실없는 때에 한하여 효력이 있다.

제471조(영수증소지자에 대한 변제) 영수증을 소지한 자에 대한 변제는 그 소지자가 변제를 받을 권한이 없는 경우에도 효력이 있다. 그러나 변제자가 그 권한없음을 알았거나 알 수 있었을 경우에는 그러하지 아니하다.

제472조(권한없는 자에 대한 변제) 전2조의 경우외에 변제받을 권한없는 자에 대한 변제는 채권자가 이익을 받은 한도에서 효력이 있다.

제473조(변제비용의 부담) 변제비용은 다른 의사표시가 없으면 채무자의 부담으로 한다. 그러나 채권자의 주소이전 기타의 행위로 인하여 변제비용이 증가된 때에는 그 증가액은 채권자의 부담으로 한다.

제474조(영수증청구권) 변제자는 변제를 받는 자에게 영수증을 청구할 수 있다.

제475조(채권증서반환청구권) 채권증서가 있는 경우에 변제자가 채무전부를 변제한 때에는 채권증서의 반환을 청구할 수 있다. 채권이 변제 이외의 사유로 전부 소멸한 때에도 같다.

제476조(지정변제충당) ① 채무자가 동일한 채권자에 대하여 같은 종류를 목적으로 한 수개의 채무를 부담한 경우에 변제의 제공이 그 채무전부를 소멸하게 하지 못하는 때에는 변제자는 그 당시 어느 채무를 지정하여 그 변제에 충당할 수 있다.

② 변제자가 전항의 지정을 하지 아니할 때에는 변제받는 자는 그 당시 어느 채무를 지정하여 변제에 충당할 수 있다. 그러나 변제자가 그 충당에 대하여 즉시 이의를 한 때에는 그러하지 아니하다.

③ 전2항의 변제충당은 상대방에 대한 의사표시로써 한다.

제477조(법정변제충당) 당사자가 변제에 충당할 채무를 지정하지 아니한 때에는 다음 각호의 규정에 의한다.

1. 채무중에 이행기가 도래한 것과 도래하지 아니한 것이 있으면 이행기가 도래한 채무의 변제에 충당한다.

2. 채무전부의 이행기가 도래하였거나 도래하지 아니한 때에는 채무자에게 변제이익이 많은 채무의 변제에 충당한다.

3. 채무자에게 변제이익이 같으면 이행기가 먼저 도래한 채무나 먼저 도래할 채무의 변제에 충당한다.

4. 전2호의 사항이 같은 때에는 그 채무액에 비례하여 각 채무의 변제에 충당한다.

제478조(부족변제의 충당) 1개의 채무에 수개의 급여를 요할 경우에 변제자가 그 채무전부를 소멸하게 하지 못한 급여를 한 때에는 전2조의 규정을 준용한다.

제479조(비용, 이자, 원본에 대한 변제충당의 순서) ① 채무자가 1개 또는 수개의 채무의 비용 및 이자를 지급할 경우에 변제자가 그 전부를 소멸하게 하지 못한 급여를 한 때에는 비용, 이자, 원본의 순서로 변제에 충당하여야 한다.

② 전항의 경우에 제477조의 규정을 준용한다.

제480조(변제자의 임의대위) ① 채무자를 위하여 변제한 자는 변제와 동시에 채권자의 승낙을 얻어 채권자를 대위할 수 있다.

② 전항의 경우에 제450조 내지 제452조의 규정을 준용한다.

제481조(변제자의 법정대위) 변제할 정당한 이익이 있는 자는 변제로 당연히 채권자를 대위한다.

제482조(변제자대위의 효과, 대위자간의 관계) ① 전2조의 규정에 의하여 채권자를 대위한 자는 자기의 권리에 의하여 구상할 수 있는 범위에서 채권 및 그 담보에 관한 권리를 행사할 수 있다.

② 전항의 권리행사는 다음 각호의 규정에 의하여야 한다.

1. 보증인은 미리 전세권이나 저당권의 등기에 그 대위를 부기하지 아니하면 전세물이나 저당물에 권리를 취득한 제삼자에 대하여 채권자를 대위하지 못한다.

2. 제삼취득자는 보증인에 대하여 채권자를 대위하지 못한다.

3. 제삼취득자 중의 1인은 각 부동산의 가액에 비례하여 다른 제삼취득자에 대하여 채권자를 대위한다.

4. 자기의 재산을 타인의 채무의 담보로 제공한 자가 수인인 경우에는 전호의 규정을 준용한다.

5. 자기의 재산을 타인의 채무의 담보로 제공한 자와 보증인간에는 그 인원수에 비례하여 채권자를 대위한다. 그러나 자기의 재산을 타인의 채무의 담보로 제공한 자가 수인인 때에는 보증인의 부담부분을 제외하고 그 잔액에 대하여 각 재산의 가액에 비례하여 대위한다. 이 경우에 그 재산이 부동산인 때에는 제1호의 규정을 준용한다.

제483조(일부의 대위) ① 채권의 일부에 대하여 대위변제가 있는 때에는 대위자는 그 변제한 가액에 비례하여 채권자와 함께 그 권리를 행사한다.

② 전항의 경우에 채무불이행을 원인으로 하는 계약의 해지 또는 해제는 채권자만이 할 수 있고 채권자는 대위자에게 그 변제한 가액과 이자를 상환하여야 한다.

제484조(대위변제와 채권증서, 담보물) ① 채권전부의 대위변제를 받은 채권자는 그 채권에 관한 증서 및 점유한 담보물을 대위자에게 교부하여야 한다.

② 채권의 일부에 대한 대위변제가 있는 때에는 채권자는 채권증서에 그 대위를 기입하고 자기가 점유한 담보물의 보존에 관하여 대위자의 감독을 받아야 한다.

제485조(채권자의 담보상실, 감소행위와 법정대위자의 면책) 제481조의 규정에 의하여 대위할 자가 있는 경우에 채권자의 고의나 과실로 담보가 상실되거나 감소된 때에는 대위할 자는 그 상실 또는 감소로 인하여 상환을 받을 수 없는 한도에서 그 책임을 면한다.

제486조(변제 이외의 방법에 의한 채무소멸과 대위) 제삼자가 공탁 기타 자기의 출재로 채무자의 채무를 면하게 한 경우에도 전6조의 규정을 준용한다.

제2관 공탁

제487조(변제공탁의 요건, 효과) 채권자가 변제를 받지 아니하거나 받을 수 없는 때에는 변제자는 채권자를 위하여 변제의 목적물을 공탁하여 그 채무를 면할 수 있다. 변제자가 과실없이 채권자를 알 수 없는 경우에도 같다.

제488조(공탁의 방법) ① 공탁은 채무이행지의 공탁소에 하여야 한다.

② 공탁소에 관하여 법률에 특별한 규

정이 없으면 법원은 변제자의 청구에 의하여 공탁소를 지정하고 공탁물보관자를 선임하여야 한다.

③ 공탁자는 지체없이 채권자에게 공탁통지를 하여야 한다.

제489조(공탁물의 회수) ① 채권자가 공탁을 승인하거나 공탁소에 대하여 공탁물을 받기를 통고하거나 공탁유효의 판결이 확정되기까지는 변제자는 공탁물을 회수할 수 있다. 이 경우에는 공탁하지 아니한 것으로 본다.

② 전항의 규정은 질권 또는 저당권이 공탁으로 인하여 소멸한 때에는 적용하지 아니한다.

제490조(자조매각금의 공탁) 변제의 목적물이 공탁에 적당하지 아니하거나 멸실 또는 훼손될 염려가 있거나 공탁에 과다한 비용을 요하는 경우에는 변제자는 법원의 허가를 얻어 그 물건을 경매하거나 시가로 방매하여 대금을 공탁할 수 있다.

제491조(공탁물수령과 상대의무이행) 채무자가 채권자의 상대의무이행과 동시에 변제할 경우에는 채권자는 그 의무이행을 하지 아니하면 공탁물을 수령하지 못한다.

제3관 상계

제492조(상계의 요건) ① 쌍방이 서로 같은 종류를 목적으로 한 채무를 부담한 경우에 그 쌍방의 채무의 이행기가 도래한 때에는 각 채무자는 대등액에 관하여 상계할 수 있다. 그러나 채무의 성질이 상계를 허용하지 아니할 때에는 그러하지 아니하다.

② 전항의 규정은 당사자가 다른 의사를 표시한 경우에는 적용하지 아니한다. 그러나 그 의사표시로써 선의의 제삼자에게 대항하지 못한다.

제493조(상계의 방법, 효과) ① 상계는 상대방에 대한 의사표시로 한다. 이 의사표시에는 조건 또는 기한을 붙이지 못한다.

② 상계의 의사표시는 각 채무가 상계할 수 있는 때에 대등액에 관하여 소멸한 것으로 본다.

제494조(이행지를 달리하는 채무의 상계) 각 채무의 이행지가 다른 경우에도 상계할 수 있다. 그러나 상계하는 당사자는 상대방에게 상계로 인한 손해를 배상하여야 한다.

제495조(소멸시효완성된 채권에 의한 상계) 소멸시효가 완성된 채권이 그 완성전에 상계할 수 있었던 것이면 그 채권자는 상계할 수 있다.

제496조(불법행위채권을 수동채권으로 하는 상계의 금지) 채무가 고의의 불법행위로 인한 것인 때에는 그 채무자는

상계로 채권자에게 대항하지 못한다.

제497조(압류금지채권을 수동채권으로 하는 상계의 금지) 채권이 압류하지 못할 것인 때에는 그 채무자는 상계로 채권자에게 대항하지 못한다.

제498조(지급금지채권을 수동채권으로 하는 상계의 금지) 지급을 금지하는 명령을 받은 제삼채무자는 그 후에 취득한 채권에 의한 상계로 그 명령을 신청한 채권자에게 대항하지 못한다.

제499조(준용규정) 제476조 내지 제479조의 규정은 상계에 준용한다.

제4관 경개

제500조(경개의 요건, 효과) 당사자가 채무의 중요한 부분을 변경하는 계약을 한 때에는 구채무는 경개로 인하여 소멸한다.

제501조(채무자변경으로 인한 경개) 채무자의 변경으로 인한 경개는 채권자와 신채무자간의 계약으로 이를 할 수 있다. 그러나 구채무자의 의사에 반하여 이를 하지 못한다.

제502조(채권자변경으로 인한 경개) 채권자의 변경으로 인한 경개는 확정일자있는 증서로 하지 아니하면 이로써 제삼자에게 대항하지 못한다.

제503조(채권자변경의 경개와 채무자 승낙의 효과) 제451조제1항의 규정은 채권자의 변경으로 인한 경개에 준용한다.

제504조(구채무불소멸의 경우) 경개로 인한 신채무가 원인의 불법 또는 당사자가 알지 못한 사유로 인하여 성립되지 아니하거나 취소된 때에는 구채무는 소멸되지 아니한다.

제505조(신채무에의 담보이전) 경개의 당사자는 구채무의 담보를 그 목적의 한도에서 신채무의 담보로 할 수 있다. 그러나 제삼자가 제공한 담보는 그 승낙을 얻어야 한다.

제5관 면제

제506조(면제의 요건, 효과) 채권자가 채무자에게 채무를 면제하는 의사를 표시한 때에는 채권은 소멸한다. 그러나 면제로써 정당한 이익을 가진 제삼자에게 대항하지 못한다.

제6관 혼동

제507조(혼동의 요건, 효과) 채권과 채무가 동일한 주체에 귀속한 때에는 채권은 소멸한다. 그러나 그 채권이 제삼자의 권리의 목적인 때에는 그러하지 아니하다.

제7절 지시채권

제508조(지시채권의 양도방식) 지시채권은 그 증서에 배서하여 양수인에게 교부하는 방식으로 양도할 수 있다.

제509조(환배서) ① 지시채권은 그 채무자에 대하여도 배서하여 양도할 수 있다.

② 배서로 지시채권을 양수한 채무자는 다시 배서하여 이를 양도할 수 있다.

제510조(배서의 방식) ① 배서는 증서 또는 그 보충지에 그 뜻을 기재하고 배서인이 서명 또는 기명날인함으로써 이를 한다.

② 배서는 피배서인을 지정하지 아니하고 할 수 있으며 또 배서인의 서명 또는 기명날인만으로 할 수 있다.

제511조(약식배서의 처리방식) 배서가 전조제2항의 약식에 의한 때에는 소지인은 다음 각호의 방식으로 처리할 수 있다.

1. 자기나 타인의 명칭을 피배서인으로 기재할 수 있다.

2. 약식으로 또는 타인을 피배서인으로 표시하여 다시 증서에 배서할 수 있다.

3. 피배서인을 기재하지 아니하고 배서 없이 증서를 제삼자에게 교부하여 양도할 수 있다.

제512조(소지인출급배서의 효력) 소지인출급의 배서는 약식배서와 같은 효력이 있다.

제513조(배서의 자격수여력) ① 증서의 점유자가 배서의 연속으로 그 권리를 증명하는 때에는 적법한 소지인으로 본다. 최후의 배서가 약식인 경우에도 같다.

② 약식배서 다음에 다른 배서가 있으면 그 배서인은 약식배서로 증서를 취득한 것으로 본다.

③ 말소된 배서는 배서의 연속에 관하여 그 기재가 없는 것으로 본다.

제514조(동전─선의취득) 누구든지 증서의 적법한 소지인에 대하여 그 반환을 청구하지 못한다. 그러나 소지인이 취득한 때에 양도인이 권리없음을 알았거나 중대한 과실로 알지 못한 때에는 그러하지 아니하다.

제515조(이전배서와 인적항변) 지시채권의 채무자는 소지인의 전자에 대한 인적관계의 항변으로 소지인에게 대항하지 못한다. 그러나 소지인이 그 채무자를 해함을 알고 지시채권을 취득한 때에는 그러하지 아니하다.

제516조(변제의 장소) 증서에 변제장소를 정하지 아니한 때에는 채무자의 현 영업소를 변제장소로 한다. 영업소가 없는 때에는 현주소를 변제장소로 한다.

제517조(증서의 제시와 이행지체) 증서

에 변제기한이 있는 경우에도 그 기한이 도래한 후에 소지인이 증서를 제시하여 이행을 청구한 때로부터 채무자는 지체책임이 있다.

제518조(채무자의 조사권리의무) 채무자는 배서의 연속여부를 조사할 의무가 있으며 배서인의 서명 또는 날인의 진위나 소지인의 진위를 조사할 권리는 있으나 의무는 없다. 그러나 채무자가 변제하는 때에 소지인이 권리자아님을 알았거나 중대한 과실로 알지 못한 때에는 그 변제는 무효로 한다.

제519조(변제와 증서교부) 채무자는 증서와 교환하여서만 변제할 의무가 있다.

제520조(영수의 기입청구권) ① 채무자는 변제하는 때에 소지인에 대하여 증서에 영수를 증명하는 기재를 할 것을 청구할 수 있다.

② 일부변제의 경우에 채무자의 청구가 있으면 채권자는 증서에 그 뜻을 기재하여야 한다.

제521조(공시최고절차에 의한 증서의 실효) 멸실한 증서나 소지인의 점유를 이탈한 증서는 공시최고의 절차에 의하여 무효로 할 수 있다.

제522조(공시최고절차에 의한 공탁, 변제) 공시최고의 신청이 있는 때에는 채무자로 하여금 채무의 목적물을 공탁하게 할 수 있고 소지인이 상당한 담보를 제공하면 변제하게 할 수 있다.

제8절 무기명채권

제523조(무기명채권의 양도방식) 무기명채권은 양수인에게 그 증서를 교부함으로써 양도의 효력이 있다.

제524조(준용규정) 제514조 내지 제522조의 규정은 무기명채권에 준용한다.

제525조(지명소지인출급채권) 채권자를 지정하고 소지인에게도 변제할 것을 부기한 증서는 무기명채권과 같은 효력이 있다.

제526조(면책증서) 제516조, 제517조 및 제520조의 규정은 채무자가 증서소지인에게 변제하여 그 책임을 면할 목적으로 발행한 증서에 준용한다.

제2장 계약

제1절 총칙

제1관 계약의 성립

제527조(계약의 청약의 구속력) 계약의 청약은 이를 철회하지 못한다.

제528조(승낙기간을 정한 계약의 청약) ① 승낙의 기간을 정한 계약의 청약은 청약자가 그 기간 내에 승낙의 통지를 받지 못한 때에는 그 효력을 잃는다.

② 승낙의 통지가 전항의 기간후에 도달한 경우에 보통 그 기간내에 도달할

수 있는 발송인 때에는 청약자는 지체 없이 상대방에게 그 연착의 통지를 하여야 한다. 그러나 그 도달전에 지연의 통지를 발송한 때에는 그러하지 아니하다.

③ 청약자가 전항의 통지를 하지 아니한 때에는 승낙의 통지는 연착되지 아니한 것으로 본다.

제529조(승낙기간을 정하지 아니한 계약의 청약) 승낙의 기간을 정하지 아니한 계약의 청약은 청약자가 상당한 기간내에 승낙의 통지를 받지 못한 때에는 그 효력을 잃는다.

제530조(연착된 승낙의 효력) 전2조의 경우에 연착된 승낙은 청약자가 이를 새 청약으로 볼 수 있다.

제531조(격지자간의 계약성립시기) 격지자간의 계약은 승낙의 통지를 발송한 때에 성립한다.

제532조(의사실현에 의한 계약성립) 청약자의 의사표시나 관습에 의하여 승낙의 통지가 필요하지 아니한 경우에는 계약은 승낙의 의사표시로 인정되는 사실이 있는 때에 성립한다.

제533조(교차청약) 당사자간에 동일한 내용의 청약이 상호교차된 경우에는 양청약이 상대방에게 도달한 때에 계약이 성립한다.

제534조(변경을 가한 승낙) 승낙자가 청약에 대하여 조건을 붙이거나 변경을 가하여 승낙한 때에는 그 청약의 거절과 동시에 새로 청약한 것으로 본다.

제535조(계약체결상의 과실) ① 목적이 불능한 계약을 체결할 때에 그 불능을 알았거나 알 수 있었을 자는 상대방이 그 계약의 유효를 믿었음으로 인하여 받은 손해를 배상하여야 한다. 그러나 그 배상액은 계약이 유효함으로 인하여 생길 이익액을 넘지 못한다.

② 전항의 규정은 상대방이 그 불능을 알았거나 알 수 있었을 경우에는 적용하지 아니한다.

제2관 계약의 효력

제536조(동시이행의 항변권) ① 쌍무계약의 당사자 일방은 상대방이 그 채무이행을 제공할 때 까지 자기의 채무이행을 거절할 수 있다. 그러나 상대방의 채무가 변제기에 있지 아니하는 때에는 그러하지 아니하다.

② 당사자 일방이 상대방에게 먼저 이행하여야 할 경우에 상대방의 이행이 곤란할 현저한 사유가 있는 때에는 전항 본문과 같다.

제537조(채무자위험부담주의) 쌍무계약의 당사자 일방의 채무가 당사자쌍방의 책임없는 사유로 이행할 수 없게 된 때에는 채무자는 상대방의 이행을

청구하지 못한다.

제538조(채권자귀책사유로 인한 이행불능) ① 쌍무계약의 당사자 일방의 채무가 채권자의 책임있는 사유로 이행할 수 없게 된 때에는 채무자는 상대방의 이행을 청구할 수 있다. 채권자의 수령지체 중에 당사자쌍방의 책임없는 사유로 이행할 수 없게 된 때에도 같다.

② 전항의 경우에 채무자는 자기의 채무를 면함으로써 이익을 얻은 때에는 이를 채권자에게 상환하여야 한다.

제539조(제삼자를 위한 계약) ① 계약에 의하여 당사자 일방이 제삼자에게 이행할 것을 약정한 때에는 그 제삼자는 채무자에게 직접 그 이행을 청구할 수 있다.

② 전항의 경우에 제삼자의 권리는 그 제삼자가 채무자에 대하여 계약의 이익을 받을 의사를 표시한 때에 생긴다.

제540조(채무자의 제삼자에 대한 최고권) 전조의 경우에 채무자는 상당한 기간을 정하여 계약의 이익의 향수여부의 확답을 제삼자에게 최고할 수 있다. 채무자가 그 기간내에 확답을 받지 못한 때에는 제삼자가 계약의 이익을 받을 것을 거절한 것으로 본다.

제541조(제삼자의 권리의 확정) 제539조의 규정에 의하여 제삼자의 권리가 생긴 후에는 당사자는 이를 변경 또는 소멸시키지 못한다.

제542조(채무자의 항변권) 채무자는 제539조의 계약에 기한 항변으로 그 계약의 이익을 받을 제삼자에게 대항할 수 있다.

제3관 계약의 해지, 해제

제543조(해지, 해제권) ① 계약 또는 법률의 규정에 의하여 당사자의 일방이나 쌍방이 해지 또는 해제의 권리가 있는 때에는 그 해지 또는 해제는 상대방에 대한 의사표시로 한다.

② 전항의 의사표시는 철회하지 못한다.

제544조(이행지체와 해제) 당사자 일방이 그 채무를 이행하지 아니하는 때에는 상대방은 상당한 기간을 정하여 그 이행을 최고하고 그 기간내에 이행하지 아니한 때에는 계약을 해제할 수 있다. 그러나 채무자가 미리 이행하지 아니할 의사를 표시한 경우에는 최고를 요하지 아니한다.

제545조(정기행위와 해제) 계약의 성질 또는 당사자의 의사표시에 의하여 일정한 시일 또는 일정한 기간내에 이행하지 아니하면 계약의 목적을 달성할 수 없을 경우에 당사자 일방이 그 시기에 이행하지 아니한 때에는 상대방은 전조의 최고를 하지 아니하고 계약을 해제할 수 있다.

제546조(이행불능과 해제) 채무자의 책임있는 사유로 이행이 불능하게 된 때에는 채권자는 계약을 해제할 수 있다.

제547조(해지, 해제권의 불가분성) ① 당사자의 일방 또는 쌍방이 수인인 경우에는 계약의 해지나 해제는 그 전원으로부터 또는 전원에 대하여 하여야 한다.

② 전항의 경우에 해지나 해제의 권리가 당사자 1인에 대하여 소멸한 때에는 다른 당사자에 대하여도 소멸한다.

제548조(해제의 효과, 원상회복의무) ① 당사자 일방이 계약을 해제한 때에는 각 당사자는 그 상대방에 대하여 원상회복의 의무가 있다. 그러나 제삼자의 권리를 해하지 못한다.

② 전항의 경우에 반환할 금전에는 그 받은 날로부터 이자를 가하여야 한다.

제549조(원상회복의무와 동시이행) 제536조의 규정은 전조의 경우에 준용한다.

제550조(해지의 효과) 당사자 일방이 계약을 해지한 때에는 계약은 장래에 대하여 그 효력을 잃는다.

제551조(해지, 해제와 손해배상) 계약의 해지 또는 해제는 손해배상의 청구에 영향을 미치지 아니한다.

제552조(해제권행사여부의 최고권) ① 해제권의 행사의 기간을 정하지 아니한 때에는 상대방은 상당한 기간을 정하여 해제권행사여부의 확답을 해제권자에게 최고할 수 있다.

② 전항의 기간내에 해제의 통지를 받지 못한 때에는 해제권은 소멸한다.

제553조(훼손 등으로 인한 해제권의 소멸) 해제권자의 고의나 과실로 인하여 계약의 목적물이 현저히 훼손되거나 이를 반환할 수 없게 된 때 또는 가공이나 개조로 인하여 다른 종류의 물건으로 변경된 때에는 해제권은 소멸한다.

제2절 증여

제554조(증여의 의의) 증여는 당사자 일방이 무상으로 재산을 상대방에 수여하는 의사를 표시하고 상대방이 이를 승낙함으로써 그 효력이 생긴다.

제555조(서면에 의하지 아니한 증여와 해제) 증여의 의사가 서면으로 표시되지 아니한 경우에는 각 당사자는 이를 해제할 수 있다.

제556조(수증자의 행위와 증여의 해제) ① 수증자가 증여자에 대하여 다음 각 호의 사유가 있는 때에는 증여자는 그 증여를 해제할 수 있다.

1. 증여자 또는 그 배우자나 직계혈족에 대한 범죄행위가 있는 때
2. 증여자에 대하여 부양의무있는 경우

에 이를 이행하지 아니하는 때

② 전항의 해제권은 해제원인있음을 안 날로부터 6월을 경과하거나 증여자가 수증자에 대하여 용서의 의사를 표시한 때에는 소멸한다.

제557조(증여자의 재산상태변경과 증여의 해제) 증여계약후에 증여자의 재산상태가 현저히 변경되고 그 이행으로 인하여 생계에 중대한 영향을 미칠 경우에는 증여자는 증여를 해제할 수 있다.

제558조(해제와 이행완료부분) 전3조의 규정에 의한 계약의 해제는 이미 이행한 부분에 대하여는 영향을 미치지 아니한다.

제559조(증여자의 담보책임) ① 증여자는 증여의 목적인 물건 또는 권리의 하자나 흠결에 대하여 책임을 지지 아니한다. 그러나 증여자가 그 하자나 흠결을 알고 수증자에게 고지하지 아니한 때에는 그러하지 아니하다.

② 상대부담있는 증여에 대하여는 증여자는 그 부담의 한도에서 매도인과 같은 담보의 책임이 있다.

제560조(정기증여와 사망으로 인한 실효) 정기의 급여를 목적으로 한 증여는 증여자 또는 수증자의 사망으로 인하여 그 효력을 잃는다.

제561조(부담부증여) 상대부담있는 증여에 대하여는 본절의 규정외에 쌍무계약에 관한 규정을 적용한다.

제562조(사인증여) 증여자의 사망으로 인하여 효력이 생길 증여에는 유증에 관한 규정을 준용한다.

제3절 매매

제1관 총칙

제563조(매매의 의의) 매매는 당사자 일방이 재산권을 상대방에게 이전할 것을 약정하고 상대방이 그 대금을 지급할 것을 약정함으로써 그 효력이 생긴다.

제564조(매매의 일방예약) ① 매매의 일방예약은 상대방이 매매를 완결할 의사를 표시하는 때에 매매의 효력이 생긴다.

② 전항의 의사표시의 기간을 정하지 아니한 때에는 예약자는 상당한 기간을 정하여 매매완결여부의 확답을 상대방에게 최고할 수 있다.

③ 예약자가 전항의 기간내에 확답을 받지 못한 때에는 예약은 그 효력을 잃는다.

제565조(해약금) ① 매매의 당사자 일방이 계약당시에 금전 기타 물건을 계약금, 보증금등의 명목으로 상대방에게 교부한 때에는 당사자간에 다른 약정이 없는 한 당사자의 일방이 이행에 착

수할 때까지 교부자는 이를 포기하고 수령자는 그 배액을 상환하여 매매계약을 해제할 수 있다.

② 제551조의 규정은 전항의 경우에 이를 적용하지 아니한다.

제566조(매매계약의 비용의 부담) 매매계약에 관한 비용은 당사자 쌍방이 균분하여 부담한다.

제567조(유상계약에의 준용) 본절의 규정은 매매 이외의 유상계약에 준용한다. 그러나 그 계약의 성질이 이를 허용하지 아니하는 때에는 그러하지 아니하다.

제2관 매매의 효력

제568조(매매의 효력) ① 매도인은 매수인에 대하여 매매의 목적이 된 권리를 이전하여야 하며 매수인은 매도인에게 그 대금을 지급하여야 한다.

② 전항의 쌍방의무는 특별한 약정이나 관습이 없으면 동시에 이행하여야 한다.

제569조(타인의 권리의 매매) 매매의 목적이 된 권리가 타인에게 속한 경우에는 매도인은 그 권리를 취득하여 매수인에게 이전하여야 한다.

제570조(동전-매도인의 담보책임) 전조의 경우에 매도인이 그 권리를 취득하여 매수인에게 이전할 수 없는 때에는 매수인은 계약을 해제할 수 있다. 그러나 매수인이 계약당시 그 권리가 매도인에게 속하지 아니함을 안 때에는 손해배상을 청구하지 못한다.

제571조(동전-선의의 매도인의 담보책임) ① 매도인이 계약당시에 매매의 목적이 된 권리가 자기에게 속하지 아니함을 알지 못한 경우에 그 권리를 취득하여 매수인에게 이전할 수 없는 때에는 매도인은 손해를 배상하고 계약을 해제할 수 있다.

② 전항의 경우에 매수인이 계약당시 그 권리가 매도인에게 속하지 아니함을 안 때에는 매도인은 매수인에 대하여 그 권리를 이전할 수 없음을 통지하고 계약을 해제할 수 있다.

제572조(권리의 일부가 타인에게 속한 경우와 매도인의 담보책임) ① 매매의 목적이 된 권리의 일부가 타인에게 속함으로 인하여 매도인이 그 권리를 취득하여 매수인에게 이전할 수 없는 때에는 매수인은 그 부분의 비율로 대금의 감액을 청구할 수 있다.

② 전항의 경우에 잔존한 부분만이면 매수인이 이를 매수하지 아니하였을 때에는 선의의 매수인은 계약전부를 해제할 수 있다.

③ 선의의 매수인은 감액청구 또는 계약해제외에 손해배상을 청구할 수 있다.

제573조(전조의 권리행사의 기간) 전조의 권리는 매수인이 선의인 경우에는 사실을 안 날로부터, 악의인 경우에는 계약한 날로부터 1년내에 행사하여야 한다.

제574조(수량부족, 일부멸실의 경우와 매도인의 담보책임) 전2조의 규정은 수량을 지정한 매매의 목적물이 부족되는 경우와 매매목적물의 일부가 계약당시에 이미 멸실된 경우에 매수인이 그 부족 또는 멸실을 알지 못한 때에 준용한다.

제575조(제한물권있는 경우와 매도인의 담보책임) ① 매매의 목적물이 지상권, 지역권, 전세권, 질권 또는 유치권의 목적이 된 경우에 매수인이 이를 알지 못한 때에는 이로 인하여 계약의 목적을 달성할 수 없는 경우에 한하여 매수인은 계약을 해제할 수 있다. 기타의 경우에는 손해배상만을 청구할 수 있다.
② 전항의 규정은 매매의 목적이 된 부동산을 위하여 존재할 지역권이 없거나 그 부동산에 등기된 임대차계약이 있는 경우에 준용한다.
③ 전2항의 권리는 매수인이 그 사실을 안 날로부터 1년내에 행사하여야 한다.

제576조(저당권, 전세권의 행사와 매도인의 담보책임) ① 매매의 목적이 된 부동산에 설정된 저당권 또는 전세권의 행사로 인하여 매수인이 그 소유권을 취득할 수 없거나 취득한 소유권을 잃은 때에는 매수인은 계약을 해제할 수 있다.
② 전항의 경우에 매수인의 출재로 그 소유권을 보존한 때에는 매도인에 대하여 그 상환을 청구할 수 있다.
③ 전2항의 경우에 매수인이 손해를 받은 때에는 그 배상을 청구할 수 있다.

제577조(저당권의 목적이 된 지상권, 전세권의 매매와 매도인의 담보책임) 전조의 규정은 저당권의 목적이 된 지상권 또는 전세권이 매매의 목적이 된 경우에 준용한다.

제578조(경매와 매도인의 담보책임) ① 경매의 경우에는 경락인은 전8조의 규정에 의하여 채무자에게 계약의 해제 또는 대금감액의 청구를 할 수 있다.
② 전항의 경우에 채무자가 자력이 없는 때에는 경락인은 대금의 배당을 받은 채권자에 대하여 그 대금전부나 일부의 반환을 청구할 수 있다.
③ 전2항의 경우에 채무자가 물건 또는 권리의 흠결을 알고 고지하지 아니하거나 채권자가 이를 알고 경매를 청구한 때에는 경락인은 그 흠결을 안 채무자나 채권자에 대하여 손해배상을 청구할 수 있다.

제579조(채권매매와 매도인의 담보책임) ① 채권의 매도인이 채무자의 자력을 담보한 때에는 매매계약당시의 자력을 담보한 것으로 추정한다.
② 변제기에 도달하지 아니한 채권의 매도인이 채무자의 자력을 담보한 때에는 변제기의 자력을 담보한 것으로 추정한다.

제580조(매도인의 하자담보책임) ① 매매의 목적물에 하자가 있는 때에는 제575조제1항의 규정을 준용한다. 그러나 매수인이 하자있는 것을 알았거나 과실로 인하여 이를 알지 못한 때에는 그러하지 아니하다.
② 전항의 규정은 경매의 경우에 적용하지 아니한다.

제581조(종류매매와 매도인의 담보책임) ① 매매의 목적물을 종류로 지정한 경우에도 그 후 특정된 목적물에 하자가 있는 때에는 전조의 규정을 준용한다.
② 전항의 경우에 매수인은 계약의 해제 또는 손해배상의 청구를 하지 아니하고 하자없는 물건을 청구할 수 있다.

제582조(전2조의 권리행사기간) 전2조에 의한 권리는 매수인이 그 사실을 안 날로부터 6월내에 행사하여야 한다.

제583조(담보책임과 동시이행) 제536조의 규정은 제572조 내지 제575조, 제580조 및 제581조의 경우에 준용한다.

제584조(담보책임면제의 특약) 매도인은 전15조에 의한 담보책임을 면하는 특약을 한 경우에도 매도인이 알고 고지하지 아니한 사실 및 제삼자에게 권리를 설정 또는 양도한 행위에 대하여는 책임을 면하지 못한다.

제585조(동일기한의 추정) 매매의 당사자 일방에 대한 의무이행의 기한이 있는 때에는 상대방의 의무이행에 대하여도 동일한 기한이 있는 것으로 추정한다.

제586조(대금지급장소) 매매의 목적물의 인도와 동시에 대금을 지급할 경우에는 그 인도장소에서 이를 지급하여야 한다.

제587조(과실의 귀속, 대금의 이자) 매매계약있은 후에도 인도하지 아니한 목적물로부터 생긴 과실은 매도인에게 속한다. 매수인은 목적물의 인도를 받은 날로부터 대금의 이자를 지급하여야 한다. 그러나 대금의 지급에 대하여 기한이 있는 때에는 그러하지 아니하다.

제588조(권리주장자가 있는 경우와 대금지급거절권) 매매의 목적물에 대하여 권리를 주장하는 자가 있는 경우에 매수인이 매수한 권리의 전부나 일부를 잃을 염려가 있는 때에는 매수인은 그 위험의 한도에서 대금의 전부나 일부의 지급을 거절할 수 있다. 그러나 매

도인이 상당한 담보를 제공한 때에는 그러하지 아니하다.

제589조(대금공탁청구권) 전조의 경우에 매도인은 매수인에 대하여 대금의 공탁을 청구할 수 있다.

제3관 환매

제590조(환매의 의의) ① 매도인이 매매계약과 동시에 환매할 권리를 보류한 때에는 그 영수한 대금 및 매수인이 부담한 매매비용을 반환하고 그 목적물을 환매할 수 있다.

② 전항의 환매대금에 관하여 특별한 약정이 있으면 그 약정에 의한다.

③ 전2항의 경우에 목적물의 과실과 대금의 이자는 특별한 약정이 없으면 이를 상계한 것으로 본다.

제591조(환매기간) ① 환매기간은 부동산은 5년, 동산은 3년을 넘지 못한다. 약정기간이 이를 넘는 때에는 부동산은 5년, 동산은 3년으로 단축한다.

② 환매기간을 정한 때에는 다시 이를 연장하지 못한다.

③ 환매기간을 정하지 아니한 때에는 그 기간은 부동산은 5년, 동산은 3년으로 한다.

제592조(환매등기) 매매의 목적물이 부동산인 경우에 매매등기와 동시에 환매권의 보류를 등기한 때에는 제삼자에 대하여 그 효력이 있다.

제593조(환매권의 대위행사와 매수인의 권리) 매도인의 채권자가 매도인을 대위하여 환매하고자 하는 때에는 매수인은 법원이 선정한 감정인의 평가액에서 매도인이 반환할 금액을 공제한 잔액으로 매도인의 채무를 변제하고 잉여액이 있으면 이를 매도인에게 지급하여 환매권을 소멸시킬 수 있다.

제594조(환매의 실행) ① 매도인은 기간내에 대금과 매매비용을 매수인에게 제공하지 아니하면 환매할 권리를 잃는다.

② 매수인이나 전득자가 목적물에 대하여 비용을 지출한 때에는 매도인은 제203조의 규정에 의하여 이를 상환하여야 한다. 그러나 유익비에 대하여는 법원은 매도인의 청구에 의하여 상당한 상환기간을 허여할 수 있다.

제595조(공유지분의 환매) 공유자의 1인이 환매할 권리를 보류하고 그 지분을 매도한 후 그 목적물의 분할이나 경매가 있는 때에는 매도인은 매수인이 받은 또는 받을 부분이나 대금에 대하여 환매권을 행사할 수 있다. 그러나 매도인에게 통지하지 아니한 매수인은 그 분할이나 경매로써 매도인에게 대항하지 못한다.

제4절 교환

제596조(교환의 의의) 교환은 당사자 쌍방이 금전 이외의 재산권을 상호이전할 것을 약정함으로써 그 효력이 생긴다.

제597조(금전의 보충지급의 경우) 당사자 일방이 전조의 재산권이전과 금전의 보충지급을 약정한 때에는 그 금전에 대하여는 매매대금에 관한 규정을 준용한다.

제5절 소비대차

제598조(소비대차의 의의) 소비대차는 당사자 일방이 금전 기타 대체물의 소유권을 상대방에게 이전할 것을 약정하고 상대방은 그와 같은 종류, 품질 및 수량으로 반환할 것을 약정함으로써 그 효력이 생긴다.

제599조(파산과 소비대차의 실효) 대주가 목적물을 차주에게 인도하기 전에 당사자 일방이 파산선고를 받은 때에는 소비대차는 그 효력을 잃는다.

제600조(이자계산의 시기) 이자있는 소비대차는 차주가 목적물의 인도를 받은 때로부터 이자를 계산하여야 하며 차주가 그 책임있는 사유로 수령을 지체할 때에는 대주가 이행을 제공한 때로부터 이자를 계산하여야 한다.

제601조(무이자소비대차와 해제권) 이자없는 소비대차의 당사자는 목적물의 인도전에는 언제든지 계약을 해제할 수 있다. 그러나 상대방에게 생긴 손해가 있는 때에는 이를 배상하여야 한다.

제602조(대주의 담보책임) ① 이자있는 소비대차의 목적물에 하자가 있는 경우에는 제580조 내지 제582조의 규정을 준용한다.

② 이자없는 소비대차의 경우에는 차주는 하자있는 물건의 가액으로 반환할 수 있다. 그러나 대주가 그 하자를 알고 차주에게 고지하지 아니한 때에는 전항과 같다.

제603조(반환시기) ① 차주는 약정시기에 차용물과 같은 종류, 품질 및 수량의 물건을 반환하여야 한다.

② 반환시기의 약정이 없는 때에는 대주는 상당한 기간을 정하여 반환을 최고하여야 한다. 그러나 차주는 언제든지 반환할 수 있다.

제604조(반환불능으로 인한 시가상환) 차주가 차용물과 같은 종류, 품질 및 수량의 물건을 반환할 수 없는 때에는 그때의 시가로 상환하여야 한다. 그러나 제376조 및 제377조제2항의 경우에는 그러하지 아니하다.

제605조(준소비대차) 당사자 쌍방이 소비대차에 의하지 아니하고 금전 기타의 대체물을 지급할 의무가 있는 경

우에 당사자가 그 목적물을 소비대차의 목적으로 할 것을 약정한 때에는 소비대차의 효력이 생긴다.

제606조(대물대차) 금전대차의 경우에 차주가 금전에 갈음하여 유가증권 기타 물건의 인도를 받은 때에는 그 인도시의 가액으로써 차용액으로 한다.

제607조(대물반환의 예약) 차용물의 반환에 관하여 차주가 차용물에 갈음하여 다른 재산권을 이전할 것을 예약한 경우에는 그 재산의 예약당시의 가액이 차용액 및 이에 붙인 이자의 합산액을 넘지 못한다.

제608조(차주에 불이익한 약정의 금지) 전2조의 규정에 위반한 당사자의 약정으로서 차주에 불리한 것은 환매 기타 여하한 명목이라도 그 효력이 없다.

제6절 사용대차

제609조(사용대차의 의의) 사용대차는 당사자 일방이 상대방에게 무상으로 사용, 수익하게 하기 위하여 목적물을 인도할 것을 약정하고 상대방은 이를 사용, 수익한 후 그 물건을 반환할 것을 약정함으로써 그 효력이 생긴다.

제610조(차주의 사용, 수익권) ① 차주는 계약 또는 그 목적물의 성질에 의하여 정하여진 용법으로 이를 사용, 수익하여야 한다.

② 차주는 대주의 승낙이 없으면 제삼자에게 차용물을 사용, 수익하게 하지 못한다.

③ 차주가 전2항의 규정에 위반한 때에는 대주는 계약을 해지할 수 있다.

제611조(비용의 부담) ① 차주는 차용물의 통상의 필요비를 부담한다.

② 기타의 비용에 대하여는 제594조제2항의 규정을 준용한다.

제612조(준용규정) 제559조, 제601조의 규정은 사용대차에 준용한다.

제613조(차용물의 반환시기) ① 차주는 약정시기에 차용물을 반환하여야 한다.

② 시기의 약정이 없는 경우에는 차주는 계약 또는 목적물의 성질에 의한 사용, 수익이 종료한 때에 반환하여야 한다. 그러나 사용, 수익에 족한 기간이 경과한 때에는 대주는 언제든지 계약을 해지할 수 있다.

제614조(차주의 사망, 파산과 해지) 차주가 사망하거나 파산선고를 받은 때에는 대주는 계약을 해지할 수 있다.

제615조(차주의 원상회복의무와 철거권) 차주가 차용물을 반환하는 때에는 이를 원상에 회복하여야 한다. 이에 부속시킨 물건은 철거할 수 있다.

제616조(공동차주의 연대의무) 수인이 공동하여 물건을 차용한 때에는 연대

하여 그 의무를 부담한다.

제617조(손해배상, 비용상환청구의 기간) 계약 또는 목적물의 성질에 위반한 사용, 수익으로 인하여 생긴 손해배상의 청구와 차주가 지출한 비용의 상환청구는 대주가 물건의 반환을 받은 날로부터 6월내에 하여야 한다.

제7절 임대차

제618조(임대차의 의의) 임대차는 당사자 일방이 상대방에게 목적물을 사용, 수익하게 할 것을 약정하고 상대방이 이에 대하여 차임을 지급할 것을 약정함으로써 그 효력이 생긴다.

제619조(처분능력, 권한없는 자의 할 수 있는 단기임대차) 처분의 능력 또는 권한없는 자가 임대차를 하는 경우에는 그 임대차는 다음 각호의 기간을 넘지 못한다.

1. 식목, 채염 또는 석조, 석회조, 연와조 및 이와 유사한 건축을 목적으로 한 토지의 임대차는 10년
2. 기타 토지의 임대차는 5년
3. 건물 기타 공작물의 임대차는 3년
4. 동산의 임대차는 6월

제620조(단기임대차의 갱신) 전조의 기간은 갱신할 수 있다. 그러나 그 기간만료전 토지에 대하여는 1년, 건물 기타 공작물에 대하여는 3월, 동산에 대하여는 1월내에 갱신하여야 한다.

제621조(임대차의 등기) ① 부동산임차인은 당사자간에 반대약정이 없으면 임대인에 대하여 그 임대차등기절차에 협력할 것을 청구할 수 있다.

② 부동산임대차를 등기한 때에는 그때부터 제삼자에 대하여 효력이 생긴다.

제622조(건물등기있는 차지권의 대항력) ① 건물의 소유를 목적으로 한 토지임대차는 이를 등기하지 아니한 경우에도 임차인이 그 지상건물을 등기한 때에는 제삼자에 대하여 임대차의 효력이 생긴다.

② 건물이 임대차기간만료전에 멸실 또는 후폐한 때에는 전항의 효력을 잃는다.

제623조(임대인의 의무) 임대인은 목적물을 임차인에게 인도하고 계약존속중 그 사용, 수익에 필요한 상태를 유지하게 할 의무를 부담한다.

제624조(임대인의 보존행위, 인용의무) 임대인이 임대물의 보존에 필요한 행위를 하는 때에는 임차인은 이를 거절하지 못한다.

제625조(임차인의 의사에 반하는 보존행위와 해지권) 임대인이 임차인의 의사에 반하여 보존행위를 하는 경우에 임차인이 이로 인하여 임차의 목적을 달성할 수 없는 때에는 계약을 해지할 수 있다.

제626조(임차인의 상환청구권) ① 임차인이 임차물의 보존에 관한 필요비를 지출한 때에는 임대인에 대하여 그 상환을 청구할 수 있다.

② 임차인이 유익비를 지출한 경우에는 임대인은 임대차종료시에 그 가액의 증가가 현존한 때에 한하여 임차인의 지출한 금액이나 그 증가액을 상환하여야 한다. 이 경우에 법원은 임대인의 청구에 의하여 상당한 상환기간을 허여할 수 있다.

제627조(일부멸실 등과 감액청구, 해지권) ① 임차물의 일부가 임차인의 과실없이 멸실 기타 사유로 인하여 사용, 수익할 수 없는 때에는 임차인은 그 부분의 비율에 의한 차임의 감액을 청구할 수 있다.

② 전항의 경우에 그 잔존부분으로 임차의 목적을 달성할 수 없는 때에는 임차인은 계약을 해지할 수 있다.

제628조(차임증감청구권) 임대물에 대한 공과부담의 증감 기타 경제사정의 변동으로 인하여 약정한 차임이 상당하지 아니하게 된 때에는 당사자는 장래에 대한 차임의 증감을 청구할 수 있다.

제629조(임차권의 양도, 전대의 제한) ① 임차인은 임대인의 동의없이 그 권리를 양도하거나 임차물을 전대하지 못한다.

② 임차인이 전항의 규정에 위반한 때에는 임대인은 계약을 해지할 수 있다.

제630조(전대의 효과) ① 임차인이 임대인의 동의를 얻어 임차물을 전대한 때에는 전차인은 직접 임대인에 대하여 의무를 부담한다. 이 경우에 전차인은 전대인에 대한 차임의 지급으로써 임대인에게 대항하지 못한다.

② 전항의 규정은 임대인의 임차인에 대한 권리행사에 영향을 미치지 아니한다.

제631조(전차인의 권리의 확정) 임차인이 임대인의 동의를 얻어 임차물을 전대한 경우에는 임대인과 임차인의 합의로 계약을 종료한 때에도 전차인의 권리는 소멸하지 아니한다.

제632조(임차건물의 소부분을 타인에게 사용케 하는 경우) 전3조의 규정은 건물의 임차인이 그 건물의 소부분을 타인에게 사용하게 하는 경우에 적용하지 아니한다.

제633조(차임지급의 시기) 차임은 동산, 건물이나 대지에 대하여는 매월말에, 기타 토지에 대하여는 매년말에 지급하여야 한다. 그러나 수확기있는 것에 대하여는 그 수확후 지체없이 지급하여야 한다.

제634조(임차인의 통지의무) 임차물의 수리를 요하거나 임차물에 대하여 권

리를 주장하는 자가 있는 때에는 임차인은 지체없이 임대인에게 이를 통지하여야 한다. 그러나 임대인이 이미 이를 안 때에는 그러하지 아니하다.

제635조(기간의 약정없는 임대차의 해지통고) ① 임대차기간의 약정이 없는 때에는 당사자는 언제든지 계약해지의 통고를 할 수 있다.

② 상대방이 전항의 통고를 받은 날로부터 다음 각호의 기간이 경과하면 해지의 효력이 생긴다.

1. 토지, 건물 기타 공작물에 대하여는 임대인이 해지를 통고한 경우에는 6월, 임차인이 해지를 통고한 경우에는 1월

2. 동산에 대하여는 5일

제636조(기간의 약정있는 임대차의 해지통고) 임대차기간의 약정이 있는 경우에도 당사자일방 또는 쌍방이 그 기간내에 해지할 권리를 보류한 때에는 전조의 규정을 준용한다.

제637조(임차인의 파산과 해지통고) ① 임차인이 파산선고를 받은 경우에는 임대차기간의 약정이 있는 때에도 임대인 또는 파산관재인은 제635조의 규정에 의하여 계약해지의 통고를 할 수 있다.

② 전항의 경우에 각 당사자는 상대방에 대하여 계약해지로 인하여 생긴 손해의 배상을 청구하지 못한다.

제638조(해지통고의 전차인에 대한 통지) ① 임대차계약이 해지의 통고로 인하여 종료된 경우에 그 임대물이 적법하게 전대되었을 때에는 임대인은 전차인에 대하여 그 사유를 통지하지 아니하면 해지로써 전차인에게 대항하지 못한다.

② 전차인이 전항의 통지를 받은 때에는 제635조제2항의 규정을 준용한다.

제639조(묵시의 갱신) ① 임대차기간이 만료한 후 임차인이 임차물의 사용, 수익을 계속하는 경우에 임대인이 상당한 기간내에 이의를 하지 아니한 때에는 전임대차와 동일한 조건으로 다시 임대차한 것으로 본다. 그러나 당사자는 제635조의 규정에 의하여 해지의 통고를 할 수 있다.

② 전항의 경우에 전임대차에 대하여 제삼자가 제공한 담보는 기간의 만료로 인하여 소멸한다.

제640조(차임연체와 해지) 건물 기타 공작물의 임대차에는 임차인의 차임연체액이 2기의 차임액에 달하는 때에는 임대인은 계약을 해지할 수 있다.

제641조(동전) 건물 기타 공작물의 소유 또는 식목, 채염, 목축을 목적으로 한 토지임대차의 경우에도 전조의 규정을 준용한다.

제642조(토지임대차의 해지와 지상건물 등에 대한 담보물권자에의 통지) 전조의 경우에 그 지상에 있는 건물 기타 공작물이 담보물권의 목적이 된 때에는 제288조의 규정을 준용한다.

제643조(임차인의 갱신청구권, 매수청구권) 건물 기타 공작물의 소유 또는 식목, 채염, 목축을 목적으로 한 토지임대차의 기간이 만료한 경우에 건물, 수목 기타 지상시설이 현존한 때에는 제283조의 규정을 준용한다.

제644조(전차인의 임대청구권, 매수청구권) ① 건물 기타 공작물의 소유 또는 식목, 채염, 목축을 목적으로 한 토지임차인이 적법하게 그 토지를 전대한 경우에 임대차 및 전대차의 기간이 동시에 만료되고 건물, 수목 기타 지상시설이 현존한 때에는 전차인은 임대인에 대하여 전전대차와 동일한 조건으로 임대할 것을 청구할 수 있다.

② 전항의 경우에 임대인이 임대할 것을 원하지 아니하는 때에는 제283조제2항의 규정을 준용한다.

제645조(지상권목적토지의 임차인의 임대청구권, 매수청구권) 전조의 규정은 지상권자가 그 토지를 임대한 경우에 준용한다.

제646조(임차인의 부속물매수청구권) ① 건물 기타 공작물의 임차인이 그 사용의 편익을 위하여 임대인의 동의를 얻어 이에 부속한 물건이 있는 때에는 임대차의 종료시에 임대인에 대하여 그 부속물의 매수를 청구할 수 있다.

② 임대인으로부터 매수한 부속물에 대하여도 전항과 같다.

제647조(전차인의 부속물매수청구권) ① 건물 기타 공작물의 임차인이 적법하게 전대한 경우에 전차인이 그 사용의 편익을 위하여 임대인의 동의를 얻어 이에 부속한 물건이 있는 때에는 전대차의 종료시에 임대인에 대하여 그 부속물의 매수를 청구할 수 있다.

② 임대인으로부터 매수하였거나 그 동의를 얻어 임차인으로부터 매수한 부속물에 대하여도 전항과 같다.

제648조(임차지의 부속물, 과실 등에 대한 법정질권) 토지임대인이 임대차에 관한 채권에 의하여 임차지에 부속 또는 그 사용의 편익에 공용한 임차인의 소유동산 및 그 토지의 과실을 압류한 때에는 질권과 동일한 효력이 있다.

제649조(임차지상의 건물에 대한 법정저당권) 토지임대인이 변제기를 경과한 최후 2년의 차임채권에 의하여 그 지상에 있는 임차인소유의 건물을 압류한 때에는 저당권과 동일한 효력이 있다.

제650조(임차건물등의 부속물에 대한 법정질권) 건물 기타 공작물의 임대인

이 임대차에 관한 채권에 의하여 그 건물 기타 공작물에 부속한 임차인소유의 동산을 압류한 때에는 질권과 동일한 효력이 있다.

제651조 삭제 <2016. 1. 6.>

제652조(강행규정) 제627조, 제628조, 제631조, 제635조, 제638조, 제640조, 제641조, 제643조 내지 제647조의 규정에 위반하는 약정으로 임차인이나 전차인에게 불리한 것은 그 효력이 없다.

제653조(일시사용을 위한 임대차의 특례) 제628조, 제638조, 제640조, 제646조 내지 제648조, 제650조 및 전조의 규정은 일시사용하기 위한 임대차 또는 전대차인 것이 명백한 경우에는 적용하지 아니한다.

제654조(준용규정) 제610조제1항, 제615조 내지 제617조의 규정은 임대차에 이를 준용한다.

제8절 고용

제655조(고용의 의의) 고용은 당사자 일방이 상대방에 대하여 노무를 제공할 것을 약정하고 상대방이 이에 대하여 보수를 지급할 것을 약정함으로써 그 효력이 생긴다.

제656조(보수액과 그 지급시기) ① 보수 또는 보수액의 약정이 없는 때에는 관습에 의하여 지급하여야 한다.

② 보수는 약정한 시기에 지급하여야 하며 시기의 약정이 없으면 관습에 의하고 관습이 없으면 약정한 노무를 종료한 후 지체없이 지급하여야 한다.

제657조(권리의무의 전속성) ① 사용자는 노무자의 동의없이 그 권리를 제삼자에게 양도하지 못한다.

② 노무자는 사용자의 동의없이 제삼자로 하여금 자기에 갈음하여 노무를 제공하게 하지 못한다.

③ 당사자 일방이 전2항의 규정에 위반한 때에는 상대방은 계약을 해지할 수 있다.

제658조(노무의 내용과 해지권) ① 사용자가 노무자에 대하여 약정하지 아니한 노무의 제공을 요구한 때에는 노무자는 계약을 해지할 수 있다.

② 약정한 노무가 특수한 기능을 요하는 경우에 노무자가 그 기능이 없는 때에는 사용자는 계약을 해지할 수 있다.

제659조(3년 이상의 경과와 해지통고권) ① 고용의 약정기간이 3년을 넘거나 당사자의 일방 또는 제삼자의 종신까지로 된 때에는 각 당사자는 3년을 경과한 후 언제든지 계약해지의 통고를 할 수 있다.

② 전항의 경우에는 상대방이 해지의 통고를 받은 날로부터 3월이 경과하면 해지의 효력이 생긴다.

제660조(기간의 약정이 없는 고용의 해지통고) ① 고용기간의 약정이 없는 때에는 당사자는 언제든지 계약해지의 통고를 할 수 있다.

② 전항의 경우에는 상대방이 해지의 통고를 받은 날로부터 1월이 경과하면 해지의 효력이 생긴다.

③ 기간으로 보수를 정한 때에는 상대방이 해지의 통고를 받은 당기후의 일기를 경과함으로써 해지의 효력이 생긴다.

제661조(부득이한 사유와 해지권) 고용기간의 약정이 있는 경우에도 부득이한 사유있는 때에는 각 당사자는 계약을 해지할 수 있다. 그러나 그 사유가 당사자 일방의 과실로 인하여 생긴 때에는 상대방에 대하여 손해를 배상하여야 한다.

제662조(묵시의 갱신) ① 고용기간이 만료한 후 노무자가 계속하여 그 노무를 제공하는 경우에 사용자가 상당한 기간내에 이의를 하지 아니한 때에는 전고용과 동일한 조건으로 다시 고용한 것으로 본다. 그러나 당사자는 제660조의 규정에 의하여 해지의 통고를 할 수 있다.

② 전항의 경우에는 전고용에 대하여 제삼자가 제공한 담보는 기간의 만료로 인하여 소멸한다.

제663조(사용자파산과 해지통고) ① 사용자가 파산선고를 받은 경우에는 고용기간의 약정이 있는 때에도 노무자 또는 파산관재인은 계약을 해지할 수 있다.

② 전항의 경우에는 각 당사자는 계약해지로 인한 손해의 배상을 청구하지 못한다.

제9절 도급

제664조(도급의 의의) 도급은 당사자 일방이 어느 일을 완성할 것을 약정하고 상대방이 그 일의 결과에 대하여 보수를 지급할 것을 약정함으로써 그 효력이 생긴다.

제665조(보수의 지급시기) ① 보수는 그 완성된 목적물의 인도와 동시에 지급하여야 한다. 그러나 목적물의 인도를 요하지 아니하는 경우에는 그 일을 완성한 후 지체없이 지급하여야 한다.

② 전항의 보수에 관하여는 제656조제2항의 규정을 준용한다.

제666조(수급인의 목적부동산에 대한 저당권설정청구권) 부동산공사의 수급인은 전조의 보수에 관한 채권을 담보하기 위하여 그 부동산을 목적으로 한 저당권의 설정을 청구할 수 있다.

제667조(수급인의 담보책임) ① 완성된 목적물 또는 완성전의 성취된 부분

에 하자가 있는 때에는 도급인은 수급인에 대하여 상당한 기간을 정하여 그 하자의 보수를 청구할 수 있다. 그러나 하자가 중요하지 아니한 경우에 그 보수에 과다한 비용을 요할 때에는 그러하지 아니하다.

② 도급인은 하자의 보수에 갈음하여 또는 보수와 함께 손해배상을 청구할 수 있다.

③ 전항의 경우에는 제536조의 규정을 준용한다.

제668조(동전-도급인의 해제권) 도급인이 완성된 목적물의 하자로 인하여 계약의 목적을 달성할 수 없는 때에는 계약을 해제할 수 있다. 그러나 건물 기타 토지의 공작물에 대하여는 그러하지 아니하다.

제669조(동전-하자가 도급인의 제공한 재료 또는 지시에 기인한 경우의 면책) 전2조의 규정은 목적물의 하자가 도급인이 제공한 재료의 성질 또는 도급인의 지시에 기인한 때에는 적용하지 아니한다. 그러나 수급인이 그 재료 또는 지시의 부적당함을 알고 도급인에게 고지하지 아니한 때에는 그러하지 아니하다.

제670조(담보책임의 존속기간) ① 전3조의 규정에 의한 하자의 보수, 손해배상의 청구 및 계약의 해제는 목적물의 인도를 받은 날로부터 1년내에 하여야 한다.

② 목적물의 인도를 요하지 아니하는 경우에는 전항의 기간은 일의 종료한 날로부터 기산한다.

제671조(수급인의 담보책임-토지, 건물 등에 대한 특칙) ① 토지, 건물 기타 공작물의 수급인은 목적물 또는 지반공사의 하자에 대하여 인도후 5년간 담보의 책임이 있다. 그러나 목적물이 석조, 석회조, 연와조, 금속 기타 이와 유사한 재료로 조성된 것인 때에는 그 기간을 10년으로 한다.

② 전항의 하자로 인하여 목적물이 멸실 또는 훼손된 때에는 도급인은 그 멸실 또는 훼손된 날로부터 1년내에 제667조의 권리를 행사하여야 한다.

제672조(담보책임면제의 특약) 수급인은 제667조, 제668조의 담보책임이 없음을 약정한 경우에도 알고 고지하지 아니한 사실에 대하여는 그 책임을 면하지 못한다.

제673조(완성전의 도급인의 해제권) 수급인이 일을 완성하기 전에는 도급인은 손해를 배상하고 계약을 해제할 수 있다.

제674조(도급인의 파산과 해제권) ① 도급인이 파산선고를 받은 때에는 수급인 또는 파산관재인은 계약을 해제

할 수 있다. 이 경우에는 수급인은 일의 완성된 부분에 대한 보수 및 보수에 포함되지 아니한 비용에 대하여 파산재단의 배당에 가입할 수 있다.

② 전항의 경우에는 각 당사자는 상대방에 대하여 계약해제로 인한 손해의 배상을 청구하지 못한다.

제9절의2 여행계약

제674조의2(여행계약의 의의) 여행계약은 당사자 한쪽이 상대방에게 운송, 숙박, 관광 또는 그 밖의 여행 관련 용역을 결합하여 제공하기로 약정하고 상대방이 그 대금을 지급하기로 약정함으로써 효력이 생긴다.

제674조의3(여행 개시 전의 계약 해제) 여행자는 여행을 시작하기 전에는 언제든지 계약을 해제할 수 있다. 다만, 여행자는 상대방에게 발생한 손해를 배상하여야 한다.

제674조의4(부득이한 사유로 인한 계약 해지) ① 부득이한 사유가 있는 경우에는 각 당사자는 계약을 해지할 수 있다. 다만, 그 사유가 당사자 한쪽의 과실로 인하여 생긴 경우에는 상대방에게 손해를 배상하여야 한다.

② 제1항에 따라 계약이 해지된 경우에도 계약상 귀환운송(歸還運送) 의무가 있는 여행주최자는 여행자를 귀환운송할 의무가 있다.

③ 제1항의 해지로 인하여 발생하는 추가 비용은 그 해지 사유가 어느 당사자의 사정에 속하는 경우에는 그 당사자가 부담하고, 누구의 사정에도 속하지 아니하는 경우에는 각 당사자가 절반씩 부담한다.

제674조의5(대금의 지급시기) 여행자는 약정한 시기에 대금을 지급하여야 하며, 그 시기의 약정이 없으면 관습에 따르고, 관습이 없으면 여행의 종료 후 지체 없이 지급하여야 한다.

제674조의6(여행주최자의 담보책임) ① 여행에 하자가 있는 경우에는 여행자는 여행주최자에게 하자의 시정 또는 대금의 감액을 청구할 수 있다. 다만, 그 시정에 지나치게 많은 비용이 들거나 그 밖에 시정을 합리적으로 기대할 수 없는 경우에는 시정을 청구할 수 없다.

② 제1항의 시정 청구는 상당한 기간을 정하여 하여야 한다. 다만, 즉시 시정할 필요가 있는 경우에는 그러하지 아니하다.

③ 여행자는 시정 청구, 감액 청구를 갈음하여 손해배상을 청구하거나 시정 청구, 감액 청구와 함께 손해배상을 청구할 수 있다.

제674조의7(여행주최자의 담보책임과 여행자의 해지권) ① 여행자는 여행에

중대한 하자가 있는 경우에 그 시정이 이루어지지 아니하거나 계약의 내용에 따른 이행을 기대할 수 없는 경우에는 계약을 해지할 수 있다.

② 계약이 해지된 경우에는 여행주최자는 대금청구권을 상실한다. 다만, 여행자가 실행된 여행으로 이익을 얻은 경우에는 그 이익을 여행주최자에게 상환하여야 한다.

③ 여행주최자는 계약의 해지로 인하여 필요하게 된 조치를 할 의무를 지며, 계약상 귀환운송 의무가 있으면 여행자를 귀환운송하여야 한다. 이 경우 상당한 이유가 있는 때에는 여행주최자는 여행자에게 그 비용의 일부를 청구할 수 있다.

제674조의8(담보책임의 존속기간) 제674조의6과 제674조의7에 따른 권리는 여행 기간 중에도 행사할 수 있으며, 계약에서 정한 여행 종료일부터 6개월 내에 행사하여야 한다.

제674조의9(강행규정) 제674조의3, 제674조의4 또는 제674조의6부터 제674조의8까지의 규정을 위반하는 약정으로서 여행자에게 불리한 것은 효력이 없다.

제10절 현상광고

제675조(현상광고의 의의) 현상광고는 광고자가 어느 행위를 한 자에게 일정한 보수를 지급할 의사를 표시하고 이에 응한 자가 그 광고에 정한 행위를 완료함으로써 그 효력이 생긴다.

제676조(보수수령권자) ① 광고에 정한 행위를 완료한 자가 수인인 경우에는 먼저 그 행위를 완료한 자가 보수를 받을 권리가 있다.

② 수인이 동시에 완료한 경우에는 각각 균등한 비율로 보수를 받을 권리가 있다. 그러나 보수가 그 성질상 분할할 수 없거나 광고에 1인만이 보수를 받을 것으로 정한 때에는 추첨에 의하여 결정한다.

제677조(광고부지의 행위) 전조의 규정은 광고있음을 알지 못하고 광고에 정한 행위를 완료한 경우에 준용한다.

제678조(우수현상광고) ① 광고에 정한 행위를 완료한 자가 수인인 경우에 그 우수한 자에 한하여 보수를 지급할 것을 정하는 때에는 그 광고에 응모기간을 정한 때에 한하여 그 효력이 생긴다.

② 전항의 경우에 우수의 판정은 광고 중에 정한 자가 한다. 광고 중에 판정자를 정하지 아니한 때에는 광고자가 판정한다.

③ 우수한 자 없다는 판정은 이를 할 수 없다. 그러나 광고 중에 다른 의사표시가 있거나 광고의 성질상 판정의

표준이 정하여져 있는 때에는 그러하지 아니하다.

④ 응모자는 전2항의 판정에 대하여 이의를 하지 못한다.

⑤ 수인의 행위가 동등으로 판정된 때에는 제676조제2항의 규정을 준용한다.

제679조(현상광고의 철회) ① 광고에 그 지정한 행위의 완료기간을 정한 때에는 그 기간만료전에 광고를 철회하지 못한다.

② 광고에 행위의 완료기간을 정하지 아니한 때에는 그 행위를 완료한 자 있기 전에는 그 광고와 동일한 방법으로 광고를 철회할 수 있다.

③ 전광고와 동일한 방법으로 철회할 수 없는 때에는 그와 유사한 방법으로 철회할 수 있다. 이 철회는 철회한 것을 안 자에 대하여만 그 효력이 있다.

제11절 위임

제680조(위임의 의의) 위임은 당사자 일방이 상대방에 대하여 사무의 처리를 위탁하고 상대방이 이를 승낙함으로써 그 효력이 생긴다.

제681조(수임인의 선관의무) 수임인은 위임의 본지에 따라 선량한 관리자의 주의로써 위임사무를 처리하여야 한다.

제682조(복임권의 제한) ① 수임인은 위임인의 승낙이나 부득이한 사유없이 제삼자로 하여금 자기에 갈음하여 위임사무를 처리하게 하지 못한다.

② 수임인이 전항의 규정에 의하여 제삼자에게 위임사무를 처리하게 한 경우에는 제121조, 제123조의 규정을 준용한다.

제683조(수임인의 보고의무) 수임인은 위임인의 청구가 있는 때에는 위임사무의 처리상황을 보고하고 위임이 종료한 때에는 지체없이 그 전말을 보고하여야 한다.

제684조(수임인의 취득물 등의 인도, 이전의무) ① 수임인은 위임사무의 처리로 인하여 받은 금전 기타의 물건 및 그 수취한 과실을 위임인에게 인도하여야 한다.

② 수임인이 위임인을 위하여 자기의 명의로 취득한 권리는 위임인에게 이전하여야 한다.

제685조(수임인의 금전소비의 책임) 수임인이 위임인에게 인도할 금전 또는 위임인의 이익을 위하여 사용할 금전을 자기를 위하여 소비한 때에는 소비한 날 이후의 이자를 지급하여야 하며 그 외의 손해가 있으면 배상하여야 한다.

제686조(수임인의 보수청구권) ① 수임인은 특별한 약정이 없으면 위임인에 대하여 보수를 청구하지 못한다.

② 수임인이 보수를 받을 경우에는 위

임사무를 완료한 후가 아니면 이를 청구하지 못한다. 그러나 기간으로 보수를 정한 때에는 그 기간이 경과한 후에 이를 청구할 수 있다.

③ 수임인이 위임사무를 처리하는 중에 수임인의 책임없는 사유로 인하여 위임이 종료된 때에는 수임인은 이미 처리한 사무의 비율에 따른 보수를 청구할 수 있다.

제687조(수임인의 비용선급청구권) 위임사무의 처리에 비용을 요하는 때에는 위임인은 수임인의 청구에 의하여 이를 선급하여야 한다.

제688조(수임인의 비용상환청구권 등) ① 수임인이 위임사무의 처리에 관하여 필요비를 지출한 때에는 위임인에 대하여 지출한 날 이후의 이자를 청구할 수 있다.

② 수임인이 위임사무의 처리에 필요한 채무를 부담한 때에는 위임인에게 자기에 갈음하여 이를 변제하게 할 수 있고 그 채무가 변제기에 있지 아니한 때에는 상당한 담보를 제공하게 할 수 있다.

③ 수임인이 위임사무의 처리를 위하여 과실없이 손해를 받은 때에는 위임인에 대하여 그 배상을 청구할 수 있다.

제689조(위임의 상호해지의 자유) ① 위임계약은 각 당사자가 언제든지 해지할 수 있다.

② 당사자 일방이 부득이한 사유없이 상대방의 불리한 시기에 계약을 해지한 때에는 그 손해를 배상하여야 한다.

제690조(사망·파산 등과 위임의 종료) 위임은 당사자 한쪽의 사망이나 파산으로 종료된다. 수임인이 성년후견개시의 심판을 받은 경우에도 이와 같다.

제691조(위임종료시의 긴급처리) 위임종료의 경우에 급박한 사정이 있는 때에는 수임인, 그 상속인이나 법정대리인은 위임인, 그 상속인이나 법정대리인이 위임사무를 처리할 수 있을 때까지 그 사무의 처리를 계속하여야 한다. 이 경우에는 위임의 존속과 동일한 효력이 있다.

제692조(위임종료의 대항요건) 위임종료의 사유는 이를 상대방에게 통지하거나 상대방이 이를 안 때가 아니면 이로써 상대방에게 대항하지 못한다.

제12절 임치

제693조(임치의 의의) 임치는 당사자 일방이 상대방에 대하여 금전이나 유가증권 기타 물건의 보관을 위탁하고 상대방이 이를 승낙함으로써 효력이 생긴다.

제694조(수치인의 임치물사용금지) 수치인은 임치인의 동의없이 임치물을

사용하지 못한다.

제695조(무상수치인의 주의의무) 보수 없이 임치를 받은 자는 임치물을 자기 재산과 동일한 주의로 보관하여야 한다.

제696조(수치인의 통지의무) 임치물에 대한 권리를 주장하는 제삼자가 수치 인에 대하여 소를 제기하거나 압류한 때에는 수치인은 지체없이 임치인에게 이를 통지하여야 한다.

제697조(임치물의 성질, 하자로 인한 임치인의 손해배상의무) 임치인은 임치 물의 성질 또는 하자로 인하여 생긴 손 해를 수치인에게 배상하여야 한다. 그 러나 수치인이 그 성질 또는 하자를 안 때에는 그러하지 아니하다.

제698조(기간의 약정있는 임치의 해지) 임치기간의 약정이 있는 때에는 수치 인은 부득이한 사유없이 그 기간만료 전에 계약을 해지하지 못한다. 그러나 임치인은 언제든지 계약을 해지할 수 있다.

제699조(기간의 약정없는 임치의 해지) 임치기간의 약정이 없는 때에는 각 당사 자는 언제든지 계약을 해지할 수 있다.

제700조(임치물의 반환장소) 임치물은 그 보관한 장소에서 반환하여야 한다. 그러나 수치인이 정당한 사유로 인하 여 그 물건을 전치한 때에는 현존하는 장소에서 반환할 수 있다.

제701조(준용규정) 제682조, 제684조 내지 제687조 및 제688조제1항, 제2항 의 규정은 임치에 준용한다.

제702조(소비임치) 수치인이 계약에 의하여 임치물을 소비할 수 있는 경우 에는 소비대차에 관한 규정을 준용한 다. 그러나 반환시기의 약정이 없는 때 에는 임치인은 언제든지 그 반환을 청 구할 수 있다.

제13절 조합

제703조(조합의 의의) ① 조합은 2인 이상이 상호출자하여 공동사업을 경 영할 것을 약정함으로써 그 효력이 생 긴다.

② 전항의 출자는 금전 기타 재산 또 는 노무로 할 수 있다.

제704조(조합재산의 합유) 조합원의 출 자 기타 조합재산은 조합원의 합유로 한다.

제705조(금전출자지체의 책임) 금전을 출자의 목적으로 한 조합원이 출자시 기를 지체한 때에는 연체이자를 지급 하는 외에 손해를 배상하여야 한다.

제706조(사무집행의 방법) ① 조합계 약으로 업무집행자를 정하지 아니한 경우에는 조합원의 3분의 2 이상의 찬 성으로써 이를 선임한다.

② 조합의 업무집행은 조합원의 과반

수로써 결정한다. 업무집행자 수인인 때에는 그 과반수로써 결정한다.

③ 조합의 통상사무는 전항의 규정에 불구하고 각 조합원 또는 각 업무집행자가 전행할 수 있다. 그러나 그 사무의 완료전에 다른 조합원 또는 다른 업무집행자의 이의가 있는 때에는 즉시 중지하여야 한다.

제707조(준용규정) 조합업무를 집행하는 조합원에는 제681조 내지 제688조의 규정을 준용한다.

제708조(업무집행자의 사임, 해임) 업무집행자인 조합원은 정당한 사유없이 사임하지 못하며 다른 조합원의 일치가 아니면 해임하지 못한다.

제709조(업무집행자의 대리권추정) 조합의 업무를 집행하는 조합원은 그 업무집행의 대리권있는 것으로 추정한다.

제710조(조합원의 업무, 재산상태검사권) 각 조합원은 언제든지 조합의 업무 및 재산상태를 검사할 수 있다.

제711조(손익분배의 비율) ① 당사자가 손익분배의 비율을 정하지 아니한 때에는 각 조합원의 출자가액에 비례하여 이를 정한다.

② 이익 또는 손실에 대하여 분배의 비율을 정한 때에는 그 비율은 이익과 손실에 공통된 것으로 추정한다.

제712조(조합원에 대한 채권자의 권리행사) 조합채권자는 그 채권발생 당시에 조합원의 손실부담의 비율을 알지 못한 때에는 각 조합원에게 균분하여 그 권리를 행사할 수 있다.

제713조(무자력조합원의 채무와 타조합원의 변제책임) 조합원 중에 변제할 자력없는 자가 있는 때에는 그 변제할 수 없는 부분은 다른 조합원이 균분하여 변제할 책임이 있다.

제714조(지분에 대한 압류의 효력) 조합원의 지분에 대한 압류는 그 조합원의 장래의 이익배당 및 지분의 반환을 받을 권리에 대하여 효력이 있다.

제715조(조합채무자의 상계의 금지) 조합의 채무자는 그 채무와 조합원에 대한 채권으로 상계하지 못한다.

제716조(임의탈퇴) ① 조합계약으로 조합의 존속기간을 정하지 아니하거나 조합원의 종신까지 존속할 것을 정한 때에는 각 조합원은 언제든지 탈퇴할 수 있다. 그러나 부득이한 사유없이 조합의 불리한 시기에 탈퇴하지 못한다.

② 조합의 존속기간을 정한 때에도 조합원은 부득이한 사유가 있으면 탈퇴할 수 있다.

제717조(비임의 탈퇴) 제716조의 경우 외에 조합원은 다음 각 호의 어느 하나에 해당하는 사유가 있으면 탈퇴된다.

1. 사망

2. 파산

3. 성년후견의 개시

4. 제명(除名)

제718조(제명) ① 조합원의 제명은 정당한 사유있는 때에 한하여 다른 조합원의 일치로써 이를 결정한다.

② 전항의 제명결정은 제명된 조합원에게 통지하지 아니하면 그 조합원에게 대항하지 못한다.

제719조(탈퇴조합원의 지분의 계산) ① 탈퇴한 조합원과 다른 조합원간의 계산은 탈퇴당시의 조합재산상태에 의하여 한다.

② 탈퇴한 조합원의 지분은 그 출자의 종류여하에 불구하고 금전으로 반환할 수 있다.

③ 탈퇴당시에 완결되지 아니한 사항에 대하여는 완결후에 계산할 수 있다.

제720조(부득이한 사유로 인한 해산청구) 부득이한 사유가 있는 때에는 각 조합원은 조합의 해산을 청구할 수 있다.

제721조(청산인) ① 조합이 해산한 때에는 청산은 총조합원 공동으로 또는 그들이 선임한 자가 그 사무를 집행한다.

② 전항의 청산인의 선임은 조합원의 과반수로써 결정한다.

제722조(청산인의 업무집행방법) 청산인이 수인인 때에는 제706조제2항 후단의 규정을 준용한다.

제723조(조합원인 청산인의 사임, 해임) 조합원 중에서 청산인을 정한 때에는 제708조의 규정을 준용한다.

제724조(청산인의 직무, 권한과 잔여재산의 분배) ① 청산인의 직무 및 권한에 관하여는 제87조의 규정을 준용한다.

② 잔여재산은 각 조합원의 출자가액에 비례하여 이를 분배한다.

제14절 종신정기금

제725조(종신정기금계약의 의의) 종신정기금계약은 당사자 일방이 자기, 상대방 또는 제삼자의 종신까지 정기로 금전 기타의 물건을 상대방 또는 제삼자에게 지급할 것을 약정함으로써 그 효력이 생긴다.

제726조(종신정기금의 계산) 종신정기금은 일수로 계산한다.

제727조(종신정기금계약의 해제) ① 정기금채무자가 정기금채무의 원본을 받은 경우에 그 정기금채무의 지급을 해태하거나 기타 의무를 이행하지 아니한 때에는 정기금채권자는 원본의 반환을 청구할 수 있다. 그러나 이미 지급을 받은 채무액에서 그 원본의 이자를 공제한 잔액을 정기금채무자에게 반환하여야 한다.

② 전항의 규정은 손해배상의 청구에

영향을 미치지 아니한다.

제728조(해제와 동시이행) 제536조의 규정은 전조의 경우에 준용한다.

제729조(채무자귀책사유로 인한 사망과 채권존속선고) ① 사망이 정기금채무자의 책임있는 사유로 인한 때에는 법원은 정기금채권자 또는 그 상속인의 청구에 의하여 상당한 기간 채권의 존속을 선고할 수 있다.

② 전항의 경우에도 제727조의 권리를 행사할 수 있다.

제730조(유증에 의한 종신정기금) 본절의 규정은 유증에 의한 종신정기금채권에 준용한다.

제15절 화해

제731조(화해의 의의) 화해는 당사자가 상호양보하여 당사자간의 분쟁을 종지할 것을 약정함으로써 그 효력이 생긴다.

제732조(화해의 창설적효력) 화해계약은 당사자 일방이 양보한 권리가 소멸되고 상대방이 화해로 인하여 그 권리를 취득하는 효력이 있다.

제733조(화해의 효력과 착오) 화해계약은 착오를 이유로 하여 취소하지 못한다. 그러나 화해당사자의 자격 또는 화해의 목적인 분쟁 이외의 사항에 착오가 있는 때에는 그러하지 아니하다.

제3장 사무관리

제734조(사무관리의 내용) ① 의무없이 타인을 위하여 사무를 관리하는 자는 그 사무의 성질에 좇아 가장 본인에게 이익되는 방법으로 이를 관리하여야 한다.

② 관리자가 본인의 의사를 알거나 알 수 있는 때에는 그 의사에 적합하도록 관리하여야 한다.

③ 관리자가 전2항의 규정에 위반하여 사무를 관리한 경우에는 과실없는 때에도 이로 인한 손해를 배상할 책임이 있다. 그러나 그 관리행위가 공공의 이익에 적합한 때에는 중대한 과실이 없으면 배상할 책임이 없다.

제735조(긴급사무관리) 관리자가 타인의 생명, 신체, 명예 또는 재산에 대한 급박한 위해를 면하게 하기 위하여 그 사무를 관리한 때에는 고의나 중대한 과실이 없으면 이로 인한 손해를 배상할 책임이 없다.

제736조(관리자의 통지의무) 관리자가 관리를 개시한 때에는 지체없이 본인에게 통지하여야 한다. 그러나 본인이 이미 이를 안 때에는 그러하지 아니하다.

제737조(관리자의 관리계속의무) 관리자는 본인, 그 상속인이나 법정대리인이 그 사무를 관리하는 때까지 관리를 계속하여야 한다. 그러나 관리의 계속

이 본인의 의사에 반하거나 본인에게 불리함이 명백한 때에는 그러하지 아니하다.

제738조(준용규정) 제683조 내지 제685조의 규정은 사무관리에 준용한다.

제739조(관리자의 비용상환청구권) ① 관리자가 본인을 위하여 필요비 또는 유익비를 지출한 때에는 본인에 대하여 그 상환을 청구할 수 있다.

② 관리자가 본인을 위하여 필요 또는 유익한 채무를 부담한 때에는 제688조 제2항의 규정을 준용한다.

③ 관리자가 본인의 의사에 반하여 관리한 때에는 본인의 현존이익의 한도에서 전2항의 규정을 준용한다.

제740조(관리자의 무과실손해보상청구권) 관리자가 사무관리를 함에 있어서 과실없이 손해를 받은 때에는 본인의 현존이익의 한도에서 그 손해의 보상을 청구할 수 있다.

제4장 부당이득

제741조(부당이득의 내용) 법률상 원인 없이 타인의 재산 또는 노무로 인하여 이익을 얻고 이로 인하여 타인에게 손해를 가한 자는 그 이익을 반환하여야 한다.

제742조(비채변제) 채무없음을 알고 이를 변제한 때에는 그 반환을 청구하지 못한다.

제743조(기한전의 변제) 변제기에 있지 아니한 채무를 변제한 때에는 그 반환을 청구하지 못한다. 그러나 채무자가 착오로 인하여 변제한 때에는 채권자는 이로 인하여 얻은 이익을 반환하여야 한다.

제744조(도의관념에 적합한 비채변제) 채무없는 자가 착오로 인하여 변제한 경우에 그 변제가 도의관념에 적합한 때에는 그 반환을 청구하지 못한다.

제745조(타인의 채무의 변제) ① 채무자아닌 자가 착오로 인하여 타인의 채무를 변제한 경우에 채권자가 선의로 증서를 훼멸하거나 담보를 포기하거나 시효로 인하여 그 채권을 잃은 때에는 변제자는 그 반환을 청구하지 못한다.

② 전항의 경우에 변제자는 채무자에 대하여 구상권을 행사할 수 있다.

제746조(불법원인급여) 불법의 원인으로 인하여 재산을 급여하거나 노무를 제공한 때에는 그 이익의 반환을 청구하지 못한다. 그러나 그 불법원인이 수익자에게만 있는 때에는 그러하지 아니하다.

제747조(원물반환불능한 경우와 가액반환, 전득자의 책임) ① 수익자가 그 받은 목적물을 반환할 수 없는 때에는 그 가액을 반환하여야 한다.

② 수익자가 그 이익을 반환할 수 없는 경우에는 수익자로부터 무상으로 그 이익의 목적물을 양수한 악의의 제삼자는 전항의 규정에 의하여 반환할 책임이 있다.

제748조(수익자의 반환범위) ① 선의의 수익자는 그 받은 이익이 현존한 한도에서 전조의 책임이 있다.

② 악의의 수익자는 그 받은 이익에 이자를 붙여 반환하고 손해가 있으면 이를 배상하여야 한다.

제749조(수익자의 악의인정) ① 수익자가 이익을 받은 후 법률상 원인없음을 안 때에는 그때부터 악의의 수익자로서 이익반환의 책임이 있다.

② 선의의 수익자가 패소한 때에는 그 소를 제기한 때부터 악의의 수익자로 본다.

제5장 불법행위

제750조(불법행위의 내용) 고의 또는 과실로 인한 위법행위로 타인에게 손해를 가한 자는 그 손해를 배상할 책임이 있다.

제751조(재산 이외의 손해의 배상) ① 타인의 신체, 자유 또는 명예를 해하거나 기타 정신상고통을 가한 자는 재산 이외의 손해에 대하여도 배상할 책임이 있다.

② 법원은 전항의 손해배상을 정기금 채무로 지급할 것을 명할 수 있고 그 이행을 확보하기 위하여 상당한 담보의 제공을 명할 수 있다.

제752조(생명침해로 인한 위자료) 타인의 생명을 해한 자는 피해자의 직계존속, 직계비속 및 배우자에 대하여는 재산상의 손해없는 경우에도 손해배상의 책임이 있다.

제753조(미성년자의 책임능력) 미성년자가 타인에게 손해를 가한 경우에 그 행위의 책임을 변식할 지능이 없는 때에는 배상의 책임이 없다.

제754조(심신상실자의 책임능력) 심신상실 중에 타인에게 손해를 가한 자는 배상의 책임이 없다. 그러나 고의 또는 과실로 인하여 심신상실을 초래한 때에는 그러하지 아니하다.

제755조(감독자의 책임) ① 다른 자에게 손해를 가한 사람이 제753조 또는 제754조에 따라 책임이 없는 경우에는 그를 감독할 법정의무가 있는 자가 그 손해를 배상할 책임이 있다. 다만, 감독의무를 게을리하지 아니한 경우에는 그러하지 아니하다.

② 감독의무자를 갈음하여 제753조 또는 제754조에 따라 책임이 없는 사람을 감독하는 자도 제1항의 책임이 있다.

제756조(사용자의 배상책임) ① 타인

을 사용하여 어느 사무에 종사하게 한 자는 피용자가 그 사무집행에 관하여 제삼자에게 가한 손해를 배상할 책임이 있다. 그러나 사용자가 피용자의 선임 및 그 사무감독에 상당한 주의를 한 때 또는 상당한 주의를 하여도 손해가 있을 경우에는 그러하지 아니하다.
② 사용자에 갈음하여 그 사무를 감독하는 자도 전항의 책임이 있다.
③ 전2항의 경우에 사용자 또는 감독자는 피용자에 대하여 구상권을 행사할 수 있다.

제757조(도급인의 책임) 도급인은 수급인이 그 일에 관하여 제삼자에게 가한 손해를 배상할 책임이 없다. 그러나 도급 또는 지시에 관하여 도급인에게 중대한 과실이 있는 때에는 그러하지 아니하다.

제758조(공작물등의 점유자, 소유자의 책임) ① 공작물의 설치 또는 보존의 하자로 인하여 타인에게 손해를 가한 때에는 공작물점유자가 손해를 배상할 책임이 있다. 그러나 점유자가 손해의 방지에 필요한 주의를 해태하지 아니한 때에는 그 소유자가 손해를 배상할 책임이 있다.
② 전항의 규정은 수목의 재식 또는 보존에 하자있는 경우에 준용한다.
③ 전2항의 경우 점유자 또는 소유자는 그 손해의 원인에 대한 책임있는 자에 대하여 구상권을 행사할 수 있다.

제759조(동물의 점유자의 책임) ① 동물의 점유자는 그 동물이 타인에게 가한 손해를 배상할 책임이 있다. 그러나 동물의 종류와 성질에 따라 그 보관에 상당한 주의를 해태하지 아니한 때에는 그러하지 아니하다.
② 점유자에 갈음하여 동물을 보관한 자도 전항의 책임이 있다.

제760조(공동불법행위자의 책임) ① 수인이 공동의 불법행위로 타인에게 손해를 가한 때에는 연대하여 그 손해를 배상할 책임이 있다.
② 공동 아닌 수인의 행위중 어느 자의 행위가 그 손해를 가한 것인지를 알 수 없는 때에도 전항과 같다.
③ 교사자나 방조자는 공동행위자로 본다.

제761조(정당방위, 긴급피난) ① 타인의 불법행위에 대하여 자기 또는 제삼자의 이익을 방위하기 위하여 부득이 타인에게 손해를 가한 자는 배상할 책임이 없다. 그러나 피해자는 불법행위에 대하여 손해의 배상을 청구할 수 있다.
② 전항의 규정은 급박한 위난을 피하기 위하여 부득이 타인에게 손해를 가한 경우에 준용한다.

제762조(손해배상청구권에 있어서의 태아의 지위) 태아는 손해배상의 청구권에 관하여는 이미 출생한 것으로 본다.
제763조(준용규정) 제393조, 제394조, 제396조, 제399조의 규정은 불법행위로 인한 손해배상에 준용한다.
제764조(명예훼손의 경우의 특칙) 타인의 명예를 훼손한 자에 대하여는 법원은 피해자의 청구에 의하여 손해배상에 갈음하거나 손해배상과 함께 명예회복에 적당한 처분을 명할 수 있다.
제765조(배상액의 경감청구) ① 본장의 규정에 의한 배상의무자는 그 손해가 고의 또는 중대한 과실에 의한 것이 아니고 그 배상으로 인하여 배상자의 생계에 중대한 영향을 미치게 될 경우에는 법원에 그 배상액의 경감을 청구할 수 있다.
② 법원은 전항의 청구가 있는 때에는 채권자 및 채무자의 경제상태와 손해의 원인 등을 참작하여 배상액을 경감할 수 있다.
제766조(손해배상청구권의 소멸시효) ① 불법행위로 인한 손해배상의 청구권은 피해자나 그 법정대리인이 그 손해 및 가해자를 안 날로부터 3년간 이를 행사하지 아니하면 시효로 인하여 소멸한다.
② 불법행위를 한 날로부터 10년을 경과한 때에도 전항과 같다.

③ 미성년자가 성폭력, 성추행, 성희롱, 그 밖의 성적(性的) 침해를 당한 경우에 이로 인한 손해배상청구권의 소멸시효는 그가 성년이 될 때까지는 진행되지 아니한다.

제4편 친족

제1장 총칙

제767조(친족의 정의) 배우자, 혈족 및 인척을 친족으로 한다.
제768조(혈족의 정의) 자기의 직계존속과 직계비속을 직계혈족이라 하고 자기의 형제자매와 형제자매의 직계비속, 직계존속의 형제자매 및 그 형제자매의 직계비속을 방계혈족이라 한다.
제769조(인척의 계원) 혈족의 배우자, 배우자의 혈족, 배우자의 혈족의 배우자를 인척으로 한다.
제770조(혈족의 촌수의 계산) ① 직계혈족은 자기로부터 직계존속에 이르고 자기로부터 직계비속에 이르러 그 세수를 정한다.
② 방계혈족은 자기로부터 동원의 직계존속에 이르는 세수와 그 동원의 직계존속으로부터 그 직계비속에 이르는 세수를 통산하여 그 촌수를 정한다.
제771조(인척의 촌수의 계산) 인척은 배우자의 혈족에 대하여는 배우자의 그 혈족에 대한 촌수에 따르고, 혈족의

배우자에 대하여는 그 혈족에 대한 촌수에 따른다.

제772조(양자와의 친계와 촌수) ① 양자와 양부모 및 그 혈족, 인척사이의 친계와 촌수는 입양한 때로부터 혼인 중의 출생자와 동일한 것으로 본다.

② 양자의 배우자, 직계비속과 그 배우자는 전항의 양자의 친계를 기준으로 하여 촌수를 정한다.

제773조 삭제 <1990. 1. 13.>

제774조 삭제 <1990. 1. 13.>

제775조(인척관계 등의 소멸) ① 인척관계는 혼인의 취소 또는 이혼으로 인하여 종료한다.

② 부부의 일방이 사망한 경우 생존 배우자가 재혼한 때에도 제1항과 같다.

제776조(입양으로 인한 친족관계의 소멸) 입양으로 인한 친족관계는 입양의 취소 또는 파양으로 인하여 종료한다.

제777조(친족의 범위) 친족관계로 인한 법률상 효력은 이 법 또는 다른 법률에 특별한 규정이 없는 한 다음 각호에 해당하는 자에 미친다.

1. 8촌 이내의 혈족
2. 4촌 이내의 인척
3. 배우자

제2장 가족의 범위와 자의 성과 본

제778조 삭제 <2005. 3. 31.>

제779조(가족의 범위) ① 다음의 자는 가족으로 한다.

1. 배우자, 직계혈족 및 형제자매
2. 직계혈족의 배우자, 배우자의 직계 혈족 및 배우자의 형제자매

② 제1항제2호의 경우에는 생계를 같이 하는 경우에 한한다.

제780조 삭제 <2005. 3. 31.>

제781조(자의 성과 본) ① 자는 부의 성과 본을 따른다. 다만, 부모가 혼인 신고시 모의 성과 본을 따르기로 협의한 경우에는 모의 성과 본을 따른다.

② 부가 외국인인 경우에는 자는 모의 성과 본을 따를 수 있다.

③ 부를 알 수 없는 자는 모의 성과 본을 따른다.

④ 부모를 알 수 없는 자는 법원의 허가를 받아 성과 본을 창설한다. 다만, 성과 본을 창설한 후 부 또는 모를 알게 된 때에는 부 또는 모의 성과 본을 따를 수 있다.

⑤ 혼인외의 출생자가 인지된 경우 자는 부모의 협의에 따라 종전의 성과 본을 계속 사용할 수 있다. 다만, 부모가 협의할 수 없거나 협의가 이루어지지 아니한 경우에는 자는 법원의 허가를 받아 종전의 성과 본을 계속 사용할 수 있다.

⑥ 자의 복리를 위하여 자의 성과 본을

변경할 필요가 있을 때에는 부, 모 또는 자의 청구에 의하여 법원의 허가를 받아 이를 변경할 수 있다. 다만, 자가 미성년자이고 법정대리인이 청구할 수 없는 경우에는 제777조의 규정에 따른 친족 또는 검사가 청구할 수 있다.

제782조 삭제 <2005. 3. 31.>

제783조 삭제 <2005. 3. 31.>

제784조 삭제 <2005. 3. 31.>

제785조 삭제 <2005. 3. 31.>

제786조 삭제 <2005. 3. 31.>

제787조 삭제 <2005. 3. 31.>

제788조 삭제 <2005. 3. 31.>

제789조 삭제 <2005. 3. 31.>

제790조 삭제 <1990. 1. 13.>

제791조 삭제 <2005. 3. 31.>

제792조 삭제 <1990. 1. 13.>

제793조 삭제 <2005. 3. 31.>

제794조 삭제 <2005. 3. 31.>

제795조 삭제 <2005. 3. 31.>

제796조 삭제 <2005. 3. 31.>

제797조 삭제 <1990. 1. 13.>

제798조 삭제 <1990. 1. 13.>

제799조 삭제 <1990. 1. 13.>

제3장 혼인

제1절 약혼

제800조(약혼의 자유) 성년에 달한 자는 자유로 약혼할 수 있다.

제801조(약혼 나이) 18세가 된 사람은 부모나 미성년후견인의 동의를 받아 약혼할 수 있다. 이 경우 제808조를 준용한다.

제802조(성년후견과 약혼) 피성년후견인은 부모나 성년후견인의 동의를 받아 약혼할 수 있다. 이 경우 제808조를 준용한다.

제803조(약혼의 강제이행금지) 약혼은 강제이행을 청구하지 못한다.

제804조(약혼해제의 사유) 당사자 한쪽에 다음 각 호의 어느 하나에 해당하는 사유가 있는 경우에는 상대방은 약혼을 해제할 수 있다.

1. 약혼 후 자격정지 이상의 형을 선고받은 경우
2. 약혼 후 성년후견개시나 한정후견개시의 심판을 받은 경우
3. 성병, 불치의 정신병, 그 밖의 불치의 병질(病疾)이 있는 경우
4. 약혼 후 다른 사람과 약혼이나 혼인을 한 경우
5. 약혼 후 다른 사람과 간음(姦淫)한 경우
6. 약혼 후 1년 이상 생사(生死)가 불명한 경우
7. 정당한 이유 없이 혼인을 거절하거나 그 시기를 늦추는 경우

8. 그 밖에 중대한 사유가 있는 경우

제805조(약혼해제의 방법) 약혼의 해제는 상대방에 대한 의사표시로 한다. 그러나 상대방에 대하여 의사표시를 할 수 없는 때에는 그 해제의 원인있음을 안 때에 해제된 것으로 본다.

제806조(약혼해제와 손해배상청구권) ① 약혼을 해제한 때에는 당사자 일방은 과실있는 상대방에 대하여 이로 인한 손해의 배상을 청구할 수 있다.

② 전항의 경우에는 재산상 손해외에 정신상 고통에 대하여도 손해배상의 책임이 있다.

③ 정신상 고통에 대한 배상청구권은 양도 또는 승계하지 못한다. 그러나 당사자간에 이미 그 배상에 관한 계약이 성립되거나 소를 제기한 후에는 그러하지 아니하다.

제2절 혼인의 성립

제807조(혼인적령) 18세가 된 사람은 혼인할 수 있다.

제808조(동의가 필요한 혼인) ① 미성년자가 혼인을 하는 경우에는 부모의 동의를 받아야 하며, 부모 중 한쪽이 동의권을 행사할 수 없을 때에는 다른 한쪽의 동의를 받아야 하고, 부모가 모두 동의권을 행사할 수 없을 때에는 미성년후견인의 동의를 받아야 한다.

② 피성년후견인은 부모나 성년후견인의 동의를 받아 혼인할 수 있다.

제809조(근친혼 등의 금지) ① 8촌 이내의 혈족(친양자의 입양 전의 혈족을 포함한다) 사이에서는 혼인하지 못한다.

② 6촌 이내의 혈족의 배우자, 배우자의 6촌 이내의 혈족, 배우자의 4촌 이내의 혈족의 배우자인 인척이거나 이러한 인척이었던 자 사이에서는 혼인하지 못한다.

③ 6촌 이내의 양부모계(養父母系)의 혈족이었던 자와 4촌 이내의 양부모계의 인척이었던 자 사이에서는 혼인하지 못한다.

제810조(중혼의 금지) 배우자 있는 자는 다시 혼인하지 못한다.

제811조 삭제 <2005. 3. 31.>

제812조(혼인의 성립) ① 혼인은 「가족관계의 등록 등에 관한 법률」에 정한 바에 의하여 신고함으로써 그 효력이 생긴다.

② 전항의 신고는 당사자 쌍방과 성년자인 증인 2인의 연서한 서면으로 하여야 한다.

제813조(혼인신고의 심사) 혼인의 신고는 그 혼인이 제807조 내지 제810조 및 제812조제2항의 규정 기타 법령에 위반함이 없는 때에는 이를 수리하여야 한다.

제814조(외국에서의 혼인신고) ① 외국에 있는 본국민사이의 혼인은 그 외국에 주재하는 대사, 공사 또는 영사에게 신고할 수 있다.

② 제1항의 신고를 수리한 대사, 공사 또는 영사는 지체없이 그 신고서류를 본국의 재외국민 가족관계등록사무소에 송부하여야 한다.

제3절 혼인의 무효와 취소

제815조(혼인의 무효) 혼인은 다음 각 호의 어느 하나의 경우에는 무효로 한다.

1. 당사자간에 혼인의 합의가 없는 때
2. 혼인이 제809조제1항의 규정을 위반한 때
3. 당사자간에 직계인척관계(直系姻戚關係)가 있거나 있었던 때
4. 당사자간에 양부모계의 직계혈족관계가 있었던 때

제816조(혼인취소의 사유) 혼인은 다음 각 호의 어느 하나의 경우에는 법원에 그 취소를 청구할 수 있다.

1. 혼인이 제807조 내지 제809조(제815조의 규정에 의하여 혼인의 무효사유에 해당하는 경우를 제외한다. 이하 제817조 및 제820조에서 같다) 또는 제810조의 규정에 위반한 때
2. 혼인당시 당사자 일방에 부부생활을

계속할 수 없는 악질 기타 중대사유 있음을 알지 못한 때
3. 사기 또는 강박으로 인하여 혼인의 의사표시를 한 때

제817조(나이위반 혼인 등의 취소청구권자) 혼인이 제807조, 제808조의 규정에 위반한 때에는 당사자 또는 그 법정대리인이 그 취소를 청구할 수 있고 제809조의 규정에 위반한 때에는 당사자, 그 직계존속 또는 4촌 이내의 방계혈족이 그 취소를 청구할 수 있다.

제818조(중혼의 취소청구권자) 당사자 및 그 배우자, 직계혈족, 4촌 이내의 방계혈족 또는 검사는 제810조를 위반한 혼인의 취소를 청구할 수 있다.

제819조(동의 없는 혼인의 취소청구권의 소멸) 제808조를 위반한 혼인은 그 당사자가 19세가 된 후 또는 성년후견종료의 심판이 있은 후 3개월이 지나거나 혼인 중에 임신한 경우에는 그 취소를 청구하지 못한다.

제820조(근친혼등의 취소청구권의 소멸) 제809조의 규정에 위반한 혼인은 그 당사자간에 혼인중 포태(胞胎)한 때에는 그 취소를 청구하지 못한다.

제821조 삭제 <2005. 3. 31.>

제822조(악질 등 사유에 의한 혼인취소청구권의 소멸) 제816조제2호의 규정에 해당하는 사유있는 혼인은 상대

방이 그 사유있음을 안 날로부터 6월을 경과한 때에는 그 취소를 청구하지 못한다.

제823조(사기, 강박으로 인한 혼인취소청구권의 소멸) 사기 또는 강박으로 인한 혼인은 사기를 안 날 또는 강박을 면한 날로부터 3월을 경과한 때에는 그 취소를 청구하지 못한다.

제824조(혼인취소의 효력) 혼인의 취소의 효력은 기왕에 소급하지 아니한다.

제824조의2(혼인의 취소와 자의 양육등) 제837조 및 제837조의2의 규정은 혼인의 취소의 경우에 자의 양육책임과 면접교섭권에 관하여 이를 준용한다.

제825조(혼인취소와   손해배상청구권) 제806조의 규정은 혼인의 무효 또는 취소의 경우에 준용한다.

제4절 혼인의 효력

제1관 일반적 효력

제826조(부부간의 의무) ① 부부는 동거하며 서로 부양하고 협조하여야 한다. 그러나 정당한 이유로 일시적으로 동거하지 아니하는 경우에는 서로 인용하여야 한다.

② 부부의 동거장소는 부부의 협의에 따라 정한다. 그러나 협의가 이루어지지 아니하는 경우에는 당사자의 청구에 의하여 가정법원이 이를 정한다.

③ 삭제 <2005. 3. 31.>

④ 삭제 <2005. 3. 31.>

제826조의2(성년의제) 미성년자가 혼인을 한 때에는 성년자로 본다.

제827조(부부간의 가사대리권) ① 부부는 일상의 가사에 관하여 서로 대리권이 있다.

② 전항의 대리권에 가한 제한은 선의의 제삼자에게 대항하지 못한다.

제828조 삭제 <2012. 2. 10.>

제2관 재산상 효력

제829조(부부재산의 약정과 그 변경) ① 부부가 혼인성립전에 그 재산에 관하여 따로 약정을 하지 아니한 때에는 그 재산관계는 본관중 다음 각조에 정하는 바에 의한다.

② 부부가 혼인성립전에 그 재산에 관하여 약정한 때에는 혼인중 이를 변경하지 못한다. 그러나 정당한 사유가 있는 때에는 법원의 허가를 얻어 변경할 수 있다.

③ 전항의 약정에 의하여 부부의 일방이 다른 일방의 재산을 관리하는 경우에 부적당한 관리로 인하여 그 재산을 위태하게 한 때에는 다른 일방은 자기가 관리할 것을 법원에 청구할 수 있고 그 재산이 부부의 공유인 때에는 그 분할을 청구할 수 있다.

④ 부부가 그 재산에 관하여 따로 약정을 한 때에는 혼인성립까지에 그 등기를 하지 아니하면 이로써 부부의 승계인 또는 제삼자에게 대항하지 못한다.
⑤ 제2항, 제3항의 규정이나 약정에 의하여 관리자를 변경하거나 공유재산을 분할하였을 때에는 그 등기를 하지 아니하면 이로써 부부의 승계인 또는 제삼자에게 대항하지 못한다.
제830조(특유재산과 귀속불명재산) ① 부부의 일방이 혼인전부터 가진 고유재산과 혼인중 자기의 명의로 취득한 재산은 그 특유재산으로 한다.
② 부부의 누구에게 속한 것인지 분명하지 아니한 재산은 부부의 공유로 추정한다.
제831조(특유재산의 관리 등) 부부는 그 특유재산을 각자 관리, 사용, 수익한다.
제832조(가사로 인한 채무의 연대책임) 부부의 일방이 일상의 가사에 관하여 제삼자와 법률행위를 한 때에는 다른 일방은 이로 인한 채무에 대하여 연대책임이 있다. 그러나 이미 제삼자에 대하여 다른 일방의 책임없음을 명시한 때에는 그러하지 아니하다.
제833조(생활비용) 부부의 공동생활에 필요한 비용은 당사자간에 특별한 약정이 없으면 부부가 공동으로 부담한다.

제5절 이혼

제1관 협의상 이혼

제834조(협의상 이혼) 부부는 협의에 의하여 이혼할 수 있다.
제835조(성년후견과 협의상 이혼) 피성년후견인의 협의상 이혼에 관하여는 제808조제2항을 준용한다.
제836조(이혼의 성립과 신고방식) ① 협의상 이혼은 가정법원의 확인을 받아 「가족관계의 등록 등에 관한 법률」의 정한 바에 의하여 신고함으로써 그 효력이 생긴다.
② 전항의 신고는 당사자 쌍방과 성년자인 증인 2인의 연서한 서면으로 하여야 한다.
제836조의2(이혼의 절차) ① 협의상 이혼을 하려는 자는 가정법원이 제공하는 이혼에 관한 안내를 받아야 하고, 가정법원은 필요한 경우 당사자에게 상담에 관하여 전문적인 지식과 경험을 갖춘 전문상담인의 상담을 받을 것을 권고할 수 있다.
② 가정법원에 이혼의사의 확인을 신청한 당사자는 제1항의 안내를 받은 날부터 다음 각 호의 기간이 지난 후에 이혼의사의 확인을 받을 수 있다.
1. 양육하여야 할 자(포태 중인 자를 포함한다. 이하 이 조에서 같다)가 있는 경우에는 3개월

2. 제1호에 해당하지 아니하는 경우에는 1개월

③ 가정법원은 폭력으로 인하여 당사자 일방에게 참을 수 없는 고통이 예상되는 등 이혼을 하여야 할 급박한 사정이 있는 경우에는 제2항의 기간을 단축 또는 면제할 수 있다.

④ 양육하여야 할 자가 있는 경우 당사자는 제837조에 따른 자(子)의 양육과 제909조제4항에 따른 자(子)의 친권자결정에 관한 협의서 또는 제837조 및 제909조제4항에 따른 가정법원의 심판정본을 제출하여야 한다.

⑤ 가정법원은 당사자가 협의한 양육비부담에 관한 내용을 확인하는 양육비부담조서를 작성하여야 한다. 이 경우 양육비부담조서의 효력에 대하여는 「가사소송법」 제41조를 준용한다.

제837조(이혼과 자의 양육책임) ① 당사자는 그 자의 양육에 관한 사항을 협의에 의하여 정한다.

② 제1항의 협의는 다음의 사항을 포함하여야 한다.

1. 양육자의 결정
2. 양육비용의 부담
3. 면접교섭권의 행사 여부 및 그 방법

③ 제1항에 따른 협의가 자(子)의 복리에 반하는 경우에는 가정법원은 보정을 명하거나 직권으로 그 자(子)의 의사(意思)·나이와 부모의 재산상황, 그 밖의 사정을 참작하여 양육에 필요한 사항을 정한다.

④ 양육에 관한 사항의 협의가 이루어지지 아니하거나 협의할 수 없는 때에는 가정법원은 직권으로 또는 당사자의 청구에 따라 이에 관하여 결정한다. 이 경우 가정법원은 제3항의 사정을 참작하여야 한다.

⑤ 가정법원은 자(子)의 복리를 위하여 필요하다고 인정하는 경우에는 부·모·자(子) 및 검사의 청구 또는 직권으로 자(子)의 양육에 관한 사항을 변경하거나 다른 적당한 처분을 할 수 있다.

⑥ 제3항부터 제5항까지의 규정은 양육에 관한 사항 외에는 부모의 권리의무에 변경을 가져오지 아니한다.

제837조의2(면접교섭권) ① 자(子)를 직접 양육하지 아니하는 부모의 일방과 자(子)는 상호 면접교섭할 수 있는 권리를 가진다.

② 자(子)를 직접 양육하지 아니하는 부모 일방의 직계존속은 그 부모 일방이 사망하였거나 질병, 외국거주, 그 밖에 불가피한 사정으로 자(子)를 면접교섭할 수 없는 경우 가정법원에 자(子)와의 면접교섭을 청구할 수 있다. 이 경우 가정법원은 자(子)의 의사(意思), 면접교섭을 청구한 사람과 자(子)

의 관계, 청구의 동기, 그 밖의 사정을 참작하여야 한다.

③ 가정법원은 자의 복리를 위하여 필요한 때에는 당사자의 청구 또는 직권에 의하여 면접교섭을 제한·배제·변경할 수 있다.

제838조(사기, 강박으로 인한 이혼의 취소청구권) 사기 또는 강박으로 인하여 이혼의 의사표시를 한 자는 그 취소를 가정법원에 청구할 수 있다.

제839조(준용규정) 제823조의 규정은 협의상 이혼에 준용한다.

제839조의2(재산분할청구권) ① 협의상 이혼한 자의 일방은 다른 일방에 대하여 재산분할을 청구할 수 있다.

② 제1항의 재산분할에 관하여 협의가 되지 아니하거나 협의할 수 없는 때에는 가정법원은 당사자의 청구에 의하여 당사자 쌍방의 협력으로 이룩한 재산의 액수 기타 사정을 참작하여 분할의 액수와 방법을 정한다.

③ 제1항의 재산분할청구권은 이혼한 날부터 2년을 경과한 때에는 소멸한다.

제839조의3(재산분할청구권 보전을 위한 사해행위취소권) ① 부부의 일방이 다른 일방의 재산분할청구권 행사를 해함을 알면서도 재산권을 목적으로 하는 법률행위를 한 때에는 다른 일방은 제406조제1항을 준용하여 그 취소 및 원

상회복을 가정법원에 청구할 수 있다.

② 제1항의 소는 제406조제2항의 기간 내에 제기하여야 한다.

제2관 재판상 이혼

제840조(재판상 이혼원인) 부부의 일방은 다음 각호의 사유가 있는 경우에는 가정법원에 이혼을 청구할 수 있다.

1. 배우자에 부정한 행위가 있었을 때
2. 배우자가 악의로 다른 일방을 유기한 때
3. 배우자 또는 그 직계존속으로부터 심히 부당한 대우를 받았을 때
4. 자기의 직계존속이 배우자로부터 심히 부당한 대우를 받았을 때
5. 배우자의 생사가 3년 이상 분명하지 아니한 때
6. 기타 혼인을 계속하기 어려운 중대한 사유가 있을 때

제841조(부정으로 인한 이혼청구권의 소멸) 전조제1호의 사유는 다른 일방이 사전동의나 사후 용서를 한 때 또는 이를 안 날로부터 6월, 그 사유있은 날로부터 2년을 경과한 때에는 이혼을 청구하지 못한다.

제842조(기타 원인으로 인한 이혼청구권의 소멸) 제840조제6호의 사유는 다른 일방이 이를 안 날로부터 6월, 그 사유있은 날로부터 2년을 경과하면 이

혼을 청구하지 못한다.

제843조(준용규정) 재판상 이혼에 따른 손해배상책임에 관하여는 제806조를 준용하고, 재판상 이혼에 따른 자녀의 양육책임 등에 관하여는 제837조를 준용하며, 재판상 이혼에 따른 면접교섭권에 관하여는 제837조의2를 준용하고, 재판상 이혼에 따른 재산분할청구권에 관하여는 제839조의2를 준용하며, 재판상 이혼에 따른 재산분할청구권 보전을 위한 사해행위취소권에 관하여는 제839조의3을 준용한다.

제4장 부모와 자

제1절 친생자

제844조(남편의 친생자의 추정) ① 아내가 혼인 중에 임신한 자녀는 남편의 자녀로 추정한다.

② 혼인이 성립한 날부터 200일 후에 출생한 자녀는 혼인 중에 임신한 것으로 추정한다.

③ 혼인관계가 종료된 날부터 300일 이내에 출생한 자녀는 혼인 중에 임신한 것으로 추정한다.

제845조(법원에 의한 부의 결정) 재혼한 여자가 해산한 경우에 제844조의 규정에 의하여 그 자의 부를 정할 수 없는 때에는 법원이 당사자의 청구에 의하여 이를 정한다.

제846조(자의 친생부인) 부부의 일방은 제844조의 경우에 그 자가 친생자임을 부인하는 소를 제기할 수 있다.

제847조(친생부인의 소) ① 친생부인(親生否認)의 소(訴)는 부(夫) 또는 처(妻)가 다른 일방 또는 자(子)를 상대로 하여 그 사유가 있음을 안 날부터 2년내에 이를 제기하여야 한다.

② 제1항의 경우에 상대방이 될 자가 모두 사망한 때에는 그 사망을 안 날부터 2년내에 검사를 상대로 하여 친생부인의 소를 제기할 수 있다.

제848조(성년후견과 친생부인의 소) ① 남편이나 아내가 피성년후견인인 경우에는 그의 성년후견인이 성년후견감독인의 동의를 받아 친생부인의 소를 제기할 수 있다. 성년후견감독인이 없거나 동의할 수 없을 때에는 가정법원에 그 동의를 갈음하는 허가를 청구할 수 있다.

② 제1항의 경우 성년후견인이 친생부인의 소를 제기하지 아니하는 경우에는 피성년후견인은 성년후견종료의 심판이 있은 날부터 2년 내에 친생부인의 소를 제기할 수 있다.

제849조(자사망후의 친생부인) 자가 사망한 후에도 그 직계비속이 있는 때에는 그 모를 상대로, 모가 없으면 검사

를 상대로 하여 부인의 소를 제기할 수 있다.

제850조(유언에 의한 친생부인) 부(夫) 또는 처(妻)가 유언으로 부인의 의사를 표시한 때에는 유언집행자는 친생부인의 소를 제기하여야 한다.

제851조(부의 자 출생 전 사망 등과 친생부인) 부(夫)가 자(子)의 출생 전에 사망하거나 부(夫) 또는 처(妻)가 제847조제1항의 기간내에 사망한 때에는 부(夫) 또는 처(妻)의 직계존속이나 직계비속에 한하여 그 사망을 안 날부터 2년내에 친생부인의 소를 제기할 수 있다.

제852조(친생부인권의 소멸) 자의 출생 후에 친생자(親生子)임을 승인한 자는 다시 친생부인의 소를 제기하지 못한다.

제853조 삭제 <2005. 3. 31.>

제854조(사기, 강박으로 인한 승인의 취소) 제852조의 승인이 사기 또는 강박으로 인한 때에는 이를 취소할 수 있다.

제854조의2(친생부인의 허가 청구) ① 어머니 또는 어머니의 전(前) 남편은 제844조제3항의 경우에 가정법원에 친생부인의 허가를 청구할 수 있다. 다만, 혼인 중의 자녀로 출생신고가 된 경우에는 그러하지 아니하다.

② 제1항의 청구가 있는 경우에 가정법원은 혈액채취에 의한 혈액형 검사, 유전인자의 검사 등 과학적 방법에 따른 검사결과 또는 장기간의 별거 등 그 밖의 사정을 고려하여 허가 여부를 정한다.

③ 제1항 및 제2항에 따른 허가를 받은 경우에는 제844조제1항 및 제3항의 추정이 미치지 아니한다.

제855조(인지) ① 혼인외의 출생자는 그 생부나 생모가 이를 인지할 수 있다. 부모의 혼인이 무효인 때에는 출생자는 혼인외의 출생자로 본다.

② 혼인외의 출생자는 그 부모가 혼인한 때에는 그때로부터 혼인 중의 출생자로 본다.

제855조의2(인지의 허가 청구) ① 생부(生父)는 제844조제3항의 경우에 가정법원에 인지의 허가를 청구할 수 있다. 다만, 혼인 중의 자녀로 출생신고가 된 경우에는 그러하지 아니하다.

② 제1항의 청구가 있는 경우에 가정법원은 혈액채취에 의한 혈액형 검사, 유전인자의 검사 등 과학적 방법에 따른 검사결과 또는 장기간의 별거 등 그 밖의 사정을 고려하여 허가 여부를 정한다.

③ 제1항 및 제2항에 따라 허가를 받은 생부가 「가족관계의 등록 등에 관한 법률」 제57조제1항에 따른 신고를 하는 경우에는 제844조제1항 및 제3항의 추정이 미치지 아니한다.

제856조(피성년후견인의 인지) 아버지가 피성년후견인인 경우에는 성년후견인의 동의를 받아 인지할 수 있다.

제857조(사망자의 인지) 자가 사망한 후에도 그 직계비속이 있는 때에는 이를 인지할 수 있다.

제858조(포태중인 자의 인지) 부는 포태 중에 있는 자에 대하여도 이를 인지할 수 있다.

제859조(인지의 효력발생) ① 인지는 「가족관계의 등록 등에 관한 법률」의 정하는 바에 의하여 신고함으로써 그 효력이 생긴다.

② 인지는 유언으로도 이를 할 수 있다. 이 경우에는 유언집행자가 이를 신고하여야 한다.

제860조(인지의 소급효) 인지는 그 자의 출생시에 소급하여 효력이 생긴다. 그러나 제삼자의 취득한 권리를 해하지 못한다.

제861조(인지의 취소) 사기, 강박 또는 중대한 착오로 인하여 인지를 한 때에는 사기나 착오를 안 날 또는 강박을 면한 날로부터 6월내에 가정법원에 그 취소를 청구할 수 있다.

제862조(인지에 대한 이의의 소) 자 기타 이해관계인은 인지의 신고있음을 안 날로부터 1년내에 인지에 대한 이의의 소를 제기할 수 있다.

제863조(인지청구의 소) 자와 그 직계비속 또는 그 법정대리인은 부 또는 모를 상대로 하여 인지청구의 소를 제기할 수 있다.

제864조(부모의 사망과 인지청구의 소) 제862조 및 제863조의 경우에 부 또는 모가 사망한 때에는 그 사망을 안 날로부터 2년내에 검사를 상대로 하여 인지에 대한 이의 또는 인지청구의 소를 제기할 수 있다.

제864조의2(인지와 자의 양육책임 등) 제837조 및 제837조의2의 규정은 자가 인지된 경우에 자의 양육책임과 면접교섭권에 관하여 이를 준용한다.

제865조(다른 사유를 원인으로 하는 친생관계존부확인의 소) ① 제845조, 제846조, 제848조, 제850조, 제851조, 제862조와 제863조의 규정에 의하여 소를 제기할 수 있는 자는 다른 사유를 원인으로 하여 친생자관계존부의 확인의 소를 제기할 수 있다.

② 제1항의 경우에 당사자일방이 사망한 때에는 그 사망을 안 날로부터 2년내에 검사를 상대로 하여 소를 제기할 수 있다.

제2절 양자(養子)

제1관 입양의 요건과 효력

제866조(입양을 할 능력) 성년이 된 사

람은 입양(入養)을 할 수 있다.

제867조(미성년자의 입양에 대한 가정법원의 허가) ① 미성년자를 입양하려는 사람은 가정법원의 허가를 받아야 한다.

② 가정법원은 양자가 될 미성년자의 복리를 위하여 그 양육 상황, 입양의 동기, 양부모(養父母)의 양육능력, 그 밖의 사정을 고려하여 제1항에 따른 입양의 허가를 하지 아니할 수 있다.

제868조 삭제 <1990. 1. 13.>

제869조(입양의 의사표시) ① 양자가 될 사람이 13세 이상의 미성년자인 경우에는 법정대리인의 동의를 받아 입양을 승낙한다.

② 양자가 될 사람이 13세 미만인 경우에는 법정대리인이 그를 갈음하여 입양을 승낙한다.

③ 가정법원은 다음 각 호의 어느 하나에 해당하는 경우에는 제1항에 따른 동의 또는 제2항에 따른 승낙이 없더라도 제867조제1항에 따른 입양의 허가를 할 수 있다.

1. 법정대리인이 정당한 이유 없이 동의 또는 승낙을 거부하는 경우. 다만, 법정대리인이 친권자인 경우에는 제870조제2항의 사유가 있어야 한다.

2. 법정대리인의 소재를 알 수 없는 등의 사유로 동의 또는 승낙을 받을 수 없는 경우

④ 제3항제1호의 경우 가정법원은 법정대리인을 심문하여야 한다.

⑤ 제1항에 따른 동의 또는 제2항에 따른 승낙은 제867조제1항에 따른 입양의 허가가 있기 전까지 철회할 수 있다.

제870조(미성년자 입양에 대한 부모의 동의) ① 양자가 될 미성년자는 부모의 동의를 받아야 한다. 다만, 다음 각 호의 어느 하나에 해당하는 경우에는 그러하지 아니하다.

1. 부모가 제869조제1항에 따른 동의를 하거나 같은 조 제2항에 따른 승낙을 한 경우

2. 부모가 친권상실의 선고를 받은 경우

3. 부모의 소재를 알 수 없는 등의 사유로 동의를 받을 수 없는 경우

② 가정법원은 다음 각 호의 어느 하나에 해당하는 사유가 있는 경우에는 부모가 동의를 거부하더라도 제867조제1항에 따른 입양의 허가를 할 수 있다. 이 경우 가정법원은 부모를 심문하여야 한다.

1. 부모가 3년 이상 자녀에 대한 부양의무를 이행하지 아니한 경우

2. 부모가 자녀를 학대 또는 유기(遺棄)하거나 그 밖에 자녀의 복리를

현저히 해친 경우

③ 제1항에 따른 동의는 제867조제1항에 따른 입양의 허가가 있기 전까지 철회할 수 있다.

제871조(성년자 입양에 대한 부모의 동의) ① 양자가 될 사람이 성년인 경우에는 부모의 동의를 받아야 한다. 다만, 부모의 소재를 알 수 없는 등의 사유로 동의를 받을 수 없는 경우에는 그러하지 아니하다.

② 가정법원은 부모가 정당한 이유 없이 동의를 거부하는 경우에 양부모가 될 사람이나 양자가 될 사람의 청구에 따라 부모의 동의를 갈음하는 심판을 할 수 있다. 이 경우 가정법원은 부모를 심문하여야 한다.

제872조 삭제 <2012. 2. 10.>

제873조(피성년후견인의 입양) ① 피성년후견인은 성년후견인의 동의를 받아 입양을 할 수 있고 양자가 될 수 있다.

② 피성년후견인이 입양을 하거나 양자가 되는 경우에는 제867조를 준용한다.

③ 가정법원은 성년후견인이 정당한 이유 없이 제1항에 따른 동의를 거부하거나 피성년후견인의 부모가 정당한 이유 없이 제871조제1항에 따른 동의를 거부하는 경우에 그 동의가 없어도 입양을 허가할 수 있다. 이 경우 가정법원은 성년후견인 또는 부모를 심문하여야 한다.

제874조(부부의 공동 입양 등) ① 배우자가 있는 사람은 배우자와 공동으로 입양하여야 한다.

② 배우자가 있는 사람은 그 배우자의 동의를 받아야만 양자가 될 수 있다.

제875조 삭제 <1990. 1. 13.>

제876조 삭제 <1990. 1. 13.>

제877조(입양의 금지) 존속이나 연장자를 입양할 수 없다.

제878조(입양의 성립) 입양은 「가족관계의 등록 등에 관한 법률」에서 정한 바에 따라 신고함으로써 그 효력이 생긴다.

제879조 삭제 <1990. 1. 13.>

제880조 삭제 <1990. 1. 13.>

제881조(입양 신고의 심사) 제866조, 제867조, 제869조부터 제871조까지, 제873조, 제874조, 제877조, 그 밖의 법령을 위반하지 아니한 입양 신고는 수리하여야 한다.

제882조(외국에서의 입양 신고) 외국에서 입양 신고를 하는 경우에는 제814조를 준용한다.

제882조의2(입양의 효력) ① 양자는 입양된 때부터 양부모의 친생자와 같은 지위를 가진다.

② 양자의 입양 전의 친족관계는 존속한다.

제2관 입양의 무효와 취소

제883조(입양 무효의 원인) 다음 각 호의 어느 하나에 해당하는 입양은 무효이다.

1. 당사자 사이에 입양의 합의가 없는 경우

2. 제867조제1항(제873조제2항에 따라 준용되는 경우를 포함한다), 제869조제2항, 제877조를 위반한 경우

제884조(입양 취소의 원인) ① 입양이 다음 각 호의 어느 하나에 해당하는 경우에는 가정법원에 그 취소를 청구할 수 있다.

1. 제866조, 제869조제1항, 같은 조 제3항제2호, 제870조제1항, 제871조제1항, 제873조제1항, 제874조를 위반한 경우

2. 입양 당시 양부모와 양자 중 어느 한쪽에게 악질(惡疾)이나 그 밖에 중대한 사유가 있음을 알지 못한 경우

3. 사기 또는 강박으로 인하여 입양의 의사표시를 한 경우

② 입양 취소에 관하여는 제867조제2항을 준용한다.

제885조(입양 취소 청구권자) 양부모, 양자와 그 법정대리인 또는 직계혈족은 제866조를 위반한 입양의 취소를 청구할 수 있다.

제886조(입양 취소 청구권자) 양자나 동의권자는 제869조제1항, 같은 조 제3항제2호, 제870조제1항을 위반한 입양의 취소를 청구할 수 있고, 동의권자는 제871조제1항을 위반한 입양의 취소를 청구할 수 있다.

제887조(입양 취소 청구권자) 피성년후견인이나 성년후견인은 제873조제1항을 위반한 입양의 취소를 청구할 수 있다.

제888조(입양 취소 청구권자) 배우자는 제874조를 위반한 입양의 취소를 청구할 수 있다.

제889조(입양 취소 청구권의 소멸) 양부모가 성년이 되면 제866조를 위반한 입양의 취소를 청구하지 못한다.

제890조 삭제 < 1990. 1. 13. >

제891조(입양 취소 청구권의 소멸) ① 양자가 성년이 된 후 3개월이 지나거나 사망하면 제869조제1항, 같은 조 제3항제2호, 제870조제1항을 위반한 입양의 취소를 청구하지 못한다.

② 양자가 사망하면 제871조제1항을 위반한 입양의 취소를 청구하지 못한다.

제892조 삭제 < 2012. 2. 10. >

제893조(입양 취소 청구권의 소멸) 성년후견개시의 심판이 취소된 후 3개월이 지나면 제873조제1항을 위반한 입양의 취소를 청구하지 못한다.

제894조(입양 취소 청구권의 소멸) 제869조제1항, 같은 조 제3항제2호, 제

870조제1항, 제871조제1항, 제873조제1항, 제874조를 위반한 입양은 그 사유가 있음을 안 날부터 6개월, 그 사유가 있었던 날부터 1년이 지나면 그 취소를 청구하지 못한다.

제895조 삭제 <1990. 1. 13.>

제896조(입양 취소 청구권의 소멸) 제884조제1항제2호에 해당하는 사유가 있는 입양은 양부모와 양자 중 어느 한 쪽이 그 사유가 있음을 안 날부터 6개월이 지나면 그 취소를 청구하지 못한다.

제897조(준용규정) 입양의 무효 또는 취소에 따른 손해배상책임에 관하여는 제806조를 준용하고, 사기 또는 강박으로 인한 입양 취소 청구권의 소멸에 관하여는 제823조를 준용하며, 입양 취소의 효력에 관하여는 제824조를 준용한다.

제3관 파양(罷養)

제1항 협의상 파양

제898조(협의상 파양) 양부모와 양자는 협의하여 파양(罷養)할 수 있다. 다만, 양자가 미성년자 또는 피성년후견인인 경우에는 그러하지 아니하다.

제899조 삭제 <2012. 2. 10.>

제900조 삭제 <2012. 2. 10.>

제901조 삭제 <2012. 2. 10.>

제902조(피성년후견인의 협의상 파양) 피성년후견인인 양부모는 성년후견인의 동의를 받아 파양을 협의할 수 있다.

제903조(파양 신고의 심사) 제898조, 제902조, 그 밖의 법령을 위반하지 아니한 파양 신고는 수리하여야 한다.

제904조(준용규정) 사기 또는 강박으로 인한 파양 취소 청구권의 소멸에 관하여는 제823조를 준용하고, 협의상 파양의 성립에 관하여는 제878조를 준용한다.

제2항 재판상 파양

제905조(재판상 파양의 원인) 양부모, 양자 또는 제906조에 따른 청구권자는 다음 각 호의 어느 하나에 해당하는 경우에는 가정법원에 파양을 청구할 수 있다.

1. 양부모가 양자를 학대 또는 유기하거나 그 밖에 양자의 복리를 현저히 해친 경우
2. 양부모가 양자로부터 심히 부당한 대우를 받은 경우
3. 양부모나 양자의 생사가 3년 이상 분명하지 아니한 경우
4. 그 밖에 양친자관계를 계속하기 어려운 중대한 사유가 있는 경우

제906조(파양 청구권자) ① 양자가 13세 미만인 경우에는 제869조제2항에

따른 승낙을 한 사람이 양자를 갈음하여 파양을 청구할 수 있다. 다만, 파양을 청구할 수 있는 사람이 없는 경우에는 제777조에 따른 양자의 친족이나 이해관계인이 가정법원의 허가를 받아 파양을 청구할 수 있다.

② 양자가 13세 이상의 미성년자인 경우에는 제870조제1항에 따른 동의를 한 부모의 동의를 받아 파양을 청구할 수 있다. 다만, 부모가 사망하거나 그 밖의 사유로 동의할 수 없는 경우에는 동의 없이 파양을 청구할 수 있다.

③ 양부모나 양자가 피성년후견인인 경우에는 성년후견인의 동의를 받아 파양을 청구할 수 있다.

④ 검사는 미성년자나 피성년후견인인 양자를 위하여 파양을 청구할 수 있다.

제907조(파양 청구권의 소멸) 파양 청구권자는 제905조제1호·제2호·제4호의 사유가 있음을 안 날부터 6개월, 그 사유가 있었던 날부터 3년이 지나면 파양을 청구할 수 없다.

제908조(준용규정) 재판상 파양에 따른 손해배상책임에 관하여는 제806조를 준용한다.

제4관 친양자

제908조의2(친양자 입양의 요건 등)
① 친양자(親養子)를 입양하려는 사람은 다음 각 호의 요건을 갖추어 가정법원에 친양자 입양을 청구하여야 한다.

1. 3년 이상 혼인 중인 부부로서 공동으로 입양할 것. 다만, 1년 이상 혼인 중인 부부의 한쪽이 그 배우자의 친생자를 친양자로 하는 경우에는 그러하지 아니하다.
2. 친양자가 될 사람이 미성년자일 것
3. 친양자가 될 사람의 친생부모가 친양자 입양에 동의할 것. 다만, 부모가 친권상실의 선고를 받거나 소재를 알 수 없거나 그 밖의 사유로 동의할 수 없는 경우에는 그러하지 아니하다.
4. 친양자가 될 사람이 13세 이상인 경우에는 법정대리인의 동의를 받아 입양을 승낙할 것
5. 친양자가 될 사람이 13세 미만인 경우에는 법정대리인이 그를 갈음하여 입양을 승낙할 것

② 가정법원은 다음 각 호의 어느 하나에 해당하는 경우에는 제1항제3호·제4호에 따른 동의 또는 같은 항 제5호에 따른 승낙이 없어도 제1항의 청구를 인용할 수 있다. 이 경우 가정법원은 동의권자 또는 승낙권자를 심문하여야 한다.

1. 법정대리인이 정당한 이유 없이 동의 또는 승낙을 거부하는 경우. 다

만, 법정대리인이 친권자인 경우에는 제2호 또는 제3호의 사유가 있어야 한다.

2. 친생부모가 자신에게 책임이 있는 사유로 3년 이상 자녀에 대한 부양의무를 이행하지 아니하고 면접교섭을 하지 아니한 경우

3. 친생부모가 자녀를 학대 또는 유기하거나 그 밖에 자녀의 복리를 현저히 해친 경우

③ 가정법원은 친양자가 될 사람의 복리를 위하여 그 양육상황, 친양자 입양의 동기, 양부모의 양육능력, 그 밖의 사정을 고려하여 친양자 입양이 적당하지 아니하다고 인정하는 경우에는 제1항의 청구를 기각할 수 있다.

제908조의3(친양자 입양의 효력) ① 친양자는 부부의 혼인중 출생자로 본다.
② 친양자의 입양 전의 친족관계는 제908조의2제1항의 청구에 의한 친양자 입양이 확정된 때에 종료한다. 다만, 부부의 일방이 그 배우자의 친생자를 단독으로 입양한 경우에 있어서의 배우자 및 그 친족과 친생자간의 친족관계는 그러하지 아니하다.

제908조의4(친양자 입양의 취소 등) ① 친양자로 될 사람의 친생(親生)의 아버지 또는 어머니는 자신에게 책임이 없는 사유로 인하여 제908조의2제1항제3호 단서에 따른 동의를 할 수 없었던 경우에 친양자 입양의 사실을 안 날부터 6개월 안에 가정법원에 친양자 입양의 취소를 청구할 수 있다.
② 친양자 입양에 관하여는 제883조, 제884조를 적용하지 아니한다.

제908조의5(친양자의 파양) ① 양친, 친양자, 친생의 부 또는 모나 검사는 다음 각호의 어느 하나의 사유가 있는 경우에는 가정법원에 친양자의 파양(罷養)을 청구할 수 있다.

1. 양친이 친양자를 학대 또는 유기(遺棄)하거나 그 밖에 친양자의 복리를 현저히 해하는 때

2. 친양자의 양친에 대한 패륜(悖倫)행위로 인하여 친양자관계를 유지시킬 수 없게된 때

② 제898조 및 제905조의 규정은 친양자의 파양에 관하여 이를 적용하지 아니한다.

제908조의6(준용규정) 제908조의2제3항은 친양자 입양의 취소 또는 제908조의5제1항제2호에 따른 파양의 청구에 관하여 이를 준용한다.

제908조의7(친양자 입양의 취소·파양의 효력) ① 친양자 입양이 취소되거나 파양된 때에는 친양자관계는 소멸하고 입양 전의 친족관계는 부활한다.
② 제1항의 경우에 친양자 입양의 취

소의 효력은 소급하지 아니한다.

제908조의8(준용규정) 친양자에 관하여 이 관에 특별한 규정이 있는 경우를 제외하고는 그 성질에 반하지 아니하는 범위 안에서 양자에 관한 규정을 준용한다.

제3절 친권

제1관 총칙

제909조(친권자) ① 부모는 미성년자인 자의 친권자가 된다. 양자의 경우에는 양부모(養父母)가 친권자가 된다.
② 친권은 부모가 혼인중인 때에는 부모가 공동으로 이를 행사한다. 그러나 부모의 의견이 일치하지 아니하는 경우에는 당사자의 청구에 의하여 가정법원이 이를 정한다.
③ 부모의 일방이 친권을 행사할 수 없을 때에는 다른 일방이 이를 행사한다.
④ 혼인외의 자가 인지된 경우와 부모가 이혼하는 경우에는 부모의 협의로 친권자를 정하여야 하고, 협의할 수 없거나 협의가 이루어지지 아니하는 경우에는 가정법원은 직권으로 또는 당사자의 청구에 따라 친권자를 지정하여야 한다. 다만, 부모의 협의가 자(子)의 복리에 반하는 경우에는 가정법원은 보정을 명하거나 직권으로 친권자를 정한다.

⑤ 가정법원은 혼인의 취소, 재판상 이혼 또는 인지청구의 소의 경우에는 직권으로 친권자를 정한다.
⑥ 가정법원은 자의 복리를 위하여 필요하다고 인정되는 경우에는 자의 4촌이내의 친족의 청구에 의하여 정하여진 친권자를 다른 일방으로 변경할 수 있다.

제909조의2(친권자의 지정 등) ① 제909조제4항부터 제6항까지의 규정에 따라 단독 친권자로 정하여진 부모의 일방이 사망한 경우 생존하는 부 또는 모, 미성년자, 미성년자의 친족은 그 사실을 안 날부터 1개월, 사망한 날부터 6개월 내에 가정법원에 생존하는 부 또는 모를 친권자로 지정할 것을 청구할 수 있다.
② 입양이 취소되거나 파양된 경우 또는 양부모가 모두 사망한 경우 친생부모 일방 또는 쌍방, 미성년자, 미성년자의 친족은 그 사실을 안 날부터 1개월, 입양이 취소되거나 파양된 날 또는 양부모가 모두 사망한 날부터 6개월 내에 가정법원에 친생부모 일방 또는 쌍방을 친권자로 지정할 것을 청구할 수 있다. 다만, 친양자의 양부모가 사망한 경우에는 그러하지 아니하다.
③ 제1항 또는 제2항의 기간 내에 친권자 지정의 청구가 없을 때에는 가정

법원은 직권으로 또는 미성년자, 미성년자의 친족, 이해관계인, 검사, 지방자치단체의 장의 청구에 의하여 미성년후견인을 선임할 수 있다. 이 경우 생존하는 부 또는 모, 친생부모 일방 또는 쌍방의 소재를 모르거나 그가 정당한 사유 없이 소환에 응하지 아니하는 경우를 제외하고 그에게 의견을 진술할 기회를 주어야 한다.

④ 가정법원은 제1항 또는 제2항에 따른 친권자 지정 청구나 제3항에 따른 후견인 선임 청구가 생존하는 부 또는 모, 친생부모 일방 또는 쌍방의 양육의사 및 양육능력, 청구 동기, 미성년자의 의사, 그 밖의 사정을 고려하여 미성년자의 복리를 위하여 적절하지 아니하다고 인정하면 청구를 기각할 수 있다. 이 경우 가정법원은 직권으로 미성년후견인을 선임하거나 생존하는 부 또는 모, 친생부모 일방 또는 쌍방을 친권자로 지정하여야 한다.

⑤ 가정법원은 다음 각 호의 어느 하나에 해당하는 경우에 직권으로 또는 미성년자, 미성년자의 친족, 이해관계인, 검사, 지방자치단체의 장의 청구에 의하여 제1항부터 제4항까지의 규정에 따라 친권자가 지정되거나 미성년후견인이 선임될 때까지 그 임무를 대행할 사람을 선임할 수 있다. 이 경우 그 임무를 대행할 사람에 대하여는 제25조 및 제954조를 준용한다.

1. 단독 친권자가 사망한 경우
2. 입양이 취소되거나 파양된 경우
3. 양부모가 모두 사망한 경우

⑥ 가정법원은 제3항 또는 제4항에 따라 미성년후견인이 선임된 경우라도 미성년후견인 선임 후 양육상황이나 양육능력의 변동, 미성년자의 의사, 그 밖의 사정을 고려하여 미성년자의 복리를 위하여 필요하면 생존하는 부 또는 모, 친생부모 일방 또는 쌍방, 미성년자의 청구에 의하여 후견을 종료하고 생존하는 부 또는 모, 친생부모 일방 또는 쌍방을 친권자로 지정할 수 있다.

제910조(자의 친권의 대행) 친권자는 그 친권에 따르는 자에 갈음하여 그 자에 대한 친권을 행사한다.

제911조(미성년자인 자의 법정대리인) 친권을 행사하는 부 또는 모는 미성년자인 자의 법정대리인이 된다.

제912조(친권 행사와 친권자 지정의 기준) ① 친권을 행사함에 있어서는 자의 복리를 우선적으로 고려하여야 한다.

② 가정법원이 친권자를 지정함에 있어서는 자(子)의 복리를 우선적으로 고려하여야 한다. 이를 위하여 가정법원은 관련 분야의 전문가나 사회복지기관으로부터 자문을 받을 수 있다.

제2관 친권의 효력

제913조(보호, 교양의 권리의무) 친권자는 자를 보호하고 교양할 권리의무가 있다.

제914조(거소지정권) 자는 친권자의 지정한 장소에 거주하여야 한다.

제915조 삭제 <2021. 1. 26.>

제916조(자의 특유재산과 그 관리) 자가 자기의 명의로 취득한 재산은 그 특유재산으로 하고 법정대리인인 친권자가 이를 관리한다.

제917조 삭제 <1990. 1. 13.>

제918조(제삼자가 무상으로 자에게 수여한 재산의 관리) ① 무상으로 자에게 재산을 수여한 제삼자가 친권자의 관리에 반대하는 의사를 표시한 때에는 친권자는 그 재산을 관리하지 못한다.
② 전항의 경우에 제삼자가 그 재산관리인을 지정하지 아니한 때에는 법원은 재산의 수여를 받은 자 또는 제777조의 규정에 의한 친족의 청구에 의하여 관리인을 선임한다.
③ 제삼자의 지정한 관리인의 권한이 소멸하거나 관리인을 개임할 필요있는 경우에 제삼자가 다시 관리인을 지정하지 아니한 때에도 전항과 같다.
④ 제24조제1항, 제2항, 제4항, 제25조 전단 및 제26조제1항, 제2항의 규정은 전2항의 경우에 준용한다.

제919조(위임에 관한 규정의 준용) 제691조, 제692조의 규정은 전3조의 재산관리에 준용한다.

제920조(자의 재산에 관한 친권자의 대리권) 법정대리인인 친권자는 자의 재산에 관한 법률행위에 대하여 그 자를 대리한다. 그러나 그 자의 행위를 목적으로 하는 채무를 부담할 경우에는 본인의 동의를 얻어야 한다.

제920조의2(공동친권자의 일방이 공동명의로 한 행위의 효력) 부모가 공동으로 친권을 행사하는 경우 부모의 일방이 공동명의로 자를 대리하거나 자의 법률행위에 동의한 때에는 다른 일방의 의사에 반하는 때에도 그 효력이 있다. 그러나 상대방이 악의인 때에는 그러하지 아니한다.

제921조(친권자와 그 자간 또는 수인의 자간의 이해상반행위) ① 법정대리인인 친권자와 그 자사이에 이해상반되는 행위를 함에는 친권자는 법원에 그 자의 특별대리인의 선임을 청구하여야 한다.
② 법정대리인인 친권자가 그 친권에 따르는 수인의 자 사이에 이해상반되는 행위를 함에는 법원에 그 자 일방의 특별대리인의 선임을 청구하여야 한다.

제922조(친권자의 주의의무) 친권자가 그 자에 대한 법률행위의 대리권 또는

재산관리권을 행사함에는 자기의 재산에 관한 행위와 동일한 주의를 하여야 한다.

제922조의2(친권자의 동의를 갈음하는 재판) 가정법원은 친권자의 동의가 필요한 행위에 대하여 친권자가 정당한 이유 없이 동의하지 아니함으로써 자녀의 생명, 신체 또는 재산에 중대한 손해가 발생할 위험이 있는 경우에는 자녀, 자녀의 친족, 검사 또는 지방자치단체의 장의 청구에 의하여 친권자의 동의를 갈음하는 재판을 할 수 있다.

제923조(재산관리의 계산) ① 법정대리인인 친권자의 권한이 소멸한 때에는 그 자의 재산에 대한 관리의 계산을 하여야 한다.

② 전항의 경우에 그 자의 재산으로부터 수취한 과실은 그 자의 양육, 재산관리의 비용과 상계한 것으로 본다. 그러나 무상으로 자에게 재산을 수여한 제삼자가 반대의 의사를 표시한 때에는 그 재산에 관하여는 그러하지 아니하다.

제3관 친권의 상실, 일시 정지 및 일부 제한

제924조(친권의 상실 또는 일시 정지의 선고) ① 가정법원은 부 또는 모가 친권을 남용하여 자녀의 복리를 현저히 해치거나 해칠 우려가 있는 경우에는 자녀, 자녀의 친족, 검사 또는 지방자치단체의 장의 청구에 의하여 그 친권의 상실 또는 일시 정지를 선고할 수 있다.

② 가정법원은 친권의 일시 정지를 선고할 때에는 자녀의 상태, 양육상황, 그 밖의 사정을 고려하여 그 기간을 정하여야 한다. 이 경우 그 기간은 2년을 넘을 수 없다.

③ 가정법원은 자녀의 복리를 위하여 친권의 일시 정지 기간의 연장이 필요하다고 인정하는 경우에는 자녀, 자녀의 친족, 검사, 지방자치단체의 장, 미성년후견인 또는 미성년후견감독인의 청구에 의하여 2년의 범위에서 그 기간을 한 차례만 연장할 수 있다.

제924조의2(친권의 일부 제한의 선고) 가정법원은 거소의 지정이나 그 밖의 신상에 관한 결정 등 특정한 사항에 관하여 친권자가 친권을 행사하는 것이 곤란하거나 부적당한 사유가 있어 자녀의 복리를 해치거나 해칠 우려가 있는 경우에는 자녀, 자녀의 친족, 검사 또는 지방자치단체의 장의 청구에 의하여 구체적인 범위를 정하여 친권의 일부 제한을 선고할 수 있다.

제925조(대리권, 재산관리권 상실의 선고) 가정법원은 법정대리인인 친권자가

부적당한 관리로 인하여 자녀의 재산을 위태롭게 한 경우에는 자녀의 친족, 검사 또는 지방자치단체의 장의 청구에 의하여 그 법률행위의 대리권과 재산관리권의 상실을 선고할 수 있다.

제925조의2(친권 상실 선고 등의 판단 기준) ① 제924조에 따른 친권 상실의 선고는 같은 조에 따른 친권의 일시 정지, 제924조의2에 따른 친권의 일부 제한, 제925조에 따른 대리권·재산관리권의 상실 선고 또는 그 밖의 다른 조치에 의해서는 자녀의 복리를 충분히 보호할 수 없는 경우에만 할 수 있다.
② 제924조에 따른 친권의 일시 정지, 제924조의2에 따른 친권의 일부 제한 또는 제925조에 따른 대리권·재산관리권의 상실 선고는 제922조의2에 따른 동의를 갈음하는 재판 또는 그 밖의 다른 조치에 의해서는 자녀의 복리를 충분히 보호할 수 없는 경우에만 할 수 있다.

제925조의3(부모의 권리와 의무) 제924조와 제924조의2, 제925조에 따라 친권의 상실, 일시 정지, 일부 제한 또는 대리권과 재산관리권의 상실이 선고된 경우에도 부모의 자녀에 대한 그 밖의 권리와 의무는 변경되지 아니한다.

제926조(실권 회복의 선고) 가정법원은 제924조, 제924조의2 또는 제925조에 따른 선고의 원인이 소멸된 경우에는 본인, 자녀, 자녀의 친족, 검사 또는 지방자치단체의 장의 청구에 의하여 실권(失權)의 회복을 선고할 수 있다.

제927조(대리권, 관리권의 사퇴와 회복) ① 법정대리인인 친권자는 정당한 사유가 있는 때에는 법원의 허가를 얻어 그 법률행위의 대리권과 재산관리권을 사퇴할 수 있다.
② 전항의 사유가 소멸한 때에는 그 친권자는 법원의 허가를 얻어 사퇴한 권리를 회복할 수 있다.

제927조의2(친권의 상실, 일시 정지 또는 일부 제한과 친권자의 지정 등) ① 제909조제4항부터 제6항까지의 규정에 따라 단독 친권자가 된 부 또는 모, 양부모(친양자의 양부모를 제외한다) 쌍방에게 다음 각 호의 어느 하나에 해당하는 사유가 있는 경우에는 제909조의2제1항 및 제3항부터 제5항까지의 규정을 준용한다. 다만, 제1호의3·제2호 및 제3호의 경우 새로 정하여진 친권자 또는 미성년후견인의 임무는 제한된 친권의 범위에 속하는 행위에 한정된다.

1. 제924조에 따른 친권상실의 선고가 있는 경우
1의2. 제924조에 따른 친권 일시 정지의 선고가 있는 경우

1의3. 제924조의2에 따른 친권 일부
　제한의 선고가 있는 경우
2. 제925조에 따른 대리권과 재산관리
　권 상실의 선고가 있는 경우
3. 제927조제1항에 따라 대리권과 재
　산관리권을 사퇴한 경우
4. 소재불명 등 친권을 행사할 수 없는
　중대한 사유가 있는 경우
② 가정법원은 제1항에 따라 친권자가
지정되거나 미성년후견인이 선임된 후
단독 친권자이었던 부 또는 모, 양부모
일방 또는 쌍방에게 다음 각 호의 어느
하나에 해당하는 사유가 있는 경우에
는 그 부모 일방 또는 쌍방, 미성년자,
미성년자의 친족의 청구에 의하여 친
권자를 새로 지정할 수 있다.
1. 제926조에 따라 실권의 회복이 선
　고된 경우
2. 제927조제2항에 따라 사퇴한 권리
　를 회복한 경우
3. 소재불명이던 부 또는 모가 발견되는
　등 친권을 행사할 수 있게 된 경우

제5장 후견

제1절 미성년후견과 성년후견

제1관 후견인

제928조(미성년자에 대한 후견의 개시)
미성년자에게 친권자가 없거나 친권자

가 제924조, 제924조의2, 제925조 또
는 제927조제1항에 따라 친권의 전부
또는 일부를 행사할 수 없는 경우에는
미성년후견인을 두어야 한다.
제929조(성년후견심판에 의한 후견의
개시) 가정법원의 성년후견개시심판이
있는 경우에는 그 심판을 받은 사람의
성년후견인을 두어야 한다.
제930조(후견인의 수와 자격) ① 미성
년후견인의 수(數)는 한 명으로 한다.
② 성년후견인은 피성년후견인의 신상
과 재산에 관한 모든 사정을 고려하여
여러 명을 둘 수 있다.
③ 법인도 성년후견인이 될 수 있다.
제931조(유언에 의한 미성년후견인의
지정 등) ① 미성년자에게 친권을 행사
하는 부모는 유언으로 미성년후견인을
지정할 수 있다. 다만, 법률행위의 대
리권과 재산관리권이 없는 친권자는
그러하지 아니하다.
② 가정법원은 제1항에 따라 미성년후
견인이 지정된 경우라도 미성년자의
복리를 위하여 필요하면 생존하는 부
또는 모, 미성년자의 청구에 의하여 후
견을 종료하고 생존하는 부 또는 모를
친권자로 지정할 수 있다.
제932조(미성년후견인의 선임) ① 가
정법원은 제931조에 따라 지정된 미성
년후견인이 없는 경우에는 직권으로

또는 미성년자, 친족, 이해관계인, 검사, 지방자치단체의 장의 청구에 의하여 미성년후견인을 선임한다. 미성년후견인이 없게 된 경우에도 또한 같다.

② 가정법원은 제924조, 제924조의2 및 제925조에 따른 친권의 상실, 일시정지, 일부 제한의 선고 또는 법률행위의 대리권이나 재산관리권 상실의 선고에 따라 미성년후견인을 선임할 필요가 있는 경우에는 직권으로 미성년후견인을 선임한다.

③ 친권자가 대리권 및 재산관리권을 사퇴한 경우에는 지체 없이 가정법원에 미성년후견인의 선임을 청구하여야 한다.

제933조 삭제 <2011. 3. 7.>

제934조 삭제 <2011. 3. 7.>

제935조 삭제 <2011. 3. 7.>

제936조(성년후견인의 선임) ① 제929조에 따른 성년후견인은 가정법원이 직권으로 선임한다.

② 가정법원은 성년후견인이 사망, 결격, 그 밖의 사유로 없게 된 경우에도 직권으로 또는 피성년후견인, 친족, 이해관계인, 검사, 지방자치단체의 장의 청구에 의하여 성년후견인을 선임한다.

③ 가정법원은 성년후견인이 선임된 경우에도 필요하다고 인정하면 직권으로 또는 제2항의 청구권자나 성년후견인의 청구에 의하여 추가로 성년후견인을 선임할 수 있다.

④ 가정법원이 성년후견인을 선임할 때에는 피성년후견인의 의사를 존중하여야 하며, 그 밖에 피성년후견인의 건강, 생활관계, 재산상황, 성년후견인이 될 사람의 직업과 경험, 피성년후견인과의 이해관계의 유무(법인이 성년후견인이 될 때에는 사업의 종류와 내용, 법인이나 그 대표자와 피성년후견인 사이의 이해관계의 유무를 말한다) 등의 사정도 고려하여야 한다.

제937조(후견인의 결격사유) 다음 각 호의 어느 하나에 해당하는 자는 후견인이 되지 못한다.

1. 미성년자

2. 피성년후견인, 피한정후견인, 피특정후견인, 피임의후견인

3. 회생절차개시결정 또는 파산선고를 받은 자

4. 자격정지 이상의 형의 선고를 받고 그 형기(刑期) 중에 있는 사람

5. 법원에서 해임된 법정대리인

6. 법원에서 해임된 성년후견인, 한정후견인, 특정후견인, 임의후견인과 그 감독인

7. 행방이 불분명한 사람

8. 피후견인을 상대로 소송을 하였거나 하고 있는 사람

9. 제8호에서 정한 사람의 배우자와 직계혈족. 다만, 피후견인의 직계비속은 제외한다.

제938조(후견인의 대리권 등) ① 후견인은 피후견인의 법정대리인이 된다.
② 가정법원은 성년후견인이 제1항에 따라 가지는 법정대리권의 범위를 정할 수 있다.
③ 가정법원은 성년후견인이 피성년후견인의 신상에 관하여 결정할 수 있는 권한의 범위를 정할 수 있다.
④ 제2항 및 제3항에 따른 법정대리인의 권한의 범위가 적절하지 아니하게 된 경우에 가정법원은 본인, 배우자, 4촌 이내의 친족, 성년후견인, 성년후견감독인, 검사 또는 지방자치단체의 장의 청구에 의하여 그 범위를 변경할 수 있다.

제939조(후견인의 사임) 후견인은 정당한 사유가 있는 경우에는 가정법원의 허가를 받아 사임할 수 있다. 이 경우 그 후견인은 사임청구와 동시에 가정법원에 새로운 후견인의 선임을 청구하여야 한다.

제940조(후견인의 변경) 가정법원은 피후견인의 복리를 위하여 후견인을 변경할 필요가 있다고 인정하면 직권으로 또는 피후견인, 친족, 후견감독인, 검사, 지방자치단체의 장의 청구에 의하여 후견인을 변경할 수 있다.

제2관 후견감독인

제940조의2(미성년후견감독인의 지정) 미성년후견인을 지정할 수 있는 사람은 유언으로 미성년후견감독인을 지정할 수 있다.

제940조의3(미성년후견감독인의 선임)
① 가정법원은 제940조의2에 따라 지정된 미성년후견감독인이 없는 경우에 필요하다고 인정하면 직권으로 또는 미성년자, 친족, 미성년후견인, 검사, 지방자치단체의 장의 청구에 의하여 미성년후견감독인을 선임할 수 있다.
② 가정법원은 미성년후견감독인이 사망, 결격, 그 밖의 사유로 없게 된 경우에는 직권으로 또는 미성년자, 친족, 미성년후견인, 검사, 지방자치단체의 장의 청구에 의하여 미성년후견감독인을 선임한다.

제940조의4(성년후견감독인의 선임)
① 가정법원은 필요하다고 인정하면 직권으로 또는 피성년후견인, 친족, 성년후견인, 검사, 지방자치단체의 장의 청구에 의하여 성년후견감독인을 선임할 수 있다.
② 가정법원은 성년후견감독인이 사망, 결격, 그 밖의 사유로 없게 된 경우에는 직권으로 또는 피성년후견인, 친족,

성년후견인, 검사, 지방자치단체의 장의 청구에 의하여 성년후견감독인을 선임한다.

제940조의5(후견감독인의 결격사유) 제779조에 따른 후견인의 가족은 후견감독인이 될 수 없다.

제940조의6(후견감독인의 직무) ① 후견감독인은 후견인의 사무를 감독하며, 후견인이 없는 경우 지체 없이 가정법원에 후견인의 선임을 청구하여야 한다. ② 후견감독인은 피후견인의 신상이나 재산에 대하여 급박한 사정이 있는 경우 그의 보호를 위하여 필요한 행위 또는 처분을 할 수 있다. ③ 후견인과 피후견인 사이에 이해가 상반되는 행위에 관하여는 후견감독인이 피후견인을 대리한다.

제940조의7(위임 및 후견인 규정의 준용) 후견감독인에 대하여는 제681조, 제691조, 제692조, 제930조제2항·제3항, 제936조제3항·제4항, 제937조, 제939조, 제940조, 제947조의2제3항부터 제5항까지, 제949조의2, 제955조 및 제955조의2를 준용한다.

제3관 후견인의 임무

제941조(재산조사와 목록작성) ① 후견인은 지체 없이 피후견인의 재산을 조사하여 2개월 내에 그 목록을 작성하여야 한다. 다만, 정당한 사유가 있는 경우에는 법원의 허가를 받아 그 기간을 연장할 수 있다. ② 후견감독인이 있는 경우 제1항에 따른 재산조사와 목록작성은 후견감독인의 참여가 없으면 효력이 없다.

제942조(후견인의 채권·채무의 제시) ① 후견인과 피후견인 사이에 채권·채무의 관계가 있고 후견감독인이 있는 경우에는 후견인은 재산목록의 작성을 완료하기 전에 그 내용을 후견감독인에게 제시하여야 한다. ② 후견인이 피후견인에 대한 채권이 있음을 알고도 제1항에 따른 제시를 게을리한 경우에는 그 채권을 포기한 것으로 본다.

제943조(목록작성전의 권한) 후견인은 재산조사와 목록작성을 완료하기까지는 긴급 필요한 경우가 아니면 그 재산에 관한 권한을 행사하지 못한다. 그러나 이로써 선의의 제삼자에게 대항하지 못한다.

제944조(피후견인이 취득한 포괄적 재산의 조사 등) 전3조의 규정은 후견인의 취임후에 피후견인이 포괄적 재산을 취득한 경우에 준용한다.

제945조(미성년자의 신분에 관한 후견인의 권리·의무) 미성년후견인은 제913조 및 제914조에서 규정한 사항에

관하여는 친권자와 동일한 권리와 의무가 있다. 다만, 다음 각 호의 어느 하나에 해당하는 경우에는 미성년후견감독인이 있으면 그의 동의를 받아야 한다.

1. 친권자가 정한 교육방법, 양육방법 또는 거소를 변경하는 경우
2. 삭제 <2021. 1. 26.>
3. 친권자가 허락한 영업을 취소하거나 제한하는 경우

제946조(친권 중 일부에 한정된 후견) 미성년자의 친권자가 제924조의2, 제925조 또는 제927조제1항에 따라 친권 중 일부에 한정하여 행사할 수 없는 경우에 미성년후견인의 임무는 제한된 친권의 범위에 속하는 행위에 한정된다.

제947조(피성년후견인의 복리와 의사존중) 성년후견인은 피성년후견인의 재산관리와 신상보호를 할 때 여러 사정을 고려하여 그의 복리에 부합하는 방법으로 사무를 처리하여야 한다. 이 경우 성년후견인은 피성년후견인의 복리에 반하지 아니하면 피성년후견인의 의사를 존중하여야 한다.

제947조의2(피성년후견인의 신상결정 등) ① 피성년후견인은 자신의 신상에 관하여 그의 상태가 허락하는 범위에서 단독으로 결정한다.
② 성년후견인이 피성년후견인을 치료 등의 목적으로 정신병원이나 그 밖의 다른 장소에 격리하려는 경우에는 가정법원의 허가를 받아야 한다.
③ 피성년후견인의 신체를 침해하는 의료행위에 대하여 피성년후견인이 동의할 수 없는 경우에는 성년후견인이 그를 대신하여 동의할 수 있다.
④ 제3항의 경우 피성년후견인이 의료행위의 직접적인 결과로 사망하거나 상당한 장애를 입을 위험이 있을 때에는 가정법원의 허가를 받아야 한다. 다만, 허가절차로 의료행위가 지체되어 피성년후견인의 생명에 위험을 초래하거나 심신상의 중대한 장애를 초래할 때에는 사후에 허가를 청구할 수 있다.
⑤ 성년후견인이 피성년후견인을 대리하여 피성년후견인이 거주하고 있는 건물 또는 그 대지에 대하여 매도, 임대, 전세권 설정, 저당권 설정, 임대차의 해지, 전세권의 소멸, 그 밖에 이에 준하는 행위를 하는 경우에는 가정법원의 허가를 받아야 한다.

제948조(미성년자의 친권의 대행) ① 미성년후견인은 미성년자를 갈음하여 미성년자의 자녀에 대한 친권을 행사한다.
② 제1항의 친권행사에는 미성년후견인의 임무에 관한 규정을 준용한다.

제949조(재산관리권과 대리권) ① 후

견인은 피후견인의 재산을 관리하고 그 재산에 관한 법률행위에 대하여 피후견인을 대리한다.

② 제920조 단서의 규정은 전항의 법률행위에 준용한다.

제949조의2(성년후견인이 여러 명인 경우 권한의 행사 등) ① 가정법원은 직권으로 여러 명의 성년후견인이 공동으로 또는 사무를 분장하여 그 권한을 행사하도록 정할 수 있다.

② 가정법원은 직권으로 제1항에 따른 결정을 변경하거나 취소할 수 있다.

③ 여러 명의 성년후견인이 공동으로 권한을 행사하여야 하는 경우에 어느 성년후견인이 피성년후견인의 이익이 침해될 우려가 있음에도 법률행위의 대리 등 필요한 권한행사에 협력하지 아니할 때에는 가정법원은 피성년후견인, 성년후견인, 후견감독인 또는 이해관계인의 청구에 의하여 그 성년후견인의 의사표시를 갈음하는 재판을 할 수 있다.

제949조의3(이해상반행위) 후견인에 대하여는 제921조를 준용한다. 다만, 후견감독인이 있는 경우에는 그러하지 아니하다.

제950조(후견감독인의 동의를 필요로 하는 행위) ① 후견인이 피후견인을 대리하여 다음 각 호의 어느 하나에 해당하는 행위를 하거나 미성년자의 다음 각 호의 어느 하나에 해당하는 행위에 동의를 할 때는 후견감독인이 있으면 그의 동의를 받아야 한다.

1. 영업에 관한 행위
2. 금전을 빌리는 행위
3. 의무만을 부담하는 행위
4. 부동산 또는 중요한 재산에 관한 권리의 득실변경을 목적으로 하는 행위
5. 소송행위
6. 상속의 승인, 한정승인 또는 포기 및 상속재산의 분할에 관한 협의

② 후견감독인의 동의가 필요한 행위에 대하여 후견감독인이 피후견인의 이익이 침해될 우려가 있음에도 동의를 하지 아니하는 경우에는 가정법원은 후견인의 청구에 의하여 후견감독인의 동의를 갈음하는 허가를 할 수 있다.

③ 후견감독인의 동의가 필요한 법률행위를 후견인이 후견감독인의 동의 없이 하였을 때에는 피후견인 또는 후견감독인이 그 행위를 취소할 수 있다.

제951조(피후견인의 재산 등의 양수에 대한 취소) ① 후견인이 피후견인에 대한 제3자의 권리를 양수(讓受)하는 경우에는 피후견인은 이를 취소할 수 있다.

② 제1항에 따른 권리의 양수의 경우 후견감독인이 있으면 후견인은 후견감독인의 동의를 받아야 하고, 후견감독인

의 동의가 없는 경우에는 피후견인 또는 후견감독인이 이를 취소할 수 있다.

제952조(상대방의 추인 여부 최고) 제950조 및 제951조의 경우에는 제15조를 준용한다.

제953조(후견감독인의 후견사무의 감독) 후견감독인은 언제든지 후견인에게 그의 임무 수행에 관한 보고와 재산목록의 제출을 요구할 수 있고 피후견인의 재산상황을 조사할 수 있다.

제954조(가정법원의 후견사무에 관한 처분) 가정법원은 직권으로 또는 피후견인, 후견감독인, 제777조에 따른 친족, 그 밖의 이해관계인, 검사, 지방자치단체의 장의 청구에 의하여 피후견인의 재산상황을 조사하고, 후견인에게 재산관리 등 후견임무 수행에 관하여 필요한 처분을 명할 수 있다.

제955조(후견인에 대한 보수) 법원은 후견인의 청구에 의하여 피후견인의 재산상태 기타 사정을 참작하여 피후견인의 재산 중에서 상당한 보수를 후견인에게 수여할 수 있다.

제955조의2(지출금액의 예정과 사무비용) 후견인이 후견사무를 수행하는 데 필요한 비용은 피후견인의 재산 중에서 지출한다.

제956조(위임과 친권의 규정의 준용) 제681조 및 제918조의 규정은 후견인에게 이를 준용한다.

제4관 후견의 종료

제957조(후견사무의 종료와 관리의 계산) ① 후견인의 임무가 종료된 때에는 후견인 또는 그 상속인은 1개월 내에 피후견인의 재산에 관한 계산을 하여야 한다. 다만, 정당한 사유가 있는 경우에는 법원의 허가를 받아 그 기간을 연장할 수 있다.

② 제1항의 계산은 후견감독인이 있는 경우에는 그가 참여하지 아니하면 효력이 없다.

제958조(이자의 부가와 금전소비에 대한 책임) ① 후견인이 피후견인에게 지급할 금액이나 피후견인이 후견인에게 지급할 금액에는 계산종료의 날로부터 이자를 부가하여야 한다.

② 후견인이 자기를 위하여 피후견인의 금전을 소비한 때에는 그 소비한 날로부터 이자를 부가하고 피후견인에게 손해가 있으면 이를 배상하여야 한다.

제959조(위임규정의 준용) 제691조, 제692조의 규정은 후견의 종료에 이를 준용한다.

제2절 한정후견과 특정후견

제959조의2(한정후견의 개시) 가정법원의 한정후견개시의 심판이 있는 경

우에는 그 심판을 받은 사람의 한정후견인을 두어야 한다.

제959조의3(한정후견인의 선임 등) ① 제959조의2에 따른 한정후견인은 가정법원이 직권으로 선임한다.

② 한정후견인에 대하여는 제930조제2항·제3항, 제936조제2항부터 제4항까지, 제937조, 제939조, 제940조 및 제949조의3을 준용한다.

제959조의4(한정후견인의 대리권 등) ① 가정법원은 한정후견인에게 대리권을 수여하는 심판을 할 수 있다.

② 한정후견인의 대리권 등에 관하여는 제938조제3항 및 제4항을 준용한다.

제959조의5(한정후견감독인) ① 가정법원은 필요하다고 인정하면 직권으로 또는 피한정후견인, 친족, 한정후견인, 검사, 지방자치단체의 장의 청구에 의하여 한정후견감독인을 선임할 수 있다.

② 한정후견감독인에 대하여는 제681조, 제691조, 제692조, 제930조제2항·제3항, 제936조제3항·제4항, 제937조, 제939조, 제940조, 제940조의3제2항, 제940조의5, 제940조의6, 제947조의2제3항부터 제5항까지, 제949조의2, 제955조 및 제955조의2를 준용한다. 이 경우 제940조의6제3항 중 "피후견인을 대리한다"는 "피한정후견인을 대리하거나 피한정후견인이 그 행위를 하는

데 동의한다"로 본다.

제959조의6(한정후견사무) 한정후견의 사무에 관하여는 제681조, 제920조 단서, 제947조, 제947조의2, 제949조, 제949조의2, 제949조의3, 제950조부터 제955조까지 및 제955조의2를 준용한다.

제959조의7(한정후견인의 임무의 종료 등) 한정후견인의 임무가 종료한 경우에 관하여는 제691조, 제692조, 제957조 및 제958조를 준용한다.

제959조의8(특정후견에 따른 보호조치) 가정법원은 피특정후견인의 후원을 위하여 필요한 처분을 명할 수 있다.

제959조의9(특정후견인의 선임 등) ① 가정법원은 제959조의8에 따른 처분으로 피특정후견인을 후원하거나 대리하기 위한 특정후견인을 선임할 수 있다.

② 특정후견인에 대하여는 제930조제2항·제3항, 제936조제2항부터 제4항까지, 제937조, 제939조 및 제940조를 준용한다.

제959조의10(특정후견감독인) ① 가정법원은 필요하다고 인정하면 직권으로 또는 피특정후견인, 친족, 특정후견인, 검사, 지방자치단체의 장의 청구에 의하여 특정후견감독인을 선임할 수 있다.

② 특정후견감독인에 대하여는 제681조, 제691조, 제692조, 제930조제2항·제3항, 제936조제3항·제4항, 제937조,

제939조, 제940조, 제940조의5, 제940조의6, 제949조의2, 제955조 및 제955조의2를 준용한다.

제959조의11(특정후견인의 대리권) ① 피특정후견인의 후원을 위하여 필요하다고 인정하면 가정법원은 기간이나 범위를 정하여 특정후견인에게 대리권을 수여하는 심판을 할 수 있다.

② 제1항의 경우 가정법원은 특정후견인의 대리권 행사에 가정법원이나 특정후견감독인의 동의를 받도록 명할 수 있다.

제959조의12(특정후견사무) 특정후견의 사무에 관하여는 제681조, 제920조 단서, 제947조, 제949조의2, 제953조부터 제955조까지 및 제955조의2를 준용한다.

제959조의13(특정후견인의 임무의 종료 등) 특정후견인의 임무가 종료한 경우에 관하여는 제691조, 제692조, 제957조 및 제958조를 준용한다.

제3절 후견계약

제959조의14(후견계약의 의의와 체결방법 등) ① 후견계약은 질병, 장애, 노령, 그 밖의 사유로 인한 정신적 제약으로 사무를 처리할 능력이 부족한 상황에 있거나 부족하게 될 상황에 대비하여 자신의 재산관리 및 신상보호에 관한 사무의 전부 또는 일부를 다른 자에게 위탁하고 그 위탁사무에 관하여 대리권을 수여하는 것을 내용으로 한다.

② 후견계약은 공정증서로 체결하여야 한다.

③ 후견계약은 가정법원이 임의후견감독인을 선임한 때부터 효력이 발생한다.

④ 가정법원, 임의후견인, 임의후견감독인 등은 후견계약을 이행·운영할 때 본인의 의사를 최대한 존중하여야 한다.

제959조의15(임의후견감독인의 선임) ① 가정법원은 후견계약이 등기되어 있고, 본인이 사무를 처리할 능력이 부족한 상황에 있다고 인정할 때에는 본인, 배우자, 4촌 이내의 친족, 임의후견인, 검사 또는 지방자치단체의 장의 청구에 의하여 임의후견감독인을 선임한다.

② 제1항의 경우 본인이 아닌 자의 청구에 의하여 가정법원이 임의후견감독인을 선임할 때에는 미리 본인의 동의를 받아야 한다. 다만, 본인이 의사를 표시할 수 없는 때에는 그러하지 아니하다.

③ 가정법원은 임의후견감독인이 없게 된 경우에는 직권으로 또는 본인, 친족, 임의후견인, 검사 또는 지방자치단체의 장의 청구에 의하여 임의후견감독인을 선임한다.

④ 가정법원은 임의후견임감독인이 선임된 경우에도 필요하다고 인정하면 직권으로 또는 제3항의 청구권자의 청구에 의하여 임의후견감독인을 추가로 선임할 수 있다.

⑤ 임의후견감독인에 대하여는 제940조의5를 준용한다.

제959조의16(임의후견감독인의 직무 등) ① 임의후견감독인은 임의후견인의 사무를 감독하며 그 사무에 관하여 가정법원에 정기적으로 보고하여야 한다.

② 가정법원은 필요하다고 인정하면 임의후견감독인에게 감독사무에 관한 보고를 요구할 수 있고 임의후견인의 사무 또는 본인의 재산상황에 대한 조사를 명하거나 그 밖에 임의후견감독인의 직무에 관하여 필요한 처분을 명할 수 있다.

③ 임의후견감독인에 대하여는 제940조의6제2항·제3항, 제940조의7 및 제953조를 준용한다.

제959조의17(임의후견개시의 제한 등) ① 임의후견인이 제937조 각 호에 해당하는 자 또는 그 밖에 현저한 비행을 하거나 후견계약에서 정한 임무에 적합하지 아니한 사유가 있는 자인 경우에는 가정법원은 임의후견감독인을 선임하지 아니한다.

② 임의후견감독인을 선임한 이후 임의후견인이 현저한 비행을 하거나 그 밖에 그 임무에 적합하지 아니한 사유가 있게 된 경우에는 가정법원은 임의후견감독인, 본인, 친족, 검사 또는 지방자치단체의 장의 청구에 의하여 임의후견인을 해임할 수 있다.

제959조의18(후견계약의 종료) ① 임의후견감독인의 선임 전에는 본인 또는 임의후견인은 언제든지 공증인의 인증을 받은 서면으로 후견계약의 의사표시를 철회할 수 있다.

② 임의후견감독인의 선임 이후에는 본인 또는 임의후견인은 정당한 사유가 있는 때에만 가정법원의 허가를 받아 후견계약을 종료할 수 있다.

제959조의19(임의후견인의 대리권 소멸과 제3자와의 관계) 임의후견인의 대리권 소멸은 등기하지 아니하면 선의의 제3자에게 대항할 수 없다.

제959조의20(후견계약과 성년후견·한정후견·특정후견의 관계) ① 후견계약이 등기되어 있는 경우에는 가정법원은 본인의 이익을 위하여 특별히 필요할 때에만 임의후견인 또는 임의후견감독인의 청구에 의하여 성년후견, 한정후견 또는 특정후견의 심판을 할 수 있다. 이 경우 후견계약은 본인이 성년후견 또는 한정후견 개시의 심판

을 받은 때 종료된다.

② 본인이 피성년후견인, 피한정후견인 또는 피특정후견인인 경우에 가정법원은 임의후견감독인을 선임함에 있어서 종전의 성년후견, 한정후견 또는 특정후견의 종료 심판을 하여야 한다. 다만, 성년후견 또는 한정후견 조치의 계속이 본인의 이익을 위하여 특별히 필요하다고 인정하면 가정법원은 임의후견감독인을 선임하지 아니한다.

제6장 삭제 〈2011. 3. 7.〉

제960조 삭제 <2011. 3. 7.>
제961조 삭제 <2011. 3. 7.>
제962조 삭제 <2011. 3. 7.>
제963조 삭제 <2011. 3. 7.>
제964조 삭제 <2011. 3. 7.>
제965조 삭제 <2011. 3. 7.>
제966조 삭제 <2011. 3. 7.>
제967조 삭제 <2011. 3. 7.>
제968조 삭제 <2011. 3. 7.>
제969조 삭제 <2011. 3. 7.>
제970조 삭제 <2011. 3. 7.>
제971조 삭제 <2011. 3. 7.>
제972조 삭제 <2011. 3. 7.>
제973조 삭제 <2011. 3. 7.>

제7장 부양

제974조(부양의무) 다음 각호의 친족은 서로 부양의 의무가 있다.

1. 직계혈족 및 그 배우자간
2. 삭제 <1990. 1. 13.>
3. 기타 친족간(생계를 같이 하는 경우에 한한다.)

제975조(부양의무와 생활능력) 부양의 의무는 부양을 받을 자가 자기의 자력 또는 근로에 의하여 생활을 유지할 수 없는 경우에 한하여 이를 이행할 책임이 있다.

제976조(부양의 순위) ① 부양의 의무 있는 자가 수인인 경우에 부양을 할 자의 순위에 관하여 당사자간에 협정이 없는 때에는 법원은 당사자의 청구에 의하여 이를 정한다. 부양을 받을 권리자가 수인인 경우에 부양의무자의 자력이 그 전원을 부양할 수 없는 때에도 같다.

② 전항의 경우에 법원은 수인의 부양의무자 또는 권리자를 선정할 수 있다.

제977조(부양의 정도, 방법) 부양의 정도 또는 방법에 관하여 당사자간에 협정이 없는 때에는 법원은 당사자의 청구에 의하여 부양을 받을 자의 생활정도와 부양의무자의 자력 기타 제반사정을 참작하여 이를 정한다.

제978조(부양관계의 변경 또는 취소) 부양을 할 자 또는 부양을 받을 자의 순위, 부양의 정도 또는 방법에 관한

당사자의 협정이나 법원의 판결이 있은 후 이에 관한 사정변경이 있는 때에는 법원은 당사자의 청구에 의하여 그 협정이나 판결을 취소 또는 변경할 수 있다.

제979조(부양청구권처분의 금지) 부양을 받을 권리는 이를 처분하지 못한다.

제8장 삭제 〈2005. 3. 31.〉

제1절 삭제 〈2005. 3. 31.〉

제980조 삭제 <2005. 3. 31.>
제981조 삭제 <2005. 3. 31.>
제982조 삭제 <2005. 3. 31.>
제983조 삭제 <1990. 1. 13.>

제2절 삭제 〈2005. 3. 31.〉

제984조 삭제 <2005. 3. 31.>
제985조 삭제 <2005. 3. 31.>
제986조 삭제 <2005. 3. 31.>
제987조 삭제 <2005. 3. 31.>
제988조 삭제 <1990. 1. 13.>
제989조 삭제 <2005. 3. 31.>
제990조 삭제 <1990. 1. 13.>
제991조 삭제 <2005. 3. 31.>
제992조 삭제 <2005. 3. 31.>
제993조 삭제 <2005. 3. 31.>
제994조 삭제 <2005. 3. 31.>

제3절 삭제 〈2005. 3. 31.〉

제995조 삭제 <2005. 3. 31.>
제996조 삭제 <1990. 1. 13.>

제5편 상속

제1장 상속

제1절 총칙

제997조(상속개시의 원인) 상속은 사망으로 인하여 개시된다.

제998조(상속개시의 장소) 상속은 피상속인의 주소지에서 개시한다.

제998조의2(상속비용) 상속에 관한 비용은 상속재산 중에서 지급한다.

제999조(상속회복청구권) ① 상속권이 참칭상속권자로 인하여 침해된 때에는 상속권자 또는 그 법정대리인은 상속회복의 소를 제기할 수 있다.

② 제1항의 상속회복청구권은 그 침해를 안 날부터 3년, 상속권의 침해행위가 있은 날부터 10년을 경과하면 소멸된다.

제2절 상속인

제1000조(상속의 순위) ① 상속에 있어서는 다음 순위로 상속인이 된다.
1. 피상속인의 직계비속
2. 피상속인의 직계존속

3. 피상속인의 형제자매

4. 피상속인의 4촌 이내의 방계혈족

② 전항의 경우에 동순위의 상속인이 수인인 때에는 최근친을 선순위로 하고 동친등의 상속인이 수인인 때에는 공동상속인이 된다.

③ 태아는 상속순위에 관하여는 이미 출생한 것으로 본다.

제1001조(대습상속) 전조제1항제1호와 제3호의 규정에 의하여 상속인이 될 직계비속 또는 형제자매가 상속개시전에 사망하거나 결격자가 된 경우에 그 직계비속이 있는 때에는 그 직계비속이 사망하거나 결격된 자의 순위에 갈음하여 상속인이 된다.

제1002조 삭제 <1990. 1. 13.>

제1003조(배우자의 상속순위) ① 피상속인의 배우자는 제1000조제1항제1호와 제2호의 규정에 의한 상속인이 있는 경우에는 그 상속인과 동순위로 공동상속인이 되고 그 상속인이 없는 때에는 단독상속인이 된다.

② 제1001조의 경우에 상속개시전에 사망 또는 결격된 자의 배우자는 동조의 규정에 의한 상속인과 동순위로 공동상속인이 되고 그 상속인이 없는 때에는 단독상속인이 된다.

제1004조(상속인의 결격사유) 다음 각 호의 어느 하나에 해당한 자는 상속인이 되지 못한다.

1. 고의로 직계존속, 피상속인, 그 배우자 또는 상속의 선순위나 동순위에 있는 자를 살해하거나 살해하려 한 자

2. 고의로 직계존속, 피상속인과 그 배우자에게 상해를 가하여 사망에 이르게 한 자

3. 사기 또는 강박으로 피상속인의 상속에 관한 유언 또는 유언의 철회를 방해한 자

4. 사기 또는 강박으로 피상속인의 상속에 관한 유언을 하게 한 자

5. 피상속인의 상속에 관한 유언서를 위조·변조·파기 또는 은닉한 자

제3절 상속의 효력

제1관 일반적 효력

제1005조(상속과 포괄적 권리의무의 승계) 상속인은 상속개시된 때로부터 피상속인의 재산에 관한 포괄적 권리의무를 승계한다. 그러나 피상속인의 일신에 전속한 것은 그러하지 아니하다.

제1006조(공동상속과 재산의 공유) 상속인이 수인인 때에는 상속재산은 그 공유로 한다.

제1007조(공동상속인의 권리의무승계) 공동상속인은 각자의 상속분에 응하여 피상속인의 권리의무를 승계한다.

제1008조(특별수익자의 상속분) 공동상속인 중에 피상속인으로부터 재산의 증여 또는 유증을 받은 자가 있는 경우에 그 수증재산이 자기의 상속분에 달하지 못한 때에는 그 부족한 부분의 한도에서 상속분이 있다.

제1008조의2(기여분) ① 공동상속인 중에 상당한 기간 동거·간호 그 밖의 방법으로 피상속인을 특별히 부양하거나 피상속인의 재산의 유지 또는 증가에 특별히 기여한 자가 있을 때에는 상속개시 당시의 피상속인의 재산가액에서 공동상속인의 협의로 정한 그 자의 기여분을 공제한 것을 상속재산으로 보고 제1009조 및 제1010조에 의하여 산정한 상속분에 기여분을 가산한 액으로써 그 자의 상속분으로 한다.

② 제1항의 협의가 되지 아니하거나 협의할 수 없는 때에는 가정법원은 제1항에 규정된 기여자의 청구에 의하여 기여의 시기·방법 및 정도와 상속재산의 액 기타의 사정을 참작하여 기여분을 정한다.

③ 기여분은 상속이 개시된 때의 피상속인의 재산가액에서 유증의 가액을 공제한 액을 넘지 못한다.

④ 제2항의 규정에 의한 청구는 제1013조제2항의 규정에 의한 청구가 있을 경우 또는 제1014조에 규정하는 경우에 할 수 있다.

제1008조의3(분묘 등의 승계) 분묘에 속한 1정보 이내의 금양임야와 600평 이내의 묘토인 농지, 족보와 제구의 소유권은 제사를 주재하는 자가 이를 승계한다.

제2관 상속분

제1009조(법정상속분) ① 동순위의 상속인이 수인인 때에는 그 상속분은 균분으로 한다.

② 피상속인의 배우자의 상속분은 직계비속과 공동으로 상속하는 때에는 직계비속의 상속분의 5할을 가산하고, 직계존속과 공동으로 상속하는 때에는 직계존속의 상속분의 5할을 가산한다.

③ 삭제 <1990. 1. 13.>

제1010조(대습상속분) ① 제1001조의 규정에 의하여 사망 또는 결격된 자에 갈음하여 상속인이 된 자의 상속분은 사망 또는 결격된 자의 상속분에 의한다.

② 전항의 경우에 사망 또는 결격된 자의 직계비속이 수인인 때에는 그 상속분은 사망 또는 결격된 자의 상속분의 한도에서 제1009조의 규정에 의하여 이를 정한다. 제1003조제2항의 경우에도 또한 같다.

제1011조(공동상속분의 양수) ① 공동상속인 중에 그 상속분을 제삼자에게

양도한 자가 있는 때에는 다른 공동상속인은 그 가액과 양도비용을 상환하고 그 상속분을 양수할 수 있다.

② 전항의 권리는 그 사유를 안 날로부터 3월, 그 사유있은 날로부터 1년내에 행사하여야 한다.

제3관 상속재산의 분할

제1012조(유언에 의한 분할방법의 지정, 분할금지) 피상속인은 유언으로 상속재산의 분할방법을 정하거나 이를 정할 것을 제삼자에게 위탁할 수 있고 상속개시의 날로부터 5년을 초과하지 아니하는 기간내의 그 분할을 금지할 수 있다.

제1013조(협의에 의한 분할) ① 전조의 경우외에는 공동상속인은 언제든지 그 협의에 의하여 상속재산을 분할할 수 있다.

② 제269조의 규정은 전항의 상속재산의 분할에 준용한다.

제1014조(분할후의 피인지자 등의 청구권) 상속개시후의 인지 또는 재판의 확정에 의하여 공동상속인이 된 자가 상속재산의 분할을 청구할 경우에 다른 공동상속인이 이미 분할 기타 처분을 한 때에는 그 상속분에 상당한 가액의 지급을 청구할 권리가 있다.

제1015조(분할의 소급효) 상속재산의 분할은 상속개시된 때에 소급하여 그 효력이 있다. 그러나 제삼자의 권리를 해하지 못한다.

제1016조(공동상속인의 담보책임) 공동상속인은 다른 공동상속인이 분할로 인하여 취득한 재산에 대하여 그 상속분에 응하여 매도인과 같은 담보책임이 있다.

제1017조(상속채무자의 자력에 대한 담보책임) ① 공동상속인은 다른 상속인이 분할로 인하여 취득한 채권에 대하여 분할당시의 채무자의 자력을 담보한다.

② 변제기에 달하지 아니한 채권이나 정지조건있는 채권에 대하여는 변제를 청구할 수 있는 때의 채무자의 자력을 담보한다.

제1018조(무자력공동상속인의 담보책임의 분담) 담보책임있는 공동상속인 중에 상환의 자력이 없는 자가 있는 때에는 그 부담부분은 구상권자와 자력 있는 다른 공동상속인이 그 상속분에 응하여 분담한다. 그러나 구상권자의 과실로 인하여 상환을 받지 못한 때에는 다른 공동상속인에게 분담을 청구하지 못한다.

제4절 상속의 승인 및 포기

제1관 총칙

제1019조(승인, 포기의 기간) ① 상속

인은 상속개시있음을 안 날로부터 3월 내에 단순승인이나 한정승인 또는 포기를 할 수 있다. 그러나 그 기간은 이해관계인 또는 검사의 청구에 의하여 가정법원이 이를 연장할 수 있다.

② 상속인은 제1항의 승인 또는 포기를 하기 전에 상속재산을 조사할 수 있다.

③ 제1항에도 불구하고 상속인은 상속채무가 상속재산을 초과하는 사실(이하 이 조에서 "상속채무 초과사실"이라 한다)을 중대한 과실 없이 제1항의 기간 내에 알지 못하고 단순승인(제1026조제1호 및 제2호에 따라 단순승인한 것으로 보는 경우를 포함한다. 이하 이 조에서 같다)을 한 경우에는 그 사실을 안 날부터 3개월 내에 한정승인을 할 수 있다.

④ 제1항에도 불구하고 미성년자인 상속인이 상속채무가 상속재산을 초과하는 상속을 성년이 되기 전에 단순승인한 경우에는 성년이 된 후 그 상속의 상속채무 초과사실을 안 날부터 3개월 내에 한정승인을 할 수 있다. 미성년자인 상속인이 제3항에 따른 한정승인을 하지 아니하였거나 할 수 없었던 경우에도 또한 같다.

제1020조(제한능력자의 승인ㆍ포기의 기간) 상속인이 제한능력자인 경우에는 제1019조제1항의 기간은 그의 친권자 또는 후견인이 상속이 개시된 것을 안 날부터 기산(起算)한다.

제1021조(승인, 포기기간의 계산에 관한 특칙) 상속인이 승인이나 포기를 하지 아니하고 제1019조제1항의 기간 내에 사망한 때에는 그의 상속인이 그 자기의 상속개시있음을 안 날로부터 제1019조제1항의 기간을 기산한다.

제1022조(상속재산의 관리) 상속인은 그 고유재산에 대하는 것과 동일한 주의로 상속재산을 관리하여야 한다. 그러나 단순승인 또는 포기한 때에는 그러하지 아니하다.

제1023조(상속재산보존에 필요한 처분) ① 법원은 이해관계인 또는 검사의 청구에 의하여 상속재산의 보존에 필요한 처분을 명할 수 있다.

② 법원이 재산관리인을 선임한 경우에는 제24조 내지 제26조의 규정을 준용한다.

제1024조(승인, 포기의 취소금지) ① 상속의 승인이나 포기는 제1019조제1항의 기간내에도 이를 취소하지 못한다.

② 전항의 규정은 총칙편의 규정에 의한 취소에 영향을 미치지 아니한다. 그러나 그 취소권은 추인할 수 있는 날로부터 3월, 승인 또는 포기한 날로부터 1년내에 행사하지 아니하면 시효로 인하여 소멸된다.

제2관 단순승인

제1025조(단순승인의 효과) 상속인이 단순승인을 한 때에는 제한없이 피상속인의 권리의무를 승계한다.

제1026조(법정단순승인) 다음 각호의 사유가 있는 경우에는 상속인이 단순승인을 한 것으로 본다.

1. 상속인이 상속재산에 대한 처분행위를 한 때
2. 상속인이 제1019조제1항의 기간내에 한정승인 또는 포기를 하지 아니한 때
3. 상속인이 한정승인 또는 포기를 한 후에 상속재산을 은닉하거나 부정소비하거나 고의로 재산목록에 기입하지 아니한 때

제1027조(법정단순승인의 예외) 상속인이 상속을 포기함으로 인하여 차순위 상속인이 상속을 승인한 때에는 전조 제3호의 사유는 상속의 승인으로 보지 아니한다.

제3관 한정승인

제1028조(한정승인의 효과) 상속인은 상속으로 인하여 취득할 재산의 한도에서 피상속인의 채무와 유증을 변제할 것을 조건으로 상속을 승인할 수 있다.

제1029조(공동상속인의 한정승인) 상속인이 수인인 때에는 각 상속인은 그 상속분에 응하여 취득할 재산의 한도에서 그 상속분에 의한 피상속인의 채무와 유증을 변제할 것을 조건으로 상속을 승인할 수 있다.

제1030조(한정승인의 방식) ① 상속인이 한정승인을 할 때에는 제1019조제1항·제3항 또는 제4항의 기간 내에 상속재산의 목록을 첨부하여 법원에 한정승인의 신고를 하여야 한다.

② 제1019조제3항 또는 제4항에 따라 한정승인을 한 경우 상속재산 중 이미 처분한 재산이 있는 때에는 그 목록과 가액을 함께 제출하여야 한다.

제1031조(한정승인과 재산상 권리의무의 불소멸) 상속인이 한정승인을 한 때에는 피상속인에 대한 상속인의 재산상 권리의무는 소멸하지 아니한다.

제1032조(채권자에 대한 공고, 최고) ① 한정승인자는 한정승인을 한 날로부터 5일내에 일반상속채권자와 유증받은 자에 대하여 한정승인의 사실과 일정한 기간 내에 그 채권 또는 수증을 신고할 것을 공고하여야 한다. 그 기간은 2월 이상이어야 한다.

② 제88조제2항, 제3항과 제89조의 규정은 전항의 경우에 준용한다.

제1033조(최고기간 중의 변제거절) 한정승인자는 전조제1항의 기간만료전에는 상속채권의 변제를 거절할 수 있다.

제1034조(배당변제) ① 한정승인자는 제1032조제1항의 기간만료후에 상속재산으로서 그 기간 내에 신고한 채권자와 한정승인자가 알고 있는 채권자에 대하여 각 채권액의 비율로 변제하여야 한다. 그러나 우선권있는 채권자의 권리를 해하지 못한다.

② 제1019조제3항 또는 제4항에 따라 한정승인을 한 경우에는 그 상속인은 상속재산 중에서 남아있는 상속재산과 함께 이미 처분한 재산의 가액을 합하여 제1항의 변제를 하여야 한다. 다만, 한정승인을 하기 전에 상속채권자나 유증받은 자에 대하여 변제한 가액은 이미 처분한 재산의 가액에서 제외한다.

제1035조(변제기전의 채무 등의 변제) ① 한정승인자는 변제기에 이르지 아니한 채권에 대하여도 전조의 규정에 의하여 변제하여야 한다.

② 조건있는 채권이나 존속기간의 불확정한 채권은 법원의 선임한 감정인의 평가에 의하여 변제하여야 한다.

제1036조(수증자에의 변제) 한정승인자는 전2조의 규정에 의하여 상속채권자에 대한 변제를 완료한 후가 아니면 유증받은 자에게 변제하지 못한다.

제1037조(상속재산의 경매) 전3조의 규정에 의한 변제를 하기 위하여 상속재산의 전부나 일부를 매각할 필요가 있는 때에는 민사집행법에 의하여 경매하여야 한다.

제1038조(부당변제 등으로 인한 책임) ① 한정승인자가 제1032조의 규정에 의한 공고나 최고를 해태하거나 제1033조 내지 제1036조의 규정에 위반하여 어느 상속채권자나 유증받은 자에게 변제함으로 인하여 다른 상속채권자나 유증받은 자에 대하여 변제할 수 없게 된 때에는 한정승인자는 그 손해를 배상하여야 한다. 제1019조제3항의 규정에 의하여 한정승인을 한 경우 그 이전에 상속채무가 상속재산을 초과함을 알지 못한 데 과실이 있는 상속인이 상속채권자나 유증받은 자에게 변제한 때에도 또한 같다.

② 제1항 전단의 경우에 변제를 받지 못한 상속채권자나 유증받은 자는 그 사정을 알고 변제를 받은 상속채권자나 유증받은 자에 대하여 구상권을 행사할 수 있다. 제1019조제3항 또는 제4항에 따라 한정승인을 한 경우 그 이전에 상속채무가 상속재산을 초과함을 알고 변제받은 상속채권자나 유증받은 자가 있는 때에도 또한 같다.

③ 제766조의 규정은 제1항 및 제2항의 경우에 준용한다.

제1039조(신고하지 않은 채권자 등) 제1032조제1항의 기간내에 신고하지 아

니한 상속채권자 및 유증받은 자로서 한정승인자가 알지 못한 자는 상속재산의 잔여가 있는 경우에 한하여 그 변제를 받을 수 있다. 그러나 상속재산에 대하여 특별담보권있는 때에는 그러하지 아니하다.

제1040조(공동상속재산과 그 관리인의 선임) ① 상속인이 수인인 경우에는 법원은 각 상속인 기타 이해관계인의 청구에 의하여 공동상속인 중에서 상속재산관리인을 선임할 수 있다.

② 법원이 선임한 관리인은 공동상속인을 대표하여 상속재산의 관리와 채무의 변제에 관한 모든 행위를 할 권리의무가 있다.

③ 제1022조, 제1032조 내지 전조의 규정은 전항의 관리인에 준용한다. 그러나 제1032조의 규정에 의하여 공고할 5일의 기간은 관리인이 그 선임을 안 날로부터 기산한다.

제4관 포기

제1041조(포기의 방식) 상속인이 상속을 포기할 때에는 제1019조제1항의 기간내에 가정법원에 포기의 신고를 하여야 한다.

제1042조(포기의 소급효) 상속의 포기는 상속개시된 때에 소급하여 그 효력이 있다.

제1043조(포기한 상속재산의 귀속) 상속인이 수인인 경우에 어느 상속인이 상속을 포기한 때에는 그 상속분은 다른 상속인의 상속분의 비율로 그 상속인에게 귀속된다.

제1044조(포기한 상속재산의 관리계속의무) ① 상속을 포기한 자는 그 포기로 인하여 상속인이 된 자가 상속재산을 관리할 수 있을 때까지 그 재산의 관리를 계속하여야 한다.

② 제1022조와 제1023조의 규정은 전항의 재산관리에 준용한다.

제5절 재산의 분리

제1045조(상속재산의 분리청구권) ① 상속채권자나 유증받은 자 또는 상속인의 채권자는 상속개시된 날로부터 3월내에 상속재산과 상속인의 고유재산의 분리를 법원에 청구할 수 있다.

② 상속인이 상속의 승인이나 포기를 하지 아니한 동안은 전항의 기간경과후에도 재산의 분리를 청구할 수 있다.

제1046조(분리명령과 채권자 등에 대한 공고, 최고) ① 법원이 전조의 청구에 의하여 재산의 분리를 명한 때에는 그 청구자는 5일내에 일반상속채권자와 유증받은 자에 대하여 재산분리의 명령있은 사실과 일정한 기간내에 그 채권 또는 수증을 신고할 것을 공고하

여야 한다. 그 기간은 2월 이상이어야 한다.

② 제88조제2항, 제3항과 제89조의 규정은 전항의 경우에 준용한다.

제1047조(분리후의 상속재산의 관리) ① 법원이 재산의 분리를 명한 때에는 상속재산의 관리에 관하여 필요한 처분을 명할 수 있다.

② 법원이 재산관리인을 선임한 경우에는 제24조 내지 제26조의 규정을 준용한다.

제1048조(분리후의 상속인의 관리의무) ① 상속인이 단순승인을 한 후에도 재산분리의 명령이 있는 때에는 상속재산에 대하여 자기의 고유재산과 동일한 주의로 관리하여야 한다.

② 제683조 내지 제685조 및 제688조 제1항, 제2항의 규정은 전항의 재산관리에 준용한다.

제1049조(재산분리의 대항요건) 재산의 분리는 상속재산인 부동산에 관하여는 이를 등기하지 아니하면 제삼자에게 대항하지 못한다.

제1050조(재산분리와 권리의무의 불소멸) 재산분리의 명령이 있는 때에는 피상속인에 대한 상속인의 재산상 권리의무는 소멸하지 아니한다.

제1051조(변제의 거절과 배당변제) ① 상속인은 제1045조 및 제1046조의 기간만료전에는 상속채권자와 유증받은 자에 대하여 변제를 거절할 수 있다.

② 전항의 기간만료후에 상속인은 상속재산으로써 재산분리의 청구 또는 그 기간내에 신고한 상속채권자, 유증받은 자와 상속인이 알고 있는 상속채권자, 유증받은 자에 대하여 각 채권액 또는 수증액의 비율로 변제하여야 한다. 그러나 우선권있는 채권자의 권리를 해하지 못한다.

③ 제1035조 내지 제1038조의 규정은 전항의 경우에 준용한다.

제1052조(고유재산으로부터의 변제) ① 전조의 규정에 의한 상속채권자와 유증받은 자는 상속재산으로써 전액의 변제를 받을 수 없는 경우에 한하여 상속인의 고유재산으로부터 그 변제를 받을 수 있다.

② 전항의 경우에 상속인의 채권자는 상속인의 고유재산으로부터 우선변제를 받을 권리가 있다.

제6절 상속인의 부존재

제1053조(상속인없는 재산의 관리인) ① 상속인의 존부가 분명하지 아니한 때에는 법원은 제777조의 규정에 의한 피상속인의 친족 기타 이해관계인 또는 검사의 청구에 의하여 상속재산관리인을 선임하고 지체없이 이를 공고

하여야 한다.

② 제24조 내지 제26조의 규정은 전항의 재산관리인에 준용한다.

제1054조(재산목록제시와 상황보고) 관리인은 상속채권자나 유증받은 자의 청구가 있는 때에는 언제든지 상속재산의 목록을 제시하고 그 상황을 보고하여야 한다.

제1055조(상속인의 존재가 분명하여진 경우) ① 관리인의 임무는 그 상속인이 상속의 승인을 한 때에 종료한다.

② 전항의 경우에는 관리인은 지체없이 그 상속인에 대하여 관리의 계산을 하여야 한다.

제1056조(상속인없는 재산의 청산) ① 제1053조제1항의 공고있은 날로부터 3월내에 상속인의 존부를 알 수 없는 때에는 관리인은 지체없이 일반상속채권자와 유증받은 자에 대하여 일정한 기간 내에 그 채권 또는 수증을 신고할 것을 공고하여야 한다. 그 기간은 2월 이상이어야 한다.

② 제88조제2항, 제3항, 제89조, 제1033조 내지 제1039조의 규정은 전항의 경우에 준용한다.

제1057조(상속인수색의 공고) 제1056조제1항의 기간이 경과하여도 상속인의 존부를 알 수 없는 때에는 법원은 관리인의 청구에 의하여 상속인이 있

으면 일정한 기간내에 그 권리를 주장할 것을 공고하여야 한다. 그 기간은 1년 이상이어야 한다.

제1057조의2(특별연고자에 대한 분여) ① 제1057조의 기간내에 상속권을 주장하는 자가 없는 때에는 가정법원은 피상속인과 생계를 같이 하고 있던 자, 피상속인의 요양간호를 한 자 기타 피상속인과 특별한 연고가 있던 자의 청구에 의하여 상속재산의 전부 또는 일부를 분여할 수 있다.

② 제1항의 청구는 제1057조의 기간의 만료후 2월 이내에 하여야 한다.

제1058조(상속재산의 국가귀속) ① 제1057조의2의 규정에 의하여 분여(分與)되지 아니한 때에는 상속재산은 국가에 귀속한다.

② 제1055조제2항의 규정은 제1항의 경우에 준용한다.

제1059조(국가귀속재산에 대한 변제청구의 금지) 전조제1항의 경우에는 상속재산으로 변제를 받지 못한 상속채권자나 유증을 받은 자가 있는 때에도 국가에 대하여 그 변제를 청구하지 못한다.

제2장 유언

제1절 총칙

제1060조(유언의 요식성) 유언은 본법의 정한 방식에 의하지 아니하면 효력

이 생하지 아니한다.

제1061조(유언적령) 17세에 달하지 못한 자는 유언을 하지 못한다.

제1062조(제한능력자의 유언) 유언에 관하여는 제5조, 제10조 및 제13조를 적용하지 아니한다.

제1063조(피성년후견인의 유언능력)
① 피성년후견인은 의사능력이 회복된 때에만 유언을 할 수 있다.
② 제1항의 경우에는 의사가 심신 회복의 상태를 유언서에 부기(附記)하고 서명날인하여야 한다.

제1064조(유언과 태아, 상속결격자) 제1000조제3항, 제1004조의 규정은 수증자에 준용한다.

제2절 유언의 방식

제1065조(유언의 보통방식) 유언의 방식은 자필증서, 녹음, 공정증서, 비밀증서와 구수증서의 5종으로 한다.

제1066조(자필증서에 의한 유언) ① 자필증서에 의한 유언은 유언자가 그 전문과 연월일, 주소, 성명을 자서하고 날인하여야 한다.
② 전항의 증서에 문자의 삽입, 삭제 또는 변경을 함에는 유언자가 이를 자서하고 날인하여야 한다.

제1067조(녹음에 의한 유언) 녹음에 의한 유언은 유언자가 유언의 취지, 그 성명과 연월일을 구술하고 이에 참여한 증인이 유언의 정확함과 그 성명을 구술하여야 한다.

제1068조(공정증서에 의한 유언) 공정증서에 의한 유언은 유언자가 증인 2인이 참여한 공증인의 면전에서 유언의 취지를 구수하고 공증인이 이를 필기낭독하여 유언자와 증인이 그 정확함을 승인한 후 각자 서명 또는 기명날인하여야 한다.

제1069조(비밀증서에 의한 유언) ① 비밀증서에 의한 유언은 유언자가 필자의 성명을 기입한 증서를 엄봉날인하고 이를 2인 이상의 증인의 면전에 제출하여 자기의 유언서임을 표시한 후 그 봉서표면에 제출연월일을 기재하고 유언자와 증인이 각자 서명 또는 기명날인하여야 한다.
② 전항의 방식에 의한 유언봉서는 그 표면에 기재된 날로부터 5일내에 공증인 또는 법원서기에게 제출하여 그 봉인상에 확정일자인을 받아야 한다.

제1070조(구수증서에 의한 유언) ① 구수증서에 의한 유언은 질병 기타 급박한 사유로 인하여 전4조의 방식에 의할 수 없는 경우에 유언자가 2인 이상의 증인의 참여로 그 1인에게 유언의 취지를 구수하고 그 구수를 받은 자

가 이를 필기낭독하여 유언자의 증인이 그 정확함을 승인한 후 각자 서명 또는 기명날인하여야 한다.

② 전항의 방식에 의한 유언은 그 증인 또는 이해관계인이 급박한 사유의 종료한 날로부터 7일내에 법원에 그 검인을 신청하여야 한다.

③ 제1063조제2항의 규정은 구수증서에 의한 유언에 적용하지 아니한다.

제1071조(비밀증서에 의한 유언의 전환) 비밀증서에 의한 유언이 그 방식에 흠결이 있는 경우에 그 증서가 자필증서의 방식에 적합한 때에는 자필증서에 의한 유언으로 본다.

제1072조(증인의 결격사유) ① 다음 각 호의 어느 하나에 해당하는 사람은 유언에 참여하는 증인이 되지 못한다.

1. 미성년자

2. 피성년후견인과 피한정후견인

3. 유언으로 이익을 받을 사람, 그의 배우자와 직계혈족

② 공정증서에 의한 유언에는 「공증인법」에 따른 결격자는 증인이 되지 못한다.

제3절 유언의 효력

제1073조(유언의 효력발생시기) ① 유언은 유언자가 사망한 때로부터 그 효력이 생긴다.

② 유언에 정지조건이 있는 경우에 그 조건이 유언자의 사망후에 성취한 때에는 그 조건성취한 때로부터 유언의 효력이 생긴다.

제1074조(유증의 승인, 포기) ① 유증을 받을 자는 유언자의 사망후에 언제든지 유증을 승인 또는 포기할 수 있다.

② 전항의 승인이나 포기는 유언자의 사망한 때에 소급하여 그 효력이 있다.

제1075조(유증의 승인, 포기의 취소금지) ① 유증의 승인이나 포기는 취소하지 못한다.

② 제1024조제2항의 규정은 유증의 승인과 포기에 준용한다.

제1076조(수증자의 상속인의 승인, 포기) 수증자가 승인이나 포기를 하지 아니하고 사망한 때에는 그 상속인은 상속분의 한도에서 승인 또는 포기할 수 있다. 그러나 유언자가 유언으로 다른 의사를 표시한 때에는 그 의사에 의한다.

제1077조(유증의무자의 최고권) ① 유증의무자나 이해관계인은 상당한 기간을 정하여 그 기간 내에 승인 또는 포기를 확답할 것을 수증자 또는 그 상속인에게 최고할 수 있다.

② 전항의 기간내에 수증자 또는 상속인이 유증의무자에 대하여 최고에 대한 확답을 하지 아니한 때에는 유증을 승인한 것으로 본다.

제1078조(포괄적 수증자의 권리의무) 포괄적 유증을 받은 자는 상속인과 동일한 권리의무가 있다.

제1079조(수증자의 과실취득권) 수증자는 유증의 이행을 청구할 수 있는 때로부터 그 목적물의 과실을 취득한다. 그러나 유언자가 유언으로 다른 의사를 표시한 때에는 그 의사에 의한다.

제1080조(과실수취비용의 상환청구권) 유증의무자가 유언자의 사망후에 그 목적물의 과실을 수취하기 위하여 필요비를 지출한 때에는 그 과실의 가액의 한도에서 과실을 취득한 수증자에게 상환을 청구할 수 있다.

제1081조(유증의무자의 비용상환청구권) 유증의무자가 유증자의 사망후에 그 목적물에 대하여 비용을 지출한 때에는 제325조의 규정을 준용한다.

제1082조(불특정물유증의무자의 담보책임) ① 불특정물을 유증의 목적으로 한 경우에는 유증의무자는 그 목적물에 대하여 매도인과 같은 담보책임이 있다.

② 전항의 경우에 목적물에 하자가 있는 때에는 유증의무자는 하자없는 물건으로 인도하여야 한다.

제1083조(유증의 물상대위성) 유증자가 유증목적물의 멸실, 훼손 또는 점유의 침해로 인하여 제삼자에게 손해배상을 청구할 권리가 있는 때에는 그 권리를 유증의 목적으로 한 것으로 본다.

제1084조(채권의 유증의 물상대위성) ① 채권을 유증의 목적으로 한 경우에 유언자가 그 변제를 받은 물건이 상속재산 중에 있는 때에는 그 물건을 유증의 목적으로 한 것으로 본다.

② 전항의 채권이 금전을 목적으로 한 경우에는 그 변제받은 채권액에 상당한 금전이 상속재산중에 없는 때에도 그 금액을 유증의 목적으로 한 것으로 본다.

제1085조(제삼자의 권리의 목적인 물건 또는 권리의 유증) 유증의 목적인 물건이나 권리가 유언자의 사망 당시에 제삼자의 권리의 목적인 경우에는 수증자는 유증의무자에 대하여 그 제삼자의 권리를 소멸시킬 것을 청구하지 못한다.

제1086조(유언자가 다른 의사표시를 한 경우) 전3조의 경우에 유언자가 유언으로 다른 의사를 표시한 때에는 그 의사에 의한다.

제1087조(상속재산에 속하지 아니한 권리의 유증) ① 유언의 목적이 된 권리가 유언자의 사망당시에 상속재산에 속하지 아니한 때에는 유언은 그 효력이 없다. 그러나 유언자가 자기의 사망당시에 그 목적물이 상속재산에 속하

지 아니한 경우에도 유언의 효력이 있게 할 의사인 때에는 유증의무자는 그 권리를 취득하여 수증자에게 이전할 의무가 있다.

② 전항 단서의 경우에 그 권리를 취득할 수 없거나 그 취득에 과다한 비용을 요할 때에는 그 가액으로 변상할 수 있다.

제1088조(부담있는 유증과 수증자의 책임) ① 부담있는 유증을 받은 자는 유증의 목적의 가액을 초과하지 아니한 한도에서 부담한 의무를 이행할 책임이 있다.

② 유증의 목적의 가액이 한정승인 또는 재산분리로 인하여 감소된 때에는 수증자는 그 감소된 한도에서 부담할 의무를 면한다.

제1089조(유증효력발생전의 수증자의 사망) ① 유증은 유언자의 사망전에 수증자가 사망한 때에는 그 효력이 생기지 아니한다.

② 정지조건있는 유증은 수증자가 그 조건성취전에 사망한 때에는 그 효력이 생기지 아니한다.

제1090조(유증의 무효, 실효의 경우와 목적재산의 귀속) 유증이 그 효력이 생기지 아니하거나 수증자가 이를 포기한 때에는 유증의 목적인 재산은 상속인에게 귀속한다. 그러나 유언자가 유언으로 다른 의사를 표시한 때에는 그 의사에 의한다.

제4절 유언의 집행

제1091조(유언증서, 녹음의 검인) ① 유언의 증서나 녹음을 보관한 자 또는 이를 발견한 자는 유언자의 사망후 지체없이 법원에 제출하여 그 검인을 청구하여야 한다.

② 전항의 규정은 공정증서나 구수증서에 의한 유언에 적용하지 아니한다.

제1092조(유언증서의 개봉) 법원이 봉인된 유언증서를 개봉할 때에는 유언자의 상속인, 그 대리인 기타 이해관계인의 참여가 있어야 한다.

제1093조(유언집행자의 지정) 유언자는 유언으로 유언집행자를 지정할 수 있고 그 지정을 제삼자에게 위탁할 수 있다.

제1094조(위탁에 의한 유언집행자의 지정) ① 전조의 위탁을 받은 제삼자는 그 위탁있음을 안 후 지체없이 유언집행자를 지정하여 상속인에게 통지하여야 하며 그 위탁을 사퇴할 때에는 이를 상속인에게 통지하여야 한다.

② 상속인 기타 이해관계인은 상당한 기간을 정하여 그 기간내에 유언집행자를 지정할 것을 위탁 받은 자에게 최고할 수 있다. 그 기간내에 지정의 통

지를 받지 못한 때에는 그 지정의 위탁을 사퇴한 것으로 본다.

제1095조(지정유언집행자가 없는 경우) 전2조의 규정에 의하여 지정된 유언집행자가 없는 때에는 상속인이 유언집행자가 된다.

제1096조(법원에 의한 유언집행자의 선임) ① 유언집행자가 없거나 사망, 결격 기타 사유로 인하여 없게 된 때에는 법원은 이해관계인의 청구에 의하여 유언집행자를 선임하여야 한다.

② 법원이 유언집행자를 선임한 경우에는 그 임무에 관하여 필요한 처분을 명할 수 있다.

제1097조(유언집행자의 승낙, 사퇴) ① 지정에 의한 유언집행자는 유언자의 사망후 지체없이 이를 승낙하거나 사퇴할 것을 상속인에게 통지하여야 한다.

② 선임에 의한 유언집행자는 선임의 통지를 받은 후 지체없이 이를 승낙하거나 사퇴할 것을 법원에 통지하여야 한다.

③ 상속인 기타 이해관계인은 상당한 기간을 정하여 그 기간내에 승낙여부를 확답할 것을 지정 또는 선임에 의한 유언집행자에게 최고할 수 있다. 그 기간내에 최고에 대한 확답을 받지 못한 때에는 유언집행자가 그 취임을 승낙한 것으로 본다.

제1098조(유언집행자의 결격사유) 제한능력자와 파산선고를 받은 자는 유언집행자가 되지 못한다.

제1099조(유언집행자의 임무착수) 유언집행자가 그 취임을 승낙한 때에는 지체없이 그 임무를 이행하여야 한다.

제1100조(재산목록작성) ① 유언이 재산에 관한 것인 때에는 지정 또는 선임에 의한 유언집행자는 지체없이 그 재산목록을 작성하여 상속인에게 교부하여야 한다.

② 상속인의 청구가 있는 때에는 전항의 재산목록작성에 상속인을 참여하게 하여야 한다.

제1101조(유언집행자의 권리의무) 유언집행자는 유증의 목적인 재산의 관리 기타 유언의 집행에 필요한 행위를 할 권리의무가 있다.

제1102조(공동유언집행) 유언집행자가 수인인 경우에는 임무의 집행은 그 과반수의 찬성으로써 결정한다. 그러나 보존행위는 각자가 이를 할 수 있다.

제1103조(유언집행자의 지위) ① 지정 또는 선임에 의한 유언집행자는 상속인의 대리인으로 본다.

② 제681조 내지 제685조, 제687조, 제691조와 제692조의 규정은 유언집행자에 준용한다.

제1104조(유언집행자의 보수) ① 유언

자가 유언으로 그 집행자의 보수를 정하지 아니한 경우에는 법원은 상속재산의 상황 기타 사정을 참작하여 지정 또는 선임에 의한 유언집행자의 보수를 정할 수 있다.

② 유언집행자가 보수를 받는 경우에는 제686조제2항, 제3항의 규정을 준용한다.

제1105조(유언집행자의 사퇴) 지정 또는 선임에 의한 유언집행자는 정당한 사유있는 때에는 법원의 허가를 얻어 그 임무를 사퇴할 수 있다.

제1106조(유언집행자의 해임) 지정 또는 선임에 의한 유언집행자에 그 임무를 해태하거나 적당하지 아니한 사유가 있는 때에는 법원은 상속인 기타 이해관계인의 청구에 의하여 유언집행자를 해임할 수 있다.

제1107조(유언집행의 비용) 유언의 집행에 관한 비용은 상속재산 중에서 이를 지급한다.

제5절 유언의 철회

제1108조(유언의 철회) ① 유언자는 언제든지 유언 또는 생전행위로써 유언의 전부나 일부를 철회할 수 있다.

② 유언자는 그 유언을 철회할 권리를 포기하지 못한다.

제1109조(유언의 저촉) 전후의 유언이 저촉되거나 유언후의 생전행위가 유언과 저촉되는 경우에는 그 저촉된 부분의 전유언은 이를 철회한 것으로 본다.

제1110조(파훼로 인한 유언의 철회) 유언자가 고의로 유언증서 또는 유증의 목적물을 파훼한 때에는 그 파훼한 부분에 관한 유언은 이를 철회한 것으로 본다.

제1111조(부담있는 유언의 취소) 부담있는 유증을 받은 자가 그 부담의무를 이행하지 아니한 때에는 상속인 또는 유언집행자는 상당한 기간을 정하여 이행할 것을 최고하고 그 기간내에 이행하지 아니한 때에는 법원에 유언의 취소를 청구할 수 있다. 그러나 제삼자의 이익을 해하지 못한다.

제3장 유류분

제1112조(유류분의 권리자와 유류분)
상속인의 유류분은 다음 각호에 의한다.

1. 피상속인의 직계비속은 그 법정상속분의 2분의 1
2. 피상속인의 배우자는 그 법정상속분의 2분의 1
3. 피상속인의 직계존속은 그 법정상속분의 3분의 1
4. 피상속인의 형제자매는 그 법정상속분의 3분의 1

제1113조(유류분의 산정) ① 유류분은

피상속인의 상속개시시에 있어서 가진 재산의 가액에 증여재산의 가액을 가산하고 채무의 전액을 공제하여 이를 산정한다.

② 조건부의 권리 또는 존속기간이 불확정한 권리는 가정법원이 선임한 감정인의 평가에 의하여 그 가격을 정한다.

제1114조(산입될 증여) 증여는 상속개시전의 1년간에 행한 것에 한하여 제1113조의 규정에 의하여 그 가액을 산정한다. 당사자 쌍방이 유류분권리자에 손해를 가할 것을 알고 증여를 한 때에는 1년전에 한 것도 같다.

제1115조(유류분의 보전) ① 유류분권리자가 피상속인의 제1114조에 규정된 증여 및 유증으로 인하여 그 유류분에 부족이 생긴 때에는 부족한 한도에서 그 재산의 반환을 청구할 수 있다.

② 제1항의 경우에 증여 및 유증을 받은 자가 수인인 때에는 각자가 얻은 유증가액의 비례로 반환하여야 한다.

제1116조(반환의 순서) 증여에 대하여는 유증을 반환받은 후가 아니면 이것을 청구할 수 없다.

제1117조(소멸시효) 반환의 청구권은 유류분권리자가 상속의 개시와 반환하여야 할 증여 또는 유증을 한 사실을 안 때로부터 1년내에 하지 아니하면 시효에 의하여 소멸한다. 상속이 개시한 때로부터 10년을 경과한 때도 같다.

제1118조(준용규정) 제1001조, 제1008조, 제1010조의 규정은 유류분에 이를 준용한다.

부칙〈제471호, 1958. 2. 22.〉

제1조 (구법의 정의) 부칙에서 구법이라 함은 본법에 의하여 폐지되는 법령 또는 법령중의 조항을 말한다.

제2조 (본법의 소급효) 본법은 특별한 규정 있는 경우외에는 본법 시행일전의 사항에 대하여도 이를 적용한다. 그러나 이미 구법에 의하여 생긴 효력에 영향을 미치지 아니한다.

제3조 (공증력있는 문서와 그 작성) ① 공증인 또는 법원서기의 확정일자인있는 사문서는 그 작성일자에 대한 공증력이 있다.

② 일자확정의 청구를 받은 공증인 또는 법원서기는 확정일자부에 청구자의 주소, 성명 및 문서명목을 기재하고 그 문서에 기부번호를 기입한 후 일자인을 찍고 장부와 문서에 계인을 하여야 한다.

③ 일자확정은 공증인에게 청구하는 자는 법무부령이, 법원서기에게 청구하는 자는 대법원규칙이 각각 정하는 바에 의하여 수수료를 납부하여야 한다.

④ 공정증서에 기입한 일자 또는 공무

소에서 사문서에 어느 사항을 증명하고 기입한 일자는 확정일자로 한다.

제4조 (구법에 의한 한정치산자) ① 구법에 의하여 심신모약자 또는 낭비자로 준금치산선고를 받은 자는 본법 시행일로부터 본법의 규정에 의한 한정치산자로 본다.

② 구법에 의하여 농자, 아자 또는 맹자로 준금치산선고를 받은 자는 본법 시행일로부터 능력을 회복한다.

제5조 (부의 취소권에 관한 경과규정) 구법에 의하여 처가 부의 허가를 요할 사항에 관하여 허가없이 그 행위를 한 경우에도 본법 시행일후에는 이를 취소하지 못한다.

제6조 (법인의 등기기간) 법인의 등기사항에 관한 등기기간은 본법 시행일전의 사항에 대하여도 본법의 규정에 의한다.

제7조 (벌칙에 관한 불소급) ① 구법에 의하여 과료에 처할 행위로 본법 시행당시 재판을 받지 아니한 자에 대하여는 본법에 의하여 과태료에 처할 경우에 한하여 이를 재판한다.

② 전항의 과태료는 구법의 과료액을 초과하지 못한다.

제8조 (시효에 관한 경과규정) ① 본법 시행당시에 구법의 규정에 의한 시효기간을 경과한 권리는 본법의 규정에 의하여 취득 또는 소멸한 것으로 본다.

② 본법 시행당시에 구법에 의한 소멸시효의 기간을 경과하지 아니한 권리에는 본법의 시효에 관한 규정을 적용한다.

③ 본법 시행당시에 구법에 의한 취득시효의 기간을 경과하지 아니한 권리에는 본법의 소유권취득에 관한 규정을 적용한다.

④ 제1항과 제2항의 규정은 시효기간이 아닌 법정기간에 이를 준용한다.

제9조 (효력을 상실한 물권) 구법에 의하여 규정된 물권이라도 본법에 규정한 물권이 아니면 본법 시행일로부터 물권의 효력을 잃는다. 그러나 본법 또는 다른 법률에 특별한 규정이 있는 경우에는 그러하지 아니하다.

제10조 (소유권이전에 관한 경과규정) ① 본법 시행일전의 법률행위로 인한 부동산에 관한 물권의 득실변경은 이 법 시행일로부터 6년내에 등기하지 아니하면 그 효력을 잃는다.

② 본법 시행일전의 동산에 관한 물권의 양도는 본법 시행일로부터 1년내에 인도를 받지 못하면 그 효력을 잃는다.

③ 본법 시행일전의 시효완성으로 인하여 물권을 취득한 경우에도 제1항과 같다.

제11조 (구관에 의한 전세권의 등기)

본법 시행일전에 관습에 의하여 취득한 전세권은 본법 시행일로부터 1년내에 등기함으로써 물권의 효력을 갖는다.

제12조 (판결에 의한 소유권이전의 경우) 소송으로 부칙제10조의 규정에 의한 등기 또는 인도를 청구한 경우에는 그 판결확정의 날로부터 6월내에 등기를 하지 아니하거나 3월내에 인도를 받지 못하거나 강제집행의 절차를 취하지 아니한 때에는 물권변동의 효력을 잃는다.

제13조 (지상권존속기간에 관한 경과규정) 본법 시행일전에 지상권설정행위로 정한 존속기간이 본법 시행당시에 만료하지 아니한 경우에는 그 존속기간에는 본법의 규정을 적용한다. 설정행위로 지상권의 존속기간을 정하지 아니한 경우에도 같다.

제14조 (존속되는 물권) 본법 시행일전에 설정한 영소작권 또는 부동산질권에 관하여는 구법의 규정을 적용한다. 그러나 본법 시행일후에는 이를 갱신하지 못한다.

제15조 (임대차기간에 관한 경과규정) 본법 시행일전의 임대차계약에 약정기간이 있는 경우에도 그 기간이 본법 시행당시에 만료하지 아니한 때에는 그 존속기간에는 본법의 규정을 적용한다.

제16조 (선취특권의 실효) 본법 시행일전에 구법에 의하여 취득한 선취특권은 본법 시행일로부터 그 효력을 잃는다.

제17조 (처의 재산에 대한 부의 권리) 본법 시행일전의 혼인으로 인하여 부가 처의 재산을 관리, 사용 또는 수익하는 경우에도 본법 시행일로부터 부는 그 권리를 잃는다.

제18조 (혼인, 입양의 무효, 취소에 관한 경과규정) ① 본법 시행일전의 혼인 또는 입양에 본법에 의하여 무효의 원인이 되는 사유가 있는 때에는 이를 무효로 하고 취소의 원인이 되는 사유가 있는 때에는 본법의 규정에 의하여 이를 취소할 수 있다. 이 경우에 취소기간이 있는 때에는 그 기간은 본법 시행일로부터 기산한다.

② 본법 시행일전의 혼인 또는 입양에 구법에 의한 취소의 원인이 되는 사유가 있는 경우에도 본법의 규정에 의하여 취소의 원인이 되지 아니할 때에는 본법 시행일후에는 이를 취소하지 못한다.

제19조 (이혼, 파양에 관한 경과규정) ① 본법 시행일전의 혼인 또는 입양에 본법에 의하여 이혼 또는 파양의 원인이 되는 사유가 있는 때에는 본법의 규정에 의하여 재판상의 이혼 또는 파양의 청구를 할 수 있다. 이 경우에 그 청구기간이 있는 때에는 그 기간은 본

법 시행일로부터 기산한다.

② 본법 시행일전의 혼인 또는 입양에 구법에 의하여 이혼 또는 파양의 원인이 되는 사유가 있는 경우에도 본법의 규정에 의하여 이혼 또는 파양의 원인이 되지 아니하는 때에는 본법 시행일 후에는 재판상의 이혼 또는 파양의 청구를 하지 못한다.

제20조 (친권) 성년에 달한 자는 본법 시행일로부터 친권에 복종하지 아니한다.

제21조 (모의 친권행사에 관한 제한의 폐지) 구법에 의하여 친권자인 모가 친족회의 동의를 요할 사항에 관하여 그 동의없이 미성년자를 대리한 행위나 미성년자의 행위에 대한 동의를한 경우에도 본법 시행일후에는 이를 취소하지 못한다.

제22조 (후견인에 관한경과규정) ① 구법에 의하여 미성년자 또는 금치산자에 대한 후견이 개시된 경우에도 그 후견인의 순위, 선임, 임무 및 결격에 관한 사항에는 본법 시행일로부터 본법의 규정을 적용한다.

② 구법에 의하여 준금치산선고를 받은 자에 대하여도 그 후견에 관한 사항은 전항과 같다.

제23조 (보좌인등에 관한 경과규정) 구법에 의한 보좌인, 후견감독인 및 친족회원은 본법 시행일로부터 그 지위를 잃는다. 그러나 본법 시행일전에 구법의 규정에 의한 보좌인, 후견감독인 또는 친족회가 행한 동의는 그 효력을 잃지 아니한다.

제24조 (부양의무에 관한 본법적용) 구법에 의하여 부양의무가 개시된 경우에도 그 순위, 선임 및 방법에 관한 사항에는 본법 시행일로부터 본법의 규정을 적용한다.

제25조 (상속에 관한 경과규정) ① 본법 시행일전에 개시된 상속에 관하여는 본법 시행일후에도 구법의 규정을 적용한다.

② 실종선고로 인하여 호주 또는 재산상속이 개시되는 경우에 그 실종기간이 구법 시행기간중에 만료하는때에도 그 실종이 본법 시행일후에 선고된 때에는 그 상속순위, 상속분 기타 상속에 관하여는 본법의 규정을 적용한다.

제26조 (유언에 관한 경과규정) 본법 시행일전의 관습에 의한 유언이 본법에 규정한 방식에 적합하지 아니한 경우에라도 유언자가 본법 시행일로부터 유언의 효력발생일까지 그 의사표시를 할 수 없는 상태에 있는 때에는 그 효력을 잃지 아니한다.

제27조 (폐지법령) 다음 각호의 법령은 이를 폐지한다.

1. 조선민사령 제1조의 규정에 의하여

의용된 민법, 민법시행법, 연령계산
에관한법률

2. 조선민사령과 동령 제1조에 의하여
   의용된 법령중 본법의 규정과 저촉
   되는 법조

3. 군정법령중 본법의 규정과 저촉되는
   법조

제28조 (시행일) 본법은 단기 4293년
1월 1일부터 시행한다.

부칙〈제1237호, 1962. 12. 29.〉

본법은 1963년 3월 1일부터 시행한다.

부칙〈제1250호, 1962. 12. 31.〉

본법은 1963년 1월 1일부터 시행한다.

부칙〈제1668호, 1964. 12. 31.〉

이 법은 1965년 1월 1일부터 시행한다.

부칙〈제2200호, 1970. 6. 18.〉

이 법은 공포한 날로부터 시행한다.

부칙〈제3051호, 1977. 12. 31.〉

① 이 법은 공포후 1년이 경과한 날로
부터 시행한다.

② 이 법은 종전의 법률에 의하여 생
긴 효력에 대하여 영향을 미치지 아니

한다.

③ 이 법 시행일전에 혼인한 자가 20
세에 달한 때에는 그 혼인이 종전의 법
제808조제1항의 규정에 위반한 때에도
그 취소를 청구할 수 없다.

④ 이 법 시행일전에 혼인한 자가 미
성년자인 때에는 이 법 시행일로부터
성년자로 한다.

⑤ 이 법 시행일전에 개시된 상속에
관하여는 이 법 시행일후에도 종전의
규정을 적용한다.

⑥ 실종선고로 인하여 상속이 개시되
는 경우에 그 실종기간이 이 법 시행일
후에 만료된 때에는 그 상속에 관하여
이 법의 규정을 적용한다.

부칙〈제3723호, 1984. 4. 10.〉

① (시행일)이 법은 1984년 9월 1일부
터 시행한다.

② (경과조치의 원칙) 이 법은 특별한
규정이 있는 경우를 제외하고는 이 법
시행전에 생긴 사항에 대하여도 이를
적용한다. 그러나 종전의 규정에 의하
여 생긴 효력에는 영향을 미치지 아니
한다.

③ (실종선고에 관한 경과조치) 제27
조제2항의 개정규정은 이 법 시행전에
사망의 원인이 될 위난이 발생한 경우
에도 이를 적용한다.

④ (전세권에 관한 경과조치) 제303조 제1항, 제312조제2항·제4항 및 제312조의2의 개정규정은 이 법 시행전에 성립한 전세권으로서 이 법 시행당시 존속기간이 3월이상 남아 있는 전세권과 존속기간을 정하지 아니한 전세권에도 이를 적용한다. 그러나 이 법 시행전에 전세금의 증액청구가 있는 경우에는 제312조의2 단서의 개정규정은 이를 적용하지 아니한다.

부칙〈제4199호, 1990. 1. 13.〉

제1조 (시행일) 이 법은 1991년 1월 1일부터 시행한다.

제2조 (이 법의 효력의 불소급) 이 법에 특별한 규정이 있는 경우를 제외하고는 이미 구법(民法중 이 法에 의하여 改正 또는 廢止되는 종전의 條項을 말한다. 이하 같다)에 의하여 생긴 효력에 영향을 미치지 아니한다.

제3조 (친족에 관한 경과조치) 구법에 의하여 친족이었던 자가 이 법에 의하여 친족이 아닌 경우에는 이 법 시행일부터 친족으로서의 지위를 잃는다.

제4조 (모와 자기의 출생아닌 자에 관한 경과조치) 이 법 시행일전에 발생한 전처의 출생자와 계모 및 그 혈족·인척사이의 친족관계와 혼인외의 출생자와 부의 배우자 및 그 혈족·인척사이의 친족관계는 이 법 시행일부터 소멸한다.

제5조 (약혼의 해제에 관한 경과조치) ① 이 법 시행일전의 약혼에 이 법에 의하여 해제의 원인이 되는 사유가 있는 때에는 이 법의 규정에 의하여 이를 해제할 수 있다.

② 이 법 시행일전의 약혼에 구법에 의하여 해제의 원인이 되는 사유가 있는 경우에도 이 법의 규정에 의하여 해제의 원인이 되지 아니할 때에는 이 법 시행일후에는 해제를 하지 못한다.

제6조 (부부간의 재산관계에 관한 이 법의 적용) 이 법 시행일전의 혼인으로 인하여 인정되었던 부부간의 재산관계에 관하여는 이 법 시행일부터 이 법의 규정을 적용한다.

제7조 (입양의 취소에 관한 경과조치) 이 법 시행일전의 입양에 구법에 의하여 취소의 원인이 되는 사유가 있는 경우에도 이 법의 규정에 의하여 취소의 원인이 되지 아니할 때에는 이 법 시행일후에는 취소를 청구하지 못한다.

제8조 (파양에 관한 경과조치) ① 이 법 시행일전의 입양에 이 법에 의하여 파양의 원인이 되는 사유가 있는 때에는 이 법의 규정에 의하여 재판상 파양의 청구를 할 수 있다.

② 이 법 시행일전의 입양에 구법에

의하여 파양의 원인이 되는 사유가 있는 경우에도 이 법의 규정에 의하여 파양의 원인이 되지 아니할 때에는 이 법 시행일후에는 재판상 파양의 청구를 하지 못한다.

제9조 (친권에 관한 이 법의 적용) 구법에 의하여 개시된 친권에 관하여도 이 법 시행일부터 이 법의 규정을 적용한다.

제10조 (후견인에 관한 이 법의 적용) 구법에 의하여 미성년자나 한정치산자 또는 금치산자에 대한 후견이 개시된 경우에도 그 후견인의 순위 및 선임에 관한 사항에는 이 법 시행일부터 이 법의 규정을 적용한다.

제11조 (부양의무에 관한 이 법의 적용) 구법에 의하여 부양의무가 개시된 경우에도 이 법 시행일부터 이 법의 규정을 적용한다.

제12조 (상속에 관한 경과조치) ① 이 법 시행일전에 개시된 상속에 관하여는 이 법 시행일후에도 구법의 규정을 적용한다.

② 실종선고로 인하여 상속이 개시되는 경우에 그 실종기간이 구법시행기간중에 만료되는 때에도 그 실종이 이 법 시행일후에 선고된 때에는 상속에 관하여는 이 법의 규정을 적용한다.

제13조 (다른 법령과의 관계) 이 법 시행당시 다른 법령에서 호주상속 또는 호주상속인을 인용한 경우에는 호주승계 또는 호주승계인을, 재산상속 또는 재산상속인을 인용한 경우에는 상속 또는 상속인을 각 인용한 것으로 본다.

부칙〈제5431호, 1997. 12. 13.〉(국적법)

제1조 (시행일) 이 법은 공포후 6월이 경과한 날부터 시행한다.

제2조 내지 제7조 생략

제8조 (다른 법률의 개정) 민법중 다음과 같이 개정한다.

제781조제1항에 단서를 다음과 같이 신설한다.

다만, 부가 외국인인 때에는 모의 성과 본을 따를 수 있고 모가에 입적한다.

부칙〈제5454호, 1997. 12. 13.〉(정부부처명칭등의변경에따른건축법등의정비에관한법률)

이 법은 1998년 1월 1일부터 시행한다. 〈단서 생략〉

부칙〈제6544호, 2001. 12. 29.〉

이 법은 2002년 7월 1일부터 시행한다.

부칙〈제6591호, 2002. 1. 14.〉

① (시행일) 이 법은 공포한 날부터 시행한다.

② (이 법의 효력의 불소급) 이 법은 종전의 규정에 의하여 생긴 효력에 영향을 미치지 아니한다.

③ (한정승인에 관한 경과조치) 1998년 5월 27일부터 이 법 시행전까지 상속개시가 있음을 안 자중 상속채무가 상속재산을 초과하는 사실을 중대한 과실없이 제1019조제1항의 기간내에 알지 못하다가 이 법 시행전에 그 사실을 알고도 한정승인 신고를 하지 아니한 자는 이 법 시행일부터 3월내에 제1019조제3항의 개정규정에 의한 한정승인을 할 수 있다. 다만, 당해 기간내에 한정승인을 하지 아니한 경우에는 단순승인을 한 것으로 본다.

④ (한정승인에 관한 특례) 1998년 5월 27일 전에 상속 개시가 있음을 알았으나 상속채무가 상속재산을 초과하는 사실(이하 "상속채무 초과사실"이라 한다)을 중대한 과실 없이 제1019조제1항의 기간 이내에 알지 못하다가 1998년 5월 27일 이후 상속채무 초과사실을 안 자는 다음 각 호의 구분에 따라 제1019조제3항의 규정에 의한 한정승인을 할 수 있다. 다만, 각 호의 기간 이내에 한정승인을 하지 아니한 경우에는 단순승인을 한 것으로 본다.

1. 법률 제7765호 민법 일부개정법률(이하 "개정법률"이라 한다) 시행 전에 상속채무 초과사실을 알고도 한정승인을 하지 아니한 자는 개정법률 시행일부터 3월 이내

2. 개정법률 시행 이후 상속채무 초과사실을 알게 된 자는 그 사실을 안 날부터 3월 이내

부칙〈제7427호, 2005. 3. 31.〉

제1조 (시행일) 이 법은 공포한 날부터 시행한다. 다만, 제4편제2장(제778조 내지 제789조, 제791조 및 제793조 내지 제796조), 제826조제3항 및 제4항, 제908조의2 내지 제908조의8, 제963조, 제966조, 제968조, 제4편제8장(제980조 내지 제982조, 제984조 내지 제987조, 제989조 및 제991조 내지 제995조)의 개정규정과 부칙 제7조(제2항 및 제29항을 제외한다)의 규정은 2008년 1월 1일부터 시행한다.

제2조 (이 법의 효력의 불소급) 이 법은 종전의 규정에 의하여 생긴 효력에 영향을 미치지 아니한다.

제3조 (친생부인의 소에 관한 경과조치) ① 제847조제1항의 개정규정에 의한 기간이 이 법 시행일부터 30일 이내에 만료되는 경우에는 이 법 시행일

부터 30일 이내에 친생부인의 소를 제기할 수 있다.

② 제847조제1항의 개정규정이 정한 기간을 계산함에 있어서는 1997년 3월 27일부터 이 법 시행일 전일까지의 기간은 이를 산입하지 아니한다.

제4조 (혼인의 무효·취소에 관한 경과조치) 이 법 시행 전의 혼인에 종전의 규정에 의하여 혼인의 무효 또는 취소의 원인이 되는 사유가 있는 경우에도 이 법의 규정에 의하여 혼인의 무효 또는 취소의 원인이 되지 아니하는 경우에는 이 법 시행 후에는 혼인의 무효를 주장하거나 취소를 청구하지 못한다.

제5조 (친양자에 관한 경과조치) 종전의 규정에 의하여 입양된 자를 친양자로 하려는 자는 제908조의2제1항제1호 내지 제4호의 요건을 갖춘 경우에는 가정법원에 친양자 입양을 청구할 수 있다.

제6조 (기간에 관한 경과조치) 이 법에 의하여 기간이 변경된 경우에 이 법 시행당시 종전의 규정에 의한 기간이 경과되지 아니한 때에는 이 법의 개정규정과 종전의 규정 중 그 기간이 장기인 규정을 적용한다.

제7조 (다른 법률의 개정) ① 가사소송법 일부를 다음과 같이 개정한다.

제2조제1항 가목(1)제7호를 삭제하고,
동항 나목(1)제4호중 "제781조제3항"을 "제781조제4항"으로 하며, 동목(1)에 제4호의2 및 제4호의3을 각각 다음과 같이 신설하고, 동목(1)제25호를 삭제한다.

4의2. 민법 제781조제5항의 규정에 의한 자의 종전의 성과 본의 계속사용 허가

4의3. 민법 제781조제6항의 규정에 의한 자의 성과 본의 변경허가

제2편제4장(제32조 및 제33조)을 삭제한다.

② 가사소송법 일부를 다음과 같이 개정한다.

제2조제1항 나목(1)에 제5호의2 및 제7호의2를 각각 다음과 같이 신설한다.

5의2. 민법 제869조 단서의 규정에 의한 후견인의 입양승낙에 대한 허가

7의2. 민법 제899조제2항의 규정에 의한 후견인 또는 생가의 다른 직계존속의 파양협의에 대한 허가

제2조제1항 나목(2)제5호를 다음과 같이 한다.

5. 민법 제909조제4항 및 제6항(혼인의 취소를 원인으로 하는 경우를 포함한다)의 규정에 의한 친권자의 지정과 변경

③ 가정폭력범죄의처벌등에관한특례법 일부를 다음과 같이 개정한다.

제28조제2항 본문중 "형제자매와 호주"를 "형제자매"로 한다.

제33조제4항중 "형제자매·호주"를 "형제자매"로 한다.

④ 감사원법 일부를 다음과 같이 개정한다.

제15조제1항제2호중 "친족·호주·가족"을 "친족"으로 한다.

⑤ 검사징계법 일부를 다음과 같이 개정한다.

제17조제1항중 "친족, 호주, 가족"을 "친족"으로 한다.

⑥ 공증인법 일부를 다음과 같이 개정한다.

제21조제1호중 "배우자, 친족 또는 동거의 호주나 가족"을 "배우자 또는 친족"으로 한다.

제33조제3항제6호중 "친족, 동거의 호주 또는 가족"을 "친족"으로 한다.

⑦ 국가인권위원회법 일부를 다음과 같이 개정한다.

제56조제2항중 "친족, 호주 또는 동거의 가족"을 "친족"으로 한다.

⑧ 국민투표법 일부를 다음과 같이 개정한다.

제56조제1항중 "호주·세대주·가족"을 "세대주·가족"으로 한다.

⑨ 군사법원법 일부를 다음과 같이 개정한다.

제48조제2호중 "친족·호주·가족"을 "친족"으로 한다.

제59조제2항 및 제66조제1항중 "직계친족·형제자매 및 호주"를 각각 "직계친족 및 형제자매"로 한다.

제189조제1호를 다음과 같이 한다.

1. 친족 또는 친족관계가 있었던 자

제238조의2제1항 전단 및 제252조제1항중 "호주·가족"을 각각 "가족"으로 한다.

제398조제1항중 "형제자매·호주"를 "형제자매"로 한다.

⑩ 민사소송법 일부를 다음과 같이 개정한다.

제41조제2호 및 제314조제1호중 "친족·호주·가족"을 각각 "친족"으로 한다.

⑪ 민원사무처리에관한법률 일부를 다음과 같이 개정한다.

제23조제1항제2호중 "친족·가족 또는 호주"를 "친족"으로 한다.

⑫ 밀항단속법 일부를 다음과 같이 개정한다.

제4조제4항중 "동거친족·호주·가족"을 "동거친족"으로 한다.

⑬ 범죄인인도법 일부를 다음과 같이 개정한다.

제22조제1항중 "호주, 가족"을 "가족"으로 한다.

⑭ 법무사법 일부를 다음과 같이 개정

한다.

제17조제1항중 "호주·가족"을 "가족"으로 한다.

⑮ 보안관찰법 일부를 다음과 같이 개정한다.

제27조제6항 단서중 "친족·호주 또는 동거의 가족"을 "친족"으로 한다.

⑯ 부재선고등에관한특별조치법 일부를 다음과 같이 개정한다.

제3조중 "호주 또는 가족"을 "가족"으로 한다.

⑰ 소송촉진등에관한특례법 일부를 다음과 같이 개정한다.

제27조제1항중 "직계혈족·형제자매 또는 호주"를 "직계혈족 또는 형제자매"로 한다.

⑱ 소액사건심판법 일부를 다음과 같이 개정한다.

제8조제1항 "직계혈족·형제자매 또는 호주"를 "직계혈족 또는 형제자매"로 한다.

⑲ 재외공관공증법 일부를 다음과 같이 개정한다.

제8조제2호중 "배우자·친족 또는 동거의 호주이거나 가족"을 "배우자·친족"으로 한다.

제19조제4항제5호중 "배우자·친족, 동거의 호주 또는 가족"을 "배우자·친족"으로 한다.

⑳ 재외국민취적·호적정정및호적정리에관한특례법 일부를 다음과 같이 개정한다.

제3조제2항 본문중 "사망·호주상속"을 "사망"으로 한다.

제4조제2항을 삭제한다.

㉑ 전염병예방법 일부를 다음과 같이 개정한다.

제5조제1호 본문 및 단서중 "호주 또는 세대주"를 각각 "세대주"로 하고, 동호 단서중 "가족"을 "세대원"으로 한다.

㉒ 지방세법 일부를 다음과 같이 개정한다.

제196조의3제2항제2호를 삭제한다.

㉓ 특정범죄신고자등보호법 일부를 다음과 같이 개정한다.

제9조제3항중 "직계친족, 형제자매와 호주"를 "직계친족과 형제자매"로 한다.

㉔ 특허법 일부를 다음과 같이 개정한다.

제148조제2호중 "친족·호주·가족"을 "친족"으로 한다.

㉕ 해양사고의조사및심판에관한법률 일부를 다음과 같이 개정한다.

제15조제1항제1호중 "친족·호주·가족관계"를 "친족관계"로 한다.

제27조제2항중 "직계친족·형제자매와 호주"를 "직계친족과 형제자매"로 한다.

㉖ 헌법재판소법 일부를 다음과 같이 개정한다.

제24조제1항제2호중 "친족·호주·가족"을 "친족"으로 한다.

㉗ 형법 일부를 다음과 같이 개정한다.

제151조제2항 및 제155조제4항중 "친족, 호주 또는 동거의 가족"을 각각 "친족 또는 동거의 가족"으로 한다.

제328조제1항중 "동거친족, 호주, 가족"을 "동거친족, 동거가족"으로 한다.

㉘ 형사소송법 일부를 다음과 같이 개정한다.

제17조제2호중 "친족, 호주, 가족 또는 이러한 관계"를 "친족 또는 친족관계"로 한다.

제29조제1항 및 제30조제2항중 "직계친족, 형제자매와호주"를 각각 "직계친족과 형제자매"로 한다.

제148조제1호를 다음과 같이 한다.

1. 친족 또는 친족관계가 있었던 자 제201조의2제1항 전단 및 제214조의2제1항중 "형제자매, 호주, 가족이나"를 각각 "형제자매나"로 한다.

제341조제1항중 "형제자매, 호주"를 "형제자매"로 한다.

㉙ 호적법 일부를 다음과 같이 개정한다.

제60조제1항제5호를 다음과 같이 한다.

5. 민법 제909조제4항 또는 제5항의 규정에 의하여 친권자가 정하여진 때에는 그 취지와 내용

제79조제1항제6호를 다음과 같이 한다.

6. 민법 제909조제4항 또는 제5항의 규정에 의하여 친권자가 정하여진 때에는 그 취지와 내용

제82조제2항 전단중 "제909조제4항"을 "제909조제4항 내지 제6항"으로, "친권을 행사할 자"를 각각 "친권자"로 한다.

부칙〈제7428호, 2005. 3. 31.〉(채무자 회생 및 파산에 관한 법률)

제1조 (시행일) 이 법은 공포 후 1년이 경과한 날부터 시행한다.

제2조 내지 제4조 생략

제5조 (다른 법률의 개정) ① 내지 ㊳ 생략

㊴ 민법 일부를 다음과 같이 개정한다.

제937조제3호 및 제1098조중 "파산자"를 각각 "파산선고를 받은 자"로 한다.

㊵내지 〈145〉생략

제6조 생략

부칙〈제7765호, 2005. 12. 29.〉

① (시행일) 이 법은 공포한 날부터 시행한다.

② (한정승인에 관한 경과조치) 이 법의 한정승인에 관한 특례대상에 해당하는 자가 이 법 시행 전에 한정승인 신고를 하여 법원에 계속 중이거나 수리된 경우 그 신고 또는 법원의 수리결정은 효력이 있다.

부칙〈제8435호, 2007. 5. 17.〉(가족관계의 등록 등에 관한 법률)

제1조 (시행일) 이 법은 2008년 1월 1일부터 시행한다. <단서 생략>

제2조 부터 제7조까지 생략

제8조 (다른 법률의 개정) ① 부터 ⑨까지 생략

⑩ 민법 일부를 다음과 같이 개정한다.

제812조제1항 중 "호적법"을 「가족관계의 등록 등에 관한 법률」로 한다.

제814조제2항 중 "본적지를 관할하는 호적관서"를 "등록기준지를 관할하는 가족관계등록관서"로 한다.

제836조제1항·제859조제1항 및 제878조제1항 중 "호적법"을 각각 「가족관계의 등록 등에 관한 법률」로 한다.

⑪부터 ㉟까지 생략

제9조 생략

부칙〈제8720호, 2007. 12. 21.〉

제1조 (시행일) 이 법은 공포한 날부터 시행한다. 다만, 제97조 및 제161조의 개정규정은 공포 후 3개월이 경과한 날부터 시행하고, 제836조의2, 제837조제2항부터 제6항까지 및 제909조제4항의 개정규정은 공포 후 6개월이 경과한 날부터 시행한다.

제2조 (효력의 불소급) 이 법은 종전의 규정에 따라 생긴 효력에 영향을 미치지 아니한다.

제3조 (경과조치) ① 이 법 시행 당시 법원에 계속 중인 사건에 관하여는 이 법(제837조의 개정규정을 제외한다)을 적용하지 아니한다.

② 이 법 시행 전의 행위에 대한 과태료의 적용에 있어서는 종전의 규정에 따른다.

③ 이 법 시행 당시 만 16세가 된 여자는 제801조 및 제807조의 개정규정에도 불구하고 약혼 또는 혼인할 수 있다.

부칙〈제9650호, 2009. 5. 8.〉

① (시행일) 이 법은 공포 후 3개월이 경과한 날부터 시행한다.

② (양육비부담조서 작성의 적용례) 제836조의2제5항의 개정규정은 이법 시행 당시 계속 중인 협의이혼사건에도 적용한다.

부칙〈제10429호, 2011. 3. 7.〉

제1조(시행일) 이 법은 2013년 7월 1일부터 시행한다.

제2조(금치산자 등에 관한 경과조치) ① 이 법 시행 당시 이미 금치산 또는 한정치산의 선고를 받은 사람에 대하여는 종전의 규정을 적용한다.

② 제1항의 금치산자 또는 한정치산자에 대하여 이 법에 따라 성년후견, 한

정후견, 특정후견이 개시되거나 임의후견감독인이 선임된 경우 또는 이 법 시행일부터 5년이 경과한 때에는 그 금치산 또는 한정치산의 선고는 장래를 향하여 그 효력을 잃는다.

제3조(다른 법령과의 관계) 이 법 시행 당시 다른 법령에서 "금치산" 또는 "한정치산"을 인용한 경우에는 성년후견 또는 한정후견을 받는 사람에 대하여 부칙 제2조제2항에 따른 5년의 기간에 한정하여 "성년후견" 또는 "한정후견"을 인용한 것으로 본다.

부칙⟨제10645호, 2011. 5. 19.⟩

이 법은 2013년 7월 1일부터 시행한다.

부칙⟨제11300호, 2012. 2. 10.⟩

제1조(시행일) 이 법은 2013년 7월 1일부터 시행한다. 다만, 제818조, 제828조, 제843조 및 제925조의 개정규정은 공포한 날부터 시행한다.

제2조(이 법의 효력의 불소급) 이 법은 종전의 규정에 따라 생긴 효력에 영향을 미치지 아니한다.

제3조(종전의 규정에 따른 입양 및 파양에 관한 경과조치) 이 법 시행 전에 제878조 또는 제904조에 따라 입양 또는 파양의 신고가 접수된 입양 또는 파양에 관하여는 종전의 규정에 따른다.

제4조(재판상 파양 원인에 관한 경과조치) 제905조의 개정규정에도 불구하고 이 법 시행 전에 종전의 규정에 따라 가정법원에 파양을 청구한 경우에 재판상 파양 원인에 관하여는 종전의 규정에 따른다.

제5조(친양자 입양의 요건에 관한 경과조치) 제908조의2제1항 및 제2항의 개정규정에도 불구하고 이 법 시행 전에 종전의 규정에 따라 가정법원에 친양자 입양을 청구한 경우에 친양자 입양의 요건에 관하여는 종전의 규정에 따른다.

부칙⟨제11728호, 2013. 4. 5.⟩

이 법은 2013년 7월 1일부터 시행한다.

부칙⟨제12777호, 2014. 10. 15.⟩

제1조(시행일) 이 법은 공포 후 1년이 경과한 날부터 시행한다.

제2조(친권 상실의 선고 및 친권의 상실 선고 등의 판단 기준에 관한 경과조치) 이 법 시행 당시 가정법원에 진행 중인 친권의 상실 선고 청구 사건에 대해서는 제924조 및 제925조의2의 개정규정에도 불구하고 종전의 규정에 따른다.

부칙〈제12881호, 2014. 12. 30.〉

이 법은 공포한 날부터 시행한다.

부칙〈제13124호, 2015. 2. 3.〉(가족관계의 등록 등에 관한 법률)

제1조(시행일) 이 법은 2015년 7월 1일부터 시행한다.

제2조 생략

제3조(다른 법률의 개정) ① 민법 일부를 다음과 같이 개정한다.

제814조제2항 중 "등록기준지를 관할하는 가족관계등록관서"를 "재외국민 가족관계등록사무소"로 한다.

② 생략

부칙〈제13125호, 2015. 2. 3.〉

제1조(시행일) 이 법은 공포 후 1년이 경과한 날부터 시행한다.

제2조(효력의 불소급) 이 법은 종전의 규정에 따라 생긴 효력에 영향을 미치지 아니한다.

제3조(보증의 방식 등에 관한 적용례) 제428조의2, 제428조의3 및 제436조의2의 개정규정은 이 법 시행 후 체결하거나 기간을 갱신하는 보증계약부터 적용한다.

제4조(여행계약의 효력 · 해제 등에 관한 적용례) 제3편제2장제9절의2(제674조의2부터 제674조의9까지)의 개정규정은 이 법 시행 후 체결하는 여행계약부터 적용한다.

제5조(다른 법률의 개정) 보증인 보호를 위한 특별법 일부를 다음과 같이 개정한다.

제3조를 삭제한다.

제6조(「보증인 보호를 위한 특별법」의 개정에 따른 경과조치) 부칙 제5조에 따라 개정되는 「보증인 보호를 위한 특별법」의 개정규정에도 불구하고 이 법 시행 전에 체결되거나 기간이 갱신된 「보증인 보호를 위한 특별법」의 적용 대상인 보증계약에 대해서는 종전의 「보증인 보호를 위한 특별법」 제3조에 따른다.

부칙〈제13710호, 2016. 1. 6.〉

이 법은 공포한 날부터 시행한다.

부칙〈제14278호, 2016. 12. 2.〉

제1조(시행일) 이 법은 공포 후 6개월이 경과한 날부터 시행한다.

제2조(다른 법률의 개정) 가사소송법 일부를 다음과 같이 개정한다.

제2조제1항제2호나목3) 중 "제한 또는 배제"를 "처분 또는 제한 · 배제 · 변경"으로 한다.

부칙〈제14409호, 2016. 12. 20.〉

제1조(시행일) 이 법은 공포한 날부터 시행한다.

제2조(적용례) 제937조제9호의 개정규정은 이 법 시행 당시 법원에 계속 중인 사건에도 적용한다.

부칙〈제14965호, 2017. 10. 31.〉

제1조(시행일) 이 법은 공포 후 3개월이 경과한 날부터 시행한다.

제2조(남편의 친생자의 추정에 관한 적용례) 제854조의2 및 제855조의2의 개정규정은 이 법 시행 전에 발생한 부모와 자녀의 관계에 대해서도 적용한다. 다만, 이 법 시행 전에 판결에 따라 생긴 효력에는 영향을 미치지 아니한다.

부칙〈제17503호, 2020. 10. 20.〉

제1조(시행일) 이 법은 공포한 날부터 시행한다.

제2조(성적 침해를 당한 미성년자의 손해배상청구권의 소멸시효에 관한 적용례) 제766조제3항의 개정규정은 이 법 시행 전에 행하여진 성적 침해로 발생하여 이 법 시행 당시 소멸시효가 완성되지 아니한 손해배상청구권에도 적용한다.

부칙〈제17905호, 2021. 1. 26.〉

제1조(시행일) 이 법은 공포한 날부터 시행한다.

제2조(감화 또는 교정기관 위탁에 관한 경과조치) 이 법 시행 전에 법원의 허가를 받아 이 법 시행 당시 감화 또는 교정기관에 위탁 중인 경우와 이 법 시행 전에 감화 또는 교정기관 위탁에 대한 허가를 신청하여 이 법 시행 당시 법원에 사건이 계속 중인 경우에는 제915조 및 제945조의 개정규정에도 불구하고 종전의 규정에 따른다.

제3조(다른 법률의 개정) 가사소송법 일부를 다음과 같이 개정한다.

제2조제1항제2호가목14)를 삭제한다.

제4조(「가사소송법」의 개정에 관한 경과조치) 이 법 시행 전에 법원에 감화 또는 교정기관 위탁에 대한 허가를 신청하여 이 법 시행 당시 법원에 계속 중인 사건에 관하여는 부칙 제3조에 따라 개정되는 「가사소송법」 제2조제1항제2호가목14)의 개정규정에도 불구하고 종전의 규정에 따른다.

부칙〈제19069호, 2022. 12. 13.〉

제1조(시행일) 이 법은 공포한 날부터 시행한다.

제2조(미성년자인 상속인의 한정승인에 관한 적용례 및 특례) ① 제1019조제4

항의 개정규정은 이 법 시행 이후 상속이 개시된 경우부터 적용한다.

② 제1항에도 불구하고 이 법 시행 전에 상속이 개시된 경우로서 다음 각 호의 어느 하나에 해당하는 경우에는 제1019조제4항의 개정규정에 따른 한정승인을 할 수 있다.

1. 미성년자인 상속인으로서 이 법 시행 당시 미성년자인 경우
2. 미성년자인 상속인으로서 이 법 시행 당시 성년자이나 성년이 되기 전에 제1019조제1항에 따른 단순승인(제1026조제1호 및 제2호에 따라 단순승인을 한 것으로 보는 경우를 포함한다)을 하고, 이 법 시행 이후에 상속채무가 상속재산을 초과하는 사실을 알게 된 경우에는 그 사실을 안 날부터 3개월 내

부칙〈제19098호, 2022. 12. 27.〉

이 법은 공포 후 6개월이 경과한 날부터 시행한다.

부칙〈제19409호, 2023. 5. 16.〉(국가유산기본법)

제1조(시행일) 이 법은 공포 후 1년이 경과한 날부터 시행한다.

제2조 생략

제3조(다른 법률의 개정) ① 부터 ⑯까지 생략

⑰ 민법 일부를 다음과 같이 개정한다.
제255조의 제목 중 "문화재"를 「국가유산기본법」 제3조에 따른 국가유산"으로 한다.

⑱부터 ㉖까지 생략

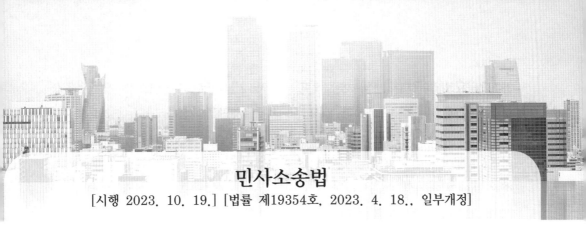

민사소송법

[시행 2023. 10. 19.] [법률 제19354호, 2023. 4. 18., 일부개정]

제1편 총칙

제1조(민사소송의 이상과 신의성실의 원칙) ① 법원은 소송절차가 공정하고 신속하며 경제적으로 진행되도록 노력하여야 한다.

② 당사자와 소송관계인은 신의에 따라 성실하게 소송을 수행하여야 한다.

제1장 법원

제1절 관할

제2조(보통재판적) 소(訴)는 피고의 보통재판적(普通裁判籍)이 있는 곳의 법원이 관할한다.

제3조(사람의 보통재판적) 사람의 보통재판적은 그의 주소에 따라 정한다. 다만, 대한민국에 주소가 없거나 주소를 알 수 없는 경우에는 거소에 따라 정하고, 거소가 일정하지 아니하거나 거소도 알 수 없으면 마지막 주소에 따라 정한다.

제4조(대사·공사 등의 보통재판적) 대사(大使)·공사(公使), 그 밖에 외국의 재판권 행사대상에서 제외되는 대한민국 국민이 제3조의 규정에 따른 보통재판적이 없는 경우에는 이들의 보통재판적은 대법원이 있는 곳으로 한다.

제5조(법인 등의 보통재판적) ① 법인, 그 밖의 사단 또는 재단의 보통재판적은 이들의 주된 사무소 또는 영업소가 있는 곳에 따라 정하고, 사무소와 영업소가 없는 경우에는 주된 업무담당자의 주소에 따라 정한다.

② 제1항의 규정을 외국법인, 그 밖의 사단 또는 재단에 적용하는 경우 보통재판적은 대한민국에 있는 이들의 사무소·영업소 또는 업무담당자의 주소에 따라 정한다.

제6조(국가의 보통재판적) 국가의 보통재판적은 그 소송에서 국가를 대표하는 관청 또는 대법원이 있는 곳으로 한다.

제7조(근무지의 특별재판적) 사무소 또는 영업소에 계속하여 근무하는 사람에 대하여 소를 제기하는 경우에는 그 사무소 또는 영업소가 있는 곳을 관할하는 법원에 제기할 수 있다.

제8조(거소지 또는 의무이행지의 특별재판적) 재산권에 관한 소를 제기하는 경우에는 거소지 또는 의무이행지의 법원에 제기할 수 있다.

제9조(어음·수표 지급지의 특별재판적) 어음·수표에 관한 소를 제기하는 경우에는 지급지의 법원에 제기할 수 있다.

제10조(선원·군인·군무원에 대한 특별재판적) ① 선원에 대하여 재산권에 관한 소를 제기하는 경우에는 선적(船籍)이 있는 곳의 법원에 제기할 수 있다. ② 군인·군무원에 대하여 재산권에 관한 소를 제기하는 경우에는 군사용 청사가 있는 곳 또는 군용 선박의 선적이 있는 곳의 법원에 제기할 수 있다.

제11조(재산이 있는 곳의 특별재판적) 대한민국에 주소가 없는 사람 또는 주소를 알 수 없는 사람에 대하여 재산권에 관한 소를 제기하는 경우에는 청구의 목적 또는 담보의 목적이나 압류할 수 있는 피고의 재산이 있는 곳의 법원에 제기할 수 있다.

제12조(사무소·영업소가 있는 곳의 특별재판적) 사무소 또는 영업소가 있는 사람에 대하여 그 사무소 또는 영업소의 업무와 관련이 있는 소를 제기하는 경우에는 그 사무소 또는 영업소가 있는 곳의 법원에 제기할 수 있다.

제13조(선적이 있는 곳의 특별재판적) 선박 또는 항해에 관한 일로 선박소유자, 그 밖의 선박이용자에 대하여 소를 제기하는 경우에는 선적이 있는 곳의 법원에 제기할 수 있다.

제14조(선박이 있는 곳의 특별재판적) 선박채권(船舶債權), 그 밖에 선박을 담보로 한 채권에 관한 소를 제기하는 경우에는 선박이 있는 곳의 법원에 제기할 수 있다.

제15조(사원 등에 대한 특별재판적) ① 회사, 그 밖의 사단이 사원에 대하여 소를 제기하거나 사원이 다른 사원에 대하여 소를 제기하는 경우에는 그 소가 사원의 자격으로 말미암은 것이면 회사, 그 밖의 사단의 보통재판적이 있는 곳의 법원에 소를 제기할 수 있다. ② 사단 또는 재단이 그 임원에 대하여 소를 제기하거나 회사가 그 발기인 또는 검사인에 대하여 소를 제기하는 경우에는 제1항의 규정을 준용한다.

제16조(사원 등에 대한 특별재판적) 회사, 그 밖의 사단의 채권자가 그 사원

에 대하여 소를 제기하는 경우에는 그 소가 사원의 자격으로 말미암은 것이면 제15조에 규정된 법원에 제기할 수 있다.

제17조(사원 등에 대한 특별재판적) 회사, 그 밖의 사단, 재단, 사원 또는 사단의 채권자가 그 사원·임원·발기인 또는 검사인이었던 사람에 대하여 소를 제기하는 경우와 사원이었던 사람이 그 사원에 대하여 소를 제기하는 경우에는 제15조 및 제16조의 규정을 준용한다.

제18조(불법행위지의 특별재판적) ① 불법행위에 관한 소를 제기하는 경우에는 행위지의 법원에 제기할 수 있다. ② 선박 또는 항공기의 충돌이나 그 밖의 사고로 말미암은 손해배상에 관한 소를 제기하는 경우에는 사고선박 또는 항공기가 맨 처음 도착한 곳의 법원에 제기할 수 있다.

제19조(해난구조에 관한 특별재판적) 해난구조(海難救助)에 관한 소를 제기하는 경우에는 구제된 곳 또는 구제된 선박이 맨 처음 도착한 곳의 법원에 제기할 수 있다.

제20조(부동산이 있는 곳의 특별재판적) 부동산에 관한 소를 제기하는 경우에는 부동산이 있는 곳의 법원에 제기할 수 있다.

제21조(등기·등록에 관한 특별재판적) 등기·등록에 관한 소를 제기하는 경우에는 등기 또는 등록할 공공기관이 있는 곳의 법원에 제기할 수 있다.

제22조(상속·유증 등의 특별재판적) 상속(相續)에 관한 소 또는 유증(遺贈), 그 밖에 사망으로 효력이 생기는 행위에 관한 소를 제기하는 경우에는 상속이 시작된 당시 피상속인의 보통재판적이 있는 곳의 법원에 제기할 수 있다.

제23조(상속·유증 등의 특별재판적) 상속채권, 그 밖의 상속재산에 대한 부담에 관한 것으로 제22조의 규정에 해당되지 아니하는 소를 제기하는 경우에는 상속재산의 전부 또는 일부가 제22조의 법원관할구역안에 있으면 그 법원에 제기할 수 있다.

제24조(지식재산권 등에 관한 특별재판적) ① 특허권, 실용신안권, 디자인권, 상표권, 품종보호권(이하 "특허권등"이라 한다)을 제외한 지식재산권과 국제거래에 관한 소를 제기하는 경우에는 제2조 내지 제23조의 규정에 따른 관할법원 소재지를 관할하는 고등법원이 있는 곳의 지방법원에 제기할 수 있다. 다만, 서울고등법원이 있는 곳의 지방법원은 서울중앙지방법원으로 한정한다. ② 특허권등의 지식재산권에 관한 소

를 제기하는 경우에는 제2조부터 제23조까지의 규정에 따른 관할법원 소재지를 관할하는 고등법원이 있는 곳의 지방법원의 전속관할로 한다. 다만, 서울고등법원이 있는 곳의 지방법원은 서울중앙지방법원으로 한정한다.

③ 제2항에도 불구하고 당사자는 서울중앙지방법원에 특허권등의 지식재산권에 관한 소를 제기할 수 있다.

제25조(관련재판적) ① 하나의 소로 여러 개의 청구를 하는 경우에는 제2조 내지 제24조의 규정에 따라 그 여러 개 가운데 하나의 청구에 대한 관할권이 있는 법원에 소를 제기할 수 있다.

② 소송목적이 되는 권리나 의무가 여러 사람에게 공통되거나 사실상 또는 법률상 같은 원인으로 말미암아 그 여러 사람이 공동소송인(共同訴訟人)으로서 당사자가 되는 경우에는 제1항의 규정을 준용한다.

제26조(소송목적의 값의 산정) ① 법원조직법에서 소송목적의 값에 따라 관할을 정하는 경우 그 값은 소로 주장하는 이익을 기준으로 계산하여 정한다.

② 제1항의 값을 계산할 수 없는 경우 그 값은 민사소송등인지법의 규정에 따른다.

제27조(청구를 병합한 경우의 소송목적의 값) ① 하나의 소로 여러 개의 청구를 하는 경우에는 그 여러 청구의 값을 모두 합하여 소송목적의 값을 정한다.

② 과실(果實)·손해배상·위약금(違約金) 또는 비용의 청구가 소송의 부대목적(附帶目的)이 되는 경우에는 그 값은 소송목적의 값에 넣지 아니한다.

제28조(관할의 지정) ① 다음 각호 가운데 어느 하나에 해당하면 관계된 법원과 공통되는 바로 위의 상급법원이 그 관계된 법원 또는 당사자의 신청에 따라 결정으로 관할법원을 정한다.

1. 관할법원이 재판권을 법률상 또는 사실상 행사할 수 없는 때

2. 법원의 관할구역이 분명하지 아니한 때

② 제1항의 결정에 대하여는 불복할 수 없다.

제29조(합의관할) ① 당사자는 합의로 제1심 관할법원을 정할 수 있다.

② 제1항의 합의는 일정한 법률관계로 말미암은 소에 관하여 서면으로 하여야 한다.

제30조(변론관할) 피고가 제1심 법원에서 관할위반이라고 항변(抗辯)하지 아니하고 본안(本案)에 대하여 변론(辯論)하거나 변론준비기일(辯論準備期日)에서 진술하면 그 법원은 관할권을 가진다.

제31조(전속관할에 따른 제외) 전속관

할(專屬管轄)이 정하여진 소에는 제2조, 제7조 내지 제25조, 제29조 및 제30조의 규정을 적용하지 아니한다.

제32조(관할에 관한 직권조사) 법원은 관할에 관한 사항을 직권으로 조사할 수 있다.

제33조(관할의 표준이 되는 시기) 법원의 관할은 소를 제기한 때를 표준으로 정한다.

제34조(관할위반 또는 재량에 따른 이송) ① 법원은 소송의 전부 또는 일부에 대하여 관할권이 없다고 인정하는 경우에는 결정으로 이를 관할법원에 이송한다.

② 지방법원 단독판사는 소송에 대하여 관할권이 있는 경우라도 상당하다고 인정하면 직권 또는 당사자의 신청에 따른 결정으로 소송의 전부 또는 일부를 같은 지방법원 합의부에 이송할 수 있다.

③ 지방법원 합의부는 소송에 대하여 관할권이 없는 경우라도 상당하다고 인정하면 직권으로 또는 당사자의 신청에 따라 소송의 전부 또는 일부를 스스로 심리·재판할 수 있다.

④ 전속관할이 정하여진 소에 대하여는 제2항 및 제3항의 규정을 적용하지 아니한다.

제35조(손해나 지연을 피하기 위한 이송) 법원은 소송에 대하여 관할권이 있는 경우라도 현저한 손해 또는 지연을 피하기 위하여 필요하면 직권 또는 당사자의 신청에 따른 결정으로 소송의 전부 또는 일부를 다른 관할법원에 이송할 수 있다. 다만, 전속관할이 정하여진 소의 경우에는 그러하지 아니하다.

제36조(지식재산권 등에 관한 소송의 이송) ① 법원은 특허권등을 제외한 지식재산권과 국제거래에 관한 소가 제기된 경우 직권 또는 당사자의 신청에 따른 결정으로 그 소송의 전부 또는 일부를 제24조제1항에 따른 관할법원에 이송할 수 있다. 다만, 이로 인하여 소송절차를 현저하게 지연시키는 경우에는 그러하지 아니하다.

② 제1항은 전속관할이 정하여져 있는 소의 경우에는 적용하지 아니한다.

③ 제24조제2항 또는 제3항에 따라 특허권등의 지식재산권에 관한 소를 관할하는 법원은 현저한 손해 또는 지연을 피하기 위하여 필요한 때에는 직권 또는 당사자의 신청에 따른 결정으로 소송의 전부 또는 일부를 제2조부터 제23조까지의 규정에 따른 지방법원으로 이송할 수 있다.

제37조(이송결정이 확정된 뒤의 긴급처분) 법원은 소송의 이송결정이 확정된 뒤라도 급박한 사정이 있는 때에는 직

권으로 또는 당사자의 신청에 따라 필요한 처분을 할 수 있다. 다만, 기록을 보낸 뒤에는 그러하지 아니하다.

제38조(이송결정의 효력) ① 소송을 이송받은 법원은 이송결정에 따라야 한다. ② 소송을 이송받은 법원은 사건을 다시 다른 법원에 이송하지 못한다.

제39조(즉시항고) 이송결정과 이송신청의 기각결정(棄却決定)에 대하여는 즉시항고(卽時抗告)를 할 수 있다.

제40조(이송의 효과) ① 이송결정이 확정된 때에는 소송은 처음부터 이송받은 법원에 계속(係屬)된 것으로 본다. ② 제1항의 경우에는 이송결정을 한 법원의 법원서기관·법원사무관·법원주사 또는 법원주사보(이하 "법원사무관등"이라 한다)는 그 결정의 정본(正本)을 소송기록에 붙여 이송받을 법원에 보내야 한다.

제2절 법관 등의 제척·기피·회피

제41조(제척의 이유) 법관은 다음 각호 가운데 어느 하나에 해당하면 직무집행에서 제척(除斥)된다.

1. 법관 또는 그 배우자나 배우자이었던 사람이 사건의 당사자가 되거나, 사건의 당사자와 공동권리자·공동의무자 또는 상환의무자의 관계에 있는 때

2. 법관이 당사자와 친족의 관계에 있거나 그러한 관계에 있었을 때

3. 법관이 사건에 관하여 증언이나 감정(鑑定)을 하였을 때

4. 법관이 사건당사자의 대리인이었거나 대리인이 된 때

5. 법관이 불복사건의 이전심급의 재판에 관여하였을 때. 다만, 다른 법원의 촉탁에 따라 그 직무를 수행한 경우에는 그러하지 아니하다.

제42조(제척의 재판) 법원은 제척의 이유가 있는 때에는 직권으로 또는 당사자의 신청에 따라 제척의 재판을 한다.

제43조(당사자의 기피권) ① 당사자는 법관에게 공정한 재판을 기대하기 어려운 사정이 있는 때에는 기피신청을 할 수 있다.

② 당사자가 법관을 기피할 이유가 있다는 것을 알면서도 본안에 관하여 변론하거나 변론준비기일에서 진술을 한 경우에는 기피신청을 하지 못한다.

제44조(제척과 기피신청의 방식) ① 합의부의 법관에 대한 제척 또는 기피는 그 합의부에, 수명법관(受命法官)·수탁판사(受託判事) 또는 단독판사에 대한 제척 또는 기피는 그 법관에게 이유를 밝혀 신청하여야 한다.

② 제척 또는 기피하는 이유와 소명방법은 신청한 날부터 3일 이내에 서면

으로 제출하여야 한다.

제45조(제척 또는 기피신청의 각하 등) ① 제척 또는 기피신청이 제44조의 규정에 어긋나거나 소송의 지연을 목적으로 하는 것이 분명한 경우에는 신청을 받은 법원 또는 법관은 결정으로 이를 각하(却下)한다.

② 제척 또는 기피를 당한 법관은 제1항의 경우를 제외하고는 바로 제척 또는 기피신청에 대한 의견서를 제출하여야 한다.

제46조(제척 또는 기피신청에 대한 재판) ① 제척 또는 기피신청에 대한 재판은 그 신청을 받은 법관의 소속 법원 합의부에서 결정으로 하여야 한다.

② 제척 또는 기피신청을 받은 법관은 제1항의 재판에 관여하지 못한다. 다만, 의견을 진술할 수 있다.

③ 제척 또는 기피신청을 받은 법관의 소속 법원이 합의부를 구성하지 못하는 경우에는 바로 위의 상급법원이 결정하여야 한다.

제47조(불복신청) ① 제척 또는 기피신청에 정당한 이유가 있다는 결정에 대하여는 불복할 수 없다.

② 제45조제1항의 각하결정(却下決定) 또는 제척이나 기피신청이 이유 없다는 결정에 대하여는 즉시항고를 할 수 있다.

③ 제45조제1항의 각하결정에 대한 즉시항고는 집행정지의 효력을 가지지 아니한다.

제48조(소송절차의 정지) 법원은 제척 또는 기피신청이 있는 경우에는 그 재판이 확정될 때까지 소송절차를 정지하여야 한다. 다만, 제척 또는 기피신청이 각하된 경우 또는 종국판결(終局判決)을 선고하거나 긴급을 요하는 행위를 하는 경우에는 그러하지 아니하다.

제49조(법관의 회피) 법관은 제41조 또는 제43조의 사유가 있는 경우에는 감독권이 있는 법원의 허가를 받아 회피(回避)할 수 있다.

제50조(법원사무관등에 대한 제척ㆍ기피ㆍ회피) ① 법원사무관등에 대하여는 이 절의 규정을 준용한다.

② 제1항의 법원사무관등에 대한 제척 또는 기피의 재판은 그가 속한 법원이 결정으로 하여야 한다.

제2장 당사자

제1절 당사자능력과 소송능력

제51조(당사자능력ㆍ소송능력 등에 대한 원칙) 당사자능력(當事者能力), 소송능력(訴訟能力), 소송무능력자(訴訟無能力者)의 법정대리와 소송행위에 필요한 권한의 수여는 이 법에 특별한 규정이 없으면 민법, 그 밖의 법률에

따른다.

제52조(법인이 아닌 사단 등의 당사자능력) 법인이 아닌 사단이나 재단은 대표자 또는 관리인이 있는 경우에는 그 사단이나 재단의 이름으로 당사자가 될 수 있다.

제53조(선정당사자) ① 공동의 이해관계를 가진 여러 사람이 제52조의 규정에 해당되지 아니하는 경우에는, 이들은 그 가운데에서 모두를 위하여 당사자가 될 한 사람 또는 여러 사람을 선정하거나 이를 바꿀 수 있다.

② 소송이 법원에 계속된 뒤 제1항의 규정에 따라 당사자를 바꾼 때에는 그 전의 당사자는 당연히 소송에서 탈퇴한 것으로 본다.

제54조(선정당사자 일부의 자격상실) 제53조의 규정에 따라 선정된 여러 당사자 가운데 죽거나 그 자격을 잃은 사람이 있는 경우에는 다른 당사자가 모두를 위하여 소송행위를 한다.

제55조(제한능력자의 소송능력) ① 미성년자 또는 피성년후견인은 법정대리인에 의해서만 소송행위를 할 수 있다. 다만, 다음 각 호의 경우에는 그러하지 아니하다.

1. 미성년자가 독립하여 법률행위를 할 수 있는 경우
2. 피성년후견인이 「민법」 제10조제2

항에 따라 취소할 수 없는 법률행위를 할 수 있는 경우

② 피한정후견인은 한정후견인의 동의가 필요한 행위에 관하여는 대리권 있는 한정후견인에 의해서만 소송행위를 할 수 있다.

제56조(법정대리인의 소송행위에 관한 특별규정) ① 미성년후견인, 대리권 있는 성년후견인 또는 대리권 있는 한정후견인이 상대방의 소 또는 상소 제기에 관하여 소송행위를 하는 경우에는 그 후견감독인으로부터 특별한 권한을 받을 필요가 없다.

② 제1항의 법정대리인이 소의 취하, 화해, 청구의 포기·인낙(認諾) 또는 제80조에 따른 탈퇴를 하기 위해서는 후견감독인으로부터 특별한 권한을 받아야 한다. 다만, 후견감독인이 없는 경우에는 가정법원으로부터 특별한 권한을 받아야 한다.

제57조(외국인의 소송능력에 대한 특별규정) 외국인은 그의 본국법에 따르면 소송능력이 없는 경우라도 대한민국의 법률에 따라 소송능력이 있는 경우에는 소송능력이 있는 것으로 본다.

제58조(법정대리권 등의 증명) ① 법정대리권이 있는 사실 또는 소송행위를 위한 권한을 받은 사실은 서면으로 증명하여야 한다. 제53조의 규정에 따

라서 당사자를 선정하고 바꾸는 경우에도 또한 같다.

② 제1항의 서면은 소송기록에 붙여야 한다.

제59조(소송능력 등의 흠에 대한 조치) 소송능력·법정대리권 또는 소송행위에 필요한 권한의 수여에 흠이 있는 경우에는 법원은 기간을 정하여 이를 보정(補正)하도록 명하여야 하며, 만일 보정하는 것이 지연됨으로써 손해가 생길 염려가 있는 경우에는 법원은 보정하기 전의 당사자 또는 법정대리인으로 하여금 일시적으로 소송행위를 하게 할 수 있다.

제60조(소송능력 등의 흠과 추인) 소송능력, 법정대리권 또는 소송행위에 필요한 권한의 수여에 흠이 있는 사람이 소송행위를 한 뒤에 보정된 당사자나 법정대리인이 이를 추인(追認)한 경우에는, 그 소송행위는 이를 한 때에 소급하여 효력이 생긴다.

제61조(선정당사자에 대한 준용) 제53조의 규정에 따른 당사자가 소송행위를 하는 경우에는 제59조 및 제60조의 규정을 준용한다.

제62조(제한능력자를 위한 특별대리인)
① 미성년자·피한정후견인 또는 피성년후견인이 당사자인 경우, 그 친족, 이해관계인(미성년자·피한정후견인 또는 피성년후견인을 상대로 소송행위를 하려는 사람을 포함한다), 대리권 없는 성년후견인, 대리권 없는 한정후견인, 지방자치단체의 장 또는 검사는 다음 각 호의 경우에 소송절차가 지연됨으로써 손해를 볼 염려가 있다는 것을 소명하여 수소법원(受訴法院)에 특별대리인을 선임하여 주도록 신청할 수 있다.

1. 법정대리인이 없거나 법정대리인에게 소송에 관한 대리권이 없는 경우
2. 법정대리인이 사실상 또는 법률상 장애로 대리권을 행사할 수 없는 경우
3. 법정대리인의 불성실하거나 미숙한 대리권 행사로 소송절차의 진행이 현저하게 방해받는 경우

② 법원은 소송계속 후 필요하다고 인정하는 경우 직권으로 특별대리인을 선임·개임하거나 해임할 수 있다.

③ 특별대리인은 대리권 있는 후견인과 같은 권한이 있다. 특별대리인의 대리권의 범위에서 법정대리인의 권한은 정지된다.

④ 특별대리인의 선임·개임 또는 해임은 법원의 결정으로 하며, 그 결정은 특별대리인에게 송달하여야 한다.

⑤ 특별대리인의 보수, 선임 비용 및 소송행위에 관한 비용은 소송비용에 포함된다.

제62조의2(의사무능력자를 위한 특별대리인의 선임 등) ① 의사능력이 없는 사람을 상대로 소송행위를 하려고 하거나 의사능력이 없는 사람이 소송행위를 하는 데 필요한 경우 특별대리인의 선임 등에 관하여는 제62조를 준용한다. 다만, 특정후견인 또는 임의후견인도 특별대리인의 선임을 신청할 수 있다.

② 제1항의 특별대리인이 소의 취하, 화해, 청구의 포기·인낙 또는 제80조에 따른 탈퇴를 하는 경우 법원은 그 행위가 본인의 이익을 명백히 침해한다고 인정할 때에는 그 행위가 있는 날부터 14일 이내에 결정으로 이를 허가하지 아니할 수 있다. 이 결정에 대해서는 불복할 수 없다.

제63조(법정대리권의 소멸통지) ① 소송절차가 진행되는 중에 법정대리권이 소멸한 경우에는 본인 또는 대리인이 상대방에게 소멸된 사실을 통지하지 아니하면 소멸의 효력을 주장하지 못한다. 다만, 법원에 법정대리권의 소멸 사실이 알려진 뒤에는 그 법정대리인은 제56조제2항의 소송행위를 하지 못한다.

② 제53조의 규정에 따라 당사자를 바꾸는 경우에는 제1항의 규정을 준용한다.

제64조(법인 등 단체의 대표자의 지위) 법인의 대표자 또는 제52조의 대표자 또는 관리인에게는 이 법 가운데 법정대리와 법정대리인에 관한 규정을 준용한다.

제2절 공동소송

제65조(공동소송의 요건) 소송목적이 되는 권리나 의무가 여러 사람에게 공통되거나 사실상 또는 법률상 같은 원인으로 말미암아 생긴 경우에는 그 여러 사람이 공동소송인으로서 당사자가 될 수 있다. 소송목적이 되는 권리나 의무가 같은 종류의 것이고, 사실상 또는 법률상 같은 종류의 원인으로 말미암은 것인 경우에도 또한 같다.

제66조(통상공동소송인의 지위) 공동소송인 가운데 한 사람의 소송행위 또는 이에 대한 상대방의 소송행위와 공동소송인 가운데 한 사람에 관한 사항은 다른 공동소송인에게 영향을 미치지 아니한다.

제67조(필수적 공동소송에 대한 특별규정) ① 소송목적이 공동소송인 모두에게 합일적으로 확정되어야 할 공동소송의 경우에 공동소송인 가운데 한 사람의 소송행위는 모두의 이익을 위하여서만 효력을 가진다.

② 제1항의 공동소송에서 공동소송인

가운데 한 사람에 대한 상대방의 소송행위는 공동소송인 모두에게 효력이 미친다.

③ 제1항의 공동소송에서 공동소송인 가운데 한 사람에게 소송절차를 중단 또는 중지하여야 할 이유가 있는 경우 그 중단 또는 중지는 모두에게 효력이 미친다.

제68조(필수적 공동소송인의 추가) ① 법원은 제67조제1항의 규정에 따른 공동소송인 가운데 일부가 누락된 경우에는 제1심의 변론을 종결할 때까지 원고의 신청에 따라 결정으로 원고 또는 피고를 추가하도록 허가할 수 있다. 다만, 원고의 추가는 추가될 사람의 동의를 받은 경우에만 허가할 수 있다.

② 제1항의 허가결정을 한 때에는 허가결정의 정본을 당사자 모두에게 송달하여야 하며, 추가될 당사자에게는 소장부본도 송달하여야 한다.

③ 제1항의 규정에 따라 공동소송인이 추가된 경우에는 처음의 소가 제기된 때에 추가된 당사자와의 사이에 소가 제기된 것으로 본다.

④ 제1항의 허가결정에 대하여 이해관계인은 추가될 원고의 동의가 없었다는 것을 사유로 하는 경우에만 즉시항고를 할 수 있다.

⑤ 제4항의 즉시항고는 집행정지의 효력을 가지지 아니한다.

⑥ 제1항의 신청을 기각한 결정에 대하여는 즉시항고를 할 수 있다.

제69조(필수적 공동소송에 대한 특별규정) 제67조제1항의 공동소송인 가운데 한 사람이 상소를 제기한 경우에 다른 공동소송인이 그 상소심에서 하는 소송행위에는 제56조제1항의 규정을 준용한다.

제70조(예비적·선택적 공동소송에 대한 특별규정) ① 공동소송인 가운데 일부의 청구가 다른 공동소송인의 청구와 법률상 양립할 수 없거나 공동소송인 가운데 일부에 대한 청구가 다른 공동소송인에 대한 청구와 법률상 양립할 수 없는 경우에는 제67조 내지 제69조를 준용한다. 다만, 청구의 포기·인낙, 화해 및 소의 취하의 경우에는 그러하지 아니하다.

② 제1항의 소송에서는 모든 공동소송인에 관한 청구에 대하여 판결을 하여야 한다.

제3절 소송참가

제71조(보조참가) 소송결과에 이해관계가 있는 제3자는 한 쪽 당사자를 돕기 위하여 법원에 계속중인 소송에 참가할 수 있다. 다만, 소송절차를 현저하게 지연시키는 경우에는 그러하지 아

니하다.

제72조(참가신청의 방식) ① 참가신청은 참가의 취지와 이유를 밝혀 참가하고자 하는 소송이 계속된 법원에 제기하여야 한다.

② 서면으로 참가를 신청한 경우에는 법원은 그 서면을 양쪽 당사자에게 송달하여야 한다.

③ 참가신청은 참가인으로서 할 수 있는 소송행위와 동시에 할 수 있다.

제73조(참가허가여부에 대한 재판) ① 당사자가 참가에 대하여 이의를 신청한 때에는 참가인은 참가의 이유를 소명하여야 하며, 법원은 참가를 허가할 것인지 아닌지를 결정하여야 한다.

② 법원은 직권으로 참가인에게 참가의 이유를 소명하도록 명할 수 있으며, 참가의 이유가 있다고 인정되지 아니하는 때에는 참가를 허가하지 아니하는 결정을 하여야 한다.

③ 제1항 및 제2항의 결정에 대하여는 즉시항고를 할 수 있다.

제74조(이의신청권의 상실) 당사자가 참가에 대하여 이의를 신청하지 아니한 채 변론하거나 변론준비기일에서 진술을 한 경우에는 이의를 신청할 권리를 잃는다.

제75조(참가인의 소송관여) ① 참가인은 그의 참가에 대한 이의신청이 있는 경우라도 참가를 허가하지 아니하는 결정이 확정될 때까지 소송행위를 할 수 있다.

② 당사자가 참가인의 소송행위를 원용(援用)한 경우에는 참가를 허가하지 아니하는 결정이 확정되어도 그 소송행위는 효력을 가진다.

제76조(참가인의 소송행위) ① 참가인은 소송에 관하여 공격·방어·이의·상소, 그 밖의 모든 소송행위를 할 수 있다. 다만, 참가할 때의 소송의 진행정도에 따라 할 수 없는 소송행위는 그러하지 아니하다.

② 참가인의 소송행위가 피참가인의 소송행위에 어긋나는 경우에는 그 참가인의 소송행위는 효력을 가지지 아니한다.

제77조(참가인에 대한 재판의 효력) 재판은 다음 각호 가운데 어느 하나에 해당하지 아니하면 참가인에게도 그 효력이 미친다.

1. 제76조의 규정에 따라 참가인이 소송행위를 할 수 없거나, 그 소송행위가 효력을 가지지 아니하는 때

2. 피참가인이 참가인의 소송행위를 방해한 때

3. 피참가인이 참가인이 할 수 없는 소송행위를 고의나 과실로 하지 아니한 때

제78조(공동소송적 보조참가) 재판의 효력이 참가인에게도 미치는 경우에는 그 참가인과 피참가인에 대하여 제67조 및 제69조를 준용한다.

제79조(독립당사자참가) ① 소송목적의 전부나 일부가 자기의 권리라고 주장하거나, 소송결과에 따라 권리가 침해된다고 주장하는 제3자는 당사자의 양쪽 또는 한 쪽을 상대방으로 하여 당사자로서 소송에 참가할 수 있다.

② 제1항의 경우에는 제67조 및 제72조의 규정을 준용한다.

제80조(독립당사자참가소송에서의 탈퇴) 제79조의 규정에 따라 자기의 권리를 주장하기 위하여 소송에 참가한 사람이 있는 경우 그가 참가하기 전의 원고나 피고는 상대방의 승낙을 받아 소송에서 탈퇴할 수 있다. 다만, 판결은 탈퇴한 당사자에 대하여도 그 효력이 미친다.

제81조(승계인의 소송참가) 소송이 법원에 계속되어 있는 동안에 제3자가 소송목적인 권리 또는 의무의 전부나 일부를 승계하였다고 주장하며 제79조의 규정에 따라 소송에 참가한 경우 그 참가는 소송이 법원에 처음 계속된 때에 소급하여 시효의 중단 또는 법률상 기간준수의 효력이 생긴다.

제82조(승계인의 소송인수) ① 소송이 법원에 계속되어 있는 동안에 제3자가 소송목적인 권리 또는 의무의 전부나 일부를 승계한 때에는 법원은 당사자의 신청에 따라 그 제3자로 하여금 소송을 인수하게 할 수 있다.

② 법원은 제1항의 규정에 따른 결정을 할 때에는 당사자와 제3자를 심문(審問)하여야 한다.

③ 제1항의 소송인수의 경우에는 제80조의 규정 가운데 탈퇴 및 판결의 효력에 관한 것과, 제81조의 규정 가운데 참가의 효력에 관한 것을 준용한다.

제83조(공동소송참가) ① 소송목적이 한 쪽 당사자와 제3자에게 합일적으로 확정되어야 할 경우 그 제3자는 공동소송인으로 소송에 참가할 수 있다.

② 제1항의 경우에는 제72조의 규정을 준용한다.

제84조(소송고지의 요건) ① 소송이 법원에 계속된 때에는 당사자는 참가할 수 있는 제3자에게 소송고지(訴訟告知)를 할 수 있다.

② 소송고지를 받은 사람은 다시 소송고지를 할 수 있다.

제85조(소송고지의 방식) ① 소송고지를 위하여서는 그 이유와 소송의 진행정도를 적은 서면을 법원에 제출하여야 한다.

② 제1항의 서면은 상대방에게 송달하

여야 한다.

제86조(소송고지의 효과) 소송고지를 받은 사람이 참가하지 아니한 경우라도 제77조의 규정을 적용할 때에는 참가할 수 있었을 때에 참가한 것으로 본다.

제4절 소송대리인

제87조(소송대리인의 자격) 법률에 따라 재판상 행위를 할 수 있는 대리인 외에는 변호사가 아니면 소송대리인이 될 수 없다.

제88조(소송대리인의 자격의 예외) ① 단독판사가 심리·재판하는 사건 가운데 그 소송목적의 값이 일정한 금액 이하인 사건에서, 당사자와 밀접한 생활관계를 맺고 있고 일정한 범위안의 친족관계에 있는 사람 또는 당사자와 고용계약 등으로 그 사건에 관한 통상사무를 처리·보조하여 오는 등 일정한 관계에 있는 사람이 법원의 허가를 받은 때에는 제87조를 적용하지 아니한다.

② 제1항의 규정에 따라 법원의 허가를 받을 수 있는 사건의 범위, 대리인의 자격 등에 관한 구체적인 사항은 대법원규칙으로 정한다.

③ 법원은 언제든지 제1항의 허가를 취소할 수 있다.

제89조(소송대리권의 증명) ① 소송대리인의 권한은 서면으로 증명하여야

한다.

② 제1항의 서면이 사문서인 경우에는 법원은 공증인, 그 밖의 공증업무를 보는 사람(이하 "공증사무소"라 한다)의 인증을 받도록 소송대리인에게 명할 수 있다.

③ 당사자가 말로 소송대리인을 선임하고, 법원사무관등이 조서에 그 진술을 적어 놓은 경우에는 제1항 및 제2항의 규정을 적용하지 아니한다.

제90조(소송대리권의 범위) ① 소송대리인은 위임을 받은 사건에 대하여 반소(反訴)·참가·강제집행·가압류·가처분에 관한 소송행위 등 일체의 소송행위와 변제(辨濟)의 영수를 할 수 있다.

② 소송대리인은 다음 각호의 사항에 대하여는 특별한 권한을 따로 받아야 한다.

1. 반소의 제기
2. 소의 취하, 화해, 청구의 포기·인낙 또는 제80조의 규정에 따른 탈퇴
3. 상소의 제기 또는 취하
4. 대리인의 선임

제91조(소송대리권의 제한) 소송대리권은 제한하지 못한다. 다만, 변호사가 아닌 소송대리인에 대하여는 그러하지 아니하다.

제92조(법률에 의한 소송대리인의 권한) 법률에 의하여 재판상 행위를 할

수 있는 대리인의 권한에는 제90조와 제91조의 규정을 적용하지 아니한다.

제93조(개별대리의 원칙) ① 여러 소송대리인이 있는 때에는 각자가 당사자를 대리한다.

② 당사자가 제1항의 규정에 어긋나는 약정을 한 경우 그 약정은 효력을 가지지 못한다.

제94조(당사자의 경정권) 소송대리인의 사실상 진술은 당사자가 이를 곧 취소하거나 경정(更正)한 때에는 그 효력을 잃는다.

제95조(소송대리권이 소멸되지 아니하는 경우) 다음 각호 가운데 어느 하나에 해당하더라도 소송대리권은 소멸되지 아니한다.

1. 당사자의 사망 또는 소송능력의 상실
2. 당사자인 법인의 합병에 의한 소멸
3. 당사자인 수탁자(受託者)의 신탁임무의 종료
4. 법정대리인의 사망, 소송능력의 상실 또는 대리권의 소멸·변경

제96조(소송대리권이 소멸되지 아니하는 경우) ① 일정한 자격에 의하여 자기의 이름으로 남을 위하여 소송당사자가 된 사람에게 소송대리인이 있는 경우에 그 소송대리인의 대리권은 당사자가 자격을 잃더라도 소멸되지 아니한다.

② 제53조의 규정에 따라 선정된 당사자가 그 자격을 잃은 경우에는 제1항의 규정을 준용한다.

제97조(법정대리인에 관한 규정의 준용) 소송대리인에게는 제58조제2항·제59조·제60조 및 제63조의 규정을 준용한다.

제3장 소송비용

제1절 소송비용의 부담

제98조(소송비용부담의 원칙) 소송비용은 패소한 당사자가 부담한다.

제99조(원칙에 대한 예외) 법원은 사정에 따라 승소한 당사자로 하여금 그 권리를 늘리거나 지키는 데 필요하지 아니한 행위로 말미암은 소송비용 또는 상대방의 권리를 늘리거나 지키는 데 필요한 행위로 말미암은 소송비용의 전부나 일부를 부담하게 할 수 있다.

제100조(원칙에 대한 예외) 당사자가 적당한 시기에 공격이나 방어의 방법을 제출하지 아니하였거나, 기일이나 기간의 준수를 게을리 하였거나, 그 밖에 당사자가 책임져야 할 사유로 소송이 지연된 때에는 법원은 지연됨으로 말미암은 소송비용의 전부나 일부를 승소한 당사자에게 부담하게 할 수 있다.

제101조(일부패소의 경우) 일부패소의 경우에 당사자들이 부담할 소송비용은

법원이 정한다. 다만, 사정에 따라 한쪽 당사자에게 소송비용의 전부를 부담하게 할 수 있다.

제102조(공동소송의 경우) ① 공동소송인은 소송비용을 균등하게 부담한다. 다만, 법원은 사정에 따라 공동소송인에게 소송비용을 연대하여 부담하게 하거나 다른 방법으로 부담하게 할 수 있다.

② 제1항의 규정에 불구하고 법원은 권리를 늘리거나 지키는 데 필요하지 아니한 행위로 생긴 소송비용은 그 행위를 한 당사자에게 부담하게 할 수 있다.

제103조(참가소송의 경우) 참가소송비용에 대한 참가인과 상대방 사이의 부담과, 참가이의신청의 소송비용에 대한 참가인과 이의신청 당사자 사이의 부담에 대하여는 제98조 내지 제102조의 규정을 준용한다.

제104조(각 심급의 소송비용의 재판) 법원은 사건을 완결하는 재판에서 직권으로 그 심급의 소송비용 전부에 대하여 재판하여야 한다. 다만, 사정에 따라 사건의 일부나 중간의 다툼에 관한 재판에서 그 비용에 대한 재판을 할 수 있다.

제105조(소송의 총비용에 대한 재판) 상급법원이 본안의 재판을 바꾸는 경우 또는 사건을 환송받거나 이송받은 법원이 그 사건을 완결하는 재판을 하는 경우에는 소송의 총비용에 대하여 재판하여야 한다.

제106조(화해한 경우의 비용부담) 당사자가 법원에서 화해한 경우(제231조의 경우를 포함한다) 화해비용과 소송비용의 부담에 대하여 특별히 정한 바가 없으면 그 비용은 당사자들이 각자 부담한다.

제107조(제3자의 비용상환) ① 법정대리인·소송대리인·법원사무관등이나 집행관이 고의 또는 중대한 과실로 쓸데없는 비용을 지급하게 한 경우에는 수소법원은 직권으로 또는 당사자의 신청에 따라 그에게 비용을 갚도록 명할 수 있다.

② 법정대리인 또는 소송대리인으로서 소송행위를 한 사람이 그 대리권 또는 소송행위에 필요한 권한을 받았음을 증명하지 못하거나, 추인을 받지 못한 경우에 그 소송행위로 말미암아 발생한 소송비용에 대하여는 제1항의 규정을 준용한다.

③ 제1항 및 제2항의 결정에 대하여는 즉시항고를 할 수 있다.

제108조(무권대리인의 비용부담) 제107조제2항의 경우에 소가 각하된 경우에는 소송비용은 그 소송행위를 한 대리인이 부담한다.

제109조(변호사의 보수와 소송비용) ① 소송을 대리한 변호사에게 당사자가 지급하였거나 지급할 보수는 대법원규칙이 정하는 금액의 범위안에서 소송비용으로 인정한다.

② 제1항의 소송비용을 계산할 때에는 여러 변호사가 소송을 대리하였더라도 한 변호사가 대리한 것으로 본다.

제110조(소송비용액의 확정결정) ① 소송비용의 부담을 정하는 재판에서 그 액수가 정하여지지 아니한 경우에 제1심 법원은 그 재판이 확정되거나, 소송비용부담의 재판이 집행력을 갖게된 후에 당사자의 신청을 받아 결정으로 그 소송비용액을 확정한다.

② 제1항의 확정결정을 신청할 때에는 비용계산서, 그 등본과 비용액을 소명하는 데 필요한 서면을 제출하여야 한다.

③ 제1항의 결정에 대하여는 즉시항고를 할 수 있다.

제111조(상대방에 대한 최고) ① 법원은 소송비용액을 결정하기 전에 상대방에게 비용계산서의 등본을 교부하고, 이에 대한 진술을 할 것과 일정한 기간 이내에 비용계산서와 비용액을 소명하는 데 필요한 서면을 제출할 것을 최고(催告)하여야 한다.

② 상대방이 제1항의 서면을 기간 이내에 제출하지 아니한 때에는 법원은 신청인의 비용에 대하여서만 결정할 수 있다. 다만, 상대방도 제110조제1항의 확정결정을 신청할 수 있다.

제112조(부담비용의 상계) 법원이 소송비용을 결정하는 경우에 당사자들이 부담할 비용은 대등한 금액에서 상계(相計)된 것으로 본다. 다만, 제111조제2항의 경우에는 그러하지 아니하다.

제113조(화해한 경우의 비용액확정) ① 제106조의 경우에 당사자가 소송비용부담의 원칙만을 정하고 그 액수를 정하지 아니한 때에는 법원은 당사자의 신청에 따라 결정으로 그 액수를 정하여야 한다.

② 제1항의 경우에는 제110조제2항·제3항, 제111조 및 제112조의 규정을 준용한다.

제114조(소송이 재판에 의하지 아니하고 끝난 경우) ① 제113조의 경우 외에 소송이 재판에 의하지 아니하고 끝나거나 참가 또는 이에 대한 이의신청이 취하된 경우에는 법원은 당사자의 신청에 따라 결정으로 소송비용의 액수를 정하고, 이를 부담하도록 명하여야 한다.

② 제1항의 경우에는 제98조 내지 제103조, 제110조제2항·제3항, 제111조 및 제112조의 규정을 준용한다.

제115조(법원사무관등에 의한 계산) 제

110조제1항의 신청이 있는 때에는 법원은 법원사무관등에게 소송비용액을 계산하게 하여야 한다.

제116조(비용의 예납) ① 비용을 필요로 하는 소송행위에 대하여 법원은 당사자에게 그 비용을 미리 내게 할 수 있다.

② 비용을 미리 내지 아니하는 때에는 법원은 그 소송행위를 하지 아니할 수 있다.

제2절 소송비용의 담보

제117조(담보제공의무) ① 원고가 대한민국에 주소·사무소와 영업소를 두지 아니한 때 또는 소장·준비서면, 그밖의 소송기록에 의하여 청구가 이유 없음이 명백한 때 등 소송비용에 대한 담보제공이 필요하다고 판단되는 경우에 피고의 신청이 있으면 법원은 원고에게 소송비용에 대한 담보를 제공하도록 명하여야 한다. 담보가 부족한 경우에도 또한 같다.

② 제1항의 경우에 법원은 직권으로 원고에게 소송비용에 대한 담보를 제공하도록 명할 수 있다.

③ 청구의 일부에 대하여 다툼이 없는 경우에는 그 액수가 담보로 충분하면 제1항의 규정을 적용하지 아니한다.

제118조(소송에 응함으로 말미암은 신청권의 상실) 담보를 제공할 사유가 있다는 것을 알고도 피고가 본안에 관하여 변론하거나 변론준비기일에서 진술한 경우에는 담보제공을 신청하지 못한다.

제119조(피고의 거부권) 담보제공을 신청한 피고는 원고가 담보를 제공할 때까지 소송에 응하지 아니할 수 있다.

제120조(담보제공결정) ① 법원은 담보를 제공하도록 명하는 결정에서 담보액과 담보제공의 기간을 정하여야 한다.

② 담보액은 피고가 각 심급에서 지출할 비용의 총액을 표준으로 하여 정하여야 한다.

제121조(불복신청) 담보제공신청에 관한 결정에 대하여는 즉시항고를 할 수 있다.

제122조(담보제공방식) 담보의 제공은 금전 또는 법원이 인정하는 유가증권을 공탁(供託)하거나, 대법원규칙이 정하는 바에 따라 지급을 보증하겠다는 위탁계약을 맺은 문서를 제출하는 방법으로 한다. 다만, 당사자들 사이에 특별한 약정이 있으면 그에 따른다.

제123조(담보물에 대한 피고의 권리) 피고는 소송비용에 관하여 제122조의 규정에 따른 담보물에 대하여 질권자

와 동일한 권리를 가진다.

제124조(담보를 제공하지 아니한 효과)
담보를 제공하여야 할 기간 이내에 원고가 이를 제공하지 아니하는 때에는 법원은 변론없이 판결로 소를 각하할 수 있다. 다만, 판결하기 전에 담보를 제공한 때에는 그러하지 아니하다.

제125조(담보의 취소) ① 담보제공자가 담보하여야 할 사유가 소멸되었음을 증명하면서 취소신청을 하면, 법원은 담보취소결정을 하여야 한다.

② 담보제공자가 담보취소에 대한 담보권리자의 동의를 받았음을 증명한 때에도 제1항과 같다.

③ 소송이 완결된 뒤 담보제공자가 신청하면, 법원은 담보권리자에게 일정한 기간 이내에 그 권리를 행사하도록 최고하고, 담보권리자가 그 행사를 하지 아니하는 때에는 담보취소에 대하여 동의한 것으로 본다.

④ 제1항과 제2항의 규정에 따른 결정에 대하여는 즉시항고를 할 수 있다.

제126조(담보물변경) 법원은 담보제공자의 신청에 따라 결정으로 공탁한 담보물을 바꾸도록 명할 수 있다. 다만, 당사자가 계약에 의하여 공탁한 담보물을 다른 담보로 바꾸겠다고 신청한 때에는 그에 따른다.

제127조(준용규정) 다른 법률에 따른 소제기에 관하여 제공되는 담보에는 제119조, 제120조제1항, 제121조 내지 제126조의 규정을 준용한다.

제3절 소송구조

제128조(구조의 요건) ① 법원은 소송비용을 지출할 자금능력이 부족한 사람의 신청에 따라 또는 직권으로 소송구조(訴訟救助)를 할 수 있다. 다만, 패소할 것이 분명한 경우에는 그러하지 아니하다.

② 제1항 단서에 해당하는 경우 같은 항 본문에 따른 소송구조 신청에 필요한 소송비용과 제133조에 따른 불복신청에 필요한 소송비용에 대하여도 소송구조를 하지 아니한다.

③ 제1항의 신청인은 구조의 사유를 소명하여야 한다.

④ 소송구조에 대한 재판은 소송기록을 보관하고 있는 법원이 한다.

⑤ 제1항에서 정한 소송구조요건의 구체적인 내용과 소송구조절차에 관하여 상세한 사항은 대법원규칙으로 정한다.

제129조(구조의 객관적 범위) ① 소송과 강제집행에 대한 소송구조의 범위는 다음 각호와 같다. 다만, 법원은 상당한 이유가 있는 때에는 다음 각호 가운데 일부에 대한 소송구조를 할 수 있다.

1. 재판비용의 납입유예

2. 변호사 및 집행관의 보수와 체당금 (替當金)의 지급유예

3. 소송비용의 담보면제

4. 대법원규칙이 정하는 그 밖의 비용의 유예나 면제

② 제1항제2호의 경우에는 변호사나 집행관이 보수를 받지 못하면 국고에서 상당한 금액을 지급한다.

제130조(구조효력의 주관적 범위) ① 소송구조는 이를 받은 사람에게만 효력이 미친다.

② 법원은 소송승계인에게 미루어 둔 비용의 납입을 명할 수 있다.

제131조(구조의 취소) 소송구조를 받은 사람이 소송비용을 납입할 자금능력이 있다는 것이 판명되거나, 자금능력이 있게 된 때에는 소송기록을 보관하고 있는 법원은 직권으로 또는 이해관계인의 신청에 따라 언제든지 구조를 취소하고, 납입을 미루어 둔 소송비용을 지급하도록 명할 수 있다.

제132조(납입유예비용의 추심) ① 소송구조를 받은 사람에게 납입을 미루어 둔 비용은 그 부담의 재판을 받은 상대방으로부터 직접 지급받을 수 있다.

② 제1항의 경우에 변호사 또는 집행관은 소송구조를 받은 사람의 집행권원으로 보수와 체당금에 관한 비용액의 확정결정신청과 강제집행을 할 수 있다.

③ 변호사 또는 집행관은 보수와 체당금에 대하여 당사자를 대위(代位)하여 제113조 또는 제114조의 결정신청을 할 수 있다.

제133조(불복신청) 이 절에 규정한 재판에 대하여는 즉시항고를 할 수 있다. 다만, 상대방은 제129조제1항제3호의 소송구조결정을 제외하고는 불복할 수 없다.

제4장 소송절차

제1절 변론

제134조(변론의 필요성) ① 당사자는 소송에 대하여 법원에서 변론하여야 한다. 다만, 결정으로 완결할 사건에 대하여는 법원이 변론을 열 것인지 아닌지를 정한다.

② 제1항 단서의 규정에 따라 변론을 열지 아니할 경우에, 법원은 당사자와 이해관계인, 그 밖의 참고인을 심문할 수 있다.

③ 이 법에 특별한 규정이 있는 경우에는 제1항과 제2항의 규정을 적용하지 아니한다.

제135조(재판장의 지휘권) ① 변론은 재판장(합의부의 재판장 또는 단독판사를 말한다. 이하 같다)이 지휘한다.

② 재판장은 발언을 허가하거나 그의

명령에 따르지 아니하는 사람의 발언을 금지할 수 있다.

제136조(석명권(釋明權)· 구문권(求問權)등) ① 재판장은 소송관계를 분명하게 하기 위하여 당사자에게 사실상 또는 법률상 사항에 대하여 질문할 수 있고, 증명을 하도록 촉구할 수 있다.

② 합의부원은 재판장에게 알리고 제1항의 행위를 할 수 있다.

③ 당사자는 필요한 경우 재판장에게 상대방에 대하여 설명을 요구하여 줄 것을 요청할 수 있다.

④ 법원은 당사자가 간과하였음이 분명하다고 인정되는 법률상 사항에 관하여 당사자에게 의견을 진술할 기회를 주어야 한다.

제137조(석명준비명령) 재판장은 제136조의 규정에 따라 당사자에게 설명 또는 증명하거나 의견을 진술할 사항을 지적하고 변론기일 이전에 이를 준비하도록 명할 수 있다.

제138조(합의부에 의한 감독) 당사자가 변론의 지휘에 관한 재판장의 명령 또는 제136조 및 제137조의 규정에 따른 재판장이나 합의부원의 조치에 대하여 이의를 신청한 때에는 법원은 결정으로 그 이의신청에 대하여 재판한다.

제139조(수명법관의 지정 및 촉탁) ① 수명법관으로 하여금 그 직무를 수행하게 하고자 할 경우에는 재판장이 그 판사를 지정한다.

② 법원이 하는 촉탁은 특별한 규정이 없으면 재판장이 한다.

제140조(법원의 석명처분) ① 법원은 소송관계를 분명하게 하기 위하여 다음 각호의 처분을 할 수 있다.

1. 당사자 본인 또는 그 법정대리인에게 출석하도록 명하는 일

2. 소송서류 또는 소송에 인용한 문서, 그 밖의 물건으로서 당사자가 가지고 있는 것을 제출하게 하는 일

3. 당사자 또는 제3자가 제출한 문서, 그 밖의 물건을 법원에 유치하는 일

4. 검증을 하고 감정을 명하는 일

5. 필요한 조사를 촉탁하는 일

② 제1항의 검증·감정과 조사의 촉탁에는 이 법의 증거조사에 관한 규정을 준용한다.

제141조(변론의 제한·분리·병합) 법원은 변론의 제한·분리 또는 병합을 명하거나, 그 명령을 취소할 수 있다.

제142조(변론의 재개) 법원은 종결된 변론을 다시 열도록 명할 수 있다.

제143조(통역) ① 변론에 참여하는 사람이 우리말을 하지 못하거나, 듣거나 말하는 데 장애가 있으면 통역인에게 통역하게 하여야 한다. 다만, 위와 같은 장애가 있는 사람에게는 문자로 질

문하거나 진술하게 할 수 있다.

② 통역인에게는 이 법의 감정인에 관한 규정을 준용한다.

제143조의2(진술 보조) ① 질병, 장애, 연령, 그 밖의 사유로 인한 정신적·신체적 제약으로 소송관계를 분명하게 하기 위하여 필요한 진술을 하기 어려운 당사자는 법원의 허가를 받아 진술을 도와주는 사람과 함께 출석하여 진술할 수 있다.

② 법원은 언제든지 제1항의 허가를 취소할 수 있다.

③ 제1항 및 제2항에 따른 진술보조인의 자격 및 소송상 지위와 역할, 법원의 허가 요건·절차 등 허가 및 취소에 관한 사항은 대법원규칙으로 정한다.

제144조(변론능력이 없는 사람에 대한 조치) ① 법원은 소송관계를 분명하게 하기 위하여 필요한 진술을 할 수 없는 당사자 또는 대리인의 진술을 금지하고, 변론을 계속할 새 기일을 정할 수 있다.

② 제1항의 규정에 따라 진술을 금지하는 경우에 필요하다고 인정하면 법원은 변호사를 선임하도록 명할 수 있다.

③ 제1항 또는 제2항의 규정에 따라 대리인에게 진술을 금지하거나 변호사를 선임하도록 명하였을 때에는 본인에게 그 취지를 통지하여야 한다.

④ 소 또는 상소를 제기한 사람이 제2항의 규정에 따른 명령을 받고도 제1항의 새 기일까지 변호사를 선임하지 아니한 때에는 법원은 결정으로 소 또는 상소를 각하할 수 있다.

⑤ 제4항의 결정에 대하여는 즉시항고를 할 수 있다.

제145조(화해의 권고) ① 법원은 소송의 정도와 관계없이 화해를 권고하거나, 수명법관 또는 수탁판사로 하여금 권고하게 할 수 있다.

② 제1항의 경우에 법원·수명법관 또는 수탁판사는 당사자 본인이나 그 법정대리인의 출석을 명할 수 있다.

제146조(적시제출주의) 공격 또는 방어의 방법은 소송의 정도에 따라 적절한 시기에 제출하여야 한다.

제147조(제출기간의 제한) ① 재판장은 당사자의 의견을 들어 한 쪽 또는 양 쪽 당사자에 대하여 특정한 사항에 관하여 주장을 제출하거나 증거를 신청할 기간을 정할 수 있다.

② 당사자가 제1항의 기간을 넘긴 때에는 주장을 제출하거나 증거를 신청할 수 없다. 다만, 당사자가 정당한 사유로 그 기간 이내에 제출 또는 신청하지 못하였다는 것을 소명한 경우에는 그러하지 아니하다.

제148조(한 쪽 당사자가 출석하지 아니한 경우) ① 원고 또는 피고가 변론기일에 출석하지 아니하거나, 출석하고서도 본안에 관하여 변론하지 아니한 때에는 그가 제출한 소장·답변서, 그 밖의 준비서면에 적혀 있는 사항을 진술한 것으로 보고 출석한 상대방에게 변론을 명할 수 있다.

② 제1항의 규정에 따라 당사자가 진술한 것으로 보는 답변서, 그 밖의 준비서면에 청구의 포기 또는 인낙의 의사표시가 적혀 있고 공증사무소의 인증을 받은 때에는 그 취지에 따라 청구의 포기 또는 인낙이 성립된 것으로 본다.

③ 제1항의 규정에 따라 당사자가 진술한 것으로 보는 답변서, 그 밖의 준비서면에 화해의 의사표시가 적혀 있고 공증사무소의 인증을 받은 경우에, 상대방 당사자가 변론기일에 출석하여 그 화해의 의사표시를 받아들인 때에는 화해가 성립된 것으로 본다.

제149조(실기한 공격·방어방법의 각하) ① 당사자가 제146조의 규정을 어기어 고의 또는 중대한 과실로 공격 또는 방어방법을 뒤늦게 제출함으로써 소송의 완결을 지연시키게 하는 것으로 인정할 때에는 법원은 직권으로 또는 상대방의 신청에 따라 결정으로 이를 각하할 수 있다.

② 당사자가 제출한 공격 또는 방어방법의 취지가 분명하지 아니한 경우에, 당사자가 필요한 설명을 하지 아니하거나 설명할 기일에 출석하지 아니한 때에는 법원은 직권으로 또는 상대방의 신청에 따라 결정으로 이를 각하할 수 있다.

제150조(자백간주) ① 당사자가 변론에서 상대방이 주장하는 사실을 명백히 다투지 아니한 때에는 그 사실을 자백한 것으로 본다. 다만, 변론 전체의 취지로 보아 그 사실에 대하여 다툰 것으로 인정되는 경우에는 그러하지 아니하다.

② 상대방이 주장한 사실에 대하여 알지 못한다고 진술한 때에는 그 사실을 다툰 것으로 추정한다.

③ 당사자가 변론기일에 출석하지 아니하는 경우에는 제1항의 규정을 준용한다. 다만, 공시송달의 방법으로 기일통지서를 송달받은 당사자가 출석하지 아니한 경우에는 그러하지 아니하다.

제151조(소송절차에 관한 이의권) 당사자는 소송절차에 관한 규정에 어긋난 것임을 알거나, 알 수 있었을 경우에 바로 이의를 제기하지 아니하면 그 권리를 잃는다. 다만, 그 권리가 포기할 수 없는 것인 때에는 그러하지 아니하다.

제152조(변론조서의 작성) ① 법원사

무관등은 변론기일에 참여하여 기일마다 조서를 작성하여야 한다. 다만, 변론을 녹음하거나 속기하는 경우 그 밖에 이에 준하는 특별한 사정이 있는 경우에는 법원사무관등을 참여시키지 아니하고 변론기일을 열 수 있다.

② 재판장은 필요하다고 인정하는 경우 법원사무관등을 참여시키지 아니하고 변론기일 및 변론준비기일 외의 기일을 열 수 있다.

③ 제1항 단서 및 제2항의 경우에는 법원사무관등은 그 기일이 끝난 뒤에 재판장의 설명에 따라 조서를 작성하고, 그 취지를 덧붙여 적어야 한다.

제153조(형식적 기재사항) 조서에는 법원사무관등이 다음 각호의 사항을 적고, 재판장과 법원사무관등이 기명날인 또는 서명한다. 다만, 재판장이 기명날인 또는 서명할 수 없는 사유가 있는 때에는 합의부원이 그 사유를 적은 뒤에 기명날인 또는 서명하며, 법관 모두가 기명날인 또는 서명할 수 없는 사유가 있는 때에는 법원사무관등이 그 사유를 적는다.

1. 사건의 표시
2. 법관과 법원사무관등의 성명
3. 출석한 검사의 성명
4. 출석한 당사자·대리인·통역인과 출석하지 아니한 당사자의 성명
5. 변론의 날짜와 장소
6. 변론의 공개여부와 공개하지 아니한 경우에는 그 이유

제154조(실질적 기재사항) 조서에는 변론의 요지를 적되, 특히 다음 각호의 사항을 분명히 하여야 한다.

1. 화해, 청구의 포기·인낙, 소의 취하와 자백
2. 증인·감정인의 선서와 진술
3. 검증의 결과
4. 재판장이 적도록 명한 사항과 당사자의 청구에 따라 적는 것을 허락한 사항
5. 서면으로 작성되지 아니한 재판
6. 재판의 선고

제155조(조서기재의 생략 등) ① 조서에 적을 사항은 대법원규칙이 정하는 바에 따라 생략할 수 있다. 다만, 당사자의 이의가 있으면 그러하지 아니하다.

② 변론방식에 관한 규정의 준수, 화해, 청구의 포기·인낙, 소의 취하와 자백에 대하여는 제1항 본문의 규정을 적용하지 아니한다.

제156조(서면 등의 인용·첨부) 조서에는 서면, 사진, 그 밖에 법원이 적당하다고 인정한 것을 인용하고 소송기록에 붙여 이를 조서의 일부로 삼을 수 있다.

제157조(관계인의 조서낭독 등 청구권) 조서는 관계인이 신청하면 그에게 읽어 주거나 보여주어야 한다.

제158조(조서의 증명력) 변론방식에 관한 규정이 지켜졌다는 것은 조서로만 증명할 수 있다. 다만, 조서가 없어진 때에는 그러하지 아니하다.

제159조(변론의 속기와 녹음) ① 법원은 필요하다고 인정하는 경우에는 변론의 전부 또는 일부를 녹음하거나, 속기자로 하여금 받아 적도록 명할 수 있으며, 당사자가 녹음 또는 속기를 신청하면 특별한 사유가 없는 한 이를 명하여야 한다.

② 제1항의 녹음테이프와 속기록은 조서의 일부로 삼는다.

③ 제1항 및 제2항의 규정에 따라 녹음테이프 또는 속기록으로 조서의 기재를 대신한 경우에, 소송이 완결되기 전까지 당사자가 신청하거나 그 밖에 대법원규칙이 정하는 때에는 녹음테이프나 속기록의 요지를 정리하여 조서를 작성하여야 한다.

④ 제3항의 규정에 따라 조서가 작성된 경우에는 재판이 확정되거나, 양 쪽 당사자의 동의가 있으면 법원은 녹음테이프와 속기록을 폐기할 수 있다. 이 경우 당사자가 녹음테이프와 속기록을 폐기한다는 통지를 받은 날부터 2주 이내에 이의를 제기하지 아니하면 폐기에 대하여 동의한 것으로 본다.

제160조(다른 조서에 준용하는 규정) 법원·수명법관 또는 수탁판사의 신문(訊問) 또는 심문과 증거조사에는 제152조 내지 제159조의 규정을 준용한다.

제161조(신청 또는 진술의 방법) ① 신청, 그 밖의 진술은 특별한 규정이 없는 한 서면 또는 말로 할 수 있다.

② 말로 하는 경우에는 법원사무관등의 앞에서 하여야 한다.

③ 제2항의 경우에 법원사무관등은 신청 또는 진술의 취지에 따라 조서 또는 그 밖의 서면을 작성한 뒤 기명날인 또는 서명하여야 한다.

제162조(소송기록의 열람과 증명서의 교부청구) ① 당사자나 이해관계를 소명한 제3자는 대법원규칙이 정하는 바에 따라, 소송기록의 열람·복사, 재판서·조서의 정본·등본·초본의 교부 또는 소송에 관한 사항의 증명서의 교부를 법원사무관등에게 신청할 수 있다.

② 누구든지 권리구제·학술연구 또는 공익적 목적으로 대법원규칙으로 정하는 바에 따라 법원사무관등에게 재판이 확정된 소송기록의 열람을 신청할 수 있다. 다만, 공개를 금지한 변론에 관련된 소송기록에 대하여는 그러하지 아니하다.

③ 법원은 제2항에 따른 열람 신청시 당해 소송관계인이 동의하지 아니하는 경우에는 열람하게 하여서는 아니 된다. 이 경우 당해 소송관계인의 범위 및 동의 등에 관하여 필요한 사항은 대법원규칙으로 정한다.

④ 소송기록을 열람·복사한 사람은 열람·복사에 의하여 알게 된 사항을 이용하여 공공의 질서 또는 선량한 풍속을 해하거나 관계인의 명예 또는 생활의 평온을 해하는 행위를 하여서는 아니 된다.

⑤ 제1항 및 제2항의 신청에 대하여는 대법원규칙이 정하는 수수료를 내야 한다.

⑥ 재판서·조서의 정본·등본·초본에는 그 취지를 적고 법원사무관등이 기명날인 또는 서명하여야 한다.

제163조(비밀보호를 위한 열람 등의 제한) ① 다음 각호 가운데 어느 하나에 해당한다는 소명이 있는 경우에는 법원은 당사자의 신청에 따라 결정으로 소송기록중 비밀이 적혀 있는 부분의 열람·복사, 재판서·조서중 비밀이 적혀 있는 부분의 정본·등본·초본의 교부(이하 "비밀 기재부분의 열람 등"이라 한다)를 신청할 수 있는 자를 당사자로 한정할 수 있다.

1. 소송기록 중에 당사자의 사생활에 관한 중대한 비밀이 적혀 있고, 제3자에게 비밀 기재부분의 열람 등을 허용하면 당사자의 사회생활에 지장이 클 우려가 있는 때

2. 소송기록중에 당사자가 가지는 영업비밀(부정경쟁방지및영업비밀보호에관한법률 제2조제2호에 규정된 영업비밀을 말한다)이 적혀 있는 때

② 제1항의 신청이 있는 경우에는 그 신청에 관한 재판이 확정될 때까지 제3자는 비밀 기재부분의 열람 등을 신청할 수 없다.

③ 소송기록을 보관하고 있는 법원은 이해관계를 소명한 제3자의 신청에 따라 제1항 각호의 사유가 존재하지 아니하거나 소멸되었음을 이유로 제1항의 결정을 취소할 수 있다.

④ 제1항의 신청을 기각한 결정 또는 제3항의 신청에 관한 결정에 대하여는 즉시항고를 할 수 있다.

⑤제3항의 취소결정은 확정되어야 효력을 가진다.

제163조의2(판결서의 열람·복사) ① 제162조에도 불구하고 누구든지 판결이 선고된 사건의 판결서(확정되지 아니한 사건에 대한 판결서를 포함하며, 「소액사건심판법」이 적용되는 사건의 판결서와 「상고심절차에 관한 특례법」 제4조 및 이 법 제429조 본문에 따른

판결서는 제외한다. 이하 이 조에서 같다)를 인터넷, 그 밖의 전산정보처리시스템을 통한 전자적 방법 등으로 열람 및 복사할 수 있다. 다만, 변론의 공개를 금지한 사건의 판결서로서 대법원규칙으로 정하는 경우에는 열람 및 복사를 전부 또는 일부 제한할 수 있다.
② 제1항에 따라 열람 및 복사의 대상이 되는 판결서는 대법원규칙으로 정하는 바에 따라 판결서에 기재된 문자열 또는 숫자열이 검색어로 기능할 수 있도록 제공되어야 한다.
③ 법원사무관등이나 그 밖의 법원공무원은 제1항에 따른 열람 및 복사에 앞서 판결서에 기재된 성명 등 개인정보가 공개되지 아니하도록 대법원규칙으로 정하는 보호조치를 하여야 한다.
④ 제3항에 따라 개인정보 보호조치를 한 법원사무관등이나 그 밖의 법원공무원은 고의 또는 중대한 과실로 인한 것이 아니면 제1항에 따른 열람 및 복사와 관련하여 민사상·형사상 책임을 지지 아니한다.
⑤ 제1항의 열람 및 복사에는 제162조제4항·제5항 및 제163조를 준용한다.
⑥ 판결서의 열람 및 복사의 방법과 절차, 개인정보 보호조치의 방법과 절차, 그 밖에 필요한 사항은 대법원규칙으로 정한다.

제164조(조서에 대한 이의) 조서에 적힌 사항에 대하여 관계인이 이의를 제기한 때에는 조서에 그 취지를 적어야 한다.

제2절 전문심리위원

제164조의2(전문심리위원의 참여) ① 법원은 소송관계를 분명하게 하거나 소송절차(증거조사·화해 등을 포함한다. 이하 이 절에서 같다)를 원활하게 진행하기 위하여 직권 또는 당사자의 신청에 따른 결정으로 제164조의4제1항에 따라 전문심리위원을 지정하여 소송절차에 참여하게 할 수 있다.
② 전문심리위원은 전문적인 지식을 필요로 하는 소송절차에서 설명 또는 의견을 기재한 서면을 제출하거나 기일에 출석하여 설명이나 의견을 진술할 수 있다. 다만, 재판의 합의에는 참여할 수 없다.
③ 전문심리위원은 기일에 재판장의 허가를 받아 당사자, 증인 또는 감정인 등 소송관계인에게 직접 질문할 수 있다.
④ 법원은 제2항에 따라 전문심리위원이 제출한 서면이나 전문심리위원의 설명 또는 의견의 진술에 관하여 당사자에게 구술 또는 서면에 의한 의견진술의 기회를 주어야 한다.

제164조의3(전문심리위원 참여결정의 취소) ① 법원은 상당하다고 인정하는 때에는 직권이나 당사자의 신청으로 제164조의2제1항에 따른 결정을 취소할 수 있다.

② 제1항에도 불구하고 당사자가 합의로 제164조의2제1항에 따른 결정을 취소할 것을 신청하는 때에는 법원은 그 결정을 취소하여야 한다.

제164조의4(전문심리위원의 지정 등) ① 법원은 제164조의2제1항에 따라 전문심리위원을 소송절차에 참여시키는 경우 당사자의 의견을 들어 각 사건마다 1인 이상의 전문심리위원을 지정하여야 한다.

② 전문심리위원에게는 대법원규칙으로 정하는 바에 따라 수당을 지급하고, 필요한 경우에는 그 밖의 여비, 일당 및 숙박료를 지급할 수 있다.

③ 전문심리위원의 지정에 관하여 그 밖에 필요한 사항은 대법원규칙으로 정한다.

제164조의5(전문심리위원의 제척 및 기피) ① 전문심리위원에게 제41조부터 제45조까지 및 제47조를 준용한다.

② 제척 또는 기피 신청을 받은 전문심리위원은 그 신청에 관한 결정이 확정될 때까지 그 신청이 있는 사건의 소송절차에 참여할 수 없다. 이 경우 전문심리위원은 당해 제척 또는 기피 신청에 대하여 의견을 진술할 수 있다.

제164조의6(수명법관 등의 권한) 수명법관 또는 수탁판사가 소송절차를 진행하는 경우에는 제164조의2제2항부터 제4항까지의 규정에 따른 법원 및 재판장의 직무는 그 수명법관이나 수탁판사가 행한다.

제164조의7(비밀누설죄) 전문심리위원 또는 전문심리위원이었던 자가 그 직무수행 중에 알게 된 다른 사람의 비밀을 누설하는 경우에는 2년 이하의 징역이나 금고 또는 1천만원 이하의 벌금에 처한다.

제164조의8(벌칙 적용에서의 공무원 의제) 전문심리위원은 「형법」 제129조부터 제132조까지의 규정에 따른 벌칙의 적용에서는 공무원으로 본다.

제3절 기일과 기간

제165조(기일의 지정과 변경) ① 기일은 직권으로 또는 당사자의 신청에 따라 재판장이 지정한다. 다만, 수명법관 또는 수탁판사가 신문하거나 심문하는 기일은 그 수명법관 또는 수탁판사가 지정한다.

② 첫 변론기일 또는 첫 변론준비기일을 바꾸는 것은 현저한 사유가 없는 경우라도 당사자들이 합의하면 이를 허

가한다.

제166조(공휴일의 기일) 기일은 필요한 경우에만 공휴일로도 정할 수 있다.

제167조(기일의 통지) ① 기일은 기일통지서 또는 출석요구서를 송달하여 통지한다. 다만, 그 사건으로 출석한 사람에게는 기일을 직접 고지하면 된다.

② 법원은 대법원규칙이 정하는 간이한 방법에 따라 기일을 통지할 수 있다. 이 경우 기일에 출석하지 아니한 당사자·증인 또는 감정인 등에 대하여 법률상의 제재, 그 밖에 기일을 게을리함에 따른 불이익을 줄 수 없다.

제168조(출석승낙서의 효력) 소송관계인이 일정한 기일에 출석하겠다고 적은 서면을 제출한 때에는 기일통지서 또는 출석요구서를 송달한 것과 같은 효력을 가진다.

제169조(기일의 시작) 기일은 사건과 당사자의 이름을 부름으로써 시작된다.

제170조(기간의 계산) 기간의 계산은 민법에 따른다.

제171조(기간의 시작) 기간을 정하는 재판에 시작되는 때를 정하지 아니한 경우에 그 기간은 재판의 효력이 생긴 때부터 진행한다.

제172조(기간의 신축, 부가기간) ① 법원은 법정기간 또는 법원이 정한 기간을 늘이거나 줄일 수 있다. 다만, 불변기간은 그러하지 아니하다.

② 법원은 불변기간에 대하여 주소 또는 거소가 멀리 떨어진 곳에 있는 사람을 위하여 부가기간(附加期間)을 정할 수 있다.

③ 재판장·수명법관 또는 수탁판사는 제1항 및 제2항의 규정에 따라 법원이 정한 기간 또는 자신이 정한 기간을 늘이거나 줄일 수 있다.

제173조(소송행위의 추후보완) ① 당사자가 책임질 수 없는 사유로 말미암아 불변기간을 지킬 수 없었던 경우에는 그 사유가 없어진 날부터 2주 이내에 게을리 한 소송행위를 보완할 수 있다. 다만, 그 사유가 없어질 당시 외국에 있던 당사자에 대하여는 이 기간을 30일로 한다.

② 제1항의 기간에 대하여는 제172조의 규정을 적용하지 아니한다.

제4절 송달

제174조(직권송달의 원칙) 송달은 이 법에 특별한 규정이 없으면 법원이 직권으로 한다.

제175조(송달사무를 처리하는 사람) ① 송달에 관한 사무는 법원사무관등이 처리한다.

② 법원사무관등은 송달하는 곳의 지방법원에 속한 법원사무관등 또는 집

행관에게 제1항의 사무를 촉탁할 수 있다.

제176조(송달기관) ① 송달은 우편 또는 집행관에 의하거나, 그 밖에 대법원규칙이 정하는 방법에 따라서 하여야 한다.

② 우편에 의한 송달은 우편집배원이 한다.

③ 송달기관이 송달하는 데 필요한 때에는 경찰공무원에게 원조를 요청할 수 있다.

제177조(법원사무관등에 의한 송달) ① 해당 사건에 출석한 사람에게는 법원사무관등이 직접 송달할 수 있다.

② 법원사무관등이 그 법원안에서 송달받을 사람에게 서류를 교부하고 영수증을 받은 때에는 송달의 효력을 가진다.

제178조(교부송달의 원칙) ① 송달은 특별한 규정이 없으면 송달받을 사람에게 서류의 등본 또는 부본을 교부하여야 한다.

② 송달할 서류의 제출에 갈음하여 조서, 그 밖의 서면을 작성한 때에는 그 등본이나 초본을 교부하여야 한다.

제179조(소송무능력자에게 할 송달) 소송무능력자에게 할 송달은 그의 법정대리인에게 한다.

제180조(공동대리인에게 할 송달) 여러 사람이 공동으로 대리권을 행사하는 경우의 송달은 그 가운데 한 사람에게 하면 된다.

제181조(군관계인에게 할 송달) 군사용의 청사 또는 선박에 속하여 있는 사람에게 할 송달은 그 청사 또는 선박의 장에게 한다.

제182조(구속된 사람 등에게 할 송달) 교도소·구치소 또는 국가경찰관서의 유치장에 체포·구속 또는 유치(留置)된 사람에게 할 송달은 교도소·구치소 또는 국가경찰관서의 장에게 한다.

제183조(송달장소) ① 송달은 받을 사람의 주소·거소·영업소 또는 사무소(이하 "주소등"이라 한다)에서 한다. 다만, 법정대리인에게 할 송달은 본인의 영업소나 사무소에서도 할 수 있다.

② 제1항의 장소를 알지 못하거나 그 장소에서 송달할 수 없는 때에는 송달받을 사람이 고용·위임 그 밖에 법률상 행위로 취업하고 있는 다른 사람의 주소등(이하 "근무장소"라 한다)에서 송달할 수 있다.

③ 송달받을 사람의 주소등 또는 근무장소가 국내에 없거나 알 수 없는 때에는 그를 만나는 장소에서 송달할 수 있다.

④ 주소등 또는 근무장소가 있는 사람의 경우에도 송달받기를 거부하지 아니하면 만나는 장소에서 송달할 수 있다.

제184조(송달받을 장소의 신고) 당사자·법정대리인 또는 소송대리인은 주소 등 외의 장소(대한민국안의 장소로 한정한다)를 송달받을 장소로 정하여 법원에 신고할 수 있다. 이 경우에는 송달 영수인을 정하여 신고할 수 있다.

제185조(송달장소변경의 신고의무) ① 당사자·법정대리인 또는 소송대리인이 송달받을 장소를 바꿀 때에는 바로 그 취지를 법원에 신고하여야 한다.

② 제1항의 신고를 하지 아니한 사람에게 송달할 서류는 달리 송달할 장소를 알 수 없는 경우 종전에 송달받던 장소에 대법원규칙이 정하는 방법으로 발송할 수 있다.

제186조(보충송달·유치송달) ① 근무장소 외의 송달할 장소에서 송달받을 사람을 만나지 못한 때에는 그 사무원, 피용자(被用者) 또는 동거인으로서 사리를 분별할 지능이 있는 사람에게 서류를 교부할 수 있다.

② 근무장소에서 송달받을 사람을 만나지 못한 때에는 제183조제2항의 다른 사람 또는 그 법정대리인이나 피용자 그 밖의 종업원으로서 사리를 분별할 지능이 있는 사람이 서류의 수령을 거부하지 아니하면 그에게 서류를 교부할 수 있다.

③ 서류를 송달받을 사람 또는 제1항의 규정에 의하여 서류를 넘겨받을 사람이 정당한 사유 없이 송달받기를 거부하는 때에는 송달할 장소에 서류를 놓아둘 수 있다.

제187조(우편송달) 제186조의 규정에 따라 송달할 수 없는 때에는 법원사무관등은 서류를 등기우편 등 대법원규칙이 정하는 방법으로 발송할 수 있다.

제188조(송달함 송달) ① 제183조 내지 제187조의 규정에 불구하고 법원안에 송달할 서류를 넣을 함(이하 "송달함"이라 한다)을 설치하여 송달할 수 있다.

② 송달함을 이용하는 송달은 법원사무관등이 한다.

③ 송달받을 사람이 송달함에서 서류를 수령하여 가지 아니한 경우에는 송달함에 서류를 넣은 지 3일이 지나면 송달된 것으로 본다.

④ 송달함의 이용절차와 수수료, 송달함을 이용하는 송달방법 및 송달함으로 송달할 서류에 관한 사항은 대법원규칙으로 정한다.

제189조(발신주의) 제185조제2항 또는 제187조의 규정에 따라 서류를 발송한 경우에는 발송한 때에 송달된 것으로 본다.

제190조(공휴일 등의 송달) ① 당사자의 신청이 있는 때에는 공휴일 또는 해

뜨기 전이나 해진 뒤에 집행관 또는 대법원규칙이 정하는 사람에 의하여 송달할 수 있다.

② 제1항의 규정에 따라 송달하는 때에는 법원사무관등은 송달할 서류에 그 사유를 덧붙여 적어야 한다.

③ 제1항과 제2항의 규정에 어긋나는 송달은 서류를 교부받을 사람이 이를 영수한 때에만 효력을 가진다.

제191조(외국에서 하는 송달의 방법) 외국에서 하여야 하는 송달은 재판장이 그 나라에 주재하는 대한민국의 대사·공사·영사 또는 그 나라의 관할 공공기관에 촉탁한다.

제192조(전쟁에 나간 군인 또는 외국에 주재하는 군관계인 등에게 할 송달) ① 전쟁에 나간 군대, 외국에 주둔하는 군대에 근무하는 사람 또는 군에 복무하는 선박의 승무원에게 할 송달은 재판장이 그 소속 사령관에게 촉탁한다.

② 제1항의 송달에 대하여는 제181조의 규정을 준용한다.

제193조(송달통지) 송달한 기관은 송달에 관한 사유를 대법원규칙이 정하는 방법으로 법원에 알려야 한다.

제194조(공시송달의 요건) ① 당사자의 주소등 또는 근무장소를 알 수 없는 경우 또는 외국에서 하여야 할 송달에 관하여 제191조의 규정에 따를 수 없거나 이에 따라도 효력이 없을 것으로 인정되는 경우에는 법원사무관등은 직권으로 또는 당사자의 신청에 따라 공시송달을 할 수 있다.

② 제1항의 신청에는 그 사유를 소명하여야 한다.

③ 재판장은 제1항의 경우에 소송의 지연을 피하기 위하여 필요하다고 인정하는 때에는 공시송달을 명할 수 있다.

④ 원고가 소권(항소권을 포함한다)을 남용하여 청구가 이유 없음이 명백한 소를 반복적으로 제기한 것에 대하여 법원이 변론 없이 판결로 소를 각하하는 경우에는 재판장은 직권으로 피고에 대하여 공시송달을 명할 수 있다.

⑤ 재판장은 직권으로 또는 신청에 따라 법원사무관등의 공시송달처분을 취소할 수 있다.

제195조(공시송달의 방법) 공시송달은 법원사무관등이 송달할 서류를 보관하고 그 사유를 법원게시판에 게시하거나, 그 밖에 대법원규칙이 정하는 방법에 따라서 하여야 한다.

제196조(공시송달의 효력발생) ① 첫 공시송달은 제195조의 규정에 따라 실시한 날부터 2주가 지나야 효력이 생긴다. 다만, 같은 당사자에게 하는 그 뒤의 공시송달은 실시한 다음 날부터 효력이 생긴다.

② 외국에서 할 송달에 대한 공시송달의 경우에는 제1항 본문의 기간은 2월로 한다.

③ 제1항 및 제2항의 기간은 줄일 수 없다.

제197조(수명법관 등의 송달권한) 수명법관 및 수탁판사와 송달하는 곳의 지방법원판사도 송달에 대한 재판장의 권한을 행사할 수 있다.

제5절 재판

제198조(종국판결) 법원은 소송의 심리를 마치고 나면 종국판결(終局判決)을 한다.

제199조(종국판결 선고기간) 판결은 소가 제기된 날부터 5월 이내에 선고한다. 다만, 항소심 및 상고심에서는 기록을 받은 날부터 5월 이내에 선고한다.

제200조(일부판결) ① 법원은 소송의 일부에 대한 심리를 마친 경우 그 일부에 대한 종국판결을 할 수 있다.

② 변론을 병합한 여러 개의 소송 가운데 한 개의 심리를 마친 경우와, 본소(本訴)나 반소의 심리를 마친 경우에는 제1항의 규정을 준용한다.

제201조(중간판결) ① 법원은 독립된 공격 또는 방어의 방법, 그 밖의 중간의 다툼에 대하여 필요한 때에는 중간판결(中間判決)을 할 수 있다.

② 청구의 원인과 액수에 대하여 다툼이 있는 경우에 그 원인에 대하여도 중간판결을 할 수 있다.

제202조(자유심증주의) 법원은 변론 전체의 취지와 증거조사의 결과를 참작하여 자유로운 심증으로 사회정의와 형평의 이념에 입각하여 논리와 경험의 법칙에 따라 사실주장이 진실한지 아닌지를 판단한다.

제202조의2(손해배상 액수의 산정) 손해가 발생한 사실은 인정되나 구체적인 손해의 액수를 증명하는 것이 사안의 성질상 매우 어려운 경우에 법원은 변론 전체의 취지와 증거조사의 결과에 의하여 인정되는 모든 사정을 종합하여 상당하다고 인정되는 금액을 손해배상 액수로 정할 수 있다.

제203조(처분권주의) 법원은 당사자가 신청하지 아니한 사항에 대하여는 판결하지 못한다.

제204조(직접주의) ① 판결은 기본이 되는 변론에 관여한 법관이 하여야 한다.

② 법관이 바뀐 경우에 당사자는 종전의 변론결과를 진술하여야 한다.

③ 단독사건의 판사가 바뀐 경우에 종전에 신문한 증인에 대하여 당사자가 다시 신문신청을 한 때에는 법원은 그 신문을 하여야 한다. 합의부 법관의 반수 이상이 바뀐 경우에도 또한 같다.

제205조(판결의 효력발생) 판결은 선고로 효력이 생긴다.

제206조(선고의 방식) 판결은 재판장이 판결원본에 따라 주문을 읽어 선고하며, 필요한 때에는 이유를 간략히 설명할 수 있다.

제207조(선고기일) ① 판결은 변론이 종결된 날부터 2주 이내에 선고하여야 하며, 복잡한 사건이나 그 밖의 특별한 사정이 있는 때에도 변론이 종결된 날부터 4주를 넘겨서는 아니 된다.

② 판결은 당사자가 출석하지 아니하여도 선고할 수 있다.

제208조(판결서의 기재사항 등) ① 판결서에는 다음 각호의 사항을 적고, 판결한 법관이 서명날인하여야 한다.

1. 당사자와 법정대리인

2. 주문

3. 청구의 취지 및 상소의 취지

4. 이유

5. 변론을 종결한 날짜. 다만, 변론 없이 판결하는 경우에는 판결을 선고하는 날짜

6. 법원

② 판결서의 이유에는 주문이 정당하다는 것을 인정할 수 있을 정도로 당사자의 주장, 그 밖의 공격·방어방법에 관한 판단을 표시한다.

③ 제2항의 규정에 불구하고 제1심 판결로서 다음 각호 가운데 어느 하나에 해당하는 경우에는 청구를 특정함에 필요한 사항과 제216조제2항의 판단에 관한 사항만을 간략하게 표시할 수 있다.

1. 제257조의 규정에 의한 무변론 판결

2. 제150조제3항이 적용되는 경우의 판결

3. 피고가 제194조 내지 제196조의 규정에 의한 공시송달로 기일통지를 받고 변론기일에 출석하지 아니한 경우의 판결

④ 법관이 판결서에 서명날인함에 지장이 있는 때에는 다른 법관이 판결에 그 사유를 적고 서명날인하여야 한다.

제209조(법원사무관등에 대한 교부) 판결서는 선고한 뒤에 바로 법원사무관등에게 교부하여야 한다.

제210조(판결서의 송달) ① 법원사무관등은 판결서를 받은 날부터 2주 이내에 당사자에게 송달하여야 한다.

② 판결서는 정본으로 송달한다.

제211조(판결의 경정) ① 판결에 잘못된 계산이나 기재, 그 밖에 이와 비슷한 잘못이 있음이 분명한 때에 법원은 직권으로 또는 당사자의 신청에 따라 경정결정(更正決定)을 할 수 있다.

② 경정결정은 판결의 원본과 정본에 덧붙여 적어야 한다. 다만, 정본에 덧

붙여 적을 수 없을 때에는 결정의 정본을 작성하여 당사자에게 송달하여야 한다.

③ 경정결정에 대하여는 즉시항고를 할 수 있다. 다만, 판결에 대하여 적법한 항소가 있는 때에는 그러하지 아니하다.

제212조(재판의 누락) ① 법원이 청구의 일부에 대하여 재판을 누락한 경우에 그 청구부분에 대하여는 그 법원이 계속하여 재판한다.

② 소송비용의 재판을 누락한 경우에는 법원은 직권으로 또는 당사자의 신청에 따라 그 소송비용에 대한 재판을 한다. 이 경우 제114조의 규정을 준용한다.

③ 제2항의 규정에 따른 소송비용의 재판은 본안판결에 대하여 적법한 항소가 있는 때에는 그 효력을 잃는다. 이 경우 항소법원은 소송의 총비용에 대하여 재판을 한다.

제213조(가집행의 선고) ① 재산권의 청구에 관한 판결은 가집행(假執行)의 선고를 붙이지 아니할 상당한 이유가 없는 한 직권으로 담보를 제공하거나, 제공하지 아니하고 가집행을 할 수 있다는 것을 선고하여야 한다. 다만, 어음금·수표금 청구에 관한 판결에는 담보를 제공하게 하지 아니하고 가집행

의 선고를 하여야 한다.

② 법원은 직권으로 또는 당사자의 신청에 따라 채권전액을 담보로 제공하고 가집행을 면제받을 수 있다는 것을 선고할 수 있다.

③ 제1항 및 제2항의 선고는 판결주문에 적어야 한다.

제214조(소송비용담보규정의 준용) 제213조의 담보에는 제122조·제123조·제125조 및 제126조의 규정을 준용한다.

제215조(가집행선고의 실효, 가집행의 원상회복과 손해배상) ① 가집행의 선고는 그 선고 또는 본안판결을 바꾸는 판결의 선고로 바뀌는 한도에서 그 효력을 잃는다.

② 본안판결을 바꾸는 경우에는 법원은 피고의 신청에 따라 그 판결에서 가집행의 선고에 따라 지급한 물건을 돌려줄 것과, 가집행으로 말미암은 손해 또는 그 면제를 받기 위하여 입은 손해를 배상할 것을 원고에게 명하여야 한다.

③ 가집행의 선고를 바꾼 뒤 본안판결을 바꾸는 경우에는 제2항의 규정을 준용한다.

제216조(기판력의 객관적 범위) ① 확정판결(確定判決)은 주문에 포함된 것에 한하여 기판력(旣判力)을 가진다.

② 상계를 주장한 청구가 성립되는지

아닌지의 판단은 상계하자고 대항한 액수에 한하여 기판력을 가진다.

제217조(외국재판의 승인) ① 외국법원의 확정판결 또는 이와 동일한 효력이 인정되는 재판(이하 "확정재판등"이라 한다)은 다음 각호의 요건을 모두 갖추어야 승인된다.

1. 대한민국의 법령 또는 조약에 따른 국제재판관할의 원칙상 그 외국법원의 국제재판관할권이 인정될 것

2. 패소한 피고가 소장 또는 이에 준하는 서면 및 기일통지서나 명령을 적법한 방식에 따라 방어에 필요한 시간여유를 두고 송달받았거나(공시송달이나 이와 비슷한 송달에 의한 경우를 제외한다) 송달받지 아니하였더라도 소송에 응하였을 것

3. 그 확정재판등의 내용 및 소송절차에 비추어 그 확정재판등의 승인이 대한민국의 선량한 풍속이나 그 밖의 사회질서에 어긋나지 아니할 것

4. 상호보증이 있거나 대한민국과 그 외국법원이 속하는 국가에 있어 확정재판등의 승인요건이 현저히 균형을 상실하지 아니하고 중요한 점에서 실질적으로 차이가 없을 것

② 법원은 제1항의 요건이 충족되었는지에 관하여 직권으로 조사하여야 한다.

제217조의2(손해배상에 관한 확정재판등의 승인) ① 법원은 손해배상에 관한 확정재판등이 대한민국의 법률 또는 대한민국이 체결한 국제조약의 기본질서에 현저히 반하는 결과를 초래할 경우에는 해당 확정재판등의 전부 또는 일부를 승인할 수 없다.

② 법원은 제1항의 요건을 심리할 때에는 외국법원이 인정한 손해배상의 범위에 변호사보수를 비롯한 소송과 관련된 비용과 경비가 포함되는지와 그 범위를 고려하여야 한다.

제218조(기판력의 주관적 범위) ① 확정판결은 당사자, 변론을 종결한 뒤의 승계인(변론 없이 한 판결의 경우에는 판결을 선고한 뒤의 승계인) 또는 그를 위하여 청구의 목적물을 소지한 사람에 대하여 효력이 미친다.

② 제1항의 경우에 당사자가 변론을 종결할 때(변론 없이 한 판결의 경우에는 판결을 선고할 때)까지 승계사실을 진술하지 아니한 때에는 변론을 종결한 뒤(변론 없이 한 판결의 경우에는 판결을 선고한 뒤)에 승계한 것으로 추정한다.

③ 다른 사람을 위하여 원고나 피고가 된 사람에 대한 확정판결은 그 다른 사람에 대하여도 효력이 미친다.

④ 가집행의 선고에는 제1항 내지 제3

항의 규정을 준용한다.

제219조(변론 없이 하는 소의 각하) 부적법한 소로서 그 흠을 보정할 수 없는 경우에는 변론 없이 판결로 소를 각하할 수 있다.

제219조의2(소권 남용에 대한 제재) 원고가 소권(항소권을 포함한다)을 남용하여 청구가 이유 없음이 명백한 소를 반복적으로 제기한 경우에는 법원은 결정으로 500만원 이하의 과태료에 처한다.

제220조(화해, 청구의 포기·인낙조서의 효력) 화해, 청구의 포기·인낙을 변론조서·변론준비기일조서에 적은 때에는 그 조서는 확정판결과 같은 효력을 가진다.

제221조(결정·명령의 고지) ① 결정과 명령은 상당한 방법으로 고지하면 효력을 가진다.
② 법원사무관등은 고지의 방법·장소와 날짜를 재판의 원본에 덧붙여 적고 날인하여야 한다.

제222조(소송지휘에 관한 재판의 취소) 소송의 지휘에 관한 결정과 명령은 언제든지 취소할 수 있다.

제223조(법원사무관등의 처분에 대한 이의) 법원사무관등의 처분에 관한 이의신청에 대하여는 그 법원사무관등이 속한 법원이 결정으로 재판한다.

제224조(판결규정의 준용) ① 성질에 어긋나지 아니하는 한, 결정과 명령에는 판결에 관한 규정을 준용한다. 다만, 법관의 서명은 기명으로 갈음할 수 있고, 이유를 적는 것을 생략할 수 있다.
② 이 법에 따른 과태료재판에는 비송사건절차법 제248조 및 제250조 가운데 검사에 관한 규정을 적용하지 아니한다.

제6절 화해권고결정

제225조(결정에 의한 화해권고) ① 법원·수명법관 또는 수탁판사는 소송에 계속중인 사건에 대하여 직권으로 당사자의 이익, 그 밖의 모든 사정을 참작하여 청구의 취지에 어긋나지 아니하는 범위안에서 사건의 공평한 해결을 위한 화해권고결정(和解勸告決定)을 할 수 있다.
② 법원사무관등은 제1항의 결정내용을 적은 조서 또는 결정서의 정본을 당사자에게 송달하여야 한다. 다만, 그 송달은 제185조제2항·제187조 또는 제194조에 규정한 방법으로는 할 수 없다.

제226조(결정에 대한 이의신청) ① 당사자는 제225조의 결정에 대하여 그 조서 또는 결정서의 정본을 송달받은 날부터 2주 이내에 이의를 신청할 수

있다. 다만, 그 정본이 송달되기 전에도 이의를 신청할 수 있다.

② 제1항의 기간은 불변기간으로 한다.

제227조(이의신청의 방식) ① 이의신청은 이의신청서를 화해권고결정을 한 법원에 제출함으로써 한다.

② 이의신청서에는 다음 각호의 사항을 적어야 한다.

1. 당사자와 법정대리인

2. 화해권고결정의 표시와 그에 대한 이의신청의 취지

③ 이의신청서에는 준비서면에 관한 규정을 준용한다.

④ 제226조제1항의 규정에 따라 이의를 신청한 때에는 이의신청의 상대방에게 이의신청서의 부본을 송달하여야 한다.

제228조(이의신청의 취하) ① 이의신청을 한 당사자는 그 심급의 판결이 선고될 때까지 상대방의 동의를 얻어 이의신청을 취하할 수 있다.

② 제1항의 취하에는 제266조제3항 내지 제6항을 준용한다. 이 경우 "소"는 "이의신청"으로 본다.

제229조(이의신청권의 포기) ① 이의신청권은 그 신청전까지 포기할 수 있다.

② 이의신청권의 포기는 서면으로 하여야 한다.

③ 제2항의 서면은 상대방에게 송달하여야 한다.

제230조(이의신청의 각하) ① 법원·수명법관 또는 수탁판사는 이의신청이 법령상의 방식에 어긋나거나 신청권이 소멸된 뒤의 것임이 명백한 경우에는 그 흠을 보정할 수 없으면 결정으로 이를 각하하여야 하며, 수명법관 또는 수탁판사가 각하하지 아니한 때에는 수소법원이 결정으로 각하한다.

② 제1항의 결정에 대하여는 즉시항고를 할 수 있다.

제231조(화해권고결정의 효력) 화해권고결정은 다음 각호 가운데 어느 하나에 해당하면 재판상 화해와 같은 효력을 가진다.

1. 제226조제1항의 기간 이내에 이의신청이 없는 때

2. 이의신청에 대한 각하결정이 확정된 때

3. 당사자가 이의신청을 취하하거나 이의신청권을 포기한 때

제232조(이의신청에 의한 소송복귀 등) ① 이의신청이 적법한 때에는 소송은 화해권고결정 이전의 상태로 돌아간다. 이 경우 그 이전에 행한 소송행위는 그대로 효력을 가진다.

② 화해권고결정은 그 심급에서 판결이 선고된 때에는 그 효력을 잃는다.

제7절 소송절차의 중단과 중지

제233조(당사자의 사망으로 말미암은 중단) ① 당사자가 죽은 때에 소송절차는 중단된다. 이 경우 상속인·상속재산관리인, 그 밖에 법률에 의하여 소송을 계속하여 수행할 사람이 소송절차를 수계(受繼)하여야 한다.
② 상속인은 상속포기를 할 수 있는 동안 소송절차를 수계하지 못한다.

제234조(법인의 합병으로 말미암은 중단) 당사자인 법인이 합병에 의하여 소멸된 때에 소송절차는 중단된다. 이 경우 합병에 의하여 설립된 법인 또는 합병한 뒤의 존속법인이 소송절차를 수계하여야 한다.

제235조(소송능력의 상실, 법정대리권의 소멸로 말미암은 중단) 당사자가 소송능력을 잃은 때 또는 법정대리인이 죽거나 대리권을 잃은 때에 소송절차는 중단된다. 이 경우 소송능력을 회복한 당사자 또는 법정대리인이 된 사람이 소송절차를 수계하여야 한다.

제236조(수탁자의 임무가 끝남으로 말미암은 중단) 신탁으로 말미암은 수탁자의 위탁임무가 끝난 때에 소송절차는 중단된다. 이 경우 새로운 수탁자가 소송절차를 수계하여야 한다.

제237조(자격상실로 말미암은 중단) ① 일정한 자격에 의하여 자기 이름으로 남을 위하여 소송당사자가 된 사람이 그 자격을 잃거나 죽은 때에 소송절차는 중단된다. 이 경우 같은 자격을 가진 사람이 소송절차를 수계하여야 한다.
② 제53조의 규정에 따라 당사자가 될 사람을 선정한 소송에서 선정된 당사자 모두가 자격을 잃거나 죽은 때에 소송절차는 중단된다. 이 경우 당사자를 선정한 사람 모두 또는 새로 당사자로 선정된 사람이 소송절차를 수계하여야 한다.

제238조(소송대리인이 있는 경우의 제외) 소송대리인이 있는 경우에는 제233조제1항, 제234조 내지 제237조의 규정을 적용하지 아니한다.

제239조(당사자의 파산으로 말미암은 중단) 당사자가 파산선고를 받은 때에 파산재단에 관한 소송절차는 중단된다. 이 경우 「채무자 회생 및 파산에 관한 법률」에 따른 수계가 이루어지기 전에 파산절차가 해지되면 파산선고를 받은 자가 당연히 소송절차를 수계한다.

제240조(파산절차의 해지로 말미암은 중단) 「채무자 회생 및 파산에 관한 법률」에 따라 파산재단에 관한 소송의 수계가 이루어진 뒤 파산절차가 해지된 때에 소송절차는 중단된다. 이 경우 파산선고를 받은 자가 소송절차를 수계하여야 한다.

제241조(상대방의 수계신청권) 소송절차의 수계신청은 상대방도 할 수 있다.

제242조(수계신청의 통지) 소송절차의 수계신청이 있는 때에는 법원은 상대방에게 이를 통지하여야 한다.

제243조(수계신청에 대한 재판) ① 소송절차의 수계신청은 법원이 직권으로 조사하여 이유가 없다고 인정한 때에는 결정으로 기각하여야 한다.

② 재판이 송달된 뒤에 중단된 소송절차의 수계에 대하여는 그 재판을 한 법원이 결정하여야 한다.

제244조(직권에 의한 속행명령) 법원은 당사자가 소송절차를 수계하지 아니하는 경우에 직권으로 소송절차를 계속하여 진행하도록 명할 수 있다.

제245조(법원의 직무집행 불가능으로 말미암은 중지) 천재지변, 그 밖의 사고로 법원이 직무를 수행할 수 없을 경우에 소송절차는 그 사고가 소멸될 때까지 중지된다.

제246조(당사자의 장애로 말미암은 중지) ① 당사자가 일정하지 아니한 기간 동안 소송행위를 할 수 없는 장애사유가 생긴 경우에는 법원은 결정으로 소송절차를 중지하도록 명할 수 있다.

② 법원은 제1항의 결정을 취소할 수 있다.

제247조(소송절차 정지의 효과) ① 판결의 선고는 소송절차가 중단된 중에도 할 수 있다.

② 소송절차의 중단 또는 중지는 기간의 진행을 정지시키며, 소송절차의 수계사실을 통지한 때 또는 소송절차를 다시 진행한 때부터 전체기간이 새로이 진행된다.

제2편 제1심의 소송절차

제1장 소의 제기

제248조(소제기의 방식) ① 소를 제기하려는 자는 법원에 소장을 제출하여야 한다.

② 법원은 소장에 붙이거나 납부한 인지액이 「민사소송 등 인지법」 제13조 제2항 각 호에서 정한 금액에 미달하는 경우 소장의 접수를 보류할 수 있다.

③ 법원에 제출한 소장이 접수되면 소장이 제출된 때에 소가 제기된 것으로 본다.

제249조(소장의 기재사항) ① 소장에는 당사자와 법정대리인, 청구의 취지와 원인을 적어야 한다.

② 소장에는 준비서면에 관한 규정을 준용한다.

제250조(증서의 진정여부를 확인하는 소) 확인의 소는 법률관계를 증명하는 서면이 진정한지 아닌지를 확정하기 위하여서도 제기할 수 있다.

제251조(장래의 이행을 청구하는 소) 장래에 이행할 것을 청구하는 소는 미리 청구할 필요가 있어야 제기할 수 있다.

제252조(정기금판결과 변경의 소) ① 정기금(定期金)의 지급을 명한 판결이 확정된 뒤에 그 액수산정의 기초가 된 사정이 현저하게 바뀜으로써 당사자 사이의 형평을 크게 침해할 특별한 사정이 생긴 때에는 그 판결의 당사자는 장차 지급할 정기금 액수를 바꾸어 달라는 소를 제기할 수 있다.

② 제1항의 소는 제1심 판결법원의 전속관할로 한다.

제253조(소의 객관적 병합) 여러 개의 청구는 같은 종류의 소송절차에 따르는 경우에만 하나의 소로 제기할 수 있다.

제254조(재판장등의 소장심사권) ① 소장이 제249조제1항의 규정에 어긋나는 경우와 소장에 법률의 규정에 따른 인지를 붙이지 아니한 경우에는 재판장은 상당한 기간을 정하고, 그 기간 이내에 흠을 보정하도록 명하여야 한다. 재판장은 법원사무관등으로 하여금 위 보정명령을 하게 할 수 있다.

② 원고가 제1항의 기간 이내에 흠을 보정하지 아니한 때에는 재판장은 명령으로 소장을 각하하여야 한다.

③ 제2항의 명령에 대하여는 즉시항고를 할 수 있다.

④ 재판장은 소장을 심사하면서 필요하다고 인정하는 경우에는 원고에게 청구하는 이유에 대응하는 증거방법을 구체적으로 적어 내도록 명할 수 있으며, 원고가 소장에 인용한 서증(書證)의 등본 또는 사본을 붙이지 아니한 경우에는 이를 제출하도록 명할 수 있다.

제255조(소장부본의 송달) ① 법원은 소장의 부본을 피고에게 송달하여야 한다.

② 소장의 부본을 송달할 수 없는 경우에는 제254조제1항 내지 제3항의 규정을 준용한다.

제256조(답변서의 제출의무) ① 피고가 원고의 청구를 다투는 경우에는 소장의 부본을 송달받은 날부터 30일 이내에 답변서를 제출하여야 한다. 다만, 피고가 공시송달의 방법에 따라 소장의 부본을 송달받은 경우에는 그러하지 아니하다.

② 법원은 소장의 부본을 송달할 때에 제1항의 취지를 피고에게 알려야 한다.

③ 법원은 답변서의 부본을 원고에게 송달하여야 한다.

④ 답변서에는 준비서면에 관한 규정을 준용한다.

제257조(변론 없이 하는 판결) ① 법원은 피고가 제256조제1항의 답변서를 제출하지 아니한 때에는 청구의 원인

이 된 사실을 자백한 것으로 보고 변론 없이 판결할 수 있다. 다만, 직권으로 조사할 사항이 있거나 판결이 선고되기까지 피고가 원고의 청구를 다투는 취지의 답변서를 제출한 경우에는 그러하지 아니하다.

② 피고가 청구의 원인이 된 사실을 모두 자백하는 취지의 답변서를 제출하고 따로 항변을 하지 아니한 때에는 제1항의 규정을 준용한다.

③ 법원은 피고에게 소장의 부본을 송달할 때에 제1항 및 제2항의 규정에 따라 변론 없이 판결을 선고할 기일을 함께 통지할 수 있다.

제258조(변론기일의 지정) ① 재판장은 제257조제1항 및 제2항에 따라 변론 없이 판결하는 경우 외에는 바로 변론기일을 정하여야 한다. 다만, 사건을 변론준비절차에 부칠 필요가 있는 경우에는 그러하지 아니하다.

② 재판장은 변론준비절차가 끝난 경우에는 바로 변론기일을 정하여야 한다.

제259조(중복된 소제기의 금지) 법원에 계속되어 있는 사건에 대하여 당사자는 다시 소를 제기하지 못한다.

제260조(피고의 경정) ① 원고가 피고를 잘못 지정한 것이 분명한 경우에는 제1심 법원은 변론을 종결할 때까지 원고의 신청에 따라 결정으로 피고를 경정하도록 허가할 수 있다. 다만, 피고가 본안에 관하여 준비서면을 제출하거나, 변론준비기일에서 진술하거나 변론을 한 뒤에는 그의 동의를 받아야 한다.

② 피고의 경정은 서면으로 신청하여야 한다.

③ 제2항의 서면은 상대방에게 송달하여야 한다. 다만, 피고에게 소장의 부본을 송달하지 아니한 경우에는 그러하지 아니하다.

④ 피고가 제3항의 서면을 송달받은 날부터 2주 이내에 이의를 제기하지 아니하면 제1항 단서와 같은 동의를 한 것으로 본다.

제261조(경정신청에 관한 결정의 송달 등) ① 제260조제1항의 신청에 대한 결정은 피고에게 송달하여야 한다. 다만, 피고에게 소장의 부본을 송달하지 아니한 때에는 그러하지 아니하다.

② 신청을 허가하는 결정을 한 때에는 그 결정의 정본과 소장의 부본을 새로운 피고에게 송달하여야 한다.

③ 신청을 허가하는 결정에 대하여는 동의가 없었다는 사유로만 즉시항고를 할 수 있다.

④ 신청을 허가하는 결정을 한 때에는 종전의 피고에 대한 소는 취하된 것으로 본다.

제262조(청구의 변경) ① 원고는 청구의 기초가 바뀌지 아니하는 한도안에서 변론을 종결할 때(변론 없이 한 판결의 경우에는 판결을 선고할 때)까지 청구의 취지 또는 원인을 바꿀 수 있다. 다만, 소송절차를 현저히 지연시키는 경우에는 그러하지 아니하다.

② 청구취지의 변경은 서면으로 신청하여야 한다.

③ 제2항의 서면은 상대방에게 송달하여야 한다.

제263조(청구의 변경의 불허가) 법원이 청구의 취지 또는 원인의 변경이 옳지 아니하다고 인정한 때에는 직권으로 또는 상대방의 신청에 따라 변경을 허가하지 아니하는 결정을 하여야 한다.

제264조(중간확인의 소) ① 재판이 소송의 진행중에 쟁점이 된 법률관계의 성립여부에 매인 때에 당사자는 따로 그 법률관계의 확인을 구하는 소를 제기할 수 있다. 다만, 이는 그 확인청구가 다른 법원의 관할에 전속되지 아니하는 때에 한한다.

② 제1항의 청구는 서면으로 하여야 한다.

③ 제2항의 서면은 상대방에게 송달하여야 한다.

제265조(소제기에 따른 시효중단의 시기) 시효의 중단 또는 법률상 기간을 지킴에 필요한 재판상 청구는 소를 제기한 때 또는 제260조제2항·제262조제2항 또는 제264조제2항의 규정에 따라 서면을 법원에 제출한 때에 그 효력이 생긴다.

제266조(소의 취하) ① 소는 판결이 확정될 때까지 그 전부나 일부를 취하할 수 있다.

② 소의 취하는 상대방이 본안에 관하여 준비서면을 제출하거나 변론준비기일에서 진술하거나 변론을 한 뒤에는 상대방의 동의를 받아야 효력을 가진다.

③ 소의 취하는 서면으로 하여야 한다. 다만, 변론 또는 변론준비기일에서 말로 할 수 있다.

④ 소장을 송달한 뒤에는 취하의 서면을 상대방에게 송달하여야 한다.

⑤ 제3항 단서의 경우에 상대방이 변론 또는 변론준비기일에 출석하지 아니한 때에는 그 기일의 조서등본을 송달하여야 한다.

⑥ 소취하의 서면이 송달된 날부터 2주 이내에 상대방이 이의를 제기하지 아니한 경우에는 소취하에 동의한 것으로 본다. 제3항 단서의 경우에 있어서, 상대방이 기일에 출석한 경우에는 소를 취하한 날부터, 상대방이 기일에 출석하지 아니한 경우에는 제5항의 등본이 송달된 날부터 2주 이내에 상대

방이 이의를 제기하지 아니하는 때에도 또한 같다.

제267조(소취하의 효과) ① 취하된 부분에 대하여는 소가 처음부터 계속되지 아니한 것으로 본다.

② 본안에 대한 종국판결이 있은 뒤에 소를 취하한 사람은 같은 소를 제기하지 못한다.

제268조(양 쪽 당사자가 출석하지 아니한 경우) ① 양 쪽 당사자가 변론기일에 출석하지 아니하거나 출석하였다 하더라도 변론하지 아니한 때에는 재판장은 다시 변론기일을 정하여 양 쪽 당사자에게 통지하여야 한다.

② 제1항의 새 변론기일 또는 그 뒤에 열린 변론기일에 양 쪽 당사자가 출석하지 아니하거나 출석하였다 하더라도 변론하지 아니한 때에는 1월 이내에 기일지정신청을 하지 아니하면 소를 취하한 것으로 본다.

③ 제2항의 기일지정신청에 따라 정한 변론기일 또는 그 뒤의 변론기일에 양 쪽 당사자가 출석하지 아니하거나 출석하였다 하더라도 변론하지 아니한 때에는 소를 취하한 것으로 본다.

④ 상소심의 소송절차에는 제1항 내지 제3항의 규정을 준용한다. 다만, 상소심에서는 상소를 취하한 것으로 본다.

제269조(반소) ① 피고는 소송절차를 현저히 지연시키지 아니하는 경우에만 변론을 종결할 때까지 본소가 계속된 법원에 반소를 제기할 수 있다. 다만, 소송의 목적이 된 청구가 다른 법원의 관할에 전속되지 아니하고 본소의 청구 또는 방어의 방법과 서로 관련이 있어야 한다.

② 본소가 단독사건인 경우에 피고가 반소로 합의사건에 속하는 청구를 한 때에는 법원은 직권 또는 당사자의 신청에 따른 결정으로 본소와 반소를 합의부에 이송하여야 한다. 다만, 반소에 관하여 제30조의 규정에 따른 관할권이 있는 경우에는 그러하지 아니하다.

제270조(반소의 절차) 반소는 본소에 관한 규정을 따른다.

제271조(반소의 취하) 본소가 취하된 때에는 피고는 원고의 동의 없이 반소를 취하할 수 있다.

제2장 변론과 그 준비

제272조(변론의 집중과 준비) ① 변론은 집중되어야 하며, 당사자는 변론을 서면으로 준비하여야 한다.

② 단독사건의 변론은 서면으로 준비하지 아니할 수 있다. 다만, 상대방이 준비하지 아니하면 진술할 수 없는 사항은 그러하지 아니하다.

제273조(준비서면의 제출 등) 준비서면

은 그것에 적힌 사항에 대하여 상대방이 준비하는 데 필요한 기간을 두고 제출하여야 하며, 법원은 상대방에게 그 부본을 송달하여야 한다.

제274조(준비서면의 기재사항) ① 준비서면에는 다음 각호의 사항을 적고, 당사자 또는 대리인이 기명날인 또는 서명한다.

1. 당사자의 성명·명칭 또는 상호와 주소
2. 대리인의 성명과 주소
3. 사건의 표시
4. 공격 또는 방어의 방법
5. 상대방의 청구와 공격 또는 방어의 방법에 대한 진술
6. 덧붙인 서류의 표시
7. 작성한 날짜
8. 법원의 표시

② 제1항제4호 및 제5호의 사항에 대하여는 사실상 주장을 증명하기 위한 증거방법과 상대방의 증거방법에 대한 의견을 함께 적어야 한다.

제275조(준비서면의 첨부서류) ① 당사자가 가지고 있는 문서로서 준비서면에 인용한 것은 그 등본 또는 사본을 붙여야 한다.

② 문서의 일부가 필요한 때에는 그 부분에 대한 초본을 붙이고, 문서가 많을 때에는 그 문서를 표시하면 된다.

③ 제1항 및 제2항의 문서는 상대방이 요구하면 그 원본을 보여주어야 한다.

제276조(준비서면에 적지 아니한 효과) 준비서면에 적지 아니한 사실은 상대방이 출석하지 아니한 때에는 변론에서 주장하지 못한다. 다만, 제272조제2항 본문의 규정에 따라 준비서면을 필요로 하지 아니하는 경우에는 그러하지 아니하다.

제277조(번역문의 첨부) 외국어로 작성된 문서에는 번역문을 붙여야 한다.

제278조(요약준비서면) 재판장은 당사자의 공격방어방법의 요지를 파악하기 어렵다고 인정하는 때에는 변론을 종결하기에 앞서 당사자에게 쟁점과 증거의 정리 결과를 요약한 준비서면을 제출하도록 할 수 있다.

제279조(변론준비절차의 실시) ① 변론준비절차에서는 변론이 효율적이고 집중적으로 실시될 수 있도록 당사자의 주장과 증거를 정리하여야 한다.

② 재판장은 특별한 사정이 있는 때에는 변론기일을 연 뒤에도 사건을 변론준비절차에 부칠 수 있다.

제280조(변론준비절차의 진행) ① 변론준비절차는 기간을 정하여, 당사자로 하여금 준비서면, 그 밖의 서류를 제출하게 하거나 당사자 사이에 이를 교환하게 하고 주장사실을 증명할 증거를

신청하게 하는 방법으로 진행한다.

② 변론준비절차의 진행은 재판장이 담당한다.

③ 합의사건의 경우 재판장은 합의부원을 수명법관으로 지정하여 변론준비절차를 담당하게 할 수 있다.

④ 재판장은 필요하다고 인정하는 때에는 변론준비절차의 진행을 다른 판사에게 촉탁할 수 있다.

제281조(변론준비절차에서의 증거조사) ① 변론준비절차를 진행하는 재판장, 수명법관, 제280조제4항의 판사(이하 "재판장등"이라 한다)는 변론의 준비를 위하여 필요하다고 인정하면 증거결정을 할 수 있다.

② 합의사건의 경우에 제1항의 증거결정에 대한 당사자의 이의신청에 관하여는 제138조의 규정을 준용한다.

③ 재판장등은 제279조제1항의 목적을 달성하기 위하여 필요한 범위안에서 증거조사를 할 수 있다. 다만, 증인신문 및 당사자신문은 제313조에 해당되는 경우에만 할 수 있다.

④ 제1항 및 제3항의 경우에는 재판장등이 이 법에서 정한 법원과 재판장의 직무를 행한다.

제282조(변론준비기일) ① 재판장등은 변론준비절차를 진행하는 동안에 주장 및 증거를 정리하기 위하여 필요하다고 인정하는 때에는 변론준비기일을 열어 당사자를 출석하게 할 수 있다.

② 사건이 변론준비절차에 부쳐진 뒤 변론준비기일이 지정됨이 없이 4월이 지난 때에는 재판장등은 즉시 변론준비기일을 지정하거나 변론준비절차를 끝내야 한다.

③ 당사자는 재판장등의 허가를 얻어 변론준비기일에 제3자와 함께 출석할 수 있다.

④ 당사자는 변론준비기일이 끝날 때까지 변론의 준비에 필요한 주장과 증거를 정리하여 제출하여야 한다.

⑤ 재판장등은 변론준비기일이 끝날 때까지 변론의 준비를 위한 모든 처분을 할 수 있다.

제283조(변론준비기일의 조서) ① 변론준비기일의 조서에는 당사자의 진술에 따라 제274조제1항제4호와 제5호에 규정한 사항을 적어야 한다. 이 경우 특히 증거에 관한 진술은 명확히 하여야 한다.

② 변론준비기일의 조서에는 제152조 내지 제159조의 규정을 준용한다.

제284조(변론준비절차의 종결) ① 재판장등은 다음 각호 가운데 어느 하나에 해당하면 변론준비절차를 종결하여야 한다. 다만, 변론의 준비를 계속하여야 할 상당한 이유가 있는 때에는 그

러하지 아니하다.

1. 사건을 변론준비절차에 부친 뒤 6월 이 지난 때
2. 당사자가 제280조제1항의 규정에 따라 정한 기간 이내에 준비서면 등을 제출하지 아니하거나 증거의 신청을 하지 아니한 때
3. 당사자가 변론준비기일에 출석하지 아니한 때

② 변론준비절차를 종결하는 경우에 재판장등은 변론기일을 미리 지정할 수 있다.

제285조(변론준비기일을 종결한 효과) ① 변론준비기일에 제출하지 아니한 공격방어방법은 다음 각호 가운데 어느 하나에 해당하여야만 변론에서 제출할 수 있다.

1. 그 제출로 인하여 소송을 현저히 지연시키지 아니하는 때
2. 중대한 과실 없이 변론준비절차에서 제출하지 못하였다는 것을 소명한 때
3. 법원이 직권으로 조사할 사항인 때

② 제1항의 규정은 변론에 관하여 제276조의 규정을 적용하는 데에 영향을 미치지 아니한다.

③ 소장 또는 변론준비절차전에 제출한 준비서면에 적힌 사항은 제1항의 규정에 불구하고 변론에서 주장할 수 있다. 다만, 변론준비절차에서 철회되거나 변경된 때에는 그러하지 아니하다.

제286조(준용규정) 변론준비절차에는 제135조 내지 제138조, 제140조, 제142조 내지 제151조, 제225조 내지 제232조, 제268조 및 제278조의 규정을 준용한다.

제287조(변론준비절차를 마친 뒤의 변론) ① 법원은 변론준비절차를 마친 경우에는 첫 변론기일을 거친 뒤 바로 변론을 종결할 수 있도록 하여야 하며, 당사자는 이에 협력하여야 한다.

② 당사자는 변론준비기일을 마친 뒤의 변론기일에서 변론준비기일의 결과를 진술하여야 한다.

③ 법원은 변론기일에 변론준비절차에서 정리된 결과에 따라서 바로 증거조사를 하여야 한다.

제287조의2(비디오 등 중계장치 등에 의한 기일) ① 재판장·수명법관 또는 수탁판사는 상당하다고 인정하는 때에는 당사자의 신청을 받거나 동의를 얻어 비디오 등 중계장치에 의한 중계시설을 통하거나 인터넷 화상장치를 이용하여 변론준비기일 또는 심문기일을 열 수 있다.

② 법원은 교통의 불편 또는 그 밖의 사정으로 당사자가 법정에 직접 출석하기 어렵다고 인정하는 때에는 당사자의 신청을 받거나 동의를 얻어 비디

오 등 중계장치에 의한 중계시설을 통하거나 인터넷 화상장치를 이용하여 변론기일을 열 수 있다. 이 경우 법원은 심리의 공개에 필요한 조치를 취하여야 한다.

③ 제1항과 제2항에 따른 기일에 관하여는 제327조의2제2항 및 제3항을 준용한다.

제3장 증거

제1절 총칙

제288조(불요증사실) 법원에서 당사자가 자백한 사실과 현저한 사실은 증명을 필요로 하지 아니한다. 다만, 진실에 어긋나는 자백은 그것이 착오로 말미암은 것임을 증명한 때에는 취소할 수 있다.

제289조(증거의 신청과 조사) ① 증거를 신청할 때에는 증명할 사실을 표시하여야 한다.

② 증거의 신청과 조사는 변론기일전에도 할 수 있다.

제290조(증거신청의 채택여부) 법원은 당사자가 신청한 증거를 필요하지 아니하다고 인정한 때에는 조사하지 아니할 수 있다. 다만, 그것이 당사자가 주장하는 사실에 대한 유일한 증거인 때에는 그러하지 아니하다.

제291조(증거조사의 장애) 법원은 증거조사를 할 수 있을지, 언제 할 수 있을지 알 수 없는 경우에는 그 증거를 조사하지 아니할 수 있다.

제292조(직권에 의한 증거조사) 법원은 당사자가 신청한 증거에 의하여 심증을 얻을 수 없거나, 그 밖에 필요하다고 인정한 때에는 직권으로 증거조사를 할 수 있다.

제293조(증거조사의 집중) 증인신문과 당사자신문은 당사자의 주장과 증거를 정리한 뒤 집중적으로 하여야 한다.

제294조(조사의 촉탁) 법원은 공공기관·학교, 그 밖의 단체·개인 또는 외국의 공공기관에게 그 업무에 속하는 사항에 관하여 필요한 조사 또는 보관 중인 문서의 등본·사본의 송부를 촉탁할 수 있다.

제295조(당사자가 출석하지 아니한 경우의 증거조사) 증거조사는 당사자가 기일에 출석하지 아니한 때에도 할 수 있다.

제296조(외국에서 시행하는 증거조사) ① 외국에서 시행할 증거조사는 그 나라에 주재하는 대한민국 대사·공사·영사 또는 그 나라의 관할 공공기관에 촉탁한다.

② 외국에서 시행한 증거조사는 그 나라의 법률에 어긋나더라도 이 법에 어긋나지 아니하면 효력을 가진다.

제297조(법원밖에서의 증거조사) ① 법원은 필요하다고 인정할 때에는 법원밖에서 증거조사를 할 수 있다. 이 경우 합의부원에게 명하거나 다른 지방법원 판사에게 촉탁할 수 있다.

② 수탁판사는 필요하다고 인정할 때에는 다른 지방법원 판사에게 증거조사를 다시 촉탁할 수 있다. 이 경우 그 사유를 수소법원과 당사자에게 통지하여야 한다.

제298조(수탁판사의 기록송부) 수탁판사는 증거조사에 관한 기록을 바로 수소법원에 보내야 한다.

제299조(소명의 방법) ① 소명은 즉시 조사할 수 있는 증거에 의하여야 한다.

② 법원은 당사자 또는 법정대리인으로 하여금 보증금을 공탁하게 하거나, 그 주장이 진실하다는 것을 선서하게 하여 소명에 갈음할 수 있다.

③ 제2항의 선서에는 제320조, 제321조제1항·제3항·제4항 및 제322조의 규정을 준용한다.

제300조(보증금의 몰취) 제299조제2항의 규정에 따라 보증금을 공탁한 당사자 또는 법정대리인이 거짓 진술을 한 때에 법원은 결정으로 보증금을 몰취(沒取)한다.

제301조(거짓 진술에 대한 제재) 제299조제2항의 규정에 따라 선서한 당사자 또는 법정대리인이 거짓 진술을 한 때에 법원은 결정으로 200만원 이하의 과태료에 처한다.

제302조(불복신청) 제300조 및 제301조의 결정에 대하여는 즉시항고를 할 수 있다.

제2절 증인신문

제303조(증인의 의무) 법원은 특별한 규정이 없으면 누구든지 증인으로 신문할 수 있다.

제304조(대통령·국회의장·대법원장·헌법재판소장의 신문) 대통령·국회의장·대법원장 및 헌법재판소장 또는 그 직책에 있었던 사람을 증인으로 하여 직무상 비밀에 관한 사항을 신문할 경우에 법원은 그의 동의를 받아야 한다.

제305조(국회의원·국무총리·국무위원의 신문) ① 국회의원 또는 그 직책에 있었던 사람을 증인으로 하여 직무상 비밀에 관한 사항을 신문할 경우에 법원은 국회의 동의를 받아야 한다.

② 국무총리·국무위원 또는 그 직책에 있었던 사람을 증인으로 하여 직무상 비밀에 관한 사항을 신문할 경우에 법원은 국무회의의 동의를 받아야 한다.

제306조(공무원의 신문) 제304조와 제305조에 규정한 사람 외의 공무원 또

는 공무원이었던 사람을 증인으로 하여 직무상 비밀에 관한 사항을 신문할 경우에 법원은 그 소속 관청 또는 감독 관청의 동의를 받아야 한다.

제307조(거부권의 제한) 제305조와 제306조의 경우에 국회·국무회의 또는 제306조의 관청은 국가의 중대한 이익을 해치는 경우를 제외하고는 동의를 거부하지 못한다.

제308조(증인신문의 신청) 당사자가 증인신문을 신청하고자 하는 때에는 증인을 지정하여 신청하여야 한다.

제309조(출석요구서의 기재사항) 증인에 대한 출석요구서에는 다음 각호의 사항을 적어야 한다.

1. 당사자의 표시
2. 신문 사항의 요지
3. 출석하지 아니하는 경우의 법률상 제재

제310조(증언에 갈음하는 서면의 제출) ① 법원은 증인과 증명할 사항의 내용 등을 고려하여 상당하다고 인정하는 때에는 출석·증언에 갈음하여 증언할 사항을 적은 서면을 제출하게 할 수 있다. ② 법원은 상대방의 이의가 있거나 필요하다고 인정하는 때에는 제1항의 증인으로 하여금 출석·증언하게 할 수 있다.

제311조(증인이 출석하지 아니한 경우의 과태료 등) ① 증인이 정당한 사유 없이 출석하지 아니한 때에 법원은 결정으로 증인에게 이로 말미암은 소송 비용을 부담하도록 명하고 500만원 이하의 과태료에 처한다.

② 법원은 증인이 제1항의 규정에 따른 과태료의 재판을 받고도 정당한 사유 없이 다시 출석하지 아니한 때에는 결정으로 증인을 7일 이내의 감치(監置)에 처한다.

③ 법원은 감치재판기일에 증인을 소환하여 제2항의 정당한 사유가 있는지 여부를 심리하여야 한다.

④ 감치에 처하는 재판은 그 재판을 한 법원의 재판장의 명령에 따라 법원 공무원 또는 경찰공무원이 경찰서유치장·교도소 또는 구치소에 유치함으로써 집행한다.

⑤ 감치의 재판을 받은 증인이 제4항에 규정된 감치시설에 유치된 때에는 당해 감치시설의 장은 즉시 그 사실을 법원에 통보하여야 한다.

⑥ 법원은 제5항의 통보를 받은 때에는 바로 증인신문기일을 열어야 한다.

⑦ 감치의 재판을 받은 증인이 감치의 집행중에 증언을 한 때에는 법원은 바로 감치결정을 취소하고 그 증인을 석방하도록 명하여야 한다.

⑧ 제1항과 제2항의 결정에 대하여는 즉시항고를 할 수 있다. 다만, 제447조의 규정은 적용하지 아니한다.

⑨ 제2항 내지 제8항의 규정에 따른 재판절차 및 그 집행 그 밖에 필요한 사항은 대법원규칙으로 정한다.

제312조(출석하지 아니한 증인의 구인) ① 법원은 정당한 사유 없이 출석하지 아니한 증인을 구인(拘引)하도록 명할 수 있다.

② 제1항의 구인에는 형사소송법의 구인에 관한 규정을 준용한다.

제313조(수명법관·수탁판사에 의한 증인신문) 법원은 다음 각호 가운데 어느 하나에 해당하면 수명법관 또는 수탁판사로 하여금 증인을 신문하게 할 수 있다.

1. 증인이 정당한 사유로 수소법원에 출석하지 못하는 때

2. 증인이 수소법원에 출석하려면 지나치게 많은 비용 또는 시간을 필요로 하는 때

3. 그 밖의 상당한 이유가 있는 경우로서 당사자가 이의를 제기하지 아니하는 때

제314조(증언거부권) 증인은 그 증언이 자기나 다음 각호 가운데 어느 하나에 해당하는 사람이 공소제기되거나 유죄판결을 받을 염려가 있는 사항 또는 자기나 그들에게 치욕이 될 사항에 관한 것인 때에는 이를 거부할 수 있다.

1. 증인의 친족 또는 이러한 관계에 있었던 사람

2. 증인의 후견인 또는 증인의 후견을 받는 사람

제315조(증언거부권) ① 증인은 다음 각호 가운데 어느 하나에 해당하면 증언을 거부할 수 있다.

1. 변호사·변리사·공증인·공인회계사·세무사·의료인·약사, 그 밖에 법령에 따라 비밀을 지킬 의무가 있는 직책 또는 종교의 직책에 있거나 이러한 직책에 있었던 사람이 직무상 비밀에 속하는 사항에 대하여 신문을 받을 때

2. 기술 또는 직업의 비밀에 속하는 사항에 대하여 신문을 받을 때

② 증인이 비밀을 지킬 의무가 면제된 경우에는 제1항의 규정을 적용하지 아니한다.

제316조(거부이유의 소명) 증언을 거부하는 이유는 소명하여야 한다.

제317조(증언거부에 대한 재판) ① 수소법원은 당사자를 심문하여 증언거부가 옳은 지를 재판한다.

② 당사자 또는 증인은 제1항의 재판에 대하여 즉시항고를 할 수 있다.

제318조(증언거부에 대한 제재) 증언의

거부에 정당한 이유가 없다고 한 재판이 확정된 뒤에 증인이 증언을 거부한 때에는 제311조제1항, 제8항 및 제9항의 규정을 준용한다.

제319조(선서의 의무) 재판장은 증인에게 신문에 앞서 선서를 하게 하여야 한다. 다만, 특별한 사유가 있는 때에는 신문한 뒤에 선서를 하게 할 수 있다.

제320조(위증에 대한 벌의 경고) 재판장은 선서에 앞서 증인에게 선서의 취지를 밝히고, 위증의 벌에 대하여 경고하여야 한다.

제321조(선서의 방식) ① 선서는 선서서에 따라서 하여야 한다.

② 선서서에는 "양심에 따라 숨기거나 보태지 아니하고 사실 그대로 말하며, 만일 거짓말을 하면 위증의 벌을 받기로 맹세합니다."라고 적어야 한다.

③ 재판장은 증인으로 하여금 선서서를 소리내어 읽고 기명날인 또는 서명하게 하며, 증인이 선서서를 읽지 못하거나 기명날인 또는 서명하지 못하는 경우에는 참여한 법원사무관등이나 그 밖의 법원공무원으로 하여금 이를 대신하게 한다.

④ 증인은 일어서서 엄숙하게 선서하여야 한다.

제322조(선서무능력) 다음 각호 가운데 어느 하나에 해당하는 사람을 증인으로 신문할 때에는 선서를 시키지 못한다.

1. 16세 미만인 사람
2. 선서의 취지를 이해하지 못하는 사람

제323조(선서의 면제) 제314조에 해당하는 증인으로서 증언을 거부하지 아니한 사람을 신문할 때에는 선서를 시키지 아니할 수 있다.

제324조(선서거부권) 증인이 자기 또는 제314조 각호에 규정된 어느 한 사람과 현저한 이해관계가 있는 사항에 관하여 신문을 받을 때에는 선서를 거부할 수 있다.

제325조(조서에의 기재) 선서를 시키지 아니하고 증인을 신문한 때에는 그 사유를 조서에 적어야 한다.

제326조(선서거부에 대한 제재) 증인이 선서를 거부하는 경우에는 제316조 내지 제318조의 규정을 준용한다.

제327조(증인신문의 방식) ① 증인신문은 증인을 신청한 당사자가 먼저 하고, 다음에 다른 당사자가 한다.

② 재판장은 제1항의 신문이 끝난 뒤에 신문할 수 있다.

③ 재판장은 제1항과 제2항의 규정에 불구하고 언제든지 신문할 수 있다.

④ 재판장이 알맞다고 인정하는 때에는 당사자의 의견을 들어 제1항과 제2항의 규정에 따른 신문의 순서를 바꿀

수 있다.

⑤ 당사자의 신문이 중복되거나 쟁점과 관계가 없는 때, 그 밖에 필요한 사정이 있는 때에 재판장은 당사자의 신문을 제한할 수 있다.

⑥ 합의부원은 재판장에게 알리고 신문할 수 있다.

제327조의2(비디오 등 중계장치에 의한 증인신문) ① 법원은 다음 각 호의 어느 하나에 해당하는 사람을 증인으로 신문하는 경우 상당하다고 인정하는 때에는 당사자의 의견을 들어 비디오 등 중계장치에 의한 중계시설을 통하거나 인터넷 화상장치를 이용하여 신문할 수 있다.

1. 증인이 멀리 떨어진 곳 또는 교통이 불편한 곳에 살고 있거나 그 밖의 사정으로 말미암아 법정에 직접 출석하기 어려운 경우

2. 증인이 나이, 심신상태, 당사자나 법정대리인과의 관계, 신문사항의 내용, 그 밖의 사정으로 말미암아 법정에서 당사자 등과 대면하여 진술하면 심리적인 부담으로 정신의 평온을 현저하게 잃을 우려가 있는 경우

② 제1항에 따른 증인신문은 증인이 법정에 출석하여 이루어진 증인신문으로 본다.

③ 제1항에 따른 증인신문의 절차와 방법, 그 밖에 필요한 사항은 대법원규칙으로 정한다.

제328조(격리신문과 그 예외) ① 증인은 따로따로 신문하여야 한다.

② 신문하지 아니한 증인이 법정(法廷) 안에 있을 때에는 법정에서 나가도록 명하여야 한다. 다만, 필요하다고 인정한 때에는 신문할 증인을 법정안에 머무르게 할 수 있다.

제329조(대질신문) 재판장은 필요하다고 인정한 때에는 증인 서로의 대질을 명할 수 있다.

제330조(증인의 행위의무) 재판장은 필요하다고 인정한 때에는 증인에게 문자를 손수 쓰게 하거나 그 밖의 필요한 행위를 하게 할 수 있다.

제331조(증인의 진술원칙) 증인은 서류에 의하여 진술하지 못한다. 다만, 재판장이 허가하면 그러하지 아니하다.

제332조(수명법관·수탁판사의 권한) 수명법관 또는 수탁판사가 증인을 신문하는 경우에는 법원과 재판장의 직무를 행한다.

제3절 감정

제333조(증인신문규정의 준용) 감정에는 제2절의 규정을 준용한다. 다만, 제311조제2항 내지 제7항, 제312조, 제

321조제2항, 제327조 및 제327조의2
는 그러하지 아니하다.

제334조(감정의무) ① 감정에 필요한
학식과 경험이 있는 사람은 감정할 의
무를 진다.

② 제314조 또는 제324조의 규정에 따
라 증언 또는 선서를 거부할 수 있는
사람과 제322조에 규정된 사람은 감정
인이 되지 못한다.

제335조(감정인의 지정) 감정인은 수
소법원·수명법관 또는 수탁판사가 지
정한다.

제335조의2(감정인의 의무) ① 감정인
은 감정사항이 자신의 전문분야에 속
하지 아니하는 경우 또는 그에 속하더
라도 다른 감정인과 함께 감정을 하여
야 하는 경우에는 곧바로 법원에 감정
인의 지정 취소 또는 추가 지정을 요구
하여야 한다.

② 감정인은 감정을 다른 사람에게 위
임하여서는 아니 된다.

제336조(감정인의 기피) 감정인이 성
실하게 감정할 수 없는 사정이 있는 때
에 당사자는 그를 기피할 수 있다. 다
만, 당사자는 감정인이 감정사항에 관
한 진술을 하기 전부터 기피할 이유가
있다는 것을 알고 있었던 때에는 감정
사항에 관한 진술이 이루어진 뒤에 그
를 기피하지 못한다.

제337조(기피의 절차) ① 기피신청은
수소법원·수명법관 또는 수탁판사에
게 하여야 한다.

② 기피하는 사유는 소명하여야 한다.

③ 기피하는 데 정당한 이유가 있다고
한 결정에 대하여는 불복할 수 없고,
이유가 없다고 한 결정에 대하여는 즉
시항고를 할 수 있다.

제338조(선서의 방식) 선서서에는 "양
심에 따라 성실히 감정하고, 만일 거짓
이 있으면 거짓감정의 벌을 받기로 맹
세합니다."라고 적어야 한다.

제339조(감정진술의 방식) ① 재판장
은 감정인으로 하여금 서면이나 말로
써 의견을 진술하게 할 수 있다.

② 재판장은 여러 감정인에게 감정을
명하는 경우에는 다 함께 또는 따로따
로 의견을 진술하게 할 수 있다.

③ 법원은 제1항 및 제2항에 따른 감
정진술에 관하여 당사자에게 서면이나
말로써 의견을 진술할 기회를 주어야
한다.

제339조의2(감정인신문의 방식) ① 감
정인은 재판장이 신문한다.

② 합의부원은 재판장에게 알리고 신
문할 수 있다.

③ 당사자는 재판장에게 알리고 신문
할 수 있다. 다만, 당사자의 신문이 중
복되거나 쟁점과 관계가 없는 때, 그

밖에 필요한 사정이 있는 때에는 재판장은 당사자의 신문을 제한할 수 있다.

제339조의3(비디오 등 중계장치 등에 의한 감정인신문) ① 법원은 다음 각 호의 어느 하나에 해당하는 사람을 감정인으로 신문하는 경우 상당하다고 인정하는 때에는 당사자의 의견을 들어 비디오 등 중계장치에 의한 중계시설을 통하여 신문하거나 인터넷 화상장치를 이용하여 신문할 수 있다.

1. 감정인이 법정에 직접 출석하기 어려운 특별한 사정이 있는 경우

2. 감정인이 외국에 거주하는 경우

② 제1항에 따른 감정인신문에 관하여는 제327조의2제2항 및 제3항을 준용한다.

제340조(감정증인) 특별한 학식과 경험에 의하여 알게 된 사실에 관한 신문은 증인신문에 관한 규정을 따른다. 다만, 비디오 등 중계장치 등에 의한 감정증인신문에 관하여는 제339조의3을 준용한다.

제341조(감정의 촉탁) ① 법원이 필요하다고 인정하는 경우에는 공공기관·학교, 그 밖에 상당한 설비가 있는 단체 또는 외국의 공공기관에 감정을 촉탁할 수 있다. 이 경우에는 선서에 관한 규정을 적용하지 아니한다.

② 제1항의 경우에 법원은 필요하다고 인정하면 공공기관·학교, 그 밖의 단체 또는 외국 공공기관이 지정한 사람으로 하여금 감정서를 설명하게 할 수 있다.

③ 제2항의 경우에는 제339조의3을 준용한다.

제342조(감정에 필요한 처분) ① 감정인은 감정을 위하여 필요한 경우에는 법원의 허가를 받아 남의 토지, 주거, 관리중인 가옥, 건조물, 항공기, 선박, 차량, 그 밖의 시설물안에 들어갈 수 있다.

② 제1항의 경우 저항을 받을 때에는 감정인은 경찰공무원에게 원조를 요청할 수 있다.

제4절 서증

제343조(서증신청의 방식) 당사자가 서증(書證)을 신청하고자 하는 때에는 문서를 제출하는 방식 또는 문서를 가진 사람에게 그것을 제출하도록 명할 것을 신청하는 방식으로 한다.

제344조(문서의 제출의무) ① 다음 각 호의 경우에 문서를 가지고 있는 사람은 그 제출을 거부하지 못한다.

1. 당사자가 소송에서 인용한 문서를 가지고 있는 때

2. 신청자가 문서를 가지고 있는 사람에게 그것을 넘겨 달라고 하거나 보

겠다고 요구할 수 있는 사법상의 권리를 가지고 있는 때

3. 문서가 신청자의 이익을 위하여 작성되었거나, 신청자와 문서를 가지고 있는 사람 사이의 법률관계에 관하여 작성된 것인 때. 다만, 다음 각 목의 사유 가운데 어느 하나에 해당하는 경우에는 그러하지 아니하다.

가. 제304조 내지 제306조에 규정된 사항이 적혀있는 문서로서 같은 조문들에 규정된 동의를 받지 아니한 문서

나. 문서를 가진 사람 또는 그와 제314조 각호 가운데 어느 하나의 관계에 있는 사람에 관하여 같은 조에서 규정된 사항이 적혀 있는 문서

다. 제315조제1항 각호에 규정된 사항중 어느 하나에 규정된 사항이 적혀 있고 비밀을 지킬 의무가 면제되지 아니한 문서

② 제1항의 경우 외에도 문서(공무원 또는 공무원이었던 사람이 그 직무와 관련하여 보관하거나 가지고 있는 문서를 제외한다)가 다음 각호의 어느 하나에도 해당하지 아니하는 경우에는 문서를 가지고 있는 사람은 그 제출을 거부하지 못한다.

1. 제1항제3호나목 및 다목에 규정된

문서

2. 오로지 문서를 가진 사람이 이용하기 위한 문서

제345조(문서제출신청의 방식) 문서제출신청에는 다음 각호의 사항을 밝혀야 한다.

1. 문서의 표시

2. 문서의 취지

3. 문서를 가진 사람

4. 증명할 사실

5. 문서를 제출하여야 하는 의무의 원인

제346조(문서목록의 제출) 제345조의 신청을 위하여 필요하다고 인정하는 경우에는, 법원은 신청대상이 되는 문서의 취지나 그 문서로 증명할 사실을 개괄적으로 표시한 당사자의 신청에 따라, 상대방 당사자에게 신청내용과 관련하여 가지고 있는 문서 또는 신청내용과 관련하여 서증으로 제출할 문서에 관하여 그 표시와 취지 등을 적어 내도록 명할 수 있다.

제347조(제출신청의 허가여부에 대한 재판) ① 법원은 문서제출신청에 정당한 이유가 있다고 인정한 때에는 결정으로 문서를 가진 사람에게 그 제출을 명할 수 있다.

② 문서제출의 신청이 문서의 일부에 대하여만 이유 있다고 인정한 때에는 그 부분만의 제출을 명하여야 한다.

③ 제3자에 대하여 문서의 제출을 명하는 경우에는 제3자 또는 그가 지정하는 자를 심문하여야 한다.

④ 법원은 문서가 제344조에 해당하는지를 판단하기 위하여 필요하다고 인정하는 때에는 문서를 가지고 있는 사람에게 그 문서를 제시하도록 명할 수 있다. 이 경우 법원은 그 문서를 다른 사람이 보도록 하여서는 안된다.

제348조(불복신청) 문서제출의 신청에 관한 결정에 대하여는 즉시항고를 할 수 있다.

제349조(당사자가 문서를 제출하지 아니한 때의 효과) 당사자가 제347조제1항·제2항 및 제4항의 규정에 의한 명령에 따르지 아니한 때에는 법원은 문서의 기재에 대한 상대방의 주장을 진실한 것으로 인정할 수 있다.

제350조(당사자가 사용을 방해한 때의 효과) 당사자가 상대방의 사용을 방해할 목적으로 제출의무가 있는 문서를 훼손하여 버리거나 이를 사용할 수 없게 한 때에는, 법원은 그 문서의 기재에 대한 상대방의 주장을 진실한 것으로 인정할 수 있다.

제351조(제3자가 문서를 제출하지 아니한 때의 제재) 제3자가 제347조제1항·제2항 및 제4항의 규정에 의한 명령에 따르지 아니한 때에는 제318조의 규정을 준용한다.

제352조(문서송부의 촉탁) 서증의 신청은 제343조의 규정에 불구하고 문서를 가지고 있는 사람에게 그 문서를 보내도록 촉탁할 것을 신청함으로써도 할 수 있다. 다만, 당사자가 법령에 의하여 문서의 정본 또는 등본을 청구할 수 있는 경우에는 그러하지 아니하다.

제352조의2(협력의무) ① 제352조에 따라 법원으로부터 문서의 송부를 촉탁받은 사람 또는 제297조에 따른 증거조사의 대상인 문서를 가지고 있는 사람은 정당한 사유가 없는 한 이에 협력하여야 한다.

② 문서의 송부를 촉탁받은 사람이 그 문서를 보관하고 있지 아니하거나 그 밖에 송부촉탁에 따를 수 없는 사정이 있는 때에는 법원에 그 사유를 통지하여야 한다.

제353조(제출문서의 보관) 법원은 필요하다고 인정하는 때에는 제출되거나 보내 온 문서를 맡아 둘 수 있다.

제354조(수명법관·수탁판사에 의한 조사) ① 법원은 제297조의 규정에 따라 수명법관 또는 수탁판사에게 문서에 대한 증거조사를 하게 하는 경우에 그 조서에 적을 사항을 정할 수 있다.

② 제1항의 조서에는 문서의 등본 또는 초본을 붙여야 한다.

제355조(문서제출의 방법 등) ① 법원에 문서를 제출하거나 보낼 때에는 원본, 정본 또는 인증이 있는 등본으로 하여야 한다.

② 법원은 필요하다고 인정하는 때에는 원본을 제출하도록 명하거나 이를 보내도록 촉탁할 수 있다.

③ 법원은 당사자로 하여금 그 인용한 문서의 등본 또는 초본을 제출하게 할 수 있다.

④ 문서가 증거로 채택되지 아니한 때에는 법원은 당사자의 의견을 들어 제출된 문서의 원본·정본·등본·초본 등을 돌려주거나 폐기할 수 있다.

제356조(공문서의 진정의 추정) ① 문서의 작성방식과 취지에 의하여 공무원이 직무상 작성한 것으로 인정한 때에는 이를 진정한 공문서로 추정한다.

② 공문서가 진정한지 의심스러운 때에는 법원은 직권으로 해당 공공기관에 조회할 수 있다.

③ 외국의 공공기관이 작성한 것으로 인정한 문서에는 제1항 및 제2항의 규정을 준용한다.

제357조(사문서의 진정의 증명) 사문서는 그것이 진정한 것임을 증명하여야 한다.

제358조(사문서의 진정의 추정) 사문서는 본인 또는 대리인의 서명이나 날인 또는 무인(拇印)이 있는 때에는 진정한 것으로 추정한다.

제359조(필적 또는 인영의 대조) 문서가 진정하게 성립된 것인지 어떤지는 필적 또는 인영(印影)을 대조하여 증명할 수 있다.

제360조(대조용문서의 제출절차) ① 대조에 필요한 필적이나 인영이 있는 문서, 그 밖의 물건을 법원에 제출하거나 보내는 경우에는 제343조, 제347조 내지 제350조, 제352조 내지 제354조의 규정을 준용한다.

② 제3자가 정당한 사유 없이 제1항의 규정에 의한 제출명령에 따르지 아니한 때에 법원은 결정으로 200만원 이하의 과태료에 처한다.

③ 제2항의 결정에 대하여는 즉시항고를 할 수 있다.

제361조(상대방이 손수 써야 하는 의무) ① 대조하는 데에 적당한 필적이 없는 때에는 법원은 상대방에게 그 문자를 손수 쓰도록 명할 수 있다.

② 상대방이 정당한 이유 없이 제1항의 명령에 따르지 아니한 때에는 법원은 문서의 진정여부에 관한 확인신청자의 주장을 진실한 것으로 인정할 수 있다. 필치(筆致)를 바꾸어 손수 쓴 때에도 또한 같다.

제362조(대조용문서의 첨부) 대조하는

데에 제공된 서류는 그 원본·등본 또는 초본을 조서에 붙여야 한다.

제363조(문서성립의 부인에 대한 제재) ① 당사자 또는 그 대리인이 고의나 중대한 과실로 진실에 어긋나게 문서의 진정을 다툰 때에는 법원은 결정으로 200만원 이하의 과태료에 처한다.
② 제1항의 결정에 대하여는 즉시항고를 할 수 있다.
③ 제1항의 경우에 문서의 진정에 대하여 다툰 당사자 또는 대리인이 소송이 법원에 계속된 중에 그 진정을 인정하는 때에는 법원은 제1항의 결정을 취소할 수 있다.

제5절 검증

제364조(검증의 신청) 당사자가 검증을 신청하고자 하는 때에는 검증의 목적을 표시하여 신청하여야 한다.

제365조(검증할 때의 감정 등) 수명법관 또는 수탁판사는 검증에 필요하다고 인정할 때에는 감정을 명하거나 증인을 신문할 수 있다.

제366조(검증의 절차 등) ① 검증할 목적물을 제출하거나 보내는 데에는 제343조, 제347조 내지 제350조, 제352조 내지 제354조의 규정을 준용한다.
② 제3자가 정당한 사유 없이 제1항의 규정에 의한 제출명령에 따르지 아니한 때에는 법원은 결정으로 200만원 이하의 과태료에 처한다. 이 결정에 대하여는 즉시항고를 할 수 있다.
③ 법원은 검증을 위하여 필요한 경우에는 제342조제1항에 규정된 처분을 할 수 있다. 이 경우 저항을 받은 때에는 경찰공무원에게 원조를 요청할 수 있다.

제6절 당사자신문

제367조(당사자신문) 법원은 직권으로 또는 당사자의 신청에 따라 당사자 본인을 신문할 수 있다. 이 경우 당사자에게 선서를 하게 하여야 한다.

제368조(대질) 재판장은 필요하다고 인정한 때에 당사자 서로의 대질 또는 당사자와 증인의 대질을 명할 수 있다.

제369조(출석·선서·진술의 의무) 당사자가 정당한 사유 없이 출석하지 아니하거나 선서 또는 진술을 거부한 때에는 법원은 신문사항에 관한 상대방의 주장을 진실한 것으로 인정할 수 있다.

제370조(거짓 진술에 대한 제재) ① 선서한 당사자가 거짓 진술을 한 때에는 법원은 결정으로 500만원 이하의 과태료에 처한다.
② 제1항의 결정에 대하여는 즉시항고를 할 수 있다.
③ 제1항의 결정에는 제363조제3항의

규정을 준용한다.

제371조(신문조서)　당사자를　신문한 때에는 선서의 유무와 진술 내용을 조서에 적어야 한다.

제372조(법정대리인의 신문) 소송에서 당사자를 대표하는 법정대리인에 대하여는 제367조 내지 제371조의 규정을 준용한다. 다만, 당사자 본인도 신문할 수 있다.

제373조(증인신문 규정의 준용) 이 절의 신문에는 제309조, 제313조, 제319조 내지 제322조, 제327조, 제327조의2와 제330조 내지 제332조의 규정을 준용한다.

제7절 그 밖의 증거

제374조(그 밖의 증거) 도면·사진·녹음테이프·비디오테이프·컴퓨터용 자기디스크, 그 밖에 정보를 담기 위하여 만들어진 물건으로서 문서가 아닌 증거의 조사에 관한 사항은 제3절 내지 제5절의 규정에 준하여 대법원규칙으로 정한다.

제8절 증거보전

제375조(증거보전의 요건) 법원은 미리 증거조사를 하지 아니하면 그 증거를 사용하기 곤란할 사정이 있다고 인정한 때에는 당사자의 신청에 따라 이 장의 규정에 따라 증거조사를 할 수 있다.

제376조(증거보전의 관할) ① 증거보전의 신청은 소를 제기한 뒤에는 그 증거를 사용할 심급의 법원에 하여야 한다. 소를 제기하기 전에는 신문을 받을 사람이나 문서를 가진 사람의 거소 또는 검증하고자 하는 목적물이 있는 곳을 관할하는 지방법원에 하여야 한다. ② 급박한 경우에는 소를 제기한 뒤에도 제1항 후단에 규정된 지방법원에 증거보전의 신청을 할 수 있다.

제377조(신청의 방식) ① 증거보전의 신청에는 다음 각호의 사항을 밝혀야 한다.

1. 상대방의 표시
2. 증명할 사실
3. 보전하고자 하는 증거
4. 증거보전의 사유

② 증거보전의 사유는 소명하여야 한다.

제378조(상대방을 지정할 수 없는 경우) 증거보전의 신청은 상대방을 지정할 수 없는 경우에도 할 수 있다. 이 경우 법원은 상대방이 될 사람을 위하여 특별대리인을 선임할 수 있다.

제379조(직권에 의한 증거보전) 법원은 필요하다고 인정한 때에는 소송이 계속된 중에 직권으로 증거보전을 결정할 수 있다.

제380조(불복금지) 증거보전의 결정에

대하여는 불복할 수 없다.

제381조(당사자의 참여) 증거조사의 기일은 신청인과 상대방에게 통지하여야 한다. 다만, 긴급한 경우에는 그러하지 아니하다.

제382조(증거보전의 기록) 증거보전에 관한 기록은 본안소송의 기록이 있는 법원에 보내야 한다.

제383조(증거보전의 비용) 증거보전에 관한 비용은 소송비용의 일부로 한다.

제384조(변론에서의 재신문) 증거보전 절차에서 신문한 증인을 당사자가 변론에서 다시 신문하고자 신청한 때에는 법원은 그 증인을 신문하여야 한다.

제4장 제소전화해(提訴前和解)의 절차

제385조(화해신청의 방식) ① 민사상 다툼에 관하여 당사자는 청구의 취지·원인과 다투는 사정을 밝혀 상대방의 보통재판적이 있는 곳의 지방법원에 화해를 신청할 수 있다.

② 당사자는 제1항의 화해를 위하여 대리인을 선임하는 권리를 상대방에게 위임할 수 없다.

③ 법원은 필요한 경우 대리권의 유무를 조사하기 위하여 당사자본인 또는 법정대리인의 출석을 명할 수 있다.

④ 화해신청에는 그 성질에 어긋나지 아니하면 소에 관한 규정을 준용한다.

제386조(화해가 성립된 경우) 화해가 성립된 때에는 법원사무관등은 조서에 당사자, 법정대리인, 청구의 취지와 원인, 화해조항, 날짜와 법원을 표시하고 판사와 법원사무관등이 기명날인 또는 서명한다.

제387조(화해가 성립되지 아니한 경우)

① 화해가 성립되지 아니한 때에는 법원사무관등은 그 사유를 조서에 적어야 한다.

② 신청인 또는 상대방이 기일에 출석하지 아니한 때에는 법원은 이들의 화해가 성립되지 아니한 것으로 볼 수 있다.

③ 법원사무관등은 제1항의 조서등본을 당사자에게 송달하여야 한다.

제388조(소제기신청) ① 제387조의 경우에 당사자는 소제기신청을 할 수 있다.

② 적법한 소제기신청이 있으면 화해신청을 한 때에 소가 제기된 것으로 본다. 이 경우 법원사무관등은 바로 소송기록을 관할법원에 보내야 한다.

③ 제1항의 신청은 제387조제3항의 조서등본이 송달된 날부터 2주 이내에 하여야 한다. 다만, 조서등본이 송달되기 전에도 신청할 수 있다.

④ 제3항의 기간은 불변기간으로 한다.

제389조(화해비용) 화해비용은 화해가 성립된 경우에는 특별한 합의가 없으

면 당사자들이 각자 부담하고, 화해가 성립되지 아니한 경우에는 신청인이 부담한다. 다만, 소제기신청이 있는 경우에는 화해비용을 소송비용의 일부로 한다.

제3편 상소

제1장 항소

제390조(항소의 대상) ① 항소(抗訴)는 제1심 법원이 선고한 종국판결에 대하여 할 수 있다. 다만, 종국판결 뒤에 양 쪽 당사자가 상고(上告)할 권리를 유보하고 항소를 하지 아니하기로 합의한 때에는 그러하지 아니하다.
② 제1항 단서의 합의에는 제29조제2항의 규정을 준용한다.

제391조(독립한 항소가 금지되는 재판) 소송비용 및 가집행에 관한 재판에 대하여는 독립하여 항소를 하지 못한다.

제392조(항소심의 판단을 받는 재판) 종국판결 이전의 재판은 항소법원의 판단을 받는다. 다만, 불복할 수 없는 재판과 항고(抗告)로 불복할 수 있는 재판은 그러하지 아니하다.

제393조(항소의 취하) ① 항소는 항소심의 종국판결이 있기 전에 취하할 수 있다.
② 항소의 취하에는 제266조제3항 내지 제5항 및 제267조제1항의 규정을 준용한다.

제394조(항소권의 포기) 항소권은 포기할 수 있다.

제395조(항소권의 포기방식) ① 항소권의 포기는 항소를 하기 이전에는 제1심 법원에, 항소를 한 뒤에는 소송기록이 있는 법원에 서면으로 하여야 한다.
② 항소권의 포기에 관한 서면은 상대방에게 송달하여야 한다.
③ 항소를 한 뒤의 항소권의 포기는 항소취하의 효력도 가진다.

제396조(항소기간) ① 항소는 판결서가 송달된 날부터 2주 이내에 하여야 한다. 다만, 판결서 송달전에도 할 수 있다.
② 제1항의 기간은 불변기간으로 한다.

제397조(항소의 방식, 항소장의 기재사항) ① 항소는 항소장을 제1심 법원에 제출함으로써 한다.
② 항소장에는 다음 각호의 사항을 적어야 한다.
1. 당사자와 법정대리인
2. 제1심 판결의 표시와 그 판결에 대한 항소의 취지

제398조(준비서면규정의 준용) 항소장에는 준비서면에 관한 규정을 준용한다.

제399조(원심재판장등의 항소장심사권) ① 항소장이 제397조제2항의 규정에 어긋난 경우와 항소장에 법률의 규정

에 따른 인지를 붙이지 아니한 경우에는 원심재판장은 항소인에게 상당한 기간을 정하여 그 기간 이내에 흠을 보정하도록 명하여야 한다. 원심재판장은 법원사무관등으로 하여금 위 보정명령을 하게 할 수 있다.

② 항소인이 제1항의 기간 이내에 흠을 보정하지 아니한 때와, 항소기간을 넘긴 것이 분명한 때에는 원심재판장은 명령으로 항소장을 각하하여야 한다.

③ 제2항의 명령에 대하여는 즉시항고를 할 수 있다.

제400조(항소기록의 송부) ① 항소장이 각하되지 아니한 때에 원심법원의 법원사무관등은 항소장이 제출된 날부터 2주 이내에 항소기록에 항소장을 붙여 항소법원으로 보내야 한다.

② 제399조제1항의 규정에 의하여 원심재판장등이 흠을 보정하도록 명한 때에는 그 흠이 보정된 날부터 1주 이내에 항소기록을 보내야 한다.

제401조(항소장부본의 송달) 항소장의 부본은 피항소인에게 송달하여야 한다.

제402조(항소심재판장등의 항소장심사권) ① 항소장이 제397조제2항의 규정에 어긋나거나 항소장에 법률의 규정에 따른 인지를 붙이지 아니하였음에도 원심재판장등이 제399조제1항의 규정에 의한 명령을 하지 아니한 경우, 또는 항소장의 부본을 송달할 수 없는 경우에는 항소심재판장은 항소인에게 상당한 기간을 정하여 그 기간 이내에 흠을 보정하도록 명하여야 한다. 항소심재판장은 법원사무관등으로 하여금 위 보정명령을 하게 할 수 있다.

② 항소인이 제1항의 기간 이내에 흠을 보정하지 아니한 때, 또는 제399조제2항의 규정에 따라 원심재판장이 항소장을 각하하지 아니한 때에는 항소심재판장은 명령으로 항소장을 각하하여야 한다.

③ 제2항의 명령에 대하여는 즉시항고를 할 수 있다.

제403조(부대항소) 피항소인은 항소권이 소멸된 뒤에도 변론이 종결될 때까지 부대항소(附帶抗訴)를 할 수 있다.

제404조(부대항소의 종속성) 부대항소는 항소가 취하되거나 부적법하여 각하된 때에는 그 효력을 잃는다. 다만, 항소기간 이내에 한 부대항소는 독립된 항소로 본다.

제405조(부대항소의 방식) 부대항소에는 항소에 관한 규정을 적용한다.

제406조(가집행의 선고) ① 항소법원은 제1심 판결중에 불복신청이 없는 부분에 대하여는 당사자의 신청에 따라 결정으로 가집행의 선고를 할 수 있다.

② 제1항의 신청을 기각한 결정에 대

하여는 즉시항고를 할 수 있다.

제407조(변론의 범위) ① 변론은 당사자가 제1심 판결의 변경을 청구하는 한도안에서 한다.

② 당사자는 제1심 변론의 결과를 진술하여야 한다.

제408조(제1심 소송절차의 준용) 항소심의 소송절차에는 특별한 규정이 없으면 제2편제1장 내지 제3장의 규정을 준용한다.

제409조(제1심 소송행위의 효력) 제1심의 소송행위는 항소심에서도 그 효력을 가진다.

제410조(제1심의 변론준비절차의 효력) 제1심의 변론준비절차는 항소심에서도 그 효력을 가진다.

제411조(관할위반 주장의 금지) 당사자는 항소심에서 제1심 법원의 관할위반을 주장하지 못한다. 다만, 전속관할에 대하여는 그러하지 아니하다.

제412조(반소의 제기) ① 반소는 상대방의 심급의 이익을 해할 우려가 없는 경우 또는 상대방의 동의를 받은 경우에 제기할 수 있다.

② 상대방이 이의를 제기하지 아니하고 반소의 본안에 관하여 변론을 한 때에는 반소제기에 동의한 것으로 본다.

제413조(변론 없이 하는 항소각하) 부적법한 항소로서 흠을 보정할 수 없으면 변론 없이 판결로 항소를 각하할 수 있다.

제414조(항소기각) ① 항소법원은 제1심 판결을 정당하다고 인정한 때에는 항소를 기각하여야 한다.

② 제1심 판결의 이유가 정당하지 아니한 경우에도 다른 이유에 따라 그 판결이 정당하다고 인정되는 때에는 항소를 기각하여야 한다.

제415조(항소를 받아들이는 범위) 제1심 판결은 그 불복의 한도안에서 바꿀 수 있다. 다만, 상계에 관한 주장을 인정한 때에는 그러하지 아니하다.

제416조(제1심 판결의 취소) 항소법원은 제1심 판결을 정당하지 아니하다고 인정한 때에는 취소하여야 한다.

제417조(판결절차의 위법으로 말미암은 취소) 제1심 판결의 절차가 법률에 어긋날 때에 항소법원은 제1심 판결을 취소하여야 한다.

제418조(필수적 환송) 소가 부적법하다고 각하한 제1심 판결을 취소하는 경우에는 항소법원은 사건을 제1심 법원에 환송(還送)하여야 한다. 다만, 제1심에서 본안판결을 할 수 있을 정도로 심리가 된 경우, 또는 당사자의 동의가 있는 경우에는 항소법원은 스스로 본안판결을 할 수 있다.

제419조(관할위반으로 말미암은 이송) 관할위반을 이유로 제1심 판결을 취소한 때에는 항소법원은 판결로 사건을 관할법원에 이송하여야 한다.

제420조(판결서를 적는 방법) 판결이유를 적을 때에는 제1심 판결을 인용할 수 있다. 다만, 제1심 판결이 제208조 제3항에 따라 작성된 경우에는 그러하지 아니하다.

제421조(소송기록의 반송) 소송이 완결된 뒤 상고가 제기되지 아니하고 상고기간이 끝난 때에는 법원사무관등은 판결서 또는 제402조의 규정에 따른 명령의 정본을 소송기록에 붙여 제1심 법원에 보내야 한다.

제2장 상고

제422조(상고의 대상) ① 상고는 고등법원이 선고한 종국판결과 지방법원 합의부가 제2심으로서 선고한 종국판결에 대하여 할 수 있다.

② 제390조제1항 단서의 경우에는 제1심의 종국판결에 대하여 상고할 수 있다.

제423조(상고이유) 상고는 판결에 영향을 미친 헌법·법률·명령 또는 규칙의 위반이 있다는 것을 이유로 드는 때에만 할 수 있다.

제424조(절대적 상고이유) ① 판결에 다음 각호 가운데 어느 하나의 사유가 있는 때에는 상고에 정당한 이유가 있는 것으로 한다.

1. 법률에 따라 판결법원을 구성하지 아니한 때
2. 법률에 따라 판결에 관여할 수 없는 판사가 판결에 관여한 때
3. 전속관할에 관한 규정에 어긋난 때
4. 법정대리권·소송대리권 또는 대리인의 소송행위에 대한 특별한 권한의 수여에 흠이 있는 때
5. 변론을 공개하는 규정에 어긋난 때
6. 판결의 이유를 밝히지 아니하거나 이유에 모순이 있는 때

② 제60조 또는 제97조의 규정에 따라 추인한 때에는 제1항제4호의 규정을 적용하지 아니한다.

제425조(항소심절차의 준용) 상고와 상고심의 소송절차에는 특별한 규정이 없으면 제1장의 규정을 준용한다.

제426조(소송기록 접수의 통지) 상고법원의 법원사무관등은 원심법원의 법원사무관등으로부터 소송기록을 받은 때에는 바로 그 사유를 당사자에게 통지하여야 한다.

제427조(상고이유서 제출) 상고장에 상고이유를 적지 아니한 때에 상고인은 제426조의 통지를 받은 날부터 20일 이내에 상고이유서를 제출하여야 한다.

제428조(상고이유서, 답변서의 송달 등) ① 상고이유서를 제출받은 상고법원은 바로 그 부본이나 등본을 상대방에게 송달하여야 한다.

② 상대방은 제1항의 서면을 송달받은 날부터 10일 이내에 답변서를 제출할 수 있다.

③ 상고법원은 제2항의 답변서의 부본이나 등본을 상고인에게 송달하여야 한다.

제429조(상고이유서를 제출하지 아니함으로 말미암은 상고기각) 상고인이 제427조의 규정을 어기어 상고이유서를 제출하지 아니한 때에는 상고법원은 변론 없이 판결로 상고를 기각하여야 한다. 다만, 직권으로 조사하여야 할 사유가 있는 때에는 그러하지 아니하다.

제430조(상고심의 심리절차) ① 상고법원은 상고장·상고이유서·답변서, 그 밖의 소송기록에 의하여 변론없이 판결할 수 있다.

② 상고법원은 소송관계를 분명하게 하기 위하여 필요한 경우에는 특정한 사항에 관하여 변론을 열어 참고인의 진술을 들을 수 있다.

제431조(심리의 범위) 상고법원은 상고이유에 따라 불복신청의 한도 안에서 심리한다.

제432조(사실심의 전권) 원심판결이 적법하게 확정한 사실은 상고법원을 기속한다.

제433조(비약적 상고의 특별규정) 상고법원은 제422조제2항의 규정에 따른 상고에 대하여는 원심판결의 사실확정이 법률에 어긋난다는 것을 이유로 그 판결을 파기하지 못한다.

제434조(직권조사사항에 대한 예외) 법원이 직권으로 조사하여야 할 사항에 대하여는 제431조 내지 제433조의 규정을 적용하지 아니한다.

제435조(가집행의 선고) 상고법원은 원심판결중 불복신청이 없는 부분에 대하여는 당사자의 신청에 따라 결정으로 가집행의 선고를 할 수 있다.

제436조(파기환송, 이송) ① 상고법원은 상고에 정당한 이유가 있다고 인정할 때에는 원심판결을 파기하고 사건을 원심법원에 환송하거나, 동등한 다른 법원에 이송하여야 한다.

② 사건을 환송받거나 이송받은 법원은 다시 변론을 거쳐 재판하여야 한다. 이 경우에는 상고법원이 파기의 이유로 삼은 사실상 및 법률상 판단에 기속된다.

③ 원심판결에 관여한 판사는 제2항의 재판에 관여하지 못한다.

제437조(파기자판) 다음 각호 가운데

어느 하나에 해당하면 상고법원은 사건에 대하여 종국판결을 하여야 한다.

1. 확정된 사실에 대하여 법령적용이 어긋난다 하여 판결을 파기하는 경우에 사건이 그 사실을 바탕으로 재판하기 충분한 때

2. 사건이 법원의 권한에 속하지 아니한다 하여 판결을 파기하는 때

제438조(소송기록의 송부) 사건을 환송하거나 이송하는 판결이 내려졌을 때에는 법원사무관등은 2주 이내에 그 판결의 정본을 소송기록에 붙여 사건을 환송받거나 이송받을 법원에 보내야 한다.

제3장 항고

제439조(항고의 대상) 소송절차에 관한 신청을 기각한 결정이나 명령에 대하여 불복하면 항고할 수 있다.

제440조(형식에 어긋나는 결정·명령에 대한 항고) 결정이나 명령으로 재판할 수 없는 사항에 대하여 결정 또는 명령을 한 때에는 항고할 수 있다.

제441조(준항고) ① 수명법관이나 수탁판사의 재판에 대하여 불복하는 당사자는 수소법원에 이의를 신청할 수 있다. 다만, 그 재판이 수소법원의 재판인 경우로서 항고할 수 있는 것인 때에 한한다.

② 제1항의 이의신청에 대한 재판에 대하여는 항고할 수 있다.

③ 상고심이나 제2심에 계속된 사건에 대한 수명법관이나 수탁판사의 재판에는 제1항의 규정을 준용한다.

제442조(재항고) 항고법원·고등법원 또는 항소법원의 결정 및 명령에 대하여는 재판에 영향을 미친 헌법·법률·명령 또는 규칙의 위반을 이유로 드는 때에만 재항고(再抗告)할 수 있다.

제443조(항소 및 상고의 절차규정준용) ① 항고법원의 소송절차에는 제1장의 규정을 준용한다.

② 재항고와 이에 관한 소송절차에는 제2장의 규정을 준용한다.

제444조(즉시항고) ① 즉시항고는 재판이 고지된 날부터 1주 이내에 하여야 한다.

② 제1항의 기간은 불변기간으로 한다.

제445조(항고제기의 방식) 항고는 항고장을 원심법원에 제출함으로써 한다.

제446조(항고의 처리) 원심법원이 항고에 정당한 이유가 있다고 인정하는 때에는 그 재판을 경정하여야 한다.

제447조(즉시항고의 효력) 즉시항고는 집행을 정지시키는 효력을 가진다.

제448조(원심재판의 집행정지) 항고법원 또는 원심법원이나 판사는 항고에 대한 결정이 있을 때까지 원심재판의

집행을 정지하거나 그 밖에 필요한 처분을 명할 수 있다.

제449조(특별항고) ① 불복할 수 없는 결정이나 명령에 대하여는 재판에 영향을 미친 헌법위반이 있거나, 재판의 전제가 된 명령·규칙·처분의 헌법 또는 법률의 위반여부에 대한 판단이 부당하다는 것을 이유로 하는 때에만 대법원에 특별항고(特別抗告)를 할 수 있다.
② 제1항의 항고는 재판이 고지된 날부터 1주 이내에 하여야 한다.
③ 제2항의 기간은 불변기간으로 한다.

제450조(준용규정) 특별항고와 그 소송절차에는 제448조와 상고에 관한 규정을 준용한다.

제4편 재심

제451조(재심사유) ① 다음 각호 가운데 어느 하나에 해당하면 확정된 종국판결에 대하여 재심의 소를 제기할 수 있다. 다만, 당사자가 상소에 의하여 그 사유를 주장하였거나, 이를 알고도 주장하지 아니한 때에는 그러하지 아니하다.

1. 법률에 따라 판결법원을 구성하지 아니한 때
2. 법률상 그 재판에 관여할 수 없는 법관이 관여한 때
3. 법정대리권·소송대리권 또는 대리인이 소송행위를 하는 데에 필요한 권한의 수여에 흠이 있는 때. 다만, 제60조 또는 제97조의 규정에 따라 추인한 때에는 그러하지 아니하다.
4. 재판에 관여한 법관이 그 사건에 관하여 직무에 관한 죄를 범한 때
5. 형사상 처벌을 받을 다른 사람의 행위로 말미암아 자백을 하였거나 판결에 영향을 미칠 공격 또는 방어방법의 제출에 방해를 받은 때
6. 판결의 증거가 된 문서, 그 밖의 물건이 위조되거나 변조된 것인 때
7. 증인·감정인·통역인의 거짓 진술 또는 당사자신문에 따른 당사자나 법정대리인의 거짓 진술이 판결의 증거가 된 때
8. 판결의 기초가 된 민사나 형사의 판결, 그 밖의 재판 또는 행정처분이 다른 재판이나 행정처분에 따라 바뀐 때
9. 판결에 영향을 미칠 중요한 사항에 관하여 판단을 누락한 때
10. 재심을 제기할 판결이 전에 선고한 확정판결에 어긋나는 때
11. 당사자가 상대방의 주소 또는 거소를 알고 있었음에도 있는 곳을 잘 모른다고 하거나 주소나 거소를 거짓으로 하여 소를 제기한 때
② 제1항제4호 내지 제7호의 경우에는

처벌받을 행위에 대하여 유죄의 판결이나 과태료부과의 재판이 확정된 때 또는 증거부족 외의 이유로 유죄의 확정판결이나 과태료부과의 확정재판을 할 수 없을 때에만 재심의 소를 제기할 수 있다.

③ 항소심에서 사건에 대하여 본안판결을 하였을 때에는 제1심 판결에 대하여 재심의 소를 제기하지 못한다.

제452조(기본이 되는 재판의 재심사유) 판결의 기본이 되는 재판에 제451조에 정한 사유가 있을 때에는 그 재판에 대하여 독립된 불복방법이 있는 경우라도 그 사유를 재심의 이유로 삼을 수 있다.

제453조(재심관할법원) ① 재심은 재심을 제기할 판결을 한 법원의 전속관할로 한다.

② 심급을 달리하는 법원이 같은 사건에 대하여 내린 판결에 대한 재심의 소는 상급법원이 관할한다. 다만, 항소심판결과 상고심판결에 각각 독립된 재심사유가 있는 때에는 그러하지 아니하다.

제454조(재심사유에 관한 중간판결) ① 법원은 재심의 소가 적법한지 여부와 재심사유가 있는지 여부에 관한 심리 및 재판을 본안에 관한 심리 및 재판과 분리하여 먼저 시행할 수 있다.

② 제1항의 경우에 법원은 재심사유가 있다고 인정한 때에는 그 취지의 중간판결을 한 뒤 본안에 관하여 심리·재판한다.

제455조(재심의 소송절차) 재심의 소송절차에는 각 심급의 소송절차에 관한 규정을 준용한다.

제456조(재심제기의 기간) ① 재심의 소는 당사자가 판결이 확정된 뒤 재심의 사유를 안 날부터 30일 이내에 제기하여야 한다.

② 제1항의 기간은 불변기간으로 한다.

③ 판결이 확정된 뒤 5년이 지난 때에는 재심의 소를 제기하지 못한다.

④ 재심의 사유가 판결이 확정된 뒤에 생긴 때에는 제3항의 기간은 그 사유가 발생한 날부터 계산한다.

제457조(재심제기의 기간) 대리권의 흠 또는 제451조제1항제10호에 규정한 사항을 이유로 들어 제기하는 재심의 소에는 제456조의 규정을 적용하지 아니한다.

제458조(재심소장의 필수적 기재사항) 재심소장에는 다음 각호의 사항을 적어야 한다.

1. 당사자와 법정대리인
2. 재심할 판결의 표시와 그 판결에 대하여 재심을 청구하는 취지
3. 재심의 이유

제459조(변론과 재판의 범위) ① 본안의 변론과 재판은 재심청구이유의 범위안에서 하여야 한다.

② 재심의 이유는 바꿀 수 있다.

제460조(결과가 정당한 경우의 재심기각) 재심의 사유가 있는 경우라도 판결이 정당하다고 인정한 때에는 법원은 재심의 청구를 기각하여야 한다.

제461조(준재심) 제220조의 조서 또는 즉시항고로 불복할 수 있는 결정이나 명령이 확정된 경우에 제451조제1항에 규정된 사유가 있는 때에는 확정판결에 대한 제451조 내지 제460조의 규정에 준하여 재심을 제기할 수 있다.

제5편 독촉절차

제462조(적용의 요건) 금전, 그 밖에 대체물(代替物)이나 유가증권의 일정한 수량의 지급을 목적으로 하는 청구에 대하여 법원은 채권자의 신청에 따라 지급명령을 할 수 있다. 다만, 대한민국에서 공시송달 외의 방법으로 송달할 수 있는 경우에 한한다.

제463조(관할법원) 독촉절차는 채무자의 보통재판적이 있는 곳의 지방법원이나 제7조 내지 제9조, 제12조 또는 제18조의 규정에 의한 관할법원의 전속관할로 한다.

제464조(지급명령의 신청) 지급명령의 신청에는 그 성질에 어긋나지 아니하면 소에 관한 규정을 준용한다.

제465조(신청의 각하) ① 지급명령의 신청이 제462조 본문 또는 제463조의 규정에 어긋나거나, 신청의 취지로 보아 청구에 정당한 이유가 없는 것이 명백한 때에는 그 신청을 각하하여야 한다. 청구의 일부에 대하여 지급명령을 할 수 없는 때에 그 일부에 대하여도 또한 같다.

② 신청을 각하하는 결정에 대하여는 불복할 수 없다.

제466조(지급명령을 하지 아니하는 경우) ① 채권자는 법원으로부터 채무자의 주소를 보정하라는 명령을 받은 경우에 소제기신청을 할 수 있다.

② 지급명령을 공시송달에 의하지 아니하고는 송달할 수 없거나 외국으로 송달하여야 할 때에는 법원은 직권에 의한 결정으로 사건을 소송절차에 부칠 수 있다.

③ 제2항의 결정에 대하여는 불복할 수 없다.

제467조(일방적 심문) 지급명령은 채무자를 심문하지 아니하고 한다.

제468조(지급명령의 기재사항) 지급명령에는 당사자, 법정대리인, 청구의 취지와 원인을 적고, 채무자가 지급명령이 송달된 날부터 2주 이내에 이의신

청을 할 수 있다는 것을 덧붙여 적어야 한다.

제469조(지급명령의 송달) ① 지급명령은 당사자에게 송달하여야 한다.

② 채무자는 지급명령에 대하여 이의신청을 할 수 있다.

제470조(이의신청의 효력) ① 채무자가 지급명령을 송달받은 날부터 2주 이내에 이의신청을 한 때에는 지급명령은 그 범위안에서 효력을 잃는다.

② 제1항의 기간은 불변기간으로 한다.

제471조(이의신청의 각하) ① 법원은 이의신청이 부적법하다고 인정한 때에는 결정으로 이를 각하하여야 한다.

② 제1항의 결정에 대하여는 즉시항고를 할 수 있다.

제472조(소송으로의 이행) ① 채권자가 제466조제1항의 규정에 따라 소제기신청을 한 경우, 또는 법원이 제466조제2항의 규정에 따라 지급명령신청사건을 소송절차에 부치는 결정을 한 경우에는 지급명령을 신청한 때에 소가 제기된 것으로 본다.

② 채무자가 지급명령에 대하여 적법한 이의신청을 한 경우에는 지급명령을 신청한 때에 이의신청된 청구목적의 값에 관하여 소가 제기된 것으로 본다.

제473조(소송으로의 이행에 따른 처리) ① 제472조의 규정에 따라 소가 제기된 것으로 보는 경우, 지급명령을 발령한 법원은 채권자에게 상당한 기간을 정하여, 소를 제기하는 경우 소장에 붙여야 할 인지액에서 소제기신청 또는 지급명령신청시에 붙인 인지액을 뺀 액수의 인지를 보정하도록 명하여야 한다.

② 채권자가 제1항의 기간 이내에 인지를 보정하지 아니한 때에는 위 법원은 결정으로 지급명령신청서를 각하하여야 한다. 이 결정에 대하여는 즉시항고를 할 수 있다.

③ 제1항에 규정된 인지가 보정되면 법원사무관 등은 바로 소송기록을 관할법원에 보내야 한다. 이 경우 사건이 합의부의 관할에 해당되면 법원사무관 등은 바로 소송기록을 관할법원 합의부에 보내야 한다.

④ 제472조의 경우 독촉절차의 비용은 소송비용의 일부로 한다.

제474조(지급명령의 효력) 지급명령에 대하여 이의신청이 없거나, 이의신청을 취하하거나, 각하결정이 확정된 때에는 지급명령은 확정판결과 같은 효력이 있다.

제6편 공시최고절차

제475조(공시최고의 적용범위) 공시최고(公示催告)는 권리 또는 청구의 신고

를 하지 아니하면 그 권리를 잃게 될 것을 법률로 정한 경우에만 할 수 있다.

제476조(공시최고절차를 관할하는 법원) ① 공시최고는 법률에 다른 규정이 있는 경우를 제외하고는 권리자의 보통재판적이 있는 곳의 지방법원이 관할한다. 다만, 등기 또는 등록을 말소하기 위한 공시최고는 그 등기 또는 등록을 한 공공기관이 있는 곳의 지방법원에 신청할 수 있다.

② 제492조의 경우에는 증권이나 증서에 표시된 이행지의 지방법원이 관할한다. 다만, 증권이나 증서에 이행지의 표시가 없는 때에는 발행인의 보통재판적이 있는 곳의 지방법원이, 그 법원이 없는 때에는 발행 당시에 발행인의 보통재판적이 있었던 곳의 지방법원이 각각 관할한다.

③ 제1항 및 제2항의 관할은 전속관할로 한다.

제477조(공시최고의 신청) ① 공시최고의 신청에는 그 신청의 이유와 제권판결(除權判決)을 청구하는 취지를 밝혀야 한다.

② 제1항의 신청은 서면으로 하여야 한다.

③ 법원은 여러 개의 공시최고를 병합하도록 명할 수 있다.

제478조(공시최고의 허가여부) ① 공시최고의 허가여부에 대한 재판은 결정으로 한다. 허가하지 아니하는 결정에 대하여는 즉시항고를 할 수 있다.

② 제1항의 경우에는 신청인을 심문할 수 있다.

제479조(공시최고의 기재사항) ① 공시최고의 신청을 허가한 때에는 법원은 공시최고를 하여야 한다.

② 공시최고에는 다음 각호의 사항을 적어야 한다.

1. 신청인의 표시
2. 공시최고기일까지 권리 또는 청구의 신고를 하여야 한다는 최고
3. 신고를 하지 아니하면 권리를 잃게 될 사항
4. 공시최고기일

제480조(공고방법) 공시최고는 대법원규칙이 정하는 바에 따라 공고하여야 한다.

제481조(공시최고기간) 공시최고의 기간은 공고가 끝난 날부터 3월 뒤로 정하여야 한다.

제482조(제권판결전의 신고) 공시최고기일이 끝난 뒤에도 제권판결에 앞서 권리 또는 청구의 신고가 있는 때에는 그 권리를 잃지 아니한다.

제483조(신청인의 불출석과 새 기일의 지정) ① 신청인이 공시최고기일에 출석하지 아니하거나, 기일변경신청을 하

는 때에는 법원은 1회에 한하여 새 기일을 정하여 주어야 한다.

② 제1항의 새 기일은 공시최고기일부터 2월을 넘기지 아니하여야 하며, 공고는 필요로 하지 아니한다.

제484조(취하간주) 신청인이 제483조의 새 기일에 출석하지 아니한 때에는 공시최고신청을 취하한 것으로 본다.

제485조(신고가 있는 경우) 신청이유로 내세운 권리 또는 청구를 다투는 신고가 있는 때에는 법원은 그 권리에 대한 재판이 확정될 때까지 공시최고절차를 중지하거나, 신고한 권리를 유보하고 제권판결을 하여야 한다.

제486조(신청인의 진술의무) 공시최고의 신청인은 공시최고기일에 출석하여 그 신청을 하게 된 이유와 제권판결을 청구하는 취지를 진술하여야 한다.

제487조(제권판결) ① 법원은 신청인이 진술을 한 뒤에 제권판결신청에 정당한 이유가 없다고 인정할 때에는 결정으로 신청을 각하하여야 하며, 이유가 있다고 인정할 때에는 제권판결을 선고하여야 한다.

② 법원은 제1항의 재판에 앞서 직권으로 사실을 탐지할 수 있다.

제488조(불복신청) 제권판결의 신청을 각하한 결정이나, 제권판결에 덧붙인 제한 또는 유보에 대하여는 즉시항고를 할 수 있다.

제489조(제권판결의 공고) 법원은 제권판결의 요지를 대법원규칙이 정하는 바에 따라 공고할 수 있다.

제490조(제권판결에 대한 불복소송) ① 제권판결에 대하여는 상소를 하지 못한다.

② 제권판결에 대하여는 다음 각호 가운데 어느 하나에 해당하면 신청인에 대한 소로써 최고법원에 불복할 수 있다.

1. 법률상 공시최고절차를 허가하지 아니할 경우일 때
2. 공시최고의 공고를 하지 아니하였거나, 법령이 정한 방법으로 공고를 하지 아니한 때
3. 공시최고기간을 지키지 아니한 때
4. 판결을 한 판사가 법률에 따라 직무집행에서 제척된 때
5. 전속관할에 관한 규정에 어긋난 때
6. 권리 또는 청구의 신고가 있음에도 법률에 어긋나는 판결을 한 때
7. 거짓 또는 부정한 방법으로 제권판결을 받은 때
8. 제451조제1항제4호 내지 제8호의 재심사유가 있는 때

제491조(소제기기간) ① 제490조제2항의 소는 1월 이내에 제기하여야 한다.

② 제1항의 기간은 불변기간으로 한다.

③ 제1항의 기간은 원고가 제권판결이 있다는 것을 안 날부터 계산한다. 다만, 제490조제2항제4호·제7호 및 제8호의 사유를 들어 소를 제기하는 경우에는 원고가 이러한 사유가 있음을 안 날부터 계산한다.

④ 이 소는 제권판결이 선고된 날부터 3년이 지나면 제기하지 못한다.

제492조(증권의 무효선고를 위한 공시최고) ① 도난·분실되거나 없어진 증권, 그 밖에 상법에서 무효로 할 수 있다고 규정한 증서의 무효선고를 청구하는 공시최고절차에는 제493조 내지 제497조의 규정을 적용한다.

② 법률상 공시최고를 할 수 있는 그 밖의 증서에 관하여 그 법률에 특별한 규정이 없으면 제1항의 규정을 적용한다.

제493조(증서에 관한 공시최고신청권자) 무기명증권 또는 배서(背書)로 이전할 수 있거나 약식배서(略式背書)가 있는 증권 또는 증서에 관하여는 최종소지인이 공시최고절차를 신청할 수 있으며, 그 밖의 증서에 관하여는 그 증서에 따라서 권리를 주장할 수 있는 사람이 공시최고절차를 신청할 수 있다.

제494조(신청사유의 소명) ① 신청인은 증서의 등본을 제출하거나 또는 증서의 존재 및 그 중요한 취지를 충분히 알리기에 필요한 사항을 제시하여야 한다.

② 신청인은 증서가 도난·분실되거나 없어진 사실과, 그 밖에 공시최고절차를 신청할 수 있는 이유가 되는 사실 등을 소명하여야 한다.

제495조(신고최고, 실권경고) 공시최고에는 공시최고기일까지 권리 또는 청구의 신고를 하고 그 증서를 제출하도록 최고하고, 이를 게을리 하면 권리를 잃게 되어 증서의 무효가 선고된다는 것을 경고하여야 한다.

제496조(제권판결의 선고) 제권판결에서는 증권 또는 증서의 무효를 선고하여야 한다.

제497조(제권판결의 효력) 제권판결이 내려진 때에는 신청인은 증권 또는 증서에 따라 의무를 지는 사람에게 증권 또는 증서에 따른 권리를 주장할 수 있다.

제7편 판결의 확정 및 집행정지

제498조(판결의 확정시기) 판결은 상소를 제기할 수 있는 기간 또는 그 기간 이내에 적법한 상소제기가 있을 때에는 확정되지 아니한다.

제499조(판결확정증명서의 부여자) ① 원고 또는 피고가 판결확정증명서를 신청한 때에는 제1심 법원의 법원사무관등이 기록에 따라 내어 준다.

② 소송기록이 상급심에 있는 때에는

상급법원의 법원사무관등이 그 확정부분에 대하여만 증명서를 내어 준다.

제500조(재심 또는 상소의 추후보완신청으로 말미암은 집행정지) ① 재심 또는 제173조에 따른 상소의 추후보완신청이 있는 경우에 불복하는 이유로 내세운 사유가 법률상 정당한 이유가 있다고 인정되고, 사실에 대한 소명이 있는 때에는 법원은 당사자의 신청에 따라 담보를 제공하게 하거나 담보를 제공하지 아니하게 하고 강제집행을 일시정지하도록 명할 수 있으며, 담보를 제공하게 하고 강제집행을 실시하도록 명하거나 실시한 강제처분을 취소하도록 명할 수 있다.

② 담보없이 하는 강제집행의 정지는 그 집행으로 말미암아 보상할 수 없는 손해가 생기는 것을 소명한 때에만 한다.

③ 제1항 및 제2항의 재판은 변론없이 할 수 있으며, 이 재판에 대하여는 불복할 수 없다.

④ 상소의 추후보완신청의 경우에 소송기록이 원심법원에 있으면 그 법원이 제1항 및 제2항의 재판을 한다.

제501조(상소제기 또는 변경의 소제기로 말미암은 집행정지) 가집행의 선고가 붙은 판결에 대하여 상소를 한 경우 또는 정기금의 지급을 명한 확정판결에 대하여 제252조제1항의 규정에 따른 소를 제기한 경우에는 제500조의 규정을 준용한다.

제502조(담보를 공탁할 법원) ① 이 편의 규정에 의한 담보의 제공이나 공탁은 원고나 피고의 보통재판적이 있는 곳의 지방법원 또는 집행법원에 할 수 있다.

② 담보를 제공하거나 공탁을 한 때에는 법원은 당사자의 신청에 따라서 증명서를 주어야 한다.

③ 이 편에 규정된 담보에는 달리 규정이 있는 경우를 제외하고는 제122조·제123조·제125조 및 제126조의 규정을 준용한다.

부칙〈제6626호, 2002. 1. 26.〉

제1조 (시행일) 이 법은 2002년 7월 1일부터 시행한다.

제2조 (계속사건에 관한 경과조치) 이 법은 특별한 규정이 없으면 이 법 시행 당시 법원에 계속중인 사건에도 적용한다. 다만, 이 법 시행 전의 소송행위의 효력에는 영향을 미치지 아니한다.

제3조 (법 적용의 시간적 범위) 이 법은 이 법 시행 이전에 생긴 사항에도 적용한다. 다만, 종전의 규정에 따라 생긴 효력에는 영향을 미치지 아니한다.

제4조 (관할에 관한 경과조치) 이 법 시행 당시 법원에 계속중인 사건은 이

법에 따라 관할권이 없는 경우에도 종전의 규정에 따라 관할권이 있으면 그에 따른다.

제5조 (법정기간에 관한 경과조치) 이 법 시행전부터 진행된 법정기간과 그 계산은 종전의 규정에 따른다.

제6조(다른 법률의 개정) ① 가사소송법중 다음과 같이 개정한다.

제3조제2항중 "민사소송법 제25조"를 "민사소송법 제28조"로 한다.

제12조 단서중 "민사소송법 제138조, 동법 제139조제1항, 동법 제257조, 동법 제259조, 동법 제320조, 동법 제321조의 규정 및 동법 제206조중 청구의 인낙에 관한 규정, 동법 제261조중 자백에 관한 규정"을 "민사소송법 제147조제2항·동법 제149조·동법 제150조제1항·동법 제284조제1항·동법 제285조·동법 제349조·동법 제350조·동법 제410조의 규정 및 동법 제220조중 청구의 인낙에 관한 규정, 동법 제288조중 자백에 관한 규정"으로 한다.

제15조제1항중 "민사소송법 제63조의2 또는 제234조의2"를 "민사소송법 제68조 또는 제260조"로 한다.

② 가정폭력범죄의처벌등에관한특례법 중 다음과 같이 개정한다.

제58조제4항중 "민사소송법 제199조제3항·제201조·제473조 및 제474조"를 "민사소송법 제213조제3항·제215조·제500조 및 제501조"로 한다.

③ 공장저당법중 다음과 같이 개정한다.

제29조제2항중 "민사소송법 제25조"를 "민사소송법 제28조"로 한다.

④ 공증인법중 다음과 같이 개정한다.

제56조의4제3항중 "민사소송법 제163조제2항, 동법 제165조제1항, 동법 제166조 내지 제170조, 동법 제172조 및 동법 제178조"를 "민사소송법 제176조제2항, 동법 제178조제1항, 동법 제179조 내지 제183조, 동법 제186조 및 동법 제193조"로 한다.

⑤ 공직선거및선거부정방지법중 다음과 같이 개정한다.

제227조 단서중 "민사소송법 제135조(화해의 권고), 제138조(실기한 공격, 방어방법의 각하), 제139조(의제자백)제1항, 제206조(화해, 포기, 인낙조서의 효력), 제259조(준비절차종결의 효과) 및 제261조(불요증사실)"를 "민사소송법 제145조(화해의 권고), 제147조(제출기간의 제한)제2항, 제149조(실기한 공격·방어방법의 각하), 제150조(자백간주)제1항, 제220조(화해, 청구의 포기·인낙조서의 효력), 제225조(결정에 의한 화해권고), 제226조(결정에 대한 이의신청), 제227조(이의신청의 방식), 제228조(이의신청의 취

하), 제229조(이의신청권의 포기), 제230조(이의신청의 각하), 제231조(화해권고결정의 효력), 제232조(이의신청에 의한 소송복귀 등), 제284조(변론준비절차의 종결)제1항, 제285조(변론준비기일을 종결한 효과) 및 제288조(불요증사실)"로 한다.

⑥ 국가채권관리법중 다음과 같이 개정한다.

제30조중 "민사소송법 제355조"를 "민사소송법 제385조"로 한다.

⑦ 국민투표법중 다음과 같이 개정한다.
제95조 단서중 "민사소송법중 제135조 · 제138조 · 제139조제1항 · 제206조 · 제259조와 제261조"를 "민사소송법중 제145조 · 제147조제2항 · 제149조 · 제150조제1항 · 제220조 · 제225조 내지 제232조 · 제284조제1항 · 제285조 및 제288조"로 한다.

⑧ 마약류불법거래방지에관한특례법중 다음과 같이 개정한다.
제60조 후단중 "민사소송법 제179조제1항"을 "민사소송법 제194조제1항"으로, "같은 법 제181조제1항 본문 및 제2항"을 "같은 법 제196조제1항 본문 및 제2항"으로 한다.

⑨ 민사조정법중 다음과 같이 개정한다.
제3조제1항제1호중 "민사소송법 제2조 내지 제5조"를 "민사소송법 제3조 내지 제6조"로 한다.

제17조제4항중 "민사소송법 제234조의2"를 "민사소송법 제260조"로 한다.

제34조제3항 후단중 "민사소송법 제239조제3항 내지 제6항"을 "민사소송법 제266조제3항 내지 제6항"으로 한다.

제38조제1항중 "민사소송법 제47조, 제48조, 제51조 내지 제56조(다만, 제54조제1항 후단은 제외한다), 제58조, 제59조제1항, 제60조, 제80조 및 제135조"를 "민사소송법 제51조, 제52조, 제55조 내지 제60조(다만, 제58조제1항 후단을 제외한다), 제62조, 제63조제1항, 제64조, 제87조, 제88조, 제145조 및 제152조제2항 · 제3항"으로 하고, 동조제2항 단서중 "민사소송법 제171조제2항, 제171조의2제2항, 제173조, 제179조 내지 제181조"를 "민사소송법 제185조제2항, 제187조, 제194조 내지 제196조"로 한다.

⑩ 반도체집적회로의배치설계에관한법률중 다음과 같이 개정한다.
제41조중 "민사소송법 제9조"를 "민사소송법 제11조"로 한다.

⑪ 비송사건절차법중 다음과 같이 개정한다.
제7조제1항중 "민사소송법 제81조"를 "민사소송법 제89조"로 한다.

제8조중 "민사소송법 제150조"를 "민

사소송법 제161조"로 한다.

제27조중 "민사소송법 제93조"를 "민사소송법 제102조"로 한다.

제29조제3항중 "민사소송법 제418조와 제473조"를 "민사소송법 제448조와 제500조"로 한다.

제51조중 "민사소송법 제89조"를 "민사소송법 제98조"로 한다.

제97조중 "민사소송법 제110조제1항과 동법 제111조 내지 제116조"를 "민사소송법 제120조제1항 및 제121조 내지 제126조"로 한다.

⑫ 상고심절차에관한특례법중 다음과 같이 개정한다.

제4조제1항제6호중 "민사소송법 제394조제1항제1호 내지 제5호"를 "민사소송법 제424조제1항제1호 내지 제5호"로 한다.

제5조제1항중 "민사소송법 제399조 본문"을 "민사소송법 제429조 본문"으로 한다.

⑬ 상표법중 다음과 같이 개정한다.

제33조 및 제49조제3항중 "민사소송법 제133조·제271조 및 동법 제339조"를 각각 "민사소송법 제143조·제299조 및 동법 제367조"로 한다.

제83조제2항중 "민사소송법 제422조 및 동법 제424조"를 "민사소송법 제451조 및 동법 제453조"로 한다.

제86조제1항중 "민사소송법 제429조제1항"을 "민사소송법 제459조제1항"으로 한다.

제98조제1항제1호중 "민사소송법 제271조제2항 및 동법 제339조"를 "민사소송법 제299조제2항 및 동법 제367조"로 한다.

⑭ 선박소유자등의책임제한절차에관한법률중 다음과 같이 개정한다.

제59조제4항 후단중 "민사소송법 제63조"를 "민사소송법 제67조"로 한다.

⑮ 소송촉진등에관한특례법중 다음과 같이 개정한다.

제3조제1항 단서중 "민사소송법 제229조"를 "민사소송법 제251조"로 한다.

제31조제4항중 "민사소송법 제199조제3항·제201조·제473조 및 제474조"를 "민사소송법 제213조제3항·제215조·제500조 및 제501조"로 한다.

⑯ 실용신안법중 다음과 같이 개정한다.

제86조제1항제1호중 "민사소송법 제271조제2항 및 동법 제339조"를 "민사소송법 제299조제2항 및 동법 제367조"로 한다.

⑰ 예금자보호법중 다음과 같이 개정한다.

제21조의2제4항 후단중 "민사소송법 제65조 내지 제71조"를 "민사소송법 제71조 내지 제77조"로 한다.

⑱ 유류오염손해배상보장법중 다음과 같이 개정한다.

제25조제2항중 "민사소송법 제72조"를 "민사소송법 제79조"로 한다.

제26조제2항중 "민사소송법 제78조"를 "민사소송법 제85조"로 한다.

⑲ 의장법중 다음과 같이 개정한다.

제73조제2항중 "민사소송법 제422조 및 동법 제424조"를 "민사소송법 제451조 및 동법 제453조"로 한다.

제88조제1항제1호중 "민사소송법 제271조제2항 및 동법 제339조"를 "민사소송법 제299조제2항 및 동법 제367조"로 한다.

⑳ 종자산업법중 다음과 같이 개정한다.

제10조중 "민사소송법 제54조제2항·제55조·제59조·제80조·제83조·제85조·제87조"를 "민사소송법 제58조제2항·제59조·제63조·제87조·제88조·제92조·제94조·제96조"로 한다.

제48조제2항중 "민사소송법 제133조·제271조 및 동법 제339조"를 "민사소송법 제143조·제299조 및 동법 제367조"로 한다.

제101조제2항중 "민사소송법 제422조 및 동법 제424조제1항"을 "민사소송법 제451조 및 동법 제453조제1항"으로 한다.

제107조제1항중 "민사소송법 제429조 제1항"을 "민사소송법 제459조제1항"으로 한다.

제176조제2항제1호중 "민사소송법 제271조"를 "민사소송법 제299조"로 한다.

㉑ 중재법중 다음과 같이 개정한다.

제39조제2항중 "민사소송법 제203조, 제476조제1항 및 제477조"를 "민사소송법 제217조, 민사집행법 제26조제1항 및 제27조"로 한다.

㉒ 지방교육자치에관한법률중 다음과 같이 개정한다.

제137조 단서중 "민사소송법 제135조(화해의 권고), 제138조(실기한 공격, 방어방법의 각하), 제139조(의제자백)제1항, 제206조(화해, 포기, 인낙조서의 효력), 제259조(준비절차종결의 효과) 및 제261조(불요증사실)"을 "민사소송법 제145조(화해의 권고), 제149조(실기한 공격, 방어방법의 각하), 제150조(자백간주)제1항, 제220조(화해, 청구의 포기·인낙조서의 효력), 제285조(변론준비기일을 종결한 효과) 및 제288조(불요증사실)"로 한다.

㉓ 특허법중 다음과 같이 개정한다.

제13조중 "민사소송법 제9조"를 "민사소송법 제11조"로 한다.

제154조제7항중 "민사소송법 제142조·제143조 및 동법 제145조 내지 제149조"를 "민사소송법 제153조·제154

조 및 동법 제156조 내지 제160조"로 하고, 동조제8항중 "민사소송법 제133조·제271조 및 동법 제339조"를 "민사소송법 제143조·제299조 및 동법 제367조"로 한다.

제165조제2항중 "민사소송법 제89조 내지 제94조·제98조제1항 및 제2항·제99조·제101조·제102조 및 동법 제106조"를 "민사소송법 제98조 내지 제103조, 제107조제1항·제2항, 제108조, 제111조, 제112조 및 동법 제116조"로 하며, 동조제4항중 "민사소송법 제93조"를 "민사소송법 제102조"로 한다.

제178조제2항중 "민사소송법 제422조 및 동법 제424조"를 "민사소송법 제451조 및 동법 제453조"로 한다.

제185조중 "민사소송법 제429조제1항"을 "민사소송법 제459조제1항"으로 한다.

제188조의2제1항중 "민사소송법 제38조 내지 제41조, 제43조 및 제44조"를 "민사소송법 제42조 내지 제45조, 제47조 및 제48조"로 한다.

제232조제1항제1호중 "민사소송법 제271조제2항 및 동법 제339조"를 "민사소송법 제299조제2항 및 동법 제367조"로 한다.

㉔ 화의법중 다음과 같이 개정한다.

제57조제6항·제65조제3항 및 제70조제3항중 "민사소송법 제420조"를 각각 "민사소송법 제449조"로 한다.

㉕ 행정소송법중 다음과 같이 개정한다.

제7조중 "민사소송법 제31조제1항"을 "민사소송법 제34조제1항"으로 한다.

제16조제4항중 "민사소송법 제63조"를 "민사소송법 제67조"로 한다.

제17조제3항중 "민사소송법 제70조"를 "민사소송법 제76조"로 한다.

㉖ 헌법재판소법중 다음과 같이 개정한다.

제24조제6항중 "민사소송법 제40조, 제41조, 제42조제1항·제2항 및 제44조"를 "민사소송법 제44조, 제45조, 제46조제1항·제2항 및 제48조"로 한다.

제41조제3항중 "민사소송법 제231조"를 "민사소송법 제254조"로 한다.

제42조제2항중 "민사소송법 제184조"를 "민사소송법 제199조"로 한다.

㉗ 회사정리법중 다음과 같이 개정한다.

제127조제1항 후단중 "민사소송법 제159조제1항"을 "민사소송법 제172조제1항"으로 한다.

제237조제7항중 "민사소송법 제420조"를 "민사소송법 제449조"로 한다.

제248조제3항중 "민사소송법 제112조, 제113조, 제115조와 제116조"를 "민사소송법 제122조·제123조·제125조 및 제126조"로 한다.

제280조제1항중 "민사소송법 제420조"

를 "민사소송법 제449조"로 한다.

㉘ 농업협동조합의구조개선에관한법률 중 다음과 같이 개정한다.

제21조제4항중 "민사소송법 제65조 내지 제71조"를 "민사소송법 제71조 내지 제77조"로 한다.

㉙ 통신비밀보호법중 다음과 같이 개정한다.

제13조의2중 "민사소송법 제266조"를 "민사소송법 제294조"로 한다.

제7조 (다른 법률과의 관계) 이 법 시행 당시 다른 법률에서 종전의 민사소송법의 규정을 인용한 경우에 이 법중 그에 해당하는 규정이 있는 때에는 이 법의 해당 규정을 인용한 것으로 본다.

부칙〈제7427호, 2005. 3. 31.〉(민법)

제1조 (시행일) 이 법은 공포한 날부터 시행한다. 다만, …생략… 부칙 제7조 (제2항 및 제29항을 제외한다)의 규정은 2008년 1월 1일부터 시행한다.

제2조 내지 제6조 생략

제7조 (다른 법률의 개정) ① 내지 ⑨ 생략

⑩ 민사소송법 일부를 다음과 같이 개정한다.

제41조제2호 및 제314조제1호중 "친족·호주·가족"을 각각 "친족"으로 한다.

⑪내지 ㉙생략

부칙〈제7428호, 2005. 3. 31.〉(채무자 회생 및 파산에 관한 법률)

제1조 (시행일) 이 법은 공포 후 1년이 경과한 날부터 시행한다.

제2조 내지 제4조 생략

제5조 (다른 법률의 개정) ① 내지 ㊴ 생략

㊵ 민사소송법 일부를 다음과 같이 개정한다.

제239조 후단중 "파산법"을 「채무자 회생 및 파산에 관한 법률」로, "파산자"를 "파산선고를 받은 자"로 한다.

제240조 전단중 "파산법"을 「채무자 회생 및 파산에 관한 법률」로 하고, 동조 후단중 "파산자"를 "파산선고를 받은 자"로 한다.

㊶내지 〈145〉생략

제6조 생략

부칙〈제7849호, 2006. 2. 21.〉(제주특별자치도 설치 및 국제자유도시 조성을 위한 특별법)

제1조 (시행일) 이 법은 2006년 7월 1일부터 시행한다. 〈단서 생략〉

제2조 내지 제39조 생략

제40조 (다른 법령의 개정) ① 내지 ⑬ 생략

⑭ 민사소송법 일부를 다음과 같이 개정한다.

제176조제3항·제311조제4항·제342조제2항 및 제366조제3항 후단 중 "경찰공무원"을 각각 "국가경찰공무원"으로 한다.

제182조 중 "경찰관서"를 각각 "국가경찰관서"로 한다.

⑮내지 ㉘생략

제41조 생략

부칙〈제8438호, 2007. 5. 17.〉

이 법은 2008년 1월 1일부터 시행한다.

부칙〈제8499호, 2007. 7. 13.〉

① (시행일) 이 법은 공포 후 1개월이 경과한 날부터 시행한다.

② (전문심리위원에 대한 적용례) 제164조의2부터 제164조의8까지의 개정규정은 이 법 시행 당시 법원에 계속 중인 사건에도 적용한다.

부칙〈제9171호, 2008. 12. 26.〉

① (시행일) 이 법은 공포한 날부터 시행한다.

② (계속사건에 대한 경과조치) 이 법은 이 법 시행 당시 법원에 계속 중인 사건에 대하여도 적용한다.

부칙〈제10373호, 2010. 7. 23.〉

① (시행일) 이 법은 공포 후 3개월이 경과한 날부터 시행한다.

② (적용례) 제117조의 개정규정은 이 법 시행 후 최초로 소송제기되는 경우부터 적용한다.

부칙〈제10629호, 2011. 5. 19.〉(지식재산 기본법)

제1조(시행일) 이 법은 공포 후 2개월이 경과한 날부터 시행한다. <단서 생략>

제2조(다른 법률의 개정) ① 부터 ⑪까지 생략

⑫ 민사소송법 일부를 다음과 같이 개정한다.

제24조의 제목 "(지적재산권 등에 관한 특별재판적)"을 "(지식재산권 등에 관한 특별재판적)"으로 하고, 같은 조 중 "지적재산권(知的財産權)"을 "지식재산권"으로 한다.

제36조의 제목 "(지적재산권 등에 관한 소송의 이송)"을 "(지식재산권 등에 관한 소송의 이송)"으로 하고, 같은 조 제1항 본문 중 "지적재산권"을 "지식재산권"으로 한다.

⑬부터 ㉒까지 생략

부칙〈제10859호, 2011. 7. 18.〉

① (시행일) 이 법은 2015년 1월 1일부터 시행한다.

② (적용례) 제163조의2의 개정규정은 이 법 시행 후 최초로 판결이 확정되는 사건의 판결서부터 적용한다.

부칙〈제12587호, 2014. 5. 20.〉

이 법은 공포한 날부터 시행한다.

부칙〈제12882호, 2014. 12. 30.〉

제1조(시행일) 이 법은 공포 후 6개월이 경과한 날부터 시행한다.

제2조(계속사건에 대한 경과조치) 이 법은 이 법 시행 당시 법원에 계속 중인 사건에 대하여도 적용한다.

부칙〈제13521호, 2015. 12. 1.〉

제1조(시행일) 이 법은 2016년 1월 1일부터 시행한다.

제2조(적용례) 이 법은 이 법 시행 후 최초로 소장이 접수된 사건부터 적용한다.

부칙〈제13952호, 2016. 2. 3.〉

제1조(시행일) 이 법은 공포 후 1년이 경과한 날부터 시행한다.

제2조(계속사건에 관한 적용례 등) 이 법은 특별한 규정이 없으면 이 법 시행 당시 법원에 계속 중인 사건에도 적용한다. 다만, 이 법 시행 전의 소송행위의 효력에는 영향을 미치지 아니한다.

제3조(금치산자 등에 대한 경과조치) 제55조, 제56조 및 제62조의 개정규정에도 불구하고 법률 제10429호 민법 일부개정법률 부칙 제2조에 따라 금치산 또는 한정치산 선고의 효력이 유지되는 사람에 대해서는 종전의 규정에 따른다.

제4조(다른 법률의 개정) ① 민사조정법 일부를 다음과 같이 개정한다.

제38조제1항 중 "제63조제1항"을 "제62조의2, 제63조제1항"으로 한다.

② 민사집행법 일부를 다음과 같이 개정한다.

제52조제3항 중 "민사소송법 제62조제3항 내지 제6항의 규정"을 "「민사소송법」 제62조제2항부터 제5항까지의 규정"으로 한다.

부칙〈제14103호, 2016. 3. 29.〉

제1조(시행일) 이 법은 공포 후 6개월이 경과한 날부터 시행한다.

제2조(계속사건에 관한 경과조치) 이 법은 이 법 시행 당시 법원에 계속 중인 사건에 대하여도 적용한다.

부칙〈제14966호, 2017. 10. 31.〉

제1조(시행일) 이 법은 공포한 날부터 시행한다.

제2조(적용례) 이 법의 개정규정은 이 법 시행 후 최초로 조서 또는 그 밖의 서면을 작성하거나 재판서·조서의 정본·등본·초본을 교부하는 경우부터 적용한다.

부칙〈제17568호, 2020. 12. 8.〉

제1조(시행일) 이 법은 2023년 1월 1일부터 시행한다.

제2조(적용례) 제163조의2의 개정규정은 이 법 시행 후 최초로 판결이 선고되는 사건의 판결서부터 적용한다.

부칙〈제17689호, 2020. 12. 22.〉(국가경찰과 자치경찰의 조직 및 운영에 관한 법률)

제1조(시행일) 이 법은 2021년 1월 1일부터 시행한다.

제2조 부터 제6조까지 생략

제7조(다른 법률의 개정) ① 부터 ㉓까지 생략

㉔ 민사소송법 일부를 다음과 같이 개정한다.

제176조제3항, 제342조제2항 및 제366조제3항 후단 중 "국가경찰공무원에게"를 각각 "경찰공무원에게"로 한다.

제311조제4항 중 "국가경찰공무원이"를 "경찰공무원이"로 한다.

㉕부터 〈53〉까지 생략

제8조 생략

부칙〈제18396호, 2021. 8. 17.〉

제1조(시행일) 이 법은 공포 후 3개월이 경과한 날부터 시행한다.

제2조(계속사건에 대한 경과조치) 이 법은 이 법 시행 당시 법원에 계속 중인 사건에 대하여도 적용한다.

부칙〈제19354호, 2023. 4. 18.〉

제1조(시행일) 이 법은 공포 후 6개월이 경과한 날부터 시행한다.

제2조(소송구조에 관한 적용례) 제128조제2항의 개정규정은 이 법 시행 이후 소송구조를 신청한 경우부터 적용한다.

제3조(소권 및 항소권의 남용에 관한 적용례) 제194조제4항, 제219조의2, 제248조의 개정규정은 이 법 시행 이후 소 및 항소를 제기한 경우부터 적용한다.

제4조(다른 법률의 개정) 가사소송법 일부를 다음과 같이 개정한다.

제37조의2제2항 본문 중 "「민사소송법」 제128조제2항부터 제4항까지"를 "「민사소송법」 제128조제3항부터 제5항까지"로 한다.

상법

[시행 2020. 12. 29.] [법률 제17764호, 2020. 12. 29., 일부개정]

제1편 총칙

제1장 통칙

제1조(상사적용법규) 상사에 관하여 본법에 규정이 없으면 상관습법에 의하고 상관습법이 없으면 민법의 규정에 의한다.

제2조(공법인의 상행위) 공법인의 상행위에 대하여는 법령에 다른 규정이 없는 경우에 한하여 본법을 적용한다.

제3조(일방적 상행위) 당사자중 그 1인의 행위가 상행위인 때에는 전원에 대하여 본법을 적용한다.

제2장 상인

제4조(상인-당연상인) 자기명의로 상행위를 하는 자를 상인이라 한다.

제5조(동전-의제상인) ① 점포 기타 유사한 설비에 의하여 상인적 방법으로 영업을 하는 자는 상행위를 하지 아니하더라도 상인으로 본다.   •

② 회사는 상행위를 하지 아니하더라도 전항과 같다.

제6조(미성년자의 영업과 등기) 미성년자가 법정대리인의 허락을 얻어 영업을 하는 때에는 등기를 하여야 한다.

제7조(미성년자와 무한책임사원) 미성년자가 법정대리인의 허락을 얻어 회사의 무한책임사원이 된 때에는 그 사원자격으로 인한 행위에는 능력자로 본다.

제8조(법정대리인에 의한 영업의 대리) ① 법정대리인이 미성년자, 피한정후견인 또는 피성년후견인을 위하여 영업을 하는 때에는 등기를 하여야 한다.

② 법정대리인의 대리권에 대한 제한은 선의의 제3자에게 대항하지 못한다.

제9조(소상인) 지배인, 상호, 상업장부와 상업등기에 관한 규정은 소상인에게 적용하지 아니한다.

제3장 상업사용인

제10조(지배인의 선임) 상인은 지배인을 선임하여 본점 또는 지점에서 영업을 하게 할 수 있다.

제11조(지배인의 대리권) ① 지배인은 영업주에 갈음하여 그 영업에 관한 재판상 또는 재판외의 모든 행위를 할 수 있다.

② 지배인은 지배인이 아닌 점원 기타 사용인을 선임 또는 해임할 수 있다.

③ 지배인의 대리권에 대한 제한은 선의의 제3자에게 대항하지 못한다.

제12조(공동지배인) ① 상인은 수인의 지배인에게 공동으로 대리권을 행사하게 할 수 있다.

② 전항의 경우에 지배인 1인에 대한 의사표시는 영업주에 대하여 그 효력이 있다.

제13조(지배인의 등기) 상인은 지배인의 선임과 그 대리권의 소멸에 관하여 그 지배인을 둔 본점 또는 지점소재지에서 등기하여야 한다. 전조제1항에 규정한 사항과 그 변경도 같다.

제14조(표현지배인) ① 본점 또는 지점의 본부장, 지점장, 그 밖에 지배인으로 인정될 만한 명칭을 사용하는 자는 본점 또는 지점의 지배인과 동일한 권한이 있는 것으로 본다. 다만, 재판상 행위에 관하여는 그러하지 아니하다.

② 제1항은 상대방이 악의인 경우에는 적용하지 아니한다.

제15조(부분적 포괄대리권을 가진 사용인) ① 영업의 특정한 종류 또는 특정한 사항에 대한 위임을 받은 사용인은 이에 관한 재판외의 모든 행위를 할 수 있다.

② 제11조제3항의 규정은 전항의 경우에 준용한다.

제16조(물건판매점포의 사용인) ① 물건을 판매하는 점포의 사용인은 그 판매에 관한 모든 권한이 있는 것으로 본다.

② 제14조제2항의 규정은 전항의 경우에 준용한다.

제17조(상업사용인의 의무) ① 상업사용인은 영업주의 허락없이 자기 또는 제3자의 계산으로 영업주의 영업부류에 속한 거래를 하거나 회사의 무한책임사원, 이사 또는 다른 상인의 사용인이 되지 못한다.

② 상업사용인이 전항의 규정에 위반하여 거래를 한 경우에 그 거래가 자기의 계산으로 한 것인 때에는 영업주는 이를 영업주의 계산으로 한 것으로 볼 수 있고 제3자의 계산으로 한 것인 때에는 영업주는 사용인에 대하여 이로 인한 이득의 양도를 청구할 수 있다.

③ 전항의 규정은 영업주로부터 사용인에 대한 계약의 해지 또는 손해배상

의 청구에 영향을 미치지 아니한다.

④ 제2항에 규정한 권리는 영업주가 그 거래를 안 날로부터 2주간을 경과하거나 그 거래가 있은 날로부터 1년을 경과하면 소멸한다.

제4장 상호

제18조(상호선정의 자유) 상인은 그 성명 기타의 명칭으로 상호를 정할 수 있다.

제19조(회사의 상호) 회사의 상호에는 그 종류에 따라 합명회사, 합자회사, 유한책임회사, 주식회사 또는 유한회사의 문자를 사용하여야 한다.

제20조(회사상호의 부당사용의 금지) 회사가 아니면 상호에 회사임을 표시하는 문자를 사용하지 못한다. 회사의 영업을 양수한 경우에도 같다.

제21조(상호의 단일성) ① 동일한 영업에는 단일상호를 사용하여야 한다.

② 지점의 상호에는 본점과의 종속관계를 표시하여야 한다.

제22조(상호등기의 효력) 타인이 등기한 상호는 동일한 특별시·광역시·시·군에서 동종영업의 상호로 등기하지 못한다.

제22조의2(상호의 가등기) ① 유한책임회사, 주식회사 또는 유한회사를 설립하고자 할 때에는 본점의 소재지를 관할하는 등기소에 상호의 가등기를 신청할 수 있다.

② 회사는 상호나 목적 또는 상호와 목적을 변경하고자 할 때에는 본점의 소재지를 관할하는 등기소에 상호의 가등기를 신청할 수 있다.

③ 회사는 본점을 이전하고자 할 때에는 이전할 곳을 관할하는 등기소에 상호의 가등기를 신청할 수 있다.

④ 상호의 가등기는 제22조의 적용에 있어서는 상호의 등기로 본다.

⑤ 삭제 <2007. 8. 3.>

제23조(주체를 오인시킬 상호의 사용금지) ① 누구든지 부정한 목적으로 타인의 영업으로 오인할 수 있는 상호를 사용하지 못한다.

② 제1항의 규정에 위반하여 상호를 사용하는 자가 있는 경우에 이로 인하여 손해를 받을 염려가 있는 자 또는 상호를 등기한 자는 그 폐지를 청구할 수 있다.

③ 제2항의 규정은 손해배상의 청구에 영향을 미치지 아니한다.

④ 동일한 특별시·광역시·시·군에서 동종영업으로 타인이 등기한 상호를 사용하는 자는 부정한 목적으로 사용하는 것으로 추정한다.

제24조(명의대여자의 책임) 타인에게 자기의 성명 또는 상호를 사용하여 영업

을 할 것을 허락한 자는 자기를 영업주로 오인하여 거래한 제3자에 대하여 그 타인과 연대하여 변제할 책임이 있다.

제25조(상호의 양도) ① 상호는 영업을 폐지하거나 영업과 함께 하는 경우에 한하여 이를 양도할 수 있다.

② 상호의 양도는 등기하지 아니하면 제3자에게 대항하지 못한다.

제26조(상호불사용의 효과) 상호를 등기한 자가 정당한 사유없이 2년간 상호를 사용하지 아니하는 때에는 이를 폐지한 것으로 본다.

제27조(상호등기의 말소청구) 상호를 변경 또는 폐지한 경우에 2주간내에 그 상호를 등기한 자가 변경 또는 폐지의 등기를 하지 아니하는 때에는 이해관계인은 그 등기의 말소를 청구할 수 있다.

제28조(상호 부정사용에 대한 제재) 제20조와 제23조제1항에 위반한 자는 200만원 이하의 과태료에 처한다.

제5장 상업장부

제29조(상업장부의 종류 · 작성원칙) ① 상인은 영업상의 재산 및 손익의 상황을 명백히 하기 위하여 회계장부 및 대차대조표를 작성하여야 한다.

② 상업장부의 작성에 관하여 이 법에 규정한 것을 제외하고는 일반적으로 공정 · 타당한 회계관행에 의한다.

제30조(상업장부의 작성방법) ① 회계장부에는 거래와 기타 영업상의 재산에 영향이 있는 사항을 기재하여야 한다.

② 상인은 영업을 개시한 때와 매년 1회 이상 일정시기에, 회사는 성립한 때와 매 결산기에 회계장부에 의하여 대차대조표를 작성하고, 작성자가 이에 기명날인 또는 서명하여야 한다.

제31조 삭제 <2010. 5. 14.>

제32조(상업장부의 제출) 법원은 신청에 의하여 또는 직권으로 소송당사자에게 상업장부 또는 그 일부분의 제출을 명할 수 있다.

제33조(상업장부등의 보존) ① 상인은 10년간 상업장부와 영업에 관한 중요서류를 보존하여야 한다. 다만, 전표 또는 이와 유사한 서류는 5년간 이를 보존하여야 한다.

② 전항의 기간은 상업장부에 있어서는 그 폐쇄한 날로부터 기산한다.

③ 제1항의 장부와 서류는 마이크로필름 기타의 전산정보처리조직에 의하여 이를 보존할 수 있다.

④ 제3항의 규정에 의하여 장부와 서류를 보존하는 경우 그 보존방법 기타 필요한 사항은 대통령령으로 정한다.

제6장 상업등기

제34조(통칙) 이 법에 따라 등기할 사항은 당사자의 신청에 의하여 영업소의 소재지를 관할하는 법원의 상업등기부에 등기한다.

제34조의2 삭제 <2007. 8. 3.>

제35조(지점소재지에서의 등기) 본점의 소재지에서 등기할 사항은 다른 규정이 없으면 지점의 소재지에서도 등기하여야 한다.

제36조 삭제 <1995. 12. 29.>

제37조(등기의 효력) ① 등기할 사항은 이를 등기하지 아니하면 선의의 제3자에게 대항하지 못한다.

② 등기한 후라도 제3자가 정당한 사유로 인하여 이를 알지 못한 때에는 제1항과 같다.

제38조(지점소재지에서의 등기의 효력) 지점의 소재지에서 등기할 사항을 등기하지 아니한 때에는 전조의 규정은 그 지점의 거래에 한하여 적용한다.

제39조(부실의 등기) 고의 또는 과실로 인하여 사실과 상위한 사항을 등기한 자는 그 상위를 선의의 제3자에게 대항하지 못한다.

제40조(변경, 소멸의 등기) 등기한 사항에 변경이 있거나 그 사항이 소멸한 때에는 당사자는 지체없이 변경 또는 소멸의 등기를 하여야 한다.

제7장 영업양도

제41조(영업양도인의 경업금지) ① 영업을 양도한 경우에 다른 약정이 없으면 양도인은 10년간 동일한 특별시·광역시·시·군과 인접 특별시·광역시·시·군에서 동종영업을 하지 못한다.

② 양도인이 동종영업을 하지 아니할 것을 약정한 때에는 동일한 특별시·광역시·시·군과 인접 특별시·광역시·시·군에 한하여 20년을 초과하지 아니한 범위내에서 그 효력이 있다.

제42조(상호를 속용하는 양수인의 책임) ① 영업양수인이 양도인의 상호를 계속사용하는 경우에는 양도인의 영업으로 인한 제3자의 채권에 대하여 양수인도 변제할 책임이 있다.

② 전항의 규정은 양수인이 영업양도를 받은 후 지체없이 양도인의 채무에 대한 책임이 없음을 등기한 때에는 적용하지 아니한다. 양도인과 양수인이 지체없이 제3자에 대하여 그 뜻을 통지한 경우에 그 통지를 받은 제3자에 대하여도 같다.

제43조(영업양수인에 대한 변제) 전조 제1항의 경우에 양도인의 영업으로 인한 채권에 대하여 채무자가 선의이며 중대한 과실없이 양수인에게 변제한 때에는 그 효력이 있다.

제44조(채무인수를 광고한 양수인의 책임) 영업양수인이 양도인의 상호를 계속사용하지 아니하는 경우에 양도인의 영업으로 인한 채무를 인수한 것을 광고한 때에는 양수인도 변제할 책임이 있다.

제45조(영업양도인의 책임의 존속기간) 영업양수인이 제42조제1항 또는 전조의 규정에 의하여 변제의 책임이 있는 경우에는 양도인의 제3자에 대한 채무는 영업양도 또는 광고후 2년이 경과하면 소멸한다.

제2편 상행위

제1장 통칙

제46조(기본적 상행위) 영업으로 하는 다음의 행위를 상행위라 한다. 그러나 오로지 임금을 받을 목적으로 물건을 제조하거나 노무에 종사하는 자의 행위는 그러하지 아니하다.
1. 동산, 부동산, 유가증권 기타의 재산의 매매
2. 동산, 부동산, 유가증권 기타의 재산의 임대차
3. 제조, 가공 또는 수선에 관한 행위
4. 전기, 전파, 가스 또는 물의 공급에 관한 행위
5. 작업 또는 노무의 도급의 인수
6. 출판, 인쇄 또는 촬영에 관한 행위
7. 광고, 통신 또는 정보에 관한 행위
8. 수신·여신·환 기타의 금융거래
9. 공중(公衆)이 이용하는 시설에 의한 거래
10. 상행위의 대리의 인수
11. 중개에 관한 행위
12. 위탁매매 기타의 주선에 관한 행위
13. 운송의 인수
14. 임치의 인수
15. 신탁의 인수
16. 상호부금 기타 이와 유사한 행위
17. 보험
18. 광물 또는 토석의 채취에 관한 행위
19. 기계, 시설, 그 밖의 재산의 금융리스에 관한 행위
20. 상호·상표 등의 사용허락에 의한 영업에 관한 행위
21. 영업상 채권의 매입·회수 등에 관한 행위
22. 신용카드, 전자화폐 등을 이용한 지급결제 업무의 인수

제47조(보조적 상행위) ① 상인이 영업을 위하여 하는 행위는 상행위로 본다. ② 상인의 행위는 영업을 위하여 하는 것으로 추정한다.

제48조(대리의 방식) 상행위의 대리인이 본인을 위한 것임을 표시하지 아니하여도 그 행위는 본인에 대하여 효력이 있다. 그러나 상대방이 본인을 위한

것임을 알지 못한 때에는 대리인에 대하여도 이행의 청구를 할 수 있다.

제49조(위임) 상행위의 위임을 받은 자는 위임의 본지에 반하지 아니한 범위 내에서 위임을 받지 아니한 행위를 할 수 있다.

제50조(대리권의 존속) 상인이 그 영업에 관하여 수여한 대리권은 본인의 사망으로 인하여 소멸하지 아니한다.

제51조(대화자간의 청약의 구속력) 대화자간의 계약의 청약은 상대방이 즉시 승낙하지 아니한 때에는 그 효력을 잃는다.

제52조 삭제 <2010. 5. 14.>

제53조(청약에 대한 낙부통지의무) 상인이 상시 거래관계에 있는 자로부터 그 영업부류에 속한 계약의 청약을 받은 때에는 지체없이 낙부의 통지를 발송하여야 한다. 이를 해태한 때에는 승낙한 것으로 본다.

제54조(상사법정이율) 상행위로 인한 채무의 법정이율은 연 6분으로 한다.

제55조(법정이자청구권) ① 상인이 그 영업에 관하여 금전을 대여한 경우에는 법정이자를 청구할 수 있다.

② 상인이 그 영업범위 내에서 타인을 위하여 금전을 체당(替當)하였을 때에는 체당한 날 이후의 법정이자를 청구할 수 있다.

제56조(지점거래의 채무이행장소) 채권자의 지점에서의 거래로 인한 채무이행의 장소가 그 행위의 성질 또는 당사자의 의사표시에 의하여 특정되지 아니한 경우 특정물 인도 외의 채무이행은 그 지점을 이행장소로 본다.

제57조(다수채무자간 또는 채무자와 보증인의 연대) ① 수인이 그 1인 또는 전원에게 상행위가 되는 행위로 인하여 채무를 부담한 때에는 연대하여 변제할 책임이 있다.

② 보증인이 있는 경우에 그 보증이 상행위이거나 주채무가 상행위로 인한 것인 때에는 주채무자와 보증인은 연대하여 변제할 책임이 있다.

제58조(상사유치권) 상인간의 상행위로 인한 채권이 변제기에 있는 때에는 채권자는 변제를 받을 때까지 그 채무자에 대한 상행위로 인하여 자기가 점유하고 있는 채무자소유의 물건 또는 유가증권을 유치할 수 있다. 그러나 당사자간에 다른 약정이 있으면 그러하지 아니하다.

제59조(유질계약의 허용) 민법 제339조의 규정은 상행위로 인하여 생긴 채권을 담보하기 위하여 설정한 질권에는 적용하지 아니한다.

제60조(물건보관의무) 상인이 그 영업부류에 속한 계약의 청약을 받은 경우

에 견품 기타의 물건을 받은 때에는 그 청약을 거절한 때에도 청약자의 비용으로 그 물건을 보관하여야 한다. 그러나 그 물건의 가액이 보관의 비용을 상환하기에 부족하거나 보관으로 인하여 손해를 받을 염려가 있는 때에는 그러하지 아니하다.

제61조(상인의 보수청구권) 상인이 그 영업범위내에서 타인을 위하여 행위를 한 때에는 이에 대하여 상당한 보수를 청구할 수 있다.

제62조(임치를 받은 상인의 책임) 상인이 그 영업범위내에서 물건의 임치를 받은 경우에는 보수를 받지 아니하는 때에도 선량한 관리자의 주의를 하여야 한다.

제63조(거래시간과 이행 또는 그 청구) 법령 또는 관습에 의하여 영업시간이 정하여져 있는 때에는 채무의 이행 또는 이행의 청구는 그 시간내에 하여야 한다.

제64조(상사시효) 상행위로 인한 채권은 본법에 다른 규정이 없는 때에는 5년간 행사하지 아니하면 소멸시효가 완성한다. 그러나 다른 법령에 이보다 단기의 시효의 규정이 있는 때에는 그 규정에 의한다.

제65조(유가증권과 준용규정) ① 금전의 지급청구권, 물건 또는 유가증권의 인도청구권이나 사원의 지위를 표시하는 유가증권에 대하여는 다른 법률에 특별한 규정이 없으면 「민법」 제508조부터 제525조까지의 규정을 적용하는 외에 「어음법」 제12조제1항 및 제2항을 준용한다.

② 제1항의 유가증권으로서 그 권리의 발생·변경·소멸을 전자등록하는 데에 적합한 유가증권은 제356조의2제1항의 전자등록기관의 전자등록부에 등록하여 발행할 수 있다. 이 경우 제356조의2제2항부터 제4항까지의 규정을 준용한다.

제66조(준상행위) 본장의 규정은 제5조의 규정에 의한 상인의 행위에 준용한다.

제2장 매매

제67조(매도인의 목적물의 공탁, 경매권) ① 상인간의 매매에 있어서 매수인이 목적물의 수령을 거부하거나 이를 수령할 수 없는 때에는 매도인은 그 물건을 공탁하거나 상당한 기간을 정하여 최고한 후 경매할 수 있다. 이 경우에는 지체없이 매수인에 대하여 그 통지를 발송하여야 한다.

② 전항의 경우에 매수인에 대하여 최고를 할 수 없거나 목적물이 멸실 또는 훼손될 염려가 있는 때에는 최고없이

경매할 수 있다.

③ 전2항의 규정에 의하여 매도인이 그 목적물을 경매한 때에는 그 대금에서 경매비용을 공제한 잔액을 공탁하여야 한다. 그러나 그 전부나 일부를 매매대금에 충당할 수 있다.

제68조(확정기매매의 해제) 상인간의 매매에 있어서 매매의 성질 또는 당사자의 의사표시에 의하여 일정한 일시 또는 일정한 기간내에 이행하지 아니하면 계약의 목적을 달성할 수 없는 경우에 당사자의 일방이 이행시기를 경과한 때에는 상대방은 즉시 그 이행을 청구하지 아니하면 계약을 해제한 것으로 본다.

제69조(매수인의 목적물의 검사와 하자통지의무) ① 상인간의 매매에 있어서 매수인이 목적물을 수령한 때에는 지체없이 이를 검사하여야 하며 하자 또는 수량의 부족을 발견한 경우에는 즉시 매도인에게 그 통지를 발송하지 아니하면 이로 인한 계약해제, 대금감액 또는 손해배상을 청구하지 못한다. 매매의 목적물에 즉시 발견할 수 없는 하자가 있는 경우에 매수인이 6월내에 이를 발견한 때에도 같다.

② 전항의 규정은 매도인이 악의인 경우에는 적용하지 아니한다.

제70조(매수인의 목적물보관, 공탁의무) ① 제69조의 경우에 매수인이 계약을 해제한 때에도 매도인의 비용으로 매매의 목적물을 보관 또는 공탁하여야 한다. 그러나 그 목적물이 멸실 또는 훼손될 염려가 있는 때에는 법원의 허가를 얻어 경매하여 그 대가를 보관 또는 공탁하여야 한다.

② 제1항의 규정에 의하여 매수인이 경매한 때에는 지체없이 매도인에게 그 통지를 발송하여야 한다.

③ 제1항 및 제2항의 규정은 목적물의 인도장소가 매도인의 영업소 또는 주소와 동일한 특별시·광역시·시·군에 있는 때에는 이를 적용하지 아니한다.

제71조(동전–수량초과 등의 경우) 전조의 규정은 매도인으로부터 매수인에게 인도한 물건이 매매의 목적물과 상위하거나 수량이 초과한 경우에 그 상위 또는 초과한 부분에 대하여 준용한다.

제3장 상호계산

제72조(의의) 상호계산은 상인간 또는 상인과 비상인간에 상시 거래관계가 있는 경우에 일정한 기간의 거래로 인한 채권채무의 총액에 관하여 상계하고 그 잔액을 지급할 것을 약정함으로써 그 효력이 생긴다.

제73조(상업증권상의 채권채무에 관한 특칙) 어음 기타의 상업증권으로 인한 채권채무를 상호계산에 계입한 경우에 그 증권채무자가 변제하지 아니한 때에는 당사자는 그 채무의 항목을 상호계산에서 제거할 수 있다.

제74조(상호계산기간) 당사자가 상계할 기간을 정하지 아니한 때에는 그 기간은 6월로 한다.

제75조(계산서의 승인과 이의) 당사자가 채권채무의 각 항목을 기재한 계산서를 승인한 때에는 그 각 항목에 대하여 이의를 하지 못한다. 그러나 착오나 탈루가 있는 때에는 그러하지 아니하다.

제76조(잔액채권의 법정이자) ① 상계로 인한 잔액에 대하여는 채권자는 계산폐쇄일 이후의 법정이자를 청구할 수 있다.

② 전항의 규정에 불구하고 당사자는 각 항목을 상호계산에 계입한 날로부터 이자를 붙일 것을 약정할 수 있다.

제77조(해지) 각 당사자는 언제든지 상호계산을 해지할 수 있다. 이 경우에는 즉시 계산을 폐쇄하고 잔액의 지급을 청구할 수 있다.

제4장 익명조합

제78조(의의) 익명조합은 당사자의 일방이 상대방의 영업을 위하여 출자하고 상대방은 그 영업으로 인한 이익을 분배할 것을 약정함으로써 그 효력이 생긴다.

제79조(익명조합원의 출자) 익명조합원이 출자한 금전 기타의 재산은 영업자의 재산으로 본다.

제80조(익명조합원의 대외관계) 익명조합원은 영업자의 행위에 관하여서는 제3자에 대하여 권리나 의무가 없다.

제81조(성명, 상호의 사용허락으로 인한 책임) 익명조합원이 자기의 성명을 영업자의 상호 중에 사용하게 하거나 자기의 상호를 영업자의 상호로 사용할 것을 허락한 때에는 그 사용 이후의 채무에 대하여 영업자와 연대하여 변제할 책임이 있다.

제82조(이익배당과 손실분담) ① 익명조합원의 출자가 손실로 인하여 감소된 때에는 그 손실을 전보한 후가 아니면 이익배당을 청구하지 못한다.

② 손실이 출자액을 초과한 경우에도 익명조합원은 이미 받은 이익의 반환 또는 증자할 의무가 없다.

③ 전2항의 규정은 당사자간에 다른 약정이 있으면 적용하지 아니한다.

제83조(계약의 해지) ① 조합계약으로 조합의 존속기간을 정하지 아니하거나 어느 당사자의 종신까지 존속할 것을 약정한 때에는 각 당사자는 영업연도

말에 계약을 해지할 수 있다. 그러나 이 해지는 6월전에 상대방에게 예고하여야 한다.

② 조합의 존속기간의 약정의 유무에 불구하고 부득이한 사정이 있는 때에는 각 당사자는 언제든지 계약을 해지할 수 있다.

제84조(계약의 종료) 조합계약은 다음의 사유로 인하여 종료한다.

1. 영업의 폐지 또는 양도
2. 영업자의 사망 또는 성년후견개시
3. 영업자 또는 익명조합원의 파산

제85조(계약종료의 효과) 조합계약이 종료한 때에는 영업자는 익명조합원에게 그 출자의 가액을 반환하여야 한다. 그러나 출자가 손실로 인하여 감소된 때에는 그 잔액을 반환하면 된다.

제86조(준용규정) 제272조, 제277조와 제278조의 규정은 익명조합원에 준용한다.

제4장의2 합자조합

제86조의2(의의) 합자조합은 조합의 업무집행자로서 조합의 채무에 대하여 무한책임을 지는 조합원과 출자가액을 한도로 하여 유한책임을 지는 조합원이 상호출자하여 공동사업을 경영할 것을 약정함으로써 그 효력이 생긴다.
제86조의3(조합계약) 합자조합의 설립을 위한 조합계약에는 다음 사항을 적고 총조합원이 기명날인하거나 서명하여야 한다.

1. 목적
2. 명칭
3. 업무집행조합원의 성명 또는 상호, 주소 및 주민등록번호
4. 유한책임조합원의 성명 또는 상호, 주소 및 주민등록번호
5. 주된 영업소의 소재지
6. 조합원의 출자(出資)에 관한 사항
7. 조합원에 대한 손익분배에 관한 사항
8. 유한책임조합원의 지분(持分)의 양도에 관한 사항
9. 둘 이상의 업무집행조합원이 공동으로 합자조합의 업무를 집행하거나 대리할 것을 정한 경우에는 그 규정
10. 업무집행조합원 중 일부 업무집행조합원만 합자조합의 업무를 집행하거나 대리할 것을 정한 경우에는 그 규정
11. 조합의 해산 시 잔여재산 분배에 관한 사항
12. 조합의 존속기간이나 그 밖의 해산 사유에 관한 사항
13. 조합계약의 효력 발생일

제86조의4(등기) ① 업무집행조합원은 합자조합 설립 후 2주 내에 조합의 주된 영업소의 소재지에서 다음의 사항

을 등기하여야 한다.

1. 제86조의3제1호부터 제5호까지(제4호의 경우에는 유한책임조합원이 업무를 집행하는 경우에 한정한다), 제9호, 제10호, 제12호 및 제13호의 사항

2. 조합원의 출자의 목적, 재산출자의 경우에는 그 가액과 이행한 부분

② 제1항 각 호의 사항이 변경된 경우에는 2주 내에 변경등기를 하여야 한다.

제86조의5(업무집행조합원) ① 업무집행조합원은 조합계약에 다른 규정이 없으면 각자가 합자조합의 업무를 집행하고 대리할 권리와 의무가 있다.

② 업무집행조합원은 선량한 관리자의 주의로써 제1항에 따른 업무를 집행하여야 한다.

③ 둘 이상의 업무집행조합원이 있는 경우에 조합계약에 다른 정함이 없으면 그 각 업무집행조합원의 업무집행에 관한 행위에 대하여 다른 업무집행조합원의 이의가 있는 경우에는 그 행위를 중지하고 업무집행조합원 과반수의 결의에 따라야 한다.

제86조의6(유한책임조합원의 책임) ① 유한책임조합원은 조합계약에서 정한 출자가액에서 이미 이행한 부분을 뺀 가액을 한도로 하여 조합채무를 변제할 책임이 있다.

② 제1항의 경우 합자조합에 이익이 없음에도 불구하고 배당을 받은 금액은 변제책임을 정할 때에 변제책임의 한도액에 더한다.

제86조의7(조합원의 지분의 양도) ① 업무집행조합원은 다른 조합원 전원의 동의를 받지 아니하면 그 지분의 전부 또는 일부를 타인에게 양도(讓渡)하지 못한다.

② 유한책임조합원의 지분은 조합계약에서 정하는 바에 따라 양도할 수 있다.

③ 유한책임조합원의 지분을 양수(讓受)한 자는 양도인의 조합에 대한 권리·의무를 승계한다.

제86조의8(준용규정) ① 합자조합에 대하여는 제182조제1항, 제228조, 제253조, 제264조 및 제285조를 준용한다.

② 업무집행조합원에 대하여는 제183조의2, 제198조, 제199조, 제200조의2, 제208조제2항, 제209조, 제212조 및 제287조를 준용한다. 다만, 제198조와 제199조는 조합계약에 다른 규정이 있으면 그러하지 아니하다.

③ 조합계약에 다른 규정이 없으면 유한책임조합원에 대하여는 제199조, 제272조, 제275조, 제277조, 제278조, 제283조 및 제284조를 준용한다.

④ 합자조합에 관하여는 이 법 또는 조합계약에 다른 규정이 없으면 「민법」

중 조합에 관한 규정을 준용한다. 다만, 유한책임조합원에 대하여는 「민법」 제712조 및 제713조는 준용하지 아니한다.

제86조의9(과태료) 합자조합의 업무집행조합원, 제86조의8에 따라 준용되는 제183조의2 또는 제253조에 따른 직무대행자 또는 청산인이 이 장(章)에서 정한 등기를 게을리한 경우에는 500만원 이하의 과태료를 부과한다.

제5장 대리상

제87조(의의) 일정한 상인을 위하여 상업사용인이 아니면서 상시 그 영업부류에 속하는 거래의 대리 또는 중개를 영업으로 하는 자를 대리상이라 한다.

제88조(통지의무) 대리상이 거래의 대리 또는 중개를 한 때에는 지체없이 본인에게 그 통지를 발송하여야 한다.

제89조(경업금지) ① 대리상은 본인의 허락없이 자기나 제3자의 계산으로 본인의 영업부류에 속한 거래를 하거나 동종영업을 목적으로 하는 회사의 무한책임사원 또는 이사가 되지 못한다.
② 제17조제2항 내지 제4항의 규정은 대리상이 전항의 규정에 위반한 경우에 준용한다.

제90조(통지를 받을 권한) 물건의 판매나 그 중개의 위탁을 받은 대리상은 매매의 목적물의 하자 또는 수량부족 기타 매매의 이행에 관한 통지를 받을 권한이 있다.

제91조(대리상의 유치권) 대리상은 거래의 대리 또는 중개로 인한 채권이 변제기에 있는 때에는 그 변제를 받을 때까지 본인을 위하여 점유하는 물건 또는 유가증권을 유치할 수 있다. 그러나 당사자간에 다른 약정이 있으면 그러하지 아니하다.

제92조(계약의 해지) ① 당사자가 계약의 존속기간을 약정하지 아니한 때에는 각 당사자는 2월전에 예고하고 계약을 해지할 수 있다.
② 제83조제2항의 규정은 대리상에 준용한다.

제92조의2(대리상의 보상청구권) ① 대리상의 활동으로 본인이 새로운 고객을 획득하거나 영업상의 거래가 현저하게 증가하고 이로 인하여 계약의 종료후에도 본인이 이익을 얻고 있는 경우에는 대리상은 본인에 대하여 상당한 보상을 청구할 수 있다. 다만, 계약의 종료가 대리상의 책임있는 사유로 인한 경우에는 그러하지 아니하다.
② 제1항의 규정에 의한 보상금액은 계약의 종료전 5년간의 평균연보수액을 초과할 수 없다. 계약의 존속기간이 5년 미만인 경우에는 그 기간의 평균

연보수액을 기준으로 한다.

③ 제1항의 규정에 의한 보상청구권은 계약이 종료한 날부터 6월을 경과하면 소멸한다.

제92조의3(대리상의 영업비밀준수의무) 대리상은 계약의 종료후에도 계약과 관련하여 알게 된 본인의 영업상의 비밀을 준수하여야 한다.

제6장 중개업

제93조(의의) 타인간의 상행위의 중개를 영업으로 하는 자를 중개인이라 한다.

제94조(중개인의 급여수령대리권) 중개인은 그 중개한 행위에 관하여 당사자를 위하여 지급 기타의 이행을 받지 못한다. 그러나 다른 약정이나 관습이 있으면 그러하지 아니하다.

제95조(견품보관의무) 중개인이 그 중개한 행위에 관하여 견품을 받은 때에는 그 행위가 완료될 때까지 이를 보관하여야 한다.

제96조(결약서교부의무) ① 당사자간에 계약이 성립된 때에는 중개인은 지체없이 각 당사자의 성명 또는 상호, 계약년월일과 그 요령을 기재한 서면을 작성하여 기명날인 또는 서명한 후 각 당사자에게 교부하여야 한다.

② 당사자가 즉시 이행을 하여야 하는 경우를 제외하고 중개인은 각 당사자로 하여금 제1항의 서면에 기명날인 또는 서명하게 한 후 그 상대방에게 교부하여야 한다.

③ 제1항 및 제2항의 경우에 당사자의 일방이 서면의 수령을 거부하거나 기명날인 또는 서명하지 아니한 때에는 중개인은 지체없이 상대방에게 그 통지를 발송하여야 한다.

제97조(중개인의 장부작성의무) ① 중개인은 전조에 규정한 사항을 장부에 기재하여야 한다.

② 당사자는 언제든지 자기를 위하여 중개한 행위에 관한 장부의 등본의 교부를 청구할 수 있다.

제98조(성명, 상호 묵비의 의무) 당사자가 그 성명 또는 상호를 상대방에게 표시하지 아니할 것을 중개인에게 요구한 때에는 중개인은 그 상대방에게 교부할 제96조제1항의 서면과 전조 제2항의 등본에 이를 기재하지 못한다.

제99조(중개인의 이행책임) 중개인이 임의로 또는 전조의 규정에 의하여 당사자의 일방의 성명 또는 상호를 상대방에게 표시하지 아니한 때에는 상대방은 중개인에 대하여 이행을 청구할 수 있다.

제100조(보수청구권) ① 중개인은 제96조의 절차를 종료하지 아니하면 보수를 청구하지 못한다.

② 중개인의 보수는 당사자쌍방이 균분하여 부담한다.

제7장 위탁매매업

제101조(의의) 자기명의로써 타인의 계산으로 물건 또는 유가증권의 매매를 영업으로 하는 자를 위탁매매인이라 한다.

제102조(위탁매매인의 지위) 위탁매매인은 위탁자를 위한 매매로 인하여 상대방에 대하여 직접 권리를 취득하고 의무를 부담한다.

제103조(위탁물의 귀속) 위탁매매인이 위탁자로부터 받은 물건 또는 유가증권이나 위탁매매로 인하여 취득한 물건, 유가증권 또는 채권은 위탁자와 위탁매매인 또는 위탁매매인의 채권자간의 관계에서는 이를 위탁자의 소유 또는 채권으로 본다.

제104조(통지의무, 계산서제출의무) 위탁매매인이 위탁받은 매매를 한 때에는 지체없이 위탁자에 대하여 그 계약의 요령과 상대방의 주소, 성명의 통지를 발송하여야 하며 계산서를 제출하여야 한다.

제105조(위탁매매인의 이행담보책임) 위탁매매인은 위탁자를 위한 매매에 관하여 상대방이 채무를 이행하지 아니하는 경우에는 위탁자에 대하여 이를 이행할 책임이 있다. 그러나 다른 약정이나 관습이 있으면 그러하지 아니하다.

제106조(지정가액준수의무) ① 위탁자가 지정한 가액보다 염가로 매도하거나 고가로 매수한 경우에도 위탁매매인이 그 차액을 부담한 때에는 그 매매는 위탁자에 대하여 효력이 있다.

② 위탁자가 지정한 가액보다 고가로 매도하거나 염가로 매수한 경우에는 그 차액은 다른 약정이 없으면 위탁자의 이익으로 한다.

제107조(위탁매매인의 개입권) ① 위탁매매인이 거래소의 시세가 있는 물건 또는 유가증권의 매매를 위탁받은 경우에는 직접 그 매도인이나 매수인이 될 수 있다. 이 경우의 매매대가는 위탁매매인이 매매의 통지를 발송할 때의 거래소의 시세에 따른다.

② 제1항의 경우에 위탁매매인은 위탁자에게 보수를 청구할 수 있다.

제108조(위탁물의 훼손, 하자 등의 효과) ① 위탁매매인이 위탁매매의 목적물을 인도받은 후에 그 물건의 훼손 또는 하자를 발견하거나 그 물건이 부패할 염려가 있는 때 또는 가격저락의 상황을 안 때에는 지체없이 위탁자에게 그 통지를 발송하여야 한다.

② 전항의 경우에 위탁자의 지시를 받을 수 없거나 그 지시가 지연되는 때에는 위탁매매인은 위탁자의 이익을 위

하여 적당한 처분을 할 수 있다.

제109조(매수물의 공탁, 경매권) 제67조의 규정은 위탁매매인이 매수의 위탁을 받은 경우에 위탁자가 매수한 물건의 수령을 거부하거나 이를 수령할 수 없는 때에 준용한다.

제110조(매수위탁자가 상인인 경우) 상인인 위탁자가 그 영업에 관하여 물건의 매수를 위탁한 경우에는 위탁자와 위탁매매인간의 관계에는 제68조 내지 제71조의 규정을 준용한다.

제111조(준용규정) 제91조의 규정은 위탁매매인에 준용한다.

제112조(위임에 관한 규정의 적용) 위탁자와 위탁매매인간의 관계에는 본장의 규정외에 위임에 관한 규정을 적용한다.

제113조(준위탁매매인) 본장의 규정은 자기명의로써 타인의 계산으로 매매 아닌 행위를 영업으로 하는 자에 준용한다.

제8장 운송주선업

제114조(의의) 자기의 명의로 물건운송의 주선을 영업으로 하는 자를 운송주선인이라 한다.

제115조(손해배상책임) 운송주선인은 자기나 그 사용인이 운송물의 수령, 인도, 보관, 운송인이나 다른 운송주선인의 선택 기타 운송에 관하여 주의를 해태하지 아니하였음을 증명하지 아니하면 운송물의 멸실, 훼손 또는 연착으로 인한 손해를 배상할 책임을 면하지 못한다.

제116조(개입권) ① 운송주선인은 다른 약정이 없으면 직접운송할 수 있다. 이 경우에는 운송주선인은 운송인과 동일한 권리의무가 있다.

② 운송주선인이 위탁자의 청구에 의하여 화물상환증을 작성한 때에는 직접운송하는 것으로 본다.

제117조(중간운송주선인의 대위) ① 수인이 순차로 운송주선을 하는 경우에는 후자는 전자에 갈음하여 그 권리를 행사할 의무를 부담한다.

② 전항의 경우에 후자가 전자에게 변제한 때에는 전자의 권리를 취득한다.

제118조(운송인의 권리의 취득) 전조의 경우에 운송주선인이 운송인에게 변제한 때에는 운송인의 권리를 취득한다.

제119조(보수청구권) ① 운송주선인은 운송물을 운송인에게 인도한 때에는 즉시 보수를 청구할 수 있다.

② 운송주선계약으로 운임의 액을 정한 경우에는 다른 약정이 없으면 따로 보수를 청구하지 못한다.

제120조(유치권) 운송주선인은 운송물에 관하여 받을 보수, 운임, 기타 위탁자를 위한 체당금이나 선대금에 관하

여서만 그 운송물을 유치할 수 있다.

제121조(운송주선인의 책임의 시효) ① 운송주선인의 책임은 수하인이 운송물을 수령한 날로부터 1년을 경과하면 소멸시효가 완성한다.

② 전항의 기간은 운송물이 전부멸실한 경우에는 그 운송물을 인도할 날로부터 기산한다.

③ 전2항의 규정은 운송주선인이나 그 사용인이 악의인 경우에는 적용하지 아니한다.

제122조(운송주선인의 채권의 시효) 운송주선인의 위탁자 또는 수하인에 대한 채권은 1 년간 행사하지 아니하면 소멸시효가 완성한다.

제123조(준용규정) 운송주선인에 관하여는 본장의 규정외에 위탁매매인에 관한 규정을 준용한다.

제124조(동전) 제136조, 제140조와 제141조의 규정은 운송주선업에 준용한다.

제9장 운송업

제125조(의의) 육상 또는 호천, 항만에서 물건 또는 여객의 운송을 영업으로 하는 자를 운송인이라 한다.

제1절 물건운송

제126조(화물명세서) ① 송하인은 운송인의 청구에 의하여 화물명세서를 교부하여야 한다.

② 화물명세서에는 다음의 사항을 기재하고 송하인이 기명날인 또는 서명하여야 한다.

1. 운송물의 종류, 중량 또는 용적, 포장의 종별, 개수와 기호
2. 도착지
3. 수하인과 운송인의 성명 또는 상호, 영업소 또는 주소
4. 운임과 그 선급 또는 착급의 구별
5. 화물명세서의 작성지와 작성년월일

제127조(화물명세서의 허위기재에 대한 책임) ① 송하인이 화물명세서에 허위 또는 부정확한 기재를 한 때에는 운송인에 대하여 이로 인한 손해를 배상할 책임이 있다.

② 전항의 규정은 운송인이 악의인 경우에는 적용하지 아니한다.

제128조(화물상환증의 발행) ① 운송인은 송하인의 청구에 의하여 화물상환증을 교부하여야 한다.

② 화물상환증에는 다음의 사항을 기재하고 운송인이 기명날인 또는 서명하여야 한다.

1. 제126조제2항제1호 내지 제3호의 사항
2. 송하인의 성명 또는 상호, 영업소 또는 주소
3. 운임 기타 운송물에 관한 비용과 그

선급 또는 착급의 구별

4. 화물상환증의 작성지와 작성년월일

제129조(화물상환증의 상환증권성) 화물상환증을 작성한 경우에는 이와 상환하지 아니하면 운송물의 인도를 청구할 수 없다.

제130조(화물상환증의 당연한 지시증권성) 화물상환증은 기명식인 경우에도 배서에 의하여 양도할 수 있다. 그러나 화물상환증에 배서를 금지하는 뜻을 기재한 때에는 그러하지 아니하다.

제131조(화물상환증 기재의 효력) ① 제128조에 따라 화물상환증이 발행된 경우에는 운송인과 송하인 사이에 화물상환증에 적힌 대로 운송계약이 체결되고 운송물을 수령한 것으로 추정한다.

② 화물상환증을 선의로 취득한 소지인에 대하여 운송인은 화물상환증에 적힌 대로 운송물을 수령한 것으로 보고 화물상환증에 적힌 바에 따라 운송인으로서 책임을 진다.

제132조(화물상환증의 처분증권성) 화물상환증을 작성한 경우에는 운송물에 관한 처분은 화물상환증으로써 하여야 한다.

제133조(화물상환증교부의 물권적 효력) 화물상환증에 의하여 운송물을 받을 수 있는 자에게 화물상환증을 교부한 때에는 운송물 위에 행사하는 권리의 취득에 관하여 운송물을 인도한 것과 동일한 효력이 있다.

제134조(운송물멸실과 운임) ① 운송물의 전부 또는 일부가 송하인의 책임 없는 사유로 인하여 멸실한 때에는 운송인은 그 운임을 청구하지 못한다. 운송인이 이미 그 운임의 전부 또는 일부를 받은 때에는 이를 반환하여야 한다. ② 운송물의 전부 또는 일부가 그 성질이나 하자 또는 송하인의 과실로 인하여 멸실한 때에는 운송인은 운임의 전액을 청구할 수 있다.

제135조(손해배상책임) 운송인은 자기 또는 운송주선인이나 사용인, 그 밖에 운송을 위하여 사용한 자가 운송물의 수령, 인도, 보관 및 운송에 관하여 주의를 게을리하지 아니하였음을 증명하지 아니하면 운송물의 멸실, 훼손 또는 연착으로 인한 손해를 배상할 책임이 있다.

제136조(고가물에 대한 책임) 화폐, 유가증권 기타의 고가물에 대하여는 송하인이 운송을 위탁할 때에 그 종류와 가액을 명시한 경우에 한하여 운송인이 손해를 배상할 책임이 있다.

제137조(손해배상의 액) ① 운송물이 전부멸실 또는 연착된 경우의 손해배상액은 인도할 날의 도착지의 가격에

따른다.

② 운송물이 일부 멸실 또는 훼손된 경우의 손해배상액은 인도한 날의 도착지의 가격에 의한다.

③ 운송물의 멸실, 훼손 또는 연착이 운송인의 고의나 중대한 과실로 인한 때에는 운송인은 모든 손해를 배상하여야 한다.

④ 운송물의 멸실 또는 훼손으로 인하여 지급을 요하지 아니하는 운임 기타 비용은 전3항의 배상액에서 공제하여야 한다.

제138조(순차운송인의 연대책임, 구상권) ① 수인이 순차로 운송할 경우에는 각 운송인은 운송물의 멸실, 훼손 또는 연착으로 인한 손해를 연대하여 배상할 책임이 있다.

② 운송인중 1인이 전항의 규정에 의하여 손해를 배상한 때에는 그 손해의 원인이 된 행위를 한 운송인에 대하여 구상권이 있다.

③ 전항의 경우에 그 손해의 원인이 된 행위를 한 운송인을 알 수 없는 때에는 각 운송인은 그 운임액의 비율로 손해를 분담한다. 그러나 그 손해가 자기의 운송구간내에서 발생하지 아니하였음을 증명한 때에는 손해분담의 책임이 없다.

제139조(운송물의 처분청구권) ① 송하인 또는 화물상환증이 발행된 때에는 그 소지인이 운송인에 대하여 운송의 중지, 운송물의 반환 기타의 처분을 청구할 수 있다. 이 경우에 운송인은 이미 운송한 비율에 따른 운임, 체당금과 처분으로 인한 비용의 지급을 청구할 수 있다.

② 삭제 <1995. 12. 29.>

제140조(수하인의 지위) ① 운송물이 도착지에 도착한 때에는 수하인은 송하인과 동일한 권리를 취득한다.

② 운송물이 도착지에 도착한 후 수하인이 그 인도를 청구한 때에는 수하인의 권리가 송하인의 권리에 우선한다.

제141조(수하인의 의무) 수하인이 운송물을 수령한 때에는 운송인에 대하여 운임 기타 운송에 관한 비용과 체당금을 지급할 의무를 부담한다.

제142조(수하인불명의 경우의 공탁, 경매권) ① 수하인을 알 수 없는 때에는 운송인은 운송물을 공탁할 수 있다.

② 제1항의 경우에 운송인은 송하인에 대하여 상당한 기간을 정하여 운송물의 처분에 대한 지시를 최고하여도 그 기간내에 지시를 하지 아니한 때에는 운송물을 경매할 수 있다.

③ 운송인이 제1항 및 제2항의 규정에 의하여 운송물의 공탁 또는 경매를 한 때에는 지체없이 송하인에게 그 통지

를 발송하여야 한다.

제143조(운송물의 수령거부, 수령불능의 경우) ① 전조의 규정은 수하인이 운송물의 수령을 거부하거나 수령할 수 없는 경우에 준용한다.

② 운송인이 경매를 함에는 송하인에 대한 최고를 하기 전에 수하인에 대하여 상당한 기간을 정하여 운송물의 수령을 최고하여야 한다.

제144조(공시최고) ① 송하인, 화물상환증소지인과 수하인을 알 수 없는 때에는 운송인은 권리자에 대하여 6월 이상의 기간을 정하여 그 기간 내에 권리를 주장할 것을 공고하여야 한다.

② 제1항의 공고는 관보나 일간신문에 2회 이상 하여야 한다.

③ 운송인이 제1항 및 제2항의 규정에 의한 공고를 하여도 그 기간내에 권리를 주장하는 자가 없는 때에는 운송물을 경매할 수 있다.

제145조(준용규정) 제67조제2항과 제3항의 규정은 전3조의 경매에 준용한다.

제146조(운송인의 책임소멸) ① 운송인의 책임은 수하인 또는 화물상환증소지인이 유보없이 운송물을 수령하고 운임 기타의 비용을 지급한 때에는 소멸한다. 그러나 운송물에 즉시 발견할 수 없는 훼손 또는 일부 멸실이 있는 경우에 운송물을 수령한 날로부터 2주

간내에 운송인에게 그 통지를 발송한 때에는 그러하지 아니하다.

② 전항의 규정은 운송인 또는 그 사용인이 악의인 경우에는 적용하지 아니한다.

제147조(준용규정) 제117조, 제120조 내지 제122조의 규정은 운송인에 준용한다.

제2절 여객운송

제148조(여객이 받은 손해의 배상책임) ① 운송인은 자기 또는 사용인이 운송에 관한 주의를 해태하지 아니하였음을 증명하지 아니하면 여객이 운송으로 인하여 받은 손해를 배상할 책임을 면하지 못한다.

② 손해배상의 액을 정함에는 법원은 피해자와 그 가족의 정상을 참작하여야 한다.

제149조(인도를 받은 수하물에 대한 책임) ① 운송인은 여객으로부터 인도를 받은 수하물에 관하여는 운임을 받지 아니한 경우에도 물건운송인과 동일한 책임이 있다.

② 수하물이 도착지에 도착한 날로부터 10일내에 여객이 그 인도를 청구하지 아니한 때에는 제67조의 규정을 준용한다. 그러나 주소 또는 거소를 알지 못하는 여객에 대하여는 최고와 통지

를 요하지 아니한다.

제150조(인도를 받지 아니한 수하물에 대한 책임) 운송인은 여객으로부터 인도를 받지 아니한 수하물의 멸실 또는 훼손에 대하여는 자기 또는 사용인의 과실이 없으면 손해를 배상할 책임이 없다.

제10장 공중접객업

제151조(의의) 극장, 여관, 음식점, 그 밖의 공중이 이용하는 시설에 의한 거래를 영업으로 하는 자를 공중접객업자(公衆接客業者)라 한다.

제152조(공중접객업자의 책임) ① 공중접객업자는 자기 또는 그 사용인이 고객으로부터 임치(任置)받은 물건의 보관에 관하여 주의를 게을리하지 아니하였음을 증명하지 아니하면 그 물건의 멸실 또는 훼손으로 인한 손해를 배상할 책임이 있다.

② 공중접객업자는 고객으로부터 임치받지 아니한 경우에도 그 시설 내에 휴대한 물건이 자기 또는 그 사용인의 과실로 인하여 멸실 또는 훼손되었을 때에는 그 손해를 배상할 책임이 있다.

③ 고객의 휴대물에 대하여 책임이 없음을 알린 경우에도 공중접객업자는 제1항과 제2항의 책임을 면하지 못한다.

제153조(고가물에 대한 책임) 화폐, 유가증권, 그 밖의 고가물(高價物)에 대하여는 고객이 그 종류와 가액(價額)을 명시하여 임치하지 아니하면 공중접객업자는 그 물건의 멸실 또는 훼손으로 인한 손해를 배상할 책임이 없다.

제154조(공중접객업자의 책임의 시효) ① 제152조와 제153조의 책임은 공중접객업자가 임치물을 반환하거나 고객이 휴대물을 가져간 후 6개월이 지나면 소멸시효가 완성된다.

② 물건이 전부 멸실된 경우에는 제1항의 기간은 고객이 그 시설에서 퇴거한 날부터 기산한다.

③ 제1항과 제2항은 공중접객업자나 그 사용인이 악의인 경우에는 적용하지 아니한다.

제11장 창고업

제155조(의의) 타인을 위하여 창고에 물건을 보관함을 영업으로 하는 자를 창고업자라 한다.

제156조(창고증권의 발행) ① 창고업자는 임치인의 청구에 의하여 창고증권을 교부하여야 한다.

② 창고증권에는 다음의 사항을 기재하고 창고업자가 기명날인 또는 서명하여야 한다.

1. 임치물의 종류, 품질, 수량, 포장의 종별, 개수와 기호

2. 임치인의 성명 또는 상호, 영업소 또는 주소
3. 보관장소
4. 보관료
5. 보관기간을 정한 때에는 그 기간
6. 임치물을 보험에 붙인 때에는 보험 금액, 보험기간과 보험자의 성명 또 는 상호, 영업소 또는 주소
7. 창고증권의 작성지와 작성년월일

제157조(준용규정) 제129조 내지 제 133조의 규정은 창고증권에 준용한다.

제158조(분할부분에 대한 창고증권의 청구) ① 창고증권소지인은 창고업자 에 대하여 그 증권을 반환하고 임치물 을 분할하여 각부분에 대한 창고증권 의 교부를 청구할 수 있다.

② 전항의 규정에 의한 임치물의 분할 과 증권교부의 비용은 증권소지인이 부담한다.

제159조(창고증권에 의한 입질과 일부 출고) 창고증권으로 임치물을 입질한 경우에도 질권자의 승낙이 있으면 임 치인은 채권의 변제기전이라도 임치물 의 일부반환을 청구할 수 있다. 이 경 우에는 창고업자는 반환한 임치물의 종류, 품질과 수량을 창고증권에 기재 하여야 한다.

제160조(손해배상책임) 창고업자는 자 기 또는 사용인이 임치물의 보관에 관

하여 주의를 해태하지 아니하였음을 증명하지 아니하면 임치물의 멸실 또 는 훼손에 대하여 손해를 배상할 책임 을 면하지 못한다.

제161조(임치물의 검사, 견품적취, 보 존처분권) 임치인 또는 창고증권소지인 은 영업시간 내에 언제든지 창고업자 에 대하여 임치물의 검사 또는 견품의 적취를 요구하거나 그 보존에 필요한 처분을 할 수 있다.

제162조(보관료청구권) ① 창고업자는 임치물을 출고할 때가 아니면 보관료 기타의 비용과 체당금의 지급을 청구하 지 못한다. 그러나 보관기간 경과후에 는 출고전이라도 이를 청구할 수 있다.

② 임치물의 일부출고의 경우에는 창 고업자는 그 비율에 따른 보관료 기타 의 비용과 체당금의 지급을 청구할 수 있다.

제163조(임치기간) ① 당사자가 임치 기간을 정하지 아니한 때에는 창고업 자는 임치물을 받은 날로부터 6월을 경과한 후에는 언제든지 이를 반환할 수 있다.

② 전항의 경우에 임치물을 반환함에 는 2주간전에 예고하여야 한다.

제164조(동전-부득이한 사유가 있는 경우) 부득이한 사유가 있는 경우에는 창고업자는 전조의 규정에 불구하고

언제든지 임치물을 반환할 수 있다.

제165조(준용규정) 제67조제1항과 제2항의 규정은 임치인 또는 창고증권소지인이 임치물의 수령을 거부하거나 이를 수령할 수 없는 경우에 준용한다.

제166조(창고업자의 책임의 시효) ① 임치물의 멸실 또는 훼손으로 인하여 생긴 창고업자의 책임은 그 물건을 출고한 날로부터 1년이 경과하면 소멸시효가 완성한다.

② 전항의 기간은 임치물이 전부 멸실한 경우에는 임치인과 알고 있는 창고증권소지인에게 그 멸실의 통지를 발송한 날로부터 기산한다.

③ 전2항의 규정은 창고업자 또는 그 사용인이 악의인 경우에는 적용하지 아니한다.

제167조(창고업자의 채권의 시효) 창고업자의 임치인 또는 창고증권소지인에 대한 채권은 그 물건을 출고한 날로부터 1년간 행사하지 아니하면 소멸시효가 완성한다.

제168조(준용규정) 제108조와 제146조의 규정은 창고업자에 준용한다.

제12장 금융리스업

제168조의2(의의) 금융리스이용자가 선정한 기계, 시설, 그 밖의 재산(이하 이 장에서 "금융리스물건"이라 한다)을 제3자(이하 이 장에서 "공급자"라 한다)로부터 취득하거나 대여받아 금융리스이용자에게 이용하게 하는 것을 영업으로 하는 자를 금융리스업자라 한다.

제168조의3(금융리스업자와 금융리스이용자의 의무) ① 금융리스업자는 금융리스이용자가 금융리스계약에서 정한 시기에 금융리스계약에 적합한 금융리스물건을 수령할 수 있도록 하여야 한다.

② 금융리스이용자는 제1항에 따라 금융리스물건을 수령함과 동시에 금융리스료를 지급하여야 한다.

③ 금융리스물건수령증을 발급한 경우에는 제1항의 금융리스계약 당사자 사이에 적합한 금융리스물건이 수령된 것으로 추정한다.

④ 금융리스이용자는 금융리스물건을 수령한 이후에는 선량한 관리자의 주의로 금융리스물건을 유지 및 관리하여야 한다.

제168조의4(공급자의 의무) ① 금융리스물건의 공급자는 공급계약에서 정한 시기에 그 물건을 금융리스이용자에게 인도하여야 한다.

② 금융리스물건이 공급계약에서 정한 시기와 내용에 따라 공급되지 아니한 경우 금융리스이용자는 공급자에게 직접 손해배상을 청구하거나 공급계약의

내용에 적합한 금융리스물건의 인도를 청구할 수 있다.

③ 금융리스업자는 금융리스이용자가 제2항의 권리를 행사하는 데 필요한 협력을 하여야 한다.

제168조의5(금융리스계약의 해지) ① 금융리스이용자의 책임 있는 사유로 금융리스계약을 해지하는 경우에는 금융리스업자는 잔존 금융리스료 상당액의 일시 지급 또는 금융리스물건의 반환을 청구할 수 있다.

② 제1항에 따른 금융리스업자의 청구는 금융리스업자의 금융리스이용자에 대한 손해배상청구에 영향을 미치지 아니한다.

③ 금융리스이용자는 중대한 사정변경으로 인하여 금융리스물건을 계속 사용할 수 없는 경우에는 3개월 전에 예고하고 금융리스계약을 해지할 수 있다. 이 경우 금융리스이용자는 계약의 해지로 인하여 금융리스업자에게 발생한 손해를 배상하여야 한다.

제13장 가맹업

제168조의6(의의) 자신의 상호·상표 등(이하 이 장에서 "상호등"이라 한다)을 제공하는 것을 영업으로 하는 자[이하 "가맹업자"(加盟業者)라 한다]로부터 그의 상호등을 사용할 것을 허락받아 가맹업자가 지정하는 품질기준이나 영업방식에 따라 영업을 하는 자를 가맹상(加盟商)이라 한다.

제168조의7(가맹업자의 의무) ① 가맹업자는 가맹상의 영업을 위하여 필요한 지원을 하여야 한다.

② 가맹업자는 다른 약정이 없으면 가맹상의 영업지역 내에서 동일 또는 유사한 업종의 영업을 하거나, 동일 또는 유사한 업종의 가맹계약을 체결할 수 없다.

제168조의8(가맹상의 의무) ① 가맹상은 가맹업자의 영업에 관한 권리가 침해되지 아니하도록 하여야 한다.

② 가맹상은 계약이 종료한 후에도 가맹계약과 관련하여 알게 된 가맹업자의 영업상의 비밀을 준수하여야 한다.

제168조의9(가맹상의 영업양도) ① 가맹상은 가맹업자의 동의를 받아 그 영업을 양도할 수 있다.

② 가맹업자는 특별한 사유가 없으면 제1항의 영업양도에 동의하여야 한다.

제168조의10(계약의 해지) 가맹계약상 존속기간에 대한 약정의 유무와 관계없이 부득이한 사정이 있으면 각 당사자는 상당한 기간을 정하여 예고한 후 가맹계약을 해지할 수 있다.

제14장 채권매입업

제168조의11(의의) 타인이 물건·유가증권의 판매, 용역의 제공 등에 의하여 취득하였거나 취득할 영업상의 채권(이하 이 장에서 "영업채권"이라 한다)을 매입하여 회수하는 것을 영업으로 하는 자를 채권매입업자라 한다.

제168조의12(채권매입업자의 상환청구) 영업채권의 채무자가 그 채무를 이행하지 아니하는 경우 채권매입업자는 채권매입계약의 채무자에게 그 영업채권액의 상환을 청구할 수 있다. 다만, 채권매입계약에서 다르게 정한 경우에는 그러하지 아니하다.

제3편 회사

제1장 통칙

제169조(회사의 의의) 이 법에서 "회사"란 상행위나 그 밖의 영리를 목적으로 하여 설립한 법인을 말한다.

제170조(회사의 종류) 회사는 합명회사, 합자회사, 유한책임회사, 주식회사와 유한회사의 5종으로 한다.

제171조(회사의 주소) 회사의 주소는 본점소재지에 있는 것으로 한다.

제172조(회사의 성립) 회사는 본점소재지에서 설립등기를 함으로써 성립한다.

제173조(권리능력의 제한) 회사는 다른 회사의 무한책임사원이 되지 못한다.

제174조(회사의 합병) ① 회사는 합병을 할 수 있다.

② 합병을 하는 회사의 일방 또는 쌍방이 주식회사, 유한회사 또는 유한책임회사인 경우에는 합병 후 존속하는 회사나 합병으로 설립되는 회사는 주식회사, 유한회사 또는 유한책임회사이어야 한다.

③ 해산후의 회사는 존립 중의 회사를 존속하는 회사로 하는 경우에 한하여 합병을 할 수 있다.

제175조(동전-설립위원) ① 회사의 합병으로 인하여 신회사를 설립하는 경우에는 정관의 작성 기타 설립에 관한 행위는 각 회사에서 선임한 설립위원이 공동으로 하여야 한다.

② 제230조, 제434조와 제585조의 규정은 전항의 선임에 준용한다.

제176조(회사의 해산명령) ① 법원은 다음의 사유가 있는 경우에는 이해관계인이나 검사의 청구에 의하여 또는 직권으로 회사의 해산을 명할 수 있다.

1. 회사의 설립목적이 불법한 것인 때
2. 회사가 정당한 사유없이 설립후 1년 내에 영업을 개시하지 아니하거나 1년 이상 영업을 휴지하는 때
3. 이사 또는 회사의 업무를 집행하는 사원이 법령 또는 정관에 위반하여

회사의 존속을 허용할 수 없는 행위를 한 때

② 전항의 청구가 있는 때에는 법원은 해산을 명하기 전일지라도 이해관계인이나 검사의 청구에 의하여 또는 직권으로 관리인의 선임 기타 회사재산의 보전에 필요한 처분을 할 수 있다.

③ 이해관계인이 제1항의 청구를 한 때에는 법원은 회사의 청구에 의하여 상당한 담보를 제공할 것을 명할 수 있다.

④ 회사가 전항의 청구를 함에는 이해관계인의 청구가 악의임을 소명하여야 한다.

제177조(등기기간의 기산점) 본편의 규정에 의하여 등기할 사항으로서 관청의 허가 또는 인가를 요하는 것에 관하여는 그 서류가 도달한 날로부터 등기기간을 기산한다.

제2장 합명회사

제1절 설립

제178조(정관의 작성) 합명회사의 설립에는 2인 이상의 사원이 공동으로 정관을 작성하여야 한다.

제179조(정관의 절대적 기재사항) 정관에는 다음의 사항을 기재하고 총사원이 기명날인 또는 서명하여야 한다.

1. 목적

2. 상호

3. 사원의 성명·주민등록번호 및 주소

4. 사원의 출자의 목적과 그 가격 또는 평가의 표준

5. 본점의 소재지

6. 정관의 작성년월일

제180조(설립의 등기) 합명회사의 설립등기에 있어서는 다음의 사항을 등기하여야 한다.

1. 제179조제1호 내지 제3호 및 제5호의 사항과 지점을 둔 때에는 그 소재지. 다만, 회사를 대표할 사원을 정한 때에는 그 외의 사원의 주소를 제외한다.

2. 사원의 출자의 목적, 재산출자에는 그 가격과 이행한 부분

3. 존립기간 기타 해산사유를 정한 때에는 그 기간 또는 사유

4. 회사를 대표할 사원을 정한 경우에는 그 성명·주소 및 주민등록번호

5. 수인의 사원이 공동으로 회사를 대표할 것을 정한 때에는 그 규정

제181조(지점 설치의 등기) ① 회사의 설립과 동시에 지점을 설치하는 경우에는 설립등기를 한 후 2주 내에 지점소재지에서 제180조제1호 본문(다른 지점의 소재지는 제외한다) 및 제3호부터 제5호까지의 사항을 등기하여야 한다. 다만, 회사를 대표할 사원을 정한 경우에는 그 외의 사원은 등기하지

아니한다.

② 회사의 성립 후에 지점을 설치하는 경우에는 본점소재지에서는 2주 내에 그 지점소재지와 설치 연월일을 등기하고, 그 지점소재지에서는 3주 내에 제180조제1호 본문(다른 지점의 소재지는 제외한다) 및 제3호부터 제5호까지의 사항을 등기하여야 한다. 다만, 회사를 대표할 사원을 정한 경우에는 그 밖의 사원은 등기하지 아니한다.

제182조(본점, 지점의 이전등기) ① 회사가 본점을 이전하는 경우에는 2주간 내에 구소재지에서는 신소재지와 이전년월일을, 신소재지에서는 제180조 각 호의 사항을 등기하여야 한다.

② 회사가 지점을 이전하는 경우에는 2주 내에 본점과 구지점소재지에서는 신지점소재지와 이전 연월일을 등기하고, 신지점소재지에서는 제180조제1호 본문(다른 지점의 소재지는 제외한다) 및 제3호부터 제5호까지의 사항을 등기하여야 한다. 다만, 회사를 대표할 사원을 정한 경우에는 그 밖의 사원은 등기하지 아니한다.

③ 삭제 <1995. 12. 29.>

제183조(변경등기) 제180조에 게기한 사항에 변경이 있는 때에는 본점소재지에서는 2주간 내, 지점소재지에서는 3주간 내에 변경등기를 하여야 한다.

제183조의2(업무집행정지가처분 등의 등기) 사원의 업무집행을 정지하거나 직무대행자를 선임하는 가처분을 하거나 그 가처분을 변경·취소하는 경우에는 본점 및 지점이 있는 곳의 등기소에서 이를 등기하여야 한다.

제184조(설립무효, 취소의 소) ① 회사의 설립의 무효는 그 사원에 한하여, 설립의 취소는 그 취소권있는 자에 한하여 회사성립의 날로부터 2년내에 소만으로 이를 주장할 수 있다.

② 민법 제140조의 규정은 전항의 설립의 취소에 준용한다.

제185조(채권자에 의한 설립취소의 소) 사원이 그 채권자를 해할 것을 알고 회사를 설립한 때에는 채권자는 그 사원과 회사에 대한 소로 회사의 설립취소를 청구할 수 있다.

제186조(전속관할) 전2조의 소는 본점소재지의 지방법원의 관할에 전속한다.

제187조(소제기의 공고) 설립무효의 소 또는 설립취소의 소가 제기된 때에는 회사는 지체없이 공고하여야 한다.

제188조(소의 병합심리) 수개의 설립무효의 소 또는 설립취소의 소가 제기된 때에는 법원은 이를 병합심리하여야 한다.

제189조(하자의 보완 등과 청구의 기각) 설립무효의 소 또는 설립취소의 소

가 그 심리중에 원인이 된 하자가 보완되고 회사의 현황과 제반사정을 참작하여 설립을 무효 또는 취소하는 것이 부적당하다고 인정한 때에는 법원은 그 청구를 기각할 수 있다.

제190조(판결의 효력) 설립무효의 판결 또는 설립취소의 판결은 제3자에 대하여도 그 효력이 있다. 그러나 판결확정전에 생긴 회사와 사원 및 제3자간의 권리의무에 영향을 미치지 아니한다.

제191조(패소원고의 책임) 설립무효의 소 또는 설립취소의 소를 제기한 자가 패소한 경우에 악의 또는 중대한 과실이 있는 때에는 회사에 대하여 연대하여 손해를 배상할 책임이 있다.

제192조(설립무효, 취소의 등기) 설립무효의 판결 또는 설립취소의 판결이 확정된 때에는 본점과 지점의 소재지에서 등기하여야 한다.

제193조(설립무효, 취소판결의 효과) ① 설립무효의 판결 또는 설립취소의 판결이 확정된 때에는 해산의 경우에 준하여 청산하여야 한다.

② 전항의 경우에는 법원은 사원 기타의 이해관계인의 청구에 의하여 청산인을 선임할 수 있다.

제194조(설립무효, 취소와 회사계속) ① 설립무효의 판결 또는 설립취소의 판결

이 확정된 경우에 그 무효나 취소의 원인이 특정한 사원에 한한 것인 때에는 다른 사원 전원의 동의로써 회사를 계속할 수 있다.

② 전항의 경우에는 그 무효 또는 취소의 원인이 있는 사원은 퇴사한 것으로 본다.

③ 제229조제2항과 제3항의 규정은 전2항의 경우에 준용한다.

제2절 회사의 내부관계

제195조(준용법규) 합명회사의 내부관계에 관하여는 정관 또는 본법에 다른 규정이 없으면 조합에 관한 민법의 규정을 준용한다.

제196조(채권출자) 채권을 출자의 목적으로 한 사원은 그 채권이 변제기에 변제되지 아니한 때에는 그 채권액을 변제할 책임을 진다. 이 경우에는 이자를 지급하는 외에 이로 인하여 생긴 손해를 배상하여야 한다.

제197조(지분의 양도) 사원은 다른 사원의 동의를 얻지 아니하면 그 지분의 전부 또는 일부를 타인에게 양도하지 못한다.

제198조(사원의 경업의 금지) ① 사원은 다른 사원의 동의가 없으면 자기 또는 제3자의 계산으로 회사의 영업부류에 속하는 거래를 하지 못하며 동종영

업을 목적으로 하는 다른 회사의 무한책임사원 또는 이사가 되지 못한다.

② 사원이 전항의 규정에 위반하여 거래를 한 경우에 그 거래가 자기의 계산으로 한 것인 때에는 회사는 이를 회사의 계산으로 한 것으로 볼 수 있고 제3자의 계산으로 한것인 때에는 그 사원에 대하여 회사는 이로 인한 이득의 양도를 청구할 수 있다.

③ 전항의 규정은 회사의 그 사원에 대한 손해배상의 청구에 영향을 미치지 아니한다.

④ 제2항의 권리는 다른 사원 과반수의 결의에 의하여 행사하여야 하며 다른 사원의 1인이 그 거래를 안 날로부터 2주간을 경과하거나 그 거래가 있은 날로부터 1년을 경과하면 소멸한다.

제199조(사원의 자기거래) 사원은 다른 사원 과반수의 결의가 있는 때에 한하여 자기 또는 제3자의 계산으로 회사와 거래를 할 수 있다. 이 경우에는 민법 제124조의 규정을 적용하지 아니한다.

제200조(업무집행의 권리의무) ① 각 사원은 정관에 다른 규정이 없는 때에는 회사의 업무를 집행할 권리와 의무가 있다.

② 각 사원의 업무집행에 관한 행위에 대하여 다른 사원의 이의가 있는 때에는 곧 행위를 중지하고 총사원과반수의 결의에 의하여야 한다.

제200조의2(직무대행자의 권한) ① 제183조의2의 직무대행자는 가처분명령에 다른 정함이 있는 경우 외에는 법인의 통상업무에 속하지 아니한 행위를 하지 못한다. 다만, 법원의 허가를 얻은 경우에는 그러하지 아니하다.

② 직무대행자가 제1항의 규정에 위반한 행위를 한 경우에도 회사는 선의의 제3자에 대하여 책임을 진다.

제201조(업무집행사원) ① 정관으로 사원의 1인 또는 수인을 업무집행사원으로 정한 때에는 그 사원이 회사의 업무를 집행할 권리와 의무가 있다.

② 수인의 업무집행사원이 있는 경우에 그 각 사원의 업무집행에 관한 행위에 대하여 다른 업무집행사원의 이의가 있는 때에는 곧 그 행위를 중지하고 업무집행사원 과반수의 결의에 의하여야 한다.

제202조(공동업무집행사원) 정관으로 수인의 사원을 공동업무집행사원으로 정한 때에 그 전원의 동의가 없으면 업무집행에 관한 행위를 하지 못한다. 그러나 지체할 염려가 있는 때에는 그러하지 아니하다.

제203조(지배인의 선임과 해임) 지배인의 선임과 해임은 정관에 다른 정함이 없으면 업무집행사원이 있는 경우에도

총사원 과반수의 결의에 의하여야 한다.

제204조(정관의 변경) 정관을 변경함에는 총사원의 동의가 있어야 한다.

제205조(업무집행사원의 권한상실선고) ① 사원이 업무를 집행함에 현저하게 부적임하거나 중대한 의무에 위반한 행위가 있는 때에는 법원은 사원의 청구에 의하여 업무집행권한의 상실을 선고할 수 있다.

② 전항의 판결이 확정된 때에는 본점과 지점의 소재지에서 등기하여야 한다.

제206조(준용규정) 제186조의 규정은 전조의 소에 준용한다.

제3절 회사의 외부관계

제207조(회사대표) 정관으로 업무집행사원을 정하지 아니한 때에는 각 사원은 회사를 대표한다. 수인의 업무집행사원을 정한 경우에 각 업무집행사원은 회사를 대표한다. 그러나 정관 또는 총사원의 동의로 업무집행사원중 특히 회사를 대표할 자를 정할 수 있다.

제208조(공동대표) ① 회사는 정관 또는 총사원의 동의로 수인의 사원이 공동으로 회사를 대표할 것을 정할 수 있다.

② 전항의 경우에도 제3자의 회사에 대한 의사표시는 공동대표의 권한있는 사원 1인에 대하여 이를 함으로써 그

효력이 생긴다.

제209조(대표사원의 권한) ① 회사를 대표하는 사원은 회사의 영업에 관하여 재판상 또는 재판외의 모든 행위를 할 권한이 있다.

② 전항의 권한에 대한 제한은 선의의 제3자에게 대항하지 못한다.

제210조(손해배상책임) 회사를 대표하는 사원이 그 업무집행으로 인하여 타인에게 손해를 가한 때에는 회사는 그 사원과 연대하여 배상할 책임이 있다.

제211조(회사와 사원간의 소에 관한 대표권) 회사가 사원에 대하여 또는 사원이 회사에 대하여 소를 제기하는 경우에 회사를 대표할 사원이 없을 때에는 다른 사원 과반수의 결의로 선정하여야 한다.

제212조(사원의 책임) ① 회사의 재산으로 회사의 채무를 완제할 수 없는 때에는 각 사원은 연대하여 변제할 책임이 있다.

② 회사재산에 대한 강제집행이 주효하지 못한 때에도 전항과 같다.

③ 전항의 규정은 사원이 회사에 변제의 자력이 있으며 집행이 용이한 것을 증명한 때에는 적용하지 아니한다.

제213조(신입사원의 책임) 회사성립후에 가입한 사원은 그 가입전에 생긴 회사채무에 대하여 다른 사원과 동일한

책임을 진다.

제214조(사원의 항변) ① 사원이 회사 채무에 관하여 변제의 청구를 받은 때에는 회사가 주장할 수 있는 항변으로 그 채권자에게 대항할 수 있다.

② 회사가 그 채권자에 대하여 상계, 취소 또는 해제할 권리가 있는 경우에는 사원은 전항의 청구에 대하여 변제를 거부할 수 있다.

제215조(자칭사원의 책임) 사원이 아닌 자가 타인에게 자기를 사원이라고 오인시키는 행위를 하였을 때에는 오인으로 인하여 회사와 거래한 자에 대하여 사원과 동일한 책임을 진다.

제216조(준용규정) 제205조와 제206조의 규정은 회사의 대표사원에 준용한다.

제4절 사원의 퇴사

제217조(사원의 퇴사권) ① 정관으로 회사의 존립기간을 정하지 아니하거나 어느 사원의 종신까지 존속할 것을 정한 때에는 사원은 영업년도말에 한하여 퇴사할 수 있다. 그러나 6월전에 이를 예고하여야 한다.

② 사원이 부득이한 사유가 있을 때에는 언제든지 퇴사할 수 있다.

제218조(퇴사원인) 사원은 전조의 경우 외에 다음의 사유로 인하여 퇴사한다.

1. 정관에 정한 사유의 발생
2. 총사원의 동의
3. 사망
4. 성년후견개시
5. 파산
6. 제명

제219조(사원사망 시 권리승계의 통지) ① 정관으로 사원이 사망한 경우에 그 상속인이 회사에 대한 피상속인의 권리의무를 승계하여 사원이 될 수 있음을 정한 때에는 상속인은 상속의 개시를 안 날로부터 3월내에 회사에 대하여 승계 또는 포기의 통지를 발송하여야 한다.

② 상속인이 전항의 통지 없이 3월을 경과한 때에는 사원이 될 권리를 포기한 것으로 본다.

제220조(제명의 선고) ① 사원에게 다음의 사유가 있는 때에는 회사는 다른 사원 과반수의 결의에 의하여 그 사원의 제명의 선고를 법원에 청구할 수 있다.

1. 출자의 의무를 이행하지 아니한 때
2. 제198조제1항의 규정에 위반한 행위가 있는 때
3. 회사의 업무집행 또는 대표에 관하여 부정한 행위가 있는 때, 권한없이 업무를 집행하거나 회사를 대표한 때

4. 기타 중요한 사유가 있는 때

② 제205조제2항과 제206조의 규정은 전항의 경우에 준용한다.

제221조(제명사원과 회사간의 계산) 제명된 사원과 회사와의 계산은 제명의 소를 제기한 때의 회사재산의 상태에 따라서 하며 그 때부터 법정이자를 붙여야 한다.

제222조(지분의 환급) 퇴사한 사원은 노무 또는 신용으로 출자의 목적으로 한 경우에도 그 지분의 환급을 받을 수 있다. 그러나 정관에 다른 규정이 있는 때에는 그러하지 아니하다.

제223조(지분의 압류) 사원의 지분의 압류는 사원이 장래이익의 배당과 지분의 환급을 청구하는 권리에 대하여도 그 효력이 있다.

제224조(지분 압류채권자에 의한 퇴사청구) ① 사원의 지분을 압류한 채권자는 영업년도말에 그 사원을 퇴사시킬 수 있다. 그러나 회사와 그 사원에 대하여 6월전에 그 예고를 하여야 한다.

② 전항 단서의 예고는 사원이 변제를 하거나 상당한 담보를 제공한 때에는 그 효력을 잃는다.

제225조(퇴사원의 책임) ① 퇴사한 사원은 본점소재지에서 퇴사등기를 하기 전에 생긴 회사채무에 대하여는 등기 후 2년내에는 다른 사원과 동일한 책임이 있다.

② 전항의 규정은 지분을 양도한 사원에 준용한다.

제226조(퇴사원의 상호변경청구권) 퇴사한 사원의 성명이 회사의 상호 중에 사용된 경우에는 그 사원은 회사에 대하여 그 사용의 폐지를 청구할 수 있다.

제5절 회사의 해산

제227조(해산원인) 회사는 다음의 사유로 인하여 해산한다.

1. 존립기간의 만료 기타 정관으로 정한 사유의 발생
2. 총사원의 동의
3. 사원이 1인으로 된 때
4. 합병
5. 파산
6. 법원의 명령 또는 판결

제228조(해산등기) 회사가 해산된 때에는 합병과 파산의 경우 외에는 그 해산사유가 있은 날로부터 본점소재지에서는 2주간내, 지점소재지에서는 3주간내에 해산등기를 하여야 한다.

제229조(회사의 계속) ① 제227조제1호와 제2호의 경우에는 사원의 전부 또는 일부의 동의로 회사를 계속할 수 있다. 그러나 동의를 하지 아니한 사원은 퇴사한 것으로 본다.

② 제227조제3호의 경우에는 새로 사원

을 가입시켜서 회사를 계속할 수 있다.

③ 전2항의 경우에 이미 회사의 해산등기를 하였을 때에는 본점소재지에서는 2주간내, 지점소재지에서는 3주간내에 회사의 계속등기를 하여야 한다.

④ 제213조의 규정은 제2항의 신입사원의 책임에 준용한다.

제230조(합병의 결의) 회사가 합병을 함에는 총사원의 동의가 있어야 한다.

제231조 삭제 <1984. 4. 10.>

제232조(채권자의 이의) ① 회사는 합병의 결의가 있는 날부터 2주내에 회사채권자에 대하여 합병에 이의가 있으면 일정한 기간내에 이를 제출할 것을 공고하고 알고 있는 채권자에 대하여는 따로따로 이를 최고하여야 한다. 이 경우 그 기간은 1월 이상이어야 한다.

② 채권자가 제1항의 기간내에 이의를 제출하지 아니한 때에는 합병을 승인한 것으로 본다.

③ 이의를 제출한 채권자가 있는 때에는 회사는 그 채권자에 대하여 변제 또는 상당한 담보를 제공하거나 이를 목적으로 하여 상당한 재산을 신탁회사에 신탁하여야 한다.

제233조(합병의 등기) 회사가 합병을 한 때에는 본점소재지에서는 2주간 내, 지점소재지에서는 3주간 내에 합병후 존속하는 회사의 변경등기, 합병으로 인하여 소멸하는 회사의 해산등기, 합병으로 인하여 설립되는 회사의 설립등기를 하여야 한다.

제234조(합병의 효력발생) 회사의 합병은 합병후 존속하는 회사 또는 합병으로 인하여 설립되는 회사가 그 본점소재지에서 전조의 등기를 함으로써 그 효력이 생긴다.

제235조(합병의 효과) 합병후 존속한 회사 또는 합병으로 인하여 설립된 회사는 합병으로 인하여 소멸된 회사의 권리의무를 승계한다.

제236조(합병무효의 소의 제기) ① 회사의 합병의 무효는 각 회사의 사원, 청산인, 파산관재인 또는 합병을 승인하지 아니한 회사채권자에 한하여 소만으로 이를 주장할 수 있다.

② 전항의 소는 제233조의 등기가 있은 날로부터 6월내에 제기하여야 한다.

제237조(준용규정) 제176조제3항과 제4항의 규정은 회사채권자가 전조의 소를 제기한 때에 준용한다.

제238조(합병무효의 등기) 합병을 무효로 한 판결이 확정된 때에는 본점과 지점의 소재지에서 합병후 존속한 회사의 변경등기, 합병으로 인하여 소멸된 회사의 회복등기, 합병으로 인하여 설립된 회사의 해산등기를 하여야 한다.

제239조(무효판결확정과 회사의 권리의무의 귀속) ① 합병을 무효로 한 판결이 확정된 때에는 합병을 한 회사는 합병후 존속한 회사 또는 합병으로 인하여 설립된 회사의 합병후 부담한 채무에 대하여 연대하여 변제할 책임이 있다.

② 합병후 존속한 회사 또는 합병으로 인하여 설립한 회사의 합병후 취득한 재산은 합병을 한 회사의 공유로 한다.

③ 전2항의 경우에 각 회사의 협의로 그 부담부분 또는 지분을 정하지 못한 때에는 법원은 그 청구에 의하여 합병 당시의 각 회사의 재산상태 기타의 사정을 참작하여 이를 정한다.

제240조(준용규정) 제186조 내지 제191조의 규정은 합병무효의 소에 준용한다.

제241조(사원에 의한 해산청구) ① 부득이한 사유가 있는 때에는 각 사원은 회사의 해산을 법원에 청구할 수 있다.

② 제186조와 제191조의 규정은 전항의 경우에 준용한다.

제242조(조직변경) ① 합명회사는 총사원의 동의로 일부사원을 유한책임사원으로 하거나 유한책임사원을 새로 가입시켜서 합자회사로 변경할 수 있다.

② 전항의 규정은 제229조제2항의 규정에 의하여 회사를 계속하는 경우에 준용한다.

제243조(조직변경의 등기) 합명회사를 합자회사로 변경한 때에는 본점소재지에서는 2주간내, 지점소재지에서는 3주간내에 합명회사에 있어서는 해산등기, 합자회사에 있어서는 설립등기를 하여야 한다.

제244조(조직변경에 의하여 유한책임사원이 된 자의 책임) 합명회사사원으로서 제242조제1항의 규정에 의하여 유한책임사원이 된 자는 전조의 규정에 의한 본점등기를 하기 전에 생긴 회사채무에 대하여는 등기 후 2년내에는 무한책임사원의 책임을 면하지 못한다.

제6절 청산

제245조(청산 중의 회사) 회사는 해산된 후에도 청산의 목적범위내에서 존속하는 것으로 본다.

제246조(수인의 지분상속인이 있는 경우) 회사의 해산후 사원이 사망한 경우에 그 상속인이 수인인 때에는 청산에 관한 사원의 권리를 행사할 자 1인을 정하여야 한다. 이를 정하지 아니한 때에는 회사의 통지 또는 최고는 그 중의 1인에 대하여 하면 전원에 대하여 그 효력이 있다.

제247조(임의청산) ① 해산된 회사의 재산처분방법은 정관 또는 총사원의

동의로 이를 정할 수 있다. 이 경우에는 해산사유가 있는 날로부터 2주간내에 재산목록과 대차대조표를 작성하여야 한다.

② 전항의 규정은 회사가 제227조제3호 또는 제6호의 사유로 인하여 해산한 경우에는 이를 적용하지 아니한다.

③ 제232조의 규정은 제1항의 경우에 준용한다.

④ 제1항의 경우에 사원의 지분을 압류한 자가 있는 때에는 그 동의를 얻어야 한다.

⑤ 제1항의 회사는 그 재산의 처분을 완료한 날부터 본점소재지에서는 2주간내에, 지점소재지에서는 3주간내에 청산종결의 등기를 하여야 한다.

제248조(임의청산과 채권자보호) ① 회사가 전조제3항의 규정에 위반하여 그 재산을 처분함으로써 회사채권자를 해한 때에는 회사채권자는 그 처분의 취소를 법원에 청구할 수 있다.

② 제186조와 민법제406조제1항 단서, 제2항 및 제407조의 규정은 전항의 취소의 청구에 준용한다.

제249조(지분압류채권자의 보호) 회사가 제247조제4항의 규정에 위반하여 그 재산을 처분한 때에는 사원의 지분을 압류한 자는 회사에 대하여 그 지분에 상당하는 금액의 지급을 청구할 수 있다. 이 경우에는 전조의 규정을 준용한다.

제250조(법정청산) 제247조제1항의 규정에 의하여 회사재산의 처분방법을 정하지 아니한 때에는 합병과 파산의 경우를 제외하고 제251조 내지 제265조의 규정에 따라서 청산을 하여야 한다.

제251조(청산인) ① 회사가 해산된 때에는 총사원 과반수의 결의로 청산인을 선임한다.

② 청산인의 선임이 없는 때에는 업무집행사원이 청산인이 된다.

제252조(법원선임에 의한 청산인) 회사가 제227조제3호 또는 제6호의 사유로 인하여 해산된 때에는 법원은 사원 기타의 이해관계인이나 검사의 청구에 의하여 또는 직권으로 청산인을 선임한다.

제253조(청산인의 등기) ① 청산인이 선임된 때에는 그 선임된 날로부터, 업무집행사원이 청산인이 된 때에는 해산된 날부터 본점소재지에서는 2주간내, 지점소재지에서는 3주간내에 다음의 사항을 등기하여야 한다.

1. 청산인의 성명·주민등록번호 및 주소. 다만, 회사를 대표할 청산인을 정한 때에는 그 외의 청산인의 주소를 제외한다.

2. 회사를 대표할 청산인을 정한 때에

는 그 성명

3. 수인의 청산인이 공동으로 회사를 대표할 것을 정한 때에는 그 규정

② 제183조의 규정은 제1항의 등기에 준용한다.

제254조(청산인의 직무권한) ① 청산인의 직무는 다음과 같다.

1. 현존사무의 종결

2. 채권의 추심과 채무의 변제

3. 재산의 환가처분

4. 잔여재산의 분배

② 청산인이 수인인 때에는 청산의 직무에 관한 행위는 그 과반수의 결의로 정한다.

③ 회사를 대표할 청산인은 제1항의 직무에 관하여 재판상 또는 재판외의 모든 행위를 할 권한이 있다.

④ 민법 제93조의 규정은 합명회사에 준용한다.

제255조(청산인의 회사대표) ① 업무집행사원이 청산인으로 된 경우에는 종전의 정함에 따라 회사를 대표한다.

② 법원이 수인의 청산인을 선임하는 경우에는 회사를 대표할 자를 정하거나 수인이 공동하여 회사를 대표할 것을 정할 수 있다.

제256조(청산인의 의무) ① 청산인은 취임한 후 지체없이 회사의 재산상태를 조사하고 재산목록과 대차대조표를 작성하여 각 사원에게 교부하여야 한다.

② 청산인은 사원의 청구가 있는 때에는 언제든지 청산의 상황을 보고하여야 한다.

제257조(영업의 양도) 청산인이 회사의 영업의 전부 또는 일부를 양도함에는 총사원 과반수의 결의가 있어야 한다.

제258조(채무완제불능과 출자청구) ① 회사의 현존재산이 그 채무를 변제함에 부족한 때에는 청산인은 변제기에 불구하고 각 사원에 대하여 출자를 청구할 수 있다.

② 전항의 출자액은 각 사원의 출자의 비율로 이를 정한다.

제259조(채무의 변제) ① 청산인은 변제기에 이르지 아니한 회사채무에 대하여도 이를 변제할 수 있다.

② 전항의 경우에 이자없는 채권에 관하여는 변제기에 이르기까지의 법정이자를 가산하여 그 채권액에 달할 금액을 변제하여야 한다.

③ 전항의 규정은 이자있는 채권으로서 그 이율이 법정이율에 달하지 못하는 것에 이를 준용한다.

④ 제1항의 경우에는 조건부채권, 존속기간이 불확정한 채권 기타 가액이 불확정한 채권에 대하여는 법원이 선임한 감정인의 평가에 의하여 변제하여야 한다.

제260조(잔여재산의 분배) 청산인은 회사의 채무를 완제한 후가 아니면 회사재산을 사원에게 분배하지 못한다. 그러나 다툼이 있는 채무에 대하여는 그 변제에 필요한 재산을 보류하고 잔여재산을 분배할 수 있다.

제261조(청산인의 해임) 사원이 선임한 청산인은 총사원 과반수의 결의로 해임할 수 있다.

제262조(동전) 청산인이 그 직무를 집행함에 현저하게 부적임하거나 중대한 임무에 위반한 행위가 있는 때에는 법원은 사원 기타의 이해관계인의 청구에 의하여 청산인을 해임할 수 있다.

제263조(청산인의 임무종료) ① 청산인은 그 임무가 종료한 때에는 지체없이 계산서를 작성하여 각 사원에게 교부하고 그 승인을 얻어야 한다.

② 전항의 계산서를 받은 사원이 1월 내에 이의를 하지 아니한 때에는 그 계산을 승인한 것으로 본다. 그러나 청산인에게 부정행위가 있는 경우에는 그러하지 아니하다.

제264조(청산종결의 등기) 청산이 종결된 때에는 청산인은 전조의 규정에 의한 총사원의 승인이 있는 날로부터 본점소재지에서는 2주간내, 지점소재지에서는 3주간내에 청산종결의 등기를 하여야 한다.

제265조(준용규정) 제183조의2·제199조·제200조의2·제207조·제208조·제209조제2항·제210조·제382조제2항·제399조 및 제401조의 규정은 청산인에 준용한다.

제266조(장부, 서류의 보존) ① 회사의 장부와 영업 및 청산에 관한 중요서류는 본점소재지에서 청산종결의 등기를 한 후 10년간 이를 보존하여야 한다. 다만, 전표 또는 이와 유사한 서류는 5년간 이를 보존하여야 한다.

② 제1항의 경우에는 총사원 과반수의 결의로 보존인과 보존방법을 정하여야 한다.

제267조(사원의 책임의 소멸시기) ① 제212조의 규정에 의한 사원의 책임은 본점소재지에서 해산등기를 한 후 5년을 경과하면 소멸한다.

② 전항의 기간경과후에도 분배하지 아니한 잔여재산이 있는 때에는 회사채권자는 이에 대하여 변제를 청구할 수 있다.

제3장 합자회사

제268조(회사의 조직) 합자회사는 무한책임사원과 유한책임사원으로 조직한다.

제269조(준용규정) 합자회사에는 본장에 다른 규정이 없는 사항은 합명회사

에 관한 규정을 준용한다.

제270조(정관의 절대적 기재사항) 합자회사의 정관에는 제179조에 게기한 사항외에 각 사원의 무한책임 또는 유한책임인 것을 기재하여야 한다.

제271조(등기사항) ① 합자회사의 설립등기를 할 때에는 제180조 각 호의 사항 외에 각 사원의 무한책임 또는 유한책임인 것을 등기하여야 한다.

② 합자회사가 지점을 설치하거나 이전할 때에는 지점소재지 또는 신지점소재지에서 제180조제1호 본문(다른 지점의 소재지는 제외한다) 및 제3호부터 제5호까지의 사항을 등기하여야 한다. 다만, 무한책임사원만을 등기하되, 회사를 대표할 사원을 정한 경우에는 다른 사원은 등기하지 아니한다.

제272조(유한책임사원의 출자) 유한책임사원은 신용 또는 노무를 출자의 목적으로 하지 못한다.

제273조(업무집행의 권리의무) 무한책임사원은 정관에 다른 규정이 없는 때에는 각자가 회사의 업무를 집행할 권리와 의무가 있다.

제274조(지배인의 선임, 해임) 지배인의 선임과 해임은 업무집행사원이 있는 경우에도 무한책임사원 과반수의 결의에 의하여야 한다.

제275조(유한책임사원의 경업의 자유) 유한책임사원은 다른 사원의 동의없이 자기 또는 제3자의 계산으로 회사의 영업부류에 속하는 거래를 할 수 있고 동종영업을 목적으로 하는 다른 회사의 무한책임사원 또는 이사가 될 수 있다.

제276조(유한책임사원의 지분양도) 유한책임사원은 무한책임사원 전원의 동의가 있으면 그 지분의 전부 또는 일부를 타인에게 양도할 수 있다. 지분의 양도에 따라 정관을 변경하여야 할 경우에도 같다.

제277조(유한책임사원의 감시권) ① 유한책임사원은 영업년도말에 있어서 영업시간 내에 한하여 회사의 회계장부·대차대조표 기타의 서류를 열람할 수 있고 회사의 업무와 재산상태를 검사할 수 있다.

② 중요한 사유가 있는 때에는 유한책임사원은 언제든지 법원의 허가를 얻어 제1항의 열람과 검사를 할 수 있다.

제278조(유한책임사원의 업무집행, 회사대표의 금지) 유한책임사원은 회사의 업무집행이나 대표행위를 하지 못한다.

제279조(유한책임사원의 책임) ① 유한책임사원은 그 출자가액에서 이미 이행한 부분을 공제한 가액을 한도로 하여 회사채무를 변제할 책임이 있다.

② 회사에 이익이 없음에도 불구하고

배당을 받은 금액은 변제책임을 정함에 있어서 이를 가산한다.

제280조(출자감소의 경우의 책임) 유한책임사원은 그 출자를 감소한 후에도 본점소재지에서 등기를 하기 전에 생긴 회사채무에 대하여는 등기후 2년내에는 전조의 책임을 면하지 못한다.

제281조(자칭 무한책임사원의 책임) ① 유한책임사원이 타인에게 자기를 무한책임사원이라고 오인시키는 행위를 한 때에는 오인으로 인하여 회사와 거래를 한 자에 대하여 무한책임사원과 동일한 책임이 있다.
② 전항의 규정은 유한책임사원이 그 책임의 한도를 오인시키는 행위를 한 경우에 준용한다.

제282조(책임을 변경한 사원의 책임) 제213조의 규정은 유한책임사원이 무한책임사원으로 된 경우에, 제225조의 규정은 무한책임사원이 유한책임사원으로 된 경우에 준용한다.

제283조(유한책임사원의 사망) ① 유한책임사원이 사망한 때에는 그 상속인이 그 지분을 승계하여 사원이 된다.
② 전항의 경우에 상속인이 수인인 때에는 사원의 권리를 행사할 자 1인을 정하여야 한다. 이를 정하지 아니한 때에는 회사의 통지 또는 최고는 그 중의 1인에 대하여 하면 전원에 대하여 그

효력이 있다.

제284조(유한책임사원의 성년후견개시) 유한책임사원은 성년후견개시 심판을 받은 경우에도 퇴사되지 아니한다.

제285조(해산, 계속) ① 합자회사는 무한책임사원 또는 유한책임사원의 전원이 퇴사한 때에는 해산된다.
② 전항의 경우에 잔존한 무한책임사원 또는 유한책임사원은 전원의 동의로 새로 유한책임사원 또는 무한책임사원을 가입시켜서 회사를 계속할 수 있다.
③ 제213조와 제229조제3항의 규정은 전항의 경우에 준용한다.

제286조(조직변경) ① 합자회사는 사원전원의 동의로 그 조직을 합명회사로 변경하여 계속할 수 있다.
② 유한책임사원전원이 퇴사한 경우에도 무한책임사원은 그 전원의 동의로 합명회사로 변경하여 계속할 수 있다.
③ 전2항의 경우에는 본점소재지에서는 2주간내, 지점소재지에서는 3주간내에 합자회사에 있어서는 해산등기를, 합명회사에 있어서는 설립등기를 하여야 한다.

제287조(청산인) 합자회사의 청산인은 무한책임사원 과반수의 의결로 선임한다. 이를 선임하지 아니한 때에는 업무집행사원이 청산인이 된다.

제3장의2 유한책임회사

제1절 설립

제287조의2(정관의 작성) 유한책임회사를 설립할 때에는 사원은 정관을 작성하여야 한다.

제287조의3(정관의 기재사항) 정관에는 다음 각 호의 사항을 적고 각 사원이 기명날인하거나 서명하여야 한다.

1. 제179조제1호부터 제3호까지, 제5호 및 제6호에서 정한 사항
2. 사원의 출자의 목적 및 가액
3. 자본금의 액
4. 업무집행자의 성명(법인인 경우에는 명칭) 및 주소

제287조의4(설립 시의 출자의 이행)

① 사원은 신용이나 노무를 출자의 목적으로 하지 못한다.

② 사원은 정관의 작성 후 설립등기를 하는 때까지 금전이나 그 밖의 재산의 출자를 전부 이행하여야 한다.

③ 현물출자를 하는 사원은 납입기일에 지체 없이 유한책임회사에 출자의 목적인 재산을 인도하고, 등기, 등록, 그 밖의 권리의 설정 또는 이전이 필요한 경우에는 이에 관한 서류를 모두 갖추어 교부하여야 한다.

제287조의5(설립의 등기 등) ① 유한책임회사는 본점의 소재지에서 다음 각 호의 사항을 등기함으로써 성립한다.

1. 제179조제1호·제2호 및 제5호에서 정한 사항과 지점을 둔 경우에는 그 소재지
2. 제180조제3호에서 정한 사항
3. 자본금의 액
4. 업무집행자의 성명, 주소 및 주민등록번호(법인인 경우에는 명칭, 주소 및 법인등록번호). 다만, 유한책임회사를 대표할 업무집행자를 정한 경우에는 그 외의 업무집행자의 주소는 제외한다.
5. 유한책임회사를 대표할 자를 정한 경우에는 그 성명 또는 명칭과 주소
6. 정관으로 공고방법을 정한 경우에는 그 공고방법
7. 둘 이상의 업무집행자가 공동으로 회사를 대표할 것을 정한 경우에는 그 규정

② 유한책임회사가 지점을 설치하는 경우에는 제181조를 준용한다.

③ 유한책임회사가 본점이나 지점을 이전하는 경우에는 제182조를 준용한다.

④ 제1항 각 호의 사항이 변경된 경우에는 본점소재지에서는 2주 내에 변경등기를 하고, 지점소재지에서는 3주 내에 변경등기를 하여야 한다.

⑤ 유한책임회사의 업무집행자의 업무집행을 정지하거나 직무대행자를 선임하는 가처분을 하거나 그 가처분을 변

경 또는 취소하는 경우에는 본점 및 지점이 있는 곳의 등기소에서 등기하여야 한다.

제287조의6(준용규정) 유한책임회사의 설립의 무효와 취소에 관하여는 제184조부터 제194조까지의 규정을 준용한다. 이 경우 제184조 중 "사원"은 "사원 및 업무집행자"로 본다.

제2절 유한책임회사의 내부관계

제287조의7(사원의 책임) 사원의 책임은 이 법에 다른 규정이 있는 경우 외에는 그 출자금액을 한도로 한다.

제287조의8(지분의 양도) ① 사원은 다른 사원의 동의를 받지 아니하면 그 지분의 전부 또는 일부를 타인에게 양도하지 못한다.

② 제1항에도 불구하고 업무를 집행하지 아니한 사원은 업무를 집행하는 사원 전원의 동의가 있으면 지분의 전부 또는 일부를 타인에게 양도할 수 있다. 다만, 업무를 집행하는 사원이 없는 경우에는 사원 전원의 동의를 받아야 한다.

③ 제1항과 제2항에도 불구하고 정관으로 그에 관한 사항을 달리 정할 수 있다.

제287조의9(유한책임회사에 의한 지분 양수의 금지) ① 유한책임회사는 그 지분의 전부 또는 일부를 양수할 수 없다.

② 유한책임회사가 지분을 취득하는 경우에 그 지분은 취득한 때에 소멸한다.

제287조의10(업무집행자의 경업 금지) ① 업무집행자는 사원 전원의 동의를 받지 아니하고는 자기 또는 제3자의 계산으로 회사의 영업부류(營業部類)에 속한 거래를 하지 못하며, 같은 종류의 영업을 목적으로 하는 다른 회사의 업무집행자·이사 또는 집행임원이 되지 못한다.

② 업무집행자가 제1항을 위반하여 거래를 한 경우에는 제198조제2항부터 제4항까지의 규정을 준용한다.

제287조의11(업무집행자와 유한책임회사 간의 거래) 업무집행자는 다른 사원 과반수의 결의가 있는 경우에만 자기 또는 제3자의 계산으로 회사와 거래를 할 수 있다. 이 경우에는 「민법」 제124조를 적용하지 아니한다.

제287조의12(업무의 집행) ① 유한책임회사는 정관으로 사원 또는 사원이 아닌 자를 업무집행자로 정하여야 한다.

② 1명 또는 둘 이상의 업무집행자를 정한 경우에는 업무집행자 각자가 회사의 업무를 집행할 권리와 의무가 있다. 이 경우에는 제201조제2항을 준용한다.

③ 정관으로 둘 이상을 공동업무집행

자로 정한 경우에는 그 전원의 동의가 없으면 업무집행에 관한 행위를 하지 못한다.

제287조의13(직무대행자의 권한 등) 제287조의5제5항에 따라 선임된 직무대행자의 권한에 대하여는 제200조의2를 준용한다.

제287조의14(사원의 감시권) 업무집행자가 아닌 사원의 감시권에 대하여는 제277조를 준용한다.

제287조의15(법인이 업무집행자인 경우의 특칙) ① 법인이 업무집행자인 경우에는 그 법인은 해당 업무집행자의 직무를 행할 자를 선임하고, 그 자의 성명과 주소를 다른 사원에게 통지하여야 한다.

② 제1항에 따라 선임된 직무수행자에 대하여는 제287조의11과 제287조의12를 준용한다.

제287조의16(정관의 변경) 정관에 다른 규정이 없는 경우 정관을 변경하려면 총사원의 동의가 있어야 한다.

제287조의17(업무집행자 등의 권한상실 선고) ① 업무집행자의 업무집행권한의 상실에 관하여는 제205조를 준용한다.

② 제1항의 소(訴)는 본점소재지의 지방법원의 관할에 전속한다.

제287조의18(준용규정) 유한책임회사의 내부관계에 관하여는 정관이나 이 법에 다른 규정이 없으면 합명회사에 관한 규정을 준용한다.

제3절 유한책임회사의 외부관계

제287조의19(유한책임회사의 대표) ① 업무집행자는 유한책임회사를 대표한다.

② 업무집행자가 둘 이상인 경우 정관 또는 총사원의 동의로 유한책임회사를 대표할 업무집행자를 정할 수 있다.

③ 유한책임회사는 정관 또는 총사원의 동의로 둘 이상의 업무집행자가 공동으로 회사를 대표할 것을 정할 수 있다.

④ 제3항의 경우에 제3자의 유한책임회사에 대한 의사표시는 공동대표의 권한이 있는 자 1인에 대하여 함으로써 그 효력이 생긴다.

⑤ 유한책임회사를 대표하는 업무집행자에 대하여는 제209조를 준용한다.

제287조의20(손해배상책임) 유한책임회사를 대표하는 업무집행자가 그 업무집행으로 타인에게 손해를 입힌 경우에는 회사는 그 업무집행자와 연대하여 배상할 책임이 있다.

제287조의21(유한책임회사와 사원 간의 소) 유한책임회사가 사원(사원이 아닌 업무집행자를 포함한다. 이하 이 조에서 같다)에 대하여 또는 사원이 유한책임회사에 대하여 소를 제기하는 경

우에 유한책임회사를 대표할 사원이 없을 때에는 다른 사원 과반수의 결의로 대표할 사원을 선정하여야 한다.

제287조의22(대표소송) ① 사원은 회사에 대하여 업무집행자의 책임을 추궁하는 소의 제기를 청구할 수 있다.

② 제1항의 소에 관하여는 제403조제2항부터 제4항까지, 제6항, 제7항 및 제404조부터 제406조까지의 규정을 준용한다.

제4절 사원의 가입 및 탈퇴

제287조의23(사원의 가입) ① 유한책임회사는 정관을 변경함으로써 새로운 사원을 가입시킬 수 있다.

② 제1항에 따른 사원의 가입은 정관을 변경한 때에 효력이 발생한다. 다만, 정관을 변경한 때에 해당 사원이 출자에 관한 납입 또는 재산의 전부 또는 일부의 출자를 이행하지 아니한 경우에는 그 납입 또는 이행을 마친 때에 사원이 된다.

③ 사원 가입 시 현물출자를 하는 사원에 대하여는 제287조의4제3항을 준용한다.

제287조의24(사원의 퇴사권) 사원의 퇴사에 관하여는 정관으로 달리 정하지 아니하는 경우에는 제217조제1항을 준용한다.

제287조의25(퇴사 원인) 사원의 퇴사 원인에 관하여는 제218조를 준용한다.

제287조의26(사원사망 시 권리승계의 통지) 사원이 사망한 경우에는 제219조를 준용한다.

제287조의27(제명의 선고) 사원의 제명에 관하여는 제220조를 준용한다. 다만, 사원의 제명에 필요한 결의는 정관으로 달리 정할 수 있다.

제287조의28(퇴사 사원 지분의 환급) ① 퇴사 사원은 그 지분의 환급을 금전으로 받을 수 있다.

② 퇴사 사원에 대한 환급금액은 퇴사 시의 회사의 재산 상황에 따라 정한다.

③ 퇴사 사원의 지분 환급에 대하여는 정관으로 달리 정할 수 있다.

제287조의29(지분압류채권자에 의한 퇴사) 사원의 지분을 압류한 채권자가 그 사원을 퇴사시키는 경우에는 제224조를 준용한다.

제287조의30(퇴사 사원의 지분 환급과 채권자의 이의) ① 유한책임회사의 채권자는 퇴사하는 사원에게 환급하는 금액이 제287조의37에 따른 잉여금을 초과한 경우에는 그 환급에 대하여 회사에 이의를 제기할 수 있다.

② 제1항의 이의제기에 관하여는 제232조를 준용한다. 다만, 제232조제3항은 지분을 환급하더라도 채권자에게

손해를 끼칠 우려가 없는 경우에는 준용하지 아니한다.

제287조의31(퇴사 사원의 상호변경 청구권) 퇴사한 사원의 성명이 유한책임회사의 상호 중에 사용된 경우에는 그 사원은 유한책임회사에 대하여 그 사용의 폐지를 청구할 수 있다.

제5절 회계 등

제287조의32(회계 원칙) 유한책임회사의 회계는 이 법과 대통령령으로 규정한 것 외에는 일반적으로 공정하고 타당한 회계관행에 따른다.

제287조의33(재무제표의 작성 및 보존) 업무집행자는 결산기마다 대차대조표, 손익계산서, 그 밖에 유한책임회사의 재무상태와 경영성과를 표시하는 것으로서 대통령령으로 정하는 서류를 작성하여야 한다.

제287조의34(재무제표의 비치·공시) ① 업무집행자는 제287조의33에 규정된 서류를 본점에 5년간 갖추어 두어야 하고, 그 등본을 지점에 3년간 갖추어 두어야 한다.

② 사원과 유한책임회사의 채권자는 회사의 영업시간 내에는 언제든지 제287조의33에 따라 작성된 재무제표(財務諸表)의 열람과 등사를 청구할 수 있다.

제287조의35(자본금의 액) 사원이 출자한 금전이나 그 밖의 재산의 가액을 유한책임회사의 자본금으로 한다.

제287조의36(자본금의 감소) ① 유한책임회사는 정관 변경의 방법으로 자본금을 감소할 수 있다.

② 제1항의 경우에는 제232조를 준용한다. 다만, 감소 후의 자본금의 액이 순자산액 이상인 경우에는 그러하지 아니하다.

제287조의37(잉여금의 분배) ① 유한책임회사는 대차대조표상의 순자산액으로부터 자본금의 액을 뺀 액(이하 이 조에서 "잉여금"이라 한다)을 한도로 하여 잉여금을 분배할 수 있다.

② 제1항을 위반하여 잉여금을 분배한 경우에는 유한책임회사의 채권자는 그 잉여금을 분배받은 자에 대하여 회사에 반환할 것을 청구할 수 있다.

③ 제2항의 청구에 관한 소는 본점소재지의 지방법원의 관할에 전속한다.

④ 잉여금은 정관에 다른 규정이 없으면 각 사원이 출자한 가액에 비례하여 분배한다.

⑤ 잉여금의 분배를 청구하는 방법이나 그 밖에 잉여금의 분배에 관한 사항은 정관으로 정할 수 있다.

⑥ 사원의 지분의 압류는 잉여금의 배당을 청구하는 권리에 대하여도 그 효력이 있다.

제6절 해산

제287조의38(해산 원인) 유한책임회사는 다음 각 호의 어느 하나에 해당하는 사유로 해산한다.

1. 제227조제1호·제2호 및 제4호부터 제6호까지에서 규정한 사항에 해당하는 경우
2. 사원이 없게 된 경우

제287조의39(해산등기) 유한책임회사가 해산된 경우에는 합병과 파산의 경우 외에는 그 해산사유가 있었던 날부터 본점소재지에서는 2주 내에 해산등기를 하고, 지점소재지에서는 3주 내에 해산등기를 하여야 한다.

제287조의40(유한책임회사의 계속) 제287조의38의 해산 원인 중 제227조제1호 및 제2호의 경우에는 제229조제1항 및 제3항을 준용한다.

제287조의41(유한책임회사의 합병) 유한책임회사의 합병에 관하여는 제230조, 제232조부터 제240조까지의 규정을 준용한다.

제287조의42(해산청구) 유한책임회사의 사원이 해산을 청구하는 경우에는 제241조를 준용한다.

제7절 조직변경

제287조의43(조직의 변경) ① 주식회사는 총회에서 총주주의 동의로 결의한 경우에는 그 조직을 변경하여 이 장에 따른 유한책임회사로 할 수 있다.

② 유한책임회사는 총사원의 동의에 의하여 주식회사로 변경할 수 있다.

제287조의44(준용규정) 유한책임회사의 조직의 변경에 관하여는 제232조 및 제604조부터 제607조까지의 규정을 준용한다.

제8절 청산

제287조의45(청산) 유한책임회사의 청산(淸算)에 관하여는 제245조, 제246조, 제251조부터 제257조까지 및 제259조부터 제267조까지의 규정을 준용한다.

제4장 주식회사

제1절 설립

제288조(발기인) 주식회사를 설립함에는 발기인이 정관을 작성하여야 한다.

제289조(정관의 작성, 절대적 기재사항) ① 발기인은 정관을 작성하여 다음의 사항을 적고 각 발기인이 기명날인 또는 서명하여야 한다.

1. 목적
2. 상호
3. 회사가 발행할 주식의 총수
4. 액면주식을 발행하는 경우 1주의 금액

5. 회사의 설립 시에 발행하는 주식의 총수
6. 본점의 소재지
7. 회사가 공고를 하는 방법
8. 발기인의 성명·주민등록번호 및 주소
9. 삭제 <1984. 4. 10.>
② 삭제 <2011. 4. 14.>
③ 회사의 공고는 관보 또는 시사에 관한 사항을 게재하는 일간신문에 하여야 한다. 다만, 회사는 그 공고를 정관으로 정하는 바에 따라 전자적 방법으로 할 수 있다.
④ 회사는 제3항에 따라 전자적 방법으로 공고할 경우 대통령령으로 정하는 기간까지 계속 공고하고, 재무제표를 전자적 방법으로 공고할 경우에는 제450조에서 정한 기간까지 계속 공고하여야 한다. 다만, 공고기간 이후에도 누구나 그 내용을 열람할 수 있도록 하여야 한다.
⑤ 회사가 전자적 방법으로 공고를 할 경우에는 게시 기간과 게시 내용에 대하여 증명하여야 한다.
⑥ 회사의 전자적 방법으로 하는 공고에 관하여 필요한 사항은 대통령령으로 정한다.

제290조(변태설립사항) 다음의 사항은 정관에 기재함으로써 그 효력이 있다.
1. 발기인이 받을 특별이익과 이를 받을 자의 성명
2. 현물출자를 하는 자의 성명과 그 목적인 재산의 종류, 수량, 가격과 이에 대하여 부여할 주식의 종류와 수
3. 회사성립후에 양수할 것을 약정한 재산의 종류, 수량, 가격과 그 양도인의 성명
4. 회사가 부담할 설립비용과 발기인이 받을 보수액

제291조(설립 당시의 주식발행사항의 결정) 회사설립 시에 발행하는 주식에 관하여 다음의 사항은 정관으로 달리 정하지 아니하면 발기인 전원의 동의로 이를 정한다.
1. 주식의 종류와 수
2. 액면주식의 경우에 액면 이상의 주식을 발행할 때에는 그 수와 금액
3. 무액면주식을 발행하는 경우에는 주식의 발행가액과 주식의 발행가액 중 자본금으로 계상하는 금액

제292조(정관의 효력발생) 정관은 공증인의 인증을 받음으로써 효력이 생긴다. 다만, 자본금 총액이 10억원 미만인 회사를 제295조제1항에 따라 발기설립(發起設立)하는 경우에는 제289조제1항에 따라 각 발기인이 정관에 기명날인 또는 서명함으로써 효력이 생긴다.

제293조(발기인의 주식인수) 각 발기인

은 서면에 의하여 주식을 인수하여야 한다.

제294조 삭제 <1995. 12. 29.>

제295조(발기설립의 경우의 납입과 현물출자의 이행) ① 발기인이 회사의 설립 시에 발행하는 주식의 총수를 인수한 때에는 지체없이 각 주식에 대하여 그 인수가액의 전액을 납입하여야 한다. 이 경우 발기인은 납입을 맡을 은행 기타 금융기관과 납입장소를 지정하여야 한다.

② 현물출자를 하는 발기인은 납입기일에 지체없이 출자의 목적인 재산을 인도하고 등기, 등록 기타 권리의 설정 또는 이전을 요할 경우에는 이에 관한 서류를 완비하여 교부하여야 한다.

제296조(발기설립의 경우의 임원선임) ① 전조의 규정에 의한 납입과 현물출자의 이행이 완료된 때에는 발기인은 지체없이 의결권의 과반수로 이사와 감사를 선임하여야 한다.

② 발기인의 의결권은 그 인수주식의 1주에 대하여 1개로 한다.

제297조(발기인의 의사록작성) 발기인은 의사록을 작성하여 의사의 경과와 그 결과를 기재하고 기명날인 또는 서명하여야 한다.

제298조(이사·감사의 조사·보고와 검사인의 선임청구) ① 이사와 감사는 취임후 지체없이 회사의 설립에 관한 모든 사항이 법령 또는 정관의 규정에 위반되지 아니하는지의 여부를 조사하여 발기인에게 보고하여야 한다.

② 이사와 감사중 발기인이었던 자·현물출자자 또는 회사성립후 양수할 재산의 계약당사자인 자는 제1항의 조사·보고에 참가하지 못한다.

③ 이사와 감사의 전원이 제2항에 해당하는 때에는 이사는 공증인으로 하여금 제1항의 조사·보고를 하게 하여야 한다.

④ 정관으로 제290조 각호의 사항을 정한 때에는 이사는 이에 관한 조사를 하게 하기 위하여 검사인의 선임을 법원에 청구하여야 한다. 다만, 제299조의2의 경우에는 그러하지 아니하다.

제299조(검사인의 조사, 보고) ① 검사인은 제290조 각 호의 사항과 제295조에 따른 현물출자의 이행을 조사하여 법원에 보고하여야 한다.

② 제1항은 다음 각 호의 어느 하나에 해당할 경우에는 적용하지 아니한다.

1. 제290조제2호 및 제3호의 재산총액이 자본금의 5분의 1을 초과하지 아니하고 대통령령으로 정한 금액을 초과하지 아니하는 경우

2. 제290조제2호 또는 제3호의 재산이 거래소에서 시세가 있는 유가증권

인 경우로서 정관에 적힌 가격이 대통령령으로 정한 방법으로 산정된 시세를 초과하지 아니하는 경우

3. 그 밖에 제1호 및 제2호에 준하는 경우로서 대통령령으로 정하는 경우

③ 검사인은 제1항의 조사보고서를 작성한 후 지체 없이 그 등본을 각 발기인에게 교부하여야 한다.

④ 검사인의 조사보고서에 사실과 다른 사항이 있는 경우에는 발기인은 이에 대한 설명서를 법원에 제출할 수 있다.

제299조의2(현물출자 등의 증명) 제290조제1호 및 제4호에 기재한 사항에 관하여는 공증인의 조사·보고로, 제290조제2호 및 제3호의 규정에 의한 사항과 제295조의 규정에 의한 현물출자의 이행에 관하여는 공인된 감정인의 감정으로 제299조제1항의 규정에 의한 검사인의 조사에 갈음할 수 있다. 이 경우 공증인 또는 감정인은 조사 또는 감정결과를 법원에 보고하여야 한다.

제300조(법원의 변경처분) ① 법원은 검사인 또는 공증인의 조사보고서 또는 감정인의 감정결과와 발기인의 설명서를 심사하여 제290조의 규정에 의한 사항을 부당하다고 인정한 때에는 이를 변경하여 각 발기인에게 통고할 수 있다.

② 제1항의 변경에 불복하는 발기인은 그 주식의 인수를 취소할 수 있다. 이 경우에는 정관을 변경하여 설립에 관한 절차를 속행할 수 있다.

③ 법원의 통고가 있은 후 2주내에 주식의 인수를 취소한 발기인이 없는 때에는 정관은 통고에 따라서 변경된 것으로 본다.

제301조(모집설립의 경우의 주주모집) 발기인이 회사의 설립시에 발행하는 주식의 총수를 인수하지 아니하는 때에는 주주를 모집하여야 한다.

제302조(주식인수의 청약, 주식청약서의 기재사항) ① 주식인수의 청약을 하고자 하는 자는 주식청약서 2통에 인수할 주식의 종류 및 수와 주소를 기재하고 기명날인 또는 서명하여야 한다.

② 주식청약서는 발기인이 작성하고 다음의 사항을 적어야 한다.

1. 정관의 인증연월일과 공증인의 성명

2. 제289조제1항과 제290조에 게기한 사항

3. 회사의 존립기간 또는 해산사유를 정한 때에는 그 규정

4. 각 발기인이 인수한 주식의 종류와 수

5. 제291조에 게기한 사항

5의2. 주식의 양도에 관하여 이사회의 승인을 얻도록 정한 때에는 그 규정

6. 삭제 <2011. 4. 14.>

7. 주주에게 배당할 이익으로 주식을

소각할 것을 정한 때에는 그 규정

8. 일정한 시기까지 창립총회를 종결하지 아니한 때에는 주식의 인수를 취소할 수 있다는 뜻

9. 납입을 맡을 은행 기타 금융기관과 납입장소

10. 명의개서대리인을 둔 때에는 그 성명·주소 및 영업소

③ 민법 제107조제1항 단서의 규정은 주식인수의 청약에는 적용하지 아니한다.

제303조(주식인수인의 의무) 주식인수를 청약한 자는 발기인이 배정한 주식의 수에 따라서 인수가액을 납입할 의무를 부담한다.

제304조(주식인수인 등에 대한 통지, 최고) ① 주식인수인 또는 주식청약인에 대한 통지나 최고는 주식인수증 또는 주식청약서에 기재한 주소 또는 그 자로부터 회사에 통지한 주소로 하면 된다.

② 전항의 통지 또는 최고는 보통 그 도달할 시기에 도달한 것으로 본다.

제305조(주식에 대한 납입) ① 회사설립시에 발행하는 주식의 총수가 인수된 때에는 발기인은 지체없이 주식인수인에 대하여 각 주식에 대한 인수가액의 전액을 납입시켜야 한다.

② 전항의 납입은 주식청약서에 기재한 납입장소에서 하여야 한다.

③ 제295조제2항의 규정은 제1항의 경우에 준용한다.

제306조(납입금의 보관자 등의 변경) 납입금의 보관자 또는 납입장소를 변경할 때에는 법원의 허가를 얻어야 한다.

제307조(주식인수인의 실권절차) ① 주식인수인이 제305조의 규정에 의한 납입을 하지 아니한 때에는 발기인은 일정한 기일을 정하여 그 기일내에 납입을 하지 아니하면 그 권리를 잃는다는 뜻을 기일의 2주간전에 그 주식인수인에게 통지하여야 한다.

② 전항의 통지를 받은 주식인수인이 그 기일내에 납입의 이행을 하지 아니한 때에는 그 권리를 잃는다. 이 경우에는 발기인은 다시 그 주식에 대한 주주를 모집할 수 있다.

③ 전2항의 규정은 그 주식인수인에 대한 손해배상의 청구에 영향을 미치지 아니한다.

제308조(창립총회) ① 제305조의 규정에 의한 납입과 현물출자의 이행을 완료한 때에는 발기인은 지체없이 창립총회를 소집하여야 한다.

② 제363조제1항·제2항, 제364조, 제368조제2항·제3항, 제368조의2, 제369조제1항, 제371조제2항, 제372조, 제373조, 제376조 내지 제381조와 제

435조의 규정은 창립총회에 준용한다.

제309조(창립총회의 결의) 창립총회의 결의는 출석한 주식인수인의 의결권의 3분의 2 이상이며 인수된 주식의 총수의 과반수에 해당하는 다수로 하여야 한다.

제310조(변태설립의 경우의 조사) ① 정관으로 제290조에 게기한 사항을 정한 때에는 발기인은 이에 관한 조사를 하게 하기 위하여 검사인의 선임을 법원에 청구하여야 한다.

② 전항의 검사인의 보고서는 이를 창립총회에 제출하여야 한다.

③ 제298조제4항 단서 및 제299조의2의 규정은 제1항의 조사에 관하여 이를 준용한다.

제311조(발기인의 보고) ① 발기인은 회사의 창립에 관한 사항을 서면에 의하여 창립총회에 보고하여야 한다.

② 전항의 보고서에는 다음의 사항을 명확히 기재하여야 한다.

1. 주식인수와 납입에 관한 제반상황

2. 제290조에 게기한 사항에 관한 실태

제312조(임원의 선임) 창립총회에서는 이사와 감사를 선임하여야 한다.

제313조(이사, 감사의 조사, 보고) ① 이사와 감사는 취임후 지체없이 회사의 설립에 관한 모든 사항이 법령 또는 정관의 규정에 위반되지 아니하는지의 여부를 조사하여 창립총회에 보고하여야 한다.

② 제298조제2항 및 제3항의 규정은 제1항의 조사와 보고에 관하여 이를 준용한다.

③ 삭제 <1995. 12. 29.>

제314조(변태설립사항의 변경) ① 창립총회에서는 제290조에 게기한 사항이 부당하다고 인정한 때에는 이를 변경할 수 있다.

② 제300조제2항과 제3항의 규정은 전항의 경우에 준용한다.

제315조(발기인에 대한 손해배상청구) 전조의 규정은 발기인에 대한 손해배상의 청구에 영향을 미치지 아니한다.

제316조(정관변경, 설립폐지의 결의)

① 창립총회에서는 정관의 변경 또는 설립의 폐지를 결의할 수 있다.

② 전항의 결의는 소집통지서에 그 뜻의 기재가 없는 경우에도 이를 할 수 있다.

제317조(설립의 등기) ① 주식회사의 설립등기는 발기인이 회사설립시에 발행한 주식의 총수를 인수한 경우에는 제299조와 제300조의 규정에 의한 절차가 종료한 날로부터, 발기인이 주주를 모집한 경우에는 창립총회가 종결한 날 또는 제314조의 규정에 의한 절차가 종료한 날로부터 2주간내에 이를

하여야 한다.

② 제1항의 설립등기에 있어서는 다음의 사항을 등기하여야 한다.

1. 제289조제1항제1호 내지 제4호, 제6호와 제7호에 게기한 사항

2. 자본금의 액

3. 발행주식의 총수, 그 종류와 각종주식의 내용과 수

3의2. 주식의 양도에 관하여 이사회의 승인을 얻도록 정한 때에는 그 규정

3의3. 주식매수선택권을 부여하도록 정한 때에는 그 규정

3의4. 지점의 소재지

4. 회사의 존립기간 또는 해산사유를 정한 때에는 그 기간 또는 사유

5. 삭제 <2011. 4. 14.>

6. 주주에게 배당할 이익으로 주식을 소각할 것을 정한 때에는 그 규정

7. 전환주식을 발행하는 경우에는 제347조에 게기한 사항

8. 사내이사, 사외이사, 그 밖에 상무에 종사하지 아니하는 이사, 감사 및 집행임원의 성명과 주민등록번호

9. 회사를 대표할 이사 또는 집행임원의 성명·주민등록번호 및 주소

10. 둘 이상의 대표이사 또는 대표집행임원이 공동으로 회사를 대표할 것을 정한 경우에는 그 규정

11. 명의개서대리인을 둔 때에는 그 상호 및 본점소재지

12. 감사위원회를 설치한 때에는 감사위원회 위원의 성명 및 주민등록번호

③ 주식회사의 지점 설치 및 이전 시 지점소재지 또는 신지점소재지에서 등기를 할 때에는 제289조제1항제1호·제2호·제6호 및 제7호와 이 조 제2항 제4호·제9호 및 제10호에 따른 사항을 등기하여야 한다.

④ 제181조 내지 제183조의 규정은 주식회사의 등기에 준용한다.

제318조(납입금 보관자의 증명과 책임) ① 납입금을 보관한 은행이나 그 밖의 금융기관은 발기인 또는 이사의 청구를 받으면 그 보관금액에 관하여 증명서를 발급하여야 한다.

② 제1항의 은행이나 그 밖의 금융기관은 증명한 보관금액에 대하여는 납입이 부실하거나 그 금액의 반환에 제한이 있다는 것을 이유로 회사에 대항하지 못한다.

③ 자본금 총액이 10억원 미만인 회사를 제295조제1항에 따라 발기설립하는 경우에는 제1항의 증명서를 은행이나 그 밖의 금융기관의 잔고증명서로 대체할 수 있다.

제319조(권리주의 양도) 주식의 인수로 인한 권리의 양도는 회사에 대하여 효력이 없다.

제320조(주식인수의 무효 주장, 취소의 제한) ① 회사성립후에는 주식을 인수한 자는 주식청약서의 요건의 흠결을 이유로 하여 그 인수의 무효를 주장하거나 사기, 강박 또는 착오를 이유로 하여 그 인수를 취소하지 못한다.

② 창립총회에 출석하여 그 권리를 행사한 자는 회사의 성립전에도 전항과 같다.

제321조(발기인의 인수, 납입담보책임) ① 회사설립시에 발행한 주식으로서 회사성립후에 아직 인수되지 아니한 주식이 있거나 주식인수의 청약이 취소된 때에는 발기인이 이를 공동으로 인수한 것으로 본다.

② 회사성립후 제295조제1항 또는 제305조제1항의 규정에 의한 납입을 완료하지 아니한 주식이 있는 때에는 발기인은 연대하여 그 납입을 하여야 한다.

③ 제315조의 규정은 전2항의 경우에 준용한다.

제322조(발기인의 손해배상책임) ① 발기인이 회사의 설립에 관하여 그 임무를 해태한 때에는 그 발기인은 회사에 대하여 연대하여 손해를 배상할 책임이 있다.

② 발기인이 악의 또는 중대한 과실로 인하여 그 임무를 해태한 때에는 그 발기인은 제3자에 대하여도 연대하여 손해를 배상할 책임이 있다.

제323조(발기인, 임원의 연대책임) 이사 또는 감사가 제313조제1항의 규정에 의한 임무를 해태하여 회사 또는 제3자에 대하여 손해를 배상할 책임을 지는 경우에 발기인도 책임을 질때에는 그 이사, 감사와 발기인은 연대하여 손해를 배상할 책임이 있다.

제324조(발기인의 책임면제, 주주의 대표소송) 제400조, 제403조부터 제406조까지 및 제406조의2는 발기인에 준용한다.

제325조(검사인의 손해배상책임) 법원이 선임한 검사인이 악의 또는 중대한 과실로 인하여 그 임무를 해태한 때에는 회사 또는 제3자에 대하여 손해를 배상할 책임이 있다.

제326조(회사불성립의 경우의 발기인의 책임) ① 회사가 성립하지 못한 경우에는 발기인은 그 설립에 관한 행위에 대하여 연대하여 책임을 진다.

② 전항의 경우에 회사의 설립에 관하여 지급한 비용은 발기인이 부담한다.

제327조(유사발기인의 책임) 주식청약서 기타 주식모집에 관한 서면에 성명과 회사의 설립에 찬조하는 뜻을 기재할 것을 승낙한 자는 발기인과 동일한 책임이 있다.

제328조(설립무효의 소) ① 회사설립

의 무효는 주주·이사 또는 감사에 한하여 회사성립의 날로부터 2년내에 소만으로 이를 주장할 수 있다.

② 제186조 내지 제193조의 규정은 제1항의 소에 준용한다.

제2절 주식

제1관 주식과 주권

제329조(자본금의 구성) ① 회사는 정관으로 정한 경우에는 주식의 전부를 무액면주식으로 발행할 수 있다. 다만, 무액면주식을 발행하는 경우에는 액면주식을 발행할 수 없다.

② 액면주식의 금액은 균일하여야 한다.

③ 액면주식 1주의 금액은 100원 이상으로 하여야 한다.

④ 회사는 정관으로 정하는 바에 따라 발행된 액면주식을 무액면주식으로 전환하거나 무액면주식을 액면주식으로 전환할 수 있다.

⑤ 제4항의 경우에는 제440조, 제441조 본문 및 제442조를 준용한다.

제329조의2(주식의 분할) ① 회사는 제434조의 규정에 의한 주주총회의 결의로 주식을 분할할 수 있다.

② 제1항의 경우에 분할 후의 액면주식 1주의 금액은 제329조제3항에 따른 금액 미만으로 하지 못한다.

③ 제440조부터 제443조까지의 규정은 제1항의 규정에 의한 주식분할의 경우에 이를 준용한다.

제330조(액면미달발행의 제한) 주식은 액면미달의 가액으로 발행하지 못한다. 그러나 제417조의 경우에는 그러하지 아니하다.

제331조(주주의 책임) 주주의 책임은 그가 가진 주식의 인수가액을 한도로 한다.

제332조(가설인, 타인의 명의에 의한 인수인의 책임) ① 가설인의 명의로 주식을 인수하거나 타인의 승낙없이 그 명의로 주식을 인수한 자는 주식인수인으로서의 책임이 있다.

② 타인의 승낙을 얻어 그 명의로 주식을 인수한 자는 그 타인과 연대하여 납입할 책임이 있다.

제333조(주식의 공유) ① 수인이 공동으로 주식을 인수한 자는 연대하여 납입할 책임이 있다.

② 주식이 수인의 공유에 속하는 때에는 공유자는 주주의 권리를 행사할 자 1인을 정하여야 한다.

③ 주주의 권리를 행사할 자가 없는 때에는 공유자에 대한 통지나 최고는 그 1인에 대하여 하면 된다.

제334조 삭제 <2011. 4. 14.>

제335조(주식의 양도성) ① 주식은 타인에게 양도할 수 있다. 다만, 회사는

정관으로 정하는 바에 따라 그 발행하는 주식의 양도에 관하여 이사회의 승인을 받도록 할 수 있다.

② 제1항 단서의 규정에 위반하여 이사회의 승인을 얻지 아니한 주식의 양도는 회사에 대하여 효력이 없다.

③ 주권발행전에 한 주식의 양도는 회사에 대하여 효력이 없다. 그러나 회사성립후 또는 신주의 납입기일후 6월이 경과한 때에는 그러하지 아니하다.

제335조의2(양도승인의 청구) ① 주식의 양도에 관하여 이사회의 승인을 얻어야 하는 경우에는 주식을 양도하고자 하는 주주는 회사에 대하여 양도의 상대방 및 양도하고자 하는 주식의 종류와 수를 기재한 서면으로 양도의 승인을 청구할 수 있다.

② 회사는 제1항의 청구가 있는 날부터 1월 이내에 주주에게 그 승인여부를 서면으로 통지하여야 한다.

③ 회사가 제2항의 기간내에 주주에게 거부의 통지를 하지 아니한 때에는 주식의 양도에 관하여 이사회의 승인이 있는 것으로 본다.

④ 제2항의 양도승인거부의 통지를 받은 주주는 통지를 받은 날부터 20일내에 회사에 대하여 양도의 상대방의 지정 또는 그 주식의 매수를 청구할 수 있다.

제335조의3(양도상대방의 지정청구)

① 주주가 양도의 상대방을 지정하여 줄 것을 청구한 경우에는 이사회는 이를 지정하고, 그 청구가 있는 날부터 2주간내에 주주 및 지정된 상대방에게 서면으로 이를 통지하여야 한다.

② 제1항의 기간내에 주주에게 상대방 지정의 통지를 하지 아니한 때에는 주식의 양도에 관하여 이사회의 승인이 있는 것으로 본다.

제335조의4(지정된 자의 매도청구권)

① 제335조의3제1항의 규정에 의하여 상대방으로 지정된 자는 지정통지를 받은 날부터 10일 이내에 지정청구를 한 주주에 대하여 서면으로 그 주식을 자기에게 매도할 것을 청구할 수 있다.

② 제335조의3제2항의 규정은 주식의 양도상대방으로 지정된 자가 제1항의 기간내에 매도의 청구를 하지 아니한 때에 이를 준용한다.

제335조의5(매도가액의 결정) ① 제335조의4의 경우에 그 주식의 매도가액은 주주와 매도청구인간의 협의로 이를 결정한다.

② 제374조의2제4항 및 제5항의 규정은 제335조의4제1항의 규정에 의한 청구를 받은 날부터 30일 이내에 제1항의 규정에 의한 협의가 이루어지지 아니하는 경우에 이를 준용한다.

제335조의6(주식의 매수청구) 제374조의2제2항 내지 제5항의 규정은 제335조의2제4항의 규정에 의하여 주주가 회사에 대하여 주식의 매수를 청구한 경우에 이를 준용한다.

제335조의7(주식의 양수인에 의한 승인청구) ① 주식의 양도에 관하여 이사회의 승인을 얻어야 하는 경우에 주식을 취득한 자는 회사에 대하여 그 주식의 종류와 수를 기재한 서면으로 그 취득의 승인을 청구할 수 있다.

② 제335조의2제2항 내지 제4항, 제335조의3 내지 제335조의6의 규정은 제1항의 경우에 이를 준용한다.

제336조(주식의 양도방법) ① 주식의 양도에 있어서는 주권을 교부하여야 한다.

② 주권의 점유자는 이를 적법한 소지인으로 추정한다.

제337조(주식의 이전의 대항요건) ① 주식의 이전은 취득자의 성명과 주소를 주주명부에 기재하지 아니하면 회사에 대항하지 못한다.

② 회사는 정관이 정하는 바에 의하여 명의개서대리인을 둘 수 있다. 이 경우 명의개서대리인이 취득자의 성명과 주소를 주주명부의 복본에 기재한 때에는 제1항의 명의개서가 있는 것으로 본다.

제338조(주식의 입질) ① 주식을 질권의 목적으로 하는 때에는 주권을 질권자에게 교부하여야 한다.

② 질권자는 계속하여 주권을 점유하지 아니하면 그 질권으로써 제3자에게 대항하지 못한다.

제339조(질권의 물상대위) 주식의 소각, 병합, 분할 또는 전환이 있는 때에는 이로 인하여 종전의 주주가 받을 금전이나 주식에 대하여도 종전의 주식을 목적으로한 질권을 행사할 수 있다.

제340조(주식의 등록질) ① 주식을 질권(質權)의 목적으로 한 경우에 회사가 질권설정자의 청구에 따라 그 성명과 주소를 주주명부에 덧붙여 쓰고 그 성명을 주권(株券)에 적은 경우에는 질권자는 회사로부터 이익배당, 잔여재산의 분배 또는 제339조에 따른 금전의 지급을 받아 다른 채권자에 우선하여 자기채권의 변제에 충당할 수 있다.

② 민법 제353조제3항의 규정은 전항의 경우에 준용한다.

③ 제1항의 질권자는 회사에 대하여 전조의 주식에 대한 주권의 교부를 청구할 수 있다.

제340조의2(주식매수선택권) ① 회사는 정관으로 정하는 바에 따라 제434조의 주주총회의 결의로 회사의 설립·경영 및 기술혁신 등에 기여하거나 기

여할 수 있는 회사의 이사, 집행임원, 감사 또는 피용자(被用者)에게 미리 정한 가액(이하 "주식매수선택권의 행사가액"이라 한다)으로 신주를 인수하거나 자기의 주식을 매수할 수 있는 권리(이하 "주식매수선택권"이라 한다)를 부여할 수 있다. 다만, 주식매수선택권의 행사가액이 주식의 실질가액보다 낮은 경우에 회사는 그 차액을 금전으로 지급하거나 그 차액에 상당하는 자기의 주식을 양도할 수 있다. 이 경우 주식의 실질가액은 주식매수선택권의 행사일을 기준으로 평가한다.

② 다음 각 호의 어느 하나에 해당하는 자에게는 제1항의 주식매수선택권을 부여할 수 없다.

1. 의결권 없는 주식을 제외한 발행주식총수의 100분의 10 이상의 주식을 가진 주주

2. 이사·집행임원·감사의 선임과 해임 등 회사의 주요 경영사항에 대하여 사실상 영향력을 행사하는 자

3. 제1호와 제2호에 규정된 자의 배우자와 직계존비속

③ 제1항에 따라 발행할 신주 또는 양도할 자기의 주식은 회사의 발행주식총수의 100분의 10을 초과할 수 없다.

④ 제1항의 주식매수선택권의 행사가액은 다음 각 호의 가액 이상이어야 한다.

1. 신주를 발행하는 경우에는 주식매수선택권의 부여일을 기준으로 한 주식의 실질가액과 주식의 권면액(券面額) 중 높은 금액. 다만, 무액면주식을 발행한 경우에는 자본으로 계상되는 금액 중 1주에 해당하는 금액을 권면액으로 본다.

2. 자기의 주식을 양도하는 경우에는 주식매수선택권의 부여일을 기준으로 한 주식의 실질가액

제340조의3(주식매수선택권의 부여)

① 제340조의2제1항의 주식매수선택권에 관한 정관의 규정에는 다음 각호의 사항을 기재하여야 한다.

1. 일정한 경우 주식매수선택권을 부여할 수 있다는 뜻

2. 주식매수선택권의 행사로 발행하거나 양도할 주식의 종류와 수

3. 주식매수선택권을 부여받을 자의 자격요건

4. 주식매수선택권의 행사기간

5. 일정한 경우 이사회결의로 주식매수선택권의 부여를 취소할 수 있다는 뜻

② 제340조의2제1항의 주식매수선택권에 관한 주주총회의 결의에 있어서는 다음 각호의 사항을 정하여야 한다.

1. 주식매수선택권을 부여받을 자의 성명

2. 주식매수선택권의 부여방법

3. 주식매수선택권의 행사가액과 그 조정에 관한 사항

4. 주식매수선택권의 행사기간

5. 주식매수선택권을 부여받을 자 각각에 대하여 주식매수선택권의 행사로 발행하거나 양도할 주식의 종류와 수

③ 회사는 제2항의 주주총회결의에 의하여 주식매수선택권을 부여받은 자와 계약을 체결하고 상당한 기간내에 그에 관한 계약서를 작성하여야 한다.

④ 회사는 제3항의 계약서를 주식매수선택권의 행사기간이 종료할 때까지 본점에 비치하고 주주로 하여금 영업시간내에 이를 열람할 수 있도록 하여야 한다.

제340조의4(주식매수선택권의 행사) ① 제340조의2제1항의 주식매수선택권은 제340조의3제2항 각호의 사항을 정하는 주주총회결의일부터 2년 이상 재임 또는 재직하여야 이를 행사할 수 있다.

② 제340조의2제1항의 주식매수선택권은 이를 양도할 수 없다. 다만, 동조제2항의 규정에 의하여 주식매수선택권을 행사할 수 있는 자가 사망한 경우에는 그 상속인이 이를 행사할 수 있다.

제340조의5(준용규정) 제350조제2항, 제351조, 제516조의9제1항·제3항·제

4항 및 제516조의10 전단은 주식매수선택권의 행사로 신주를 발행하는 경우에 이를 준용한다.

제341조(자기주식의 취득) ① 회사는 다음의 방법에 따라 자기의 명의와 계산으로 자기의 주식을 취득할 수 있다. 다만, 그 취득가액의 총액은 직전 결산기의 대차대조표상의 순자산액에서 제462조제1항 각 호의 금액을 뺀 금액을 초과하지 못한다.

1. 거래소에서 시세(時勢)가 있는 주식의 경우에는 거래소에서 취득하는 방법

2. 제345조제1항의 주식의 상환에 관한 종류주식의 경우 외에 각 주주가 가진 주식 수에 따라 균등한 조건으로 취득하는 것으로서 대통령령으로 정하는 방법

② 제1항에 따라 자기주식을 취득하려는 회사는 미리 주주총회의 결의로 다음 각 호의 사항을 결정하여야 한다. 다만, 이사회의 결의로 이익배당을 할 수 있다고 정관으로 정하고 있는 경우에는 이사회의 결의로써 주주총회의 결의를 갈음할 수 있다.

1. 취득할 수 있는 주식의 종류 및 수

2. 취득가액의 총액의 한도

3. 1년을 초과하지 아니하는 범위에서 자기주식을 취득할 수 있는 기간

③ 회사는 해당 영업연도의 결산기에 대차대조표상의 순자산액이 제462조제1항 각 호의 금액의 합계액에 미치지 못할 우려가 있는 경우에는 제1항에 따른 주식의 취득을 하여서는 아니 된다.

④ 해당 영업연도의 결산기에 대차대조표상의 순자산액이 제462조제1항 각 호의 금액의 합계액에 미치지 못함에도 불구하고 회사가 제1항에 따라 주식을 취득한 경우 이사는 회사에 대하여 연대하여 그 미치지 못한 금액을 배상할 책임이 있다. 다만, 이사가 제3항의 우려가 없다고 판단하는 때에 주의를 게을리하지 아니하였음을 증명한 경우에는 그러하지 아니하다.

제341조의2(특정목적에 의한 자기주식의 취득) 회사는 다음 각 호의 어느 하나에 해당하는 경우에는 제341조에도 불구하고 자기의 주식을 취득할 수 있다.

1. 회사의 합병 또는 다른 회사의 영업전부의 양수로 인한 경우
2. 회사의 권리를 실행함에 있어 그 목적을 달성하기 위하여 필요한 경우
3. 단주(端株)의 처리를 위하여 필요한 경우
4. 주주가 주식매수청구권을 행사한 경우

제341조의3(자기주식의 질취) 회사는 발행주식총수의 20분의 1을 초과하여 자기의 주식을 질권의 목적으로 받지 못한다. 다만, 제341조의2제1호 및 제2호의 경우에는 그 한도를 초과하여 질권의 목적으로 할 수 있다.

제342조(자기주식의 처분) 회사가 보유하는 자기의 주식을 처분하는 경우에 다음 각 호의 사항으로서 정관에 규정이 없는 것은 이사회가 결정한다.

1. 처분할 주식의 종류와 수
2. 처분할 주식의 처분가액과 납입기일
3. 주식을 처분할 상대방 및 처분방법

제342조의2(자회사에 의한 모회사주식의 취득) ① 다른 회사의 발행주식의 총수의 100분의 50을 초과하는 주식을 가진 회사(이하 "母會社"라 한다)의 주식은 다음의 경우를 제외하고는 그 다른 회사(이하 "子會社"라 한다)가 이를 취득할 수 없다.

1. 주식의 포괄적 교환, 주식의 포괄적 이전, 회사의 합병 또는 다른 회사의 영업전부의 양수로 인한 때
2. 회사의 권리를 실행함에 있어 그 목적을 달성하기 위하여 필요한 때

② 제1항 각호의 경우 자회사는 그 주식을 취득한 날로부터 6월 이내에 모회사의 주식을 처분하여야 한다.

③ 다른 회사의 발행주식의 총수의 100분의 50을 초과하는 주식을 모회사 및 자회사 또는 자회사가 가지고 있는 경

우 그 다른 회사는 이 법의 적용에 있어 그 모회사의 자회사로 본다.

제342조의3(다른 회사의 주식취득) 회사가 다른 회사의 발행주식총수의 10분의 1을 초과하여 취득한 때에는 그 다른 회사에 대하여 지체없이 이를 통지하여야 한다.

제343조(주식의 소각) ① 주식은 자본금 감소에 관한 규정에 따라서만 소각(消却)할 수 있다. 다만, 이사회의 결의에 의하여 회사가 보유하는 자기주식을 소각하는 경우에는 그러하지 아니하다.

② 자본금감소에 관한 규정에 따라 주식을 소각하는 경우에는 제440조 및 제441조를 준용한다.

제343조의2 삭제 <2011. 4. 14.>

제344조(종류주식) ① 회사는 이익의 배당, 잔여재산의 분배, 주주총회에서의 의결권의 행사, 상환 및 전환 등에 관하여 내용이 다른 종류의 주식(이하 "종류주식"이라 한다)을 발행할 수 있다.

② 제1항의 경우에는 정관으로 각 종류주식의 내용과 수를 정하여야 한다.

③ 회사가 종류주식을 발행하는 때에는 정관에 다른 정함이 없는 경우에도 주식의 종류에 따라 신주의 인수, 주식의 병합·분할·소각 또는 회사의 합병·분할로 인한 주식의 배정에 관하여 특수하게 정할 수 있다.

④ 종류주식 주주의 종류주주총회의 결의에 관하여는 제435조제2항을 준용한다.

제344조의2(이익배당, 잔여재산분배에 관한 종류주식) ① 회사가 이익의 배당에 관하여 내용이 다른 종류주식을 발행하는 경우에는 정관에 그 종류주식의 주주에게 교부하는 배당재산의 종류, 배당재산의 가액의 결정방법, 이익을 배당하는 조건 등 이익배당에 관한 내용을 정하여야 한다.

② 회사가 잔여재산의 분배에 관하여 내용이 다른 종류주식을 발행하는 경우에는 정관에 잔여재산의 종류, 잔여재산의 가액의 결정방법, 그 밖에 잔여재산분배에 관한 내용을 정하여야 한다.

제344조의3(의결권의 배제·제한에 관한 종류주식) ① 회사가 의결권이 없는 종류주식이나 의결권이 제한되는 종류주식을 발행하는 경우에는 정관에 의결권을 행사할 수 없는 사항과, 의결권 행사 또는 부활의 조건을 정한 경우에는 그 조건 등을 정하여야 한다.

② 제1항에 따른 종류주식의 총수는 발행주식총수의 4분의 1을 초과하지 못한다. 이 경우 의결권이 없거나 제한되는 종류주식이 발행주식총수의 4분의 1을 초과하여 발행된 경우에는 회

사는 지체 없이 그 제한을 초과하지 아니하도록 하기 위하여 필요한 조치를 하여야 한다.

제345조(주식의 상환에 관한 종류주식) ① 회사는 정관으로 정하는 바에 따라 회사의 이익으로써 소각할 수 있는 종류주식을 발행할 수 있다. 이 경우 회사는 정관에 상환가액, 상환기간, 상환의 방법과 상환할 주식의 수를 정하여야 한다.

② 제1항의 경우 회사는 상환대상인 주식의 취득일부터 2주 전에 그 사실을 그 주식의 주주 및 주주명부에 적힌 권리자에게 따로 통지하여야 한다. 다만, 통지는 공고로 갈음할 수 있다.

③ 회사는 정관으로 정하는 바에 따라 주주가 회사에 대하여 상환을 청구할 수 있는 종류주식을 발행할 수 있다. 이 경우 회사는 정관에 주주가 회사에 대하여 상환을 청구할 수 있다는 뜻, 상환가액, 상환청구기간, 상환의 방법을 정하여야 한다.

④ 제1항 및 제3항의 경우 회사는 주식의 취득의 대가로 현금 외에 유가증권(다른 종류주식은 제외한다)이나 그 밖의 자산을 교부할 수 있다. 다만, 이 경우에는 그 자산의 장부가액이 제462조에 따른 배당가능이익을 초과하여서는 아니 된다.

⑤ 제1항과 제3항에서 규정한 주식은 종류주식(상환과 전환에 관한 것은 제외한다)에 한정하여 발행할 수 있다.

제346조(주식의 전환에 관한 종류주식) ① 회사가 종류주식을 발행하는 경우에는 정관으로 정하는 바에 따라 주주는 인수한 주식을 다른 종류주식으로 전환할 것을 청구할 수 있다. 이 경우 전환의 조건, 전환의 청구기간, 전환으로 인하여 발행할 주식의 수와 내용을 정하여야 한다.

② 회사가 종류주식을 발행하는 경우에는 정관에 일정한 사유가 발생할 때 회사가 주주의 인수 주식을 다른 종류주식으로 전환할 수 있음을 정할 수 있다. 이 경우 회사는 전환의 사유, 전환의 조건, 전환의 기간, 전환으로 인하여 발행할 주식의 수와 내용을 정하여야 한다.

③ 제2항의 경우에 이사회는 다음 각 호의 사항을 그 주식의 주주 및 주주명부에 적힌 권리자에게 따로 통지하여야 한다. 다만, 통지는 공고로 갈음할 수 있다.

1. 전환할 주식
2. 2주 이상의 일정한 기간 내에 그 주권을 회사에 제출하여야 한다는 뜻
3. 그 기간 내에 주권을 제출하지 아니할 때에는 그 주권이 무효로 된

다는 뜻

④ 제344조제2항에 따른 종류주식의 수 중 새로 발행할 주식의 수는 전환청구기간 또는 전환의 기간 내에는 그 발행을 유보(留保)하여야 한다.

제347조(전환주식발행의 절차) 제346조의 경우에는 주식청약서 또는 신주인수권증서에 다음의 사항을 적어야 한다.

1. 주식을 다른 종류의 주식으로 전환할 수 있다는 뜻
2. 전환의 조건
3. 전환으로 인하여 발행할 주식의 내용
4. 전환청구기간 또는 전환의 기간

제348조(전환으로 인하여 발행하는 주식의 발행가액) 전환으로 인하여 신주식을 발행하는 경우에는 전환전의 주식의 발행가액을 신주식의 발행가액으로 한다.

제349조(전환의 청구) ① 주식의 전환을 청구하는 자는 청구서 2통에 주권을 첨부하여 회사에 제출하여야 한다.

② 제1항의 청구서에는 전환하고자 하는 주식의 종류, 수와 청구연월일을 기재하고 기명날인 또는 서명하여야 한다.

③ 삭제 <1995. 12. 29.>

제350조(전환의 효력발생) ① 주식의 전환은 주주가 전환을 청구한 경우에는 그 청구한 때에, 회사가 전환을 한 경우에는 제346조제3항제2호의 기간이 끝난 때에 그 효력이 발생한다.

② 제354조제1항의 기간 중에 전환된 주식의 주주는 그 기간 중의 총회의 결의에 관하여는 의결권을 행사할 수 없다.

③ 삭제 <2020. 12. 29.>

제351조(전환의 등기) 주식의 전환으로 인한 변경등기는 전환을 청구한 날 또는 제346조제3항제2호의 기간이 끝난 날이 속하는 달의 마지막 날부터 2주 내에 본점소재지에서 하여야 한다.

제352조(주주명부의 기재사항) ① 주식을 발행한 때에는 주주명부에 다음의 사항을 기재하여야 한다.

1. 주주의 성명과 주소
2. 각 주주가 가진 주식의 종류와 그 수
2의2. 각 주주가 가진 주식의 주권을 발행한 때에는 그 주권의 번호
3. 각주식의 취득연월일

② 제1항의 경우에 전환주식을 발행한 때에는 제347조에 게기한 사항도 주주명부에 기재하여야 한다.

제352조의2(전자주주명부) ① 회사는 정관으로 정하는 바에 따라 전자문서로 주주명부(이하 "전자주주명부"라 한다)를 작성할 수 있다.

② 전자주주명부에는 제352조제1항의 기재사항 외에 전자우편주소를 적어야

한다.

③ 전자주주명부의 비치·공시 및 열람의 방법에 관하여 필요한 사항은 대통령령으로 정한다.

제353조(주주명부의 효력) ① 주주 또는 질권자에 대한 회사의 통지 또는 최고는 주주명부에 기재한 주소 또는 그 자로부터 회사에 통지한 주소로 하면 된다.

② 제304조제2항의 규정은 전항의 통지 또는 최고에 준용한다.

제354조(주주명부의 폐쇄, 기준일) ① 회사는 의결권을 행사하거나 배당을 받을 자 기타 주주 또는 질권자로서 권리를 행사할 자를 정하기 위하여 일정한 기간을 정하여 주주명부의 기재변경을 정지하거나 일정한 날에 주주명부에 기재된 주주 또는 질권자를 그 권리를 행사할 주주 또는 질권자로 볼 수 있다.

② 제1항의 기간은 3월을 초과하지 못한다.

③ 제1항의 날은 주주 또는 질권자로서 권리를 행사할 날에 앞선 3월내의 날로 정하여야 한다.

④ 회사가 제1항의 기간 또는 날을 정한 때에는 그 기간 또는 날의 2주간전에 이를 공고하여야 한다. 그러나 정관으로 그 기간 또는 날을 지정한 때에는

그러하지 아니하다.

제355조(주권발행의 시기) ① 회사는 성립후 또는 신주의 납입기일후 지체없이 주권을 발행하여야 한다.

② 주권은 회사의 성립후 또는 신주의 납입기일후가 아니면 발행하지 못한다.

③ 전항의 규정에 위반하여 발행한 주권은 무효로 한다. 그러나 발행한 자에 대한 손해배상의 청구에 영향을 미치지 아니한다.

제356조(주권의 기재사항) 주권에는 다음의 사항과 번호를 기재하고 대표이사가 기명날인 또는 서명하여야 한다.

1. 회사의 상호
2. 회사의 성립연월일
3. 회사가 발행할 주식의 총수
4. 액면주식을 발행하는 경우 1주의 금액
5. 회사의 성립후 발행된 주식에 관하여는 그 발행 연월일
6. 종류주식이 있는 경우에는 그 주식의 종류와 내용
6의2. 주식의 양도에 관하여 이사회의 승인을 얻도록 정한 때에는 그 규정
7. 삭제 <2011. 4. 14.>
8. 삭제 <2011. 4. 14.>

제356조의2(주식의 전자등록) ① 회사는 주권을 발행하는 대신 정관으로 정하는 바에 따라 전자등록기관(유가증

권 등의 전자등록 업무를 취급하는 기관을 말한다. 이하 같다)의 전자등록부에 주식을 등록할 수 있다.

② 전자등록부에 등록된 주식의 양도나 입질(入質)은 전자등록부에 등록하여야 효력이 발생한다.

③ 전자등록부에 주식을 등록한 자는 그 등록된 주식에 대한 권리를 적법하게 보유한 것으로 추정하며, 이러한 전자등록부를 선의(善意)로, 그리고 중대한 과실 없이 신뢰하고 제2항의 등록에 따라 권리를 취득한 자는 그 권리를 적법하게 취득한다.

④ 전자등록의 절차·방법 및 효과, 전자등록기관에 대한 감독, 그 밖에 주식의 전자등록 등에 필요한 사항은 따로 법률로 정한다.

제357조 삭제 <2014. 5. 20.>

제358조 삭제 <2014. 5. 20.>

제358조의2(주권의 불소지) ① 주주는 정관에 다른 정함이 있는 경우를 제외하고는 그 주식에 대하여 주권의 소지를 하지 아니하겠다는 뜻을 회사에 신고할 수 있다.

② 제1항의 신고가 있는 때에는 회사는 지체없이 주권을 발행하지 아니한다는 뜻을 주주명부와 그 복본에 기재하고, 그 사실을 주주에게 통지하여야 한다. 이 경우 회사는 그 주권을 발행

할 수 없다.

③ 제1항의 경우 이미 발행된 주권이 있는 때에는 이를 회사에 제출하여야 하며, 회사는 제출된 주권을 무효로 하거나 명의개서대리인에게 임치하여야 한다.

④ 제1항 내지 제3항의 규정에 불구하고 주주는 언제든지 회사에 대하여 주권의 발행 또는 반환을 청구할 수 있다.

제359조(주권의 선의취득) 수표법 제21조의 규정은 주권에 관하여 이를 준용한다.

제360조(주권의 제권판결, 재발행) ① 주권은 공시최고의 절차에 의하여 이를 무효로 할 수 있다.

② 주권을 상실한 자는 제권판결을 얻지 아니하면 회사에 대하여 주권의 재발행을 청구하지 못한다.

제2관 주식의 포괄적 교환

제360조의2(주식의 포괄적 교환에 의한 완전모회사의 설립) ① 회사는 이 관의 규정에 의한 주식의 포괄적 교환에 의하여 다른 회사의 발행주식의 총수를 소유하는 회사(이하 "완전모회사"라 한다)가 될 수 있다. 이 경우 그 다른 회사를 "완전자회사"라 한다.

② 주식의 포괄적 교환(이하 이 관에서 "주식교환"이라 한다)에 의하여 완

전자회사가 되는 회사의 주주가 가지는 그 회사의 주식은 주식을 교환하는 날에 주식교환에 의하여 완전모회사가 되는 회사에 이전하고, 그 완전자회사가 되는 회사의 주주는 그 완전모회사가 되는 회사가 주식교환을 위하여 발행하는 신주의 배정을 받거나 그 회사 자기주식의 이전을 받음으로써 그 회사의 주주가 된다.

제360조의3(주식교환계약서의 작성과 주주총회의 승인 및 주식교환대가가 모회사 주식인 경우의 특칙) ① 주식교환을 하고자 하는 회사는 주식교환계약서를 작성하여 주주총회의 승인을 얻어야 한다.

② 제1항의 승인결의는 제434조의 규정에 의하여야 한다.

③ 주식교환계약서에는 다음 각호의 사항을 적어야 한다.

1. 완전모회사가 되는 회사가 주식교환으로 인하여 정관을 변경하는 경우에는 그 규정

2. 완전모회사가 되는 회사가 주식교환을 위하여 신주를 발행하거나 자기주식을 이전하는 경우에는 발행하는 신주 또는 이전하는 자기주식의 총수·종류, 종류별 주식의 수 및 완전자회사가 되는 회사의 주주에 대한 신주의 배정 또는 자기주식의 이전에 관한 사항

3. 완전모회사가 되는 회사의 자본금 또는 준비금이 증가하는 경우에는 증가할 자본금 또는 준비금에 관한 사항

4. 완전자회사가 되는 회사의 주주에게 제2호에도 불구하고 그 대가의 전부 또는 일부로서 금전이나 그 밖의 재산을 제공하는 경우에는 그 내용 및 배정에 관한 사항

5. 각 회사가 제1항의 결의를 할 주주총회의 기일

6. 주식교환을 할 날

7. 각 회사가 주식교환을 할 날까지 이익배당을 할 때에는 그 한도액

8. 삭제 <2015. 12. 1.>

9. 완전모회사가 되는 회사에 취임할 이사와 감사 또는 감사위원회의 위원을 정한 때에는 그 성명 및 주민등록번호

④ 회사는 제363조의 규정에 의한 통지에 다음 각호의 사항을 기재하여야 한다.

1. 주식교환계약서의 주요내용

2. 제360조의5제1항의 규정에 의한 주식매수청구권의 내용 및 행사방법

3. 일방회사의 정관에 주식의 양도에 관하여 이사회의 승인을 요한다는 뜻의 규정이 있고 다른 회사의 정관

에 그 규정이 없는 경우 그 뜻

⑤ 주식교환으로 인하여 주식교환에 관련되는 각 회사의 주주의 부담이 가중되는 경우에는 제1항 및 제436조의 결의 외에 그 주주 전원의 동의가 있어야 한다.

⑥ 제342조의2제1항에도 불구하고 제3항제4호에 따라 완전자회사가 되는 회사의 주주에게 제공하는 재산이 완전모회사가 되는 회사의 모회사 주식을 포함하는 경우에는 완전모회사가 되는 회사는 그 지급을 위하여 그 모회사의 주식을 취득할 수 있다.

⑦ 완전모회사가 되는 회사는 제6항에 따라 취득한 그 회사의 모회사 주식을 주식교환 후에도 계속 보유하고 있는 경우 주식교환의 효력이 발생하는 날부터 6개월 이내에 그 주식을 처분하여야 한다.

제360조의4(주식교환계약서 등의 공시) ① 이사는 제360조의3제1항의 주주총회의 회일의 2주전부터 주식교환의 날 이후 6월이 경과하는 날까지 다음 각호의 서류를 본점에 비치하여야 한다.

1. 주식교환계약서

2. 완전모회사가 되는 회사가 주식교환을 위하여 신주를 발행하거나 자기주식을 이전하는 경우에는 완전자

회사가 되는 회사의 주주에 대한 신주의 배정 또는 자기주식의 이전에 관하여 그 이유를 기재한 서면

3. 제360조의3제1항의 주주총회의 회일(제360조의9의 규정에 의한 간이주식교환의 경우에는 동조제2항의 규정에 의하여 공고 또는 통지를 한 날)전 6월 이내의 날에 작성한 주식교환을 하는 각 회사의 최종 대차대조표 및 손익계산서

② 제1항의 서류에 관하여는 제391조의3제3항의 규정을 준용한다.

제360조의5(반대주주의 주식매수청구권) ① 제360조의3제1항의 규정에 의한 승인사항에 관하여 이사회의 결의가 있는 때에 그 결의에 반대하는 주주(의결권이 없거나 제한되는 주주를 포함한다. 이하 이 조에서 같다)는 주주총회전에 회사에 대하여 서면으로 그 결의에 반대하는 의사를 통지한 경우에는 그 총회의 결의일부터 20일 이내에 주식의 종류와 수를 기재한 서면으로 회사에 대하여 자기가 소유하고 있는 주식의 매수를 청구할 수 있다.

② 제360조의9제2항의 공고 또는 통지를 한 날부터 2주내에 회사에 대하여 서면으로 주식교환에 반대하는 의사를 통지한 주주는 그 기간이 경과한 날부터 20일 이내에 주식의 종류와 수를

기재한 서면으로 회사에 대하여 자기가 소유하고 있는 주식의 매수를 청구할 수 있다.

③ 제1항 및 제2항의 매수청구에 관하여는 제374조의2제2항 내지 제5항의 규정을 준용한다.

제360조의6 삭제 <2015. 12. 1.>

제360조의7(완전모회사의 자본금 증가의 한도액) ① 완전모회사가 되는 회사의 자본금은 주식교환의 날에 완전자회사가 되는 회사에 현존하는 순자산액에서 다음 각호의 금액을 뺀 금액을 초과하여 증가시킬 수 없다.

1. 완전자회사가 되는 회사의 주주에게 제공할 금전이나 그 밖의 재산의 가액

2. 제360조의3제3항제2호에 따라 완전자회사가 되는 회사의 주주에게 이전하는 자기주식의 장부가액의 합계액

② 완전모회사가 되는 회사가 주식교환 이전에 완전자회사가 되는 회사의 주식을 이미 소유하고 있는 경우에는 완전모회사가 되는 회사의 자본금은 주식교환의 날에 완전자회사가 되는 회사에 현존하는 순자산액에 그 회사의 발행주식총수에 대한 주식교환으로 인하여 완전모회사가 되는 회사에 이전하는 주식의 수의 비율을 곱한 금액에서 제1항 각호의 금액을 뺀 금액의 한도를 초과하여 이를 증가시킬 수 없다.

제360조의8(주권의 실효절차) ① 주식교환에 의하여 완전자회사가 되는 회사는 주주총회에서 제360조의3제1항의 규정에 의한 승인을 한 때에는 다음 각호의 사항을 주식교환의 날 1월전에 공고하고, 주주명부에 기재된 주주와 질권자에 대하여 따로 따로 그 통지를 하여야 한다.

1. 제360조의3제1항의 규정에 의한 승인을 한 뜻

2. 주식교환의 날의 전날까지 주권을 회사에 제출하여야 한다는 뜻

3. 주식교환의 날에 주권이 무효가 된다는 뜻

② 제442조의 규정은 제360조의3제1항의 규정에 의한 승인을 한 경우에 이를 준용한다.

제360조의9(간이주식교환) ① 완전자회사가 되는 회사의 총주주의 동의가 있거나 그 회사의 발행주식총수의 100분의 90 이상을 완전모회사가 되는 회사가 소유하고 있는 때에는 완전자회사가 되는 회사의 주주총회의 승인은 이를 이사회의 승인으로 갈음할 수 있다.

② 제1항의 경우에 완전자회사가 되는 회사는 주식교환계약서를 작성한 날부터 2주내에 주주총회의 승인을 얻지

아니하고 주식교환을 한다는 뜻을 공고하거나 주주에게 통지하여야 한다. 다만, 총주주의 동의가 있는 때에는 그러하지 아니하다.

제360조의10(소규모 주식교환) ① 완전모회사가 되는 회사가 주식교환을 위하여 발행하는 신주 및 이전하는 자기주식의 총수가 그 회사의 발행주식총수의 100분의 10을 초과하지 아니하는 경우에는 그 회사에서의 제360조의3제1항의 규정에 의한 주주총회의 승인은 이를 이사회의 승인으로 갈음할 수 있다. 다만, 완전자회사가 되는 회사의 주주에게 제공할 금전이나 그 밖의 재산을 정한 경우에 그 금액 및 그 밖의 재산의 가액이 제360조의4제1항제3호에서 규정한 최종 대차대조표에 의하여 완전모회사가 되는 회사에 현존하는 순자산액의 100분의 5를 초과하는 때에는 그러하지 아니하다.

② 삭제 <2015. 12. 1.>

③ 제1항 본문의 경우에는 주식교환계약서에 완전모회사가 되는 회사에 관하여는 제360조의3제1항의 규정에 의한 주주총회의 승인을 얻지 아니하고 주식교환을 할 수 있는 뜻을 기재하여야 하며, 동조제3항제1호의 사항은 이를 기재하지 못한다.

④ 완전모회사가 되는 회사는 주식교환계약서를 작성한 날부터 2주내에 완전자회사가 되는 회사의 상호와 본점, 주식교환을 할 날 및 제360조의3제1항의 승인을 얻지 아니하고 주식교환을 한다는 뜻을 공고하거나 주주에게 통지하여야 한다.

⑤ 완전모회사가 되는 회사의 발행주식총수의 100분의 20 이상에 해당하는 주식을 가지는 주주가 제4항에 따른 공고 또는 통지를 한 날부터 2주 내에 회사에 대하여 서면으로 제1항 본문에 따른 주식교환에 반대하는 의사를 통지한 경우에는 이 조에 따른 주식교환을 할 수 없다.

⑥ 제1항 본문의 경우에 완전모회사가 되는 회사에 관하여 제360조의4제1항의 규정을 적용함에 있어서는 동조동항 각호외의 부분중 "제360조의3제1항의 주주총회의 회일의 2주전" 및 동조동항제3호중 "제360조의3제1항의 주주총회의 회일"은 각각 "이 조제4항의 규정에 의한 공고 또는 통지의 날"로 한다.

⑦ 제1항 본문의 경우에는 제360조의5의 규정은 이를 적용하지 아니한다.

제360조의11(단주처리 등에 관한 규정의 준용) ① 제443조의 규정은 회사의 주식교환의 경우에 이를 준용한다.

② 제339조 및 제340조제3항의 규정

은 주식교환의 경우에 완전자회사가 되는 회사의 주식을 목적으로 하는 질권에 이를 준용한다.

제360조의12(주식교환사항을 기재한 서면의 사후공시) ① 이사는 다음 각호의 사항을 기재한 서면을 주식교환의 날부터 6월간 본점에 비치하여야 한다.

1. 주식교환의 날

2. 주식교환의 날에 완전자회사가 되는 회사에 현존하는 순자산액

3. 주식교환으로 인하여 완전모회사에 이전한 완전자회사의 주식의 수

4. 그 밖의 주식교환에 관한 사항

② 제1항의 서면에 관하여는 제391조의3제3항의 규정을 준용한다.

제360조의13(완전모회사의 이사·감사의 임기) 주식교환에 의하여 완전모회사가 되는 회사의 이사 및 감사로서 주식교환전에 취임한 자는 주식교환계약서에 다른 정함이 있는 경우를 제외하고는 주식교환후 최초로 도래하는 결산기에 관한 정기총회가 종료하는 때에 퇴임한다.

제360조의14(주식교환무효의 소) ① 주식교환의 무효는 각 회사의 주주·이사·감사·감사위원회의 위원 또는 청산인에 한하여 주식교환의 날부터 6월내에 소만으로 이를 주장할 수 있다.

② 제1항의 소는 완전모회사가 되는 회사의 본점소재지의 지방법원의 관할에 전속한다.

③ 주식교환을 무효로 하는 판결이 확정된 때에는 완전모회사가 된 회사는 주식교환을 위하여 발행한 신주 또는 이전한 자기주식의 주주에 대하여 그가 소유하였던 완전자회사가 된 회사의 주식을 이전하여야 한다.

④ 제187조 내지 제189조, 제190조 본문, 제191조, 제192조, 제377조 및 제431조의 규정은 제1항의 소에, 제339조 및 제340조제3항의 규정은 제3항의 경우에 각각 이를 준용한다.

제3관 주식의 포괄적 이전

제360조의15(주식의 포괄적 이전에 의한 완전모회사의 설립) ① 회사는 이 관의 규정에 의한 주식의 포괄적 이전(이하 이 관에서 "주식이전"이라 한다)에 의하여 완전모회사를 설립하고 완전자회사가 될 수 있다.

② 주식이전에 의하여 완전자회사가 되는 회사의 주주가 소유하는 그 회사의 주식은 주식이전에 의하여 설립하는 완전모회사에 이전하고, 그 완전자회사가 되는 회사의 주주는 그 완전모회사가 주식이전을 위하여 발행하는 주식의 배정을 받음으로써 그 완전모회사의 주주가 된다.

제360조의16(주주총회에 의한 주식이전의 승인) ① 주식이전을 하고자 하는 회사는 다음 각호의 사항을 적은 주식이전계획서를 작성하여 주주총회의 승인을 받아야 한다.

1. 설립하는 완전모회사의 정관의 규정
2. 설립하는 완전모회사가 주식이전에 있어서 발행하는 주식의 종류와 수 및 완전자회사가 되는 회사의 주주에 대한 주식의 배정에 관한 사항
3. 설립하는 완전모회사의 자본금 및 자본준비금에 관한 사항
4. 완전자회사가 되는 회사의 주주에게 제2호에도 불구하고 금전이나 그 밖의 재산을 제공하는 경우에는 그 내용 및 배정에 관한 사항
5. 주식이전을 할 시기
6. 완전자회사가 되는 회사가 주식이전의 날까지 이익배당을 할 때에는 그 한도액
7. 설립하는 완전모회사의 이사와 감사 또는 감사위원회의 위원의 성명 및 주민등록번호
8. 회사가 공동으로 주식이전에 의하여 완전모회사를 설립하는 때에는 그 뜻

② 제1항의 승인결의는 제434조의 규정에 의하여야 한다.
③ 제360조의3제4항의 규정은 제1항의 경우의 주주총회의 승인에 이를 준용한다.
④ 주식이전으로 인하여 주식이전에 관련되는 각 회사의 주주의 부담이 가중되는 경우에는 제1항 및 제436조의 결의 외에 그 주주 전원의 동의가 있어야 한다.

제360조의17(주식이전계획서 등의 서류의 공시) ① 이사는 제360조의16제1항의 규정에 의한 주주총회의 회일의 2주전부터 주식이전의 날 이후 6월을 경과하는 날까지 다음 각호의 서류를 본점에 비치하여야 한다.

1. 제360조의16제1항의 규정에 의한 주식이전계획서
2. 완전자회사가 되는 회사의 주주에 대한 주식의 배정에 관하여 그 이유를 기재한 서면
3. 제360조의16제1항의 주주총회의 회일전 6월 이내의 날에 작성한 완전자회사가 되는 회사의 최종 대차대조표 및 손익계산서

② 제1항의 서류에 관하여는 제391조의3제3항의 규정을 준용한다.

제360조의18(완전모회사의 자본금의 한도액) 설립하는 완전모회사의 자본금은 주식이전의 날에 완전자회사가 되는 회사에 현존하는 순자산액에서 그 회사의 주주에게 제공할 금전 및 그 밖의 재산의 가액을 뺀 액을 초과하지 못한다.

제360조의19(주권의 실효절차) ① 주식이전에 의하여 완전자회사가 되는 회사는 제360조의16제1항의 규정에 의한 결의를 한 때에는 다음 각호의 사항을 공고하고, 주주명부에 기재된 주주와 질권자에 대하여 따로 따로 그 통지를 하여야 한다.

1. 제360조의16제1항의 규정에 의한 결의를 한 뜻

2. 1월을 초과하여 정한 기간내에 주권을 회사에 제출하여야 한다는 뜻

3. 주식이전의 날에 주권이 무효가 된다는 뜻

② 제442조의 규정은 제360조의16제1항의 규정에 의한 결의를 한 경우에 이를 준용한다.

제360조의20(주식이전에 의한 등기) 주식이전을 한 때에는 설립한 완전모회사의 본점의 소재지에서는 2주내에, 지점의 소재지에서는 3주내에 제317조제2항에서 정하는 사항을 등기하여야 한다.

제360조의21(주식이전의 효력발생시기) 주식이전은 이로 인하여 설립한 완전모회사가 그 본점소재지에서 제360조의20의 규정에 의한 등기를 함으로써 그 효력이 발생한다.

제360조의22(주식교환 규정의 준용) 제360조의5, 제360조의11 및 제360조의12의 규정은 주식이전의 경우에 이를 준용한다.

제360조의23(주식이전무효의 소) ① 주식이전의 무효는 각 회사의 주주·이사·감사·감사위원회의 위원 또는 청산인에 한하여 주식이전의 날부터 6월 내에 소만으로 이를 주장할 수 있다.

② 제1항의 소는 완전모회사가 되는 회사의 본점소재지의 지방법원의 관할에 전속한다.

③ 주식이전을 무효로 하는 판결이 확정된 때에는 완전모회사가 된 회사는 주식이전을 위하여 발행한 주식의 주주에 대하여 그가 소유하였던 완전자회사가 된 회사의 주식을 이전하여야 한다.

④ 제187조 내지 제193조 및 제377조의 규정은 제1항의 소에, 제339조 및 제340조제3항의 규정은 제3항의 경우에 각각 이를 준용한다.

제4관 지배주주에 의한 소수주식의 전부 취득

제360조의24(지배주주의 매도청구권) ① 회사의 발행주식총수의 100분의 95 이상을 자기의 계산으로 보유하고 있는 주주(이하 이 관에서 "지배주주"라 한다)는 회사의 경영상 목적을 달성하기 위하여 필요한 경우에는 회사의 다

른 주주(이하 이 관에서 "소수주주"라 한다)에게 그 보유하는 주식의 매도를 청구할 수 있다.

② 제1항의 보유주식의 수를 산정할 때에는 모회사와 자회사가 보유한 주식을 합산한다. 이 경우 회사가 아닌 주주가 발행주식총수의 100분의 50을 초과하는 주식을 가진 회사가 보유하는 주식도 그 주주가 보유하는 주식과 합산한다.

③ 제1항의 매도청구를 할 때에는 미리 주주총회의 승인을 받아야 한다.

④ 제3항의 주주총회의 소집을 통지할 때에는 다음 각 호에 관한 사항을 적어야 하고, 매도를 청구하는 지배주주는 주주총회에서 그 내용을 설명하여야 한다.

1. 지배주주의 회사 주식의 보유 현황
2. 매도청구의 목적
3. 매매가액의 산정 근거와 적정성에 관한 공인된 감정인의 평가
4. 매매가액의 지급보증

⑤ 지배주주는 매도청구의 날 1개월 전까지 다음 각 호의 사실을 공고하고, 주주명부에 적힌 주주와 질권자에게 따로 그 통지를 하여야 한다.

1. 소수주주는 매매가액의 수령과 동시에 주권을 지배주주에게 교부하여야 한다는 뜻

2. 교부하지 아니할 경우 매매가액을 수령하거나 지배주주가 매매가액을 공탁(供託)한 날에 주권은 무효가 된다는 뜻

⑥ 제1항의 매도청구를 받은 소수주주는 매도청구를 받은 날부터 2개월 내에 지배주주에게 그 주식을 매도하여야 한다.

⑦ 제6항의 경우 그 매매가액은 매도청구를 받은 소수주주와 매도를 청구한 지배주주 간의 협의로 결정한다.

⑧ 제1항의 매도청구를 받은 날부터 30일 내에 제7항의 매매가액에 대한 협의가 이루어지지 아니한 경우에는 매도청구를 받은 소수주주 또는 매도청구를 한 지배주주는 법원에 매매가액의 결정을 청구할 수 있다.

⑨ 법원이 제8항에 따라 주식의 매매가액을 결정하는 경우에는 회사의 재산상태와 그 밖의 사정을 고려하여 공정한 가액으로 산정하여야 한다.

제360조의25(소수주주의 매수청구권)
① 지배주주가 있는 회사의 소수주주는 언제든지 지배주주에게 그 보유주식의 매수를 청구할 수 있다.

② 제1항의 매수청구를 받은 지배주주는 매수를 청구한 날을 기준으로 2개월 내에 매수를 청구한 주주로부터 그 주식을 매수하여야 한다.

③ 제2항의 경우 그 매매가액은 매수를 청구한 주주와 매수청구를 받은 지배주주 간의 협의로 결정한다.

④ 제2항의 매수청구를 받은 날부터 30일 내에 제3항의 매매가액에 대한 협의가 이루어지지 아니한 경우에는 매수청구를 받은 지배주주 또는 매수청구를 한 소수주주는 법원에 대하여 매매가액의 결정을 청구할 수 있다.

⑤ 법원이 제4항에 따라 주식의 매매가액을 결정하는 경우에는 회사의 재산상태와 그 밖의 사정을 고려하여 공정한 가액으로 산정하여야 한다.

제360조의26(주식의 이전 등) ① 제360조의24와 제360조의25에 따라 주식을 취득하는 지배주주가 매매가액을 소수주주에게 지급한 때에 주식이 이전된 것으로 본다.

② 제1항의 매매가액을 지급할 소수주주를 알 수 없거나 소수주주가 수령을 거부할 경우에는 지배주주는 그 가액을 공탁할 수 있다. 이 경우 주식은 공탁한 날에 지배주주에게 이전된 것으로 본다.

제3절 회사의 기관

제1관 주주총회

제361조(총회의 권한) 주주총회는 본법 또는 정관에 정하는 사항에 한하여 결의할 수 있다.

제362조(소집의 결정) 총회의 소집은 본법에 다른 규정이 있는 경우 외에는 이사회가 이를 결정한다.

제363조(소집의 통지) ① 주주총회를 소집할 때에는 주주총회일의 2주 전에 각 주주에게 서면으로 통지를 발송하거나 각 주주의 동의를 받아 전자문서로 통지를 발송하여야 한다. 다만, 그 통지가 주주명부상 주주의 주소에 계속 3년간 도달하지 아니한 경우에는 회사는 해당 주주에게 총회의 소집을 통지하지 아니할 수 있다.

② 제1항의 통지서에는 회의의 목적사항을 적어야 한다.

③ 제1항에도 불구하고 자본금 총액이 10억원 미만인 회사가 주주총회를 소집하는 경우에는 주주총회일의 10일 전에 각 주주에게 서면으로 통지를 발송하거나 각 주주의 동의를 받아 전자문서로 통지를 발송할 수 있다.

④ 자본금 총액이 10억원 미만인 회사는 주주 전원의 동의가 있을 경우에는 소집절차 없이 주주총회를 개최할 수 있고, 서면에 의한 결의로써 주주총회의 결의를 갈음할 수 있다. 결의의 목적사항에 대하여 주주 전원이 서면으로 동의를 한 때에는 서면에 의한 결의가 있는 것으로 본다.

⑤ 제4항의 서면에 의한 결의는 주주총회의 결의와 같은 효력이 있다.

⑥ 서면에 의한 결의에 대하여는 주주총회에 관한 규정을 준용한다.

⑦ 제1항부터 제4항까지의 규정은 의결권 없는 주주에게는 적용하지 아니한다. 다만, 제1항의 통지서에 적은 회의의 목적사항에 제360조의5, 제360조의22, 제374조의2, 제522조의3 또는 제530조의11에 따라 반대주주의 주식매수청구권이 인정되는 사항이 포함된 경우에는 그러하지 아니하다.

제363조의2(주주제안권) ① 의결권없는 주식을 제외한 발행주식총수의 100분의 3 이상에 해당하는 주식을 가진 주주는 이사에게 주주총회일(정기주주총회의 경우 직전 연도의 정기주주총회일에 해당하는 그 해의 해당일. 이하 이 조에서 같다)의 6주 전에 서면 또는 전자문서로 일정한 사항을 주주총회의 목적사항으로 할 것을 제안(이하 '株主提案'이라 한다)할 수 있다.

② 제1항의 주주는 이사에게 주주총회일의 6주 전에 서면 또는 전자문서로 회의의 목적으로 할 사항에 추가하여 당해 주주가 제출하는 의안의 요령을 제363조에서 정하는 통지에 기재할 것을 청구할 수 있다.

③ 이사는 제1항에 의한 주주제안이 있는 경우에는 이를 이사회에 보고하고, 이사회는 주주제안의 내용이 법령 또는 정관을 위반하는 경우와 그 밖에 대통령령으로 정하는 경우를 제외하고는 이를 주주총회의 목적사항으로 하여야 한다. 이 경우 주주제안을 한 자의 청구가 있는 때에는 주주총회에서 당해 의안을 설명할 기회를 주어야 한다.

제364조(소집지) 총회는 정관에 다른 정함이 없으면 본점소재지 또는 이에 인접한 지에 소집하여야 한다.

제365조(총회의 소집) ① 정기총회는 매년 1회 일정한 시기에 이를 소집하여야 한다.

② 연 2회 이상의 결산기를 정한 회사는 매기에 총회를 소집하여야 한다.

③ 임시총회는 필요있는 경우에 수시 이를 소집한다.

제366조(소수주주에 의한 소집청구) ① 발행주식총수의 100분의 3 이상에 해당하는 주식을 가진 주주는 회의의 목적사항과 소집의 이유를 적은 서면 또는 전자문서를 이사회에 제출하여 임시총회의 소집을 청구할 수 있다.

② 제1항의 청구가 있은 후 지체 없이 총회소집의 절차를 밟지 아니한 때에는 청구한 주주는 법원의 허가를 받아 총회를 소집할 수 있다. 이 경우 주주총회의 의장은 법원이 이해관계인의

청구나 직권으로 선임할 수 있다.

③ 제1항 및 제2항의 규정에 의한 총회는 회사의 업무와 재산상태를 조사하게 하기 위하여 검사인을 선임할 수 있다.

제366조의2(총회의 질서유지) ① 총회의 의장은 정관에서 정함이 없는 때에는 총회에서 선임한다.

② 총회의 의장은 총회의 질서를 유지하고 의사를 정리한다.

③ 총회의 의장은 고의로 의사진행을 방해하기 위한 발언·행동을 하는 등 현저히 질서를 문란하게 하는 자에 대하여 그 발언의 정지 또는 퇴장을 명할 수 있다.

제367조(검사인의 선임) ① 총회는 이사가 제출한 서류와 감사의 보고서를 조사하게 하기 위하여 검사인(檢查人)을 선임할 수 있다.

② 회사 또는 발행주식총수의 100분의 1 이상에 해당하는 주식을 가진 주주는 총회의 소집절차나 결의방법의 적법성을 조사하기 위하여 총회 전에 법원에 검사인의 선임을 청구할 수 있다.

제368조(총회의 결의방법과 의결권의 행사) ① 총회의 결의는 이 법 또는 정관에 다른 정함이 있는 경우를 제외하고는 출석한 주주의 의결권의 과반수와 발행주식총수의 4분의 1 이상의 수로써 하여야 한다.

② 주주는 대리인으로 하여금 그 의결권을 행사하게 할 수 있다. 이 경우에는 그 대리인은 대리권을 증명하는 서면을 총회에 제출하여야 한다.

③ 총회의 결의에 관하여 특별한 이해관계가 있는 자는 의결권을 행사하지 못한다.

제368조의2(의결권의 불통일행사) ① 주주가 2 이상의 의결권을 가지고 있는 때에는 이를 통일하지 아니하고 행사할 수 있다. 이 경우 주주총회일의 3일전에 회사에 대하여 서면 또는 전자문서로 그 뜻과 이유를 통지하여야 한다.

② 주주가 주식의 신탁을 인수하였거나 기타 타인을 위하여 주식을 가지고 있는 경우외에는 회사는 주주의 의결권의 불통일행사를 거부할 수 있다.

제368조의3(서면에 의한 의결권의 행사) ① 주주는 정관이 정한 바에 따라 총회에 출석하지 아니하고 서면에 의하여 의결권을 행사할 수 있다.

② 회사는 총회의 소집통지서에 주주가 제1항의 규정에 의한 의결권을 행사하는데 필요한 서면과 참고자료를 첨부하여야 한다.

제368조의4(전자적 방법에 의한 의결권의 행사) ① 회사는 이사회의 결의로 주주가 총회에 출석하지 아니하고 전

자적 방법으로 의결권을 행사할 수 있음을 정할 수 있다.

② 회사는 제363조에 따라 소집통지를 할 때에는 주주가 제1항에 따른 방법으로 의결권을 행사할 수 있다는 내용을 통지하여야 한다.

③ 회사가 제1항에 따라 전자적 방법에 의한 의결권행사를 정한 경우에 주주는 주주 확인절차 등 대통령령으로 정하는 바에 따라 의결권을 행사하여야 한다. 이 경우 회사는 의결권행사에 필요한 양식과 참고자료를 주주에게 전자적 방법으로 제공하여야 한다.

④ 동일한 주식에 관하여 제1항 또는 제368조의3제1항에 따라 의결권을 행사하는 경우 전자적 방법 또는 서면 중 어느 하나의 방법을 선택하여야 한다.

⑤ 회사는 의결권행사에 관한 전자적 기록을 총회가 끝난 날부터 3개월간 본점에 갖추어 두어 열람하게 하고 총회가 끝난 날부터 5년간 보존하여야 한다.

⑥ 주주 확인절차 등 전자적 방법에 의한 의결권행사의 절차와 그 밖에 필요한 사항은 대통령령으로 정한다.

제369조(의결권) ① 의결권은 1주마다 1개로 한다.

② 회사가 가진 자기주식은 의결권이 없다.

③ 회사, 모회사 및 자회사 또는 자회사가 다른 회사의 발행주식의 총수의 10분의 1을 초과하는 주식을 가지고 있는 경우 그 다른 회사가 가지고 있는 회사 또는 모회사의 주식은 의결권이 없다.

제370조 삭제 <2011. 4. 14.>

제371조(정족수, 의결권수의 계산) ① 총회의 결의에 관하여는 제344조의3제1항과 제369조제2항 및 제3항의 의결권 없는 주식의 수는 발행주식총수에 산입하지 아니한다.

② 총회의 결의에 관하여는 제368조제3항에 따라 행사할 수 없는 주식의 의결권 수와 제409조제2항 및 제542조의12제4항에 따라 그 비율을 초과하는 주식으로서 행사할 수 없는 주식의 의결권 수는 출석한 주주의 의결권의 수에 산입하지 아니한다.

제372조(총회의 연기, 속행의 결의) ① 총회에서는 회의의 속행 또는 연기의 결의를 할 수 있다.

② 전항의 경우에는 제363조의 규정을 적용하지 아니한다.

제373조(총회의 의사록) ① 총회의 의사에는 의사록을 작성하여야 한다.

② 의사록에는 의사의 경과요령과 그 결과를 기재하고 의장과 출석한 이사가 기명날인 또는 서명하여야 한다.

제374조(영업양도, 양수, 임대등) ① 회사가 다음 각 호의 어느 하나에 해당하는 행위를 할 때에는 제434조에 따른 결의가 있어야 한다.

1. 영업의 전부 또는 중요한 일부의 양도
2. 영업 전부의 임대 또는 경영위임, 타인과 영업의 손익 전부를 같이 하는 계약, 그 밖에 이에 준하는 계약의 체결·변경 또는 해약
3. 회사의 영업에 중대한 영향을 미치는 다른 회사의 영업 전부 또는 일부의 양수

② 제1항의 행위에 관한 주주총회의 소집의 통지를 하는 때에는 제374조의2제1항 및 제2항의 규정에 의한 주식매수청구권의 내용 및 행사방법을 명시하여야 한다.

제374조의2(반대주주의 주식매수청구권) ① 제374조에 따른 결의사항에 반대하는 주주(의결권이 없거나 제한되는 주주를 포함한다. 이하 이 조에서 같다)는 주주총회 전에 회사에 대하여 서면으로 그 결의에 반대하는 의사를 통지한 경우에는 그 총회의 결의일부터 20일 이내에 주식의 종류와 수를 기재한 서면으로 회사에 대하여 자기가 소유하고 있는 주식의 매수를 청구할 수 있다.

② 제1항의 청구를 받으면 해당 회사는 같은 항의 매수 청구 기간(이하 이 조에서 "매수청구기간"이라 한다)이 종료하는 날부터 2개월 이내에 그 주식을 매수하여야 한다.

③ 제2항의 규정에 의한 주식의 매수가액은 주주와 회사간의 협의에 의하여 결정한다.

④ 매수청구기간이 종료하는 날부터 30일 이내에 제3항의 규정에 의한 협의가 이루어지지 아니한 경우에는 회사 또는 주식의 매수를 청구한 주주는 법원에 대하여 매수가액의 결정을 청구할 수 있다.

⑤ 법원이 제4항의 규정에 의하여 주식의 매수가액을 결정하는 경우에는 회사의 재산상태 그 밖의 사정을 참작하여 공정한 가액으로 이를 산정하여야 한다.

제374조의3(간이영업양도, 양수, 임대등) ① 제374조제1항 각 호의 어느 하나에 해당하는 행위를 하는 회사의 총주주의 동의가 있거나 그 회사의 발행주식총수의 100분의 90 이상을 해당 행위의 상대방이 소유하고 있는 경우에는 그 회사의 주주총회의 승인은 이를 이사회의 승인으로 갈음할 수 있다.

② 제1항의 경우에 회사는 영업양도, 양수, 임대 등의 계약서 작성일부터 2주 이내에 주주총회의 승인을 받지 아니하고 영업양도, 양수, 임대 등을 한

다는 뜻을 공고하거나 주주에게 통지하여야 한다. 다만, 총주주의 동의가 있는 경우에는 그러하지 아니하다.

③ 제2항의 공고 또는 통지를 한 날부터 2주 이내에 회사에 대하여 서면으로 영업양도, 양수, 임대 등에 반대하는 의사를 통지한 주주는 그 기간이 경과한 날부터 20일 이내에 주식의 종류와 수를 기재한 서면으로 회사에 대하여 자기가 소유하고 있는 주식의 매수를 청구할 수 있다. 이 경우 제374조의2제2항부터 제5항까지의 규정을 준용한다.

제375조(사후설립) 회사가 그 성립 후 2년 내에 그 성립 전부터 존재하는 재산으로서 영업을 위하여 계속하여 사용하여야 할 것을 자본금의 100분의 5 이상에 해당하는 대가로 취득하는 계약을 하는 경우에는 제374조를 준용한다.

제376조(결의취소의 소) ① 총회의 소집절차 또는 결의방법이 법령 또는 정관에 위반하거나 현저하게 불공정한 때 또는 그 결의의 내용이 정관에 위반한 때에는 주주·이사 또는 감사는 결의의 날로부터 2월내에 결의취소의 소를 제기할 수 있다.

② 제186조 내지 제188조, 제190조 본문과 제191조의 규정은 제1항의 소에 준용한다.

제377조(제소주주의 담보제공의무) ① 주주가 결의취소의 소를 제기한 때에는 법원은 회사의 청구에 의하여 상당한 담보를 제공할 것을 명할 수 있다. 그러나 그 주주가 이사 또는 감사인 때에는 그러하지 아니하다.

② 제176조제4항의 규정은 제1항의 청구에 준용한다.

제378조(결의취소의 등기) 결의한 사항이 등기된 경우에 결의취소의 판결이 확정된 때에는 본점과 지점의 소재지에서 등기하여야 한다.

제379조(법원의 재량에 의한 청구기각) 결의취소의 소가 제기된 경우에 결의의 내용, 회사의 현황과 제반사정을 참작하여 그 취소가 부적당하다고 인정한 때에는 법원은 그 청구를 기각할 수 있다.

제380조(결의무효 및 부존재확인의 소) 제186조 내지 제188조, 제190조 본문, 제191조, 제377조와 제378조의 규정은 총회의 결의의 내용이 법령에 위반한 것을 이유로 하여 결의무효의 확인을 청구하는 소와 총회의 소집절차 또는 결의방법에 총회결의가 존재한다고 볼 수 없을 정도의 중대한 하자가 있는 것을 이유로 하여 결의부존재의 확인을 청구하는 소에 이를 준용한다.

제381조(부당결의의 취소, 변경의 소)
① 주주가 제368조제3항의 규정에 의하여 의결권을 행사할 수 없었던 경우에 결의가 현저하게 부당하고 그 주주가 의결권을 행사하였더라면 이를 저지할 수 있었을 때에는 그 주주는 그 결의의 날로부터 2월내에 결의의 취소의 소 또는 변경의 소를 제기할 수 있다.
② 제186조 내지 제188조, 제190조 본문, 제191조, 제377조와 제378조의 규정은 제1항의 소에 준용한다.

제2관 이사와 이사회

제382조(이사의 선임, 회사와의 관계 및 사외이사) ① 이사는 주주총회에서 선임한다.
② 회사와 이사의 관계는 「민법」의 위임에 관한 규정을 준용한다.
③ 사외이사(社外理事)는 해당 회사의 상무(常務)에 종사하지 아니하는 이사로서 다음 각 호의 어느 하나에 해당하지 아니하는 자를 말한다. 사외이사가 다음 각 호의 어느 하나에 해당하는 경우에는 그 직을 상실한다.
1. 회사의 상무에 종사하는 이사ㆍ집행임원 및 피용자 또는 최근 2년 이내에 회사의 상무에 종사한 이사ㆍ감사ㆍ집행임원 및 피용자
2. 최대주주가 자연인인 경우 본인과 그 배우자 및 직계 존속ㆍ비속
3. 최대주주가 법인인 경우 그 법인의 이사ㆍ감사ㆍ집행임원 및 피용자
4. 이사ㆍ감사ㆍ집행임원의 배우자 및 직계 존속ㆍ비속
5. 회사의 모회사 또는 자회사의 이사ㆍ감사ㆍ집행임원 및 피용자
6. 회사와 거래관계 등 중요한 이해관계에 있는 법인의 이사ㆍ감사ㆍ집행임원 및 피용자
7. 회사의 이사ㆍ집행임원 및 피용자가 이사ㆍ집행임원으로 있는 다른 회사의 이사ㆍ감사ㆍ집행임원 및 피용자

제382조의2(집중투표) ① 2인 이상의 이사의 선임을 목적으로 하는 총회의 소집이 있는 때에는 의결권없는 주식을 제외한 발행주식총수의 100분의 3 이상에 해당하는 주식을 가진 주주는 정관에서 달리 정하는 경우를 제외하고는 회사에 대하여 집중투표의 방법으로 이사를 선임할 것을 청구할 수 있다.
② 제1항의 청구는 주주총회일의 7일 전까지 서면 또는 전자문서로 하여야 한다.
③ 제1항의 청구가 있는 경우에 이사의 선임결의에 관하여 각 주주는 1주마다 선임할 이사의 수와 동일한 수의 의결권을 가지며, 그 의결권은 이사 후보자 1인 또는 수인에게 집중하여 투

표하는 방법으로 행사할 수 있다.

④ 제3항의 규정에 의한 투표의 방법으로 이사를 선임하는 경우에는 투표의 최다수를 얻은 자부터 순차적으로 이사에 선임되는 것으로 한다.

⑤ 제1항의 청구가 있는 경우에는 의장은 의결에 앞서 그러한 청구가 있다는 취지를 알려야 한다.

⑥ 제2항의 서면은 총회가 종결될 때까지 이를 본점에 비치하고 주주로 하여금 영업시간내에 열람할 수 있게 하여야 한다.

제382조의3(이사의 충실의무) 이사는 법령과 정관의 규정에 따라 회사를 위하여 그 직무를 충실하게 수행하여야 한다.

제382조의4(이사의 비밀유지의무) 이사는 재임중 뿐만 아니라 퇴임후에도 직무상 알게된 회사의 영업상 비밀을 누설하여서는 아니된다.

제383조(원수, 임기) ① 이사는 3명 이상이어야 한다. 다만, 자본금 총액이 10억원 미만인 회사는 1명 또는 2명으로 할 수 있다.

② 이사의 임기는 3년을 초과하지 못한다.

③ 제2항의 임기는 정관으로 그 임기중의 최종의 결산기에 관한 정기주주총회의 종결에 이르기까지 연장할 수 있다.

④ 제1항 단서의 경우에는 제302조제2항제5호의2, 제317조제2항제3호의2, 제335조제1항 단서 및 제2항, 제335조의2제1항·제3항, 제335조의3제1항·제2항, 제335조의7제1항, 제340조의3제1항제5호, 제356조제6호의2, 제397조제1항·제2항, 제397조의2제1항, 제398조, 제416조 본문, 제451조제2항, 제461조제1항 본문 및 제3항, 제462조의3제1항, 제464조의2제1항, 제469조, 제513조제2항 본문 및 제516조의2제2항 본문(준용되는 경우를 포함한다) 중 "이사회"는 각각 "주주총회"로 보며, 제360조의5제1항 및 제522조의3제1항 중 "이사회의 결의가 있는 때"는 "제363조제1항에 따른 주주총회의 소집통지가 있는 때"로 본다.

⑤ 제1항 단서의 경우에는 제341조제2항 단서, 제390조, 제391조, 제391조의2, 제391조의3, 제392조, 제393조제2항부터 제4항까지, 제399조제2항, 제408조의2제3항·제4항, 제408조의3제2항, 제408조의4제2호, 제408조의5제1항, 제408조의6, 제408조의7, 제412조의4, 제449조의2, 제462조제2항 단서, 제526조제3항, 제527조제4항, 제527조의2, 제527조의3제1항 및 제527조의5제2항은 적용하지 아니한다.

⑥ 제1항 단서의 경우에는 각 이사(정관에 따라 대표이사를 정한 경우에는 그 대표이사를 말한다)가 회사를 대표하며 제343조제1항 단서, 제346조제3항, 제362조, 제363조의2제3항, 제366조제1항, 제368조의4제1항, 제393조제1항, 제412조의3제1항 및 제462조의3제1항에 따른 이사회의 기능을 담당한다.

제384조 삭제 <1995. 12. 29.>

제385조(해임) ① 이사는 언제든지 제434조의 규정에 의한 주주총회의 결의로 이를 해임할 수 있다. 그러나 이사의 임기를 정한 경우에 정당한 이유없이 그 임기만료전에 이를 해임한 때에는 그 이사는 회사에 대하여 해임으로 인한 손해의 배상을 청구할 수 있다.
② 이사가 그 직무에 관하여 부정행위 또는 법령이나 정관에 위반한 중대한 사실이 있음에도 불구하고 주주총회에서 그 해임을 부결한 때에는 발행주식의 총수의 100분의 3 이상에 해당하는 주식을 가진 주주는 총회의 결의가 있은 날부터 1월내에 그 이사의 해임을 법원에 청구할 수 있다.
③ 제186조의 규정은 전항의 경우에 준용한다.

제386조(결원의 경우) ① 법률 또는 정관에 정한 이사의 원수를 결한 경우에는 임기의 만료 또는 사임으로 인하여 퇴임한 이사는 새로 선임된 이사가 취임할 때까지 이사의 권리의무가 있다.
② 제1항의 경우에 필요하다고 인정할 때에는 법원은 이사, 감사 기타의 이해관계인의 청구에 의하여 일시 이사의 직무를 행할 자를 선임할 수 있다. 이 경우에는 본점의 소재지에서 그 등기를 하여야 한다.

제387조(자격주) 정관으로 이사가 가질 주식의 수를 정한 경우에 다른 규정이 없는 때에는 이사는 그 수의 주권을 감사에게 공탁하여야 한다.

제388조(이사의 보수) 이사의 보수는 정관에 그 액을 정하지 아니한 때에는 주주총회의 결의로 이를 정한다.

제389조(대표이사) ① 회사는 이사회의 결의로 회사를 대표할 이사를 선정하여야 한다. 그러나 정관으로 주주총회에서 이를 선정할 것을 정할 수 있다.
② 전항의 경우에는 수인의 대표이사가 공동으로 회사를 대표할 것을 정할 수 있다.
③ 제208조제2항, 제209조, 제210조와 제386조의 규정은 대표이사에 준용한다.

제390조(이사회의 소집) ① 이사회는 각 이사가 소집한다. 그러나 이사회의 결의로 소집할 이사를 정한 때에는 그러하지 아니하다.

② 제1항 단서의 규정에 의하여 소집권자로 지정되지 않은 다른 이사는 소집권자인 이사에게 이사회 소집을 요구할 수 있다. 소집권자인 이사가 정당한 이유없이 이사회 소집을 거절하는 경우에는 다른 이사가 이사회를 소집할 수 있다.

③ 이사회를 소집함에는 회일을 정하고 그 1주간전에 각 이사 및 감사에 대하여 통지를 발송하여야 한다. 그러나 그 기간은 정관으로 단축할 수 있다.

④ 이사회는 이사 및 감사 전원의 동의가 있는 때에는 제3항의 절차없이 언제든지 회의할 수 있다.

제391조(이사회의 결의방법) ① 이사회의 결의는 이사과반수의 출석과 출석이사의 과반수로 하여야 한다. 그러나 정관으로 그 비율을 높게 정할 수 있다.

② 정관에서 달리 정하는 경우를 제외하고 이사회는 이사의 전부 또는 일부가 직접 회의에 출석하지 아니하고 모든 이사가 음성을 동시에 송수신하는 원격통신수단에 의하여 결의에 참가하는 것을 허용할 수 있다. 이 경우 당해 이사는 이사회에 직접 출석한 것으로 본다.

③ 제368조제3항 및 제371조제2항의 규정은 제1항의 경우에 이를 준용한다.

제391조의2(감사의 이사회출석·의견진술권) ① 감사는 이사회에 출석하여 의견을 진술할 수 있다.

② 감사는 이사가 법령 또는 정관에 위반한 행위를 하거나 그 행위를 할 염려가 있다고 인정한 때에는 이사회에 이를 보고하여야 한다.

제391조의3(이사회의 의사록) ① 이사회의 의사에 관하여는 의사록을 작성하여야 한다.

② 의사록에는 의사의 안건, 경과요령, 그 결과, 반대하는 자와 그 반대이유를 기재하고 출석한 이사 및 감사가 기명날인 또는 서명하여야 한다.

③ 주주는 영업시간내에 이사회의사록의 열람 또는 등사를 청구할 수 있다.

④ 회사는 제3항의 청구에 대하여 이유를 붙여 이를 거절할 수 있다. 이 경우 주주는 법원의 허가를 얻어 이사회의사록을 열람 또는 등사할 수 있다.

제392조(이사회의 연기·속행) 제372조의 규정은 이사회에 관하여 이를 준용한다.

제393조(이사회의 권한) ① 중요한 자산의 처분 및 양도, 대규모 재산의 차입, 지배인의 선임 또는 해임과 지점의 설치·이전 또는 폐지 등 회사의 업무집행은 이사회의 결의로 한다.

② 이사회는 이사의 직무의 집행을 감

독한다.

③ 이사는 대표이사로 하여금 다른 이사 또는 피용자의 업무에 관하여 이사회에 보고할 것을 요구할 수 있다.

④ 이사는 3월에 1회 이상 업무의 집행상황을 이사회에 보고하여야 한다.

제393조의2(이사회내 위원회) ① 이사회는 정관이 정한 바에 따라 위원회를 설치할 수 있다.

② 이사회는 다음 각호의 사항을 제외하고는 그 권한을 위원회에 위임할 수 있다.

1. 주주총회의 승인을 요하는 사항의 제안

2. 대표이사의 선임 및 해임

3. 위원회의 설치와 그 위원의 선임 및 해임

4. 정관에서 정하는 사항

③ 위원회는 2인 이상의 이사로 구성한다.

④ 위원회는 결의된 사항을 각 이사에게 통지하여야 한다. 이 경우 이를 통지받은 각 이사는 이사회의 소집을 요구할 수 있으며, 이사회는 위원회가 결의한 사항에 대하여 다시 결의할 수 있다.

⑤ 제386조제1항·제390조·제391조·제391조의3 및 제392조의 규정은 위원회에 관하여 이를 준용한다.

제394조(이사와 회사간의 소에 관한 대표) ① 회사가 이사에 대하여 또는 이사가 회사에 대하여 소를 제기하는 경우에 감사는 그 소에 관하여 회사를 대표한다. 회사가 제403조제1항 또는 제406조의2제1항의 청구를 받은 경우에도 또한 같다.

② 제415조의2의 규정에 의한 감사위원회의 위원이 소의 당사자인 경우에는 감사위원회 또는 이사는 법원에 회사를 대표할 자를 선임하여 줄 것을 신청하여야 한다.

제395조(표현대표이사의 행위와 회사의 책임) 사장, 부사장, 전무, 상무 기타 회사를 대표할 권한이 있는 것으로 인정될 만한 명칭을 사용한 이사의 행위에 대하여는 그 이사가 회사를 대표할 권한이 없는 경우에도 회사는 선의의 제3자에 대하여 그 책임을 진다.

제396조(정관 등의 비치, 공시의무) ① 이사는 회사의 정관, 주주총회의 의사록을 본점과 지점에, 주주명부, 사채원부를 본점에 비치하여야 한다. 이 경우 명의개서대리인을 둔 때에는 주주명부나 사채원부 또는 그 복본을 명의개서대리인의 영업소에 비치할 수 있다.

② 주주와 회사채권자는 영업시간 내에 언제든지 제1항의 서류의 열람 또는 등사를 청구할 수 있다.

제397조(경업금지) ① 이사는 이사회의 승인이 없으면 자기 또는 제3자의 계산으로 회사의 영업부류에 속한 거래를 하거나 동종영업을 목적으로 하는 다른 회사의 무한책임사원이나 이사가 되지 못한다.

② 이사가 제1항의 규정에 위반하여 거래를 한 경우에 회사는 이사회의 결의로 그 이사의 거래가 자기의 계산으로 한 것인 때에는 이를 회사의 계산으로 한 것으로 볼 수 있고 제3자의 계산으로 한 것인 때에는 그 이사에 대하여 이로 인한 이득의 양도를 청구할 수 있다.

③ 제2항의 권리는 거래가 있은 날로부터 1년을 경과하면 소멸한다.

제397조의2(회사의 기회 및 자산의 유용 금지) ① 이사는 이사회의 승인 없이 현재 또는 장래에 회사의 이익이 될 수 있는 다음 각 호의 어느 하나에 해당하는 회사의 사업기회를 자기 또는 제3자의 이익을 위하여 이용하여서는 아니 된다. 이 경우 이사회의 승인은 이사 3분의 2 이상의 수로써 하여야 한다.

1. 직무를 수행하는 과정에서 알게 되거나 회사의 정보를 이용한 사업기회

2. 회사가 수행하고 있거나 수행할 사업과 밀접한 관계가 있는 사업기회

② 제1항을 위반하여 회사에 손해를 발생시킨 이사 및 승인한 이사는 연대하여 손해를 배상할 책임이 있으며 이로 인하여 이사 또는 제3자가 얻은 이익은 손해로 추정한다.

제398조(이사 등과 회사 간의 거래) 다음 각 호의 어느 하나에 해당하는 자가 자기 또는 제3자의 계산으로 회사와 거래를 하기 위하여는 미리 이사회에서 해당 거래에 관한 중요사실을 밝히고 이사회의 승인을 받아야 한다. 이 경우 이사회의 승인은 이사 3분의 2 이상의 수로써 하여야 하고, 그 거래의 내용과 절차는 공정하여야 한다.

1. 이사 또는 제542조의8제2항제6호에 따른 주요주주

2. 제1호의 자의 배우자 및 직계존비속

3. 제1호의 자의 배우자의 직계존비속

4. 제1호부터 제3호까지의 자가 단독 또는 공동으로 의결권 있는 발행주식 총수의 100분의 50 이상을 가진 회사 및 그 자회사

5. 제1호부터 제3호까지의 자가 제4호의 회사와 합하여 의결권 있는 발행주식총수의 100분의 50 이상을 가진 회사

제399조(회사에 대한 책임) ① 이사가 고의 또는 과실로 법령 또는 정관에 위반한 행위를 하거나 그 임무를 게을리한 경우에는 그 이사는 회사에 대하여

연대하여 손해를 배상할 책임이 있다.
② 전항의 행위가 이사회의 결의에 의한 것인 때에는 그 결의에 찬성한 이사도 전항의 책임이 있다.
③ 전항의 결의에 참가한 이사로서 이의를 한 기재가 의사록에 없는 자는 그 결의에 찬성한 것으로 추정한다.

제400조(회사에 대한 책임의 감면) ① 제399조에 따른 이사의 책임은 주주 전원의 동의로 면제할 수 있다.
② 회사는 정관으로 정하는 바에 따라 제399조에 따른 이사의 책임을 이사가 그 행위를 한 날 이전 최근 1년간의 보수액(상여금과 주식매수선택권의 행사로 인한 이익 등을 포함한다)의 6배(사외이사의 경우는 3배)를 초과하는 금액에 대하여 면제할 수 있다. 다만, 이사가 고의 또는 중대한 과실로 손해를 발생시킨 경우와 제397조 제397조의2 및 제398조에 해당하는 경우에는 그러하지 아니하다.

제401조(제3자에 대한 책임) ① 이사가 고의 또는 중대한 과실로 그 임무를 게을리한 때에는 그 이사는 제3자에 대하여 연대하여 손해를 배상할 책임이 있다.
② 제399조제2항, 제3항의 규정은 전항의 경우에 준용한다.

제401조의2(업무집행지시자 등의 책임) ① 다음 각 호의 어느 하나에 해당하는 자가 그 지시하거나 집행한 업무에 관하여 제399조, 제401조, 제403조 및 제406조의2를 적용하는 경우에는 그 자를 "이사"로 본다.
1. 회사에 대한 자신의 영향력을 이용하여 이사에게 업무집행을 지시한 자
2. 이사의 이름으로 직접 업무를 집행한 자
3. 이사가 아니면서 명예회장·회장·사장·부사장·전무·상무·이사 기타 회사의 업무를 집행할 권한이 있는 것으로 인정될 만한 명칭을 사용하여 회사의 업무를 집행한 자
② 제1항의 경우에 회사 또는 제3자에 대하여 손해를 배상할 책임이 있는 이사는 제1항에 규정된 자와 연대하여 그 책임을 진다.

제402조(유지청구권) 이사가 법령 또는 정관에 위반한 행위를 하여 이로 인하여 회사에 회복할 수 없는 손해가 생길 염려가 있는 경우에는 감사 또는 발행주식의 총수의 100분의 1 이상에 해당하는 주식을 가진 주주는 회사를 위하여 이사에 대하여 그 행위를 유지할 것을 청구할 수 있다.

제403조(주주의 대표소송) ① 발행주식의 총수의 100분의 1 이상에 해당하

는 주식을 가진 주주는 회사에 대하여 이사의 책임을 추궁할 소의 제기를 청구할 수 있다.

② 제1항의 청구는 그 이유를 기재한 서면으로 하여야 한다.

③ 회사가 전항의 청구를 받은 날로부터 30일내에 소를 제기하지 아니한 때에는 제1항의주주는 즉시 회사를 위하여 소를 제기할 수 있다.

④ 제3항의 기간의 경과로 인하여 회사에 회복할 수 없는 손해가 생길 염려가 있는 경우에는 전항의 규정에 불구하고 제1항의 주주는 즉시 소를 제기할 수 있다.

⑤ 제3항과 제4항의 소를 제기한 주주의 보유주식이 제소후 발행주식총수의 100분의 1 미만으로 감소한 경우(發行株式을 보유하지 아니하게 된 경우를 제외한다)에도 제소의 효력에는 영향이 없다.

⑥ 회사가 제1항의 청구에 따라 소를 제기하거나 주주가 제3항과 제4항의 소를 제기한 경우 당사자는 법원의 허가를 얻지 아니하고는 소의 취하, 청구의 포기·인락·화해를 할 수 없다.

⑦ 제176조제3항, 제4항과 제186조의 규정은 본조의 소에 준용한다.

제404조(대표소송과 소송참가, 소송고지) ① 회사는 전조제3항과 제4항의

소송에 참가할 수 있다.

② 전조제3항과 제4항의 소를 제기한 주주는 소를 제기한 후 지체없이 회사에 대하여 그 소송의 고지를 하여야 한다.

제405조(제소주주의 권리의무) ① 제403조제3항과 제4항의 규정에 의하여 소를 제기한 주주가 승소한 때에는 그 주주는 회사에 대하여 소송비용 및 그 밖에 소송으로 인하여 지출한 비용중 상당한 금액의 지급을 청구할 수 있다. 이 경우 소송비용을 지급한 회사는 이사 또는 감사에 대하여 구상권이 있다.

② 제403조제3항과 제4항의 규정에 의하여 소를 제기한 주주가 패소한 때에는 악의인 경우 외에는 회사에 대하여 손해를 배상할 책임이 없다.

제406조(대표소송과 재심의 소) ① 제403조의 소가 제기된 경우에 원고와 피고의 공모로 인하여 소송의 목적인 회사의 권리를 사해할 목적으로써 판결을 하게 한 때에는 회사 또는 주주는 확정한 종국판결에 대하여 재심의 소를 제기할 수 있다.

② 전조의 규정은 전항의 소에 준용한다.

제406조의2(다중대표소송) ① 모회사 발행주식총수의 100분의 1 이상에 해당하는 주식을 가진 주주는 자회사에 대하여 자회사 이사의 책임을 추궁할

소의 제기를 청구할 수 있다.

② 제1항의 주주는 자회사가 제1항의 청구를 받은 날부터 30일 내에 소를 제기하지 아니한 때에는 즉시 자회사를 위하여 소를 제기할 수 있다.

③ 제1항 및 제2항의 소에 관하여는 제176조제3항·제4항, 제403조제2항, 같은 조 제4항부터 제6항까지 및 제404조부터 제406조까지의 규정을 준용한다.

④ 제1항의 청구를 한 후 모회사가 보유한 자회사의 주식이 자회사 발행주식총수의 100분의 50 이하로 감소한 경우(발행주식을 보유하지 아니하게 된 경우를 제외한다)에도 제1항 및 제2항에 따른 제소의 효력에는 영향이 없다.

⑤ 제1항 및 제2항의 소는 자회사의 본점소재지의 지방법원의 관할에 전속한다.

제407조(직무집행정지, 직무대행자선임) ① 이사선임결의의 무효나 취소 또는 이사해임의 소가 제기된 경우에는 법원은 당사자의 신청에 의하여 가처분으로써 이사의 직무집행을 정지할 수 있고 또는 직무대행자를 선임할 수 있다. 급박한 사정이 있는 때에는 본안소송의 제기전에도 그 처분을 할 수 있다.

② 법원은 당사자의 신청에 의하여 전항의 가처분을 변경 또는 취소할 수 있다.

③ 전2항의 처분이 있는 때에는 본점과 지점의 소재지에서 그 등기를 하여야 한다.

제408조(직무대행자의 권한) ① 전조의 직무대행자는 가처분명령에 다른 정함이 있는 경우 외에는 회사의 상무에 속하지 아니한 행위를 하지 못한다. 그러나 법원의 허가를 얻은 경우에는 그러하지 아니하다.

② 직무대행자가 전항의 규정에 위반한 행위를 한 경우에도 회사는 선의의 제3자에 대하여 책임을 진다.

제408조의2(집행임원 설치회사, 집행임원과 회사의 관계) ① 회사는 집행임원을 둘 수 있다. 이 경우 집행임원을 둔 회사(이하 "집행임원 설치회사"라 한다)는 대표이사를 두지 못한다.

② 집행임원 설치회사와 집행임원의 관계는 「민법」 중 위임에 관한 규정을 준용한다.

③ 집행임원 설치회사의 이사회는 다음의 권한을 갖는다.

1. 집행임원과 대표집행임원의 선임·해임
2. 집행임원의 업무집행 감독
3. 집행임원과 집행임원 설치회사의 소송에서 집행임원 설치회사를 대표할 자의 선임

4. 집행임원에게 업무집행에 관한 의사 결정의 위임(이 법에서 이사회 권한 사항으로 정한 경우는 제외한다)

5. 집행임원이 여러 명인 경우 집행임원의 직무 분담 및 지휘·명령관계, 그 밖에 집행임원의 상호관계에 관한 사항의 결정

6. 정관에 규정이 없거나 주주총회의 승인이 없는 경우 집행임원의 보수 결정

④ 집행임원 설치회사는 이사회의 회의를 주관하기 위하여 이사회 의장을 두어야 한다. 이 경우 이사회 의장은 정관의 규정이 없으면 이사회 결의로 선임한다.

제408조의3(집행임원의 임기) ① 집행임원의 임기는 정관에 다른 규정이 없으면 2년을 초과하지 못한다.

② 제1항의 임기는 정관에 그 임기 중의 최종 결산기에 관한 정기주주총회가 종결한 후 가장 먼저 소집하는 이사회의 종결 시까지로 정할 수 있다.

제408조의4(집행임원의 권한) 집행임원의 권한은 다음 각 호의 사항으로 한다.

1. 집행임원 설치회사의 업무집행

2. 정관이나 이사회의 결의에 의하여 위임받은 업무집행에 관한 의사결정

제408조의5(대표집행임원) ① 2명 이상의 집행임원이 선임된 경우에는 이

사회 결의로 집행임원 설치회사를 대표할 대표집행임원을 선임하여야 한다. 다만, 집행임원이 1명인 경우에는 그 집행임원이 대표집행임원이 된다.

② 대표집행임원에 관하여는 이 법에 다른 규정이 없으면 주식회사의 대표이사에 관한 규정을 준용한다.

③ 집행임원 설치회사에 대하여는 제395조를 준용한다.

제408조의6(집행임원의 이사회에 대한 보고) ① 집행임원은 3개월에 1회 이상 업무의 집행상황을 이사회에 보고하여야 한다.

② 집행임원은 제1항의 경우 외에도 이사회의 요구가 있으면 언제든지 이사회에 출석하여 요구한 사항을 보고하여야 한다.

③ 이사는 대표집행임원으로 하여금 다른 집행임원 또는 피용자의 업무에 관하여 이사회에 보고할 것을 요구할 수 있다.

제408조의7(집행임원의 이사회 소집 청구) ① 집행임원은 필요하면 회의의 목적사항과 소집이유를 적은 서면을 이사(소집권자가 있는 경우에는 소집권자를 말한다. 이하 이 조에서 같다)에게 제출하여 이사회 소집을 청구할 수 있다.

② 제1항의 청구를 한 후 이사가 지체 없이 이사회 소집의 절차를 밟지 아니

하면 소집을 청구한 집행임원은 법원의 허가를 받아 이사회를 소집할 수 있다. 이 경우 이사회 의장은 법원이 이해관계자의 청구에 의하여 또는 직권으로 선임할 수 있다.

제408조의8(집행임원의 책임) ① 집행임원이 고의 또는 과실로 법령이나 정관을 위반한 행위를 하거나 그 임무를 게을리한 경우에는 그 집행임원은 집행임원 설치회사에 손해를 배상할 책임이 있다.

② 집행임원이 고의 또는 중대한 과실로 그 임무를 게을리한 경우에는 그 집행임원은 제3자에게 손해를 배상할 책임이 있다.

③ 집행임원이 집행임원 설치회사 또는 제3자에게 손해를 배상할 책임이 있는 경우에 다른 집행임원·이사 또는 감사도 그 책임이 있으면 다른 집행임원·이사 또는 감사와 연대하여 배상할 책임이 있다.

제408조의9(준용규정) 집행임원에 대해서는 제382조의3, 제382조의4, 제396조, 제397조, 제397조의2, 제398조, 제400조, 제401조의2, 제402조부터 제406조까지, 제406조의2, 제407조, 제408조, 제412조 및 제412조의2를 준용한다.

제3관 감사 및 감사위원회

제409조(선임) ① 감사는 주주총회에서 선임한다.

② 의결권없는 주식을 제외한 발행주식의 총수의 100분의 3(정관에서 더 낮은 주식 보유비율을 정할 수 있으며, 정관에서 더 낮은 주식 보유비율을 정한 경우에는 그 비율로 한다)을 초과하는 수의 주식을 가진 주주는 그 초과하는 주식에 관하여 제1항의 감사의 선임에 있어서는 의결권을 행사하지 못한다.

③ 회사가 제368조의4제1항에 따라 전자적 방법으로 의결권을 행사할 수 있도록 한 경우에는 제368조제1항에도 불구하고 출석한 주주의 의결권의 과반수로써 제1항에 따른 감사의 선임을 결의할 수 있다.

④ 제1항, 제296조제1항 및 제312조에도 불구하고 자본금의 총액이 10억원 미만인 회사의 경우에는 감사를 선임하지 아니할 수 있다.

⑤ 제4항에 따라 감사를 선임하지 아니한 회사가 이사에 대하여 또는 이사가 그 회사에 대하여 소를 제기하는 경우에 회사, 이사 또는 이해관계인은 법원에 회사를 대표할 자를 선임하여 줄 것을 신청하여야 한다.

⑥ 제4항에 따라 감사를 선임하지 아

니한 경우에는 제412조, 제412조의2 및 제412조의5제1항·제2항 중 "감사"는 각각 "주주총회"로 본다.

제409조의2(감사의 해임에 관한 의견 진술의 권리) 감사는 주주총회에서 감사의 해임에 관하여 의견을 진술할 수 있다.

제410조(임기) 감사의 임기는 취임후 3년내의 최종의 결산기에 관한 정기총회의 종결시까지로 한다.

제411조(겸임금지) 감사는 회사 및 자회사의 이사 또는 지배인 기타의 사용인의 직무를 겸하지 못한다.

제412조(감사의 직무와 보고요구, 조사의 권한) ① 감사는 이사의 직무의 집행을 감사한다.

② 감사는 언제든지 이사에 대하여 영업에 관한 보고를 요구하거나 회사의 업무와 재산상태를 조사할 수 있다.

③ 감사는 회사의 비용으로 전문가의 도움을 구할 수 있다.

제412조의2(이사의 보고의무) 이사는 회사에 현저하게 손해를 미칠 염려가 있는 사실을 발견한 때에는 즉시 감사에게 이를 보고하여야 한다.

제412조의3(총회의 소집청구) ① 감사는 회의의 목적사항과 소집의 이유를 기재한 서면을 이사회에 제출하여 임시총회의 소집을 청구할 수 있다.

② 제366조제2항의 규정은 감사가 총회를 소집하는 경우에 이를 준용한다.

제412조의4(감사의 이사회 소집 청구) ① 감사는 필요하면 회의의 목적사항과 소집이유를 서면에 적어 이사(소집권자가 있는 경우에는 소집권자를 말한다. 이하 이 조에서 같다)에게 제출하여 이사회 소집을 청구할 수 있다.

② 제1항의 청구를 하였는데도 이사가 지체 없이 이사회를 소집하지 아니하면 그 청구한 감사가 이사회를 소집할 수 있다.

제412조의5(자회사의 조사권) ① 모회사의 감사는 그 직무를 수행하기 위하여 필요한 때에는 자회사에 대하여 영업의 보고를 요구할 수 있다.

② 모회사의 감사는 제1항의 경우에 자회사가 지체없이 보고를 하지 아니할 때 또는 그 보고의 내용을 확인할 필요가 있는 때에는 자회사의 업무와 재산상태를 조사할 수 있다.

③ 자회사는 정당한 이유가 없는 한 제1항의 규정에 의한 보고 또는 제2항의 규정에 의한 조사를 거부하지 못한다.

제413조(조사·보고의 의무) 감사는 이사가 주주총회에 제출할 의안 및 서류를 조사하여 법령 또는 정관에 위반하거나 현저하게 부당한 사항이 있는지의 여부에 관하여 주주총회에 그 의

견을 진술하여야 한다.

제413조의2(감사록의 작성) ① 감사는 감사에 관하여 감사록을 작성하여야 한다.

② 감사록에는 감사의 실시요령과 그 결과를 기재하고 감사를 실시한 감사가 기명날인 또는 서명하여야 한다.

제414조(감사의 책임) ① 감사가 그 임무를 해태한 때에는 그 감사는 회사에 대하여 연대하여 손해를 배상할 책임이 있다.

② 감사가 악의 또는 중대한 과실로 인하여 그 임무를 해태한 때에는 그 감사는 제3자에 대하여 연대하여 손해를 배상할 책임이 있다.

③ 감사가 회사 또는 제3자에 대하여 손해를 배상할 책임이 있는 경우에 이사도 그 책임이 있는 때에는 그 감사와 이사는 연대하여 배상할 책임이 있다.

제415조(준용규정) 제382조제2항, 제382조의4, 제385조, 제386조, 제388조, 제400조, 제401조, 제403조부터 제406조까지, 제406조의2 및 제407조는 감사에 준용한다.

제415조의2(감사위원회) ① 회사는 정관이 정한 바에 따라 감사에 갈음하여 제393조의2의 규정에 의한 위원회로서 감사위원회를 설치할 수 있다. 감사위원회를 설치한 경우에는 감사를 둘 수 없다.

② 감사위원회는 제393조의2제3항에도 불구하고 3명 이상의 이사로 구성한다. 다만, 사외이사가 위원의 3분의 2 이상이어야 한다.

③ 감사위원회의 위원의 해임에 관한 이사회의 결의는 이사 총수의 3분의 2 이상의 결의로 하여야 한다.

④ 감사위원회는 그 결의로 위원회를 대표할 자를 선정하여야 한다. 이 경우 수인의 위원이 공동으로 위원회를 대표할 것을 정할 수 있다.

⑤ 감사위원회는 회사의 비용으로 전문가의 조력을 구할 수 있다.

⑥ 감사위원회에 대하여는 제393조의2 제4항 후단을 적용하지 아니 한다.

⑦ 제296조·제312조·제367조·제387조·제391조의2제2항·제394조제1항·제400조·제402조 내지 제407조·제412조 내지 제414조·제447조의3·제447조의4·제450조·제527조의4·제530조의5제1항제9호·제530조의6제1항제10호 및 제534조의 규정은 감사위원회에 관하여 이를 준용한다. 이 경우 제530조의5제1항제9호 및 제530조의6 제1항제10호중 "감사"는 "감사위원회 위원"으로 본다.

제4절 신주의 발행

제416조(발행사항의 결정) 회사가 그 성립 후에 주식을 발행하는 경우에는 다음의 사항으로서 정관에 규정이 없는 것은 이사회가 결정한다. 다만, 이 법에 다른 규정이 있거나 정관으로 주주총회에서 결정하기로 정한 경우에는 그러하지 아니하다.

1. 신주의 종류와 수
2. 신주의 발행가액과 납입기일
2의2. 무액면주식의 경우에는 신주의 발행가액 중 자본금으로 계상하는 금액
3. 신주의 인수방법
4. 현물출자를 하는 자의 성명과 그 목적인 재산의 종류, 수량, 가액과 이에 대하여 부여할 주식의 종류와 수
5. 주주가 가지는 신주인수권을 양도할 수 있는 것에 관한 사항
6. 주주의 청구가 있는 때에만 신주인수권증서를 발행한다는 것과 그 청구기간

제417조(액면미달의 발행) ① 회사가 성립한 날로부터 2년을 경과한 후에 주식을 발행하는 경우에는 회사는 제434조의 규정에 의한 주주총회의 결의와 법원의 인가를 얻어서 주식을 액면미달의 가액으로 발행할 수 있다.
② 전항의 주주총회의 결의에서는 주식의 최저발행가액을 정하여야 한다.
③ 법원은 회사의 현황과 제반사정을 참작하여 최저발행가액을 변경하여 인가할 수 있다. 이 경우에 법원은 회사의 재산상태 기타 필요한 사항을 조사하게 하기 위하여 검사인을 선임할 수 있다.
④ 제1항의 주식은 법원의 인가를 얻은 날로부터 1월내에 발행하여야 한다. 법원은 이 기간을 연장하여 인가할 수 있다.

제418조(신주인수권의 내용 및 배정일의 지정·공고) ① 주주는 그가 가진 주식 수에 따라서 신주의 배정을 받을 권리가 있다.
② 회사는 제1항의 규정에 불구하고 정관에 정하는 바에 따라 주주 외의 자에게 신주를 배정할 수 있다. 다만, 이 경우에는 신기술의 도입, 재무구조의 개선 등 회사의 경영상 목적을 달성하기 위하여 필요한 경우에 한한다.
③ 회사는 일정한 날을 정하여 그 날에 주주명부에 기재된 주주가 제1항의 권리를 가진다는 뜻과 신주인수권을 양도할 수 있을 경우에는 그 뜻을 그 날의 2주간전에 공고하여야 한다. 그러나 그 날이 제354조제1항의 기간 중인 때에는 그 기간의 초일의 2주간전에 이를 공고하여야 한다.

④ 제2항에 따라 주주 외의 자에게 신주를 배정하는 경우 회사는 제416조제1호, 제2호, 제2호의2, 제3호 및 제4호에서 정하는 사항을 그 납입기일의 2주 전까지 주주에게 통지하거나 공고하여야 한다.

제419조(신주인수권자에 대한 최고) ① 회사는 신주의 인수권을 가진 자에 대하여 그 인수권을 가지는 주식의 종류 및 수와 일정한 기일까지 주식인수의 청약을 하지 아니하면 그 권리를 잃는다는 뜻을 통지하여야 한다. 이 경우 제416조제5호 및 제6호에 규정한 사항의 정함이 있는 때에는 그 내용도 통지하여야 한다.

② 제1항의 통지는 제1항의 기일의 2주간전에 이를 하여야 한다.

③ 제1항의 통지에도 불구하고 그 기일까지 주식인수의 청약을 하지 아니한 때에는 신주의 인수권을 가진 자는 그 권리를 잃는다.

제420조(주식청약서) 이사는 주식청약서를 작성하여 다음의 사항을 적어야 한다.

1. 제289조제1항제2호 내지 제4호에 게기한 사항
2. 제302조제2항제7호·제9호 및 제10호에 게기한 사항
3. 제416조제1호 내지 제4호에 게기한 사항
4. 제417조에 따른 주식을 발행한 경우에는 그 발행조건과 미상각액(未償却額)
5. 주주에 대한 신주인수권의 제한에 관한 사항 또는 특정한 제3자에게 이를 부여할 것을 정한 때에는 그 사항
6. 주식발행의 결의연월일

제420조의2(신주인수권증서의 발행) ① 제416조제5호에 규정한 사항을 정한 경우에 회사는 동조제6호의 정함이 있는 때에는 그 정함에 따라, 그 정함이 없는 때에는 제419조제1항의 기일의 2주간전에 신주인수권증서를 발행하여야 한다.

② 신주인수권증서에는 다음 사항과 번호를 기재하고 이사가 기명날인 또는 서명하여야 한다.

1. 신주인수권증서라는 뜻의 표시
2. 제420조에 규정한 사항
3. 신주인수권의 목적인 주식의 종류와 수
4. 일정기일까지 주식의 청약을 하지 아니할 때에는 그 권리를 잃는다는 뜻

제420조의3(신주인수권의 양도) ① 신주인수권의 양도는 신주인수권증서의 교부에 의하여서만 이를 행한다.

② 제336조제2항 및 수표법 제21조의 규정은 신주인수권증서에 관하여 이를 준용한다.

제420조의4(신주인수권의 전자등록) 회사는 신주인수권증서를 발행하는 대신 정관으로 정하는 바에 따라 전자등록기관의 전자등록부에 신주인수권을 등록할 수 있다. 이 경우 제356조의2제2항부터 제4항까지의 규정을 준용한다.

제420조의5(신주인수권증서에 의한 청약) ① 신주인수권증서를 발행한 경우에는 신주인수권증서에 의하여 주식의 청약을 한다. 이 경우에는 제302조제1항의 규정을 준용한다.

② 신주인수권증서를 상실한 자는 주식청약서에 의하여 주식의 청약을 할 수 있다. 그러나 그 청약은 신주인수권증서에 의한 청약이 있는 때에는 그 효력을 잃는다.

제421조(주식에 대한 납입) ① 이사는 신주의 인수인으로 하여금 그 배정한 주수(株數)에 따라 납입기일에 그 인수한 주식에 대한 인수가액의 전액을 납입시켜야 한다.

② 신주의 인수인은 회사의 동의 없이 제1항의 납입채무와 주식회사에 대한 채권을 상계할 수 없다.

제422조(현물출자의 검사) ① 현물출자를 하는 자가 있는 경우에는 이사는 제416조제4호의 사항을 조사하게 하기 위하여 검사인의 선임을 법원에 청구하여야 한다. 이 경우 공인된 감정인의 감정으로 검사인의 조사에 갈음할 수 있다.

② 다음 각 호의 어느 하나에 해당할 경우에는 제1항을 적용하지 아니한다.

1. 제416조제4호의 현물출자의 목적인 재산의 가액이 자본금의 5분의 1을 초과하지 아니하고 대통령령으로 정한 금액을 초과하지 아니하는 경우

2. 제416조제4호의 현물출자의 목적인 재산이 거래소의 시세 있는 유가증권인 경우 제416조 본문에 따라 결정된 가격이 대통령령으로 정한 방법으로 산정된 시세를 초과하지 아니하는 경우

3. 변제기가 돌아온 회사에 대한 금전채권을 출자의 목적으로 하는 경우로서 그 가액이 회사장부에 적혀 있는 가액을 초과하지 아니하는 경우

4. 그 밖에 제1호부터 제3호까지의 규정에 준하는 경우로서 대통령령으로 정하는 경우

③ 법원은 검사인의 조사보고서 또는 감정인 감정결과를 심사하여 제1항의 사항을 부당하다고 인정한 때에는 이를 변경하여 이사와 현물출자를 한 자에게 통고할 수 있다.

④ 전항의 변경에 불복하는 현물출자를 한 자는 그 주식의 인수를 취소할 수 있다.

⑤ 법원의 통고가 있은 후 2주내에 주식의 인수를 취소한 현물출자를 한 자가 없는 때에는 제1항의 사항은 통고에 따라 변경된 것으로 본다.

제423조(주주가 되는 시기, 납입해태의 효과) ① 신주의 인수인은 납입 또는 현물출자의 이행을 한 때에는 납입기일의 다음 날로부터 주주의 권리의무가 있다.

② 신주의 인수인이 납입기일에 납입 또는 현물출자의 이행을 하지 아니한 때에는 그 권리를 잃는다.

③ 제2항의 규정은 신주의 인수인에 대한 손해배상의 청구에 영향을 미치지 아니한다.

제424조(유지청구권) 회사가 법령 또는 정관에 위반하거나 현저하게 불공정한 방법에 의하여 주식을 발행함으로써 주주가 불이익을 받을 염려가 있는 경우에는 그 주주는 회사에 대하여 그 발행을 유지할 것을 청구할 수 있다.

제424조의2(불공정한 가액으로 주식을 인수한 자의 책임) ① 이사와 통모하여 현저하게 불공정한 발행가액으로 주식을 인수한 자는 회사에 대하여 공정한 발행가액과의 차액에 상당한 금액을 지급할 의무가 있다.

② 제403조 내지 제406조의 규정은 제1항의 지급을 청구하는 소에 관하여 이를 준용한다.

③ 제1항 및 제2항의 규정은 이사의 회사 또는 주주에 대한 손해배상의 책임에 영향을 미치지 아니한다.

제425조(준용규정) ① 제302조제1항, 제3항, 제303조, 제305조제2항, 제3항, 제306조, 제318조와 제319조의 규정은 신주의 발행에 준용한다.

② 제305조제2항의 규정은 신주인수권증서를 발행하는 경우에 이를 준용한다.

제426조(미상각액의 등기) 제417조에 따른 주식을 발행한 경우에 주식의 발행에 따른 변경등기에는 미상각액을 등기하여야 한다.

제427조(인수의 무효주장, 취소의 제한) 신주의 발행으로 인한 변경등기를 한 날로부터 1년을 경과한 후에는 신주를 인수한 자는 주식청약서 또는 신주인수권증서의 요건의 흠결을 이유로 하여 그 인수의 무효를 주장하거나 사기, 강박 또는 착오를 이유로 하여 그 인수를 취소하지 못한다. 그 주식에 대하여 주주의 권리를 행사한 때에도 같다.

제428조(이사의 인수담보책임) ① 신주의 발행으로 인한 변경등기가 있은 후에 아직 인수하지 아니한 주식이 있

거나 주식인수의 청약이 취소된 때에는 이사가 이를 공동으로 인수한 것으로 본다.

② 전항의 규정은 이사에 대한 손해배상의 청구에 영향을 미치지 아니한다.

제429조(신주발행무효의 소) 신주발행의 무효는 주주·이사 또는 감사에 한하여 신주를 발행한 날로부터 6월내에 소만으로 이를 주장할 수 있다.

제430조(준용규정) 제186조 내지 제189조·제190조 본문·제191조·제192조 및 제377조의 규정은 제429조의 소에 관하여 이를 준용한다.

제431조(신주발행무효판결의 효력) ① 신주발행무효의 판결이 확정된 때에는 신주는 장래에 대하여 그 효력을 잃는다.

② 전항의 경우에는 회사는 지체없이 그 뜻과 일정한 기간내에 신주의 주권을 회사에 제출할 것을 공고하고 주주명부에 기재된 주주와 질권자에 대하여는 각별로 그 통지를 하여야 한다. 그러나 그 기간은 3월 이상으로 하여야 한다.

제432조(무효판결과 주주에의 환급) ① 신주발행무효의 판결이 확정된 때에는 회사는 신주의 주주에 대하여 그 납입한 금액을 반환하여야 한다.

② 전항의 금액이 전조제1항의 판결확정시의 회사의 재산상태에 비추어 현저하게 부당한 때에는 법원은 회사 또는 전항의 주주의 청구에 의하여 그 금액의 증감을 명할 수 있다.

③ 제339조와 제340조제1항, 제2항의 규정은 제1항의 경우에 준용한다.

제5절 정관의 변경

제433조(정관변경의 방법) ① 정관의 변경은 주주총회의 결의에 의하여야 한다.

② 정관의 변경에 관한 의안의 요령은 제363조에 따른 통지에 기재하여야 한다.

제434조(정관변경의 특별결의) 제433조제1항의 결의는 출석한 주주의 의결권의 3분의 2 이상의 수와 발행주식총수의 3분의 1 이상의 수로써 하여야 한다.

제435조(종류주주총회) ① 회사가 종류주식을 발행한 경우에 정관을 변경함으로써 어느 종류주식의 주주에게 손해를 미치게 될 때에는 주주총회의 결의 외에 그 종류주식의 주주의 총회의 결의가 있어야 한다.

② 제1항의 결의는 출석한 주주의 의결권의 3분의 2 이상의 수와 그 종류의 발행주식총수의 3분의 1 이상의 수로써 하여야 한다.

③ 주주총회에 관한 규정은 의결권없는 종류의 주식에 관한 것을 제외하고

제1항의 총회에 준용한다.

제436조(준용규정) 제344조제3항에 따라 주식의 종류에 따라 특수하게 정하는 경우와 회사의 분할 또는 분할합병, 주식교환, 주식이전 및 회사의 합병으로 인하여 어느 종류의 주주에게 손해를 미치게 될 경우에는 제435조를 준용한다.

제437조 삭제 <1995. 12. 29.>

제6절 자본금의 감소

제438조(자본금 감소의 결의) ① 자본금의 감소에는 제434조에 따른 결의가 있어야 한다.

② 제1항에도 불구하고 결손의 보전(補塡)을 위한 자본금의 감소는 제368조제1항의 결의에 의한다.

③ 자본금의 감소에 관한 의안의 주요 내용은 제363조에 따른 통지에 적어야 한다.

제439조(자본금 감소의 방법, 절차) ① 자본금 감소의 결의에서는 그 감소의 방법을 정하여야 한다.

② 자본금 감소의 경우에는 제232조를 준용한다. 다만, 결손의 보전을 위하여 자본금을 감소하는 경우에는 그러하지 아니하다.

③ 사채권자가 이의를 제기하려면 사채권자집회의 결의가 있어야 한다. 이

경우에는 법원은 이해관계인의 청구에 의하여 사채권자를 위하여 이의 제기 기간을 연장할 수 있다.

제440조(주식병합의 절차) 주식을 병합할 경우에는 회사는 1월 이상의 기간을 정하여 그 뜻과 그 기간 내에 주권을 회사에 제출할 것을 공고하고 주주명부에 기재된 주주와 질권자에 대하여는 각별로 그 통지를 하여야 한다.

제441조(동전) 주식의 병합은 전조의 기간이 만료한 때에 그 효력이 생긴다. 그러나 제232조의 규정에 의한 절차가 종료하지 아니한 때에는 그 종료한 때에 효력이 생긴다.

제442조(신주권의 교부) ① 주식을 병합하는 경우에 구주권을 회사에 제출할 수 없는 자가 있는 때에는 회사는 그 자의 청구에 의하여 3월 이상의 기간을 정하고 이해관계인에 대하여 그 주권에 대한 이의가 있으면 그 기간 내에 제출할 뜻을 공고하고 그 기간이 경과한 후에 신주권을 청구자에게 교부할 수 있다.

② 전항의 공고의 비용은 청구자의 부담으로 한다.

제443조(단주의 처리) ① 병합에 적당하지 아니한 수의 주식이 있는 때에는 그 병합에 적당하지 아니한 부분에 대하여 발행한 신주를 경매하여 각 주수

에 따라 그 대금을 종전의 주주에게 지급하여야 한다. 그러나 거래소의 시세 있는 주식은 거래소를 통하여 매각하고, 거래소의 시세없는 주식은 법원의 허가를 받아 경매외의 방법으로 매각할 수 있다.

② 제442조의 규정은 제1항의 경우에 준용한다.

제444조 삭제 <2014. 5. 20.>

제445조(감자무효의 소) 자본금 감소의 무효는 주주·이사·감사·청산인·파산관재인 또는 자본금의 감소를 승인하지 아니한 채권자만이 자본금 감소로 인한 변경등기가 된 날부터 6개월 내에 소(訴)만으로 주장할 수 있다.

제446조(준용규정) 제186조 내지 제189조·제190조 본문·제191조·제192조 및 제377조의 규정은 제445조의 소에 관하여 이를 준용한다.

제7절 회사의 회계

제446조의2(회계의 원칙) 회사의 회계는 이 법과 대통령령으로 규정한 것을 제외하고는 일반적으로 공정하고 타당한 회계관행에 따른다.

제447조(재무제표의 작성) ① 이사는 결산기마다 다음 각 호의 서류와 그 부속명세서를 작성하여 이사회의 승인을 받아야 한다.

1. 대차대조표
2. 손익계산서
3. 그 밖에 회사의 재무상태와 경영성과를 표시하는 것으로서 대통령령으로 정하는 서류

② 대통령령으로 정하는 회사의 이사는 연결재무제표(聯結財務諸表)를 작성하여 이사회의 승인을 받아야 한다.

제447조의2(영업보고서의 작성) ① 이사는 매결산기에 영업보고서를 작성하여 이사회의 승인을 얻어야 한다.

② 영업보고서에는 대통령령이 정하는 바에 의하여 영업에 관한 중요한 사항을 기재하여야 한다.

제447조의3(재무제표등의 제출) 이사는 정기총회회일의 6주간전에 제447조 및 제447조의2의 서류를 감사에게 제출하여야 한다.

제447조의4(감사보고서) ① 감사는 제447조의3의 서류를 받은 날부터 4주 내에 감사보고서를 이사에게 제출하여야 한다.

② 제1항의 감사보고서에는 다음 각 호의 사항을 적어야 한다.

1. 감사방법의 개요
2. 회계장부에 기재될 사항이 기재되지 아니하거나 부실기재된 경우 또는 대차대조표나 손익계산서의 기재 내용이 회계장부와 맞지 아니하는

경우에는 그 뜻

3. 대차대조표 및 손익계산서가 법령과 정관에 따라 회사의 재무상태와 경영성과를 적정하게 표시하고 있는 경우에는 그 뜻

4. 대차대조표 또는 손익계산서가 법령이나 정관을 위반하여 회사의 재무상태와 경영성과를 적정하게 표시하지 아니하는 경우에는 그 뜻과 이유

5. 대차대조표 또는 손익계산서의 작성에 관한 회계방침의 변경이 타당한지 여부와 그 이유

6. 영업보고서가 법령과 정관에 따라 회사의 상황을 적정하게 표시하고 있는지 여부

7. 이익잉여금의 처분 또는 결손금의 처리가 법령 또는 정관에 맞는지 여부

8. 이익잉여금의 처분 또는 결손금의 처리가 회사의 재무상태나 그 밖의 사정에 비추어 현저하게 부당한 경우에는 그 뜻

9. 제447조의 부속명세서에 기재할 사항이 기재되지 아니하거나 부실기재된 경우 또는 회계장부·대차대조표·손익계산서나 영업보고서의 기재 내용과 맞지 아니하게 기재된 경우에는 그 뜻

10. 이사의 직무수행에 관하여 부정한 행위 또는 법령이나 정관의 규정을 위반하는 중대한 사실이 있는 경우에는 그 사실

③ 감사가 감사를 하기 위하여 필요한 조사를 할 수 없었던 경우에는 감사보고서에 그 뜻과 이유를 적어야 한다.

제448조(재무제표 등의 비치·공시) ① 이사는 정기총회회일의 1주간전부터 제447조 및 제447조의2의 서류와 감사보고서를 본점에 5년간, 그 등본을 지점에 3년간 비치하여야 한다.

② 주주와 회사채권자는 영업시간내에 언제든지 제1항의 비치서류를 열람할 수 있으며 회사가 정한 비용을 지급하고 그 서류의 등본이나 초본의 교부를 청구할 수 있다.

제449조(재무제표 등의 승인·공고) ① 이사는 제447조의 각 서류를 정기총회에 제출하여 그 승인을 요구하여야 한다.

② 이사는 제447조의2의 서류를 정기총회에 제출하여 그 내용을 보고하여야 한다.

③ 이사는 제1항의 서류에 대한 총회의 승인을 얻은 때에는 지체없이 대차대조표를 공고하여야 한다.

제449조의2(재무제표 등의 승인에 대한 특칙) ① 제449조에도 불구하고 회사는 정관으로 정하는 바에 따라 제447조의 각 서류를 이사회의 결의로 승인할 수

있다. 다만, 이 경우에는 다음 각 호의 요건을 모두 충족하여야 한다.

1. 제447조의 각 서류가 법령 및 정관에 따라 회사의 재무상태 및 경영성과를 적정하게 표시하고 있다는 외부감사인의 의견이 있을 것
2. 감사(감사위원회 설치회사의 경우에는 감사위원을 말한다) 전원의 동의가 있을 것

② 제1항에 따라 이사회가 승인한 경우에는 이사는 제447조의 각 서류의 내용을 주주총회에 보고하여야 한다.

제450조(이사, 감사의 책임해제) 정기총회에서 전조제1항의 승인을 한 후 2년내에 다른 결의가 없으면 회사는 이사와 감사의 책임을 해제한 것으로 본다. 그러나 이사 또는 감사의 부정행위에 대하여는 그러하지 아니하다.

제451조(자본금) ① 회사의 자본금은 이 법에서 달리 규정한 경우 외에는 발행주식의 액면총액으로 한다.

② 회사가 무액면주식을 발행하는 경우 회사의 자본금은 주식 발행가액의 2분의 1 이상의 금액으로서 이사회(제416조 단서에서 정한 주식발행의 경우에는 주주총회를 말한다)에서 자본금으로 계상하기로 한 금액의 총액으로 한다. 이 경우 주식의 발행가액 중 자본금으로 계상하지 아니하는 금액은 자본준비금으로 계상하여야 한다.

③ 회사의 자본금은 액면주식을 무액면주식으로 전환하거나 무액면주식을 액면주식으로 전환함으로써 변경할 수 없다.

제452조 삭제 <2011. 4. 14.>
제453조 삭제 <2011. 4. 14.>
제453조의2 삭제 <2011. 4. 14.>
제454조 삭제 <2011. 4. 14.>
제455조 삭제 <2011. 4. 14.>
제456조 삭제 <2011. 4. 14.>
제457조 삭제 <2011. 4. 14.>
제457조의2 삭제 <2011. 4. 14.>

제458조(이익준비금) 회사는 그 자본금의 2분의 1이 될 때까지 매 결산기 이익배당액의 10분의 1 이상을 이익준비금으로 적립하여야 한다. 다만, 주식배당의 경우에는 그러하지 아니하다.

제459조(자본준비금) ① 회사는 자본거래에서 발생한 잉여금을 대통령령으로 정하는 바에 따라 자본준비금으로 적립하여야 한다.

② 합병이나 제530조의2에 따른 분할 또는 분할합병의 경우 소멸 또는 분할되는 회사의 이익준비금이나 그 밖의 법정준비금은 합병·분할·분할합병 후 존속되거나 새로 설립되는 회사가 승계할 수 있다.

제460조(법정준비금의 사용) 제458조

및 제459조의 준비금은 자본금의 결손 보전에 충당하는 경우 외에는 처분하지 못한다.

제461조(준비금의 자본금 전입) ① 회사는 이사회의 결의에 의하여 준비금의 전부 또는 일부를 자본금에 전입할 수 있다. 그러나 정관으로 주주총회에서 결정하기로 정한 경우에는 그러하지 아니하다.

② 제1항의 경우에는 주주에 대하여 그가 가진 주식의 수에 따라 주식을 발행하여야 한다. 이 경우 1주에 미달하는 단수에 대하여는 제443조제1항의 규정을 준용한다.

③ 제1항의 이사회의 결의가 있는 때에는 회사는 일정한 날을 정하여 그 날에 주주명부에 기재된 주주가 제2항의 신주의 주주가 된다는 뜻을 그 날의 2주간전에 공고하여야 한다. 그러나 그 날이 제354조제1항의 기간 중인 때에는 그 기간의 초일의 2주간전에 이를 공고하여야 한다.

④ 제1항 단서의 경우에 주주는 주주총회의 결의가 있은 때로부터 제2항의 신주의 주주가 된다.

⑤ 제3항 또는 제4항의 규정에 의하여 신주의 주주가 된 때에는 이사는 지체없이 신주를 받은 주주와 주주명부에 기재된 질권자에 대하여 그 주주가 받은 주식의 종류와 수를 통지하여야 한다.

⑥ 제339조의 규정은 제2항의 규정에 의하여 주식의 발행이 있는 경우에 이를 준용한다.

제461조의2(준비금의 감소) 회사는 적립된 자본준비금 및 이익준비금의 총액이 자본금의 1.5배를 초과하는 경우에 주주총회의 결의에 따라 그 초과한 금액 범위에서 자본준비금과 이익준비금을 감액할 수 있다.

제462조(이익의 배당) ① 회사는 대차대조표의 순자산액으로부터 다음의 금액을 공제한 액을 한도로 하여 이익배당을 할 수 있다.

1. 자본금의 액
2. 그 결산기까지 적립된 자본준비금과 이익준비금의 합계액
3. 그 결산기에 적립하여야 할 이익준비금의 액
4. 대통령령으로 정하는 미실현이익

② 이익배당은 주주총회의 결의로 정한다. 다만, 제449조의2제1항에 따라 재무제표를 이사회가 승인하는 경우에는 이사회의 결의로 정한다.

③ 제1항을 위반하여 이익을 배당한 경우에 회사채권자는 배당한 이익을 회사에 반환할 것을 청구할 수 있다.

④ 제3항의 청구에 관한 소에 대하여는 제186조를 준용한다.

제462조의2(주식배당) ① 회사는 주주총회의 결의에 의하여 이익의 배당을 새로이 발행하는 주식으로써 할 수 있다. 그러나 주식에 의한 배당은 이익배당총액의 2분의 1에 상당하는 금액을 초과하지 못한다.

② 제1항의 배당은 주식의 권면액으로 하며, 회사가 종류주식을 발행한 때에는 각각 그와 같은 종류의 주식으로 할 수 있다.

③ 주식으로 배당할 이익의 금액중 주식의 권면액에 미달하는 단수가 있는 때에는 그 부분에 대하여는 제443조제1항의 규정을 준용한다.

④ 주식으로 배당을 받은 주주는 제1항의 결의가 있는 주주총회가 종결한 때부터 신주의 주주가 된다.

⑤ 이사는 제1항의 결의가 있는 때에는 지체없이 배당을 받을 주주와 주주명부에 기재된 질권자에게 그 주주가 받을 주식의 종류와 수를 통지하여야 한다.

⑥ 제340조제1항의 질권자의 권리는 제1항의 규정에 의한 주주가 받을 주식에 미친다. 이 경우 제340조제3항의 규정을 준용한다.

제462조의3(중간배당) ① 년 1회의 결산기를 정한 회사는 영업년도중 1회에 한하여 이사회의 결의로 일정한 날을 정하여 그 날의 주주에 대하여 이익을 배당(이하 이 條에서 "中間配當"이라 한다)할 수 있음을 정관으로 정할 수 있다.

② 중간배당은 직전 결산기의 대차대조표상의 순자산액에서 다음 각호의 금액을 공제한 액을 한도로 한다.

1. 직전 결산기의 자본금의 액

2. 직전 결산기까지 적립된 자본준비금과 이익준비금의 합계액

3. 직전 결산기의 정기총회에서 이익으로 배당하거나 또는 지급하기로 정한 금액

4. 중간배당에 따라 당해 결산기에 적립하여야 할 이익준비금

③ 회사는 당해 결산기의 대차대조표상의 순자산액이 제462조제1항 각호의 금액의 합계액에 미치지 못할 우려가 있는 때에는 중간배당을 하여서는 아니된다.

④ 당해 결산기 대차대조표상의 순자산액이 제462조제1항 각호의 금액의 합계액에 미치지 못함에도 불구하고 중간배당을 한 경우 이사는 회사에 대하여 연대하여 그 차액(配當額이 그 差額보다 적을 경우에는 配當額)을 배상할 책임이 있다. 다만, 이사가 제3항의 우려가 없다고 판단함에 있어 주의를 게을리하지 아니하였음을 증명한 때에

는 그러하지 아니하다.

⑤ 제340조제1항, 제344조제1항, 제354조제1항, 제458조, 제464조 및 제625조제3호의 규정의 적용에 관하여는 중간배당을 제462조제1항의 규정에 의한 이익의 배당으로 본다.

⑥ 제399조제2항·제3항 및 제400조의 규정은 제4항의 이사의 책임에 관하여, 제462조제3항 및 제4항은 제3항의 규정에 위반하여 중간배당을 한 경우에 이를 준용한다.

제462조의4(현물배당) ① 회사는 정관으로 금전 외의 재산으로 배당을 할 수 있음을 정할 수 있다.

② 제1항에 따라 배당을 결정한 회사는 다음 사항을 정할 수 있다.

1. 주주가 배당되는 금전 외의 재산 대신 금전의 지급을 회사에 청구할 수 있도록 한 경우에는 그 금액 및 청구할 수 있는 기간

2. 일정 수 미만의 주식을 보유한 주주에게 금전 외의 재산 대신 금전을 지급하기로 한 경우에는 그 일정 수 및 금액

제463조 삭제 <2011. 4. 14.>

제464조(이익배당의 기준) 이익배당은 각 주주가 가진 주식의 수에 따라 한다. 다만, 제344조제1항을 적용하는 경우에는 그러하지 아니하다.

제464조의2(이익배당의 지급시기) ① 회사는 제464조에 따른 이익배당을 제462조제2항의 주주총회나 이사회의 결의 또는 제462조의3제1항의 결의를 한 날부터 1개월 내에 하여야 한다. 다만, 주주총회 또는 이사회에서 배당금의 지급시기를 따로 정한 경우에는 그러하지 아니하다.

② 제1항의 배당금의 지급청구권은 5년간 이를 행사하지 아니하면 소멸시효가 완성한다.

제465조 삭제 <1984. 4. 10.>

제466조(주주의 회계장부열람권) ① 발행주식의 총수의 100분의 3 이상에 해당하는 주식을 가진 주주는 이유를 붙인 서면으로 회계의 장부와 서류의 열람 또는 등사를 청구할 수 있다.

② 회사는 제1항의 주주의 청구가 부당함을 증명하지 아니하면 이를 거부하지 못한다.

제467조(회사의 업무, 재산상태의 검사) ① 회사의 업무집행에 관하여 부정행위 또는 법령이나 정관에 위반한 중대한 사실이 있음을 의심할 사유가 있는 때에는 발행주식의 총수의 100분의 3 이상에 해당하는 주식을 가진 주주는 회사의 업무와 재산상태를 조사하게 하기 위하여 법원에 검사인의 선임을 청구할 수 있다.

② 검사인은 그 조사의 결과를 법원에 보고하여야 한다.

③ 법원은 제2항의 보고에 의하여 필요하다고 인정한 때에는 대표이사에게 주주총회의 소집을 명할 수 있다. 제310조제2항의 규정은 이 경우에 준용한다.

④ 이사와 감사는 지체없이 제3항의 규정에 의한 검사인의 보고서의 정확 여부를 조사하여 이를 주주총회에 보고하여야 한다.

제467조의2(이익공여의 금지) ① 회사는 누구에게든지 주주의 권리행사와 관련하여 재산상의 이익을 공여할 수 없다.

② 회사가 특정의 주주에 대하여 무상으로 재산상의 이익을 공여한 경우에는 주주의 권리행사와 관련하여 이를 공여한 것으로 추정한다. 회사가 특정의 주주에 대하여 유상으로 재산상의 이익을 공여한 경우에 있어서 회사가 얻은 이익이 공여한 이익에 비하여 현저하게 적은 때에도 또한 같다.

③ 회사가 제1항의 규정에 위반하여 재산상의 이익을 공여한 때에는 그 이익을 공여받은 자는 이를 회사에 반환하여야 한다. 이 경우 회사에 대하여 대가를 지급한 것이 있는 때에는 그 반환을 받을 수 있다.

④ 제403조 내지 제406조의 규정은 제3항의 이익의 반환을 청구하는 소에 대하여 이를 준용한다.

제468조(사용인의 우선변제권) 신원보증금의 반환을 받을 채권 기타 회사와 사용인간의 고용관계로 인한 채권이 있는 자는 회사의 총재산에 대하여 우선변제를 받을 권리가 있다. 그러나 질권·저당권이나 「동산·채권 등의 담보에 관한 법률」에 따른 담보권에 우선하지 못한다.

제8절 사채

제1관 통칙

제469조(사채의 발행) ① 회사는 이사회의 결의에 의하여 사채(社債)를 발행할 수 있다.

② 제1항의 사채에는 다음 각 호의 사채를 포함한다.

1. 이익배당에 참가할 수 있는 사채

2. 주식이나 그 밖의 다른 유가증권으로 교환 또는 상환할 수 있는 사채

3. 유가증권이나 통화 또는 그 밖에 대통령령으로 정하는 자산이나 지표 등의 변동과 연계하여 미리 정하여진 방법에 따라 상환 또는 지급금액이 결정되는 사채

③ 제2항에 따라 발행하는 사채의 내용 및 발행 방법 등 발행에 필요한 구

체적인 사항은 대통령령으로 정한다.

④ 제1항에도 불구하고 정관으로 정하는 바에 따라 이사회는 대표이사에게 사채의 금액 및 종류를 정하여 1년을 초과하지 아니하는 기간 내에 사채를 발행할 것을 위임할 수 있다.

제470조 삭제 <2011. 4. 14.>

제471조 삭제 <2011. 4. 14.>

제472조 삭제 <2011. 4. 14.>

제473조 삭제 <2011. 4. 14.>

제474조(공모발행, 사채청약서) ① 사채의 모집에 응하고자 하는 자는 사채청약서 2통에 그 인수할 사채의 수와 주소를 기재하고 기명날인 또는 서명하여야 한다.

② 사채청약서는 이사가 작성하고 다음의 사항을 적어야 한다.

1. 회사의 상호

2. 자본금과 준비금의 총액

3. 최종의 대차대조표에 의하여 회사에 현존하는 순재산액

4. 사채의 총액

5. 각 사채의 금액

6. 사채발행의 가액 또는 그 최저가액

7. 사채의 이율

8. 사채의 상환과 이자지급의 방법과 기한

9. 사채를 수회에 분납할 것을 정한 때에는 그 분납금액과 시기

10. 채권을 기명식 또는 무기명식에 한한 때에는 그 뜻

10의2. 채권을 발행하는 대신 전자등록기관의 전자등록부에 사채권자의 권리를 등록하는 때에는 그 뜻

11. 전에 모집한 사채가 있는 때에는 그 상환하지 아니한 금액

12. 삭제 <2011. 4. 14.>

13. 사채모집의 위탁을 받은 회사가 있는 때에는 그 상호와 주소

13의2. 사채관리회사가 있는 때에는 그 상호와 주소

13의3. 사채관리회사가 사채권자집회 결의에 의하지 아니하고 제484조제4항제2호의 행위를 할 수 있도록 정한 때에는 그 뜻

14. 제13호의 위탁을 받은 회사가 그 모집액이 총액에 달하지 못한 경우에 그 잔액을 인수할 것을 약정한 때에는 그 뜻

15. 명의개서대리인을 둔 때에는 그 성명·주소 및 영업소

③ 사채발행의 최저가액을 정한 경우에는 응모자는 사채청약서에 응모가액을 기재하여야 한다.

제475조(총액인수의 방법) 전조의 규정은 계약에 의하여 사채의 총액을 인수하는 경우에는 이를 적용하지 아니한다. 사채모집의 위탁을 받은 회사가 사

채의 일부를 인수하는 경우에는 그 일부에 대하여도 같다.

제476조(납입) ① 사채의 모집이 완료한 때에는 이사는 지체없이 인수인에 대하여 각 사채의 전액 또는 제1회의 납입을 시켜야 한다.

② 사채모집의 위탁을 받은 회사는 그 명의로 위탁회사를 위하여 제474조제2항과 전항의 행위를 할 수 있다.

제477조 삭제 <1984. 4. 10.>

제478조(채권의 발행) ① 채권은 사채 전액의 납입이 완료한 후가 아니면 이를 발행하지 못한다.

② 채권에는 다음의 사항을 적고 대표이사가 기명날인 또는 서명하여야 한다.

1. 채권의 번호

2. 제474조제2항제1호·제4호·제5호·제7호·제8호·제10호·제13호·제13호의2 및 제13호의3에 규정된 사항

③ 회사는 제1항의 채권(債券)을 발행하는 대신 정관으로 정하는 바에 따라 전자등록기관의 전자등록부에 채권(債權)을 등록할 수 있다. 이 경우 제356조의2제2항부터 제4항까지의 규정을 준용한다.

제479조(기명사채의 이전) ① 기명사채의 이전은 취득자의 성명과 주소를 사채원부에 기재하고 그 성명을 채권에 기재하지 아니하면 회사 기타의 제3자에게 대항하지 못한다.

② 제337조제2항의 규정은 기명사채의 이전에 대하여 이를 준용한다.

제480조(기명식, 무기명식간의 전환) 사채권자는 언제든지 기명식의 채권을 무기명식으로, 무기명식의 채권을 기명식으로 할 것을 회사에 청구할 수 있다. 그러나 채권을 기명식 또는 무기명식에 한할 것으로 정한 때에는 그러하지 아니하다.

제480조의2(사채관리회사의 지정·위탁) 회사는 사채를 발행하는 경우에 사채관리회사를 정하여 변제의 수령, 채권의 보전, 그 밖에 사채의 관리를 위탁할 수 있다.

제480조의3(사채관리회사의 자격) ① 은행, 신탁회사, 그 밖에 대통령령으로 정하는 자가 아니면 사채관리회사가 될 수 없다.

② 사채의 인수인은 그 사채의 사채관리회사가 될 수 없다.

③ 사채를 발행한 회사와 특수한 이해관계가 있는 자로서 대통령령으로 정하는 자는 사채관리회사가 될 수 없다.

제481조(사채관리회사의 사임) 사채관리회사는 사채를 발행한 회사와 사채권자집회의 동의를 받아 사임할 수 있다. 부득이한 사유가 있어 법원의 허가를 받은 경우에도 같다.

제482조(사채관리회사의 해임) 사채관리회사가 그 사무를 처리하기에 적임이 아니거나 그 밖에 정당한 사유가 있을 때에는 법원은 사채를 발행하는 회사 또는 사채권자집회의 청구에 의하여 사채관리회사를 해임할 수 있다.

제483조(사채관리회사의 사무승계자) ① 사채관리회사의 사임 또는 해임으로 인하여 사채관리회사가 없게 된 경우에는 사채를 발행한 회사는 그 사무를 승계할 사채관리회사를 정하여 사채권자를 위하여 사채 관리를 위탁하여야 한다. 이 경우 회사는 지체 없이 사채권자집회를 소집하여 동의를 받아야 한다.

② 부득이한 사유가 있는 때에는 이해관계인은 사무승계자의 선임을 법원에 청구할 수 있다.

제484조(사채관리회사의 권한) ① 사채관리회사는 사채권자를 위하여 사채에 관한 채권을 변제받거나 채권의 실현을 보전하기 위하여 필요한 재판상 또는 재판 외의 모든 행위를 할 수 있다.

② 사채관리회사는 제1항의 변제를 받으면 지체 없이 그 뜻을 공고하고, 알고 있는 사채권자에게 통지하여야 한다.

③ 제2항의 경우에 사채권자는 사채관리회사에 사채 상환액 및 이자 지급을 청구할 수 있다. 이 경우 사채권이 발행된 때에는 사채권과 상환하여 상환액지급청구를 하고, 이권(利券)과 상환하여 이자지급청구를 하여야 한다.

④ 사채관리회사가 다음 각 호의 어느 하나에 해당하는 행위(사채에 관한 채권을 변제받거나 채권의 실현을 보전하기 위한 행위는 제외한다)를 하는 경우에는 사채권자집회의 결의에 의하여야 한다. 다만, 사채를 발행하는 회사는 제2호의 행위를 사채관리회사가 사채권자집회결의에 의하지 아니하고 할 수 있음을 정할 수 있다.

1. 해당 사채 전부에 대한 지급의 유예, 그 채무의 불이행으로 발생한 책임의 면제 또는 화해

2. 해당 사채 전부에 관한 소송행위 또는 채무자회생 및 파산에 관한 절차에 속하는 행위

⑤ 사채관리회사가 제4항 단서에 따라 사채권자집회의 결의에 의하지 아니하고 제4항제2호의 행위를 한 때에는 지체 없이 그 뜻을 공고하고, 알고 있는 사채권자에게는 따로 통지하여야 한다.

⑥ 제2항과 제5항의 공고는 사채를 발행한 회사가 하는 공고와 같은 방법으로 하여야 한다.

⑦ 사채관리회사는 그 관리를 위탁받은 사채에 관하여 제1항 또는 제4항 각 호에서 정한 행위를 위하여 필요하

면 법원의 허가를 받아 사채를 발행한 회사의 업무와 재산상태를 조사할 수 있다.

제484조의2(사채관리회사의 의무 및 책임) ① 사채관리회사는 사채권자를 위하여 공평하고 성실하게 사채를 관리하여야 한다.

② 사채관리회사는 사채권자에 대하여 선량한 관리자의 주의로 사채를 관리하여야 한다.

③ 사채관리회사가 이 법이나 사채권자집회결의를 위반한 행위를 한 때에는 사채권자에 대하여 연대하여 이로 인하여 발생한 손해를 배상할 책임이 있다.

제485조(둘 이상의 사채관리회사가 있는 경우의 권한과 의무) ① 사채관리회사가 둘 이상 있을 때에는 그 권한에 속하는 행위는 공동으로 하여야 한다.

② 제1항의 경우에 사채관리회사가 제484조제1항의 변제를 받은 때에는 사채관리회사는 사채권자에 대하여 연대하여 변제액을 지급할 의무가 있다.

제486조(이권흠결의 경우) ① 이권있는 무기명식의 사채를 상환하는 경우에 이권이 흠결된 때에는 그 이권에 상당한 금액을 상환액으로부터 공제한다.

② 전항의 이권소지인은 언제든지 그 이권과 상환하여 공제액의 지급을 청구할 수 있다.

제487조(원리청구권의 시효) ① 사채의 상환청구권은 10년간 행사하지 아니하면 소멸시효가 완성한다.

② 제484조제3항의 청구권도 전항과 같다.

③ 사채의 이자와 전조제2항의 청구권은 5년간 행사하지 아니하면 소멸시효가 완성한다.

제488조(사채원부) 회사는 사채원부를 작성하고 다음 각 호의 사항을 적어야 한다.

1. 사채권자(무기명식 채권이 발행되어 있는 사채의 사채권자는 제외한다)의 성명과 주소

2. 채권의 번호

3. 제474조제2항제4호, 제5호, 제7호부터 제9호까지, 제13호, 제13호의2 및 제13호의3에 규정된 사항

4. 각 사채의 납입금액과 납입연월일

5. 채권의 발행연월일 또는 채권을 발행하는 대신 전자등록기관의 전자등록부에 사채권자의 권리를 등록하는 때에는 그 뜻

6. 각 사채의 취득연월일

7. 무기명식 채권을 발행한 때에는 그 종류, 수, 번호와 발행연월일

제489조(준용규정) ① 제353조의 규정은 사채응모자 또는 사채권자에 대한

통지와 최고에 준용한다.

② 제333조의 규정은 사채가 수인의 공유에 속하는 경우에 준용한다.

제2관 사채권자집회

제490조(결의사항) 사채권자집회는 이 법에서 규정하고 있는 사항 및 사채권자의 이해관계가 있는 사항에 관하여 결의를 할 수 있다.

제491조(소집권자) ① 사채권자집회는 사채를 발행한 회사 또는 사채관리회사가 소집한다.

② 사채의 종류별로 해당 종류의 사채 총액(상환받은 액은 제외한다)의 10분의 1 이상에 해당하는 사채를 가진 사채권자는 회의 목적인 사항과 소집 이유를 적은 서면 또는 전자문서를 사채를 발행한 회사 또는 사채관리회사에 제출하여 사채권자집회의 소집을 청구할 수 있다.

③ 제366조제2항의 규정은 전항의 경우에 준용한다.

④ 무기명식의 채권을 가진 자는 그 채권을 공탁하지 아니하면 전2항의 권리를 행사하지 못한다.

제491조의2(소집의 통지, 공고) ① 제363조제1항 및 제2항은 사채권자집회를 소집할 경우에 이를 준용한다.

② 제1항에도 불구하고 회사가 무기명

식의 채권을 발행한 경우에는 주주총회일의 3주(자본금 총액이 10억원 미만인 회사는 2주) 전에 사채권자집회를 소집하는 뜻과 회의의 목적사항을 공고하여야 한다.

제492조(의결권) ① 각 사채권자는 그가 가지는 해당 종류의 사채 금액의 합계액(상환받은 액은 제외한다)에 따라 의결권을 가진다.

② 무기명식의 채권을 가진 자는 회일로부터 1주간전에 채권을 공탁하지 아니하면 그 의결권을 행사하지 못한다.

제493조(사채발행회사 또는 사채관리회사 대표자의 출석 등) ① 사채를 발행한 회사 또는 사채관리회사는 그 대표자를 사채권자집회에 출석하게 하거나 서면으로 의견을 제출할 수 있다.

② 사채권자집회의 소집은 전항의 회사에 통지하여야 한다.

③ 제363조제1항과 제2항의 규정은 전항의 통지에 준용한다.

제494조(사채발행회사의 대표자의 출석청구) 사채권자집회 또는 그 소집자는 필요있다고 인정하는 때에는 사채를 발행한 회사에 대하여 그 대표자의 출석을 청구할 수 있다.

제495조(결의의 방법) ① 제434조의 규정은 사채권자집회의 결의에 준용한다.

② 제481조부터 제483조까지 및 제

494조의 동의 또는 청구는 제1항에도 불구하고 출석한 사채권자 의결권의 과반수로 결정할 수 있다.

③ 사채권자집회에 출석하지 아니한 사채권자는 서면에 의하여 의결권을 행사할 수 있다.

④ 서면에 의한 의결권행사는 의결권행사서면에 필요한 사항을 적어 사채권자집회 전일까지 의결권행사서면을 소집자에게 제출하여야 한다.

⑤ 제4항에 따라 서면에 의하여 행사한 의결권의 수는 출석한 의결권자의 의결권 수에 포함한다.

⑥ 사채권자집회에 대하여는 제368조의4를 준용한다.

제496조(결의의 인가의 청구) 사채권자집회의 소집자는 결의한 날로부터 1주간내에 결의의 인가를 법원에 청구하여야 한다.

제497조(결의의 불인가의 사유) ① 법원은 다음의 경우에는 사채권자집회의 결의를 인가하지 못한다.

1. 사채권자집회소집의 절차 또는 그 결의방법이 법령이나 사채모집의 계획서의 기재에 위반한 때
2. 결의가 부당한 방법에 의하여 성립하게 된 때
3. 결의가 현저하게 불공정한 때
4. 결의가 사채권자의 일반의 이익에 반하는 때

② 전항제1호와 제2호의 경우에는 법원은 결의의 내용 기타 모든 사정을 참작하여 결의를 인가할 수 있다.

제498조(결의의 효력) ① 사채권자집회의 결의는 법원의 인가를 받음으로써 그 효력이 생긴다. 다만, 그 종류의 사채권자 전원이 동의한 결의는 법원의 인가가 필요하지 아니하다.

② 사채권자집회의 결의는 그 종류의 사채를 가진 모든 사채권자에게 그 효력이 있다.

제499조(결의의 인가, 불인가의 공고) 사채권자집회의 결의에 대하여 인가 또는 불인가의 결정이 있는 때에는 사채를 발행한 회사는 지체없이 그 뜻을 공고하여야 한다.

제500조(사채권자집회의 대표자) ① 사채권자집회는 해당 종류의 사채 총액(상환받은 금액은 제외한다)의 500분의 1 이상을 가진 사채권자 중에서 1명 또는 여러 명의 대표자를 선임하여 그 결의할 사항의 결정을 위임할 수 있다.

② 대표자가 수인인 때에는 전항의 결정은 그 과반수로 한다.

제501조(결의의 집행) 사채권자집회의 결의는 사채관리회사가 집행하고, 사채관리회사가 없는 때에는 제500조의 대표자가 집행한다. 다만, 사채권자집회

의 결의로써 따로 집행자를 정한 때에는 그러하지 아니하다.

제502조(수인의 대표자, 집행자가 있는 경우) 제485조제1항의 규정은 대표자나 집행자가 수인인 경우에 준용한다.

제503조(사채상환에 관한 결의의 집행) 제484조, 제485조제2항과 제487조제2항의 규정은 대표자나 집행자가 사채의 상환에 관한 결의를 집행하는 경우에 준용한다.

제504조(대표자, 집행자의 해임 등) 사채권자집회는 언제든지 대표자나 집행자를 해임하거나 위임한 사항을 변경할 수 있다.

제505조 삭제 <2011. 4. 14.>

제506조 삭제 <2011. 4. 14.>

제507조(사채관리회사 등의 보수, 비용) ① 사채관리회사, 대표자 또는 집행자에게 줄 보수와 그 사무 처리에 필요한 비용은 사채를 발행한 회사와의 계약에 약정된 경우 외에는 법원의 허가를 받아 사채를 발행한 회사로 하여금 부담하게 할 수 있다.

② 사채관리회사, 대표자 또는 집행자는 사채에 관한 채권을 변제받은 금액에서 사채권자보다 우선하여 제1항의 보수와 비용을 변제받을 수 있다.

제508조(사채권자집회의 비용) ① 사채권자집회에 관한 비용은 사채를 발행한 회사가 부담한다.

② 제496조의 청구에 관한 비용은 회사가 부담한다. 그러나 법원은 이해관계인의 신청에 의하여 또는 직권으로 그 전부 또는 일부에 관하여 따로 부담자를 정할 수 있다.

제509조(수종의 사채있는 경우의 사채권자집회) 수종의 사채를 발행한 경우에는 사채권자집회는 각종의 사채에 관하여 이를 소집하여야 한다.

제510조(준용규정) ① 제368조제2항·제3항, 제369조제2항 및 제371조부터 제373조까지의 규정은 사채권자집회에 준용한다.

② 사채권자집회의 의사록은 사채를 발행한 회사가 그 본점에 비치하여야 한다.

③ 사채관리회사와 사채권자는 영업시간 내에 언제든지 제2항의 의사록 열람을 청구할 수 있다.

제511조(사채관리회사에 의한 취소의 소) ① 회사가 어느 사채권자에게 한 변제, 화해, 그 밖의 행위가 현저하게 불공정한 때에는 사채관리회사는 소(訴)만으로 그 행위의 취소를 청구할 수 있다.

② 제1항의 소는 사채관리회사가 취소의 원인인 사실을 안 때부터 6개월, 행위가 있은 때부터 1년 내에 제기하여

야 한다.

③ 제186조와 민법 제406조제1항 단서 및 제407조의 규정은 제1항의 소에 준용한다.

제512조(대표자등에 의한 취소의 소) 사채권자집회의 결의가 있는 때에는 대표자 또는 집행자도 전조제1항의 소를 제기할 수 있다. 그러나 행위가 있은 때로부터 1년내에 한한다.

제3관 전환사채

제513조(전환사채의 발행) ① 회사는 전환사채를 발행할 수 있다.

② 제1항의 경우에 다음의 사항으로서 정관에 규정이 없는 것은 이사회가 이를 결정한다. 그러나 정관으로 주주총회에서 이를 결정하기로 정한 경우에는 그러하지 아니하다.

1. 전환사채의 총액

2. 전환의 조건

3. 전환으로 인하여 발행할 주식의 내용

4. 전환을 청구할 수 있는 기간

5. 주주에게 전환사채의 인수권을 준다는 뜻과 인수권의 목적인 전환사채의 액

6. 주주외의 자에게 전환사채를 발행하는 것과 이에 대하여 발행할 전환사채의 액

③ 주주외의 자에 대하여 전환사채를 발행하는 경우에 그 발행할 수 있는 전환사채의 액, 전환의 조건, 전환으로 인하여 발행할 주식의 내용과 전환을 청구할 수 있는 기간에 관하여 정관에 규정이 없으면 제434조의 결의로써 이를 정하여야 한다. 이 경우 제418조제2항 단서의 규정을 준용한다.

④ 제3항의 결의에 있어서 전환사채의 발행에 관한 의안의 요령은 제363조의 규정에 의한 통지에 기재하여야 한다.

제513조의2(전환사채의 인수권을 가진 주주의 권리) ① 전환사채의 인수권을 가진 주주는 그가 가진 주식의 수에 따라서 전환사채의 배정을 받을 권리가 있다. 그러나 각 전환사채의 금액중 최저액에 미달하는 단수에 대하여는 그러하지 아니하다.

② 제418조제3항은 주주가 전환사채의 인수권을 가진 경우에 이를 준용한다.

제513조의3(전환사채의 인수권을 가진 주주에 대한 최고) ① 주주가 전환사채의 인수권을 가진 경우에는 각 주주에 대하여 그 인수권을 가지는 전환사채의 액, 발행가액, 전환의 조건, 전환으로 인하여 발행할 주식의 내용, 전환을 청구할 수 있는 기간과 일정한 기일까지 전환사채의 청약을 하지 아니하면 그 권리를 잃는다는 뜻을 통지하여야 한다.

② 제419조제2항 및 제3항의 규정은 제1항의 경우에 이를 준용한다.

제514조(전환사채발행의 절차) ① 전환사채에 관하여는 사채청약서, 채권과 사채원부에 다음의 사항을 기재하여야 한다.

1. 사채를 주식으로 전환할 수 있다는 뜻
2. 전환의 조건
3. 전환으로 인하여 발행할 주식의 내용
4. 전환을 청구할 수 있는 기간
5. 주식의 양도에 관하여 이사회의 승인을 얻도록 정한 때에는 그 규정

② 삭제 <1984. 4. 10.>

제514조의2(전환사채의 등기) ① 회사가 전환사채를 발행한 때에는 제476조의 규정에 의한 납입이 완료된 날로부터 2주간내에 본점의 소재지에서 전환사채의 등기를 하여야 한다.

② 제1항의 규정에 의하여 등기할 사항은 다음 각호와 같다.

1. 전환사채의 총액
2. 각 전환사채의 금액
3. 각 전환사채의 납입금액
4. 제514조제1호 내지 제4호에 정한 사항

③ 제183조의 규정은 제2항의 등기에 대하여 이를 준용한다.

④ 외국에서 전환사채를 모집한 경우에 등기할 사항이 외국에서 생긴 때에는 등기기간은 그 통지가 도달한 날로부터 기산한다.

제515조(전환의 청구) ① 전환을 청구하는 자는 청구서 2통에 채권을 첨부하여 회사에 제출하여야 한다. 다만, 제478조제3항에 따라 채권(債券)을 발행하는 대신 전자등록기관의 전자등록부에 채권(債權)을 등록한 경우에는 그 채권을 증명할 수 있는 자료를 첨부하여 회사에 제출하여야 한다.

② 제1항의 청구서에는 전환하고자 하는 사채와 청구의 연월일을 기재하고 기명날인 또는 서명하여야 한다.

제516조(준용규정) ① 제346조제4항, 제424조 및 제424조의2의 규정은 전환사채의 발행의 경우에 이를 준용한다.

② 제339조, 제348조, 제350조 및 제351조의 규정은 사채의 전환의 경우에 이를 준용한다.

제4관 신주인수권부사채

제516조의2(신주인수권부사채의 발행) ① 회사는 신주인수권부사채를 발행할 수 있다.

② 제1항의 경우에 다음의 사항으로서 정관에 규정이 없는 것은 이사회가 이를 결정한다. 그러나 정관으로 주주총회에서 이를 결정하도록 정한 경우에는 그러하지 아니하다.

1. 신주인수권부사채의 총액
2. 각 신주인수권부사채에 부여된 신주인수권의 내용
3. 신주인수권을 행사할 수 있는 기간
4. 신주인수권만을 양도할 수 있는 것에 관한 사항
5. 신주인수권을 행사하려는 자의 청구가 있는 때에는 신주인수권부사채의 상환에 갈음하여 그 발행가액으로 제516조의9제1항의 납입이 있는 것으로 본다는 뜻
6. 삭제 <1995. 12. 29.>
7. 주주에게 신주인수권부사채의 인수권을 준다는 뜻과 인수권의 목적인 신주인수권부사채의 액
8. 주주외의 자에게 신주인수권부사채를 발행하는 것과 이에 대하여 발행할 신주인수권부사채의 액

③ 각 신주인수권부사채에 부여된 신주인수권의 행사로 인하여 발행할 주식의 발행가액의 합계액은 각 신주인수권부사채의 금액을 초과할 수 없다.

④ 주주외의 자에 대하여 신주인수권부사채를 발행하는 경우에 그 발행할 수 있는 신주인수권부사채의 액, 신주인수권의 내용과 신주인수권을 행사할 수 있는 기간에 관하여 정관에 규정이 없으면 제434조의 결의로써 이를 정하여야 한다. 이 경우 제418조제2항 단서의 규정을 준용한다.

⑤ 제513조제4항의 규정은 제4항의 경우에 이를 준용한다.

제516조의3(신주인수권부사채의 인수권을 가진 주주에 대한 최고) ① 주주가 신주인수권부사채의 인수권을 가진 경우에는 각 주주에 대하여 인수권을 가지는 신주인수권부사채의 액, 발행가액, 신주인수권의 내용, 신주인수권을 행사할 수 있는 기간과 일정한 기일까지 신주인수권부사채의 청약을 하지 아니하면 그 권리를 잃는다는 뜻을 통지하여야 한다. 이 경우 제516조의2제2항제4호 또는 제5호에 규정한 사항의 정함이 있는 때에는 그 내용도 통지하여야 한다.

② 제419조제2항 및 제3항의 규정은 제1항의 경우에 이를 준용한다.

제516조의4(사채청약서ㆍ채권ㆍ사채원부의 기재사항) 신주인수권부사채에 있어서는 사채청약서ㆍ채권 및 사채원부에 다음의 사항을 기재하여야 한다. 그러나 제516조의5제1항의 신주인수권증권을 발행할 때에는 채권에는 이를 기재하지 아니한다.

1. 신주인수권부사채라는 뜻
2. 제516조의2제2항제2호 내지 제5호에 정한 사항
3. 제516조의9에 따라 납입을 맡을 은행

이나 그 밖의 금융기관 및 납입장소

4. 주식의 양도에 관하여 이사회의 승인을 얻도록 정한 때에는 그 규정

제516조의5(신주인수권증권의 발행)
① 제516조의2제2항제4호에 규정한 사항을 정한 경우에는 회사는 채권과 함께 신주인수권증권을 발행하여야 한다.
② 신주인수권증권에는 다음의 사항과 번호를 기재하고 이사가 기명날인 또는 서명하여야 한다.

1. 신주인수권증권이라는 뜻의 표시

2. 회사의 상호

3. 제516조의2제2항제2호·제3호 및 제5호에 정한 사항

4. 제516조의4제3호에 정한 사항

5. 주식의 양도에 관하여 이사회의 승인을 얻도록 정한 때에는 그 규정

제516조의6(신주인수권의 양도) ① 신주인수권증권이 발행된 경우에 신주인수권의 양도는 신주인수권증권의 교부에 의하여서만 이를 행한다.
② 제336조제2항, 제360조 및 수표법 제21조의 규정은 신주인수권증권에 관하여 이를 준용한다.

제516조의7(신주인수권의 전자등록)
회사는 신주인수권증권을 발행하는 대신 정관으로 정하는 바에 따라 전자등록기관의 전자등록부에 신주인수권을 등록할 수 있다. 이 경우 제356조의2제

2항부터 제4항까지의 규정을 준용한다.

제516조의8(신주인수권부사채의 등기)
① 회사가 신주인수권부사채를 발행한 때에는 다음의 사항을 등기하여야 한다.

1. 신주인수권부사채라는 뜻

2. 신주인수권의 행사로 인하여 발행할 주식의 발행가액의 총액

3. 각 신주인수권부사채의 금액

4. 각 신주인수권부사채의 납입금액

5. 제516조의2제2항제1호 내지 제3호에 정한 사항

② 제514조의2제1항·제3항 및 제4항의 규정은 제1항의 등기에 관하여 이를 준용한다.

제516조의9(신주인수권의 행사) ① 신주인수권을 행사하려는 자는 청구서 2통을 회사에 제출하고, 신주의 발행가액의 전액을 납입하여야 한다.

② 제1항의 규정에 의하여 청구서를 제출하는 경우에 신주인수권증권이 발행된 때에는 신주인수권증권을 첨부하고, 이를 발행하지 아니한 때에는 채권을 제시하여야 한다. 다만, 제478조제3항 또는 제516조의7에 따라 채권(債券)이나 신주인수권증권을 발행하는 대신 전자등록기관의 전자등록부에 채권(債權)이나 신주인수권을 등록한 경우에는 그 채권이나 신주인수권을 증명할 수 있는 자료를 첨부하여 회사에

제출하여야 한다.

③ 제1항의 납입은 채권 또는 신주인수권증권에 기재한 은행 기타 금융기관의 납입장소에서 하여야 한다.

④ 제302조제1항의 규정은 제1항의 청구서에, 제306조 및 제318조의 규정은 제3항의 납입을 맡은 은행 기타 금융기관에 이를 준용한다.

제516조의10(주주가 되는 시기) 제516조의9제1항에 따라 신주인수권을 행사한 자는 동항의 납입을 한 때에 주주가 된다. 이 경우 제350조제2항을 준용한다.

제516조의11(준용규정) 제351조의 규정은 신주인수권의 행사가 있는 경우에, 제513조의2 및 제516조제1항의 규정은 신주인수권부사채에 관하여 이를 준용한다.

제9절 해산

제517조(해산사유) 주식회사는 다음의 사유로 인하여 해산한다.

1. 제227조제1호, 제4호 내지 제6호에 정한 사유

1의2. 제530조의2의 규정에 의한 회사의 분할 또는 분할합병

2. 주주총회의 결의

제518조(해산의 결의) 해산의 결의는 제434조의 규정에 의하여야 한다.

제519조(회사의 계속) 회사가 존립기간의 만료 기타 정관에 정한 사유의 발생 또는 주주총회의 결의에 의하여 해산한 경우에는 제434조의 규정에 의한 결의로 회사를 계속할 수 있다.

제520조(해산판결) ① 다음의 경우에 부득이한 사유가 있는 때에는 발행주식의 총수의 100분의 10 이상에 해당하는 주식을 가진 주주는 회사의 해산을 법원에 청구할 수 있다.

1. 회사의 업무가 현저한 정돈상태를 계속하여 회복할 수 없는 손해가 생긴 때 또는 생길 염려가 있는 때

2. 회사재산의 관리 또는 처분의 현저한 실당으로 인하여 회사의 존립을 위태롭게 한 때

② 제186조와 제191조의 규정은 전항의 청구에 준용한다.

제520조의2(휴면회사의 해산) ① 법원행정처장이 최후의 등기후 5년을 경과한 회사는 본점의 소재지를 관할하는 법원에 아직 영업을 폐지하지 아니하였다는 뜻의 신고를 할 것을 관보로써 공고한 경우에, 그 공고한 날에 이미 최후의 등기후 5년을 경과한 회사로써 공고한 날로부터 2월 이내에 대통령령이 정하는 바에 의하여 신고를 하지 아니한 때에는 그 회사는 그 신고기간이 만료된 때에 해산한 것으로 본다. 그러

나 그 기간내에 등기를 한 회사에 대하여는 그러하지 아니하다.

② 제1항의 공고가 있는 때에는 법원은 해당 회사에 대하여 그 공고가 있었다는 뜻의 통지를 발송하여야 한다.

③ 제1항의 규정에 의하여 해산한 것으로 본 회사는 그 후 3년 이내에는 제434조의 결의에 의하여 회사를 계속할 수 있다.

④ 제1항의 규정에 의하여 해산한 것으로 본 회사가 제3항의 규정에 의하여 회사를 계속하지 아니한 경우에는 그 회사는 그 3년이 경과한 때에 청산이 종결된 것으로 본다.

제521조(해산의 통지, 공고) 회사가 해산한 때에는 파산의 경우 외에는 이사는 지체없이 주주에 대하여 그 통지를 하여야 한다.

제521조의2(준용규정) 제228조와 제229조제3항의 규정은 주식회사의 해산에 관하여 이를 준용한다.

제10절 합병

제522조(합병계약서와 그 승인결의) ① 회사가 합병을 함에는 합병계약서를 작성하여 주주총회의 승인을 얻어야 한다.

② 합병계약의 요령은 제363조에 정한 통지에 기재하여야 한다.

③ 제1항의 승인결의는 제434조의 규정에 의하여야 한다.

제522조의2(합병계약서 등의 공시) ① 이사는 제522조제1항의 주주총회 회일의 2주 전부터 합병을 한 날 이후 6개월이 경과하는 날까지 다음 각 호의 서류를 본점에 비치하여야 한다.

1. 합병계약서

2. 합병을 위하여 신주를 발행하거나 자기주식을 이전하는 경우에는 합병으로 인하여 소멸하는 회사의 주주에 대한 신주의 배정 또는 자기주식의 이전에 관하여 그 이유를 기재한 서면

3. 각 회사의 최종의 대차대조표와 손익계산서

② 주주 및 회사채권자는 영업시간내에는 언제든지 제1항 각호의 서류의 열람을 청구하거나, 회사가 정한 비용을 지급하고 그 등본 또는 초본의 교부를 청구할 수 있다.

제522조의3(합병반대주주의 주식매수청구권) ① 제522조제1항에 따른 결의 사항에 관하여 이사회의 결의가 있는 때에 그 결의에 반대하는 주주(의결권이 없거나 제한되는 주주를 포함한다. 이하 이 조에서 같다)는 주주총회 전에 회사에 대하여 서면으로 그 결의에 반대하는 의사를 통지한 경우에는 그 총

회의 결의일부터 20일 이내에 주식의 종류와 수를 기재한 서면으로 회사에 대하여 자기가 소유하고 있는 주식의 매수를 청구할 수 있다.

② 제527조의2제2항의 공고 또는 통지를 한 날부터 2주내에 회사에 대하여 서면으로 합병에 반대하는 의사를 통지한 주주는 그 기간이 경과한 날부터 20일 이내에 주식의 종류와 수를 기재한 서면으로 회사에 대하여 자기가 소유하고 있는 주식의 매수를 청구할 수 있다.

제523조(흡수합병의 합병계약서) 합병할 회사의 일방이 합병 후 존속하는 경우에는 합병계약서에 다음의 사항을 적어야 한다.

1. 존속하는 회사가 합병으로 인하여 그 발행할 주식의 총수를 증가하는 때에는 그 증가할 주식의 총수, 종류와 수

2. 존속하는 회사의 자본금 또는 준비금이 증가하는 경우에는 증가할 자본금 또는 준비금에 관한 사항

3. 존속하는 회사가 합병을 하면서 신주를 발행하거나 자기주식을 이전하는 경우에는 발행하는 신주 또는 이전하는 자기주식의 총수, 종류와 수 및 합병으로 인하여 소멸하는 회사의 주주에 대한 신주의 배정 또는 자기주식의 이전에 관한 사항

4. 존속하는 회사가 합병으로 소멸하는 회사의 주주에게 제3호에도 불구하고 그 대가의 전부 또는 일부로서 금전이나 그 밖의 재산을 제공하는 경우에는 그 내용 및 배정에 관한 사항

5. 각 회사에서 합병의 승인결의를 할 사원 또는 주주의 총회의 기일

6. 합병을 할 날

7. 존속하는 회사가 합병으로 인하여 정관을 변경하기로 정한 때에는 그 규정

8. 각 회사가 합병으로 이익배당을 할 때에는 그 한도액

9. 합병으로 인하여 존속하는 회사에 취임할 이사와 감사 또는 감사위원회의 위원을 정한 때에는 그 성명 및 주민등록번호

제523조의2(합병대가가 모회사주식인 경우의 특칙) ① 제342조의2에도 불구하고 제523조제4호에 따라 소멸하는 회사의 주주에게 제공하는 재산이 존속하는 회사의 모회사주식을 포함하는 경우에는 존속하는 회사는 그 지급을 위하여 모회사주식을 취득할 수 있다. ② 존속하는 회사는 제1항에 따라 취득한 모회사의 주식을 합병 후에도 계속 보유하고 있는 경우 합병의 효력이

발생하는 날부터 6개월 이내에 그 주식을 처분하여야 한다.

제524조(신설합병의 합병계약서) 합병으로 회사를 설립하는 경우에는 합병계약서에 다음의 사항을 적어야 한다.

1. 설립되는 회사에 대하여 제289조제1항제1호부터 제4호까지에 규정된 사항과 종류주식을 발행할 때에는 그 종류, 수와 본점소재지

2. 설립되는 회사가 합병당시에 발행하는 주식의 총수와 종류, 수 및 각 회사의 주주에 대한 주식의 배정에 관한 사항

3. 설립되는 회사의 자본금과 준비금의 총액

4. 각 회사의 주주에게 제2호에도 불구하고 금전이나 그 밖의 재산을 제공하는 경우에는 그 내용 및 배정에 관한 사항

5. 제523조제5호 및 제6호에 규정된 사항

6. 합병으로 인하여 설립되는 회사의 이사와 감사 또는 감사위원회의 위원을 정한 때에는 그 성명 및 주민등록번호

제525조(합명회사, 합자회사의 합병계약서) ① 합병후 존속하는 회사 또는 합병으로 인하여 설립되는 회사가 주식회사인 경우에 합병할 회사의 일방 또는 쌍방이 합명회사 또는 합자회사인 때에는 총사원의 동의를 얻어 합병계약서를 작성하여야 한다.

② 전2조의 규정은 전항의 합병계약서에 준용한다.

제526조(흡수합병의 보고총회) ① 합병을 하는 회사의 일방이 합병후 존속하는 경우에는 그 이사는 제527조의5의 절차의 종료후, 합병으로 인한 주식의 병합이 있을 때에는 그 효력이 생긴 후, 병합에 적당하지 아니한 주식이 있을 때에는 합병후, 존속하는 회사에 있어서는 제443조의 처분을 한 후, 소규모합병의 경우에는 제527조의3제3항 및 제4항의 절차를 종료한 후 지체없이 주주총회를 소집하고 합병에 관한 사항을 보고하여야 한다.

② 합병당시에 발행하는 신주의 인수인은 제1항의 주주총회에서 주주와 동일한 권리가 있다.

③ 제1항의 경우에 이사회는 공고로써 주주총회에 대한 보고에 갈음할 수 있다.

제527조(신설합병의 창립총회) ① 합병으로 인하여 회사를 설립하는 경우에는 설립위원은 제527조의5의 절차의 종료후, 합병으로 인한 주식의 병합이 있을 때에는 그 효력이 생긴 후, 병합에 적당하지 아니한 주식이 있을 때에는 제443조의 처분을 한 후 지체없이

창립총회를 소집하여야 한다.

② 창립총회에서는 정관변경의 결의를 할 수 있다. 그러나 합병계약의 취지에 위반하는 결의는 하지 못한다.

③ 제308조제2항, 제309조, 제311조, 제312조와 제316조제2항의 규정은 제1항의 창립총회에 준용한다.

④ 제1항의 경우에 이사회는 공고로써 주주총회에 대한 보고에 갈음할 수 있다.

제527조의2(간이합병) ① 합병할 회사의 일방이 합병후 존속하는 경우에 합병으로 인하여 소멸하는 회사의 총주주의 동의가 있거나 그 회사의 발행주식총수의 100분의 90이상을 합병후 존속하는 회사가 소유하고 있는 때에는 합병으로 인하여 소멸하는 회사의 주주총회의 승인은 이를 이사회의 승인으로 갈음할 수 있다.

② 제1항의 경우에 합병으로 인하여 소멸하는 회사는 합병계약서를 작성한 날부터 2주내에 주주총회의 승인을 얻지 아니하고 합병을 한다는 뜻을 공고하거나 주주에게 통지하여야 한다. 다만, 총주주의 동의가 있는 때에는 그러하지 아니하다.

제527조의3(소규모합병) ① 합병 후 존속하는 회사가 합병으로 인하여 발행하는 신주 및 이전하는 자기주식의 총수가 그 회사의 발행주식총수의 100분의 10을 초과하지 아니하는 경우에는 그 존속하는 회사의 주주총회의 승인은 이를 이사회의 승인으로 갈음할 수 있다. 다만, 합병으로 인하여 소멸하는 회사의 주주에게 제공할 금전이나 그 밖의 재산을 정한 경우에 그 금액 및 그 밖의 재산의 가액이 존속하는 회사의 최종 대차대조표상으로 현존하는 순자산액의 100분의 5를 초과하는 경우에는 그러하지 아니하다.

② 제1항의 경우에 존속하는 회사의 합병계약서에는 주주총회의 승인을 얻지 아니하고 합병을 한다는 뜻을 기재하여야 한다.

③ 제1항의 경우에 존속하는 회사는 합병계약서를 작성한 날부터 2주내에 소멸하는 회사의 상호 및 본점의 소재지, 합병을 할 날, 주주총회의 승인을 얻지 아니하고 합병을 한다는 뜻을 공고하거나 주주에게 통지하여야 한다.

④ 합병후 존속하는 회사의 발행주식총수의 100분의 20 이상에 해당하는 주식을 소유한 주주가 제3항의 규정에 의한 공고 또는 통지를 한 날부터 2주내에 회사에 대하여 서면으로 제1항의 합병에 반대하는 의사를 통지한 때에는 제1항 본문의 규정에 의한 합병을 할 수 없다.

⑤제1항 본문의 경우에는 제522조의3의 규정은 이를 적용하지 아니한다.

제527조의4(이사·감사의 임기) ① 합병을 하는 회사의 일방이 합병후 존속하는 경우에 존속하는 회사의 이사 및 감사로서 합병전에 취임한 자는 합병계약서에 다른 정함이 있는 경우를 제외하고는 합병후 최초로 도래하는 결산기의 정기총회가 종료하는 때에 퇴임한다.

② 삭제 <2001. 7. 24.>

제527조의5(채권자보호절차) ① 회사는 제522조의 주주총회의 승인결의가 있은 날부터 2주내에 채권자에 대하여 합병에 이의가 있으면 1월이상의 기간내에 이를 제출할 것을 공고하고 알고 있는 채권자에 대하여는 따로따로 이를 최고하여야 한다.

② 제1항의 규정을 적용함에 있어서 제527조의2 및 제527조의3의 경우에는 이사회의 승인결의를 주주총회의 승인결의로 본다.

③ 제232조제2항 및 제3항의 규정은 제1항 및 제2항의 경우에 이를 준용한다.

제527조의6(합병에 관한 서류의 사후공시) ① 이사는 제527조의5에 규정한 절차의 경과, 합병을 한날, 합병으로 인하여 소멸하는 회사로부터 승계한 재산의 가액과 채무액 기타 합병에 관한 사항을 기재한 서면을 합병을 한 날부터 6월간 본점에 비치하여야 한다.

② 제522조의2제2항의 규정은 제1항의 서면에 관하여 이를 준용한다.

제528조(합병의 등기) ① 회사가 합병을 한 때에는 제526조의 주주총회가 종결한 날 또는 보고에 갈음하는 공고일, 제527조의 창립총회가 종결한 날 또는 보고에 갈음하는 공고일부터 본점소재지에서는 2주내, 지점소재지에서는 3주내에 합병후 존속하는 회사에 있어서는 변경의 등기, 합병으로 인하여 소멸하는 회사에 있어서는 해산의 등기, 합병으로 인하여 설립된 회사에 있어서는 제317조에 정하는 등기를 하여야 한다.

② 합병후 존속하는 회사 또는 합병으로 인하여 설립된 회사가 합병으로 인하여 전환사채 또는 신주인수권부사채를 승계한 때에는 제1항의 등기와 동시에 사채의 등기를 하여야 한다.

제529조(합병무효의 소) ① 합병무효는 각 회사의 주주·이사·감사·청산인·파산관재인 또는 합병을 승인하지 아니한 채권자에 한하여 소만으로 이를 주장할 수 있다.

② 제1항의 소는 제528조의 등기가 있은 날로부터 6월내에 제기하여야 한다.

제530조(준용규정) ① 삭제 <1998.

12. 28.>

② 제234조, 제235조, 제237조 내지 제240조, 제329조의2, 제374조제2항, 제374조의2제2항 내지 제5항 및 제439조제3항의 규정은 주식회사의 합병에 관하여 이를 준용한다.

③ 제440조부터 제443조까지의 규정은 회사의 합병으로 인한 주식병합 또는 주식분할의 경우에 준용한다.

④ 제339조와 제340조제3항의 규정은 주식을 병합하지 아니하는 경우에 합병으로 인하여 소멸하는 회사의 주식을 목적으로 하는 질권에 준용한다.

제11절 회사의 분할

제530조의2(회사의 분할 · 분할합병)

① 회사는 분할에 의하여 1개 또는 수개의 회사를 설립할 수 있다.

② 회사는 분할에 의하여 1개 또는 수개의 존립 중의 회사와 합병(이하 "分割合倂"이라 한다)할 수 있다.

③ 회사는 분할에 의하여 1개 또는 수개의 회사를 설립함과 동시에 분할합병할 수 있다.

④ 해산후의 회사는 존립중의 회사를 존속하는 회사로 하거나 새로 회사를 설립하는 경우에 한하여 분할 또는 분할합병할 수 있다.

제530조의3(분할계획서 · 분할합병계약서의 승인) ① 회사가 분할 또는 분할합병을 하는 때에는 분할계획서 또는 분할합병계약서를 작성하여 주주총회의 승인을 얻어야 한다.

② 제1항의 승인결의는 제434조의 규정에 의하여야 한다.

③ 제2항의 결의에 관하여는 제344조의3제1항에 따라 의결권이 배제되는 주주도 의결권이 있다.

④ 분할계획 또는 분할합병계약의 요령은 제363조에 정한 통지에 기재하여야 한다.

⑤ 삭제 <2011. 4. 14.>

⑥ 회사의 분할 또는 분할합병으로 인하여 분할 또는 분할합병에 관련되는 각 회사의 주주의 부담이 가중되는 경우에는 제1항 및 제436조의 결의외에 그 주주 전원의 동의가 있어야 한다.

제530조의4(분할에 의한 회사의 설립) 제530조의2에 따른 회사의 설립에 관하여는 이 장 제1절의 회사설립에 관한 규정을 준용한다. 다만, 분할되는 회사(이하 "분할회사"라 한다)의 출자만으로 회사가 설립되는 경우에는 제299조를 적용하지 아니한다.

제530조의5(분할계획서의 기재사항)

① 분할에 의하여 회사를 설립하는 경우에는 분할계획서에 다음 각 호의 사

항을 기재하여야 한다.

1. 분할에 의하여 설립되는 회사(이하 "단순분할신설회사"라 한다)의 상호, 목적, 본점의 소재지 및 공고의 방법

2. 단순분할신설회사가 발행할 주식의 총수 및 액면주식·무액면주식의 구분

3. 단순분할신설회사가 분할 당시에 발행하는 주식의 총수, 종류 및 종류주식의 수, 액면주식·무액면주식의 구분

4. 분할회사의 주주에 대한 단순분할신설회사의 주식의 배정에 관한 사항 및 배정에 따른 주식의 병합 또는 분할을 하는 경우에는 그에 관한 사항

5. 분할회사의 주주에게 제4호에도 불구하고 금전이나 그 밖의 재산을 제공하는 경우에는 그 내용 및 배정에 관한 사항

6. 단순분할신설회사의 자본금과 준비금에 관한 사항

7. 단순분할신설회사에 이전될 재산과 그 가액

8. 제530조의9제2항의 정함이 있는 경우에는 그 내용

8의2. 분할을 할 날

9. 단순분할신설회사의 이사와 감사를 정한 경우에는 그 성명과 주민등록번호

10. 단순분할신설회사의 정관에 기재할 그 밖의 사항

② 분할후 회사가 존속하는 경우에는 존속하는 회사에 관하여 분할계획서에 다음 각호의 사항을 기재하여야 한다.

1. 감소할 자본금과 준비금의 액

2. 자본감소의 방법

3. 분할로 인하여 이전할 재산과 그 가액

4. 분할후의 발행주식의 총수

5. 회사가 발행할 주식의 총수를 감소하는 경우에는 그 감소할 주식의 총수, 종류 및 종류별 주식의 수

6. 정관변경을 가져오게 하는 그 밖의 사항

제530조의6(분할합병계약서의 기재사항 및 분할합병대가가 모회사주식인 경우의 특칙) ① 분할회사의 일부가 다른 회사와 합병하여 그 다른 회사(이하 "분할합병의 상대방 회사"라 한다)가 존속하는 경우에는 분할합병계약서에 다음 각 호의 사항을 기재하여야 한다.

1. 분할합병의 상대방 회사로서 존속하는 회사(이하 "분할승계회사"라 한다)가 분할합병으로 인하여 발행할 주식의 총수를 증가하는 경우에는 증가할 주식의 총수, 종류 및 종류별 주식의 수

2. 분할승계회사가 분할합병을 하면서 신주를 발행하거나 자기주식을 이

전하는 경우에는 그 발행하는 신주
또는 이전하는 자기주식의 총수, 종
류 및 종류별 주식의 수

3. 분할승계회사가 분할합병을 하면서
신주를 발행하거나 자기주식을 이
전하는 경우에는 분할회사의 주주
에 대한 분할승계회사의 신주의 배
정 또는 자기주식의 이전에 관한 사
항 및 주식의 병합 또는 분할을 하
는 경우에는 그에 관한 사항

4. 분할승계회사가 분할회사의 주주에
게 제3호에도 불구하고 그 대가의
전부 또는 일부로서 금전이나 그 밖
의 재산을 제공하는 경우에는 그 내
용 및 배정에 관한 사항

5. 분할승계회사의 자본금 또는 준비금
이 증가하는 경우에는 증가할 자본
금 또는 준비금에 관한 사항

6. 분할회사가 분할승계회사에 이전할
재산과 그 가액

7. 제530조의9제3항의 정함이 있는 경
우에는 그 내용

8. 각 회사에서 제530조의3제2항의 결
의를 할 주주총회의 기일

9. 분할합병을 할 날

10. 분할승계회사의 이사와 감사를 정한
경우에는 그 성명과 주민등록번호

11. 분할승계회사의 정관변경을 가져
오게 하는 그 밖의 사항

② 분할회사의 일부가 다른 분할회사
의 일부 또는 다른 회사와 분할합병을
하여 회사를 설립하는 경우에는 분할
합병계약서에 다음 각 호의 사항을 기
재하여야 한다.

1. 제530조의5제1항제1호·제2호·제6
호·제7호·제8호·제8호의2·제9호
·제10호에 규정된 사항

2. 분할합병을 하여 설립되는 회사(이
하 "분할합병신설회사"라 한다)가
분할합병을 하면서 발행하는 주식
의 총수, 종류 및 종류별 주식의 수

3. 각 회사의 주주에 대한 주식의 배정
에 관한 사항과 배정에 따른 주식의
병합 또는 분할을 하는 경우에는 그
규정

4. 각 회사가 분할합병신설회사에 이전
할 재산과 그 가액

5. 각 회사의 주주에게 지급할 금액을
정한 때에는 그 규정

6. 각 회사에서 제530조의3제2항의 결
의를 할 주주총회의 기일

7. 분할합병을 할 날

③ 제530조의5의 규정은 제1항 및 제2
항의 경우에 각 회사의 분할합병을 하
지 아니하는 부분의 기재에 관하여 이
를 준용한다.

④ 제342조의2제1항에도 불구하고 제
1항제4호에 따라 분할회사의 주주에게

제공하는 재산이 분할승계회사의 모회사 주식을 포함하는 경우에는 분할승계회사는 그 지급을 위하여 모회사 주식을 취득할 수 있다.

⑤ 분할승계회사는 제4항에 따라 취득한 모회사의 주식을 분할합병 후에도 계속 보유하고 있는 경우 분할합병의 효력이 발생하는 날부터 6개월 이내에 그 주식을 처분하여야 한다.

제530조의7(분할대차대조표 등의 공시) ① 분할회사의 이사는 제530조의3제1항에 따른 주주총회 회일의 2주 전부터 분할의 등기를 한 날 또는 분할합병을 한 날 이후 6개월 간 다음 각 호의 서류를 본점에 비치하여야 한다.

1. 분할계획서 또는 분할합병계약서
2. 분할되는 부분의 대차대조표
3. 분할합병의 경우 분할합병의 상대방 회사의 대차대조표
4. 분할 또는 분할합병을 하면서 신주가 발행되거나 자기주식이 이전되는 경우에는 분할회사의 주주에 대한 신주의 배정 또는 자기주식의 이전에 관하여 그 이유를 기재한 서면

② 제530조의6제1항의 분할승계회사의 이사는 분할합병을 승인하는 주주총회 회일의 2주 전부터 분할합병의 등기를 한 후 6개월 간 다음 각 호의 서류를 본점에 비치하여야 한다.

1. 분할합병계약서
2. 분할회사의 분할되는 부분의 대차대조표
3. 분할합병을 하면서 신주를 발행하거나 자기주식을 이전하는 경우에는 분할회사의 주주에 대한 신주의 배정 또는 자기주식의 이전에 관하여 그 이유를 기재한 서면

③ 제522조의2제2항의 규정은 제1항 및 제2항의 서류에 관하여 이를 준용한다.

제530조의8 삭제 < 2015. 12. 1. >

제530조의9(분할 및 분할합병 후의 회사의 책임) ① 분할회사, 단순분할신설회사, 분할승계회사 또는 분할합병신설회사는 분할 또는 분할합병 전의 분할회사 채무에 관하여 연대하여 변제할 책임이 있다.

② 제1항에도 불구하고 분할회사가 제530조의3제2항에 따른 결의로 분할에 의하여 회사를 설립하는 경우에는 단순분할신설회사는 분할회사의 채무 중에서 분할계획서에 승계하기로 정한 채무에 대한 책임만을 부담하는 것으로 정할 수 있다. 이 경우 분할회사가 분할 후에 존속하는 경우에는 단순분할신설회사가 부담하지 아니하는 채무에 대한 책임만을 부담한다.

③ 분할합병의 경우에 분할회사는 제

530조의3제2항에 따른 결의로 분할합병에 따른 출자를 받는 분할승계회사 또는 분할합병신설회사가 분할회사의 채무 중에서 분할합병계약서에 승계하기로 정한 채무에 대한 책임만을 부담하는 것으로 정할 수 있다. 이 경우 제2항 후단을 준용한다.

④ 제2항의 경우에는 제439조제3항 및 제527조의5를 준용한다.

제530조의10(분할 또는 분할합병의 효과) 단순분할신설회사, 분할승계회사 또는 분할합병신설회사는 분할회사의 권리와 의무를 분할계획서 또는 분할합병계약서에서 정하는 바에 따라 승계한다.

제530조의11(준용규정) ① 분할 또는 분할합병의 경우에는 제234조, 제237조부터 제240조까지, 제329조의2, 제440조부터 제443조까지, 제526조, 제527조, 제527조의6, 제528조 및 제529조를 준용한다. 다만, 제527조의 설립위원은 대표이사로 한다.

② 제374조제2항, 제439조제3항, 제522조의3, 제527조의2, 제527조의3 및 제527조의5의 규정은 분할합병의 경우에 이를 준용한다.

제530조의12(물적 분할) 이 절의 규정은 분할되는 회사가 분할 또는 분할합병으로 인하여 설립되는 회사의 주식의 총수를 취득하는 경우에 이를 준용한다.

제12절 청산

제531조(청산인의 결정) ① 회사가 해산한 때에는 합병·분할·분할합병 또는 파산의 경우 외에는 이사가 청산인이 된다. 다만, 정관에 다른 정함이 있거나 주주총회에서 타인을 선임한 때에는 그러하지 아니하다.

② 전항의 규정에 의한 청산인이 없는 때에는 법원은 이해관계인의 청구에 의하여 청산인을 선임한다.

제532조(청산인의 신고) 청산인은 취임한 날로부터 2주간내에 다음의 사항을 법원에 신고하여야 한다.

1. 해산의 사유와 그 연월일
2. 청산인의 성명·주민등록번호 및 주소

제533조(회사재산조사보고의무) ① 청산인은 취임한 후 지체없이 회사의 재산상태를 조사하여 재산목록과 대차대조표를 작성하고 이를 주주총회에 제출하여 그 승인을 얻어야 한다.

② 청산인은 전항의 승인을 얻은 후 지체없이 재산목록과 대차대조표를 법원에 제출하여야 한다.

제534조(대차대조표·사무보고서·부속명세서의 제출·감사·공시·승인) ① 청산인은 정기총회회일로부터 4주간전

에 대차대조표 및 그 부속명세서와 사무보고서를 작성하여 감사에게 제출하여야 한다.

② 감사는 정기총회회일로부터 1주간전에 제1항의 서류에 관한 감사보고서를 청산인에게 제출하여야 한다.

③ 청산인은 정기총회회일의 1주간전부터 제1항의 서류와 제2항의 감사보고서를 본점에 비치하여야 한다.

④ 제448조제2항의 규정은 제3항의 서류에 관하여 이를 준용한다.

⑤ 청산인은 대차대조표 및 사무보고서를 정기총회에 제출하여 그 승인을 요구하여야 한다.

제535조(회사채권자에의 최고) ① 청산인은 취임한 날로부터 2월내에 회사채권자에 대하여 일정한 기간내에 그 채권을 신고할 것과 그 기간내에 신고하지 아니하면 청산에서 제외될 뜻을 2회이상 공고로써 최고하여야 한다. 그러나 그 기간은 2월 이상이어야 한다.

② 청산인은 알고 있는 채권자에 대하여는 각별로 그 채권의 신고를 최고하여야 하며 그 채권자가 신고하지 아니한 경우에도 이를 청산에서 제외하지 못한다.

제536조(채권신고기간내의 변제) ① 청산인은 전조제1항의 신고기간내에는 채권자에 대하여 변제를 하지 못한다.

그러나 회사는 그 변제의 지연으로 인한 손해배상의 책임을 면하지 못한다.

② 청산인은 전항의 규정에 불구하고 소액의 채권, 담보있는 채권 기타 변제로 인하여 다른 채권자를 해할 염려가 없는 채권에 대하여는 법원의 허가를 얻어 이를 변제할 수 있다.

제537조(제외된 채권자에 대한 변제) ① 청산에서 제외된 채권자는 분배되지 아니한 잔여재산에 대하여서만 변제를 청구할 수 있다.

② 일부의 주주에 대하여 재산의 분배를 한 경우에는 그와 동일한 비율로 다른 주주에게 분배할 재산은 전항의 잔여재산에서 공제한다.

제538조(잔여재산의 분배) 잔여재산은 각 주주가 가진 주식의 수에 따라 주주에게 분배하여야 한다. 그러나 제344조제1항의 규정을 적용하는 경우에는 그러하지 아니하다.

제539조(청산인의 해임) ① 청산인은 법원이 선임한 경우 외에는 언제든지 주주총회의 결의로 이를 해임할 수 있다.

② 청산인이 그 업무를 집행함에 현저하게 부적임하거나 중대한 임무에 위반한 행위가 있는 때에는 발행주식의 총수의 100분의 3 이상에 해당하는 주식을 가진 주주는 법원에 그 청산인의 해임을 청구할 수 있다.

③ 제186조의 규정은 제2항의 청구에 관한 소에 준용한다.

제540조(청산의 종결) ① 청산사무가 종결한 때에는 청산인은 지체없이 결산보고서를 작성하고 이를 주주총회에 제출하여 승인을 얻어야 한다.

② 전항의 승인이 있는 때에는 회사는 청산인에 대하여 그 책임을 해제한 것으로 본다. 그러나 청산인의 부정행위에 대하여는 그러하지 아니하다.

제541조(서류의 보존) ① 회사의 장부 기타 영업과 청산에 관한 중요한 서류는 본점소재지에서 청산종결의 등기를 한 후 10년간 이를 보존하여야 한다. 다만, 전표 또는 이와 유사한 서류는 5년간 이를 보존하여야 한다.

② 전항의 보존에 관하여는 청산인 기타의 이해관계인의 청구에 의하여 법원이 보존인과 보존방법을 정한다.

제542조(준용규정) ① 제245조, 제252조 내지 제255조, 제259조, 제260조와 제264조의 규정은 주식회사에 준용한다.

② 제362조, 제363조의2, 제366조, 제367조, 제373조, 제376조, 제377조, 제382조제2항, 제386조, 제388조 내지 제394조, 제396조, 제398조부터 제406조까지, 제406조의2, 제407조, 제408조, 제411조 내지 제413조, 제414조제3항, 제449조제3항, 제450조와 제466조는 청산인에 준용한다.

제13절 상장회사에 대한 특례

제542조의2(적용범위) ① 이 절은 대통령령으로 정하는 증권시장(증권의 매매를 위하여 개설된 시장을 말한다)에 상장된 주권을 발행한 주식회사(이하 "상장회사"라 한다)에 대하여 적용한다. 다만, 집합투자(2인 이상에게 투자권유를 하여 모은 금전이나 그 밖의 재산적 가치가 있는 재산을 취득·처분, 그 밖의 방법으로 운용하고 그 결과를 투자자에게 배분하여 귀속시키는 것을 말한다)를 수행하기 위한 기구로서 대통령령으로 정하는 주식회사는 제외한다.

② 이 절은 이 장 다른 절에 우선하여 적용한다.

제542조의3(주식매수선택권) ① 상장회사는 제340조의2제1항 본문에 규정된 자 외에도 대통령령으로 정하는 관계 회사의 이사, 집행임원, 감사 또는 피용자에게 주식매수선택권을 부여할 수 있다. 다만, 제542조의8제2항제5호의 최대주주 등 대통령령으로 정하는 자에게는 주식매수선택권을 부여할 수 없다.

② 상장회사는 제340조의2제3항에도 불구하고 발행주식총수의 100분의 20

의 범위에서 대통령령으로 정하는 한도까지 주식매수선택권을 부여할 수 있다.

③ 상장회사는 제340조의2제1항 본문에도 불구하고 정관으로 정하는 바에 따라 발행주식총수의 100분의 10의 범위에서 대통령령으로 정하는 한도까지 이사회가 제340조의3제2항 각 호의 사항을 결의함으로써 해당 회사의 집행임원·감사 또는 피용자 및 제1항에 따른 관계 회사의 이사·집행임원·감사 또는 피용자에게 주식매수선택권을 부여할 수 있다. 이 경우 주식매수선택권을 부여한 후 처음으로 소집되는 주주총회의 승인을 받아야 한다.

④ 상장회사의 주식매수선택권을 부여받은 자는 제340조의4제1항에도 불구하고 대통령령으로 정하는 경우를 제외하고는 주식매수선택권을 부여하기로 한 주주총회 또는 이사회의 결의일부터 2년 이상 재임하거나 재직하여야 주식매수선택권을 행사할 수 있다.

⑤ 제1항부터 제4항까지에서 규정한 사항 외에 상장회사의 주식매수선택권 부여, 취소, 그 밖에 필요한 사항은 대통령령으로 정한다.

제542조의4(주주총회 소집공고 등) ① 상장회사가 주주총회를 소집하는 경우 대통령령으로 정하는 수 이하의 주식을 소유하는 주주에게는 정관으로 정하는 바에 따라 주주총회일의 2주 전에 주주총회를 소집하는 뜻과 회의의 목적사항을 둘 이상의 일간신문에 각각 2회 이상 공고하거나 대통령령으로 정하는 바에 따라 전자적 방법으로 공고함으로써 제363조제1항의 소집통지를 갈음할 수 있다.

② 상장회사가 이사·감사의 선임에 관한 사항을 목적으로 하는 주주총회를 소집통지 또는 공고하는 경우에는 이사·감사 후보자의 성명, 약력, 추천인, 그 밖에 대통령령으로 정하는 후보자에 관한 사항을 통지하거나 공고하여야 한다.

③ 상장회사가 주주총회 소집의 통지 또는 공고를 하는 경우에는 사외이사 등의 활동내역과 보수에 관한 사항, 사업개요 등 대통령령으로 정하는 사항을 통지 또는 공고하여야 한다. 다만, 상장회사가 그 사항을 대통령령으로 정하는 방법으로 일반인이 열람할 수 있도록 하는 경우에는 그러하지 아니하다.

제542조의5(이사·감사의 선임방법) 상장회사가 주주총회에서 이사 또는 감사를 선임하려는 경우에는 제542조의4제2항에 따라 통지하거나 공고한 후보자 중에서 선임하여야 한다.

제542조의6(소수주주권) ① 6개월 전부

터 계속하여 상장회사 발행주식총수의 1천분의 15 이상에 해당하는 주식을 보유한 자는 제366조(제542조에서 준용하는 경우를 포함한다) 및 제467조에 따른 주주의 권리를 행사할 수 있다.

② 6개월 전부터 계속하여 상장회사의 의결권 없는 주식을 제외한 발행주식총수의 1천분의 10(대통령령으로 정하는 상장회사의 경우에는 1천분의 5) 이상에 해당하는 주식을 보유한 자는 제363조의2(제542조에서 준용하는 경우를 포함한다)에 따른 주주의 권리를 행사할 수 있다.

③ 6개월 전부터 계속하여 상장회사 발행주식총수의 1만분의 50(대통령령으로 정하는 상장회사의 경우에는 1만분의 25) 이상에 해당하는 주식을 보유한 자는 제385조(제415조에서 준용하는 경우를 포함한다) 및 제539조에 따른 주주의 권리를 행사할 수 있다.

④ 6개월 전부터 계속하여 상장회사 발행주식총수의 1만분의 10(대통령령으로 정하는 상장회사의 경우에는 1만분의 5) 이상에 해당하는 주식을 보유한 자는 제466조(제542조에서 준용하는 경우를 포함한다)에 따른 주주의 권리를 행사할 수 있다.

⑤ 6개월 전부터 계속하여 상장회사 발행주식총수의 10만분의 50(대통령령으로 정하는 상장회사의 경우에는 10만분의 25) 이상에 해당하는 주식을 보유한 자는 제402조(제408조의9 및 제542조에서 준용하는 경우를 포함한다)에 따른 주주의 권리를 행사할 수 있다.

⑥ 6개월 전부터 계속하여 상장회사 발행주식총수의 1만분의 1 이상에 해당하는 주식을 보유한 자는 제403조(제324조, 제408조의9, 제415조, 제424조의2, 제467조의2 및 제542조에서 준용하는 경우를 포함한다)에 따른 주주의 권리를 행사할 수 있다.

⑦ 6개월 전부터 계속하여 상장회사 발행주식총수의 1만분의 50 이상에 해당하는 주식을 보유한 자는 제406조의2(제324조, 제408조의9, 제415조 및 제542조에서 준용하는 경우를 포함한다)에 따른 주주의 권리를 행사할 수 있다.

⑧ 상장회사는 정관에서 제1항부터 제6항까지 규정된 것보다 단기의 주식 보유기간을 정하거나 낮은 주식 보유비율을 정할 수 있다.

⑨ 제1항부터 제6항까지 및 제542조의7제2항에서 "주식을 보유한 자"란 주식을 소유한 자, 주주권 행사에 관한 위임을 받은 자, 2명 이상 주주의 주주권을 공동으로 행사하는 자를 말한다.

⑩ 제1항부터 제7항까지는 제542조의2제2항에도 불구하고 이 장의 다른 절에 따른 소수주주권의 행사에 영향을 미치지 아니한다.

제542조의7(집중투표에 관한 특례) ① 상장회사에 대하여 제382조의2에 따라 집중투표의 방법으로 이사를 선임할 것을 청구하는 경우 주주총회일(정기주주총회의 경우에는 직전 연도의 정기주주총회일에 해당하는 그 해의 해당일. 이하 제542조의8제5항에서 같다)의 6주 전까지 서면 또는 전자문서로 회사에 청구하여야 한다.

② 자산 규모 등을 고려하여 대통령령으로 정하는 상장회사의 의결권 없는 주식을 제외한 발행주식총수의 100분의 1 이상에 해당하는 주식을 보유한 자는 제382조의2에 따라 집중투표의 방법으로 이사를 선임할 것을 청구할 수 있다.

③ 제2항의 상장회사가 정관으로 집중투표를 배제하거나 그 배제된 정관을 변경하려는 경우에는 의결권 없는 주식을 제외한 발행주식총수의 100분의 3을 초과하는 수의 주식을 가진 주주는 그 초과하는 주식에 관하여 의결권을 행사하지 못한다. 다만, 정관에서 이보다 낮은 주식 보유비율을 정할 수 있다.

④ 제2항의 상장회사가 주주총회의 목적사항으로 제3항에 따른 집중투표 배제에 관한 정관 변경에 관한 의안을 상정하려는 경우에는 그 밖의 사항의 정관 변경에 관한 의안과 별도로 상정하여 의결하여야 한다.

제542조의8(사외이사의 선임) ① 상장회사는 자산 규모 등을 고려하여 대통령령으로 정하는 경우를 제외하고는 이사 총수의 4분의 1 이상을 사외이사로 하여야 한다. 다만, 자산 규모 등을 고려하여 대통령령으로 정하는 상장회사의 사외이사는 3명 이상으로 하되, 이사 총수의 과반수가 되도록 하여야 한다.

② 상장회사의 사외이사는 제382조제3항 각 호 뿐만 아니라 다음 각 호의 어느 하나에 해당되지 아니하여야 하며, 이에 해당하게 된 경우에는 그 직을 상실한다.

1. 미성년자, 피성년후견인 또는 피한정후견인

2. 파산선고를 받고 복권되지 아니한 자

3. 금고 이상의 형을 선고받고 그 집행이 끝나거나 집행이 면제된 후 2년이 지나지 아니한 자

4. 대통령령으로 별도로 정하는 법률을 위반하여 해임되거나 면직된 후 2년이 지나지 아니한 자

5. 상장회사의 주주로서 의결권 없는 주식을 제외한 발행주식총수를 기준으로 본인 및 그와 대통령령으로 정하는 특수한 관계에 있는 자(이하 "특수관계인"이라 한다)가 소유하는 주식의 수가 가장 많은 경우 그 본인(이하 "최대주주"라 한다) 및 그의 특수관계인

6. 누구의 명의로 하든지 자기의 계산으로 의결권 없는 주식을 제외한 발행주식총수의 100분의 10 이상의 주식을 소유하거나 이사·집행임원·감사의 선임과 해임 등 상장회사의 주요 경영사항에 대하여 사실상의 영향력을 행사하는 주주(이하 "주요주주"라 한다) 및 그의 배우자와 직계 존속·비속

7. 그 밖에 사외이사로서의 직무를 충실하게 수행하기 곤란하거나 상장회사의 경영에 영향을 미칠 수 있는 자로서 대통령령으로 정하는 자

③ 제1항의 상장회사는 사외이사의 사임·사망 등의 사유로 인하여 사외이사의 수가 제1항의 이사회의 구성요건에 미달하게 되면 그 사유가 발생한 후 처음으로 소집되는 주주총회에서 제1항의 요건에 합치되도록 사외이사를 선임하여야 한다.

④ 제1항 단서의 상장회사는 사외이사 후보를 추천하기 위하여 제393조의2의 위원회(이하 이 조에서 "사외이사 후보추천위원회"라 한다)를 설치하여야 한다. 이 경우 사외이사 후보추천위원회는 사외이사가 총위원의 과반수가 되도록 구성하여야 한다.

⑤ 제1항 단서에서 규정하는 상장회사가 주주총회에서 사외이사를 선임하려는 때에는 사외이사 후보추천위원회의 추천을 받은 자 중에서 선임하여야 한다. 이 경우 사외이사 후보추천위원회가 사외이사 후보를 추천할 때에는 제363조의2제1항, 제542조의6제1항·제2항의 권리를 행사할 수 있는 요건을 갖춘 주주가 주주총회일(정기주주총회의 경우 직전연도의 정기주주총회일에 해당하는 해당 연도의 해당일)의 6주 전에 추천한 사외이사 후보를 포함시켜야 한다.

제542조의9(주요주주 등 이해관계자와의 거래) ① 상장회사는 다음 각 호의 어느 하나에 해당하는 자를 상대방으로 하거나 그를 위하여 신용공여(금전 등 경제적 가치가 있는 재산의 대여, 채무이행의 보증, 자금 지원적 성격의 증권 매입, 그 밖에 거래상의 신용위험이 따르는 직접적·간접적 거래로서 대통령령으로 정하는 거래를 말한다. 이하 이 조에서 같다)를 하여서는 아니

된다.

1. 주요주주 및 그의 특수관계인

2. 이사(제401조의2제1항 각 호의 어느 하나에 해당하는 자를 포함한다. 이하 이 조에서 같다) 및 집행임원

3. 감사

② 제1항에도 불구하고 다음 각 호의 어느 하나에 해당하는 경우에는 신용공여를 할 수 있다.

1. 복리후생을 위한 이사 · 집행임원 또는 감사에 대한 금전대여 등으로서 대통령령으로 정하는 신용공여

2. 다른 법령에서 허용하는 신용공여

3. 그 밖에 상장회사의 경영건전성을 해칠 우려가 없는 금전대여 등으로서 대통령령으로 정하는 신용공여

③ 자산 규모 등을 고려하여 대통령령으로 정하는 상장회사는 최대주주, 그의 특수관계인 및 그 상장회사의 특수관계인으로서 대통령령으로 정하는 자를 상대방으로 하거나 그를 위하여 다음 각 호의 어느 하나에 해당하는 거래(제1항에 따라 금지되는 거래는 제외한다)를 하려는 경우에는 이사회의 승인을 받아야 한다.

1. 단일 거래규모가 대통령령으로 정하는 규모 이상인 거래

2. 해당 사업연도 중에 특정인과의 해당 거래를 포함한 거래총액이 대통령령으로 정하는 규모 이상이 되는 경우의 해당 거래

④ 제3항의 경우 상장회사는 이사회의 승인 결의 후 처음으로 소집되는 정기주주총회에 해당 거래의 목적, 상대방, 그 밖에 대통령령으로 정하는 사항을 보고하여야 한다.

⑤ 제3항에도 불구하고 상장회사가 경영하는 업종에 따른 일상적인 거래로서 다음 각 호의 어느 하나에 해당하는 거래는 이사회의 승인을 받지 아니하고 할 수 있으며, 제2호에 해당하는 거래에 대하여는 그 거래내용을 주주총회에 보고하지 아니할 수 있다.

1. 약관에 따라 정형화된 거래로서 대통령령으로 정하는 거래

2. 이사회에서 승인한 거래총액의 범위 안에서 이행하는 거래

제542조의10(상근감사) ① 대통령령으로 정하는 상장회사는 주주총회 결의에 의하여 회사에 상근하면서 감사업무를 수행하는 감사(이하 "상근감사"라고 한다)를 1명 이상 두어야 한다. 다만, 이 절 및 다른 법률에 따라 감사위원회를 설치한 경우(감사위원회 설치 의무가 없는 상장회사가 이 절의 요건을 갖춘 감사위원회를 설치한 경우를 포함한다)에는 그러하지 아니하다.

② 다음 각 호의 어느 하나에 해당하

는 자는 제1항 본문의 상장회사의 상근감사가 되지 못하며, 이에 해당하게 되는 경우에는 그 직을 상실한다.

1. 제542조의8제2항제1호부터 제4호까지 및 제6호에 해당하는 자

2. 회사의 상무(常務)에 종사하는 이사·집행임원 및 피용자 또는 최근 2년 이내에 회사의 상무에 종사한 이사·집행임원 및 피용자. 다만, 이 절에 따른 감사위원회위원으로 재임 중이거나 재임하였던 이사는 제외한다.

3. 제1호 및 제2호 외에 회사의 경영에 영향을 미칠 수 있는 자로서 대통령령으로 정하는 자

제542조의11(감사위원회) ① 자산 규모 등을 고려하여 대통령령으로 정하는 상장회사는 감사위원회를 설치하여야 한다.

② 제1항의 상장회사의 감사위원회는 제415조의2제2항의 요건 및 다음 각 호의 요건을 모두 갖추어야 한다.

1. 위원 중 1명 이상은 대통령령으로 정하는 회계 또는 재무 전문가일 것

2. 감사위원회의 대표는 사외이사일 것

③ 제542조의10제2항 각 호의 어느 하나에 해당하는 자는 제1항의 상장회사의 사외이사가 아닌 감사위원회위원이 될 수 없고, 이에 해당하게 된 경우에

는 그 직을 상실한다.

④ 상장회사는 감사위원회위원인 사외이사의 사임·사망 등의 사유로 인하여 사외이사의 수가 다음 각 호의 감사위원회의 구성요건에 미달하게 되면 그 사유가 발생한 후 처음으로 소집되는 주주총회에서 그 요건에 합치되도록 하여야 한다.

1. 제1항에 따라 감사위원회를 설치한 상장회사는 제2항 각 호 및 제415조의2제2항의 요건

2. 제415조의2제1항에 따라 감사위원회를 설치한 상장회사는 제415조의2제2항의 요건

제542조의12(감사위원회의 구성 등)

① 제542조의11제1항의 상장회사의 경우 제393조의2에도 불구하고 감사위원회위원을 선임하거나 해임하는 권한은 주주총회에 있다.

② 제542조의11제1항의 상장회사는 주주총회에서 이사를 선임한 후 선임된 이사 중에서 감사위원회위원을 선임하여야 한다. 다만, 감사위원회위원 중 1명(정관에서 2명 이상으로 정할 수 있으며, 정관으로 정한 경우에는 그에 따른 인원으로 한다)은 주주총회 결의로 다른 이사들과 분리하여 감사위원회위원이 되는 이사로 선임하여야 한다.

③ 제1항에 따른 감사위원회위원은 제434조에 따른 주주총회의 결의로 해임할 수 있다. 이 경우 제2항 단서에 따른 감사위원회위원은 이사와 감사위원회위원의 지위를 모두 상실한다.

④ 제1항에 따른 감사위원회위원을 선임 또는 해임할 때에는 상장회사의 의결권 없는 주식을 제외한 발행주식총수의 100분의 3(정관에서 더 낮은 주식 보유비율을 정할 수 있으며, 정관에서 더 낮은 주식 보유비율을 정한 경우에는 그 비율로 한다)을 초과하는 수의 주식을 가진 주주(최대주주인 경우에는 사외이사가 아닌 감사위원회위원을 선임 또는 해임할 때에 그의 특수관계인, 그 밖에 대통령령으로 정하는 자가 소유하는 주식을 합산한다)는 그 초과하는 주식에 관하여 의결권을 행사하지 못한다.

⑤ 상장회사가 주주총회의 목적사항으로 감사의 선임 또는 감사의 보수결정을 위한 의안을 상정하려는 경우에는 이사의 선임 또는 이사의 보수결정을 위한 의안과는 별도로 상정하여 의결하여야 한다.

⑥ 상장회사의 감사 또는 감사위원회는 제447조의4제1항에도 불구하고 이사에게 감사보고서를 주주총회일의 1주 전까지 제출할 수 있다.

⑦ 제4항은 상장회사가 감사를 선임하거나 해임할 때에 준용한다. 이 경우 주주가 최대주주인 경우에는 그의 특수관계인, 그 밖에 대통령령으로 정하는 자가 소유하는 주식을 합산한다.

⑧ 회사가 제368조의4제1항에 따라 전자적 방법으로 의결권을 행사할 수 있도록 한 경우에는 제368조제1항에도 불구하고 출석한 주주의 의결권의 과반수로써 제1항에 따른 감사위원회위원의 선임을 결의할 수 있다.

제542조의13(준법통제기준 및 준법지원인) ① 자산 규모 등을 고려하여 대통령령으로 정하는 상장회사는 법령을 준수하고 회사경영을 적정하게 하기 위하여 임직원이 그 직무를 수행할 때 따라야 할 준법통제에 관한 기준 및 절차(이하 "준법통제기준"이라 한다)를 마련하여야 한다.

② 제1항의 상장회사는 준법통제기준의 준수에 관한 업무를 담당하는 사람(이하 "준법지원인"이라 한다)을 1명 이상 두어야 한다.

③ 준법지원인은 준법통제기준의 준수 여부를 점검하여 그 결과를 이사회에 보고하여야 한다.

④ 제1항의 상장회사는 준법지원인을 임면하려면 이사회 결의를 거쳐야 한다.

⑤ 준법지원인은 다음 각 호의 사람

중에서 임명하여야 한다.

1. 변호사 자격을 가진 사람
2. 「고등교육법」 제2조에 따른 학교에서 법률학을 가르치는 조교수 이상의 직에 5년 이상 근무한 사람
3. 그 밖에 법률적 지식과 경험이 풍부한 사람으로서 대통령령으로 정하는 사람

⑥ 준법지원인의 임기는 3년으로 하고, 준법지원인은 상근으로 한다.

⑦ 준법지원인은 선량한 관리자의 주의로 그 직무를 수행하여야 한다.

⑧ 준법지원인은 재임 중뿐만 아니라 퇴임 후에도 직무상 알게 된 회사의 영업상 비밀을 누설하여서는 아니 된다.

⑨ 제1항의 상장회사는 준법지원인이 그 직무를 독립적으로 수행할 수 있도록 하여야 하고, 제1항의 상장회사의 임직원은 준법지원인이 그 직무를 수행할 때 자료나 정보의 제출을 요구하는 경우 이에 성실하게 응하여야 한다.

⑩ 제1항의 상장회사는 준법지원인이었던 사람에 대하여 그 직무수행과 관련된 사유로 부당한 인사상의 불이익을 주어서는 아니 된다.

⑪ 준법지원인에 관하여 다른 법률에 특별한 규정이 있는 경우를 제외하고는 이 법에서 정하는 바에 따른다. 다만, 다른 법률의 규정이 준법지원인의 임기를 제6항보다 단기로 정하고 있는 경우에는 제6항을 다른 법률에 우선하여 적용한다.

⑫ 그 밖의 준법통제기준 및 준법지원인에 관하여 필요한 사항은 대통령령으로 정한다.

제5장 유한회사

제1절 설립

제543조(정관의 작성, 절대적 기재사항) ① 유한회사를 설립함에는 사원이 정관을 작성하여야 한다.

② 정관에는 다음의 사항을 기재하고 각 사원이 기명날인 또는 서명하여야 한다.

1. 제179조제1호 내지 제3호에 정한 사항
2. 자본금의 총액
3. 출자1좌의 금액
4. 각 사원의 출자좌수
5. 본점의 소재지

③ 제292조의 규정은 유한회사에 준용한다.

제544조(변태설립사항) 다음의 사항은 정관에 기재함으로써 그 효력이 있다.

1. 현물출자를 하는 자의 성명과 그 목적인 재산의 종류, 수량, 가격과 이에 대하여 부여하는 출자좌수
2. 회사의 설립후에 양수할 것을 약정

한 재산의 종류, 수량, 가격과 그 양
도인의 성명

3. 회사가 부담할 설립비용

제545조 삭제 <2011. 4. 14.>

제546조(출자 1좌의 금액의 제한) 출
자 1좌의 금액은 100원 이상으로 균일
하게 하여야 한다.

제547조(초대이사의 선임) ① 정관으
로 이사를 정하지 아니한 때에는 회사
성립전에 사원총회를 열어 이를 선임
하여야 한다.

② 전항의 사원총회는 각 사원이 소집
할 수 있다.

제548조(출자의 납입) ① 이사는 사원
으로 하여금 출자전액의 납입 또는 현
물출자의 목적인 재산전부의 급여를
시켜야 한다.

② 제295조제2항의 규정은 사원이 현
물출자를 하는 경우에 준용한다.

제549조(설립의 등기) ① 유한회사의
설립등기는 제548조의 납입 또는 현물
출자의 이행이 있은 날로부터 2주간
내에 하여야 한다.

② 제1항의 등기에서 다음 각 호의 사
항을 등기하여야 한다.

1. 제179조제1호·제2호 및 제5호에
   규정된 사항과 지점을 둔 때에는 그
   소재지

2. 제543조제2항제2호와 제3호에 게기

한 사항

3. 이사의 성명·주민등록번호 및 주
   소. 다만, 회사를 대표할 이사를 정
   한 때에는 그 외의 이사의 주소를
   제외한다.

4. 회사를 대표할 이사를 정한 때에는
   그 성명, 주소와 주민등록번호

5. 수인의 이사가 공동으로 회사를 대
   표할 것을 정한 때에는 그 규정

6. 존립기간 기타의 해산사유를 정한
   때에는 그 기간과 사유

7. 감사가 있는 때에는 그 성명 및 주
   민등록번호

③ 유한회사의 지점 설치 및 이전 시
지점소재지 또는 신지점소재지에서 등
기를 하는 때에는 제2항제3호부터 제6
호까지에 규정된 사항과 제179조제1호
·제2호 및 제5호에 규정된 사항을 등
기하여야 한다. 다만, 회사를 대표할
이사를 정한 때에는 그 외의 이사는 등
기하지 아니한다.

④ 제181조 내지 제183조의 규정은 유
한회사의 등기에 준용한다.

제550조(현물출자 등에 관한 회사성립
시의 사원의 책임) ① 제544조제1호와
제2호의 재산의 회사성립당시의 실가
가 정관에 정한 가격에 현저하게 부족
한 때에는 회사성립당시의 사원은 회
사에 대하여 그 부족액을 연대하여 지

급할 책임이 있다.

② 전항의 사원의 책임은 면제하지 못한다.

제551조(출자미필액에 대한 회사성립시의 사원 등의 책임) ① 회사성립후에 출자금액의 납입 또는 현물출자의 이행이 완료되지 아니하였음이 발견된 때에는 회사성립당시의 사원, 이사와 감사는 회사에 대하여 그 납입되지 아니한 금액 또는 이행되지 아니한 현물의 가액을 연대하여 지급할 책임이 있다.

② 전항의 사원의 책임은 면제하지 못한다.

③ 제1항의 이사와 감사의 책임은 총사원의 동의가 없으면 면제하지 못한다.

제552조(설립무효, 취소의 소) ① 회사의 설립의 무효는 그 사원, 이사와 감사에 한하여 설립의 취소는 그 취소권 있는 자에 한하여 회사설립의 날로부터 2년내에 소만으로 이를 주장할 수 있다.

② 제184조제2항과 제185조 내지 제193조의 규정은 전항의 소에 준용한다.

제2절 사원의 권리의무

제553조(사원의 책임) 사원의 책임은 본법에 다른 규정이 있는 경우 외에는 그 출자금액을 한도로 한다.

제554조(사원의 지분) 각 사원은 그 출자좌수에 따라 지분을 가진다.

제555조(지분에 관한 증권) 유한회사는 사원의 지분에 관하여 지시식 또는 무기명식의 증권을 발행하지 못한다.

제556조(지분의 양도) 사원은 그 지분의 전부 또는 일부를 양도하거나 상속할 수 있다. 다만, 정관으로 지분의 양도를 제한할 수 있다.

제557조(지분이전의 대항요건) 지분의 이전은 취득자의 성명, 주소와 그 목적이 되는 출자좌수를 사원명부에 기재하지 아니하면 이로써 회사와 제3자에게 대항하지 못한다.

제558조(지분의 공유) 제333조의 규정은 지분이 수인의 공유에 속하는 경우에 준용한다.

제559조(지분의 입질) ① 지분은 질권의 목적으로 할 수 있다.

② 제556조와 제557조의 규정은 지분의 입질에 준용한다.

제560조(준용규정) ① 사원의 지분에 대하여는 제339조, 제340조제1항·제2항, 제341조의2, 제341조의3, 제342조 및 제343조제1항을 준용한다.

② 제353조의 규정은 사원에 대한 통지 또는 최고에 준용한다.

제3절 회사의 관리

제561조(이사) 유한회사에는 1인 또는

수인의 이사를 두어야 한다.

제562조(회사대표) ① 이사는 회사를 대표한다.

② 이사가 수인인 경우에 정관에 다른 정함이 없으면 사원총회에서 회사를 대표할 이사를 선정하여야 한다.

③ 정관 또는 사원총회는 수인의 이사가 공동으로 회사를 대표할 것을 정할 수 있다.

④ 제208조제2항의 규정은 전항의 경우에 준용한다.

제563조(이사, 회사간의 소에 관한 대표) 회사가 이사에 대하여 또는 이사가 회사에 대하여 소를 제기하는 경우에는 사원총회는 그 소에 관하여 회사를 대표할 자를 선정하여야 한다.

제564조(업무집행의 결정, 이사와 회사간의 거래) ① 이사가 수인인 경우에 정관에 다른 정함이 없으면 회사의 업무집행, 지배인의 선임 또는 해임과 지점의 설치·이전 또는 폐지는 이사 과반수의 결의에 의하여야 한다.

② 사원총회는 제1항의 규정에 불구하고 지배인의 선임 또는 해임을 할 수 있다.

③ 이사는 감사가 있는 때에는 그 승인이, 감사가 없는 때에는 사원총회의 승인이 있는 때에 한하여 자기 또는 제3자의 계산으로 회사와 거래를 할 수 있다. 이 경우에는 민법 제124조의 규정을 적용하지 아니한다.

제564조의2(유지청구권) 이사가 법령 또는 정관에 위반한 행위를 하여 이로 인하여 회사에 회복할 수 없는 손해가 생길 염려가 있는 경우에는 감사 또는 자본금 총액의 100분의 3 이상에 해당하는 출자좌수를 가진 사원은 회사를 위하여 이사에 대하여 그 행위를 유지할 것을 청구할 수 있다.

제565조(사원의 대표소송) ① 자본금 총액의 100분의 3 이상에 해당하는 출자좌수를 가진 사원은 회사에 대하여 이사의 책임을 추궁할 소의 제기를 청구할 수 있다.

② 제403조제2항 내지 제7항과 제404조 내지 제406조의 규정은 제1항의 경우에 준용한다.

제566조(서류의 비치, 열람) ① 이사는 정관과 사원총회의 의사록을 본점과 지점에, 사원명부를 본점에 비치하여야 한다.

② 사원명부에는 사원의 성명, 주소와 그 출자좌수를 기재하여야 한다.

③ 사원과 회사채권자는 영업시간 내에 언제든지 제1항에 게기한 서류의 열람 또는 등사를 청구할 수 있다.

제567조(준용규정) 제209조, 제210조, 제382조, 제385조, 제386조, 제388조,

제395조, 제397조, 제399조 내지 제401조, 제407조와 제408조의 규정은 유한회사의 이사에 준용한다. 이 경우 제397조의 "이사회"는 이를 "사원총회"로 한다.

제568조(감사) ① 유한회사는 정관에 의하여 1인 또는 수인의 감사를 둘 수 있다.

② 제547조의 규정은 정관에서 감사를 두기로 정한 경우에 준용한다.

제569조(감사의 권한) 감사는 언제든지 회사의 업무와 재산상태를 조사할 수 있고 이사에 대하여 영업에 관한 보고를 요구할 수 있다.

제570조(준용규정) 제382조, 제385조제1항, 제386조, 제388조, 제400조, 제407조, 제411조, 제413조, 제414조와 제565조의 규정은 감사에 준용한다.

제571조(사원총회의 소집) ① 사원총회는 이 법에서 달리 규정하는 경우 외에는 이사가 소집한다. 그러나 임시총회는 감사도 소집할 수 있다.

② 사원총회를 소집할 때에는 사원총회일의 1주 전에 각 사원에게 서면으로 통지서를 발송하거나 각 사원의 동의를 받아 전자문서로 통지서를 발송하여야 한다.

③ 사원총회의 소집에 관하여는 제363조제2항 및 제364조를 준용한다.

제572조(소수사원에 의한 총회소집청구) ① 자본금 총액의 100분의 3 이상에 해당하는 출자좌수를 가진 사원은 회의의 목적사항과 소집의 이유를 기재한 서면을 이사에게 제출하여 총회의 소집을 청구할 수 있다.

② 전항의 규정은 정관으로 다른 정함을 할 수 있다.

③ 제366조제2항과 제3항의 규정은 제1항의 경우에 준용한다.

제573조(소집절차의 생략) 총사원의 동의가 있을 때에는 소집절차없이 총회를 열 수 있다.

제574조(총회의 정족수, 결의방법) 사원총회의 결의는 정관 또는 본법에 다른 규정이 있는 경우 외에는 총사원의 의결권의 과반수를 가지는 사원이 출석하고 그 의결권의 과반수로써 하여야 한다.

제575조(사원의 의결권) 각 사원은 출자1좌마다 1개의 의결권을 가진다. 그러나 정관으로 의결권의 수에 관하여 다른 정함을 할 수 있다.

제576조(유한회사의 영업양도 등에 특별결의를 받아야 할 사항) ① 유한회사가 제374조제1항제1호부터 제3호까지의 규정에 해당되는 행위를 하려면 제585조에 따른 총회의 결의가 있어야 한다.

② 전항의 규정은 유한회사가 그 성립 후 2년내에 성립전으로부터 존재하는 재산으로서 영업을 위하여 계속하여 사용할 것을 자본금의 20분의 1 이상에 상당한 대가로 취득하는 계약을 체결하는 경우에 준용한다.

제577조(서면에 의한 결의) ① 총회의 결의를 하여야 할 경우에 총사원의 동의가 있는 때에는 서면에 의한 결의를 할 수 있다.

② 결의의 목적사항에 대하여 총사원이 서면으로 동의를 한 때에는 서면에 의한 결의가 있은 것으로 본다.

③ 서면에 의한 결의는 총회의 결의와 동일한 효력이 있다.

④ 총회에 관한 규정은 서면에 의한 결의에 준용한다.

제578조(준용규정) 제365조, 제367조, 제368조제2항·제3항, 제369조제2항, 제371조제2항, 제372조, 제373조와 제376조 내지 제381조의 규정은 사원총회에 준용한다.

제579조(재무제표의 작성) ① 이사는 매결산기에 다음의 서류와 그 부속명세서를 작성하여야 한다.

1. 대차대조표

2. 손익계산서

3. 그 밖에 회사의 재무상태와 경영성과를 표시하는 것으로서 제447조제

1항제3호에 따른 서류

② 감사가 있는 때에는 이사는 정기총회회일로부터 4주간전에 제1항의 서류를 감사에게 제출하여야 한다.

③ 감사는 제2항의 서류를 받은 날로부터 3주간내에 감사보고서를 이사에게 제출하여야 한다.

제579조의2(영업보고서의 작성) ① 이사는 매결산기에 영업보고서를 작성하여야 한다.

② 제579조제2항 및 제3항의 규정은 제1항의 영업보고서에 관하여 이를 준용한다.

제579조의3(재무제표등의 비치·공시) ① 이사는 정기총회회일의 1주간전부터 5년간 제579조 및 제579조의2의 서류와 감사보고서를 본점에 비치하여야 한다.

② 제448조제2항의 규정은 제1항의 서류에 관하여 이를 준용한다.

제580조(이익배당의 기준) 이익의 배당은 정관에 다른 정함이 있는 경우 외에는 각사원의 출자좌수에 따라 하여야 한다.

제581조(사원의 회계장부열람권) ① 자본금의 100분의 3 이상에 해당하는 출자좌수를 가진 사원은 회계의 장부와 서류의 열람 또는 등사를 청구할 수 있다.

② 회사는 정관으로 각 사원이 제1항

의 청구를 할 수 있다는 뜻을 정할 수 있다. 이 경우 제579조제1항의 규정에 불구하고 부속명세서는 이를 작성하지 아니한다.

제582조(업무, 재산상태의 검사) ① 회사의 업무집행에 관하여 부정행위 또는 법령이나 정관에 위반한 중대한 사유가 있는 때에는 자본금 총액의 100분의 3 이상에 해당하는 출자좌수를 가진 사원은 회사의 업무와 재산상태를 조사하게 하기 위하여 법원에 검사인의 선임을 청구할 수 있다.

② 검사인은 그 조사의 결과를 서면으로 법원에 보고하여야 한다.

③ 법원은 전항의 보고서에 의하여 필요하다고 인정한 경우에는 감사가 있는 때에는 감사에게, 감사가 없는 때에는 이사에게 사원총회의 소집을 명할 수 있다. 제310조제2항의 규정은 이 경우에 준용한다.

제583조(준용규정) ① 유한회사의 계산에 대하여는 제449조제1항·제2항, 제450조, 제458조부터 제460조까지, 제462조, 제462조의3 및 제466조를 준용한다.

② 제468조의 규정은 유한회사와 피용자간에 고용관계로 인하여 생긴 채권에 준용한다.

제4절 정관의 변경

제584조(정관변경의 방법) 정관을 변경함에는 사원총회의 결의가 있어야 한다.

제585조(정관변경의 특별결의) ① 전조의 결의는 총사원의 반수 이상이며 총사원의 의결권의 4분의 3 이상을 가지는 자의 동의로 한다.

② 전항의 규정을 적용함에 있어서는 의결권을 행사할 수 없는 사원은 이를 총사원의 수에, 그 행사할 수 없는 의결권은 이를 의결권의 수에 산입하지 아니한다.

제586조(자본금 증가의 결의) 다음 각호의 사항은 정관에 다른 정함이 없더라도 자본금 증가의 결의에서 정할 수 있다.

1. 현물출자를 하는 자의 성명과 그 목적인 재산의 종류, 수량, 가격과 이에 대하여 부여할 출자좌수

2. 자본금 증가 후에 양수할 것을 약정한 재산의 종류, 수량, 가격과 그 양도인의 성명

3. 증가할 자본금에 대한 출자의 인수권을 부여할 자의 성명과 그 권리의 내용

제587조(자본금 증가의 경우의 출자인수권의 부여) 유한회사가 특정한 자에 대하여 장래 그 자본금을 증가할 때 출자의 인수권을 부여할 것을 약속하는

경우에는 제585조에서 정하는 결의에 의하여야 한다.

제588조(사원의 출자인수권) 사원은 증가할 자본금에 대하여 그 지분에 따라 출자를 인수할 권리가 있다. 그러나 전 2조의 결의에서 출자의 인수자를 정한 때에는 그러하지 아니하다.

제589조(출자인수의 방법) ① 자본금 증가의 경우에 출자의 인수를 하고자 하는 자는 인수를 증명하는 서면에 그 인수할 출자의 좌수와 주소를 기재하고 기명날인 또는 서명하여야 한다.
② 유한회사는 광고 기타의 방법에 의하여 인수인을 공모하지 못한다.

제590조(출자인수인의 지위) 자본금 증가의 경우에 출자의 인수를 한 자는 출자의 납입의 기일 또는 현물출자의 목적인 재산의 급여의 기일로부터 이익배당에 관하여 사원과 동일한 권리를 가진다.

제591조(자본금 증가의 등기) 유한회사는 자본금 증가로 인한 출자 전액의 납입 또는 현물출자의 이행이 완료된 날부터 2주 내에 본점소재지에서 자본금 증가로 인한 변경등기를 하여야 한다.

제592조(자본금 증가의 효력발생) 자본금의 증가는 본점소재지에서 제591조의 등기를 함으로써 효력이 생긴다.

제593조(현물출자등에 관한 사원의 책임) ① 제586조제1호와 제2호의 재산의 자본금 증가당시의 실가가 자본금 증가의 결의에 의하여 정한 가격에 현저하게 부족한 때에는 그 결의에 동의한 사원은 회사에 대하여 그 부족액을 연대하여 지급할 책임이 있다.
② 제550조제2항과 제551조제2항의 규정은 전항의 경우에 준용한다.

제594조(미인수출자 등에 관한 이사 등의 책임) ① 자본금 증가후에 아직 인수되지 아니한 출자가 있는 때에는 이사와 감사가 공동으로 이를 인수한 것으로 본다.
② 자본금 증가후에 아직 출자전액의 납입 또는 현물출자의 목적인 재산의 급여가 미필된 출자가 있는 때에는 이사와 감사는 연대하여 그 납입 또는 급여미필재산의 가액을 지급할 책임이 있다.
③ 제551조제3항의 규정은 전항의 경우에 준용한다.

제595조(증자무효의 소) ① 자본금 증가의 무효는 사원, 이사 또는 감사에 한하여 제591조의 규정에 의한 본점소재지에서의 등기를 한 날로부터 6월내에 소만으로 이를 주장할 수 있다.
② 제430조 내지 제432조의 규정은 전항의 경우에 준용한다.

제596조(준용규정) 제421조제2항, 제

548조와 제576조제2항의 규정은 자본금 증가의 경우에 준용한다.

제597조(동전) 제439조제1항, 제2항, 제443조, 제445조와 제446조의 규정은 자본금감소의 경우에 준용한다.

제5절 합병과 조직변경

제598조(합병의 방법) 유한회사가 다른 회사와 합병을 함에는 제585조의 규정에 의한 사원총회의 결의가 있어야 한다.

제599조(설립위원의 선임) 제175조의 규정에 의한 설립위원의 선임은 제585조의 규정에 의한 사원총회의 결의에 의하여야 한다.

제600조(유한회사와 주식회사의 합병) ① 유한회사가 주식회사와 합병하는 경우에 합병후 존속하는 회사 또는 합병으로 인하여 설립되는 회사가 주식회사인 때에는 법원의 인가를 얻지 아니하면 합병의 효력이 없다.

② 합병을 하는 회사의 일방이 사채의 상환을 완료하지 아니한 주식회사인 때에는 합병후 존속하는 회사 또는 합병으로 인하여 설립되는 회사는 유한회사로 하지 못한다.

제601조(물상대위) ① 유한회사가 주식회사와 합병하는 경우에 합병후 존속하는 회사 또는 합병으로 인하여 설립되는 회사가 유한회사인 때에는 제339조의 규정은 종전의 주식을 목적으로 하는 질권에 준용한다.

② 전항의 경우에 질권의 목적인 지분에 관하여 출자좌수와 질권자의 성명 및 주소를 사원명부에 기재하지 아니하면 그 질권으로써 회사 기타의 제3자에 대항하지 못한다.

제602조(합병의 등기) 유한회사가 합병을 한 때에는 제603조에서 준용하는 제526조 또는 제527조의 규정에 의한 사원총회가 종결한 날로부터 본점소재지에서는 2주간, 지점소재지에서는 3주간내에 합병후 존속하는 유한회사에 있어서는 변경등기, 합병으로 인하여 소멸되는 유한회사에 있어서는 해산등기, 합병으로 인하여 설립되는 유한회사에 있어서는 제549조제2항에 정한 등기를 하여야 한다.

제603조(준용규정) 제232조, 제234조, 제235조, 제237조 내지 제240조, 제443조, 제522조제1항·제2항, 제522조의2, 제523조, 제524조, 제526조제1항·제2항, 제527조제1항 내지 제3항 및 제529조의 규정은 유한회사의 합병의 경우에 준용한다.

제604조(주식회사의 유한회사에의 조직변경) ① 주식회사는 총주주의 일치에 의한 총회의 결의로 그 조직을 변경

하여 이를 유한회사로 할 수 있다. 그러나 사채의 상환을 완료하지 아니한 경우에는 그러하지 아니하다.

② 전항의 조직변경의 경우에는 회사에 현존하는 순재산액보다 많은 금액을 자본금의 총액으로 하지 못한다.

③ 제1항의 결의에 있어서는 정관 기타 조직변경에 필요한 사항을 정하여야 한다.

④ 제601조의 규정은 제1항의 조직변경의 경우에 준용한다.

제605조(이사, 주주의 순재산액전보책임) ① 전조의 조직변경의 경우에 회사에 현존하는 순재산액이 자본금의 총액에 부족하는 때에는 전조제1항의 결의당시의 이사와 주주는 회사에 대하여 연대하여 그 부족액을 지급할 책임이 있다.

② 제550조제2항과 제551조제2항, 제3항의 규정은 전항의 경우에 준용한다.

제606조(조직변경의 등기) 주식회사가 제604조의 규정에 의하여 그 조직을 변경한 때에는 본점소재지에서는 2주간, 지점소재지에서는 3주간내에 주식회사에 있어서는 해산등기, 유한회사에 있어서는 제549조제2항에 정하는 등기를 하여야 한다.

제607조(유한회사의 주식회사로의 조직변경) ① 유한회사는 총사원의 일치에 의한 총회의 결의로 주식회사로 조직을 변경할 수 있다. 다만, 회사는 그 결의를 정관으로 정하는 바에 따라 제585조의 사원총회의 결의로 할 수 있다.

② 제1항에 따라 조직을 변경할 때 발행하는 주식의 발행가액의 총액은 회사에 현존하는 순재산액을 초과하지 못한다.

③ 제1항의 조직변경은 법원의 인가를 받지 아니하면 효력이 없다.

④ 제1항에 따라 조직을 변경하는 경우 회사에 현존하는 순재산액이 조직변경으로 발행하는 주식의 발행가액 총액에 부족할 때에는 제1항의 결의 당시의 이사, 감사 및 사원은 연대하여 회사에 그 부족액을 지급할 책임이 있다. 이 경우에 제550조제2항 및 제551조제2항·제3항을 준용한다.

⑤ 제1항에 따라 조직을 변경하는 경우 제340조제3항, 제601조제1항, 제604조제3항 및 제606조를 준용한다.

제608조(준용규정) 제232조의 규정은 제604조와 제607조의 조직변경의 경우에 준용한다.

제6절 해산과 청산

제609조(해산사유) ① 유한회사는 다음의 사유로 인하여 해산한다.

1. 제227조제1호·제4호 내지 제6호에

규정된 사유

2. 사원총회의 결의

② 전항제2호의 결의는 제585조의 규정에 의하여야 한다.

제610조(회사의 계속) ① 제227조제1호 또는 전조제1항제2호의 사유로 인하여 회사가 해산한 경우에는 제585조의 규정에 의한 사원총회의 결의로써 회사를 계속할 수 있다.

② 삭제 <2001. 7. 24.>

제611조(준용규정) 제229조제3항의 규정은 전조의 회사 계속의 경우에 준용한다.

제612조(잔여재산의 분배) 잔여재산은 정관에 다른 정함이 있는 경우 외에는 각사원의 출자좌수에 따라 사원에게 분배하여야 한다.

제613조(준용규정) ① 제228조, 제245조, 제252조 내지 제255조, 제259조, 제260조, 제264조, 제520조, 제531조 내지 제537조, 제540조와 제541조의 규정은 유한회사에 준용한다.

② 제209조, 제210조, 제366조제2항·제3항, 제367조, 제373조제2항, 제376조, 제377조, 제382조제2항, 제386조, 제388조, 제399조 내지 제402조, 제407조, 제408조, 제411조 내지 제413조, 제414조제3항, 제450조, 제466조제2항, 제539조, 제562조, 제563조, 제564조제3항, 제565조, 제566조, 제571조, 제572조제1항과 제581조의 규정은 유한회사의 청산인에 준용한다.

제6장 외국회사

제614조(대표자, 영업소의 설정과 등기) ① 외국회사가 대한민국에서 영업을 하려면 대한민국에서의 대표자를 정하고 대한민국 내에 영업소를 설치하거나 대표자 중 1명 이상이 대한민국에 그 주소를 두어야 한다.

② 전항의 경우에는 외국회사는 그 영업소의 설치에 관하여 대한민국에서 설립되는 동종의 회사 또는 가장 유사한 회사의 지점과 동일한 등기를 하여야 한다.

③ 전항의 등기에서는 회사설립의 준거법과 대한민국에서의 대표자의 성명과 그 주소를 등기하여야 한다.

④ 제209조와 제210조의 규정은 외국회사의 대표자에게 준용한다.

제615조(등기기간의 기산점) 전조제2항과 제3항의 규정에 의한 등기사항이 외국에서 생긴 때에는 등기기간은 그 통지가 도달한 날로부터 기산한다.

제616조(등기전의 계속거래의 금지) ① 외국회사는 그 영업소의 소재지에서 제614조의 규정에 의한 등기를 하기 전에는 계속하여 거래를 하지 못한다.

② 전항의 규정에 위반하여 거래를 한 자는 그 거래에 대하여 회사와 연대하여 책임을 진다.

제616조의2(대차대조표 또는 이에 상당하는 것의 공고) ① 외국회사로서 이 법에 따라 등기를 한 외국회사(대한민국에서의 같은 종류의 회사 또는 가장 비슷한 회사가 주식회사인 것만 해당한다)는 제449조에 따른 승인과 같은 종류의 절차 또는 이와 비슷한 절차가 종결된 후 지체 없이 대차대조표 또는 이에 상당하는 것으로서 대통령령으로 정하는 것을 대한민국에서 공고하여야 한다.

② 제1항의 공고에 대하여는 제289조제3항부터 제6항까지의 규정을 준용한다.

제617조(유사외국회사) 외국에서 설립된 회사라도 대한민국에 그 본점을 설치하거나 대한민국에서 영업할 것을 주된 목적으로 하는 때에는 대한민국에서 설립된 회사와 같은 규정에 따라야 한다.

제618조(준용규정) ① 제335조, 제335조의2부터 제335조의7까지, 제336조부터 제338조까지, 제340조제1항, 제355조, 제356조, 제356조의2, 제478조제1항, 제479조 및 제480조의 규정은 대한민국에서의 외국회사의 주권 또는 채권의 발행과 그 주식의 이전이나 입질 또는 사채의 이전에 준용한다.

② 전항의 경우에는 처음 대한민국에 설치한 영업소를 본점으로 본다.

제619조(영업소폐쇄명령) ① 외국회사가 대한민국에 영업소를 설치한 경우에 다음의 사유가 있는 때에는 법원은 이해관계인 또는 검사의 청구에 의하여 그 영업소의 폐쇄를 명할 수 있다.
1. 영업소의 설치목적이 불법한 것인 때
2. 영업소의 설치등기를 한 후 정당한 사유없이 1년내에 영업을 개시하지 아니하거나 1년 이상 영업을 휴지한 때 또는 정당한 사유없이 지급을 정지한 때
3. 회사의 대표자 기타 업무를 집행하는 자가 법령 또는 선량한 풍속 기타 사회질서에 위반한 행위를 한 때

② 제176조제2항 내지 제4항의 규정은 전항의 경우에 준용한다.

제620조(한국에 있는 재산의 청산) ① 전조제1항의 규정에 의하여 영업소의 폐쇄를 명한 경우에는 법원은 이해관계인의 신청에 의하여 또는 직권으로 대한민국에 있는 그 회사재산의 전부에 대한 청산의 개시를 명할 수 있다. 이 경우에는 법원은 청산인을 선임하여야 한다.

② 제535조 내지 제537조와 제542조의 규정은 그 성질이 허하지 아니하는

경우 외에는 전항의 청산에 준용한다.

③ 전2항의 규정은 외국회사가 스스로 영업소를 폐쇄한 경우에 준용한다.

제621조(외국회사의 지위) 외국회사는 다른 법률의 적용에 있어서는 법률에 다른 규정이 있는 경우 외에는 대한민국에서 성립된 동종 또는 가장 유사한 회사로 본다.

제7장 벌칙

제622조(발기인, 이사 기타의 임원등의 특별배임죄) ① 회사의 발기인, 업무집행사원, 이사, 집행임원, 감사위원회 위원, 감사 또는 제386조제2항, 제407조제1항, 제415조 또는 제567조의 직무대행자, 지배인 기타 회사영업에 관한 어느 종류 또는 특정한 사항의 위임을 받은 사용인이 그 임무에 위배한 행위로써 재산상의 이익을 취하거나 제3자로 하여금 이를 취득하게 하여 회사에 손해를 가한 때에는 10년 이하의 징역 또는 3천만원 이하의 벌금에 처한다.

② 회사의 청산인 또는 제542조제2항의 직무대행자, 제175조의 설립위원이 제1항의 행위를 한 때에도 제1항과 같다.

제623조(사채권자집회의 대표자 등의 특별배임죄) 사채권자집회의 대표자 또는 그 결의를 집행하는 자가 그 임무에 위배한 행위로써 재산상의 이익을 취하거나 제3자로 하여금 이를 취득하게 하여 사채권자에게 손해를 가한 때에는 7년 이하의 징역 또는 2천만원 이하의 벌금에 처한다.

제624조(특별배임죄의 미수) 전2조의 미수범은 처벌한다.

제624조의2(주요주주 등 이해관계자와의 거래 위반의 죄) 제542조의9제1항을 위반하여 신용공여를 한 자는 5년 이하의 징역 또는 2억원 이하의 벌금에 처한다.

제625조(회사재산을 위태롭게 하는 죄) 제622조제1항에 규정된 자, 검사인, 제298조제3항·제299조의2·제310조제3항 또는 제313조제2항의 공증인(인가 공증인의 공증담당변호사를 포함한다. 이하 이 章에서 같다)이나 제299조의2, 제310조제3항 또는 제422조제1항의 감정인이 다음의 행위를 한 때에는 5년 이하의 징역 또는 1천500만 원 이하의 벌금에 처한다.

1. 주식 또는 출자의 인수나 납입, 현물출자의 이행, 제290조, 제416조제4호 또는 제544조에 규정된 사항에 관하여 법원·총회 또는 발기인에게 부실한 보고를 하거나 사실을 은폐한 때

2. 누구의 명의로 하거나를 불문하고

회사의 계산으로 부정하게 그 주식 또는 지분을 취득하거나 질권의 목적으로 이를 받은 때

3. 법령 또는 정관에 위반하여 이익배당을 한 때

4. 회사의 영업범위외에서 투기행위를 하기 위하여 회사재산을 처분한 때

제625조의2(주식의 **취득제한 등에 위반한 죄**) 다음 각 호의 어느 하나에 해당하는 자는 2천만원 이하의 벌금에 처한다.

1. 제342조의2제1항 또는 제2항을 위반한 자

2. 제360조의3제7항을 위반한 자

3. 제523조의2제2항을 위반한 자

4. 제530조의6제5항을 위반한 자

제626조(부실보고죄) 회사의 이사, 집행임원, 감사위원회 위원, 감사 또는 제386조제2항, 제407조제1항, 제415조 또는 제567조의 직무대행자가 제604조 또는 제607조의 조직변경의 경우에 제604조제2항 또는 제607조제2항의 순재산액에 관하여 법원 또는 총회에 부실한 보고를 하거나 사실을 은폐한 경우에는 5년 이하의 징역 또는 1천500만원 이하의 벌금에 처한다.

제627조(부실문서행사죄) ① 제622조제1항에 게기한 자, 외국회사의 대표자, 주식 또는 사채의 모집의 위탁을 받은 자가 주식 또는 사채를 모집함에 있어서 중요한 사항에 관하여 부실한 기재가 있는 주식청약서, 사채청약서, 사업계획서, 주식 또는 사채의 모집에 관한 광고 기타의 문서를 행사한 때에는 5년 이하의 징역 또는 1천500만원 이하의 벌금에 처한다.

② 주식 또는 사채를 매출하는 자가 그 매출에 관한 문서로서 중요한 사항에 관하여 부실한 기재가 있는 것을 행사한 때에도 제1항과 같다.

제628조(납입가장죄등) ① 제622조제1항에 게기한 자가 납입 또는 현물출자의 이행을 가장하는 행위를 한 때에는 5년 이하의 징역 또는 1천500만원 이하의 벌금에 처한다.

② 제1항의 행위에 응하거나 이를 중개한 자도 제1항과 같다.

제629조(초과발행의 죄) 회사의 발기인, 이사, 집행임원 또는 제386조제2항 또는 제407조제1항의 직무대행자가 회사가 발행할 주식의 총수를 초과하여 주식을 발행한 경우에는 5년 이하의 징역 또는 1천500만원 이하의 벌금에 처한다.

제630조(발기인, 이사 기타의 임원의 독직죄) ① 제622조와 제623조에 규정된 자, 검사인, 제298조제3항·제299조의2·제310조제3항 또는 제313조제2

항의 공증인이나 제299조의2, 제310조 제3항 또는 제422조제1항의 감정인이 그 직무에 관하여 부정한 청탁을 받고 재산상의 이익을 수수, 요구 또는 약속한 때에는 5년 이하의 징역 또는 1천 500만원 이하의 벌금에 처한다.

② 제1항의 이익을 약속, 공여 또는 공여의 의사를 표시한 자도 제1항과 같다.

제631조(권리행사방해 등에 관한 증수뢰죄) ① 다음의 사항에 관하여 부정한 청탁을 받고 재산상의 이익을 수수, 요구 또는 약속한 자는 1년 이하의 징역 또는 300만원 이하의 벌금에 처한다.

1. 창립총회, 사원총회, 주주총회 또는 사채권자집회에서의 발언 또는 의결권의 행사

2. 제3편에 정하는 소의 제기, 발행주식의 총수의 100분의 1 또는 100분의 3 이상에 해당하는 주주, 사채총액의 100분의 10 이상에 해당하는 사채권자 또는 자본금의 100분의 3 이상에 해당하는 출자좌수를 가진 사원의 권리의 행사

3. 제402조 또는 제424조에 정하는 권리의 행사

② 제1항의 이익을 약속, 공여 또는 공여의 의사를 표시한 자도 제1항과 같다.

제632조(징역과 벌금의 병과) 제622조 내지 전조의 징역과 벌금은 이를 병과

할 수 있다.

제633조(몰수, 추징) 제630조제1항 또는 제631조제1항의 경우에는 범인이 수수한 이익은 이를 몰수한다. 그 전부 또는 일부를 몰수하기 불능한 때에는 그 가액을 추징한다.

제634조(납입책임면탈의 죄) 납입의 책임을 면하기 위하여 타인 또는 가설인의 명의로 주식 또는 출자를 인수한 자는 1년 이하의 징역 또는 300만원 이하의 벌금에 처한다.

제634조의2(주주의 권리행사에 관한 이익공여의 죄) ① 주식회사의 이사, 집행임원, 감사위원회 위원, 감사, 제386조제2항·제407조제1항 또는 제415조의 직무대행자, 지배인, 그 밖의 사용인이 주주의 권리 행사와 관련하여 회사의 계산으로 재산상의 이익을 공여(供與)한 경우에는 1년 이하의 징역 또는 300만원 이하의 벌금에 처한다.

② 제1항의 이익을 수수하거나, 제3자에게 이를 공여하게 한 자도 제1항과 같다.

제634조의3(양벌규정) 회사의 대표자나 대리인, 사용인, 그 밖의 종업원이 그 회사의 업무에 관하여 제624조의2의 위반행위를 하면 그 행위자를 벌하는 외에 그 회사에도 해당 조문의 벌금형을 과(科)한다. 다만, 회사가 제542

조의13에 따른 의무를 성실히 이행한 경우 등 회사가 그 위반행위를 방지하기 위하여 해당 업무에 관하여 상당한 주의와 감독을 게을리하지 아니한 경우에는 그러하지 아니하다.

제635조(과태료에 처할 행위) ① 회사의 발기인, 설립위원, 업무집행사원, 업무집행자, 이사, 집행임원, 감사, 감사위원회 위원, 외국회사의 대표자, 검사인, 제298조제3항·제299조의2·제310조제3항 또는 제313조제2항의 공증인, 제299조의2·제310조제3항 또는 제422조제1항의 감정인, 지배인, 청산인, 명의개서대리인, 사채모집을 위탁받은 회사와 그 사무승계자 또는 제386조제2항·제407조제1항·제415조·제542조제2항 또는 제567조의 직무대행자가 다음 각 호의 어느 하나에 해당하는 행위를 한 경우에는 500만원 이하의 과태료를 부과한다. 다만, 그 행위에 대하여 형(刑)을 과(科)할 때에는 그러하지 아니하다.

1. 이 편(編)에서 정한 등기를 게을리한 경우
2. 이 편에서 정한 공고 또는 통지를 게을리하거나 부정(不正)한 공고 또는 통지를 한 경우
3. 이 편에서 정한 검사 또는 조사를 방해한 경우
4. 이 편의 규정을 위반하여 정당한 사유 없이 서류의 열람 또는 등사, 등본 또는 초본의 발급을 거부한 경우
5. 관청, 총회, 사채권자집회 또는 발기인에게 부실한 보고를 하거나 사실을 은폐한 경우
6. 주권, 채권 또는 신주인수권증권에 적을 사항을 적지 아니하거나 부실하게 적은 경우
7. 정당한 사유 없이 주권의 명의개서를 하지 아니한 경우
8. 법률 또는 정관에서 정한 이사 또는 감사의 인원수를 궐(闕)한 경우에 그 선임절차를 게을리한 경우
9. 정관·주주명부 또는 그 복본(複本), 사원명부·사채원부 또는 그 복본, 의사록, 감사록, 재산목록, 대차대조표, 영업보고서, 사무보고서, 손익계산서, 그 밖에 회사의 재무상태와 경영성과를 표시하는 것으로서 제287조의33 및 제447조제1항제3호에 따라 대통령령으로 정하는 서류, 결산보고서, 회계장부, 제447조·제534조·제579조제1항 또는 제613조제1항의 부속명세서 또는 감사보고서에 적을 사항을 적지 아니하거나 부실하게 적은 경우
10. 법원이 선임한 청산인에 대한 사무의 인계(引繼)를 게을리하거나 거부

한 경우

11. 청산의 종결을 늦출 목적으로 제247조제3항, 제535조제1항 또는 제613조제1항의 기간을 부당하게 장기간으로 정한 경우

12. 제254조제4항, 제542조제1항 또는 제613조제1항을 위반하여 파산선고 청구를 게을리한 경우

13. 제589조제2항을 위반하여 출자의 인수인을 공모한 경우

14. 제232조, 제247조제3항, 제439조제2항, 제527조의5, 제530조제2항, 제530조의9제4항, 제530조의11제2항, 제597조, 제603조 또는 제608조를 위반하여 회사의 합병·분할·분할합병 또는 조직변경, 회사재산의 처분 또는 자본금의 감소를 한 경우

15. 제260조, 제542조제1항 또는 제613조제1항을 위반하여 회사재산을 분배한 경우

16. 제302조제2항, 제347조, 제420조, 제420조의2, 제474조제2항 또는 제514조을 위반하여 주식청약서, 신주인수권증서 또는 사채청약서를 작성하지 아니하거나 이에 적을 사항을 적지 아니하거나 또는 부실하게 적은 경우

17. 제342조 또는 제560조제1항을 위반하여 주식 또는 지분의 실효 절차, 주식 또는 지분의 질권 처분을 게을리한 경우

18. 제343조제1항 또는 제560조제1항을 위반하여 주식 또는 출자를 소각한 경우

19. 제355조제1항·제2항 또는 제618조를 위반하여 주권을 발행한 경우

20. 제358조의2제2항을 위반하여 주주명부에 기재를 하지 아니한 경우

21. 제363조의2제1항, 제542조제2항 또는 제542조의6제2항을 위반하여 주주가 제안한 사항을 주주총회의 목적사항으로 하지 아니한 경우

22. 제365조제1항·제2항, 제578조, 제467조제3항, 제582조제3항에 따른 법원의 명령을 위반하여 주주총회를 소집하지 아니하거나, 정관으로 정한 곳 외의 장소에서 주주총회를 소집하거나, 제363조, 제364조, 제571조제2항·제3항을 위반하여 주주총회를 소집한 경우

23. 제374조제2항, 제530조제2항 또는 제530조의11제2항을 위반하여 주식매수청구권의 내용과 행사방법을 통지 또는 공고하지 아니하거나 부실한 통지 또는 공고를 한 경우

24. 제287조의34제1항, 제396조제1항, 제448조제1항, 제510조제2항, 제

522조의2제1항, 제527조의6제1항, 제530조의7, 제534조제3항, 제542조제2항, 제566조제1항, 제579조의3, 제603조 또는 제613조를 위반하여 장부 또는 서류를 갖추어 두지 아니한 경우

25. 제412조의5제3항을 위반하여 정당한 이유 없이 감사 또는 감사위원회의 조사를 거부한 경우

26. 제458조부터 제460조까지 또는 제583조를 위반하여 준비금을 적립하지 아니하거나 이를 사용한 경우

27. 제464조의2제1항의 기간에 배당금을 지급하지 아니한 경우

28. 제478조제1항 또는 제618조를 위반하여 채권을 발행한 경우

29. 제536조 또는 제613조제1항을 위반하여 채무 변제를 한 경우

30. 제542조의5를 위반하여 이사 또는 감사를 선임한 경우

31. 제555조를 위반하여 지분에 대한 지시식 또는 무기명식의 증권을 발행한 경우

32. 제619조제1항에 따른 법원의 명령을 위반한 경우

② 발기인, 이사 또는 집행임원이 주권의 인수로 인한 권리를 양도한 경우에도 제1항과 같다.

③ 제1항 각 호 외의 부분에 규정된 자가 다음 각 호의 어느 하나에 해당하는 행위를 한 경우에는 5천만원 이하의 과태료를 부과한다.

1. 제542조의8제1항을 위반하여 사외이사 선임의무를 이행하지 아니한 경우

2. 제542조의8제4항을 위반하여 사외이사 후보추천위원회를 설치하지 아니하거나 사외이사가 총위원의 2분의 1 이상이 되도록 사외이사 후보추천위원회를 구성하지 아니한 경우

3. 제542조의8제5항에 따라 사외이사를 선임하지 아니한 경우

4. 제542조의9제3항을 위반하여 이사회 승인 없이 거래한 경우

5. 제542조의11제1항을 위반하여 감사위원회를 설치하지 아니한 경우

6. 제542조의11제2항을 위반하여 제415조의2제2항 및 제542조의11제2항 각 호의 감사위원회의 구성요건에 적합한 감사위원회를 설치하지 아니한 경우

7. 제542조의11제4항제1호 및 제2호를 위반하여 감사위원회가 제415조의2제2항 및 제542조의11제2항 각 호의 감사위원회의 구성요건에 적합하도록 하지 아니한 경우

8. 제542조의12제2항을 위반하여 감사

위원회위원의 선임절차를 준수하지 아니한 경우

④ 제1항 각 호 외의 부분에 규정된 자가 다음 각 호의 어느 하나에 해당하는 행위를 한 경우에는 1천만원 이하의 과태료를 부과한다.

1. 제542조의4에 따른 주주총회 소집의 통지·공고를 게을리하거나 부정한 통지 또는 공고를 한 경우

2. 제542조의7제4항 또는 제542조의12제5항을 위반하여 의안을 별도로 상정하여 의결하지 아니한 경우

제636조(등기전의 회사명의의 영업 등) ① 회사의 성립전에 회사의 명의로 영업을 한 자는 회사설립의 등록세의 배액에 상당한 과태료에 처한다.

② 전항의 규정은 제616조제1항의 규정에 위반한 자에 준용한다.

제637조(법인에 대한 벌칙의 적용) 제622조, 제623조, 제625조, 제627조, 제628조 또는 제630조제1항에 규정된 자가 법인인 경우에는 이 장의 벌칙은 그 행위를 한 이사, 집행임원, 감사, 그 밖에 업무를 집행한 사원 또는 지배인에게 적용한다.

제637조의2(과태료의 부과·징수) ① 제635조(제1항제1호는 제외한다) 또는 제636조에 따른 과태료는 대통령령으로 정하는 바에 따라 법무부장관이 부과·징수한다.

② 제1항에 따른 과태료 처분에 불복하는 자는 그 처분을 고지받은 날부터 60일 이내에 법무부장관에게 이의를 제기할 수 있다.

③ 제1항에 따른 과태료 처분을 받은 자가 제2항에 따라 이의를 제기한 때에는 법무부장관은 지체 없이 관할 법원에 그 사실을 통보하여야 하며, 그 통보를 받은 관할 법원은 「비송사건절차법」에 따른 과태료 재판을 한다.

④ 제2항에서 규정하는 기간 내에 이의를 제기하지 아니하고 과태료를 납부하지 아니한 때에는 국세 체납처분의 예에 따라 징수한다.

제4편 보험

제1장 통칙

제638조(보험계약의 의의) 보험계약은 당사자 일방이 약정한 보험료를 지급하고 재산 또는 생명이나 신체에 불확정한 사고가 발생할 경우에 상대방이 일정한 보험금이나 그 밖의 급여를 지급할 것을 약정함으로써 효력이 생긴다.

제638조의2(보험계약의 성립) ① 보험자가 보험계약자로부터 보험계약의 청약과 함께 보험료 상당액의 전부 또는 일부의 지급을 받은 때에는 다른 약정이 없으면 30일내에 그 상대방에 대하

여 낙부의 통지를 발송하여야 한다. 그러나 인보험계약의 피보험자가 신체검사를 받아야 하는 경우에는 그 기간은 신체검사를 받은 날부터 기산한다.

② 보험자가 제1항의 규정에 의한 기간내에 낙부의 통지를 해태한 때에는 승낙한 것으로 본다.

③ 보험자가 보험계약자로부터 보험계약의 청약과 함께 보험료 상당액의 전부 또는 일부를 받은 경우에 그 청약을 승낙하기 전에 보험계약에서 정한 보험사고가 생긴 때에는 그 청약을 거절할 사유가 없는 한 보험자는 보험계약상의 책임을 진다. 그러나 인보험계약의 피보험자가 신체검사를 받아야 하는 경우에 그 검사를 받지 아니한 때에는 그러하지 아니하다.

제638조의3(보험약관의 교부·설명 의무) ① 보험자는 보험계약을 체결할 때에 보험계약자에게 보험약관을 교부하고 그 약관의 중요한 내용을 설명하여야 한다.

② 보험자가 제1항을 위반한 경우 보험계약자는 보험계약이 성립한 날부터 3개월 이내에 그 계약을 취소할 수 있다.

제639조(타인을 위한 보험) ① 보험계약자는 위임을 받거나 위임을 받지 아니하고 특정 또는 불특정의 타인을 위하여 보험계약을 체결할 수 있다. 그러나 손해보험계약의 경우에 그 타인의 위임이 없는 때에는 보험계약자는 이를 보험자에게 고지하여야 하고, 그 고지가 없는 때에는 타인이 그 보험계약이 체결된 사실을 알지 못하였다는 사유로 보험자에게 대항하지 못한다.

② 제1항의 경우에는 그 타인은 당연히 그 계약의 이익을 받는다. 그러나 손해보험계약의 경우에 보험계약자가 그 타인에게 보험사고의 발생으로 생긴 손해의 배상을 한 때에는 보험계약자는 그 타인의 권리를 해하지 아니하는 범위안에서 보험자에게 보험금액의 지급을 청구할 수 있다.

③ 제1항의 경우에는 보험계약자는 보험자에 대하여 보험료를 지급할 의무가 있다. 그러나 보험계약자가 파산선고를 받거나 보험료의 지급을 지체한 때에는 그 타인이 그 권리를 포기하지 아니하는 한 그 타인도 보험료를 지급할 의무가 있다.

제640조(보험증권의 교부) ① 보험자는 보험계약이 성립한 때에는 지체없이 보험증권을 작성하여 보험계약자에게 교부하여야 한다. 그러나 보험계약자가 보험료의 전부 또는 최초의 보험료를 지급하지 아니한 때에는 그러하지 아니하다.

② 기존의 보험계약을 연장하거나 변

경한 경우에는 보험자는 그 보험증권에 그 사실을 기재함으로써 보험증권의 교부에 갈음할 수 있다.

제641조(증권에 관한 이의약관의 효력) 보험계약의 당사자는 보험증권의 교부가 있은 날로부터 일정한 기간내에 한하여 그 증권내용의 정부에 관한 이의를 할 수 있음을 약정할 수 있다. 이 기간은 1월을 내리지 못한다.

제642조(증권의 재교부청구) 보험증권을 멸실 또는 현저하게 훼손한 때에는 보험계약자는 보험자에 대하여 증권의 재교부를 청구할 수 있다. 그 증권작성의 비용은 보험계약자의 부담으로 한다.

제643조(소급보험) 보험계약은 그 계약전의 어느 시기를 보험기간의 시기로 할 수 있다.

제644조(보험사고의 객관적 확정의 효과) 보험계약당시에 보험사고가 이미 발생하였거나 또는 발생할 수 없는 것인 때에는 그 계약은 무효로 한다. 그러나 당사자 쌍방과 피보험자가 이를 알지 못한 때에는 그러하지 아니하다.

제645조 삭제 <1991. 12. 31.>

제646조(대리인이 안 것의 효과) 대리인에 의하여 보험계약을 체결한 경우에 대리인이 안 사유는 그 본인이 안 것과 동일한 것으로 한다.

제646조의2(보험대리상 등의 권한) ① 보험대리상은 다음 각 호의 권한이 있다.

1. 보험계약자로부터 보험료를 수령할 수 있는 권한
2. 보험자가 작성한 보험증권을 보험계약자에게 교부할 수 있는 권한
3. 보험계약자로부터 청약, 고지, 통지, 해지, 취소 등 보험계약에 관한 의사표시를 수령할 수 있는 권한
4. 보험계약자에게 보험계약의 체결, 변경, 해지 등 보험계약에 관한 의사표시를 할 수 있는 권한

② 제1항에도 불구하고 보험자는 보험대리상의 제1항 각 호의 권한 중 일부를 제한할 수 있다. 다만, 보험자는 그러한 권한 제한을 이유로 선의의 보험계약자에게 대항하지 못한다.

③ 보험대리상이 아니면서 특정한 보험자를 위하여 계속적으로 보험계약의 체결을 중개하는 자는 제1항제1호(보험자가 작성한 영수증을 보험계약자에게 교부하는 경우만 해당한다) 및 제2호의 권한이 있다.

④ 피보험자나 보험수익자가 보험료를 지급하거나 보험계약에 관한 의사표시를 할 의무가 있는 경우에는 제1항부터 제3항까지의 규정을 그 피보험자나 보험수익자에게도 적용한다.

제647조(특별위험의 소멸로 인한 보험료의 감액청구) 보험계약의 당사자가 특별한 위험을 예기하여 보험료의 액을 정한 경우에 보험기간중 그 예기한 위험이 소멸한 때에는 보험계약자는 그 후의 보험료의 감액을 청구할 수 있다.

제648조(보험계약의 무효로 인한 보험료반환청구) 보험계약의 전부 또는 일부가 무효인 경우에 보험계약자와 피보험자가 선의이며 중대한 과실이 없는 때에는 보험자에 대하여 보험료의 전부 또는 일부의 반환을 청구할 수 있다. 보험계약자와 보험수익자가 선의이며 중대한 과실이 없는 때에도 같다.

제649조(사고발생전의 임의해지) ① 보험사고가 발생하기 전에는 보험계약자는 언제든지 계약의 전부 또는 일부를 해지할 수 있다. 그러나 제639조의 보험계약의 경우에는 보험계약자는 그 타인의 동의를 얻지 아니하거나 보험증권을 소지하지 아니하면 그 계약을 해지하지 못한다.

② 보험사고의 발생으로 보험자가 보험금액을 지급한 때에도 보험금액이 감액되지 아니하는 보험의 경우에는 보험계약자는 그 사고발생후에도 보험계약을 해지할 수 있다.

③ 제1항의 경우에는 보험계약자는 당사자간에 다른 약정이 없으면 미경과

보험료의 반환을 청구할 수 있다.

제650조(보험료의 지급과 지체의 효과) ① 보험계약자는 계약체결후 지체없이 보험료의 전부 또는 제1회 보험료를 지급하여야 하며, 보험계약자가 이를 지급하지 아니하는 경우에는 다른 약정이 없는 한 계약성립후 2월이 경과하면 그 계약은 해제된 것으로 본다.

② 계속보험료가 약정한 시기에 지급되지 아니한 때에는 보험자는 상당한 기간을 정하여 보험계약자에게 최고하고 그 기간내에 지급되지 아니한 때에는 그 계약을 해지할 수 있다.

③ 특정한 타인을 위한 보험의 경우에 보험계약자가 보험료의 지급을 지체한 때에는 보험자는 그 타인에게도 상당한 기간을 정하여 보험료의 지급을 최고한 후가 아니면 그 계약을 해제 또는 해지하지 못한다.

제650조의2(보험계약의 부활) 제650조 제2항에 따라 보험계약이 해지되고 해지환급금이 지급되지 아니한 경우에 보험계약자는 일정한 기간내에 연체보험료에 약정이자를 붙여 보험자에게 지급하고 그 계약의 부활을 청구할 수 있다. 제638조의2의 규정은 이 경우에 준용한다.

제651조(고지의무위반으로 인한 계약해지) 보험계약당시에 보험계약자 또는

피보험자가 고의 또는 중대한 과실로 인하여 중요한 사항을 고지하지 아니하거나 부실의 고지를 한 때에는 보험자는 그 사실을 안 날로부터 1월내에, 계약을 체결한 날로부터 3년내에 한하여 계약을 해지할 수 있다. 그러나 보험자가 계약당시에 그 사실을 알았거나 중대한 과실로 인하여 알지 못한 때에는 그러하지 아니하다.

제651조의2(서면에 의한 질문의 효력) 보험자가 서면으로 질문한 사항은 중요한 사항으로 추정한다.

제652조(위험변경증가의 통지와 계약해지) ① 보험기간 중에 보험계약자 또는 피보험자가 사고발생의 위험이 현저하게 변경 또는 증가된 사실을 안 때에는 지체없이 보험자에게 통지하여야 한다. 이를 해태한 때에는 보험자는 그 사실을 안 날로부터 1월내에 한하여 계약을 해지할 수 있다.

② 보험자가 제1항의 위험변경증가의 통지를 받은 때에는 1월내에 보험료의 증액을 청구하거나 계약을 해지할 수 있다.

제653조(보험계약자 등의 고의나 중과실로 인한 위험증가와 계약해지) 보험기간중에 보험계약자, 피보험자 또는 보험수익자의 고의 또는 중대한 과실로 인하여 사고발생의 위험이 현저하

게 변경 또는 증가된 때에는 보험자는 그 사실을 안 날부터 1월내에 보험료의 증액을 청구하거나 계약을 해지할 수 있다.

제654조(보험자의 파산선고와 계약해지) ① 보험자가 파산의 선고를 받은 때에는 보험계약자는 계약을 해지할 수 있다.

② 제1항의 규정에 의하여 해지하지 아니한 보험계약은 파산선고 후 3월을 경과한 때에는 그 효력을 잃는다.

제655조(계약해지와 보험금청구권) 보험사고가 발생한 후라도 보험자가 제650조, 제651조, 제652조 및 제653조에 따라 계약을 해지하였을 때에는 보험금을 지급할 책임이 없고 이미 지급한 보험금의 반환을 청구할 수 있다. 다만, 고지의무(告知義務)를 위반한 사실 또는 위험이 현저하게 변경되거나 증가된 사실이 보험사고 발생에 영향을 미치지 아니하였음이 증명된 경우에는 보험금을 지급할 책임이 있다.

제656조(보험료의 지급과 보험자의 책임개시) 보험자의 책임은 당사자간에 다른 약정이 없으면 최초의 보험료의 지급을 받은 때로부터 개시한다.

제657조(보험사고발생의 통지의무) ① 보험계약자 또는 피보험자나 보험수익자는 보험사고의 발생을 안 때에는 지

체없이 보험자에게 그 통지를 발송하여야 한다.

② 보험계약자 또는 피보험자나 보험수익자가 제1항의 통지의무를 해태함으로 인하여 손해가 증가된 때에는 보험자는 그 증가된 손해를 보상할 책임이 없다.

제658조(보험금액의 지급) 보험자는 보험금액의 지급에 관하여 약정기간이 있는 경우에는 그 기간내에 약정기간이 없는 경우에는 제657조제1항의 통지를 받은 후 지체없이 지급할 보험금액을 정하고 그 정하여진 날부터 10일 내에 피보험자 또는 보험수익자에게 보험금액을 지급하여야 한다.

제659조(보험자의 면책사유) ① 보험사고가 보험계약자 또는 피보험자나 보험수익자의 고의 또는 중대한 과실로 인하여 생긴 때에는 보험자는 보험금액을 지급할 책임이 없다.

② 삭제 <1991. 12. 31.>

제660조(전쟁위험 등으로 인한 면책) 보험사고가 전쟁 기타의 변란으로 인하여 생긴 때에는 당사자간에 다른 약정이 없으면 보험자는 보험금액을 지급할 책임이 없다.

제661조(재보험) 보험자는 보험사고로 인하여 부담할 책임에 대하여 다른 보험자와 재보험계약을 체결할 수 있다. 이 재보험계약은 원보험계약의 효력에 영향을 미치지 아니한다.

제662조(소멸시효) 보험금청구권은 3년간, 보험료 또는 적립금의 반환청구권은 3년간, 보험료청구권은 2년간 행사하지 아니하면 시효의 완성으로 소멸한다.

제663조(보험계약자 등의 불이익변경 금지) 이 편의 규정은 당사자간의 특약으로 보험계약자 또는 피보험자나 보험수익자의 불이익으로 변경하지 못한다. 그러나 재보험 및 해상보험 기타 이와 유사한 보험의 경우에는 그러하지 아니하다.

제664조(상호보험, 공제 등에의 준용) 이 편(編)의 규정은 그 성질에 반하지 아니하는 범위에서 상호보험(相互保險), 공제(共濟), 그 밖에 이에 준하는 계약에 준용한다.

제2장 손해보험

제1절 통칙

제665조(손해보험자의 책임) 손해보험계약의 보험자는 보험사고로 인하여 생길 피보험자의 재산상의 손해를 보상할 책임이 있다.

제666조(손해보험증권) 손해보험증권에는 다음의 사항을 기재하고 보험자가 기명날인 또는 서명하여야 한다.

1. 보험의 목적
2. 보험사고의 성질
3. 보험금액
4. 보험료와 그 지급방법
5. 보험기간을 정한 때에는 그 시기와 종기
6. 무효와 실권의 사유
7. 보험계약자의 주소와 성명 또는 상호
7의2. 피보험자의 주소, 성명 또는 상호
8. 보험계약의 연월일
9. 보험증권의 작성지와 그 작성년월일

제667조(상실이익 등의 불산입) 보험사고로 인하여 상실된 피보험자가 얻을 이익이나 보수는 당사자간에 다른 약정이 없으면 보험자가 보상할 손해액에 산입하지 아니한다.

제668조(보험계약의 목적) 보험계약은 금전으로 산정할 수 있는 이익에 한하여 보험계약의 목적으로 할 수 있다.

제669조(초과보험) ① 보험금액이 보험계약의 목적의 가액을 현저하게 초과한 때에는 보험자 또는 보험계약자는 보험료와 보험금액의 감액을 청구할 수 있다. 그러나 보험료의 감액은 장래에 대하여서만 그 효력이 있다.

② 제1항의 가액은 계약당시의 가액에 의하여 정한다.

③ 보험가액이 보험기간 중에 현저하게 감소된 때에도 제1항과 같다.

④ 제1항의 경우에 계약이 보험계약자의 사기로 인하여 체결된 때에는 그 계약은 무효로 한다. 그러나 보험자는 그 사실을 안 때까지의 보험료를 청구할 수 있다.

제670조(기평가보험) 당사자간에 보험가액을 정한 때에는 그 가액은 사고발생시의 가액으로 정한 것으로 추정한다. 그러나 그 가액이 사고발생시의 가액을 현저하게 초과할 때에는 사고발생시의 가액을 보험가액으로 한다.

제671조(미평가보험) 당사자간에 보험가액을 정하지 아니한 때에는 사고발생시의 가액을 보험가액으로 한다.

제672조(중복보험) ① 동일한 보험계약의 목적과 동일한 사고에 관하여 수개의 보험계약이 동시에 또는 순차로 체결된 경우에 그 보험금액의 총액이 보험가액을 초과한 때에는 보험자는 각자의 보험금액의 한도에서 연대책임을 진다. 이 경우에는 각 보험자의 보상책임은 각자의 보험금액의 비율에 따른다.

② 동일한 보험계약의 목적과 동일한 사고에 관하여 수개의 보험계약을 체결하는 경우에는 보험계약자는 각 보험자에 대하여 각 보험계약의 내용을 통지하여야 한다.

③ 제669조제4항의 규정은 제1항의 보

험계약에 준용한다.

제673조(중복보험과 보험자 1인에 대한 권리포기) 제672조의 규정에 의한 수개의 보험계약을 체결한 경우에 보험자 1인에 대한 권리의 포기는 다른 보험자의 권리의무에 영향을 미치지 아니한다.

제674조(일부보험) 보험가액의 일부를 보험에 붙인 경우에는 보험자는 보험금액의 보험가액에 대한 비율에 따라 보상할 책임을 진다. 그러나 당사자간에 다른 약정이 있는 때에는 보험자는 보험금액의 한도내에서 그 손해를 보상할 책임을 진다.

제675조(사고발생 후의 목적멸실과 보상책임) 보험의 목적에 관하여 보험자가 부담할 손해가 생긴 경우에는 그 후 그 목적이 보험자가 부담하지 아니하는 보험사고의 발생으로 인하여 멸실된 때에도 보험자는 이미 생긴 손해를 보상할 책임을 면하지 못한다.

제676조(손해액의 산정기준) ① 보험자가 보상할 손해액은 그 손해가 발생한 때와 곳의 가액에 의하여 산정한다. 그러나 당사자간에 다른 약정이 있는 때에는 그 신품가액에 의하여 손해액을 산정할 수 있다.

② 제1항의 손해액의 산정에 관한 비용은 보험자의 부담으로 한다.

제677조(보험료체납과 보상액의 공제) 보험자가 손해를 보상할 경우에 보험료의 지급을 받지 아니한 잔액이 있으면 그 지급기일이 도래하지 아니한 때라도 보상할 금액에서 이를 공제할 수 있다.

제678조(보험자의 면책사유) 보험의 목적의 성질, 하자 또는 자연소모로 인한 손해는 보험자가 이를 보상할 책임이 없다.

제679조(보험목적의 양도) ① 피보험자가 보험의 목적을 양도한 때에는 양수인은 보험계약상의 권리와 의무를 승계한 것으로 추정한다.

② 제1항의 경우에 보험의 목적의 양도인 또는 양수인은 보험자에 대하여 지체없이 그 사실을 통지하여야 한다.

제680조(손해방지의무) ① 보험계약자와 피보험자는 손해의 방지와 경감을 위하여 노력하여야 한다. 그러나 이를 위하여 필요 또는 유익하였던 비용과 보상액이 보험금액을 초과한 경우라도 보험자가 이를 부담한다.

② 삭제 <1991. 12. 31.>

제681조(보험목적에 관한 보험대위) 보험의 목적의 전부가 멸실한 경우에 보험금액의 전부를 지급한 보험자는 그 목적에 대한 피보험자의 권리를 취득한다. 그러나 보험가액의 일부를 보험

에 붙인 경우에는 보험자가 취득할 권리는 보험금액의 보험가액에 대한 비율에 따라 이를 정한다.

제682조(제3자에 대한 보험대위) ① 손해가 제3자의 행위로 인하여 발생한 경우에 보험금을 지급한 보험자는 그 지급한 금액의 한도에서 그 제3자에 대한 보험계약자 또는 피보험자의 권리를 취득한다. 다만, 보험자가 보상할 보험금의 일부를 지급한 경우에는 피보험자의 권리를 침해하지 아니하는 범위에서 그 권리를 행사할 수 있다. ② 보험계약자나 피보험자의 제1항에 따른 권리가 그와 생계를 같이 하는 가족에 대한 것인 경우 보험자는 그 권리를 취득하지 못한다. 다만, 손해가 그 가족의 고의로 인하여 발생한 경우에는 그러하지 아니하다.

제2절 화재보험

제683조(화재보험자의 책임) 화재보험계약의 보험자는 화재로 인하여 생길 손해를 보상할 책임이 있다.

제684조(소방 등의 조치로 인한 손해의 보상) 보험자는 화재의 소방 또는 손해의 감소에 필요한 조치로 인하여 생긴 손해를 보상할 책임이 있다.

제685조(화재보험증권) 화재보험증권에는 제666조에 게기한 사항외에 다음의 사항을 기재하여야 한다.

1. 건물을 보험의 목적으로 한 때에는 그 소재지, 구조와 용도
2. 동산을 보험의 목적으로 한 때에는 그 존치한 장소의 상태와 용도
3. 보험가액을 정한 때에는 그 가액

제686조(집합보험의 목적) 집합된 물건을 일괄하여 보험의 목적으로 한 때에는 피보험자의 가족과 사용인의 물건도 보험의 목적에 포함된 것으로 한다. 이 경우에는 그 보험은 그 가족 또는 사용인을 위하여서도 체결한 것으로 본다.

제687조(동전) 집합된 물건을 일괄하여 보험의 목적으로 한 때에는 그 목적에 속한 물건이 보험기간중에 수시로 교체된 경우에도 보험사고의 발생 시에 현존한 물건은 보험의 목적에 포함된 것으로 한다.

제3절 운송보험

제688조(운송보험자의 책임) 운송보험계약의 보험자는 다른 약정이 없으면 운송인이 운송물을 수령한 때로부터 수하인에게 인도할 때까지 생길 손해를 보상할 책임이 있다.

제689조(운송보험의 보험가액) ① 운송물의 보험에 있어서는 발송한 때와 곳의 가액과 도착지까지의 운임 기타

의 비용을 보험가액으로 한다.

② 운송물의 도착으로 인하여 얻을 이익은 약정이 있는 때에 한하여 보험가액 중에 산입한다.

제690조(운송보험증권) 운송보험증권에는 제666조에 게기한 사항외에 다음의 사항을 기재하여야 한다.

1. 운송의 노순과 방법
2. 운송인의 주소와 성명 또는 상호
3. 운송물의 수령과 인도의 장소
4. 운송기간을 정한 때에는 그 기간
5. 보험가액을 정한 때에는 그 가액

제691조(운송의 중지나 변경과 계약효력) 보험계약은 다른 약정이 없으면 운송의 필요에 의하여 일시운송을 중지하거나 운송의 노순 또는 방법을 변경한 경우에도 그 효력을 잃지 아니한다.

제692조(운송보조자의 고의, 중과실과 보험자의 면책) 보험사고가 송하인 또는 수하인의 고의 또는 중대한 과실로 인하여 발생한 때에는 보험자는 이로 인하여 생긴 손해를 보상할 책임이 없다.

제4절 해상보험

제693조(해상보험자의 책임) 해상보험계약의 보험자는 해상사업에 관한 사고로 인하여 생길 손해를 보상할 책임이 있다.

제694조(공동해손분담액의 보상) 보험자는 피보험자가 지급할 공동해손의 분담액을 보상할 책임이 있다. 그러나 보험의 목적의 공동해손분담가액이 보험가액을 초과할 때에는 그 초과액에 대한 분담액은 보상하지 아니한다.

제694조의2(구조료의 보상) 보험자는 피보험자가 보험사고로 인하여 발생하는 손해를 방지하기 위하여 지급할 구조료를 보상할 책임이 있다. 그러나 보험의 목적물의 구조료분담가액이 보험가액을 초과할 때에는 그 초과액에 대한 분담액은 보상하지 아니한다.

제694조의3(특별비용의 보상) 보험자는 보험의 목적의 안전이나 보존을 위하여 지급할 특별비용을 보험금액의 한도내에서 보상할 책임이 있다.

제695조(해상보험증권) 해상보험증권에는 제666조에 게기한 사항외에 다음의 사항을 기재하여야 한다.

1. 선박을 보험에 붙인 경우에는 그 선박의 명칭, 국적과 종류 및 항해의 범위
2. 적하를 보험에 붙인 경우에는 선박의 명칭, 국적과 종류, 선적항, 양륙항 및 출하지와 도착지를 정한 때에는 그 지명
3. 보험가액을 정한 때에는 그 가액

제696조(선박보험의 보험가액과 보험목적) ① 선박의 보험에 있어서는 보험

자의 책임이 개시될 때의 선박가액을 보험가액으로 한다.

② 제1항의 경우에는 선박의 속구, 연료, 양식 기타 항해에 필요한 모든 물건은 보험의 목적에 포함된 것으로 한다.

제697조(적하보험의 보험가액) 적하의 보험에 있어서는 선적한 때와 곳의 적하의 가액과 선적 및 보험에 관한 비용을 보험가액으로 한다.

제698조(희망이익보험의 보험가액) 적하의 도착으로 인하여 얻을 이익 또는 보수의 보험에 있어서는 계약으로 보험가액을 정하지 아니한 때에는 보험금액을 보험가액으로 한 것으로 추정한다.

제699조(해상보험의 보험기간의 개시) ① 항해단위로 선박을 보험에 붙인 경우에는 보험기간은 하물 또는 저하의 선적에 착수한 때에 개시한다.

② 적하를 보험에 붙인 경우에는 보험기간은 하물의 선적에 착수한 때에 개시한다. 그러나 출하지를 정한 경우에는 그 곳에서 운송에 착수한 때에 개시한다.

③ 하물 또는 저하의 선적에 착수한 후에 제1항 또는 제2항의 규정에 의한 보험계약이 체결된 경우에는 보험기간은 계약이 성립한 때에 개시한다.

제700조(해상보험의 보험기간의 종료) 보험기간은 제699조제1항의 경우에는 도착항에서 하물 또는 저하를 양륙한 때에, 동조제2항의 경우에는 양륙항 또는 도착지에서 하물을 인도한 때에 종료한다. 그러나 불가항력으로 인하지 아니하고 양륙이 지연된 때에는 그 양륙이 보통종료될 때에 종료된 것으로 한다.

제701조(항해변경의 효과) ① 선박이 보험계약에서 정하여진 발항항이 아닌 다른 항에서 출항한 때에는 보험자는 책임을 지지 아니한다.

② 선박이 보험계약에서 정하여진 도착항이 아닌 다른 항을 향하여 출항한 때에도 제1항의 경우와 같다.

③ 보험자의 책임이 개시된 후에 보험계약에서 정하여진 도착항이 변경된 경우에는 보험자는 그 항해의 변경이 결정된 때부터 책임을 지지 아니한다.

제701조의2(이로) 선박이 정당한 사유없이 보험계약에서 정하여진 항로를 이탈한 경우에는 보험자는 그때부터 책임을 지지 아니한다. 선박이 손해발생전에 원항로로 돌아온 경우에도 같다.

제702조(발항 또는 항해의 지연의 효과) 피보험자가 정당한 사유없이 발항 또는 항해를 지연한 때에는 보험자는 발항 또는 항해를 지체한 이후의 사고

에 대하여 책임을 지지 아니한다.

제703조(선박변경의 효과) 적하를 보험에 붙인 경우에 보험계약자 또는 피보험자의 책임있는 사유로 인하여 선박을 변경한 때에는 그 변경후의 사고에 대하여 책임을 지지 아니한다.

제703조의2(선박의 양도 등의 효과) 선박을 보험에 붙인 경우에 다음의 사유가 있을 때에는 보험계약은 종료한다. 그러나 보험자의 동의가 있는 때에는 그러하지 아니하다.

1. 선박을 양도할 때

2. 선박의 선급을 변경한 때

3. 선박을 새로운 관리로 옮긴 때

제704조(선박미확정의 적하예정보험) ① 보험계약의 체결당시에 하물을 적재할 선박을 지정하지 아니한 경우에 보험계약자 또는 피보험자가 그 하물이 선적되었음을 안 때에는 지체없이 보험자에 대하여 그 선박의 명칭, 국적과 하물의 종류, 수량과 가액의 통지를 발송하여야 한다.

② 제1항의 통지를 해태한 때에는 보험자는 그 사실을 안 날부터 1월내에 계약을 해지할 수 있다.

제705조 삭제 <1991. 12. 31.>

제706조(해상보험자의 면책사유) 보험자는 다음의 손해와 비용을 보상할 책임이 없다.

1. 선박 또는 운임을 보험에 붙인 경우에는 발항당시 안전하게 항해를 하기에 필요한 준비를 하지 아니하거나 필요한 서류를 비치하지 아니함으로 인하여 생긴 손해

2. 적하를 보험에 붙인 경우에는 용선자, 송하인 또는 수하인의 고의 또는 중대한 과실로 인하여 생긴 손해

3. 도선료, 입항료, 등대료, 검역료, 기타 선박 또는 적하에 관한 항해 중의 통상비용

제707조 삭제 <1991. 12. 31.>

제707조의2(선박의 일부손해의 보상) ① 선박의 일부가 훼손되어 그 훼손된 부분의 전부를 수선한 경우에는 보험자는 수선에 따른 비용을 1회의 사고에 대하여 보험금액을 한도로 보상할 책임이 있다.

② 선박의 일부가 훼손되어 그 훼손된 부분의 일부를 수선한 경우에는 보험자는 수선에 따른 비용과 수선을 하지 아니함으로써 생긴 감가액을 보상할 책임이 있다.

③ 선박의 일부가 훼손되었으나 이를 수선하지 아니한 경우에는 보험자는 그로 인한 감가액을 보상할 책임이 있다.

제708조(적하의 일부손해의 보상) 보험의 목적인 적하가 훼손되어 양륙항에 도착한 때에는 보험자는 그 훼손된 상

태의 가액과 훼손되지 아니한 상태의 가액과의 비율에 따라 보험가액의 일부에 대한 손해를 보상할 책임이 있다.

제709조(적하매각으로 인한 손해의 보상) ① 항해도중에 불가항력으로 보험의 목적인 적하를 매각한 때에는 보험자는 그 대금에서 운임 기타 필요한 비용을 공제한 금액과 보험가액과의 차액을 보상하여야 한다.

② 제1항의 경우에 매수인이 대금을 지급하지 아니한 때에는 보험자는 그 금액을 지급하여야 한다. 보험자가 그 금액을 지급한 때에는 피보험자의 매수인에 대한 권리를 취득한다.

제710조(보험위부의 원인) 다음의 경우에는 피보험자는 보험의 목적을 보험자에게 위부하고 보험금액의 전부를 청구할 수 있다.

1. 피보험자가 보험사고로 인하여 자기의 선박 또는 적하의 점유를 상실하여 이를 회복할 가능성이 없거나 회복하기 위한 비용이 회복하였을 때의 가액을 초과하리라고 예상될 경우

2. 선박이 보험사고로 인하여 심하게 훼손되어 이를 수선하기 위한 비용이 수선하였을 때의 가액을 초과하리라고 예상될 경우

3. 적하가 보험사고로 인하여 심하게 훼손되어서 이를 수선하기 위한 비용과 그 적하를 목적지까지 운송하기 위한 비용과의 합계액이 도착하는 때의 적하의 가액을 초과하리라고 예상될 경우

제711조(선박의 행방불명) ① 선박의 존부가 2월간 분명하지 아니한 때에는 그 선박의 행방이 불명한 것으로 한다.

② 제1항의 경우에는 전손으로 추정한다.

제712조(대선에 의한 운송의 계속과 위부권의 소멸) 제710조제2호의 경우에 선장이 지체없이 다른 선박으로 적하의 운송을 계속한 때에는 피보험자는 그 적하를 위부할 수 없다.

제713조(위부의 통지) ① 피보험자가 위부를 하고자 할 때에는 상당한 기간 내에 보험자에 대하여 그 통지를 발송하여야 한다.

② 삭제 <1991. 12. 31.>

제714조(위부권행사의 요건) ① 위부는 무조건이어야 한다.

② 위부는 보험의 목적의 전부에 대하여 이를 하여야 한다. 그러나 위부의 원인이 그 일부에 대하여 생긴 때에는 그 부분에 대하여서만 이를 할 수 있다.

③ 보험가액의 일부를 보험에 붙인 경우에는 위부는 보험금액의 보험가액에 대한 비율에 따라서만 이를 할 수 있다.

제715조(다른 보험계약등에 관한 통지) ① 피보험자가 위부를 함에 있어서는 보험자에 대하여 보험의 목적에 관한 다른 보험계약과 그 부담에 속한 채무의 유무와 그 종류 및 내용을 통지하여야 한다.

② 보험자는 제1항의 통지를 받을 때까지 보험금액의 지급을 거부할 수 있다.

③ 보험금액의 지급에 관한 기간의 약정이 있는 때에는 그 기간은 제1항의 통지를 받은 날로부터 기산한다.

제716조(위부의 승인) 보험자가 위부를 승인한 후에는 그 위부에 대하여 이의를 하지 못한다.

제717조(위부의 불승인) 보험자가 위부를 승인하지 아니한 때에는 피보험자는 위부의 원인을 증명하지 아니하면 보험금액의 지급을 청구하지 못한다.

제718조(위부의 효과) ① 보험자는 위부로 인하여 그 보험의 목적에 관한 피보험자의 모든 권리를 취득한다.

② 피보험자가 위부를 한 때에는 보험의 목적에 관한 모든 서류를 보험자에게 교부하여야 한다.

제5절 책임보험

제719조(책임보험자의 책임) 책임보험계약의 보험자는 피보험자가 보험기간 중의 사고로 인하여 제3자에게 배상할 책임을 진 경우에 이를 보상할 책임이 있다.

제720조(피보험자가 지출한 방어비용의 부담) ① 피보험자가 제3자의 청구를 방어하기 위하여 지출한 재판상 또는 재판외의 필요비용은 보험의 목적에 포함된 것으로 한다. 피보험자는 보험자에 대하여 그 비용의 선급을 청구할 수 있다.

② 피보험자가 담보의 제공 또는 공탁으로써 재판의 집행을 면할 수 있는 경우에는 보험자에 대하여 보험금액의 한도내에서 그 담보의 제공 또는 공탁을 청구할 수 있다.

③ 제1항 또는 제2항의 행위가 보험자의 지시에 의한 것인 경우에는 그 금액에 손해액을 가산한 금액이 보험금액을 초과하는 때에도 보험자가 이를 부담하여야 한다.

제721조(영업책임보험의 목적) 피보험자가 경영하는 사업에 관한 책임을 보험의 목적으로 한 때에는 피보험자의 대리인 또는 그 사업감독자의 제3자에 대한 책임도 보험의 목적에 포함된 것으로 한다.

제722조(피보험자의 배상청구 사실 통지의무) ① 피보험자가 제3자로부터 배상청구를 받았을 때에는 지체 없이 보험자에게 그 통지를 발송하여야 한다.

② 피보험자가 제1항의 통지를 게을리하여 손해가 증가된 경우 보험자는 그 증가된 손해를 보상할 책임이 없다. 다만, 피보험자가 제657조제1항의 통지를 발송한 경우에는 그러하지 아니하다.

제723조(피보험자의 변제 등의 통지와 보험금액의 지급) ① 피보험자가 제3자에 대하여 변제, 승인, 화해 또는 재판으로 인하여 채무가 확정된 때에는 지체없이 보험자에게 그 통지를 발송하여야 한다.

② 보험자는 특별한 기간의 약정이 없으면 전항의 통지를 받은 날로부터 10일내에 보험금액을 지급하여야 한다.

③ 피보험자가 보험자의 동의없이 제3자에 대하여 변제, 승인 또는 화해를 한 경우에는 보험자가 그 책임을 면하게 되는 합의가 있는 때에도 그 행위가 현저하게 부당한 것이 아니면 보험자는 보상할 책임을 면하지 못한다.

제724조(보험자와 제3자와의 관계) ① 보험자는 피보험자가 책임을 질 사고로 인하여 생긴 손해에 대하여 제3자가 그 배상을 받기 전에는 보험금액의 전부 또는 일부를 피보험자에게 지급하지 못한다.

② 제3자는 피보험자가 책임을 질 사고로 입은 손해에 대하여 보험금액의 한도내에서 보험자에게 직접 보상을 청구할 수 있다. 그러나 보험자는 피보험자가 그 사고에 관하여 가지는 항변으로써 제3자에게 대항할 수 있다.

③ 보험자가 제2항의 규정에 의한 청구를 받은 때에는 지체없이 피보험자에게 이를 통지하여야 한다.

④ 제2항의 경우에 피보험자는 보험자의 요구가 있을 때에는 필요한 서류·증거의 제출, 증언 또는 증인의 출석에 협조하여야 한다.

제725조(보관자의 책임보험) 임차인 기타 타인의 물건을 보관하는 자가 그 지급할 손해배상을 위하여 그 물건을 보험에 붙인 경우에는 그 물건의 소유자는 보험자에 대하여 직접 그 손해의 보상을 청구할 수 있다.

제725조의2(수개의 책임보험) 피보험자가 동일한 사고로 제3자에게 배상책임을 짐으로써 입은 손해를 보상하는 수개의 책임보험계약이 동시 또는 순차로 체결된 경우에 그 보험금액의 총액이 피보험자의 제3자에 대한 손해배상액을 초과하는 때에는 제672조와 제673조의 규정을 준용한다.

제726조(재보험에의 준용) 이 절(節)의 규정은 그 성질에 반하지 아니하는 범위에서 재보험계약에 준용한다.

제6절 자동차보험

제726조의2(자동차보험자의 책임) 자동차보험계약의 보험자는 피보험자가 자동차를 소유, 사용 또는 관리하는 동안에 발생한 사고로 인하여 생긴 손해를 보상할 책임이 있다.

제726조의3(자동차 보험증권) 자동차 보험증권에는 제666조에 게기한 사항외에 다음의 사항을 기재하여야 한다.

1. 자동차소유자와 그 밖의 보유자의 성명과 생년월일 또는 상호

2. 피보험자동차의 등록번호, 차대번호, 차형년식과 기계장치

3. 차량가액을 정한 때에는 그 가액

제726조의4(자동차의 양도) ① 피보험자가 보험기간 중에 자동차를 양도한 때에는 양수인은 보험자의 승낙을 얻은 경우에 한하여 보험계약으로 인하여 생긴 권리와 의무를 승계한다.

② 보험자가 양수인으로부터 양수사실을 통지받은 때에는 지체없이 낙부를 통지하여야 하고 통지받은 날부터 10일내에 낙부의 통지가 없을 때에는 승낙한 것으로 본다.

제7절 보증보험

제726조의5(보증보험자의 책임) 보증보험계약의 보험자는 보험계약자가 피보험자에게 계약상의 채무불이행 또는 법령상의 의무불이행으로 입힌 손해를 보상할 책임이 있다.

제726조의6(적용 제외) ① 보증보험계약에 관하여는 제639조제2항 단서를 적용하지 아니한다.

② 보증보험계약에 관하여는 보험계약자의 사기, 고의 또는 중대한 과실이 있는 경우에도 이에 대하여 피보험자에게 책임이 있는 사유가 없으면 제651조, 제652조, 제653조 및 제659조 제1항을 적용하지 아니한다.

제726조의7(준용규정) 보증보험계약에 관하여는 그 성질에 반하지 아니하는 범위에서 보증채무에 관한 「민법」의 규정을 준용한다.

제3장 인보험

제1절 통칙

제727조(인보험자의 책임) ① 인보험계약의 보험자는 피보험자의 생명이나 신체에 관하여 보험사고가 발생할 경우에 보험계약으로 정하는 바에 따라 보험금이나 그 밖의 급여를 지급할 책임이 있다.

② 제1항의 보험금은 당사자 간의 약정에 따라 분할하여 지급할 수 있다.

제728조(인보험증권) 인보험증권에는 제666조에 게기한 사항외에 다음의 사항을 기재하여야 한다.

1. 보험계약의 종류
2. 피보험자의 주소·성명 및 생년월일
3. 보험수익자를 정한 때에는 그 주소· 성명 및 생년월일

제729조(제3자에 대한 보험대위의 금지) 보험자는 보험사고로 인하여 생긴 보험계약자 또는 보험수익자의 제3자에 대한 권리를 대위하여 행사하지 못한다. 그러나 상해보험계약의 경우에 당사자간에 다른 약정이 있는 때에는 보험자는 피보험자의 권리를 해하지 아니하는 범위안에서 그 권리를 대위하여 행사할 수 있다.

제2절 생명보험

제730조(생명보험자의 책임) 생명보험계약의 보험자는 피보험자의 사망, 생존, 사망과 생존에 관한 보험사고가 발생할 경우에 약정한 보험금을 지급할 책임이 있다.

제731조(타인의 생명의 보험) ① 타인의 사망을 보험사고로 하는 보험계약에는 보험계약 체결시에 그 타인의 서면(「전자서명법」 제2조제2호에 따른 전자서명이 있는 경우로서 대통령령으로 정하는 바에 따라 본인 확인 및 위조·변조 방지에 대한 신뢰성을 갖춘 전자문서를 포함한다)에 의한 동의를 얻어야 한다.

② 보험계약으로 인하여 생긴 권리를 피보험자가 아닌 자에게 양도하는 경우에도 제1항과 같다.

제732조(15세미만자등에 대한 계약의 금지) 15세미만자, 심신상실자 또는 심신박약자의 사망을 보험사고로 한 보험계약은 무효로 한다. 다만, 심신박약자가 보험계약을 체결하거나 제735조의3에 따른 단체보험의 피보험자가 될 때에 의사능력이 있는 경우에는 그러하지 아니하다.

제732조의2(중과실로 인한 보험사고 등) ① 사망을 보험사고로 한 보험계약에서는 사고가 보험계약자 또는 피보험자나 보험수익자의 중대한 과실로 인하여 발생한 경우에도 보험자는 보험금을 지급할 책임을 면하지 못한다.

② 둘 이상의 보험수익자 중 일부가 고의로 피보험자를 사망하게 한 경우 보험자는 다른 보험수익자에 대한 보험금 지급 책임을 면하지 못한다.

제733조(보험수익자의 지정 또는 변경의 권리) ① 보험계약자는 보험수익자를 지정 또는 변경할 권리가 있다.

② 보험계약자가 제1항의 지정권을 행사하지 아니하고 사망한 때에는 피보험자를 보험수익자로 하고 보험계약자가 제1항의 변경권을 행사하지 아니하고 사망한 때에는 보험수익자의 권리

가 확정된다. 그러나 보험계약자가 사망한 경우에는 그 승계인이 제1항의 권리를 행사할 수 있다는 약정이 있는 때에는 그러하지 아니하다.

③ 보험수익자가 보험존속 중에 사망한 때에는 보험계약자는 다시 보험수익자를 지정할 수 있다. 이 경우에 보험계약자가 지정권을 행사하지 아니하고 사망한 때에는 보험수익자의 상속인을 보험수익자로 한다.

④ 보험계약자가 제2항과 제3항의 지정권을 행사하기 전에 보험사고가 생긴 경우에는 피보험자 또는 보험수익자의 상속인을 보험수익자로 한다.

제734조(보험수익자지정권 등의 통지) ① 보험계약자가 계약체결후에 보험수익자를 지정 또는 변경할 때에는 보험자에 대하여 그 통지를 하지 아니하면 이로써 보험자에게 대항하지 못한다.

② 제731조제1항의 규정은 제1항의 지정 또는 변경에 준용한다.

제735조 삭제 <2014. 3. 11.>

제735조의2 삭제 <2014. 3. 11.>

제735조의3(단체보험) ① 단체가 규약에 따라 구성원의 전부 또는 일부를 피보험자로 하는 생명보험계약을 체결하는 경우에는 제731조를 적용하지 아니한다.

② 제1항의 보험계약이 체결된 때에는 보험자는 보험계약자에 대하여서만 보험증권을 교부한다.

③ 제1항의 보험계약에서 보험계약자가 피보험자 또는 그 상속인이 아닌 자를 보험수익자로 지정할 때에는 단체의 규약에서 명시적으로 정하는 경우 외에는 그 피보험자의 제731조제1항에 따른 서면 동의를 받아야 한다.

제736조(보험적립금반환의무 등) ① 제649조, 제650조, 제651조 및 제652조 내지 제655조의 규정에 의하여 보험계약이 해지된 때, 제659조와 제660조의 규정에 의하여 보험금액의 지급책임이 면제된 때에는 보험자는 보험수익자를 위하여 적립한 금액을 보험계약자에게 지급하여야 한다. 그러나 다른 약정이 없으면 제659조제1항의 보험사고가 보험계약자에 의하여 생긴 경우에는 그러하지 아니하다.

② 삭제 <1991. 12. 31.>

제3절 상해보험

제737조(상해보험자의 책임) 상해보험계약의 보험자는 신체의 상해에 관한 보험사고가 생길 경우에 보험금액 기타의 급여를 할 책임이 있다.

제738조(상해보험증권) 상해보험의 경우에 피보험자와 보험계약자가 동일인이 아닐 때에는 그 보험증권기재사항

중 제728조제2호에 게기한 사항에 갈음하여 피보험자의 직무 또는 직위만을 기재할 수 있다.

제739조(준용규정) 상해보험에 관하여는 제732조를 제외하고 생명보험에 관한 규정을 준용한다.

제4절 질병보험

제739조의2(질병보험자의 책임) 질병보험계약의 보험자는 피보험자의 질병에 관한 보험사고가 발생할 경우 보험금이나 그 밖의 급여를 지급할 책임이 있다.

제739조의3(질병보험에 대한 준용규정) 질병보험에 관하여는 그 성질에 반하지 아니하는 범위에서 생명보험 및 상해보험에 관한 규정을 준용한다.

제5편 해상

제1장 해상기업

제1절 선박

제740조(선박의 의의) 이 법에서 "선박"이란 상행위나 그 밖의 영리를 목적으로 항해에 사용하는 선박을 말한다.

제741조(적용범위) ① 항해용 선박에 대하여는 상행위나 그 밖의 영리를 목적으로 하지 아니하더라도 이 편의 규정을 준용한다. 다만, 국유 또는 공유의 선박에 대하여는 「선박법」 제29조 단서에도 불구하고 항해의 목적·성질 등을 고려하여 이 편의 규정을 준용하는 것이 적합하지 아니한 경우로서 대통령령으로 정하는 경우에는 그러하지 아니하다.

② 이 편의 규정은 단정(短艇) 또는 주로 노 또는 상앗대로 운전하는 선박에는 적용하지 아니한다.

제742조(선박의 종물) 선박의 속구목록(屬具目錄)에 기재한 물건은 선박의 종물로 추정한다.

제743조(선박소유권의 이전) 등기 및 등록할 수 있는 선박의 경우 그 소유권의 이전은 당사자 사이의 합의만으로 그 효력이 생긴다. 다만, 이를 등기하고 선박국적증서에 기재하지 아니하면 제3자에게 대항하지 못한다.

제744조(선박의 압류·가압류) ① 항해의 준비를 완료한 선박과 그 속구는 압류 또는 가압류를 하지 못한다. 다만, 항해를 준비하기 위하여 생긴 채무에 대하여는 그러하지 아니하다.

② 제1항은 총톤수 20톤 미만의 선박에는 적용하지 아니한다.

제2절 선장

제745조(선장의 선임·해임) 선장은 선박소유자가 선임 또는 해임한다.

제746조(선장의 부당한 해임에 대한 손해배상청구권) 선박소유자가 정당한 사유 없이 선장을 해임한 때에는 선장은 이로 인하여 생긴 손해의 배상을 청구할 수 있다.

제747조(선장의 계속직무집행의 책임) 선장은 항해 중에 해임 또는 임기가 만료된 경우에도 다른 선장이 그 업무를 처리할 수 있는 때 또는 그 선박이 선적항에 도착할 때까지 그 직무를 집행할 책임이 있다.

제748조(선장의 대선장 선임의 권한 및 책임) 선장은 불가항력으로 인하여 그 직무를 집행하기가 불능한 때에 법령에 다른 규정이 있는 경우를 제외하고는 자기의 책임으로 타인을 선정하여 선장의 직무를 집행하게 할 수 있다.

제749조(대리권의 범위) ① 선적항 외에서는 선장은 항해에 필요한 재판상 또는 재판 외의 모든 행위를 할 권한이 있다.

② 선적항에서는 선장은 특히 위임을 받은 경우 외에는 해원의 고용과 해고를 할 권한만을 가진다.

제750조(특수한 행위에 대한 권한) ① 선장은 선박수선료·해난구조료, 그 밖에 항해의 계속에 필요한 비용을 지급하여야 할 경우 외에는 다음의 행위를 하지 못한다.

1. 선박 또는 속구를 담보에 제공하는 일
2. 차재(借財)하는 일
3. 적하의 전부나 일부를 처분하는 일

② 적하를 처분할 경우의 손해배상액은 그 적하가 도달할 시기의 양륙항의 가격에 의하여 정한다. 다만, 그 가격 중에서 지급을 요하지 아니하는 비용을 공제하여야 한다.

제751조(대리권에 대한 제한) 선장의 대리권에 대한 제한은 선의의 제3자에게 대항하지 못한다.

제752조(이해관계인을 위한 적하의 처분) ① 선장이 항해 중에 적하를 처분하는 경우에는 이해관계인의 이익을 위하여 가장 적당한 방법으로 하여야 한다.

② 제1항의 경우에 이해관계인은 선장의 처분으로 인하여 생긴 채권자에게 적하의 가액을 한도로 하여 그 책임을 진다. 다만, 그 이해관계인에게 과실이 있는 때에는 그러하지 아니하다.

제753조(선박경매권) 선적항 외에서 선박이 수선하기 불가능하게 된 때에는 선장은 해무관청의 인가를 받아 이를 경매할 수 있다.

제754조(선박의 수선불능) ① 다음 각 호의 경우에는 선박은 수선하기 불가능하게 된 것으로 본다.

1. 선박이 그 현재지에서 수선을 받을 수 없으며 또 그 수선을 할 수 있는 곳에 도달하기 불가능한 때
2. 수선비가 선박의 가액의 4분의 3을 초과할 때

② 제1항제2호의 가액은 선박이 항해 중 훼손된 경우에는 그 발항한 때의 가액으로 하고 그 밖의 경우에는 그 훼손 전의 가액으로 한다.

제755조(보고 · 계산의 의무) ① 선장은 항해에 관한 중요한 사항을 지체 없이 선박소유자에게 보고하여야 한다.

② 선장은 매 항해를 종료한 때에는 그 항해에 관한 계산서를 지체 없이 선박소유자에게 제출하여 그 승인을 받아야 한다.

③ 선장은 선박소유자의 청구가 있을 때에는 언제든지 항해에 관한 사항과 계산의 보고를 하여야 한다.

제3절 선박공유

제756조(선박공유자의 업무결정) ① 공유선박의 이용에 관한 사항은 공유자의 지분의 가격에 따라 그 과반수로 결정한다.

② 선박공유에 관한 계약을 변경하는 사항은 공유자의 전원일치로 결정하여야 한다.

제757조(선박공유와 비용의 부담) 선박 공유자는 그 지분의 가격에 따라 선박의 이용에 관한 비용과 이용에 관하여 생긴 채무를 부담한다.

제758조(손익분배) 손익의 분배는 매 항해의 종료 후에 있어서 선박공유자의 지분의 가격에 따라서 한다.

제759조(지분의 양도) 선박공유자 사이에 조합관계가 있는 경우에도 각 공유자는 다른 공유자의 승낙 없이 그 지분을 타인에게 양도할 수 있다. 다만, 선박관리인의 경우에는 그러하지 아니하다.

제760조(공유선박의 국적상실과 지분의 매수 또는 경매청구) 선박공유자의 지분의 이전 또는 그 국적상실로 인하여 선박이 대한민국의 국적을 상실할 때에는 다른 공유자는 상당한 대가로 그 지분을 매수하거나 그 경매를 법원에 청구할 수 있다.

제761조(결의반대자의 지분매수청구권) ① 선박공유자가 신항해를 개시하거나 선박을 대수선할 것을 결의한 때에는 그 결의에 이의가 있는 공유자는 다른 공유자에 대하여 상당한 가액으로 자기의 지분을 매수할 것을 청구할 수 있다.

② 제1항의 청구를 하고자 하는 자는 그 결의가 있는 날부터, 결의에 참가하지 아니한 경우에는 결의통지를 받은 날부터 3일 이내에 다른 공유자 또는

선박관리인에 대하여 그 통지를 발송하여야 한다.

제762조(해임선장의 지분매수청구권)

① 선박공유자인 선장이 그 의사에 반하여 해임된 때에는 다른 공유자에 대하여 상당한 가액으로 그 지분을 매수할 것을 청구할 수 있다.

② 선박공유자가 제1항의 청구를 하고자 하는 때에는 지체 없이 다른 공유자 또는 선박관리인에 대하여 그 통지를 발송하여야 한다.

제763조(항해 중 선박 등의 양도) 항해 중에 있는 선박이나 그 지분을 양도한 경우에 당사자 사이에 다른 약정이 없으면 양수인이 그 항해로부터 생긴 이익을 얻고 손실을 부담한다.

제764조(선박관리인의 선임·등기) ① 선박공유자는 선박관리인을 선임하여야 한다. 이 경우 선박공유자가 아닌 자를 선박관리인으로 선임함에는 공유자 전원의 동의가 있어야 한다.

② 선박관리인의 선임과 그 대리권의 소멸은 등기하여야 한다.

제765조(선박관리인의 권한) ① 선박관리인은 선박의 이용에 관한 재판상 또는 재판 외의 모든 행위를 할 권한이 있다.

② 선박관리인의 대리권에 대한 제한은 선의의 제3자에게 대항하지 못한다.

제766조(선박관리인의 권한의 제한) 선박관리인은 선박공유자의 서면에 의한 위임이 없으면 다음 각 호의 행위를 하지 못한다.

1. 선박을 양도·임대 또는 담보에 제공하는 일
2. 신항해를 개시하는 일
3. 선박을 보험에 붙이는 일
4. 선박을 대수선하는 일
5. 차재하는 일

제767조(장부의 기재·비치) 선박관리인은 업무집행에 관한 장부를 비치하고 그 선박의 이용에 관한 모든 사항을 기재하여야 한다.

제768조(선박관리인의 보고·승인) 선박관리인은 매 항해의 종료 후에 지체 없이 그 항해의 경과상황과 계산에 관한 서면을 작성하여 선박공유자에게 보고하고 그 승인을 받아야 한다.

제4절 선박소유자 등의 책임제한

제769조(선박소유자의 유한책임) 선박소유자는 청구원인의 여하에 불구하고 다음 각 호의 채권에 대하여 제770조에 따른 금액의 한도로 그 책임을 제한할 수 있다. 다만, 그 채권이 선박소유자 자신의 고의 또는 손해발생의 염려가 있음을 인식하면서 무모하게 한 작위 또는 부작위로 인하여 생긴 손해에

관한 것인 때에는 그러하지 아니하다.

1. 선박에서 또는 선박의 운항에 직접 관련하여 발생한 사람의 사망, 신체의 상해 또는 그 선박 외의 물건의 멸실 또는 훼손으로 인하여 생긴 손해에 관한 채권

2. 운송물, 여객 또는 수하물의 운송의 지연으로 인하여 생긴 손해에 관한 채권

3. 제1호 및 제2호 외에 선박의 운항에 직접 관련하여 발생한 계약상의 권리 외의 타인의 권리의 침해로 인하여 생긴 손해에 관한 채권

4. 제1호부터 제3호까지의 채권의 원인이 된 손해를 방지 또는 경감하기 위한 조치에 관한 채권 또는 그 조치의 결과로 인하여 생긴 손해에 관한 채권

제770조(책임의 한도액) ① 선박소유자가 제한할 수 있는 책임의 한도액은 다음 각 호의 금액으로 한다.

1. 여객의 사망 또는 신체의 상해로 인한 손해에 관한 채권에 대한 책임의 한도액은 그 선박의 선박검사증서에 기재된 여객의 정원에 17만5천 계산단위(국제통화기금의 1 특별인출권에 상당하는 금액을 말한다. 이하 같다)를 곱하여 얻은 금액으로 한다.

2. 여객 외의 사람의 사망 또는 신체의 상해로 인한 손해에 관한 채권에 대한 책임의 한도액은 그 선박의 톤수에 따라서 다음 각 목에 정하는 바에 따라 계산된 금액으로 한다. 다만, 300톤 미만의 선박의 경우에는 16만7천 계산단위에 상당하는 금액으로 한다.

가. 500톤 이하의 선박의 경우에는 33만3천 계산단위에 상당하는 금액

나. 500톤을 초과하는 선박의 경우에는 가목의 금액에 500톤을 초과하여 3천톤까지의 부분에 대하여는 매 톤당 500 계산단위, 3천톤을 초과하여 3만톤까지의 부분에 대하여는 매 톤당 333 계산단위, 3만톤을 초과하여 7만톤까지의 부분에 대하여는 매 톤당 250 계산단위 및 7만톤을 초과한 부분에 대하여는 매 톤당 167 계산단위를 각 곱하여 얻은 금액을 순차로 가산한 금액

3. 제1호 및 제2호 외의 채권에 대한 책임의 한도액은 그 선박의 톤수에 따라서 다음 각 목에 정하는 바에 따라 계산된 금액으로 한다. 다만, 300톤 미만의 선박의 경우에는 8만3천 계산단위에 상당하는 금액으로 한다.

가. 500톤 이하의 선박의 경우에는 16만7천 계산단위에 상당하는 금액

나. 500톤을 초과하는 선박의 경우에는 가목의 금액에 500톤을 초과하여 3만톤까지의 부분에 대하여는 매 톤당 167 계산단위, 3만톤을 초과하여 7만톤까지의 부분에 대하여는 매 톤당 125 계산단위 및 7만톤을 초과한 부분에 대하여는 매 톤당 83 계산단위를 각 곱하여 얻은 금액을 순차로 가산한 금액

② 제1항 각 호에 따른 각 책임한도액은 선박마다 동일한 사고에서 생긴 각 책임한도액에 대응하는 선박소유자에 대한 모든 채권에 미친다.

③ 제769조에 따라 책임이 제한되는 채권은 제1항 각 호에 따른 각 책임한도액에 대하여 각 채권액의 비율로 경합한다.

④ 제1항제2호에 따른 책임한도액이 같은 호의 채권의 변제에 부족한 때에는 제3호에 따른 책임한도액을 그 잔액채권의 변제에 충당한다. 이 경우 동일한 사고에서 제3호의 채권도 발생한 때에는 이 채권과 제2호의 잔액채권은 제3호에 따른 책임한도액에 대하여 각 채권액의 비율로 경합한다.

제771조(동일한 사고로 인한 반대채권액의 공제) 선박소유자가 책임의 제한을 받는 채권자에 대하여 동일한 사고로 인하여 생긴 손해에 관한 채권을 가지는 경우에는 그 채권액을 공제한 잔액에 한하여 책임의 제한을 받는 채권으로 한다.

제772조(책임제한을 위한 선박톤수) 제770조제1항에서 규정하는 선박의 톤수는 국제항해에 종사하는 선박의 경우에는 「선박법」에서 규정하는 국제총톤수로 하고 그 밖의 선박의 경우에는 같은 법에서 규정하는 총톤수로 한다.

제773조(유한책임의 배제) 선박소유자는 다음 각 호의 채권에 대하여는 그 책임을 제한하지 못한다.

1. 선장·해원, 그 밖의 사용인으로서 그 직무가 선박의 업무에 관련된 자 또는 그 상속인, 피부양자, 그 밖의 이해관계인의 선박소유자에 대한 채권

2. 해난구조로 인한 구조료 채권 및 공동해손의 분담에 관한 채권

3. 1969년 11월 29일 성립한 「유류오염손해에 대한 민사책임에 관한 국제조약」 또는 그 조약의 개정조항이 적용되는 유류오염손해에 관한 채권

4. 침몰·난파·좌초·유기, 그 밖의 해양사고를 당한 선박 및 그 선박 안에 있거나 있었던 적하와 그 밖의

물건의 인양·제거·파괴 또는 무해조치에 관한 채권

5. 원자력손해에 관한 채권

제774조(책임제한을 할 수 있는 자의 범위) ① 다음 각 호의 어느 하나에 해당하는 자는 이 절의 규정에 따라 선박소유자의 경우와 동일하게 책임을 제한할 수 있다.

1. 용선자·선박관리인 및 선박운항자

2. 법인인 선박소유자 및 제1호에 규정된 자의 무한책임사원

3. 자기의 행위로 인하여 선박소유자 또는 제1호에 규정된 자에 대하여 제769조 각 호에 따른 채권이 성립하게 한 선장·해원·도선사, 그 밖의 선박소유자 또는 제1호에 규정된 자의 사용인 또는 대리인

② 동일한 사고에서 발생한 모든 채권에 대한 선박소유자 및 제1항에 규정된 자에 의한 책임제한의 총액은 선박마다 제770조에 따른 책임한도액을 초과하지 못한다.

③ 선박소유자 또는 제1항 각 호에 규정된 자의 1인이 책임제한절차개시의 결정을 받은 때에는 책임제한을 할 수 있는 다른 자도 이를 원용할 수 있다.

제775조(구조자의 책임제한) ① 구조자 또는 그 피용자의 구조활동과 직접 관련하여 발생한 사람의 사망·신체의 상해, 재산의 멸실이나 훼손, 계약상 권리 외의 타인의 권리의 침해로 인하여 생긴 손해에 관한 채권 및 그러한 손해를 방지 혹은 경감하기 위한 조치에 관한 채권 또는 그 조치의 결과로 인하여 생긴 손해에 관한 채권에 대하여는 제769조부터 제774조(제769조제2호 및 제770조제1항제1호를 제외한다)까지의 규정에 따라 구조자도 책임을 제한할 수 있다.

② 구조활동을 선박으로부터 행하지 아니한 구조자 또는 구조를 받는 선박에서만 행한 구조자는 제770조에 따른 책임의 한도액에 관하여 1천500톤의 선박에 의한 구조자로 본다.

③ 구조자의 책임의 한도액은 구조선마다 또는 제2항의 경우에는 구조자마다 동일한 사고로 인하여 생긴 모든 채권에 미친다.

④ 제1항에서 "구조자"란 구조활동에 직접 관련된 용역을 제공한 자를 말하며, "구조활동"이란 해난구조 시의 구조활동은 물론 침몰·난파·좌초·유기, 그 밖의 해양사고를 당한 선박 및 그 선박 안에 있거나 있었던 적하와 그 밖의 물건의 인양·제거·파괴 또는 무해조치 및 이와 관련된 손해를 방지 또는 경감하기 위한 모든 조치를 말한다.

제776조(책임제한의 절차) ① 이 절의

규정에 따라 책임을 제한하고자 하는 자는 채권자로부터 책임한도액을 초과하는 청구금액을 명시한 서면에 의한 청구를 받은 날부터 1년 이내에 법원에 책임제한절차개시의 신청을 하여야 한다.

② 책임제한절차 개시의 신청, 책임제한의 기금의 형성·공고·참가·배당, 그 밖에 필요한 사항은 별도로 법률로 정한다.

제5절 선박담보

제777조(선박우선특권 있는 채권) ① 다음의 채권을 가진 자는 선박·그 속구, 그 채권이 생긴 항해의 운임, 그 선박과 운임에 부수한 채권에 대하여 우선특권이 있다.

1. 채권자의 공동이익을 위한 소송비용, 항해에 관하여 선박에 과한 제세금, 도선료·예선료, 최후 입항 후의 선박과 그 속구의 보존비·검사비
2. 선원과 그 밖의 선박사용인의 고용계약으로 인한 채권
3. 해난구조로 인한 선박에 대한 구조료 채권과 공동해손의 분담에 대한 채권
4. 선박의 충돌과 그 밖의 항해사고로 인한 손해, 항해시설·항만시설 및 항로에 대한 손해와 선원이나 여객의 생명·신체에 대한 손해의 배상채권

② 제1항의 우선특권을 가진 선박채권자는 이 법과 그 밖의 법률의 규정에 따라 제1항의 재산에 대하여 다른 채권자보다 자기채권의 우선변제를 받을 권리가 있다. 이 경우 그 성질에 반하지 아니하는 한 「민법」의 저당권에 관한 규정을 준용한다.

제778조(선박·운임에 부수한 채권) 제777조에 따른 선박과 운임에 부수한 채권은 다음과 같다.

1. 선박 또는 운임의 손실로 인하여 선박소유자에게 지급할 손해배상
2. 공동해손으로 인한 선박 또는 운임의 손실에 대하여 선박소유자에게 지급할 상금
3. 해난구조로 인하여 선박소유자에게 지급할 구조료

제779조(운임에 대한 우선특권) 운임에 대한 우선특권은 지급을 받지 아니한 운임 및 지급을 받은 운임 중 선박소유자나 그 대리인이 소지한 금액에 한하여 행사할 수 있다.

제780조(보험금 등의 제외) 보험계약에 의하여 선박소유자에게 지급할 보험금과 그 밖의 장려금이나 보조금에 대하여는 제778조를 적용하지 아니한다.

제781조(선박사용인의 고용계약으로 인한 채권) 제777조제1항제2호에 따른 채권은 고용계약 존속 중의 모든 항해로 인한 운임의 전부에 대하여 우선특권이 있다.

제782조(동일항해로 인한 채권에 대한 우선특권의 순위) ① 동일항해로 인한 채권의 우선특권이 경합하는 때에는 그 우선의 순위는 제777조제1항 각 호의 순서에 따른다.

② 제777조제1항제3호에 따른 채권의 우선특권이 경합하는 때에는 후에 생긴 채권이 전에 생긴 채권에 우선한다. 동일한 사고로 인한 채권은 동시에 생긴 것으로 본다.

제783조(수회항해에 관한 채권에 대한 우선특권의 순위) ① 수회의 항해에 관한 채권의 우선특권이 경합하는 때에는 후의 항해에 관한 채권이 전의 항해에 관한 채권에 우선한다.

② 제781조에 따른 우선특권은 그 최후의 항해에 관한 다른 채권과 동일한 순위로 한다.

제784조(동일순위의 우선특권이 경합한 경우) 제781조부터 제783조까지의 규정에 따른 동일순위의 우선특권이 경합하는 때에는 각 채권액의 비율에 따라 변제한다.

제785조(우선특권의 추급권) 선박채권자의 우선특권은 그 선박소유권의 이전으로 인하여 영향을 받지 아니한다.

제786조(우선특권의 소멸) 선박채권자의 우선특권은 그 채권이 생긴 날부터 1년 이내에 실행하지 아니하면 소멸한다.

제787조(선박저당권) ① 등기한 선박은 저당권의 목적으로 할 수 있다.

② 선박의 저당권은 그 속구에 미친다.

③ 선박의 저당권에는 「민법」의 저당권에 관한 규정을 준용한다.

제788조(선박저당권 등과 우선특권의 경합) 선박채권자의 우선특권은 질권과 저당권에 우선한다.

제789조(등기선박의 입질불허) 등기한 선박은 질권의 목적으로 하지 못한다.

제790조(건조 중의 선박에의 준용) 이 절의 규정은 건조 중의 선박에 준용한다.

제2장 운송과 용선

제1절 개품운송

제791조(개품운송계약의 의의) 개품운송계약은 운송인이 개개의 물건을 해상에서 선박으로 운송할 것을 인수하고, 송하인이 이에 대하여 운임을 지급하기로 약정함으로써 그 효력이 생긴다.

제792조(운송물의 제공) ① 송하인은 당사자 사이의 합의 또는 선적항의 관습에 의한 때와 곳에서 운송인에게 운

송물을 제공하여야 한다.

② 제1항에 따른 때와 곳에서 송하인이 운송물을 제공하지 아니한 경우에는 계약을 해제한 것으로 본다. 이 경우 선장은 즉시 발항할 수 있고, 송하인은 운임의 전액을 지급하여야 한다.

제793조(운송에 필요한 서류의 교부) 송하인은 선적기간 이내에 운송에 필요한 서류를 선장에게 교부하여야 한다.

제794조(감항능력 주의의무) 운송인은 자기 또는 선원이나 그 밖의 선박사용인이 발항 당시 다음의 사항에 관하여 주의를 해태하지 아니하였음을 증명하지 아니하면 운송물의 멸실·훼손 또는 연착으로 인한 손해를 배상할 책임이 있다.

1. 선박이 안전하게 항해를 할 수 있게 할 것
2. 필요한 선원의 승선, 선박의장(艤裝)과 필요품의 보급
3. 선창·냉장실, 그 밖에 운송물을 적재할 선박의 부분을 운송물의 수령·운송과 보존을 위하여 적합한 상태에 둘 것

제795조(운송물에 관한 주의의무) ① 운송인은 자기 또는 선원이나 그 밖의 선박사용인이 운송물의 수령·선적·적부(積付)·운송·보관·양륙과 인도에 관하여 주의를 해태하지 아니하였음을 증명하지 아니하면 운송물의 멸실·훼손 또는 연착으로 인한 손해를 배상할 책임이 있다.

② 운송인은 선장·해원·도선사, 그 밖의 선박사용인의 항해 또는 선박의 관리에 관한 행위 또는 화재로 인하여 생긴 운송물에 관한 손해를 배상할 책임을 면한다. 다만, 운송인의 고의 또는 과실로 인한 화재의 경우에는 그러하지 아니하다.

제796조(운송인의 면책사유) 운송인은 다음 각 호의 사실이 있었다는 것과 운송물에 관한 손해가 그 사실로 인하여 보통 생길 수 있는 것임을 증명한 때에는 이를 배상할 책임을 면한다. 다만, 제794조 및 제795조제1항에 따른 주의를 다하였더라면 그 손해를 피할 수 있었음에도 불구하고 그 주의를 다하지 아니하였음을 증명한 때에는 그러하지 아니하다.

1. 해상이나 그 밖에 항행할 수 있는 수면에서의 위험 또는 사고
2. 불가항력
3. 전쟁·폭동 또는 내란
4. 해적행위나 그 밖에 이에 준한 행위
5. 재판상의 압류, 검역상의 제한, 그 밖에 공권에 의한 제한
6. 송하인 또는 운송물의 소유자나 그 사용인의 행위

7. 동맹파업이나 그 밖의 쟁의행위 또는 선박폐쇄

8. 해상에서의 인명이나 재산의 구조행위 또는 이로 인한 항로이탈이나 그 밖의 정당한 사유로 인한 항로이탈

9. 운송물의 포장의 불충분 또는 기호의 표시의 불완전

10. 운송물의 특수한 성질 또는 숨은 하자

11. 선박의 숨은 하자

제797조(책임의 한도) ① 제794조부터 제796조까지의 규정에 따른 운송인의 손해배상의 책임은 당해 운송물의 매 포장당 또는 선적단위당 666과 100분의 67 계산단위의 금액과 중량 1킬로그램당 2 계산단위의 금액 중 큰 금액을 한도로 제한할 수 있다. 다만, 운송물에 관한 손해가 운송인 자신의 고의 또는 손해발생의 염려가 있음을 인식하면서 무모하게 한 작위 또는 부작위로 인하여 생긴 것인 때에는 그러하지 아니하다.

② 제1항의 적용에 있어서 운송물의 포장 또는 선적단위의 수는 다음과 같이 정한다.

1. 컨테이너나 그 밖에 이와 유사한 운송용기가 운송물을 통합하기 위하여 사용되는 경우에 그러한 운송용기에 내장된 운송물의 포장 또는 선적단위의 수를 선하증권이나 그 밖에 운송계약을 증명하는 문서에 기재한 때에는 그 각 포장 또는 선적단위를 하나의 포장 또는 선적단위로 본다. 이 경우를 제외하고는 이러한 운송용기 내의 운송물 전부를 하나의 포장 또는 선적단위로 본다.

2. 운송인이 아닌 자가 공급한 운송용기 자체가 멸실 또는 훼손된 경우에는 그 용기를 별개의 포장 또는 선적단위로 본다.

③ 제1항 및 제2항은 송하인이 운송인에게 운송물을 인도할 때에 그 종류와 가액을 고지하고 선하증권이나 그 밖에 운송계약을 증명하는 문서에 이를 기재한 경우에는 적용하지 아니한다. 다만, 송하인이 운송물의 종류 또는 가액을 고의로 현저하게 부실의 고지를 한 때에는 운송인은 자기 또는 그 사용인이 악의인 경우를 제외하고 운송물의 손해에 대하여 책임을 면한다.

④ 제1항부터 제3항까지의 규정은 제769조부터 제774조까지 및 제776조의 적용에 영향을 미치지 아니한다.

제798조(비계약적 청구에 대한 적용) ① 이 절의 운송인의 책임에 관한 규정은 운송인의 불법행위로 인한 손해배상의 책임에도 적용한다.

② 운송물에 관한 손해배상청구가 운

송인의 사용인 또는 대리인에 대하여 제기된 경우에 그 손해가 그 사용인 또는 대리인의 직무집행에 관하여 생긴 것인 때에는 그 사용인 또는 대리인은 운송인이 주장할 수 있는 항변과 책임제한을 원용할 수 있다. 다만, 그 손해가 그 사용인 또는 대리인의 고의 또는 운송물의 멸실·훼손 또는 연착이 생길 염려가 있음을 인식하면서 무모하게 한 작위 또는 부작위로 인하여 생긴 것인 때에는 그러하지 아니하다.

③ 제2항 본문의 경우에 운송인과 그 사용인 또는 대리인의 운송물에 대한 책임제한금액의 총액은 제797조제1항에 따른 한도를 초과하지 못한다.

④ 제1항부터 제3항까지의 규정은 운송물에 관한 손해배상청구가 운송인 외의 실제운송인 또는 그 사용인이나 대리인에 대하여 제기된 경우에도 적용한다.

제799조(운송인의 책임경감금지) ① 제794조부터 제798조까지의 규정에 반하여 운송인의 의무 또는 책임을 경감 또는 면제하는 당사자 사이의 특약은 효력이 없다. 운송물에 관한 보험의 이익을 운송인에게 양도하는 약정 또는 이와 유사한 약정도 또한 같다.

② 제1항은 산 동물의 운송 및 선하증권이나 그 밖에 운송계약을 증명하는 문서의 표면에 갑판적(甲板積)으로 운송할 취지를 기재하여 갑판적으로 행하는 운송에 대하여는 적용하지 아니한다.

제800조(위법선적물의 처분) ① 선장은 법령 또는 계약을 위반하여 선적된 운송물은 언제든지 이를 양륙할 수 있고, 그 운송물이 선박 또는 다른 운송물에 위해를 미칠 염려가 있는 때에는 이를 포기할 수 있다.

② 선장이 제1항의 물건을 운송하는 때에는 선적한 때와 곳에서의 동종 운송물의 최고운임의 지급을 청구할 수 있다.

③ 제1항 및 제2항은 운송인과 그 밖의 이해관계인의 손해배상청구에 영향을 미치지 아니한다.

제801조(위험물의 처분) ① 인화성·폭발성이나 그 밖의 위험성이 있는 운송물은 운송인이 그 성질을 알고 선적한 경우에도 그 운송물이 선박이나 다른 운송물에 위해를 미칠 위험이 있는 때에는 선장은 언제든지 이를 양륙·파괴 또는 무해조치할 수 있다.

② 운송인은 제1항의 처분에 의하여 그 운송물에 발생한 손해에 대하여는 공동해손분담책임을 제외하고 그 배상책임을 면한다.

제802조(운송물의 수령) 운송물의 도

착통지를 받은 수하인은 당사자 사이의 합의 또는 양륙항의 관습에 의한 때와 곳에서 지체 없이 운송물을 수령하여야 한다.

제803조(운송물의 공탁 등) ① 수하인이 운송물의 수령을 게을리한 때에는 선장은 이를 공탁하거나 세관이나 그 밖에 법령으로 정한 관청의 허가를 받은 곳에 인도할 수 있다. 이 경우 지체 없이 수하인에게 그 통지를 발송하여야 한다.

② 수하인을 확실히 알 수 없거나 수하인이 운송물의 수령을 거부한 때에는 선장은 이를 공탁하거나 세관이나 그 밖에 법령으로 정한관청의 허가를 받은 곳에 인도하고 지체 없이 용선자 또는 송하인 및 알고 있는 수하인에게 그 통지를 발송하여야 한다.

③ 제1항 및 제2항에 따라 운송물을 공탁하거나 세관이나 그 밖에 법령으로 정한 관청의 허가를 받은 곳에 인도한 때에는 선하증권소지인이나 그 밖의 수하인에게 운송물을 인도한 것으로 본다.

제804조(운송물의 일부 멸실·훼손에 관한 통지) ① 수하인이 운송물의 일부 멸실 또는 훼손을 발견한 때에는 수령 후 지체 없이 그 개요에 관하여 운송인에게 서면에 의한 통지를 발송하여야

한다. 다만, 그 멸실 또는 훼손이 즉시 발견할 수 없는 것인 때에는 수령한 날부터 3일 이내에 그 통지를 발송하여야 한다.

② 제1항의 통지가 없는 경우에는 운송물이 멸실 또는 훼손 없이 수하인에게 인도된 것으로 추정한다.

③ 제1항 및 제2항은 운송인 또는 그 사용인이 악의인 경우에는 적용하지 아니한다.

④ 운송물에 멸실 또는 훼손이 발생하였거나 그 의심이 있는 경우에는 운송인과 수하인은 서로 운송물의 검사를 위하여 필요한 편의를 제공하여야 한다.

⑤ 제1항부터 제4항까지의 규정에 반하여 수하인에게 불리한 당사자 사이의 특약은 효력이 없다.

제805조(운송물의 중량·용적에 따른 운임) 운송물의 중량 또는 용적으로 운임을 정한 때에는 운송물을 인도하는 때의 중량 또는 용적에 의하여 그 액을 정한다.

제806조(운송기간에 따른 운임) ① 기간으로 운임을 정한 때에는 운송물의 선적을 개시한 날부터 그 양륙을 종료한 날까지의 기간에 의하여 그 액을 정한다.

② 제1항의 기간에는 불가항력으로 인하여 선박이 선적항이나 항해도중에

정박한 기간 또는 항해 도중에 선박을 수선한 기간을 산입하지 아니한다.

제807조(수하인의 의무, 선장의 유치권) ① 수하인이 운송물을 수령하는 때에는 운송계약 또는 선하증권의 취지에 따라 운임·부수비용·체당금·체선료, 운송물의 가액에 따른 공동해손 또는 해난구조로 인한 부담액을 지급하여야 한다.

② 선장은 제1항에 따른 금액의 지급과 상환하지 아니하면 운송물을 인도할 의무가 없다.

제808조(운송인의 운송물경매권) ① 운송인은 제807조제1항에 따른 금액의 지급을 받기 위하여 법원의 허가를 받아 운송물을 경매하여 우선변제를 받을 권리가 있다.

② 선장이 수하인에게 운송물을 인도한 후에도 운송인은 그 운송물에 대하여 제1항의 권리를 행사할 수 있다. 다만, 인도한 날부터 30일을 경과하거나 제3자가 그 운송물에 점유를 취득한 때에는 그러하지 아니하다.

제809조(항해용선자 등의 재운송계약 시 선박소유자의 책임) 항해용선자 또는 정기용선자가 자기의 명의로 제3자와 운송계약을 체결한 경우에는 그 계약의 이행이 선장의 직무에 속한 범위 안에서 선박소유자도 그 제3자에 대하여 제794조 및 제795조에 따른 책임을 진다.

제810조(운송계약의 종료사유) ① 운송계약은 다음의 사유로 인하여 종료한다.

1. 선박이 침몰 또는 멸실한 때
2. 선박이 수선할 수 없게 된 때
3. 선박이 포획된 때
4. 운송물이 불가항력으로 인하여 멸실된 때

② 제1항제1호부터 제3호까지의 사유가 항해 도중에 생긴 때에는 송하인은 운송의 비율에 따라 현존하는 운송물의 가액의 한도에서 운임을 지급하여야 한다.

제811조(법정사유로 인한 해제 등) ① 항해 또는 운송이 법령을 위반하게 되거나 그 밖에 불가항력으로 인하여 계약의 목적을 달할 수 없게 된 때에는 각 당사자는 계약을 해제할 수 있다.

② 제1항의 사유가 항해 도중에 생긴 경우에 계약을 해지한 때에는 송하인은 운송의 비율에 따라 운임을 지급하여야 한다.

제812조(운송물의 일부에 관한 불가항력) ① 제810조제1항제4호 및 제811조제1항의 사유가 운송물의 일부에 대하여 생긴 때에는 송하인은 운송인의 책임이 가중되지 아니하는 범위 안에서

다른 운송물을 선적할 수 있다.

② 송하인이 제1항의 권리를 행사하고자 하는 때에는 지체 없이 운송물의 양륙 또는 선적을 하여야 한다. 그 양륙 또는 선적을 게을리한 때에는 운임의 전액을 지급하여야 한다.

제813조(선장의 적하처분과 운임) 운송인은 다음 각 호의 어느 하나에 해당하는 경우에는 운임의 전액을 청구할 수 있다.

1. 선장이 제750조제1항에 따라 적하를 처분하였을 때

2. 선장이 제865조에 따라 적하를 처분하였을 때

제814조(운송인의 채권·채무의 소멸) ① 운송인의 송하인 또는 수하인에 대한 채권 및 채무는 그 청구원인의 여하에 불구하고 운송인이 수하인에게 운송물을 인도한 날 또는 인도할 날부터 1년 이내에 재판상 청구가 없으면 소멸한다. 다만, 이 기간은 당사자의 합의에 의하여 연장할 수 있다.

② 운송인이 인수한 운송을 다시 제3자에게 위탁한 경우에 송하인 또는 수하인이 제1항의 기간 이내에 운송인과 배상 합의를 하거나 운송인에게 재판상 청구를 하였다면, 그 합의 또는 청구가 있은 날부터 3개월이 경과하기 이전에는 그 제3자에 대한 운송인의 채권·채무는 제1항에도 불구하고 소멸하지 아니한다. 운송인과 그 제3자 사이에 제1항 단서와 동일한 취지의 약정이 있는 경우에도 또한 같다.

③ 제2항의 경우에 있어서 재판상 청구를 받은 운송인이 그로부터 3개월 이내에 그 제3자에 대하여 소송고지를 하면 3개월의 기간은 그 재판이 확정되거나 그 밖에 종료된 때부터 기산한다.

제815조(준용규정) 제134조, 제136조부터 제140조까지의 규정은 이 절에서 정한 운송인에 준용한다.

제816조(복합운송인의 책임) ① 운송인이 인수한 운송에 해상 외의 운송구간이 포함된 경우 운송인은 손해가 발생한 운송구간에 적용될 법에 따라 책임을 진다.

② 어느 운송구간에서 손해가 발생하였는지 불분명한 경우 또는 손해의 발생이 성질상 특정한 지역으로 한정되지 아니하는 경우에는 운송인은 운송거리가 가장 긴 구간에 적용되는 법에 따라 책임을 진다. 다만, 운송거리가 같거나 가장 긴 구간을 정할 수 없는 경우에는 운임이 가장 비싼 구간에 적용되는 법에 따라 책임을 진다.

제2절 해상여객운송

제817조(해상여객운송계약의 의의) 해상여객운송계약은 운송인이 특정한 여객을 출발지에서 도착지까지 해상에서 선박으로 운송할 것을 인수하고, 이에 대하여 상대방이 운임을 지급하기로 약정함으로써 그 효력이 생긴다.

제818조(기명식의 선표) 기명식의 선표는 타인에게 양도하지 못한다.

제819조(식사·처제공의무 등) ① 여객의 항해 중의 식사는 다른 약정이 없으면 운송인의 부담으로 한다.

② 항해 도중에 선박을 수선하는 경우에는 운송인은 그 수선 중 여객에게 상당한 거처와 식사를 제공하여야 한다. 다만, 여객의 권리를 해하지 아니하는 범위 안에서 상륙항까지의 운송의 편의를 제공한 때에는 그러하지 아니하다.

③ 제2항의 경우에 여객은 항해의 비율에 따른 운임을 지급하고 계약을 해지할 수 있다.

제820조(수하물 무임운송의무) 여객이 계약에 의하여 선내에서 휴대할 수 있는 수하물에 대하여는 운송인은 다른 약정이 없으면 별도로 운임을 청구하지 못한다.

제821조(승선지체와 선장의 발항권) ① 여객이 승선시기까지 승선하지 아니한 때에는 선장은 즉시 발항할 수 있다. 항해 도중의 정박항에서도 또한 같다.

② 제1항의 경우에는 여객은 운임의 전액을 지급하여야 한다.

제822조(여객의 계약해제와 운임) 여객이 발항 전에 계약을 해제하는 경우에는 운임의 반액을 지급하고, 발항 후에 계약을 해제하는 경우에는 운임의 전액을 지급하여야 한다.

제823조(법정사유에 의한 해제) 여객이 발항 전에 사망·질병이나 그 밖의 불가항력으로 인하여 항해할 수 없게 된 때에는 운송인은 운임의 10분의 3을 청구할 수 있고, 발항 후에 그 사유가 생긴 때에는 운송인의 선택으로 운임의 10분의 3 또는 운송의 비율에 따른 운임을 청구할 수 있다.

제824조(사망한 여객의 수하물처분의무) 여객이 사망한 때에는 선장은 그 상속인에게 가장 이익이 되는 방법으로 사망자가 휴대한 수하물을 처분하여야 한다.

제825조(법정종료사유) 운송계약은 제810조제1항제1호부터 제3호까지의 사유로 인하여 종료한다. 그 사유가 항해 도중에 생긴 때에는 여객은 운송의 비율에 따른 운임을 지급하여야 한다.

제826조(준용규정) ① 제148조·제794조·제799조제1항 및 제809조는 해상여객운송에 준용한다.

② 제134조·제136조·제149조제2항·제794조부터 제801조까지·제804조·제807조·제809조·제811조 및 제814조는 운송인이 위탁을 받은 여객의 수하물의 운송에 준용한다.

③ 제150조, 제797조제1항·제4항, 제798조, 제799조제1항, 제809조 및 제814조는 운송인이 위탁을 받지 아니한 여객의 수하물에 준용한다.

제3절 항해용선

제827조(항해용선계약의 의의) ① 항해용선계약은 특정한 항해를 할 목적으로 선박소유자가 용선자에게 선원이 승무하고 항해장비를 갖춘 선박의 전부 또는 일부를 물건의 운송에 제공하기로 약정하고 용선자가 이에 대하여 운임을 지급하기로 약정함으로써 그 효력이 생긴다.

② 이 절의 규정은 그 성질에 반하지 아니하는 한 여객운송을 목적으로 하는 항해용선계약에도 준용한다.

③ 선박소유자가 일정한 기간 동안 용선자에게 선박을 제공할 의무를 지지만 항해를 단위로 운임을 계산하여 지급하기로 약정한 경우에도 그 성질에 반하지 아니하는 한 이 절의 규정을 준용한다.

제828조(용선계약서) 용선계약의 당사자는 상대방의 청구에 의하여 용선계약서를 교부하여야 한다.

제829조(선적준비완료의 통지, 선적기간) ① 선박소유자는 운송물을 선적함에 필요한 준비가 완료된 때에는 지체 없이 용선자에게 그 통지를 발송하여야 한다.

② 운송물을 선적할 기간의 약정이 있는 경우에는 그 기간은 제1항의 통지가 오전에 있은 때에는 그 날의 오후 1시부터 기산하고, 오후에 있은 때에는 다음날 오전 6시부터 기산한다. 이 기간에는 불가항력으로 인하여 선적할 수 없는 날과 그 항의 관습상 선적작업을 하지 아니하는 날을 산입하지 아니한다.

③ 제2항의 기간을 경과한 후 운송물을 선적한 때에는 선박소유자는 상당한 보수를 청구할 수 있다.

제830조(제3자가 선적인인 경우의 통지·선적) 용선자 외의 제3자가 운송물을 선적할 경우에 선장이 그 제3자를 확실히 알 수 없거나 그 제3자가 운송물을 선적하지 아니한 때에는 선장은 지체 없이 용선자에게 그 통지를 발송하여야 한다. 이 경우 선적기간 이내에 한하여 용선자가 운송물을 선적할 수 있다.

제831조(용선자의 발항청구권, 선장의 발항권) ① 용선자는 운송물의 전부를 선적하지 아니한 경우에도 선장에게 발항을 청구할 수 있다.

② 선적기간의 경과 후에는 용선자가 운송물의 전부를 선적하지 아니한 경우에도 선장은 즉시 발항할 수 있다.

③ 제1항 및 제2항의 경우에 용선자는 운임의 전액과 운송물의 전부를 선적하지 아니함으로 인하여 생긴 비용을 지급하고, 또한 선박소유자의 청구가 있는 때에는 상당한 담보를 제공하여야 한다.

제832조(전부용선의 발항 전의 계약해제 등) ① 발항 전에는 전부용선자는 운임의 반액을 지급하고 계약을 해제할 수 있다.

② 왕복항해의 용선계약인 경우에 전부용선자가 그 회항 전에 계약을 해지하는 때에는 운임의 3분의 2를 지급하여야 한다.

③ 선박이 다른 항에서 선적항에 항행하여야 할 경우에 전부용선자가 선적항에서 발항하기 전에 계약을 해지하는 때에도 제2항과 같다.

제833조(일부용선과 발항 전의 계약해제 등) ① 일부용선자나 송하인은 다른 용선자와 송하인 전원과 공동으로 하는 경우에 한하여 제832조의 해제 또

는 해지를 할 수 있다.

② 제1항의 경우 외에는 일부용선자나 송하인이 발항 전에 계약을 해제 또는 해지한 때에도 운임의 전액을 지급하여야 한다.

③ 발항 전이라도 일부용선자나 송하인이 운송물의 전부 또는 일부를 선적한 경우에는 다른 용선자와 송하인의 동의를 받지 아니하면 계약을 해제 또는 해지하지 못한다.

제834조(부수비용ㆍ체당금 등의 지급의무) ① 용선자나 송하인이 제832조 및 제833조제1항에 따라 계약을 해제 또는 해지를 한 때에도 부수비용과 체당금을 지급할 책임을 면하지 못한다.

② 제832조제2항 및 제3항의 경우에는 용선자나 송하인은 제1항에 규정된 것 외에도 운송물의 가액에 따라 공동해손 또는 해난구조로 인하여 부담할 금액을 지급하여야 한다.

제835조(선적ㆍ양륙비용의 부담) 제833조 및 제834조의 경우에 운송물의 전부 또는 일부를 선적한 때에는 그 선적과 양륙의 비용은 용선자 또는 송하인이 부담한다.

제836조(선적기간 내의 불선적의 효과) 용선자가 선적기간 내에 운송물의 선적을 하지 아니한 때에는 계약을 해제 또는 해지한 것으로 본다.

제837조(발항 후의 계약해지) 발항 후에는 용선자나 송하인은 운임의 전액, 체당금·체선료와 공동해손 또는 해난구조의 부담액을 지급하고 그 양륙하기 위하여 생긴 손해를 배상하거나 이에 대한 상당한 담보를 제공하지 아니하면 계약을 해지하지 못한다.

제838조(운송물의 양륙) ① 운송물을 양륙함에 필요한 준비가 완료된 때에는 선장은 지체 없이 수하인에게 그 통지를 발송하여야 한다.

② 제829조제2항은 운송물의 양륙기간의 계산에 준용한다.

③ 제2항의 양륙기간을 경과한 후 운송물을 양륙한 때에는 선박소유자는 상당한 보수를 청구할 수 있다.

제839조(선박소유자의 책임경감 금지) ① 제794조에 반하여 이 절에서 정한 선박소유자의 의무 또는 책임을 경감 또는 면제하는 당사자 사이의 특약은 효력이 없다. 운송물에 관한 보험의 이익을 선박소유자에게 양도하는 약정 또는 이와 유사한 약정도 또한 같다.

② 제799조제2항은 제1항의 경우에 준용한다.

제840조(선박소유자의 채권·채무의 소멸) ① 선박소유자의 용선자 또는 수하인에 대한 채권 및 채무는 그 청구원인의 여하에 불구하고 선박소유자가 운송물을 인도한 날 또는 인도할 날부터 2년 이내에 재판상 청구가 없으면 소멸한다. 이 경우 제814조제1항 단서를 준용한다.

② 제1항의 기간을 단축하는 선박소유자와 용선자의 약정은 이를 운송계약에 명시적으로 기재하지 아니하면 그 효력이 없다.

제841조(준용규정) ① 제134조, 제136조, 제137조, 제140조, 제793조부터 제797조까지, 제798조제1항부터 제3항까지, 제800조, 제801조, 제803조, 제804조제1항부터 제4항까지, 제805조부터 제808조까지와 제810조부터 제813조까지의 규정은 항해용선계약에 준용한다.

② 제1항에 따라 제806조의 운임을 계산함에 있어서 제829조제2항의 선적기간 또는 제838조제2항의 양륙기간이 경과한 후에 운송물을 선적 또는 양륙한 경우에는 그 기간경과 후의 선적 또는 양륙기간은 선적 또는 양륙기간에 산입하지 아니하고 제829조제3항 및 제838조제3항에 따라 별도로 보수를 정한다.

제4절 정기용선

제842조(정기용선계약의 의의) 정기용선계약은 선박소유자가 용선자에게 선원이 승무하고 항해장비를 갖춘 선박

을 일정한 기간동안 항해에 사용하게 할 것을 약정하고 용선자가 이에 대하여 기간으로 정한 용선료를 지급하기로 약정함으로써 그 효력이 생긴다.

제843조(정기용선자의 선장지휘권) ① 정기용선자는 약정한 범위 안의 선박의 사용을 위하여 선장을 지휘할 권리가 있다.

② 선장·해원, 그 밖의 선박사용인이 정기용선자의 정당한 지시를 위반하여 정기용선자에게 손해가 발생한 경우에는 선박소유자가 이를 배상할 책임이 있다.

제844조(선박소유자의 운송물유치권 및 경매권) ① 제807조제2항 및 제808조는 정기용선자가 선박소유자에게 용선료·체당금, 그 밖에 이와 유사한 정기용선계약에 의한 채무를 이행하지 아니하는 경우에 준용한다. 다만, 선박소유자는 정기용선자가 발행한 선하증권을 선의로 취득한 제3자에게 대항하지 못한다.

② 제1항에 따른 선박소유자의 운송물에 대한 권리는 정기용선자가 운송물에 관하여 약정한 용선료 또는 운임의 범위를 넘어서 행사하지 못한다.

제845조(용선료의 연체와 계약해지 등) ① 정기용선자가 용선료를 약정기일에 지급하지 아니한 때에는 선박소유자는 계약을 해제 또는 해지할 수 있다.

② 정기용선자가 제3자와 운송계약을 체결하여 운송물을 선적한 후 선박의 항해 중에 선박소유자가 제1항에 따라 계약을 해제 또는 해지한 때에는 선박소유자는 적하이해관계인에 대하여 정기용선자와 동일한 운송의무가 있다.

③ 선박소유자가 제2항에 따른 계약의 해제 또는 해지 및 운송계속의 뜻을 적하이해관계인에게 서면으로 통지를 한 때에는 선박소유자의 정기용선자에 대한 용선료·체당금, 그 밖에 이와 유사한 정기용선계약상의 채권을 담보하기 위하여 정기용선자가 적하이해관계인에 대하여 가지는 용선료 또는 운임의 채권을 목적으로 질권을 설정한 것으로 본다.

④ 제1항부터 제3항까지의 규정은 선박소유자 또는 적하이해관계인의 정기용선자에 대한 손해배상청구에 영향을 미치지 아니한다.

제846조(정기용선계약상의 채권의 소멸) ① 정기용선계약에 관하여 발생한 당사자 사이의 채권은 선박이 선박소유자에게 반환된 날부터 2년 이내에 재판상 청구가 없으면 소멸한다. 이 경우 제814조제1항 단서를 준용한다.

② 제840조제2항은 제1항의 경우에 준용한다.

제5절 선체용선

제847조(선체용선계약의 의의) ① 선체용선계약은 용선자의 관리·지배 하에 선박을 운항할 목적으로 선박소유자가 용선자에게 선박을 제공할 것을 약정하고 용선자가 이에 따른 용선료를 지급하기로 약정함으로써 그 효력이 생긴다.

② 선박소유자가 선장과 그 밖의 해원을 공급할 의무를 지는 경우에도 용선자의 관리·지배하에서 해원이 선박을 운항하는 것을 목적으로 하면 이를 선체용선계약으로 본다.

제848조(법적 성질) ① 선체용선계약은 그 성질에 반하지 아니하는 한 「민법」상 임대차에 관한 규정을 준용한다.

② 용선기간이 종료된 후에 용선자가 선박을 매수 또는 인수할 권리를 가지는 경우 및 금융의 담보를 목적으로 채권자를 선박소유자로 하여 선체용선계약을 체결한 경우에도 용선기간 중에는 당사자 사이에서는 이 절의 규정에 따라 권리와 의무가 있다.

제849조(선체용선자의 등기청구권, 등기의 효력) ① 선체용선자는 선박소유자에 대하여 선체용선등기에 협력할 것을 청구할 수 있다.

② 선체용선을 등기한 때에는 그 때부터 제3자에 대하여 효력이 생긴다.

제850조(선체용선과 제3자에 대한 법률관계) ① 선체용선자가 상행위나 그 밖의 영리를 목적으로 선박을 항해에 사용하는 경우에는 그 이용에 관한 사항에는 제3자에 대하여 선박소유자와 동일한 권리의무가 있다.

② 제1항의 경우에 선박의 이용에 관하여 생긴 우선특권은 선박소유자에 대하여도 그 효력이 있다. 다만, 우선특권자가 그 이용의 계약에 반함을 안 때에는 그러하지 아니하다.

제851조(선체용선계약상의 채권의 소멸) ① 선체용선계약에 관하여 발생한 당사자 사이의 채권은 선박이 선박소유자에게 반환된 날부터 2년 이내에 재판상 청구가 없으면 소멸한다. 이 경우 제814조제1항 단서를 준용한다.

② 제840조제2항은 제1항의 경우에 준용한다.

제6절 운송증서

제852조(선하증권의 발행) ① 운송인은 운송물을 수령한 후 송하인의 청구에 의하여 1통 또는 수통의 선하증권을 교부하여야 한다.

② 운송인은 운송물을 선적한 후 송하인의 청구에 의하여 1통 또는 수통의 선적선하증권을 교부하거나 제1항의

선하증권에 선적의 뜻을 표시하여야 한다.

③ 운송인은 선장 또는 그 밖의 대리인에게 선하증권의 교부 또는 제2항의 표시를 위임할 수 있다.

제853조(선하증권의 기재사항) ① 선하증권에는 다음 각 호의 사항을 기재하고 운송인이 기명날인 또는 서명하여야 한다.

1. 선박의 명칭·국적 및 톤수

2. 송하인이 서면으로 통지한 운송물의 종류, 중량 또는 용적, 포장의 종별, 개수와 기호

3. 운송물의 외관상태

4. 용선자 또는 송하인의 성명·상호

5. 수하인 또는 통지수령인의 성명·상호

6. 선적항

7. 양륙항

8. 운임

9. 발행지와 그 발행연월일

10. 수통의 선하증권을 발행한 때에는 그 수

11. 운송인의 성명 또는 상호

12. 운송인의 주된 영업소 소재지

② 제1항제2호의 기재사항 중 운송물의 중량·용적·개수 또는 기호가 운송인이 실제로 수령한 운송물을 정확하게 표시하고 있지 아니하다고 의심할 만한 상당한 이유가 있는 때 또는 이를 확인할 적당한 방법이 없는 때에는 그 기재를 생략할 수 있다.

③ 송하인은 제1항제2호의 기재사항이 정확함을 운송인에게 담보한 것으로 본다.

④ 운송인이 선하증권에 기재된 통지수령인에게 운송물에 관한 통지를 한 때에는 송하인 및 선하증권소지인과 그 밖의 수하인에게 통지한 것으로 본다.

제854조(선하증권 기재의 효력) ① 제853조제1항에 따라 선하증권이 발행된 경우 운송인과 송하인 사이에 선하증권에 기재된 대로 개품운송계약이 체결되고 운송물을 수령 또는 선적한 것으로 추정한다.

② 제1항의 선하증권을 선의로 취득한 소지인에 대하여 운송인은 선하증권에 기재된 대로 운송물을 수령 혹은 선적한 것으로 보고 선하증권에 기재된 바에 따라 운송인으로서 책임을 진다.

제855조(용선계약과 선하증권) ① 용선자의 청구가 있는 경우 선박소유자는 운송물을 수령한 후에 제852조 및 제853조에 따라 선하증권을 발행한다.

② 제1항에 따라 선하증권이 발행된 경우 선박소유자는 선하증권에 기재된 대로 운송물을 수령 또는 선적한 것으로 추정한다.

③ 제3자가 선의로 제1항의 선하증권

을 취득한 경우 선박소유자는 제854조 제2항에 따라 운송인으로서 권리와 의무가 있다. 용선자의 청구에 따라 선박소유자가 제3자에게 선하증권을 발행한 경우에도 또한 같다.

④ 제3항의 경우에 그 제3자는 제833조부터 제835조까지 및 제837조에 따른 송하인으로 본다.

⑤ 제3항의 경우 제799조를 위반하여 운송인으로서의 의무와 책임을 감경 또는 면제하는 특약을 하지 못한다.

제856조(등본의 교부) 선하증권의 교부를 받은 용선자 또는 송하인은 발행자의 청구가 있는 때에는 선하증권의 등본에 기명날인 또는 서명하여 교부하여야 한다.

제857조(수통의 선하증권과 양륙항에 있어서의 운송물의 인도) ① 양륙항에서 수통의 선하증권 중 1통을 소지한 자가 운송물의 인도를 청구하는 경우에도 선장은 그 인도를 거부하지 못한다.

② 제1항에 따라 수통의 선하증권 중 1통의 소지인이 운송물의 인도를 받은 때에는 다른 선하증권은 그 효력을 잃는다.

제858조(수통의 선하증권과 양륙항 외에서의 운송물의 인도) 양륙항 외에서는 선장은 선하증권의 각 통의 반환을 받지 아니하면 운송물을 인도하지 못

한다.

제859조(2인 이상 소지인의 운송물인 도청구와 공탁) ① 2인 이상의 선하증권소지인이 운송물의 인도를 청구한 때에는 선장은 지체 없이 운송물을 공탁하고 각 청구자에게 그 통지를 발송하여야 한다.

② 선장이 제857조제1항에 따라 운송물의 일부를 인도한 후 다른 소지인이 운송물의 인도를 청구한 경우에도 그 인도하지 아니한 운송물에 대하여는 제1항과 같다.

제860조(수인의 선하증권소지인의 순위) ① 제859조에 따라 공탁한 운송물에 대하여는 수인의 선하증권소지인에게 공통되는 전 소지인으로부터 먼저 교부를 받은 증권소지인의 권리가 다른 소지인의 권리에 우선한다.

② 격지자에 대하여 발송한 선하증권은 그 발송한 때를 교부받은 때로 본다.

제861조(준용규정) 제129조·제130조·제132조 및 제133조는 제852조 및 제855조의 선하증권에 준용한다.

제862조(전자선하증권) ① 운송인은 제852조 또는 제855조의 선하증권을 발행하는 대신에 송하인 또는 용선자의 동의를 받아 법무부장관이 지정하는 등록기관에 등록을 하는 방식으로 전자선하증권을 발행할 수 있다. 이 경우 전자

선하증권은 제852조 및 제855조의 선하증권과 동일한 법적 효력을 갖는다.

② 전자선하증권에는 제853조제1항 각 호의 정보가 포함되어야 하며, 운송인이 전자서명을 하여 송신하고 용선자 또는 송하인이 이를 수신하여야 그 효력이 생긴다.

③ 전자선하증권의 권리자는 배서의 뜻을 기재한 전자문서를 작성한 다음 전자선하증권을 첨부하여 지정된 등록기관을 통하여 상대방에게 송신하는 방식으로 그 권리를 양도할 수 있다.

④ 제3항에서 정한 방식에 따라 배서의 뜻을 기재한 전자문서를 상대방이 수신하면 제852조 및 제855조의 선하증권을 배서하여 교부한 것과 동일한 효력이 있고, 제2항 및 제3항의 전자문서를 수신한 권리자는 제852조 및 제855조의 선하증권을 교부받은 소지인과 동일한 권리를 취득한다.

⑤ 전자선하증권의 등록기관의 지정요건, 발행 및 배서의 전자적인 방식, 운송물의 구체적인 수령절차와 그 밖에 필요한 사항은 대통령령으로 정한다.

제863조(해상화물운송장의 발행) ① 운송인은 용선자 또는 송하인의 청구가 있으면 제852조 또는 제855조의 선하증권을 발행하는 대신 해상화물운송장을 발행할 수 있다. 해상화물운송장은 당사자 사이의 합의에 따라 전자식으로도 발행할 수 있다.

② 해상화물운송장에는 해상화물운송장임을 표시하는 외에 제853조제1항 각 호 사항을 기재하고 운송인이 기명날인 또는 서명하여야 한다.

③ 제853조제2항 및 제4항은 해상화물운송장에 준용한다.

제864조(해상화물운송장의 효력) ① 제863조제1항의 규정에 따라 해상화물운송장이 발행된 경우 운송인이 그 운송장에 기재된 대로 운송물을 수령 또는 선적한 것으로 추정한다.

② 운송인이 운송물을 인도함에 있어서 수령인이 해상화물운송장에 기재된 수하인 또는 그 대리인이라고 믿을만한 정당한 사유가 있는 때에는 수령인이 권리자가 아니라고 하더라도 운송인은 그 책임을 면한다.

제3장 해상위험

제1절 공동해손

제865조(공동해손의 요건) 선박과 적하의 공동위험을 면하기 위한 선장의 선박 또는 적하에 대한 처분으로 인하여 생긴 손해 또는 비용은 공동해손으로 한다.

제866조(공동해손의 분담) 공동해손은 그 위험을 면한 선박 또는 적하의 가액

과 운임의 반액과 공동해손의 액과의 비율에 따라 각 이해관계인이 이를 분담한다.

제867조(공동해손분담액의 산정) 공동해손의 분담액을 정함에 있어서는 선박의 가액은 도달의 때와 곳의 가액으로 하고, 적하의 가액은 양륙의 때와 곳의 가액으로 한다. 다만, 적하에 관하여는 그 가액 중에서 멸실로 인하여 지급을 면하게 된 운임과 그 밖의 비용을 공제하여야 한다.

제868조(공동해손분담자의 유한책임) 제866조 및 제867조에 따라 공동해손의 분담책임이 있는 자는 선박이 도달하거나 적하를 인도한 때에 현존하는 가액의 한도에서 책임을 진다.

제869조(공동해손의 손해액산정) 공동해손의 액을 정함에 있어서는 선박의 가액은 도달의 때와 곳의 가액으로 하고, 적하의 가액은 양륙의 때와 곳의 가액으로 한다. 다만, 적하에 관하여는 그 손실로 인하여 지급을 면하게 된 모든 비용을 공제하여야 한다.

제870조(책임있는 자에 대한 구상권) 선박과 적하의 공동위험이 선박 또는 적하의 하자나 그 밖의 과실 있는 행위로 인하여 생긴 경우에는 공동해손의 분담자는 그 책임이 있는 자에 대하여 구상권을 행사할 수 있다.

제871조(공동해손분담제외) 선박에 비치한 무기, 선원의 급료, 선원과 여객의 식량·의류는 보존된 경우에는 그 가액을 공동해손의 분담에 산입하지 아니하고, 손실된 경우에는 그 가액을 공동해손의 액에 산입한다.

제872조(공동해손분담청구에서의 제외)
① 속구목록에 기재하지 아니한 속구, 선하증권이나 그 밖에 적하의 가격을 정할 수 있는 서류 없이 선적한 하물 또는 종류와 가액을 명시하지 아니한 화폐나 유가증권과 그 밖의 고가물은 보존된 경우에는 그 가액을 공동해손의 분담에 산입하고, 손실된 경우에는 그 가액을 공동해손의 액에 산입하지 아니한다.

② 갑판에 적재한 하물에 대하여도 제1항과 같다. 다만, 갑판에 선적하는 것이 관습상 허용되는 경우와 그 항해가 연안항행에 해당되는 경우에는 그러하지 아니하다.

제873조(적하가격의 부실기재와 공동해손) ① 선하증권이나 그 밖에 적하의 가격을 정할 수 있는 서류에 적하의 실가보다 고액을 기재한 경우에 그 하물이 보존된 때에는 그 기재액에 의하여 공동해손의 분담액을 정하고, 적하의 실가보다 저액을 기재한 경우에 그 하물이 손실된 때에는 그 기재액을 공동

해손의 액으로 한다.

② 제1항은 적하의 가격에 영향을 미칠 사항에 관하여 거짓 기재를 한 경우에 준용한다.

제874조(공동해손인 손해의 회복) 선박소유자·용선자·송하인, 그 밖의 이해관계인이 공동해손의 액을 분담한 후 선박·속구 또는 적하의 전부나 일부가 소유자에게 복귀된 때에는 그 소유자는 공동해손의 상금으로 받은 금액에서 구조료와 일부손실로 인한 손해액을 공제하고 그 잔액을 반환하여야 한다.

제875조(공동해손 채권의 소멸) 공동해손으로 인하여 생긴 채권 및 제870조에 따른 구상채권은 그 계산이 종료한 날부터 1년 이내에 재판상 청구가 없으면 소멸한다. 이 경우 제814조제1항 단서를 준용한다.

제2절 선박충돌

제876조(선박충돌에의 적용법규) ① 항해선 상호 간 또는 항해선과 내수항행선 간의 충돌이 있는 경우에 선박 또는 선박 내에 있는 물건이나 사람에 관하여 생긴 손해의 배상에 대하여는 어떠한 수면에서 충돌한 때라도 이 절의 규정을 적용한다.

② 이 절에서 "선박의 충돌"이란 2척 이상의 선박이 그 운용상 작위 또는 부작위로 선박 상호 간에 다른 선박 또는 선박 내에 있는 사람 또는 물건에 손해를 생기게 하는 것을 말하며, 직접적인 접촉의 유무를 묻지 아니한다.

제877조(불가항력으로 인한 충돌) 선박의 충돌이 불가항력으로 인하여 발생하거나 충돌의 원인이 명백하지 아니한 때에는 피해자는 충돌로 인한 손해의 배상을 청구하지 못한다.

제878조(일방의 과실로 인한 충돌) 선박의 충돌이 일방의 선원의 과실로 인하여 발생한 때에는 그 일방의 선박소유자는 피해자에 대하여 충돌로 인한 손해를 배상할 책임이 있다.

제879조(쌍방의 과실로 인한 충돌) ① 선박의 충돌이 쌍방의 선원의 과실로 인하여 발생한 때에는 쌍방의 과실의 경중에 따라 각 선박소유자가 손해배상의 책임을 분담한다. 이 경우 그 과실의 경중을 판정할 수 없는 때에는 손해배상의 책임을 균분하여 부담한다.

② 제1항의 경우에 제3자의 사상에 대한 손해배상은 쌍방의 선박소유자가 연대하여 그 책임을 진다.

제880조(도선사의 과실로 인한 충돌) 선박의 충돌이 도선사의 과실로 인하여 발생한 경우에도 선박소유자는 제878조 및 제879조를 준용하여 손해를 배상할 책임이 있다.

제881조(선박충돌채권의 소멸) 선박의 충돌로 인하여 생긴 손해배상의 청구권은 그 충돌이 있은 날부터 2년 이내에 재판상 청구가 없으면 소멸한다. 이 경우 제814조제1항 단서를 준용한다.

제3절 해난구조

제882조(해난구조의 요건) 항해선 또는 그 적하 그 밖의 물건이 어떠한 수면에서 위난에 조우한 경우에 의무 없이 이를 구조한 자는 그 결과에 대하여 상당한 보수를 청구할 수 있다. 항해선과 내수항행선 간의 구조의 경우에도 또한 같다.

제883조(보수의 결정) 구조의 보수에 관한 약정이 없는 경우에 그 액에 대하여 당사자 사이에 합의가 성립하지 아니한 때에는 법원은 당사자의 청구에 의하여 구조된 선박·재산의 가액, 위난의 정도, 구조자의 노력과 비용, 구조자나 그 장비가 조우했던 위험의 정도, 구조의 효과, 환경손해방지를 위한 노력, 그 밖의 제반사정을 참작하여 그 액을 정한다.

제884조(보수의 한도) ① 구조의 보수액은 다른 약정이 없으면 구조된 목적물의 가액을 초과하지 못한다.
② 선순위의 우선특권이 있는 때에는 구조의 보수액은 그 우선특권자의 채권액을 공제한 잔액을 초과하지 못한다.

제885조(환경손해방지작업에 대한 특별보상) ① 선박 또는 그 적하로 인하여 환경손해가 발생할 우려가 있는 경우에 손해의 경감 또는 방지의 효과를 수반하는 구조작업에 종사한 구조자는 구조의 성공 여부 및 제884조와 상관없이 구조에 소요된 비용을 특별보상으로 청구할 수 있다.
② 제1항에서 "비용"이란 구조작업에 실제로 지출한 합리적인 비용 및 사용된 장비와 인원에 대한 정당한 보수를 말한다.
③ 구조자는 발생할 환경손해가 구조작업으로 인하여 실제로 감경 또는 방지된 때에는 보상의 증액을 청구할 수 있고, 법원은 제883조의 사정을 참작하여 증액 여부 및 그 금액을 정한다. 이 경우 증액된다 하더라도 구조료는 제1항의 비용의 배액을 초과할 수 없다.
④ 구조자의 고의 또는 과실로 인하여 손해의 감경 또는 방지에 지장을 가져온 경우 법원은 제1항 및 제3항에서 정한 금액을 감액 혹은 부인할 수 있다.
⑤ 하나의 구조작업을 시행한 구조자가 제1항부터 제4항까지의 규정에서 정한 특별보상을 청구하는 것 외에 제882조에서 정한 보수도 청구할 수 있는 경우 그 중 큰 금액을 구조료로 청

구할 수 있다.

제886조(구조료의 지급의무) 선박소유자와 그 밖에 구조된 재산의 권리자는 그 구조된 선박 또는 재산의 가액에 비례하여 구조에 대한 보수를 지급하고 특별보상을 하는 등 구조료를 지급할 의무가 있다.

제887조(구조에 관한 약정) ① 당사자가 미리 구조계약을 하고 그 계약에 따라 구조가 이루어진 경우에도 그 성질에 반하지 아니하는 한 구조계약에서 정하지 아니한 사항은 이 절에서 정한 바에 따른다.
② 해난 당시에 구조료의 금액에 대하여 약정을 한 경우에도 그 금액이 현저하게 부당한 때에는 법원은 제883조의 사정을 참작하여 그 금액을 증감할 수 있다.

제888조(공동구조자 간의 구조료 분배) ① 수인이 공동으로 구조에 종사한 경우에 그 구조료의 분배비율에 관하여는 제883조를 준용한다.
② 인명의 구조에 종사한 자도 제1항에 따라 구조료의 분배를 받을 수 있다.

제889조(1선박 내부의 구조료 분배) ① 선박이 구조에 종사하여 그 구조료를 받은 경우에는 먼저 선박의 손해액과 구조에 들어간 비용을 선박소유자에게 지급하고 잔액을 절반하여 선장

과 해원에게 지급하여야 한다.
② 제1항에 따라 해원에게 지급할 구조료의 분배는 선장이 각 해원의 노력, 그 효과와 사정을 참작하여 그 항해의 종료 전에 분배안을 작성하여 해원에게 고시하여야 한다.

제890조(예선의 구조의 경우) 예선의 본선 또는 그 적하에 대한 구조에 관하여는 예선계약의 이행으로 볼 수 없는 특수한 노력을 제공한 경우가 아니면 구조료를 청구하지 못한다.

제891조(동일소유자에 속한 선박 간의 보수) 동일소유자에 속한 선박의 상호간에 있어서도 구조에 종사한 자는 상당한 구조료를 청구할 수 있다.

제892조(구조료청구권 없는 자) 다음 각 호에 해당하는 자는 구조료를 청구하지 못한다.
1. 구조받은 선박에 종사하는 자
2. 고의 또는 과실로 인하여 해난사고를 야기한 자
3. 정당한 거부에도 불구하고 구조를 강행한 자
4. 구조된 물건을 은닉하거나 정당한 사유 없이 처분한 자

제893조(구조자의 우선특권) ① 구조에 종사한 자의 구조료채권은 구조된 적하에 대하여 우선특권이 있다. 다만, 채무자가 그 적하를 제3취득자에게 인

도한 후에는 그 적하에 대하여 이 권리를 행사하지 못한다.

② 제1항의 우선특권에는 그 성질에 반하지 아니하는 한 제777조의 우선특권에 관한 규정을 준용한다.

제894조(구조료지급에 관한 선장의 권한) ① 선장은 구조료를 지급할 채무자에 갈음하여 그 지급에 관한 재판상 또는 재판 외의 모든 행위를 할 권한이 있다.

② 선장은 그 구조료에 관한 소송의 당사자가 될 수 있고, 그 확정판결은 구조료의 채무자에 대하여도 효력이 있다.

제895조(구조료청구권의 소멸) 구조료청구권은 구조가 완료된 날부터 2년 이내에 재판상 청구가 없으면 소멸한다. 이 경우 제814조제1항 단서를 준용한다.

제6편 항공운송

제1장 통칙

제896조(항공기의 의의) 이 법에서 "항공기"란 상행위나 그 밖의 영리를 목적으로 운항에 사용하는 항공기를 말한다. 다만, 대통령령으로 정하는 초경량 비행장치(超輕量 飛行裝置)는 제외한다.

제897조(적용범위) 운항용 항공기에 대하여는 상행위나 그 밖의 영리를 목적으로 하지 아니하더라도 이 편의 규정을 준용한다. 다만, 국유(國有) 또는 공유(公有) 항공기에 대하여는 운항의 목적·성질 등을 고려하여 이 편의 규정을 준용하는 것이 적합하지 아니한 경우로서 대통령령으로 정하는 경우에는 그러하지 아니하다.

제898조(운송인 등의 책임감면) 제905조제1항을 포함하여 이 편에서 정한 운송인이나 항공기 운항자의 손해배상 책임과 관련하여 운송인이나 항공기 운항자가 손해배상청구권자의 과실 또는 그 밖의 불법한 작위나 부작위가 손해를 발생시켰거나 손해에 기여하였다는 것을 증명한 경우에는, 그 과실 또는 그 밖의 불법한 작위나 부작위가 손해를 발생시켰거나 손해에 기여한 정도에 따라 운송인이나 항공기 운항자의 책임을 감경하거나 면제할 수 있다.

제2장 운송

제1절 통칙

제899조(비계약적 청구에 대한 적용 등) ① 이 장의 운송인의 책임에 관한 규정은 운송인의 불법행위로 인한 손해배상의 책임에도 적용한다.

② 여객, 수하물 또는 운송물에 관한 손해배상청구가 운송인의 사용인이나

대리인에 대하여 제기된 경우에 그 손해가 그 사용인이나 대리인의 직무집행에 관하여 생겼을 때에는 그 사용인이나 대리인은 운송인이 주장할 수 있는 항변과 책임제한을 원용할 수 있다. ③ 제2항에도 불구하고 여객 또는 수하물의 손해가 운송인의 사용인이나 대리인의 고의로 인하여 발생하였거나 또는 여객의 사망·상해·연착(수하물의 경우 멸실·훼손·연착)이 생길 염려가 있음을 인식하면서 무모하게 한 작위 또는 부작위로 인하여 발생하였을 때에는 그 사용인이나 대리인은 운송인이 주장할 수 있는 항변과 책임제한을 원용할 수 없다. ④ 제2항의 경우에 운송인과 그 사용인이나 대리인의 여객, 수하물 또는 운송물에 대한 책임제한금액의 총액은 각각 제905조·제907조·제910조 및 제915조에 따른 한도를 초과하지 못한다.

제900조(실제운송인에 대한 청구) ① 운송계약을 체결한 운송인(이하 "계약운송인"이라 한다)의 위임을 받아 운송의 전부 또는 일부를 수행한 운송인(이하 "실제운송인"이라 한다)이 있을 경우 실제운송인이 수행한 운송에 관하여는 실제운송인에 대하여도 이 장의 운송인의 책임에 관한 규정을 적용한다. 다만, 제901조의 순차운송에 해당하는 경우는 그러하지 아니하다. ② 실제운송인이 여객·수하물 또는 운송물에 대한 손해배상책임을 지는 경우 계약운송인과 실제운송인은 연대하여 그 책임을 진다. ③ 제1항의 경우 제899조제2항부터 제4항까지를 준용한다. 이 경우 제899조제2항·제3항 중 "운송인"은 "실제운송인"으로, 같은 조 제4항 중 "운송인"은 "계약운송인과 실제운송인"으로 본다. ④ 이 장에서 정한 운송인의 책임과 의무 외에 운송인이 책임과 의무를 부담하기로 하는 특약 또는 이 장에서 정한 운송인의 권리나 항변의 포기는 실제운송인이 동의하지 아니하는 한 실제운송인에게 영향을 미치지 아니한다.

제901조(순차운송) ① 둘 이상이 순차(順次)로 운송할 경우에는 각 운송인의 운송구간에 관하여 그 운송인도 운송계약의 당사자로 본다. ② 순차운송에서 여객의 사망, 상해 또는 연착으로 인한 손해배상은 그 사실이 발생한 구간의 운송인에게만 청구할 수 있다. 다만, 최초 운송인이 명시적으로 전 구간에 대한 책임을 인수하기로 약정한 경우에는 최초 운송인과 그 사실이 발생한 구간의 운송인이 연대하여 그 손해를 배상할 책임이 있다. ③ 순차운송에서 수하물의 멸실, 훼손

또는 연착으로 인한 손해배상은 최초 운송인, 최종 운송인 및 그 사실이 발생한 구간의 운송인에게 각각 청구할 수 있다.

④ 순차운송에서 운송물의 멸실, 훼손 또는 연착으로 인한 손해배상은 송하인이 최초 운송인 및 그 사실이 발생한 구간의 운송인에게 각각 청구할 수 있다. 다만, 제918조제1항에 따라 수하인이 운송물의 인도를 청구할 권리를 가지는 경우에는 수하인이 최종 운송인 및 그 사실이 발생한 구간의 운송인에게 그 손해배상을 각각 청구할 수 있다.

⑤ 제3항과 제4항의 경우 각 운송인은 연대하여 그 손해를 배상할 책임이 있다.

⑥ 최초 운송인 또는 최종 운송인이 제2항부터 제5항까지의 규정에 따라 손해를 배상한 경우에는 여객의 사망, 상해 또는 연착이나 수하물·운송물의 멸실, 훼손 또는 연착이 발생한 구간의 운송인에 대하여 구상권을 가진다.

제902조(운송인 책임의 소멸) 운송인의 여객, 송하인 또는 수하인에 대한 책임은 그 청구원인에 관계없이 여객 또는 운송물이 도착지에 도착한 날, 항공기가 도착할 날 또는 운송이 중지된 날 가운데 가장 늦게 도래한 날부터 2년 이내에 재판상 청구가 없으면 소멸한다.

제903조(계약조항의 무효) 이 장의 규정에 반하여 운송인의 책임을 감면하거나 책임한도액을 낮게 정하는 특약은 효력이 없다.

제2절 여객운송

제904조(운송인의 책임) 운송인은 여객의 사망 또는 신체의 상해로 인한 손해에 관하여는 그 손해의 원인이 된 사고가 항공기상에서 또는 승강(乘降)을 위한 작업 중에 발생한 경우에만 책임을 진다.

제905조(운송인의 책임한도액) ① 제904조의 손해 중 여객 1명당 11만3천100 계산단위의 금액까지는 운송인의 배상책임을 면제하거나 제한할 수 없다.

② 운송인은 제904조의 손해 중 여객 1명당 11만3천100 계산단위의 금액을 초과하는 부분에 대하여는 다음 각 호의 어느 하나를 증명하면 배상책임을 지지 아니한다.

1. 그 손해가 운송인 또는 그 사용인이나 대리인의 과실 또는 그 밖의 불법한 작위나 부작위에 의하여 발생하지 아니하였다는 것

2. 그 손해가 오로지 제3자의 과실 또는 그 밖의 불법한 작위나 부작위에 의하여만 발생하였다는 것

제906조(선급금의 지급) ① 여객의 사

망 또는 신체의 상해가 발생한 항공기 사고의 경우에 운송인은 손해배상청구권자가 청구하면 지체 없이 선급금(先給金)을 지급하여야 한다. 이 경우 선급금의 지급만으로 운송인의 책임이 있는 것으로 보지 아니한다.

② 지급한 선급금은 운송인이 손해배상으로 지급하여야 할 금액에 충당할 수 있다.

③ 선급금의 지급액, 지급 절차 및 방법 등에 관하여는 대통령령으로 정한다.

제907조(연착에 대한 책임) ① 운송인은 여객의 연착으로 인한 손해에 대하여 책임을 진다. 다만, 운송인이 자신과 그 사용인 및 대리인이 손해를 방지하기 위하여 합리적으로 요구되는 모든 조치를 하였다는 것 또는 그 조치를 하는 것이 불가능하였다는 것을 증명한 경우에는 그 책임을 면한다.

② 제1항에 따른 운송인의 책임은 여객 1명당 4천694 계산단위의 금액을 한도로 한다. 다만, 여객과의 운송계약상 그 출발지, 도착지 및 중간 착륙지가 대한민국 영토 내에 있는 운송의 경우에는 여객 1명당 1천 계산단위의 금액을 한도로 한다.

③ 제2항은 운송인 또는 그 사용인이나 대리인의 고의로 또는 연착이 생길 염려가 있음을 인식하면서 무모하게 한 작위 또는 부작위에 의하여 손해가 발생한 것이 증명된 경우에는 적용하지 아니한다.

제908조(수하물의 멸실·훼손에 대한 책임) ① 운송인은 위탁수하물의 멸실 또는 훼손으로 인한 손해에 대하여는 그 손해의 원인이 된 사실이 항공기상에서 또는 위탁수하물이 운송인의 관리하에 있는 기간 중에 발생한 경우에만 책임을 진다. 다만, 그 손해가 위탁수하물의 고유한 결함, 특수한 성질 또는 숨은 하자로 인하여 발생한 경우에는 그 범위에서 책임을 지지 아니한다.

② 운송인은 휴대수하물의 멸실 또는 훼손으로 인한 손해에 대하여는 그 손해가 자신 또는 그 사용인이나 대리인의 고의 또는 과실에 의하여 발생한 경우에만 책임을 진다.

제909조(수하물의 연착에 대한 책임) 운송인은 수하물의 연착으로 인한 손해에 대하여 책임을 진다. 다만, 운송인이 자신과 그 사용인 및 대리인이 손해를 방지하기 위하여 합리적으로 요구되는 모든 조치를 하였다는 것 또는 그 조치를 하는 것이 불가능하였다는 것을 증명한 경우에는 그 책임을 면한다.

제910조(수하물에 대한 책임한도액) ① 제908조와 제909조에 따른 운송인의 손해배상책임은 여객 1명당 1천131 계

산단위의 금액을 한도로 한다. 다만, 여객이 운송인에게 위탁수하물을 인도할 때에 도착지에서 인도받을 때의 예정가액을 미리 신고한 경우에는 운송인은 신고 가액이 위탁수하물을 도착지에서 인도할 때의 실제가액을 초과한다는 것을 증명하지 아니하는 한 신고 가액을 한도로 책임을 진다.

② 제1항은 운송인 또는 그 사용인이나 대리인의 고의로 또는 수하물의 멸실, 훼손 또는 연착이 생길 염려가 있음을 인식하면서 무모하게 한 작위 또는 부작위에 의하여 손해가 발생한 것이 증명된 경우에는 적용하지 아니한다.

제911조(위탁수하물의 일부 멸실·훼손 등에 관한 통지) ① 여객이 위탁수하물의 일부 멸실 또는 훼손을 발견하였을 때에는 위탁수하물을 수령한 후 지체 없이 그 개요에 관하여 운송인에게 서면 또는 전자문서로 통지를 발송하여야 한다. 다만, 그 멸실 또는 훼손이 즉시 발견할 수 없는 것일 경우에는 위탁수하물을 수령한 날부터 7일 이내에 그 통지를 발송하여야 한다.

② 위탁수하물이 연착된 경우 여객은 위탁수하물을 처분할 수 있는 날부터 21일 이내에 이의를 제기하여야 한다.

③ 위탁수하물이 일부 멸실, 훼손 또는 연착된 경우에는 제916조제3항부터 제6항까지를 준용한다.

제912조(휴대수하물의 무임운송의무) 운송인은 휴대수하물에 대하여는 다른 약정이 없으면 별도로 운임을 청구하지 못한다.

제3절 물건운송

제913조(운송물의 멸실·훼손에 대한 책임) ① 운송인은 운송물의 멸실 또는 훼손으로 인한 손해에 대하여 그 손해가 항공운송 중(운송인이 운송물을 관리하고 있는 기간을 포함한다. 이하 이 조에서 같다)에 발생한 경우에만 책임을 진다. 다만, 운송인이 운송물의 멸실 또는 훼손이 다음 각 호의 사유로 인하여 발생하였음을 증명하였을 경우에는 그 책임을 면한다.

1. 운송물의 고유한 결함, 특수한 성질 또는 숨은 하자
2. 운송인 또는 그 사용인이나 대리인 외의 자가 수행한 운송물의 부적절한 포장 또는 불완전한 기호 표시
3. 전쟁, 폭동, 내란 또는 무력충돌
4. 운송물의 출입국, 검역 또는 통관과 관련된 공공기관의 행위
5. 불가항력

② 제1항에 따른 항공운송 중에는 공항 외부에서 한 육상, 해상 운송 또는 내륙 수로운송은 포함되지 아니한다.

다만, 그러한 운송이 운송계약을 이행하면서 운송물의 적재(積載), 인도 또는 환적(換積)할 목적으로 이루어졌을 경우에는 항공운송 중인 것으로 추정한다.

③ 운송인이 송하인과의 합의에 따라 항공운송하기로 예정된 운송의 전부 또는 일부를 송하인의 동의 없이 다른 운송수단에 의한 운송으로 대체하였을 경우에는 그 다른 운송수단에 의한 운송은 항공운송으로 본다.

제914조(운송물 연착에 대한 책임) 운송인은 운송물의 연착으로 인한 손해에 대하여 책임을 진다. 다만, 운송인이 자신과 그 사용인 및 대리인이 손해를 방지하기 위하여 합리적으로 요구되는 모든 조치를 하였다는 것 또는 그 조치를 하는 것이 불가능하였다는 것을 증명한 경우에는 그 책임을 면한다.

제915조(운송물에 대한 책임한도액) ① 제913조와 제914조에 따른 운송인의 손해배상책임은 손해가 발생한 해당 운송물의 1킬로그램당 19 계산단위의 금액을 한도로 하되, 송하인과의 운송계약상 그 출발지, 도착지 및 중간 착륙지가 대한민국 영토 내에 있는 운송의 경우에는 손해가 발생한 해당 운송물의 1킬로그램당 15 계산단위의 금액을 한도로 한다. 다만, 송하인이 운송물을 운송인에게 인도할 때에 도착지에서 인도받을 때의 예정가액을 미리 신고한 경우에는 운송인은 신고 가액이 도착지에서 인도할 때의 실제가액을 초과한다는 것을 증명하지 아니하는 한 신고 가액을 한도로 책임을 진다.

② 제1항의 항공운송인의 책임한도를 결정할 때 고려하여야 할 중량은 해당 손해가 발생된 운송물의 중량을 말한다. 다만, 운송물의 일부 또는 운송물에 포함된 물건의 멸실, 훼손 또는 연착이 동일한 항공화물운송장(제924조에 따라 항공화물운송장의 교부에 대체되는 경우를 포함한다) 또는 화물수령증에 적힌 다른 운송물의 가치에 영향을 미칠 때에는 운송인의 책임한도를 결정할 때 그 다른 운송물의 중량도 고려하여야 한다.

제916조(운송물의 일부 멸실·훼손 등에 관한 통지) ① 수하인은 운송물의 일부 멸실 또는 훼손을 발견하면 운송물을 수령한 후 지체 없이 그 개요에 관하여 운송인에게 서면 또는 전자문서로 통지를 발송하여야 한다. 다만, 그 멸실 또는 훼손이 즉시 발견할 수 없는 것일 경우에는 수령일부터 14일 이내에 그 통지를 발송하여야 한다.

② 운송물이 연착된 경우 수하인은 운송물을 처분할 수 있는 날부터 21일

이내에 이의를 제기하여야 한다.

③ 제1항의 통지가 없는 경우에는 운송물이 멸실 또는 훼손 없이 수하인에게 인도된 것으로 추정한다.

④ 운송물에 멸실 또는 훼손이 발생하였거나 그런 것으로 의심되는 경우에는 운송인과 수하인은 서로 운송물의 검사를 위하여 필요한 편의를 제공하여야 한다.

⑤ 제1항과 제2항의 기간 내에 통지나 이의제기가 없을 경우에는 수하인은 운송인에 대하여 제소할 수 없다. 다만, 운송인 또는 그 사용인이나 대리인이 악의인 경우에는 그러하지 아니하다.

⑥ 제1항부터 제5항까지의 규정에 반하여 수하인에게 불리한 당사자 사이의 특약은 효력이 없다.

제917조(운송물의 처분청구권) ① 송하인은 운송인에게 운송의 중지, 운송물의 반환, 그 밖의 처분을 청구(이하 이 조에서 "처분청구권"이라 한다)할 수 있다. 이 경우에 운송인은 운송계약에서 정한 바에 따라 운임, 체당금과 처분으로 인한 비용의 지급을 청구할 수 있다.

② 송하인은 운송인 또는 다른 송하인의 권리를 침해하는 방법으로 처분청구권을 행사하여서는 아니 되며, 운송인이 송하인의 청구에 따르지 못할 경우에는 지체 없이 그 뜻을 송하인에게 통지하여야 한다.

③ 운송인이 송하인에게 교부한 항공화물운송장 또는 화물수령증을 확인하지 아니하고 송하인의 처분청구에 따른 경우, 운송인은 그로 인하여 항공화물운송장 또는 화물수령증의 소지인이 입은 손해를 배상할 책임을 진다.

④ 제918조제1항에 따라 수하인이 운송물의 인도를 청구할 권리를 취득하였을 때에는 송하인의 처분청구권은 소멸한다. 다만, 수하인이 운송물의 수령을 거부하거나 수하인을 알 수 없을 경우에는 그러하지 아니하다.

제918조(운송물의 인도) ① 운송물이 도착지에 도착한 때에는 수하인은 운송인에게 운송물의 인도를 청구할 수 있다. 다만, 송하인이 제917조제1항에 따라 처분청구권을 행사한 경우에는 그러하지 아니하다.

② 운송물이 도착지에 도착하면 다른 약정이 없는 한 운송인은 지체 없이 수하인에게 통지하여야 한다.

제919조(운송인의 채권의 시효) 운송인의 송하인 또는 수하인에 대한 채권은 2년간 행사하지 아니하면 소멸시효가 완성한다.

제920조(준용규정) 항공화물 운송에 관하여는 제120조, 제134조, 제141조

부터 제143조까지, 제792조, 제793조, 제801조, 제802조, 제811조 및 제812조를 준용한다. 이 경우 "선적항"은 "출발지 공항"으로, "선장"은 "운송인"으로, "양륙항"은 "도착지 공항"으로 본다.

제4절 운송증서

제921조(여객항공권) ① 운송인이 여객운송을 인수하면 여객에게 다음 각 호의 사항을 적은 개인용 또는 단체용 여객항공권을 교부하여야 한다.

1. 여객의 성명 또는 단체의 명칭
2. 출발지와 도착지
3. 출발일시
4. 운항할 항공편
5. 발행지와 발행연월일
6. 운송인의 성명 또는 상호

② 운송인은 제1항 각 호의 정보를 전산정보처리조직에 의하여 전자적 형태로 저장하거나 그 밖의 다른 방식으로 보존함으로써 제1항의 여객항공권 교부를 갈음할 수 있다. 이 경우 운송인은 여객이 청구하면 제1항 각 호의 정보를 적은 서면을 교부하여야 한다.

제922조(수하물표) 운송인은 여객에게 개개의 위탁수하물마다 수하물표를 교부하여야 한다.

제923조(항공화물운송장의 발행) ① 송하인은 운송인의 청구를 받아 다음 각 호의 사항을 적은 항공화물운송장 3부를 작성하여 운송인에게 교부하여야 한다.

1. 송하인의 성명 또는 상호
2. 수하인의 성명 또는 상호
3. 출발지와 도착지
4. 운송물의 종류, 중량, 포장의 종별·개수와 기호
5. 출발일시
6. 운송할 항공편
7. 발행지와 발행연월일
8. 운송인의 성명 또는 상호

② 운송인이 송하인의 청구에 따라 항공화물운송장을 작성한 경우에는 송하인을 대신하여 작성한 것으로 추정한다.

③ 제1항의 항공화물운송장 중 제1원본에는 "운송인용"이라고 적고 송하인이 기명날인 또는 서명하여야 하고, 제2원본에는 "수하인용"이라고 적고 송하인과 운송인이 기명날인 또는 서명하여야 하며, 제3원본에는 "송하인용"이라고 적고 운송인이 기명날인 또는 서명하여야 한다.

④ 제3항의 서명은 인쇄 또는 그 밖의 다른 적절한 방법으로 할 수 있다.

⑤ 운송인은 송하인으로부터 운송물을 수령한 후 송하인에게 항공화물운송장 제3원본을 교부하여야 한다.

제924조(항공화물운송장의 대체) ① 운송인은 제923조제1항 각 호의 정보를 전산정보처리조직에 의하여 전자적 형태로 저장하거나 그 밖의 다른 방식으로 보존함으로써 항공화물운송장의 교부에 대체할 수 있다.

② 제1항의 경우 운송인은 송하인의 청구에 따라 송하인에게 제923조제1항 각 호의 정보를 적은 화물수령증을 교부하여야 한다.

제925조(복수의 운송물) ① 2개 이상의 운송물이 있는 경우에는 운송인은 송하인에 대하여 각 운송물마다 항공화물운송장의 교부를 청구할 수 있다.

② 항공화물운송장의 교부가 제924조제1항에 따른 저장·보존으로 대체되는 경우에는 송하인은 운송인에게 각 운송물마다 화물수령증의 교부를 청구할 수 있다.

제926조(운송물의 성질에 관한 서류) ① 송하인은 세관, 경찰 등 행정기관이나 그 밖의 공공기관의 절차를 이행하기 위하여 필요한 경우 운송인의 요청을 받아 운송물의 성질을 명시한 서류를 운송인에게 교부하여야 한다.

② 운송인은 제1항과 관련하여 어떠한 의무나 책임을 부담하지 아니한다.

제927조(항공운송증서에 관한 규정 위반의 효과) 운송인 또는 송하인이 제921조부터 제926조까지를 위반하는 경우에도 운송계약의 효력 및 이 법의 다른 규정의 적용에 영향을 미치지 아니한다.

제928조(항공운송증서 등의 기재사항에 관한 책임) ① 송하인은 항공화물운송장에 적었거나 운송인에게 통지한 운송물의 명세 또는 운송물에 관한 진술이 정확하고 충분함을 운송인에게 담보한 것으로 본다.

② 송하인은 제1항의 운송물의 명세 또는 운송물에 관한 진술이 정확하지 아니하거나 불충분하여 운송인이 손해를 입은 경우에는 운송인에게 배상할 책임이 있다.

③ 운송인은 제924조제1항에 따라 저장·보존되는 운송에 관한 기록이나 화물수령증에 적은 운송물의 명세 또는 운송물에 관한 진술이 정확하지 아니하거나 불충분하여 송하인이 손해를 입은 경우 송하인에게 배상할 책임이 있다. 다만, 제1항에 따라 송하인이 그 정확하고 충분함을 담보한 것으로 보는 경우에는 그러하지 아니하다.

제929조(항공운송증서 기재의 효력) ① 항공화물운송장 또는 화물수령증이 교부된 경우 그 운송증서에 적힌 대로 운송계약이 체결된 것으로 추정한다.

② 운송인은 항공화물운송장 또는 화물

수령증에 적힌 운송물의 중량, 크기, 포장의 종별·개수·기호 및 외관상태대로 운송물을 수령한 것으로 추정한다.

③ 운송물의 종류, 외관상태 외의 상태, 포장 내부의 수량 및 부피에 관한 항공화물운송장 또는 화물수령증의 기재 내용은 송하인이 참여한 가운데 운송인이 그 기재 내용의 정확함을 확인하고 그 사실을 항공화물운송장이나 화물수령증에 적은 경우에만 그 기재 내용대로 운송물을 수령한 것으로 추정한다.

제3장 지상 제3자의 손해에 대한 책임

제930조(항공기 운항자의 배상책임) ① 항공기 운항자는 비행 중인 항공기 또는 항공기로부터 떨어진 사람이나 물건으로 인하여 사망하거나 상해 또는 재산상 손해를 입은 지상(지하, 수면 또는 수중을 포함한다)의 제3자에 대하여 손해배상책임을 진다.

② 이 편에서 "항공기 운항자"란 사고 발생 당시 항공기를 사용하는 자를 말한다. 다만, 항공기의 운항을 지배하는 자(이하 "운항지배자"라 한다)가 타인에게 항공기를 사용하게 한 경우에는 운항지배자를 항공기 운항자로 본다.

③ 이 편을 적용할 때에 항공기등록원부에 기재된 항공기 소유자는 항공기 운항자로 추정한다.

④ 제1항에서 "비행 중"이란 이륙을 목적으로 항공기에 동력이 켜지는 때부터 착륙이 끝나는 때까지를 말한다.

⑤ 2대 이상의 항공기가 관여하여 제1항의 사고가 발생한 경우 각 항공기 운항자는 연대하여 제1항의 책임을 진다.

⑥ 운항지배자의 승낙 없이 항공기가 사용된 경우 운항지배자는 이를 막기 위하여 상당한 주의를 하였음을 증명하지 못하는 한 승낙 없이 항공기를 사용한 자와 연대하여 제932조에서 정한 한도 내의 책임을 진다.

제931조(면책사유) 항공기 운항자는 제930조제1항에 따른 사망, 상해 또는 재산상 손해의 발생이 다음 각 호의 어느 하나에 해당함을 증명하면 책임을 지지 아니한다.

1. 전쟁, 폭동, 내란 또는 무력충돌의 직접적인 결과로 발생하였다는 것
2. 항공기 운항자가 공권력에 의하여 항공기 사용권을 박탈당한 중에 발생하였다는 것
3. 오로지 피해자 또는 피해자의 사용인이나 대리인의 과실 또는 그 밖의 불법한 작위나 부작위에 의하여서만 발생하였다는 것
4. 불가항력

제932조(항공기 운항자의 유한책임) ①

항공기 운항자의 제930조에 따른 책임은 하나의 항공기가 관련된 하나의 사고에 대하여 항공기의 이륙을 위하여 법으로 허용된 최대중량(이하 이 조에서 "최대중량"이라 한다)에 따라 다음 각 호에서 정한 금액을 한도로 한다.

1. 최대중량이 2천킬로그램 이하의 항공기의 경우 30만 계산단위의 금액
2. 최대중량이 2천킬로그램을 초과하는 항공기의 경우 2천킬로그램까지는 30만 계산단위, 2천킬로그램 초과 6천킬로그램까지는 매 킬로그램당 175 계산단위, 6천킬로그램 초과 3만킬로그램까지는 매 킬로그램당 62.5 계산단위, 3만킬로그램을 초과하는 부분에는 매 킬로그램당 65 계산단위를 각각 곱하여 얻은 금액을 순차로 더한 금액

② 하나의 항공기가 관련된 하나의 사고로 인하여 사망 또는 상해가 발생한 경우 항공기 운항자의 제930조에 따른 책임은 제1항의 금액의 범위에서 사망하거나 상해를 입은 사람 1명당 12만5천 계산단위의 금액을 한도로 한다.

③ 하나의 항공기가 관련된 하나의 사고로 인하여 여러 사람에게 생긴 손해의 합계가 제1항의 한도액을 초과하는 경우, 각각의 손해는 제1항의 한도액에 대한 비율에 따라 배상한다.

④ 하나의 항공기가 관련된 하나의 사고로 인하여 사망, 상해 또는 재산상의 손해가 발생한 경우 제1항에서 정한 금액의 한도에서 사망 또는 상해로 인한 손해를 먼저 배상하고, 남는 금액이 있으면 재산상의 손해를 배상한다.

제933조(유한책임의 배제) ① 항공기 운항자 또는 그 사용인이나 대리인이 손해를 발생시킬 의도로 제930조제1항의 사고를 발생시킨 경우에는 제932조를 적용하지 아니한다. 이 경우 항공기 운항자의 사용인이나 대리인의 행위로 인하여 사고가 발생한 경우에는 그가 권한 범위에서 행위하고 있었다는 사실이 증명되어야 한다.

② 항공기를 사용할 권한을 가진 자의 동의 없이 불법으로 항공기를 탈취(奪取)하여 사용하는 중 제930조제1항의 사고를 발생시킨 자에 대하여는 제932조를 적용하지 아니한다.

제934조(항공기 운항자의 책임의 소멸) 항공기 운항자의 제930조의 책임은 사고가 발생한 날부터 3년 이내에 재판상 청구가 없으면 소멸한다.

제935조(책임제한의 절차) ① 이 장의 규정에 따라 책임을 제한하려는 자는 채권자로부터 책임한도액을 초과하는 청구금액을 명시한 서면에 의한 청구를 받은 날부터 1년 이내에 법원에 책임제

한절차 개시의 신청을 하여야 한다.

② 책임제한절차 개시의 신청, 책임제한 기금의 형성·공고·참가·배당, 그 밖에 필요한 사항에 관하여는 성질에 반하지 아니하는 범위에서 「선박소유자 등의 책임제한절차에 관한 법률」의 예를 따른다.

부칙〈제1000호, 1962. 1. 20.〉

제1조 (위임규정) 소상인의 범위는 각령으로 정한다.

제2조 (동전) 제125조의 호천, 항만의 범위는 각령으로 정한다.

제3조 (상업등기공고의 유예) ① 제36조의 공고에 관한 규정은 상당한 기간 이를 적용하지 아니한다. 이 기간은 대법원규칙으로 정한다.

② 전항의 경우에 그 기간중에는 등기한 때에 공고한 것으로 본다.

제4조 삭제 〈2014. 5. 20.〉

제5조 삭제〈1984. 4. 10.〉

제6조 (사채모집의 수탁자등의 자격) 은행·신탁회사 또는 증권회사가 아니면 사채의 모집의 위임을 받거나 제483조의 사무승계자가 되지 못한다.

제7조 (무기명식채권소지인의 공탁의 방법) 제491조제4항, 제492조제2항 또는 그 준용규정에 의하여 할 공탁은 공탁공무원에게 이를 하지 아니하는 경우에는 대법원장이 정하는 은행 또는 신탁회사에 하여야 한다.

제8조 (사채권자집회에 관한 공고의 방법) 사채권자집회의 소집, 상환액의 지급 또는 상환에 관한 사채권자집회의 결의를 집행함에 있어 할 공고는 사채를 발행한 회사의 정관에 정하는 공고방법에 따라야 한다.

제9조 (위임규정) 제742조의 속구목록의 서식은 각령으로 정한다.

제10조 (동전) 제839조제2항 단서의 연안항행의 범위는 각령으로 정한다.

제11조 (동전) 본법시행에 관한 사항은 따로 법률로 정한다.

제12조 (시행기일과 구법의 효력) ① 본법은 1963년 1월 1일로부터 시행한다.

② 조선민사령 제1조에 의하여 의용된 상법, 유한회사법, 상법시행법과 상법중개정법률시행법은 본법시행시까지 그 효력이있다.

부칙〈제1212호, 1962. 12. 12.〉

본법은 1963년 1월 1일부터 시행한다.

부칙〈제3724호, 1984. 4. 10.〉

제1조 (시행일) 이 법은 1984년 9월 1일부터 시행한다.

제2조 (경과조치의 원칙) 이 법은 특별한 정함이 있는 경우를 제외하고는 이

법 시행전에 생긴 사항에도 이를 적용한다. 그러나, 종전의 규정에 의하여 생긴 효력에는 영향을 미치지 아니한다.

제3조 (상업장부등에 관한 경과조치) 이 법 시행당시 상인인 자가 이 법 시행후 최초로 도달하는 제30조제2항의 개정규정의 일정시기(회사에 있어서는 결산기를 말한다. 이하 이 조에서 같다)이전에 작성하여야 할 상업장부 및 그 부속명세서와 그 일정시기 이전에 하는 계산 및 그 일정시기에 관한 계산에 관하여는 종전의 규정에 의한다.

제4조 (주식회사의 최저자본액에 관한 경과조치) ① 이 법 시행전에 성립한 주식회사로서 이 법 시행당시 자본금액이 5천만원 미만인 회사는 이 법 시행일로부터 3년 이내에 5천만원 이상으로 자본을 증가하거나 유한회사로 조직을 변경하여야 한다.
② 제1항의 기간내에 동항의 절차를 밟지 아니한 회사는 해산된 것으로 본다.
③ 제2항의 규정에 의하여 해산된 것으로 보는 회사중 청산이 종결되지 아니한 회사는 이 법 시행일부터 1년 이내에 제434조의 규정에 의한 특별결의로 제1항의 절차를 밟아 회사를 계속할 수 있다.

제5조 (주식의 금액에 관한 경과조치) ① 이 법 시행전에 성립한 주식회사가 발행하는 주식의 금액에 관하여는 제329조제4항의 개정규정에 불구하고 이 법 시행일로부터 3년까지는 종전의 규정에 의한다.
② 이 법 시행전에 성립한 주식회사는 이 법 시행일로부터 3년 이내에 액면 5천원 미만의 주식을 액면 5천원 이상의 주식으로 하기 위하여 제434조의 규정에 의한 결의에 의하여 주식을 병합하여야 한다. 이 경우 제440조 내지 제444조의 규정을 준용한다.

제6조 (주권발행전의 주식양도에 관한 경과조치) 제335조제2항 단서의 개정규정은 이 법 시행전에 주권의 발행없이 이루어진 주식의 양도에 관하여도 이를 적용한다.

제7조 (주권교부에 의한 주식양도에 관한 경과조치) ① 이 법 시행전의 주식의 이전 또는 주권의 취득에 관하여는 이 법 시행후에도 종전의 제336조 및 제359조의 규정을 적용한다. 그러나, 이 법 시행후의 주권의 점유에 관하여는 제336조제2항의 개정규정을 적용한다.
② 이 법 시행전에 발행된 주권을 이 법 시행후에 취득한 자가 배서의 연속 또는 양도증서의 적부에 관한 조사를 하지 아니한 경우에도 제359조의 개정규정의 적용에 관하여는 그 조사를 하지 아니한 것으로 악의 또는 중대한 과

실이 있다고 보지 아니한다.

제8조 (명의개서대리인에 관한 경과조치) ① 이 법 시행전에 자본시장육성에 관한법률 제11조의6의 규정에 의하여 둔 명의개서대리인은 이 법 제337조제2항의 개정규정에 의하여 둔 것으로 본다.

② 이 법에 의한 명의개서대리인의 자격은 대통령령으로 정한다.

제9조 (자회사에 의한 모회사주식의 취득에 관한 경과조치) ① 이 법 시행당시 제342조의2의 규정에 의한 자회사가 동규정에 의한 모회사의 주식을 가지고 있는 때에는 그 자회사는 이 법 시행일로부터 3년 이내에 그 주식을 처분하여야 한다.

② 제625조의2의 규정은 제1항의 규정에 위반하여 주식의 처분을 하지 않은 경우에 이를 준용한다.

제10조 (주권의 불소지에 관한 경과조치) 이 법 시행전에 자본시장육성에관한법률 제11조의7의 규정에 의하여 주권의 불발행에 관한 조치를 한 것은 이 법 제358조의2의 개정규정에 의하여 한 것으로 본다.

제11조 (주주명부 폐쇄기간과 기준일에 관한 경과조치) 주주명부의 폐쇄기간과 기준일에 관하여 이 법 시행일로부터 2주간내의 날을 그 기간 또는 날로 하

는 때에는 종전의 규정에 의한다.

제12조 (의결권의 불통일행사에 관한 경과조치) 제368조의2의 개정규정(제308조제2항, 제527조제3항에서 준용하는 경우를 포함한다)은 이 법 시행일로부터 2주간내의 날을 회일로 하는 주주총회 또는 창립총회에 있어서의 의결권의 행사에 관하여는 이를 적용하지 아니한다.

제13조 (총회결의부존재확인의 소에 관한 경과조치) 제380조의 개정규정(제308조제2항, 제578조에서 준용하는 경우를 포함한다)은 이 법 시행당시 법원에 계속된 사건에 관하여도 이를 적용한다. 그러나, 이 법 시행전의 소송행위의 효력에는 영향을 미치지 아니한다.

제14조 (이사와 감사의 임기에 관한 경과조치) 이 법 시행당시 재임중에 있는 주식회사의 이사와 감사의 임기에 관하여는 제383조제2항 및 제410조의 개정규정에 불구하고 종전의 규정에 의한다.

제15조 (감사의 직무와 권한에 관한 경과조치) 이 법 시행전의 주식회사의 감사로서 이 법 시행후 최초로 도달하는 결산기에 관한 정기총회의 종결전에 재임하는 감사의 직무와 권한에 관하여는 종전의 규정에 의한다.

제16조 (회사와 이사간의 소에 관한 회

사대표에 대한 경과조치) 이 법 시행전의 주식회사가 이사(청산인을 포함한다. 이하 이 조에서 같다)에 대하여 또는 이사가 그 회사에 대하여 제기한 소에 있어서 회사를 대표할 자에 관하여는 이 법 시행후 최초로 도달하는 결산기에 관한 정기총회의 종결전에는 종전의 규정에 의한다.

제17조 (신주의 배정일에 관한 경과조치) 제418조제2항의 개정규정은 이 법 시행전에 신주의 발행결의가 있은 때에는 이를 적용하지 아니한다.

제18조 (신주의 효력발생시기에 관한 경과조치) 이 법 시행전에 신주의 발행결의가 있은 때에 주주가 되는 시기에 관하여는 제423조의 개정규정에 불구하고 종전의 규정에 의한다.

제19조 (자본의 감소에 관한 경과조치) 이 법 시행전에 자본의 감소의 결의가 있은 때에 단주의 처리에 관하여는 제443조제1항의 개정규정에 불구하고 종전의 규정에 의한다.

제20조 (배당금지급시기에 관한 경과조치) 제464조의2의 개정규정은 이 법 시행전에 제449조제1항의 승인결의에 의하여 배당하기로 된 이익배당금에 관하여는 이를 적용하지 아니한다.

제21조 (전환사채발행에 관한 경과조치) 이 법 시행전에 전환사채의 발행결의가 있은 때에는 그 전환사채의 발행에 관하여는 종전의 규정에 의한다.

제22조 (이익공여의 금지에 관한 경과조치) 제467조의2의 개정규정은 이 법 시행전에 한 행위에 대하여는 이를 적용하지 아니한다.

제23조 (합병대차대조표 공시에 관한 경과조치) 제522조의2의 개정규정(제603조에서 준용하는 경우를 포함한다)은 동조제1항의 주주총회회일이 이 법 시행후 2주간 이내인 경우에는 이를 적용하지 아니한다.

제24조 (유한회사 자본총액등에 관한 경과조치) ① 이 법 시행전의 유한회사로서 이 법 시행당시 그 자본총액과 출자 1좌의 금액이 제546조의 개정규정에 정한 금액에 미달한 회사는 이 법 시행일로부터 3년 이내에 자본총액을 1천만원 이상으로, 출자 1좌의 금액을 5천원 이상으로 증액하여야 한다.

② 제1항의 기간내에 자본총액을 증액하지 아니한 회사는 해산된 것으로 본다.

③ 제2항의 규정에 의하여 해산된 것으로 보는 회사중 청산이 종결되지 아니한 회사는 이 법 시행일부터 1년 이내에 제585조의 규정에 의한 특별결의로 제1항의 절차를 밟아 회사를 계속할 수 있다.

제25조 (관계법률의 개정 및 다른 법률과의 관계) ① 비송사건절차법중 다음과 같이 개정한다.

제146조중 "동법 제425조"를 "동법 제425조제1항 및 제516조의8제4항"으로 한다.

제147조중 "동법 제530조"를 "동법 제461조제2항 및 제530조제3항"으로 한다.

제249조에 제9호의2를 다음과 같이 신설한다.

9의2. 명의개서대리인을 둔 때에는 명의개서대리인과의 계약을 증명하는 서면

제250조제2항중 "주주총회의"를 "주주총회 또는 이사회의"로 한다.

제252조제3호를 다음과 같이 한다.

3. 주식의 청약을 증명하는 서면

제252조의2 및 제253조의2를 각각 다음과 같이 신설한다.

제252조의2 (신주인수권부사채에 부여된 신주의 인수권의 행사로 인한 변경등기신청) 신주인수권부사채에 부여된 신주의 인수권의 행사로 인한 변경등기의 신청서에는 다음 각호의 서류를 첨부하여야 한다.

1. 상법 제516조의8제1항의 청구서

2. 제252조제8호에 게기한 서면 또는 상법 제516조의2제2항제5호의 청구를 증명하는 서면

제253조의2 (명의개서대리인의 설치로 인한 변경등기신청) 명의개서대리인의 설치로 인한 변경등기의 신청서에는 명의개서대리인과의 계약을 증명하는 서면을 첨부하여야 한다.

제254조의 제목 "(사채의 등기신청)"을 "(전환사채등의 등기신청)"으로 하고, 동조제1항중 "사채의 등기는"을 "전환사채 또는 신주인수권부사채의 등기는"으로 하며, 동조제2항제6호를 삭제한다.

제255조의2를 다음과 같이 신설한다.

제255조의2 (직권에 의한 해산등기) ① 상법 제520조의2제1항의 규정에 의한 해산의 등기는 등기소가 직권으로 하여야 한다.

② 등기소는 제1항의 등기를 한 때에는 지체없이 그 뜻을 지점의 소재지의 등기소에 통지하여야 한다.

③ 제2항의 통지를 받은 지점소재지의 등기소는 지체없이 해산의 등기를 하여야 한다.

④ 제1항 내지 제3항의 규정은 상법 제520조의2제4항의 규정에 의하여 청산이 종결된 것으로 보는 회사에 관하여 이를 준용한다.

제262조중 "제308조제2항,"을 "제308조제2항, 제380조,"로 한다.

② 자본시장육성에관한법률중 다음과

같이 개정한다.

제11조의3, 제11조의6, 제11조의7 및 제11조의8을 각각 삭제한다.

③ 주식회사의외부감사에관한법률중 다음과 같이 개정한다.

제14조제1항중 "계산서류를"을 "재무제표등을"으로 하고, 동조제2항중 "상법 제449조제2항"을 "상법 제449조제3항"으로 한다.

④ 자산재평가법중 다음과 같이 개정한다.

제26조중 "상법 제31조제2항과"를 "상법 제31조와"로 한다.

⑤회사정리법중 다음과 같이 개정한다.

제182조중 "상법 제31조제2항과 제452조제2호"를 "상법 제31조제2호"로 한다.

제255조제2항중 "상법 제422조, 제424조"를 "상법 제422조, 제424조, 제424조의2"로 하고, 동조제3항중 "상법 제425조"를 "상법 제425조제1항"으로 한다.

제256조제4항 및 제5항을 각각 삭제한다.

제257조제4항을 다음과 같이 하고 동조제5항을 삭제한다.

④ 제1항의 경우에 전환사채 또는 신주인수권부사채의 등기의 촉탁서 또는 신청서에는 계획인가의 결정서의 등본 또는 초본외에 전환사채 또는 신주인수권부사채의 청약 및 인수를 증명하는 서면 및 각 전환사채 또는 신주인수권부사채에 대하여 납입이 있는 것을 증명하는 서면을 첨부하여야 한다.

제258조제3항중 "상법 제529조의"를 "상법 제522조의2 및 제529조의"로 하고, 동조제4항중 "제231조,"를 삭제한다.

제259조제3항 및 제260조제6항중 "제256조제3항 내지 제5항"을 각각 "제256조제3항"으로 한다.

제259조제4항중 "그 선임이나 선정에 관한 서류를 첨부하여야 한다"를 "그 선임이나 선정에 관한 서류와 명의개서대리인을 둔 때에는 이를 증명하는 서면을 첨부하여야 한다"로 한다.

⑥ 주택건설촉진법중 다음과 같이 개정한다.

제30조중 "상법 제470조·제471조 및 제477조의"를 "상법 제470조 및 제471조의"로 한다.

⑦ 공증인법중 다음과 같이 개정한다.

제62조중 "상법 제167조"를 "상법 제292조"로 한다.

⑧ 이 법 시행당시 제1항 내지 제7항의 법률외의 법률에서 종전의 상법의 규정을 인용한 경우에 이 법중 그에 해당하는 규정이 있을 때에는 종전의 규정에 갈음하여 이 법의 해당 조항을 인

용한 것으로 본다.

이 법은 공포한 날부터 시행한다.

제1조 (시행일) 이 법은 1993년 1월 1일부터 시행한다.

제2조 (경과조치) ① 이 법 제4편의 규정은 이 법 시행전에 성립한 보험계약에도 이를 적용한다. 그러나, 종전의 규정에 의하여 생긴 효력에는 영향을 미치지 아니한다.

② 이 법 제5편의 규정은 이 법 시행전에 발생한 사고로 인하여 생긴 손해에 관한 채권에는 이를 적용하지 아니하고 종전의 예에 의한다.

제3조 (책임제한톤수의 적용에 관한 경과조치) 제751조의 적용에 관하여 국제항해에 종사하는 선박으로서 선박법 제13조의 규정에 의하여 해운항만청장으로부터 국제톤수증서 또는 국제톤수확인서를 아직 교부받지 못한 선박에 대하여는 국제총톤수 대신에 총톤수를 적용한다.

제4조 (다른 법률과의 관계) 이 법 시행당시 다른 법률에서 종전의 상법 규정을 인용한 경우에 이 법중 그에 해당하는 규정이 있을 때에는 종전의 규정

에 갈음하여 이 법의 해당 조항을 인용한 것으로 본다.

제1조 (시행일) 이 법은 1995년 1월 1일부터 시행한다.

제2조 생략

제3조 (다른 법률의 개정) ① 내지 ⑦ 생략

⑧ 상법중 다음과 같이 개정한다.

제22조 및 제23조제4항중 "동일한 서울특별시·직할시·시·읍·면"을 각각 "동일한 특별시·직할시·시·군"으로 한다.

제41조제1항중 "동일한 서울특별시·직할시·시·읍·면과 인접 서울특별시·직할시·시·읍·면"을 "동일한 특별시·직할시·시·군과 인접 특별시·직할시·시·군"으로 하고, 동조제2항중 "동일한 서울특별시"를 "동일한 특별시"로, "인접 서울특별시"를 "인접 특별시"로 한다.

제70조제3항중 "서울특별시·직할시·시·읍·면"을 "특별시·직할시·시·군"으로 한다.

⑨ 내지 ㉕ 생략

제4조 생략

제1조 (시행일) 이 법은 1996년 10월 1일부터 시행한다.

제2조 (경과조치의 원칙) 이 법은 특별한 정함이 있는 경우를 제외하고는 이 법 시행전에 생긴 사항에도 이를 적용한다. 다만, 종전의 규정에 의하여 생긴 효력에는 영향을 미치지 아니한다.

제3조 (상업장부등에 관한 경과조치) 이 법 시행당시 상인인 자가 이 법 시행후 최초로 도달하는 제30조제2항의 규정에 의한 일정시기(회사에 있어서는 결산기를 말한다. 이하 이 조에서 같다)와 그 전에 작성하여야 할 상업장부 및 그 부속명세서와 그 일정시기와 그 전에 하는 계산에 관하여는 종전의 규정에 의한다.

제4조 (우선적 내용이 있는 종류의 주식에 관한 경과조치) 이 법 시행전에 발행된 우선적 내용이 있는 종류의 주식에 관하여는 종전의 규정에 의한다.

제5조 (감사의 임기에 관한 경과조치) 이 법 시행당시 재임중인 주식회사의 감사의 임기에 관하여는 종전의 규정에 의한다.

제6조 (다른 법률과의 관계) 이 법 시행당시 다른 법률에서 종전의 상법의 규정을 인용한 경우에 이 법중 그에 해당하는 규정이 있는 때에는 종전의 규정에 갈음하여 이 법의 해당 조항을 인용한 것으로 본다.

제1조 (시행일) 이 법은 공포한 날부터 시행한다. 다만, 제382조의2의 개정규정은 공포후 6월이 경과한 날부터 시행한다.

제2조 (경과조치의 원칙) 이 법은 특별한 정함이 있는 경우를 제외하고는 이 법 시행전에 생긴 사항에 대하여도 이를 적용한다. 다만, 종전의 규정에 의하여 생긴 효력에는 영향을 미치지 아니한다.

제3조 (합병에 관한 경과조치) 이 법의 시행전에 체결된 합병계약에 의한 합병에 관하여는 이 법 시행후에도 계속하여 종전의 규정에 의한다. 다만, 제232조 및 제527조의5의 규정에 의한 채권자의 이의제출기간은 이 법 시행후 최초로 공고하는 분부터 적용한다.

제4조(벌칙의 적용에 관한 경과조치) 이 법 시행전에 한 행위 및 제3조의 규정에 의하여 종전의 규정에 의하도록 한 경우에 이 법 시행후에 한 행위에 대한 벌칙의 적용에 관하여는 종전의 규정에 의한다.

제5조 (다른 법률의 개정 등) ① 비송사건절차법중 다음과 같이 개정한다.

제205조제3호를 다음과 같이 한다.

3. 상법 제422조의 규정에 의하여 검사
   인이 한 조사보고서와 그 부속서류
   는 감정인의 감정서와 그 부속서류

제215조제2호중 "주주총회나"를 "주주
총회 또는 이사회의 의사록이나"로 하
고, 동조제3호를 다음과 같이 하며, 동
조제5호중 "상법 제526조제3항"을 "상
법 제526조제3항 또는 동법 제527조제
4항"으로 하고, 동조에 제6호를 다음과
같이 신설한다.

3. 제193조제3호의 서면 및 상법 제
   527조의5제1항의 규정에 의한 공고
   및 최고를 한 사실과 이의를 진술한
   채권자가 있는 때에는 이에 대하여
   변제 또는 담보를 제공하거나 신탁
   을 한 사실을 증명하는 서면

6. 상법 제527조의3제3항의 규정에 의
   하여 공고 또는 통지를 한 경우에는
   이를 증명하는 서면

제216조의2를 다음과 같이 신설한다.

제216조의2 (분할 또는 분할합병에 의
한 등기) ① 분할 또는 분할합병에 의
한 변경등기·해산등기 또는 설립등기
의 신청서에는 분할계획서 또는 분할
합병계약서를 첨부하여야 한다.

② 제215조 및 제216조의 규정은 분할
또는 분할합병의 경우에 이를 준용한다.

② 증권거래법중 다음과 같이 개정한다.

제192조의2를 삭제한다.

제192조의3제1항중 "협회등록법인은 상
법 제462조제1항의 규정에 불구하고"를
"협회등록법인은"으로 한다.

③ 보험업법중 다음과 같이 개정한다.

제25조를 삭제한다.

제65조제2항중 "상법 제403조제3항 내
지 제5항"을 "상법 제403조제3항·제4
항 및 제7항"으로 한다.

제77조제1항 단서를 다음과 같이 한다.
다만, 상법 제528조제1항의 "제317조"
는 이를 "보험업법 제47조"로 한다.

④ 농업협동조합법중 다음과 같이 개
정한다.

제57조 단서를 다음과 같이 한다.
다만, 상법 제385조제2항의 "발행주식
의 총수의 100분의 3 이상에 해당하는
주식을 가진 주주"와 동법 제402조 및
제403조제1항의 "발행주식의 총수의
100분의 1 이상에 해당하는 주식을 가
진 주주"는 이를 각각 "조합원 10분의 1
이상의 동의를 얻은 조합원"으로 한다.

⑤ 수산업협동조합법중 다음과 같이
개정한다.

제14조의3 단서를 다음과 같이 한다.
다만, 상법 제385조제2항의 "발행주식
의 총수의 100분의 3 이상에 해당하는
주식을 가진 주주"와 동법 제402조 및
제403조제1항의 "발행주식의 총수의

100분의 1 이상에 해당하는 주식을 가진 주주"는 이를 각각 "조합원 5분의 1 이상의 동의를 얻은 조합원"으로 한다.

⑥ 임업협동조합법중 다음과 같이 개정한다.

제42조의4 단서를 다음과 같이한다.

다만, 상법 제385조제2항의 "발행주식의 총수의 100분의 3 이상에 해당하는 주식을 가진 주주"와 동법 제402조 및 제403조제1항의 "발행주식총수의 100분의1 이상에 해당하는 주식을 가진 주주"는 이를 각각 "조합원 10분의 1 이상의 동의를 얻은 조합원"으로 한다.

⑦ 축산업협동조합법중 다음과 같이 개정한다.

제52조제1항 단서를 다음과 같이한다.

다만, 상법 제385조제2항의 "발행주식의 총수의 100분의 3 이상에 해당하는 주식을 가진 주주"와 동법 제402조 및 제403조제1항의 "발행주식의 총수의 100분의 1 이상에 해당하는 주식을 가진 주주"는 이를 각각 "조합원 10분의 1 이상의 동의를 얻은 조합원"으로 한다.

⑧ 벤처기업육성에관한특별조치법중 다음과 같이 개정한다.

제10조를 삭제한다.

⑨ 이 법 시행당시 다른 법률에서 종전의 상법규정을 인용한 경우에 이 법중 그에 해당하는 규정이 있는 때에는 종전의 규정에 갈음하여 이 법의 해당 조항을 인용한 것으로 본다.

부칙〈제5809호, 1999. 2. 5.〉(해양사고의조사및심판에관한법률)

제1조 (시행일) 이 법은 공포후 6월이 경과한 날부터 시행한다. 다만, 제2조제4호 및 제41조의2의 개정규정은 이 법 공포후 1년6월이 경과한 날부터 시행한다.

제2조 내지 제5조 생략

제6조 (다른 법률의 개정) ① 내지 ⑥ 생략

⑦ 상법중 다음과 같이 개정한다.

제748조제2호중 "해난구조"를 "해양사고 구조"로 하고, 동조제4호중 "해난을"을 "해양사고를"로 한다.

제752조의2의 제목 및 동조제1항중 "해난구조자"를 각각 "해양사고구조자"로 한다.

제774조제1항 본문중 "해난구조료"를 "해양사고 구조료"로 한다.

제794조제2항·제797조 및 제800조제1항중 "해난구조"를 각각 "해양사고 구조"로 한다.

제7장의 제목 "해난구조"를 "해양사고 구조"로 한다.

제849조의 제목중 "해난구조"를 "해양사고 구조"로 한다.

제851조중 "해난당시"를 "해양사고당시"로 한다.

제857조제2호중 "해난을"을 "해양사고를"로 한다.

제862조제3호중 "해난구조"를 "해양사고 구조"로 한다.

⑧내지 ⑮생략

부칙〈제6086호, 1999. 12. 31.〉

제1조 (시행일) 이 법은 공포한 날부터 시행한다.

제2조 (일반적 경과조치) 이 법은 특별한 정함이 있는 경우를 제외하고는 이 법 시행전에 발생된 사항에 대하여도 이를 적용한다. 다만, 종전의 규정에 의하여 생긴 효력에는 영향을 미치치 아니한다.

제3조 (분할에 관한 경과조치) 이 법의 시행전에 체결된 분할계약에 의한 분할에 관하여는 이 법 시행후에도 계속하여 종전의 규정에 의한다.

제4조 (다른 법률의 개정) 비송사건절차법중 다음과 같이 개정한다.

제72조제1항중 "제310조제1항, 제417조"를 "제310조제1항, 제391조의3제4항, 제417조"로 하고, 동조에 제6항을 다음과 같이 신설한다.

⑥상법 제394조제2항에 관한 사건은 상법 제403조의 규정에 의한 사건의 관할법원의 관할로 한다.

제84조의2를 다음과 같이 신설한다.

제84조의2 (소송상 대표자선임의 재판) ① 상법 제394조제2항의 규정에 의한 소송상 대표자의 선임에 관한 재판을 하는 경우에는 법원은 이사 또는 감사위원회의 진술을 들어야 한다.

② 제81조의 규정은 제1항의 경우에 이를 준용한다.

제203조제5호중 "감사 또는 검사인"을 감사 또는 감사위원회 및 검사인"으로 하고, 동조제9호중 "감사의"를 "감사 또는 감사위원회 위원"으로 한다.

제204조제1항 및 제2항중 "또는 감사"를 각각 "·감사 또는 감사위원회 위원"으로 한다.

부칙〈제6488호, 2001. 7. 24.〉

① (시행일) 이 법은 공포한 날부터 시행한다.

② (승소한 제소주주의 소송비용청구에 관한 적용례) 제405조제1항의 개정규정은 이 법 시행당시 법원에 계속중인 사건에 대하여도 적용한다.

③ (일반적인 경과조치) 이 법은 특별한 규정이 있는 경우를 제외하고는 이 법 시행전에 발생한 사건에 대하여도 이를 적용한다. 다만, 종전의 규정에 의하여 생긴 효력에는 영향을 미치지

아니한다.

부칙〈제6545호, 2001. 12. 29.〉

이 법은 2002년 7월 1일부터 시행한다.

부칙〈제8581호, 2007. 8. 3.〉

제1조 (시행일) 이 법은 공포 후 1년이 경과한 날부터 시행한다. 다만, 제797조제1항의 개정규정 중 중량 1킬로그램당 2 계산단위의 금액 부분은 공포 후 3년이 경과한 날부터 시행한다.

제2조 (운송장에 관한 경과조치) 이 법 시행 당시 종전의 규정에 따라 발행된 운송장은 제126조의 개정규정에 따라 발행된 화물명세서로 본다.

제3조 (손해배상에 관한 경과조치) 이 법 시행 전에 발생한 사고와 그 밖의 손해배상의 원인으로 인하여 생긴 손해에 관한 채권에는 제5편의 개정규정에도 불구하고 종전의 규정에 따른다.

제4조 (책임한도액에 관한 경과조치) 이 법 시행 후 3년간 발생한 사고에 대한 제770조제1항제1호의 개정규정에 따른 선박소유자의 책임한도에 관하여는 그 선박의 선박검사증서에 기재된 여객의 정원에 8만7천500 계산단위를 곱하여 얻은 금액을 그 책임한도액으로 한다.

제5조 (운송인 등의 채권·채무에 관한 경과조치) ① 이 법 시행 전에 운송인 또는 선박소유자가 개품운송계약·항해용선계약 또는 정기용선계약을 체결한 경우에 용선자·송하인 또는 수하인에 대한 채권·채무의 소멸에 관하여는 제814조제2항·제840조 및 제846조의 개정규정에도 불구하고 종전의 규정에 따른다.

② 이 법 시행 전에 선박소유자가 선박임대차계약을 체결한 경우에 있어서 당사자 간 채권의 소멸에 관하여는 제851조의 개정규정에도 불구하고 종전의 규정에 따른다.

제6조 (선박임대차계약에 관한 경과조치) 이 법 시행 전에 체결된 선박임대차계약은 이 법 시행과 동시에 제847조의 개정규정에 따른 선체용선계약의 효력이 있는 것으로 본다.

제7조 (선하증권에 관한 경과조치) 이 법 시행 당시 종전의 규정에 따라 발행된 선하증권은 제853조제1항의 개정규정에 적합한 선하증권으로 본다.

제8조 (다른 법률과의 관계) 이 법 시행 당시 다른 법률에서 종전의 「상법」 규정을 인용한 경우에 이 법 중 그에 해당하는 규정이 있을 때에는 종전의 규정에 갈음하여 이 법의 해당 조항을 인용한 것으로 본다.

제9조 (다른 법률의 개정) ① 민사집행법 일부를 다음과 같이 개정한다.

제185조제3항 중 "상법 제760조"를 "「상법」 제764조"로 한다.

② 비송사건절차법 일부를 다음과 같이 개정한다.

제72조제5항 중 "동법 제804조제1항"을 "같은 법 제808조제1항"으로 한다.

③ 선박소유자등의책임제한절차에관한법률 일부를 다음과 같이 개정한다.

제1조 중 "상법 제746조 내지 제752조의2"를 "「상법」 제769조부터 제776조까지"로 한다.

제10조 중 "상법 제747조제1항"을 "「상법」 제770조제1항"으로 한다.

제11조제1항 중 "상법 제747조제1항 각호와 제4항"을 "「상법」 제770조제1항 각 호와 제4항"으로 하고, 동조제2항 중 "상법 제747조제5항"을 "「상법」 제770조제5항"으로 한다.

제17조제1호 중 "상법 제752조제1항"을 "「상법」 제776조제1항"으로 한다.

제18조제1호 중 "상법 제747조제1항"을 "「상법」 제770조제1항"으로 하고, 동조제2호 중 "상법 제746조 단서 또는 제748조"를 "「상법」 제769조 각 호 외의 부분 단서 또는 제773조"로 한다.

제31조제1항 중 "상법 제747조제1항"을 "「상법」 제770조제1항"으로 한다.

제43조제2항제4호 중 "상법 제747조제1항"을 "「상법」 제770조제1항"으로 한다.

제53조 중 "상법 제747조제1항"을 "「상법」 제770조제1항"으로 한다.

제56조 중 "상법 제747조제1항"을 "「상법」 제770조제1항"으로 한다.

제57조제2항 중 "상법 제747조제1항"을 "「상법」 제770조제1항"으로 한다.

제66조제2항 중 "상법 제747조제1항"을 "「상법」 제770조제1항"으로 한다.

④ 원자력손해배상법 일부를 다음과 같이 개정한다.

제3조제4항 중 "상법 제746조 내지 제748조·제842조 및 제848조"를 "「상법」 제769조, 제770조, 제773조, 제875조 및 제881조"로 한다.

⑤ 유류오염손해배상 보장법 일부를 다음과 같이 개정한다.

제41조 후단 중 "상법 제747조제1항"을 각각 "상법 제770조제1항"으로, "각 호와 제4항"을 "각 호와 제4항"으로, "상법 제752조제1항 "을 "「상법」 제776조제1항"으로 한다.

제43조제2항 중 "상법 제861조제1항제4호"를 "「상법」 제777조제1항제4호"로 하고, 동조제3항 중 "상법 제861조 내지 제870조"를 "「상법」 제777조부터 제786조까지"로 한다.

부칙〈제8582호, 2007. 8. 3.〉(상업등기법)

제1조 (시행일) 이 법은 2008년 1월 1일부터 시행한다. <단서 생략>

제2조 부터 제6조까지 생략

제6조 (다른 법률의 개정) 상법 일부를 다음과 같이 개정한다.

제22조의2제5항 및 제34조의2를 각각 삭제한다.

제7조 생략

부칙〈제9362호, 2009. 1. 30.〉

① (시행일) 이 법은 2009년 2월 4일부터 시행한다.

② (일반적 경과조치) 이 법은 특별한 규정이 있는 경우를 제외하고는 이 법 시행 전에 발생한 사항에 대하여도 적용한다. 다만, 종전의 규정에 따라 생긴 효력에는 영향을 미치지 아니한다.

③ (다른 법률 또는 규정의 인용) 이 법 시행 당시 다른 법령에서 종전의 「증권거래법」 또는 그 규정을 인용하고 있는 경우 이 법 중 그에 해당하는 규정이 있을 때에는 이 법 또는 이 법의 해당 규정을 인용한 것으로 본다.

부칙〈제9416호, 2009. 2. 6.〉(공증인법)

제1조(시행일) 이 법은 공포 후 1년이 경과한 날부터 시행한다. <단서 생략>

제2조 부터 제7조까지 생략

제8조(다른 법률의 개정) ① 생략

② 상법 일부를 다음과 같이 개정한다.

제625조 각 호 외의 부분 중 "법무법인과 공증인가 합동법률사무소의 당해 업무집행변호사를 포함한다"를 "인가 공증인의 공증담당변호사를 포함한다"로 한다.

부칙〈제9746호, 2009. 5. 28.〉

① (시행일) 이 법은 공포 후 1년이 경과한 날부터 시행한다. 다만, 제292조, 제318조, 제329조, 제363조, 제383조, 제409조의 개정규정은 공포한 날부터 시행한다.

② (일반적 경과조치) 이 법은 특별한 규정이 있는 경우를 제외하고는 이 법 시행 전에 발생한 사항에 대하여도 적용한다. 다만, 종전의 규정에 따라 생긴 효력에는 영향을 미치지 아니한다.

부칙〈제10281호, 2010. 5. 14.〉

제1조(시행일) 이 법은 공포 후 6개월이 경과한 날부터 시행한다.

제2조(다른 법률의 개정) ① 자산재평가법 일부를 다음과 같이 개정한다.

제26조 중 "상법 제31조와 동법 제452

조"를 "「상법」 제452조"로 한다.

② 채무자 회생 및 파산에 관한 법률 일부를 다음과 같이 개정한다.

제94조제2항을 삭제한다.

부칙〈제10366호, 2010. 6. 10.〉(동산·채권 등의 담보에 관한 법률)

제1조(시행일) 이 법은 공포 후 2년이 경과한 날부터 시행한다.

제2조 생략

제3조(다른 법률의 개정) ① 부터 ⑥ 까지 생략

⑦ 상법 일부를 다음과 같이 개정한다.

제468조 단서 중 "질권이나 저당권"을 "질권·저당권이나 「동산·채권 등의 담보에 관한 법률」에 따른 담보권"으로 한다.

⑧ 부터 ⑩ 까지 생략

제4조 생략

부칙〈제10600호, 2011. 4. 14.〉

① (시행일) 이 법은 공포 후 1년이 경과한 날부터 시행한다.

② (이사 등과 회사 간의 거래에 관한 적용례) 제398조의 개정규정은 이 법 시행 후 최초로 체결된 거래부터 적용한다.

③ (일반적 경과조치) 이 법은 특별한 규정이 있는 경우를 제외하고는 이 법 시행 전에 발생한 사항에 대하여도 적용한다. 다만, 종전의 규정에 따라 생긴 효력에는 영향을 미치지 아니한다.

④ (사채모집 수탁회사에 관한 경과조치) 제480조의3의 개정규정에도 불구하고 이 법 시행 전에 사채모집의 위탁을 받은 회사에 대하여는 종전의 규정에 따른다.

부칙〈제10696호, 2011. 5. 23.〉

이 법은 공포 후 6개월이 경과한 날부터 시행한다.

부칙〈제12397호, 2014. 3. 11.〉

제1조(시행일) 이 법은 공포 후 1년이 경과한 날부터 시행한다.

제2조(적용례) ① 이 법은 이 법 시행 후에 체결된 보험계약부터 적용한다.

② 제646조의2제3항과 제4항(제3항이 적용되는 경우로 한정한다), 제664조, 제726조, 제726조의5부터 제726조의7까지, 제727조제2항, 제739조의2 및 제739조의3의 개정규정은 이 법 시행 전에 체결된 보험계약(이하 "구 계약"이라 한다)의 보험기간이 이 법 시행일 이후에도 계속되는 경우에도 적용한다.

③ 제655조 단서, 제682조제2항 및 제732조의2제2항의 개정규정은 구 계약의 보험사고가 이 법 시행일 이후에 발

생한 경우에도 적용한다.

④ 제662조의 개정규정은 구 계약의 청구권이 이 법 시행일 이후에 발생한 경우에도 적용한다.

⑤ 제722조제2항의 개정규정은 구 계약의 피보험자가 제3자로부터 이 법 시행일 이후에 배상청구를 받는 경우에도 적용한다.

⑥ 제735조의3제3항의 개정규정은 구 계약의 보험계약자가 이 법 시행일 이후에 보험수익자를 지정하는 경우에도 적용한다.

부칙〈제12591호, 2014. 5. 20.〉

제1조(시행일) 이 법은 공포한 날부터 시행한다.

제2조(무기명식의 주권에 관한 경과조치) 이 법 시행 전에 발행된 무기명식의 주권에 관하여는 종전의 규정에 따른다.

제3조(운송인의 배상한도에 관한 경과조치) 이 법 시행 당시 이미 운송인의 배상책임이 발생한 경우에 그 한도액에 대하여는 종전의 규정에 따른다.

제4조(다른 법률의 개정) ① 건설산업기본법 일부를 다음과 같이 개정한다.
제59조제3항 중 "기명주식"을 "주식"으로 한다.

② 산업발전법 일부를 다음과 같이 개정한다.

제42조제3항 중 "기명주식(記名株式)"을 "주식"으로 한다.

③ 소방산업의 진흥에 관한 법률 일부를 다음과 같이 개정한다.
제29조제3항 중 "기명주식"을 "주식"으로 한다.

④ 소프트웨어산업 진흥법 일부를 다음과 같이 개정한다.
제32조제3항 중 "기명주식(記名株式)"을 "주식"으로 한다.

⑤ 외국인토지법 일부를 다음과 같이 개정한다.
제2조제2호라목 후단을 삭제한다.

⑥ 전기공사공제조합법 일부를 다음과 같이 개정한다.
제11조제3항 중 "기명주식(記名株式)"을 "주식"으로 한다.

⑦ 정보통신공사업법 일부를 다음과 같이 개정한다.
제48조제3항 중 "기명주식(記名株式)"을 "주식"으로 한다.

⑧ 주택저당채권유동화회사법 일부를 다음과 같이 개정한다.
제12조제4항 단서 중 "기명주식(記名株式)"을 "주식"으로 한다.

⑨ 채무자 회생 및 파산에 관한 법률 일부를 다음과 같이 개정한다.
제252조제2항 중 "「상법」 제339조(질

권의 물상대위)와 제340조(기명주식의 등록질)제3항의 규정"을 "「상법」 제339조(질권의 물상대위) 및 제340조(주식의 등록질)제3항"으로 한다.

⑩ 콘텐츠산업 진흥법 일부를 다음과 같이 개정한다.

제20조의8제3항 중 "기명주식"을 "주식"으로 한다.

⑪ 한국주택금융공사법 일부를 다음과 같이 개정한다.

제32조제4항 단서 중 "기명주식"을 "주식"으로 한다.

부칙〈제13523호, 2015. 12. 1.〉

제1조(시행일) 이 법은 공포 후 3개월이 경과한 날부터 시행한다.

제2조(의결권 없는 주주에 대한 주주총회의 소집 통지에 관한 적용례) 제363조제7항 단서의 개정규정은 이 법 시행 후 주주총회를 소집하는 경우부터 적용한다.

제3조(반대주주의 주식매수청구권의 행사 절차에 관한 적용례) 제374조의2의 개정규정은 이 법 시행 당시 주식매수청구의 절차가 진행 중인 경우에도 적용한다.

부칙〈제14096호, 2016. 3. 22.〉(주식 · 사채 등의 전자등록에 관한 법률)

제1조(시행일) 이 법은 공포 후 4년을 넘지 아니하는 범위에서 대통령령으로 정하는 날부터 시행한다.

제2조 부터 제9조까지 생략

제10조(다른 법률의 개정) ① 상법 일부를 다음과 같이 개정한다.

제65조제2항 전단 중 "제1항의 유가증권"을 "제1항의 유가증권으로서 그 권리의 발생 · 변경 · 소멸을 전자등록하는 데에 적합한 유가증권"으로 한다.

제356조의2제1항 중 "취급하는 것으로 지정된 기관"을 "취급하는 기관"으로 하고, 같은 조 제4항을 다음과 같이 한다.

④ 전자등록의 절차 · 방법 및 효과, 전자등록기관에 대한 감독, 그 밖에 주식의 전자등록 등에 필요한 사항은 따로 법률로 정한다.

② 부터 ⑤까지 생략

제11조 생략

부칙〈제14969호, 2017. 10. 31.〉

이 법은 공포 후 1년이 경과한 날부터 시행한다.

부칙〈제15755호, 2018. 9. 18.〉

이 법은 공포 후 3개월이 경과한 날부터 시행한다.

부칙〈제17354호, 2020. 6. 9.〉(전자서명법)

제1조(시행일) 이 법은 공포 후 6개월이 경과한 날부터 시행한다. <단서 생략>

제2조 부터 제6조까지 생략

제7조(다른 법률의 개정) ① 부터 ⑥까지 생략

⑦ 상법 일부를 다음과 같이 개정한다.
제731조제1항 중 "전자서명 또는 제2조제3호에 따른 공인전자서명"을 "전자서명"으로 한다.

⑧부터 ㉒까지 생략

제8조 생략

부칙〈제17362호, 2020. 6. 9.〉

제1조(시행일) 이 법은 공포 후 3개월이 경과한 날부터 시행한다.

제2조(다른 법률의 개정) 상업등기법 일부를 다음과 같이 개정한다.
제38조의 제목 중 "주식회사"를 "유한책임회사, 주식회사"로 한다.

부칙〈제17764호, 2020. 12. 29.〉

제1조(시행일) 이 법은 공포한 날부터 시행한다.

제2조(감사위원회위원이 되는 이사의 선임에 관한 적용례) 제542조의12제2항 단서, 같은 조 제4항(선임에 관한 부분으로 한정한다) 및 제8항의 개정규정은 이 법 시행 이후 새로 감사위원회위원을 선임하는 경우부터 적용한다.

제3조(상장회사의 감사위원회위원 및 감사의 해임에 관한 적용례) 제542조의12제3항, 제4항(해임에 관한 부분으로 한정한다) 및 제7항(해임에 관한 부분으로 한정한다)의 개정규정은 이 법 시행 당시 종전 규정에 따라 선임된 감사위원회위원 및 감사를 해임하는 경우에도 적용한다.

제4조(다른 법령의 개정) ① 근로복지기본법 일부를 다음과 같이 개정한다.
제39조제9항 중 "「상법」 제350조제2항, 제350조제3항 후단"을 "「상법」 제350조제2항"으로 한다.

② 벤처기업육성에 관한 특별조치법 일부를 다음과 같이 개정한다.
제16조의3제8항 중 "「상법」 제350조제2항, 제350조제3항 후단"을 "「상법」 제350조제2항"으로 한다.

③ 자본시장과 금융투자업에 관한 법률 일부를 다음과 같이 개정한다.

제165조의12제7항 중 "제344조제1항, 제350조제3항(같은 법 제423조제1항, 제516조제2항 및 제516조의9에서 준용하는 경우를 포함한다. 이하 이 항에서 같다)"을 "제344조제1항"으로, "같은 법 제350조제3항의 적용에 관하여는 제1항의 말일을 영업연도 말로 보며, 「상법」 제635조제1항제22호의2의 적용에 관하여는 제3항의 기간을 「상법」 제464조의2제1항의 기간으로 본다"를 "같은 법 제635조제1항제22호의2의 적용에 관하여는 제3항의 기간을 같은 법 제464조의2제1항의 기간으로 본다"로 한다.

부정청탁 및 금품등 수수의 금지에 관한 법률
(약칭: 청탁금지법)
[시행 2022. 6. 8.] [법률 제18576호, 2021. 12. 7., 일부개정]

제1장 총칙

제1조(목적) 이 법은 공직자 등에 대한 부정청탁 및 공직자 등의 금품 등의 수수(收受)를 금지함으로써 공직자 등의 공정한 직무수행을 보장하고 공공기관에 대한 국민의 신뢰를 확보하는 것을 목적으로 한다.

제2조(정의) 이 법에서 사용하는 용어의 뜻은 다음과 같다.

1. "공공기관"이란 다음 각 목의 어느 하나에 해당하는 기관·단체를 말한다.

  가. 국회, 법원, 헌법재판소, 선거관리위원회, 감사원, 국가인권위원회, 고위공직자범죄수사처, 중앙행정기관(대통령 소속 기관과 국무총리 소속 기관을 포함한다)과 그 소속 기관 및 지방자치단체

  나. 「공직자윤리법」 제3조의2에 따른 공직유관단체

  다. 「공공기관의 운영에 관한 법률」 제4조에 따른 기관

  라. 「초·중등교육법」, 「고등교육법」, 「유아교육법」 및 그 밖의 다른 법령에 따라 설치된 각급 학교 및 「사립학교법」에 따른 학교법인

  마. 「언론중재 및 피해구제 등에 관한 법률」 제2조제12호에 따른 언론사

2. "공직자등"이란 다음 각 목의 어느 하나에 해당하는 공직자 또는 공적 업무 종사자를 말한다.

  가. 「국가공무원법」 또는 「지방공무원법」에 따른 공무원과 그 밖에 다른 법률에 따라 그 자격·임용·교육훈련·복무·보수·신분보장 등에 있어서 공무원으로 인정된 사람

  나. 제1호나목 및 다목에 따른 공직유관단체 및 기관의 장과 그 임직원

  다. 제1호라목에 따른 각급 학교의 장과 교직원 및 학교법인의 임직원

  라. 제1호마목에 따른 언론사의 대표

자와 그 임직원

3. "금품등"이란 다음 각 목의 어느 하나에 해당하는 것을 말한다.

 가. 금전, 유가증권, 부동산, 물품, 숙박권, 회원권, 입장권, 할인권, 초대권, 관람권, 부동산 등의 사용권 등 일체의 재산적 이익

 나. 음식물·주류·골프 등의 접대·향응 또는 교통·숙박 등의 편의 제공

 다. 채무 면제, 취업 제공, 이권(利權) 부여 등 그 밖의 유형·무형의 경제적 이익

4. "소속기관장"이란 공직자등이 소속된 공공기관의 장을 말한다.

제3조(국가 등의 책무) ① 국가는 공직자가 공정하고 청렴하게 직무를 수행할 수 있는 근무 여건을 조성하기 위하여 노력하여야 한다.

② 공공기관은 공직자등의 공정하고 청렴한 직무수행을 보장하기 위하여 부정청탁 및 금품등의 수수를 용인(容認)하지 아니하는 공직문화 형성에 노력하여야 한다.

③ 공공기관은 공직자등이 위반행위 신고 등 이 법에 따른 조치를 함으로써 불이익을 당하지 아니하도록 적절한 보호조치를 하여야 한다.

제4조(공직자등의 의무) ① 공직자등은 사적 이해관계에 영향을 받지 아니하고 직무를 공정하고 청렴하게 수행하여야 한다.

② 공직자등은 직무수행과 관련하여 공평무사하게 처신하고 직무관련자를 우대하거나 차별해서는 아니 된다.

제2장 부정청탁의 금지 등

제5조(부정청탁의 금지) ① 누구든지 직접 또는 제3자를 통하여 직무를 수행하는 공직자등에게 다음 각 호의 어느 하나에 해당하는 부정청탁을 해서는 아니 된다.

1. 인가·허가·면허·특허·승인·검사·검정·시험·인증·확인 등 법령(조례·규칙을 포함한다. 이하 같다)에서 일정한 요건을 정하여 놓고 직무관련자로부터 신청을 받아 처리하는 직무에 대하여 법령을 위반하여 처리하도록 하는 행위

2. 인가 또는 허가의 취소, 조세, 부담금, 과태료, 과징금, 이행강제금, 범칙금, 징계 등 각종 행정처분 또는 형벌부과에 관하여 법령을 위반하여 감경·면제하도록 하는 행위

3. 모집·선발·채용·승진·전보 등 공직자등의 인사에 관하여 법령을 위반하여 개입하거나 영향을 미치도록 하는 행위

4. 법령을 위반하여 각종 심의·의결·

조정 위원회의 위원, 공공기관이 주관하는 시험·선발 위원 등 공공기관의 의사결정에 관여하는 직위에 선정 또는 탈락되도록 하는 행위

5. 공공기관이 주관하는 각종 수상, 포상, 우수기관 선정 또는 우수자·장학생 선발에 관하여 법령을 위반하여 특정 개인·단체·법인이 선정 또는 탈락되도록 하는 행위

6. 입찰·경매·개발·시험·특허·군사·과세 등에 관한 직무상 비밀을 법령을 위반하여 누설하도록 하는 행위

7. 계약 관련 법령을 위반하여 특정 개인·단체·법인이 계약의 당사자로 선정 또는 탈락되도록 하는 행위

8. 보조금·장려금·출연금·출자금·교부금·기금 등의 업무에 관하여 법령을 위반하여 특정 개인·단체·법인에 배정·지원하거나 투자·예치·대여·출연·출자하도록 개입하거나 영향을 미치도록 하는 행위

9. 공공기관이 생산·공급·관리하는 재화 및 용역을 특정 개인·단체·법인에게 법령에서 정하는 가격 또는 정상적인 거래관행에서 벗어나 매각·교환·사용·수익·점유하도록 하는 행위

10. 각급 학교의 입학·성적·수행평가·논문심사·학위수여 등의 업무에

관하여 법령을 위반하여 처리·조작하도록 하는 행위

11. 병역판정검사, 부대 배속, 보직 부여 등 병역 관련 업무에 관하여 법령을 위반하여 처리하도록 하는 행위

12. 공공기관이 실시하는 각종 평가·판정·인정 업무에 관하여 법령을 위반하여 평가, 판정 또는 인정하게 하거나 결과를 조작하도록 하는 행위

13. 법령을 위반하여 행정지도·단속·감사·조사 대상에서 특정 개인·단체·법인이 선정·배제되도록 하거나 행정지도·단속·감사·조사의 결과를 조작하거나 또는 그 위법사항을 묵인하게 하는 행위

14. 사건의 수사·재판·심판·결정·조정·중재·화해, 형의 집행, 수용자의 지도·처우·계호 또는 이에 준하는 업무를 법령을 위반하여 처리하도록 하는 행위

15. 제1호부터 제14호까지의 부정청탁의 대상이 되는 업무에 관하여 공직자등이 법령에 따라 부여받은 지위·권한을 벗어나 행사하거나 권한에 속하지 아니한 사항을 행사하도록 하는 행위

② 제1항에도 불구하고 다음 각 호의 어느 하나에 해당하는 경우에는 이 법을 적용하지 아니한다.

1. 「청원법」, 「민원사무 처리에 관한 법률」, 「행정절차법」, 「국회법」 및 그 밖의 다른 법령·기준(제2조제1호나목부터 마목까지의 공공기관의 규정·사규·기준을 포함한다. 이하 같다)에서 정하는 절차·방법에 따라 권리침해의 구제·해결을 요구하거나 그와 관련된 법령·기준의 제정·개정·폐지를 제안·건의하는 등 특정한 행위를 요구하는 행위

2. 공개적으로 공직자등에게 특정한 행위를 요구하는 행위

3. 선출직 공직자, 정당, 시민단체 등이 공익적인 목적으로 제3자의 고충민원을 전달하거나 법령·기준의 제정·개정·폐지 또는 정책·사업·제도 및 그 운영 등의 개선에 관하여 제안·건의하는 행위

4. 공공기관에 직무를 법정기한 안에 처리하여 줄 것을 신청·요구하거나 그 진행상황·조치결과 등에 대하여 확인·문의 등을 하는 행위

5. 직무 또는 법률관계에 관한 확인·증명 등을 신청·요구하는 행위

6. 질의 또는 상담형식을 통하여 직무에 관한 법령·제도·절차 등에 대하여 설명이나 해석을 요구하는 행위

7. 그 밖에 사회상규(社會常規)에 위배되지 아니하는 것으로 인정되는 행위

제6조(부정청탁에 따른 직무수행 금지) 부정청탁을 받은 공직자등은 그에 따라 직무를 수행해서는 아니 된다.

제7조(부정청탁의 신고 및 처리) ① 공직자등은 부정청탁을 받았을 때에는 부정청탁을 한 자에게 부정청탁임을 알리고 이를 거절하는 의사를 명확히 표시하여야 한다.

② 공직자등은 제1항에 따른 조치를 하였음에도 불구하고 동일한 부정청탁을 다시 받은 경우에는 이를 소속기관장에게 서면(전자문서를 포함한다. 이하 같다)으로 신고하여야 한다.

③ 제2항에 따른 신고를 받은 소속기관장은 신고의 경위·취지·내용·증거자료 등을 조사하여 신고 내용이 부정청탁에 해당하는지를 신속하게 확인하여야 한다.

④ 소속기관장은 부정청탁이 있었던 사실을 알게 된 경우 또는 제2항 및 제3항의 부정청탁에 관한 신고·확인 과정에서 해당 직무의 수행에 지장이 있다고 인정하는 경우에는 부정청탁을 받은 공직자등에 대하여 다음 각 호의 조치를 할 수 있다.

1. 직무 참여 일시중지

2. 직무 대리자의 지정

3. 전보

4. 그 밖에 국회규칙, 대법원규칙, 헌

법재판소규칙, 중앙선거관리위원회규칙 또는 대통령령으로 정하는 조치

⑤ 소속기관장은 공직자등이 다음 각 호의 어느 하나에 해당하는 경우에는 제4항에도 불구하고 그 공직자등에게 직무를 수행하게 할 수 있다. 이 경우 제20조에 따른 소속기관의 담당관 또는 다른 공직자등으로 하여금 그 공직자등의 공정한 직무수행 여부를 주기적으로 확인·점검하도록 하여야 한다.

1. 직무를 수행하는 공직자등을 대체하기 지극히 어려운 경우

2. 공직자등의 직무수행에 미치는 영향이 크지 아니한 경우

3. 국가의 안전보장 및 경제발전 등 공익증진을 이유로 직무수행의 필요성이 더 큰 경우

⑥ 공직자등은 제2항에 따른 신고를 감독기관·감사원·수사기관 또는 국민권익위원회에도 할 수 있다.

⑦ 소속기관장은 다른 법령에 위반되지 아니하는 범위에서 부정청탁의 내용 및 조치사항을 해당 공공기관의 인터넷 홈페이지 등에 공개할 수 있다.

⑧ 제1항부터 제7항까지에서 규정한 사항 외에 부정청탁의 신고·확인·처리 및 기록·관리·공개 등에 필요한 사항은 대통령령으로 정한다.

제3장 금품등의 수수 금지 등

제8조(금품등의 수수 금지) ① 공직자등은 직무 관련 여부 및 기부·후원·증여 등 그 명목에 관계없이 동일인으로부터 1회에 100만원 또는 매 회계연도에 300만원을 초과하는 금품등을 받거나 요구 또는 약속해서는 아니 된다.

② 공직자등은 직무와 관련하여 대가성 여부를 불문하고 제1항에서 정한 금액 이하의 금품등을 받거나 요구 또는 약속해서는 아니 된다.

③ 제10조의 외부강의등에 관한 사례금 또는 다음 각 호의 어느 하나에 해당하는 금품등의 경우에는 제1항 또는 제2항에서 수수를 금지하는 금품등에 해당하지 아니한다.

1. 공공기관이 소속 공직자등이나 파견 공직자등에게 지급하거나 상급 공직자등이 위로·격려·포상 등의 목적으로 하급 공직자등에게 제공하는 금품등

2. 원활한 직무수행 또는 사교·의례 또는 부조의 목적으로 제공되는 음식물·경조사비·선물 등으로서 대통령령으로 정하는 가액 범위 안의 금품등. 다만, 선물 중 「농수산물 품질관리법」 제2조제1항제1호에 따른 농수산물 및 같은 항 제13호에 따른 농수산가공품(농수산물을 원료

또는 재료의 50퍼센트를 넘게 사용하여 가공한 제품만 해당한다)은 대통령령으로 정하는 설날·추석을 포함한 기간에 한정하여 그 가액 범위를 두배로 한다.

3. 사적 거래(증여는 제외한다)로 인한 채무의 이행 등 정당한 권원(權原)에 의하여 제공되는 금품등

4. 공직자등의 친족(「민법」 제777조에 따른 친족을 말한다)이 제공하는 금품등

5. 공직자등과 관련된 직원상조회·동호인회·동창회·향우회·친목회·종교단체·사회단체 등이 정하는 기준에 따라 구성원에게 제공하는 금품등 및 그 소속 구성원 등 공직자등과 특별히 장기적·지속적인 친분 관계를 맺고 있는 자가 질병·재난 등으로 어려운 처지에 있는 공직자등에게 제공하는 금품등

6. 공직자등의 직무와 관련된 공식적인 행사에서 주최자가 참석자에게 통상적인 범위에서 일률적으로 제공하는 교통, 숙박, 음식물 등의 금품등

7. 불특정 다수인에게 배포하기 위한 기념품 또는 홍보용품 등이나 경연·추첨을 통하여 받는 보상 또는 상품 등

8. 그 밖에 다른 법령·기준 또는 사회상규에 따라 허용되는 금품등

④ 공직자등의 배우자는 공직자등의 직무와 관련하여 제1항 또는 제2항에 따라 공직자등이 받는 것이 금지되는 금품등(이하 "수수 금지 금품등"이라 한다)을 받거나 요구하거나 제공받기로 약속해서는 아니 된다.

⑤ 누구든지 공직자등에게 또는 그 공직자등의 배우자에게 수수 금지 금품등을 제공하거나 그 제공의 약속 또는 의사표시를 해서는 아니 된다.

제9조(수수 금지 금품등의 신고 및 처리)

① 공직자등은 다음 각 호의 어느 하나에 해당하는 경우에는 소속기관장에게 지체 없이 서면으로 신고하여야 한다.

1. 공직자등 자신이 수수 금지 금품등을 받거나 그 제공의 약속 또는 의사표시를 받은 경우

2. 공직자등이 자신의 배우자가 수수 금지 금품등을 받거나 그 제공의 약속 또는 의사표시를 받은 사실을 안 경우

② 공직자등은 자신이 수수 금지 금품등을 받거나 그 제공의 약속이나 의사표시를 받은 경우 또는 자신의 배우자가 수수 금지 금품등을 받거나 그 제공의 약속이나 의사표시를 받은 사실을 알게 된 경우에는 이를 제공자에게 지체 없이 반환하거나 반환하도록 하거나 그 거부의 의사를 밝히거나 밝히도

록 하여야 한다. 다만, 받은 금품등이 다음 각 호의 어느 하나에 해당하는 경우에는 소속기관장에게 인도하거나 인도하도록 하여야 한다.

1. 멸실·부패·변질 등의 우려가 있는 경우
2. 해당 금품등의 제공자를 알 수 없는 경우
3. 그 밖에 제공자에게 반환하기 어려운 사정이 있는 경우

③ 소속기관장은 제1항에 따라 신고를 받거나 제2항 단서에 따라 금품등을 인도받은 경우 수수 금지 금품등에 해당한다고 인정하는 때에는 반환 또는 인도하게 하거나 거부의 의사를 표시하도록 하여야 하며, 수사의 필요성이 있다고 인정하는 때에는 그 내용을 지체 없이 수사기관에 통보하여야 한다.

④ 소속기관장은 공직자등 또는 그 배우자가 수수 금지 금품등을 받거나 그 제공의 약속 또는 의사표시를 받은 사실을 알게 된 경우 수사의 필요성이 있다고 인정하는 때에는 그 내용을 지체 없이 수사기관에 통보하여야 한다.

⑤ 소속기관장은 소속 공직자등 또는 그 배우자가 수수 금지 금품등을 받거나 그 제공의 약속 또는 의사표시를 받은 사실을 알게 된 경우 또는 제1항부터 제4항까지의 규정에 따른 금품등의 신고, 금품등의 반환·인도 또는 수사기관에 대한 통보의 과정에서 직무의 수행에 지장이 있다고 인정하는 경우에는 해당 공직자등에게 제7조제4항 각 호 및 같은 조 제5항의 조치를 할 수 있다.

⑥ 공직자등은 제1항 또는 같은 조 제2항 단서에 따른 신고나 인도를 감독기관·감사원·수사기관 또는 국민권익위원회에도 할 수 있다.

⑦ 소속기관장은 공직자등으로부터 제1항제2호에 따른 신고를 받은 경우 그 공직자등의 배우자가 반환을 거부하는 금품등이 수수 금지 금품등에 해당한다고 인정하는 때에는 그 공직자등의 배우자로 하여금 그 금품등을 제공자에게 반환하도록 요구하여야 한다.

⑧ 제1항부터 제7항까지에서 규정한 사항 외에 수수 금지 금품등의 신고 및 처리 등에 필요한 사항은 대통령령으로 정한다.

제10조(외부강의등의 사례금 수수 제한) ① 공직자등은 자신의 직무와 관련되거나 그 지위·직책 등에서 유래되는 사실상의 영향력을 통하여 요청받은 교육·홍보·토론회·세미나·공청회 또는 그 밖의 회의 등에서 한 강의·강연·기고 등(이하 "외부강의등"이라 한다)의 대가로서 대통령령으로 정하는

금액을 초과하는 사례금을 받아서는 아니 된다.

② 공직자등은 사례금을 받는 외부강의등을 할 때에는 대통령령으로 정하는 바에 따라 외부강의등의 요청 명세 등을 소속기관장에게 그 외부강의등을 마친 날부터 10일 이내에 서면으로 신고하여야 한다. 다만, 외부강의등을 요청한 자가 국가나 지방자치단체인 경우에는 그러하지 아니하다.

③ 삭제 <2019. 11. 26.>

④ 소속기관장은 제2항에 따라 공직자등이 신고한 외부강의등이 공정한 직무수행을 저해할 수 있다고 판단하는 경우에는 그 공직자등의 외부강의등을 제한할 수 있다.

⑤ 공직자등은 제1항에 따른 금액을 초과하는 사례금을 받은 경우에는 대통령령으로 정하는 바에 따라 소속기관장에게 신고하고, 제공자에게 그 초과금액을 지체 없이 반환하여야 한다.

제11조(공무수행사인의 공무 수행과 관련된 행위제한 등) ① 다음 각 호의 어느 하나에 해당하는 자(이하 "공무수행사인"이라 한다)의 공무 수행에 관하여는 제5조부터 제9조까지를 준용한다.

1. 「행정기관 소속 위원회의 설치·운영에 관한 법률」 또는 다른 법령에 따라 설치된 각종 위원회의 위원 중 공직자가 아닌 위원

2. 법령에 따라 공공기관의 권한을 위임·위탁받은 법인·단체 또는 그 기관이나 개인

3. 공무를 수행하기 위하여 민간부문에서 공공기관에 파견 나온 사람

4. 법령에 따라 공무상 심의·평가 등을 하는 개인 또는 법인·단체

② 제1항에 따라 공무수행사인에 대하여 제5조부터 제9조까지를 준용하는 경우 "공직자등"은 "공무수행사인"으로 보고, "소속기관장"은 "다음 각 호의 구분에 따른 자"로 본다.

1. 제1항제1호에 따른 위원회의 위원: 그 위원회가 설치된 공공기관의 장

2. 제1항제2호에 따른 법인·단체 또는 그 기관이나 개인: 감독기관 또는 권한을 위임하거나 위탁한 공공기관의 장

3. 제1항제3호에 따른 사람: 파견을 받은 공공기관의 장

4. 제1항제4호에 따른 개인 또는 법인·단체: 해당 공무를 제공받는 공공기관의 장

제4장 부정청탁 등 방지에 관한 업무의 총괄 등

제12조(공직자등의 부정청탁 등 방지에 관한 업무의 총괄) 국민권익위원회는

이 법에 따른 다음 각 호의 사항에 관한 업무를 관장한다.

1. 부정청탁의 금지 및 금품등의 수수 금지·제한 등에 관한 제도개선 및 교육·홍보계획의 수립 및 시행

2. 부정청탁 등에 관한 유형, 판단기준 및 그 예방 조치 등에 관한 기준의 작성 및 보급

3. 부정청탁 등에 대한 신고 등의 안내·상담·접수·처리 등

4. 신고자 등에 대한 보호 및 보상

5. 제1호부터 제4호까지의 업무 수행에 필요한 실태조사 및 자료의 수집·관리·분석 등

제13조(위반행위의 신고 등) ① 누구든지 이 법의 위반행위가 발생하였거나 발생하고 있다는 사실을 알게 된 경우에는 다음 각 호의 어느 하나에 해당하는 기관에 신고할 수 있다.

1. 이 법의 위반행위가 발생한 공공기관 또는 그 감독기관

2. 감사원 또는 수사기관

3. 국민권익위원회

② 제1항에 따른 신고를 한 자가 다음 각 호의 어느 하나에 해당하는 경우에는 이 법에 따른 보호 및 보상을 받지 못한다.

1. 신고의 내용이 거짓이라는 사실을 알았거나 알 수 있었음에도 신고한 경우

2. 신고와 관련하여 금품등이나 근무관계상의 특혜를 요구한 경우

3. 그 밖에 부정한 목적으로 신고한 경우

③ 제1항에 따라 신고를 하려는 자는 자신의 인적사항과 신고의 취지·이유·내용을 적고 서명한 문서와 함께 신고 대상 및 증거 등을 제출하여야 한다.

제13조의2(비실명 대리신고) ① 제13조제3항에도 불구하고 같은 조 제1항에 따라 신고를 하려는 자는 자신의 인적사항을 밝히지 아니하고 변호사를 선임하여 신고를 대리하게 할 수 있다. 이 경우 제13조제3항에 따른 신고자의 인적사항 및 신고자가 서명한 문서는 변호사의 인적사항 및 변호사가 서명한 문서로 갈음한다.

② 제1항에 따른 신고는 국민권익위원회에 하여야 하며, 신고자 또는 신고를 대리하는 변호사는 그 취지를 밝히고 신고자의 인적사항, 신고자임을 입증할 수 있는 자료 및 위임장을 국민권익위원회에 함께 제출하여야 한다.

③ 국민권익위원회는 제2항에 따라 제출된 자료를 봉인하여 보관하여야 하며, 신고자 본인의 동의 없이 이를 열람하여서는 아니 된다.

제14조(신고의 처리) ① 제13조제1항제1호 또는 제2호의 기관(이하 "조사

기관"이라 한다)은 같은 조 제1항에 따라 신고를 받거나 제2항에 따라 국민권익위원회로부터 신고를 이첩받은 경우에는 그 내용에 관하여 필요한 조사·감사 또는 수사를 하여야 한다.

② 국민권익위원회가 제13조제1항에 따른 신고를 받은 경우에는 그 내용에 관하여 신고자를 상대로 사실관계를 확인한 후 대통령령으로 정하는 바에 따라 조사기관에 이첩하고, 그 사실을 신고자에게 통보하여야 한다.

③ 조사기관은 제1항에 따라 조사·감사 또는 수사를 마친 날부터 10일 이내에 그 결과를 신고자와 국민권익위원회에 통보(국민권익위원회로부터 이첩받은 경우만 해당한다)하고, 조사·감사 또는 수사 결과에 따라 공소 제기, 과태료 부과 대상 위반행위의 통보, 징계 처분 등 필요한 조치를 하여야 한다.

④ 국민권익위원회는 제3항에 따라 조사기관으로부터 조사·감사 또는 수사 결과를 통보받은 경우에는 지체 없이 신고자에게 조사·감사 또는 수사 결과를 알려야 한다.

⑤ 제3항 또는 제4항에 따라 조사·감사 또는 수사 결과를 통보받은 신고자는 조사기관에 이의신청을 할 수 있으며, 제4항에 따라 조사·감사 또는 수사 결과를 통지받은 신고자는 국민권익위원회에도 이의신청을 할 수 있다.

⑥ 국민권익위원회는 조사기관의 조사·감사 또는 수사 결과가 충분하지 아니하다고 인정되는 경우에는 조사·감사 또는 수사 결과를 통보받은 날부터 30일 이내에 새로운 증거자료의 제출 등 합리적인 이유를 들어 조사기관에 재조사를 요구할 수 있다.

⑦ 제6항에 따른 재조사를 요구받은 조사기관은 재조사를 종료한 날부터 7일 이내에 그 결과를 국민권익위원회에 통보하여야 한다. 이 경우 국민권익위원회는 통보를 받은 즉시 신고자에게 재조사 결과의 요지를 알려야 한다.

제15조(신고자등의 보호·보상) ① 누구든지 다음 각 호의 어느 하나에 해당하는 신고 등(이하 "신고등"이라 한다)을 하지 못하도록 방해하거나 신고등을 한 자(이하 "신고자등"이라 한다)에게 이를 취소하도록 강요해서는 아니 된다.

1. 제7조제2항 및 제6항에 따른 신고
2. 제9조제1항, 같은 조 제2항 단서 및 같은 조 제6항에 따른 신고 및 인도
3. 제13조제1항에 따른 신고
4. 제1호부터 제3호까지에 따른 신고를 한 자 외에 협조를 한 자가 신고에 관한 조사·감사·수사·소송 또

는 보호조치에 관한 조사·소송 등에서 진술·증언 및 자료제공 등의 방법으로 조력하는 행위

② 누구든지 신고자등에게 신고등을 이유로 불이익조치(「공익신고자 보호법」 제2조제6호에 따른 불이익조치를 말한다. 이하 같다)를 해서는 아니 된다.

③ 이 법에 따른 위반행위를 한 자가 위반사실을 자진하여 신고하거나 신고자등이 신고등을 함으로 인하여 자신이 한 이 법 위반행위가 발견된 경우에는 그 위반행위에 대한 형사처벌, 과태료 부과, 징계처분, 그 밖의 행정처분 등을 감경하거나 면제할 수 있다.

④ 제1항부터 제3항까지에서 규정한 사항 외에 신고자등의 보호 등에 관하여는 「공익신고자 보호법」 제11조부터 제13조까지, 제14조제4항부터 제6항까지, 제16조부터 제20조까지, 제20조의2, 제21조 및 제22조부터 제25조까지의 규정을 준용한다. 이 경우 "공익신고자등"은 "신고자등"으로, "공익신고등"은 "신고등"으로, "공익신고자"는 "신고자"로, "공익침해행위"는 "이 법의 위반행위"로 본다.

⑤ 국민권익위원회는 제13조제1항에 따른 신고로 인하여 공공기관에 재산상 이익을 가져오거나 손실을 방지한 경우 또는 공익의 증진을 가져온 경우에는 그 신고자에게 포상금을 지급할 수 있다.

⑥ 국민권익위원회는 제13조제1항에 따른 신고로 인하여 공공기관에 직접적인 수입의 회복·증대 또는 비용의 절감을 가져온 경우에는 그 신고자의 신청에 의하여 보상금을 지급하여야 한다.

⑦ 국민권익위원회는 제13조제1항에 따라 신고를 한 자, 그 친족이나 동거인 또는 그 신고와 관련하여 진술·증언 및 자료제공 등의 방법으로 신고에 관한 감사·수사 또는 조사 등에 조력한 자가 신고 등과 관련하여 다음 각 호의 어느 하나에 해당하는 피해를 입었거나 비용을 지출한 경우에는 신청에 따라 구조금을 지급할 수 있다.

1. 육체적·정신적 치료 등에 소요된 비용
2. 전직·파견근무 등으로 소요된 이사비용
3. 제13조제1항에 따른 신고 등을 이유로 한 쟁송절차에 소요된 비용
4. 불이익조치 기간의 임금 손실액
5. 그 밖의 중대한 경제적 손해(인가·허가 등의 취소 등 행정적 불이익을 주는 행위 또는 물품·용역 계약의 해지 등 경제적 불이익을 주는 조치에 따른 손해는 제외한다)

⑧ 제5항부터 제7항까지의 규정에 따른 포상금·보상금·구조금의 신청 및 지급 등에 관하여는 「부패방지 및 국민권익위원회의 설치와 운영에 관한 법률」 제68조부터 제70조까지, 제70조의2 및 제71조를 준용한다. 이 경우 "신고자"는 "제13조제1항에 따라 신고를 한 자"로, "신고"는 "제13조제1항에 따른 신고"로 본다.

제15조의2(이행강제금) ① 국민권익위원회는 제15조제4항에 따라 준용되는 「공익신고자 보호법」 제20조제1항에 따른 보호조치결정을 받은 후 그 정해진 기한까지 보호조치를 취하지 아니한 자에게는 3천만원 이하의 이행강제금을 부과한다. 다만, 국가 또는 지방자치단체는 제외한다.

② 제1항에 따른 이행강제금의 부과기준, 절차 및 징수 등에 필요한 사항은 「공익신고자 보호법」 제21조의2제2항부터 제7항까지의 규정을 준용한다.

제16조(위법한 직무처리에 대한 조치) 공공기관의 장은 공직자등이 직무수행 중에 또는 직무수행 후에 제5조, 제6조 및 제8조를 위반한 사실을 발견한 경우에는 해당 직무를 중지하거나 취소하는 등 필요한 조치를 하여야 한다.

제17조(부당이득의 환수) 공공기관의 장은 제5조, 제6조, 제8조를 위반하여 수행한 공직자등의 직무가 위법한 것으로 확정된 경우에는 그 직무의 상대방에게 이미 지출·교부된 금액 또는 물건이나 그 밖에 재산상 이익을 환수하여야 한다.

제18조(비밀누설 금지) 다음 각 호의 어느 하나에 해당하는 업무를 수행하거나 수행하였던 공직자등은 그 업무처리 과정에서 알게 된 비밀을 누설해서는 아니 된다. 다만, 제7조제7항에 따라 공개하는 경우에는 그러하지 아니하다.

1. 제7조에 따른 부정청탁의 신고 및 조치에 관한 업무

2. 제9조에 따른 수수 금지 금품등의 신고 및 처리에 관한 업무

제19조(교육과 홍보 등) ① 공공기관의 장은 공직자등에게 부정청탁 금지 및 금품등의 수수 금지에 관한 내용을 정기적으로 교육하여야 하며, 이를 준수할 것을 약속하는 서약서를 받아야 한다.

② 공공기관의 장은 이 법에서 금지하고 있는 사항을 적극적으로 알리는 등 국민들이 이 법을 준수하도록 유도하여야 한다.

③ 공공기관의 장은 제1항 및 제2항에 따른 교육 및 홍보 등의 실시를 위하여 필요하면 국민권익위원회에 지원을 요

청할 수 있다. 이 경우 국민권익위원회는 적극 협력하여야 한다.

제20조(부정청탁 금지 등을 담당하는 담당관의 지정) 공공기관의 장은 소속 공직자등 중에서 다음 각 호의 부정청탁 금지 등을 담당하는 담당관을 지정하여야 한다.

1. 부정청탁 금지 및 금품등의 수수 금지에 관한 내용의 교육·상담

2. 이 법에 따른 신고·신청의 접수, 처리 및 내용의 조사

3. 이 법에 따른 소속기관장의 위반행위를 발견한 경우 법원 또는 수사기관에 그 사실의 통보

제5장 징계 및 벌칙

제21조(징계) 공공기관의 장 등은 공직자등이 이 법 또는 이 법에 따른 명령을 위반한 경우에는 징계처분을 하여야 한다.

제22조(벌칙) ① 다음 각 호의 어느 하나에 해당하는 자는 3년 이하의 징역 또는 3천만원 이하의 벌금에 처한다.

1. 제8조제1항을 위반한 공직자등(제11조에 따라 준용되는 공무수행사인을 포함한다). 다만, 제9조제1항·제2항 또는 제6항에 따라 신고하거나 그 수수 금지 금품등을 반환 또는 는 인도하거나 거부의 의사를 표시

한 공직자등은 제외한다.

2. 자신의 배우자가 제8조제4항을 위반하여 같은 조 제1항에 따른 수수 금지 금품등을 받거나 요구하거나 제공받기로 약속한 사실을 알고도 제9조제1항제2호 또는 같은 조 제6항에 따라 신고하지 아니한 공직자등(제11조에 따라 준용되는 공무수행사인을 포함한다). 다만, 공직자등 또는 배우자가 제9조제2항에 따라 수수 금지 금품등을 반환 또는 인도하거나 거부의 의사를 표시한 경우는 제외한다.

3. 제8조제5항을 위반하여 같은 조 제1항에 따른 수수 금지 금품등을 공직자등(제11조에 따라 준용되는 공무수행사인을 포함한다) 또는 그 배우자에게 제공하거나 그 제공의 약속 또는 의사표시를 한 자

4. 제15조제4항에 따라 준용되는 「공익신고자 보호법」 제12조제1항을 위반하여 신고자등의 인적사항이나 신고자등임을 미루어 알 수 있는 사실을 다른 사람에게 알려주거나 공개 또는 보도한 자

5. 제18조를 위반하여 그 업무처리 과정에서 알게 된 비밀을 누설한 공직자등

② 다음 각 호의 어느 하나에 해당하

는 자는 2년 이하의 징역 또는 2천만
원 이하의 벌금에 처한다.

1. 제6조를 위반하여 부정청탁을 받고
   그에 따라 직무를 수행한 공직자등
   (제11조에 따라 준용되는 공무수행
   사인을 포함한다)

2. 제15조제2항을 위반하여 신고자등
   에게 「공익신고자 보호법」 제2조제
   6호가목에 해당하는 불이익조치를
   한 자

3. 제15조제4항에 따라 준용되는 「공
   익신고자 보호법」 제21조제2항에
   따라 확정되거나 행정소송을 제기
   하여 확정된 보호조치결정을 이행
   하지 아니한 자

③ 다음 각 호의 어느 하나에 해당하
는 자는 1년 이하의 징역 또는 1천만
원 이하의 벌금에 처한다.

1. 제15조제1항을 위반하여 신고등을
   방해하거나 신고등을 취소하도록
   강요한 자

2. 제15조제2항을 위반하여 신고자등
   에게 「공익신고자 보호법」 제2조제
   6호나목부터 사목까지의 어느 하나
   에 해당하는 불이익조치를 한 자

④ 제1항제1호부터 제3호까지의 규정
에 따른 금품등은 몰수한다. 다만, 그
금품등의 전부 또는 일부를 몰수하는
것이 불가능한 경우에는 그 가액을 추

징한다.

제23조(과태료 부과) ① 다음 각 호의
어느 하나에 해당하는 자에게는 3천만
원 이하의 과태료를 부과한다.

1. 제5조제1항을 위반하여 제3자를 위
   하여 다른 공직자등(제11조에 따라
   준용되는 공무수행사인을 포함한다)
   에게 부정청탁을 한 공직자등(제11
   조에 따라 준용되는 공무수행사인
   을 포함한다). 다만, 「형법」 등 다
   른 법률에 따라 형사처벌을 받은 경
   우에는 과태료를 부과하지 아니하
   며, 과태료를 부과한 후 형사처벌을
   받은 경우에는 그 과태료 부과를 취
   소한다.

2. 제15조제4항에 따라 준용되는 「공
   익신고자 보호법」 제19조제2항 및
   제3항(같은 법 제22조제3항에 따라
   준용되는 경우를 포함한다)을 위반
   하여 자료 제출, 출석, 진술서의 제
   출을 거부한 자

② 다음 각 호의 어느 하나에 해당하
는 자에게는 2천만원 이하의 과태료를
부과한다.

1. 제5조제1항을 위반하여 제3자를 위
   하여 공직자등(제11조에 따라 준용
   되는 공무수행사인을 포함한다)에게
   부정청탁을 한 자(제1항제1호에 해
   당하는 자는 제외한다). 다만, 「형

법」 등 다른 법률에 따라 형사처벌을 받은 경우에는 과태료를 부과하지 아니하며, 과태료를 부과한 후 형사처벌을 받은 경우에는 그 과태료 부과를 취소한다.

2. 제15조제4항에 따라 준용되는 「공익신고자 보호법」 제20조의2를 위반하여 특별보호조치결정을 이행하지 아니한 자

③ 제5조제1항을 위반하여 제3자를 통하여 공직자등(제11조에 따라 준용되는 공무수행사인을 포함한다)에게 부정청탁을 한 자(제1항제1호 및 제2항에 해당하는 자는 제외한다)에게는 1천만원 이하의 과태료를 부과한다. 다만, 「형법」 등 다른 법률에 따라 형사처벌을 받은 경우에는 과태료를 부과하지 아니하며, 과태료를 부과한 후 형사처벌을 받은 경우에는 그 과태료 부과를 취소한다.

④ 제10조제5항에 따른 신고 및 반환조치를 하지 아니한 공직자등에게는 500만원 이하의 과태료를 부과한다.

⑤ 다음 각 호의 어느 하나에 해당하는 자에게는 그 위반행위와 관련된 금품등 가액의 2배 이상 5배 이하에 상당하는 금액의 과태료를 부과한다. 다만, 제22조제1항제1호부터 제3호까지의 규정이나 「형법」 등 다른 법률에 따라 형사처벌(몰수나 추징을 당한 경우를 포함한다)을 받은 경우에는 과태료를 부과하지 아니하며, 과태료를 부과한 후 형사처벌을 받은 경우에는 그 과태료 부과를 취소한다.

1. 제8조제2항을 위반한 공직자등(제11조에 따라 준용되는 공무수행사인을 포함한다). 다만, 제9조제1항·제2항 또는 제6항에 따라 신고하거나 그 수수 금지 금품등을 반환 또는 인도하거나 거부의 의사를 표시한 공직자등은 제외한다.

2. 자신의 배우자가 제8조제4항을 위반하여 같은 조 제2항에 따른 수수 금지 금품등을 받거나 요구하거나 제공받기로 약속한 사실을 알고도 제9조제1항제2호 또는 같은 조 제6항에 따라 신고하지 아니한 공직자등(제11조에 따라 준용되는 공무수행사인을 포함한다). 다만, 공직자등 또는 배우자가 제9조제2항에 따라 수수 금지 금품등을 반환 또는 인도하거나 거부의 의사를 표시한 경우는 제외한다.

3. 제8조제5항을 위반하여 같은 조 제2항에 따른 수수 금지 금품등을 공직자등(제11조에 따라 준용되는 공무수행사인을 포함한다) 또는 그 배우자에게 제공하거나 그 제공의 약

속 또는 의사표시를 한 자

⑥ 제1항부터 제5항까지의 규정에도 불구하고 「국가공무원법」, 「지방공무원법」 등 다른 법률에 따라 징계부가금 부과의 의결이 있은 후에는 과태료를 부과하지 아니하며, 과태료가 부과된 후에는 징계부가금 부과의 의결을 하지 아니한다.

⑦ 소속기관장은 제1항부터 제5항까지의 과태료 부과 대상자에 대해서는 그 위반 사실을 「비송사건절차법」에 따른 과태료 재판 관할법원에 통보하여야 한다.

제24조(양벌규정) 법인 또는 단체의 대표자나 법인·단체 또는 개인의 대리인, 사용인, 그 밖의 종업원이 그 법인·단체 또는 개인의 업무에 관하여 제22조제1항제3호[금품등의 제공자가 공직자등(제11조에 따라 제8조가 준용되는 공무수행사인을 포함한다)인 경우는 제외한다], 제23조제2항, 제23조제3항 또는 제23조제5항제3호[금품등의 제공자가 공직자등(제11조에 따라 제8조가 준용되는 공무수행사인을 포함한다)인 경우는 제외한다]의 위반행위를 하면 그 행위자를 벌하는 외에 그 법인·단체 또는 개인에게도 해당 조문의 벌금 또는 과태료를 과한다. 다만, 법인·단체 또는 개인이 그 위반행위를

방지하기 위하여 해당 업무에 관하여 상당한 주의와 감독을 게을리하지 아니한 경우에는 그러하지 아니하다.

부칙〈제13278호, 2015. 3. 27.〉

제1조(시행일) 이 법은 공포 후 1년 6개월이 경과한 날부터 시행한다.

제2조(수수 금지 금품등의 신고에 관한 적용례) 제9조제1항은 이 법 시행 후 같은 항 각 호의 행위가 발생한 경우부터 적용한다.

제3조(외부강의등의 사례금 수수 제한에 관한 적용례) 제10조제1항은 이 법 시행 후 하는 외부강의등부터 적용한다.

부칙〈제14183호, 2016. 5. 29.〉(병역법)

제1조(시행일) 이 법은 공포 후 6개월이 경과한 날부터 시행한다.

제2조 부터 제4조까지 생략

제5조(다른 법률의 개정) ①부터 ⑪까지 생략

⑫ 법률 제13278호 부정청탁 및 금품등 수수의 금지에 관한 법률 일부를 다음과 같이 개정한다.

제5조제1항제11호 중 "징병검사"를 "병역판정검사"로 한다.

⑬부터 ㉒까지 생략

부칙〈제16324호, 2019. 4. 16.〉(부패방지 및 국민권익위원회의 설치와 운영에 관한 법률)

제1조(시행일) 이 법은 공포 후 6개월이 경과한 날부터 시행한다.

제2조 부터 제10조까지 생략

제11조(다른 법률의 개정) 부정청탁 및 금품등 수수의 금지에 관한 법률 일부를 다음과 같이 개정한다.

제15조제7항 전단 중 "「부패방지 및 국민권익위원회의 설치와 운영에 관한 법률」 제68조부터 제71조까지의 규정을"을 "「부패방지 및 국민권익위원회의 설치와 운영에 관한 법률」 제68조부터 제70조까지, 제70조의2 및 제71조를"로 하고, 같은 항 후단 중 ""부패행위의 신고자""를 ""신고자""로, ""이 법에 따른 신고""를 ""신고""로 한다.

부칙〈제16658호, 2019. 11. 26.〉

이 법은 공포 후 6개월이 경과한 날부터 시행한다.

부칙〈제17882호, 2021. 1. 5.〉

이 법은 공포한 날부터 시행한다.

부칙〈제18132호, 2021. 4. 20.〉(공익신고자 보호법)

제1조(시행일) 이 법은 공포 후 6개월이 경과한 날부터 시행한다.

제2조 부터 제8조까지 생략

제9조(다른 법률의 개정) 부정청탁 및 금품등 수수의 금지에 관한 법률 일부를 다음과 같이 개정한다.

제15조제4항 전단 중 "제14조제3항부터 제5항까지"를 "제14조제4항부터 제6항까지"로 한다.

부칙〈제18576호, 2021. 12. 7.〉

제1조(시행일) 이 법은 공포 후 6개월이 경과한 날부터 시행한다.

제2조(구조금 지급에 관한 적용례) 제15조제7항 및 제8항의 개정규정은 이 법 시행 전에 신고 등과 관련하여 피해를 입었거나 비용을 지출한 경우에도 적용한다.

제3조(이행강제금에 관한 적용례) 제15조의2의 개정규정은 이 법 시행 이후 제15조제4항에 따라 준용되는 「공익신고자 보호법」 제20조제1항에 따른 보호조치결정을 받은 자부터 적용한다.

부칙〈제18581호, 2021. 12. 16.〉

이 법은 공포한 날부터 시행한다.

언론보도내용

Village People

강남경찰서 김원영 형사
환경 파괴범, 게 섯거라!

"환경 사범들을 검거하면서 '이거 보통 문제가 아니구나' 하는 생각이 들더라고요. 왜냐고요? 생각해보세요. 보통의 범죄자는 소수의 사람에게 피해를 주지만 환경 파괴범은 환경 자체를 파괴하는 겁니다. 모두의 생명을 위협하는 심각한 상황을 만드는 거죠!"

그는 형사다. 강남 경찰서 정보과 소속 형사. 수갑도 들고 다닌다. 보여주진 않지만 주머니 안쪽 은밀한 곳에는 권총도 숨겨 있을 듯. 물론 형사 신분증도 있으니 형사임에 틀림없다. 하지만 그는 '보통' 형사가 아니다. 외모부터 범상치 않다. 수더분한 표정과 해맑은 미소, 두툼한 눈꺼풀 사이로 살짝 보이는 눈망울은 초롱초롱하기까지! 할리우드 형사 영화에서 흔히 봤던 날카롭고 강인한 모습과는 거리가 멀다. 그의 주요 관심사는 바로 환경 문제. 오늘도 수갑을 꼭 쥐고 거리에 나선다. 아름다운 강남 거리, 쾌적한 도시 환경을 더럽히는 환경 파괴범을 잡기 위해. 그가 강남에서 '환경 전문가'로 통하는 김원영 형사다.

'환경 전문 형사'? '환경'과 '형사'는 별로 어울리지 않는 단어들. 그저 독특하다고 말할 밖에. 환경에 대한 그의 관심은 대학생활 때부터 시작됐다.

"전공이 환경공학이었어요. 환경에 대한 문제가 그저 학문의 대

상이 아니라 우리 생활에서 실천해야 하는 중요한 일이라는 걸 그때부터 깨달았죠. 한때 환경 운동가가 되려고 결심한 적도 있었죠."

그러고 보니 그의 환경 사랑은 어제 오늘의 이야기가 아니다. 그런데 환경 운동가가 아니라 형사가 됐다?

"사실은 어렸을 때부터 형사가 되는 게 제 꿈이었어요. 농사지으셨던 아버지가 상당히 엄격하셨죠. 자식들이 텔레비전 보는 걸 별로 좋아하지 않으셨을 정도로. 유일하게 아버지가 보셨던 프로그램이 바로 〈수사반장〉이었어요. 아버지 어깨 너머로 본 민완 형사들의 모험담에 그냥 푹 빠졌죠. 고향 충남에서 아버지 농사일을 거들면서 형사의 꿈을 키운 거죠."

어린시절 간직했던 꿈, 그는 그 꿈을 이룬 남자다. 발로 뛰며 도시의 범죄를 '싹' 쓸어내는 빗자루처럼 수많은 범죄자들을 잡아냈다.

'91년에는 전국 형사들 중에서 수배자 체포율 1위를 기록하기도 했죠. 1년 동안 잡은 수배자가 150명 정도. 동부경찰서에 근무했던 지난 98년에는 미궁에 빠졌던 부부살해사건을 해결하기도 했고요. 제 손으로 다양한 사회 문제를 해결한다는 느낌!"

경찰청 보안과, 서울지방경찰청 정보1과, 서초경찰서 수사과 등을 두루 거쳤다. 그는 꿈을 이뤘고 보람도 느끼며 살아간

다. 하지만 김형사는 항상 마음 한 구석이 텅 빈 듯했다.

"90년대 초반이죠. 경찰청에서 보통 일 년에 한두 번 정도 환경 사범을 단속합니다. 그때 적지 않은 환경 사범들을 검거하면서 '이거 보통 문제가 아니구나' 하는 생각이 들더라고요. 왜냐고요? 생각해보세요. 보통의 범죄자는 소수의 사람에게 피해를 주지만 환경 파괴범은 환경 자체를 파괴하는 겁니다. 모두의 생명을 위협하는 심각한 상황을 만드는 거죠!"

그때부터였다. 그가 환경 범죄자들에게 수사망을 좁혀가기 시작한 것은. 공업용수를 불법 방류하는 공장에서부터 자동차 오일과 부품 쓰레기들을 마구 버리는 카센터에 이르기까지 수십 명의 환경 사범들이 그의 수갑에 포박당했다. 환경 범죄의 심각성을 보다 널리 알리기 위해 건국대 행정대학원 국제법무학과에 입학해, 현재 환경 범죄에 관한 논문을 준비중이다.

"외국과 달리 한국에는 환경 범죄를 담당하는 전문 인력도, 전문 부서도 전무한 상황입니다. 범죄 발생시 환경부와 공동으로 수사하는 데 어려움이 많죠. 환경기사자격증을 가진 전문 형사도 필요하고요. 단순한 행정 사범으로 처리했던 환경 사범, 이제는 일종의 공공 위험범으로, 형사범으로 엄중히 처벌해야 합니다!"

그는 하루 24시간을 쪼개고 또 쪼개며 산다. 보통의 범죄자를 잡는 데도 정신없을 텐데, 환경 문제까지 신경을 쓰니 당연한 일이다.

"저는 괜찮지만 자주 못 보는 집사람하고 아이들에게 미안하죠. 잘 참아줘서 고맙기도 하고요. 아, 참! 기자님도 집에서 환경 문제 잊지 말아야 합니다. 세제 덜 쓰고, 쓰레기 분리수거 확실히 하는 것만으로도 우리 주의의 환경 문제는 다소 가벼워질 수 있거든요."

잔소리도 대단한 김형사, 인터뷰를 마치고 다시 강남 거리로 나선다. 불법으로 쓰레기를 마구 버리는 사람들, 쾌적한 도산공원과 우면산을 더럽히는 비양심의 사람들을 단속하기 위해!

글·전범준 기자·사진·김남형

2

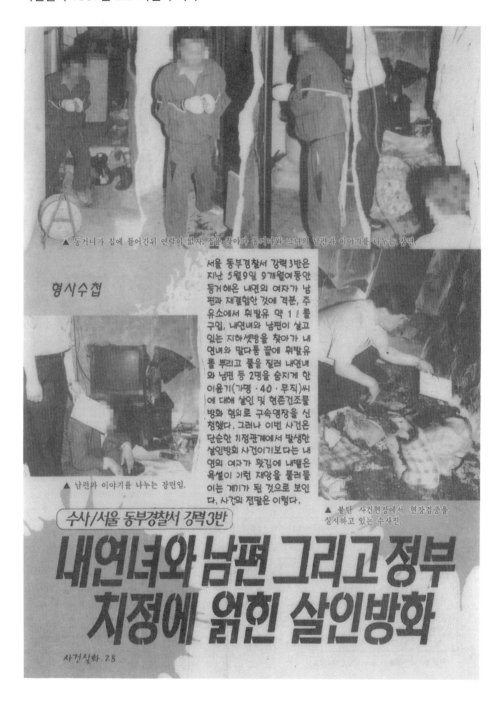

▲ 동거녀가 집에 들어간뒤 연락이 없자, 집을 찾아가 동거녀와 그녀의 남편과 이야기를 나누는 장면.

형사수첩

▲ 남편과 이야기를 나누는 장면임.

서울 동부경찰서 강력3반은 지난 5월 9일 9개월여동안 동거해온 내연의 여자가 남편과 재결합한 것에 격분, 주유소에서 휘발유 약 1ℓ를 구입, 내연녀와 남편이 살고 있는 지하셋방을 찾아가 내연녀와 말다툼 끝에 휘발유를 뿌리고 불을 질러 내연녀와 남편 등 2명을 숨지게 한 이윤기(가명·40·무직)씨에 대해 살인 및 현존건조물방화 혐의로 구속영장을 신청했다. 그러나 이번 사건은 단순한 치정관계에서 발생한 살인방화 사건이기보다는 내연의 여자가 홧김에 내뱉은 욕설이 이런 재앙을 불러들이는 계기가 될 것으로 보인다. 사건의 전말은 이렇다.

▲ 불탄 사건현장에서 현장검증을 실시하고 있는 수사진.

수사/서울 동부경찰서 강력3반

내연녀와 남편 그리고 정부
치정에 얽힌 살인방화

사건실화. 7.8

만남과 사랑 그리고 동거

옛 속담에 '말 한 마디에 천 냥 빚도 갚는다'고. 말만 잘하면 어려운 일이나 불가능한 일도 해결할 수 있다는 뜻이다. 우리네 조상의 지혜가 담긴 속담이라 할 수 있다. 그만큼 말은 때에 따라서 상대방을 죽일 수도 있고, 살릴 수도 있는 무기가 될 수도 있다. 이번 사건의 발단은 홧김에 내뱉은 말 한마디가 두 명의 목숨을 빼앗은 엄청난 재앙을 불러들이는 불씨가 되었다고 해도 과언은 아닐게다.

동거남 이윤기와 동거녀 김연숙(가명·34·주부)씨가 만난 것은 지난해 6월 초순께다. 당시 남편과의 불화로 가출한 김씨. 막상 홧김에 집을 뛰쳐 나오기는 했지만 마땅히 갈곳이 없었다. 무작정 택시를 잡아타고 도착한 곳이 한강시민공원.

그곳에서 김씨는 뜻밖에도 남자를 만났고, 바로 이윤기씨였다. 이씨는 그녀와 이야기를 나누는 과정에서 이혼녀라는 말에 솔깃하여 관심을 가지게 되었고, 서로 마음이 맞는 것 같아 동거까지 하기에 이른다.

동거를 시작한 이씨와 김씨. 단칸 셋방이지만 대충 집을 꾸미고나니 그런대로 신혼방 기분이 났다. 이씨의 고등학생 아들은 피자집에서 아르바이트를 하며 거의 친구집에서 생활했기 때문에 둘만의 신혼재미에 흠뻑 빠질 수 있었다. 이씨는 아들이 초등학교 1학년 때 아내와 이혼한 이후 오랜만에 느껴보는 행복감이었다. 그녀도 행복해 하는 것 같았다. 이런 행복감은 8개월이 넘도록 계속 되었다.

그러던 어느날 이씨는 김씨로부터 청천벽력같은 고백을 듣게 된다. 그녀는 이혼녀가 아니었다. 이씨를 만난 그날 김씨는 남편과 부부싸움을 하고 집을 나

왔다가 이씨를 만난것이었다. 그녀는 남편과 이혼할 생각이었다고 했다. 그래서 이씨가 동거하자는 말에 선뜻 응했던 것이라고도 했다. 이씨는 그녀의 말을 믿고 싶었다. 아니 철석같이 믿고 있었다고 하는 것이 더 정직할 것이다.

"왜? 이제와서 그런말을 하는거야. 돌아가고 싶니?"

"아니요. 그게 아니라, 남편이 찾아와서 행패를 부릴까봐 그러죠. 애도 걱정이 돼고…."

"그렇게 걱정되면 일단 집에 들어가. 들어가서 남편과 정식으로 이혼하고 다시 나한테로 돌아오면 되잖아."

"쉽게 이혼 해주지 않을거예요."

"이혼해주지 않으면 우리끼리 멀리 도망가서 방 얻어 살면 되니까. 당신이 생각해서 결정해."

지난 2월26일 김씨는 남편과 아들에게로 돌아갔고 이씨는 혼자 남겨졌다. 곧 모든 일이 잘 해결되리라고 굳게 믿고 있었다. 이씨가 그녀를 사랑하는 만큼. 그녀도 이씨를 사랑하고 있다고 생각했기 때문이다.

"남편과 이혼하고 와라" 동거녀 집으로 보냈으나 변심

그러나 이씨와 김씨의 동거생활은 만 8개월23일만에 파경을 맞게 된다. 이씨의 뜻에 따라 남편과 정식으로 이혼하기 위해 집에 돌아간 김씨. 처음에는 하루에 한번씩 이씨에게 전화를 걸어 "밥은 먹었나? 속옷은 갈아 입었나. 때 거르지 말고 밥 잘 챙겨먹고, 술 많이 마시지 마라" 등등 시시콜콜한 것까지 물어보고, 챙겨주곤 하였다. 또한 하루에 한번씩 밖에서 만나거나, 남

편이 없을 때는 집안으로 불러들여 질펀한 성관계를 맺기도 했다.

그러던 어느날부턴가 김씨가 전화를 걸어오는 횟수가 줄어들기 시작했다. 어쩌다 김씨의 전화를 기다리다 지친 이씨가 먼저 전화를 걸어도, 예전 같으면 좋아서 호들갑을 떨만도 한데, 시큰둥하게 받기 일쑤였다.

사건발생 며칠전 이씨는 김씨의 집에 전화를 걸었다. 다행히 그녀가 전화를 받았다. 목소리

▲ 수사를 맡았던 서울 동부경찰서 강력3반의 하승진, 김원영 형사.

가 유난히 밝았다.

"너. 요즘 이상하다. 내 전화 반갑지 않나? 왜 남편이 이혼 안해준? 아니면 같이 살자고 매달리나?"

"그런게 아니라. 하여튼 걱정하지 말고 조금만 더 기다려요."

"오늘 좀 만나자. 만나서…."

"오늘은 안돼요. 다음에 내가 전화 할게요."

이씨의 말이 채 끝나기도 전에 그녀가 "오늘은 안돼요. 다음에 내가 전화할게요"라며 전화를 끊었다. '찰칵'하고 수화기를 내려놓는 소리가 이씨의 귀에 이명처럼 들려왔다. 뭔가 불길한 일이 진행되고 있다. 본능적인 불길한 예감이 엄습해왔다.

불과 얼마전까지만 해도 그녀는 말했었다.

"남편이 이혼 해주지 않겠데. 어떡하지?"

29 사건실화

4

▲ 남편과 아이 문제를 나누고 헤어져 집에 가던중 동거녀 전화받고 찾아가 상해결심. 앞의 주유소에 들러 휘발유...

"걱정할 것 없어. 우리끼리 도망가 살면 돼. 방 내놨어. 곧 나갈거야. 방 나가면 전화할게. 그때 짐 챙겨갖고 나와."

"알았어."

'알았어, 알았어'라고 대답했었다. 그런데 그 사이 무슨 일이 생겼길래 마음이 변한건가?

이씨는 더이상 그녀의 전화를 기다리고만 있을 수 없었다. 마침 방도 나가 5월3일에 이사를 가기로 했기 때문에 김씨를 만나야만 했던 이씨는 김씨의 집을 찾아갔다. 문이 잠겨 있었다. 초인종을 눌러도 인기척이 없었다. 이씨는 가지고 있던 종이에 몇자 적었다. '사랑한다. 연락해라. 만약 연락을 안하면 직접 찾아가겠다. 그 후에 일어나는 일에 대해서는 책임져라'는 내용이었다. 이씨는 메모한 종이를 김씨의 집 문틈에 끼워놓고 돌아섰다. 그러나 하루가 지나고, 이틀이 지나도 그녀에게서는 아무런 연락이 없었다.

동거녀 집 찾아가 남편과 만나고 헤어진 뒤 걸려온 동거녀의 전화가 살인방화까지

5월3일, 집 주인으로부터 보증금을 받은 이씨는 이삿짐을 쌌다. 김씨와 연락이 안돼 방을 계약해 놓은 집으로 이사갈 수 없었던 이씨는 이삿짐을 대문밖에 내놓았다. 5월5일 아침 일찍 이씨는 김씨의 집에 갔다. 문이 열

려 있었다. 이씨가 문을 열자 거실에 앉아있던 김씨와 김씨의 남편이 놀라 일어섰다. 김씨는 이씨를 경멸하는 눈빛으로 쳐다보며 소리쳤다.

"당신이 뭔데 여기까지 찾아와. 나가! 나가란 말이야!"

남편이 그녀의 몸을 끌어 당겨 앉히고 말했다.

"들어오세요."

예상밖의 남편의 반응에 조금 놀란 이씨는 안으로 들어갔다. 남편이 김씨에게 말했다.

"여보, 음료수 좀 내와."

남편이 김씨를 부르는 다정한 목소리가 이씨의 심장을 아프게 찔러왔다. 세사람은 5평 남짓한 거실에 마주앉았다. 이씨가 보기에 남편은 아주 점잖은 사람이었다. 이야기가 통할 수 있는 사람 같았다. 이씨는 솔직하게 자신의 마음을 털어 놓았다.

"저 사람을 사랑한다. 9개월동안 동거도 했었다. 같이 살 방도 계약해 놨다. 이혼할 생각이 없느냐?"

그러자 김씨가 욕설을 퍼부으며 이씨에게 달려들었다.

"지랄하고 자빠졌네! ××새끼야! 내가 언제 너하고 산다고 그랬어."

김씨가 흥분하여 소리치자 남편이 말했다.

"우리 밖에 나가서 이야기 합시다."

이씨와 김씨의 남편은 집을 나

와 인근에 있는 술집에 마주앉았다. 먼저 남편이 말을 꺼냈다.

"아내를 사랑해요. 아이 문제도 있고, 아내도 같이 살기를 원하고…. 미안하지만 형씨가 좀 이해해 주세요. 우린 재결합하기로 했어요. 그러니 우리 가정을 깨뜨리지 말아 줘요."

"나도 그렇게 막돼먹은 놈은 아니요. 남의 아내를 억지로 빼앗아 갈 생각도 없고, 이혼녀인 줄 알고 동거를 시작했는데, 나중에 알고보니 남편이 있다고 하더군요. 구차하게 지난간 일 설명하면 뭐 합니까? 내가 깨끗이 물러나죠. 둘이 잘 살아요. 당신 아내 행복하게 해줘요."

이씨는 '두 사람이 재결합하기로 했다'는 남편의 말에 더이상의 미련을 두지않았다. 그녀의 남편은 좋은 사람인 것 같았다. 그녀도 남편과 재결합하기를 바란다면 이씨가 물러나는 일은 당연했다. 사랑이라는 이름으로 이미 마음이 돌아서버린 여자때문에 왈가왈부 해봐야 이득될 것이 없었다. 내게로 돌아오지 않겠다면 그냥 놔두자. 잘 살라고 행복이나 빌어 주면서 말이다. 이런 마음을 새롭게 다지며 남편과 헤어진 이씨는 허탈한 마음으로 집에 가고 있었다.

그때 이씨의 핸드폰이 요란하게 울렸다. 김씨였다. 몹시 흥분한 김씨는 이씨에게 말할 기회도 주지않고 다짜고짜 욕설부터

5

9개월여동안 동거했던 내연녀가 남편과 재결합하자 격분, 내연녀 집 찾아가 남편과 대화, '잘 살아라, 행복하게 해줘라'고 말한후 집에 가던중 내연녀가 전화를 걸어 욕설 퍼붓자 분노, 내연녀 집에 불 질러, 내연녀와 남편 사망

퍼부었다.

"야, 이 ×새끼야, 네까짓게 뭔데 집까지 찾아와 내 남편을 데리고 나가 이야기를 하는거야. 너같은 놈하고 내가 미쳤니. 같이 살게."

이씨는 핸드폰을 꺼버렸다. 화가났다. '잘 살아라'고 하며 조용해 떠나는 사람에게 이게 무슨 망발인가 싶었다. 이씨는 눈앞에 보이는 음료수 깡통을 걸어차며 내갈렸다.

'더러운 년! 좋다고 들러 붙을 때는 언제고, 이제와서…' 몹시 더러운 기분으로 계속 집을 향해 걸어가던 이씨의 눈에 부동산이 들어왔다. 그 순간 '나는 너를 위해, 너와 함께 행복하게 살기위해, 집까지 계약해 놨는데, 네가 나한테 이럴수가 있나?' 하는 생각과 함께 자신의 순수한 사랑마저 무시 당했다는 생각이 들자 참을 수 없는 분노가 치밀었다. '9개월동안 함께 살을 맞대고 산 내가 네겐 아무 것도 아니었나? 적어도 미안한 마음이라도 가져야 하는거 아냐. 그럼에도 불구하고 되레 내가 네 가정을 깨뜨린 것처럼 사람을 벌레 취급해. 나쁜년!' 하는 생각이 보태지면서 분노는 극에 달했다.

동거녀의 몸에 석유 뿌리고 불 질러

분을 삭이지 못한 이씨는 김씨

를 죽여 버리고 말겠다는 생각의 포로가 되어 마음이 움직이는 대로 거리 행상인에게 플라스틱 물통을 하나 구입하여 가까운 주유소로 뛰어 들어갔다.

이씨는 주유원에게 플라스틱 물통을 거칠게 내밀며 말했다.

"불이 잘 붓는 기름 1천원어치 주시요."

"1천원어치요?"

주유원이 의아한 표정으로 쳐다보며 되물었다.

"그래요. 봉에 가득 담아요."

휘발유가 담긴 플라스틱 물통을 들고 이씨는 김씨의 집을 향해 빠르게 걸었다.

한편 그 시각 김씨의 집에서는 술자리가 마련되고 있었다. 이씨와 같이 집을 나섰던 남편이 친구를 데리고 들어와 술상을 차려라'고 한 것이었다. 전작이 있었던 남편은 친구와 몇 번의 술잔이 오가자 이내 술에 취해 안방에 골아떨어져 있었다. 이씨가 김씨 집에 도착한 것은 막 남편의 친구가 돌아간 뒤였다. 문은 열려 있었다. 이씨는 거칠게 문을 열고 안으로 들어갔다. 휘발유가 담긴 플라스틱 물통의 파란색 뚜껑을 열어 세탁기위에 올려놓은 이씨가 안방쪽으로 다가갈 때 방문이 열렸다. 김씨였다. 이씨의 성난 표정을 본 김씨가 조금 긴장하는 듯했다. 그러나 그녀는 이내 냉정을 되찾고 안방문 앞을 가로막고 섰다.

이씨는 휘발유가 담긴 물통을 한 손에 든채 그녀에게 아주 낮

게 가라앉은 목소리로 말했다.

"이야기나 하자, 이리 나와."

"여기가 어디라고 찾아왔나?"

"×할년, 죽여 버리겠어."

김씨의 경멸어린 눈빛에 흥분한 이씨는 미친 사람처럼 김씨의 몸에다 휘발유를 뿌리고 라이터를 켰다. 불꽃이 일렁거렸다. 그래도 김씨는 두려워하는 기색없이 꼼짝하지 않고 안방 문지방에 서서 이씨를 흘겨보고만 있다는 조용히 말했다.

"그래. 결국엔 우리 사이가 이렇게 될 줄 알았어."

이씨는 김씨가 차갑게 내뱉은 말에 감전된 사람처럼 그녀의 말이 끝남과 동시에 허리를 굽혀 휘발유가 흥건한 김씨의 발밑에 라이터 불을 붙였다. 그 순간 불길이 위로 확 번지면서 휘발유가 묻어있던 이씨의 손에 옮겨 붙음과 동시에 시뻘건 불꽃이 김씨의 몸을 휘감아 돌며 방안 전체로 번졌고, 커다란 불꽃더미에 휩싸인 김씨의 비명소리가 들렸다.

"으으아아악!"

이씨는 김씨의 소름끼치는 비명을 뒤로 한채 부리나케 김씨의 집을 빠져 나왔다.

용의자는 남편이 아닌 아내의 정부

서울 동부경찰서는 ○○일 오후 4시 40분께 서울 ○○구 ○○동 반지하 안방, 화재발생 현장에서 사람이 사망했다는 신고를 접하고, 급히 □□□□을 주축으로 한 수사전담반이 결성됐

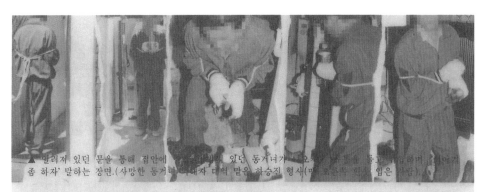

▲ 밀려져 있던 문을 통해 집안에 ○○○○○에 있던 동거녀가 ○○○○ 물통을 들고 ○○하며 ○○○가 좀 하자' 말하는 장면.(사망한 동거녀○○해자 대역 맡은 하승진 형사(○ 오른쪽 잠○ 입은 사람).

다. 수사진은 즉시 현장수사에 착수했다. 현장은 5평 남짓한 방 안 전체가 불에 타 검게 그을려 있었다. 부인은 현장에서 사망 했고, 남편은 중상을 입고 병원 에 입원 치료중이었다. 현장에 서 사망한 부인 김씨는 국립과 학수사연구소에 부검을 의뢰했 고, 현장에서 수거한 인화물질 을 담았던 용기로 보이는 녹은 플라스틱을 압수하여 감정 의뢰 했다.

수사진은 범죄현장 주변 인물 들을 상대로 탐문수사에 들어갔 다. 주민들에 따르면 '부부싸움 하는 것 같은 소리가 들렸고, 조 금 후에 불이났다'는 것이었다. 수사진은 숨진 김씨의 남편을 유력한 용의자로 지목하고 수사 에 나섰으나 남편은 전신에 80%의 3도 화상을 입고 강남구 대치동 화상전문 치료 병원인 순화병원 중환자실에 입원 치료 를 받고 있었다. 수사진은 녹음 기를 소지하고 남편이 입원해

있는 병원을 방문했다. 환자의 상태가 심각해 수사를 망설였으 나 가족들의 배려로 수사는 쉽 게 이루어졌다.

간신히 실신 상태에서 깨어난 남편이 입을 열었다.

"난 아니예요. 안 죽었어요."

"옆집에 사는 사람들이 부부싸 움 하는 소리를 들었다고 하던 데요?"

"아니예요. 싸우지 않았어요. 나는 잠자고 있었어요. 그 남자 일거예요. 집에 찾아왔었어요."

"누가요? 누가 집에 찾아왔었 다는 겁니까?"

"아내, 아…내와 동거했던 그 남자예요."

"그 남자가 누군데요?"

남편은 눈을 뜨고 있는 것조차 버겁다는 듯 고개를 가로 저었다.

"기억나지 않아요. 이름에 마지 막 자가 '기' 였던 것 같아요. 화재가 나던날 집에 찾아왔어 요. 그 남자가 쓴 편지가 지갑속

에 있어요. 문 틈에 꽂혀있던 것 을 내가 먼저 발견해 지갑에 넣 어뒀어요."

편지의 내용은 이랬다. '사랑한 다. 연락해 달라. 연락하지 않으 면 직접 찾아가겠다. 그 후의 일은 책임져라'는 짧은 글귀였 다. 메모지를 발견한 남편은 아 내에겐 이 사실을 숨겨왔다고 말했다.

수사진은 김씨와 내연의 관계 에 있는 남자에 대한 소재 수사 중 남편의 친구로부터 김씨와 동거를 했던 남자가 '이윤기'라 는 것을 알아냈다. 수사진은 이 씨 소재 추적에 수사력을 집중 했다. 수사진은 이씨가 노유동 부근을 배회한다는 정보에 따라 노유동 일대를 중점적으로 수사 했다. 그 결과 이씨가 노유동 S 인력사무소에 나온다는 제보를 받고 인력사무소를 상대로 수사 를 벌였고, 5월4일 이씨의 이삿 짐을 옮겼다는 사람을 만났을 수 있었다. 수사진이 이씨의 주

7

거지를 확인했으나 자양동 지하 단칸 셋방을 보증금 2백만원에 월20만원에 얻어 거주하고 있었던 이씨는 월세를 내지 않고 있던 중 사건 발생 이틀전 집주인에게 '이사를 가겠다'며 '보증금을 달라'고 하여 집주인이 보증금을 줬더니 이삿짐을 대문밖에 내놓고 아직까지 나타나지 않고 있다는 것이었다.

수사진은 이씨가 곧 이삿짐이 있는 곳에 나타날 것으로 판단하고, 부근에 잠복하고 있었다. 5월9일 오후 8시15분께 이삿짐을 놔둔 곳에 나타난 이씨는 잠복해 있던 수사진에 검거됐다. 이씨는 자신의 모든 범죄를 솔직히 자백했다. 같은날 수사진은 이씨를 살인및 현존건조물방화혐의로 구속영장을 신청했다.

병원에 입원 치료중이었던 김씨의 남편은 살인방화범이 검거된지 15만에 세상을 떠났다. 이 소식은 수사진을 안타깝게 했다. 김씨의 남편이 아니었더라면 살인방화범을 조기에 검거하지 못할뻔 했기 때문이다.

사건을 수사하는 과정에서 약 1리터되는 휘발유가 두 목숨을 빼앗아 갈 정도로 엄청난 위력을 발휘하게 된데에 많은 의구심이 일었지만, 수사진이 판단하기에 현장이 밀폐된 공간이었고, 범인이 석유를 방안에 뿌린 후 피해자와 이야기를 나누는 사이에, 보통 온도에서 기체가 되어 날아 흩어지는 석유의 휘발성 때문에 범인이 불을 지르는 순간, 눈깜짝할 사이에 방안 전체로 불길이 번졌던 것으로 추정됐다. 불을 지르는 과정에서 이씨도 손과 머리카락 부분에 불이 붙어, 손가락을 데였다.

사랑과 용서, 살인방화 그리고 남겨진 사람들, 사건 뒷얘기

수사를 맡았던 서울 동부경찰서 강력3반의 하승진, 김원영 형사는 "사건 해결에 결정적인 역할을 해준 사람은 숨진 김씨의 남편이었다. 화재발생 당시에 김씨의 남편마저 사망했더라면 미제사건으로 남을 수도 있었다. 그러나 다행히 중상을 입긴 했어도 말을 할 정도여서 남편의 진술을 청취할 수 있었고, 범인도 쉽게 검거했다. 그런데 범인이 잡히자마자 기다렸다는 듯이

▲ 피의자의 위협에 동거녀가 눈 하나 깜짝 안하고 서있다 '결국 우리 사이가 이렇게 될줄 알았다'고 하자 석유가 뿌려진 방바닥에 라이터 불을 붙이는 장면.

남편이 사망하였다는 소식을 듣는 순간 그는 아내와 재결합하여 지금부터라도 알콩달콩 행복하게 살려고 했는데, 이씨의 방화로 인해 모든것이 끝나버렸고, 자칫하면 누명까지 쓰고 숨을 거둘지도 모른다는 생각에 안간힘을 쓰고 범인이 잡힐 때까지 생명을 연장해 온 것이 아닐까 하는 생각이 들어 마음이 심란했다"며 한때 아내의 잘못으로 인해 목숨까지 잃은 남편의 죽음을 안타까워했다.

또한 이번 사건으로 하루 아침에 고아가 된 두 학생이 있었다. 한 명은 이씨의 아들로 고등학생이다. 다른 한 명은 김씨 부부의 아들로, 중학생이다. 이씨의

아들은 아버지가 무슨 죄를 지었는지 모른다. 아무것도 모르고 "우리 아버지가 무슨 죄를 지었느냐?"고 묻는 이씨의 아들에게 수사진은 "집에 불이 났는데, 사람이 죽었다. 그것 때문에 너희 아빠는 조사를 받고 교도소에 들어간다. 오랫동안 못 나오게 될 거다. 딴생각 하지말고 공부나 열심히 해라. 용돈이 필요하면 아저씨한테 찾아와라고 말한뒤 돌려보냈지만 남겨진 아이들이 안됐다"고 토로했다.

이씨의 아들은 피자집에서 아르바이트를 하며 용돈과 학비를 벌어온 착한 학생이었다. 수사진은 이씨의 아들이 아버지 일로 인해 상처받지 않고, 꿋꿋하게 살아나가길 바란다고 덧붙였다. 이씨는 경찰에서 "그녀가 전화로 욕만하지 않았더라면… 욕만…"라며 중얼거렸다.

이씨가 김씨의 남편에게 '김씨를 행복하게 해주면서 잘 살아라'고 덕담까지 해주고 뒤돌아섰는데, 김씨의 전화 한 통이 애써 누르고 있던 그의 마음에 분노의 불길을 집히는 계기가 되고만 것이다. 김씨가 이씨에게 전화를 걸지 않았더라면, 이씨의 말대로 욕만하지 않았더라면, 이들은 어떻게 되었을까?

33 사건실화

8

인터뷰

환경범죄 담당 전문인력 있어야

강남경찰서 김원영 형사

경찰내 환경전문가로 통하는 강남경찰서 김원영 형사를 만났다.

김형사는 오늘날 인류공동의 문제로서 현실로 나타나고 있는 환경사범이 매년 증가추세에 있으며, 이로인해 환경이 파괴되어가고 있는 것에 큰 우려를 나타냈다.

김형사는 환경파괴는 사람의 생명과 건강에 바로 직결된다며, 환경을 감시하고 지키기 위해서는 환경부나 다른 부서의 역할도 중요하지만 환경지킴이로서의 경찰 역할도 중요하다고 강조하였다.

대학에서 환경공학을 전공한 김형사는 경찰조직내에 환경범죄를 담당하는 전문인력이 없어 범죄 발생시 환경부와 공동으로 수사하는데 많은 어려움이 있다며, 환경기사 자격증을 가진 전문인력이 꼭 필요하다고 말한다.

현재 건국대 행정대학원 국제법무학과법무전공, 3학기, 석사과정에 재학중인 김형사는 자신의 석사논문인 '경찰의 환경범죄 수사에 대한 단속실적과 환경범죄의 효율적 대처 방안'을 통해 경찰내 환경범죄를 담당하는 전문기구의 필요성을 기술해 더욱 눈길을 끌기도 했다.

김형사는 석사논문을 통해 검찰·경찰은 환경범죄를 단순한 행정사범으로 다루던 태도를 벗어나 공공위생법 및 진형적인 활사범의 일종으로 엄중히 취급하는 인식의 전환이 필요하며, 또한 환경범죄에 대한 범국민적 감시망 활동도 시급하다고 밝혔다.

한편, 현직 경찰관으로는 최초로 대학원 총원우회장에 당선되기도 한 김형사는 지난 '86년 경찰에 투신한 이래 경찰청 보안과와 서울지방경찰청 정보과, 서초경찰서 수사·정보과, 강남경찰서 등에서 주요 보직을 거치는 동안 업무공적을 인정받아 외교통상부장관, 서울시장, 경찰청장, 서울지방경찰청장 등의 표창을 받았다. 또 김형사는 과중한 경찰업무에도 불구하고 시간을 쪼개 이간에는 자기발전을 위해 부단히 노력을 경주하는 모범경찰관의 귤을 받고 있다.

〈이연악 기자〉

"우리 사회를 심각히 위협하는 환경사범에 대해 전문적으로 대처할 수 있는 경찰내 인력이 허술하고 부족하다는 것이 안타깝습니다"

수사권조정 국민의 편익에 우선돼야 한다

호원대학교 법경찰학부 교수 / 김원영

수사권 조정문제는 과거 역대 정부가 출범할 때 마다 등장하는 단골메뉴이다.

노무현 대통령은 '수사권 조정문제는 자율과 분권이라는 민주주의 원리와 국민편의을 고려해서 반드시 실현할 수 있도록 할 것(2004년 경찰의 날 기념사)' 경찰이 책임감 있게 범죄에 대응할 수 있도록 제도를 정비할 필요가 있다(2005년 경찰대 학졸업식)' 등 수사권 독립에 대해 긍정적 견해를 표명해 왔다.

취임 이후 정권인수위원회에서 경찰청의 수사권 독립방안을 수렴하기도 했고, 2009.9.15에 수사권 조정협의회가 구성돼 37개 의제를 협의하여 2004.12.30 각계 대표 14명의 수사권조정자문위원회를 발족, 2005.5.2까지 15차례의 회의를 개최했으나 결국 국회가 나서기로 했다는 언론보도도 있었다. 수사권조정 문제는 국민생활과 직결된 중대한 입법사안이므로 조속히 해결돼야 하며, 수사권 논의는 경찰과 검찰 간 세력다툼이 아닌 사법 서비스의 수혜자인 국민의 편익이 우선되어 고려대상이 돼야 한다.

검찰은 법원으로부터 독립해 별도의 조직구조를 갖고 공소업무에 주력하는 것이 아니라 경찰수사지위와는 별도로 독자적인 수사를 벌인다는 것이며 현재 경찰 수사 인력의 1/3에 해당하는 자체수사요원 4,620명을 보유하고 재벌사건, 정치인 관련사건, 마약사건, 공직자비리사건 등 대형사건의 수사를 통해 검찰 권력을 휘두르며 그 권력을 더욱 강화하려고 하고 있다. 또 정치적 영향으로부터 자유롭지 못한 상황에서 검찰의 경찰수사에 대한 지휘권은 결국 경찰을 정치권에 예속되는 결과를 초래해 사법정의 실현을 저해하고 있어 그 피해는 결국 국민에게 돌아가게 되는 것이다.

형사소송법 제195조는 검사만이 수사의 주체이고 경찰의 수사개시 진행에 대한 일반적 근거조항까지 불이해 법과 현실이 불일치하며, 검사의 지휘를 받아 수사(형소법 196조)해야 하므로 경찰은 검사의 보조자에 불과하며 검찰에 예속된 상태이다. 전국초기 혼란한 상태에서 실시됐던 일제시대의 수사제도를 그대로 계속 유지해오면서 세계적으로 유례가 없을 정도로 검찰에 권한이 집중 돼 있으며, 경찰에 수사권이 없는 국가는 우리나라 뿐이다.

경찰이 전체범죄의 97%를 수사하는 현실에 맞게 법적 뒷받침이 이루어져 경찰과 검찰 모두 본연의 역할에 충실해 국민인권 보장과 법치주의 확립에 기여하고 국민에게 양질의 수사 서비스를 제공 할 수 있도록 해야 할 것이며 외국처럼 경찰에게도 수사권을 부여해 경찰과 검찰이 상호 견제 또는 사실상 대등한 관계로 운영되도록 해야 한다는 목소리는 국민여론조사에서도 나타나고 있다. 최근 경찰에 수사권 부여와 관련해 2005.4.26~2005.5.26까지 SBS, DAUM, NAVER, 법률신문, 국민일보에서 실시한 여론조사에서 찬성 69%~70%, 반대 29%~14%, 2005.5.14 한국일보, 미디어리서치에서 실시한 경찰수사권 독립에 관한 여론조사에서 찬성 57%, 불찬성 30%로 조사된다. 경찰과 검찰의 관계를 상호협력관계로 개선하는 것이 민주주의의 원리에 맞는 수사구조 일 것이다. 국민의 인권과 편익의 중진에 기여하고자 하는 국가정책결정권자의 현명한 판단이 필요한 시점이다.

이는 형사소송절차의 민주성 확보를 통해 가능한 것으로서 권력기관 자신들의 세력 불리기나 권한집중은 그 피해가 결국 국민에게 돌아간다는 대원칙에서 비롯되기 때문이다.

이러한 전제 하에서 수사권독립이 과연 국민에게 이익이 될 것인가에 대한 평가와 비평이 선행돼야 할 것이며, 이를 위해서는 현재의 수사구조가 민주주의 이념의 근간인 삼권분립의 원칙에 부합하는 가에 대한 검증이 필요하다고 본다. 수사권 독립의 이유가 수사권 다툼 때문이 아니라 국민의 권익을 위한 것이기 때문이다.

오늘날 검찰 권력이 비대하고 견제세력이 없는 권력을 갖고 있으며 수사권, 수사지휘권, 영장청구권 등 수사의 개시부터 공소제기, 형 집행으로 이어지는 형사절차 전반에 걸쳐 별 통제 장치 없이 막강한 권한을 행사하고 있는 것이 사실이며, 외국의 경우와 달리

9

환경범죄의 효율적 대처 방안 (1)

▲ 김원영 법학박사

삶의 질을 높이는 약속은 환경보존이다. 환경범죄의 전문가 김원영 박사의 글을 통하여 대처 방안을 연재한다.

최근 인간의 생존과 생활을 유지시켜주는 주변 환경 즉 폐기물·대기오염·소음진동·방사능오염·식품오염·토양 등의 오염현상은 이제 인간의 생존자체를 위협하는 문제가 되고 있다. 이러한 현상은 비단 우리나라에만 국한 된 것이 아니라 환경보전의 문제가 범세계적으로 인류의 생존 그 자체에 관련되는 중대사로 인식되면서 오늘날 인류공동의 문제로서 현실로 나타나고 있으며 환경사범은 매년 증가되고 있으며 개인이나 기업이 고의 또는 과실로 환경오염 행위로 인하여 환경은 서서히 파괴되어 가고 이에 따라 사람의 생명과 건강도 위험받고 있다. 그러므로 환경문제에 대처하는 가장 좋은 방법은 환경이 오염되지 않도록 사전에 단속하여 예방할 수 있어야 한다.

환경범죄수사에 대한 단속과 환경범죄의 효율적 대처 방안

1. 서론

환경오염과 환경파괴 행위는 극에 달하여 자연과 인간의 생명과 건강을 위협하고 있다. 이 현상은 전 세계에 걸쳐 반인류적인 현상으로 발전되고 있다.

이미 선진국에서는 자연자원의 한정성과 침해에 대한 취약성을 인식하여 사회적으로 다양한 의식 변화가 진행되었으며 그 결과 법률적 차원에서는 다양한 해결 방안이 추구되고 있다.

우리나라 경우는 고도성장 위주의 무리한 경제개발계획에 눌려서 환경문제에 대한 의식이 제고되지 못하다가 80년대에 이르러 86년 아시안게임과 88올림픽을 계기로 급속히 환경문제에 대한 관심이 고조되게 되었으며 환경문제의 심각성을 뒤 늦게나마 인식하여 정부차원에서는 환경청을 환경처로, 환경처를 환경부로 격상을 위시하여 각종대책을 마련하고 있으며 90년대 대통령의 국정5대 지표 가운데 환경행정도 한자리를 차지하게 되는 등 환경문제에 대한 표면상의 관심은 급속히 증가하고 있다. 환경은 그 자체를 보존하고 유지하는 것에만 국한되어 있는 것이 아니다. 최근 빈번하게 발생하는 각종의 사고와 재난이 인간에게 미치는 영향을 보면 쉽게 알 수 있다.

환경에 대한 관심을 지속적으로 가져왔으나 미래한국을 위한 정책에 반영하기 위해 획기적이고 구체적인 대안으로는 2008년 8월 15일 건국 60주년 광복절을 맞아 이명박 대통령께서 발표한 녹색뉴딜 정책으로 4대강 살리기 및 주변정리사업 녹색교통망 확충 등 9개 사업을 2009년부터 2012년까지 확장시키고 있다. 녹색 뉴딜 정책의 결과는 미래 한국사회의 전망을 보다 발전적으로 만들 것이다.

실례는 52년 전에 런던에서 살인적인 스모그가 발생하여 5일 만에 4천명 이상이 호흡기 계통의 질환으로 사망하였고 일본에서도 한 공장에서 수은이 함유된 폐수를 배출함으로서 이것이 축적된 어패류를 장기간 먹은 사람에게서 뼈마디가 아프틀리고 심한 발작 증세를 보이는 '미나마타' 병이 발병하여 870명이 사망하고 2천명이 식물인간이 된 사건이 발생하였고, 84년 인도 보팔에서의 가스 유출로 인한 희생자 발생, 86년 구소련의 체르노빌 원자력 발전소에서 유출된 방사선 오염 91년 대구 두산전자 페놀유출로 인한 낙동강 오염사건 등 온 환경문제가 이제는 절박한 생존문제와 직결된다는 것을 보여주는 사건들이다.

그러나 이 보다 더 큰 문제는 환경 침해 또는 파괴행위가 일과성의 사건으로만 발생하는 것이 아니라 시시각각 계속적으로 발생하고 있다는 점이다.

예컨대 일상생활 및 사업 활동에서 발생하는 오수 오물은 이 식수원을 오염시키고 있으며 자동차의 배기가스와 공장에서 배출되는 대기 오염 물질 및 분진 등은 대기를 오염시키고 있다. 환경사범은 매년 증가되고 있고 환경오염행위는 아무런 문제의식조차 없이 행해 지고 있어, 환경은 오염으로 인하여 서서히 파괴되어 가고 있다. 이에 따라 인간의 생명과 건강에 치명적인 영향을 주고 있는 것이다.

한번 오염되거나 파괴된 자연을 인위적으로 회복시키기 위해서는 오랜 시간과 많은 비용이 필요하다는 것은 이미 입증되고 있으며 환경 문제에 대처하는 가장 좋은 방법은 환경이 오염되지 않도록 사전에 예방하고 위반행위를 처벌하여 국민생활의 질적 향상에 이바지하고 모든 국민이 건강하고 쾌적한 환경에서 생활 할 수 있도록 하는 데 그 목적이 있다.

2. 이론적 배경

2.1 환경오염행위 및 환경범죄의 개념

공장의 굴뚝에서 분출된 연기나 자동차의 배기가스등에 의하여 대기가 오염된다던가, 공장폐수 또는 생활폐수 등에 의하여 하천과 바다가 오염되어 많은 어패류가 죽는다든가, 더 나아가 대기, 수질을 오염시킨 유해물질이 인체에 섭취되어 사람을 죽게 하거나 병에 걸리게 하는 등 자연 및 인간에게 위협을 주는 일련의 현상을 일반적으로 환경오염이라고 부른다.

그리고 이러한 환경오염행위 가운데 그 법익침해성이 크기 때문에 형법을 과하는 행위 즉 사람의 건강에 위해를 주거나 환경을 저해하는 환경오염행위 또는 이와 관련된 행위로서 법에 의하여 처벌하는 행위를 '환경범죄'라고 한다.

환경범죄의 개념을 이와 같이 정의하는 것은 환경을 적절히 관리, 보전한다는 적극적인 의미의 환경 보호를 뜻함과 동시에, 환경오염이 초래하는 사회적 해악을 부각시키고 이에 대처한다는 의미를 갖는다. 이는 환경오염행위에 대한 형사 처벌을 단순히 환경행정의 목적 달성을 위한 부수적 수단으로 이해하여 왔던 종래의 소극적인 태도를 반성하고, 환경문제에 적극적으로 대처한다는 기본인식을 갖게 함으로써 형법적 사고의 틀에서 이를 분석하는 계기를 마련하여 준다는

약 력

· 1960년 충남예산 출생
· 예산고등학교졸업
· 서울산업대학교 졸업
· 건국대학교 행정대학원 법무학과에서 "우리환경 법제의 문제점과 개선방안에 관한 연구"로 법학석사학위취득
· 건국대학교 일반대학원 법학과 법학(형법)전공
· "도청·감청의 형사법적 규제에 관한 연구로 법학 박사학위취득

▷상 훈

· 서울특별시장 2회
· 외교통상부장관 2회
· 부패방지위원회 위원장 1회
· 국세청장 1회
· 경찰청장 1회
· 서울지방경찰청장 3회
· 기타 20회

장점도 아울러 갖고 있다.

2.2 환경오염의 종류

2.2.1 협의의 환경오염과 준 환경오염

환경오염이 환경변화를 수반하는가의 여부에 따라 협의의 환경오염과 준환경오염으로 구분된다. 협의의 환경오염의 경우에는 환경의 변화라고 하는 현상이 존재 하지만, 준환경오염에 있어서는 이러한 환경의 변화가 없고 대부분 원인행위와 피해자와의 관계가 직접적이다. 전자의 예로 들 수 있는 것은 대기 중에 유독가스가 배출되어 사람의 건강에 해를 미치는 경우이다.

따라서 후자의 예로는 식품 등에 유해물질이 혼합되어 인체의 건강에 해를 미치는 경우이다. 따라서 후자의 경우는 협의의 환경오염에 비해서 인간관계가 비교적 단순하다. 그러나 준환경오염에서는 물질의 유해성에 관한 자연과학적 연구가 충분하지 않은 경우가 상당히 많기 때문에 인과관계를 결정하기 곤란할 때도 있다. 흔히 환경오염이라고 할 때에는 협의의 환경오염을 의미하는 경우가 많고, 준환경오염은 식품환경이라든가 약품 환경오염이라고 하는 명칭으로 불린다.

따라서 환경오염이라고 말 할 때 식품공해나 약품공해 등은 진정한 의미의 환경오염에서 제외한다는 것이 보통이므로 환경범죄에서 문제는 협의의 환경오염에 국한한다.

2.2.2 복합 환경오염과 단일 환경오염

환경오염을 발생시키는 주제의 수에 따라 복합 환경오염과 단일 환경오염으로 구분한다. 복합 환경오염은 복수의 오염주체의 활동이 경합하여 환경오염이 발생하는 경우로서 자동차 매연, 공장 매연, 하천의 오염 등이 그 전형적인 예이다.

이에 반하여 단일 환경오염은 오염주체가 단수인 경우에 발생하는 환경오염이다. 복합 환경오염의 경우에도 주체를 특정할 수 있는 경우 (특정 복합환경오염) 가 있다. 전자의 예로는 갑, 을, 병 세공장의 폐수가 합해져서 일정한 정도의 수질오염을 초래하여 사람의 건강에 관한 피해를 생기게 하는 경우를 들 수 있고, 후자의 예로는 대규모 공장지대에 있는 공장들에서 배출된 연기에 의해서 대기오염을 초래하는 경우나, 자동차에 의한 대기오염을 들 수 있다.

2.2.3 구조적 환경오염과 사고 형 환경오염

환경범죄에 있어 형사책임의 주체와 관련하여 구조적 환경오염과 사고 형 환경오염으로 구분한다.

구조적 환경오염이라 함은 공장 또는 사업장의 기계설비의 결함, 방재시설의 불비, 생산계획의 구조적 결함에 기인하여 환경오염을 발생시킨 경우를 말하고, 사고 형 환경오염이란, 생산 공정의 운영상의 결함, 예컨대 기계가 고장 났던가 혹은 현장 담당자의 부주의에 의한 사고와 같이 생산계획 수행상의 결함에 의하여 발생하는 환경오염을 의미한다.

2.3 환경범죄의 특징

환경범죄의 특징으로는 통상 다음의 것들을 들 수 있다.

첫째 환경범죄는 인위적 활동에 의하여 야기된다. 그러므로 자연적 재해에 의해 공중의 생명?신체에 위험이 발생되는 경우는 제외된다.

둘째 침해의 간접성이다. 유해물질 등이 배출로 인한 직접적인 건강의 침해도 있지만 물·공기 등의 환경 인자를 통한 간접적 피해가 많다.

셋째 피해의 완만성이다. 환경오염으로 인한 피해는 신속하게 나타나는 경우도 있지만, 대부분의 경우는 완만하게 진행되어 피해가 발생한다.

넷째 침해의 발생원인 및 정도의 불명확성이다. 환경범죄는 광범위한 지역에서 불특정다수인에게 발생하므로 그 원인을 파악하기가 곤란한 경우가 많다. 따라서 복합 환경오염 행위처럼 인과관계의 입증이 어렵고, 그 범죄의 주제를 확정하기가 곤란한 경우가 많다.

다섯째 침해의 상규성이다. 즉 기업의 생산 활동으로 인한 유해물질의 배출이 어느정도는 허용된 것이므로 범죄라는 인식이 희박하다는 것이다.

-다음호에 계속

환경범죄의 효율적 대처 방안 (2)

약 력

· 1960년 충남예산 출생
· 예산고등학교졸업
· 서울산업대학교 졸업
· 건국대학교 행정대학원 법무학과에서 "우리환경 법제의 문제점과 개선방안에 관한 연구"로 법학석사학위취득
· 건국대학교 일반대학원 법학과 법학(형법)전공
· "도청·감청의 형사법적 규제에 관한 연구로 법학 박사학위취득

▷상 훈
· 서울특별시장 2회
· 외교통상부장관 2회
· 부패방지위원회 위원장 1회
· 국세청장 1회
· 경찰청장 1회
· 서울지방경찰청장 3회
· 기타 20회

김원영 법학박사

삶의 질을 높이는 약속은 환경 보전이다. 환경범죄의 전문가 김원영 박사의 글을 통해 대처 방안을 연재한다.

최근 인간의 생존과 생활을 유지시켜주는 주변 환경 즉 폐기물·대기오염·소음진동·방사능오염·식품오염·토양 등의 오염 현상은 이제 인간의 생존자체를 위협하는 문제가 되고 있다.

이러한 현상은 비단 우리나라에만 국한된 것이 아니라 환경보전의 문제가 범세계적으로 인류의 생존 그 자체에 관련되는 중대사로 되어지면서 오늘날 인류공동의 문제로서 현실로 나타나고 있고 환경사범은 매년 증가되고 있다.

개인이나 기업이 고의 또는 과실로 인해 발생되는 환경오염 행위로 환경은 서서히 파괴되어 가고 이에 따라 사람의 생명과 건강도 위협받고 있다. 그러므로 환경문제에 대처하는 가장 좋은 방법은 환경이 오염되지 않도록 사전에 단속하여 예방하는 것이다.

2.4 환경범죄의 일반적 요소

환경범죄의 개념을 구성하고 있는 것으로는 첫째 피해성, 둘째 인위성과 행위성, 셋째 원인행위와 피해와의 관계들이다.

2.4.1 피해성

가) 침해된 이익

환경범죄로 인하여 침해를 받은 이익은 크게 세 가지 범주로 나누어 생각할 수 있다. ①즉 생명·신체·건강(수면이라든가 정신적 결함을 포함하는 넓은 의미에서의 건강을 의미한다) 유지에 대한 이익인 '인적 이익' ② 건물·농작물·가축·수목 등 재산에 대한 이익인 '재산적 이익'(물건 자체가 권리의 대상으로 되어 있는 경우, 즉 채석권·어획권·수렵권 등의 대상으로 되는 경우를 포함한다) ③ 특별히 권리의 대상으로 되어 있지는 않지만 일반인의 이용에 제공되는 하천·바다 등에 자연적으로 생육 또는 존재하고 있어서 일반인이 포획·채취하여 식용 기타의 이용에 제공되는 동식물 등(어패류, 해초 등)에 대한 이익인 '이용적 이익' 등으로 나눌 수 있다.

그런데 이상의 세 가지 이익은 일정한 외적 조건 아래에서만 보장되는 것이어서 그 외적조건인 변화하면 이러한 이익도 변화한다.

이와 같이 3가지 이익에 관계를 갖는 외적 조건의 총체를 '생활환경'이라고 부를 수 있다.

그러므로 쾌적한 생활환경을 위해서는 위의 세 가지 이익이 바람직한 방향으로 변화하든지, 아니면 적어도 종전과 같은 상태로 유지되어야 할 필요가 있다.

따라서 사람들은 생활환경이 이와 같이 유지됨에 따라 이익을 갖고, 반대의 경우에는 - 이것을 생활환경의 악화 또는 파괴라고 부를 수 있다 - 불이익을 받는다.

이와 같이 생활환경이 정상적으로 유지되는 것에 대하여 가지는 사람들의 이익을 '생활환경 이익'이라고 부를 수 있다.

그리고 침해된 이익의 구별에 대응하여 피해도 또한 ①내지③의 이익에 대한 침해인 '실해적 피해'와 생활환경이익을 침해하는 '환경적 피해'를 구별할 수 있다.

전자에 대하여는 많은 설명이 필요 없지만, 후자는 그렇지 않다. 환경이익의 침해란 추상적으로는 환경의 악화이지만, 구체적으로는 대기오염, 수질오염 또는 소음, 악취의 발생 등을 말한다.

물론 인간이 생활을 하는데 있어서는 어느 정도의 환경오염이 발생하는 것은 어쩔 수 없는 일이므로 일정한 정도의 환경오염은 수인 하여야 할 것이다.

즉 ①내지③의 손해를 초래하는 위험을 가질 정도에 달할 때에 환경피해가 발생한다고 할 수 있다.

나)피해의 범위

환경범죄에 있어서는 피해의 범위가 문제된다. 피해의 범위는 ① 피해의 인적범위(피해를 받는 자의 범위) ②피해의 장소적 범위(피해가 미치는 공간적 범위), 그리고 ③피해의 시간적 범위(피해가 언제까지 계속하는가의 문제)의 세 가지 방면에서는 고찰할 수 있다.

①피해의 인적 범위

환경범죄를 논할 때 피해의 인적 범위를 논하는 이유는 다음과 같다. 「…유해한 물질을 배출하여 '공중'의 생명 또는 신체에 위험을 발생시킨…」이라는 용어로써 구성요건을 규정하고 있다.

그러므로 피해의 인적범위를 나타내 줄 수 있는 '공중'의 의미를 확립하는 것은 매우 중요하다. 환경오염과 유사한 개념인 공해를 '공중에 대한 해악'이라고 해석한다면 환경오염행위(또는 환경범죄)는 공중에게 입히는 해가 될 것이다. 일반적으로 '공중'이란 불특정 또는 다수인이라고 해석된다.

②피해의 장소적 범위

환경범죄에 있어서 피해는 그 성질상 장소적으로 상당한 범위에 미칠 것이 필요하다.

그러나 자연환경을 오염시키거나 침해하는 행위를 처벌하는 것이 아니라 공중의 건강에 위험을 발생시킨 행위만을 처벌하고 있으므로, 피해의 장소적 범위는 큰 의미를 갖지 못한다고 하겠다.

다만 피해가 발생한 지역이 유해물질을 배출한 장소내인가 아니면 그 장소 밖인가에 따라 산업재해와 환경범죄로 구별 될 수 있으므로(예컨대 어떤 공장 내에서 오염물질이 배출되어 그 공장을 작업하는 종업원에 국한되어 피해가 생긴 경우에는 환경범죄라기 보다는 산업재해로 파악하여야 할 것이다), 이러한 점에서 장소적 범위가 의미를 가질 수 있다.

③피해의 시간적 범위

환경범죄라고 하기 위해서는 피해의 계속성이 있어야 한다. 피해의 계속성은 많은 환경오염현상에서 보여 지는 특징이지만, 이것을 개념요소로 하는 경우에는 그 의미를 '어느 정도 계속되는 피해'라고 이해하여야 할 것이다.

일시적이어서 쉽게 제거할 수 있는 피해는 제외되어야 하기 때문이다.

2.4.2 인위성과 행위성

다음으로 환경오염행위(또는 환

경범죄)개념의 중요한 내용을 이루고 있는 것은 인위성과 행위성이다. 즉 환경오염행위는 사람에 의하여 만들어진 피해이므로 홍수·태풍·지진 등의 천재에 의한 피해와 구별된다.

그러나 사람에 의하여 만들어진 피해라고 하여도 그 핵심은 '사람의 활동'에 초점을 맞추어야 할 것이다.

특별조치법이 '사업 활동으로 인하여…'라고 규정하고 있는 것도 이러한 취지에서라고 생각한다. 여기서 '사업 활동'이라 함은 적어도 사회생활상 필요하거나 허락된 재 활동을 의미한다.

그러나 환경오염의 발생이 사업활동 기타 사람의 생활 활동임에 틀림이 없지만, 그것을 단지 활동으로서 파악하는 것만으로는 적어도 형사법적 고찰에서는 불충분하다. 그러므로 환경범죄의 요건을 파악하기 위해서는 활동의 '행위성'에 중점을 두어야 할 것이다.

2.4.3 원인행위와 피해와의 관계

이건은 법적으로 인과관계에 해당하는 문제이지만, 여기에서는 이러한 관점을 떠나 환경오염의 개념요소라는 입장에서 원인행위와 피해와의 관련성, 즉 원인행위에서 피해에 이르는 과정을 말한다.

환경오염발생을 물리적 관점에서 보면 이 과정은 환경오염 발생의 원인의 산출단계, 그것이 외부에 방출되어 대기, 물, 토지, 공간을 거쳐 전파·확산되는 단계, 최후로 그것을 받아 피해가 생기는 단계, 즉 산출→방출→전파·확산→섭취의 4단계로 나눌 수 있다.

그런데 환경오염에서는 사람과 물건에 대한 직접적인 침해가 아니라 매개물 내지 매체를 통하여 간접적으로 침해가 생기는 것이 일반적이다.

그러나 모든 환경오염이 매개물이나 매체를 통하여 발생하는 것은 아니므로 환경오염의 종류에 따라 이를 달리 볼 필요가 있다.

가) 협의 환경오염의 경우

환경오염은 주로 대기나 물을 통하여 피해가 생긴다고 할 수 있다. 예컨대, 유독가스가 연기와 함께 대기에 배출되어 사람이 호흡하면 건강을 해친다던가, 카드뮴이 하천에 배출되어 그것이 논에 심어져 있는 벼에 흡수되고 다시 그것이 인체에 축적되어 병에 걸리는 것을 예로 들 수 있다.

이러한 관계에서 파악하여 볼 때 대기와 물은 행위와 피해 사이를 매개하는 매개물 내지 매체라고 할 수 있다. 그러나 예컨대, 지반의 침하 또는 소음 등에 의한 피해와 같은 경우는 사정이 다르다.

지반침하의 주된 원인은 지하수를 다량으로 끌어올림으로 인한 토층 수축인데, 이 경우 물의 역할은 위의 수질오염의 경우와는 질적으로 다르다.

수질오염의 경우는 유해물질이 물에 의하여 전파되어 사람의 체내에 들어오는 점에서 매체라고 할 수 있지만, 지반침하의 경우는 전파되는 것이 아니라 물이 지하에서 지표로 이동함에 따라 피해가 생기는 것이다.

또 소음이나 진동과 같은 경우에도 물리적으로 파악하면 매체가 있지만(예컨대, 공기의 진동 등), 이것은 앞에서 언급한 것들과는 그 기능이 다르다고 할 수 있다.

나) 준 환경오염의 경우

준환경오염의 경우에는 환경인자의 변화현상이 없다. 예컨대, 음식물이라든가 약품 등과 같이 일반인이 일반적으로 사용하고 있는 물질에 유해한 물질이 혼입 또는 첨가됨으로써 피해가 생긴다.

이 경우에는 음식물, 약품, 농약, 사료 등에 유해물질이 혼입되어 유해물질을 함유한 음식물 등이 섭취됨으로써 피해가 생기는 것이다. 그 과정은 대기 중에 유독가스가 배출되고 그 가스가 함유된 공기를 호흡하여 피해가 생기는 것과 마찬가지이다.

따라서 협의의 환경오염에 있어서는 피해의 한 형태로서 환경침해라고 하는 것을 생각할 수 있지만, 준환경오염에서는 실해적 피해밖에 없게 된다.

-다음호에 계속

환경범죄의 효율적 대처 방안 (3)

김원영 법학박사

약력

- 1960년 충남예산 출생
- 예산고등학교졸업
- 서울산업대학교 졸업
- 건국대학교 행정대학원 법무학과에서 "우리환경 법제의 문제점과 개선방안에 관한 연구"로 법학석사학위취득
- 건국대학교 일반대학원 법학과 법학(형법)전공
- "도청·감청의 형사법적 규제에 관한 연구로 법학 박사학위취득

▷상 훈
- 서울특별시장 2회
- 외교통상부장관 2회
- 부패방지위원회 위원장 1회
- 국세청장 1회
- 경찰청장 1회
- 서울지방경찰청장 3회
- 기타 20회

삶의 질을 높이는 약속은 환경 보전이다. 환경범죄의 전문가 김원영 박사의 글을 통하여 대처 방안을 연재한다.

최근 인간의 생존과 생활을 유지시켜주는 주변 환경 즉 폐기물·대기오염·소음진동·방사

능오염·식품오염·토양 등의 오염현상은 이제 인간의 생존자체를 위협하는 문제가 되고 있다.

이러한 현상은 비단 우리나라에만 국한 된 것이 아니라 환경보전의 문제가 범세계적으로 인류의 생존 그 자체에 관련되는 중대사로 인식되면서 오늘날 인류공동

의 문제로서 현실로 나타나고 있고 환경사범은 매년 증가되고 있으며 개인이나 기업이 고의 또는 과실로 환경오염 행위로 인하여 환경은 서서히 파괴되어 가고 이에 따라 사람의 생명과 건강도 위협받고 있다.

그러므로 환경문제에 대처하는 가장 좋은 방법은 환경이 오염되지 않도록 사전에 단속하여 예방할 수 있어야 한다.

3. 환경범죄 수사유형

3.1 폐기물사범 수사

1) 폐기물의 종류
생활폐기물(사업장폐기물 이외의 폐기물), 사업장폐기물로서 공장배치 및 공장설립에 관한 법률 규정에 의한 공장으로서 배출시설을 설치, 운영하는 사업장에서 발생되는 폐기물과 전호이외의 경우로는 대통령령이 정하는 사업장에서 발생되는 폐기물이다.

2) 폐기물사범의 단속 수사
폐기물관리대장의 기록, 보존 여부, 사업폐기물 배출신고 및 각종 인·허가사항이 실제상황과 적합한지 확인 폐기물 운반, 처리전표 적정발행여부 (지정폐기물에 한하다), 기타 신고, 보고 의무 이행상태확인, 각종처리시설의 안전관리여부, 필요시 시료채취, 사진촬영, 확인서 징수

3) 폐기물배출 사업장
폐기물배출공정 확인 및 폐기물 관리실태점검, 처리시설 설치승인, 신고, 사용개시 여부, 적정처리 여부 및 운영관리 실태 점검(중금속 등 유해물질의 분석, 확인 후 위탁처리여부, 보관운반상태 및 운반처리 신고 이행여부)

4) 폐기물처리업
폐기물의 수집, 운반, 보관, 처리의 적정여부, 처리시설의 가동 및 관리실태, 허가대상폐기물을 적정 수탁 여부, 허가대상 폐기물 적정 수탁 여부, 허가 시설 이외의 불법시설 설치운영여

부, 중간처리 후 발생폐기물의 적정처리 여부를 점검한다.
5) 재생처리 신고사업장
폐기물 수집운반, 보관, 처리의 적정여부, 재생처리 후 발생폐기물의 적정처리 여부, 수출입폐기물을 재생 처리하는 업소는 다음 사항 추가 확인, 폐기물 수입허가신청서 내용과 동일하게 수출입하였는지의 여부, 폐기물수출입허가신청서 내용과 동일하게 수출입하였는지의 여부, 폐기물의 국가 간 이동 및 그 처리에 관한 법률의 규정에 적합하게 수출입 폐기물의 운반, 수출입 이동서류에 관한 신고 등을 하였는지에 여부 등을 점검한다.

3.2 수질오염사범 수사

1) 단속대상
공장폐수, 상수원 지역에서의 가두리 양식장, 축산 폐수 등이다.

2) 처벌법규
수질환경보전법, 오수·분뇨 및 축산폐수의 처리에 관한 법률 (축산 폐수에 대하여 무허가인 경우)이다.

3) 단속, 수사요령
① 단속시기의 선정
주로 해빙기에 방지시설이 동파되거나 기타 사유로 방치되는 경우가 많고 하절기에는 무단 방류 사례가 많다. 일제단속 기간은 3일이 넘지 않도록 인원을 집중 투입하여 단기간에 실시한다.
② 대상업소 선정
평소에 민원대상인 문제업소 (도금, 피혁, 염색공장 등 중금속 배출업소 및 기타 가공금속제품), 제조공장 등 중금속 배출업소(제지공장등 폐수대량 배출업소, 주물공장), 무허가업소(주로 도금, 염색 등이 많음)도 규모가 큰 것은 선정하여 명단작성 참고한다.
③ 단속인원 및 장비
경찰에는 환경전문기사가 거의 없으므로 환경부와 시·군 직원의 지원을 받아 수사하며,

14

차량과 시료채취용기, 카메라 등 단속장비 확보한다.

④ 중점단속 수사사항

비밀배출구의 설치, 호스 등을 이용한 원폐수 방류행위, 방지시설의 미가동, 기계고장의 방치, 처리약품의 미투입, 투입량미달, 처리방식의 부적절, 방지시설 용량부족으로 인한 과부하, 무허가 배출시설설치, 사전조업, 배출시설 관리인 미선임, 운영일지 미보존, 각종 행정명령위반

⑤ 단속수사 시 고려사항

비밀배출구의 설치 유형은 공장내부에서 일단 외부로 배출하여 폐수처리장에 집수되는 과정에서 관을 연결, 일부는 폐수처리장에서 집수되고 일부는 비밀관을 통하여 처리과정 없이 배수구에 직배출하는 방법을 사용하고 있으며, 처리장의 집수조에서 작은 관을 몇 개 최종배출구에 연결하여 배출하거나 고속침전소에서 여과조에 흘러 들어가는 스러지관을 중간에서 연결하여 최종배출구에 배출하는 방법을 사용한다.

비밀배출구의 발견 방법은 공장에서 사용하는 공장용수 사용량을 수도계량기나 수도요금납부서 수도사업소 등에서 확인하고 처리장의 최종배출구에서 배출구의 크기 (직경), 물의 흐름세 등을 고려하여 1일 총배출량을 확인함. 또한 처리시설의 1일 가동시간을 측정기록부 등에 의해서 확인한다.

이를 종합하면 이상이 있는 공장은 최종배출구에서 배출되는 물의 양이 기타 공장에서 사용하는 식수, 화장실, 목욕탕 용수 등을 제외, 감안하여도 차이가 발생한다. 이러한 차이가 있는 업소에 대하여 공장의 기계 배치도면 · 방지시설의 설계도면을 검토하고, 이러한 도면에 없는 파이프라인의 유무를 확인한다.

일단 공장외부에 나가서 하수구의 유무를 확인하고 그것이 불가능한 경우에는 맨홀의 뚜껑을 열고 들어가서 확인하여 의심 있는 지역은 땅을 파볼 필요도 있다.

3.3 대기오염사범 수사

1) 단속대상

① 자동차매연, 공장매연, 악취, 비산분진, 소음, 진동

② 대기오염이 문제되는 업종은 대개 철강, 주물, 화학, 비료, 도금, 염료공장 등이며 비산분진은 목재, 가구, 레미콘, 시멘트, 연탄공장 등이다.

2) 처벌법규

대기환경보전법, 석유사업법, 소방법 등이다.

3) 단속, 수사요령

① 대기

공장 굴뚝을 통하여 배출되는 대기오염 정도를 측정하는 경우 시료채취는 원칙적으로 가스의 흐름이 안정되어 균일한 농도로 시료를 채취할 수 있다고 판정되는 지점 선정하고, 대기집진시설을 전혀 가동치 않는 경우는 기술적으로 단속하여야 현장 적발 가능하다.

염소 등 화공약품저장탱크 관리소홀로 탱크가 파손되거나 조작 잘못으로 인하여 대량 누출되는 경우가 있으며 이 경우는 특별조치법에 적용된다. 신나, 페인트 등 도장 시설의 피해가 심하여 천식 등 직업병을 초래하므로 처벌이 필요하다.

② 자동차매연

비디오 카메라에 의한 단속강화필요, 회차하는 차량은 차고지에서 회차 즉시 하는 것이 능률적이다.

③ 악취

악취조사 판정자는 조사대상 지역에 거주하지 않은 사람으로서 후각이 정상이고 건강한 사람 5인 이상으로 구성하여 취기강도가 가장 높은 악취발생현장의 부지경계선을 측정 장소로 한다.

판정자는 시험방법에 의해 각 판정장의 악취강도 중 판정자의 다수가 판정한 악취도로서 판정수가 동일한 경우는 악취도가 높은 것을 선택하여 2도 이하면 적합, 2도 이상이면 부적합 판정한다.

3.4 소음 · 진동사범

모든 기계, 기구, 시설 등으로부터 발생하는 강한 소리를 말하며 진동도 소음과 같이 기계, 기구, 시설, 기타 물체의 사용으로 인하여 발생하는 강한 흔들림을 말한다.

3.5 오수 · 축산폐수 단속

수질환경보전법, 오수, 분뇨 및 축산폐수의 처리에 관한 법률, 하수도법 등에 근거하여 단속한다.

-다음호에 계속

검찰타임스 '삶의 질을 높이는 법을 위한 正論紙' 2009.07.08.

환경범죄의 효율적 대처 방안 (4)

김인영 법학박사

약력

- 1960년 충남예산 출생
- 예산고등학교졸업
- 서울산업대학교 졸업
- 건국대학교 행정대학원 법무학과에서 "우리환경 법제의 문제점과 개선방안에 관한 연구"로 법학석사학위취득
- 건국대학교 일반대학원 법학과 법학(형법)전공
- "도청·감청의 형사법적 규제에 관한 연구로 법학 박사학위취득

▷상훈

- 서울특별시장 2회
- 외교통상부장관 2회
- 부패방지위원회 위원장 1회
- 국세청장 1회
- 경찰청장 1회
- 서울지방경찰청장 3회
- 기타 20회

4. 환경범죄의 효율적 대처방안

4.1 환경범죄에 대한 인식제고

지금까지 환경오염행위에 대한 행사처벌법은 행정목적을 달성하기 위한 하나의 부속수단으로 생각되 이 오는 경향이 강하였다. 이제 이와 같은 생각은 불식되지 않으면 안된다.

환경범죄는 살인, 강도, 방화 등과 같은 전통적이고 전형적인 형사범죄와 동일한 차원에서 논해져야 하며 환경범죄가 내포하고 있는 엄청난 사회적 유해성에 걸맞은 강력한 형사소추가 실현되어야 한다.

검찰, 경찰 등 수사기관은 환경범죄를 단순한 행정범에 그치는 것으로 보아 환경당국의 환경보전을 위한 여러 가지 행정조치를 형사범적으로 사후 보완한다는 지금까지의 타성적 인식을 탈피해야 한다.

경찰, 검찰은 환경범죄가 지니고 있는 현대적 의의에 맞게 적극적인 자세를 가지고 소추에 임하여야 한다. 환경범죄는 여러 사람들의 생명, 신체의 안전, 건강 등에 위해를 초래하고 나아가 장래의 국민에게까지 해악을 미치는 극히 중대한 범죄로서 엄중히 다스리지 않으면 안될 것이다.

앞으로 개정될 형법전에 이와 같은 환경범죄의 특성이 충분히 반영되어야 하겠지만 그 이전 단계에서도 경찰, 검찰은 환경범죄를 단순한 행정사범으로 다루던 태도에서 벗어나 공공위험범 및 전형적인 형사범의 일종으로 엄중히 취급하는 인식의 전환이 필요하다.

4.2 전문성 제고

다음으로 환경범죄의 효율적 대처를 위해서 경찰, 검찰 그리고 법원내부에 전담부서 및 전문인력이 확보되어야 한다.

경찰의 경우는 환경범죄를 담당하는 전문기구가 없어 일시적으로 기획수사 형식으로 서울청에서는 수사부에서 담당하고 있고, 일선 경찰서에서는 수사과에서 담당하고 있으나 환경공학을 전공한 전문 환경기사 자격증을 소지하고 있는 경찰관은 전혀 없어 범죄수사에 고도의 전문성을 요하는 환경범죄에 적절하게 대처할 수 없는 형편이며 예산 장비 등이 뒷받침되지 않고 있는 실정이며 이로 인하여 환경문제의 심각성을 인식하여 대하여서 환경공학을 전공한 환경기사 자격증을 소지한 전문요원 확충이 필요하다.

4.3 시민의 감시활동 강화방안

지금까지 환경범죄의 효율적 대처를 위한 시장방식이 환경형법의 우리와 더불어 감시

는 엄청난 사회적 유해성에 걸맞은 강력한 형사소추가 실현되어야 한다.

검찰, 경찰 등 수사기관은 환경범죄를 단순한 행정범에 그치는 것으로 보아 환경당국의 환경보전을 위한 여러 가지 행정조치를 형사범적으로 사후 보완한다는 지금까지의 타성적 인식을 탈피해야 한다.

경찰, 검찰은 환경범죄가 지니고 있는 현대적 의의에 맞게 적극적인 자세를 가지고 소추에 임하여야 한다. 환경범죄는 여러 사람들의 생명, 신체의 안전, 건강 등에 위해를 초래하고 나아가 장래의 국민에게까지 해악을 미치는 극히 중대한 범죄로서 엄중히 다스리지 않으면 안될 것이다.

앞으로 개정될 형법전에 이와 같은 환경범죄의 특성이 충분히 반영되어야 하겠지만 그 이전 단계에서도 경찰, 검찰은 환경범죄를 단순한 행정사범으로 다루던 태도에서 벗어나 공공위험범 및 전형적인 형사범의 일종으로 엄중히 취급하는 인식의 전환이 필요하다.

5. 결론

환경은 인류의 생존과 직결된다는 인식이 널리 확산되면서 전세계적으로 환경보호 활동이 활발히 전개되고 있으며 우리나라도 이에 대한 관심이 증대되고 있다.

그러나 그 중요성에 비추어 아직은 환경보호에 대한 인식이 정착되지 못하고 있으며 경찰에서 단속한 2004년부터 2008년도까지 5년간 환경사범 검거현황을 보면 2004년에는 4,788건에서 2008년도에는 23,902건으로 약 499% 약 5배가 증가하는 등 심각한 문제인 것을 알 수 있으며 특히 우리나라의 자랑이라고 할 수 있는 아름다운 산과 바다, 하천을 병들게 하는 산업폐기물, 불법투기, 해양오염사례가 눈에 띄게 늘어난 것으로 나타나고 있고 주로 경찰에서 단속하는 사례로는 폐기물관리법에는 건축폐기물, 산업폐기물을 불법 매립하는 사례, 수질오염행위로는 정화되지 않은 오수·폐수를 무단 방류하는 사례, 지역개발을 국토환경훼손행위로, 국립공원에 무단형질변경 무허가 음식점 영업하는 사례, 대기환경오염행위는 카센타, 공업에서 무허가 도색하는 사례가 가장 많다.

환경범죄의 효율적 대처방안으로 요약하면 다음과 같다.

첫째, 환경범죄는 여러 사람들의 생명신체의 안전, 건강 등에 위해를 초래하고 나아가 장래의 국민에게까지도 해악을 미치는 중대한 범죄로서 엄중히 다스리지 않으면 안될 것이고 앞으로 개정될 형법전에 이와 같은 환경범죄의 특성이 충분히 반영되어야 하겠으며 검찰, 경찰은 환경범죄를 단순한 행정사범으로 다루던 태도에서 벗어나 공공위험범 및 전형적인 형사범의 일종으로 엄중히 취급하는 인식의 전환이 필요하다.

둘째, 환경범죄의 효율적 대처를 위하여 검찰, 경찰 그리고 법원 내부에 전담부서 및 전문 인력이 확보되어야 하겠으며 경찰의 경우를 보면 환경범죄를 단속하는 전문기구가 없이 일시적으로 기획수사형식으로 서울지방경찰청에서는 수사부에서 담당하고 있고 일선경찰서에서는 수사과에서 담당하고 있다.

그러나 환경공학을 전공한 전문 환경기사 자격증을 소지하고 있는 경찰관이 전혀 없어 환경범죄에 적절하게 대처할 수 없는 형편이므로 앞으로 환경공학을 전공한 전문요원의 확충이 시급하다.

셋째, 환경범죄에 대한 범국민적 감시망 활동이 시급하며 이를 위하여 환경오염행위를 적발하고 감시하는 민간조직이 활성화를 촉구하지 않을 수 없고 현재 몇몇 단체가 조직되어 활동하고 있으나 앞으로 보다 전국적인 차원으로 확대되어 민간환경 감시활동을 강화해야 한다.

염탐과 엿듣기

법학박사 | 김 원 영

21세기 정보화 사회가 진행되면서 과학기술이 급속하게 발달되고 개발된 통신수단을 폭력, 사생활탐지, 정치적 이용, 마약거래, 밀수, 유괴, 청부폭력, 인신매매, 조직폭력 등의 범죄행위에 악용하는 사례가 급증하고 있다.

이를 막기 위한 법제도적인 보완을 어쩌면 기술발달과 함께 병행해야 할 인류의 과제이다.

국가의 책임이기도 하며 도청과 감청에 의하여 자주 낭패 당하고 국정원의 불법도청으로 사회에서 주목받는 정치인이나 언론인 기업인들이 도청 노이로제라는 말이 나올 정도로 도청에 대해 민감해지고 있다.

93년 부산 초원 복집 사건을 계기로 93.12.27통신비밀보호법이 제정되어 94.6.28 .부터 시행됨으로써 감청의금지와 허용요건에 관한 법규가 탄생되었으며 통신비밀보호법

은 그 후 지금까지 11차례에 걸친 개정으로 오늘에 이르고 있으나 초기 5차까지의 개정은 정치적인 목적이 앞서 현실적 개정이라 할 수 있어 통신비밀보호라는 헌법적 기본권 보장에 실질적인 기여를 하지 못했고 2000년도 정기국회에서는 정치권 모두 통신비밀보호법의 모순과 기본권 보장의 불가피성 그리고 정치권 스스로가 피해자라는 인식에 개정의 필요성을 실감하고 실질적인 제도개선을 내용으로 하는 제6차 개정이 이루어지면서 2002.3.30부터 시행되었고 이러한 기본권의 보장이 완전하게 이루어 지지 못한 상황에서 5차례 걸친 제정, 개정 을 국가기관에 의한 기본권의 침해적 요소를 일부 제거함으로써 수사기관의 수사 편의에 대한 적절한 법적용의 길을 터놓고 국민의 기본권 보장을 강화하는 두 가지 문제를 해결하고 휴대전화의 사용

증가 등 통신환경의 변화에 따라 수사기관에 의한 통신사실 확인 자료요청에 대한 부족하지만 수사 편의적 방향에서 적절한 규정을 세웠다.

대부분 국민들은 도청과 감청이 어떻게 다른지 모르고 있다. 도청은 타인의 대화를 당사자 몰래 청취하는 일이며 보통 전화나 전자 장비를 이용해 대화를 하고 있는 사람 가운데 적어도 한사람 이상이 모르게 하거나 그 사람의 승낙 없이 엿듣는 행위를 말한다.

도청이 불법적인 것이라는 법적문제에 관한 개념이라면 감청은 불법행위를 제거한 행위, 즉 일정한 법률적 여건 하에 행해지는 행위이며 수사기관에 의하여 국가의 안전을 해하려는 세력으로부터 국가의 안전을 보장하거나 살인, 마약, 밀수 등의 중요범죄로부터 선량한 국민을 보호하기 위하여 범죄사실에 관한 증거를 수집하고 보존하는 수단으로 사용되는 합법적인 행위를 말한다.

도청·감청의 유형은 유·무선통화, 휴대폰, 인터넷해킹이 대표적이며 유선통화의 감청의 경우 기술적인 어려움이 없이 통화내용전부를 감청할 수 있는데 반해 무선통화의 경우 기술적인 어려움으로 통화내용에 대한 감청대신 이동통신업체들이 요금부과를 위해 보관하고 있는 통화 기록만 단순 확인하고 있다.

무선으로 이루어지는 통화내용에 대한 감청이 기술적으로 가능한지의 여부에 대해 여전히 논란이 이어지고 있지만 지금까지 통설은 기술적으로 전혀 불가능한 것은 아니다.

구체적인 유형은 유선전화 통화내용 녹취, 이동전화, 음성사서함 및 문자 메시지 확인, 이메일 내용 확인 등의 형태를 띠며 최근 추세는 인터넷 감청이 빠르게 늘어나는 추세이다.

휴대용무선전화기는 보안성이 없다. 수없이 일어나는 개인 생활 침해사례와 정보의 가치가 높아지면서 기업체의 산업기밀획득을 위한 스파이행위가 무선통신을 통하여 도청되고 있다고 보면 된다.

은행폰뱅킹을 이용한 계좌인출 절도사건, 기업체의 주요 정책결정사항 등 산업기밀 탐지를 위한 도청사고 자신과 회사를 보호하기 위한 철저한 보안의식을 준수해야 한다.

인터넷해킹은 네트워크를 거쳐서 송수신하고 있는 데이터를 부정한 방법으로 자료를 취득하거나 엿듣는 것을 말하며 컴퓨터 시스템에 접속된 라우터 등의 통신기기는 부정접속의 표적이 되기 쉬우므로 안전측면에서 배려가 필요하고 최근에는 이동용 단말기를 사용 이동지역에서 통신을

하는 사례가 증가하고 있는데 이와 같은 무선에 의한 데이터 전송 도 제3자에게 방수위험이 있다.

디스플레이 장치로부터 누설된 미약한 전자파를 일정거리 떨어진 장소에서 수신하여 표시내용을 방수하는 상투적인 수법도 일종의 네트워크 도청 혹은 해킹이라 일컫는다.

대부분이 인터넷 도청은 암호화 하여 유선전화보다 훨씬 뚫고 들어가기 어렵지만 요즈음에는 간단한 무선 시스템으로 상대방의 IP추적하여 정확하게 내용을 도청하거나 데이터 전체를 가져와 일반 유선 도청보다 훨씬 정확하게 내용을 채집할 수 있다.

불법도청·감청의 심각성은 정부의 발표에 의해 2002.3월 이후 불법도청·감청이 살아졌다는 말이 있지만 아직도 국민들은 혹시나 하는 감정이 마음에 도사리고 있다.

무차별적 엿듣기 실례로는 한가정집에서 발견돼 소형무선도청기에 대한 내용이며 책상 밑에 보이지 않게 붙여만 놓으면 반경 1킬로미터 내의 대화를 엿들을 수 있는 이도청기는 보이기에는 전기콘센트인 것 같으나 콘센트안쪽을 보면 작은 도청기가 설치되어있다.

이러한 도청기는 과거 기업의 기밀을 빼내는데 주로 사용 했던 것인데 요즘은 일반인들 사이에서 개인의 사생활이나 배우자의 불륜을 잡기위해 사용되고 있다.

자신의 집에 도청기가 설치돼있는지 조사를 해달라는 개인들의 주문이 늘어나는데 국민이 자신이 누릴 수 있는 기본권을 보장받지 못한다는 해석이 가능하다.

특히 최근 도청장비에 관한 정부차원의 지도감독이 제대로 이루어지지 못하고 일부 규정을 기술보다 한참 아래의 법제도적 사안으로 오히려 법 시행 에 걸림돌이 되는 경우가 발생되고 있는 등 문제점에 대한 심각성을 경고하고 있다.

기술이 새롭게 발전하면서 도청·감청 의 적정관리를 위해 관계기관 지식경제부(舊 정보통신부)의 합동회의에서 몇 차례 실태파악을 위한 실무협의를 실시한바 있고 협의에서 적정방법을 제시한바 있으나 급변하는 기술발전을 따라가지 못하여 일부규정들이 기술보다 한참아래의 법제도적인 사안으로 오히려 걸림돌이 되고 있다.

이러한 법정비의 미비로 기업 등 일부 정부투자기관이 주로 도청.감청방지 시스템을 활용하는 상황에 이르고 있다.

최근 유통업체, 병원, 제약회사, 연구소 등 업종 구분 없이 도청에 대해 장비활용이 급증하고 있으며 관공서도 보안검색을 강화하는 추세이다.

건강한 삶을 영위하기 위해선 법을 잘 지켜야 한다

법학박사 | 김 원 영

최근 경기 침체로 인해 강력사건이 많이 발생되고 있어 언론에 자주 보도되곤 한다. 범죄의 원인에 관해서는 생물학적특징(신체적 유전적 특징), 심리적 요인, 사회적환경요인 등 세가지 관점으로 볼 수 있다.

생물학적 특징

부모로부터 받은 유전적 소질과 일부는 임신했을 때 발생하거나 출생 후에 입은 손상으로 신체적 결함이 발생되어 신체적 열등감으로 정신적인 열등감으로 범죄의 원인이 될 수 있다.

심리적 요인

심리적 상태가 범죄를 유발하며 범죄행위는 내적(심리적)장애의 표출이다. 따라서 범죄의 원인을 제거하기 위해서는 개인의 심리적 장애 치료가 필요하다.

사회 환경 요인

열악한 주거환경과 결손가정 특히 어린 시절 부모로부터 학대 받는 등 불안정한 가정에서 많이 발생되며 개인과 집단적인 접촉을 통하여 전이되고 학습화되며 범죄는 다른 사람과 교류를 통하여 배우기도하고 다른 사람의 행동을 관찰한 뒤에 그 행동 혹은 그와 비슷한 행동을 호기심에 의해 모방하는 모방범죄를 하게 된다.

요즘 물질만능사회로 변화되면서 인격 장애를 가지고 있는 사이코패스로 인한 범죄가 증가추세이며 이로 인해 사이코패스에 대한 사회적 인식 또한 증가하면서 사회문제로 대두되고 있으며 사이코패스는 범행을 통하여서만 밖으로 드러나기 때문에 주변 사람들이 알아차리지 못하는 특징이 있다.

특히 보통인 보다 심리적으로 불안감이 더 심하게 나타나 그로 인해 정서와 행동이 불안정하고 감정 기복이 매우 심하고 보통인들 보다 사회적 개인적으로 우월한 존재로 여기고 있으며 높아 보이려고 하고 사람으로서 느끼는 양심 따위는 손톱만큼도 느끼지 못하며 오히려 더욱 태연해지고 인간으로서 느끼

는 원초적 본질에 큰 차이를 드러내며 피해자에 대한 감정 따위가 메말라 있을 정도로 낮은 수준을 갖추고 슬픔이나 동정 따위 가시적인 행위에 불가하며 범죄에 대해 당황하지 않고 오히려 태연해지며 이들에 대한 원인과 치료방안을 아직까지 해결하지 못한 것에 대해 당혹감을 감출 수 없을 정도로 정신건강에 대한 심각성을 말해주고 있다.

법을 잘 지키고 모범적인 삶을 영위하는 사람을 일컬어 '법 없이도 산다' 고 한다. 또한 법을 잘 지키고 위반하지 않는 사람이 장수한다고 하는데 범인이 범죄를 하면서 검거에 대한 두려움과 범죄 후 은폐하기 위해 위장하면서 죄책감에 시달려 스트레스를 받아 건강을 해치며 그로 인해 각종 질병에 시달려 생명을 단축시킨다고 한다.

그렇다면 건강한 삶을 영위하기 위해서는 어떻게 해야 될 것인가? 법과 질서를 잘 지켜야 하며 특히 더 좋은 약은 웃음이다. 평생을 80세 기준으로 보았을 때 수면 26년, 일 21년, 식사 6년, 기다림을 하는데 6년을 보내는데 반해 웃는데 시간을 보낸 것은 겨우 10일(1일30초)이라고 한다.

지나치게 세상을 비관적으로 사는 사람은 계속 엔도르핀을 소모해 점점 생명력이 감퇴되지만 계속 즐겁게 살고 웃으며 살면 엔도르핀이 소모 되지 않으므로 계속 다량의 엔도르핀을 보유하게 되며 모든 병은 기가 소통되지 않아 병이 되고 통증도 기가 막히면 생긴다고 한다.

오장육부와 온몸으로 웃는 웃음은 뜸과 같은 효과가 있고 웃으면 기분이 좋아지며 몸도 좋아진다고 한다. 미국에서 100세 이상 노인들의 장수비결을 연구한 결과 긍정적인사고, 신앙심, 봉사정신 이라고 한다.

모든 일에 긍정적인 사고와 사회봉사활동을 한다면 경기 위기 상황도 극복하고 범죄도 감소하며 우리나라 평균수명이 높아질 것이다. 사회문란 행위를 국민 스스로 확립하여 법질서가 완전 확립 된 건강한 사회가 되어 웃음꽃이 전국 방방곡에 울려 퍼진다면 건강한 삶을 유지 할 수 있으며 범죄도 감소 될 것이다.

Cover Story

> 건국대학교 행정대학원 총동문회장 / 법학박사 김원영 회장

현대인들의 정신건강을 책임지는 '심리상담사'들의 멘토

President of the entire alumni of graduate school of public administration, Kon-Kuk University

급변하는 세상. 돈의 가치가 인간의 존엄성을 뛰어넘고 가속화 되는 도시화와 핵가족화로 사람 사이의 소통이 부재하는 오늘날의 대한민국. 하지만 그로 인한 우울증과 자살률의 증가를 비단 한 개인의 문제로 치부해버려도 좋은가에 대한 검토가 필요한 시점이다. 국민건강보험공단의 자료에 따르면 우울증과 자살로 인한 사회경제적 비용이 최근 5년간 크게 늘어 지난 2007년 7조 3천억 원이었던 비용이 2011년 이후로 50% 가까이 증가한 것으로 나타났다. 전문화된 심리상담사의 육성으로 한 개인의 문제와 한 가정의 문제를 적극적으로 치유하고 그로인한 사회경제적 비용을 줄여 나가야한다고 말하는 건국대학교 행정대학원 심리상담사 최고위과정의 주임교수이자, 총동문회 회장을 맡고 있는 김원영 박사를 만나봤다.

글 | 정재현 기자 jjh05220@naver.com

건국대학교 행정대학원 〈심리상담사 최고위 과정〉 개설

28년간 공직에 몸 담아온 김원영 박사는 현대인들의 정신적 문제와 정서적 장애가 초래하는 사회전반의 부정적 영향에 대해 누구보다도 잘 이해하고 있다. 김 박사는 밝고 건강한 사회를 만들기 위해서는 개개인의 행복이 우선시 되어야 하며, 국민 모두가 행복하고 건강한 삶을 영위할 수 있을 때 범죄 없는 사회가 구현될 것이라 믿는다. 앞서 그는 지난 2012년에 웃음전도사로 불리던 고(故)황수관 박사와 더불어 건국대학교 행정대학원

Mentor of psychologists who are in charge of mental health for the modern people

This world is changing so fast. Korea is one of countries that don't exist proper communication due to that the value of money is working beyond human's dignity, accelerated urbanization and being in favor of the nuclear family. However, it is time to consider if we can treat depression and the high rate of suicide out of that social phenomenon as a private issue. According to some material of the National Health Insurance Corporation,

"사람의 심리를 꿰뚫는 CEO가 돼라!"

21세기 힐링의 메카
건국대학교 행정대학원 심리상담사 최고위과정

에 〈웃음운동 최고위 지도자과정〉을 개설한 바 있다.

김 박사는 "일생을 80세 기준으로 본다면 수면 26년, 일 21년, 식사 6년의 시간을 보내지만 웃는데 보내는 시간은 겨우 10일 정도 밖에 안 되다"며 "비관적인 사람은 엔도르핀을 소모해 생명력이 감퇴하지만 즐겁게 웃으며 사는 사람은 기도 잘 소통되고 병이나 통증도 사라지는 법"이라며 웃음의 중요성을 역설했다.

범사회적으로 웃음운동을 전파하던 김 박사의 관심은 이후 자연스럽게 심리상담 분야로 확대되었다. 건국대학교 행정대학원에서도 향후 심리상담의 대한 사회 전반의 수요가 빠르게 증가할 것으로 보고 〈심리상담사 최고위 과정〉을 개설해 심리상담사들을 교육하고 있다. 주임교수를 맡은 김원영 박사는 "심리상담사 과정을 통해 인간 심리와 행동을 이해할 수 있다"며 "그로써 타인과의 대화법을 배우고 사람간의 관계를 회복하고 더 나아가 집단을 이해하고 리더십까지 키워나갈 수 있을 것"이라고 설명했다. 벌써 3기 학생을 맞아 3월 10일부터 6월 16일까지 매주 월요일 오후 7시부터 이루어지는 〈심리상담사 최고위 과정〉은 서울대학교에서 석박사를 졸업한 심리상담학박사 이경희 교수 등 관련 분야 최고 전문가들의 수준 높은 강의가 이어질 예정이다.

모든 과정을 수료하면 심리상담사 2급과 미술심리상담사 2급 자격증을 각각 수여받을 수 있고, 해당 직종 분야로의 취업연계도 가능하다고 하니 심리상담

법학박사 김원영 회장
Juristic Doctor (JD) Kim, Weon-Young

분야에 관심 있는 사람들에게 희소식이 될 것으로 기대된다.

모교발전과 총동문회 활성화에 앞장설 것

웃음운동 전도사로, 심리상담사들의 멘토로서 숨 가쁜 활동을 이어오고 김원영 박사는 동 대학원 법무학과에서 석사 학위를 취득한 인연으로 총동창회 회장을 역임하고 있다. 김 박사는 "국가 주요 기관의 고위직과 기업 CEO, 금융기관 중역 등 사회 각계각층에서 왕성하게 활동하고 있는 동문들을 볼 때면 절로 힘이 생겨난다"며 "이러한 인재들의 모임을 활성화하면 동문들의 화합을 도모할 수 있을 뿐만 아니라 모교의 발전과 더 나아가 국가발전에도 긍정적 영향력을 미칠 수 있을 것"이라고 강조했다. 다각도로 동문회 활성화에 앞장서온 그는 원우회장 재직 시 '호프데이'로 장학금을 지급하는 등 재학생과 동문들의 친목을 도모하고, 회원들의 성금을 모아 어려운 후배들에게 장학금을 지급해 왔다. 또한 장학금 1억원 만들기 프로

the social economic cost from depression and suicide has been increasing for last 5 years and it showed the cost of that increased 50% higher in 2011, compared to that it was 7.3 trillion won in 2007.

By that, Power Korea met JD Kim, Weon-Young who is a chief professor of Graduate school of public administration, Kon-Kuk University for the top executive course of Psychologists and a president of the entire alumni of the university. He has been talking about we should not waste of the money for that any more with fostering specialized psychologists, so as to solve the family's problem.

Opening <Graduate school of public administration for the top executive course of Psychologists>, Kon-Kuk University For 28 years, he used to work for the public service and so, he understands some negative influence on the total society because of people's mental problem and emotional inability in this modern time. JD Kim, Weon-Young believes that all the individuals' happiness has to be the first matter to be considered in

'국가 주요 기관의
고위직과 기업CEO,
금융기관 중역 등
사회 각계각층에서
왕성하게 활동하고 있는
동문들을 볼 때면
절로 힘이 생겨난다 "

젝트를 추진 중에 있으며, 큰 호응을 얻고 있다.

이를 통해 재학생들의 가입을 유도하고 여성동우회, 골프동우회 등의 소모임 및 구 단위별 소모임을 구상 중에 있는 등의 활동을 장려해 선후배간의 돈독한 정이 쌓이도록 배려하고 있다.

김 박사는 "더욱 낮은 자세로 건국대학교 행정대학원 총동문회 발전을 위해 힘 쏟겠다"며 "동문들의 하나 된 힘으로 더욱 시야를 넓혀 사회 봉사활동에 적극 동참하자"는 뜻도 밝혔다.

모든 국민들이 웃음을 회복할 수 있는 그날까지, 모든 세대가 정신적 고통에서 벗어나 행복한 삶을 누릴 그날까지, 그로써 대한민국의 OECD 회원국 중 자살률 1위라는 오명을 씻어낼 그날까지, 김원영 박사는 지치지 않고 더 치열하게 달릴 것을 약속했다.

order to make a bright and healthy society and the society without crime will be realized when all the people feel happy in their lives. Previously, he used to start the program, <Laughter Exercise for the Top Executive Course> with the late Dr. Hwang, Soo-Kwan at a graduate school of public administration, Kon-Kuk University in 2012. He emphasized, "If we see each life has 80 years, it is like 26 years for sleeping, 21 years for working and eating for 6 years. However, time for smiling is only 10 days. A pessimistic person is spending much endorphin but, oppositely, a positive person who smiles often has a good circulation of vital energy and some diseases and pains don't come easily."

Afterwards, JD Kim's interest was expanded to a counseling psychology. As for the graduate school of public administration, Kon-Kuk University, they are predicting the demand of the future counseling psychology will increase and started a program, <Graduate school of public administration for the top executive course of Psychologists> to train them. JD Kim is in charge of as a chief Professor and he explained, "We will be able to understand more about human being's psychology and behaviors throughout the process of counseling people. From there, they can learn how to communicate with and recover the relationship with other people and ever more they can grow their leadership because they can understand the social group."

Already, they are training the third period of students for <Graduate school of public administration for the top executive course of Psychologists> from March 10 and it will be ongoing until June 16, every Monday, from 7 pm. Including Doctor of Counseling psychology Lee, Gyeong-Hee, top experts on that field would take the course to teach sophisticated lectures. For the students, when they finish the course, they can gain certificate for the second degree of counseling psychologist and the second degree of art psychologist and also, they can get a relevant job.

Working on developing his old school and activity of the entire alumni

As a smile messenger and mentor of psychologists, JD Kim, Weon-Young graduate from a judicial affairs department in the same school and for that reason, he is now working as a president of the entire alumni. JD Kim, Weon-Young stated, "Whenever I see my student colleagues are working as high ranking positions from all walks of life energetically such as company CEO, executive persons in the financial organization, I feel automatically encouraged and power to do anything. If I can activate some group by those people like them, the school would be more developed and grown and it will affect a country's development in a positive way." As for him, he has been doing for that in many ways. When he was responsible for a president of colleague's Society, he used to provide some scholarship for students by holding 'Hof Day' and tried to promote current students and graduates. From their donations, he has given scholarship to his junior in school. Besides, he is now working on the project of making one billion won for the scholarship and it is attracting more people's attention.

By that, he is making current students to be a member and considering building up some good relationship between seniors and juniors. JD Kim expressed, "I will be more modest and humble to do my best to make the entire alumni of administration school, Kon-Kuk University. I hope every member of the school take a part of doing the volunteering job as well." JD Kim, Weon-Young promised to keep working to the fullest until all the people in Korea can smile, every generation can get out of the mental problem so that they can be happy and Korea can clear their dishonor of the highest country of the

"건국대학교 행정대학원 총동문회, 다이아몬드 밭으로 만들겠다"

2014년, 오늘날 우리 사회에서 건국대학교 행정대학원이 지니는 존재감은 크다. 1967년 행정대학원 설립인가를 받은 이래, 23대 강황선 원장이 취임하기까지 건국대학교 행정대학원은 국내 유수의 행정전문가들의 교육요람이 되어 왔다. 다양한 분야의 자체적인 연구를 통해 공공문제 해결과 행정의 질적 향상, 사회봉사에 일조해 온 건국대학교 행정대학원은 동문들의 든든한 지지와 응원 속에 오늘에 이르렀다. 건국대학교 행정대학원 총동문회를 이끄는 수장으로 대한민국 사립대학교에서 최초 설립되어 50년 전통과 7천여 명 동문의 화합을 도모하고 있다. 지난달 27일 리베라호텔에서 개최된 총동문회 제4차 정기총회에서 만장일치로 총동문회 회장으로 연임된 김원영 박사를 만났다.

백의종군한다는 마음으로 총동문회 다이아몬드 반으로
만들터...

　지난 27일 리베라호텔 샤머니홀에서 건국대학교 행정대학원 총동문회 제4차 정기총회가 개최되었다. 이날 총회에 참석한 송파구 의원으로 당선된 윤영환 동문의 "역동적으로 움직이는 전국을 대표하는 동문회로 거듭나며 단단하게 활성화되도록 최선을 다 하겠다"는 축사와 "동문들 권익파악을 위해 헌신의 노력을 부탁 한다"는 52회 김득연 원우회장의 축사에 이어 동문회 활성화와 회원들 친목도모에 헌신적으로 이바지한 이장영 부회장에게 감사패가 주어졌다. 또한 제12대 총동문회장의 선출이 있었다. 정기총회 참석한 40여 명의 임원들의 만장일치로 재취임한 김원영 연임 회장은 "지난 2년 동안 열악한 여건속에서도 학교 모든 행사와 재학생들 행사에 동분서주 뛰어다녔습니다. 백의종군 한다는 맘으로 앞으로

2년도 동문들의 손과 발이 되어 동문회의 글로벌한 성장을 위해 열심히 뛰겠다"는 취임사를 전했다.

　건국대학교 행정대학원 출신 동문들이 지난 6.4선거에서 27명이 시장을 비롯, 교육감, 시의원, 구의원을 배출했다. 김원영 회장은 당선 동문들이 동문회에 참석해 동문들과 함께 큰 역량을 발휘하길 당부했다. 또한 동문회 발전에 한축 역할을 다한 김원영 회장에게 학교 측은 이번 학기부터 법무학과 초빙 교수로 임명, 후배양성의 막중한 역할도 주어졌다.

　아울러 김원영 회장은 "행정대학원 총동문회를 다이아몬드 반으로 만들겠다."는 포부도 밝혔다.

28년의 공직생활에서 나온 리더십, 건대 행정대학원을 위해 봉사

　김원영 박사는 28 년간 공직에 몸담아온 공무원이다. 김원영 회장이 건국대학교와 인연은 건국대학교 행정대학원 법무학과에 입학하게 된 것이 계기였다. '우리 환경 법제의 문제점과 개선 방안에 관한 연구' 로 법학석사 학위를 취득했던 김원영 회장은 곧이어 건국대학교 일반대학원 법학과에서 형법을 전공해 '도청 · 감청의 형사법적 규제에 관한 연구' 라는 논문으로 법학 박사 학위를 취득하게 된다. 대

학원 박사 학위 취득 후에는 호원대학교 법경찰학부 학장을 역임하면서 학문으로서의 경찰학을 심도있게 정착시키는데에 결정적 역할을 했다. 환경범죄전문가로도 유명한 김원영 회장은 시대의 대세와 흐름을 거시적으로 통찰한다.

김원영 회장은 "환경범죄는 살인, 강도, 방화 등 전형적인 범죄와 동일선상에서 다루어져야하며 여러 사람의 생명과 신체의 안전, 건강에 유해한 범죄인만큼 중대하고 엄중히 다스려져야 한다"라는 소신을 가지고 있다. 김 회장은 자칫 일시적인 기획수사에 그칠 수 있는 환경범죄에 관련해 경찰, 검찰, 법원내부에 전담부서와 인력이 확보되어야 한다는 획기적인 아이디어로 세간의 이목

을 끌기도 했다.

환경오염 및 환경범죄에 대해 범국민적 감시활동과 민간조직 활성화를 주장하는 저변에는 김 회장 자신이 경찰일선에서 오수·폐수의 무단 방류사례와 국토환경훼손 행위, 국립공원내 무허가 음식점 영업, 대기환경을 오염하는 카센터 등 횡행하는 환경범죄 사례를 많이 접한 경험이 내재되어 있기 때문이다. 김 박사는 "건강한 삶을 영위하기 위해서는 법을 지켜야 한다는 것은 당연한 논리"라며 "물질만능사회로 변화하면서 인격장애를 지닌 사이코패스 범죄가 증가하는 것은 사회·환경적인 요인이 크다"라는 의견을 내놓았다.

21세기의 진정한 힐링, 심리상담사 과정 총괄책임 맡아

최근 김원영 회장은 건국대학교 행정대학원의 〈심리상담사 및 청소년심리상담사 최고위 과정〉을 적극적으로 운영해 현재 5기 수강생들을 모집하고 있다. 이 과정의 총괄책임 교수로 선임된 김원영 회장은 "우리 사회에서 대화의 기술과 조화로운 대인관계는 나와 나의 사람을 동반성장시키는 원동력입니다."라며 "심리상담사 과정을 통해 인간 심리와 행동을 이해하고 대화의 방법과 사람간의 관계를 터득하는 일이야말로 집단을 이해하고 지도력을 키워가는 촉진제가 될 것"이라고 전했다. 경찰로 재직하면서 수많은 사람과 사건을 통해 '사람알기' 혹은 '사람 대하기'의 중요성을 절감한 김원영 회장의 실제적 경험은 심리상담사 과정을 통해 교육적 결실을 맺게 될 것으로 관망된다.

김 회장은 그동안 1기 변희섭 회장, 2기 이승수 회장, 3기 최호철 회장의 노고를 치하하며 들어올 5기 후배들의 추천에도 아낌없는 관심을 부탁했다. 교수진은 공보길 지도교수, 서울대학교출신 이경희 교수, 미술치료 김채연 교수 등 더더욱 기대가 된다. 이 과정에서는 공·사 조직에 종사하는 CEO 및 정치인, 경제인, 교육계, 언론종사자, 공무원 및 국가 공공기업 고위층 등의 폭넓은 인맥의 수강생을 접할 수 있고, 수료 이후에는 건국대학교 총동문회와 행정대학원 총동문회 회원 자격이 부여된다. 5학기제인 행정대학원의 과정에 대비해, 4개월여의 알찬 커리큘럼으로 심리상담사 2급 및 청소년심리상담사 2급 자격증을 각각 수여받을 수 있고 해당 직종 분야로의 취업연계도 가능하다는 점이 눈길을 끈다. 김원영 회장은 "법학을 전공한 저를 비롯해 상담심리학, 분석심리학, 임상심리, 정신분석, 집단상담, 가족상담, 건강보건학, 교육심리를 전공하신 최고의 교수진들의 깊이 있는 강의를 만나는 최적의 기회가 될 것"이라며 "학문적인 상담과 실무적인 상담의 경계를 뛰어넘은 최고의 강의"라는 조언을 잊지 않았다.

21세기에 접어들면서 가정과 개인의 문제 및 직장과 사회 문제를 해결하는 가장 근원적인 치료는 전문적인 상담으로 평가되고 있다. 또한 기업을 이끄는 CEO의 경우, 지도력을 겸비한 조직 구성원들의 심리와 성격, 기질을 조화롭게 이끄는 인화의 기술이 중요하다는 점에서 건국대학교 행정대학원의 심리상담사 최고위 과정은 집중적인 관심을 받고 있다.

또한 김 회장은 지난해, 웃음의 대명사 고(故) 황수관 박사와 더불어 건국대학교 행정대학원에 웃음운동 최고위 지도자과정을 개설한 바 있다. 김원영 회장은 온몸으로 웃는 웃음은 한방의 뜸과 같은 효과가 있고 다량의 엔도르핀이 생성되는 결과를 가져온다는 사실을 알게 되었다고 말한다. 웃음운동을 건국대학교 행정대학원 총동문회 모임에서도 수시로 공유한다는 김원영 회장은"웃는 사회야말로 건강한 사회이며 건강한 사회야말로 범죄없는 행복한 사회"라는 소신을 전했다. 법과 질서 아래 웃음의 중요성, 그리고 건강한 행복을 추구해야 한다는 김

김득연 52대 원우회장

윤영한 부회장 · 송파구시의원

원영 회장의 생각은 심리상담 분야로 확대되어 현재 3기를 배출했으며 현재 5기를 모집중에 있다.

동문과 함께 더불어 발전해가는 총동문회 될 것

바쁜 일정 속에서도 김원영 회장은 모교발전과 총동문회 활성화라는 대전제를 항상 가슴 속에 품고 동문간의 화합을 향해 노력을 경주하고 있다. 격변하는 사회 환경과 불황 속에서도 동문들이 있어 모교가 빛나고 국가발전이 가능하다는 적을 알기 때문이다. 지난 세월 동문회 사무실이 없어 애로사항이 많았으나 강황선 행정대학원 원장님의 큰 배려와 노력으로 건국대학교 산학협동관 605호에 동문회 사무실을 마련하게 되었다. 동문들의 단합된 응집력에서 이뤄낸 결과였다고 김 회장은 동문들에게 그 기쁨을 돌렸다.

아울러 건국대학교 총동문회에서도 행정대학원 동문들의 단합된 모습을 보고 감동받아 임원진으로 이사급 4명과 부회장으로 김 회장이 위촉장을 받은 것 조차도 동문들의 열정으로 돌렸다. 또한 동문회에서는 재학생 장학금 지원과 동문회와 원우회 소식지 발간을 위한 총동문회 발전기금 '1억원 모으기 프로젝트'를 실시하고 있으며 동문들이 전원 참여할 수 있도록 하고 있다. 김원영 회장은 "국가 주요 기관의 고위직과 기업 CEO, 금융기관 중역 등 사회 각계각층에서 뜨겁게 활동하고 계신 건국대학교 행정대학원 동문들을 하나되게 하는 총동문회가 될 것"이라고 밝혔다.

또한 김원영 회장은 "건국대학교 행정대학원 총동문회는 지속적인 화합과 모임, 사회적인 봉사를 통해 건국대학교 행정대학원의 빛나는 가치를 이어갈 것"이라는 비전도 잊지 않았다. 법을 수행하는 경찰공직자로서 수십 년을 재직했고 법학을 심도있게 전공하면서 사랑과 봉사를 실천해 온 김원영 회장. 인간의 참된 미래와 인본주의적 행동의 중요성을 삶 속에서 실천하는 행정대학원 총동문회 12대 회장으로 재 취임한 김원영 회장을 통해 건국대학교 행정대학원의 기운찬 미래를 읽을 수 있었다. 🖫

| 취재 丁熙 기자 · 사진 김택훈 기자

Global Leader 건국대학교 행정대학원 총동문회장 법학박사 김원영 회장

김원영 법학박사는...

서울산업대학교(현서울과학기술대학교)를 졸업하고 건국대학교 행정대학원에서 법학을 전공하면서 '우리 환경 범죄의 문제점과 개선방안에 관한 연구'로 석사 학위를 취득했으며, 건국대학교 일반대학원에서 형법을 전공, '도청·감청의 형사법적 규제에 관한 연구'로 박사 학위를 취득했다. 호원대학교 법경찰학부 학과장, 건국대학교 행정대학원 웃음운동 최고위지도자과정 학과장, 국제라이온스 클럽 354-A지구 참사랑라이온스 클럽 회장을 역임했다. 건국대학교 행정대학원 42대 원우회장을 역임한 이후, 건국대학교 행정대학원 제11대 총동문회장에 재임중이다. 현재 서울지방경찰청에서 근무하고 있다. 상훈으로는 행정자치부장관상(1회), 외교통상부장관상(2회), 서울특별시장상(2회), 부패방지위원회 위원장장관급상(1회), 국세청장상(1회), 경찰청장상(1회) 등이 있다.

"건국대학교 행정대학원 총동문회의 견인차 되겠다"

21세기의 진정한 힐링, 심리상담사 과정 총괄책임 맡아

2013년, 오늘날 우리 사회에서 건국대학교 행정대학원이 지니는 존재감은 크다. 1967년 행정대학원 설립인가를 받은 이래, 23대 강황선 원장이 취임하기까지 건국대학교 행정대학원은 국내 유수의 행정전문가들의 교육요람이 되어 왔다. 다양한 분야의 자체적인 연구를 통해 공공문제 해결과 행정의 질적 향상, 사회봉사에 일조해 온 건국대학교 행정대학원은 동문들의 든든한 지지와 응원 속에 오늘에 이르렀다해도 과언이 아니다. 건국대학교 행정대학원 총동문회를 이끄는 수장으로 7천여명 동문의 화합을 도모하고 있는 김원영 박사를 만났다.

27년의 공직생활에서 나온 리더십, 건대 행정대학원을 위해 봉사

김원영 박사는 27년간 경찰에 몸담아온 경찰공무원이다. 김원영 회장이 건국대학교와 인연은 건국대학교 행정대학원 법무학과에 입학하게 된 것이 계기였다. '우리 환경 법제의 문제점과 개선 방안에 관한 연구'로 법학석사 학위를 취득했던 김원영 회장은 곧이어 건국대학교 일반대학원 법학과에서 형법을 전공해 '도청·감청의 형사법적 규제에 관한 연구'라는 논문으로 법학박사 학위를 취득하게 된다.

대학원 박사 학위 취득 후에는 호원대학교 법경찰학부 학장을 역임하면서 학문으로서의 경찰학을 심도있게 정착시키는데에 결정적 역할을 했다. 환경범죄전문가로도 유명한 김원영 회장은 시대의 대세와 흐름을 거시적으로 통찰한다. 김원영 회장은 "환경범죄는 살인, 강도, 방화 등 전형적인 범죄와 동일선상에서 다루어져야하며 여러 사람의 생명과 신체의 안전, 건강에 유해한 범죄인만큼 중대하고 엄중히 다스려져야 한다"라는 소신을 가지고 있다. 김 회장은 자칫 일시적인 기획수사에 그칠 수 있는 환경범죄에 관련해 경찰, 검찰, 법원내부에 전담부서와 인력이 확보되어야 한다는 획기적인 아이디어로 세간의 이목을 끌기도 했다. 환경오염 및 환경범죄에 대해 범국민적 감시활동과 민간조직 활성화를 주장하는 저변에는 김 회장 자신이 경찰일선에서 오수·폐수의 무단 방류사례와 국토환경훼손 행위, 국립공원내 무허가 음식점 영업, 대기환경을 오염하는 카센터 등 횡행하는 환경범죄 사례를 많이 접한 경험이 내재되어 있기 때문이다.

김 박사는 "건강한 삶을 영위하기 위해서는 법을 지켜야 한다는 것은 당연한 논리"라며 "물질만능사회로 변화하면서 인격장애를 지닌 사이코패스 범죄가 증가하는 것은 사회·환경적인 요인이 크다"라는 의견을 내놓았다.

건강하고 삶을 위한 가장 좋은 약은 웃음

김원영 회장이 현직 경찰로 재직하면서 체득한 사실은 '법을 잘 지키고 위반하지 않는 사람이 장수한다'는 평범한 진리였다. 범죄를 저지른 범인은 검거의 두려움과 범죄 은폐를 위해 죄책감과 스트레스로 건강을 해치며 생명을 단축시킬 수 있다는 점이다. 김 회장이 웃음치료에 관심을 가지게 된 것도 이같은 맥락에서였다. 법과 건강한 삶의 연결고리 속에서 웃음이 지니는 의미를 누구보다 잘 알고 있었던 김원영 회장은 웃음이야말로 건강의 명약(名藥)임을 확신하고 있다.

> **"우리 사회에서 대화의 기술과 조화로운 대인관계는
> 나와 나의 사람을 동반성장시키는 원동력"**

김 회장은 지난해, 웃음의 대명사 고(故)황수관 박사와 더불어 건국대학교 행정대학원에 웃음운동 최고위 지도자과정을 개설한 바 있다. 김원영 회장은 온몸으로 웃는 웃음은 한방의 뜸과 같은 효과가 있고 다량의 엔도르핀이 생성되는 결과를 가져온다는 사실을 알게 되었다고 말한다. 김 회장은 "일생을 80세 기준으로 본다면 수면 26년, 일 21년, 식사 6년의 시간을 보내지만 웃는데 보내는 시간은 겨우 10일 정도 밖에 안 됩니다. 비관적인 사람은 엔도르핀을 소모해 생명력이 감퇴하지만 즐겁게 웃으며 살면 기도 잘 소통되고 병이나 통증도 사라집니다."라고 밝혔다. 웃음운동을 건국대학교 행정대학원 총동문회 모임에서도 수시로 공유한다는 김원영 회장은 "웃는 사회야말로 건강한 사회이며 건강한 사회야말로 범죄없는 행복한 사회"라는 소신을 전했다. 법과 질서 아래 웃음의 중요성, 그리고 건강한 행복을 추구해야 한다는 김원영 회장의 생각은 심리상담 분야로 확대되어 진취적인 발전을 진행 중이다.

21세기의 진정한 힐링, 심리상담사 과정 총괄책임 맡아

최근 김원영 회장은 건국대학교 행정대학원의 〈심리상담사 및 청소년심리상담사 최고위 과정〉을 적극적으로 추진해 수강생들을 모집하고 있다. 이 과정의 총괄책임교수로 선임된 김원영 회장은 "우리 사회에서 대화의 기술과 조화로운 대인관계는 나와 나의 사람을 동반성장시키는 원동력입니다."라며 "심리상담사 과정을 통해 인간 심리와 행동을 이해하고 대화의 방법과 사람간의 관계를 터득하는 일이야말로 집단을 이해하고 지도력을 키워가는 촉진제가 될 것"이라고 전했다.

경찰로 재직하면서 수많은 사람과 사건을 통해 '사람알기' 혹은 '사람 대하기'의 중요성을 절감한 김원영 회장의 실제적 경험은 심리상담사 과정을 통해 교육적 결실을 맺게 될 것으로 관망된다. 상담심리학박사로 저명한 김상인 교수가 지도교수를 맡고 여한구 교수를 비롯해 권정아, 안석, 신동열, 김헌, 이춘, 김혜숙 교수와 박경화 강사를 비롯해 안혜숙, 오진령, 정경아, 신미정 강사도 강의 할 예정이다. 더더욱 기대가 된다. 이 과정에서는 공·사조직에 종사하는 CEO 및 정치인, 경제인, 교육계, 언론 종사자, 공무원 및 국가 공공기업 고위층 등의 폭넓은 인맥의 수강생을 접할 수 있고, 수료 이후에는 건국대학교 총동문회와 행정대학원 총동문회 회원 자격이 부여된다. 5학기제인 행정대학원의 과정에 대비해, 4개월여의 알찬 커리큘럼으로 심리상담사 2급 및 청소년심리상담사 2급 자격증을 각각 수여받을 수 있고 해당 직종 분야로의 취업연계도 가능하다는 점이 눈길을 끈다.

김원영 회장은 "법학을 전공한 저를 비롯해 상담심리학, 분석심리학, 임상심리, 정신분석, 집단상담, 가족상담, 건강보건학, 교육심리를 전공하신 최고의 교수진들의 깊이 있는 강의를 만나는 최적의 기회가 될 것"이라며 "학문적인 상담과 실무적인 상담의 경계를 뛰어넘은 최고의 강의"라는 조언을 잊지 않았다. 21세기에 접어들면서 가정과 개인의 문제 및 직장과 사회 문제를 해결하는 가장 근원적인 치료는 전문적인 상담으로 평가되고 있다. 또한 기업을 이끄는 CEO의 경우, 지도력을 겸비한 조직 구성원들의 심리와 성격, 기질을 조화롭게 이끄는 인화의 기술이 중요하다는 점에서 건국대학교 행정대학원의 심리상담사 최고위 과정은 집중적인 관심을 받고 있다.

동문과 함께 더불어 발전해가는 총동문회 될 것

바쁜 일정 속에서도 김원영 회장은 모교발전과 총동문회 활성화라는 대전제를 항상 가슴 속에 품고 동문간의 화합을 향해 노력을 경주하고 있다. 격변하는 사회 환경과 불황 속에서도 동문들이 있어 모교가 빛나고 국가발전이 가능하다는 점을 알기 때문이다. 김원영 회장은 "국가 주요 기관의 고위직과 기업 CEO, 금융기관 중역 등 사회 각계각층에서 뜨겁게 활동하고 계신 건국대학교 행정대학원 동문들을 하나되게 하는 총동문회가 될 것"이라고 밝혔다.

또한 김원영 회장은 "건국대학교 행정대학원 총동문회는 지속적인 화합과 모임, 사회적인 봉사를 통해 건국대학교 행정대학원의 빛나는 가치를 이어갈 것"이라는 비전도 잊지 않았다. 법을 수행하는 경찰공직자로서 수십년을 재직했고 법학을 심도있게 전공하면서 사랑과 봉사를 실천해 온 김원영 회장. 인간의 참된 미래와 인본주의적 행동의 중요성을 삶 속에서 실천하는 김원영 회장을 통해 건국대학교 행정대학원의 기운찬 미래를 읽을 수 있었다. ※

시사뉴스매거진 2012.09

University

"모교발전과 총동문회 활성화 위해 노력 경주" 법학박사 김원영 건국대 행정대학원 총동문회장

"모교발전과 총동문회 활성화 위해 노력 경주"

국내 대학원 최초로 건국대학교행정대학원에서
웃음운동 최고위 지도자과정 개설, 첫학과장 역임

법학박사 김원영 건국대 행정대학원 총동문회장은 모교에 대한 애정이 남다르다. 김 회장은 서울산업대(현 서울과학기술대)를 거쳐 건국대 일반 대학원 법학과에서 형법 전공으로 박사학위를 수여받았다.
김원영 회장은 지난 5월 4일 가락동 가락호텔에서 제1대 건국대 총동문회 회장에 취임했다.
김 회장은 인사말에서 "격변하는 사회적 환경과 경기 불황에도 불구하고 동문들이 사회각계각층에서 두각을 나타내 모교를 빛내고 국가발전에 크게 기여하고 있는데 경의를 표한다"면서 "동문회 발전을 위해 헌신적으로 노력해주신 김국우 회장님 및 임원진의 노고에 깊은 신뢰와 감사를 드린다"고 말했다. 김 회장은 이어 "앞으로 동문들은 상호간의 친목과 화합을 도모하여 동문회 발전에 이바지할 역할을 철저하게 인식하고, 동참 단결하는 동문회로 일구어 나아가야 한다"고 강조했다.

건대 행정대학원, 사립 최초 대학원으로 많은 인재양성

건국대 행정대학원은 우리나라 최초의 사립 대학원으로 올해 설립 50주년을 맞았다. 그 동안 배출된 인재들은 7천여 명. 그들은 다방면에서 우리나라가 선진국에 진입하기 위한 역군으로 중요한 역할을 해왔다.

김 회장은 각계각층에서 활약하고 있는 동문들과의 화합과 친선을 도모해 국가 발전에 기여할 수 있는 다양한 방안을 모색하고 있다. 반세기 동안 이어온 행정대학원 학맥을 활성화하고 참여의식을 높이기 위한 여러 가지 방법을 찾고 있는 것이다.

김원영 회장은 10여년 간 활동이 미진했던 동문회 활성화를 위해 다음카페를 개설해 참여를 독려하고 있다. 그는 지난 42대 원우회 회장을 역임했을 때도 대학원 재학생들을 동문회에 참여할 수 있는 길을 터놓아 재학생들의 많은 호응을 얻기도 했다.

김 회장은 "그 동안 동문회 운영이 임원 중심이었다"면서 "참여의식을 높이고 소외받는 동문들이 없도록 많은 노력을 기울이고 있다"고 말했다.

김 회장이 원우회장 때 회원들이 참여하는 '호프데이'가 무척 좋은 반응을 얻은 경험이 있어 이런 좋은 아이디어를 살려 동문회 활성화

33

를 기할 예정이라고 밝혔다.

김원영 회장은 "원우회장 때 회원들의 성금으로 어려운 후배들에게 장학금을 지급했던 일이 가장 큰 보람이었다"면서 "우리 동문회에서도 친목 도모와 화합, 그리고 동문들의 참여를 이끌어 내 장학금 조성 등 모교와 사회에 기여할 수 있는 다양한 방안을 동문들과 추진해 나가겠다"고 역설했다.

대학원생 동문회 가입해 활성화 기틀 다져

동문회에는 '일공회', '여성동우회', '골프동우회' 등의 소모임도 많다. 이러한 소모임이 더욱 활성화되도록 김 회장은 재학생들에게 가입하도록 권유하고 있다고, 미리 가입해 선배들과의 격의 없는 사이가 돼 모임이 더욱 활발해 지도록 하는 생각에서다.

김원영 회장은 또 '웃음전도사'로도 유명하다. 건국대 대학원의 '웃음운동지도자 최고위과정'을 이수한 후 주위는 물론 대학 강의에도 이를 적극 활용하고 있는 것이다. 웃음운동지도자 최고위과정은 특수대학원의 4개월 과정으로 1기에 20명이 배출됐다.

김 회장은 "황수관 박사에게 웃음과정을 배웠다"면서 "박수, 체조, 레크리에이션 등을 이수했는데, 1기생들은 의사, 교사, 기업인 등 다양하게 구성됐다"고 말했다. 그는 웃음을 억지로 웃어도 90% 이상의 효과를 나타낼 수 있고 뇌 반응도 좋아 엔돌핀 등의 호르몬 분비도 촉진된다고 설명했다.

김 회장 대표 맡은 사회봉사클럽 최우수클럽 선정

그는 공직에서 27년 동안 봉직했으며 그 동안 호원대 법경찰학부 학과장과 건국대 행정대학원 웃음운동최고위지도자과정 학과장을 역임하기도 했다.

김 회장은 "호원대에서 형법을 강의할 때 딱딱한 과목이었지만, 실무경험과 웃음지도자 이수자답게 강의해 학생들에게 상당히 좋은 반응을 얻었다"고 말했다.

그는 또 국제라이온스클럽 354-A지구 참사랑라이온스 클럽 회

법학박사 김원영
건국대 행정대학원 총동문회장

34

장도 역임했다. 그가 클럽 회장으로 있을 때 최우수클럽으로 선정되기도 했다. 라이온스클럽은 사회봉사활동을 사명으로 한 단체다.

김 회장은 지난 8월 23일 동문회장 자격으로 건국대 행정대학원 졸업축사를 했다. 석사학위를 받은 졸업생은 50명인데 대부분 직장인이다.

이 자리에서 김 회장은 "11대 동문회장으로 50명의 석사 탄생을 맞아 매우 기쁘고, 졸업과 동시에 동문회 회원 가입 자격을 부여한다"면서 "역사와 전통을 자랑하는 행정대학원 졸업생이라는 자부심을 갖고

동문이란 이름으로 사회참여에 능동적으로 해주기 바란다"고 격려했다.

이날 행정대학원장은 축사를 통해 "졸업생 가족에게 감사드리며, 건국대를 뛰어넘는 행정대학원 안에 건국대가 있다"면서 "건국대 발전에 견인차 역할을 해온 행정대학원이라는 것에 자긍심이 매우 크다"고 말해 행정대학원의 우수성과 그 졸업생들의 역할을 강조했다.

김원영 회장은 또 뛰어난 통찰력도 보였다. 그의 석사학위 논문은 '우리 환경범죄의 문제점과 개선 방안에 관한 연구'로 당시의 시대상황을 감안하면 아주 특이한 석사논문 주제였다.

오늘날 일어나는 환경범죄는 단순히 한 지역이나 기업, 한 시대에만 영향을 끼치는 게 아니라 후대에 이르기까지 그 여파가 미칠 수 있다. 그래서 환경범죄는 매우 심각한 범죄행위이자 후손에게까지 해를 끼치는 범죄다.

가까이는 서해 태안반도에서 일어난 해양오염 사건이다. 잠깐의 부주의로 발생된 이 바다오염은 몇 년 동안 수십만 명의 인력이 투입될 정도로 광범위한 해양오염사건이었다. 또 그 지역 사람들의 생계가 위협받을 뿐만 아니라 생존 자체가 힘들 정도의 중대한 사건이었다. 또 과거 낙동강 페놀 유출사건은 낙동강의 환경생태 뿐만 아니라 낙동강을 식수원으로 이용하는 경상남부도 사람들

35

에게 큰 충격을 주었다. 더구나 '폐놈'은 유엔에서 정한 배출금지 발암물질 중 하나다.

김원영 회장의 석·박사논문과 저서 화제 되기도

　이러한 사건들을 예견한 것인지, 문명의 고도화에 따른 환경오염 사전의 다발성에 주목해서인지 그의 논문 주제는 오늘날 더욱 무겁게 다가온다.

　김 회장의 박사논문 또한 '도청·감청의 형사법적 규제에 관한 연구'로 의미심장한 주제이다. 통신 관련 설비와 광범위한 유·무선 전화의 보급으로 통신 도청과 감청에 대한 피해가 늘어나고 있다. 또 개인 사생활 보호에 대한 관심이 높아지면서 프라이버시 침해와 그에 따른 법률적 대응조치 등에 대한 법적 논란도 잦은 편이다.

　특히 권력기관이 직위를 남용한 도청과 감청에 대해 법률적 한계에 대한 논란도 끊이지 않고 있다.

　그래서 김 회장의 박사논문이 상당한 가치가 있는 논문이라는 전문가의 평이다.

　김 회장은 또 형법 전공 교수로서 많은 저서도 남겼다. 〈정보사회와 도청, 감청의 형사법적 규제〉, 〈수사권 조정 국민의 편익에 우선돼야 한다〉, 〈환경범죄의 효율적 대처방안〉, 〈염탐과 엿듣기〉, 〈건강한 삶을 영위하기 위해선 법을 잘 지켜야 한다〉 등 일반인들이 알기 쉽고 시대적 상황에 시의적절한 주제의 저서들이 많다.

　김 회장은 공직 생활에서 얻은 경험과 여러 학교에서의 강의 경험, 그리고 '웃음전도사'로서 강의해온 경력을 토대로 사회봉사와 모교 동문회 발전에 많은 힘을 보태고 있다. ※

50주년 반세기 역사의 재도약, 소통의 장, 7천 여 동문들의 지속적인 화합과 결속 약속

나보다 조직을 먼저 생각하고 개인보다는 공동체를 먼저 생각하는 자세는 사회를 선순환으로 이끄는 힘이 된다. 이러한 노력을 견지하는 사람들이 모여 있는 동문회는 서로의 이해타산(利害打算)을 떠나 동문회의 건강한 성장을 도모하며 사회적으로 긍정적인 힘을 발휘할 수 있도록 지속적인 성장과 변화를 모색하고 있다. 특별히 사립대학교 최초의 행정대학원으로 반세기의 역사를 지나오며 국내 유수의 행정전문가들을 배출해 온 건국대학교 행정대학원은 새로운 변화를 꿈꾸며 더욱 강력한 응집력을 발휘하고 있다. 다양한 분야의 자체적인 연구를 통해 공공문제 해결과 행정의 질적 향상, 사회봉사에 일조해 온 건국대학교 행정대학원이 지난 2일 50주년이라는 특별한 밤을 맞았다. 7천 여 동문들의 화합과 결속을 다지며 건국대학교 행정대학원 총동문회가 세대 간 소통의 장이 되고 대한민국 사회의 아름답고 건강한 변화의 주체로서 나아가기 위해 누구보다 뜨거운 열정을 쏟고 있는 김원영 회장(법학박사)을 만나보았다.

단합과 소통으로 불 밝힌 50주년 송년의 밤

지난 2일 건국대학교 행정대학원 총동문회와 원우회의 송년의 밤이 열렸다. 건국대학교 행정대학원 개원50주년을 기념하는 뜻깊은 자리였다.

이날 행사에는 민상기 건국대학교 총장을 비롯해 권용수 행정대학원 원장과 각 과 교수들이 참석했다. 김 회장은 축사에서 "재학생과 동문들이 한뜻이 되어 합동으로 개최하는 것을 기쁘게 생각하며 이번 기회에 행정대학원 재학생과 졸업한 동문간의 화합의 장을 마련하길 바란다"고 전했다. 김 회장은 재학생도 졸업하면 동문이 되는데 참석한 재학생들에게도 귀감이 되는 동문회가 될 수 있도록 더욱 준비에 힘을 쏟았다고 한다.

이날 행사에서는 69명의 임원들이 새롭게 임명되는 등 의미 있는 시간들이 이어졌다. 김 회장은 총동문회 임원진과 제54대 조봉희 원우회장, 55대 원우회장으로 당선된 남효선 원우회장 당선자를 비롯해 원우회 임원에게도 감사의 인사를 전했다. 또한 앞으로 총동문회 임원을 300여 명으로 확충시켜 총동문회 임원만으로 총동문회가 움직일 수 있도록 만들겠다고 약속했다. 건국대학교 행정대학원은 1967년 문교부의 승인을 얻어 사립대학교 최초로 설립되었다. 반세기가 넘는 역사와 전통을 자부하는 전문교육기관으로서 7천 여 명의 동문을 길러낸 인재 양성의 금자탑이다. 김 회장은 "수많은 동문들이 묵묵히 사회에서 핵심적인 역할을 하고 있다"며 원우회와 총동문회가 결속력 있고 단결된 모습을 이어 나갈 수 있도록 최선의 노력을 다하겠다고 밝혔다.

온라인 네트워크 구축해나갈 것

지난 2012년 건국대학교 행정대학원 제11대 총동문회장으로 선임된 김 회장은 30년간 공무원으로 귀감을 보였다. 그가 건국대학교와 인연을 맺은 것은 건국대학교 행정대학원 법무학과에 입학하게 되면서다. '우리 환경 법제의 문제점과 개선 방안에 관한 연구'로 법학석사 학위를 취득했던 김 회장은 곧이어 건국대학교 일반대학원 법학과에서 형법을 전공해 '도청·

Reform of a half century, 50-year history Promised, place of communication, continuous harmony and solidarity of 7,000 plus alumnus

The attitude to think organization first, rather than myself, and community, rather than individual, becomes the power to lead society in virtuous cycle. An alumni composed of those who hold this effort is seeking continuous growth and change in order to exert positive power socially, aiming at sound growth of alumni beyond calculation of interest. In particular, graduated school of public administration in Konkuk University, which produced distinguished administration experts in domestic over a half century of history as the first graduated school of public administration in private universities, is exerting ever powerful cohesive force while dreaming a new change. Graduated school of public administration in Konkuk University, which played a part in solution of public matters, qualitative increase of administration, and social service through self studies in various fields, was welcoming a special night of its 50th anniversary last Friday. We met Kim Won-Young chairman (Doctor of laws) who puts ever hot passion in order for general alumni association of graduated school of public administration in Konkuk University to move forward as a subject of beautiful and sound change of Korea society, solidifying harmony and solidarity of 7,000 plus alumnus and becoming a place of communication between generations.

50th anniversary year end night lit with solidarity and communication

A year-end night party of graduated school of public administration and general alumni association in Konkuk University was held last Friday (2nd). It was a meaningful place to commemorate the 50th anniversary of graduated school of public administration in Konkuk University.

In this event professors in each department, Gwan Young-Su director of graduated school of public administration including Min Sang-Gi dean of Konkuk University participated. In congratulatory address chairman Kim said "I am pleased to hold tonight event in cooperation with students and alumnus in one mind and hope that a place of harmony among enrolled students and alumnus of our graduated school of public administration will be prepared at this occasion." Chairman Kim concentrated more so that this alumni will become a model for enrolled students as they become alumni after graduation.

In this event meaningful time continued such as appointing new 69 executive members.

Chairman Kim delivered thankfulness to executive team, the 54 chairman Jo Bong-Hee, Nam Hyo-Seon who was elected as the 55th chairman and executive members of association. Also he promised to make

학원 원장   남효선 원우회장   이경애 운영위원장

general alumni association move forward by expansion of members over 300.

Graduated school of public administration in Konkuk University was first established in private universities with approval from Ministry of Education in 1967. As a professional educational institution proud of over a half century history and tradition, it is a monumental achievement of training talented individuals that brought up 7,000 plus alumnus. general alumni association said "numerous alumnus are silently playing a core role in our society. I will do my best so that our association and general alumni association continue its figure of solidarity."

Will build on-line network

Chairman Kim, who was elected as the 11th chairman of general alumni association of graduated school of public administration in Konkuk University in 2012, showed a model as a civil servant for 30 years. That he had a tie with Konkuk University was when he entered law department of graduated school of public administration in Konkuk University. Acquiring doctor 's degree with 'Study on Problem and Improvement plan of our Environmental Law system', chairman Kim continued majoring in criminal law in law department

of general graduate school in Konkuk University and acquired a doctor's degree of law with thesis 'A Study on Criminal law Regulation in Tapping and Monitoring'. After that he served dean of department of law police school in Howon University playing a decisive role in settling of police studies as a study.

Chairman Kim said he will make a homepage and build a online network with alumni and enrolled students of graduated school of public administration in Konkuk University for activation of general alumni association. And he said he expects that it will become an open square in which fragmental knowledge is organically combined with alumnus in each part of society communicating their information.

"If alumnus who exert distinguished competence in all levels of society mutually cooperate and motorize, we will realize solidarity and harmony, the ultimate goal of our alumni."

He also delivered thankfulness to alumnus who showed unchanging interest and love in movement of collecting 100 million won of development fund for smooth business of alumni.

With insufficient solidarity of alumni despite of long history of 50 years, there was a period of blank for 14~15 years. It is also because that the 13th launching

감청의 형사법적 규제에 관한 연구'라는 논문으로 법학박사 학위를 취득하게 된다. 대학원 박사 학위 취득 후에는 호원대학교 법경찰학부 학과장을 역임하면서 학문으로서의 경찰학을 심도 있게 정착시키는 데에 결정적 역할을 했다

김 회장은 총동문회 활성화를 위해 홈페이지를 만들고 온라인상에서도 동문회와 건국대학교 행정대학원 재학생들과 네트워크를 구축할 것이라고 전했다. 이어 사회 각 분야에서 주역으로 활동하는 동문들이 각자가 가진 정보를 소통해 단편적 지식이 유기적으로 통합되는 열린 광장이 되기를 기대한다고 밝혔다.

" 각계각층에서 뛰어난 역량을 발휘하고 있는 동문들이 상호 협력하고 동력화 된다면 궁극적인 목적인 동문회 단합과 화합을 이뤄낼 것이다"

동문회 사업이 원만하게 이뤄질 수 있도록 발전기금 1억 모으기 운동에 변함없는 관심과 사랑을 보내준 동문들에게도 감사를 전했다.

동문회가 50년의 긴 역사에도 불구하고 단합이 미흡하다보니 무려 14~15년의 공백 기간이 있었다고 한다. 임원단 구성이 여타 역사가 짧은 동문회의 수준인 13대임원단 출범에 머문 이유이기도 하다. 김 회장은 11대~12대 회장직을 수행하면서 무엇보다 동문들의 결집력을 모으기 위해 힘을 쏟았다. 그 결과 동문회는 지금은 안정적인 궤도에 올라 규모와 내실을 갖출 수 있게 된 것이다.

"자비를 아낌없이 털어가며 동문회를 안정적으로 운영하기 위해 노력과 열

정을 기울였다. 동문회가 활성화되기를 바라는 마음에서다. 이기적인 사리사욕(私利私慾)을 위해 하는 것이 아니라는 것을 주변에서도 알아주다보니 동문들도 잘 따르고 협조를 해주었다"

오직 동문회를 향한 그의 진심이 사람들의 마음을 움직인 것이다. 13대 회장 선임이라는 결과가 보여주듯 김 회장에 대한 동문들의 높은 신뢰를 엿볼 수 있다.

메르세데스-벤츠(Mercedes-Benz의 어린이교통공원 투자 협약 직접 이끌어 내

김 회장은 현재 어린이교통공원 안전교육원 원장을 맡고 있다. 지난 7월 19일 어린이교통공원의 리뉴얼 행사는 모바일 키즈 프로그램 일환으로 메르세데스-벤츠(Mercedes-Benz)가 4억 5천만 원을 투자해 많은 주목을 받았다. 도로교통공단, 사회복지법인 '아이들과미래'와 협력해 개보수를 주요 골자로 이 행사는 김 회장이 벤츠와의 협약을 직접 진행하며 투자를 이끌어 내 성사될 수 있었다.

of executive team is short in history. Serving the
11th–12th chairman Kim tried to gather solidarity of
alumnus more than anything. As a result, present
alumni is in stable track with size and internal
stability.

"I put efforts and passion in order to run alumni
reliably without stinting my money. It is in my
mind for alumni to be activated. As surroundings
acknowledged that it is not from self-interest and
selfish desire, alumnus was cooperative."

His true heart toward alumni moved the mind of
members. As with the result of being elected as the
13th chairman, we can see high trust of alumnus
toward chairman Kim.

Led in person investment agreement of Children Traffic Part of Mercedes–Benz

Chairman Kim is currently in charge of director of
Safety Education Center of Children Traffic Park.
Renewal event of Children Traffic Park on last July 19
drew much attention with Mercedes–Benz's investment
of 450 million won as a part of mobile kids program.
With main point of renovation in cooperation with
Road Traffic Authority, a social welfare corporate
'Children and Future' this event could be realized by
chairman Kim's leading of such investment by his
making progress of agreement with Mercedes–Benz.

Safety and convenience is increased with installation
of resting places and chairs in every corner with repair
and replacement of old education facility and playing
facility, such as overbridge, overpass and underground
passage in Shinchon Children Traffic Park established
in 1980s.

As a social contribution activity, Mercedes–Benz
mobile kids is a program focused on education of
children and youth, leading actors in future-society. As
a program developed by Daimler in Germany in 2001,
1.6 million children from 13 countries in the world,

including Germany, are participating. It was first
introduced in domestic last year as the first children
traffic safety education program.

Last year Mercedes–Benz Mobile Kids educated 1,500
plus children in disadvantaged class who require
social interest and protection with localization fit to
domestic traffic situation, and it provides custom–type
experience education so that children can naturally
feel and learn traffic safety with pleasure through
education of traffic accident prevention and coping
method.

15 Mercedes–Benz Kids motor cars were also donated
for education so that children can learn traffic
accidents in natural and interesting way. Experience–
based safety education fit to children's eyes is also
going to be under way such as method to prevent and
cope with traffic accident through this.

1980년대 초 조성한 신천 어린이교통공원 내 육교, 고가도로, 지하도 등 낙후된 교육 시설물과 놀이 시설을 보수 및 교체함으로써 안전성을 높이고 휴게소 및 의자를 곳곳에 설치해 편의성도 강화했다.

메르세데스-벤츠(Mercedes-Benz) 모바일키즈는 사회 공헌 활동으로 미래 사회의 주역인 어린이들과 청소년들을 위한 교육에 중점을 둔 프로그램이다. 독일 다임러 본사에서 2001년 개발한 프로그램으로 독일을 포함한 전 세계 13개국의 160여만 명의 어린이가 참여하고 있다. 세계 최초의 어린이 교통안전 교육 프로그램으로 국내에는 지난 해 처음 소개가 되었다.

메르세데스-벤츠(Mercedes-Benz) 모바일키즈는 국내 교통상황 및 실정에 맞게 현지화 되어 지난 해 사회적 관심과 보호가 필요한 소외계층아동 1500여 명을 교육하였으며, 교통사고 예방뿐 아니라 대처방법 등에 대한 교육을 통해 아이들이 스스로 재미를 느끼면서 교통안전을 자연스럽게 익힐 수 있도록 맞춤형 체험교육을 제공하고 있다.

아이들이 보다 재미있고 자연스럽게 교통안전 인식을 함양할 수 있도록 메르세데스-벤츠(Mercedes-Benz) 키즈 모터카 15대도 교육용으로 기증했다. 이를 통해 교통사고 발생 예방 및 위기 대처 방법 등 어린이 눈높이에 맞춘 체험 기반 안전교육도 함께 진행될 예정이다.

웃는 사회가 건강한 사회를 만든다

"웃는 사회야말로 건강한 사회이며 건강한 사회야말로 범죄 없는 행복한 사회이다"

김 회장이 항상 강조하는 웃음에 대한 소신이다. 2012년 웃음의 대명사 고(故)황수관 박사와 더불어 건국대학교 행정대학원에 웃음운동 최고위 지도자과정을 개설하기도 했던 김 회장은 웃봄으로 웃는 것은 한방의 뜸과 같은 효과가 있고 다량

의 엔도르핀이 생성되는 결과를 가져온다고 말했다. "일생을 80세 기준으로 본다면 수면 26년, 일 21년, 식사 6년의 시간을 보내지만 웃는데 보내는 시간은 겨우 10일 정도 밖에 안 된다. 비관적인 사람은 엔도르핀을 소모해 생명력이 감퇴하지만 즐겁게 웃으며 살면 기(氣)도 잘 소통되어 병이나 통증도 사라진다" 김 회장은 건국대학교 행정대학원 총동문회 모임에서도 수시로 웃음운동을 공유하고 있다. 법과 질서와 더불어 웃음은 건강하고 행복한 개인과 사회를 살찌우는 자양분이 된다고 할 수 있을 것이다. 김 회장은 이러한 연장선상에서 심리상담 분야까지 확대하며 건국대학교 행정대학원의 〈심리상담사 및 청소년심리상담사 최고위 과정〉을 적극적으로 추진해 9기를 배출했고 10기를 모집중이다. 이 과정의 총괄책임교수를 맡고 있는 김 회장은 우리 사회에서 대화의 기술과 조화로운 대인관계는 나와 나의 사람을 동반 성장시키는 원동력이라며 "심리상담사 과정을 통해 인간 심리와 행동을 이해하고 대화의 방법과 사람간의 관계를 터득하는 일이야말로 집단을 이해하고 지도력을 키워가는 촉진제가 될 것"이라고 피력했다. 김 회장은 인터뷰 말미에서도 동문들이 각자의 위치에서 새로운 변혁을 창출하는 주체가 되기를 바란다고 전했다. 다양한 역할과 직책으로 사회의 책임감 있는 리더이자 멘토로서 모범을 보이고 있는 김 회장에게 동문회는 늘 품어주고 싶은 자식처럼 자리매김하고 있음을 느끼게 된다.

그리고 그의 모습에서 "미래를 위한 도약, 세계를 향한 비상"을 표방하는 건국대학교의 슬로건이 교차된다. 성장을 꿈꾸는 공동체의 분명한 푯대가 순수한 진심과 서로에 대한 존중과 신뢰를 기반으로 하고 있는 건국대학교 행정대학원 총동문회. 총동문회의 발전이 우리 사회의 건강한 변화들을 이끌어 낼 것을 기대한다. **S**

취재 丁○○ 기자 / 사진 정성한 기자

Laughing society makes healthy society

"Laughing society is really healthy society and healthy society is happy society without crime."

It is a belief that chairman Kim always emphasizes. Chairman Kim who opened highest leader course of laughing movement in graduated school of public administration in Konkuk University with deceased Whang Su-Gwan in 2012, said that laughing all over the body has effect of moxa treatment in Chinese medicine and brings large quantity of endorphine. "Seeing a life with standard of 80 years old, the time spent by laughing is only 10 days while spending 26 years in sleeping, 21 years in working and 6 years in eating. Pessimistic persons are decreased in vital force with endorphine spending, but laughing pleasantly makes spirit well communicated with pain disappearing." Chairman Kim occasionally shares laughing movement in meetings of general alumni association of graduated school of public administration in Konkuk University. Laughing can be said to become nutritious elements which fatten healthy and happy individuals and society along with law and order. In line with this chairman Kim produced 9th 〈highest course of psychology consultants and youth psychology consultant〉 and is recruiting the 10th course of graduated school of public administration in Konkuk University while expanding up to psychology consultation field. Being in general charge professor of this course, chairman Kim said "conversation skills and harmonious interpersonal relationship is a driving force in our society that grows myself and my people and understanding human mind and behavior as well as acquiring conversation method and interpersonal relationship through psychology consultant course will really become a promotion to understand groups and culturing leadership."

At the end of interview chairman Kim said that he hopes alumnus will become subjects to create new change in their own standing. To chairman Kim, who shows a model as a responsible leader and mentor in various roles and positions, alumni seems to hold its standing as a child to embrace always.

And in his figure a slogan of Konkuk University that claims "lead for the future, fly toward the world" crosses. We expect that development of general alumni association of graduated school of public administration in Konkuk University, which is based on respect and trust to each other with clear and pure earnestness of community who dreams of growth, will lead healthy changes of our society. S

메르세데스-벤츠의 후원...어린이교통공원 탈바꿈

"발명 향한 열정은 결코 잠들지 않는다"–칼 벤츠
"최고가 아니면 만들지 않는다"–고틀리 다임러
창업 정신 바탕 CSR(Corporate Social Responsibility) 앞장

최고의 제품과 차별화된 서비스 제공

메르세데스-벤츠 코리아㈜(대표이사 디미트리스 실라키스)는 끊임없는 혁신과 최고의 기술력을 선보이며 세계 자동차 업계를 선도하는 메르세데스-벤츠의 한국 법인으로 2003년 1월 1일 출범했다. 세계 최초의 자동차 발명가이자 다임러 AG의 창립자인 칼 벤츠의 "발명을 향한 우리의 열정은 결코 잠들지 않는다"와 고틀립 다임러의 "최고가 아니면 만들지 않는다"는 창업 정신을 바탕으로, 현재 메르세데스-벤츠 코리아는 전국 총 40개 공식 전시장 및 42개 공식 서비스센터 운

영을 통해 최고의 제품과 차별화된 서비스를 제공하고 있다. 또한 한국 사회에 장기적인 기여와 사회적 책임을 다하기 위해 국내 다임러 계열사 및 11개 공식 딜러사와 함께 '메르세데스-벤츠의 약속' 사회공헌 프로그램을 활발히 진행하고 있다. 이번 리뉴얼 작업에서 메르세데스-벤츠 사회공헌위원회는 어린이들이 보다 건강하고 쾌적한 환경에서 교통 안전 교육을 받을 수 있도록 총 4억 5천만원의 환경개선 예산을 지원해 어린이교통공원을 새롭게 단장하였다. 창고, 육교, 고가도로, 지하도 등 낙후된 교육시설물과 놀이시설을 보수 및 교체하고

45

메르세데스-벤츠 사회공헌위원회(의장 디미트리스 실라키스)는 도로교통공단 및 사회복지법인 아이들과미래와 함께 서울시 송파구에 위치한 어린이교통공원 리뉴얼 오픈 행사를 진행했다.

이번 어린이교통공원 리뉴얼은 메르세데스-벤츠 코리아의 사회 공헌 활동 '메르세데스-벤츠의 약속' 중 하나인 '메르세데스-벤츠 모바일키즈' 프로그램(이하 모바일키즈)의 일환으로, 도로교통공단 및 아이들과미래와 어린이교통공원 협약을 체결한 지난 해 2월부터 올해 6월까지 1년 7개월여 동안 진행되었다. 어린이교통공원 내 낙후된 기존 교육시설물과 놀이시설 보수 및 교체 통해 안전성 강화하고 도로교통공단에 4억 5천만원 지원, 1년 7개월여 만에 리뉴얼해 성료히 마쳤으며 어린이 교통안전 교육 위한 '메르세데스-벤츠 모바일키즈'프로그램을 사회공헌 활동의 일환으로 진행하기로 했다.

가드레일, 보도블럭 및 휴게소 의자 등을 추가 설치하는 등 안전성과 이용자 편의성을 대폭 강화했다.

또한, 아이들이 보다 재미있고 자연스럽게 교통 안전에 대한 인식을 습득하고 실천할 수 있도록 어린이교통공원에 메르세데스-벤츠 키즈 모터카 15대를 기증하였다. 이를 통해 실제 사고 발생 시 위기대처 방법 및 교통사고 예방 방법 등 눈높이에 맞춘 체험 기반의 실질적인 어린이 교통안전 교육도 전개될 예정이다.

디미트리스 실라키스 메르세데스-벤츠 사회공헌위원회 의장은 "올초 신년 기자간담회에서 강조하였듯, 메르세데스-벤츠 사회공헌위원회는 미래 사회의 주역인 어린이들과 청소년들을 위한 교육에 중점을 둔 사회공헌을 지속적으로 진행하고자 한다"고 말하며, "어린이교통공원 개보수를 비롯, 앞으로도 진정성있는 사회 공헌 행보를 이어가며 한국사회의 책임감있는 기업시민으로 거듭날 것"이라고 덧붙였다.

이에 대해 도로교통공단 신용선 이사장은 "메르세데스-벤츠의 후원과 아이들과미래의 지원으로 어린이교통공원 내 교육시설물 및 휴게공간과 놀이시설 등 시설물 개보수를 통해 쾌적한 어린이교통공원으로 탈바꿈 하였다"며, "새롭게 조성된 교육장에서 어린이들이 교통상황과 교통법규 등을 쉽게 이해하고 교통안전 이론교육과 올바른 교통질서를 익히도록 체험교육을 병행함으로써 모범적인 선진교통문화를 양성하고 어린이 교통사고예방 및 감소를 위해 노력하겠다"고 밝혔다.

사회복지법인 아이들과미래 이훈규 이사장은 "아이들의 안전문제가 더 중요해지고 있는 만큼 어린이교통공원을 개보수하여 안전한 교통안전 체험교육장으로 아이들에게 제공되게 된 것은 매우 중요하고 큰 의미가 있는 일이라고 생각한다"며, "앞으로 우리의 미래인 아이들이 보다 안전하게 성장하는데 도움이 되었으면 한다"고 말했다.

한편, 모바일키즈는 독일 다임러 본사에서 세계 최초로 개발한 어린이 교통안전 교육 프로그램으로 독일을 포함한 전세계 13개국의 160여만 명의 어린이가 참여하고 있으며 2014년 국내에 처음 소개되었다. 모바일키즈는 국내 교통상황 및 실정에 맞게 현지화되어 지금까지 서울 및 수도권에 위치한 사회복지기관, 지역아동센터, 초등학교 내 아동 6,000여 명을 교육하였으며, 교통사고 예방뿐 아니라 대처방법 등에 대한 교육을 통해 아이들이 스스로 재미를 느끼면서 교통안전을 자연스럽게 익힐 수 있도록 맞춤형 체험교육을 제공하고 있다. 메르세데스-벤츠 사회공헌위원회는 올 연말까지 약 8,000명의 아동에게 프로그램을 확대할 계획이다.

메르세데스-벤츠의 약속

'메르세데스-벤츠의 약속(Mercedes-Benz Promise)'은 메르세데스-벤츠 코리아, 다임러 트럭 코리아, 메르세데스-벤츠 파이낸셜 서비스 코리아 등 국내 다임러 계열사와 11개 공식 딜러사가 모두 함께 동참하여 사회공헌기금 조성에 참여하는 메르세데스-벤츠 사회공헌 활동의 슬로건이다.

2014년 6월 29일, 메르세데스-벤츠 사회공헌 런칭 이벤트를 통해 본격적인 시작을 알린 메르세데스-벤츠의 사회공헌 프로그램은 글로벌 자동차 브랜드로서 특화된 전문성과 핵심 역량을 활용하여 한국 사회에 보다 장기적으로 기여하기 위해 모든 계열사와 딜러사 간의 긴밀한 공조를 통해 이루어졌다. '메르세데스-벤츠의 약속'은 교통안전교육 프로그램 '메르세데스-벤츠 모바일키즈 (Mercedes-Benz MobileKids)' 프로그램 '메르세데스-벤츠 모바일 아카데미 (Mercedes-Benz Mobile Academy)' 및 임직원 참여형 프로그램 '메르세데스-벤츠와 함께 (Mercedes-Benz All Together)' 등 크게 세 가지 프로그램으로 구성되어 있다. 가장 먼저 진행한 '메르세데스-벤츠 모바일키즈(이하 모바일키즈)'는 독일 다임러 본사에서 2001년 개발한 세계 최초의 어린이 교통안전 교육 프로그램으로 독일 현지 초등학교 교과 내용에도 편성돼 있으며, 지금까지 독일을 포함한 전세계 13개국 160여만 명의 어린이가 참여한 바 있다.

모바일키즈는 독일 현지 프로그램을 바탕으로 국내 교통상황 및 실정에 맞게 현지화되어, 사회적 관심과 보호가 필요한 아동을 대상으로 진행되고 있으며, 교통사고 예방뿐 아니라 대처 방법 등에 대한 교육을 통해 아이들이 스스로 재미를 느끼면서 교통안전을 자연스럽게 익힐 수 있도록 맞춤형 체험교육을 제공하고 있다. 교육은 전문강사를 통해 게임과 체험, 교육용 툴킷, 역할극, 실습 등을 통해 어린이들의 흥미를 유발시키면서도 교통안전에 대한 인식을 생활화 할 수 있도록 구성하였으며, 사고예방에 대한 교육은 물론 실제 사고 발생 시 대처할 수 있는 위기 대처 방법 등이 포함되어 있다. 2014년 전문강사를 통해 서울 및 수도권에 위치한 사회복지기관 및 지역

아동센터에서 총 70기관, 1,500여 명의 아동을 대상으로 기관당 총 3회의 모바일키즈 교통안전 교육 프로그램을 진행하였으며, 2015년에는 2014년 대비 2배 이상으로 수혜기관과 아동 수를 늘려, 수도권 내 총 150개의 사회복지기관, 3,010여 명의 아동을 대상으로 모바일키즈 프로그램을 진행했다. 또한, 올해부터는 초등학교 50여 곳의 방과후 수업과 사회복지기관 및 지역아동센터 100여 곳에서 약 3,500여 명의 어린이들에게 제공될 예정이다. 이와 더불어 2014년 3월 어린이들에게 꿈과 희망을 주기 위한 모바일키즈 드림 갤러리를 오픈한 바 있으며, 2015년 2월 메르세데스-벤츠 사회공헌 위원회는 한국도로교통공단 및 사회복지법인 아이들과미래와 함께 어린이들이 보다 즐겁고 안전하게 교통안전 교육을 받을 수 있도록, 개보수가 필요한 신천어린이교통공원 환경개선 사업을 위한 협약을 맺었다. 신천어린이교통공원은 메르세데스-벤츠 코리아의 지원 아래 2016년 7월 더욱 쾌적하고 안전한 환경으로 리뉴얼되어 아이들의 올바른 교통안전 문화와 안전의식을 위한 교육 장소로 사용되고 있다. 모바일키즈는 이와 같은 다양한 사업을 통해 어린이들의 교통사고 예방과 교통질서 확립 강화를 위하여 노력하고 있다.

메르세데스-벤츠 모바일 아카데미(Mercedes-Benz Mobile Academy)

2014년 7월 '메르세데스-벤츠 모바일 아카데미(이하 모바일 아카데미)'에 참여하는 전국 10대학(대구영남이공대학교, 두원공과대학교, 신한대학교, 아주자동차대학교, 인하공업전문대학, 전주비전대학교, 한국폴리텍 2대학 인천캠퍼스, 한국폴리텍 5대학 광주캠퍼스, 한국폴리텍 7대학 부산캠퍼스, 한국

폴리텍 7대학 창원캠퍼스)과 양해각서를 체결하고, 같은 해 9월 가을학기부터 5개 대학을 시작으로 본격 진행된 모바일 아카데미는 메르세데스-벤츠의 우수한 기술력 및 글로벌 교육 노하우를 국내 자동차 관련 대학 학과에 직접 제공함으로써, 대학생들이 미래를 준비해나갈 수 있는 발판을 마련해 주는 데 큰 목적을 두고, 보다 실질적인 방향으로 산학협동이 이뤄질 수 있도록 설계되었다. 특히, 모바일 아카데미는 전담 강사를 두고 이론 및 현장 실습을 병행하는 것이 특징이다. 또한, 참여 학생들에게 메르세데스-벤츠의 전문 테크니션 양성 프로그램인 AMT (Automotive Mechatronic Traineeship)의 우선 참여권을 제공하고, 우수 학생에게는 장학금 및 독일 본사 탐방의 기회도 주어진다.

현재 4기까지 진행된 모바일 아카데미 프로그램이 배출한 졸업생은 총 238명이며, 각 학기별 참여학생 중 약 10명의 성적 우수자를 선발하여 현재까지 총 39명의 학생들이 독일 본사 탐방의 기회도 가질 수 있었다. 특히 2015년 3월에는 모바일 아카데미 협약 대학 10곳을 대상으로 메르세데스-벤츠 차량 1대씩 총 10대의 실습용 차량 및 공구세트를 전달하여, 보다 실질적인 방향으로 이론 및 현장 실습이 이루어 질 수 있는 산학협동 프로그램을 지원하고 있다. 또한 현재까지 모바일 아카데미4기가 배출한 총 238명 졸업생 중 지원자 100% 전원인 62명의 졸업생이 성공적으로 메르세데스-벤츠 공식 네트워크에 채용되어, 실질적인 산학협력 활성화를 위한 메르세데스-벤츠의 노력이 고무적인 성과로 이어졌다.

메르세데스-벤츠와 함께(Mercedes-Benz All Together)

딜러사 및 임직원 참여형 프로그램 '메르세데스-벤츠와 함께'는 사회공헌기금 조성에 참여하고 있는 모든 관계자들이 봉사 주제 및 활동 내용을 직접 제안하고, 향후 봉사 활동에까지 참여하는 형태로 이뤄지며, 이를 통해 딜러사 및 임직원들이 다양한 사회 문제에 관심을 갖고 직접적인 도움을 줄 수 있는 방법을 모색하는 나눔의 장이 되고 있다. 2014년에 이어 2015년에는 춘천, 진주 내 열악한 주거환경으로 고통 받는 가정을 위한 해비타트 건축 활동, 원주 지역에 내 저소득층 가정을 위한 연탄나눔 활동, 서울, 경기, 부산 지역에서 무료급식 릴레이, 대구, 대전, 광주 지역에 쌀 기부, 대전 지역 내 독거노인들을 위한 나눔 활동, 순직 소방관 유자녀 장학금 지원 및 재능학생 후원, 인공와우 수술 지원 및 장애인 문화활동 지원 등 우리 사회 사각지대에 놓인 취약계층을 위해 다양한 나눔 활동을 펼쳤다. 2014년 11개의 프로젝트로 시작한 메르세데스-벤츠와 함께는 2015년에는 약 900명의 임직원들이 참여, 2,000여 시간을 할애해, 전동휠체어 배터리 충전기 설치 지원, 미혼모들을 위한 물품지원, 장애 아동의 여행 지원 활동, 산타 데이 개최 등 총 45개의 프로젝트를 통해 지역사회와 지속적으로 소통하며, 더불어 사는 따뜻한 사회를 만들기 위해 노력해 나갈 것이다. 메르세데스-벤츠 코리아를 비롯해 다임러 트럭 코리아 및 메르세데스-벤츠 파이낸셜 서비스 코리아 등 국내 다임러 계열사와 11개 공식 딜러사가 모두 협력하여 2014년부터 조성 중인 메르세데스-벤츠 사회공헌기금은 '메르세데스-벤츠의 약속(Mercedes-Benz Promise)'을 통해 지금까지 약 68억 원의 기금이 조성되었고, 그 중 약 50억 원이 집행되었다. 메르세데스-벤츠 사회공헌기금은 사회복지법인 아이들과미래(이사장 이훈규)를 통해 투명하게 관리되고 있다. ⓢ

취재 丁熙 기자 / 사진 정성한 기자

놀이와 즐거움으로 교통안전문화 체험
해박한 전문성으로 다양한 세대와 소통

'자신을 한계 짓지 말라'는 말이 있다. 많은 사람들이 자신이 할 수 있는 것에 대해 스스로 한계를 짓고 더 이상 나아가지 못하는 것에 대한 일침이다. 저마다의 무한한 잠재력을 발휘하며 '나는 할 수 있다'고 믿는 자신감의 정도만큼 또 다른 미지의 세상은 펼쳐진다. 하지만 분명 그 한계지점의 분수령을 뛰어넘기 위한 확고한 신념과 치열한 실천 의지가 없다면 아득한 꿈에 머물고 말 것이다. 누군가는 한계로 인식하는 지점을 뒤흔들며 꿈이 아닌 현실의 변화를 촉구한다. 건강한 웃음을 품고 삶의 지평을 끊임없이 확장 해 온 행보에서 깊고 단단한 내공을 전해주는 이가 있다. 바로 올해 1월 어린이교통공원 안전교육원 원장으로 부임한 김원영 박사다.

역량의 지평 더욱 넓히며 해피바이러스 전파

도로교통공단 소속으로 1983년에 개원 설립된 어린이교통공원은 방문객들의 발걸음이 끊이지 않는다. 어린이집, 유치원 원아들에서부터 초등학생 등 이곳은 횡단보도, 육교, 지하보도 안전하게 길 건너기교육과 어린이들이 알아야 할 교통안전표지판에 대해 알아보는 현장교육, 전동차를 이용한 안전하게 차타고 내리기 실습교육 등 체험을 통해 즐겁게 교통안전을 배울 수 있는 곳이다. 김원영 박사는 이곳에서 다방면으로 진행되는 교육도 직접 주관하며 전반적인 업무 시스템을 책임지고 통솔하는 수장을 맡고 있다.

30년간 성실함으로 걸어왔던 경찰공무원의 삶, 법학박사로 대학에서 강의의 열정을 전해 온 김원영 박사는 지금도 공주대 출강 및 건국대학교행정대학원 심리학 최고위 과정의 주임교수로 바쁜 일상을 보내고 있다. 어린이교통공원 안전교육원 원장으로서 그의 역할은 더욱 다양해졌다. 노인정의 어르신들을 찾아가 웃음강의도 하고, 송파 시민경찰 모임, 송파모범운전자 연합회.보호관찰소 등을 만나 강연도 한다. "교통안전에 관한 이야기도 들려주고 모범운전자들을 위한 강연에서는 안전운행이라든지 신호위반, 중앙선 침범 등 11대 중과실관련 주의사항 등도 소개하고 요즘 문제가 되고 있는 보복운전 등 관련 지침에 대해서도 이야기를 합니다."

김원영 박사가 만나는 대상은 세대불문, 남녀노소 모두 해당된다. 여러 분야에서 강의활동을 활발히 해왔던 만큼 김원영 박사는 현재의 자신의 역할에 만족스러움을 내비쳤다.

천직으로 타고난 흡입력 있는 강의와 양념처럼 빠지지 않는 웃음훈련을 통한 건강 Tip은 김원영 박사 자신뿐 아니라 그와 만나는 이들에게도 해피바이러스를 전파시킨다.

김원영 박사는 필요시에 개인이나 기관에 법률자문 역할도 해주고 있다. "집단 민원 등을 조율하면서 법률적 자문을 해주는 부분들을 사람들이 좋아합니다." 일례로 개명 신청의 경우, 법무사에게 의뢰하면 비용이 발생하게 되는데 김원영 박사는 흔쾌히 법률상식도 알려주며 개명신청 사유서 작성에 도움을 주기도 한다.

진취적 꿈을 키워가는 요람

김원영 박사가 강조하는 '웃음'의 힘은 건강100세 시대에 빠질 수 없는 묘약이다.

"하하하하~~!" 우렁차면서도 호쾌하게 웃어 보이는 김원영 박사는 "웃는 그 순간 머리도 맑아지고 몸 안의 엔도르핀이 활성화되면서 건강지수를 높여줍니다."라며 웃음의 중요성을 강조했다. 출근 후 직원들과의 하루 일과도 한바탕 웃으며 에너지를 충전하는 것으로 시작된다.

건강지킴이로 손색없는 '웃음'에 대한 김원영 박사의 소신은 지난 2012년 '웃음'의 대명사 고(故)황수관 박사와 함께 건국대학교 행정대학원에 '웃음운동 최고위 지도자과정'을 개설한 전례에서도 짐작할 수 있다.

우리나라 사립대학 중 행정대학원 개설은 건국대학교가 최초이다. 동문 규모만 7천 명 정도로 정치, 경제 등 각 분야의 영향력 있는 동문들이 사회 각계에서 활동하고 있다. 행정대학원은 학사의 자격을 지닌 졸업생은 누구라도 지원할 수 있다.

"행정대학원 과정은 꿈이 있는 분들에게 항상 열려있습니다." 김원영 박사는 60세가 넘은 늦깎이 학생도 영어시험과 졸업시험을 모두 통과했다며 열정과 성실함으로 도전하는 사람들에게 행정대학원의 문턱은 높지 않다고 소개했다.

"교도관이었던 한 분은 심리상담사 최고위과정을 공부한 뒤 교도관을

그만두고 행복발전연구소를 개설하셨고 복지사자격증을 가지고 센터를 운영하시는 분도 있습니다. 대구의 한 아나운서는 사회복지사와 심리상담사 최고위과정 공부를 같이 하면서 본인의 능력을 발휘해 방송국 스피치아카데미를 함께 운영하기노 합니다." 건국대학교행정대학원이 자신의 꿈을 만나고 그 너머 미래지향적인 새로운 비전으로 나아가게 하는 가교역할을 충분히 하고 있음을 시사한다.

건국대학교행정대학원 총동문회 회장을 맡고 있는 김원영 박사는 지난 해 송년회 때 김창준 미하원의원을 초청해 총장, 부총장, 행정대학원장과 동문들이 함께 하는 자리를 마련하는 등 동문 유대 강화를 위해 노력하고 있다. 김원영 박사는 건국대학교행정대학원 총동문회의 발전상에 관해 "관련학과 출신들이 전국 각 지역에서 위치를 선점하고 영향력 있는 역할을 해주길 바란다고 밝혔다.

김원영 박사는 "지방대학교의 학생 수가 점점 줄어들고 있는 현실을 심각하게 고민해야 합니다. 대학들도 시대적 흐름에 맞춰 준비해야 하는데 행정대학원이 성장 발전하기 위

해 우수한 학생들을 유인할 수 있는 능력을 배양하고 다양하고 체계적인 시스템을 갖춰가야 합니다."라고 강조했다.

모든 것의 시작은 인간의 '심리'에서 출발

"세상이 급격히 변해가면서 적응에 어려움을 겪는 사람들이 많아지고 있습니다."

김원영 박사는 인간관계의 갈등과 핵가족화에 따른 소외나 고립감, 자살 충동과 불안과 같은 부정적인 정서를 경험하는 사람들이 더욱 많아지고 있다며, 개인 또는 가정문제, 직장과 사회문제를 도와 줄 전문 상담가가 필요하다고 말했다. "우리 사회가 함께 아파하며 겪었던 세월호 사건 이후 심리상담과 치유를 위한 전문 상담사의 필요가 더 큰 화두가 되고 있습니다." 김원영 박사가 주임교수를 맡고 있는 건국대학교 미래지식교육원 심리상담사 최고위 과정은 '21세기 힐링'을 책임질 심리상담사를 양성하는 기관으로 이론과 실기가 접목된 우수한 커리큘럼과 전문 강사진으로 신뢰를 받고 있다. 심리상담사 최고위과정을 이수하면 한

저자약력

김원영

학력
충남예산고등학교 졸업
서울과학기술대학교 환경공학과 졸업
건국대학교 행정대학원 법무학과 법학석사 졸업
건국대학교 일반대학원 법학과 법학박사 졸업

경찰 경력
경찰청 보안국, 서울경찰청 정보관리부, 형사부, 서초경찰서, 광진경찰서, 송파경찰서
　공직생활 31년

교수 경력
호원대학교 법·경찰학부 학과장
공주대학교 안보과학대학원 경찰행정학과 교수
건국대학교 행정대학원 법무학과 교수
건국대학교 미래지식교육원 주임교수
건국대학교 일반대학원 안보재학학과 석·박사 통합과정 교수
동국대학교 경찰행정학과 교수
김포대학교 경찰행정학과 교수
아세아 항공전문학교 군사경찰학과 교수

사회 활동
건국대학교 행정대학원 42대 원우회장 역임
건국대학교 총동문회장 부회장 역임
건국대학교 행정대학원 11대, 12대, 13대 총동문회장 역임
국제라이온스클럽 354－A지구 참사랑라이온클럽회장 역임
현) 건국대학교 미래지식교육원 전문교육과정 교수협의회 회장
현) 서울송파경찰서 재향경우회 회장
현) 대한민국재향경우회 중앙회 부회장
현) 대한행정사회 서울동부행정사회 회장
현) 서울동부행정사회 송파지회 지회장
현) 일산동부경찰서 징계위원

현) 인천 국제공항경찰대 징계위원
현) 대한롤러스포츠연맹 스포츠 공정거래위원 부위원장
현) 기회행정사 대표이사
현) 한국평생교육원 원장 겸 이사장
현) 기회원격평생교육원 원장 겸 이사장
현) 한국심리상담연구소 대표
현) 기회탐정연구소 대표
현) 한국미래교육뉴스(인터넷신문사) 대표

현대생활과 법률상식

초판발행	2024년 7월 31일
지은이	김원영
펴낸이	안종만·안상준
편 집	윤혜경
기획/마케팅	장규식
표지디자인	BEN STORY
제 작	고철민·김원표
펴낸곳	(주)**박영사**
	서울특별시 금천구 가산디지털2로 53, 210호(가산동, 한라시그마밸리)
	등록 1959. 3. 11. 제300-1959-1호(倫)
전 화	02)733-6771
f a x	02)736-4818
e-mail	pys@pybook.co.kr
homepage	www.pybook.co.kr
ISBN	979-11-303-4771-4 93360

copyright©김원영, 2024, Printed in Korea

정 가   49,000원